Peter Forstmoser | Marcel Küchler
Aktionärbindungsverträge

Peter Forstmoser | Marcel Küchler

Aktionärbindungsverträge

Rechtliche Grundlagen
und Umsetzung in der Praxis

Schulthess § 2015

Zitiervorschlag:
Forstmoser/Küchler, ABV

Stand der Bearbeitung:
April 2015

Bibliografische Information der Deutschen Nationalbibliothek
Die Deutsche Nationalbibliothek verzeichnet diese Publikation in der Deutschen Nationalbibliografie; detaillierte bibliografische Daten sind im Internet über http://dnb.d-nb.de abrufbar.

Alle Rechte, auch die des Nachdrucks von Auszügen, vorbehalten. Jede Verwertung ist ohne Zustimmung des Verlages unzulässig. Dies gilt insbesondere für Vervielfältigungen, Übersetzungen, Mikroverfilmungen und die Einspeicherung und Verarbeitung in elektronische Systeme.

© Schulthess Juristische Medien AG, Zürich · Basel · Genf 2015
ISBN 978-3-7255-7341-7

www.schulthess.com

Vorwort

«Der Aktionär kann auch durch die Statuten nicht verpflichtet werden, mehr zu leisten als den für den Bezug einer Aktie ... festgesetzten Betrag» (Art. 680 Abs. 1 OR). Diese eherne Regel des Aktienrechts legt die Aktiengesellschaft konsequent auf eine kapitalbezogene Struktur fest. Personenbezogene Elemente, etwa persönliche Leistungs- oder Nachschusspflichten von Aktionärinnen und Aktionären, können mit den Mitteln des Aktienrechts nur sehr begrenzt umgesetzt werden. Trotzdem – und obwohl die GmbH in den letzten zwei Jahrzehnten einen eigentlichen Siegeszug angetreten hat – ist die Aktiengesellschaft nach wie vor auch für die überwiegend personenbezogenen kleinen und mittleren Unternehmen in der Schweiz die dominierende Gesellschaftsform.

Eine passende Struktur für diese atypischen Aktiengesellschaften kann – sieht man von den Einpersonengesellschaften ab – nur gefunden werden, indem die *aktienrechtliche Ordnung durch eine vertragliche ergänzt* wird: durch Arbeitsverträge und andere Schuldverträge, vor allem aber durch **Aktionärbindungsverträge.** Alle oder einzelne Aktionäre vereinbaren untereinander zusätzliche Rechte und Pflichten, zu deren Durchsetzung sie sich gegenseitig und allenfalls auch gegenüber der Gesellschaft verpflichten. Die aktienrechtliche (statutarische und reglementarische) und die bindungsvertragliche Ordnung bilden dabei eine *Einheit, deren Elemente* sorgsam *aufeinander abgestimmt* sind. Manchmal können sie freilich zueinander auch in einem *Spannungsfeld* stehen oder gar miteinander *kollidieren*.

Mit dieser Publikation soll das Thema «Aktionärbindungsverträge» gründlich aufgearbeitet werden. Sie hat das doppelte Ziel, die **rechtlichen Grundlagen** zu erarbeiten und zu vertiefen und zugleich ein **Handbuch für die Praxis** zu sein. Denn trotz der volkswirtschaftlichen Bedeutung der Aktionärbindungsverträge fehlt bislang eine gesetzliche Ordnung, und die Gerichtspraxis beschränkt sich auf knapp zwei Dutzend publizierte Entscheide.

Das Buch hat eine lange Entstehungsgeschichte. Es wurde vom Erstautor vor Jahrzehnten begonnen; erste Entwürfe stammen aus den späten 1970er Jahren. An seinem Lehrstuhl an der Universität Zürich haben in der Folge zahlreiche Assistierende Material gesammelt, Fragen abgeklärt und manchmal gar zu einzelnen Themen Entwürfe angefertigt. Erwähnt seien (die Liste ist sicher nicht vollständig) die folgenden Kolleginnen und Kollegen: Corinne Kaufmann (1.2.2007–29.2.2008), Katja Stöckli (1.2.2006–30.9.2007), Bertrand Schott (1.5.2005–29.2.2008), Christoph Rohner (1.10.2007–29.2.2008) und Andreas Schmid† (1.3.1997–30.6.1998).

Als sich die beiden Autoren daran machten, das langjährige Vorhaben zu einem Abschluss zu bringen, zeigte sich freilich, dass die Vorarbeiten, obwohl von erheblichem Nutzen, einen eigentlichen Steinbruch aus Textfragmenten zu einzelnen Kapiteln darstellten. Auch waren Stand und Bearbeitungstiefe ganz unterschiedlich – von ersten Materialsammlungen bis hin zu ausgearbeiteten Entwürfen fand sich alles; wichtige Themenbereiche fehlten noch ganz.

Auf dieser Basis erstellte der Zweitautor einen einheitlichen Gesamtentwurf, der in einem intensiven Austausch in vielen Durchgängen erweitert und verfeinert worden ist. Bei ihrer Arbeit sind die Autoren nicht nur von einer Analyse der abundanten Literatur und der spärlichen Judikatur ausgegangen, sondern auch vom Studium einer grossen Zahl von Aktionärbindungsverträgen aller Art. Zutage gefördert wurden dabei ein erstaunlicher Variantenreichtum der Praxis, aber auch eine überraschende Vielzahl komplexer Rechtsfragen, die gerichtlich nicht entschieden sind und in der Lehre kontrovers diskutiert werden. Die ausführliche Auseinandersetzung mit diesen offenen Fragen, deren Beantwortung für die Praxis wichtig ist, erklärt den Umfang dieses Buches.

Verschiedene Kolleginnen und Kollegen haben das Werk durch Hinweise unterstützt. Besonderer Dank gebührt denen, die als Spezialisten einzelne Abschnitte kritisch durchgesehen haben: Prof. Dr. Rainer Künzle hat uns mit zahlreichen Hinweisen zu den heiklen Fragen an der Schnittstelle zum Erbrecht unterstützt. Dr. Ernst Schmid hat die Ausführungen zur prozessualen Durchsetzung und zu den internationalen Sachverhalten minutiös geprüft und zahlreiche Kommentare und Präzisierungen angebracht. Dr. Gaudenz Zindel hat die Bemerkungen zu den Anwaltsaktiengesellschaften überprüft. Lic. iur. Maya Sidler hat das Stichwortverzeichnis angefertigt und auf Unklarheiten und Versehen hingewiesen. Sabine Walz war eine grosse Unterstützung beim Erstellen des Skripts, Marguerite Kassin hat die Administration souverän unter Kontrolle gehalten. Ihnen allen sind wir dankbar.

Ein Wort noch zum **Gebrauch dieses Buches:** Primär wird es als **Nachschlagewerk** dienen, zum einen für die Beantwortung spezifischer Rechtsfragen und zum anderen als Quelle für geeignete Muster. Diesem doppelten Bedürfnis wird Rechnung getragen:

– durch eine klare und **detaillierte Struktur** und ein ausführliches **Stichwortverzeichnis** und

– durch **Mustertexte** als Basis für die Formulierung von Aktionärbindungsverträgen: einerseits in der Form einer **Checkliste** und vollständiger **Vertragsmuster** für häufige Konstellationen,[1] andererseits in der Form einzelner, in die systema-

---

[1] Checkliste (S. 721 ff.) und Vertragsmuster (S. 739 ff.) stehen zum Download auf der Internetseite des Verlags (http://www.schulthess.com/abvmuster) zur Verfügung. Der *Freischaltcode* findet sich auf der ersten Innenseite des Buchumschlages.

tische Darstellung integrierter **Textbausteine** und **Vertragselemente.** Mehr als andernorts gilt aber bei Aktionärbindungsverträgen: *One size does not fit all.* Daher können die Mustervorlagen zwar als Ausgangspunkt und Anregung dienen, keinesfalls aber sollten sie ungeprüft kopiert werden.

Zürich, April 2015

Peter Forstmoser   Marcel Küchler

Inhaltsübersicht

Vorwort..V
Inhaltsübersicht IX
Inhaltsverzeichnis XIII
Abkürzungsverzeichnis LIII
Literaturverzeichnis LXIII

Einleitung..1

1. Teil: Grundlagen.. 3

§ 1 Begriff 5
§ 2 Praktische Bedeutung, Funktion und Arten............................11
§ 3 Rechtsnatur..39
§ 4 Auslegung 71
§ 5 Gültigkeit und Schranken 75

2. Teil: Die Vertragsparteien 105

1. Kapitel: Mögliche Vertragsparteien 107

§ 6 Aktionäre 111
§ 7 Nicht-Aktionäre 119
§ 8 Mitglieder des Verwaltungsrates und der Geschäftsleitung.................121
§ 9 Die Aktiengesellschaft 139

2. Kapitel: Änderungen im Parteienbestand 153

§ 10 Ausscheiden einer Vertragspartei 157
§ 11 Übergang der Parteistellung (Subjektwechsel)......................179
§ 12 Originärer Eintritt einer neuen Vertragspartei 213

3. Kapitel: Aktien- und börsenrechtliche Gruppentatbestände 215

§ 13 Gruppentatbestände des Aktien- und des Rechnungslegungsrechts.....219
§ 14 Gruppentatbestände des Börsenrechts 231

3. Teil: Typische Vertragsinhalte 251

1. Kapitel: Stimmbindungsvereinbarungen 255

§ 15 Begriff, Rechtsnatur und vertragliche Ausgestaltung 257
§ 16 Schranken der Zulässigkeit von Stimmbindungen 263
§ 17 Folgen rechtswidriger Stimmbindungen 283
§ 18 Folgen der Verletzung einer gültigen Stimmbindung......................... 289

2. Kapitel: Bestimmungen über die Organe und die Organisation der Aktiengesellschaft 293

§ 19 Bestellung und Abberufung von Organen.. 297
§ 20 Einbindung von Organmitgliedern... 301
§ 21 Organisation der Aktiengesellschaft 303

3. Kapitel: Innervertragliche Organisation und Beschlussfassung... 307

§ 22 Versammlung der Vertragsparteien... 311
§ 23 Auskunftsrechte und Auskunftspflichten 361

4. Kapitel: Erwerbsrechte und Erwerbspflichten 369

§ 24 Zweck, Erscheinungsformen, Arten und Rechtsnatur 371
§ 25 Vorkaufsrechte 375
§ 26 Vorhandrechte 395
§ 27 Kaufrechte... 401
§ 28 Verkaufsrechte und Übernahmepflichten 409
§ 29 Exkurs: Veräußerungsvorzug... 413

5. Kapitel: (Geldwerte) Leistungen von der und an die Aktiengesellschaft 415

§ 30 Leistungen der Aktiengesellschaft 419
§ 31 Leistungen der Vertragsparteien 439

6. Kapitel: Weitere häufige Vertragsinhalte 447

§ 32 Treuepflichten... 451
§ 33 Aktienrechtliche Individual- und Minderheitenrechte 459
§ 34 Überprüfungsklauseln 465
§ 35 Salvatorische Klauseln 467

§ 36 Präambeln und Zweckartikel 471

7. Kapitel: Regeln zur Sicherung und Durchsetzung der Vertragspflichten 475

§ 37 Sicherung und Durchsetzung im Allgemeinen 477
§ 38 Konventionalstrafe 481
§ 39 Bestellen eines gemeinsamen Vertreters 489
§ 40 Gemeinsame Hinterlegung der gebundenen Aktien 493
§ 41 Schaffung gemeinschaftlichen Eigentums 499
§ 42 Begründung einer gemeinsamen Nutzniessung 509
§ 43 Verpfändung der gebundenen Aktien 515
§ 44 Übertragung der Aktien auf einen Treuhänder 519
§ 45 Übertragung der Aktien auf eine Holdinggesellschaft 525
§ 46 Physische Absicherung durch die Aktientitel 529
§ 47 Überbinden der Rechte und Pflichten auf einen Aktienerwerber 531
§ 48 Vertragliche Verfügungs- und Übertragungsbeschränkungen 535
§ 49 Exkurs: Statutarische Übertragungsbeschränkungen 543

8. Kapitel: Dauer und Beendigung von Aktionärbindungsverträgen 561

§ 50 Regelung von Dauer und Beendigung 563
§ 51 Befristung von Aktionärbindungsverträgen 565
§ 52 Ordentliche Beendigung von Aktionärbindungsverträgen 579
§ 53 Ausserordentliche Beendigung von Aktionärbindungsverträgen 591
§ 54 Folgen der Beendigung 633

4. Teil: Prozessuale Durchsetzung 643

§ 55 Recht auf Realerfüllung 647
§ 56 Schadenersatz und Konventionalstrafe 665
§ 57 Klagelegitimation und Zuständigkeit 667
§ 58 Durchsetzung im Konkurs 673
§ 59 Internationale Sachverhalte 679
§ 60 Aussergerichtliche und schiedsgerichtliche Streitbeilegung 689

5. Teil: Alternativen zu Aktionärbindungsverträgen 695

§ 61 Wahl einer anderen Gesellschaftsform (insb. der GmbH) 699

§ 62 Vertragsbeziehungen zwischen der Aktiengesellschaft und
       Aktionären 713

Checkliste und Musterverträge 717

Einleitende Bemerkungen 719
Checkliste 721
Ausführlicher Aktionärbindungsvertrag 739
Zusätzliche Bestimmungen für börsenkotierte Aktiengesellschaften 769
Aktionärbindungsvertrag mittlerer Länge mit allen Aktionären als
       Vertragsparteien 773
Kurzer Aktionärbindungsvertrag mit gleichberechtigter Beteiligung aller
       Aktionäre 789
Aktionärbindungsvertrag für eine Familienaktiengesellschaft 801
Aktionärbindungsvertrag für eine 50:50-Beteiligung (Joint Venture) 821

Sachregister 837

Inhaltsverzeichnis

Vorwort	V
Inhaltsübersicht	IX
Inhaltsverzeichnis	XIII
Abkürzungsverzeichnis	LIII
Literaturverzeichnis	LXIII

Einleitung			1
1. Teil:	**Grundlagen**		**3**
§ 1	Begriff		5
	I.	Begriff und Definition	5
	II.	Synonyma, Unterbegriffe und Abgrenzungen	7
		A. Synonyma	7
		B. Unterbegriffe	8
		C. Abgrenzung	9
	III.	Herkunft des Begriffs «Aktionärbindungsvertrag»	10
§ 2	Praktische Bedeutung, Funktion und Arten		11
	I.	Grosse Verbreitung «untypischer» Aktiengesellschaften und Bedürfnis nach Personalisierung	11
	II.	Aktienrechtliche Instrumente der Personalisierung und ihre Grenzen	12
		A. Gesetzliche Differenzierung zwischen Publikumsgesellschaften und privaten Aktiengesellschaften	12
		B. Aktienrechtliche Instrumente der Personalisierung	13
		C. Grenzen der Personalisierung mit den Mitteln des Aktienrechts	14
	III.	Personalisierung durch Vertrag	16
		A. Im Allgemeinen	16
		B. Funktion und Inhalt von Aktionärbindungsverträgen im Speziellen	17

	1.	Ergänzung der aktienrechtlichen Ordnung	17
	2.	Koordination des Stimmverhaltens	18
		a) Beherrschung durch Mehrheitsbildung	18
		b) Durchsetzung von Minderheitenrechten	18
		c) Bildung von Sperrminoritäten	19
		d) Bestellung von Verwaltungsrat und Geschäftsleitung sowie weiterer Organe	19
		e) Abwehr unfreundlicher Übernahmen	19
		f) Einfluss für Nicht-Aktionäre	20
	3.	Geschlossener Aktionärskreis und Nachfolgeplanung	20
	4.	Konkurrenzverbote und Treuepflichten	20
	5.	Mitwirkungs- und Leistungspflichten	21
	6.	Festlegung der Ziele der Aktiengesellschaft und ihrer Geschäftspolitik	21
	7.	Finanzierung und Investition	22
	8.	Koordination von Erwerb und Veräusserung von Aktien	22
	9.	Joint-Venture- und andere Unternehmenskooperationen	23
	10.	Vertragliche Koppelung und Konzernierung	23
	11.	Unabhängigkeitserfordernis bei Anwaltsaktiengesellschaften	24
	12.	Gemeindekooperationen	24
	13.	Weitere Inhalte	24
IV.	Typisierung von Aktionärbindungsverträgen		25
	A.	Vertragsparteien	25
	B.	Anzahl der Vertragsparteien	25
	C.	Börsenkotierung der Gesellschaft	26
	D.	Anwendungsbereich der Vertragsbindung	26
	E.	Intensität der Bindung	27
	F.	Einseitige oder gegenseitige Bindung	27
	G.	Positive oder negative Verpflichtung	27
	H.	Dauer der Bindung	28
	I.	Schuldrechtliche oder gesellschaftsrechtliche Natur	28
V.	Aktionärbindungsverträge im schweizerischen Recht		28
	A.	Gesetzgebung	28
		1. Keine ausdrückliche gesetzliche Regelung	28

		2.	Im Gesetz explizit oder implizit vorausgesetzt 29
	B.	Rechtsprechung... 30
		1.	Spärliche Entscheide staatlicher Gerichte..................... 30
		2.	Entscheide des schweizerischen Bundesgerichts 31
		3.	Entscheide kantonaler Gerichte................................... 33
		4.	Entscheide (schweizerischer) Schiedsgerichte............... 35
	C.	Juristische Lehre.. 36

§ 3 Rechtsnatur 39
    I.   Verhältnis des Aktionärbindungsvertrages zur aktienrechtlichen
        Ordnung... 39
        A.   Vertragsnatur des Aktionärbindungsvertrages 39
        B.   Konsequenzen 39
            1.   Strikte Trennung zwischen vertrags- und
               körperschaftsrechtlicher Ebene 39
            2.   Rein obligatorische Wirkung *inter partes* 40
            3.   Schranken des Dürfens, nicht des Könnens 41
            4.   Vertragsschluss, Willensmängel sowie Auslegung
               und Ergänzung Aktionärbindungsverträgen 42
            5.   Kein automatischer Übergang der Vertragspflichten
               beim Übergang der Aktien 43
            6.   Wirkungen des Aktionärbindungsvertrages auf die
               Aktiengesellschaft.. 43
            7.   Keine Ausstrahlung der aktienrechtlichen Ordnung
               auf die Ebene des Aktionärbindungsvertrages 43
        C.   Zum Verhältnis von Aktionärbindungsvertrag und
            Statuten insbesondere... 44
            1.   Strikte Trennung zwischen
               Aktionärbindungsvertrag und Statuten 44
            2.   Abgrenzung von körperschaftlichen und
               vertraglichen Bestimmungen 44
               a)   Formelle und materielle Abgrenzungskriterien 44
               b)   «Unechte» Statutenbestimmungen 45
               c)   Konversion ungültiger Statutenbestimmungen
                    in gültige aktionärbindungsvertragliche
                    Bestimmungen? 46
    II.   Vielfalt der Erscheinungsformen 47
    III.   Aktionärbindungsverträge als Dauerrechtsverhältnisse................... 49

IV.		Aktionärbindungsverträge als Gesellschaftsverträge im Sinne von Art. 530 ff. OR (einfache Gesellschaft) 49	
	A.	Aktionärbindungsverträge mit gemeinsamem, abgestimmtem Verhalten 49	
	B.	Überblick über die Tatbestandsmerkmale der einfachen Gesellschaft 50	
	C.	Zwei oder mehr beteiligte Personen 51	
	D.	Vertragsmässige (Personen-)Verbindung 52	
	E.	Gemeinsamer Zweck 54	
	F.	Gemeinsame Kräfte oder Mittel 56	
	G.	Gemeinsame Entscheidfindung 56	
	H.	Organisationsstruktur 57	
	I.	Kein Erfordernis eines Auftretens nach Aussen 58	
V.		Aktionärbindungsverträge als Kollektiv- oder Kommanditgesellschaften? 58	
VI.		Aktionärbindungsverträge als schuldrechtliche Verhältnisse 59	
	A.	Verträge ohne gemeinsame Zweckverfolgung und ohne Verpflichtung der Gemeinschaft gegenüber 59	
	B.	Einseitige und zwei- bzw. mehrseitige Vertragsverhältnisse 59	
		1. Einseitige Vertragsverhältnisse 59	
		2. Zwei- bzw. mehrseitige Vertragsverhältnisse 60	
VII.		Aktionärbindungsverträge als Innominatverträge 61	
VIII.		Aktionärbindungsvertragliche Elemente in anderen Vertragstypen 63	
IX.		Rechtsfolgen der Qualifikation 64	
	A.	Gesellschaftsrechtlicher vs. schuldrechtlicher Vertrag 64	
	B.	Einseitige vs. zwei- bzw. mehrseitige Vertragsverhältnisse 65	
	C.	Gesellschafts- oder Austauschvertrag vs. Geschäftsbesorgungsvertrag (und zur Anwendbarkeit von Art. 404 Abs. 1 OR) 65	
	D.	Verträge mit Nebenbestimmungen vs. gemischte Verträge 68	
X.		Qualifikation häufiger Vertragstypen 69	
	A.	Stimmbindungen 69	
	B.	Verfügungsbeschränkungen, Erwerbsrechte und Erwerbspflichten 69	

§ 4	Auslegung			71
	I.	Vertragsauslegung im Allgemeinen		71
	II.	Besonderheiten der Auslegung von Aktionärbindungsverträgen		72
	III.	Exkurs: Die Bedeutung von Aktionärbindungsverträgen für die Auslegung von Statuten		74
§ 5	Gültigkeit und Schranken			75
	I.	Zulässigkeit		75
	II.	Form		75
		A.	Formfreiheit als vertragsrechtlicher Grundsatz	75
		B.	Formfreiheit für Aktionärbindungsverträge	76
		C.	Aktionärbindungsverträge mit Formzwang	77
			1. Formzwang wegen einzelner Vertragsinhalte	77
			2. Einfache Schriftlichkeit	77
			3. Qualifizierte Schriftlichkeit	78
			4. Öffentliche Beurkundung	79
		D.	Vom Formzwang erfasster Bereich	80
		E.	Folgen von Formmängeln	81
			1. Nichtigkeit als Grundsatz	81
			2. Einschränkungen der Nichtigkeitsfolge	81
			a) Einschränkung auf die formbedürftigen Vertragsteile bei gemischten und zusammengesetzen Verträgen	81
			b) Einschränkung aufgrund des Rechtsmissbrauchsverbots	82
			3. Konversion und Heilung	83
	III.	Gewillkürte Formen		83
		A.	Schriftform	83
		B.	Quoren für die Vertragsänderung	84
		C.	Weitere gewillkürte Formen	85
		D.	Ausfertigungsklauseln und Regeln für die Zustellung von Mitteilungen	85
			1. Ausfertigungsklauseln	85
			2. Regeln für die Zustellung von Mitteilungen	85
	IV.	Inhaltliche Schranken		86
		A.	Inhaltsfreiheit als Ausgangspunkt	86
		B.	Schranken der Inhaltsfreiheit im Allgemeinen	86

XVII

	1.		Grundsatz	86
	2.		Unmöglichkeit	86
	3.		Widerrechtlichkeit	87
	4.		Verletzung des Persönlichkeitsrechts insbesondere	88
		a)	Persönlichkeitsschutz natürlicher und juristischer Personen	88
		b)	Entäusserung der Freiheit	88
		c)	Übermässige Beschränkung von Rechten (übermässige Bindung)	88
	5.		Sittenwidrigkeit und Verstoss gegen die öffentliche Ordnung	89
C.			Schranken des Aktienrechts im Speziellen	90
	1.		Grundprinzipien des Aktienrechts	90
		a)	Der numerus clausus der Gesellschaftsformen	90
		b)	Rechtsstellung des Aktionärs gegenüber der Gesellschaft	90
		c)	Unerlaubter Entzug des Stimmrechts	90
		d)	Verlagerung der Willensbildung vor die Generalversammlung und Funktionieren der Aktiengesellschaft als solcher	91
		e)	Beteiligung der Aktiengesellschaft an der eigenen Willensbildung	91
		f)	Verbot der Einlagenrückgewähr und des Erwerbs eigener Aktien	91
	2.		Recht des Aktionärs auf Dividende	92
	3.		Interesse und Zweck der Gesellschaft	93
	4.		Unübertragbare Aufgaben von Gesellschaftsorganen	93
		a)	Vereinbarungen von Aktionären unter sich	93
		b)	Vereinbarungen mit Einbezug von Mitgliedern des Verwaltungsrates und/oder der Gesellschaft	94
	5.		Sorgfalts- und Treuepflicht der Mitglieder des Verwaltungsrates	94
	6.		Unabhängigkeit und Qualifikation der Revisionsstelle	95
	7.		Gesetzliche Stimmrechtsbeschränkungen	95
		a)	Stimmrecht an eigenen Aktien (Art. 659a Abs. 1 OR)	95

			b)	Stimmverbot bei Entlastungsbeschlüssen (Art. 695 Abs. 1 OR) 95

- b) Stimmverbot bei Entlastungsbeschlüssen (Art. 695 Abs. 1 OR) 95
  - 8. Zwingende Bestimmungen des Vergütungsrechts 95
  - 9. Statutenwidrige Vereinbarungen 96
 - D. Weitere Schranken 97
 - E. Rechtsmissbrauch und Verhalten wider Treu und Glauben 98
- V. Folgen ungültiger oder anfechtbarer Vereinbarungen 98
  - A. Im Allgemeinen 98
  - B. Teilnichtigkeit im Sinn von Art. 20 Abs. 2 OR 99
  - C. Einseitige Unverbindlichkeit bei übermässiger Bindung 100
  - D. Folgen hinsichtlich der Aktionärsrechte 100
  - E. Folgen hinsichtlich eingebrachter Vermögenswerte 101
  - F. Folgen für die Aktiengesellschaft 102
  - G. Folgen für mit dem Aktionärbindungsvertrag in Verbindung stehende Vertragsverhältnisse 102
  - H. Kartellrecht 103
  - I. Einschränkungen und Einzelfragen 103
    - 1. Ausschluss der Rückforderung bei rechts- oder sittenwidrigen Verträgen 103
    - 2. Gerichtsstands- und Schiedsklauseln 104

2. Teil: Die Vertragsparteien 105

1. Kapitel: Mögliche Vertragsparteien 107

§ 6 Aktionäre 111
- I. Beteiligung aller Aktionäre 111
- II. Beteiligung eines Teils der Aktionäre 112
- III. Beteiligung (auch) künftiger Aktionäre 114
- IV. Exkurs I: Mehrstufige Aktionärbindungsverträge 114
  - A. Untergruppen und Familienstämmen 114
  - B. Verankerung im übergeordneten Aktionärbindungsvertrag 115
- V. Exkurs II: Partizipanten als Vertragsparteien 117

§ 7 Nicht-Aktionäre 119
§ 8 Mitglieder des Verwaltungsrates und der Geschäftsleitung 121

I. Aktionäre als Mitglieder des Verwaltungsrates oder der Geschäftsleitung 121
   A. Zulässigkeit der Beteiligung an Aktionärbindungsverträgen 121
   B. Sonderstellung aufgrund eines Amtes in der Aktiengesellschaft 122
      1. Stimmverbot bei Entlastungsbeschlüssen 122
      2. Stimmenthaltungspflicht bei der Abberufung von Mitgliedern des Verwaltungsrates? 123
      3. Einschränkungen infolge der aktienrechtlichen Kompetenzzuweisung an die verschiedenen Organe der Aktiengesellschaft? 123

II. Einbindung von Mitgliedern des Verwaltungsrates in Bezug auf ihre Verwaltungsratstätigkeit 123
   A. Tendenz zur vertraglichen Einbindung unabhängig von der Aktionärsstellung 123
   B. Aktienrechtliche Einflussmöglichkeiten der Aktionäre auf die Zusammensetzung und Organisation des Verwaltungsrates 124
   C. Vertragliche Einbindung von Verwaltungsratsmitgliedern   126
      1. Zulässigkeit im Grundsatz kaum umstritten 126
      2. Grenzen der Einbindungsmöglichkeiten 126
         a) Unübertragbare und unentziehbare Aufgaben des Verwaltungsrats (Art. 716a Abs. 1 OR) 126
            aa) In der Literatur vertretene Lehrmeinungen 126
            bb) Eigene Stellungnahme 128
         b) Sorgfalts- und Treuepflicht (Art. 717 Abs. 1 OR) 130
         c) Verschwiegenheitspflicht (Art. 717 Abs. 1 OR) und Pflicht zur Gleichbehandlung aller Aktionäre (Art. 717 Abs. 2 OR) 131
         d) Faktische Organstellung im Verantwortlichkeitsrecht (Art. 754 OR) 132
      3. Statutarische Bestimmungen 132
      4. Fazit 133

III. Verpflichtungen der Aktionäre gegenüber Mitgliedern des Verwaltungsrates 133
   A. Unzulässige Verschiebung der Stimmkraft? 134

		B.	Eigene Stellungnahme.. 134
	IV.		Verträge mit dem Verwaltungsrat als Gremium 135
	V.		Einbindung von Mitgliedern der Geschäftsleitung?..................... 136

§ 9 Die Aktiengesellschaft 139
  I. Überblick über die Lehrmeinungen... 139
     A. Unzulässigkeit als bisher überwiegende Lehrmeinung........ 139
     B. Uneingeschränkte Zulässigkeit als Minderheitsmeinung.... 140
     C. Neuere vermittelnde Positionen 141
        1. Oft ein Problem der Begrifflichkeit 141
        2. Differenzierende Betrachtungsweise 142
  II. Eigene Stellungnahme... 145
     A. Beteiligung an einer Stimmbindungsvereinbarung............. 146
        1. Ausgangslage 146
        2. Abgrenzung zwischen zulässiger und unzulässiger
           Beteiligung der Aktiengesellschaft 146
        3. Fazit.. 148
     B. Verpflichtungen hinsichtlich weiterer aktienrechtlicher
        Mitgliedschaftsrechte... 149
     C. Vereinbarungen nicht aktienrechtlicher Art zwischen
        Aktionären und Aktiengesellschaft.. 150

2. Kapitel: Änderungen im Parteienbestand 153

§ 10 Ausscheiden einer Vertragspartei 157
  I. Begriff... 157
  II. Ausscheiden zufolge Eintrittes eines bestimmten Sachverhaltes..... 158
     A. Ausscheiden zufolge Todes einer Vertragspartei................. 158
        1. Gesellschaftsrechtliche Aktionärbindungsverträge...... 158
           a) Unvererblichkeit und Vertragsbeendigung als
              Grundsatz 158
           b) Verträge mit Fortsetzungsklausel............................ 158
           c) Fortsetzungsklausel mit abweichendem
              Anspruch im Todesfall (Abfindungsklausel) 161
              aa) Inhalt der Abfindungsklausel............................161
              bb) Verfügung von Todes wegen? 161
           d) Fortsetzung im Liquidationsstadium bei
              fehlender Fortsetzungsklausel................................. 162

		2.	Schuldrechtliche Aktionärbindungsverträge 163
			a) Universalsukzession als Grundsatz 163
			b) Tod als Beendigungsgrund 164
	B.	Ausscheiden zufolge Auflösung einer Vertragspartei durch freiwillige Liquidation 164
		1.	Gesellschaftsrechtliche Aktionärbindungsverträge 164
		2.	Schuldrechtliche Aktionärbindungsverträge 165
	C.	Ausscheiden zufolge Auflösung einer Vertragspartei ohne Liquidation (Umstrukturierung) 166
		1.	Gesellschaftsrechtliche Aktionärbindungsverträge 166
		2.	Schuldrechtliche Aktionärbindungsverträge 166
	D.	Ausscheiden wegen Zwangsverwertung des Liquidationsanteils oder Konkurses einer Vertragspartei 166
		1.	Gesellschaftsrechtliche Aktionärbindungsverträge 166
			a) Auflösung einer Vertragspartei durch Liquidation im Konkurs 166
			b) Auflösung bei Zwangsverwertung des Liquidationsanteils einer Vertragspartei 167
		2.	Schuldrechtliche Aktionärbindungsverträge 168
	E.	Ausscheiden wegen Veräusserung der gebundenen Aktien oder Aufgabe der Tätigkeit in der Aktiengesellschaft 168
		1.	Veräusserung der gebundenen Aktien 168
		2.	Aufgabe der Tätigkeit in der Aktiengesellschaft 169
	F.	Weitere Ausscheidensgründe 170
III.	Austritt einer Vertragspartei 170
	A.	Im Allgemeinen 170
		1.	Erfordernis einer Regelung im Vertrag 170
		2.	Austritt aus gesellschaftsrechtlichen Aktionärbindungsverträgen 171
		3.	Austritt aus schuldrechtlichen Aktionärbindungsverträgen 171
		4.	Das Schicksal der Aktien 172
		5.	Das Schicksal weiterer Vertragsverhältnisse 172
	B.	Austrittsrecht bei Vertragsanpassungen durch Mehrheitsbeschluss 173

	C.	Austrittsrecht beim Ausscheiden einer andern Vertragspartei oder beim Eintritt einer neuen Vertragspartei	173
	D.	Austrittsrechte für Erben	174
IV.		Ausschluss einer Vertragspartei	174
	A.	Begriff	174
	B.	Gesellschaftsrechtliche Aktionärbindungsverträge	174
		1. Voraussetzungen des Ausschlusses	174
		2. Wirkungen des Ausschlusses	176
	C.	Schuldrechtliche Aktionärbindungsverträge	177

§ 11 Übergang der Parteistellung (Subjektwechsel) ... 179

- I. Begriff und Übersicht ... 179
- II. Weiterführung des Aktionärbindungsvertrages mit Erben einer verstorbenen Vertragspartei ... 180
  - A. Gesellschaftsrechtliche Aktionärbindungsverträge ... 180
    1. Eintrittsklausel ... 180
       - a) Einfache Eintrittsklausel ... 182
       - b) Qualifizierte Eintrittsklausel ... 183
       - c) Sicherstellung des Eintritts ... 185
       - d) Ablehnung des Eintrittsangebotes ... 185
    2. Verpflichtung, eine Eintrittsofferte zu machen ... 186
    3. Vertrag zugunsten Dritter ... 186
    4. Bedingter Beitrittsvertrag ... 187
    5. Vorgängige Einbindung von Nachfolgern ... 187
    6. Nachfolgeklausel ... 188
       - a) Begriff und Rechtsnatur ... 188
       - b) Zulässigkeit von Nachfolgeklauseln ... 190
         - aa) Lehre und Rechtsprechung ... 190
         - bb) «Verbot» von Verträgen zulasten Dritter ... 190
         - cc) Höchstpersönliche Natur der Mitgliedschaft in der einfachen Gesellschaft? ... 191
         - dd) Nachfolgeklauseln als übermässige Bindung der Erben? ... 192
         - ee) Fazit ... 193
       - c) Praktische Ausgestaltung von Nachfolgeklauseln .. 193
         - aa) Einfache Nachfolgeklausel ... 193
         - bb) Qualifizierte Nachfolgeklausel ... 194

			d) Konsequenzen eines Auseinanderfallens von Aktionärsstellung und Vertragsmitgliedschaft 195

- B. Schuldrechtliche Aktionärbindungsverträge 196
- C. Erbrechtliche Vorkehrungen und Vorkehrungen unter Lebenden 196
    1. Letztwillige Verfügungen der einzelnen Vertragsparteien als Voraussetzung für eine wirksame Planung 196
    2. Vererbung der Aktien (Teilungsvorschriften und Vermächtnis) 198
    3. Eintritt der Erben in den Aktionärbindungsvertrag 199
    4. Vorkehrungen unter Lebenden 200
    5. Exkurs: Ehegüterrechtliche Schranken und Vorkehrungen 201
        a) Güterrechtliche Auseinandersetzung 201
        b) Bedeutung der verschiedenen Güterstände 202
        c) Regelung im Aktionärbindungsvertrag? 203
- D. Fazit 204
    1. Sorgfältige Planung auf vertrags- und erbrechtlicher Ebene als notwendige Voraussetzung 204
    2. Zur Verwendung von Fortsetzungs-, Eintritts- und Nachfolgeklauseln 205
    3. Faktischer Vorrang vermögensrechtlicher Aspekte 207
    4. *Caveat* zu den erbrechtlichen Formen 207

III. Vertragsübergang unter Lebenden (rechtsgeschäftlicher Subjektwechsel) 208
- A. Natürliche Personen als Vertragsparteien 208
    1. Gesellschaftsrechtliche Aktionärbindungsverträge 208
    2. Schuldrechtliche Aktionärbindungsverträge 209
- B. Juristische Personen und im Handelsregister eingetragene Personengesellschaften als Vertragsparteien 209
    1. Übertragung der Mitgliedschaft und Vertragsübernahme 209
    2. Vertragübergang durch Umstrukturierungsvorgänge (Fusion, Spaltung, Vermögensübertragung) sowie Kontrollwechsel 209

§ 12 Originärer Eintritt einer neuen Vertragspartei 213

I.	Begriff	213
II.	Gesellschaftsrechtliche Aktionärbindungsverträge	213
III.	Schuldrechtliche Aktionärbindungsverträge	214

3. Kapitel: Aktien- und börsenrechtliche Gruppentatbestände 215

§ 13 Gruppentatbestände des Aktien- und des Rechnungslegungsrechts 219

- I. Arten von Gruppentatbeständen 219
- II. Einberufungs- und Traktandierungsrecht (Art. 699 OR) 220
- III. Recht auf Einleitung einer Sonderprüfung (Art. 697b OR) 221
- IV. Höchststimmklauseln (Art. 692 Abs. 2 OR) 221
- V. Statutarische Übertragungs- bzw. Erwerbs beschränkungen (Vinkulierung) (Art. 685b und 685d OR) 223
- VI. Auflösungsklage (Art. 736 Ziff. 4 OR) 223
- VII. Offenlegung von Beteiligungen (Art. 663c OR) 224
  - A. Der Gruppenbegriff von Art. 663c Abs. 2 OR 224
  - B. Abgrenzung zur börsenrechtlichen Offenlegungspflicht (Art. 20 BEHG) 225
- VIII. Recht auf eine Konzernrechnung (Art. 963a Abs. 2 Ziff. 2 OR) und auf ein Opting-up der Revision (Art. 727 Abs. 2 OR) 226
- IX. Nahe stehende Personen 226
  - A. Im Aktien- und im Rechnungslegungsrecht 226
    1. Rückerstattung von Leistungen (Art. 678 Abs. 1 OR) 227
    2. Offenlegung von Managementtransaktionen 228
    3. Rechnungslegungsrecht sowie Rechnungslegungsstandards (IAS 24 und Swiss GAAP-FER 15) 228
  - B. Parteien eines Aktionärbindungsvertrages 229
- X. Änderungen in Aktionärbindungsverträgen und ihre Auswirkungen auf aktienrechtliche Gruppentatbestände 230
  - A. Aktienrechtliche Berechtigungs- und Umgehungtatbestände 230
  - B. Offenlegung von Beteiligungen 230

§ 14 Gruppentatbestände des Börsenrechts 231

- I. Anwendungsbereich 231
- II. Der Begriff der Gruppe 231

XXV

III. Die einzelnen Tatbestände 234
    A. Die Meldepflicht nach Art. 20 BEHG (Offenlegung von Beteiligungen) 234
        1. Grundsatz 234
        2. Anwendung auf Aktionärbindungsverträge 235
        3. Zeitpunkt der Entstehung der Meldepflicht 236
    B. Die Angebotspflicht nach Art. 32 BEHG 236
        1. Grundsatz 236
        2. Anwendung auf Aktionärbindungsverträge 238
        3. Zeitpunkt der Entstehung der Angebotspflicht 239
    C. Anbieterpflichten beim öffentlichen Kaufangebot (Art. 24 BEHG) 239
        1. Grundsatz 239
        2. Anwendung auf Aktionärbindungsverträge 240
    D. Die Meldepflichten während der Hängigkeit eines öffentlichen Kaufangebots (Art. 31 BEHG) 240
        1. Grundsatz 240
        2. Anwendung auf Aktionärbindungsverträge 240

IV. Änderungen in Aktionärbindungsverträgen und ihre Auswirkungen auf börsenrechtliche Gruppentatbestände 241
    A. Meldepflicht nach Art. 20 BEHG (Offenlegung von Beteiligungen) 241
        1. Meldepflichten bei Änderungen im Rahmen einer Gruppe 241
        2. Änderungen in der Zusammensetzung des Personenkreises insbesondere 241
        3. Änderungen in der Art der Absprache oder der Gruppe insbesondere 241
    B. Angebotspflicht nach Art. 32 BEHG 244
        1. Angebotspflicht bei Änderungen der Gruppe 244
        2. Änderungen in den Beteiligungsverhältnissen innerhalb der Gruppe 245
        3. Änderungen in der Zusammensetzung des Personenkreises 246
        4. Änderungen in der Art der Absprache oder der Gruppe 247

V. Exkurs: Kartellrechtliche «Gruppentatbestände» 249

3. Teil: Typische Vertragsinhalte 251
1. Kapitel: Stimmbindungsvereinbarungen 255

§ 15 Begriff, Rechtsnatur und vertragliche Ausgestaltung 257
- I. Begriff und Wirkung 257
- II. Rechtsnatur 257
  - A. Einseitige Stimmbindungsvereinbarungen 257
  - B. Zwei- und mehrseitige Stimmbindungsvereinbarungen 258
- III. Vertragliche Ausgestaltung 258
  - A. Anwendungsbereich der Stimmbindungsvereinbarung 258
    1. Gebundene Rechte 258
    2. Sachlicher Umfang der Stimmbindung 258
    3. Erfasste Versammlungen 259
  - B. Regeln für die Stimmabgabe in der Generalversammlung.. 259
    1. Konkrete Regelung in der Stimmbindungsvereinbarung 259
    2. Stimmabgabe gemäss vereinbarten Grundsätzen 260
    3. Stimmabgabe gemäss Weisung 261
    4. Vorgängige Willensbildung in der Versammlung der Vertragsparteien 261
    5. Abschwächung der Bindung durch Stimmfreigabe 261

§ 16 Schranken der Zulässigkeit von Stimmbindungen 263
- I. Zulässigkeit als Grundsatz 263
- II. Rechtswidrige Stimmbindungsvereinbarungen 264
  - A. Umgehung gesetzlicher oder statutarischer Stimmrechtsbeschränkungen 264
  - B. Gesetzliche Stimmrechtsbeschränkungen 265
    1. Stimmrechtsausschluss bei der Entlastung 265
       - a) Ausgangslage 265
       - b) Eigene Stellungnahme 266
    2. Stimmbindungsvereinbarungen mit der Aktiengesellschaft 266
    3. Weitere gesetzliche Stimmrechtsausschlüsse 267
    4. Stimmenthaltungspflicht bei der Abberufung von Mitgliedern des Verwaltungsrates? 267

		C.	Statutarische Stimmrechtsbeschränkungen (Höchststimmklauseln) 267
		D.	Stimmrechtsbeschränkungen und vertragsinterne Beschlussfassung über die Stimmabgabe 268

- C. Statutarische Stimmrechtsbeschränkungen (Höchststimmklauseln) ... 267
- D. Stimmrechtsbeschränkungen und vertragsinterne Beschlussfassung über die Stimmabgabe ... 268
  1. Das Problem ... 268
  2. Auswirkung der Stimmrechtsbeschränkungen auf die vertragsinterne Beschlussfassung ... 269
  3. Umfang der Stimmrechtsbeschränkungen in der Generalversammlung ... 269
     - a) Lehrmeinungen ... 269
     - b) Eigene Auffassung ... 271
        - aa) Die zu beachtenden Kriterien ... 271
        - bb) Die Art der Stimmrechtsbeschränkung und die Eigentumsverhältnisse an den Aktien ... 272
        - cc) Einseitige Stimmbindungsvereinbarung ... 273
        - dd) Mehrseitige Stimmbindungsvereinbarung ... 273
        - ee) Intransparenz der Stimmbindungsvereinbarung ... 274
- III. Umgehung der Vinkulierungsordnung ... 274
- IV. Stimmenkauf insbesondere ... 276
   - A. Begriff und Lehrmeinungen ... 276
   - B. Eigene Auffassung ... 277
      1. Auch der «blosse» Stimmenkauf ist nicht sittenwidrig ... 277
      2. Gesetzliche Schranken des Stimmenkaufs, insbesondere aus Lauterkeits- und Kartellrecht ... 279
- V. Verstoss gegen die Mehrheitserfordernisse und Quoren des Aktienrechts? ... 280
- VI. Verstoss gegen Persönlichkeitsrechte ... 280
- VII. Verstoss gegen die guten Sitten und die öffentliche Ordnung ... 281
- VIII. Verstoss gegen Treu und Glauben ... 281

§ 17 Folgen rechtswidriger Stimmbindungen ... 283
- I. Folgen der Rechtswidrigkeit für die Stimmbindungsvereinbarung selbst ... 283
- II. Folgen für die Aktionärsstellung bei Verstoss gegen Vinkulierungsbestimmungen ... 283

	III.	Folgen für die Behandlung der Stimmen in der Generalversammlung		284
		A.	Ungültigkeit aufgrund nicht-aktienrechtlicher Tatbestände	284
		B.	Ungültigkeit aufgrund aktienrechtlicher Tatbestände	284
			1. Meinungsstand	285
			2. Eigene Ansicht: Gültigkeit unabhängig abgegebener Stimmen	287
		C.	Folgen für die Berechnung von Beschluss- und Präsenzquoren	287
		D.	Anfechtbarkeit des Generalversammlungsbeschlusses	288
§ 18	Folgen der Verletzung einer gültigen Stimmbindung			289
	I.	Gültigkeit des Generalversammlungsbeschlusses		289
	II.	Schadenersatz und Konventionalstrafe		290
	III.	Durchsetzung von Stimmbindungsvereinbarungen		291

2. Kapitel: Bestimmungen über die Organe und die Organisation der Aktiengesellschaft ... 293

§ 19	Bestellung und Abberufung von Organen			297
	I.	Bestellung und Abberufung von Mitgliedern des Verwaltungsrates		297
		A.	Bestellung	297
			1. Zwei Stufen der Bestellung	297
			2. Bestimmung der Kandidaten auf Vertragsebene	297
			a) Bestimmung der Kandidaten im Vertrag	298
			b) Bestimmung der Kandidaten durch die Versammlung der Vertragsparteien	298
			3. Wahl der Kandidaten in der Generalversammlung	298
		B.	Abberufung	299
	II.	Bestellung und Abberufung von Mitgliedern der Geschäftsleitung		300
§ 20	Einbindung von Organmitgliedern			301
	I.	Einbindung von Mitgliedern des Verwaltungsrates		301
	II.	Einbindung von Mitgliedern der Geschäftsleitung		301
§ 21	Organisation der Aktiengesellschaft			303

I.	Statutarische Ebene	303
II.	Ebene des Verwaltungsrates und der Geschäftsleitung	304

3. Kapitel: Innervertragliche Organisation und Beschlussfassung 307

§ 22 Versammlung der Vertragsparteien 311

- I. Die Bedeutung organisatorischer Vorgaben 311
- II. Organisation der Versammlung der Vertragsparteien 312
  - A. Regelung durch die Parteien des Aktionärbindungsvertrages 312
  - B. Einberufung 313
    - 1. Zeitpunkt der Durchführung 313
      - a) Ordentliche Durchführung 313
      - b) Ausserordentliche Durchführung 315
    - 2. Form und Frist 316
      - a) Form 316
      - b) Frist 316
    - 3. Zuständigkeit 317
  - C. Vertretung 318
  - D. Vorsitz 318
  - E. Ablauf der Versammlung 320
  - F. Protokollierung 321
  - G. Anwesenheit von Gästen 321
- III. Beschlussfassung und Quoren im Allgemeinen 322
  - A. Stimmengewicht der Vertragsparteien 322
  - B. Beschlussfassung und Quoren 323
    - 1. Arten der Beschlussfassung 323
      - a) Form der Beschlussfassung 323
      - b) Offene oder geheime Stimmabgabe 324
    - 2. Arten der Stimmenmehrheit 325
    - 3. Erforderliche Stimmenmehrheiten 327
      - a) Einstimmigkeits- und Anwesenheitserfordernisse 327
      - b) Mehrheitsbeschlüsse und Quoren 329
        - aa) Im Allgemeinen 329
        - bb) Änderung gesellschaftsrechtlicher Aktionärbindungsverträge 330

		cc)	Änderung schuldrechtlicher Aktionärbindungsverträge 332

- cc) Änderung schuldrechtlicher Aktionärbindungsverträge 332
- c) Besondere Quoren 333
  - aa) Berücksichtigung von Aktionärsgruppen oder Familienstämmen 333
  - bb) Beschlüsse betreffend die Abweichung von Regeln des Aktionärbindungsvertrages 334
- d) Exkurs: Minderheitsquoren und Individualrechte.. 335
- e) Beachtung qualifizierter Mehrheiten und Ausstandspflichten des Aktienrechts? 336
  - aa) Qualifizierte Mehrheitserfordernisse des Aktienrechts..................................336
  - bb) Aktienrechtlicher Stimmrechtsausschluss 337
- 4. Stimmenthaltung und ungültige Stimmen 337
- 5. Umgang mit Pattsituationen 337
  - a) Ausgangslage: Beschlussunfähigkeit im technischen Sinne nur aufgrund von Präsenzquoren 337
  - b) Stichentscheid.. 338
    - aa) Weit verbreitete Praxis des Stichentscheides des Vorsitzenden..................................338
    - bb) Bewusste Besserstellung des Vorsitzenden (grösseres Entscheidungsgewicht) 339
    - cc) Stichentscheid, verbunden mit vorgängiger Stimmenthaltung..................................340
    - dd) Stichentscheid der jeweils sachverständigen oder interessierten Partei 341
    - ee) Stichentscheid eines neutralen Dritten 341
    - ff) Exkurs: Doppelte Stimmkraft statt Stichentscheid..................................342
  - c) Schiedsentscheidung 342
  - d) Einräumung von Kauf- oder Verkaufsrechten 343
  - e) Weitere Vorkehren für Pattsituationen 346
- C. Ausstandspflichten 346
- D. Treuwidriges Stimmverhalten... 347
- E. Mängel bei der Beschlussfassung 348
  - 1. Mängel bei der Stimmabgabe und andere Mängel 348
  - 2. Mängel des Beschlusses 348

		3.	Mängelfolgen 348
		a)	Für die Beschlüsse der Versammlung der Vertragsparteien 349
			aa) Bei ungültiger Stimmabgabe 349
			bb) Andere Mängel der Stimmabgabe 350
			cc) Inhaltliche Mängel 350
		b)	Für die Beschlüsse der Generalversammlung der Aktiengesellschaft 350
			aa) Ausübung des Stimmrechts nach den Regeln des Aktienrechts 350
			bb) Nicht gehörige Vertretung der Aktien in der Generalversammlung 351

    IV. Beschlüsse über die Stimmabgabe in der Generalversammlung insbesondere 352

        A. Allgemein 352
        B. Positive Beschlüsse der Versammlung 353
            1. Pflicht zur entsprechenden Stimmabgabe 353
            2. Pflicht zur Stimmenthaltung oder Stimmfreigabe 354
        C. Ablehnende Beschlüsse der Versammlung 354
            1. Stimmabgabe gegen den Antrag an die Generalversammlung 354
            2. Pflicht zur Stimmenthaltung oder Stimmfreigabe 355
        D. Bei Stimmabgabe durch einen gemeinsamen Vertreter 355

    V. Bestimmung von Kandidaten für die Vertretung im Verwaltungsrat insbesondere 356

§ 23 Auskunftsrechte und Auskunftspflichten 361

    I. Informations- und Einsichtsrechte 361

        A. Informations- und Einsichtsrechte der Vertragsparteien untereinander 361
        B. Pflicht zur gegenseitigen Offenlegung potenzieller Interessenkonflikte 362
        C. Information durch die Aktiengesellschaft bzw. deren Verwaltungsrat 363
        D. Abgrenzung von den aktienrechtlichen Informations- und Kontrollrechten 363

    II. Vertraulichkeit 364
    III. Minderheitenschutz 365

	IV.	Exkurs: Auskunftspflicht über den Bindungsvertrag gegenüber Drittaktionären und Gläubigern?... 366	
		A.	Auskunft durch die Parteien des Aktionärbindungsvertrages.. 366
		B.	Auskunft durch den Verwaltungsrat der Aktiengesellschaft.. 367

4. Kapitel: Erwerbsrechte und Erwerbspflichten 369

§ 24 Zweck, Erscheinungsformen, Arten und Rechtsnatur 371
    I.   Zweck und Wirkung... 371
    II.   Erscheinungsformen und Arten.. 372
    III.   Obligatorische Rechtsnatur.. 372
    IV.   Exkurs: Zulässigkeit statutarischer Erwerbsrechte?...................... 373

§ 25 Vorkaufsrechte 375
    I.   Begriff und Zweck 375
    II.   Rechtsnatur 375
    III.   Form.. 376
    IV.   Arten und Inhalt.. 377
        A.   Einseitige oder mehrseitige sowie einmalige oder mehrmalige Vorkaufsrechte.................................... 377
        B.   Vorkaufsrechte unter den Vertragsparteien oder zugunsten Dritter... 377
        C.   Unlimitierte oder limitierte Vorkaufsrechte 377
            1.   Unlimitierte Vorkaufsrechte................................. 377
            2.   Limitierte Vorkaufsrechte..................................... 378
        D.   Kaufpreisbestimmung beim relativ limitierten Vorkaufsrecht.. 379
        E.   Weitere Modalitäten des Vorkaufsrechts 380
            1.   Umfang des Vorkaufsrechts.................................. 380
            2.   Mehrstufiges Zuteilungsverfahren bei einer Mehrzahl von Vorkaufsberechtigten 381
                a)   Übernahme durch die Erwerbsberechtigten gemeinsam... 381
                b)   Direkte Übernahme durch die Erwerbsberechtigten einzeln.............................. 383
                c)   Regeln für die Veräusserung an den Drittkäufer... 384

		3.	Vorschlag eines alternativen Drittkäufers, Erwerb durch die Aktiengesellschaft 385

- V. Der Vorkaufsfall 387
  - A. Gesetzliche Definition 387
  - B. Bestimmung durch die Parteien 388
  - C. Mitteilung des Eintritts 389
- VI. Ausübung des Vorkaufsrechts 389
  - A. Frist zur Ausübung 389
  - B. Vorbehaltlose Ausübung 390
  - C. Wirkungen der Ausübung 390
- VII. Übertragbarkeit und Vererblichkeit von Vorkaufsrechten 391
- VIII. Untergang des Vorkaufsrechts 392
  - A. Ausübung 392
  - B. Nichtausübung innert Frist 392
  - C. Zeitablauf 393
  - D. Handänderungen, die keine Vorkaufsfälle sind 393
  - E. Weitere Untergangsgründe 394
- IX. Exkurs: Harmonisierung mit der statutarischen Ordnung 394

§ 26 Vorhandrechte 395

- I. Begriff und Zweck 395
- II. Rechtsnatur 395
- III. Form 395
- IV. Arten und Inhalt 396
  - A. Unterscheidung nach dem Inhalt der Verpflichtung 396
    1. Angebotspflicht des Vorhandverpflichteten (1. Variante) 396
    2. Pflicht zur Annahme der Offerte des Vorhandberechtigten (2. Variante) 396
    3. Verpflichtung, vor dem Kontrahieren mit einem Dritten dem Vorhandberechtigten die Gelegenheit zu einem Angebot zu geben (3. Variante) 396
  - B. Kaufpreisbestimmung 397
  - C. Weitere Modalitäten des Vorhandrechts 397
- V. Vorhandfall 397
- VI. Mitteilung des Vorhandfalles 398

	VII.	Ausübung des Vorhandrechts	398
	VIII.	Übertragbarkeit und Vererblichkeit	398
	IX.	Untergang der Vorhandrechte	399
	X.	Kombination mit einem Vorkaufsrecht	399
§ 27 Kaufrechte			401
	I.	Begriff	401
	II.	Rechtsnatur	401
	III.	Form	401
	IV.	Arten und Inhalt	402
		A. Einseitige oder mehrseitige Kaufrechte	402
		B. Bedingte oder unbedingte Kaufrechte	402
		C. Befristete oder unbefristete Kaufrechte	403
	V.	Bestimmung des Kaufpreises	403
		A. Absolut oder relativ limitierte Kaufrechte	403
		B. Unlimitierte Kaufrechte?	403
	VI.	Ausübung des Kaufrechts	404
	VII.	Weitere Modalitäten des Kaufrechts	405
		A. Zuteilung bei mehrern Kaufberechtigten	405
		B. Kaufpreiszahlung	405
	VIII.	Übertragbarkeit und Vererblichkeit	405
	IX.	Untergang des Kaufrechts	405
	X.	Kombination mit Vorhand- und Vorkaufsrechten sowie Verkaufsrechten und Übernahmepflichten	405
	XI.	Praktische Bedeutung von Kaufrechten	406
	XII.	Exkurs: Rückkaufs- oder Wiederkaufsrechte	406
§ 28 Verkaufsrechte und Übernahmepflichten			409
	I.	Begriff und Zweck	409
	II.	Rechtsnatur	409
	III.	Form	409
	IV.	Arten und Inhalt	410
		A. Modalitäten des Verkaufsrechts	410
		B. Kaufpreiszahlung	410
	V.	Bestimmung des Kaufpreises	410
	VI.	Beispiel einer Übernahmeverpflichtung	410

		VII.	Mitverkaufsrechte und Mitverkaufspflichten	411
			A. Begriff und Zweck	411
			B. Rechtsnatur	412
			C. Arten und Inhalt	412
§ 29	Exkurs: Veräusserungsvorzug			413
	I.	Begriff und Zweck		413
	II.	Rechtsnatur		413
	III.	Arten und Inhalt		413

5. Kapitel: (Geldwerte) Leistungen von der und an die Aktiengesellschaft 415

§ 30 Leistungen der Aktiengesellschaft 419

    I. Übersicht zu den Vertragsbeziehungen der Aktiengesellschaft mit Aktionären 419

    II. Verträge zwischen der Aktiengesellschaft und Aktionären 420

        A. Regeln für das Selbstkontrahieren und andere Geschäfte mit Interessenkonflikten 420

            1. Schriftlichkeitserfordernis 420

            2. Ermächtigung oder Genehmigung durch ein über- oder nebengeordnetes Organ 420

            3. Keine Gefahr einer Benachteiligung 422

            4. Künftige Regelung von Interessenkonflikten im Verwaltungsrat 423

            5. Umgang mit Interessenkonflikten gemäss Swiss Code 423

        B. Offenlegungspflicht nach Rechnungslegungsrecht 423

        C. Rückerstattung unangemessener Leistungen 423

        D. Verdeckte Gewinnausschüttungen 424

        E. Gleichbehandlungspflicht bei Vertragsbeziehungen mit Aktionären? 425

        F. Gleichstellung von nahe stehenden Personen mit Aktionären 426

    III. Sicherstellung des Vertragsschlusses 426

    IV. Leistungen mitgliedschaftsrechtlicher Art 427

        A. Ausschüttungspolitik und Dividenden 428

            1. Unterschiedliche Aktionärsinteressen 428

2. Grenzen der Ausschüttungspolitik ... 429
3. Verankerung der Ausschüttungspolitik im Aktionärbindungsvertrag ... 430
4. Einbezug der Aktiengesellschaft und ihrer Organe? ... 431
a) Verpflichtung der Aktiengesellschaft? ... 431
b) Verpflichtung der Organe? ... 432
c) Gegenseitige Verpflichtung der Aktionäre untereinander ... 432
B. Andere finanzielle Leistungen ... 433
C. Liquidationsanteil ... 433
D. Ausgabe neuer Aktien (Kapitalerhöhung) ... 434
1. Entscheid über die Ausgabe neuer Aktien ... 434
2. Festlegen des Ausgabepreises ... 435
3. Entzug des Bezugsrechts ... 435
4. Hinweis betreffend die Veräusserung eigener Aktien 436
E. Aktienrückkauf und Kapitalherabsetzung ... 437
F. Gehälter für Organtätigkeit ... 437
V. Sach- und Dienstleistungen der Aktiengesellschaft an die Aktionäre ... 438
§ 31 Leistungen der Vertragsparteien ... 439
I. Erfordernis bindungsvertraglicher Regelungen ... 439
II. Verpflichtungen der Aktionäre zugunsten der Aktiengesellschaft im Allgemeinen ... 439
A. Echter oder unechter Vertrag zugunsten einer Dritten ... 439
B. Vertragsinhalt ... 440
C. Vertragserfüllung ... 441
III. Verpflichtung zur Zeichnung oder zum Kauf von Aktien ... 441
A. Pflicht zur Zeichnung von Aktien bzw. zur Zustimmung zu einer Kapitalerhöhung ... 441
B. Pflicht zum Kauf von Aktien ... 443
C. Erwerbs- und Veräusserungsbeschränkungen ... 443
IV. Darlehensgewährung, Nachschuss- und Zuzahlungspflichten ... 443
V. Schuldübernahme, Garantie und Bürgschaft ... 444
VI. Sachleistungen, Lieferungs- und Abnahmepflichten ... 445
VII. Arbeitsleistungen (auftrags- und arbeitsrechtlicher Natur) ... 445

6. Kapitel: Weitere häufige Vertragsinhalte 447

§ 32 Treuepflichten 451
    I. Treuepflichten im Allgemeinen 451
        A. Der Begriff der Treuepflichten 451
        B. Zulässigkeit vertraglicher Treuepflichten 451
        C. Umfang und Inhalt vertraglicher Treuepflichten 452
            1. Inhalt und Umfang im Allgemeinen 452
            2. Treuepflichten der Vertragsparteien untereinander 452
                a) Gesellschaftsrechtliche Vertragsverhältnisse 452
                b) Schuldrechtliche Vertragsverhältnisse 453
            3. Treuepflicht gegenüber der Aktiengesellschaft 453
                a) Verpflichtungen nur zwischen den Parteien des Aktionärbindungsvertrages 453
                b) Verpflichtungen gegenüber der Aktiengesellschaft selbst 453
        D. Exkurs: Verbot weiterer Vereinbarungen unter den Vertragsparteien oder mit Dritten 454
    II. Geheimhaltungspflichten 454
    III. Konkurrenzverbote 455
        A. Bedürfnis und Zulässigkeit einer Regelung 455
        B. Umfang und Inhalt vertraglicher Konkurrenzverbote 455
        C. Zulässigkeit und Gültigkeitsschranken 455
    IV. Informations- und Aufklärungspflichten 458

§ 33 Aktienrechtliche Individual- und Minderheitenrechte 459
    I. Informationsrechte insbesondere 459
    II. Regeln im Zusammenhang mit der Geltendmachung weiterer aktienrechtlicher Minderheitenrechte 462
        A. Erreichen aktienrechtlicher Quoren 463
        B. Vereinbarungen zur Sicherstellung einer Mehrheit in der Generalversammlung 464

§ 34 Überprüfungsklauseln 465
§ 35 Salvatorische Klauseln 467
    I. Einfache salvatorische Klauseln 467
    II. Vertragliche Regeln über die Lückenfüllung 468
        A. Lückenfüllung im Sinne des Vertragszwecks 468

		B.	Lückenfüllung nach wirtschaftlicher Betrachtungsweise.....	469
		C.	Lückenfüllung durch die Parteien..	469
		D.	Lückenfüllung bei auslegungsbedürftigem Vertrag	469
	III.		Gefahr der Standardklauseln	470
§ 36	Präambeln und Zweckartikel			471
	I.		Präambeln, Vorbemerkungen und Absichtserklärungen	471
	II.		Zweckartikel	472

7. Kapitel: Regeln zur Sicherung und Durchsetzung der Vertragspflichten 475

§ 37	Sicherung und Durchsetzung im Allgemeinen			477
§ 38	Konventionalstrafe			481
	I.		Begriff und Zweck	481
	II.		Form...	482
	III.		Höhe	483
	IV.		Konventionalstrafe in Aktionärbindungsverträgen insbesondere...	484
		A.	Tun oder Unterlassen als typische Vertragspflichten	484
		B.	Höhe und Inhalt der Konventionalstrafe	485
		C.	Kumulation von Vertragserfüllung und Konventionalstrafe	486
		D.	Konventionalstrafe und Schadenersatz...............................	487
		E.	Geltendmachen der Konventionalstrafe (Legitimation)	487
		F.	Kombination mit weiteren Sicherungsmitteln	488
§ 39	Bestellen eines gemeinsamen Vertreters			489
	I.		Begriff und Zweck	489
	II.		Zulässigkeit und Voraussetzungen der Vertretung.........................	489
	III.		Grenzen der Absicherung durch Vertretung..................................	490
		A.	Jederzeitige Widerruflichkeit der Vertretungsvollmacht.....	490
		B.	Vertretung nur durch einen (anderen) Aktionär	491
§ 40	Gemeinsame Hinterlegung der gebundenen Aktien........................			493
	I.		Praktische Bedeutung: Aktientitel als Voraussetzung....................	493
	II.		Begriff und Zweck	493
		A.	Begriff der (gemeinsamen) Hinterlegung und Abgrenzung zur Sammelverwahrung	493
		B.	Zweck der Hinterlegung	495

III. Grenzen der Absicherung durch gemeinsame Hinterlegung 495
    A. Beschränkung auf physische Titel 495
    B. Grenzen bei der Absicherung von Veräusserungsbeschränkungen 496
        1. Inhaberaktien 496
        2. Namenaktien 497
    C. Grenzen hinsichtlich der Absicherung von Stimmbindungsvereinbarungen 497
        1. Inhaberaktien 497
        2. Namenaktien 498

§ 41 Schaffung gemeinschaftlichen Eigentums 499

I. Eigentum an gebundenen Aktien im Allgemeinen 499
II. Begriff und Zweck 500
    A. Miteigentum oder Gesamteigentum 500
    B. Aktien ohne physische Aktientitel 501
    C. Zweck des gemeinschaftlichen Eigentums 501
    D. Notwendige Regelungen 501
III. Absicherung von Stimmbindungsvereinbarungen 503
    A. Ausübung des Stimmrechts durch einen gemeinsamen Vertreter (Art. 690 Abs. 1 OR) 503
    B. Vertretung durch eine Vertragspartei 504
    C. Vertretung durch Dritte 504
IV. Absicherung von Veräusserungsbeschränkungen 505
    A. Keine Sicherung durch Miteigentum 505
    B. Sicherung durch Gesamteigentum 505
V. Unerwünschte Nebenwirkungen 505
    A. Transparenz und Publizität 505
    B. Behandlung als «Gruppe» 506
VI. Einbringen in eine Kollektiv- oder Kommanditgesellschaft (nicht kaufmännischer Art) insbesondere 506
VII. Fazit 507

§ 42 Begründung einer gemeinsamen Nutzniessung 509

I. Begriff und Zweck 509
II. Grenzen der Absicherung durch Nutzniessung 510
    A. Keine Absicherung gegen die Veräusserung der Aktien 510

		B.	Auszahlung der Dividenden an die einfache Gesellschaft bzw. an die Parteien gemeinsam 511
		C.	Recht des Nutzniessers auf Abtretung der Forderung bzw. des Wertpapiers.. 512
		D.	Begrenzung durch statutarische Übertragungsbeschränkungen (Vinkulierung) 512
		E.	Weitere statutarische Beschränkungen und Abtretungsverbote *(pacta de non cedendo)* 513
			1. Statutarische Bestimmungen zur Vertretung in der Generalversammlung 513
			2. Statutarische Abtretungsverbote *(pacta de non cedendo)* 514

§ 43 Verpfändung der gebundenen Aktien 515
    I. Begriff und Zweck 515
        A. Verpfändung von Aktien 515
        B. Zweck der Verpfändung... 516
        C. (Gemeinsame) Hinterlegung der verbrieften Aktien 516
    II. Mögliche Forderungen, die durch Verpfändung gesichert werden können 517
        A. Absicherung von Forderungen aus Schadenersatz oder Konventionalstrafe 517
        B. Absicherung von Erwerbsrechten... 517
        C. Absicherung von Stimmbindungsvereinbarungen............... 518
        D. Absicherung von Übertragungsbeschränkungen 518

§ 44 Übertragung der Aktien auf einen Treuhänder 519
    I. Begriff und Zweck 519
        A. Der Begriff der fiduziarischen Eigentumsübertragung (Treuhand) 519
        B. Zweck der fiduziarischen Eigentumsübertragung im Zusammenhang mit Aktionärbindungsverträgen 520
    II. Grenzen der Absicherung durch treuhänderische Eigentumsübertragung 520
        A. Vinkulierung.. 520
        B. Stimmrechtsbeschränkungen.. 521
        C. Jederzeitige Kündbarkeit des Treuhandverhältnisses 521
    III. Rechtliche Konsequenzen des Treuhandverhältnisses 522
        A. «Überschiessende Rechtsmacht» des Treuhänders............. 522

		B.	Konkurs, Tod oder Handlungsunfähigkeit des Treuhänders 523
§ 45	Übertragung der Aktien auf eine Holdinggesellschaft 525
	I.	Übertragung auf eine AG oder GmbH 525
	II.	Exkurs I: Einbringung in eine (Unternehmens-)Stiftung 526
	III.	Exkurs II: Errichtung eines Voting Trusts 527
§ 46	Physische Absicherung durch die Aktientitel 529
	I.	Keine Ausgabe von Titeln 529
	II.	Vermerk auf den Aktientiteln 529
	III.	Gemeinsames Bankschliessfach oder Tresor 530
	IV.	Gemeinsames Effektenkonto 530
§ 47	Überbinden der Rechte und Pflichten auf einen Aktienerwerber 531
	I.	Erwerb durch eine Vertragspartei 531
	II.	Erwerb durch Dritte 531
	III.	Statutarische Überbindungspflicht 533
§ 48	Vertragliche Verfügungs- und Übertragungsbeschränkungen 535
	I.	Begriff und Zweck 535
	II.	Rechtsnatur und Zulässigkeit 535
	III.	Veräusserungsbeschränkungen (*Lock-up*-Vereinbarungen) 536
		A.	Begriff 536
		B.	Wirkung 537
		C.	Zustimmungsvorbehalt zugunsten anderer Vertragsparteien 537
	IV.	Beschränkung des Verpfändungsrechts 537
	V.	Beschränkung des Rechts, eine Nutzniessung einzuräumen 539
	VI.	Beschränkung von Securities Lending und Repurchase Agreements 539
	VII.	Exkurs: Vereinbarung eines Abtretungsverbots *(pactum de non cedendo)* mit der Aktiengesellschaft 541
	VIII.	Exkurs: Beschränkungen durch Erbrecht und eheliches Güterrecht 541
§ 49	Exkurs: Statutarische Übertragungsbeschränkungen 543
	I.	Begriff und Rechtsnatur 543

		A.	Grundsatz	543
		B.	Börsenkotierte Namenaktien	543
		C.	Nicht börsenkotierte Namenaktien	544
		D.	Verwenden der Vinkulierungsordnung zur Absicherung von Aktionärbindungsverträgen?	545
	II.	Nichtbeitritt zu einem Aktionärbindungsvertrag als Ablehnungsgrund		546
		A.	Ausgangslage und Einschränkungen	546
		B.	Unterschiedliche Lehrmeinungen	547
		C.	Eigene Stellungnahme	547
		D.	Anwaltsaktiengesellschaften als Ausnahme	548
			1. Unabhängigkeitserfordernis der Anwaltsaktiengesellschaft	548
			2. Praktische Ausgestaltung	550
	III.	Übertragungsbeschränkungen unter Zuhilfenahme der *Escape Clause*		551
		A.	Ausgangslage	551
		B.	Die zwingenden Grenzen im Überblick	551
		C.	Praktische Ausgestaltung	553
			1. Auf der Ebene der Statuten	553
			2. Modalitäten der vertragsinternen Entscheidfindung und Zuteilung der Aktien	557
		D.	Fazit	559
	IV.	Statutarische Stimmrechtsbeschränkungen und Quorumsvorschriften		560

8. Kapitel: Dauer und Beendigung von Aktionärbindungsverträgen 561

§ 50 Regelung von Dauer und Beendigung 563

	I.	Übersicht	563
	II.	Bedeutung einer vertraglichen Regelung	563
	III.	Einzelaspekte	564

§ 51 Befristung von Aktionärbindungsverträgen 565

	I.	Befristung im Allgemeinen	565
	II.	Unterscheidung von befristeten und unbefristeten Aktionärbindungsverträgen	566

XLIII

III. Befristete Aktionärbindungsverträge 568
    A. Allgemein 568
    B. Befristung durch Zeitdauer oder Kalenderdatum 568
    C. Befristung auf die Dauer der Aktiengesellschaft 569
    D. Befristung auf die Dauer der Beteiligung an der Aktiengesellschaft 570
    E. Befristung durch Meilensteine 571
    F. Befristung durch Erreichen des Vertragszwecks 571
        1. Zweckerreichung 571
        2. Unmöglichkeit der Zweckerreichung 572
    G. Befristung auf die Lebensdauer einer Vertragspartei 572
        1. Befristung auf die Lebensdauer natürlicher Personen 572
            a) Gesellschaftsvertragliche Aktionärbindungsverträge 573
            b) Schuldrechtliche Aktionärbindungsverträge 573
            c) Tod häufig nicht geregelt 574
        2. Befristung auf die «Lebensdauer» juristischer Personen 574
    H. Befristung durch den Konkurs einer Vertragspartei 574
    I. Befristung durch den Eintritt (oder Nichteintritt) eines bestimmten Ereignisses 574
    J. Befristung durch eine Mindest- oder eine Höchstdauer 575
IV. Unbefristete Aktionärbindungsverträge 576
    A. Fehlende Befristung mangels entsprechender Vereinbarung 576
    B. Vereinbarung einer unbestimmten Dauer 577

§ 52 Ordentliche Beendigung von Aktionärbindungsverträgen 579
  I. Begriff 579
  II. Zeitablauf, Eintritt eines bestimmten Ereignisses 579
  III. Übereinkunft der Parteien 579
  IV. Ordentliche Kündigung 580
    A. Begriff 580
    B. Ordentliche Kündbarkeit von Aktionärbindungsverträgen 581
        1. Allgemeine Voraussetzung 581
        2. Gesellschaftsrechtliche Aktionärbindungsverträge 582
        3. Schuldrechtliche Aktionärbindungsverträge 583

		C.	Ordentliche Kündigung befristeter Aktionärbindungsverträge insbesondere............................ 585
			1. Gesellschaftsrechtliche Aktionärbindungsverträge...... 585
			2. Schuldrechtliche Aktionärbindungsverträge............. 585
			3. Die Kündigung nach Art. 404 Abs. 1 OR 586
		D.	Folgen einer fehlerhaften Kündigung 586
			1. Allgemein.. 586
			2. Formell fehlerhafte Kündigung 586
			3. Nichteinhalten der Kündigungsfrist 586
			4. Kündigung wider Treu und Glauben (Art. 2 ZGB)... 587
			5. Kündigung zur Unzeit 587
			a) Zeitpunkt der Unzeit... 588
			b) Rechtsfolgen der Kündigung zur Unzeit 588
			6. Weitere Fälle fehlerhafter Kündigung....................... 589

§ 53 Ausserordentliche Beendigung von Aktionärbindungsverträgen...........591

    I. Begriff... 591

    II. Unverschuldete nachträgliche Unmöglichkeit 591

        A. Gesellschaftsrechtliche Aktionärbindungsverträge.............. 591

        B. Schuldrechtliche Aktionärbindungsverträge....................... 592

    III. Kündigung aus wichtigem Grund 593

        A. Recht auf Kündigung aus wichtigem Grund als allgemeiner Rechtsgrundsatz.. 593

        B. Kündigung aus wichtigem Grund als zwingendes Recht.... 594

        C. Kündigung aus wichtigem Grund als *ultima ratio* 595

        D. Voraussetzungen der Kündigung aus wichtigem Grund im Einzelnen 595

            1. Umstände, die zur Kündigung aus wichtigem Grund berechtigen können 595

            2. Unzumutbarkeit der Fortführung der Vertragsbeziehung... 597

        E. Ausübung des Kündigungsrechts... 599

            1. Berechtigung zur Ausübung 599

            2. Der Zeitpunkt der Kündigung 599

            3. Gesellschaftsrechtliche Aktionärbindungsverträge...... 600

            4. Schuldrechtliche Aktionärbindungsverträge............... 601

        F. Folgen der Kündigung aus wichtigem Grund 602

            1. Bei gerechtfertigter Kündigung 602

		2.	Bei ungerechtfertigter Kündigung.................................. 603
			a) Fehlender wichtiger Grund 603
			b) Kündigung nicht als ausserordentlich erkennbar 604
			c) Schaden durch ungerechtfertigte ausserordentliche Kündigung 604
	G.	Vertragliche Regelung.. 604
		1.	Im Allgemeinen.. 604
		2.	Bei gesellschaftsrechtlichen Aktionärbindungsverträgen im Besonderen 605
IV.	Überlang befristete Aktionärbindungsverträge und andere übermässige Bindungen... 606
	A.	Allgemeines 606
	B.	(Aktionärbindungs-)Verträge auf «ewige» Zeit 606
	C.	Überlang befristete Aktionärbindungsverträge 608
		1.	Übermässige Bindung als entscheidendes Kriterium 608
		2.	Einzelne Elemente der Beurteilung........................... 608
		3.	Einschränkungen der wirtschaftlichen Freiheit insbesondere... 610
	D.	Leitlinien aus Lehre und Rechtsprechung? 610
	E.	Relevante Bestimmungen in Aktionärbindungsverträgen ... 613
		1.	Vertragsdauer bzw. Vertragsbindung auf die Dauer der Aktionärseigenschaft.. 613
		2.	Bindung der Vertragsdauer an die Dauer der Aktiengesellschaft 613
		3.	Stimmbindungsvereinbarungen 614
		4.	Veräusserungs- und Übertragungsbeschränkungen 614
		5.	Erwerbsrechte und Erwerbspflichten......................... 615
		6.	Dividendenverzicht 616
		7.	Nachschusspflichten 616
		8.	Konkurrenzverbote.. 617
		9.	Bezugs- und Lieferpflichten 618
		10.	Vereinbarung von Miteigentum an den Aktien........... 618
		11.	Konventionalstrafen 618
	F.	Zeitpunkt der Beurteilung... 618
	G.	Geltendmachung einer übermässigen Bindung 620
		1.	Berechtigung zur Geltendmachung............................. 620
		2.	Übermässige Bindung in zeitlicher oder anderer Hinsicht 620

		3.	Bei Vorliegen einer übermässigen Bindung 620
			a) Entwicklung der Rechtsprechung des Bundesgerichts 620
			b) Praktische Konsequenzen der neuen Praxis des Bundesgerichts 622
		4.	Bei Fehlen einer übermässigen Bindung 623
	H.	Praktische Hinweise zur Vertragsgestaltung 624
V.	Clausula rebus sic stantibus 625
	A.	Begriff 625
	B.	Praktische Bedeutung 625
	C.	Abgrenzungen 626
		1.	Kündigung aus wichtigem Grund 626
		2.	Irrtum über einen zukünftigen Sachverhalt (Grundlagenirrtum) 626
	D.	Vertragliche Regelung 627
VI.	Beendigung wegen Nichterfüllung 628
	A.	Nichterfüllung bei schuldrechtlichen Aktionärbindungsverträgen 628
		1.	Nichterfüllung von Hauptleistungspflichten 628
		2.	Nichterfüllung von Teil- oder Nebenleistungspflichten 629
	B.	Nichterfüllung bei gesellschaftsrechtlichen Aktionärbindungsverträgen 630
VII.	Unterstellung einer Vertragspartei unter umfassende Beistandschaft 630
VIII.	Zwangsverwertung oder Konkurs 631
IX.	Vereinigung 631
X.	Weitere Beendigungsgründe 631

§ 54 Folgen der Beendigung 633
  I. Folgen für den Aktionärbindungsvertrag 633
     A. Gesellschaftsrechtliche Aktionärbindungsverträge 633
     B. Schuldrechtliche Aktionärbindungsverträge 636
     C. Weitere nachvertragliche Pflichten 636
     D. Schadenersatz und Konventionalstrafe infolge vorzeitiger Vertragsbeendigung 637

		E.	Exkurs: Liquidation einer gemeinsamen Holdinggesellschaft 638

	II.	Folgen für die Aktiengesellschaft 639
		A. Im Allgemeinen 639
		B. Verknüpfung der Existenz von Aktiengesellschaft und Aktionärbindungsvertrag 639
		C. Auflösung des Aktionärbindungsvertrages als wichtiger Grund für die Auflösung der Aktiengesellschaft? 640
	III.	Folgen für die Beziehungen zu Dritten 641

4. Teil: Prozessuale Durchsetzung 643

§ 55 Recht auf Realerfüllung 647

I.	Realerfüllung im Allgemeinen 647
II.	Reale Durchsetzung von Stimmbindungsvereinbarungen 648
	A. In der Lehre vertretene Positionen 649
	B. Reale Durchsetzbarkeit vertraglicher Pflichten als Grundsatz auch für Stimmbindungen 650
	C. Vor der Generalversammlung erkennbare Absicht der Nichterfüllung von Stimmbindungspflichten (vorsorgliche Massnahmen) 652
	1. Ausgangslage 652
	2. Begriff und allgemeine Voraussetzungen der vorsorglichen Massnahmen 653
	3. Die Voraussetzungen vorsorglicher Massnahmen im Einzelnen 654
	a) Zivilrechtlicher Anspruch (Verfügungsanspruch) 654
	b) Drohende Verletzung des Anspruchs (Verfügungsgrund) 654
	c) Drohender Nachteil 654
	d) Dringlichkeit 655
	4. Möglicher Inhalt der Massnahmen (Vollstreckung) ... 655
	a) Im Allgemeinen 655
	b) Zwang 657
	c) Ersatzvornahme 658
	d) Entscheid auf Abgabe einer Willenserklärung? 660
	5. Prosekution 662

		D.	Nachträgliche Leistungsklage bei Nichterfüllung von Stimmbindungspflichten 662
		1.	Unmöglichkeit der Realerfüllung als Grundsatz 662
		2.	Ausnahmen 663
			a) Bei auf Dauer abgeschlossenen Aktionärbindungsverträgen 663
			b) Bei Generalversammlungsbeschlüssen, die korrigiert werden können 663
	III.	Reale Durchsetzung anderer Pflichten aus Aktionärbindungsvertrag 664

§ 56 Schadenersatz und Konventionalstrafe 665
  I. Schadenersatz 665
  II. Konventionalstrafe 665

§ 57 Klagelegitimation und Zuständigkeit 667
  I. Klagelegitimation 667
    A. Ausgangslage 667
    B. Gesellschaftsklage (notwendige Streitgenossenschaft) 668
    C. Actio pro socio 669
  II. Die Rolle der Aktiengesellschaft 669
    A. Die Aktiengesellschaft als Klägerin oder Beklagte 669
    B. Die Aktiengesellschaft als Nebenintervenientin? 669
  III. Örtliche Zuständigkeit 670
    A. Vereinbarte Zuständigkeit (Gerichtsstandsvereinbarung)... 670
    B. Allgemeine gesetzliche Zuständigkeit 671
    C. Statutarische Gerichtsstandsklauseln 671
  IV. Sachliche Zuständigkeit 672

§ 58 Durchsetzung im Konkurs 673
  I. Allgemeines 673
  II. Konkurs der Aktiengesellschaft 674
    A. Schicksal der Aktiengesellschaft 674
    B. Das Schicksal des Aktionärbindungsvertrages 674
  III. Konkurs einer Vertragspartei 675
    A. Gesellschaftsrechtlicher Aktionärbindungsvertrag 675
    B. Schuldrechtlicher Aktionärbindungsvertrag 676

§ 59 Internationale Sachverhalte 679

	I.	Vorliegen eines internationalen Sachverhaltes 679
	II.	Zuständigkeit 680
		A. Vereinbarte Zuständigkeit 680
		1. Gerichtsstandsvereinbarung.. 680
		2. Schiedsabrede.. 681
		B. Gesetzliche Zuständigkeit 682
		1. Lugano-Übereinkommen 682
		2. Bundesgesetz über das Internationale Privatrecht 684
	III.	Auf Aktionärbindungsverträge anwendbares Recht 684
		A. Freiheit der Rechtswahl 684
		B. Fehlen einer Rechtswahl 685
		C. Geltung des aktienrechtlichen Gesellschaftsstatuts und Massgeblichkeit des Verbots von Stimmbindungsvereinbarungen nach dem Recht der betroffenen Aktiengesellschaft? 686
	IV.	Anerkennung und Vollstreckung ausländischer Entscheide........... 687

§ 60 Aussergerichtliche und schiedsgerichtliche Streitbeilegung................. 689
    I. Schlichtungs- und Mediationsvereinbarungen 689
    II. Schieds- oder Expertengutachten.. 691
    III. Schiedsgerichtbarkeit.. 692

5. Teil: Alternativen zu Aktionärbindungsverträgen 695

§ 61 Wahl einer anderen Gesellschaftsform (insb. der GmbH) 699
    I. Die GmbH als Alternative zur Aktiengesellschaft mit Aktionärbindungsvertrag 699
        A. Das gesetzliche Leitbild der GmbH und seine Umsetzung im geltenden Recht 699
        B. Ausgebaute Mitwirkungsmöglichkeiten 700
            1. Aktiengesellschaft 700
            2. GmbH 701
        C. Einfluss auf die Zusammensetzung des Kreises der Gesellschafter 702
        D. (Geldwerte) Leistungen 703
            1. Leistungen der Gesellschafter an die Gesellschaft 703
            2. Leistungen der Gesellschaft an die Gesellschafter 704
        E. Würdigung.. 705

		F.	Exkurs: Ergänzung der körperschaftlichen Ordnung der GmbH durch einen Gesellschafterbindungsvertrag............ 707
	II.	Begrenzte Eignung anderer Gesellschaftsformen........................ 708	
		A.	Körperschaften... 708
			1. Genossenschaft.. 708
			2. Verein... 709
		B.	Personengesellschaften 709
	III.	Exkurs: Aktiengesellschaft und GmbH als Instrumente der Durchsetzung bindungs- vertraglicher Vereinbarungen 710	

§ 62 Vertragsbeziehungen zwischen der Aktiengesellschaft und Aktionären 713
    I. Übersicht.. 713
    II. Verweisungen 715

Checkliste und Musterverträge 717

Einleitende Bemerkungen..719
Checkliste...721
Ausführlicher Aktionärbindungsvertrag 739
Zusätzliche Bestimmungen für börsenkotierte Aktiengesellschaften 769
Aktionärbindungsvertrag mittlerer Länge mit allen Aktionären als Vertragsparteien 773
Kurzer Aktionärbindungsvertrag mit gleichberechtigter Beteiligung aller Aktionäre 789
Aktionärbindungsvertrag für eine Familienaktiengesellschaft 801
Aktionärbindungsvertrag für eine 50:50-Beteiligung (Joint Venture)............821

Sachregister... 837

Abkürzungsverzeichnis

a.a.O.	am angegebenen Ort
Abs.	Absatz
ABV	Aktionärbindungsvertrag / Aktionärbindungsverträge
a.E.	am Ende
AG	Aktiengesellschaft (Art. 620 ff. OR) / Die Aktiengesellschaft, Zeitschrift für das gesamten Aktienwesen, für deutsches, europäisches und internationales Unternehmens- und Kapitalmarktrecht (Köln 1956 ff.)
AISUF	Arbeiten aus dem juristischen Seminar der Universität Freiburg (Freiburg 1946–2003; Zürich 2003 ff.)
AJP	Aktuelle Juristische Praxis (Lachen, 1992 ff.)
AktG	(Deutsches) Aktiengesetz vom 6. September 1965
allg.	allgemein
a.M.	andere(r) Meinung(en)
Amtl. Bull. NR/SR	Amtliches Bulletin (bzw. vor 1963: Stenographisches Bulletin) des Nationalrates/Ständerates
Anm.	Anmerkung / Fussnote
aOR	alte, nicht mehr in Kraft stehende OR-Bestimmung
AR	Anwaltsrevue (1998 ff.; früher: Der Schweizer Anwalt, 1987–1998)
Art.	Artikel
AS	Amtliche Sammlung des Bundesrechts (http://www.admin.ch/ch/d/as/index.html)
ASR	Abhandlungen zum schweizerischen Recht, neue Folge (Bern 1924 ff.)
Aufl.	Auflage

BBl	Bundesblatt der Schweizerischen Eidgenossenschaft (Bern 1848/49 ff.)
Bd(e).	Band / Bände
BEG	Bundesgesetz vom 3. Oktober 2008 über Bucheffekten (Bucheffektengesetz; SR 957.1)
BEHG	Bundesgesetz vom 24. März 1995 über die Börsen und den Effektenhandel (Börsengesetz; SR 954.1)
BEHV-FINMA	Verordnung vom 25. Oktober 2008 der Eidgenössischen Finanzmarktaufsicht über die Börsen und den Effektenhandel (Börsenverordnung-FINMA; SR 954.193) (früher: BEHV-EBK)
Bericht 2014	Erläuternder Bericht [des Bundesrates] zur Änderung des Obligationenrechts (Aktienrecht) vom 28. November 2014
BGB	(Deutsches) Bürgerliches Gesetzbuch vom 18. August 1896
BGE	Entscheidungen des Schweizerischen Bundesgerichts; Amtliche Sammlung (Lausanne 1875 ff.) / Bundesgerichtsentscheid(e)
BGer	Schweizerisches Bundesgericht (http://www.bger.ch)
BGFA	Bundesgesetz vom 23. Juni 2000 über die Freizügigkeit der Anwältinnen und Anwälte (Anwaltsgesetz; SR 935.61)
Bd./Bde.	Band / Bände
BK	(Berner) Kommentar zum schweizerischen Privatrecht (verschiedene Hrsg.; Bern 1909 ff.)
BlSchK	Blätter für Schuldbetreibung und Konkurs (Wädenswil 1937 ff.)
Botschaft	Botschaft des Bundesrates
Botschaft 2007	Botschaft zur Änderung des Obligationenrechts (Aktienrecht und Rechnungslegungsrecht …) vom 21. Dezember 2007, BBl 2008 1589 ff.
BR	Bundesrat/Bundesrätin
BSK	Basler Kommentar (verschiedene Hrsg.; Basel 1992 ff.)
Bsp.	Beispiel(e)
BTJP	Berner Tage für die juristische Praxis
BVGer	Bundesverwaltungsgericht

bzw.	beziehungsweise
CEDIDAC	Centre du droit de l'entreprise (droit industriel, droit d'auteur, droit commercial) de l'Université de Lausanne
CHF	Schweizer Franken
CHK	(Zürcher) Handkommentar zum Schweizer Privatrecht (MARC AMSTUTZ et al. [Hrsg.], Zürich 2007)
CR	Commentaire Romand (verschiedene Hrsg.; Basel 2003 ff.)
ders./dies.	derselbe / dieselbe(n)
d.h.	das heisst
Diss.	Dissertation
DM	Deutsche Mark
E	Entwurf
E.	Erwägung
EBK	Eidgenössische Bankenkommission (deren Funktionen wurden per 1. Januar 2009 von der FINMA übernommen).
Einl.	Einleitung
EIZ	Europa Institut Zürich
Entwurf 2007	Entwurf zur Änderung des Obligationenrechts (Aktienrecht und Rechnungslegungsrecht) vom 21. Dezember 2007 (BBl 2008 1751 ff.)
E-OR 2007	Artikel des Obligationenrechts gemäss Entwurf 2007
et al.	und andere
EuGH	Europäischer Gerichtshof
evtl.	eventuell
f./ff.	folgende / fortfolgende
FINMA	Eidgenössische Finanzmarktaufsicht (http://www.finma.ch)
franz.	französisch

FS	Festschrift
FusG	Bundesgesetz vom 3. Oktober 2003 über Fusion, Spaltung, Umwandlung und Vermögensübertragung (Fusionsgesetz; SR 221.301)
GesKR	Schweizerische Zeitschrift für Gesellschafts- und Kapitalmarktrecht sowie Umstrukturierungen (Zürich 2006 ff.)
gl.M.	gleicher Meinung
GL	Geschäftsleitung
GmbH	Gesellschaft mit beschränkter Haftung (Art. 772 ff. OR)
GV	Generalversammlung
Habil.	Habilitation
HGer	Handelsgericht
h.L.	herrschende Lehre
HRegV	Handelsregisterverordnung vom 17. Oktober 2007 (SR 221.411)
Hrsg.	Herausgeber
IAS	International Accounting Standard(s) (http://www.iasb.org)
INR	Institut für Notariatsrecht und notarielle Praxis
insb.	insbesondere
IPO	*Initial Public Offering,* Börsengang
IPRG	Bundesgesetz vom 18. Dezember 1987 über das Internationale Privatrecht (SR 291)
i.S.	in Sachen
i.V.m.	in Verbindung mit
JT	Journal des Tribunaux, Lausanne
Kap.	Kapitel

KassGer	Kassationsgericht
KG	Bundesgesetz vom 6. Oktober 1995 über Kartelle und andere Wettbewerbsbeschränkungen (Kartellgesetz; SR 251)
KGer	Kantonsgericht
KKV-FINMA	Verordnung vom 21. Dezember 2006 der Eidgenössischen Finanzmarktaufsicht über die kollektiven Kapitalanlagen (Kollektivanlagenverordnung-FINMA; SR 951.312)
KMU	Kleine und mittlere Unternehmen
LBR	Luzerner Beiträge zur Rechtswissenschaft (Zürich 2003 ff.)
lit.	litera (Buchstabe)
LGVE	Luzerner Gerichts- und Verwaltungsentscheide (Luzern 1974–2012)
LugÜ	Übereinkommen vom 30. Oktober 2007 über die gerichtliche Zuständigkeit und die Anerkennung und Vollstreckung von Entscheidungen in Zivil- und Handelssachen (Lugano-Übereinkommen; SR 0.275.12)
LV	Literaturverzeichnis
m.(w.)H.	mit (weiteren) Hinweisen / mit (weiterem) Hinweis
MWSTG	Bundesgesetz vom 12. Juni 2009 über die Mehrwertsteuer (Mehrwertsteuergesetz; SR 641.20)
N	Note (Randziffer)
NR	Nationalrat
Nr.	Nummer
OGer	Obergericht
OLS	Offenlegungsstelle der Schweizer Börse SIX Swiss Exchange (Jahresberichte: http://www.six-exchange-regulation.com)
OR	Bundesgesetz vom 30. März 1911 betreffend die Ergänzung des Schweizerischen Zivilgesetzbuches (Fünfter Teil: Obligationenrecht) (Obligationenrecht; SR 220)

REPRAX	Zeitschrift zur Rechtsetzung und Praxis im Gesellschafts- und Handelsregisterrecht (Zürich 1999 ff.)
RLCG	Richtlinie vom 1. September 2014 betreffend Informationen zur Corporate Governance der SIX Swiss Exchange (Inkrafttreten 1. Oktober 2014)
RPW	Recht und Politik des Wettbewerbs (Bern 1997 ff.) (http://www.weko.admin.ch)
ParlG	Bundesgesetz vom 13. Dezember 2002 über die Bundesversammlung (Parlamentsgesetz; SR 171.10)
Pra	Die Praxis des Bundesgerichts (Basel 1912 ff.)
s./S.	siehe / Seite(n)
SA	Schriften zum Aktienrecht (Zürich 2002 ff.) (früher: SnA)
SAG	Schweizerische Aktiengesellschaft (Zürich 1928/29–1989) (seit 1990 als SZW weitergeführt)
SchKG	Bundesgesetz vom 11. April 1889 über Schuldbetreibung und Konkurs (SR 281.1)
SchlT	Schlusstitel
SHAB	Schweizerisches Handelsamtsblatt (http://www.shab.ch)
SHK	Stämpflis Handkommentar (verschiedene Hrsg., Bern 2003 ff.)
SIWR	Schweizerisches Immaterialgüter- und Wettbewerbsrecht (Roland von Büren/Lucas David [Hrsg.], Basel 1992 ff.)
SIX	Swiss Infrastructure and Exchange, Schweizer Effektenbörse, Zürich (früher: SWX)
SJ	La semaine judiciaire (Genf 1879 ff., seit 1999 in zwei Bänden geführt: I. Jurisprudence, II. Doctrine)
SJK	Schweizerische Juristische Kartothek (fortlaufend ergänzte Kartothek der eidgenössischen und kantonalen Rechts-, Wirtschafts-, Sozial- und Steuerpraxis nach dem neuesten Stand der Gesetzgebung und der Rechtsprechung) (Genf 1941–2007)
SJZ	Schweizerische Juristen-Zeitung (Zürich 1904/05 ff.)

SnA	Schriften zum neuen Aktienrecht (Zürich 1992 ff., seit 2002 als SA weitergeführt)
sog.	so genannt
SPR	Schweizerisches Privatrecht (verschiedene Hrsg., Basel 1967 ff.)
SR	Systematische Sammlung des Bundesrechts/Ständerat
SSHW	Schweizer Schriften zum Handels- und Wirtschaftsrecht (Zürich 1973 ff.)
ST	Der Schweizer Treuhänder (Zürich 1954 ff.) (http://www.treuhaender.ch)
StGB	Schweizerisches Strafgesetzbuch vom 21. Dezember 1937 (SR 311.0)
Swiss Code	Swiss Code of Best Practice for Corporate Governance (in der Fassung vom 28. August 2014) (http://www.economiesuisse.ch)
Swiss GAAP-FER	Schweizer Fachempfehlungen zur Rechnungslegung (2007 ff.), Stiftung für Empfehlungen zur Rechnungslegung (Hrsg.) (http://www.fer.ch)
Swiss Rules	Swiss Rules of International Arbitration der Swiss Chambers' Arbitration Institution (The Swiss Chambers of Commerce Association for Arbitration and Mediation) (eine Vereinigung der Industrie- und Handelskammern der Kantone Basel, Bern, Genf, Neuenburg, Tessin, Waadt und Zürich) (http://www.swissarbitration.org)
SWX	Swiss Exchange, frühere Bezeichnung der Schweizer Effektenbörse, Zürich (seit Oktober 2008: SIX)
SZW	Schweizerische Zeitschrift für Wirtschaftsrecht (Zürich 1990 ff.; früher: SAG)
TREX	Der Treuhandexperte (Zürich 1994 ff.)
u.A.	unter Anderem
u.E.	unseres Erachtens
UEK	Schweizerische Übernahmekommission (http://www.takeover.ch)

UEV	Verordnung der Übernahmekommission vom 21. August 2008 über öffentliche Kaufangebote (Übernahmeverordnung; SR 954.195.1)
usw.	und so weiter
u.U.	unter Umständen
u.W.	unseres Wissens
VE 2014	Vorentwurf zur Änderung des Obligationenrechts (Aktienrecht) vom 28. November 2014 (http://www.bj.admin.ch)
VE-OR	Artikel des Obligationenrechts gemäss VE 2014
VegüV	Verordnung vom 20. November 2013 gegen übermässige Vergütungen bei börsenkotierten Aktiengesellschaften (VegüV; SR 221.331) (in Kraft seit dem 1. Januar 2014)
v.a.	vor allem
vgl.	vergleiche
VKU	Verordnung vom 17. Juni 1996 über die Kontrolle von Unternehmenszusammenschlüssen (SR 251.4)
Vorb.	Vorbemerkungen
VOSTRA-V	Verordnung über das Strafregister vom 29. September 2006 (SR 331)
VR	Verwaltungsrat / Verwaltungsratsmitglied
VRP	Verwaltungsratspräsident
z.B.	zum Beispiel
ZBGR	Schweizerische Zeitschrift für Beurkundungs- und Grundbuchrecht (Wädenswil 1920 ff.)
ZBJV	Zeitschrift des Bernischen Juristenvereins (Bern 1864 ff.)
ZBR	Zürcher Beiträge zur Rechtswissenschaft (Zürich 1925–1979; abgelöst durch verschiedene Reihen der Zürcher Studien)
Ziff.	Ziffer(n)
zit.	zitiert

ZG	Kanton Zug
ZGB	Schweizerisches Zivilgesetzbuch vom 10. Dezember 1907 (SR 210)
ZGB-Komm.	KREN KOSTKIEWICZ JOLANTA *et al.* (Hrsg.): ZGB, Schweizerisches Zivilgesetzbuch, Kommentar, 2. Aufl., Zürich 2011
ZGR	Zeitschrift für Unternehmens- und Gesellschaftsrecht (Berlin 1972 ff.)
ZH	Kanton Zürich
ZIP	Zeitschrift für Wirtschaftsrecht (Köln 1983 ff.)
ZK	(Zürcher) Kommentar zum schweizerischen Zivilrecht (verschiedene Hrsg.; Zürich 1909 ff.)
ZPO	Schweizerische Zivilprozessordnung vom 19. Dezember 2008 (Zivilprozessordnung; SR 272)
ZR	Blätter für zürcherische Rechtsprechung (Zürich 1902 ff.)
ZSR	Zeitschrift für schweizerisches Recht (Basel 1852–1881; neue Folge: Basel 1882 ff.)
z.T.	zum Teil

Literaturverzeichnis

A

ABT DANIEL/WEIBEL THOMAS (Hrsg.): Erbrecht: Nachlassplanung, Nachlassabwicklung, Willensvollstreckung, Prozessführung, Praxiskommentar, 2. Aufl., Basel 2011 (zit. [BEARBEITER], PraxKomm Erbrecht)

ACOCELLA DOMENICO: Nichtigkeitsbegriff und Konzept einer einheitlichen vertragsrechtlichen Rückabwicklung gescheiterter Verträge, SJZ 2003, 494 ff.

AEBI-MÜLLER REGINA E. et al.: Einleitung, Art. 1–9 ZGB, Berner Kommentar, Bd. I: Einleitung und Personenrecht, Abt. 1: Einleitung, Bern 2012 (zit. BK-[BEARBEITER])

AMONN KURT/WALTHER FRIDOLIN: Grundriss des Schuldbetreibungs- und Konkursrechts, 9. Aufl., Bern 2013

AMSTUTZ MARC/REINERT MANI (Hrsg.): Kartellgesetz, Basler Kommentar, Basel 2010 (zit. BSK-[BEARBEITER], KG)

AMSTUTZ MARC et al. (Hrsg.): Handkommentar zum Schweizer Privatrecht, 2. Aufl., Zürich 2012 (zit. CHK-[BEARBEITER])

APPENZELLER HANSJÜRG: Stimmbindungsabsprachen in Kapitalgesellschaften, Rechtsvergleichung und internationales Privatrecht, Zürich 1996 (= Diss. Zürich 1996 = SSHW 173)

ARTER OLIVER/JÖRG FLORIAN S.: Stimmbindung mit Aktionärbindungsvertrag, Voting Trusts als Alternative, ST 2007, 474 ff.

B

BAERLOCHER RENÉ JACQUES: Der Hinterlegungsvertrag, in: Vischer (Hrsg.), Obligationenrecht, Besondere Vertragsverhältnisse, SPR, Bd. VII/1, Basel 1977, 649 ff.

BAKER & MCKENZIE (Hrsg.): Kartellgesetz, Stämpflis Handkommentar, Bern 2007 (zit. SHK-[BEARBEITER], KG)

BÄNZIGER MICHAEL: Das Verhältnis von Aktionärbindungsvertrag, Gesetz und Statuten (Arbeitstitel), Diss. Zürich (soll 2016 erscheinen)

BÄRTSCHI HARALD: Pfandrechte und Nutzniessung an Gesellschaftsanteilen, in: Kunz/Jörg/Arter (Hrsg.), Entwicklungen im Gesellschaftsrecht VII, Bern 2012, 263 ff.

BAUMANN MAJA R.: Die Familienholding, Zürich 2005 (= Diss. Zürich 2005 = SSHW 244)

BAUMANN MAX: Nutzniessung und Wohnrecht, Art. 745–778 ZGB, Zürcher Kommentar, Zivilgesetzbuch, Teilbd. IV/2a, 3. Aufl., Zürich 1999 (zit. ZK-BAUMANN)

BAUMANN MAX et al.: Einleitung, Art. 1–7 ZGB, Zürcher Kommentar, Zivilgesetzbuch, Bd. I, 3. Aufl., Zürich 1998 (zit. ZK-[BEARBEITER])

BAUSCH STEPHAN: Zur Kündbarkeit langfristiger Stimmbindungsvereinbarungen, AG 2007, 651 ff.

BERNET ROBERT: Die Regelung öffentlicher Kaufangebote im neuen Börsengesetz (BEHG), eine Darstellung der Pflichten des Anbieters und des Verwaltungsrats der Zielgesellschaft unter Einschluss sämtlicher Verordnungen, Bern 1998 (= Diss. Basel 1997 = ASR 614)

BERTSCHINGER URS: Rechtsprobleme des Securities Lending and Borrowing, «Wertpapierleihe», Bd. II: Spezialprobleme sowie internationales Privatrecht und internationales Konkursrecht, Zürich 1995 (= Schweizer Schriften zum Bankrecht 27)

BIERI ADRIAN: Statutarische Beschränkungen des Stimmrechts bei Gesellschaften mit börsenkotierten Aktien, Zürich 2011 (= Diss. Zürich 2011 = SSHW 303)

BLOCH OLIVIER: Les conventions d'actionnaires et le droit de la société anonyme en droit suisse, 2. Aufl., Genf 2011 (1. Aufl. = Diss. Lausanne 2005)

BÖCKLI PETER: Das Aktienstimmrecht und seine Ausübung durch Stellvertreter, Basel 1961 (= Diss. Basel 1960) (zit. Aktienstimmrecht)

ders.: Aktionärbindungsverträge, Vinkulierung und statutarische Vorkaufsrechte unter neuem Aktienrecht, ZBJV 1993, 475 ff. (zit. Aktionärbindungsverträge)

ders.: Aktionärbindungsverträge mit eingebauten Vorkaufs- oder Kaufsrechten und Übernahmepflichten, in: Druey/Böckli/Nobel (Hrsg.), Rechtsfragen um die Aktionärbindungsverträge, Zürich 1998 (= SnA 13), 35 ff. (zit. Kaufsrechte)

ders.: Zum Börsengesetz von 1995, neue Rechtsinstitute und neue Probleme, BJM 1998, 225 ff. (zit. Börsengesetz)

ders.: Schweizer Aktienrecht, 4. Aufl., Zürich 2009 (zit. Aktienrecht)

ders.: Insichgeschäfte und Interessenkonflikte im Verwaltungsrat: Heutige Rechtslage und Blick auf den kommenden Art. 717a E-OR, GesKR 2012, 354 ff. (zit. Insichgeschäfte)

ders.: Neue OR-Rechnungslegung, Zürich 2014 (zit. Rechnungslegung)

BÖCKLI PETER/BÜHLER CHRISTOPH B.: Vorabinformationen an Grossaktionäre, Möglichkeiten und Grenzen nach Gesellschafts- und Kapitalmarktrecht, SZW 2005, 101 ff.

BÖCKLI PETER/MORSCHER LUKAS: Aktionärbindungsverträge: Übertragbarkeit und Geltungsdauer von Optionsrechten, SZW 1997, 53 ff.

BÖSIGER MARKUS: Bedeutung und Grenzen des Aktionärbindungsvertrages bei personenbezogenen Aktiengesellschaften, REPRAX 2003/1, 1 ff.

BRAUN MARIA: Der Aktionärbindungsvertrag, ius.full 2007/1, 46 f.

BRECHBÜHL BEAT/EMCH DANIEL: Die neue GmbH als massgeschneidertes Rechtskleid für Joint Ventures, SZW 2007, 271 ff.

BUCHER EUGEN: Schweizerisches Obligationenrecht, Allgemeiner Teil ohne Deliktsrecht, 2. Aufl., Zürich 1988 (zit. Obligationenrecht)

ders.: Kommentar zu Art. 27 ZGB, Berner Kommentar, Bd. I: Einleitung und Personenrecht, Abt. 2: Die natürlichen Personen, Teilbd. 2, Bern 1993 (zit. BK-BUCHER)

VON BÜREN ROLAND: Der Lizenzvertrag, in: Grundlagen, SIWR, Bd. I/1, 2. Aufl., Basel 2002, 293 ff. (zit. Lizenzvertrag)

ders.: Der Konzern, SPR, Bd. VIII/6, 2. Aufl., Basel 2005 (zit. Konzern)

VON BÜREN ROLAND/HINTZ MONIKA: Die Aktiengesellschaft als Partei eines Aktionärbindungsvertrages? ZBJV 2000, 802 ff.

VON BÜREN ROLAND/STOFFEL WALTER A./WEBER ROLF H.: Grundriss des Aktienrechts, 3. Aufl., Zürich 2011

BÜRGI WOLFHART FRIEDRICH: Die Aktiengesellschaft, Art. 660–697 OR, Zürcher Kommentar, Obligationenrecht, Teilbd. V/5b (zit. ZK-BÜRGI)

BÜRGI WOLFHART FRIEDRICH/NORDMANN-ZIMMERMANN URSULA: Die Aktiengesellschaft und die Kommanditaktiengesellschaft, Art. 739–771 OR, Zürcher Kommentar, Obligationenrecht, Teilbd. V/5b, Zürich 1979 (zit. ZK-BÜRGI/NORDMANN)

C

CHAPPUIS FERNAND: Aspects théoriques et application pratique de la clause pénale dans les conventions d'actionnaires, SZW 2003, 65 ff. (zit. Aspects)

ders.: La clause de prohibition de concurrence dans une convention d'actionnaires, Examen à la lumière de l'ârret du tribunal fédéral 4C.5/2003, SJ 2003 II, 317 ff. (zit. Clause de prohibition)

CHERPILLOD IVAN: La fin des contrats de durée, Lausanne 1988 (= CEDIDAC 10)

CLOPATH GION: Wie können Pattsituationen bei Zweimanngesellschaften behoben werden? SJZ 1993, 157

COTTI LUKAS: Das vertragliche Konkurrenzverbot, Voraussetzungen, Wirkungen, Schranken, Freiburg 2001 (= Diss. Freiburg 2001 = AISUF 207)

COUCHEPIN GASPARD: La clause pénale, Zürich 2008 (= Diss. Freiburg 2007 = AISUF 270)

VON DER CRONE HANS CASPAR: Lösung von Pattsituationen bei Zweimanngesellschaften, SJZ 1993, 37 ff. (zit. Pattsituationen)

ders.: Aktienrecht, Bern 2014 (zit. Aktienrecht)

D

DAENIKER DANIEL/WALLER STEFAN: Aktionär: Freund oder Feind? Zur Stellung des Verwaltungsrates bei Proxy Fights, in: Tschäni (Hrsg.), Mergers & Acquisitions XI, Zürich 2009, 75 ff.

DALLA TORRE LUCA/GERMANN MARTIN: 12 Antworten zum neuen Bucheffektengesetz, GesKR 2009, 573 ff.

DALLÈVES LOUIS: Schuldbetreibung und Konkurs, Die Wirkungen des Konkurses auf die Verträge, SJK, Ersatzkarte 1003a (Stand 1987)

DASSER FELIX/OBERHAMMER PAUL (Hrsg.): Lugano-Übereinkommen (LugÜ), Stämpflis Handkommentar, 2. Aufl., Bern 2011 (zit. SHK-[BEARBEITER], LugÜ)

DOHM JÜRGEN: Les accords sur l'exercice du droit de vote de l'actionnaire, Genf 1971 (= Diss. Genf 1971 = Mémoires publiés par la Faculté de Droit de Genève 33)

DOMENICONI ALEX/VON DER CRONE HANS CASPAR: Ausübung von Aktionärsrechten durch ein Aktionärskonsortium, SZW 2009, 223 ff.

DRUEY JEAN NICOLAS: Erbrechtliche Schranken der Dispositionsmöglichkeiten des Unternehmers, in: Der Generationenwechsel im Familienunternehmen, Zürich 1982 (= SSHW 67) (zit. Schranken)

ders.: Stimmbindung in der Generalversammlung und im Verwaltungsrat, in: Druey/Böckli/Nobel (Hrsg.), Rechtsfragen um die Aktionärbindungsverträge, Zürich 1998 (= SnA 13), 7 ff. (zit. Stimmbindung)

ders.: Grundriss des Erbrechts, 5. Aufl., Bern 2002 (zit. Erbrecht)

DRUEY JEAN NICOLAS/DRUEY JUST EVA/GLANZMANN LUKAS: Gesellschafts- und Handelsrecht, 11. Aufl., Zürich 2010 (zit. DRUEY/[BEARBEITER])

DUMARTHERAY CHRISTOPH: Statutarische Vorkaufsrechte unter neuem Aktienrecht, in: Jahrbuch des Handelsregisters 1995, Zürich 1995, 79 ff.

DÜRR DAVID/LARDI MAURO (Hrsg.): Unternehmensnachfolge, Interdisziplinäres Handbuch zur Nachfolgeregelung, Zürich 2014 (zit. [BEARBEITER] in Dürr/Lardi)

E

EHRAT FELIX R./FREY THOMAS: Nachfolgeplanung aus ehegüter- und erbrechtlicher Sicht, Rechtliche Möglichkeiten und Einschränkungen, ST 2007, 328 ff.

EISENHUT STEFAN: Escrow-Verhältnisse, Das Escrow Agreement und ähnliche Sicherungsgeschäfte, Basel 2009 (Diss. Basel 2008)

EITEL PAUL: Eigentumstransfer an Familienunternehmen in der Schweiz – erbrechtliche Aspekte, in: Stamm/Breitschmid/Kohli (Hrsg.), Doing Succession in Europe, Generational Transfers in Family Businesses in Comperative Perspective, Zürich 2011, 271 ff.

ELMIGER FABIENNE: Das Unternehmen in der Erbteilung, Die Teilungsart (Art. 607–619 ZGB), Zürich 2012 (= Diss. Luzern 2012)

ERNST WOLFGANG: Kleine Abstimmungsfibel, Leitfaden für die Versammlung, Zürich 2011

F

FELLMANN WALTER: Der einfache Auftrag, Art. 394–406 OR, Berner Kommentar, Bd. VI: Das Obligationenrecht, Abt. 2: Die einzelnen Vertragsverhältnisse, Teilbd. 4, Bern 1992 (zit. BK-FELLMANN)

FELLMANN WALTER/MÜLLER KARIN: Die einfache Gesellschaft, Art. 530–544 OR, Berner Kommentar, Bd. VI: Das Obligationenrecht, Abt. 2: Die einzelnen Vertragsverhältnisse, Teilbd. 8, Bern 2006 (zit. BK-FELLMANN/MÜLLER)

FISCHER DAMIAN: Änderungen im Vertragsparteienbestand von Aktionärbindungsverträgen, Vertrags-, gesellschafts- und börsenrechtliche Aspekte, Zürich 2009 (= Diss. Zürich 2009 = SSHW 281) (zit. Parteienbestand)

FISCHER ROLAND: Lizenzverträge im Konkurs, gesetzliche Regelung und vertragliche Gestaltungsmöglichkeiten, Bern 2008 (= Diss. Zürich 2008) (zit. Lizenzverträge)

FOËX BÉNÉDICT: La nouvelle reglementation des droits de préemption, d'emption et de réméré dans le CC/CO, SJ 1994, 381 ff.

FORSTMOSER PETER: Die Genossenschaft, Art. 839–851 OR, Berner Kommentar, Bd. VII: Das Gesellschaftsrecht, 4. Abt.: Die Genossenschaft, Lfg. 2, Bern 1974 (zit. BK-FORSTMOSER)

ders.: Schweizerisches Aktienrecht, Bd. 1 (Zürich 1981) (zit. Aktienrecht)

ders.: Der Generationenwechsel – Erfahrungen aus der Praxis, in: Der Generationenwechsel im Familienunternehmen, Zürich 1982 (= SSHW 67), 111 ff. (zit. Generationenwechsel)

ders.: Die Behandlung der personenbezogenen AG im Entwurf für eine Reform des Aktienrechts, SAG 1984, 50 ff. (zit. Entwurf)

ders.: Die aktienrechtliche Verantwortlichkeit, Die Haftung der mit der Verwaltung, Geschäftsführung, Kontrolle und Liquidation einer AG betrauten Personen, 2. Aufl., Zürich 1987 (zit. Verantwortlichkeit)

ders.: Aktionärbindungsverträge, in: Forstmoser/Tercier/Zäch (Hrsg.), Innominatverträge, Festgabe zum 60. Geburtstag von Walter R. Schluep, Zürich 1988, 359 ff. (zit. Aktionärbindungsverträge)

ders.: Informations- und Meinungsäusserungsrechte des Aktionärs, in: Druey/Böckli/Nobel (Hrsg.), Rechtsfragen um die Aktionärbindungsverträge, Zürich 1998 (= SnA 13), 85 ff. (zit. Informationsrechte)

ders.: Die Vinkulierung: ein Mittel zur Sicherstellung der Unterwerfung unter Aktionärbindungsverträge? in: von Büren (Hrsg.), Aktienrecht 1992–1997: Versuch einer Bilanz; zum 70. Geburtstag von Rolf Bär, Bern 1998, 89 ff. (zit. Vinkulierung)

ders.: Gestaltungsfreiheit im schweizerischen Gesellschaftsrecht, in: Lutter/Wiedemann (Hrsg.), Gestaltungsfreiheit im Gesellschaftsrecht, 11. ZGR-Symposium «25. Jahre ZGR», ZGR Sonderheft 13, Berlin 1998, 254 ff. (zit. Gestaltungsfreiheit) *ders.:* Haftung im Konzern, in: Baer (Hrsg.), Vom Gesellschafts- zum Konzernrecht, Bern 2000, 89 ff. (zit. Haftung)

ders.: Der Aktionärbindungsvertrag an der Schnittstelle zwischen Vertragsrecht und Körperschaftsrecht, in: Honsell *et al.* (Hrsg.), Aktuelle Aspekte des Schuld- und Sachenrechts, Festschrift für Heinz Rey zum 60. Geburtstag, Zürich 2003, 375 ff. (zit. Schnittstelle)

ders.: Organisation und Organisationsreglement der Aktiengesellschaft, Rechtliche Ordnung und Umsetzung in der Praxis, Zürich 2011 (zit. Organisationsreglement)

FORSTMOSER PETER/HIRSCH ALAIN: Der Entwurf zur Revision des Aktienrechts, Einige konkrete Vorschläge, SAG 1985, 29 ff.

FORSTMOSER PETER/KÜCHLER MARCEL: «Vertreter» im Verwaltungsrat und ihr Recht auf Weitergabe von Information, in: Sethe *et al.* (Hrsg.), Kommunikation, Festschrift für Rolf H. Weber zum 60. Geburtstag, Bern 2011, 35 ff.

FORSTMOSER PETER/MEIER-HAYOZ ARTHUR/NOBEL PETER: Schweizerisches Aktienrecht, Bern 1996

FRICK AURELIA C. K.: Die Beendigung des einfachen Auftrages (Art. 404 und 405 OR), Basel 2005 (Diss. Basel 2005) (zit. Beendigung)

FRICK JÜRG: Private Equity im Schweizer Recht, Zürich 2009 (= Diss. Zürich 2008 = SSHW 272) (zit. Private Equity)

FURRER MARTIN: Der gemeinsame Zweck als Grundbegriff und Abgrenzungskriterium im Recht der einfachen Gesellschaft, Zürich 1996 (= Diss. Zürich 1995 = SSHW 164)

G

GAUCH PETER: System der Beendigung von Dauerverträgen, Freiburg 1968 (= Diss. Freiburg 1968)

GAUCH PETER/SCHLUEP WALTER R./SCHMID JÖRG: Schweizerisches Obligationenrecht, Allgemeiner Teil, Band I, 10. Aufl., Zürich 2014

GAUCH PETER/SCHLUEP WALTER R./EMMENEGGER SUSAN: Schweizerisches Obligationenrecht, Allgemeiner Teil, Band II, 10. Aufl., Zürich 2014

GAUTSCHI GEORG: Besondere Auftrags- und Geschäftsführungsverhältnisse sowie Hinterlegung, Art. 425–491 OR, Berner Kommentar, Bd. VI: Das Obligationenrecht, Abt. 2: Die einzelnen Vertragsverhältnisse, Teilbd. 6, Bern 1962 (zit. BK-GAUTSCHI)

GERMANN SANDRO: Das personale Element in der AG und der GmbH, Zürich 2015 (= Diss. Zürich 2015; erscheint in der Reihe SSHW, in der vorliegenden Publikation nicht mehr verarbeitet)

GERICKE DIETER: Vorzugsrechte des Venture Capital-Investors, in: Gericke (Hrsg.), Private Equity: Verträge und Rechtsfragen bei Venture Capital Investments (auf Grundlage der SECA-Musterverträge), Zürich 2011 (= EIZ 118), 101 ff.

GERICKE DIETER/DALLA TORRE LUCA: Joint Ventures – Wirtschaftsformen im Spannungsfeld zwischen Kooperation und Transaktion, in: Kunz/Jörg/Arter (Hrsg.), Entwicklungen im Gesellschaftsrecht VII, Bern 2012, 19 ff.

GIGER HANS: Der Grundstückkauf, Art. 216–221, Berner Kommentar, Bd. VI: Das Obligationenrecht, Abt. 2: Die einzelnen Vertragsverhältnisse, Teilbd. 1: Kauf und Tausch, Absch. 3, Bern 1997 (zit. BK-GIGER)

GIOVANOLI LAURENT: Rechtsprobleme von Repurchase Agreements (Repos), Zürich 2003 (= Diss. Zürich 2003)

GIRSBERGER DANIEL *et al.* (Hrsg.): Zürcher Kommentar zum IPRG, Kommentar zum Bundesgesetz über das Internationale Privatrecht (IPRG) vom 18. Dezember 1987, 2. Aufl., Zürich 2004 (zit. ZK-[BEARBEITER])

GLATTFELDER HANS: Die Aktionärbindungs-Verträge, ZSR 1959 II, 141a ff. (einschliesslich der Diskussion des Themas durch die Referenten GLATTFELDER und PATRY am Schweizerischen Juristentag 1959, ZSR 1959 II, 699a ff.)

GLOOR MARCEL/FLURY ANDREA: Die Call Option an Aktien beim Tod eines Aktionärs, SJZ 2005, 305 ff.

GOTSCHEV GEORG G.: Koordiniertes Aktionärsverhalten im Börsenrecht, eine ökonomische und rechtsvergleichende Analyse der organisierten Gruppe gemäss Börsengesetz, Zürich 2005 (= Diss. Zürich 2005 = SSHW 240)

VON GREYERZ CHRISTOPH: Die Unternehmernachfolge in den Personengesellschaften, in: Die Erhaltung der Unternehmung im Erbgang, BTJP 1970, Bern 1972, 69 ff. (zit. Unternehmernachfolge)

ders.: Die Aktiengesellschaft, SPR, Bd. VIII/2, Basel 1982 (zit. Aktiengesellschaft)

GRONER ROGER: Private Equity-Recht, Bern 2007 (zit. Private Equity)

GROUPE DE RÉFLEXION «GESELLSCHAFTSRECHT», Bericht der von BR Koller eingesetzten Arbeitsgruppe zur Prüfung des Reformbedarfs im Gesellschaftsrecht, Bundesamt für Justiz (Hrsg.), Bern 1993 (publ. 1994)

GUHL THEO *et al.:* Das Schweizerische Obligationenrecht, mit Einschluss des Handels- und Wertpapierrechts, 9. Aufl., Zürich 2000 (zit. GUHL/[BEARBEITER])

GÜNGERICH ANDREAS *et al.*: Schweizerische Zivilprozessordnung, Art. 150–352 ZPO, Berner Kommentar, Bd. II, Bern 2012 (zit. BK-[BEARBEITER])

H

HAAB DIETER: Der Aktionärbindungsvertrag, Vereinbarung zur Ergänzung des Aktienrechts und Mittel für eine massgeschneiderte Nachfolgeregelung, ST 2007, 383 ff.

HANDSCHIN LUKAS: Rechnungslegung im Gesellschaftsrecht, SPR, Bd. VIII/9, Basel 2012

HANDSCHIN LUKAS/TRUNIGER CHRISTOF: Die neue GmbH, 2. Aufl., Zürich 2006

HANDSCHIN LUKAS/VONZUN RETO: Die einfache Gesellschaft, Art. 530–551 OR, Zürcher Kommentar, Obligationenrecht, 4. Teil: Die Personengesellschaften, Teilbd. V/4a, 4. Aufl., Zürich 2009 (zit. ZK-HANDSCHIN/VONZUN)

HARDER SCHULER CHRISTA-MARIA: Corporate Governance in nicht kotierten Aktiengesellschaften, Zürich 2013 (= Diss. Zürich 2012 = SSHW 314)

HARTMANN STEPHAN: Zur actio pro socio im Recht der Personengesellschaften, ZSR 2005 I, 397 ff.

HARTMANN JÜRG E./SINGER ILONA: Gross- und Ankeraktionäre von kotierten und nichtkotierten Publikums-Aktiengesellschaften, GesKR 2012, 539 ff.

HAUSHEER HEINZ: Gesellschaftsvertrag und Erbrecht, ZBJV 1969, 129 ff. (zit. Gesellschaftsvertrag)

ders.: Erbrechtliche Probleme des Unternehmers, Bern 1970 (= Habil. Bern 1969) (zit. erbrechtliche Probleme)

ders.: Das Zusammenspiel des Erbrechts mit dem ehelichen Güterrecht und dem Gesellschaftsrecht, in: Der Generationenwechsel im Familienunternehmen, Zürich 1982 (= SSHW 67) (zit. Zusammenspiel)

ders.: Die Abgrenzung der Verfügung von Todes wegen von den Verfügungen unter Lebenden, in: Breitschmid (Hrsg.), Testament und Erbvertrag, Bern 1991, 79 ff. (zit. Abgrenzung)

HAUSHEER HEINZ/AEBI-MÜLLER REGINA E.: Das Personenrecht des Schweizerischen Zivilgesetzbuches, 3. Aufl., Bern 2012

HAUSHEER HEINZ/GEISER THOMAS/AEBI-MÜLLER REGINA E.: Das Familienrecht des Schweizerischen Zivilgesetzbuches, 5. Aufl., Bern 2014

HAUSHEER HEINZ/JAUN MANUEL: Die Einleitungsartikel des ZGB, Art. 1–10 ZGB, Stämpflis Handkommentar, Bern 2003 (zit. SHK-HAUSHEER/JAUN, ZGB)

HAUSHEER HEINZ/REUSSER RUTH/GEISER THOMAS: Allgemeine Vorschriften, Art. 181–195a ZGB, Der ordentliche Güterstand der Errungenschaftsbeteiligung, Art. 196–220 ZGB, Berner Kommentar, Bd. II: Das Familienrecht, Abt. 1: Das Eherecht, Teilbd. 3: Das Güterrecht der Ehegatten, Unterteilbd. 1, Bern 1992 (zit. BK-HAUSHEER/REUSSER/GEISER)

HAYMANN ERIC: Aktienübernahmevereinbarungen zwischen Mehrheits- und Minderheitsaktionären, Ein Vorschlag zu einem wirksamen Minderheitsschutz, vor allem in kleinen und mittleren Aktiengesellschaften, Zürich 1973 (= Diss. Zürich 1973 = SSHW 2)

HENSCH ANGELA/STAUB LEO: Aktionärbindungsvertrag als Instrument der Nachfolgeregelung in Familiengesellschaften von zentraler Bedeutung für die Kontinuität, ST 2002, 1173 ff.

HÉRITIER LACHAT ANNE: Les conventions d'actionnaires: quelques examples pratiques, in: Ling (Hrsg.), Les successions dans les entreprise, CEDIDAC 69, Lausanne 2006, 87 ff.

HERZOG NICOLAS: Der Vorvertrag im schweizerischen und deutschen Schuldrecht, Zürich 1999 (= Diss. Zürich 1999) (zit. Vorvertrag)

ders.: Bemerkungen zum Problem der höchstzulässigen Dauer von Schuldverträgen, recht 2001, 201 ff. (zit. Dauer)

HIGI PETER: Miete, Art. 266–268b OR, Zürcher Kommentar, Obligationenrecht, Teilbd. V/2b/2, 4. Aufl., Zürich 1995 (zit. ZK-HIGI)

HILTY RETO M.: Lizenzvertragsrecht, Systematisierung und Typisierung aus schutz- und schuldrechtlicher Sicht, Bern 2001 (= Habil. Zürich 2003)

HINTZ-BÜHLER MONIKA: Aktionärbindungsverträge, Bern 2001 (= Diss. Bern 2001 = ASR 659)

HIRSCH ALAIN/PETER HENRY: Une meilleure garantie de l'exécution des conventions d'actionnaires, La propriété commune (Gesamteigentum) des actions, SAG 1984, 1 ff.

HOCH PATRICK M.: Auflösung und Liquidation der einfachen Gesellschaft, Meilen 2001 (= Diss. Zürich 2000)

HOFER SIBYLLE: Art. 27 ZGB – Die späte Entdeckung einer vermeintlichen Lücke, recht 2008, 58 ff.

HOFFMANN JAN HENDRIK/VON DER CRONE HANS CASPAR: Das Handeln in gemeinsamer Absprache und die organisierte Gruppe im Offenlegungsrecht, SZW 2011, 309 ff.

HOFSTETTER KARL: Gruppentatbestände im Börsengesellschaftsrecht, SZW 1998, 285 ff. (zit. Gruppentatbestände)

HÖHN JAKOB: «Acting in concert» im schweizerischen Übernahmerecht, Die Begriffe «Handeln in gemeinsamer Absprache» und «organisierte Gruppe», in: Zindel/Peyer/Schott (Hrsg.), Wirtschaftsrecht in Bewegung, Festgabe zum 65. Geburtstag von Peter Forstmoser, Zürich 2008, 23 ff.

HONSELL HEINRICH/VOGT NEDIM P./GEISER THOMAS (Hrsg.): Zivilgesetzbuch I (Art. 1–456 ZGB), Basler Kommentar, 5. Aufl., Basel 2014 (zit. BSK-[BEARBEITER], ZGB)

HONSELL HEINRICH/VOGT NEDIM P./GEISER THOMAS (Hrsg.): Zivilgesetzbuch II (Art. 457–977 ZGB, Art. 1–61 SchlT ZGB), Basler Kommentar, 4. Aufl., Basel 2011 (zit. BSK-[BEARBEITER], ZGB)

HONSELL HEINRICH/VOGT NEDIM P./WIEGAND WOLFGANG (Hrsg.): Obligationenrecht I (Art. 1–529 OR), Basler Kommentar, 5. Aufl., Basel 2011 (zit. BSK-[BEARBEITER], OR)

HONSELL HEINRICH/VOGT NEDIM P./WATTER ROLF (Hrsg.): Obligationenrecht II (Art. 530–964 OR, Art. 1–6 SchlT AG, Art. 1–11 Übest GmbH), Basler Kommentar, 4. Aufl., Basel 2012 (zit. BSK-[BEARBEITER], OR)

HONSELL HEINRICH *et al.* (Hrsg.): Internationales Privatrecht, Basler Kommentar, 3. Aufl., Basel 2013 (zit. BSK-[BEARBEITER])

HORBER FELIX: Die Informationsrechte des Aktionärs, Eine systematische Darstellung, Zürich 1995

HUBER LUCIUS: Das Joint-Venture im internationalen Privatrecht, Basel 1992 (= Diss. Basel 1989) (zit. Joint-Venture)

ders.: Vertragsgestaltung: Grundstruktur, Gründung, Willensbildung und Auflösung, in: Meier-Schatz (Hrsg.), Kooperations- und Joint-Venture-Verträge, Bern 1994, 9 ff. (zit. Vertragsgestaltung)

HUGUENIN CLAIRE: Das Gleichbehandlungsprinzip im Aktienrecht, Zürich 1994 (= Habil. Zürich 1994) (zit. Gleichbehandlungsprinzip)

dies.: Obligationenrecht, Allgemeiner und Besonderer Teil, 2. Aufl., Zürich 2014 (zit. Obligationenrecht)

J

JÄGGI PETER: Von der Gesellschaft auf Lebenszeit, in: Mélanges Roger Secrétan, Montreux 1964, 113 ff.

JÄGGI PETER/GAUCH PETER/HARTMANN STEPHAN: Auslegung, Ergänzung und Anpassung der Verträge; Simulation, Art. 18 OR, Zürcher Kommentar, Obligationenrecht, 4. Aufl., Zürich 2014 (zit. ZK-JÄGGI/GAUCH/HARTMANN)

JOLLES ALEXANDER: Consequences of Multi-tier Arbitration Clauses, Issues of Enforcement, The Chartered Institute of Arbitration, 72 Arbitration 4, 2006, 329 ff.

JUNG PETER/SPITZ PHILIPPE (Hrsg.): Bundesgesetz gegen den unlauteren Wettbewerb (UWG), Stämpflis Handkommentar, Bern 2010 (zit. SHK-[BEARBEITER], UWG)

K

KACZYNSKI DANIEL CHRISTIAN: Der aktive Grossaktionär in der Publikumsgesellschaft, Zürich 2000 (Diss. Zürich 2000)

KÄLIN OLIVER: Unmöglichkeit der Leistung nach Art. 119 OR und clausula rebus sic stantibus, recht 2004, 246 ff.

KISTLER PASCAL M.: Die Erfüllung der (aktien- und börsenrechtlichen) Meldepflicht und Angebotspflicht durch Aktionärsgruppen, unter besonderer Berücksichtigung von Art. 663c OR, Art. 20 f. und 32 BEHG, Zürich 2001 (= Diss. Zürich 2001 = SSHW 212)

KLÄY HANSPETER: Die Vinkulierung, Theorie und Praxis im neuen Aktienrecht, Basel 1997 (= Diss. Basel 1996)

KNOBLOCH STEFAN: Das System zur Durchsetzung von Aktionärsrechten, Zürich 2011 (= Habil. Zürich 2011) (zit. System)

ders.: Joint Ventures: Vertrags- und gesellschaftsrechtliche Gestaltungsmöglichkeiten, GesKR 2013, 551 ff. (zit. Joint Ventures)

KOEHLER DIRK: Die GmbH in der Schweiz und in Deutschland, Zürich 2005 (= Diss. Luzern 2003/04)

KÖNIG WOLFGANG: Der satzungsergänzende Nebenvertrag, Eine rechtsvergleichende Untersuchung zum ausserstatutarischen Gesellschaftsorganisationsrecht nach deutschem, französischem und schweizerischem Recht, Baden-Baden 1996 (= Diss. Köln 1995)

KRAMER ERNST A.: Inhalt des Vertrages, Art. 19–22 OR, Berner Kommentar, Bd. VI: Das Obligationenrecht, Abt. 1: Allgemeine Bestimmungen, Teilbd. 2, Bern 1991 (zit. BK-KRAMER)

ders.: Persönlichkeitsverletzung bei einem über Jahrzehnte immer wieder erneuerten Kaufrecht mit einem heute wirtschaftlich obsoleten Preisansatz? recht 2004, 27 ff.

KRAMER ERNST A./SCHMIDLIN BRUNO: Allgemeine Einleitung in das schweizerische Obligationenrecht und Art. 1–18, Berner Kommentar, Bd. VI: Das Obligationenrecht, Abt. 1: Allgemeine Bestimmungen, Bern 1986 (zit. BK-[BEARBEITER])

KREN KOSTKIEWICZ JOLANTA: Grundriss des schweizerischen Internationalen Privatrechts, Bern 2012

KREN KOSTKIEWICZ JOLANTA et al. (Hrsg.): ZGB, Schweizerisches Zivilgesetzbuch, Kommentar, 2. Aufl., Zürich 2011 (zit. [BEARBEITER], ZGB-Komm.)

KRNETA GEORG: Praxiskommentar Verwaltungsrat, Art. 707–726, 754 OR und Spezialgesetze, Ein Handbuch für Verwaltungsräte, 2. Aufl., Bern 2005

KÜCHLER MARCEL: Besondere Vorteile nach Art. 628 Abs. 3 OR, in: Zindel/Peyer/Schott (Hrsg.), Wirtschaftsrecht in Bewegung, Festgabe zum 65. Geburtstag von Peter Forstmoser, Zürich 2008, 49 ff.

KUMMER MAX: Die Eignung der Aktiengesellschaft für die Erhaltung der Familienunternehmung, in: Die Erhaltung der Unternehmung im Erbgang, BTJP 1970, Bern 1972, 109 ff.

KUNZ PETER V.: Der Minderheitenschutz im schweizerischen Aktienrecht, Eine gesellschaftsrechtliche Studie zum aktuellen Rechtszustand verbunden mit Rückblick und Vorausschau sowie mit rechtsvergleichenden Hinweisen, Bern 2001 (= Habil. Bern 2000) (zit. Minderheitenschutz)

ders.: Das Einberufungsrecht für GV sowie weitere Aktionärsrechte zwischen Hammer und Amboss von Managementwillkür und Rechts(un)sicherheit, Jusletter vom 19. November 2007 (zit. Einberufungsrecht)

ders.: Börsenrechtliche Meldepflicht in Theorie und Praxis, in: Vogt et al. (Hrsg.), Unternehmen – Transaktion – Recht, Liber amicorum für Rolf Watter zum 50. Geburtstag, Zürich 2008, 229 ff. (zit. Meldepflicht)

KÜNZLE HANS RAINER: Die Willensvollstrecker, Art. 517–518, Berner Kommentar, Bd. III: Das Erbrecht, Abt. 1: Die Erben, Teilbd. 2: Die Verfügungen von Todes wegen, Teil 2, Bern 2011 (zit. BK-KÜNZLE)

L

LANG THEODOR: Die Durchsetzung des Aktionärbindungsvertrags, Zürich 2003 (= Diss. Basel 2002 = SSHW 221)

LEHNER OTHMAR: Die rechtliche Struktur und die Hauptarten der aktienrechtlichen Vorkaufsrechte, SJZ 1954, 73 ff.

LEU DANIEL: Vertragstreue in Zeiten des Wandels – Die clausula rebus sic stantibus und das Kriterium der Vorhersehbarkeit, in: Vertrauen – Vertrag – Verantwortung, Festschrift für Hans Caspar von der Crone zum 50. Geburtstag, Zürich 2007, 107 ff.

LIEBI MARTIN: Vorzugsaktien: eine Darstellung nach gesellschaftsrechtlichen, bilanzierungsrechtlichen, steuerrechtlichen, rechtsgeschichtlichen, rechtsökonomischen, rechtsvergleichenden und corporate finance-Gesichtspunkten, Zürich 2008 (= Diss. Zürich 2007 = SSHW 269)

LIVER PETER *et al.:* Einleitung, Art. 1–10, Berner Kommentar, Bd. I: Einleitung und Personenrecht, Abt. 1: Einleitung, Bern 1962 (zit. BK-[BEARBEITER] (1962))

LIPS-RAUBER CHRISTINA: Die Rechtsbeziehung zwischen dem beauftragten fiduziarischen Verwaltungsrat und dem Fiduzianten, Zürich 2005 (= Diss. Zürich 2005 = SSHW 241)

LÜBBERT HARTMUT: Abstimmungsvereinbarungen in den Aktien- und GmbH-Rechten der EWG-Staaten, der Schweiz und Grossbritanniens, Baden-Baden 1971

LUDWIG HUBERTUS: Die Kündbarkeit «ewiger» Verträge, ST 1989, 432 ff.

M

MAIZAR KARIM: Die Willensbildung und Beschlussfassung der Aktionäre in schweizerischen Publikumsgesellschaften: Grundlagen – Analysen – Ansätze einer Reform (Diss. Zürich 2012 = SSHW 308)

MARKUS ALEXANDER R.: Internationales Zivilprozessrecht, Bern 2014

MARTIN FRANÇOISE: Sociétés anonymes de famille, Structure, maintien et optimisation de la détention du capital, 2. Aufl., Genf 2013 (1. Aufl. = Diss. Lausanne 2008)

MARXER FLORIAN: Die personalistische Aktiengesellschaft im liechtensteinischen Recht. Eine Analyse unter besonderer Berücksichtigung des Rechts der Vinkulierung und der Aktionärbindungsverträge, Zürich 2007 (= Diss. Zürich 2007 = SSHW 263)

MEIER ISAAK: Laufende Verträge in Konkurs- und Nachlassverfahren, BlSchK 2006, 85 ff. (zit. Verträge)

MEIER CONRAD (Hrsg.): Swiss GAAP FER, Erläuterungen, Illustrationen und Beispiele, Zürich 2009 (zit. Swiss GAAP FER)

MEIER-HAYOZ ARTHUR: Systematischer Teil und allgemeine Bestimmungen, Art. 641–654 ZGB, Berner Kommentar, Bd. IV: Das Sachenrecht, Abt. 1: Das Eigentum, Teilbd. 1, 5. Aufl., Bern 1981 (zit. BK-MEIER-HAYOZ)

ders.: Grundeigentum II, Art. 680–701 ZGB, Berner Kommentar, Bd. IV: Das Sachenrecht, Abt. 1: Das Eigentum, Teilbd. 3, Bern 1975 (zit. BK-MEIER-HAYOZ)

MEIER-HAYOZ ARTHUR/FORSTMOSER PETER: Schweizerisches Gesellschaftsrecht, mit Einbezug des künftigen Rechnungslegungsrechts und der Aktienrechtsreform, 11. Aufl., Bern 2012

MEIER-SCHATZ CHRISTIAN: Statutarische Erwerbsrechte unter neuem Aktienrecht, SZW 1992, 224 ff.

METTIER SUSANNE: Offenlegung von Beteiligungen im Börsengesetz, Melde- und Veröffentlichungspflicht von Aktionär und Gesellschaft, Zürich 1999 (= Diss. Zürich 1999)

MEYER MAX: Der Aktionärbindungsvertrag als Instrument der juristischen Praxis, ZBJV 2000, 421 ff.

MÜLLER KARIN: Die Übertragung der Mitgliedschaft bei der einfachen Gesellschaft, ein Diskussionsbeitrag zum Recht der Gesamthandschaft, Zürich 2003 (= Diss. Luzern 2003 = LBR 2) (zit. Mitgliedschaft)

MÜLLER ROLAND: Der Aktionärbindungsvertrag, Der Treuhandexperte 1998, 4 ff. (zit. Aktionärbindungsvertrag)

ders.: Der Verwaltungsrat als Arbeitnehmer, Zürich 2005 (zit. Arbeitnehmer)

MÜLLER ROLAND/LIPP LORENZ /PLÜSS ADRIAN: Der Verwaltungsrat. Ein Handbuch für Theorie und Praxis, 4. Aufl., Zürich 2014

MÜNCH PETER/BÖHRINGER PETER/KASPER SABINA/PROBST FRANZ (Hrsg.): Schweizer Vertragshandbuch, 2. Aufl., Basel 2010

MUSTAKI GUY/ALBERINI ALAIN: La participation de la société anonyme à une convention entre ses actionnaires, SJ 2013 II, 91 ff.

N

NAEGELI EDUARD: Die Doppelgesellschaft als rechtliche Organisationsform der Kartelle, Konzerne und anderen Unternehmenszusammenschlüsse nach deutschem und schweizerischem Recht, Zürich 1936–1941 (2 Bde.) (= Diss. Zürich 1935 und Habil. St. Gallen)

NATER CHRISTOPH: Die Willensbildung in der GmbH, Zürich 2010 (= Diss. Basel 2009)

NOACK ULRICH: Gesellschaftervereinbarungen bei Kapitalgesellschaften, Tübingen 1994 (= Habil. Tübingen 1993)

NOELPP CHRISTOPH: Eine Studie zur rechtlichen Erfassung des Vorkaufs-, Rückkaufs- und Kaufsrechts, Basel 1987 (= Diss. Basel 1986)

NOBEL PETER: Koordiniertes Aktionärsverhalten im Börsenrecht, Eine erste Auslegung, in: Druey/Böckli/Nobel (Hrsg.), Rechtsfragen um die Aktionärbindungsverträge, Zürich 1998 (= SnA 13), 75 ff.

NUSSBAUMER ANNEMARIE/VON DER CRONE HANS CASPAR: Verhältnis zwischen gesellschafts- und schuldrechtlicher Verpflichtung, SZW 2004, 138 ff.

O

OERTLE MATTHIAS: Das Gemeinschaftsunternehmen (Joint Venture) im schweizerischen Recht, Zürich 1990 (= Diss. Zürich 1990 = SSHW 132)

OFTINGER KARL/BÄR ROLF: Das Fahrnispfand, Art. 884–918 ZGB, Zürcher Kommentar, Zivilgesetzbuch, Teilbd. IV/2c, 3. Aufl., Zürich 1981 (zit. ZK-OFTINGER/BÄR)

OTT EDWARD E.: Die Interpretation von Verträgen und Statuten, unter besonderer Berücksichtigung der in der Gerichtspraxis effektiv verwendeten Entscheidungsgründe, Basel 2000

OVERRATH HANS-PETER: Die Stimmrechtsbindung, Köln 1973 (= Diss. Bochum 1972) (zit. Stimmrechtsbindung)

ders.: Stimmverträge im internationalen Privatrecht, ZGR 1974, 86 ff. (zit. Stimmverträge)

P

PATRY ROBERT: Les accords sur l'exercice des droits de l'actionnaire, ZSR 1959 II, 1a ff. (einschliesslich der Diskussion des Themas durch die Referenten GLATTFELDER und PATRY am Schweizerischen Juristentag 1959, ZSR 1959 II, 699a ff.) (zit. Accords)

ders.: Stimmrechtsvereinbarungen von Aktionären, SJK, Karte 413 (Stand 1971) (zit. Stimmrechtsvereinbarungen)

ders.: Aktionärbindungsverträge, SJK, Karte 402 (Stand 1993; auch franz.) (zit. Aktionärbindungsverträge)

PFÄFFLI ROLAND: Rechtsfolgen bei unrichtiger Angabe des Kaufpreises beim Grundstückkauf, Jusletter vom 1. Oktober 2007

PFISTER URS: Der Aktionärbindungsvertrag, Die kollisionsrechtliche Behandlung aus der Sicht des Schweizerischen IPRG, Zürich 2001

PICHLER MARKUS: «Familienunternehmen» im Nachlass – Aufgaben und Rechtsstellung des Willensvollstreckers, REPRAX 2012/3, 16 ff.

PIOTET PAUL: Dienstbarkeiten und Grundlasten, in: Sachenrecht, SPR, Bd. V/1, Basel 1977, 519 ff.

PORTMANN ROLF A. M.: Wege zur Perpetuierung der Aktiengesellschaft, Bern 1983 (= Diss. Bern 1982 = ASR 479)

PORTMANN WOLFGANG/STÖCKLI JEAN-FRITZ: Schweizerisches Arbeitsrecht, 3. Aufl., Zürich 2013

R

RECORDON PIERRE-ALAIN: Die einfache Gesellschaft I, Gesellschaftsbegriff und Merkmale der einfachen Gesellschaft, SJK, Karte 676 (Stand 2004)

REUTTER MARK A.: Urheberrechte und Urheberrechtsverträge in der Zwangsvollstreckung, in: Streuli-Youssef (Hrsg.), Urhebervertragsrecht, Zürich 2006, 331 ff.

REY HEINZ: Die Grundlagen des Sachenrechts und das Eigentum, Grundriss des schweizerischen Sachenrechts, Bd. I, 3. Aufl., Bern 2007

REYMOND PHILIPPE: Quelques réflexions sur les conventions d'actionnaires, in: Dessemontet et al. (Hrsg.), Aspects actuels du droit de la société anonyme, Travaux réunis pour le 20ème anniversaire du CEDIDAC, Lausanne 2005 (= CEDIDAC 64), 191 ff.

RIEMER HANS M.: Die Vereine, Systematischer Teil und Art. 60–79 ZGB, Berner Kommentar, Bd. I: Einleitung und Personenrecht, Abt. 3: Das Personenrecht, Die juristischen Personen, Bern 1990 (zit. BK-RIEMER)

ders.: Die beschränkten dinglichen Rechte, Dienstbarkeiten, Grund- und Fahrnispfandrechte, Grundlasten, Grundriss des schweizerischen Sachenrechts, Bd. II, 2. Aufl., Bern 2000

RIHM THOMAS: Zivilprozessuale Aspekte von Aktionärbindungsverträgen, SJZ 2009, 517 ff.

ROTH PELLANDA KATJA: Organisation des Verwaltungsrates, Zusammensetzung, Arbeitsteilung, Information und Verantwortlichkeit, Zürich 2007 (= Diss. Zürich 2007 = SSHW 268)

S

VON SALIS ULYSSES: Die Gestaltung des Stimm- und des Vertretungsrechts im schweizerischen Aktienrecht, Zürich 1996 (= Diss. Zürich 1996 = SSHW 174) (zit. Stimmrecht)

ders.: Risiko und Gewinnverteilung bei privaten Finanzierungen, Rechtlicher Gestaltungsspielraum bei Finanzierungsverträgen für Start-ups und KMU, SJZ 2001, 213 ff. (zit. Risiko)

ders.: Private Equity Finanzierungsverträge, Funktion, Recht, Steuern, Zürich 2002 (zit. Finanzierungsverträge)

SALZGEBER-DÜRIG ERIKA: Das Vorkaufsrecht und verwandte Rechte an Aktien, Zürich 1970 (= Diss Zürich 1970 = ZBR 345)

SANWALD RETO: Austritt und Ausschluss aus AG und GmbH, Zürich 2009 (= Diss. Zürich 2009 = SSHW 280)

SCHENKER URS: Schweizerisches Übernahmerecht, Bern 2009 (zit. Übernahmerecht)

ders.: Entwicklung des Offenlegungsrechts – Probleme und Brennpunkte der Praxis, in: Kunz/Jörg/Arter (Hrsg.), Entwicklungen im Gesellschaftsrecht VII (Bern 2012) (zit. Offenlegungsrecht)

*ders.:*Vorkaufsrechte, Vorhandrechte und Mitverkaufsrechte im Zusammenhang mit M&A-Transaktionen, in: Tschäni (Hrsg.): Mergers & Acquisitions XV, Zürich 2013 (= EIZ 137), 245 ff. (zit. Vorkaufsrechte)

SCHLEIFFER PATRICK: Der gesetzliche Stimmrechtsausschluss im schweizerischen Aktienrecht, nach bisherigem und revidiertem Recht, Bern 1993 (= Diss. Zürich 1992 = ASR 545)

SCHLUEP WALTER R.: Die wohlerworbenen Rechte des Aktionärs und ihr Schutz nach schweizerischem Recht, Zürich 1955 (= Diss. St. Gallen 1955) (zit. wohlerworbene Rechte)

ders.: Privatrechtliche Probleme der Unternehmenskonzentration und -kooperation, ZSR 1973 II, 153 ff. (zit. Unternehmenskonzentration)

SCHMID JÖRG: Vertragsrecht und Realerfüllung, in: Tercier *et al.* (Hrsg.), Gauchs Welt, Festschrift für Peter Gauch zum 65. Geburtstag, Zürich 2004, 589 ff.

SCHOTT BERTRAND G.: Aktienrechtliche Anfechtbarkeit und Nichtigkeit von Generalversammlungsbeschlüssen wegen Verfahrensmängeln, Zürich 2009 (= Diss. Zürich 2009 = SSHW 285)

SCHWENZER INGEBORG: Schweizerisches Obligationenrecht, Allgemeiner Teil, 6. Aufl., Bern 2012

SEILER MATTHIAS: Trust und Treuhand im schweizerischen Recht, Zürich 2005 (= Diss. Zürich 2005)

SENNHAUSER NORBERT: Vom Anwalt zur Anwalts-Kapitalgesellschaft, Bern 2013 (= Diss. Bern 2012 = ASR 789)

SIEGWART ALFRED: Die Personengesellschaften: Art. 530–619, Kommentar zum Schweizerischen Zivilgesetzbuch, Band 5: Das Obligationenrecht, Teil 4, Zürich 1945 (unveränderter Nachdruck 1978) (zit. ZK-SIEGWART)

ders.: Die Aktiengesellschaft: allgemeine Bestimmungen (Art. 620–659), Kommentar zum Schweizerischen Zivilgesetzbuch, Band 5: Das Obligationenrecht, Teil 5a, Zürich 1945 (zit. ZK-SIEGWART)

SOGO MIGUEL: Gestaltungsklagen und Gestaltungsurteile des materiellen Rechts und ihre Auswirkungen auf das Verfahren, Zürich 2007 (= Diss. Zürich 2007)

SOMARY TOBIAS/VASELLA JUANA: Nachlassplanung und familieninterne Unternehmensnachfolge, ST 2011, 291 ff.

SOMMER CHRISTA: Die Treuepflicht des Verwaltungsrats gemäss Art. 717 Abs. 1 OR, Zürich 2010 (= Diss. Zürich 2010 = SSHW 298)

SONTAG: Vertragliche Bindung zur Stimmabgabe bei Aktiengesellschaften usw. und Wirkung dieser Bindung, SAG 1950/51, 59 f.

SPADIN MARCO: Nahestehende Personen nach den Internationalen Rechnungslegungsstandards IRFS (IAS 24), Zürich 2008 (= Diss. Zürich 2008 = SSHW 276)

SPÜHLER KARL/TENCHIO LUCA/INFANGER DOMINIK (Hrsg.): Schweizerische Zivilprozessordnung, Basler Kommentar, 2. Aufl., Basel 2013 (zit. BSK-[BEARBEITER], ZPO)

STAEHELIN ADRIAN: Der Arbeitsvertrag, Art. 319–330a OR, Zürcher Kommentar, Obligationenrecht, Teilbd. V/2c, 4. Aufl., Zürich 2006 (zit. ZK-STAEHELIN)

STAEHELIN ADRIAN: Der Arbeitsvertrag, Art. 330b–355, Art. 361–362 OR, Zürcher Kommentar, Obligationenrecht, Teilbd. V/2c, 4. Aufl., Zürich 2014 (zit. ZK-STAEHELIN)

STAEHELIN DANIEL: Vertragsklauseln für den Insolvenzfall, AJP 2004, 363 ff. (zit. Insolvenzfall)

STAEHELIN DANIEL/STRAUB RALF MICHAEL: Der Ausschluss aus einer Personengesellschaft ohne wichtige Gründe, AJP 2011, 27 ff.

STAEHELIN THOMAS: Gesellschaftsrechtliche Massnahmen zur Nachfolgeplanung, in: Der Generationenwechsel im Familienunternehmen, Zürich 1982 (= SSHW 67) (zit. Nachfolgeplanung)

STAEHELIN ADRIAN/STAEHELIN DANIEL/GROLIMUND PASCAL: Zivilprozessrecht, 2. Aufl., Zürich 2013

STARK EMIL W.: Der Besitz, Art. 919–941 ZGB, Berner Kommentar, Bd. IV: Das Sachenrecht, Abt. 3: Besitz und Grundbuch, Teilbd. 1, 3. Aufl., Bern 2001 (zit. BK-STARK)

VON STEIGER WERNER: Gesellschaftsrecht, Allgemeiner Teil und Personengesellschaften, in: Handelsrecht, SPR, Bd. VIII/1, Basel 1976, 213 ff. und 315 ff.

STIEGER WERNER: Zur Beendigung von Lizenzverträgen nach schweizerischem Recht, sic! 1999, 3 ff.

STIRNEMANN ALFRED: Die Vertragsparteien des Aktionärbindungsvertrages, ZBJV 2000, 585 ff.

STREIFF ULLIN/VON KAENEL ADRIAN/RUDOLPH ROGER: Arbeitsvertrag, Praxiskommentar zu Art. 319–362 OR, 7. Aufl., Zürich 2012

STUBER RUDOLF: Aktionär-Consortien, Vereinbarungen unter Aktionären über die gemeinsame Ausübung ihrer Beteiligungsrechte, nach dem Rechte des schweiz. OR, des BGB, HGB und des dt. Akt. Ges., Zürich 1944 (= Diss. Zürich 1943)

SUTTER THOMAS: Einige Überlegungen zum Vorkaufsrecht, SJZ 1985, 277 ff.

SUTTER-SOMM THOMAS/HASENBÖHLER FRANZ/LEUENBERGER CHRISTOPH (Hrsg.): Kommentar zur Schweizerischen Zivilprozessordnung (ZPO), 2. Aufl., Zürich 2013 (zit. [BEARBEITER], ZPO-Komm.)

T

TANNER BRIGITTE: Quoren für die Beschlussfassung in der Aktiengesellschaft, Zürich 1987 (= Diss. Zürich 1987 = SSHW 100)

TOGNI LORENZO: Standstill Agreements nach U.S.-amerikanischem und schweizerischem Recht, Zürich 2010 (Diss. St. Gallen 2010 = SSHW 293)

TRECHSEL STEFAN/PIETH MARK (Hrsg.): Schweizerisches Strafgesetzbuch, Praxiskommentar, 2. Aufl., Zürich 2012 (zit. [BEARBEITER], PraxKomm)

TREUHAND KAMMER (Hrsg.): Schweizer Handbuch der Wirtschaftsprüfung, 4 Bde., Zürich 2009

TRIPPEL MICHAEL/JAISLI KULL NADJA: Das Investment in der Krise – Sind Aktionärbindungsverträge Schönwetterverträge? in: Gericke (Hrsg.), Private Equity IV, Zürich 2014 (= EIZ 155), 201 ff.

TSCHÄNI RUDOLF: Gesellschafts- und kartellrechtliche Probleme der Gemeinschaftsunternehmen (Joint Ventures), SAG 1977, 88 ff. (zit. Gemeinschaftsunternehmen)

ders.: Vinkulierung nicht börsenkotierter Aktien, Zürich 1997 (= SnA 3) (zit. Vinkulierung)

ders.: M&A-Transaktionen nach Schweizer Recht, Zürich 2003 (zit. M&A)

ders.: Die Gruppe im Übernahmerecht – «Are we really all one?», in: Tschäni (Hrsg.), Mergers & Acquisitions VI, Zürich 2004 (= EIZ 48), 179 ff. (zit. Übernahmerecht)

VON TUHR ANDREAS/ESCHER ARNOLD: Allgemeiner Teil des Schweizerischen Obligationenrechts, Bd. II, 3. Aufl., Zürich 1974

VON TUHR ANDREAS/PETER HANS: Allgemeiner Teil des Schweizerischen Obligationenrechts, Bd. I, 3. Aufl., Zürich 1979

TUOR PETER/SCHNYDER BERNHARD *et al.*: Das Schweizerische Zivilgesetzbuch, 13. Aufl., Zürich 2009 (zit. TUOR/SCHNYDER/[BEARBEITER])

V

VENTURI-ZEN-RUFFINEN MARIE-NOËLLE: La Résiliation pour justes motifs des contrats de durée, SJ 2008 II, 1 ff.

MARKUS VISCHER: Die Sicherstellung der Lieferung von Aktien im Unternehmenskaufvertrag, in: Tschäni (Hrsg.), Mergers & Acquisitions XIII, Zürich 2010 (= EIZ 113), 141 ff. (zit. Sicherstellung) *ders.:* Vorkaufsrechte an Aktien, GesKR 2014, 82 ff. (zit. Vorkaufsrechte)

W

WALTER GERHARD/DOMEJ TANJA: Internationales Zivilprozessrecht der Schweiz, 5. Aufl., Bern 2012

WATTER ROLF: Die Treuhand im Schweizer Recht, ZSR 1995 II, 179 ff.

WATTER ROLF/DIETER DUBS: Der Déchargebeschluss, AJP 2001, 908 ff. (zit. Déchargebeschluss)

dies.: Anchor Shareholders und Grossaktionäre: Ihr Einstieg, ihre Einbindung und ihre Information, in: Tschäni (Hrsg.), Mergers & Acquisitions XII, Zürich 2010 (= EIZ 103), 1 ff. (zit. Grossaktionäre)

WATTER ROLF/HINSEN ANDREAS: Empty Voting und verwandte Taktiken, in: Tschäni (Hrsg.), Mergers & Acquisitions XI, Zürich 2009 (= EIZ 96), 1 ff.

WATTER ROLF/VOGT NEDIM P. (Hrsg.): Börsengesetz, Finanzmarktaufsichtsgesetz (Art. 161, 161bis, 305bis und 305ter StGB), Basler Kommentar, 2. Aufl., Basel 2010 (zit. BSK-[BEARBEITER], BEHG bzw. StGB)

WEBER MARTIN: Rechtsprobleme bei Private-Equity-Transaktionen, in: Weber (Hrsg.), Neuere Entwicklungen im Kapitalmarktrecht, Zürich 2000 (= EIZ 28), 21 ff. (zit. Private-Equity)

WEBER ROLF H.: Vertrags- bzw. Statutengestaltung und Minderheitenschutz, in: Das neue Aktienrecht, Zürich 1992 (= Schriftenreihe SAV 11), 71 ff. (zit. Vertragsgestaltung)

ders.: Die Folgen der Nichterfüllung, Art. 97–109 OR, Berner Kommentar, Bd. VI: Das Obligationenrecht, Abt. 1: Allgemeine Bestimmungen, Teilbd. 5, Bern 2000 (zit. BK-WEBER)

ders.: Das Darlehen, Art. 312–318 mit Anhang zu Bankverträgen, Berner Kommentar, Bern 2013 (zit. BK-WEBER)

WEIMAR PETER: Die Vererblichkeit des Arbeitsvertrages und die Leistungen des Arbeitgebers beim Tod des Arbeitnehmers, in: Habscheid *et al.* (Hrsg.), Freiheit und Zwang, rechtliche, wirtschaftliche und gesellschaftliche Aspekte, Festschrift zum 60. Geburtstag von Hans Giger, Bern 1989, 761 ff.

WERLEN STEPHAN: Die Rechtsstellung der Zielgesellschaft im Übernahmekampf, Zürich 2001 (= Diss. Zürich 2001)

WIEGAND WOLFGANG: Eigentumsvorbehalt, Sicherungsübereignung und Fahrnispfand, in: Wiegand (Hrsg.), Mobiliarsicherheiten, Berner Bankrechtstag, Bd. 5, Bern 1998, 75 ff.

WIEGAND WOLFGANG/BRUNNER CHRISTOPH: Vom Umfang des Formzwanges und damit zusammenhängende Fragen des Grundstückkaufvertrages, recht 1993, 1 ff.

WILHELM CHRISTOPHE/BLOCH OLIVIER: La clause électorale prévue das une convention d'actionnaires: clause virtuelle du droit suisse?, SJZ 2010, 105 ff.

WOHLMANN HERBERT: Die Treuepflicht des Aktionärs, Die Anwendung eines allgemeinen Rechtsgrundsatzes auf den Aktionär, Zürich 1968 (= Diss. Zürich 1967 = ZBR 286)

WOLF ELIAS: Rechtliche Bindungen auf «ewige» Zeiten bei der Aktiengesellschaft, SAG 1936/37, 9 ff. (zit. Bindungen)

WOLF MATTHIAS/GABERTHÜEL TINO: Käuferaktien als Zahlungsmittel bei M&A-Transaktionen, GesKR 2013, 195 ff.

WOLF STEPHAN: Subjektswechsel bei der einfachen Gesellschaft, ZBGR 2000, 1 ff. (zit. Subjektswechsel)

ders.: Erb- und (immobiliar)sachenrechtliche Aspekte der einfachen Gesellschaft, insbesondere im Zusammenhang mit personellen Wechseln im Bestand der Gesellschafter, in: Wolf (Hrsg.), Güter- und erbrechtliche Fragen zur einfachen Gesellschaft und zum bäuerlichen Bodenrecht, Schriften INR, Bern 2005, 47 ff. (zit. einfache Gesellschaft)

WÜRSCH DANIEL: Der Aktionär als Konkurrent der Gesellschaft, seine rechtliche Stellung sowie mögliche Massnahmen zur Verhinderung einer Schädigung von Gesellschaft und Mitaktionären, Zürich 1989 (= Diss. Zürich 1989 = SSHW 124)

Z

ZÄCH ROGER: Vertraglicher Ausschluss der Kündbarkeit bei den Personengesellschaften, Bern 1970 (= Diss. Genf 1969 = ASR 394) (zit. Personengesellschaften)

ders.: Zum Liquidationsvertrag bei Personengesellschaften, Geltung des Mehrheitsprinzips – Ergänzung der Naturalteilungsabrede, in: Forstmoser/Tercier/Zäch (Hrsg.), Innominatverträge, Festgabe zum 60. Geburtstag von Walter R. Schluep, Zürich 1988, 397 ff. (zit. Liquidationsvertrag)

ders.: Schweizerisches Kartellrecht, 2. Aufl., Bern 2005 (zit. Kartellrecht)

ZBINDEN ANDREA: Das Pfandrecht an Aktien, Bern 2010 (= Diss. Bern 2010 = ASR 773)

ZIHLMANN PETER: Abstimmungsvereinbarungen im schweizerischen Aktienrecht, SAG 1972, 237 ff. (zit. Abstimmungsvereinbarungen)

ders.: Gemeinschaftsunternehmen (Joint Business Ventures) in der Form von Doppelgesellschaften, SJZ 1972, 317 ff. (Doppelgesellschaften)

ZOBL DIETER: Änderungen im Personenbestand von Gesamthandschaften, Zürich 1973 (= Diss. Zürich 1973 = ZBR 418) (zit. Personenbestand)

ders.: Das Fahrnispfand, Art. 888–906 ZGB, Berner Kommentar, Bd. IV: Das Sachenrecht, Abt. 2: Die beschränkten dinglichen Rechte, Teilbd. 5, Bern 1996 (zit. BK-Zobl)

ders.: Die pfandrechtliche Sicherung von Erwerbsberechtigungen in Aktionärbindungsverträgen, in: von der Crone *et al.* (Hrsg.), Neuere Tendenzen im Gesellschaftsrecht, Festschrift für Peter Forstmoser zum 60. Geburtstag, Zürich 2003, 401 ff. (zit. Sicherung)

ZOBL DIETER/KRAMER STEFAN, Schweizerisches Kapitalmarktrecht, Zürich 2004

ZÖLLNER WOLFGANG: Die Zulässigkeit von Mehrheitsregelungen in Konsortialverträgen, in: Habersack *et al.* (Hrsg.), Festschrift für Peter Ulmer zum 70. Geburtstag am 2. Januar 2003, Berlin 2003, 725 ff.

ZWICKER STEFAN: Ist das «Sperrdepot» ein Schutz vor unerwünschten Aktienübertragungen? ST 1991, 324 ff.

Einleitung

Der Textteil dieses Buches ist in **fünf Teile** gegliedert:

- Im ersten Teil werden die **Grundlagen** erarbeitet (§§ 1 ff., S. 3 ff. [N 1 ff.]): Der Begriff «Aktionärbindungsvertrag» wird analysiert, es wird auf die praktische Bedeutung und die Arten solcher Verträge hingewiesen und sie werden rechtlich eingeordnet. Danach wird kurz auf die Auslegung eingegangen und ausführlicher auf die Frage der Rechtswirksamkeit von Aktionärbindungsverträgen und ihrer Schranken.
- Der zweite Teil handelt von den **Vertragsparteien** (§§ 6 ff., S. 105 ff. [N 321 ff.]): Wer kann Partei eines Aktionärbindungsvertrages sein und wie wirken sich Veränderungen im Parteienbestand aus? Sodann: Welche Bedeutung kommt den Gruppentatbeständen des Aktien- und Rechnungslegungsrechts und des Börsenrechts zu?
- Der dritte und ausführlichste Teil befasst sich mit den **typischen Vertragsinhalten** (§§ 15 ff., S. 251 ff. [N 752 ff.]): Stimmbindungen, Regeln über die Organe und die Organisation der vom Vertrag erfassten Aktiengesellschaft, Bestimmungen für die Organisation und Beschlussfassung innerhalb des Aktionärbindungsvertrages selbst, Erwerbsrechte und Erwerbspflichten, geldwerte Leistungen von der Aktiengesellschaft an die Aktionäre und umgekehrt, weitere häufige Vertragsinhalte, Vorkehren zur Absicherung und Durchsetzung der Vertragspflichten sowie schliesslich Regeln betreffend die Dauer eines Aktionärbindungsvertrages und seine Beendigung.
- Im vierten Teil wird die **prozessuale Durchsetzung** besprochen (§§ 55 ff., S. 643 ff. [N 2023 ff.]), auch im Hinblick auf internationale Sachverhalte (§ 59, S. 679 ff. [N 2118 ff.]).
- Der fünfte Teil schliesslich weist kurz auf **Alternativen** zur bindungsvertraglichen Regelung hin – auf die Möglichkeit der Wahl einer anderen Gesellschaftsform (besonders der GmbH) oder auch schuldvertraglicher Beziehungen zwischen der Aktiengesellschaft und ihren Aktionären (§§ 61 f., S. 695 ff. [N 2164 ff.].

Den Abschluss des Buches macht ein **Anhang** mit einer Checkliste (S. 721 ff.) und Musterverträgen für häufige Konstellationen (S. 739 ff.), die auch als Download zur Verfügung stehen (Zugangscode siehe Innenseite des Buchumschlages) sowie das **Sachregister** (S. 837 ff.).

1. Teil: Grundlagen

§ 1 Begriff

I. Begriff und Definition

Ein Aktionärbindungsvertrag ist – dies ergibt sich bereits aus den Wortbestandteilen – ein **Vertrag**, mit dessen Hilfe **Aktionäre** sich *(vertraglich)* **binden**. Damit ist allerdings noch nichts über den Inhalt dieses Vertrages gesagt oder darüber, ob es sich bei den Vertragsparteien nur um Aktionäre bzw. nur um Aktionäre der gleichen Aktiengesellschaft handeln kann.

Das OR (und insbesondere auch das Aktienrecht) kennt den Begriff des Aktionärbindungsvertrages nicht. Eine ältere Monografie definiert ihn als «Vertrag über die Ausübung von Aktionärsrechten» (im Gegensatz etwa zu Verfügungen über die Aktien selbst).[1] Betrachtet man die Rechtswirklichkeit, ist dies zu einschränkend. Es gibt kaum Aktionärbindungsverträge, die sich ausschliesslich mit der Ausübung von Aktionärsrechten befassen. Es finden sich darin meist auch Regeln zu verschiedenen Rechten und Pflichten der Beteiligten sowie (Neben-)Bestimmungen, die nicht Aktionärsrechte im engeren Sinn betreffen.[2] Ausserdem lässt sich eine Vertragspartei nicht nur in ihrer Rolle als *Aktionärin* ansprechen, sondern auch in ihrer Eigenschaft als *Eigentümerin* der Aktien oder gar als *Organ* der Aktiengesellschaft. In bestimmten Konstellationen können auch *Nicht-Aktionäre* oder sogar die *Aktiengesellschaft selbst* Parteien des Vertrages sein.[3]

Neueren Formulierungen folgend[4] ist ein **Aktionärbindungsvertrag** deshalb umfassender zu definieren als

> *ein Vertrag über die Ausübung von Rechten und Pflichten, die in Zusammenhang stehen mit der aktuellen oder künftigen Aktionärsstellung einer oder mehrerer der Vertragsparteien bei einer oder mehreren bestimmten Aktiengesellschaften.*

---

[1] GLATTFELDER, 153a f.
[2] Vgl. die in der vorliegenden Publikation (S. 717 ff.) wiedergegebenen Musterbeispiele, welche die vielfach üblichen Elemente enthalten.
[3] BLOCH, 13 f.; HINTZ-BÜHLER, 5.
[4] FISCHER, Parteienbestand, 6 f. m.H.; ähnlich BLOCH, 14; FORSTMOSER, Aktionärbindungsverträge, 364; HINTZ-BÜHLER, 5 f.; LANG, 6; WÜRSCH, 153. – Vgl. aber den enger gefassten Gesetzgebungsvorschlag im Rahmen der Beratung der Aktienrechtsvorlage von 1983 (hinten, N 77).

4 Diese erweiterte Definition wird der Rechtswirklichkeit gerecht und erfasst die wesentlichen Merkmale:[5]

- die **vertragliche Natur** des Aktionärbindungsvertrages;[6]
- die **Beteiligung mehrer Parteien** (was sich auch aus dem Begriff des Vertrags ergibt), wobei es sich sowohl um *natürliche* als auch um *juristische Personen und um rechtsfähige Personenmehrheiten* handeln kann;[7]
- den *Zusammenhang mit Rechten und Pflichten* aus einer aktuellen oder künftigen **Aktionärsstellung** (oder der Stellung als Nutzniesserin an Aktien) mindestens einer der Vertragsparteien;[8]
- Vereinbarung über die **Ausübung dieser Rechte und Pflichten** (im Gegensatz zu Verfügungen über die Aktien bzw. die Aktionärsrechte selbst);[9] sowie
- die Aktionärsstellung bei einer oder mehreren **bestimmten Aktiengesellschaften**.[10]

5 Die Bedeutung der Begriffsbildung darf freilich nicht überbewertet werden; dem schweizerischen Vertragsrecht liegt kein *numerus clausus* der zulässigen Vertragsarten zugrunde,[11] und es sind daher – im Rahmen des zwingenden Rechts – nach Art und Inhalt unterschiedlichste Gebilde denkbar. Aktionärbindungsverträge sind – wie alle Verträge – aufgrund ihres konkreten materiellen Inhaltes und nicht aufgrund ihrer (möglicherweise falschen) Bezeichnung rechtlich einzuordnen, und auf dieser Basis sind die aus ihnen fliessenden Rechte und Pflichten zu ermitteln.[12]

---

[5] Vgl. auch FISCHER, Parteienbestand, 8 ff.
[6] Dazu N 113 ff.; BLOCH, 17; HINTZ-BÜHLER, 6 ff.
[7] Dazu N 321 ff.; BLOCH, 14 f.; HINTZ-BÜHLER, 8 ff.
[8] BLOCH, 15 f.; VON DER CRONE, Aktienrecht, § 11 N 1; FISCHER, Parteienbestand, 14; FORSTMOSER/MEIER-HAYOZ/NOBEL, § 39 N 161. – Dies in Abgrenzung zum Recht *an* der Aktie. Verschiedentlich wird in den Definitionen noch (zurecht) auf den *Nutzniesser* an der Aktie als zumindest dinglich Berechtigtem hingewiesen (Art. 690 Abs. 2 OR) (vgl. FORSTMOSER, Aktionärbindungsverträge, 364; HINTZ-BÜHLER, 8; STUBER, 5). In der vorstehenden Definition wird darauf verzichtet, um diese nicht zu überladen.
[9] LANG, 19 f. – Rechte und Pflichten im Hinblick auf (künftige) Verfügungen über Aktien können aber sehr wohl Gegenstand von Aktionärbindungsverträgen sein und sind es in der Praxis häufig (vgl. §§ 24 ff. [N 1170 ff.]).
[10] BLOCH, 16; GLATTFELDER, 154a.
[11] GAUCH/SCHLUEP/SCHMID, N 626.
[12] Art. 18 Abs. 1 OR; VON TUHR/PETER, 154 und 290 f.

II. Synonyma, Unterbegriffe und Abgrenzungen

Neben dem Begriff «Aktionärbindungsvertrag» (z.T. auch: Aktionärsbindungsvertrag) finden sich in der Literatur weitere Bezeichnungen für vertragliche Bindungen von bzw. zwischen Aktionären. Dabei handelt es sich teils um **synonym verwendete Begriffe,** teils auch um **Unterbegriffe.** Einzelne von ihnen werden von verschiedenen Autoren unterschiedlich verwendet,[13] sodass auch hier der Hinweis angebracht ist, die Begrifflichkeit nicht zu sehr zu gewichten[14]. Einige Beispiele:

A. Synonyma

Der Begriff **Aktionärskonsortium** meint einen Vertrag unter Aktionären mit gegenseitiger Bindung hinsichtlich der Ausübung ihrer Stimmrechte und anderer Aktionärsrechte. Vom Begriff des Aktionärbindungsvertrages unterscheidet er sich bloss darin, dass es *immer (auch) um eine Bindung hinsichtlich der Stimmrechtsausübung* geht und dass der Begriff den einseitigen Aktionärbindungsvertrag[15] nicht mit umfasst.[16] Innerhalb dieses Begriffes können – abhängig von der Zahl der beteiligten Aktionäre bzw. der Zahl ihrer Aktien – *Mehrheits- oder Beherrschungskonsortien, Minderheitskonsortien* oder *Schutzgemeinschaften*[17] unterschieden werden. Auch die Begriffe *Anteilbindungskonsortien* oder *Gesellschafterkonsortien* kommen vor.[18]

Synonym zum Begriff des Aktionärskonsortiums werden die Begriffe (Aktionärs-)**Syndikat** oder (Aktien-)**Poolvertrag** verwendet.[19] Der Ausdruck Poolvertrag ist eher unbestimmt[20] und wird von einzelnen Autoren in einem engen Sinn ver-

---

[13] HINTZ-BÜHLER, 12 f.; LANG, 7.
[14] Dazu N 5.
[15] Dazu N 175 ff.
[16] BLOCH, 12; BÖCKLI, Aktienstimmrecht, 68 ff.; GLATTFELDER, 161a, 174a f., 177a, 188a ff. und 231a f.; STUBER, 1. Nach FISCHER (Parteienbestand, 7 f.), FORSTMOSER (Aktionärbindungsverträge, 365), HINTZ-BÜHLER (12) und LANG (6) sollen nur gesellschaftsrechtlich ausgestaltete Aktionärbindungsverträge unter den Begriff des Aktionärskonsortiums fallen.
[17] GLATTFELDER, 163a; STUBER, 6 f. und 16 f.
[18] GLATTFELDER, 174a f.; NAEGELI, 187 f., STUBER, 26.
[19] DRUEY/GLANZMANN, § 11 N 85; GLATTFELDER, 161a f., 169a und 174a f.; LANG, 7; NAEGELI, 187 f.; STUBER, 6 f.
[20] BLOCH, 12 f.; FORSTMOSER/MEIER-HAYOZ/NOBEL, § 39 N 155; GLATTFELDER, 174a f.; LANG, 7; und STUBER, 7; sowie den kritischen Hinweis bei BÖCKLI, Aktienstimmrecht, 69 (Anm. 130).

wendet.[21] Der Ausdruck *«Syndikat»* ist veraltet (und meinte häufig heute verbotene Kartellvereinbarungen).[22]

9 Auch der Begriff des **Aktienbindungsvertrages** wird verwendet, doch macht er zu wenig deutlich, dass es sich um vertragliche Verpflichtungen zwischen Aktionären und nicht etwa um gesellschaftsrechtliche oder «dingliche» Bindungen der Aktien handelt.[23]

10 Im angloamerikanischen Rechtskreis wird für den Aktionärbindungsvertrag sodann meist der Begriff ***Shareholders' Agreement*** verwendet.

B. Unterbegriffe

11 Die Begriffe **Stimmbindung,** *Stimmbindungsvereinbarung, Stimmrechtsbindung, Stimmrechtsvereinbarung, Stimmbindungsabsprache* oder *Abstimmungsvereinbarung* bezeichnen Vereinbarungen über die Stimmrechtsausübung.[24] Es handelt sich um Unterbegriffe zum Begriff des Aktionärbindungsvertrages. Der Begriff Stimmrechtsvereinbarung und ähnliche sind insofern nicht exakt, als es nicht um Vereinbarungen über das Stimmrecht als solches geht, sondern um dessen Ausübung.

12 Auch der Begriff der **«Doppelgesellschaft»** wird hin und wieder im Zusammenhang mit Aktionärbindungsverträgen gebraucht. Von einer Doppelgesellschaft kann dann gesprochen werden, wenn der Aktionärbindungsvertrag gesellschaftsrechtlich konzipiert ist und diese *(einfache) Gesellschaft* derart *im Vordergrund* steht, dass die *Aktiengesellschaft* als *deren abhängiges geschäftsführendes Organ* erscheint. Regelmässig sind hierbei alle Aktionäre in den Aktionärbindungsvertrag eingebunden.[25] Als Beispiele werden Kartelle oder ähnliche Zweckgemeinschaften genannt, die es allerdings in dieser (offensichtlichen) Form nicht mehr gibt. Heute dürfte statt des

---

[21] So von BÖCKLI für die Verwaltung von Aktien mehrerer Gesellschaften in einer Poolgesellschaft (Aktienstimmrecht, 71) und von NAEGELI für Gesamteigentum an Aktien, deren Erträge nach bestimmten Quoten verteilt werden (191).

[22] BLOCH, 13; FORSTMOSER/MEIER-HAYOZ/NOBEL, § 39 N 155; GLATTFELDER, 177a; HINTZ-BÜHLER, 12 f.

[23] FORSTMOSER, Aktionärbindungsverträge, 365; GLATTFELDER, 153a; LANG, 6; STUBER, 1 ff.

[24] FRICK, Private Equity, N 1432; HINTZ-BÜHLER, 12; umfassend zu den Stimmbindungsvereinbarungen: APPENZELLER, *passim;* DOHM, *passim.*

[25] BLOCH, 22 ff.; FISCHER, Parteienbestand, 31; GLATTFELDER, 165a f.; NAEGELI, 1 ff., insb. 9; ZIHLMANN, Doppelgesellschaften, 317 f. und wohl auch BSK-BAUDENBACHER, OR 620 N 36; LANG, 26. – BSK-HANDSCHIN (OR 530 N 16) und ZK-HANDSCHIN/VONZUN (OR 530 N 229 und 238) gehen von einer Doppelgesellschaft hingegen schon dann aus, wenn – ohne weitere Qualifikationen – ein gesellschaftsrechtlicher Aktionärbindungsvertrag unter allen Aktionären vorliegt.

Begriffs der Doppelgesellschaft derjenige des Joint Ventures oder des Konzerns gebräuchlicher sein.²⁶

Als **Joint Venture** wird eine Unternehmenskooperation bezeichnet, bei der die Zusammenarbeit durch eine von den beteiligten Partnern gemeinsam gehaltene (Kapital-)Gesellschaft institutionalisiert wird. Ein **Joint-Venture-Vertrag** fällt dann unter den Begriff des Aktionärbindungsvertrages im hier verstandenen Sinn, wenn der Träger des von den Joint-Venture-Partnern gemeinsam gehaltenen Joint-Venture-Unternehmens eine Aktiengesellschaft ist und der Vertrag – neben anderen Elementen – Bestimmungen über die Ausübung der Aktionärsrechte durch die Partner umfasst (was regelmässig der Fall ist).²⁷

C. Abgrenzung

Abmachungen über das Stimmverhalten werden oft auch als so genannte **Gentlemen's Agreements** getroffen. Im Unterschied zu einer verbindlichen Vertragsvereinbarung wollen die Parteien in diesem Falle jedoch gerade *keine rechtlich durchsetzbaren Verpflichtungen* eingehen; es handelt sich somit – und im Unterschied zum Aktionärbindungsvertrag – um *blosse Absichtserklärungen*.²⁸ Die Abgrenzung kann im Einzelfall mitunter schwierig sein; es ist stets auf den tatsächlichen Willen der Parteien abzustellen.²⁹

Zu erwähnen sind auch so genannte **Verwaltungskonsortien,** d.h. Verträge zwischen Mitgliedern des Verwaltungsrats und einzelnen oder mehreren Aktionären oder Dritten. Sie sollen einerseits dem Verwaltungsrat den nötigen Rückhalt in der Generalversammlung sichern, andererseits aber auch Aktionären oder Dritten Einfluss im Verwaltungsrat verschaffen. Allenfalls dienen sie auch der Umgehung von Stimmrechtsbeschränkungen und Vinkulierungsbestimmungen.³⁰ Die Zulässigkeit

---

²⁶ Für eine differenzierende Unterscheidung von Doppelgesellschaft und Joint Venture vgl. OERTLE, 22 ff.; zum Begriff des Konzerns vgl. statt aller VON BÜREN, Konzern, 16, 77 ff. und insb. 277 f.

²⁷ BLOCH, 20 ff.; GERICKE/DALLA TORRE, 20 ff.; HUBER, Vertragsgestaltung, 11 und 14 f.; OERTLE, 24 f.; BSK-SCHLUEP/AMSTUTZ, Einl. vor OR 184 ff. N 478 ff. – Möglich ist auch ein Aktionärbindungsvertrag als Untervertrag einer übergeordneten Joint-Venture-Vereinbarung, welche die Aktionärsrechte nicht selbst oder nur allgemein regelt (vgl. etwa bei KNOBLOCH, Joint Ventures, 559).

²⁸ BLOCH, 19; APPENZELLER, 34; GLATTFELDER, 186a; PATRY, Aktionärbindungsverträge, 10; VON SALIS, Stimmrecht, 200. – Immerhin kann auch blossen *Gentlemen's Agreements* im Zusammenhang mit Abreden über die Stimmrechtsausübung börsenrechtliche Relevanz zukommen (vgl. N 695 ff.).

²⁹ Vgl. auch die Ausführungen zur Auslegung, hinten N 204 ff.

³⁰ PATRY, Stimmrechtsvereinbarungen, 5 f.

der Einbindung von Mitgliedern des Verwaltungsrats ist allerdings umstritten und u.E. nur – aber immerhin – in einem engen Rahmen zu bejahen.[31]

III. Herkunft des Begriffs «Aktionärbindungsvertrag»

16 Eingang in die schweizerische Jurisprudenz fand der **Begriff des Aktionärbindungsvertrages** durch die grundlegenden Referate von HANS GLATTFELDER und ROBERT PATRY am *schweizerischen Juristentag von 1959*.[32] Seither hat dieser Begriff die früher mehrheitlich verwendeten Bezeichnungen wie Aktionärskonsortium, Syndikat oder Aktienbindungsvertrag[33] fast vollständig abgelöst.[34]

---

[31] Vgl. N 357 ff.
[32] Beide abgedruckt in ZSR 1959 II (vgl. Literaturverzeichnis).
[33] Dazu soeben N 7 ff.
[34] WÜRSCH, 152.

§ 2 Praktische Bedeutung, Funktion und Arten

I. Grosse Verbreitung «untypischer» Aktiengesellschaften und Bedürfnis nach Personalisierung

Das gesetzgeberische Leitbild der schweizerischen Aktiengesellschaft orientiert sich an der *anonymen Publikumsgesellschaft*, der **Kapitalgesellschaft,** in der die *Persönlichkeit der Beteiligten von untergeordneter Bedeutung* ist.[1] Insofern steht die Aktiengesellschaft im Gegensatz zu den personalistisch strukturierten Gesellschaften: zur Genossenschaft und zu den Personengesellschaften ohne eigene Rechtspersönlichkeit (einfache Gesellschaft, Kollektiv- und Kommanditgesellschaft).[2]

17

Die **Rechtswirklichkeit** sieht anders aus: Die grosse Flexibilität des schweizerischen Aktienrechts und die Möglichkeit der Risikobeschränkung haben dazu geführt, dass sich *nicht nur kapitalbezogene Grossunternehmen* der Rechtsform der Aktiengesellschaft bedient haben und bedienen, sondern auch eine **Vielzahl kleiner und mittlerer Unternehmen** (KMU), die stark personalistische Züge aufweisen, wie Familienunternehmen,[3] Unternehmen, bei denen einzelne oder alle Aktionäre aktiv mitarbeiten, und sogar Einpersonenunternehmen. Abgesehen von den rund 300 börsenkotierten Schweizer Publikumsgesellschaften (sowie den Konzern- und Holdinggesellschaften), fällt die *weit überwiegende Zahl der* 206 040 Ende 2014 im schweizerischen Handelsregister *eingetragenen Aktiengesellschaften* in diese zweite **Kategorie der «untypischen», meist personenbezogenen Aktiengesellschaften.**[4]

18

---

[1] BBl 2008 1589, 1606; BBl 1983 II 745, 747; BLOCH, 3; BÖCKLI, Aktienrecht, § 1 N 106 (kritisch); FISCHER, Parteienbestand, 5; FORSTMOSER/MEIER-HAYOZ/NOBEL, § 2 N 6 ff.

[2] FORSTMOSER, Schnittstelle, 377.

[3] Vgl. die Grundlagenstudie von FREY URS/HALTER FRANK/ZELLWEGER THOMAS: Bedeutung und Struktur von Familienunternehmen in der Schweiz, KMU-HSG, St. Gallen 2004 (https://www.alexandria.unisg.ch/export/DL/7528.pdf); ferner die im LV aufgeführten Arbeiten von BAUMANN, GERMANN, HARDER SCHULER und MARTIN.

[4] BBl 2008 1589, 1606; BBl 1983 II 745, 747; APPENZELLER, 8 f.; BÖCKLI, Aktienrecht, § 1 N 1, 32 ff. und 93; FISCHER, Parteienbestand, 5; FORSTMOSER, Aktionärbindungsverträge, 361 f.; *ders.,* Vinkulierung, 90; *ders.,* Gestaltungsfreiheit, 256 ff.; *ders.,* Organisationsreglement, § 2 N 21 ff.; HAAB, 383; PATRY, Aktionärbindungsverträge, 2.

19 In solchen Gesellschaften mit einem *überblickbaren Aktionärskreis* kommt der **Person der Aktionäre entscheidende Bedeutung** zu; für die Mitaktionäre wie auch für die Gesellschaft sind persönliche Merkmale und Eigenschaften wie *berufliche Qualifikationen* oder die *Zugehörigkeit zu einer bestimmten Personengruppe oder einem Familienkreis* wichtig. Es stehen nicht (nur) die Anlage- und Dividendeninteressen im Vordergrund, sondern – als Recht, aber auch als Pflicht – die *persönliche Mitwirkung* bis hin zu einer vollamtlichen *Organ- oder Mitarbeiterfunktion* in der Gesellschaft.[5]

20 Daher besteht bei diesen «untypischen» Aktiengesellschaften das **Bedürfnis nach einer engeren, personalisierteren und verbindlicheren Beziehung unter den Aktionären,** welchem die Instrumente des Aktienrechts nur ungenügend gerecht werden:

II. Aktienrechtliche Instrumente der Personalisierung und ihre Grenzen

A. Gesetzliche Differenzierung zwischen Publikumsgesellschaften und privaten Aktiengesellschaften

21 In einigen Bereichen des Aktienrechts hat der Gesetzgeber zwar *Differenzierungen zwischen Publikums- und privaten Aktiengesellschaften* vorgenommen.[6] Auch ist er dazu übergegangen, gewisse Anforderungen – wie beispielsweise die Pflicht zur Revision – statt von der Rechtsform vom *Umfang und der Komplexität der unter-*

---

[5] FORSTMOSER, Schnittstelle, 378; dazu auch hinten N 1441 ff. – Selbst eine grössere Zahl von Schweizer Publikumsgesellschaften mit kotierten Aktien weist stark personalistische Züge auf, indem die stimmenmässige Kontrolle bei einem geschlossenen Kreis von (Familien-)Aktionären liegt. Gemäss BAUMANN (12 [Anm. 33 m.H.]) sind 37% aller börsenkotierter Unternehmen in der Schweiz als Familiengesellschaften zu qualifizieren. Beispiele sind der Pharmakonzern Hoffmann-La Roche, die Schindler Holding AG, die Vontobel Holding AG, der Chemie-Konzern EMS sowie die Mediengruppe Tamedia AG. Vgl. auch die Hinweise bei PETER FORSTMOSER: Corporate Governance in der Schweiz – besser als ihr Ruf, in: Forstmoser et al. (Hrsg.), Corporate Governance, Symposium zum 80. Geburtstag von Arthur Meier-Hayoz, Zürich 2002, 15 ff., 27 (Anm. 28).

[6] S. die Beispiele bei BÖCKLI, Aktienrecht, § 1 N 93 ff. sowie § 6 N 11. – Im Zuge der laufenden Aktienrechtsrevision sollen diese Differenzierungen weiter ausgebaut werden (vgl. Botschaft 2007, 1606 sowie u.a. Art. 656b Abs. 1, 689c f., 697 Abs. 2, 697d Abs. 1, 697j Abs. 1, 699a Abs. 1, 710, 712, 716a Abs. 1 sowie 732 ff. VE-OR).

nehmerischen Tätigkeit abhängig zu machen.⁷ Dies ändert jedoch nur wenig an der kapitalbezogenen Ausrichtung des Aktienrechts auch in seiner Anwendung auf private Aktiengesellschaften: Die gesetzliche Ordnung ist konsequent kapitalbezogen ausgerichtet, und das dispositive Aktienrecht lässt nur beschränkt eine «Personalisierung» zu.⁸

B. Aktienrechtliche Instrumente der Personalisierung

Einzelne Bestimmungen des dispositiven Aktienrechts sehen **Möglichkeiten** vor, **von der Zuweisung von Rechten entsprechend dem Kapitaleinsatz abzuweichen**, was eine stärker personenbezogene Ausgestaltung der Aktiengesellschaft in einem gewissen, aber meist eingeschränkten Grad erlaubt:⁹

Die **Stimmkraft** einzelner oder mehrerer Aktionäre lässt sich *beschränken oder erhöhen*:

– Mit einer statutarischen **Höchststimmklausel** lässt sich das Stimmrecht «der Besitzer mehrerer Aktien» prozentual begrenzen. Damit erlauben solche Klauseln zwar eine Egalisierung, nicht aber eine Privilegierung von Aktionären.¹⁰

– Die Ausgabe von **Partizipationsscheinen** erlaubt gar die stimmrechtslose Kapitalbeteiligung. Insgesamt ist das Partizipationskapital aber auf das Doppelte des Aktienkapitals beschränkt.¹¹

– Und schliesslich kann durch **Stimmrechtsaktien** die Stimmkraft einer Aktionärskategorie erhöht werden. Die erhöhte Stimmkraft ist auf das Zehnfache beschränkt und bei gewissen Abstimmungen nicht wirksam.¹²

---

⁷ MEIER-HAYOZ/FORSTMOSER, § 10 N 185. – Grösse und Komplexität brauchen natürlich nicht im Gegensatz zu einer personenbezogenen Ausgestaltung zu stehen, was die zahlreichen, von einer Familie oder einigen wenigen Aktionären beherrschten Publikumsgesellschaften (vgl. die Hinweise in Anm. 5) zeigen. In der Tendenz dürften aber kleinere Unternehmen eher personenbezogen sein.
⁸ BÖCKLI, Aktienrecht, § 1 N 8 und 24; MEIER-HAYOZ/FORSTMOSER, § 16 N 20 und 29.
⁹ BGE 91 II 298 E. 6b; APPENZELLER, 9 f.; FORSTMOSER, Schnittstelle, 373 ff.; *ders.*, Vinkulierung, 90; GLATTFELDER, 168a. – Zu den statutarischen Möglichkeiten der Personalisierung im Zusammenhang mit Familienunternehmen eingehend MARTIN, 71 ff.
¹⁰ Art. 692 Abs. 2 OR; BÖCKLI, Aktienrecht, § 12 N 467 ff.; VON SALIS, Stimmrecht, 52 ff.
¹¹ Art. 656a ff.; OR; BÖCKLI, Aktienrecht, § 5 N 1 ff.; VON DER CRONE, Aktienrecht, § 3 N 149 ff. – Für Aktiengesellschaften, deren Partizipationsscheine an einer Börse kotiert sind, soll diese Begrenzung im Rahmen der laufenden Aktienrechtsrevision allerdings aufgehoben werden (Art. 656b Abs. 1 E-OR 2007 bzw. Art. 656b Abs. 1 VE-OR.
¹² Art. 693 Abs. 2 und 3 OR; BÖCKLI, Aktienrecht, § 4 N 128 ff.; VON DER CRONE, Aktienrecht, § 3 N 126 ff.

24 Mittels **Vorzugsaktien**[13] und **Genussscheinen**[14] *können einzelnen Aktionären Vermögensvorteile eingeräumt werden*, ebenso durch das Gewähren «**besonderer Vorteile**»[15] bei der Gründung oder bei einer Kapitalerhöhung.

25 Die Übertragung der Aktien kann durch **Vinkulierung** (Art. 685a ff. OR) erschwert werden;[16] dadurch wird es möglich, *Einfluss auf die Zusammensetzung des Aktionärskreises* zu nehmen. Auch dieser Möglichkeit wurden freilich in der Aktienrechtsrevision von 1991 recht enge Schranken gesetzt.[17]

C. Grenzen der Personalisierung mit den Mitteln des Aktienrechts

26 Einer weiter gehenden personalistischen Ausgestaltung der Aktiengesellschaft steht der zentrale und **zwingende Grundsatz des schweizerischen Aktienrechts** entgegen, wonach einem Aktionär **abgesehen von der Pflicht zur Liberierung seiner Aktien keine Pflichten** auferlegt werden können.[18] So treffen die Aktionäre **keine Treuepflichten** und können solche auch nicht statutarisch eingeführt werden, weder gegenüber der Gesellschaft noch zugunsten von Mitaktionären.[19] Aktionäre sind lediglich an das allgemeine, in der ganzen Rechtsordnung zu beachtende Prin-

---

[13] Art. 654 und 656 OR; BÖCKLI, Aktienrecht, § 4 N 156 ff.; VON DER CRONE, Aktienrecht, § 3 N 166 ff.; LIEBI, *passim*.

[14] Art. 657 OR; BÖCKLI, Aktienrecht, § 5 N 73 ff.; VON DER CRONE, Aktienrecht, § 3 N 175 ff.;

[15] VON DER CRONE, Aktienrecht, § 2 N 164; KÜCHLER, *passim*.

[16] Vgl. zur Vinkulierung N 1725 ff.

[17] BÖCKLI, Aktienrecht, § 6 N 2 ff.; FORSTMOSER, Schnittstelle, 380; KLÄY, 130 f.

[18] Art. 680 Abs. 1 OR; grundlegend BGE 25 II 14 E. 4; BÖCKLI, Aktienrecht, § 1 N 15 f.; VON DER CRONE, Aktienrecht, § 11 N 4 und 14; FORSTMOSER/MEIER-HAYOZ/NOBEL, § 42 N 16 ff.; BSK-KURER/KURER, OR 680 N 5 f.; LANG, 4 und 8; MEIER-HAYOZ/FORSTMOSER, § 3 N 20 ff. und § 16 N 156; MUSTAKI/ALBERINI, 92 f.; WOHLMANN, 107; WÜRSCH, 12 ff. und 158.

[19] BGE 105 II 114 E. 7b, 91 II 298 E. 6a, BGer-Urteil 4C.143/2003 vom 14. Oktober 2003, E. 6; APPENZELLER, 25 f.; BLOCH, 246 ff.; BÖCKLI, Aktienrecht, § 1 N 19 f.; VON BÜREN/HINTZ, 803 ff.; BK-FELLMANN/MÜLLER, OR 530 N 280; FISCHER, Parteienbestand, 27; FORSTMOSER/MEIER-HAYOZ/NOBEL, § 42 N 24 ff.; BSK-KURER/KURER, OR 680 N 7; LANG, 4; MEIER HAYOZ/FORSTMOSER, § 3 N 20 ff. und § 16 N 156. – Zur Diskussion a.M. vgl. etwa BÖCKLI, Aktienrecht, § 1 N 19 f.; FORSTMOSER, Vinkulierung, 90 (Anm. 11); *ders.*, Gestaltungsfreiheit, 262 (Anm. 50). – Es gab jedoch immer wieder Stimmen, die eine solche Treuepflicht zu konstruieren versuchten, so z.B. BSK-BAUDENBACHER, OR 620 N 35 für die Treuepflicht des Hauptaktionärs oder WOHLMANN, 132 ff., für personalistische Aktiengesellschaften; vgl. dazu auch die Übersicht bei WÜRSCH, 15 ff. und BLOCH, 246 ff.

zip von Treu und Glauben (Art. 2 Abs. 1 ZGB) gebunden.[20] Statutarische Nebenleistungen, wie sie z.B. § 55 des deutschen Aktiengesetzes (AktG) vorsieht, wurden bereits bei den Revisionsarbeiten zum OR von 1936 ausdrücklich abgelehnt.[21] Die Beschränkung dieses Grundsatzes auf *aktienrechtliche* Pflichten ist aber zu betonen, weil sich aus *anderen Erlassen* für Aktionäre durchaus weitere Pflichten ergeben können (z.B. die Pflicht zur Offenlegung der Beteiligung oder zur Unterbreitung eines öffentlichen Übernahmeangebotes).[22]

Oft finden sich in den Statuten personenbezogener Aktiengesellschaften **untaugliche Versuche**, die Kapitalbezogenheit des Aktienrechts zu überspielen und personalistische Elemente **über das gesetzlich Mögliche hinaus statutarisch zu verankern:** 27

Paradebeispiel sind Angebotspflichten, die den Aktionären für den Fall der Veräusserung ihrer Aktien zugunsten der verbleibenden Gesellschafter auferlegt werden, wobei die Erwerbsrechte der Verbleibenden allenfalls zusätzlich nach personenbezogenen Kriterien abgestuft werden (z.B. Zugehörigkeit zu einem bestimmten Familienstamm oder Grad der Verwandtschaft). Zwar können statutarische Angebotspflichten und Erwerbsrechte allenfalls durch wohlwollende Auslegung als eine Form der Vinkulierung im Rahmen des gesetzlich Zulässigen verstanden werden, dann nämlich, wenn sie mit Ausnahme der Einschränkung der Partnerwahlfreiheit letztlich nur «Verfahrensregeln» beinhalten. Unzulässig und – zumindest als statutarische Klauseln[23] – unwirksam sind solche Angebotspflichten aber jedenfalls dann, wenn nicht eine Veräusserung zum wirklichen Wert gewährleistet ist oder wenn dem veräusserungswilligen Aktionär Erschwerungen in der Abwicklung zugemutet werden, die über das in Art. 685b ff. OR Vorgesehene hinausgehen.[24] 28

Noch engere Grenzen steckt das seit 1992 geltende Aktienrecht den Versuchen, durch statutarische Vinkulierung den Beitritt eines Aktienerwerbers zu einem Aktionärbindungsvertrag zu erzwingen. Wenn überhaupt, ist dies nur noch in Ausnahmefällen zulässig.[25] 29

Vereinzelt finden sich in Statuten auch andere Regelungen, die einer näheren Prüfung nicht standhalten dürften, so die Bestimmung, dass den Aktionären – oder 30

---

[20] BÖCKLI, Aktienrecht, § 13 N 660; BSK-KURER/KURER, OR 680 N 7; NUSSBAUMER/VON DER CRONE, 144; WÜRSCH, 40 ff.
[21] BBl 1928 I 205 ff., 242 f.
[22] Art. 20 und 32 BEHG; dazu N 693 ff.
[23] Zur Möglichkeit der Konversion in eine (gültige) vertragliche Vereinbarung s. N 135 ff.
[24] Vgl. zum Ganzen N 1177 und 1751 ff. – Die Grenzen des gesetzlich Zulässigen sind heute jedenfalls weit enger gesteckt als zur Zeit von GLATTFELDER (168a), der noch von aktienrechtlichen Kauf-, Vorkaufs- und Vorhandrechten mit quasi «dinglicher» Wirkung spricht.
[25] Vgl. dazu N 1738 ff.

einzelnen von ihnen – ein Vorkaufsrecht zukommen soll, falls die Gesellschaft Grundstücke oder andere wichtige Aktiven veräussern sollte. Eine solche Andienungspflicht verstösst gegen die unentziehbaren Kompetenzen des Verwaltungsrates gemäss Art. 716a OR.

31 Die Beteiligten wähnen sich aufgrund solcher Klauseln **nicht selten in trügerischer Sicherheit,** denn diese werden vom Handelsregisteramt nicht beanstandet, weil – was oft übersehen wird – die eingeschränkte Kognition der Registerämter auch bei einer Verletzung zwingenden Rechts ein Einschreiten nicht zulässt, sofern nicht öffentliche Interessen oder Drittinteressen betroffen sind, was bei solchen Bestimmungen nicht zutrifft.[26]

III. Personalisierung durch Vertrag

A. Im Allgemeinen

32 Einen **gangbaren und ausserordentlich verbreiteten Weg** der Personalisierung hat die Praxis hingegen seit langer Zeit **in der Form vertraglicher Vereinbarungen** gefunden, welche die Lücke zwischen aktienrechtlicher Ordnung und dem Bedürfnis nach Personalisierung und grösserer Verbindlichkeit unter den Aktionären füllen sollen.[27]

33 Es kann sich dabei um *Verträge zwischen der Aktiengesellschaft und einzelnen oder allen Aktionären* handeln (besonders als Verträge auf Arbeitsleistungen wie Arbeitsverträge und Aufträge, als Stillhaltevereinbarungen oder auch als Liefer- und Abnahmeverträge).[28] Solche *Verträge* können aber auch *unter den Aktionären im Hinblick auf ihre Beziehungen zur Gesellschaft und ihre Beziehungen untereinander* abgeschlossen werden, wobei die Aktiengesellschaft zwar von den Auswirkungen betroffen, selbst aber meist nicht Partei ist.

---

[26] BGE 132 III 668 E. 3, 121 III 368 E. 2, 117 II 186 E. 1. – Die Kognitionsbefugnis des Handelsregisteramtes ist auch mit der neuen Handelsregisterverordnung vom 17. Oktober 2007 nicht erweitert worden (vgl. HARALD BÄRTSCHI: Revidiertes Handelsregisterrecht, GesKR 2008, 61 ff., 64; FLORIAN ZIHLER: Eintragung zusätzlicher Tatsachen ins Handelsregister gemäss Art. 30 HRegV, GesKR 2010, 139 ff., 143; zum Ganzen auch MEIER-HAYOZ/FORSTMOSER, § 6 N 42 ff.).

[27] APPENZELLER, 10; BLOCH, 4; FISCHER, Parteienbestand, 6, 15 und 18 f.; FORSTMOSER, Aktionärbindungsverträge, 362; GERICKE/DALLA TORRE, 40; HINTZ-BÜHLER, 15; HAAB, 383; HUBER, Vertragsgestaltung, 20; MARTIN, 197 ff.; MUSTAKI/ALBERINI, 91; WOHLMANN, 136 f.

[28] Vgl. die Übersicht hinten N 2206 ff.

Eine solche ausserordentlich verbreitete Art der Ergänzung der aktienrechtlichen Ordnung durch Vertrag stellen die in dieser Publikation behandelten **Aktionärbindungsverträge** dar.[29] Im Gleichschritt mit der Zunahme der Zahl der Aktiengesellschaften[30] und dem Aufstieg der Aktiengesellschaft zur bedeutendsten Rechtsform des schweizerischen Gesellschaftsrechts[31] erlangten diese Verträge in der Schweiz **grosse Verbreitung und eine eminente praktische Bedeutung**.[32] Dies zwar vor allem im Bereich der kleinen und mittleren Unternehmen, wo der personalistische Charakter regelmässig überwiegt, aber durchaus auch bei grossen Publikumsgesellschaften (was sich oft aus ihrer Entstehungsgeschichte als Familienunternehmen erklärt).[33]

B. Funktion und Inhalt von Aktionärbindungsverträgen im Speziellen

1. Ergänzung der aktienrechtlichen Ordnung

Aktionärbindungsverträge sollen die **aktienrechtliche Ordnung** – über deren begrenzte Möglichkeiten hinaus – *durch personalistische und* durch weiter gehend *verpflichtende Elemente* **ergänzen** oder korrigieren.[34] Oft – insbesondere dann, wenn alle Aktionäre an einem Aktionärbindungsvertrag beteiligt sind[35] – soll eine eigentliche *Einheit von aktienrechtlicher und aktionärbindungsvertraglicher Ordnung* geschaffen werden.

---

[29] «Aktionärbindungsverträge sind *das* Mittel, um die fehlende Personenbezogenheit der AG bei den vielen kleinen und mittleren Gesellschaften, bei denen es auf die Persönlichkeit der Beteiligten ankommt, zu kompensieren. Ohne sie wäre die AG kaum zum ‹Mädchen für alles› im Gesellschaftsrecht geworden» (FISCHER, Parteienbestand, 42; ebenso FORSTMOSER/MEIER-HAYOZ/NOBEL, § 2 N 48); vgl. auch BIERI, N 500; BÖCKLI/MORSCHER, 53.

[30] Zwischen 1955 und 2013 stieg die Zahl der Aktiengesellschaften in der Schweiz von 26 189 auf 206 040.

[31] Der kometenhafte Aufstieg der GmbH in den letzten zwei Jahrzehnten tut dem keinen Abbruch (vgl. MEIER-HAYOZ/FORSTMOSER, § 18 N 162 und die Tabelle auf S. 799). Zur GmbH als Alternative zur Aktiengesellschaft mit Aktionärbindungsvertrag vgl. N 2169 ff.

[32] FORSTMOSER, Aktionärbindungsverträge, 363; FORSTMOSER/MEIER-HAYOZ/NOBEL, § 39 N 148; LANG, 10; WÜRSCH, 153; ZIHLMANN, Abstimmungsvereinbarungen, 239; vgl. auch die Betonung der praktischen Bedeutung in der Beratung der Aktienrechtsvorlage von 1983: Amtl. Bull. NR 1985, 1763 ff.

[33] Vgl. N 18 f.; FISCHER, Parteienbestand, 36 und 42.

[34] FISCHER, Parteienbestand, 15; FORSTMOSER, Schnittstelle, 381.

[35] Vgl. N 325 ff.

2. Koordination des Stimmverhaltens

36 Die wohl häufigste Funktion von Aktionärbindungsverträgen besteht in der **Koordination des Stimmverhaltens (Stimmbindung)** der beteiligten Aktionäre in der Generalversammlung der Aktiengesellschaft und damit in der Einflussnahme auf die Willensbildung der Aktiengesellschaft.[36] Die Gründe für diese Koordination können ganz verschieden sein:[37]

a) Beherrschung durch Mehrheitsbildung

37 Mit einer Stimmbindung können die beteiligten Aktionäre das Ziel verfolgen, als Mehrheitsaktionäre die Aktiengesellschaft **langfristig zu beherrschen** und deren unternehmerische Tätigkeit zu bestimmen oder zumindest zu beeinflussen.[38]

b) Durchsetzung von Minderheitenrechten

38 Der Zusammenschluss von Aktionären zu Minderheitskonsortien oder Schutzgemeinschaften kann der **Durchsetzung aktienrechtlicher Minderheitenrechte** dienen.[39] Gewisse Rechte bedürfen zwar keiner Stimmenmehrheit, erfordern aber das *Erreichen gewisser Schwellenwerte*:

39 So können Aktionäre, die – allein oder eben gemeinsam – 10% des Aktienkapitals vertreten, eine *ausserordentliche Generalversammlung einberufen* oder einen *Gegenstand* für die Generalversammlung *traktandieren lassen* (Art. 699 Abs. 3 OR), in KMU die *ordentliche Revision verlangen* (Art. 727 Abs. 2 OR), auf *Auflösung der Aktiengesellschaft* aus wichtigen Gründen klagen (Art. 736 Ziff. 4 OR) oder beim Gericht die *Durchführung einer Sonderprüfung beantragen* (Art. 697b Abs. 1 OR). Aktionäre, die 20% des Aktienkapitals vertreten, können das Erstellen einer *Konzernrechnung fordern*

---

[36] Zur Stimmbindung N 753 ff.; FISCHER, Parteienbestand, 16 f. und 30; HINTZ-BÜHLER, 13 f. und 19; MARTIN, 245; PFISTER, 4 f.; WÜRSCH, 156 f.

[37] Vgl. auch N 329 ff.

[38] BLOCH, 8 f., 28 ff. und 42 f.; DOHM, 3 ff.; FISCHER, Parteienbestand, 16 f. und 30; HINTZ-BÜHLER, 13 f.; MARTIN, 245; SCHENKER, Übernahmerecht, 124 f.; STUBER, 16; PATRY, Aktionärbindungsverträge, 5 f. – Bei Gesellschaften mit börsenkotierten Aktien ist die Neubildung eines wirksamen Mehrheitskonsortiums oder Aktionärspools durch das Börsenrecht erschwert, weil das Überschreiten des Schwellenwertes von 33⅓% (falls nicht statutarisch ein *opting-up* oder *opting-out* vorgesehen wurde) zur Pflicht führt, den übrigen Inhabern von Beteiligungspapieren ein Übernahmeangebot zu unterbreiten (vgl. statt aller SCHENKER, Übernahmerecht, 653; sodann hinten N 712 ff.).

[39] APPENZELLER, 16 f.; BLOCH, 33 ff. und 42 f.; HAYMANN, 68; STUBER, 17.

(Art. 963a Abs. 2 Ziff. 2 OR).[40] In all diesen Fällen können sich Minderheitsaktionäre vertraglich zusammenschliessen, um das erforderliche Quorum zu erreichen.

Eine präventive Sicherstellung von Minderheitsrechten kann sodann dadurch erreicht werden, dass sich Grossaktionäre gegenüber Minderheitsaktionären verpflichten, sie bei der Geltendmachung von Minderheitsrechten zu unterstützen, wenn sie zu deren Durchsetzung allein nicht in der Lage wären.

c) Bildung von Sperrminoritäten

Minderheitsaktionäre können ihre Position gegenüber der Mehrheit auch dadurch stärken, dass sie sich zusammenschliessen und ihre Stimmrechte koordinieren, um eine **Sperrminorität** zu **bilden,** wenn für Beschlüsse gesetzliche oder statutarische Quoren erforderlich sind (wie für die wichtigen Beschlüsse gemäss Art. 704 OR).[41]

d) Bestellung von Verwaltungsrat und Geschäftsleitung sowie weiterer Organe

In personenbezogenen Unternehmen besteht unter den Aktionären meist auch in Bezug auf die **Zusammensetzung und Tätigkeit des Verwaltungsrates**, der **Geschäftsleitung** und allenfalls eines **Beirates** sowie gelegentlich auch bezüglich der Bestellung der **Revisionsstelle** Koordinationsbedarf. Auch hier bietet sich der Aktionärbindungsvertrag mit Stimmbindung als Gestaltungsmittel an.[42]

e) Abwehr unfreundlicher Übernahmen

Das Ziel einer Stimmbindung kann die **Abwehr einer unfreundlichen Übernahme** sein.[43] Zu diesem Zweck kann es im Einzelfall auch zu bloss kurzfristigen Zusammenschlüssen kommen.

---

[40] BÖCKLI, Aktienrecht, § 1 N 135 ff.; HAYMANN, 71 ff.; KNOBLOCH, System, 63 ff. – Nach dem Entwurf 2007 bzw. dem VE 2014 sollen künftig für Gesellschaften, deren Aktien an einer Börse kotiert sind, und für solche ohne Börsenkotierung unterschiedliche Schwellenwerte gelten (vgl. Art. 697b Abs. 1, 699 Abs. 3, 699a Abs. 1 E-OR 2007 bzw. Art. 697d Abs. 1, 697j Abs. 1, 699 Abs. 3, 699a Abs. 1 VE-OR).

[41] BLOCH, 9 und 42 f.; DOHM, 6; FISCHER, Parteienbestand, 17, 30 und 86; HINTZ-BÜHLER, 13 f.; GLATTFELDER, 295a ff.; MARTIN, 246; NAEGELI, 189; STUBER, 17.

[42] Vgl. N 876 ff.

[43] SCHENKER, Übernahmerecht, 652 f.; WERLEN, 107; FLORIAN ZIHLER: Gesellschaftsrechtliche Abwehrmöglichkeiten gegen staatlich kontrollierte Investitionsfonds, Jusletter vom 10. März 2008, Rz. 23 f.

f) Einfluss für Nicht-Aktionäre

44 Schliesslich kann es bei Stimmbindungen auch darum gehen, **Nicht-Aktionären** oder erst **künftigen Aktionären** (bereits) eine **Einflussmöglichkeit auf die Willensbildung** der Aktiengesellschaft zu *geben*.[44]

3. Geschlossener Aktionärskreis und Nachfolgeplanung

45 Eine weitere wichtige Funktion von Aktionärbindungsverträgen ist die **Erhaltung oder Stabilisierung des Aktionärskreises** oder dessen zielgerichtete (Weiter-)Entwicklung.[45] Meist verbindet sich diese Funktion mit einer Mehrheitsbeteiligung der verbundenen Aktionäre, welche langfristig gesichert werden soll, auch wenn sich das Aktionariat verändert. Neben der Erhaltung eines dominierenden Aktionärskreises haben Aktionärbindungsverträge besonders im Zusammenhang mit der **Nachfolgeplanung** in kleineren und mittleren Unternehmen eine erhebliche Bedeutung, speziell bei **Familienunternehmen und deren Weiterführung** durch Nachkommen oder im Voraus bestimmte Dritte.[46]

46 Das aktienrechtliche Instrument der *statutarischen Vinkulierung* bietet hierfür seit der Aktienrechtsrevision von 1991 nur noch eine beschränkte Handhabe,[47] weshalb sich die Bedeutung vertraglicher **Vereinbarungen über das Verfügungsrecht an Aktien sowie über Kauf-, Vorkaufs- und Vorhandrechte**[48] seither noch vergrössert hat.[49]

4. Konkurrenzverbote und Treuepflichten

47 Die Pflichten des Aktionärs gegenüber der Aktiengesellschaft sind – zumindest bei nicht kotierten Aktiengesellschaften – ausschliesslich finanzieller Natur (Aktienlibe-

---

[44] HINTZ-BÜHLER, 14. – Zur Zulässigkeit solcher Vereinbarungen vgl. hinten, N 352 ff. und 782 ff.

[45] APPENZELLER, 16; BLOCH, 9; FISCHER, Parteienbestand, 17 f.; HINTZ-BÜHLER, 15 f.; SCHENKER, Übernahmerecht, 652 f.

[46] APPENZELLER, 15; BLOCH, 10 und 41 ff.; EHRAT/FREI, 328 ff.; FISCHER, Parteienbestand, 19 f.; GLOOR/FLURY, 305 ff.; HAAB, 383 ff.; HAUSHEER, erbrechtliche Probleme, 220 f.; HENSCH/STAUB, 1173 ff.; HINTZ-BÜHLER, 16 f.; KUMMER, 132 ff.; BK-KÜNZLE, ZGB 517–518 N 335; MARTIN, 262 ff.; PATRY, Aktionärbindungsverträge, 4 f.; SOMARY/VASELLA, 294; STAEHELIN, Generationenwechsel, 85 ff. – Aktionärbindungsvertragliche Elemente können aus diesem Grund auch in Ehe- und Erbverträgen enthalten sein, oder es können – umgekehrt – Aktionärbindungsverträge den ehe- und erbvertraglichen Formvorschriften unterstehen (dazu auch N 227 und 627).

[47] Vgl. Art. 685b OR; dazu N 1725 ff.

[48] Dazu N 1170 ff.

[49] HINTZ-BÜHLER, 21; WERLEN, 107; WÜRSCH, 157 f.

rierung) und können auch durch die Statuten nicht erweitert werden; insbesondere hat der Aktionär *keine Treue- oder ähnlichen Pflicht* gegenüber der Gesellschaft.[50]

Es kann aber das legitime Bedürfnis bestehen, Aktionäre auf ein **Konkurrenzverbot**[51] gegenüber der Gesellschaft oder zur **Geheimhaltung von Geschäftsgeheimnissen**[52] zu verpflichten. Wegen der aktienrechtlichen Schranken ist dies *nur auf der Basis schuldrechtlicher Vereinbarungen möglich*. Denkbar sind zu diesem Zweck Verträge zwischen Aktionären und der Gesellschaft (verbreitet sind Konkurrenzverbote etwa in Arbeits- oder Mandatsverträgen)[53], aber auch Verträge der Aktionäre untereinander[54]. 48

5. Mitwirkungs- und Leistungspflichten

Auch statutarischen **Mitwirkungs- und Leistungspflichten** steht das zwingende Aktienrecht entgegen.[55] Für solche Pflichten (Leistungs- und Verhaltenspflichten, Nachschuss- und Zuzahlungspflichten, persönliche Haftung, Lizenzierungspflichten etc.[56]) kann aber ebenfalls ein Bedürfnis bestehen, beispielsweise im Rahmen von Unternehmenskooperationen.[57] 49

6. Festlegung der Ziele der Aktiengesellschaft und ihrer Geschäftspolitik

Die vertraglich gebundenen Aktionäre können, wenn sie über die Stimmenmehrheit verfügen, die Ziele der Aktiengesellschaft und ihre Geschäftspolitik gestalten; wegen der aktienrechtlichen Kompetenzordnung[58] ist dies direkt allerdings nur auf der statutarischen Ebene und damit begrenzt möglich.[59] Indirekt ist ein grösserer Einfluss möglich über die Bestellung des Verwaltungsrates[60] und die Einbindung seiner Mitglieder[61]. 50

---

[50] Vgl. N 26.
[51] Dazu N 1460 ff.
[52] Dazu N 1153 ff.
[53] Dazu N 2206 ff.
[54] Dazu N 1420 ff.; PFISTER, 7 f.
[55] Vgl. N 26.
[56] Dazu N 1434 ff.
[57] HINTZ-BÜHLER, 20; PFISTER, 8; WÜRSCH, 158 f. – So sollen z.B. die an einem Joint Venture Beteiligten zu Lieferungen oder zur Lizenzgewährung an die Joint-Venture-Gesellschaft verpflichtet werden (dazu N 1439 f.).
[58] Vgl. die unentziehbaren Kompetenzen des Verwaltungsrates gemäss Art. 716a Abs. 1 OR.
[59] MARTIN, 264.
[60] Dazu N 876 ff.
[61] Dazu N 357 ff.

7. Finanzierung und Investition

51 Bei der **ausserbörslichen Eigenkapitalfinanzierung** durch Dritte (*Private-Equity-Finanzierung*)[62] braucht es regelmässig sowohl *Vereinbarungen mit der Gesellschaft* selbst als auch solche zwischen den *Gesellschaftern und Drittinvestoren*.[63]

52 Solche Vereinbarungen regeln die *Rechte und Pflichten der Beteiligten*, den *Ablauf der Finanzierung* und auch den für später geplanten *Ausstieg der Investoren*. Die entsprechenden Verträge enthalten unter anderem Regeln über die Strukturierung und Koordination von *Kapitalerhöhungen*, *Nachschusspflichten*, die Schaffung spezieller *Aktienkategorien*, die Einführung von *Erwerbs- und Veräusserungspflichten* bzw. *Veräusserungsverboten*, sodann *Informations- und Mitwirkungsrechte* oder *Konkurrenzverbote*.[64]

8. Koordination von Erwerb und Veräusserung von Aktien

53 Aktionäre (bzw. künftige Aktionäre) schliessen sich oft auch zum Zweck des *gemeinsamen Erwerbs eines Aktienpakets oder zu dessen Veräusserung* zusammen.[65]

54 Das gemeinsame Vorgehen kann den Erwerb eines grösseren Pakets erlauben, welches den Beteiligten einen massgeblichen Einfluss auf die Aktiengesellschaft sichert. Umgekehrt kann ein Veräusserer daran interessiert sein, ein Aktienpaket *en bloc* zu verkaufen, weil er sich eine Kontrollprämie[66] erhofft, d.h. einen Zuschlag auf den Kaufpreis, der sich aus den grösseren Einflussmöglichkeiten des Pakets ergibt.

55 Der gemeinsame Erwerb der Aktien durch verbleibende Aktionäre kann eine besondere Art des Minderheitenschutzes darstellen, indem sich Mehrheitsaktionäre gegenüber einer Minderheit zur Übernahme ihrer sonst möglicherweise unverkäuflichen Aktien beim Austritt aus dem Vertrag verpflichten.[67]

---

[62] In Abgrenzung zu Fremdkapitalfinanzierungen; bei Mischformen aus Eigen- und Fremdkapitalfinanzierungen spricht man von Mezzanin-Finanzierungen (VON SALIS, Risiko, 213).

[63] FRICK, Private Equity, N 1432 ff.; VON SALIS, Finanzierungsverträge, N 38 f. sowie *passim*; *ders.*, Risiko, 213; TRIPPEL/JAISLI KULL, 202.

[64] FISCHER, Parteienbestand, 21; VON SALIS, Finanzierungsverträge, N 104 ff.; *ders.*, Risiko, 214 ff.; TRIPPEL/JAISLI KULL, 204 ff.; WEBER, Private-Equity, 25 ff. und 53 ff.

[65] FISCHER, Parteienbestand, 18.

[66] FISCHER, Parteienbestand, 18 und 326. – Bei Gesellschaften mit börsenkotierten Beteiligungsrechten sind Kontrollprämien untersagt (Art. 32 Abs. 4 BEHG), vgl. etwa URS REINWALD: Änderungen im Börsengesetz – Eine Übersicht, GesKR 2011, 518 ff., 526.

[67] HAYMANN, 76 ff. und 139 ff. – Vgl. N 1312.

9. Joint-Venture- und andere Unternehmenskooperationen

Joint-Venture- und andere Arten der **Unternehmenskooperation** können wegen der beschränkten Gestaltungsmöglichkeiten des Aktienrechts[68] nicht allein auf aktienrechtlicher Basis geregelt werden. Vertraglichen Vereinbarungen unter den Beteiligten kommt dabei grosse Bedeutung zu.[69]

10. Vertragliche Koppelung und Konzernierung

In der Regel sind die an einem Aktionärbindungsvertrag beteiligten Personen Aktionäre der gleichen Aktiengesellschaft. Aktionärbindungsverträge können aber auch zur **Koppelung von** zwei oder mehr **Gesellschaften** mit identischem Aktionärskreis und für weitere Formen der **Unternehmensverflechtung** Verwendung finden.[70]

Die direkte schuldrechtliche Konzernierung durch einen Beherrschungsvertrag zwischen dem herrschenden und dem zu beherrschenden Unternehmen kommt in der Schweiz – obwohl gesetzlich im Aktienrecht von 1991 angedacht[71] – kaum vor.[72] Denkbar hingegen ist die Konzernierung mittels einer Stimmbindungsvereinbarung unter Aktionären mehrerer Gesellschaften, die sich verpflichten, ihr Stimmrecht einheitlich auszuüben und so eine wirtschaftliche Einheit zu schaffen.[73] Sodann schliesst auch die Zusammenfassung von Gesellschaften unter einer einheitlichen Leitung durch Stimmenmehrheit das Interesse am Abschluss eines «Aktionärbindungsvertrages» nicht prinzipiell aus, denn auch im Konzernverhältnis können personalistische Elemente bedeutend sein. Freilich steht hier in der Regel die auftragsrechtliche Bindung der Mitglieder des Verwaltungsrats der beherrschten

---

[68] Vgl. N 26 ff.
[69] APPENZELLER, 12; BLOCH, 20 ff.; FISCHER, Parteienbestand, 19; GERICKE/DALLA TORRE, 25 f. und 39 ff.; HINTZ-BÜHLER, 16; HUBER, Vertragsgestaltung, 11 f.; KNOBLOCH, Joint Ventures, 558 ff.; OERTLE, 24 f.; PATRY, Aktionärbindungsverträge, 8; PFISTER, 6 f.
[70] BÖCKLI, Aktienstimmrecht, 49 f. und 72; FISCHER, Parteienbestand, 19 HINTZ-BÜHLER, 16; HUBER, Vertragsgestaltung, 11 f.; GLATTFELDER, 166a; LÜBBERT, 81; NAEGELI, 188; PFISTER, 5 f.; VON STEIGER, in: SAG 29, 209.
[71] Zusammenfassung unter einheitlicher Leitung «auf andere Weise» als durch Stimmenmehrheit (vgl. Art. 663e Abs. 1 aOR). Das neue Rechnungslegungsrecht geht für die Pflicht zur Erstellung einer Konzernrechnung in Art. 963 Abs. 1 OR nunmehr konsequent vom Kontrollprinzip aus, welches die *Ausübung* einer einheitlichen Leitung nicht verlangt, sondern nur deren *Möglichkeit* (MÜLLER/LIPP/PLÜSS, 662 f.)
[72] VON BÜREN, Konzern, 387 f.
[73] FISCHER, Parteienbestand, 19.

Konzerngesellschaften (fiduziarische tätige Verwaltungsratsmitglieder) im Vordergrund.[74]

11. Unabhängigkeitserfordernis bei Anwaltsaktiengesellschaften

59 Seit 2006 haben verschiedene kantonale Aufsichtsbehörden und später auch das Bundesgericht[75] Gesuche von Anwälten um Eintragung in das kantonale Anwaltsregister gutgeheissen, die zusammen eine Aktiengesellschaft gegründet hatten und künftig ihre Anwaltstätigkeit als Angestellte dieser Gesellschaft ausüben wollten.[76] Um trotz dieser körperschaftlichen Organisation die gesetzlich verlangte (institutionelle) **anwaltliche Unabhängigkeit** (Art. 8 Abs. 1 lit. d BGFA) **sicherzustellen,** spielen zwischen den Partnern bzw. Aktionären der Kanzlei vereinbarte Aktionärbindungsverträge eine wichtige Rolle, weil sie – im Verbund mit statutarischen Vorkehren – gewährleisten, dass die Aktiengesellschaft – wie vom Bundesgericht verlangt – von eingetragenen Anwälten beherrscht wird.[77]

12. Gemeindekooperationen

60 Betreiben Gemeinden gemeinsam grössere Einrichtungen (wie z.B. Spitäler oder Kehrichtverbrennungsanlagen), sind diese herkömmlich meist in der Form von Zweckverbänden (d.h. als öffentlichrechtlichen Körperschaften) organisiert.[78] Neuerdings wurde jedoch verschiedentlich die Umwandlung des Trägers der Einrichtung in eine Aktiengesellschaft des privaten Rechts diskutiert bzw. umgesetzt. Regelmässig werden dabei die früheren Trägergemeinden nicht nur zu Aktionärinnen der neuen Aktiengesellschaft, sondern sie schliessen unter sich zusätzlich einen (Aktionärbindungs-)Vertrag, welcher die gemeinsame Geschäftspolitik, die Vertretung im Verwaltungsrat oder auch die Beschränkung der Aktienübertragung (und damit die Kontrolle des Aktionärskreises) regelt.[79]

13. Weitere Inhalte

61 Als **weitere mögliche Inhalte** von Aktionärbindungsverträgen sind zu erwähnen Bindungen betreffend die *Gestaltung und Ausübung des Bezugsrechts*, die *Höhe der*

---

[74] VON BÜREN, Konzern, 169 ff.; LIPS-RAUBER, *passim;* MÜLLER/LIPP/PLÜSS, 678 ff.
[75] BGE 138 II 440 sowie auch ZR 2006, Nr. 71.
[76] Zum Ganzen auch SENNHAUSER, *passim.*
[77] BGE 138 II 440 E. 23; vgl. dazu eingehend N 1744 ff.
[78] TOBIAS JAAG/MARKUS RÜSSLI: Staats- und Verwaltungsrecht des Kantons Zürich, 4. Aufl., Zürich 2012, 183 ff.
[79] Beispiele sind die Spital Männedorf AG (eine Aktiengesellschaft seit 2012), die GZO AG (Spital Wetzikon; eine Aktiengesellschaft seit 2009) oder – aus einer anderen Branche – die Zürcher Abfallverwertungs AG (seit 2013).

Dividenden oder die *Verteilung des Liquidationserlöses* sowie Rechte und Pflichten hinsichtlich der *Teilnahme und Vertretung im Verwaltungsrat*.[80] Auch kann die Zusammenarbeit der Gründeraktionäre über die Gründung hinaus in der Form eines Aktionärbindungsvertrages fortbestehen.

Regelmässig Gegenstand von Aktionärbindungsverträgen sind ferner Regelungen über die innere *Organisation des Vertrages,* die *Vertragsdauer* sowie die *Mittel der Absicherung* der vertraglichen Verpflichtungen.[81] Weiter finden sich Regeln über die Beschlussfassung hinsichtlich allfälliger *Vertragsänderungen,* den *Eintritt bzw. das Ausscheiden von Vertragsparteien* sowie schliesslich *Verfahrensbestimmungen.*[82]

IV. Typisierung von Aktionärbindungsverträgen

So vielfältig wie es die Funktionen sind, so variantenreich ist die Ausgestaltung von Aktionärbindungsverträgen. Sie lassen sich **nach verschiedenen Merkmalen** in eine **Vielzahl von Vertragstypen** unterteilen. Einzelnen kommt dabei rechtliche Relevanz zu, andere dienen lediglich der begrifflichen Unterscheidung.[83] Im Folgenden nur einige Unterscheidungsmerkmale:

A. Vertragsparteien

Vertragsparteien eines Aktionärbindungsvertrages können **Aktionäre** *einer bestimmten Aktiengesellschaft* sein, *aber auch* Aktionäre *mehrerer Aktiengesellschaften,* **Nicht-Aktionäre, Mitglieder des Verwaltungsrats** sowie – seltener – die **Aktiengesellschaft** selbst.[84]

B. Anzahl der Vertragsparteien

Auch die Zahl der Vertragsparteien kann als Unterscheidungsmerkmal dienen und ist von praktischer Bedeutung: Ein Vertrag mit einer **Vielzahl von Parteien** bedarf (z.B. bei der Ausgestaltung der gemeinsamen Willensbildung) anderer Regeln als ein **Vertrag mit zwei oder nur wenigen Parteien.**

---

[80] Vgl. 876 ff. – FORSTMOSER, Schnittstelle, 384; HINTZ-BÜHLER, 20; WÜRSCH, 159.
[81] FISCHER, Parteienbestand, 24; HINTZ-BÜHLER, 19 und 21 f.
[82] HINTZ-BÜHLER, 21 f. – Auf den Inhalt von ABV wird ausführlich im dritten Teil dieser Publikation (§§ 15 ff. [N 752 ff.]) eingegangen.
[83] BLOCH, 28 ff.; FORSTMOSER, Schnittstelle, 384 f. – Zum Bedeutung der Begriffsbildung auch N 5.
[84] Dazu N 321 ff.; BLOCH, 34 f. und 44 f.

C. Börsenkotierung der Gesellschaft

66 Aktionärbindungsverträge können sowohl unter Aktionären nicht börsenkotierter als auch unter Aktionären börsenkotierter Aktiengesellschaften geschlossen werden. Bezieht sich der Vertrag auf eine kotierte Gesellschaft, dann sind von den beteiligten Aktionären **allenfalls börsenrechtliche Verpflichtungen** einzuhalten (z.B. die Pflicht zur Offenlegung der Beteiligung).[85]

D. Anwendungsbereich der Vertragsbindung

67 Der Umfang der vertraglichen Bindung gibt zum einen darüber Auskunft, ob **alle (allenfalls auch künftig erworbene) oder nur ein bestimmter Teil der Aktien** einer Vertragspartei in den Anwendungsbereich des Vertrags fallen.[86] So binden sich Aktionäre allenfalls nur mit so vielen Aktien wie nötig, um ein bestimmtes Quorum – eine Mehrheit oder auch eine qualifizierte Mehrheit – zu erreichen. Im Übrigen wollen sie in ihren Anlageentscheiden frei bleiben. Oder es werden nur diejenigen Aktien unterstellt, die im Rahmen eines Erbgangs erlangt wurden (allenfalls zusammen mit weiteren Aktien, die aufgrund der Ausübung von Bezugsrechten aus den gebundenen Aktien erworben werden). Die Bindung nur eines Teils der Aktien drängt sich auch auf, wenn den Parteien der Erwerb oder die Veräusserung weiterer Aktien erlaubt sein soll, ohne ein den Vertrag betreffendes Erwerbsrecht auszulösen.[87]

68 > Der vorliegende Vertrag umfasst sämtliche den Parteien heute oder künftig direkt oder indirekt zustehenden Aktien der [Aktiengesellschaft].

69 > Gegenstand dieses Vertrages sind [die per Vertragsdatum im Eigentum der Parteien stehenden Aktien der [Aktiengesellschaft] / die Aktien gemäss Aktienverzeichnis (Anhang A)] (nachfolgend ‹die gebundenen Aktien›). Erwirbt eine Partei weitere, nicht gebundene Aktien, können diese mit Zustimmung der übrigen Vertragsparteien dem Vertrag ebenfalls unterstellt werden.
>
> In Bezug auf Aktien, die diesem Vertrag nicht unterstellt sind, sind die Parteien frei in der Ausübung der daraus fliessenden Rechte und in der Veräusserung.

70 Weiter kann danach unterschieden werden, **welche Aktionärsrechte** von der vertraglichen Verpflichtung betroffen sind. Vielfach sind es sowohl die Erwerbs- und Veräusserungsrechte als auch die Mitwirkungsrechte. Es kommt aber auch vor, dass

---

[85] Dazu N 693 ff.; BLOCH, 35 ff.
[86] FISCHER, Parteienbestand, 23.
[87] Zu den Erwerbsrechten und Erwerbspflichten vgl. N 1170 ff.

sich die Bindung nur auf die Erwerbs- und Veräusserungsrechte bezieht.[88] Die Pflicht zum gemeinsamen Ausüben der Mitwirkungsrechte gegenüber der Gesellschaft kann sich auf einige wenige Themen (etwa Wahlen, Zweckänderung, Kapitalveränderungen, Gewinnverwendung) beschränken oder aber die gemeinsame Führung der Gesellschaft in allen Einzelheiten vorsehen, sodass die Aktiengesellschaft nur noch als abhängiges geschäftsführendes Organ im Rahmen der vertraglichen Abmachungen erscheint.[89]

E. Intensität der Bindung

Die Intensität der Bindung eines Aktionärbindungsvertrages hängt ab von der **vertraglichen Ausgestaltung** und den zur **Absicherung** ihrer Einhaltung getroffenen Massnahmen. Nicht als Aktionär*bindungs*verträge wird man Absichtserklärungen und *Gentlemen's Agreements,* Leitlinien, gemeinsame Werteerklärungen und ähnliche Äusserungen qualifizieren, wobei diese – in Familien, aber auch bei Unternehmenskooperationen – verbreitet sind und durchaus wirkungsvoll sein können.[90]

F. Einseitige oder gegenseitige Bindung

Rechtlich bedeutsam – vor allem für die Qualifikation[91] – ist die Unterscheidung zwischen Verträgen mit **einseitiger und** solchen mit **gegenseitiger Bindung,**[92] je nachdem, ob nur eine Partei oder alle Beteiligten vertragliche Leistungspflichten in Bezug auf die Ausübung ihrer Aktionärsrechte übernehmen.[93]

G. Positive oder negative Verpflichtung

Die Art der Bindung kann sodann **positiv** (**Verpflichtung zur Ausübung** von Rechten, etwa zur Ausübung des Stimmrechts) oder **negativ** (**Verpflichtung zur**

---

[88] Dazu a.a.O.
[89] Es wird in diesem Fall auch von «Doppelgesellschaft» gesprochen (vgl. vorne N 12).
[90] GLATTFELDER, 187a. – Vgl. N 14.
[91] Dazu N 139 ff.
[92] BLOCH, 44 f.; FISCHER, Parteienbestand, 25; GLATTFELDER, 174a f.; STUBER, 5 f.
[93] DOHM, 11; GLATTFELDER, 174a; LANG, 20; VON SALIS, Stimmrecht, 183 f. – Abzugrenzen ist die einseitige Bindung vom einseitigen Vertrag (bei diesem trifft eine Partei überhaupt keine Verpflichtung, während bei der einseitigen Bindung die Gegenpartei zumeist durchaus verpflichtet ist, und sei es nur zur Leistung einer Entschädigung; VON SALIS, Stimmrecht, 183 f.). Eine Gleichsetzung von einseitigem Vertrag und einseitiger Bindung findet sich aber bei HINTZ-BÜHLER, 24 f. (insb. Anm. 82).

Nichtausübung von Rechten, etwa Verpflichtung zur Stimmenthaltung oder Veräusserungsverbot) sein.[94]

H. Dauer der Bindung

74 Aktionärbindungsverträge können auf **kurze Dauer** (allenfalls im Hinblick auf eine einzige Generalversammlung) oder auf **lange Dauer** abgeschlossen werden.[95] Wesentlich sind sodann die Fragen der **befristeten oder unbefristeten Vertragsdauer**[96] und der **Kündbarkeit** (ordentlich und allenfalls ausserordentlich).[97]

I. Schuldrechtliche oder gesellschaftsrechtliche Natur

75 Aktionärbindungsverträge können in **schuldrechtlich und in gesellschaftsrechtlich strukturierte Verträge** gegliedert werden.[98]

V. Aktionärbindungsverträge im schweizerischen Recht

A. Gesetzgebung

1. Keine ausdrückliche gesetzliche Regelung

76 Der schweizerische **Gesetzgeber hat** bis heute **auf eine Regelung** des Aktionärbindungsvertrages **verzichtet**,[99] obwohl entsprechende Anregungen[100] verschiedentlich gemacht wurden. Weder die (Aktienrechts-)Revisionsvorlage von 1928[101] noch diejenige von 1983[102] sahen eine Regelung vor. Die Botschaft von 1983 betonte vielmehr, dass man eine Reihe von Revisionsvorschlägen verworfen oder zumindest als nicht dringlich bezeichnet habe, darunter die Regelung der Aktionärbindungsverträge.[103] Auch die 1993 zur Prüfung des Reformbedarfs im Gesellschaftsrecht

---

[94] BLOCH, 38 ff.; DOHM, 114 ff.; GLATTFELDER, 184a f.; STUBER, 4.
[95] Dazu N 1777 ff.; BLOCH, 40 f.; BÖCKLI, Aktienstimmrecht, 51; FISCHER, Parteienbestand, 37; GLATTFELDER, 186a.
[96] Dazu N 1782 ff.
[97] Dazu N 1835 ff. und 1869 ff.
[98] Dazu N 145 ff. und 174 ff.; BLOCH, 44.
[99] PATRY, Aktionärbindungsverträge, 3 f.
[100] PATRY, Accords, 6a f. (1958); ZIHLMANN, Abstimmungsvereinbarungen, *passim* (1972); FORSTMOSER, Entwurf, 53 f. (1984); FORSTMOSER/HIRSCH, 33 (1985); FORSTMOSER, Aktionärbindungsverträge, 380 f. (1988).
[101] BBl 1928 I 205 ff.; WÜRSCH, 149 (Anm. 7).
[102] BBl 1983 II 745 ff.
[103] BBl 1983 II 745 ff., 773.

eingesetzte *Groupe de réflexion «Gesellschaftsrecht»* kam zum Schluss, dass eine Regelung der Aktionärbindungsverträge «nicht vordringlich» sei und deshalb darauf verzichtet werden solle.[104] In der laufenden Aktienrechtsrevision wird das Thema «Aktionärbindungsvertrag» nicht einmal mehr aufgegriffen.[105]

Im Rahmen der **Beratung der Revisionsvorlage von 1983** wurde im Nationalrat eine Regelung in einem **neuen Art. 695a OR** mit dem folgenden Wortlaut **vorgeschlagen:**[106]

> *«Verträge unter Aktionären, insbesondere betreffend die Ausübung des Stimmrechts, die Beschränkung der Veräusserung der Aktien und die Übernahme von Verpflichtungen im Interesse der Gesellschaft, können gültig in der Form einer einfachen Gesellschaft und für die Dauer des Bestehens der Aktiengesellschaft abgeschlossen werden. In diesem Fall hat jeder Gesellschafter die Möglichkeit, jederzeit beim Richter die Auflösung der einfachen Gesellschaft aus wichtigen Gründen zu verlangen.»*

Nach eingehender Diskussion wurde die Norm **schliesslich** – relativ knapp – **abgelehnt**. Es wurde eingewendet, sie sei übermässig einschränkend und ihre Tragweite nur schwer abschätzbar, auch würde sie nicht alle offenen Fragen klären (insbesondere nicht diejenige der maximal zulässigen Vertragsdauer) und überdies neue aufwerfen.[107] «Lassen wir doch den Anwälten, ihrer Innovationsfreudigkeit und ihrer Fantasie freien Lauf. Sie finden schon Lösungen.»[108]

2. Im Gesetz explizit oder implizit vorausgesetzt

Trotz des Fehlens einer gesetzlichen Normierung sind Aktionärbindungsverträge dem **Gesetz** nicht unbekannt. In verschiedenen Bestimmungen **setzt** es solche Verträge unter Aktionären gar **explizit oder implizit voraus:**[109]

---

[104] «GROUPE DE RÉFLEXION «GESELLSCHAFTSRECHT»», 30 ff.; HINTZ-BÜHLER, 23.
[105] S. Botschaft 2007 sowie Bericht zum VE 2014. – Zur Aktienrechtsrevision 2007 vgl. statt vieler ROLF WATTER (Hrsg.): Die «grosse» Schweizer Aktienrechtsrevision, Eine Standortbestimmung per Ende 2010, Zürich 2010 (= SSHW 300).
[106] Antrag FISCHER-SURSEE (Amtl. Bull NR 1985, 1763 ff.). – Vgl. im Gegensatz dazu die von den Autoren vorgeschlagene Begriffsdefinition (N 3).
[107] Amtl. Bull. NR 1985, 1764 f. (Voten LEUENBERGER, COUCHEPIN und BR KOPP). Vgl. zu den Gründen auch BLOCH, 5 f.; BÖCKLI, Aktienrecht, § 12 N 574 ff.; *ders.*, Aktionärbindungsverträge, 478 ff.; HINTZ-BÜHLER, 23.
[108] Votum LEUENBERGER, a.a.O.
[109] BLOCH, 4.

80 **Art. 663c Abs. 2 OR**[110] (betreffend die Offenlegung von Beteiligungen) definiert den Begriff der bedeutenden Aktionäre als «Aktionäre und **stimmrechtsverbundene Aktionärsgruppen,** deren Beteiligung 5 Prozent aller Stimmrechte übersteigt».

81 Verschiedene **Gruppentatbestände des Aktienrechts** gehen von einem irgendwie gearteten Zusammenwirken von Aktionären aus, so z.B. im Bereich des Einberufungs- und Traktandierungsrechts (Art. 699 OR), der Umgehung von Vinkulierungs- oder Höchststimmklauseln (Art. 685b, 685d und 692 Abs. 2 OR), der Rückerstattung von Leistungen (Art. 678 Abs. 1 OR) oder eines *Opting-up* bei der Revision und der Rechnungslegung (Art. 727 Abs. 2, 961d Abs. 2 und 962 Abs. 2 OR).[111]

82 Ebenso setzen die **Gruppentatbestände des Börsenrechts** ein Zusammenwirken von Aktionären voraus.[112] Diese Tatbestände werden etwa als «Handeln in gemeinsamer Absprache mit Dritten» oder als «vertraglich oder auf andere Weise organisierte Gruppe» umschrieben.[113]

83 Das Fusionsgesetz sieht unter anderem dann die **erleichterte Fusion von Kapitalgesellschaften** vor, wenn «eine ... vertraglich verbundene Personengruppe, alle Anteile der an der Fusion beteiligten Kapitalgesellschaften besitzt, die ein Stimmrecht gewähren» (Art. 23 Abs. 1 lit. b FusG).

B. Rechtsprechung

1. Spärliche Entscheide staatlicher Gerichte

84 Angesichts der grossen praktischen Bedeutung von Aktionärbindungsverträgen[114] mag die dürftige Ausbeute einer Recherche in der Rechtsprechung zunächst erstaunen. Sie erklärt sich aus der Tatsache, dass Aktionärbindungsverträge regelmässig Geheimhaltungs- und für den Streifall oft Schiedsklauseln enthalten, damit die internen Verhältnisse einer Unternehmung, die Entscheidfindungsmechanismen sowie allenfalls die Finanzierung vertraulich bleiben. Sie werden (und wurden)

---

[110] Gemäss VE 2014 soll diese Bestimmung aufgehoben werden, weil die Beteiligungsverhältnisse nun bereits aufgrund der Vorschriften des Börsenrechts allgemein zugänglich sind (vgl. N 668 ff.).
[111] Dazu N 651 ff.
[112] Dazu N 693 ff.
[113] Art. 20 Abs. 1, 20 Abs. 3, 24 Abs. 3, 31 Abs. 1, 32 Abs. 1 und 2 sowie 33b Abs. 2 BEHG.
[114] Vgl. N 34.

daher nur selten Gegenstand öffentlicher Verfahren vor staatlichen Gerichten.[115] Zahlreiche der in der Lehre ausgiebig diskutierten zentralen Fragen sind deshalb gerichtlich bis heute nicht oder zumindest nicht in allgemein zugänglichen Entscheiden geklärt worden.

Die nachfolgende Auflistung erhebt keinen Anspruch auf Vollständigkeit. Verschiedene Entscheide wurden nicht aufgenommen, weil sie sich lediglich mit allgemeinen vertraglichen Aspekten und nicht mit spezifischen Problemen von Aktionärbindungsverträgen befassen.

2. Entscheide des schweizerischen Bundesgerichts

Das schweizerischen Bundesgerichts hat sich mit Aktionärbindungsverträgen in folgenden Entscheiden befasst:

BGE 138 II 440: Zu beurteilen war die Frage, ob Anwälte, die bei einer als Aktiengesellschaft organisierten Anwaltskanzlei angestellt sind, ins kantonale Anwaltsregister eingetragen werden können. Das Bundesgericht bejahte dies im vorliegenden Fall, weil die erforderliche anwaltliche Unabhängigkeit (Art. 8 Abs. 1 lit. d BGFA) «durch die Statuten [der Aktiengesellschaft] und einen Aktionärbindungsvertrag abgesichert» würden und sichergestellt sei, dass die Leitung der Anwaltsaktiengesellschaft «ganz in den Händen von registrierten Anwälten» liege (E. 23).

BGer-Urteil 4A_65/2011 vom 1. April 2011: Erleidet bei einem als einfache Gesellschaft zu qualifizierenden Aktionärbindungsvertrag eine Vertragspartei einen direkten Schaden, kann sie gegen diejenigen Vertragsparteien Schadenersatzklage erheben, welche ihren Vertragspflichten nicht nachgekommen sind. Dasselbe gilt auch, wenn kein Schaden eingetreten ist, aber eine Konventionalstrafe vereinbart wurde (E. 3.3.1).[116] – Die Parteien des Aktionärbindungsvertrages hatten vereinbart, im Verwaltungsrat der Aktiengesellschaft jeweils die Mehrheit der Mitglieder zu stellen, u.a., um die Geschäftspolitik bestimmen zu können. Aufgrund von Differenzen hinsichtlich der Geschäftspolitik beschlossen die Vertragsparteien mehrheitlich, eine Vertragspartei nicht mehr in den Verwaltungsrat zu wählen. In der Versammlung der Vertragsparteien wehrte sich diese vergeblich gegen diesen Beschluss; in der Generalversammlung stimmte sie – um keine Vertragsverletzung zu begehen – gegen die eigene Wiederwahl. Im Anschluss klagte sie jedoch auf Zahlung einer Konventionalstrafe, weil der Beschluss, sie nicht wiederzuwählen, gegen die Bestimmungen des Aktionärbindungsvertrages (Mehrheitsvertretung im Verwaltungsrat) verstiess.

---

[115] BLOCH, 7; FISCHER, Parteienbestand, 24 (Anm. 128); FORSTMOSER, Aktionärbindungsverträge, 363; GLATTFELDER, 155a; HAAB, 383; HINTZ-BÜHLER, 1; PATRY, Aktionärbindungsverträge, 4; WÜRSCH, 160.

[116] Vgl. N 1565 f.

89 **BGer-Urteil 4C.143/2003** vom 14. Oktober 2003: Das Bundesgericht führt aus, die Vorinstanz habe zu Recht erwogen, dass «in einem Aktionärbindungsvertrag eingegangene Rechte und Pflichten … nur dem jeweiligen Vertragsrecht und nicht dem aktienrechtlichen Körperschaftsrecht [unterstehen]» (E. 6).[117]

90 **BGE 114 II 57:** «Nach der Rechtsprechung des Bundesgerichtes sind Stimmrechtsvereinbarungen, mit welchen statutarische Vinkulierungsbestimmungen umgangen werden sollen, rechtsmissbräuchlich und deshalb unbeachtlich (BGE 109 II 43 E. 1 mit Hinweisen). Einer verbreiteten Auffassung nach ist es jedoch zulässig, dass der Veräusserer dem Erwerber gegenüber auf die weitere Ausübung seiner Mitgliedschaftsrechte, namentlich seines Stimmrechtes, verzichtet» (E. 6c).

91 **BGE 109 II 43:** In diesem Entscheid hält das Bundesgericht – unter Verweis auf BGE 88 II 172 – fest, dass «ein Aktionärbindungsvertrag, namentlich auch in der Form einer Abstimmungsverpflichtung, … grundsätzlich zulässig [ist]». Die Vereinbarung «muss indessen die allgemeinen Schranken der Vertragsfreiheit beachten und darf weder gegen zwingende gesetzliche Vorschriften noch gegen die öffentliche Ordnung, die guten Sitten oder das Recht der Persönlichkeit verstossen (Art. 19 Abs. 2 OR)» (E. 3). – Im konkreten Fall wurde die Vereinbarung, weil damit statutarische Vinkulierungsbestimmungen umgangen werden sollten, als «rechtsmissbräuchlich und deshalb unbeachtlich» erklärt (E. 3b).[118]

92 **BGE 88 II 172** (= Pra 1962, Nr. 128): «De tels accords [i.e. un accord sur l'exercice des droits de l'actionnaire et plus précisément une convention de vote combinée avec une convention de blocage] sont valables dans les limites fixées par l'art 19 CO … En l'absence d'un acte contraire à la loi ou aux statuts, tout actionnaire est en effet libre de voter suivant les désirs d'un tiers …» (E. 1). – Der Entscheid behandelt weitere Fragen: die Zulässigkeit der Vertragsdauer unter den Gesichtspunkten von Art. 27 Abs. 2 ZGB,[119] die Frage des Rechtsmissbrauchs unter bestimmten Voraussetzungen, die Qualifikation der Vereinbarung als einfache Gesellschaft[120] und die Frage der Vereinbarkeit mit Art. 693 OR.

93 **BGE 81 II 534:** Der Verkäufer noch nicht übereigneter, vinkulierter Aktien stimmte in der Generalversammlung nach den Anweisungen des Käufers, obschon der Verkauf vom Verwaltungsrat nicht genehmigt worden war. Das Bundesgericht qualifiziert dieses Vorgehen als «offenbare[n] Missbrauch eines Rechts», der nicht zu schützen sei (E. 3). «Wenn nicht ein Umgehungsgeschäft vorliegt, ist [jedoch] jeder Aktionär frei, nach den Wünschen eines Dritten zu stimmen» (E. 4).[121]

---

[117] Vgl. dazu auch NUSSBAUMER/VON DER CRONE, *passim*.
[118] Zur Abgrenzung zwischen Umgehung und Rechtsmissbrauch vgl. N 293 Anm. 123.
[119] Dazu N 1913 ff.
[120] Dazu N 145 ff.
[121] Zur Abgrenzung zwischen Umgehung und Rechtsmissbrauch vgl. a.a.O.

BGE 31 II 896: Entscheid betreffend die Gültigkeit eines Syndikatsvertrages. 94

BGE 25 II 14: Beurteilung einer in den Statuten enthaltenen Lieferverpflichtung 95
zugunsten der Aktiengesellschaft (E. 3).[122]

Auf weitere unveröffentlichte Entscheide wird in der Literatur hingewiesen, so auf 96
ein BGer-Urteil vom 13. Februar 1990[123] oder die beiden BGer-Urteile vom
29. Juni 1948 und 22. April 1953 i.S. Werner Daetwyler gegen Hermann
Daetwyler A.-G. bzw. Delta-Werke Zofingen A.-G.[124] sowie auf das BGer-Urteil
20. März 1950 i.S. Klipfel g. AG E. Klipfel & Co.[125]

3. Entscheide kantonaler Gerichte

Auch auf kantonaler Ebene sind nur wenige Entscheide zu finden, die sich mit 97
Aktionärbindungsverträgen und ihren Aspekten befassen:

ZR 2014, Nr. 25 (vorsorgliche Massnahmen): Ein Aktienkaufvertrag enthielt eine 98
Vereinbarung der Vertragsparteien über deren Vertretungsansprüche im Verwaltungsrat der Aktiengesellschaft. Das Gericht qualifizierte die betreffende Klausel als
eigenständigen Aktionärbindungsvertrag (E. 9.2) und prüfte – weil es sich beim
Aktionärbindungsvertrag entweder um eine einfache Gesellschaft oder ein Dauerschuldverhältnis handle (E. 9.3) – das Vorliegen eines wichtigen Grundes zur fristlosen Vertragsauflösung (E. 9.3 und 9.5). Der Entscheid enthält sodann einen
Hinweis auf ein gegen die beklagte Partei vorgängig ausgesprochenes superprovisorisches Verbot, «an einer während der Dauer [des] Verfahrens stattfindenden Generalversammlung [bestimmte Personen aus dem Verwaltungsrat] abzuwählen»
(E. 1).[126]

ZR 2013, Nr. 70 (superprovisorische Massnahmen): Ein Aktionärbindungsvertrag 99
verpflichtete die Parteien, in der Generalversammlung der Aktiengesellschaft mit
einem Teil ihrer Aktien einheitlich aufzutreten. Die eine Vertragspartei (Klägerin)
ging davon aus, dass die andere Vertragspartei (Beklagte) sich in der bevorstehenden Generalversammlung nicht an diese Verpflichtung halten werde. Das Einzelgericht des HGer ZH verbot daraufhin der Beklagten superprovisorisch, ihre Aktienstimmrechte in der besagten Generalversammlung auszuüben oder ausüben zu
lassen. Zusätzlich wies das Gericht die Aktiengesellschaft unter Strafandrohung an,

---

[122] Vgl. dazu N 137.
[123] SZW 1990, 213 ff., betreffend eine Abnahmepflicht bei Vertragsaustritt.
[124] Beide erwähnt in BGE 81 II 534 E. 3 und besprochen bei PATRY, Accords, 100a ff.; das Urteil von 1948 findet sich auch zusammengefasst und kommentiert in SAG 1948, 77 ff. sowie bei GLATTFELDER, 270a (Anm. 42).
[125] GLATTFELDER, 155a f. (Anm. 8); SJZ 1953, 295 f.
[126] HGer ZH vom 18. Oktober 2011.

weder die von der «Klägerin gehaltenen Namenaktien [noch] die ... Aktien der Beklagten in besagter Generalversammlung als ... vertreten zu berücksichtigen bzw. allfälligen Vertretern keinen Televoter zur Vertretung und Ausübung ihrer Stimmrechte auszuhändigen» (Dispositiv-Ziff. 4 der Verfügung vom 24. Juni 2013).[127]

100 **Tribunal Cantonal, Canton de Vaud vom 11. Dezember 2008** (vorsorgliche Massnahmen): Das Gericht erachtet die Bestimmung eines Aktionärbindungsvertrages als nichtig, wonach die Parteien die Zusammensetzung des Verwaltungsrates bestimmen und sich verpflichten, gewisse Personen in den Verwaltungsrat zu wählen. Die betreffende Bestimmung widerspreche dem zwingenden Recht der Generalversammlung, die Mitglieder des Verwaltungsrates jederzeit abberufen zu können (Art. 705 Abs. 1 OR).[128]

101 **HGer SG vom 22. Februar 2008:**[129] Das Gericht qualifiziert ein von den Parteien als Aktionärskonsortium bezeichnetes «Gefäss» als eine durch konkludentes Verhalten zustande gekommene einfache Gesellschaft (E. III.2).

102 **HGer SG vom 14. Juni 2005:**[130] Auslegung eines Aktionärbindungsvertrages und einer Austrittvereinbarung betreffend die Ausübung und den Umfang eines Kaufrechts.

103 **Cour de justice Genève, chambre civile, vom 12. Dezember 2003:**[131] Keine (aktionärbindungs-)vertragliche Regelung, weil unter den Aktionären ein über das aktienrechtliche Zusammenwirken hinausgehender *animus societatis* nicht festzustellen war (E. 3.2).

104 **KGer ZG vom 11. November 1991:**[132] «... ein Auftragsverhältnis, wonach die Mitglieder des Verwaltungsrates einer Aktiengesellschaft unter Vorbehalt zwingender gesetzlicher oder statutarischer Vorschriften verpflichtet sind, bei ihrer Verwaltungstätigkeit den Willen und die Weisungen des rechtlichen oder tatsächlichen Alleinaktionärs oder einer Aktionärsgruppe zu befolgen, ist herrschender Ansicht zufolge weder rechts- noch sittenwidrig.»

105 **ZR 1990, Nr. 49:** Dieser Entscheid behandelt die Ungültigkeit einer Stimmbindung, welche die Umgehung einer Vinkulierung bezweckte, und die Anfechtbarkeit

---

[127] HGer ZH (Einzelgericht) vom 24. Juni, 26. Juni und 18. Juli 2013. – Vgl. dazu auch N 2059.
[128] Vgl. MARTIN, 248; WILHELM/BLOCH, 108 ff. – Zur Möglichkeit der Abberufung von Mitgliedern des Verwaltungsrates s. N 888 ff.
[129] Verfahren HG.2005.32 und HG.2006.66.
[130] Verfahren HG.2004.44.
[131] SJZ 2005, 428 ff. – Vgl. dazu auch N 163 f.
[132] SJZ 1994, 401 f.

eines durch die rechtswidrige Stimmrechtsausübung zustande gekommenen Generalversammlungsbeschlusses.[133]

ZR 1984, Nr. 53: «Die grundsätzliche Zulässigkeit von Aktionärbindungsverträgen ist in Schrifttum und Rechtsprechung anerkannt ... Damit ist grundsätzlich davon auszugehen, dass der aus einem solchen Vertrag Berechtigte Anspruch auf Realerfüllung hat; das schweizerische Recht sieht vor, dass der Gläubiger primär Natural- bzw. Realerfüllung der Obligation fordern kann, während der Anspruch auf Schadenersatz erst sekundär an Stelle der ursprünglich geschuldeten Vertragsleistung tritt ...» (E. 5b).[134]

ZR 1970, Nr. 101:[135] «Aktionärbindungsverträge, durch welche sich die Partner verpflichten, ihr Stimmrecht in bestimmter Weise auszuüben, begründen Rechte und Pflichten nur unter den beteiligten Aktionären. Die Aktiengesellschaft ist daran nicht beteiligt; sie wird daraus weder berechtigt noch verpflichtet. Ihr gegenüber bleibt der einzelne Aktionär in der Ausübung des Stimmrechtes frei. Stimmt er nicht so, wie er nach ABV stimmen müsste, so macht er sich seinen Partnern gegenüber aus Vertragsverletzung schadenersatzpflichtig, seine Stimmabgabe ist aber aktienrechtlich gültig, auch dann, wenn die Verwaltung beziehungsweise die übrigen Aktionäre vom ABV und seiner Verletzung Kenntnis haben» (E. VI.2). – Der Entscheid befasst sich sodann mit Mitteln der Sicherung und Durchsetzung (E. VI.2 f.)[136] und mit der Anfechtbarkeit des Generalversammlungsbeschlusses (E. VII)[137].

HGer AG vom 24. Januar 1929 i.S. C. Fischer gegen AG J. J. Fischers Söhne:[138] Eine Vereinbarung unter den Aktionären einer Gesellschaft, welche jeder von drei Aktionärsgruppen einen Sitz im Verwaltungsrat zusichert, schafft keinen gesellschaftsrechtlichen Anspruch auf Vertretung im Verwaltungsrat und ist gegenüber der Gesellschaft nicht durchsetzbar.

4. Entscheide (schweizerischer) Schiedsgerichte

Obwohl die Verfahren und Entscheide von Schiedsgerichten in der Regel nicht öffentlich sind, wird vereinzelt in der Literatur auf Urteile zu Aktionärbindungsver-

---

[133] HGer ZH vom 30. August 1990; dazu kritisch FORSTMOSER, in: SZW 1991, 214 f. – Zur Behandlung der in der Generalversammlung aufgrund einer rechtswidrigen Stimmbindung abgegebenen Stimmen vgl. N 848 ff.
[134] KassGer ZH vom 7. November 1983. – Zur Realerfüllung hinten, N 2030 ff.
[135] HGer ZH vom 26. März 1970.
[136] Dazu N 1533 ff.
[137] Dazu N 848 ff.
[138] SJZ 1929/30, 382 f.

trägen hingewiesen. Erwähnt sei hier – wegen der Ausführungen zur Vertragsqualifikation – ein

110 **Schiedsentscheid vom 23. Januar 1954:**[139] Eine Aktiengesellschaft wurde durch zwei gleich grosse Aktionärsgruppen (jeweils Familienmitglieder bzw. Erben der zwei Gesellschaftsgründer) beherrscht, denen gemeinsam sämtliche Aktien der Gesellschaft gehörten. Zwischen den beiden Gruppen war vereinbart, dass jede das Recht haben solle, durch gleich viele Mitglieder im Verwaltungsrat vertreten zu sein (wobei der Präsident des Verwaltungsrates abwechslungsweise von jeder Gruppe für jeweils zwei Jahre gestellt werden sollte). Vom Schiedsgericht wurde dies nicht als Gesellschaftsvertrag, sondern als Austauschverhältnis und somit als zweiseitiger Vertrag beurteilt (als Schuldvertrag und Dauerschuldverhältnis eigener Art), weil die beteiligten (Familien-)Gruppen damit zwar gleichartige (und gleichgerichtete), aber nicht gemeinsame Zwecke verfolgten: Die Vereinbarung bezweckte den Schutz der *eigenen* Interessen der jeweiligen Gruppe, wobei diese jeweils auf die Unterstützung der anderen Gruppe durch eine bestimmte Ausübung des Stimmrechts angewiesen war. Die Vereinbarung diente damit nicht (notwendigerweise) dem *gemeinsamen* Interesse der Förderung der Aktiengesellschaft, sondern hätte sich auch gegenteilig auswirken können.

C. Juristische Lehre

111 Im Gegensatz zum Schweigen des Gesetzgebers und zur Kargheit der Judikatur steht eine äusserst beredte Doktrin. Dies hat seinen Grund wohl auch darin, dass für den im Bereich des Wirtschaftsrechts tätigen Juristen die Redaktion und die Auslegung von Aktionärbindungsverträgen zum täglichen Brot gehören.

112 Zahlreiche Publikationen zu Einzelfragen sind im Literaturverzeichnis zu finden und werden an entsprechender Stelle zitiert. Von den grundlegenden Monografien seien erwähnt: aus der älteren Literatur STUBER,[140] die beiden Juristentagsreferate von GLATTFELDER[141] und PATRY[142] sowie DOHM,[143] aus der neueren Literatur

---

[139] Mitgeteilt von GLATTFELDER, 230a, Anm. 9.
[140] Aktionär-Consortien, Vereinbarungen unter Aktionären über die gemeinsame Ausübung ihrer Beteiligungsrechte, nach dem Rechte des schweiz. OR, des BGB, HGB und des dt. Akt. Ges., Zürich 1944 (= Diss. Zürich 1943).
[141] Die Aktionärbindungs-Verträge, ZSR 1959 II, 141a ff.
[142] Les accords sur l'exercice des droits de l'actionnaire, ZSR 1959 II, 1a ff.
[143] Les accords sur l'exercice du droit de vote de l'actionnaire, Genf 1971 (= Diss. Genf 1971 = Mémoires publiés par la Faculté de Droit de Genève 33).

APPENZELLER,[144] LANG,[145] HINTZ-BÜHLER,[146] FISCHER,[147] BLOCH[148] und auch MARTIN[149] sowie – bei Abschluss dieser Arbeit noch nicht erschienen – GERMANN.[150]

---

[144] Stimmbindungsabsprachen in Kapitalgesellschaften, Rechtsvergleichung und internationales Privatrecht, Zürich 1996 (= Diss. Zürich 1996 = SSHW 173).
[145] Die Durchsetzung des Aktionärbindungsvertrags, Zürich 2003 (= Diss. Basel 2002 = SSHW 221).
[146] Aktionärbindungsverträge, Bern 2001 (= Diss. Bern 2001 = ASR 659).
[147] Änderungen im Vertragsparteienbestand von Aktionärbindungsverträgen, Vertrags-, gesellschafts- und börsenrechtliche Aspekte, Zürich 2009 (= Diss. Zürich 2009 = SSHW 281).
[148] Les conventions d'actionnaires et le droit de la société anonyme en droit suisse, 2. Aufl., Genf 2011 (1. Aufl. = Diss. Lausanne 2005).
[149] Sociétés anonymes de famille, Structure, maintien et optimisation de la détention du capital, 2. Aufl., Genf 2013 (1. Aufl. = Diss. Lausanne 2008), insb. 197–304.
[150] Das personale Element in der AG und der GmbH, Zürich 2015 (= Diss. Zürich 2015, erscheint in der Reihe SSHW).

§ 3 Rechtsnatur

I. Verhältnis des Aktionärbindungsvertrages zur aktienrechtlichen Ordnung

A. Vertragsnatur des Aktionärbindungsvertrages

Aktionärbindungsverträge sind **rein (schuld- oder gesellschafts-)vertraglicher Natur**, obwohl dies zunächst nicht offenkundig scheint, werden sie doch zur Regelung der Ausübung von Rechten und Pflichten aus der Aktionärsstellung abgeschlossen. In **Lehre und Rechtsprechung** ist dies jedoch **unbestritten,**[1] und zwar selbst für diejenigen Fälle, in denen alle Aktionäre am Vertrag beteiligt sind und dessen Regeln faktisch «statuten-ähnliche» bzw. quasi-statutarische oder quasi-aktienrechtliche Wirkung für die Beteiligten haben.[2]

113

B. Konsequenzen

Die Vertragsnatur des Aktionärbindungsvertrages hat grundlegende rechtliche Konsequenzen:

114

1. Strikte Trennung zwischen vertrags- und körperschaftsrechtlicher Ebene

Aus der rein (schuld- oder gesellschafts-)vertraglichen Natur der Aktionärbindungsverträge folgt als Erstes das Gebot der **strikten Trennung zwischen der vertrags- und der körperschaftsrechtlichen Ebene.**[3] Oft ist dies den vertragschliessenden

115

---

[1] Implizit BGE 109 II 43 E. 3, 88 II 172 E. 1 sowie ausdrücklich BGer-Urteil 4C.143/2003 vom 14. Oktober 2003, E. 6; ZR 1970, Nr. 101 E. 2; APPENZELLER, 57; BSK-BAUDENBACHER, OR 620 N 36; BLOCH, 17; DOHM, 15 ff.; FISCHER, Parteienbestand, 8, 14 f. und 22; FORSTMOSER/MEIER-HAYOZ/NOBEL, § 39 N 156; FORSTMOSER, Aktionärbindungsverträge, 365; GLATTFELDER, 228a; HINTZ-BÜHLER, 6 und 61; HIRSCH/PETER, 1; LANG, 20; PATRY, Accords, 56a ff.; ders., Aktionärbindungsverträge, 12; ders., Stimmrechtsvereinbarungen, 22. – Dazu auch N 3 f.

[2] ZR 1970, Nr. 101 E. 2; DOHM, 16 f.; GLATTFELDER, 299a f.; PATRY, 82a f.; HINTZ-BÜHLER, 62.

[3] BLOCH, 17 f.; FISCHER, Parteienbestand, 15 und 21; GERICKE, 123; LANG, 9 f.; MARTIN, 207; MUSTAKI/ALBERINI, 91; NUSSBAUMER/VON DER CRONE, 145; PATRY, Aktio-

Parteien nicht bewusst, und es tritt diese Trennung durch Vorgehensweisen in der Praxis – wie die Gesellschaftsgründung gleichzeitig mit dem Vertragsschluss oder das Beifügen der Statuten als Vertragsanhang – in den Hintergrund. Es muss deshalb besonders betont werden, dass trotz personalisierender Vereinbarungen **die Parteien als Aktionäre «das Spiel der AG» zu spielen,** d.h. die formellen Regeln des Aktienrechts konsequent zu beachten **haben,** wie dies auch im Zusammenhang mit der aktienrechtlichen Verantwortlichkeit betont wird.[4]

116 Diese Trennung der Ebenen hat verschiedene Konsequenzen; um nur einige zu nennen:

- Die **Aktiengesellschaft ist nicht** an die unter den Aktionären getroffenen Vereinbarungen **gebunden.**[5]

- Umgekehrt haben weder die Aktiengesellschaft noch deren Verwaltungsrat eine **Möglichkeit der Einflussnahme,** wenn der Vertrag **nicht eingehalten** wird.[6]

- Auch in Verletzung des Vereinbarten in der Generalversammlung abgegebene **Stimmen** sind daher **gültig.**[7]

- Die **Auflösung** eines Aktionärbindungsvertrages führt nicht auch zur Auflösung der betreffenden Aktiengesellschaft.[8]

- Für die **Auslegung** der Gesellschaftsstatuten kann ein Aktionärbindungsvertrag nur bedingt herangezogen werden.[9]

- Die aktienrechtliche Ordnung – und insb. die aktienrechtlichen Vorschriften der Beschlussfassung einschliesslich allfälliger qualifizierter Quoren – sind für die Ebene des Aktionärbindungsvertrages nicht massgebend.[10]

2. Rein obligatorische Wirkung *inter partes*

117 Aktionärbindungsverträge sind somit **rein obligatorische Rechtsbeziehungen,** die ihre Wirkung nur *inter partes* entfalten, allein zwischen den beteiligten Parteien. Anders als die Bestimmungen der Statuten der Aktiengesellschaft, welche gegenüber

---

närbindungsverträge, 13; *ders.,* Stimmrechtsvereinbarungen, 15 ff.; VON SALIS, Finanzierungsverträge, N 222; WILHELM/BLOCH, 105; WÜRSCH, 161 f.

[4] PETER FORSTMOSER/THOMAS SPRECHER/GIAN ANDRI TÖNDURY: Persönliche Haftung nach Schweizer Aktienrecht, Zürich 2005, N 327 ff.

[5] HINTZ-BÜHLER, 62. – Zur Aktiengesellschaft als Vertragspartei N 405 ff.

[6] ZR 1970, Nr. 101 E. 2; WERLEN, 107.

[7] Dazu N 867 ff.; a.M. APPENZELLER, 62 f.

[8] Dazu präzisierend N 2015 ff.

[9] Dazu N 210 ff.

[10] Dazu N 127 und hinten N 1037 ff.

allen Aktionären und allenfalls auch gegenüber Dritten Geltung beansprucht («quasi-dingliche» Wirkung), müssen sich Dritte und die nicht am Vertrag beteiligten Aktionäre den Inhalt eines Aktionärbindungsvertrages nicht entgegenhalten lassen.[11]

3. Schranken des Dürfens, nicht des Könnens

Für die Parteien begründen Aktionärbindungsverträge als rein obligatorische Rechtsbeziehungen mithin nur **Schranken des Dürfens, nicht solche des Könnens**.[12] Der Aktionär kann seine Stimme vertragswidrig abgeben oder seine Aktien trotz des vereinbarten Vorkaufsrechts einem Dritten übereignen. Die Stimmgabe ist aus der Sicht des Aktienrechts gültig,[13] der Dritte wird unbelasteter Eigentümer der Aktien.[14]

Dies widerspricht oft dem Ziel umfassender Aktionärbindungsverträge, durch ein Zusammenspiel der aktienrechtlichen und der statutarischen Ordnung ein harmonisches und für die konkreten Bedürfnisse passendes Ganzes zu schaffen. Dieses Ziel kann nur erreicht werden, wenn die im Aktionärbindungsvertrag getroffenen Vereinbarungen auch wirklich durchgesetzt werden können. Es wird daher regelmässig versucht, durch Massnahmen verschiedenster Art einen zumindest faktischen Zwang zur Einhaltung der vertraglichen Verpflichtungen zu schaffen.[15] Auch können Aktionärbindungsverträge – wie andere vertragliche Verpflichtungen – mit prozessualen Mitteln zwangsweise durchgesetzt werden, solange die Erfüllung noch möglich ist.[16]

---

[11] BSK-BAUDENBACHER, OR 620 N 37; APPENZELLER, 57; BLOCH, 17 und 36 ff.; VON DER CRONE, Aktienrecht, § 11 N 25; DOHM, 15 ff.; DRUEY/GLANZMANN, § 11 N 80; FISCHER, Parteienbestand, 8, 15 und 22; FORSTMOSER/MEIER-HAYOZ/NOBEL, § 39 N 158; FRICK, Private Equity, N 1437; GLATTFELDER, 299a; HINTZ-BÜHLER, 6 f. und 62; LANG, 62 ff. und 70; KLÄY, 495; vgl. auch N 128 ff. – Daher ist andererseits auch die Ansicht abzulehnen, wonach den gebundenen Aktionären eine Offenbarungspflicht gegenüber ihren nicht am Vertrag beteiligten Mitaktionären obliege (so aber JÄGGI in ZSR 1959 II, 733a).

[12] APPENZELLER, 57; BLOCH, 36 f.; VON DER CRONE, Aktienrecht, § 11 N 26; FISCHER, Parteienbestand, 22; FORSTMOSER/MEIER-HAYOZ/NOBEL, § 39 N 159; HINTZ-BÜHLER, 61.

[13] Dazu N 867 ff.

[14] Dazu N 1690 ff.

[15] Vgl. N 1533 ff.

[16] Vgl. N 2030 ff.

4. Vertragsschluss, Willensmängel sowie Auslegung und Ergänzung Aktionärbindungsverträgen

120 Aus der rein (schuld- oder gesellschafts-)vertraglichen Natur folgt, dass auf Aktionärbindungsverträge die **allgemeinen schuld- oder gesellschaftsrechtlichen Normen und Grundsätze** zur Anwendung kommen, nicht dagegen diejenigen des aktienrechtlichen Körperschaftsrechts.[17] Deshalb gelten auch für den *Vertragsschluss*, das Geltendmachen von *Willensmängeln* sowie für die *Auslegung und Ergänzung* von Aktionärbindungsverträgen die für Verträge geltenden Normen und Grundsätze. Dies trifft auch zu, wenn der Aktionärbindungsvertrag als einfache Gesellschaft zu qualifizieren ist.[18]

121 Der **Inhalt** eines Aktionärbindungsvertrages (sowie dessen Ergänzung) ist somit primär durch subjektive Auslegung, d.h. *nach dem übereinstimmenden wirklichen Willen der Parteien zu bestimmen* (Art. 18 Abs. 1 OR) *und* in diesem Sinne allenfalls auch *zu ergänzen*.[19]

122 Bei der **Anfechtung wegen Willensmängeln** ist zu beachten, dass Aktionärbindungsverträge *typischerweise Dauerschuldverhältnisse* sind.[20] Wurden im Rahmen des Vertrages bereits Leistungen erbracht, die nicht rückgängig gemacht werden können (z.B. erfolgte Stimmabgabe in der Generalversammlung der Aktiengesellschaft), oder steht der gute Glaube Dritter in Frage, ist wie bei einer Vertragskündigung *ex nunc* davon auszugehen, dass die Anfechtung nicht zurückwirkt und der abgewickelte Teil des Vertrages gültig bleibt.[21] In diesen Fällen unterscheiden sich die Rechtsfolgen der Berufung auf von Anfang an bestehende Mängel nicht von den Rechtsfolgen einer (ausserordentlichen) Vertragskündigung.[22]

---

[17] BGer-Urteil 4C.143/2003 vom 14. Oktober 2003, E. 6; APPENZELLER, 57; FORSTMOSER/MEIER-HAYOZ/NOBEL, § 39 N 167; HINTZ-BÜHLER, 6 f.; FORSTMOSER, Aktionärbindungsverträge, 368.

[18] BGer-Urteil 4A_383/2007 vom 19. Dezember 2007, E. 3.1, 4C.24/2000 vom 28. März 2000, E. 3a; BK-FELLMANN/MÜLLER, OR 530 N 425 ff., 432 ff. und 544 ff.; CHK-JUNG, OR 530 N 36 und 43; VON STEIGER, 364. – Zur Qualifikation von Aktionärbindungsverträgen vgl. N 145 ff.

[19] Zur Auslegung von Aktionärbindungsverträgen N 204 ff.; zum Beizug statutarischer Bestimmungen bei der Auslegung eines Aktionärbindungsvertrages vgl. N 207 ff.

[20] Vgl. N 143 f.

[21] Grundlegend BGE 129 III 320 E. 7.1. – Zur Vertragsungültigkeit wegen Verstosses gegen Art. 19 f. OR vgl. N 299 f.

[22] Vgl. N 1996 ff.

5. Kein automatischer Übergang der Vertragspflichten beim Übergang der Aktien

Die aus Aktionärbindungsverträgen fliessenden **Rechte und Pflichten gehen nicht ohne Weiteres im Zuge der Aktienübertragung auf einen Erwerber über.**[23] Die Aktionärsstellung einerseits und die Parteistellung in einem Aktionärbindungsvertrag andererseits können – selbst im Erbgang – ein unterschiedliches Schicksal haben:[24] Mit dem Erwerb einer Aktionärsstellung sind keine Pflichten (ausser die zu einer allfälligen Restliberierung, vgl. Art. 632 Abs. 1 OR) verbunden, auch nicht diejenige des Beitritts zu einem Aktionärbindungsvertrag.[25]

123

6. Wirkungen des Aktionärbindungsvertrages auf die Aktiengesellschaft

Die vertragliche und die körperschaftliche Ordnung sind klar zu trennen;[26] für die **Aktiengesellschaft** haben – sofern sie nicht selbst Partei ist[27] – **Verträge zwischen ihren Aktionären keine rechtliche Wirkung.**

124

Dies gilt allerdings **nicht ohne Ausnahme:**[28] Bei börsenkotierten Gesellschaften kann die vertragliche Gruppenbildung unter den Aktionären zu einer aktienrechtlichen **Offenlegungspflicht** seitens der Gesellschaft (Art. 663c OR) führen.[29] Sodann kann die Beendigung eines Aktionärbindungsvertrages ausnahmsweise auch die **Auflösung der Aktiengesellschaft** selbst zur Folge haben.[30]

125

Bedeutsam ist die durch Aktionärbindungsverträge geschaffene Realität für Spezialgesetze, insb. das BEHG und das FusG, nach denen eine **Aktionärsgruppe** allenfalls wie ein **Einzelaktionär** behandelt wird.[31]

126

7. Keine Ausstrahlung der aktienrechtlichen Ordnung auf die Ebene des Aktionärbindungsvertrages

Umgekehrt braucht die Ordnung des Aktienrechts auf der Ebene des Bindungsvertrages nicht beachtet zu werden. So kann etwa über die einheitliche Stimmabgabe

127

---

[23] Vgl. N 1688 ff.; BLOCH, 18; FISCHER, Parteienbestand, 22; FORSTMOSER/MEIER-HAYOZ/NOBEL, § 39 N 158.
[24] FISCHER, Parteienbestand, 167 f. und 271; vgl. N 453 und 597 ff.
[25] Zur Frage eines faktischen «Beitrittszwangs» WÜRSCH, 162 (aufgrund der Machtverhältnisse) und hinten N 1735 ff. (durch Vinkulierung).
[26] Vgl. N 115 ff.
[27] Vgl. N 405 ff.
[28] FORSTMOSER, Schnittstelle, 396 f.
[29] FORSTMOSER, Schnittstelle, 397; vgl. dazu N 668 ff.
[30] FORSTMOSER, Schnittstelle, 398 f.; vgl. dazu N 2015 ff.
[31] Für das BEHG vgl. N 693 ff., für das FusG vgl. N 83.

in der Generalversammlung auch dann mit einfacher oder absoluter Mehrheit beschlossen werden, wenn Gesetz oder Statuten für ein Traktandum ein qualifiziertes Mehr vorschreiben.[32] Vorbehalten bleiben Umgehungstatbestände.[33]

C. Zum Verhältnis von Aktionärbindungsvertrag und Statuten insbesondere

1. Strikte Trennung zwischen Aktionärbindungsvertrag und Statuten

128 Wie gezeigt ist die **Ebene des Aktionärbindungsvertrages rechtlich von der körperschaftlichen**, d.h. der statutarischen sowie gegebenenfalls reglementarischen **Ordnung unabhängig.**[34]

129 Die häufig **sachlich enge Beziehung** zwischen vertraglicher und körperschaftlicher Ebene – wie sie besonders bei einer Beteiligung aller Aktionäre am Aktionärbindungsvertrag besteht[35] – kann aber zu gegenseitig **rechtlich relevanten Reflexwirkungen** führen, so bei Übertragungsbeschränkungen und Erwerbsrechten, bei Mitwirkungsrechten oder bezüglich der Einsitznahme in den Verwaltungsrat. Oder es können die Wirkung stark einschränkender Vinkulierungsbestimmungen durch vertragliche Übernahmepflichten abgemildert oder aktienrechtliche Quorumsvorschriften durch Stimmbindungsvereinbarungen ergänzt und in ihrer Wirkung modifiziert werden.

2. Abgrenzung von körperschaftlichen und vertraglichen Bestimmungen

a) Formelle und materielle Abgrenzungskriterien

130 Aktienrechtliche **Statuten** haben **sowohl rechtsgeschäftlichen als auch Normcharakter:** Die Statuten werden von den Beteiligten zwar in den Schranken des Gesetzes wie Verträge und andere Rechtsgeschäfte autonom gestaltet, doch gelten sie wie Gesetze nicht nur zwischen den beteiligten Aktionären, sondern binden auch die Organe der Gesellschaft sowie nicht zustimmende und auch künftige Aktionäre.[36]

131 **Auf der formellen Ebene** ist die **Abgrenzung** zwischen Statutenbestimmungen (sowie anderen innergesellschaftlichen, insb. reglementarischen Bestimmungen) und aktionärbindungsvertraglichen Regeln **klar:** Statutenbestimmungen sind, im Gegensatz zu Vertragsbestimmungen, durch die Gesellschaftsgründer bzw. die Aktio-

---

[32] Vgl. N 1037 ff.
[33] Dazu 782 ff.
[34] Vgl. N 115 ff.
[35] Dazu N 325 ff.
[36] FISCHER, Parteienbestand, 14 f.; FORSTMOSER/MEIER-HAYOZ/NOBEL, § 7 N 2 ff.

näre auf bestimmte formelle Art und Weise zu erlassen oder zu ändern.[37] Bestimmungen, die nicht in dem für den Erlass von Statutenbestimmungen vorgesehenen Verfahren erlassen wurden, stellen keine gültigen Statutenbestimmungen dar. **Materiell** ergibt sich die **Abgrenzung aufgrund** der rein **rechtsgeschäftlichen Natur** des Aktionärbindungsvertrages und **des Normcharakters** von Statutenbestimmungen, durch welchen diese sich von aktionärbindungsvertraglichen Bestimmungen unterscheiden. Zudem sind den Statutenbestimmungen auf inhaltlicher Ebene Grenzen gesetzt, indem bestimmte Sachverhalte nicht in die Statuten oder andere innergesellschaftliche Regelungen aufgenommen werden können, während einer rechtsgeschäftlichen Vereinbarung nichts entgegensteht.[38]

b) «Unechte» Statutenbestimmungen

Während **Bestimmungen eines Aktionärbindungsvertrages** schon *aufgrund der formellen Abgrenzungskriterien keine Statutenbestimmungen sein können* (und sich auch nicht in solche konvertieren lassen[39]), trifft das Gegenteil nicht zu.

132

Das Bundesgericht hat dazu bereits in einem frühen Entscheid festgehalten, es sei «in erster Linie die rechtliche Natur [der] Verpflichtung zu untersuchen, und namentlich zu entscheiden, ob es eine dem Aktionär als solchem obliegende oder aber eine unabhängig von der Eigenschaft als Aktionär … eingegangene Verpflichtung sei»[40]. Ist Letzteres der Fall, handelt es sich – auch wenn sich die Bestimmung in den Statuten befindet – um eine rein obligatorische Verpflichtung, welche nur diejenigen Aktionäre bindet, die bei der Gründung anwesend oder vertreten waren bzw. später der entsprechenden Statutenänderung zugestimmt hatten. Man spricht von **«unechten» Statutenbestimmungen,** d.h. Bestimmungen, die *zwar formell in den Statuten stehen, aber materiell als vertragliche Vereinbarung* unter den beteiligten (Gründer-)Aktionären *zu qualifizieren* sind. Weil beim Errichtungsakt die Zustimmung sämtlicher Gründeraktionäre erforderlich ist (Art. 629 Abs. 1 OR), liegt eine übereinstimmende Willenserklärung (Art. 1 OR) hinsichtlich der «vertraglichen» Statutenbestandteile vor.[41] An ihrer Rechtsnatur als vertragliche Vereinbarung ändert sich durch die Aufnahme in die Statuten freilich nichts.[42]

133

---

[37] Art. 629 Abs. 1 und 698 Abs. 2 OR.
[38] Vgl. Art. 680 OR und dazu N 26 ff.
[39] FORSTMOSER, Schnittstelle, 401.
[40] BGE 25 II 14 E. 3.
[41] FORSTMOSER, Aktienrecht, § 7 N 44. – Werden solche Bestimmungen hingegen zu einem späteren Zeitpunkt durch Mehrheitsbeschluss in die Statuten aufgenommen, spricht dies eher dafür, dass sie von den beteiligten Aktionären nach Treu und Glauben als Statutenbestimmungen und nicht als vertragliche Verpflichtungen gewollt waren und daher unwirksam sind. Bei Zustimmung sämtlicher Aktionäre können die entsprechen-

134 Eingang in einen Aktionärbindungsvertrag finden solche Bestimmungen dann, wenn die Statuten – wie dies nicht selten vorkommt – als Anhang in den Vertrag aufgenommen werden.[43]

c) Konversion ungültiger Statutenbestimmungen in gültige aktionärbindungsvertragliche Bestimmungen?

135 Ist eine als Statutenbestimmung ungültige Regelung nicht als eine «unechte» Statutenbestimmung und damit als schuldvertragliche Einigung zu qualifizieren, kann es sich immer noch fragen, ob sie in eine materielle aktionärbindungsvertragliche Bestimmung zwischen den beteiligten Aktionären **umgedeutet, d.h. konvertiert** werden kann.

136 Eine **Konversion** kommt gemäss bundesgerichtlicher Rechtsprechung in Frage:[44]

- wenn zwischen dem ungültigen Rechtsakt und dem an dessen Stelle tretenden Geschäft Kongruenz besteht, d.h. wenn das nichtige Geschäft den Erfordernissen des Ersatzgeschäftes genügt; und

- wenn das Ersatzgeschäft einen ähnlichen Zweck und Erfolg hat und in seinem Tatbestand und in seinen Wirkungen – insbesondere zulasten der einen oder anderen Partei – nicht über das ungültige Geschäft hinausgeht;

- wenn überdies die Konversion nicht auf eine Umgehung der die Nichtigkeit begründenden Norm hinausläuft oder deren Sinn und Zweck widerspricht; und

- wenn anzunehmen ist, dass die Parteien in Kenntnis der Ungültigkeit des fraglichen Geschäfts das Ersatzgeschäft gewollt hätten.

137 Ob sich die Konversion einer ungültigen Statutenbestimmung in einen gültigen Aktionärbindungsvertrag bzw. in aktionärbindungsvertragliche Bestimmungen rechtfertigt, *muss somit im Einzelfall geprüft werden.* Dabei ist entscheidend, ob die Parteien das verfolgte Ziel ebenso gut durch einen Vertrag wie durch eine statutarische Bestimmung hätten erreichen können.[45] Mit anderen Worten stellt sich die

---

den Beschlüsse aber allenfalls auch wie solche im Gründungsstadium als vertragliche Bindungen verstanden werden.

[42] FORSTMOSER, Aktienrecht, § 7 N 47. – Das Bundesgericht hat dies in BGE 75 II 149 E. 2a im Hinblick auf Tantiemen ausgesprochen. Daraus folgt etwa, dass die vereinbarten Rechte als vertragliche Bestimmungen durchgesetzt werden können, ohne dass zuvor ein Generalversammlungsbeschluss, der die Erfüllung verweigert hat, angefochten werden müsste (vgl. BGE 75 II 149 E. 2).

[43] HUBER, Vertragsgestaltung, 20.

[44] BGE 126 III 182 E. 3b m.w.H.; GAUCH/SCHLUEP/SCHMID, N 584b f. m.H.

[45] Das BGer hat bereits im dafür grundlegenden BGE 25 II 14 E. 3 ausgeführt, es sei «in erster Linie die rechtliche Natur [der] Verpflichtung zu untersuchen, und namentlich zu

Frage: Hätte eine vertragliche Vereinbarung den gleichen Zweck und Erfolg gehabt wie die (ungültige) statutarische Ordnung und hätten die Parteien bei Kenntnis der Ungültigkeit eine entsprechende vertragliche Vereinbarung gewollt?[46]

Dies ist insbesondere bei **Gründeraktionären** denkbar, denn durch die Erklärung beim Errichtungsakt stellen diese fest, dass sie die (statutarische) Ordnung unter sich als verbindlich erachten. Die rechtliche Form der getroffenen Ordnung (Statuten oder Vertrag) dürfte in der Regel für die Beteiligten nicht von entscheidender Bedeutung sein, massgebend ist vielmehr das Ziel. Demgegenüber kommt die Möglichkeit der Konversion wohl dann nicht in Betracht, wenn das Aktionariat **nicht (mehr) ausschliesslich aus Gründungsaktionären** besteht und davon auszugehen ist, dass die beteiligten Aktionäre eine Verpflichtung nur unter der Voraussetzung eingegangen sind, dass sie alle Aktionäre trifft, oder wenn (was im Gründungsstadium nicht denkbar ist) statutarische Regeln nur mittels Mehrheitsbeschluss angenommen worden sind.[47]

II. Vielfalt der Erscheinungsformen

Die **Motive und Zwecke**, die hinter dem Abschluss eines Aktionärbindungsvertrages stehen, können **höchst unterschiedlich** sein[48], und der vertraglichen Ausgestaltung sind wenig Grenzen gesetzt. Die **Vielfalt der Erscheinungsformen und Vertragsinhalte** ist denn auch ein hervorstechendes Merkmal des Aktionärbindungsvertrages.[49]

---

entscheiden, ob es eine dem Aktionär als solchem obliegende oder aber eine unabhängig von der Eigenschaft als Aktionär ... eingegangene Verpflichtung sei» (vgl. auch FORSTMOSER/MEIER-HAYOZ/NOBEL, § 44 N 268 ff.).

[46] MARTIN, 278 f.
[47] KLÄY, 490; FORSTMOSER, Schnittstelle, 402 (der konsequent die Zustimmung aller Aktionäre verlangt). – Zur Möglichkeit der Konversion einer wegen Art. 680 Abs. 1 OR nichtigen Statutenklausel in eine Aktionärbindungsklausel (oder einen Vertrag zwischen der Aktiengesellschaft und ihren Aktionären) vgl. BRIGITTA KRATZ: Die genossenschaftliche Aktiengesellschaft, Zürich 1996 (= Diss. Zürich 1996 = SSHW 172), § 10 N 29 ff. sowie N 13 f.; SANWALD, 195 ff.
[48] Dazu N 35 ff.
[49] BLOCH, 46 f.; DOHM, 113; FISCHER, Parteienbestand, 23 und 28; GLATTFELDER, 172a und 227a; HINTZ-BÜHLER, 17 und 23 f.; JÄGGI, in: ZSR 1959 II, 733a; PFISTER, 1. – Daher können auch – es wurde bereits im Vorwort erwähnt – Musterverträge nicht einfach unbesehen für konkrete Bedürfnisse übernommen werden.

140 Diese Vielfalt kann die **Einordnung und** die rechtliche **Qualifikation** von Aktionärbindungsverträgen schwierig machen.[50] Nach Lehre und Rechtsprechung kann es sich namentlich um ein- oder zweiseitige **Schuldverträge**[51] oder aber – und vor allem – um **Gesellschaftsverträge,**[52] insb. solche über **einfache Gesellschaften** im Sinne von Art. 530 ff. OR, handeln.[53] Jeder Aktionärbindungsvertrag ist aufgrund seines konkreten Inhaltes und unter Berücksichtigung des erkennbaren Parteiwillens rechtlich einzuordnen, um die aus ihm fliessenden Rechte und Pflichten feststellen zu können.[54]

141 Häufig sind **Mischformen** oder **zusammengesetze Verträge,** die Elemente verschiedener Vertragstypen in sich vereinen; gesellschafts- und schuldrechtliche Elemente, die wiederum unter verschiedene gesetzliche oder nicht gesetzlich geregelte Vertragstypen fallen können. Solche Verträge sind als **Innominatverträge** *sui generis* zu qualifizieren.[55] Welche Leistungen einer Vertragspartei als Beiträge an die einfache Gesellschaft und welche Leistungen als Teil eines schuldrechtlichen Austauschverhältnisses zu qualifizieren sind, ist – soweit dies für die Verbindlichkeit oder aus anderen Gründen von Bedeutung ist – durch Auslegung im Einzelfall zu beantworten.[56]

142 Schliesslich können auch einzelne **Elemente einer umfassenderen Vereinbarung** isoliert für sich allein als **Aktionärbindungsvertrag** eingestuft und behandelt werden.[57]

---

[50] FORSTMOSER/MEIER-HAYOZ/NOBEL, § 39 N 162; FISCHER, Parteienbestand, 28; GLATTFELDER, 231a; HINTZ-BÜHLER, 23.
[51] Dazu N 174 ff.
[52] Dazu sogleich, N 145 ff.
[53] CR-CHAIX, OR 530 N 22; VON DER CRONE, Aktienrecht, § 11 N 27 f.; FORSTMOSER/MEIER-HAYOZ/NOBEL, § 39 N 162; HINTZ-BÜHLER, 24; RIHM, 517 f.
[54] Vgl. VON TUHR/PETER, 290.
[55] Dazu N 179 ff.; BGE 109 II 43 E. 2; BLOCH, 46 f.; FISCHER, Parteienbestand, 28; FORSTMOSER/MEIER-HAYOZ/NOBEL, § 39 N 156; HINTZ-BÜHLER, 29; HUBER, Vertragsgestaltung, 55 f.; PFISTER, 11; RIHM, 517 f.; WÜRSCH, 156.
[56] So kann die Arbeitsleistung einer Vertragspartei einen Beitrag im Sinne von Art. 531 OR darstellen, sie kann aber auch Gegenstand eines schuldrechtlichen Arbeitsvertrages (Art. 319 ff. OR) sein (RIHM, 517 f.).
[57] Vgl. ZR 2014, Nr. 25, wo eine in einem Aktienkaufvertrag enthaltene Vereinbarung der Vertragsparteien über deren Vertretungsansprüche im Verwaltungsrat als eigenständiger Aktionärbindungsvertrag qualifiziert wurde (E. 9.2).

III. Aktionärbindungsverträge als Dauerrechtsverhältnisse

Aktionärbindungsverträge sind aufgrund ihrer Funktion[58] überwiegend **auf Dauer angelegt**.[59] Kurzfristige Zusammenschlüsse von Aktionären, so genannte **Gelegenheitskonsortien**, die etwa im Hinblick auf eine bestimmte Generalversammlung gebildet werden,[60] um beispielsweise eine unfreundliche Übernahme abzuwehren oder ein missliebiges Verwaltungsratsmitglied abzuwählen, kommen freilich auch nicht selten vor.

143

Die Natur des Aktionärbindungsvertrages als (zumeist) **Dauerschuld- bzw. Dauerrechtsverhältnis** hat in verschiedener Hinsicht rechtliche Konsequenzen, auf die an entsprechender Stelle einzugehen sein wird. Erwähnt seien die Fragen nach der zulässigen Höchstdauer oder den möglichen Beendigungsgründen[61] sowie den Voraussetzungen und Folgen der Änderung im Bestand der Vertragsparteien[62].

144

IV. Aktionärbindungsverträge als Gesellschaftsverträge im Sinne von Art. 530 ff. OR (einfache Gesellschaft)

A. Aktionärbindungsverträge mit gemeinsamem, abgestimmtem Verhalten

Nach herrschender Lehre sind **Aktionärbindungsverträge** mehrheitlich als **einfache Gesellschaften** zu qualifizieren.[63] Solche sollen vorliegen, wenn unter den Ver-

145

---

[58] Dazu N 35 ff.
[59] BGE 128 III 428 E. 3; GAUCH/SCHLUEP/SCHMID, N 94 f.; GERICKE/DALLA TORRE, 57; GLATTFELDER, 335a ff.; HINTZ-BÜHLER, 150; HUBER, Vertragsgestaltung, 45; OERTLE, 175; VENTURI-ZEN-RUFFINEN, 3 f.
[60] BAUSCH, 651; BLOCH, 58; FORSTMOSER, Schnittstelle, 388; GLATTFELDER, 337a. – Vgl. N 220.
[61] Dazu N 1777 ff.
[62] Dazu N 449 ff.
[63] APPENZELLER, 55 f.; BSK-BAUDENBACHER, OR 620 N 36; BÖCKLI, Aktienstimmrecht, 66 ff.; BÖCKLI/MORSCHER, 64; BLOCH, 47 f.; VON DER CRONE, Aktienrecht, § 11 N 28; DOHM, 126; DRUEY/GLANZMANN, § 11 N 81; BK-FELLMANN/MÜLLER, OR 530 N 283; FISCHER, Parteienbestand, 29; FORSTMOSER/MEIER-HAYOZ/NOBEL, § 39 N 162 f.; FURRER, 112; GLATTFELDER, 231a f.; ZK-HANDSCHIN/VONZUN, OR 530 N 109 f.; HINTZ-BÜHLER, 25; HIRSCH/PETER, 1 f.; HUBER, Vertragsgestaltung, 55; LANG, 24 f.; MARTIN, 206 f.; PATRY, 125a; STUBER, 21 f.; WÜRSCH, 155 f.; kritisch GERICKE/DALLA TORRE 43 f. (die festhalten, dass «in der Lehre wohl oft allzu schnell eine von mehreren Parteien fi-

tragsparteien ein *gemeinsames, aufeinander abgestimmtes Verhalten* bezweckt wird, wie dies u.a. bei Stimmbindungsvereinbarungen[64] oder beim gemeinschaftlichen Abschluss eines Erwerbs- oder Veräusserungsgeschäftes[65] der Fall ist.

146 Auch in der Rechtsprechung wird oft von einer einfachen Gesellschaft ausgegangen.[66] Einen Leitentscheid des Bundesgerichts zur Frage der Qualifikation von Aktionärbindungsverträgen gibt es nicht,[67] wobei immerhin auf ein Urteil hinzuweisen ist, nach welchem für *Private-equity*-Verhältnisse die Qualifikation des Aktionärbindungsvertrages als einfache Gesellschaft in der Regel auszuschliessen ist.[68]

147 Die Regeln der einfachen Gesellschaft mögen nicht immer erwünscht sein;[69] angesichts der in Lehre und Rechtsprechung häufigen Qualifikation von Aktionärbindungsverträgen als gesellschaftsrechtlich ist es ratsam, dies bei der Vertragsgestaltung zu berücksichtigen.[70]

148 Von zweifelhaftem Nutzen sind in dieser Hinsicht u.E. freilich so genannte «*No partnership*-Klauseln» oder explizite Ausschlüsse des Rechts der einfachen Gesellschaft. Denn zum einen unterliegt die Qualifikation des Vertrages nicht dem Willen der Vertragsparteien (sie ergibt sich vielmehr aus dem von den Parteien vereinbarten Vertragsinhalt), und zum anderen bleibt bei einem solchen generellen Ausschluss meist offen, welche konkreten anderen Regeln an die Stelle des Rechts der einfachen Gesellschaft treten sollen. Selbst wenn sie sich im Einzelfall nur auf das dispositive Recht beziehen sollten, können solche Klauseln mehr Unklarheit als Klarheit schaffen. Vorzuziehen sind ausdrückliche und präzise inhaltliche Regelungen durch die Vertragsparteien.[71]

B. Überblick über die Tatbestandsmerkmale der einfachen Gesellschaft

149 Im Folgenden ist näher auf die **Tatbestandsmerkmale der einfachen Gesellschaft** einzugehen. Nach Art. 530 Abs. 1 OR ist eine (einfache) Gesellschaft «die vertrags-

---

nanzierte Unternehmung als einfache Gesellschaft eingestuft wird, ohne die Voraussetzungen gemäss Art. 530 OR wirklich zu prüfen»).

[64] Vgl. zur Stimmbindung N 753 ff.
[65] Vgl. zu den Erwerbsrechten und Erwerbspflichten N 1170 ff.
[66] Vgl. z.B. BGE 88 II 172 E. 2b, HGer SG vom 22. Februar 2008 (s. N 101).
[67] Die Frage wurde in BGE 109 II 43 E. 2 offen gelassen.
[68] BGer-Urteil 4C.214/2003 vom 21. November 2003; zurückhaltend auch BGer-Urteil 4C.22/2006 vom 5. Mai 2006, E. 5. – Dazu auch hinten N 161.
[69] GERICKE/DALLA TORRE, 41 ff. – Allenfalls gilt aber auch gerade das Gegenteil, vgl. N 157 Anm. 83 und N 196.
[70] GERICKE/DALLA TORRE, 43 f.
[71] So auch GERICKE/DALLA TORRE, 44.

mässige Verbindung von zwei oder mehreren Personen zur Erreichung eines gemeinsamen Zweckes mit gemeinsamen Kräften oder Mitteln».[72] Die Voraussetzungen sind also:

- **zwei oder mehr** beteiligte **Personen** (sogleich, N 152 f.),
- eine **vertragsmässige Verbindung** dieser Personen (N 154 ff.), und
- ein **gemeinsamer Zweck** (N 159 ff.), welcher mit
- **gemeinsamen Kräften oder Mitteln** (Beiträgen) verfolgt wird (N 165 f.),
- was auch eine **gemeinsame Entscheidfindung** einschliesst (N 167 ff.).

Sind diese Tatbestandsmerkmale erfüllt, liegt eine einfache Gesellschaft – als gesellschaftsrechtliche Grundform bzw. gesellschaftsrechtlicher Auffangtatbestand – immer dann vor, wenn nicht zusätzlich die Voraussetzungen einer anderen Gesellschaftsform erfüllt sind.[73]

Keine Voraussetzung ist, dass das Gesellschaftsverhältnis nach aussen offen gelegt oder sonst bekannt wird. Es kann sich um eine reine **Innengesellschaft** handeln (N 171).

C. Zwei oder mehr beteiligte Personen

Die **Beteiligung mehrerer Personen** ist Voraussetzung jeglicher vertraglicher Verbindung, so auch der einfachen Gesellschaft. Mangels eigener Rechtspersönlichkeit der einfachen Gesellschaft ist eine Personenmehrheit sowohl **bei ihrer Gründung** vorausgesetzt wie auch **auch für ihr Weiterbestehen unabdingbar**.[74]

Als Beteiligte kommen **sowohl natürliche als auch juristische Personen** in Frage, sodann auch **rechtlich verselbständigte Personengesamtheiten** wie Kollektiv- und Kommanditgesellschaften.[75]

---

[72] BK-FELLMANN/MÜLLER, OR 530 N 12; ZK-HANDSCHIN/VONZUN, OR 530 N 2 f.; MEIER-HAYOZ/FORSTMOSER, § 12 N 4; BSK-HANDSCHIN, OR 530 N 2 ff.

[73] Art. 530 Abs. 2 OR; FISCHER, Parteienbestand, 30; KNOBLOCH, Joint Venture, 555 f. (zur Abgrenzung vom Schuldvertrag). – Zu anderen personengesellschaftlichen Formen N 172 f.

[74] DRUEY/DRUEY JUST, § 4 N 1; BK-FELLMANN/MÜLLER, OR 530 N 18 und 373 f.; ZK-HANDSCHIN/VONZUN, OR 530 N 230; HINTZ-BÜHLER, 26; MEIER-HAYOZ/FORSTMOSER, § 1 N 9 f.; RECORDON, 7 f. – Zu den Änderungen im Bestand der Vertragsparteien vgl. N 449 ff. – Die AG und die GmbH können dagegen als Körperschaften auch mit nur einem Gesellschafter gegründet werden und weiter bestehen (Art. 625 und 775 OR).

[75] CR-CHAIX, OR 530 N 4; DRUEY/DRUEY JUST, § 3 N 9; BK-FELLMANN/MÜLLER, OR 530 N 19, 371 ff. und 406 ff. (auch nicht rechtlich verselbständigte Personengesamtheiten einbeziehend); ZK-HANDSCHIN/VONZUN, OR 530 N 231 ff.; CHK-JUNG, OR 530 N 3.

D. Vertragsmässige (Personen-)Verbindung

154 Grundlage der einfachen Gesellschaft ist der **Gesellschaftsvertrag unter den Vertragsparteien** bzw. Gesellschaftern.[76] Dieser unterliegt den allgemeinen vertragsrechtlichen Bestimmungen des Obligationenrechts, soweit das Gesetz oder die Bestimmungen des Vertrages keine abweichende Beurteilung verlangen.[77]

155 Weder das Recht der einfachen Gesellschaft noch die allgemeinen Bestimmungen des Obligationenrechts verlangen für den Abschluss eines Vertrages über eine einfache Gesellschaft eine bestimmte **Form** (Art. 11 Abs. 1 i.V.m. 530 ff. OR); ein Vertrag über eine einfache Gesellschaft kann somit *schriftlich*, aber auch *mündlich* oder sogar stillschweigend *durch konkludentes Verhalten* zustande kommen.[78] In diesem letzteren Fall muss den Parteien nicht einmal bewusst sein, dass aus ihrem Verhalten eine einfache Gesellschaft entsteht.[79]

156 Illustrativ sind die Ausführungen des Bundesgerichts zum gemeinsamen Verkauf sämtlicher Aktien einer Gesellschaft durch mehrere Aktionäre. Obwohl diese untereinander keine entsprechende Vereinbarung getroffen hatten, ging das Bundesgericht vom Vorliegen einer (konkludent geschlossenen) einfachen Gesellschaft aus: «Verkaufen mehrere Aktionäre einer Gesellschaft gleichzeitig dem gleichen Käufer ihre Aktien, so können sie mit ihm einzeln selbständige Kaufverträge abschliessen oder sich zu diesem Zweck zu einer einfachen Gesellschaft zusammenschliessen und ihre Aktien gemeinschaftlich verkaufen. ... Eine Aufteilung des Aktienbesitzes auf die einzelnen Aktionäre wurde weder im Kaufvertrag noch in den vorangegangenen Verhandlungen je erwähnt [sondern es wurden die Aktien *en bloc* verkauft und übertragen]. Ebensowenig wurde gegenüber der Käuferin je eine Aufteilung des Kaufpreises vorgenommen. ... Fehlte eine solche Aufgliederung, so konnte nur das gesamte Aktienpaket als solches den Kaufgegenstand bilden, vorausgesetzt, die

---

[76] Druey/Druey Just, § 3 N 5; BK-Fellmann/Müller, OR 530 N 411; ZK-Handschin/Vonzun, OR 530 N 126 ff.; Meier-Hayoz/Forstmoser, § 1 N 17; von Steiger, 267.

[77] CR-Chaix, OR 530 N 2; Druey/Druey Just, § 4 N 4; BK-Fellmann/Müller, OR 530 N 425; ZK-Handschin/Vonzun, OR 530 N 259 ff.; CHK-Jung, OR 530 N 36; Recordon, 9 ff.; von Steiger, 259 ff. und 267. – Uneinigkeit herrscht darüber, ob die allgemeinen Bestimmungen direkt oder bloss analog Anwendung finden (Fellmann, 290 ff.; BK-Fellmann/Müller, OR 530 N 426; CHK-Jung, OR 530 N 36).

[78] CR-Chaix, OR 530 N 3; Druey/Druey Just, § 4 N 2; ZK-Handschin/Vonzun, OR 530 N 145 f.; Recordon, 9 f. – Zur Form vgl. N 216 ff.

[79] BGE 124 III 363 E. II/2a, 116 II 707 E. 2a; BGer-Urteil 4A_509/2010 vom 11. März 2011, E. 5.2; Meier-Hayoz/Forstmoser, § 12 N 77. – Immerhin muss zumindest eine **rechtliche Bindung gewollt** sein, vgl. nachstehend N 157 f.

Aktionäre haben sich zum Zweck des gemeinsamen Verkaufs zusammengeschlossen.»[80]

Die Voraussetzung der vertraglichen Verbindung ist wichtig für die **Abgrenzung zum Nicht-Vertrag.** Keine im Sinne des Obligationenrechts vertragliche Verbindung liegt zunächst einmal dann vor, *wenn das gemeinsam verfolgte Interesse kraft Gesetzes entsteht* wie beispielsweise unter Solidarschuldnern, bei einer Erbengemeinschaft oder beim bloss aktienrechtlichen Zusammenwirken von Aktionären.[81] Sodann fehlt es auch an einem vertraglichen Bindungswillen, wenn die *gemeinsame Zweckverfolgung* nach dem Willen der Parteien *nicht Gegenstand einer vertraglichen Pflicht sein soll*, wie beim *Gentlemen's Agreement*.[82] Die Abgrenzung ist schwierig, wenn den Parteien die Problematik des Entstehens einer Gesellschaft nicht bewusst war, wobei die Schwelle zur Annahme eines Bindungswillens tief anzusetzen ist.[83]

Mit HANDSCHIN/VONZUN ist das Fehlen eines vertraglichen Bindungswillens «nur anzunehmen, wenn der fehlende Bindungswille von den Parteien auch tatsächlich gelebt wird, wenn feststeht, dass die Beteiligten keinerlei Konkurrenzverbot beabsichtigen, keine Regressstrukturen vorgesehen haben und ein unbeschränktes Austrittsrecht fraglos ist. ... Dabei ist das tatsächliche Verhalten der Parteien entscheidend und nicht der von ihnen abstrakt erklärte oder dementierte Bindungswille».[84] In Bezug auf Aktionärbindungsverträge ist neben dem Fehlen von Konkurrenzverboten und Regressstrukturen auch das Fehlen von Konventionalstrafen oder anderen Sicherungsmitteln als Indiz zu erwähnen.

---

[80] BGE 116 II 707 E. 2.
[81] BK-FELLMANN/MÜLLER, OR 530 N 34 ff.; ZK-HANDSCHIN/VONZUN, OR 530 N 198. – Vgl. auch N 164.
[82] HINTZ-BÜHLER, 26; MEIER-HAYOZ/FORSTMOSER § 1 N 62 f. – Zum *Gentlemen's Agreement* vgl. N 14.
[83] ZK-HANDSCHIN/VONZUN, OR 530 N 197. – Für Aktionärbindungsverträge hat BÄR, in einer kritischen Auseinandersetzung mit BGE 109 II 43 (in ZBJV 1985, 233 ff., 234), dafür plädiert, dass man sich, obschon es sich bei ihnen um «sehr dürftige einfache Gesellschaft[en]» handle, «mit dem Herausnehmen aus der einfachen Gesellschaft zurückhalten» müsse, weil das Gesetz für sie eine vernünftige Beendigungsordnung vorsehe, im Gegensatz zu Art. 404 Abs. 1 OR. Vgl. dazu auch hinten N 191 und insb. 194 ff.
[84] ZK-HANDSCHIN/VONZUN, OR 530 N 197; eingehend auch LUKAS HANDSCHIN: Zur Abgrenzung einer losen Zusammenarbeit und einer einfachen Gesellschaft, in: Amstutz (Hrsg.), Die vernetzte Wirtschaft, Netzwerke als Rechtsproblem, Zürich 2003, 107 ff.

E. Gemeinsamer Zweck

159 Der von allen Gesellschaftern **gemeinsam verfolgte Zweck** ist – neben dem Einsatz gemeinsamer Kräfte oder Mittel[85] – die *wichtigste Voraussetzung* für das Vorliegen einer einfachen Gesellschaft[86] und zugleich das hauptsächliche *Abgrenzungskriterium gegenüber den Austauschverträgen und* den *Geschäftsbesorgungsverträgen*.[87] Er ist überdies im Rahmen der Vertragsauslegung und im Hinblick auf *Inhalt und Umfang der vertraglichen Pflichten* von Bedeutung.

160 Nach bundesgerichtlicher Rechtsprechung liegt eine gemeinsame Zweckverfolgung vor, «wenn die Beteiligten ein und dasselbe Ziel anstreben und wenn sie alle zur Erreichung dieses Ziels beitragen, um am erhofften Erfolg teilzuhaben, zugleich aber bereit sind, auch einen allfälligen Misserfolg mitzutragen».[88] Fehlt eine Verlustbeteiligung, «sind von vornherein Zweifel angebracht, ob ein gemeinsamer Zweck und damit eine einfache Gesellschaft vorliegt ..., [denn] auch bei zweiseitigen Verträgen können gewisse gleichgerichtete Interessen bestehen». Sodann sind «die Vorteile, welche die einzelnen Mitgesellschafter für sich selbst [über den gemeinsamen Zweck hinaus] anstreben, ... vom Gesellschaftszweck nicht mehr umfasst».[89] Vielmehr «setzt die einfache Gesellschaft voraus, dass die Parteien einen gemeinsamen Zweck als Gegenstand einer gemeinsamen vertraglichen Pflicht vereinbart haben, der über [ein] durch [eine allfällige] Gewinnbeteiligung gesteigerte[s] Interesse am Erfolg ... hinausgeht».[90] Es ist also der gemeinsame Zweck bzw. Gesellschaftszweck *von den persönlichen Motiven der einzelnen Gesellschafter abzugrenzen*. Diese können deckungsgleich sein, oftmals aber auch vom gemeinsamen Zweck abweichen.[91]

---

[85] Vgl. dazu sogleich, N 165 ff.
[86] DRUEY/DRUEY JUST, § 3 N 2 ff.; BK-FELLMANN/MÜLLER, OR 530 N 462 ff.; ZK-HANDSCHIN/VONZUN, OR 530 N 2 ff. und 27 ff.; HINTZ-BÜHLER, 26 ff.; CHK-JUNG, OR 530 N 4; MEIER-HAYOZ/FORSTMOSER, § 1 N 66; RECORDON, 21 ff.; VON STEIGER, 267 ff.
[87] BGer-Urteil 4A_284/2013 vom 13. Februar 2014, E. 3.1; BK-FELLMANN/MÜLLER, OR 530 N 67 ff.; ZK-HANDSCHIN/VONZUN, OR 530 N 27 ff. und 207 ff.; HINTZ-BÜHLER, 29 ff. (mit drei konkreten Beispielen); CHK-JUNG, OR 530 N 5 f.; MEIER-HAYOZ/FORSTMOSER, § 1 N 82 ff. und § 12 N 20; HANDSCHIN (zit. N 158 Anm. 84) erachtet die gemeinsame Zweckverfolgung als «ausschliessliches Abgrenzungskriterium zum Austauschvertrag» (113). – Vgl. auch N 170.
[88] BGer-Urteil 4A_509/2010 vom 11. März 2011, E. 5.2.
[89] BGer-Urteil 4C.214/2003 vom 21. November 2003, E. 3.1; BGer-Urteil 4C.30/2007 vom 16. April 2007, E. 4.1 f.
[90] BGer-Urteil 4A_284/2013 vom 13. Februar 2014, E. 3.4.2.
[91] BK-FELLMANN/MÜLLER, OR 530 N 463 ff.; CHK-JUNG, OR 530 N 4; eingehend FURRER, *passim*.

Bei Aktionärbindungsverträgen ist die **Abgrenzung** *nicht immer einfach:* Während bei Stimmbindungen ein gemeinsamer Zweck meist leicht auszumachen ist (die Durchsetzung bestimmter Beschlüsse durch Bildung einer Stimmenmehrheit), können sich bei umfangreicheren Verträgen verschiedene Zwecke überlagern. So hat das Bundesgericht im Falle eines *Private-equity*-Geschäftes entschieden, für ein solches erscheine die entgeltliche Finanzierung der unternehmerischen Tätigkeit der Gegenpartei durch einen Investor charakteristisch und dies schliesse die Qualifikation des gesamten Vertragsverhältnisses als einfache Gesellschaft regelmässig aus: «Auch wenn sich der Investor während der Dauer seiner Beteiligung Informations- und Mitspracherechte in der Unternehmung sichert und je nach Vertragsgestaltung an der Unternehmensführung mehr oder weniger intensiv teilhat, überwiegt insgesamt betrachtet das synallagmatische Austauschverhältnis.»[92] Ähnlich könnte oft auch im Bereich der Joint-Venture-Verträge argumentiert werden.[93]

Andererseits hat das Bundesgericht in einem neueren Entscheid zur Abgrenzung zwischen einem partiarischen Darlehen und einer einfachen Gesellschaft ausgeführt, dass dann, wenn sich «ein Geldgeber ... Mitspracherechte oder sogar Mitwirkungsrechte bei der Geschäftstätigkeit [ausbedingt], die über die gewöhnliche Kontrolle hinausgehen, wie sie beim Darlehen üblich ist, ein starkes Indiz für eine einfache Gesellschaft vor[liegt], gegebenenfalls in der Form der stillen Gesellschaft».[94]

Im Zusammenhang mit dem gemeinsamen Zweck ist oft auch vom ***animus societatis***,[95] d.h. vom Willen, auf einen gemeinsamen Zweck gemeinsam hinzuwirken, die Rede. Gemeint ist der rechtsverbindliche Wille zum Hinwirken auf den gemeinsamen Zweck und nicht das blosse Verfolgen gleichgerichteter individueller Motive (die durchaus übereinstimmen können).[96] Fehlt dieser *animus societatis*, liegt keine einfache Gesellschaft vor.

Wirken beispielsweise Aktionäre im Rahmen der aktienrechtlichen, durch Statuten und Organisationsreglement vorgegebenen Strukturen in der Generalversammlung und bei der Geschäftsführung zusammen, so ist nicht ein über dieses **aktienrechtliche** Zusammenwirken hinausgehender *animus societatis* anzunehmen und daher die stillschweigende Annahme einer einfachen Gesellschaft bzw. eines Aktionärbin-

---

[92] BGer-Urteil 4C.214/2003 vom 21. November 2003, E. 3.3.
[93] GERICKE/DALLA TORRE, 42 ff.; KNOBLOCH, Joint Ventures, 558 f.; BGer-Urteil 4C.22/2006 vom 5. Mai 2006, worin das Bundesgericht die Wichtigkeit der Beurteilung im konkreten Einzelfall betont.
[94] BGer-Urteil 4A_509/2010 vom 11. März 2011, E. 5.2; CHK-JUNG, OR 530 N 5.
[95] Oder von der *affectio societatis*, so MEIER-HAYOZ/FORSTMOSER, § 1 N 66.
[96] BK-FELLMANN/MÜLLER, OR 530 N 64, 523 und 584; ZK-HANDSCHIN/VONZUN, OR 530 N 211.

dungsvertrages unter den Aktionären nicht gerechtfertigt.[97] Andererseits kann von einem gemeinsamen Zweck ausgegangen werden, wenn die Vertragsparteien gemeinsam und auf eine im Voraus verbindlich festgelegte Weise bestrebt sind, auf die Generalversammlung der Aktiengesellschaft Einfluss zu nehmen.

F. Gemeinsame Kräfte oder Mittel

165 Die einfache Gesellschaft setzt auch voraus, dass sich jede Partei verpflichtet, *zur Förderung des gemeinsamen Zwecks* einen **Beitrag («Kräfte oder Mittel»)** zu leisten. Dieser Beitrag kann in irgendwelchen *vermögensrechtlichen oder persönlichen Leistungen* bestehen und von *unterschiedlichem Umfang* sein (selbst das blosse Dabeisein kann unter Umständen als Beitrag in Frage kommen[98]), ein Geldwert ist nicht vorausgesetzt (Art. 531 Abs. 1 und 2 OR).[99] «Unerlässlich ist jedoch, dass jeder Beteiligte einen Beitrag leistet, mithin die Erreichung des gemeinsamen Ziels in irgendeiner Weise fördert, dass jeder irgendeinen Nutzen aus dem Erfolg des gemeinsamen Unternehmens zu ziehen hofft.»[100]

166 Für den **Aktionärbindungsvertrag** bedeutet dies, dass nicht jede Vertragspartei gleich viele Aktien, Mitgliedschaftsrechte oder deren Ausübung als Beitrag in die einfache Gesellschaft einzubringen braucht. Gerade das Einbringen der Aktien selbst zu gemeinsamem Eigentum ist eher die Ausnahme als die Regel.[101] Es können sogar Personen beteiligt sein, die nicht über Aktien verfügen, sondern andere Leistungen wie z.B. Finanzierung oder Arbeit beisteuern.[102]

G. Gemeinsame Entscheidfindung

167 Ein Gesellschaftsverhältnis setzt voraus, dass alle Parteien an der **Entscheidfindung** zumindest bei den grundlegenden Entscheiden **beteiligt** sind, während Entscheide untergeordneter Art auch einzelnen Vertragsparteien überlassen werden können.[103]

---

[97] Cour de justice Genève, chambre civile, 12. Dezember 2003, in: SJZ 2005, 428 ff., E. 3.2; MEIER-HAYOZ/FORSTMOSER, § 12 N 19. – Vgl. auch N 157 f.
[98] RECORDON, 18 f. ; MEIER-HAYOZ/FORSTMOSER, § 12 N 39.
[99] BGE 116 II 707 E. 2a; BGer-Urteil 4A_509/2010 vom 11. März 2011, E. 5.5.1; BK-FELLMANN/MÜLLER, OR 530 N 524 und 584; ZK-HANDSCHIN/VONZUN, OR 530 N 172; HINTZ-BÜHLER, 28 f.; RECORDON, 15 ff.; VON STEIGER, 269 f.
[100] BGer-Urteil 4A_509/2010 vom 11. März 2011, E. 5.2.
[101] Vgl. N 1594 ff.
[102] MEIER-HAYOZ/FORSTMOSER, § 12 N 39: «Beitrag kann alles sein, was geeignet ist, den Gesellschaftszweck auf irgendeine Art zu fördern.»
[103] MEIER-HAYOZ/FORSTMOSER, § 1 N 95 (1. Lemma); BGer-Urteil 4A_509/2010 vom 11. März 2011, E. 5.2 («Bedingt sich ein Geldgeber überdies [d.h. über eine Beteiligung am

Die **Art der Beschlussfassung** kann dabei auf unterschiedlichste Art geregelt werden: Wird nichts Besonderes vereinbart, gilt nach dem Recht der einfachen Gesellschaft das *Einstimmigkeitsprinzip* (Art. 534 Abs. 1 OR). Vertraglich kann das *Mehrheitsprinzip* – mit dem Erfordernis einer einfachen oder einer qualifizierten Mehrheit – vereinbart werden.[104] Allen Parteien kann das *gleiche Stimmrecht* zukommen (Kopfstimmrecht) oder es kann die Stimmkraft nach unterschiedlichsten Kriterien (bei Aktionärbindungsverträgen insb. entsprechend der Anzahl gebundener Aktien) *abgestuft* werden. Auch können – und in der Praxis ist dies häufig – die *Quoren* je nach dem in Frage stehenden Thema *unterschiedlich* angesetzt werden.[105]

Wenn jedoch *eine einzelne Partei* allein darüber *entscheidet,* wie das Stimmrecht oder andere Rechte auszuüben sind, dann werden die Entscheide *nicht gemeinsam getroffen* und liegt kein Gesellschaftsverhältnis vor. Ebenso verhält es sich, wenn einer einzelnen Partei (und *nicht etwa jeder* der beteiligten Parteien, wie dies beim Einstimmigkeitsprinzip der Fall ist) ein *Vetorecht* zukommt. Mit einem solchen wird lediglich eine bestimmte – implizit vorausgesetzte – Vereinbarung vor einer Abänderung ohne gegenseitiges Einverständnis geschützt, wie dies für Schuldverträge charakteristisch ist (Art. 1 Abs. 1 OR).

H. Organisationsstruktur

Zur *Abgrenzung von den Austausch- und Geschäftsbesorgungsverträgen* eignet sich bei Aktionärbindungsverträgen oft das **Kriterium der inneren Organisation.** Ersteren fehlt eine solche zumeist. In der Literatur wird die einfache Gesellschaft auch als Organisationsvertrag bzw. Organisationsgesellschaft bezeichnet, bei der das Gesellschaftsverhältnis Bestimmungen über Zuständigkeiten, Aufgabenbereiche, Entscheidfindungsmechanismen und andere innere Abläufe enthält.[106] Bei Aktionärbindungsverträgen mit Stimmbindung fallen darunter etwa Regeln über die vertragsinterne Willensbildung betreffend das gemeinsame Stimmverhalten.[107]

Gewinn und Verlust wie beim partiarischen Darlehen hinaus] Mitsprache- oder gar Mitwirkungsrechte bei der Geschäftstätigkeit aus, die über eine gewöhnliche Kontrolle hinausgehen, wie sie beim Darlehen üblich ist, liegt ein starkes Indiz für eine einfache Gesellschaft vor …»).

[104] Dazu N 999 ff.
[105] Ausführlich zu Beschlussfassung und Quoren N 973 ff.
[106] BK-FELLMANN/MÜLLER, OR 530 N 29, 217, 414 und 422 ff.; ZK-HANDSCHIN/VONZUN, OR 530 N 260; RECORDON, 6 f.; VON STEIGER, 270 f.
[107] Zur inneren Organisation vgl. N 906 ff.

I. Kein Erfordernis eines Auftretens nach Aussen

171 Bei Aktionärbindungsverträgen eher die Regel als die Ausnahme dürfte es sein, dass sie **nach aussen nicht in Erscheinung treten**. Diesfalls kann es sich um eine sog. **stille Gesellschaft** handeln – eine Abart der einfachen Gesellschaft, auf die grundsätzlich das zwingende Recht der einfachen Gesellschaft Anwendung findet, während sich im Übrigen die rechtliche Ordnung aus der Vereinbarung (oder deren Auslegung bzw. Ergänzung) ergibt.[108]

V. Aktionärbindungsverträge als Kollektiv- oder Kommanditgesellschaften?

172 Wollen die an einem Aktionärbindungsvertrag Beteiligten von einer stärker verselbständigten Gesellschaftsform profitieren, können sie eine **Kollektiv- oder Kommanditgesellschaft** bilden. Da der Zusammenschluss zu einem Aktionärbindungsvertrag nicht als kaufmännisches Gewerbe zu qualifizieren ist, bedingt dies einen **Handelsregistereintrag** (Art. 553 OR).[109]

173 Das Recht der Kollektiv- bzw. Kommanditgesellschaft, einschliesslich der damit verbundenen Publizität kommt somit nur zur Anwendung, wenn die Beteiligten dies wünschen. Das Argument, die mit einer Kollektiv- bzw. Kommanditgesellschaft verbundene Transparenz dürfte von den Beteiligten nicht gewünscht sein,[110] trifft daher in diesen Fällen nicht zu. Sie wird zumindest in Kauf genommen.[111]

---

[108] Zur stillen Gesellschaft vgl. UELI SOMMER: Die stille Gesellschaft, Zürich 2000 (= Diss. Zürich 2000 = SSHW 193); BK-FELLMANN/MÜLLER, OR 530 N 318 ff. und OR 533 N 93 ff.; ZK-HANDSCHIN/VONZUN, OR 530 N 99 ff.; MEIER-HAYOZ/FORSTMOSER § 15, alle m.w.H. – Zur Bedeutung der Sichtbarkeit nach Aussen in internationalrechtlichen Sachverhalten vgl. N 2132.

[109] MEIER-HAYOZ/FORSTMOSER, § 13 N 76. – Die Zulässigkeit einer entsprechenden Eintragung ist vom Bundesgericht entgegen der damaligen Ansicht des Eidg. Handelsregisteramtes bestätigt worden.

[110] HINTZ-BÜHLER, 33

[111] Die Parteien haben es zudem in der Hand, Teile ihrer Vereinbarung, die vertraulich bleiben sollen, nicht in die Gesellschaftsvereinbarung aufzunehmen, sondern in einem separaten Dokument festzuhalten.

VI. Aktionärbindungsverträge als schuldrechtliche Verhältnisse

A. Verträge ohne gemeinsame Zweckverfolgung und ohne Verpflichtung der Gemeinschaft gegenüber

Fehlt der vertraglichen Vereinbarung die **gemeinsame Zweckverfolgung**,[112] mithin ein *animus societatis,* so liegt kein gesellschaftsrechtliches, sondern ein **schuldrechtliches Verhältnis** vor.[113] Jede Vertragspartei verfolgt ausschliesslich ihre eigenen Ziele, und die vertraglichen Verpflichtungen entstehen direkt zwischen den einzelnen Vertragsparteien, nicht gegenüber allen Vertragsparteien gemeinsam.[114]

B. Einseitige und zwei- bzw. mehrseitige Vertragsverhältnisse

1. Einseitige Vertragsverhältnisse

Einseitige Vertragsverhältnisse zeichnen sich dadurch aus, dass nur eine Vertragspartei der anderen eine Leistung schuldet. Häufigstes Beispiel ist der Schenkungsvertrag.[115]

Aktionärbindungsverträge mit einseitigen Leistungsversprechen[116] kommen in der Praxis zwar vor, es ist in diesen Fällen aber stets zu prüfen, ob die versprechende Partei sich tatsächlich rechtsverbindlich verpflichten wollte. *Vielfach* dürfte es sich um *blosse Absichtserklärungen* handeln.[117] Als Beispiele erwähnt werden das Versprechen eines Aktionärs gegenüber einer Person, sie in den Verwaltungsrat zu wählen

---

[112] Vgl. N 159 ff.; BAUMANN, 160.
[113] KNOBLOCH, Joint Ventures, 555 f. (zur Abgrenzung von der einfachen Gesellschaft).
[114] HINTZ-BÜHLER, 25 und 29 ff. (mit Beispielen zur Abgrenzung); MARTIN, 206 f.; MEIER-HAYOZ/FORSTMOSER, § 1 N 82.
[115] GAUCH/SCHLUEP/SCHMID, N 255.
[116] Einige Autoren (BÖCKLI, Aktienstimmrecht, 50; FISCHER, Parteienbestand, 32; GLATTFELDER, 174a; LANG, 20 f.; WÜRSCH, 154) verwenden den Begriff des «*einseitigen Aktionärbindungsvertrages*», welcher sich dadurch auszeichne, dass sich nur eine der Vertragsparteien hinsichtlich ihrer Rechte und Pflichten aus der Aktionärsstellung verpflichtet, während die anderen(n) Vertragspartei(en) anderweitige Leistungen verspricht bzw. versprechen; der Vertrag könne dabei ein- oder zweiseitig ausgestaltet sein. Zur rechtlichen Qualifikation trägt dieser Begriff nichts bei; er kann aber zu Verwechslungen mit dem einseitigen Vertragsverhältnis führen, weshalb darauf verzichtet werden sollte (wie hier HINTZ-BÜHLER, 25 [Anm. 82]). Sinnvoll hingegen mag im Einzelfall die Unterscheidung zwischen ein- oder mehrseitigen Stimmbindungen sein (DOHM, 11 und 113 ff.).
[117] Vgl. N 14.

oder als Mitglied des Verwaltungsrats zu bestätigen,[118] oder die Zusage eines bestimmten Stimmverhaltens in der Generalversammlung.

177 Einem solchen Versprechen zur Wahl in den Verwaltungsrat *steht jedoch nur dann kein anderweitiges Leistungsversprechen gegenüber, wenn es sich in der Wahl in den Verwaltungsrat erschöpft* und das Mandatsverhältnis anschliessend ausschliesslich zwischen der Aktiengesellschaft und dem Verwaltungsratsmitglied entsteht.[119] Dies ist der Fall bei externen und unabhängigen Verwaltungsratsmitgliedern u.a. in Konzerntochtergesellschaften, wenn das betreffende Verwaltungsratsmitglied gegenüber den wählenden Aktionären bzw. der Konzernmuttergesellschaft ganz bewusst keine weiter gehenden Verpflichtungen haben soll als die, sein Amt gewissenhaft auszuüben.[120] Anders ist die Rechtslage bei den so genannten fiduziarischen Verwaltungsratsmitgliedern, welche zugleich der Aktiengesellschaft als auch ihrem Treugeber gegenüber verpflichtet sind.[121]

2. Zwei- bzw. mehrseitige Vertragsverhältnisse

178 Beim **zwei- oder mehrseitigen Vertragsverhältnis** schulden beide bzw. alle Vertragsparteien (einander) eine Leistung;[122] wobei es im Lichte des weit gefassten Begriffs des Aktionärbindungsvertrages, wie er in dieser Publikation vertreten wird,[123] **nicht erforderlich** ist, **dass alle Parteien** sich zu Leistungen hinsichtlich ihrer **Aktionärsstellung** verpflichten.[124] Bei schuldrechtlichen Aktionärbindungsverträgen ist dies oft nicht der Fall, so etwa dann nicht, wenn der Verpflichtung zu

---

[118] GLATTFELDER, 229a; HINTZ-BÜHLER, 24.
[119] BÖCKLI, Aktienrecht, § 13 N 88 ff.; VON DER CRONE, Aktienrecht, § 4 N 4 ff.; FORSTMOSER/MEIER-HAYOZ/NOBEL, § 28 N 2 ff.; CHK-PLÜSS/KUNZ/KÜNZLI, OR 707 N 11.
[120] Vgl. dazu PETER FORSTMOSER: Das externe Verwaltungsratsmitglied in einer Konzerntochtergesellschaft, in: Weber/Isler (Hrsg.), Verantwortlichkeit im Unternehmensrecht V, EIZ 104, Zürich 2010, 5 ff.
[121] VON BÜREN, Konzern, 169 ff.; LIPS-RAUBER, 83 ff. – Zur Stellung des fiduziarischen Verwaltungsratsmitglieds, das sich nach herrschender Lehre in einem «doppelten Pflichtennexus» befindet, vgl. etwa CLAUDIO BAZZANI: Schadloshaltung weisungsgebundener Verwaltungsratsmitglieder, Zürich 2007 (= Diss. Luzern 2007 = LBR 15); MISCHA KISSLING: Der Mehrfachverwaltungsrat, Zürich 2006 (= Diss. Zürich 2006 = SSHW 250), N 96 ff.; MICHAEL LAZOPOULOS: Interessenkonflikte und Verantwortlichkeit des fiduziarischen Verwaltungsrats; Zürich 2004 (= Diss. Zürich 2004 = SSHW 237), *passim*; CHRISTINA LIPS-RAUBER: Die Rechtsbeziehung zwischen dem beauftragten fiduziarischen Verwaltungsrat und dem Fiduzianten, Zürich 2005 (= Diss. Zürich 2005 = SSHW 241), 57 ff., 113 f. – Aus der Judikatur vgl. etwa BGer-Urteil H 217/02 vom 23. Juni 2003).
[122] GAUCH/SCHLUEP/SCHMID, N 256 ff.; HINTZ-BÜHLER, 25.
[123] Vgl. N 3 f.
[124] Vgl. FISCHER, Parteienbestand, 32; HINTZ-BÜHLER, 25.

einem bestimmten Stimmverhalten eine anders geartete Leistung gegenüber steht.[125]

VII. Aktionärbindungsverträge als Innominatverträge

Aktionärbindungsverträge fallen begrifflich in die Kategorie der **Innominatverträge** (jedenfalls, soweit sie nicht ausschliesslich als einfache Gesellschaften zu qualifizieren sind), weil das schweizerische Obligationenrecht den Begriff nicht kennt.[126] Innerhalb dieser Kategorie werden verschiedene Ausprägungen unterschieden: **Zusammengesetzte Verträge** (Verknüpfung von zwei oder mehr selbständigen Nominat- oder Innominatverträgen zu einem sich gegenseitig bedingenden Ganzen),[127] **gemischte Verträge** (einheitliche Verträge, in denen Tatbestandsmerkmale verschiedener Vertragstypen kombiniert werden)[128] und **Verträge eigener Art** *(sui generis)* (Verträge, die nicht bloss eine Mischung verschiedener Vertragstypen, sondern eigentliche Neuschöpfungen darstellen).[129]

Wie bereits im Zusammenhang mit dem Begriff des Aktionärbindungsvertrages erwähnt, darf die Begriffsbildung nicht überbewertet werden, da letztlich alle Verträge aufgrund ihres konkreten materiellen Inhaltes rechtlich einzuordnen und zu

---

[125] BÖCKLI/MORSCHER (64 [Anm. 85]) scheinen bereits dann von einem gesellschaftsrechtlichen Vertrag auszugehen, wenn gleichartige Leistungen in einem Austauschverhältnis stehen und die Vertragspartner einen gemeinsamen Zweck verfolgen. Dabei wird jedoch übersehen, dass es bei der einfachen Gesellschaft nicht darum geht, Leistungen im Rahmen eines gemeinsamen Zwecks zwischen den Parteien auszutauschen, sondern diese Leistungen als gemeinsame «Kräfte oder Mittel» zur Förderung der gemeinsamen Zwecks einzusetzen (vgl. N 165).

[126] Vgl. N 2 und N 76 ff. – Zum Begriff des Innominatkontrakts vgl. CHK-HUGUENIN, Vorb. zu OR 184 ff./Innominatkontrakte AT N 1 ff.; BSK-AMSTUTZ/MORIN/SCHLUEP, Einl. vor OR 184 ff. N 5 ff.

[127] BGE 139 III 49 E. 3.3 m.w.H., 115 II 451 E. 3a; WALTER R. SCHLUEP: Zusammengesetzte Verträge: Vertragsverbindung oder Vertragsverwirrung, in: Honsell *et al.* (Hrsg.), Aktuelle Aspekte des Schuld- und Sachenrechts: Festschrift für Heinz Rey zum 60. Geburtstag, Zürich 2003, 285 ff.; GAUCH/SCHLUEP/SCHMID, N 253; CHK-HUGUENIN, Vorb. zu OR 184 ff./Innominatkontrakte AT N 12 ff.; BSK-AMSTUTZ/MORIN/SCHLUEP, Einl. vor OR 184 ff. N 10.

[128] BGE 139 III 49 E. 3.3 m.w.H.; GAUCH/SCHLUEP/SCHMID, N 252; CHK-HUGUENIN, Vorb. zu OR 184 ff./Innominatkontrakte AT N 16 ff.; BSK-AMSTUTZ/MORIN/SCHLUEP, Einl. vor OR 184 ff. N 7.

[129] GAUCH/SCHLUEP/SCHMID, N 252; CHK-HUGUENIN, Vorb. zu OR 184 ff./Innominatkontrakte AT N 24; BSK-AMSTUTZ/MORIN/SCHLUEP, Einl. vor OR 184 ff. N 9. – Zur Qualifikation auch BLOCH, 46 ff., insb. auch 56; HINTZ-BÜHLER, 31 f. m.w.H.

behandeln sind.¹³⁰ So muss nicht jede Leistungspflicht eines gesellschaftsrechtlichen Aktionärbindungsvertrages zwingend ein Beitrag an die einfache Gesellschaft sein, sondern es können einzelne Vertragselemente auch einfachen schuldrechtlichen oder synallagmatischen Charakter haben.¹³¹ Dies macht – es sei nochmals betont – eine **Einzelfallbetrachtung unabdingbar** und es ist «für jede Rechtsfrage der vertragliche Regelungsschwerpunkt zu ermitteln»,¹³² was freilich zu Unsicherheiten bezüglich der anwendbaren Rechtsnormen führen kann. Letztlich kann allein eine vorausschauende Vertragsgestaltung Klarheit schaffen.¹³³

181   Relevant für **schuldrechtliche Aktionärbindungsverträge** ist vor allem die Frage der *Abgrenzung von bestimmten Nominat- oder Innominatverträgen mit aktionärbindungsvertraglichen Nebenbestimmungen* (z.B. Stimmbindung in Verträgen über die Verpfändung von Aktien¹³⁴) *und von gemischten Verträgen,* bei denen genuin aktionärbindungsvertragliche Bestimmungen gleichwertig neben solchen anderer Vertragstypen stehen (z.B. Joint-Venture- oder Finanzierungsverträge¹³⁵). Bei **gemischten oder zusammengesetzten Verträgen** ist zu prüfen, in welchem *Verhältnis die einzelnen Bestimmungen oder Vertragsteile zueinander* stehen. Davon – und vom Willen der Parteien – hängt ab, ob der Vertrag als solcher oder zumindest ein Teil des Vertrags Bestand haben kann und soll, auch wenn einzelne Bestimmungen (oder Vertragsteile) (z.B. wegen Ungültigkeit) entfallen.¹³⁶

182   Ähnliches gilt auch für die **gesellschaftsrechtlichen Aktionärbindungsverträge:** Es kann vorkommen, dass *bestimmte Vertragsinhalte nicht als blosse Nebenbestimmungen* im Rahmen der gesellschaftsrechtlichen Ordnung zu verstehen sind, *sondern* dass sie im Sinne gemischter oder gar zusammengesetzter Verträge *eigenständig neben den gesellschaftsrechtlichen Bestimmungen* stehen.¹³⁷ Auf die schuldrechtlichen Teile eines solchen Vertrages, für die das Recht der einfachen Gesellschaft keine

---

¹³⁰ Dazu N 5; zu den Rechtsfolgen der Qualifikation vgl. N 190 ff.
¹³¹ HINTZ-BÜHLER, 34; RIHM, 517 f.
¹³² BGE 139 III 49 E. 3.3; FISCHER, Parteienbestand, 33 f. und 35 f.
¹³³ FISCHER, Parteienbestand, 36; zur Rechtsanwendung bei Innominatverträgen vgl. auch HINTZ-BÜHLER, 35 ff.
¹³⁴ Vgl. N 188.
¹³⁵ GERICKE/DALLA TORRE, 41 f.; HUBER, Vertragsgestaltung, 55 f.; VON SALIS, Finanzierungsverträge, N 237.
¹³⁶ KGer SG vom 11. September 2006 (Gesch.-Nr. BZ.2006.15), E. 6 zur Verknüpfung eines Darlehensvertrages mit einem Aktionärbindungsvertrag; vgl. auch N 301 ff.; GERICKE/DALLA TORRE, 47.
¹³⁷ FISCHER, Parteienbestand, 28; HINTZ-BÜHLER, 29 und 34. – So wurde z.B. in Bezug auf eine nicht-eheliche Lebensgemeinschaft zwar für einen gemeinsamen Hauskauf eine einfache Gesellschaft angenommen, nicht aber für die Lebensgemeinschaft als solche (BGer-Urteil 4A_383/2007 vom 19. Dezember 2007).

(angemessene) Lösung bietet, sind die Normen des Vertragsrechts analog anzuwenden, sofern dies zu einem sinnvollen Gesamtergebnis führt.[138]

Weist ein Aktionärbindungsvertrag weder einen eindeutig schuldrechtlichen Charakter auf noch erfüllt er die Voraussetzungen für das Vorliegen einer einfachen Gesellschaft, kommt allenfalls eine Qualifikation als **Vertrag eigener Art** in Betracht: So hat das *Bundesgericht* bei einer zeitlich befristeten Übertragung von Stimmrechten das zugrunde liegende Verpflichtungsgeschäft «eher [als einen] einseitigen Aktionärbindungsvertrag sui generis» betrachtet (wobei es die Frage der Qualifikation schliesslich offen gelassen hat).[139] In der *Lehre* wird gelegentlich von **gesellschaftsähnlichen Verhältnissen** gesprochen als Schuldverhältnissen, auf welche gesellschaftsrechtliche Regeln *Analog* Anwendung finden können.[140] Allenfalls lassen sich bei einem **zusammengesetzten Vertrag** auch die schuldvertragliche und die gesellschaftsrechtliche Komponente klar auseinanderhalten und je selbständig beurteilen.

VIII. Aktionärbindungsvertragliche Elemente in anderen Vertragstypen

Neben Verträgen, die unter den Begriff des Aktionärbindungsvertrages fallen, gibt es eine Reihe von Verträgen, die zwar anderen Vertragstypen angehören, aber dennoch typische Elemente des Aktionärbindungsvertrages enthalten:

Ehe- und Erbverträge können im Zusammenhang mit der Regelung der Nachfolge in einem Familienunternehmen Kauf- und Vorkaufsrechte an Aktien,[141] sonstige Verfügungsbeschränkungen[142] oder auch Bestimmungen über die Stimmrechtsausübung[143] enthalten.

Aktienkaufverträge, bei denen die Aktien nicht unmittelbar übertragen werden, können für den Zeitraum bis zur Übereignung für den Verkäufer Stimmbindungen zugunsten des Käufers vorsehen. Oder es können Stimmbindungen zugunsten des

---

[138] HINTZ-BÜHLER, 46 ff. – Als Beispiel wird das Leistungsverweigerungsrecht von Art. 82 OR genannt (GERICKE/DALLA TORRE, 42).
[139] BGE 109 II 43 E. 2.
[140] BK-FELLMANN/MÜLLER, OR 530 N 154 ff. So können etwa die Regeln der einfachen Gesellschaft beigezogen werden für die Bestimmung der *Kontrollrechte des Partiars* in partiarischen Rechtsverhältnissen.
[141] Dazu N 1170 ff.
[142] Dazu N 1699 ff.
[143] Dazu N 753 ff.

Verkäufers vereinbart sein,[144] beispielsweise dann, wenn dieser weiterhin Aktionär der Gesellschaft bleibt. Dasselbe kann im Falle der **Effektenleihe** *(Securities Lending)*[145] und von **Repo-Geschäften**[146] der Fall sein.

187 Auch **Finanzierungs- und Investitionsverträge** enthalten häufig Regeln über die Ausübung der Stimmrechte, um beispielsweise dem Investor den Bezug von im Rahmen einer Kapitalerhöhung neu geschaffenen Aktien zu sichern.

188 Verträge über die **Pfandbestellung an Aktien** können zur Risikoabsicherung Stimmbindungen enthalten, so u.a. die Verpflichtung des Pfandgebers, das Stimmrecht so auszuüben, dass der (innere) Wert der Aktien erhalten bleibt.[147]

189 Ebenso können in **Treuhandverträgen** Bestimmungen über die Ausübung der Stimmrechte an zu treuen Händen übertragenen Aktien enthalten sein.

IX. Rechtsfolgen der Qualifikation

190 Aus der Qualifikation können sich entscheidende rechtliche Konsequenzen ergeben, welcher sich die Vertragsparteien nicht immer bewusst sind:

A. Gesellschaftsrechtlicher vs. schuldrechtlicher Vertrag

191 Die Qualifikation eines Aktionärbindungsvertrages als **gesellschaftsrechtlich oder als schuldrechtlich** hat verschiedene rechtliche Konsequenzen:[148] So kennt das Recht der einfachen Gesellschaft andere Regeln über die *Dauer und Beendigung* als

---

[144] Beispielsweise die Verpflichtung des Käufers, für eine bestimmte Dauer nach dem Aktienkauf den Sitz der Aktiengesellschaft und gewisse Geschäftsbereiche nicht zu verlagern oder aufzugeben (BGer-Urteil 4A_174/2011 vom 17. Oktober 2011). – Verbreitet ist in Kaufverträgen über Aktien die Pflicht des Käufers, in einer künftigen Generalversammlung für die Entlastung des ausscheidenden Verkäufers zu stimmen (zu dieser – rechtlich heiklen – Verpflichtung vgl. hinten N 784 ff.).

[145] Trotz der Bezeichnung «Leihe» handelt es sich dabei um eine Form des Darlehens: Der Darleiher überlässt dem Borger gegen Bezahlung eine bestimmte Anzahl Wertpapiere für eine bestimmte Zeitdauer; der Borger verpflichtet sich, nach Ablauf der vereinbarten Dauer Wertpapiere gleicher Art und Menge zurückzugeben (BSK-SCHÄRER/MAURENBRECHER, OR 312 N 31; BK-WEBER, Anhang nach OR 312–318, N 376 ff.).

[146] Im Unterschied zur Effektenleihe kauft (bzw. verkauft) bei Repo-Geschäften eine Vertragspartei Wertschriften, während sie gleichzeitig dieselben oder gleichartige Wertschriften auf Termin verkauft (bzw. kauft), was wirtschaftlich einem ähnlichen Zweck dient (BSK-SCHÄRER/MAURENBRECHER, OR 312 N 31).

[147] ZBINDEN, 123 ff.

[148] KNOBLOCH, Joint Ventures, 556 ff.

schuldrechtliche Verträge (vgl. Art. 545 OR).¹⁴⁹ Sodann kann die *Vertragsauflösung* unterschiedliche Folgen zeitigen: Werden die Aktien als solche in den Vertrag eingebracht, fallen sie – wenn nichts vereinbart ist – im Falle der einfachen Gesellschaft nicht an den jeweiligen Aktionär zurück (vgl. Art. 548 Abs. 1 OR).¹⁵⁰

B. Einseitige vs. zwei- bzw. mehrseitige Vertragsverhältnisse

Zwei- oder mehrseitige Schuldverträge erlauben im Unterschied zu einseitigen die Anwendung der allgemeinen Bestimmungen des OR über die *Erfüllung* (Art. 82 OR) und den *Verzug* bei zweiseitigen Verträgen (Art. 107 ff. OR).¹⁵¹ Dies kann dem mutmasslichen Willen der Parteien eher entsprechen als die Anwendung der Regeln des Gesellschaftsrechts. 192

Unerwartet (und oft auch schlecht passend) sind dagegen oft die Folgen einer Qualifikation des Vertrages als Auftrag. Dazu Folgendes: 193

C. Gesellschafts- oder Austauschvertrag vs. Geschäftsbesorgungsvertrag (und zur Anwendbarkeit von Art. 404 Abs. 1 OR)

Wenn ein Aktionärbindungsvertrag *nicht als Gesellschafts- oder als Austauschvertrag zu qualifizieren* ist, wird häufig ein **Mandats- oder ein mandatsähnliches Verhältnis** bzw. ein Geschäftsbesorgungsvertrag angenommen. Dies ist der Fall bei der **einseitigen Stimmbindung**.¹⁵² Sie wird zwar von einer Mehrheit der jüngeren Lehre¹⁵³ und vom Bundesgericht¹⁵⁴ als Vertrag *sui generis* betrachtet und damit nicht direkt dem Recht des einfachen Auftrages unterstellt,¹⁵⁵ wie dies in der älteren Lehre noch vertreten wurde. Doch bleibt die *Anwendbarkeit des zwingenden jederzeitigen Kündigungsrechts gemäss Art. 404 Abs. 1 OR*¹⁵⁶ umstritten. 194

---

¹⁴⁹ Vgl. dazu N 1777 ff.; vgl. auch GERICKE/DALLA TORRE, 41 ff. zu den Konsequenzen der Qualifikation im Zusammenhang mit Joint-Venture-Verträgen.
¹⁵⁰ Vgl. dazu N 1998 ff.
¹⁵¹ GAUCH/SCHLUEP/SCHMID, N 256 ff. und spezifisch zu Aktionärbindungsverträgen GLATTFELDER, 230a.
¹⁵² FISCHER, Parteienbestand, 34 f. m.w.H.
¹⁵³ APPENZELLER, 51 ff.; BLOCH, 53 ff., insb. 55 f.; DOHM, 120; GLATTFELDER, 234a; HINTZ-BÜHLER, 31 f. und 148 ff.; LANG, 21 f.; PATRY, Accords, 124a f.; STUBER, 21.
¹⁵⁴ BGE 109 II 43 E. 2.
¹⁵⁵ So noch mit ausführlicher Begründung BÖCKLI, Aktienstimmrecht, 52 ff., der den Unterschied zur mehrseitigen Stimmbindungsvereinbarung betont.
¹⁵⁶ Die zwingende Natur der Norm ist vom Bundesgericht mehrfach und in ständiger Rechtsprechung bestätigt worden (BGE 115 II 464 E. 2a und neuestens BGer-Urteil 4A_284/

195 Das Bundesgericht hat zur Frage, ob und inwiefern die Bestimmung von Art. 404 Abs. 1 OR auch auf Verträge ausserhalb reiner Auftragsverhältnisse zwingend Anwendung finden soll, festgehalten, das jederzeitige Auflösungsrecht beschlage «sowohl reine Auftragsverhältnisse als auch gemischte Verträge, für welche hinsichtlich der zeitlichen Bindung der Parteien die Bestimmungen des Auftragsrechts als sachgerecht erscheinen». Eine Unterscheidung nach typischen und atypischen oder unentgeltlichen und entgeltlichen Auftragsverhältnissen hat das Bundesgericht im gleichen Entscheid abgelehnt.[157] Nach dieser Rechtsprechung findet Art. 404 Abs. 1 OR auch auf **gemischte Verträge** Anwendung, sofern diesen **überwiegend auftragsrechtlicher Charakter** zukommt bzw. die Anwendung des Auftragsrechts als angemessen erscheint.[158] Wann dies für einen Vertrag zutrifft, lässt sich der bundesgerichtlichen Rechtsprechung allerdings nicht zweifelsfrei entnehmen.[159]

196 Nicht zuletzt aus diesem Grund hat BÄR,[160] darauf hingewiesen, dass man sich bei Aktionärbindungsverträgen, obschon es sich bei ihnen um «sehr dürftige einfache Gesellschaft[en]» handle, «mit dem Herausnehmen aus der einfachen Gesellschaft zurückhalten» müsse,[161] weil deren Recht eine vernünftige Beendigungsordnung vorsehe, im Gegensatz zu Art. 404 Abs. 1 OR.

2013 vom 13. Februar 2014, E. 3.5.1 sowie 4A_141/2011 vom 6. Juli 2011, E. 1.3 und 2.2–2.4 [je mit zahlreichen Hinweisen auf weitere Entscheide]; BK-FELLMANN, Vorb. zu OR 394–406 N 113, 121 ff. und 134 ff. und zu OR 404 N 104 ff.; einlässlich auch FRICK, Beendigung, 50 ff.; sodann FELIX BUFF/HANS CASPAR VON DER CRONE: Zwingende Natur von Art. 404 OR, SZW 2014, 332 ff., 334 ff.; VENTURI-ZEN-RUFFINEN, 5 f. und 33 f.; BSK-WEBER, OR 404 N 9). Begründet wird die zwingende Natur mit dem Vertrauensverhältnis, durch welches Auftragsbeziehungen regelmässig geprägt sind; sei das Vertrauen gestört, ergebe die Weiterführung des Vertrages keinen Sinn (z.B. BGE 115 II 464 E. 2a, 98 II 305 E. 2).

[157] BGE 115 II 464 E. 2a m.w.H.; vgl. auch 4A_284/2013 vom 13. Februar 2014, E. 3.5.1.
[158] VENTURI-ZEN-RUFFINEN, 33 f. – Auszugehen ist dabei wohl vom Begriff des Auftrages gemäss Art. 394 Abs. 1 OR, wonach sich der Beauftragte entgeltlich oder unentgeltlich verpflichtet, die ihm vom Auftraggeber übertragenen Geschäfte oder Dienste zu besorgen (BK-FELLMANN, OR 394 N 14 ff.).
[159] FRICK, Beendigung, 53 ff.; PETER GAUCH: Der Auftrag, der Dauervertrag und Art. 404 OR, SJZ 2005, 520 ff.; ANDREA MONDINI/MANUEL LIATOWITSCH: Jederzeitige Kündbarkeit von Aufträgen schadet dem Dienstleistungsstandort Schweiz, Zeit für eine Praxisänderung zu Art. 404 OR, AJP 2009, 294 ff., 295 ff. – Nach einer Rechtsprechungslinie in vornehmlich französischsprachigen BGE soll Art. 404 Abs. 1 OR immerhin bei (Dauer-)Verträgen *sui generis* keine zwingende Anwendung finden (BGE 120 V 299 E. 3b, 115 II 108 E. 4c, 83 II 525 E. 1). Abweichend z.T. auch die kantonale Rechtsprechung, vgl. OGer LU vom 10. Dezember 2010 (LGVE 2012 I, Nr. 23), E. 6).
[160] ZBJV 1985, 233 ff., 234.
[161] A.M. wiederum GERICKE/DALLA TORRE, 43.

In der Literatur wird denn auch auf unterschiedliche Weise versucht, mit der Anwendbarkeit von Art. 404 Abs. 1 OR in Bezug auf Aktionärbindungsverträge und insbesondere auf einseitige Stimmbindungen umzugehen:[162] Für DOHM scheint in Bezug auf die Beendigung des Vertrages eher die Anwendung der Bestimmungen des Arbeitsrechts in Frage zu kommen.[163] BLOCH schlägt vor, auf solche Verträge *sui generis* zwar Auftragsrecht anzuwenden, doch diesfalls – im Sinne der Vertragsfreiheit – Art. 404 Abs. 1 OR nur als dispositive Norm zu verstehen.[164] Auch für GLATTFELDER sind solche Verträge *sui generis*, wobei er sich zu den im konkreten Fall anwendbaren Normen nicht äussert, sondern auf Art. 1 ZGB verweist.[165] APPENZELLER betrachtet Stimmbindungen ebenfalls als Verträge *sui generis*, mit gewissen auftragsähnlichen Elementen. Allerdings rechtfertige sich die Anwendung von Art. 404 Abs. 1 OR aufgrund des Schutzzwecks dieser Norm nur für solche Stimmbindungen, «die auf einem Vertrauensverhältnis beruhen oder keine Gegenverpflichtung vorsehen».[166] Auch FISCHER qualifiziert einseitige Stimmbindungsvereinbarungen als Verträge *sui generis*, aber mit überwiegend auftragsrechtlichen Elementen, wobei dies ermöglichen soll, Art. 404 Abs. 1 OR nur dort zwingend anzuwenden, wo es sich von der Interessenlage her aufdränge.[167] Gemäss LANG kommt eine Unterstellung unter die Regeln des Auftrages nur bei einem «von einer einseitigen Interessenlage gekennzeichneten Bindungsvertrag ohne Pflicht zur Gegenleistung» in Frage; in diesem «schmalen Anwendungsbereich» allerdings sei die zwingende Anwendung von Art. 404 Abs. 1 OR zu bejahen.[168] HINTZ-BÜHLER schliesslich möchte Art. 404 Abs. 1 OR nur bei einseitigen Aktionärbindungsverträgen und bei besonderen Vertrauensverhältnissen angewendet wissen.[169]

Bei **zwei- und mehrseitigen Verträgen, insbesondere Stimmbindungen**[170] besteht u.E. in der Regel kein Grund, diese als auftragsähnlich zu qualifizieren, da zumeist eine Gleichrichtung der (gemeinsamen) Interessen vorliegt[171] und die Unterwerfung der einen Vertragspartei unter den Willen bzw. Entscheid der anderen

---

[162] Für eine konsequente Anwendung von Art. 404 Abs. 1 OR spricht sich BÖCKLI, Aktienstimmrecht, 52 ff. aus.
[163] DOHM, 120 f.
[164] BLOCH, 55 f.
[165] GLATTFELDER, 233a ff.
[166] APPENZELLER, 52 f.
[167] FISCHER, Parteienbestand, 35.
[168] LANG, 23.
[169] HINTZ-BÜHLER, 143 und 148 ff.
[170] Vgl. N 152 f. und 178.
[171] Vgl. N 159 ff.

fehlt,[172] weshalb sich die Anwendung des Rechts der einfachen Gesellschaft aufdrängt.[173] Hingegen dürften **einseitige Aktionärbindungsverträge,** insbesondere **einseitige Stimmbindungsverpflichtungen**,[174] oftmals als zumindest auftragsähnlich zu qualifizieren sein.

199 Angesichts der konstanten Rechtsprechung des Bundesgerichts zu Art. 404 Abs. 1 OR[175] erscheint es u.E. sinnvoll und im Lichte einer **vorausschauenden Vertragsgestaltung** geboten, insbesondere bei Stimmbindungsvereinbarungen dann, wenn keine einfache Gesellschaft vorliegt, von der Anwendbarkeit von Art. 404 Abs. 1 OR auszugehen. Die Unberechenbarkeit von Art. 404 Abs. 1 OR lässt sich zumindest teilweise dadurch entschärfen, dass die Vertragsparteien vertraglich festlegen, unter welchen Umständen eine Kündigung im Sinne von Art. 404 Abs. 2 OR als «zur Unzeit» zu gelten hat[176] und Schadenersatz oder Konventionalstrafe[177] nach sich zieht.[178]

D. Verträge mit Nebenbestimmungen vs. gemischte Verträge

200 Die Grenze zwischen **Verträgen mit aktionärbindungsvertraglichen Nebenbestimmungen** (z.B. Stimmbindung in Verträgen über die Verpfändung oder den Verkauf von Aktien) einerseits **und gemischten Verträgen** andererseits ist vor allem für die Bestimmung der anwendbaren Rechtsnormen relevant: Es kommen andere Regeln auf einen Vertrag zur Anwendung, wenn die aktionärbindungsvertraglichen Bestimmungen gleichwertig neben solchen anderer Vertragstypen stehen als wenn sie blosse Nebenbestimmungen darstellen.[179]

---

[172] Art. 394 Abs. 1 OR: «Durch die Annahme eines Auftrages verpflichtet sich der Beauftragte, die ihm übertragenen Geschäfte und Dienste vertragsgemäss zu besorgen.»
[173] Ähnlich BÖCKLI, Aktienstimmrecht, 54.
[174] Vgl. N 175 ff.
[175] Vgl. N 195.
[176] Eine solche Vereinbarung darf allerdings nicht dazu führen, dass Art. 404 Abs. 1 OR ausgehöhlt wird. Die vereinbarten Umstände bzw. die Kündigung zur betreffenden Zeit müssen für die Vertragsparteien tatsächlich «ernstliche Nachteile» zur Folge haben (vgl. zu den Voraussetzungen von Art. 404 Abs. 2 OR BK-Fellmann, OR 404 N 47 ff.).
[177] Für den Fall einer Kündigung «zur Unzeit» – und nur für diesen – kann eine Konventionalstrafe vereinbart werden (BK-FELLMANN, OR 404 N 77).
[178] Zur Kündigung aufgrund von Art. 404 Abs. 1 OR vgl. auch N 1855 und 1862 ff.
[179] Vgl. N 181. – Zur Bedeutung der Qualifikation als einfache Gesellschaft oder als Innominatvertrag auch KNOBLOCH, Joint Ventures, 552 ff. (mit einer Tabelle der zwingenden und der dispositiven Normen der einfachen Gesellschaft).

X. Qualifikation häufiger Vertragstypen
A. Stimmbindungen

Zwei- oder mehrseitige Stimmbindungen[180] sind in der Regel als einfache Gesellschaften zu qualifizieren, wenn die gemeinsame Stimmabgabe einem gemeinsamen Ziel oder Zweck (z.B. dem Erreichen einer Stimmenmehrheit oder einer Sperrminorität) dient.[181] **Einseitige Stimmbindungen** hingegen, denen eine andersartige Leistung in einem Austauschverhältnis gegenübersteht (oder einseitige Vertragsverhältnisse schlechthin[182]), können als Geschäftsbesorgungsverträge bzw. mandats- oder auftragsähnliche Verträge (allenfalls *sui generis*) zu qualifizieren sein.[183]

201

B. Verfügungsbeschränkungen, Erwerbsrechte und Erwerbspflichten

Unter die Kategorie der **Verfügungsbindungen** fallen diejenigen Verträge, in denen sich Aktionäre hinsichtlich der Ausübung ihres Verfügungsrechts über Aktien einschränken: **Verfügungsbeschränkungen, Kauf-, Rückkaufs- Vorkaufs- und Vorhandrechte.**[184] Während Kauf-, Rückkaufs- und Vorkaufsrechte in den Bereich der Kaufverträge gehören,[185] können Vorhandverträge auch der Kategorie der bedingten Vorverträge zugeordnet werden.[186]

202

Für sich allein sind solche Bindungen als **schuldrechtlich** zu qualifizieren, in ihrer – sehr häufigen – Verbindung mit Stimmbindungen dürften sie dagegen zumeist Teil einer **gesellschaftsrechtlichen** Ordnung sein.

203

---

[180] Vgl. zu den Stimmbindungen N 753 ff.
[181] Vgl. N 145 ff.; GLATTFELDER, 230a f.
[182] Vgl. N 175 ff.
[183] Vgl. N 194 ff., insbesondere auch zur Frage der Anwendbarkeit von Art. 404 Abs. 1 OR. – So beispielsweise ein Vertrag, bei dem jede Partei Kandidaten für den Verwaltungsrat vorschlagen kann und im Gegenzug verpflichtet ist, für die Kandidaten der anderen Vertragsparteien zu stimmen (GLATTFELDER, 230a [Anm. 9]; vgl. auch N 110). Dieses Beispiel zeigt zugleich die Schwierigkeit der Abgrenzung: Denn wie unterscheidet sich dieser Fall von einer Vereinbarung, nach der alle Parteien sich verpflichten, für die von den verschiedenen Parteien vorgeschlagenen Kandidaten zu stimmen?
[184] Zu den Verfügungsbeschränkungen vgl. N 1699 ff., zu den Erwerbsrechten und Erwerbspflichten vgl. N 1170 ff.
[185] Vgl. N 1180, 1287 und 1308.
[186] Vgl. N 1263.

§ 4 Auslegung

Der Auslegung von Aktionärbindungsverträgen sind die etablierten **Auslegungselemente** zugrunde zu legen (dazu N 205 ff.). Doch ergeben sich gewisse Besonderheiten daraus, dass *Aktionärbindungsverträge und die statutarische Ordnung oft als Einheit konzipiert* sind (dazu N 207 ff.). Am Rande fragt sich, ob der Beizug von Aktionärbindungsverträgen allenfalls für die Statutenauslegung fruchtbar gemacht werden kann (dazu N 210 ff.).

204

I. Vertragsauslegung im Allgemeinen

Ziel jeder **Auslegung** (und Ergänzung) ist es, den «wahren» Sinn einer Bestimmung oder Regelung zu ermitteln. Lehre und Rechtsprechung nutzen dafür – bei der Vertragsauslegung gleich wie bei der Auslegung von Erlassen – eine *Kombination verschiedener Auslegungselemente*.[1] Weit stärker als bei der Auslegung von Gesetzen kommt bei der Vertragsauslegung aber der «Entstehungsgeschichte» zentrale Bedeutung zu, weil bei der Vertragsauslegung auf den wahren Willen der Betroffenen abzustellen ist, falls dieser eruiert werden kann (unabhängig davon, ob dieser explizit oder bloss implizit geäussert wurde). Dies entspricht Art. 18 Abs. 1 OR, wonach bei Verträgen «der übereinstimmende wirkliche Wille und nicht die unrichtige Bezeichnung oder Ausdrucksweise [der Parteien] zu beachten» ist.[2] Liegt keine tatsächliche Willensübereinstimmung vor, sind zur Ermittlung des mutmasslichen Parteiwillens die Erklärungen der Parteien so auszulegen, wie sie nach ihrem Wortlaut und dem Zusammenhang sowie den gesamten Umständen verstanden werden

205

---

[1] Dazu neuestens ausführlich BK-EMMENEGGER/TSCHENTSCHER, ZGB 1 N 166 sowie grundlegend BK-MEIER-HAYOZ (1966), ZGB 1 N 179 ff. – Auch das Bundesgericht hat diesen Methodenpluralismus immer wieder betont, wenn auch mit unterschiedlicher Gewichtung einzelner Elemente. Eine neuere Umschreibung findet sich – für die Auslegung von Gesetzen – in BGE 137 III 217 E. 2.4.1.

[2] BGE 131 III 467 E. 1.1, 129 III 664 E. 3.1, 127 III 444 E. 1b, 125 III 306 E. 2b (je m.w.H.); GAUCH/SCHLUEP/SCHMID, N 1200; GUHL/KOLLER, 102; BK-KRAMER, OR 18 N 16 ff.; BSK-WIEGAND, OR 18 N 18 ff. – Zur Vertragsauslegung im Allgemeinen vgl. ZK-JÄGGI/GAUCH/HARTMANN, OR 18 N 309 ff.

durften und mussten.³ Dies gilt sowohl für schuldrechtliche als auch für gesellschaftsrechtliche Aktionärbindungsverträge.⁴

206 Wie für die Vertragsauslegung allgemein sind für die Auslegung von Aktionärbindungsverträgen insbesondere folgende **Elemente** einzubeziehen:⁵

- zunächst und vor allem *der gemeinsame übereinstimmende Wille,* wobei sich das gemeinsame Verständnis insbesondere auch in der unbestrittenen Umsetzung eines Vertrages zeigt;
- der *Wortlaut* (grammatisches Auslegungselement), wobei diesem eine Vorrangstellung zukommt, wenn die anderen Mittel der Auslegung nicht sicher auf einen anderen gemeinsamen Willen schliessen lassen;⁶
- die *Entstehungsgeschichte* (historisches Auslegungselement) – ein zentrales Auslegungselement, wobei jedoch zu beachten ist, dass Inhalte, die im Verhandlungsstadium diskutiert worden sind, nicht zwangsläufig in den definitiven Vertrag Eingang finden mussten;
- der *Zweck* einer Bestimmung bzw. des Vertrages insgesamt (teleologisches Auslegungselement);⁷ und
- schliesslich die *systematische Stellung* einer Bestimmung im Vertragskontext (systematisches Auslegungselement), welche zu einem Verständnis aus dem *Zusammenhang* heraus führen kann.

II. Besonderheiten der Auslegung von Aktionärbindungsverträgen

207 Aufgrund der *häufig engen Beziehung zwischen der statutarischen Ordnung und einem Aktionärbindungsvertrag*⁸ liegt oft die **Berücksichtigung der Statuten bei der Aus-**

---

³ BGer-Urteil 4A_361/2012 vom 30. Oktober 2012, E. 3.2; 4A_509/2010 vom 11. März 2011, E. 5.1; 4C.222/2000 vom 9. Oktober 2000, E. 2a m.w.H.; CHK-KUT, OR 18 N 2 ff. und 33 ff. m.w.H.; BSK-WIEGAND, OR 18 N 42.
⁴ Ausführlich zu Auslegung und Ergänzung von Aktionärbindungsverträgen HINTZ-BÜHLER, 34 ff. Zur Auslegung von Gesellschaftsverträgen BK-FELLMANN/MÜLLER, OR 530 N 544 ff.
⁵ Zu den Mitteln der Auslegung vgl. ZK-JÄGGI/GAUCH/HARTMANN, OR 18 N 370 ff.
⁶ ZK-JÄGGI/GAUCH/HARTMANN, OR 18 N 399 f.
⁷ Dazu ZK-JÄGGI/GAUCH/HARTMANN, OR 18 N 402 ff. – Zu Zweck (und Entstehungsgeschichte) des Vertrages kann oft auch eine Präambel oder eine Zweckartikel beigezogen werden (vgl. dazu N 1525 ff.).
⁸ Vgl. N 326 f.

legung und Ergänzung von Aktionärbindungsverträgen nahe. Dies insbesondere dann, wenn sämtliche Aktionäre mit allen von ihnen gehaltenen Aktien Partei sind:[9] Dabei muss man allerdings vorsichtig sein. So darf zwar in vielen Fällen bei der Auslegung eines Aktionärbindungsvertrages davon ausgegangen werden, dass die vertragliche Ordnung zusammen mit der statutarischen eine **sinnvolle Einheit** ergeben soll bzw. dass die Parteien dieselben Ziele als Gesellschafter (der einfachen Gesellschaft) einerseits und als Aktionäre andererseits verfolgen. Es ist aber immer im Auge zu behalten, dass die Absicht der Aktionäre auch gerade dahin gehen kann, durch die vertragliche Regelung die Statuten zu modifizieren oder zu neutralisieren, weil durch aktienrechtliche bzw. statutarische Regeln keine angemessene Ordnung gefunden werden konnte oder eine intern gewollte Ordnung nicht nach aussen offen gelegt werden sollte.

Die vorstehend skizzierten Auslegungsregeln *gelten grundsätzlich in gleicher Weise für schuldrechtlich wie für gesellschaftsrechtlich konzipierte Aktionärbindungsverträge.* Bei den Letzteren ist jedoch eine Besonderheit zu beachten: Gleich wie Gesetze und Statuten[10] sind **gesellschaftsrechtliche Verträge einheitlich,** für alle Beteiligten gleich **auszulegen,**[11] was der Beachtung individueller Momente Schranken setzt. Sodann tritt die Bedeutung des historischen Auslegungselements zurück, wenn ein gesellschaftsrechtlich strukturierter Bindungsvertrag bereits seit längerer Zeit in Kraft ist und/oder die Parteien gewechselt haben.

In Aktionärbindungsverträgen finden sich gelegentlich nur rudimentäre Bestimmungen zur **Verfahrensordnung**, d.h. zur Einberufung der Versammlung der Vertragsparteien, deren Durchführung und zur Beschlussfassung. Hier kann sich – zumindest dann und so lange als alle Aktionäre Parteien des Aktionärbindungsvertrages sind – die (analoge) Anwendung der Regeln aufdrängen, die für die Generalversammlung der Aktiengesellschaft in den Statuten oder für die Sitzungen des Verwaltungsrates in einem Organisationsreglement aufgestellt worden sind. Dabei ist freilich zu beachten, dass die einfache Gesellschaft – als welche ein Aktionärbindungsvertrag oft zu qualifizieren ist – anderen Regeln der Willensbildung unterworfen ist als die Aktiengesellschaft: Gemäss Art. 534 OR werden Gesellschaftsbeschlüsse, soweit die Parteien nichts anderes vereinbart haben, mit Zustimmung aller Gesellschafter gefasst, und im Falle von Mehrheitsbeschlüssen ist nach dispositivem Recht auf die Zahl der Personen und nicht auf ihre finanzielle Beteiligung abzustellen.[12]

---

[9] Vgl. N 67 f. und 325 ff.
[10] FORSTMOSER, Aktienrecht, § 7 N 142.
[11] BK-FELLMANN/MÜLLER, OR 530 N 544 ff.
[12] Vgl. dazu auch N 973 ff.

III. Exkurs: Die Bedeutung von Aktionärbindungsverträgen für die Auslegung von Statuten

210 Aufgrund ihres Normcharakters[13] folgt die Auslegung und Ergänzung von Statuten und Statutenbestimmungen im Grundsatz *eher der Auslegung von Gesetzen als der von Verträgen*, wobei jedoch im Einzelfall zu differenzieren[14] und daran zu erinnern ist, dass letztlich bei der Auslegung von Bestimmungen irgendwelcher Art dieselben Auslegungselemente einzusetzen sind, wenn auch mit unterschiedlicher Gewichtung.

211 Der Beizug eines **Aktionärbindungsvertrages** kann – im Sinne einer historischen Auslegung – bei der Statutenauslegung dann angezeigt sein, wenn Statuten und Aktionärbindungsvertrag in enger Verknüpfung gleichzeitig von einem identischen Kreis von Aktionären bzw. Vertragsparteien erstellt wurden. Und ein zu einem späteren Zeitpunkt, aber wiederum unter Beteiligung aller Aktionäre vereinbarter Aktionärbindungsvertrag kann allenfalls beigezogen werden, um Aufschluss über das Verständnis einer Statutenbestimmung durch die Parteien zu erhalten.

212 Doch ist eine solche Bezugnahme nur bei der Auslegung **rein gesellschaftsintern bedeutsamer Bestimmungen** angebracht, weil der Statuteninhalt, soweit er auch Interessen Dritter (künftige Aktionäre, Gläubiger etc.) berührt und deren Orientierung dient, für alle (potenziell) Beteiligten einheitlich auszulegen ist[15] und Dritte den Inhalt von Bindungsverträgen weder kennen noch zu kennen brauchen. Der Beizug vertraglicher Vereinbarungen unter den Aktionären zur Auslegung der Statuten kann deshalb letztlich nur in Frage kommen, wenn – wie allenfalls in Gesellschaften mit einigen wenigen Aktionären – alle Aktionäre auch Partei des Vertrages sind und die auszulegende Statutenbestimmung ausschliesslich interne Bedeutung hat.[16]

---

[13] Vgl. vorne, N 130.
[14] FORSTMOSER/MEIER-HAYOZ/NOBEL, § 7 N 33 ff.; OTT, 10 ff.
[15] FORSTMOSER/MEIER-HAYOZ/NOBEL, § 7 N 33 ff. und § 9 N 12 ff.; OTT, 10 ff.
[16] FORSTMOSER, Schnittstelle, 403 f.; FORSTMOSER/MEIER-HAYOZ/NOBEL, § 7 N 38 ff.; ZK-JÄGGI/GAUCH/HARTMANN, OR 18 N 73.

§ 5 Gültigkeit und Schranken

I. Zulässigkeit

Die **Zulässigkeit von Aktionärbindungsverträgen** ist in der schweizerischen Rechtsprechung und Lehre **unbestritten.**[1] Vereinzelt werden sie von der Rechtsordnung gar explizit oder implizit vorausgesetzt.[2] Neueste Publikationen stellen die Zulässigkeit von Aktionärbindungsverträgen als solchen schon gar nicht mehr zur Diskussion, sondern widmen sich nur noch der Zulässigkeit einzelner Regelungsaspekte und Konstellationen.[3]

213

Die Möglichkeit, sich als Aktionär gültig auf vertraglicher Basis in Bezug auf die Ausübung seiner aktienrechtlichen Vermögens- und Mitwirkungsrechte zu verpflichten, folgt aus dem Prinzip der **Vertragsfreiheit,** d.h. dem Prinzip der rechtlichen Bindungswirkung vertraglicher Willensübereinstimmungen,[4] verbunden mit der gesetzlichen Beschränkung der Aktionärspflichten einzig auf die Pflicht zur Liberierung.[5]

214

Zur Zulässigkeit von Stimmbindungsvereinbarungen insbesondere vgl. N 780 ff.

215

II. Form

A. Formfreiheit als vertragsrechtlicher Grundsatz

Das Obligationenrecht geht – auf der Basis der Vertragsfreiheit – vom **Grundsatz** der rechtsgeschäftlichen **Formfreiheit** aus; formbedürftige Geschäfte sind Ausnah-

216

---

[1] BGE 109 II 43 E. 3, 88 II 174 E. 1, ZR 1984, Nr. 53, E. 5b; ZR 1970, Nr. 101 E. 2; ARTER/JÖRG, 474 m.w.H.; VON BÜREN/HINTZ, 806; VON BÜREN/STOFFEL/WEBER, N 980; DOHM, 20 ff.; VON DER CRONE, Aktienrecht, § 11 N 1 ff.; DRUEY, Stimmbindung, 9; FISCHER, Parteienbestand, 21 f.; FORSTMOSER, Aktionärbindungsverträge, 376 f.; FORSTMOSER/MEIER-HAYOZ/NOBEL, § 39 N 149 und 202; GLATTFELDER, 243a ff.; HAYMANN, 68; HINTZ-BÜHLER, 49, m.w.H.; LANG, 9. NUSSBAUMER/VON DER CRONE, 143; PATRY, Aktionärbindungsverträge, 2; WÜRSCH, 148 f.
[2] Vgl. N 79.
[3] So BLOCH, 3 ff.; BÖCKLI, Aktienrecht, § 12 N 572 ff.; VON DER CRONE, Aktienrecht, § 11 N 1 ff.
[4] BUCHER, Obligationenrecht, 90 ff., 161; BSK-BUCHER, vor OR 1–40 N 5 ff.; GAUCH/SCHLUEP/SCHMID, N 314 und 626.
[5] Art. 680 Abs. 1 OR, dazu N 26.

men.[6] Festgehalten wird dies ausdrücklich in Art. 11 Abs. 1 OR, wonach Verträge *nur dann* einer besonderen *Form* bedürfen, *wenn das Gesetz eine solche vorschreibt*. Dies hat zwei grundlegende Konsequenzen:[7]

– Ohne ausdrückliche gesetzliche Grundlage besteht **kein Formzwang;** und

– Formvorschriften sind *(in favorem negotii)* **restriktiv auszulegen;**[8] dies einerseits hinsichtlich des Kreises der formbedürftigen Geschäfte und andererseits in Bezug auf die Vertragselemente, die der Form unterliegen.

217 Wenn ein Vertrag nur unter Einhaltung einer gesetzlichen Form gültig ist, unterliegen mit Ausnahme ergänzender Nebenbestimmungen auch *nachträgliche Änderungen oder Ergänzungen* dem Formzwang.[9] Eine *Ausnahme* bildet die *Aufhebung* eines Vertrages durch gegenseitige Übereinkunft: Nach Art. 115 OR kann ein Vertrag auch dann formlos aufgehoben werden, wenn zur Eingehung eine Form erforderlich war. Häufig vereinbaren die Parteien allerdings für die Aufhebung freiwillig die Einhaltung einer bestimmten Form.[10]

B. Formfreiheit für Aktionärbindungsverträge

218 Als gesetzlich nicht geregelter Vertrag unterliegt der Aktionärbindungsvertrag keiner besonderen Form. Dies gilt unabhängig davon, ob ein Aktionärbindungsvertrag als Schuldvertrag oder als einfache Gesellschaft zu qualifizieren ist, denn auch die Begründung einer einfachen Gesellschaft unterliegt keinem Formzwang.[11]

219 In der Regel werden Aktionärbindungsverträge jedoch zumindest in **Schriftform** vereinbart. Dies *empfiehlt sich* aus verschiedenen Gründen:[12]

– Bei komplexen Verträgen ermöglicht die Schriftform den Parteien, den vereinbarten **Vertragsinhalt** auch zu einem späteren Zeitpunkt **zweifelsfrei festzustellen;**

---

[6] GAUCH/SCHLUEP/SCHMID, N 490; BUCHER, Obligationenrecht, 160 f.; BSK-SCHWENZER, OR 11 N 1.

[7] BUCHER, Obligationenrecht, 161.

[8] BGE 116 II 117 E. 7b, 113 II 402 E. 2c, 89 II 185 E. 3; HUGUENIN, Obligationenrecht, N 338.

[9] HUGUENIN, Obligationenrecht, N 366.

[10] HINTZ-BÜHLER, 166 f.; vgl. auch N 239 ff.

[11] BGE 130 III 530 E. 6.4.4 m.w.H.; BLOCH, 46; FISCHER, Parteienbestand, 37; BSK-HANDSCHIN, OR 530 N 2; ZK-HANDSCHIN/VONZUN, OR 530 N 145; HOCH, 25.

[12] APPENZELLER, 50; BLOCH, 46; FISCHER, Parteienbestand, 38; FORSTMOSER, Aktionärbindungsverträge, 367; HAAB, 384; GLATTFELDER, 243a ff.; LANG, 18. – Gleiche Gründe haben den Gesetzgeber veranlasst, bei gewissen Verträgen eine Form vorzuschreiben: HUGUENIN, Obligationenrecht, N 341; BSK-SCHWENZER, OR 11 N 2.

- die schriftliche Fassung fördert die **Klarheit der Formulierung**;
- die Schriftform erleichtert die gerichtliche Durchsetzung der vereinbarten Ansprüche, die **Urkunde** ist ein **einfacheres Beweismittel** als ein Zeuge;
- der schriftlich abgefasste Vertrag kann – bei Vorliegen aller übrigen Voraussetzungen – als **unterschriftliche Schuldanerkennung** bei der Vollstreckung von Geldforderungen als Rechtsöffnungstitel gemäss Art. 80 SchKG dienen.[13]

Mündlich oder gar stillschweigend geschlossene Aktionärbindungsverträge sind in der Praxis *selten*. Sie kommen etwa im Rahmen von *Gelegenheitskonsortien im Vorfeld einer Generalversammlung* vor und beschränken sich dann meist auf einen bestimmten engen Zweck wie beispielsweise die Wahl oder Abwahl eines Mitglieds des Verwaltungsrats.[14] Solche Vereinbarungen sind von unverbindlichen Erwartungshaltungen der Parteien im Sinne von *Gentlemen's Agreements* abzugrenzen.[15] In Zweifelsfällen – und solche sind bei stillschweigend getroffenen Abmachungen naheliegend – ist nach dem Vertrauensprinzip zu fragen, ob die Parteien eine rechtliche Bindung wollten.[16]

C. Aktionärbindungsverträge mit Formzwang

1. Formzwang wegen einzelner Vertragsinhalte

Aufgrund der Vielfalt möglicher Inhalte kann ein Aktionärbindungsvertrag Elemente enthalten, welche die Einhaltung einer bestimmten Form verlangen.[17]

2. Einfache Schriftlichkeit

Die Form der einfachen Schriftlichkeit charakterisiert sich durch das Aufzeichnen und dauerhafte Festhalten eines Erklärungsinhaltes in **Schriftzeichen auf einem Erklärungsträger** sowie die handschriftliche **Unterzeichnung** des Erklärten durch den oder die Erklärenden.[18]

---

[13] BUCHER, Obligationenrecht, 162 (Anm. 5).
[14] BAUSCH, 651; FORSTMOSER, Schnittstelle, 388; HINTZ-BÜHLER, 74.
[15] APPENZELLER, 34; BLOCH, 19; vorne N 14.
[16] PATRY, Aktionärbindungsverträge, 12.
[17] FISCHER, Parteienbestand, 37. – Beispielsweise ein Joint-Venture-Vertrag, der das Einbringen eines Grundstückes in die zu gründende Gesellschaft vorsieht, oder ein Vertrag zur Regelung der Unternehmensnachfolge, der erbvertragliche Elemente enthält.
[18] HUGUENIN, Obligationenrecht, N 348 ff.; GAUCH/SCHLUEP/SCHMID, N 504; BSK-SCHWENZER, OR 13 N 3 ff. und OR 14/15 N 3 ff. – Der eigenhändigen Unterschrift gleichgestellt ist die qualifizierte elektronische Signatur gemäss Art. 14 Abs. 2bis OR.

223 Im Zusammenhang mit möglichen Inhalten von Aktionärbindungsverträgen sind folgende Fälle zu nennen, in denen einfache Schriftlichkeit verlangt ist:

- Vertragsklauseln über den **Gerichtsstand** sowie **Schiedsklauseln,** die generell der einfachen Schriftlichkeit (oder einer anderen Form, die den Nachweis durch Text ermöglicht) bedürfen (dies gilt sowohl in nationalen[19] als auch in internationalen[20] Verhältnissen); sodann
- die **Abtretung von Forderungen** (Zession) (Art. 165 Abs. 1 OR);
- die **Übertragung von Immaterialgüterrechten** (Art. 17 Abs. 2 MSchG, Art. 33 Abs. 2bis PatG, Art. 14 Abs. 2 DesG);[21]
- **Vorkaufsverträge** über Grundstücke ohne einen im Voraus bestimmten Kaufpreis (Art. 216 Abs. 2 OR),
- die **Bürgschaft** (Art. 493 Abs. 1 OR);
- die Einräumung der **Vertretungsvollmacht bei Namenaktien** (Art. 689a Abs. 1 OR);[22]
- die **Aufhebung eines Erbvertrages** (Art. 513 Abs. 1 ZGB),
- der **Erbteilungsvertrag** (Art. 634 Abs. 2 ZGB),
- die **Abtretung von Erbanteilen** (Art. 635 Abs. 1 ZGB); und
- der Vertrag über die **Verpfändung von Forderungen** oder anderen Rechten (Art. 900 Abs. 1 und 3 ZGB).

3. Qualifizierte Schriftlichkeit

224 Bei qualifizierter Schriftlichkeit sind neben den Elementen der einfachen Schriftlichkeit **zusätzliche Erfordernisse** zu erfüllen, etwa die handschriftliche Niederschrift (Eigenschriftlichkeit) oder die Aufnahme bestimmter Vertragselemente.[23]

Notwendig sind nur die Unterschriften derjenigen Personen, die durch das Erklärte verpflichtet werden (Art. 13 OR).

[19] Art. 17 Abs. 2 und 358 ZPO; FORSTMOSER, Schnittstelle, 404 f.; STAEHELIN/STAEHELIN/GROLIMUND, § 9 N 57 und § 29 N 18.

[20] Art. 5 Abs. 1 und 178 Abs. 1 IPRG; Art. 23 LugÜ (mit Ausnahmen); FISCHER, Parteienbestand, 37.

[21] Lizenzvereinbarungen hingegen unterliegen keinem Formzwang (HILTY, 299 ff.).

[22] FISCHER, Parteienbestand, 37 f. – Die Vertragsparteien ziehen es jedoch in der Regel vor, aus Gründen der Vertraulichkeit des übrigen Vertragsinhaltes eine separate Vollmachtsurkunde auszustellen.

4. Öffentliche Beurkundung

Auch die öffentliche Beurkundung ist eine **qualifizierte Form der Schriftlichkeit**; sie ist die strengste gesetzliche Form. Es handelt sich um «die Aufzeichnung rechtserheblicher Tatsachen oder rechtsgeschäftlicher Erklärungen durch eine vom Staat mit dieser Aufgabe betraute Person, in der vom Staat geforderten Form und in dem dafür vorgesehenen Verfahren».[24] Die Urkunde muss *alle Tatsachen und Willenserklärungen enthalten, die für den materiellrechtlichen Inhalt des zu beurteilenden Rechtsgeschäftes wesentlich sind.*[25]

225

Die grösste Bedeutung im Zusammenhang mit Aktionärbindungsverträgen hat die öffentliche Beurkundung von **Grundstückkaufverträgen** (Art. 216 Abs. 1 OR): Der Kauf und Verkauf von Grundstücken kann als Teil einer insgesamt als Aktionärbindungsvertrag zu qualifizierenden Vereinbarung beispielsweise im Rahmen von Joint-Venture-Verträgen vorkommen, wenn die Parteien Anlagen und Immobilien in das gemeinsame Joint-Venture-Unternehmen einbringen.[26] **Formbedürftig** sind die entsprechenden Vertragsbestimmungen auch dann, wenn sie die Übertragung der Grundstücke im Aktionärbindungsvertrag nur in der Form eines **Vorvertrages** behandeln (Art. 216 Abs. 2 OR) oder wenn die Übertragung an eine Drittpartei (z.B. die Joint-Venture-Gesellschaft) im Sinn von Art. 112 Abs. 2 OR versprochen wird.[27] Das Gleiche gilt im Übrigen auch für den **Vorvertrag zugunsten Dritter.**[28]

226

Steht der Aktionärbindungsvertrag im Zusammenhang mit einer Unternehmensnachfolge, können ehe- und erbrechtliche Vertragsbestimmungen enthalten sein,

227

---

[23] BUCHER, Obligationenrecht, 168; HUGUENIN, Obligationenrecht, N 359. – Die Form der Eigenschriftlichkeit kann bei Vertragsklauseln Bedeutung erlangen, die als letztwillige Verfügungen dieser Form bedürfen (vgl. N 471 ff. und 593 ff.). In der Praxis wird in solchen Fällen freilich zumeist die ebenfalls mögliche Form der öffentlichen Beurkundung vorgezogen.

[24] BGE 99 II 159 E. 2a; 90 II 274 E. 6; GAUCH/SCHLUEP/SCHMID, N 524 ff. – Die Ausgestaltung des Verfahrens der öffentlichen Beurkundung ist zu einem erheblichen Teil den Kantonen überlassen (Art. 55 Abs. 1 SchlT ZGB), auch wenn die kantonale Regelung letztlich gewissen bundesrechtlichen Mindestanforderungen genügen muss (zum Verfahren der öffentlichen Beurkundung: BSK-SCHMID, ZGB SchlT 55 N 14 ff.). – Allgemein zur öffentlichen Beurkundung CHRISTIAN BRÜCKNER: Schweizerisches Beurkundungsrecht, Zürich 1993; PETER RUF: Notariatsrecht, Langenthal 1995.

[25] BGE 118 II 32; BUCHER, Obligationenrecht, 167.

[26] BK-FELLMANN/MÜLLER, OR 530 N 537 ff.; ZK-HANDSCHIN/VONZUN, OR 530 N 149 ff. und 157 ff.; HOCH, 25 f. – Verträge über die Aktien von Immobiliengesellschaften bzw. Gesellschaften, welche Immobilien halten, und damit entsprechende ABV können dagegen formfrei abgeschlossen werden (BGE 99 II 159 E. 2b).

[27] HERZOG, Vorvertrag, 165; OERTLE, 90 f. und 148.

[28] HERZOG, Vorvertrag, 68 ff.

welche die Formen des **Ehe- und/oder Erbvertrages** (Art. 184 und 512 ZGB) verlangen.[29]

D. Vom Formzwang erfasster Bereich

228 Das Bestehen eines Formzwangs wirft die vom Gesetz nicht allgemein beantwortete Frage auf, **welche Elemente dem Formzwang unterliegen** und wie weit dieser über die einzelnen Elemente hinausreicht bzw. auf welche Vertragsteile sich die Vertragsungültigkeit erstreckt, wenn die Form nicht eingehalten worden ist. Ausgiebig diskutiert wurden diese Fragen vor allem im Zusammenhang mit der Beurkundung von Grundstückkaufverträgen;[30] die dafür erarbeiteten Grundsätze lassen sich aber auch auf andere Vertragstypen wie z.B. Aktionärbindungsverträge übertragen.

229 Schreibt das Gesetz nicht ausdrücklich vor, welche Vertragsbestandteile dem Formzwang unterliegen, umfasst dieser nach Rechtsprechung und Lehre zunächst die *objektiv wesentlichen Vertragspunkte*, sodann aber auch die nur *subjektiv wesentlichen Vertragspunkte*. Nach bundesgerichtlicher Rechtsprechung erstreckt sich der Formzwang bezüglich der subjektiv wesentlichen Vertragspunkte allerdings nur auf diejenigen Punkte, die sich innerhalb der Grenzen des konkreten Vertragstyps bewegen, d.h. solche, die inhaltlich in direktem Zusammenhang mit den objektiv wesentlichen Punkten stehen.[31] *Nebenpunkte* sind insoweit formbedürftig als sie Leistung und Gegenleistung präzisieren (z.B. Lieferbedingungen oder Konventionalstrafen).[32]

230 Gerade **bei gemischten Verträgen** – und Aktionärbindungsverträge sind häufig als solche zu qualifizieren[33] – ist es im Einzelfall nicht immer einfach, die objektiv wesentlichen Vertragspunkte oder die Grenzen des Vertragstypus zu bestimmen. Dann ist zu fragen, ob *aufgrund der konkreten Umstände* zumindest bestimmbar ist, *wer gegenüber wem* ein Recht auf *welche Leistung bzw. Gegenleistung* hat und welches die weiteren, im Zusammenhang mit dem Schuldverhältnis stehenden konkreten Gegebenheiten sind, die weitere Vertragselemente nach Treu und Glauben ebenfalls als wesentlich erscheinen lassen. Dem Formzwang unterliegende *subjektiv wesentliche Vertragselemente* sind diejenigen, die *zumindest für eine Partei* in für die Gegenpartei erkennbarer Weise für den Abschlusswillen *unabdingbar sind* und die zusammen *mit den objektiv wesentlichen Vertragselementen ein sinnvolles Ganzes*

---

[29] Vgl. N 471 ff., 593 ff. und 606 ff. – BLOCH, 10 und 41 f.; FISCHER, Parteienbestand, 38; HUBER, Vertragsgestaltung, 16; LANG, 19.

[30] PFÄFFLI, N 14 f. m.w.H.; WIEGAND/BRUNNER, 1 ff.

[31] GAUCH/SCHLUEP/SCHMID, N 536 ff.; WIEGAND/BRUNNER, 3; BGE 117 II 259 E. 2b a.E., 86 II 33 E. a.

[32] HUGUENIN, Obligationenrecht, N 365.

[33] Vgl. N 179 ff.; FORSTMOSER, Schnittstelle, 385; HUBER, Vertragsgestaltung, 55 f.

bilden.³⁴ In Bezug auf die *Nebenpunkte* gilt dasselbe wie bei den gesetzlichen Vertragstypen.³⁵

Bei **zusammengesetzten Verträgen**³⁶ hingegen sind *wirtschaftlich eigenständige Vereinbarungen miteinander verknüpft*, indem zu einem in sich geschlossenen Schuldverhältnis (z.B. einer Stimmbindungsvereinbarung) ein ebenfalls in sich geschlossenes weiteres Leistungspaar (z.B. ein Grundstückkaufvertrag) tritt. In solchen Fällen beeinflusst das erste Leistungspaar die objektiv wesentlichen Hauptpunkte des zweiten (des Grundstückkaufvertrages) nicht und ist deshalb auch nicht formbedürftig, selbst wenn es für eine oder alle Vertragsparteien Voraussetzung oder Bedingung für den Abschluss des zweiten Leistungspaares und damit subjektiv wesentlich war.³⁷

E. Folgen von Formmängeln

1. Nichtigkeit als Grundsatz

Ein **Formmangel** liegt z.B. vor, wenn ein Vertrag nicht schriftlich abgefasst oder eine Verfügung von Todes wegen nicht eigenschriftlich verfasst wurde, wenn ein wesentliches Vertragselement nicht beurkundet oder nicht richtig durch die verlangte Form abgedeckt wurde oder wenn eine wesentliche Verfahrensvorschrift bei der Beurkundung nicht eingehalten wurde.

Von der Beachtung der vorgeschriebenen Form hängt gemäss Art. 11 Abs. 2 OR – soweit das Gesetz nicht etwas anderes bestimmt – die Gültigkeit des Vertrages ab. Die **Nichtbeachtung der vorgeschriebenen Form** *führt* nach ständiger Rechtsprechung des Bundesgerichts *zur absoluten Nichtigkeit des betroffenen Vertrages*, auf die sich sowohl die Vertragsparteien als auch Dritte berufen können.³⁸

2. Einschränkungen der Nichtigkeitsfolge

a) *Einschränkung auf die formbedürftigen Vertragsteile bei gemischten und zusammengesetzen Verträgen*

In analoger Anwendung von Art. 20 Abs. 2 OR wird die **Nichtigkeit** *bei gemischten oder zusammengesetzten Verträgen auf die formbedürftigen Vertragsteile beschränkt*, sofern nicht anzunehmen ist, dass der Vertrag ohne die nichtigen Teile überhaupt

---

[34] WIEGAND/BRUNNER, 2.
[35] Soeben, N 229.
[36] Vgl. N 179 ff.
[37] WIEGAND/BRUNNER, 4, mit Hinweis auf den exemplarischen BGE 113 II 402 betreffend Verknüpfung eines Kaufrechts mit einem Darlehensvertrag.
[38] BGer-Urteil 4C.225/2001 vom 16. November 2001; BGE 106 II 146 E. 3; GAUCH/SCHLUEP/SCHMID, N 549 und 558 ff. m.w.H. auf die a.M. der h.L.

nicht geschlossen worden wäre.[39] Durch die Folgen der Formungültigkeit ist das Vertragsgleichgewicht aber häufig derart gestört, dass – trotz Art. 20 Abs. 2 OR[40] und einer salvatorischen Klausel[41] – der Weiterbestand der von der Ungültigkeit nicht betroffenen Vertragsteile nicht in Frage kommt. Dies ist jeweils im Einzelfall zu prüfen.[42]

b) Einschränkung aufgrund des Rechtsmissbrauchsverbots

235 Die **Nichtigkeitsfolge** ist *schwerwiegend – und unter gewissen Umständen unbillig*. Dem hat die bundesgerichtliche Rechtsprechung durch *Anwendung des Rechtsmissbrauchsverbots* Rechnung zu tragen gesucht: Eine Partei kann sich nicht auf die Vertragsnichtigkeit berufen, wenn dies unter den konkreten Umständen gegen Treu und Glauben verstossen würde. Dies kann insbesondere dann der Fall sein, wenn der Vertrag bereits von allen beteiligten Parteien irrtumsfrei – d.h. im Wissen um den Formmangel und seine Folgen – vollständig oder zumindest zum grössten Teil erfüllt wurde.[43]

236 Bei noch unerfüllten oder grösstenteils unerfüllten Verträgen soll es dagegen – so ebenfalls die bundesgerichtliche Rechtsprechung – nicht möglich sein, gestützt auf das Verbot des Rechtsmissbrauchs einen Erfüllungsanspruch zu begründen.[44]

---

[39] BGer-Urteil 4C.175/2003 vom 28. Oktober 2003, E. 5; teilweise kritisch GAUCH/SCHLUEP/SCHMID, N 581 f.; BUCHER, Obligationenrecht, 170; ZK-HANDSCHIN/VONZUN, OR 530 N 164 ff. (mit weiteren Argumenten zugunsten der Aufrechterhaltung des Vertrages); HUGUENIN, Obligationenrecht, N 378.

[40] Vgl. N 301 ff.

[41] Vgl. N 1502 ff.

[42] So können in einem bestimmten Aktionärbindungsvertrag eine (formfrei abzuschliessende) Stimmbindung und die (einer erbrechtlichen Form bedürftige) Nachfolgeregelung unabhängig voneinander bestehen, während diese in einem anderen Vertrag aufeinander bezogen sind (weil z.B. A zu Lebzeiten des B für dessen Einsitz im Verwaltungsrat stimmen und dafür nach dem Tod des B dessen Aktien unentgeltlich erhalten soll).

[43] BGE 116 II 700 E. 3b, 112 II 330 E. 3a; HGer ZH vom 16. Januar 2014, E. 3.2.3.4 (Gesch.-Nr. HG120081) (missbräuchliche Berufung auf formelle Mängel der Gesellschafterversammlung einer GmbH, weil der Kläger aufgrund einer «Absprache» und im Wissen um den Formmangel während zehn Jahren aus freien Stücken auf die Einladung und Teilnahme an der Gesellschafterversammlung verzichtet hatte); GAUCH/SCHLUEP/SCHMID, N 550 ff., mit Fallbeispielen (N 554); HERZOG, Vorvertrag, 117; HUGUENIN, Obligationenrecht, N 370 ff. – Bei Aktionärbindungsverträgen (als Dauerschuldverhältnissen) kommt die Berufung auf Rechtsmissbrauch dann in Frage, wenn die Parteien den Vertrag (z.B. die Stimmbindung) über längere Zeitdauer vorbehaltlos gelebt haben.

[44] GAUCH/SCHLUEP/SCHMID, N 556; HUGUENIN, Obligationenrecht, N 373 ff.; BGE 116 II 700 E. 3b m.H.

3. Konversion und Heilung

Verträge oder Vertragsbestandteile, die **formungültig** sind, können unter Umständen *in ein gültiges Rechtsgeschäft mit vergleichbarem Zweck und Erfolg umgedeutet* werden **(Konversion)**. Dies ist allerdings nur möglich, wenn die Parteien – hätten sie um die Ungültigkeit ihres Rechtsgeschäfts gewusst – das andere, gültige Rechtsgeschäft gewollt hätten. Das andere Rechtsgeschäft muss das formungültige Geschäft inhaltlich umfassen, und es darf gleichzeitig nicht weiter gehen (z.B. durch strengere Verpflichtungen) als das formungültig vereinbarte Geschäft.[45] Das Prinzip der Konversion ist in Rechtsprechung und Lehre allgemein anerkannt.[46] Oft kann der Wille der Parteien zur vertragserhaltenden Konversion aus einer salvatorischen Klausel[47] abgeleitet werden. Entscheidend sind stets die Umstände des Einzelfalls.

Wie vorne ausgeführt, können Joint-Venture-Verträge Bestimmungen über den Kauf oder Verkauf von Grundstücken enthalten, insbesondere in der Form von Vorverträgen zugunsten Dritter.[48] Mangelt es in diesem Fall an der notwendigen Form, steht nicht eine Konversion, sondern die Frage einer möglichen **Heilung** im Vordergrund: Denn wenn der Hauptvertrag in der Folge *irrtumsfrei und formgültig abgeschlossen* wird, bewirkt diese *Erfüllungshandlung* im Ergebnis die *Ex-nunc*-Heilung des formungültigen Vorvertrages mit allen seinen Nebenabreden.[49]

III. Gewillkürte Formen

A. Schriftform

Vertragsparteien steht es **frei,** über die gesetzlichen Anforderungen hinaus bestimmte **Formen vorzubehalten**. Das Gesetz vermutet, dass die Parteien in einem solchen Fall vor Erfüllung der vorbehaltenen Form nicht gebunden sein wollen (Art. 16 Abs. 1 OR). Bei Aktionärbindungsverträgen ist Folgendes zu beachten:

Im **Rahmen von Vertragsverhandlungen** ist – jedenfalls, soweit es sich um Geschäfte handelt, die normalerweise schriftlich geschlossen werden – davon auszuge-

---

[45] BGE 124 III 112 E. 2b/bb; FORSTMOSER, Schnittstelle, 402 m.w.H.; GAUCH/SCHLUEP/SCHMID, N 584b; HUGUENIN, Obligationenrecht, N 379; OTT, 21. – Zur Konversion ungültiger Statutenbestimmungen in gültige Aktionärsvereinbarungen, vgl. N 135 ff.
[46] BSK-SCHWENZER, OR 11 N 25. – Zu den Voraussetzungen der Konversion vgl. N 136.
[47] Vgl. N 1502 ff.
[48] Vgl. N 226.
[49] HERZOG, Vorvertrag, 177 ff.

hen, dass die Parteien vor der schriftlichen Fixierung und Unterzeichnung des Vereinbarten nicht gebunden sein wollen.[50]

241 Sodann findet sich in Aktionärbindungsverträgen häufig eine Bestimmung, wonach **Änderungen, Ergänzungen oder Nebenabreden** nur in Schriftform verbindlich sind.[51]

242 > Diese Vereinbarung kann nur in schriftlicher Form abgeändert oder aufgehoben werden.

243 > Änderungen und Ergänzungen dieses Vertrages bedürfen der Schriftform.

244 Solche Bestimmungen lassen die **Vermutung** entstehen (Art. 16 Abs. 1 OR), dass die Parteien sich ohne Erfüllung der Schriftform nicht auf eine Änderung oder Ergänzung des Vertrages geeinigt haben. Den *Parteien* ist es aufgrund der Vertragsfreiheit *allerdings unbenommen, sich* auch durch eine mündliche Vereinbarung oder konkludent *über diese selbst gesetzte Schranke hinwegzusetzen*.[52] Doch sind an den Nachweis der Vereinbarung hohe Anforderungen zu stellen. Schlüssig ist es etwa, wenn «die vertraglichen Leistungen trotz Nichteinhaltung der Form vorbehaltlos erbracht und entgegengenommen werden».[53]

B. Quoren für die Vertragsänderung

245 Auch Vorschriften über qualifizierte Beschluss- oder Anwesenheitsquoren können zu den gewillkürten Formerfordernissen gezählt werden.[54]

246 Zu beachten ist, dass für eine Vertragsänderung bei gesellschaftsrechtlichen Aktionärbindungsverträgen nach dispositivem Gesetzesrecht die Zustimmung sämtlicher Vertragsparteien notwendig ist.[55] Eine vermeintliche Erschwerung durch das Erfor-

---

[50] BGE 105 II 75 E. 1; a.M. ZK-HANDSCHIN/VONZUN, OR 530 N 147. – Wollen die Parteien bezüglich eines in der Regel schriftlich vereinbarten Geschäfts sicherstellen, dass sie auch ohne Einhaltung der Schriftform gebunden sind, empfiehlt sich zu diesem Punkt eine vorgängige schriftliche Vereinbarung.

[51] HINTZ-BÜHLER, 166 f.

[52] Daran ändert auch der häufig vorkommende Schriftlichkeitsvorbehalt in Bezug auf die Änderung der Formklausel selbst nichts.

[53] BGE 105 II 75 E. 1; 125 III 263 E. 4c, ZK-HANDSCHIN/VONZUN, OR 530 N 148.

[54] Vgl. N 1006 ff.

[55] Art. 534 Abs. 1 OR; MEIER-HAYOZ/FORSTMOSER, § 12 N 47.

dernis einer qualifizierten Mehrheit kann sich daher letztlich als Erleichterung erweisen.[56]

C. Weitere gewillkürte Formen

Über die Schriftform hinausgehende von den Parteien vereinbarte Formvorschriften für Aktionärbindungsverträge sind selten, da sie – wie beispielsweise die öffentliche Beurkundung – mit *Aufwand und Kosten* verbunden sind und den Parteien *kaum Vorteile* bringen. Immerhin werden Aktionärbindungsverträge gelegentlich vorsichtshalber öffentlich beurkundet, wenn nicht gänzlich auszuschliessen ist, dass der Inhalt teilweise als Verfügung von Todes wegen qualifiziert werden könnte.[57]

D. Ausfertigungsklauseln und Regeln für die Zustellung von Mitteilungen

1. Ausfertigungsklauseln

In die Nähe des gewillkürten Formvorbehaltes in einem weit verstandenen Sinn gehören **Ausfertigungsklauseln:**

> Diese Vereinbarung ist [fünffach] ausgefertigt und unterzeichnet worden. Jede Vertragspartei hat [ein] Exemplar erhalten. [Ein] Exemplar ist bei [Name, Adresse] hinterlegt.

Auf die Gültigkeit des Vertrags hat die Nichteinhaltung solcher Aussagen keine Auswirkung.

2. Regeln für die Zustellung von Mitteilungen

Neben dem Vorbehalt der Schriftform enthalten Verträge häufig auch Klauseln über *Form und Adressen* für die **Zustellung von Erklärungen** im Rahmen der Vertragsabwicklung (z.B. in Schriftform, eingeschrieben, an eine bestimmte Zustelladresse etc.) *und den Zugang solcher Erklärungen:*

> Sämtliche Erklärungen unter diesem Vertrag sind in der Form des eingeschriebenen Briefes abzugeben.

---

[56] Nach der – von uns nicht geteilten und der herrschenden Lehre nicht entsprechenden – Ansicht von HANDSCHIN/VONZUN (ZK, OR 534–535 N 105 ff.) soll es allerdings unzulässig sein, für Vertragsänderungen Mehrheitsbeschlüsse vorzusehen.

[57] Art. 498 ff. ZGB. – Vgl. N 471 ff., 593 ff. und 627.

253
> Zustelldomizil des Präsidenten des Verwaltungsrates für Mitteilungen, die unter dieser Vereinbarung an ihn zu richten sind, ist der Sitz der Gesellschaft.

254 Auch hier handelt es sich um blosse Vermutungen; den Parteien ist unbenommen, Erklärungen der andern Parteien in anderer Form und an einer anderen Adresse anzunehmen.

255 Geregelt wird gelegentlich auch, **wann** eine Mitteilung als **zugestellt** gilt:

256
> Mitteilungen und Erklärungen der Parteien, die diesen Vertrag betreffen, sind in schriftlicher oder elektronischer Form an die in diesem Vertrag genannten Adressen zu senden. Mitteilungen gelten als erfolgt, wenn sie sämtlichen Parteien zugegangen sind. Als Zugang gilt [das Eintreffen an der in diesem Vertrag genannten Adresse / die jeweilige Kenntnisnahme durch die Parteien].

IV. Inhaltliche Schranken

A. Inhaltsfreiheit als Ausgangspunkt

257 Aus dem Prinzip der Vertragsfreiheit folgt nicht nur die **Freiheit** der Form, sondern auch die **des Inhalts** innerhalb der Schranken von Art. 19 Abs. 1 OR und der übrigen zwingenden Rechtsvorschriften.[58] Zu den **Schranken** der Inhaltsfreiheit Folgendes:

B. Schranken der Inhaltsfreiheit im Allgemeinen

1. Grundsatz

258 Ein Vertrag darf **keinen unmöglichen, widerrechtlichen oder gegen die guten Sitten oder die öffentliche Ordnung verstossenden Inhalt** haben; andernfalls ist er nichtig (Art. 20 Abs. 1 OR).[59]

2. Unmöglichkeit

259 Wenn bereits bei Vertragsschluss feststeht, dass die versprochene *Leistung objektiv nicht zu erbringen* ist, hat ein Vertrag einen **unmöglichen Inhalt** (Art. 20 Abs. 1

---

[58] BGE 109 II 43 E. 3, 88 II 172 E. 1; BUCHER, Obligationenrecht, 170; FORSTMOSER, Aktionärbindungsverträge, 364; GAUCH/SCHLUEP/SCHMID, N 624 ff.; GLATTFELDER, 245a; HINTZ-BÜHLER, 49; PATRY, Stimmrechtsvereinbarungen, 11; VON TUHR/PETER, 247 ff.

[59] BSK-HUGUENIN, OR 19/20 N 12 f., 52 f.; VON TUHR/PETER, 251 ff.

OR). Die Unmöglichkeit kann dabei entweder *aus tatsächlichen Gründen* folgen, weil eine bestimmte Leistung schon rein physisch nicht möglich ist, oder *aus rechtlichen Gründen*, weil sie rechtlich nicht möglich ist (das Recht lässt eine derartige Leistung oder zumindest ihre Ausgestaltung so nicht zu).[60] Bei Aktionärbindungsverträgen dürfte vor allem die Frage der *rechtlichen* Unmöglichkeit relevant sein. Diese kann zwei Ebenen betreffen:

Einerseits Regelungen, welche die Vertragsparteien zu Handlungen verpflichten, die auch *auf der Ebene der Statuten der Aktiengesellschaft unmöglich* sind (so etwa Verpflichtungen, dafür zu sorgen, dass in einer Aktiengesellschaft statutarisch eine persönliche Haftung der Aktionäre, eine Nachschusspflicht oder eine Treue- und Leistungspflicht eingeführt wird). Solche Fälle können freilich auch unter dem Aspekt der Widerrechtlichkeit behandelt werden.

Andererseits fallen darunter Regelungen, die zwar auf der Ebene der Statuten möglich sind, jedoch *nicht vertraglich vereinbart werden* können (z.B. Quoren für die Generalversammlung). Solche Bestimmungen sind in der Regel aber so auszulegen, dass sie einen Auftrag an die Aktionäre enthalten, entsprechende Statutenbestimmungen zu beschliessen (soweit aufgrund der Mehrheitsverhältnisse möglich). Das gleiche gilt für Regelungen über die Arbeit des Verwaltungsrats, die als Aufforderungen verstanden werden können, im Verwaltungsrat – soweit möglich – ein entsprechendes Organisationsreglement zu erlassen.

3. Widerrechtlichkeit

Der Begriff der Widerrechtlichkeit kann sich auf den **Vertragsgegenstand,** den **Vertragsabschluss** mit dem vereinbarten Inhalt, aber auch auf den mittelbaren **Vertragszweck** beziehen.[61] Die Widerrechtlichkeit ist nicht abstrakt zu bestimmen, sondern ergibt sich im Einzelfall aus der gesamten Rechtsordnung, also aus den zwingenden Vorschriften des Privatrechts wie auch des öffentlichen Rechts.[62] Widerrechtlichkeit liegt nicht nur vor, wenn eine Vereinbarung *direkt und unmittelbar* einer anwendbaren Norm *widerspricht*, sondern auch bei der *Umgehung* einer zwingenden Norm. Welche Tatbestände durch eine gesetzliche Bestimmung als Umgehungen mit erfasst werden, ist durch Auslegung zu ermitteln.[63]

---

[60] GAUCH/SCHLUEP/SCHMID, N 631 ff.; HOCH, 23 f.; HUGUENIN, Obligationenrecht, N 426 ff.; VON STEIGER, 361.
[61] BGE 134 III 438 E. 2.2; GAUCH/SCHLUEP/SCHMID, N 638 ff.; BSK-HUGUENIN, OR 19/20 N 17.
[62] GAUCH/SCHLUEP/SCHMID, N 645 ff.; HOCH, 22; BSK-HUGUENIN, OR 19/20 N 15; VON STEIGER, 361.
[63] BGE 125 III 257 E. 3; GAUCH/SCHLUEP/SCHMID, N 715; HINTZ-BÜHLER, 50; BSK-HONSELL, ZGB 2 N 31; BSK-HUGUENIN, OR 19/20 N 22.

263 Auf die zwingenden Rechtsnormen, die im Zusammenhang mit Aktionärbindungsverträgen besonders zu beachten sind, ist nachfolgend (sogleich N 264 ff., 272 ff. und 296 ff.) vertieft einzugehen.

4. Verletzung des Persönlichkeitsrechts insbesondere

a) Persönlichkeitsschutz natürlicher und juristischer Personen

264 Die Verletzung des **Rechts der Persönlichkeit** (Art. 27 ff. ZGB) ist ein bedeutender Fall der Widerrechtlichkeit.[64] Für Aktionärbindungsverträge praktisch bedeutsam ist vor allem Art. 27 Abs. 2 ZGB. Diese Bestimmung *schützt die einzelne Person* (auch die juristische[65]) *vor rechtsgeschäftlichen Verpflichtungen, durch die sie sich ihrer Freiheit entäussert oder diese übermässig beschränkt:*

b) Entäusserung der Freiheit

265 Eine **Entäusserung der Freiheit** dürfte der allgemeine und im Voraus erfolgte Verzicht auf (im Kern) unverzichtbare Aktionärsrechte sein wie das Recht des Aktionärs, auf Feststellung der Nichtigkeit von Beschlüssen zu klagen oder rechtswidrige Beschlüsse anzufechten, oder das Recht, die Auflösung der Gesellschaft aus wichtigen Gründen zu verlangen.[66]

266 Die Praxis des Bundesgerichts scheint freilich weniger streng: Neben dem (auch u.E.) *im Einzelfall möglichen* Verzicht auf die Ausübung von Aktionärsrechten[67] hat es *auch den vorgängigen Verzicht auf das Anfechtungsrecht* als gültig betrachtet.[68]

c) Übermässige Beschränkung von Rechten (übermässige Bindung)

267 Eine **übermässige Beschränkung** von Rechten kann sich einerseits aus dem *Gegenstand*[69] der Bindung und andererseits aus ihrer *Intensität* ergeben.[70] Wichtig im

---

[64] Die gegenseitige Zuordnung bzw. Abgrenzung von Art. 27 ZGB und Art. 19 f. OR ist umstritten, vgl. BGE 129 III 209 E. 2.2; BK-BUCHER, ZGB 27 N 162 ff.; BSK-HUGUENIN/REITZE, ZGB 27 N 8; DANIEL LEU/HANS CASPAR VON DER CRONE: Übermässige Bindung und die guten Sitten. Zum Verhältnis von Art. 27 ZGB und Art. 20 OR, SZW 2003, 221 ff.

[65] BGE 95 II 481 E. 4; CHK-AEBI-MÜLLER, ZGB 28 N 4; BK-BUCHER, ZGB 27 N 505 ff.; BSK-HUGUENIN/REITZE, ZGB 27 N 3; MEIER-HAYOZ/FORSTMOSER, § 2 N 24.

[66] FORSTMOSER/MEIER-HAYOZ/NOBEL, § 39 N 110 f.; GLATTFELDER, 270a f.; HINTZ-BÜHLER, 58.

[67] APPENZELLER, 41; LANG, 38 f.; FORSTMOSER/MEIER-HAYOZ/NOBEL, § 39 N 112.

[68] BGE 96 II 18 E. 3; kritisch dazu KUMMER in ZBJV 1972, 134; vgl. auch SCHLUEP, wohlerworbene Rechte, 202.

Zusammenhang mit Aktionärbindungsverträgen sind regelmässig Fragen der *Bindungsdauer* oder des *Umfangs von Konkurrenzverboten*;[71] weitere Schranken können sich im Einzelfall ergeben.[72]

Zu diesen Fragen und zu den Konsequenzen einer **übermässigen Vertragsbindung** ausführlich N 1913 ff. 268

5. Sittenwidrigkeit und Verstoss gegen die öffentliche Ordnung

Sittenwidrig ist ein Vertrag dann, wenn er gegen moralisch-ethische Werte verstösst, die nach allgemeiner gesellschaftlicher Auffassung über den Werten der Vertragsfreiheit und der Vertragstreue stehen.[73] Unter **öffentlicher Ordnung** werden der Gesamtrechtsordnung zugrunde liegende Wertungs- und Ordnungsprinzipien verstanden.[74] 269

Von den zu dieser Schranke der Vertragsfreiheit herausgebildeten Fallgruppen[75] ist im Zusammenhang mit Aktionärbindungsverträgen bzw. Stimmbindungsvereinbarungen vor allem das **Verbot des Stimmenkaufs** (als verpönte Kommerzialisierung des Stimmrechts) von Bedeutung, das aber im Rahmen des Aktienrechts – anders als im öffentlichen Recht – nur sehr zurückhaltend Anwendung finden kann.[76] 270

Sittenwidrig könnten des Weiteren Verträge oder Vertragsbestimmungen sein, die einen qualifizierten Verstoss gegen vertragliche Rechte Dritter, eine übermässige Benachteiligung von nicht am Vertrag beteiligten Minderheitsaktionären[77] oder gar 271

---

[69] Im Zusammenhang mit Aktionärbindungsverträgen kaum relevante Verpflichtungen aus dem höchstpersönlichen Bereich betreffend Ehe, Familie, körperliche Integrität etc. (vgl. GAUCH/SCHLUEP/SCHMID, N 660 f.). Übermässig wäre eine bindungsvertragliche Verpflichtung, den Güterstand der Gütertrennung (Art. 247 ff. ZGB) anzunehmen. Rechtmässig (da nur mit Konsequenzen für den Aktionärbindungsvertrag verbunden) wäre es dagegen, den Güterstand der Gütertrennung als Beitrittsvoraussetzung bzw. seine Preisgabe als Ausschlussgrund vorzusehen; vgl. N 525 und 616.
[70] BSK-HUGUENIN/REITZE, ZGB 27 N 9.
[71] BGer-Urteil 4C.5/2003 vom 11. März 2003, E. 2.1.2.
[72] So bei Pflichten zu Arbeitsleistungen zugunsten der Gesellschaft.
[73] GAUCH/SCHLUEP/SCHMID, N 667 ff.; HUGUENIN, Obligationenrecht, N 410; CHK-KUT, OR 19–20 N 19.
[74] HUGUENIN, Obligationenrecht, N 407 m.H.; CHK-KUT, OR 19–20 N 18.
[75] GAUCH/SCHLUEP/SCHMID, N 670 ff.; BSK-HUGUENIN, OR 19/20 N 38 ff.; CHK-KUT, OR 19–20 N 18.
[76] HINTZ-BÜHLER, 55 f.; – Näheres zum Stimmenkauf hinten N 825 ff.
[77] Wo den Minderheitsaktionären gesellschaftsrechtliche Schutzrechte zustehen, ist allerdings nicht von einer sittenwidrigen Benachteiligung auszugehen.

die Schädigung der Gesellschaft selbst bezwecken[78]. Es wird aber zu Recht betont, dass es sich um Extremfälle handeln muss.[79]

C. Schranken des Aktienrechts im Speziellen

1. Grundprinzipien des Aktienrechts

a) Der numerus clausus der Gesellschaftsformen

272 Es könnte sich fragen, ob durch Aktionärbindungsverträge nicht der **Typenzwang des Gesellschaftsrechts** bzw. der *numerus clausus* der möglichen Gesellschaftsformen durchbrochen wird und solche Verträge deshalb generell unzulässig sind.[80] Dies ist aber schon deshalb nicht der Fall, weil *auch in diesem Zusammenhang die strikte Trennung zwischen vertrags- und körperschaftsrechtlicher Ebene zu beachten* ist: Aktionärbindungsverträge entfalten keine Wirkungen in Bezug auf die Gesellschaftsstruktur und die körperschaftliche Beziehung zwischen Aktionär und Gesellschaft.[81] Die Beziehungen zwischen den Beteiligten des Aktionärbindungsvertrages sind vielmehr rein obligatorischer Natur.[82]

b) Rechtsstellung des Aktionärs gegenüber der Gesellschaft

273 Da die aktienrechtlichen **Pflichten des Aktionärs** gegenüber der Gesellschaft *ausschliesslich finanzieller Natur* sind,[83] ergeben sich aus der Rechtsstellung des Aktionärs gegenüber der Gesellschaft ebenfalls *keine Schranken hinsichtlich vertraglicher Verpflichtungen über die Ausübung von Aktionärsrechten.*

c) Unerlaubter Entzug des Stimmrechts

274 Gegen eine Verpflichtung, sein Stimmrecht vollständig nach den Weisungen eines anderen auszuüben, ist nichts einzuwenden, auch nicht im Lichte von Art. 692 Abs. 2 OR (1. Satz), wonach jedem Aktionär mindestens eine Stimme zukommt, «denn diese Norm bezieht sich auf das Stimmrecht als solches, im Verhältnis des Aktionärs zur AG, besagt aber nichts über die Art seiner Ausübung».[84] Zudem be-

---

[78] BGE 114 II 331 ff., 102 II 340; HINTZ-BÜHLER, 51 f. und 55 f.; LANG, 43 f.
[79] BÖCKLI, Aktienstimmrecht, 59: «... geradezu auf den Ruin der Gesellschaft ausgehen»; ähnlich DOHM, 107 f., und GLATTFELDER, 263a.
[80] Dies wurde andiskutiert von JÄGGI in ZSR 1959 II 734a sowie ZIHLMANN, Abstimmungsvereinbarungen, 242 f.
[81] Vgl. N 115 ff.
[82] HINTZ-BÜHLER, 51; vgl. N 113 und 117.
[83] Vgl. N 26.
[84] GLATTFELDER, 267a (Zitat); ebenso APPENZELLER, 40 ff. und HINTZ-BÜHLER, 78. – Eine Stimmbindung kann jedoch die **Umgehung** einer gesetzlichen oder statutarischen

fasst sie sich mit der aktienrechtlichen Ebene, welche auch in dieser Hinsicht strikt von der vertraglichen zu unterscheiden ist.[85]

d) Verlagerung der Willensbildung vor die Generalversammlung und Funktionieren der Aktiengesellschaft als solcher

Aktionärbindungsverträge stellen – aufgrund der strikten Trennung zwischen vertrags- und körperschaftsrechtlicher Ebene[86] – *keine Umgehung* der **Vorschriften über die Generalversammlung** und keine Gefahr für das Funktionieren der Aktiengesellschaft als solcher dar.[87]

e) Beteiligung der Aktiengesellschaft an der eigenen Willensbildung

Die Beteiligung der Aktiengesellschaft an einer sie selbst betreffenden Stimmbindungsvereinbarung ist dagegen grundsätzlich **ungültig**. Sie widerspricht, weil sich die Aktiengesellschaft damit an der sie selbst betreffenden Willensbildung beteiligten würde, der aktienrechtlichen Kompetenzzuweisung an die verschiedenen Organe,[88] und die Umsetzung wäre nicht ohne Verletzung von Art. 659a Abs. 1 OR möglich.

f) Verbot der Einlagenrückgewähr und des Erwerbs eigener Aktien

Eine weitere mögliche Schranke aus dem Bereich der Grundprinzipien des Aktienrechts ergibt sich aus dem **Verbot der Einlagenrückgewähr** (Art. 680 Abs. 2 OR) und den damit verbundenen Einschränkungen **des Erwerbs eigener Aktien** (Art. 659 OR). Im Lichte dieser Bestimmungen wäre eine generelle und vorbehaltlose Aktienübernahmeverpflichtung der Aktiengesellschaft – und damit auch die bindungsvertragliche Vereinbarung, solche Übernahmen in jedem Falle durchzusetzen – nichtig, während sie im Einzelfall unter Einhaltung der gesetzlichen Voraussetzungen zulässig sein kann.[89]

Stimmrechtsbeschränkung bezwecken und aus diesem Grund rechtswidrig sein (vgl. N 289 f. und 293 f.)

[85] Vgl. N 115 ff.
[86] Vgl. N 115 ff.
[87] Vgl. auch N 780 ff. – APPENZELLER, 43 f.; DOHM, 69 ff., 72 ff. und 75 ff.; FORSTMOSER, Aktionärbindungsverträge, 377; GLATTFELDER, 260a f.; VON SALIS, Stimmrecht, 190 f. (in Bezug auf Konsortien).
[88] Dazu N 289 und 432 ff.
[89] Dazu N 444 und 1411 f. – Eine generelle Verpflichtung ist aber wohl so auszulegen, dass sie unter dem selbstverständlichen **Vorbehalt der gesetzlichen Einschränkungen** steht und daher gültig ist.

2. Recht des Aktionärs auf Dividende

278 Das **Recht auf Dividende** – d.h. das Recht auf einen in der Regel der nominellen Kapitalbeteiligung entsprechenden Anteil an dem nach Gesetz und Statuten zur Ausschüttung bestimmten Gewinn – ist das zentrale dem Aktionär gegenüber der Gesellschaft zustehende Vermögensrecht.[90] Es ist dabei zu unterscheiden: das Recht des Aktionärs auf *Gewinnstrebigkeit der Gesellschaft*, das Recht auf *Ausschüttung einer jährlichen Dividende* und das Recht auf *Auszahlung* der einmal beschlossenen Dividende.[91]

279 Das Recht des Aktionärs auf **Gewinnstrebigkeit** der Gesellschaft stellt den absolut geschützten *Kern des Rechts auf Dividende* dar. Einen Verzicht auf Gewinnstrebigkeit braucht sich der Aktionär nicht gefallen zu lassen, diese kann nur mit Zustimmung sämtlicher Aktionäre aufgehoben werden.[92] Das Recht des Aktionärs auf **Ausschüttung** einer jährlichen Dividende *hingegen ist nur relativ geschützt*. Es kann durch den Verwaltungsrat und die Generalversammlung auch beim Vorliegen eines Bilanzgewinnes auf verschiedene Weise (z.B. durch Reservebildung) beschränkt werden.[93] Das Recht auf **Auszahlung** der von der Generalversammlung beschlossenen Dividende schliesslich ist ein *reines Gläubigerrecht* des einzelnen Aktionärs.[94]

280 *Vereinbarungen* unter Aktionären *über die* **Dividendenpolitik,** soweit sie sich auf die Dividendenausschüttung beziehen, sind *zulässig*.[95] Allerdings darf, soweit nur ein Teil der Aktionäre vertraglich gebunden ist, dies für die nicht beteiligten Aktio-

---

[90] Art. 660 Abs. 1, 661 und 675 Abs. 2 OR; BÖCKLI, Aktienrecht, § 12 N 507 ff.; MEIER-HAYOZ/FORSTMOSER, § 16 N 41 f. und 167 ff.; BSK-KURER/KURER, OR 675 N 13 und 15; BSK-NEUHAUS/BLÄTTLER, OR 660 N 11 f.; BSK-NEUHAUS/BALKANYI, OR 674 N 2 und 4.

[91] FORSTMOSER/MEIER-HAYOZ/NOBEL, § 39 N 118; SCHLUEP, wohlerworbene Rechte, 51 f.

[92] Art. 706 Abs. 2 Ziff. 4 OR; BGE 120 II 49 f., 99 II 59 ff.; MEIER-HAYOZ/FORSTMOSER, § 16 N 260 ff.; BSK-NEUHAUS/BLÄTTLER, OR 660 N 7; SCHLUEP, wohlerworbene Rechte, 54 ff.; vgl. auch Botschaft über die Revision des Aktienrechts vom 23. Februar 1983, BBl 1983 II 745, 821 f.

[93] Art. 674 OR; VON DER CRONE, Aktienrecht, § 5 N 30 und § 8 N 280; BSK-NEUHAUS/BLÄTTLER, OR 660 N 9 f.; SCHLUEP, wohlerworbene Rechte, 61 ff. – Die Grenze des der Gesellschaft und der Generalversammlung zustehenden (weiten) Spielraumes wird dann überschritten, wenn das Recht des Aktionärs auf Dividende willkürlich oder zu unternehmensfremden Zwecken eingeschränkt wird (BGE 99 II 59 ff., 95 II 566 f., 93 II 405 f.). – Vgl. auch die von FORSTMOSER in SAG 1975, 104 ff., 108 f. referierten Entscheide des Obergerichts und des Handelsgerichts des Kantons Zürich.

[94] FORSTMOSER/MEIER-HAYOZ/NOBEL, § 39 N 118; MEIER-HAYOZ/FORSTMOSER, § 16 N 262.

[95] Zu Vereinbarungen über die Dividendenpolitik Näheres hinten N 1377 ff.

näre *nicht zu einer faktischen Aufgabe der Gewinnstrebigkeit*[96] führen, weil sonst eine vertragliche Umgehung der zwingenden Bestimmung von Art. 706 Abs. 2 Ziff. 4 OR vorliegen würde. Auch dürfen die zwingenden aktienrechtlichen *Kapitalschutzbestimmungen* durch die vereinbarte Ausschüttungspolitik nicht verletzt werden.

3. Interesse und Zweck der Gesellschaft

Enthält ein Aktionärbindungsvertrag die *Verpflichtung* zu Handlungen oder einem Stimmverhalten, welche **den Interessen oder dem Zweck der Aktiengesellschaft entgegengesetzt** sind, so ist dies grundsätzlich *nicht widerrechtlich,* denn die Aktionäre trifft gegenüber der Aktiengesellschaft *keine Treuepflicht;*[97] die Grenze des Zulässigen wird allein durch die Sittenwidrigkeit bestimmt[98]. 281

4. Unübertragbare Aufgaben von Gesellschaftsorganen

a) Vereinbarungen von Aktionären unter sich

So wie bei personenbezogenen Aktiengesellschaften Versuche zu finden sind, personalistische Elemente über das gesetzlich Zulässige hinaus statutarisch zu verankern,[99] so werden in Aktionärbindungsverträgen gelegentlich Bestimmungen aufgenommen, die nicht in den **Kompetenzbereich der Generalversammlung** und damit der Aktionäre, sondern in die des Verwaltungsrates fallen (wie z.B. hinsichtlich der Organisation der Aktiengesellschaft, mit Bezug auf Quoren für Abstimmungen im Verwaltungsrat oder im Hinblick auf die Bestellung der Geschäftsleitung). Damit wird das Ziel verfolgt, die Zuständigkeit der Generalversammlung zulasten derjenigen des Verwaltungsrates auszudehnen.[100] 282

Bei Bestimmungen dieser Art, die **unübertragbare und unentziehbare Aufgaben** des Verwaltungsrates (Art. 716a Abs. 1 OR; Art. 5 VegüV[101]) betreffen, die weder durch die Statuten noch durch Generalversammlungsbeschluss vom Verwaltungsrat auf die Generalversammlung verschoben werden können,[102] liegt rechtliche Unmöglichkeit im Sinne von Art. 20 Abs. 1 OR[103] vor. Das Gleiche würde im Übrigen für Bestimmungen gelten, die eine Verschiebung unübertragbarer Befugnisse 283

---

[96] HGer ZH vom 24. Oktober 1974 (SAG 1975, 108 f.).
[97] Vgl. N 26.
[98] HINTZ-BÜHLER, 51 f. und 55 f.; vgl. N 271.
[99] Vgl. N 27 ff.
[100] BÖCKLI, Aktionärbindungsverträge, 482 f.
[101] S. auch Art. 716a Abs. 1 Ziff. 8 VE-OR.
[102] Zum Verhältnis der Generalversammlung zum Verwaltungsrat im Allgemeinen vgl. MAIZAR, 30 ff.
[103] Vgl. N 259 f.

der Generalversammlung (Art. 698 Abs. 2 OR; Art. 2 VegüV[104]) auf den Verwaltungsrat vorsähen. Solche dürften allerdings bedeutend seltener vorkommen.[105] Allenfalls lassen sich solche Bestimmungen durch **Vertragsauslegung** bzw. **Konversion**[106] als Verpflichtung zu entsprechenden Weisungen an fiduziarische Verwaltungsratsmitglieder[107] (soweit vorhanden) umdeuten.

284 Sind die betreffenden Kompetenzen **nicht unübertragbar bzw. unentziehbar**, lassen sich entsprechende Bestimmungen auf dem Weg der **Vertragsauslegung** bzw. der **Konversion**[108] allenfalls dahingehend umdeuten, dass sie die Aktionäre verpflichten, soweit möglich in der Generalversammlung eine Statutenänderung zu veranlassen oder auf die Mitglieder des Verwaltungsrates einzuwirken.[109]

b) Vereinbarungen mit Einbezug von Mitgliedern des Verwaltungsrates und/oder der Gesellschaft

285 Sind Mitglieder des Verwaltungsrates, der Geschäftsleitung oder gar die Aktiengesellschaft selbst Partei des Aktionärbindungsvertrages, stellen sich zusätzliche Fragen (vgl. dazu §§ 6 ff. [N 321 ff.]).[110]

5. Sorgfalts- und Treuepflicht der Mitglieder des Verwaltungsrates

286 Zu den Grenzen der Einbindung von Mitgliedern des Verwaltungsrates, die sich aus deren Sorgfalts- und Treupflichten gegenüber der Aktiengesellschaft ergeben, vgl. N 381 ff.

287 Hinsichtlich der rechtlichen Konsequenzen ist zu unterscheiden: Liegt aufgrund des Aktionärbindungsvertrages ein Widerspruch zu den Sorgfalts- und Treuepflichten nur in Einzelfällen und nicht generell vor, ist die Vereinbarung als solche nicht ungültig: Das betreffende Mitglied des Verwaltungsrats hat die Wahl, entweder die Vereinbarung im konkreten Fall nicht zu beachten oder die aus der Verletzung der

---

[104] Art. 698 Abs. 3 VE-OR.

[105] Nicht zu verwechseln ist dies alles mit den Fällen, in denen zwar die formelle Ausgestaltung von Aktiengesellschaft und Aktionärbindungsvertrag rechtlich nicht zu beanstanden sind, die Beteiligten jedoch das «Spiel der AG» nicht konsequent durchhalten, etwa indem sie als Aktionäre und unter Nichtbeachtung aller aktienrechtlichen Vorschriften dem Verwaltungsrat als Gremium direkt Weisungen erteilen (vgl. N 328, 356 und 359 Anm. 2).

[106] Vgl. N 204 ff. bzw. N 135 ff.

[107] Vgl. N 374.

[108] Vgl. N 204 ff. bzw. N 135 ff.

[109] Zu den Möglichkeiten der Einflussnahme der Aktionäre auf die Organisation des Verwaltungsrates vgl. N 368 ff.

[110] Zu den Grenzen der Einbindung von Mitgliedern des Verwaltungsrates insb. N 373 ff., zur Einbindung der Aktiengesellschaft insb. N 431 ff.

Sorgfalts- und Treuepflichten folgende aktienrechtliche Verantwortlichkeit (Art. 754 OR) auf sich zu nehmen. Nur bei einer generellen Unvereinbarkeit des Vertrages mit den Organpflichten ist dieser wegen Rechts- oder Sittenwidrigkeit ungültig.[111]

6. Unabhängigkeit und Qualifikation der Revisionsstelle

Die **Beteiligung der Revisionsstelle** an einem die Aktiengesellschaft betreffenden Aktionärbindungsvertrag ist rechtswidrig (vgl. N 322 f.). Auch eine Vereinbarung, auf das Verhalten der Revisionsstelle Einfluss zu nehmen, ist rechtlich unwirksam. Zulässig ist dagegen die bindungsvertragliche Abmachung, auf eine erhöhte Qualifikation der Revisionsstelle oder der Revisionsarbeiten hinzuwirken, oder aber umgekehrt auf die eingeschränkte Revision zu verzichten (*opting-up* bzw. *opting-out* oder *opting-down*, Art. 727 Abs. 2 und Art. 727a Abs. 2 OR).

7. Gesetzliche Stimmrechtsbeschränkungen

a) Stimmrecht an eigenen Aktien (Art. 659a Abs. 1 OR)

Gemäss Art. 659a Abs. 1 OR «[ruhen] das Stimmrecht und die damit verbundenen Rechte eigener Aktien». Damit soll die Beteiligung der Aktiengesellschaft (vertreten durch ihren Verwaltungsrat) an der eigenen Willensbildung ausgeschlossen werden,[112] weil diese zur aktienrechtlichen Kompetenzordnung im Widerspruch stehen würde. Unseres Erachtens folgt daraus, dass auch eine Beteiligung der Aktiengesellschaft an einer sie selbst betreffenden Stimmbindungsvereinbarung grundsätzlich nicht zulässig ist.[113]

b) Stimmverbot bei Entlastungsbeschlüssen (Art. 695 Abs. 1 OR)

Vgl. dazu N 784 ff.

8. Zwingende Bestimmungen des Vergütungsrechts

Im Bereich der **Vergütungen von Verwaltungsrat und Geschäftsleitung** börsenkotierter Aktiengesellschaften sind *zwingend ausgestaltete Bestimmungen zu beachten,* dies nicht nur in Bezug auf die Offenlegung der Beträge im Rahmen der Rechnungslegung (Art. 663b^{bis} OR bzw. Art. 14 ff. VegüV[114]),[115] sondern auch hinsichtlich der

---

[111] Etwa eine – in dieser Konsequenz freilich kaum vorzufindende – Pflicht, im Verwaltungsrat (als Vertreter der Konkurrentin) auf den Niedergang der Gesellschaft hinzuarbeiten (vgl. N 271 und 298).
[112] FORSTMOSER/MEIER-HAYOZ/NOBEL, § 24 N 85.
[113] Vgl. GLATTFELDER, 265a ff. – Ausführlich und differenzierend aber hinten N 405 ff.
[114] S. auch Art. 734 ff. VE-OR.

Beschlussfassung in diesem Bereich (Art. 2 VegüV[116]) und der Wahl von Verwaltungsratsmitgliedern (Art. 3 f. VegüV[117]), Vergütungsausschuss (Art. 7 VegüV[118]) und Stimmrechtsvertretern (Art. 8 ff. VegüV[119]).

Diese Bestimmungen weisen der Generalversammlung zwar zwingend zusätzliche neue Kompetenzen zu, sie verpflichten aber die Aktionäre nicht zu einer bestimmten Art der Stimmabgabe. Auch Stimmenthaltungspflichten[120] ergeben sich aus der neuen Vergütungsordnung nicht. Entsprechenden Stimmbindungen steht daher die VegüV nicht entgegen, auch nicht solchen mit Mitgliedern des Verwaltungsrates oder der Geschäftsleitung. Dies mit dem Vorbehalt rechtswidriger Vereinbarungen, etwa solcher betreffend unzulässiger Vergütungen (vgl. Art. 20 f. VegüV[121]).

9. Statutenwidrige Vereinbarungen

Bezwecken Bestimmungen in einem Aktionärbindungsvertrag die **Umgehung statutarischer Regeln** der Aktiengesellschaft, so kann dies die Ungültigkeit des Vertrages zur Folge haben.[122] Da sich auch die Verbindlichkeit statutarischer Regeln auf das Gesetz stützt, geht es *u.E. auch bei der Umgehung solcher Regeln um die Umgehung gesetzlicher Bestimmungen und nicht um Rechtsmissbrauch.*[123] Die – in der Lehre oft übernommene – Qualifikation als «Missbrauch eines Rechts» im Falle der Umgehung einer Vinkulierungsbestimmung findet sich aber in BGE 81 II 534 E. 3, wobei sich das Bundesgericht dort nur über die Wirkung auf körperschaftsrechtlicher Ebene, d.h. betreffend die Stimmrechtsausübung geäussert hat, nicht aber hinsichtlich des Vertrages selbst, weshalb jedenfalls gestützt auf jenen Entscheid nicht von «rechtsmissbräuchlichen» Vereinbarungen gesprochen werden kann.[124]

---

[115] Vgl. N 681 f.
[116] Art. 698 Abs. 3 VE-OR.
[117] Art. 710 und 712 VE-OR.
[118] Art. 733 VE-OR.
[119] Art. 689b ff. VE-OR.
[120] Etwa von im Verwaltungsrat tätigen Aktionären in Bezug auf ihre eigenen Gehälter.
[121] Art. 735c f. VE-OR.
[122] Vgl. N 782 ff.; BIERI, N 502 f.; GLATTFELDER, 248a.
[123] Zur Abgrenzung von Gesetzesumgehung und Rechtsmissbrauch vgl. BLOCH, 142 ff.; BSK-HONSELL, ZGB 2 N 31; zur Statutenumgehung vgl. BIERI, N 472 ff.; VON SALIS, Stimmrecht, 156 ff.; SCHOTT, § 13 N 47 sowie auch N 262 und 298.
[124] APPENZELLER (45) wiederum betrachtet eine Stimmbindung zum Zweck der Umgehung von gesetzlichen oder statutarischen Stimmrechtsbeschränkungen als nichtig im Sinne von Art. 20 OR; die Stimmbindung zum Zweck der Umgehung einer statutarischen Vinkulierungsvorschrift sei jedoch «rechtsmissbräuchlich und somit unwirksam»; vgl. auch MARTIN, 230 m.w.H

Von einer Gesetzesumgehung ist insbesondere in Regelungsbereichen auszugehen, die bereits im Gesetz mit hohem Detaillierungsgrad behandelt werden, wie die Vinkulierung, Stimmrechtsbeschränkungen oder die Vertretung von Aktionärskategorien bzw. Aktionärsgruppen.[125] Daran ändert nichts, dass solche Bestimmungen erst durch die Aufnahme in die Statuten oder entsprechende Konkretisierung Geltung erlangen. Praktische Konsequenzen dürften sich aufgrund der unterschiedlichen rechtlichen Begründung nicht ergeben.

Allenfalls lassen sich statutenwidrige Vertragsbestimmungen auf dem Weg der **Vertragsauslegung**[126] oder der **Konversion**[127] dahingehend umdeuten, dass sie die Aktionäre verpflichten, im Rahmen der Generalversammlung den entsprechenden Statutenänderungen (soweit diese rechtlich zulässig sind) zuzustimmen.

D. Weitere Schranken

Zu denken ist etwa – aus dem Bereich der **öffentlichrechtlichen** Bestimmungen – an das **Kartellrecht**.[128]

Ungültig wäre danach ein Aktionärbindungsvertrag, mit dessen Hilfe die Parteien beabsichtigen, den Wettbewerb auf einem bestimmten Markt für Waren oder Dienstleistungen erheblich zu beeinträchtigen (Art. 5 KG)[129] oder einem marktbeherrschenden Unternehmen unzulässige Verhaltensweisen aufzuzwingen (Art. 7 KG)[130]. Sodann sind die Vorschriften über die **Unternehmenszusammenschlüsse** zu beachten (Art. 9 ff. KG).[131] Ein zu untersagender Zusammenschluss (Art. 10 KG) kann bei der Gründung eines Joint-Venture-Unternehmens vorliegen, wenn beide Parteien bislang sich konkurrierende Betriebsteile in das Joint-Venture-Unternehmen einbringen.[132]

---

[125] Ausführlich BLOCH, 270 ff. zur Umgehung von Vinkulierungsbestimmungen durch eine Stimmbindung.
[126] Vgl. N 204 ff.
[127] Vgl. N 135 ff.
[128] BGE 134 III 438 E. 2.
[129] Zum Begriff der unzulässigen Wettbewerbsabrede statt aller ZÄCH, Kartellrecht, N 349 ff. – Dies kann dann relevant sein, wenn Konkurrenten oder einander nachgelagerte Unternehmen Kreuzbeteiligungen oder Beteiligungen von Drittunternehmen erwerben und mittels Aktionärbindungsvertrag Zusatzabsprachen treffen.
[130] Zum Begriff der unzulässigen Verhaltensweisen marktbeherrschender Unternehmen vgl. ZÄCH, Kartellrecht, N 526 ff. – Zu den Folgen kartellrechtswidriger Vereinbarungen vgl. BGE 134 III 438 E. 2.1.
[131] Zum Begriff des Unternehmenszusammenschlusses vgl. ZÄCH, Kartellrecht, N 716 ff.
[132] ZÄCH, Kartellrecht, N 739 ff.

E. Rechtsmissbrauch und Verhalten wider Treu und Glauben

298 Das **Rechtsmissbrauchsverbot** stellt keine generelle Regeln im Sinn der vorstehend behandelten Schranken der Inhaltsfreiheit auf, sondern *bezweckt die Lösung von Einzelfällen*.[133] Eine *Vertragsbestimmung*, die im Einzelfall zu einem rechtsmissbräuchlichen Verhalten, z.B. einer rechtsmissbräuchlichen Stimmabgabe führt, ist *allein deshalb noch nicht ungültig*, selbst wenn der entsprechende Generalversammlungsbeschluss anfechtbar sein sollte.[134] Nur eine Bestimmung, die notwendig und systematisch zu einer rechtsmissbräuchlichen Ausübung des Stimmrechts führt, muss als von Anfang an wegen Sittenwidrigkeit unwirksam betrachtet werden.[135]

V. Folgen ungültiger oder anfechtbarer Vereinbarungen

A. Im Allgemeinen

299 Ein **Vertrag,** der gegen die Schranken der Inhaltsfreiheit[136] verstösst, ist – soweit sich dies aus dem Zweck der verletzten Norm ergibt – **nichtig und unwirksam.**[137] Jedermann kann sich auf die Unwirksamkeit berufen und diese ist vom Gericht von Amtes wegen zu beachten.[138] Hat eine Partei gestützt auf einen unwirksamen Vertrag Leistungen erbracht, kann sie, soweit dies möglich ist, das von ihr bereits Geleistete zurückverlangen, sei es aus ungerechtfertigter Bereicherung (Art. 62 ff. OR),

---

[133] BSK-HONSELL, ZGB 2 N 28 m.w.H. – Denkbar ist, dass eine an sich gültige Stimmbindung im Einzelfall für den Verpflichteten unverbindlich ist, weil diesem die Befolgung der Weisung oder des Beschlusses der Vertragsparteien nach Treu und Glauben nicht zumutbar ist. Dies kann z.B. dann der Fall sein, wenn der Verpflichtete für die Wahl einer aus fachlichen oder persönlichen Gründen zweifellos ungeeigneten Persönlichkeit in den Verwaltungsrat stimmen müsste. Vgl. auch das *obiter dictum* in BGE 88 II 175 für den Fall, dass ein Aktionär verpflichtet werden soll, für seine eigene Wegwahl als Verwaltungsrat zu stimmen.

[134] APPENZELLER, 40; a.M. HINTZ-BÜHLER, 51. – Die in der Literatur genannten Beispiele von Stimmbindungsvereinbarungen, die Gegenstand eines Komplottes zur Schädigung der Gesellschaft oder ihrer Auslieferung an die Konkurrenz bilden oder die Benachteiligung anderer Aktionäre bezwecken, sind hingegen allein unter dem Aspekt der Sittenwidrigkeit zu prüfen (HINTZ-BÜHLER, 52; vgl. N 270).

[135] Vgl. N 271, 287 und 293 ff.

[136] Vgl. N 258 ff.

[137] BGE 134 III 438 E. 2.2 f., 131 III 467 E. 1.3, 129 III 209 E. 2.2, 123 III 292 E. 2e/aa, 119 II 224; ACOCELLA, 494; BSK-HUGUENIN, OR 19/20 N 53 f. m.w.H.; GAUCH/SCHLUEP/SCHMID, N 681 und 684. – Zur Teilnichtigkeit vgl. N 301 ff.

[138] BSK-HUGUENIN, OR 19/20 N 70.

durch Vindikation (Art. 641 Abs. 2 ZGB) oder allenfalls mittels Grundbuchberichtigung (Art. 975 ZGB).[139]

Bei **fehlerhaften Dauerschuldverhältnissen** und **mangelhaften Gesellschaftsverträgen** ist in vielen Fällen als Rechtsfolge *keine anfängliche Ungültigkeit, sondern Vertragsnichtigkeit ex nunc angezeigt*. Dies besonders dann, wenn bereits Leistungen erbracht wurden, die nicht rückgängig gemacht werden können (z.B. bereits erfolgtes Stimmverhalten in der Generalversammlung der Aktiengesellschaft), oder wenn der gute Glaube Dritter in Frage steht (z.B. in Bezug auf die Solidarhaftung aller Beteiligten gemäss Art. 544 Abs. 3 OR).[140] Eine fehlerhafte einfache Gesellschaft ist dann nach den Vorschriften von Art. 545 ff. OR aufzulösen und zu liquidieren.[141] *Vertragsnichtigkeit ex tunc* soll aber dann eintreten, *wenn der Zweck der Gesellschaft bzw. des Vertrages widerrechtlich* oder mit den guten Sitten nicht vereinbar ist.[142]

B. Teilnichtigkeit im Sinn von Art. 20 Abs. 2 OR

Während Art. 20 Abs. 1 OR als Grundsatz die Nichtigkeit des ganzen Vertrages vorsieht, schränkt Abs. 2 insofern ein, als ein **Mangel, der nur einzelne Teile eines Vertrages betrifft,** nur zur Nichtigkeit der betreffenden Vertragsteile führt **(Teilnichtigkeit),** soweit nicht anzunehmen ist, dass der Vertrag ohne die nichtigen Teile überhaupt nicht geschlossen worden wäre.[143] Aktionärbindungsverträge umfassen – besonders als zusammengesetzte oder gemischte Verträge[144] – meist verschiedene Regelungsbereiche.[145] Deshalb stellt sich bei ihnen oft die Frage der Teilnichtigkeit.[146]

Aus dem Grundsatz, wonach die Nichtigkeit nur so weit gehen soll, wie es der Schutzzweck der verletzten Norm erfordert,[147] wäre an sich zu folgern, dass sich

---

[139] BGE 134 III 438 E. 2.4; GAUCH/SCHLUEP/SCHMID, N 681.
[140] BGE 129 III 320 E. 7.1 (betreffend den analogen Fall der Anfechtung bei Willensmängeln), 116 II 707 E. 1b (zum guten Glauben Dritter); BK-FELLMANN/MÜLLER, OR 530 N 669, 671 und 673 ff. m.w.H.; HOCH, 21 und 27; CHK-JUNG, OR 530 N 43; VON STEIGER, 365 f. – Zur vergleichbaren Problematik bei Lizenzverträgen HILTY, 370, 374 f. und 910 f.
[141] ZK-HANDSCHIN/VONZUN, OR 545–547 N 30.
[142] BK-FELLMANN/MÜLLER, OR 530 N 700; HILTY, 996; HOCH, 22.
[143] Diese Frage ist mithilfe des hypothetischen Parteiwillens zu beantworten (zum Stand der Lehrmeinungen vgl. BSK-HUGUENIN, OR 19/20 N 63; GAUCH/SCHLUEP/SCHMID, N 700).
[144] Vgl. N 179 ff.
[145] Vgl. N 35 ff.
[146] DRUEY, Stimmbindung, 20.
[147] Vgl. N 299 (m.H. Anm. 137).

eine Teilnichtigkeit nicht nur auf einzelne Bestimmungen (einzelne Abreden) eines Vertrages beziehen kann, sondern innerhalb einer problematischen Bestimmung auch nur auf blosse Teilgehalte (z.B. Ungültigkeit einer Stimmbindung nur, soweit sie die Stimmabgabe eines Mitglieds des Verwaltungsrats bei der Entlastung betrifft). In der Lehre wird eine solche Zerlegung einer einzelnen Abrede in Unterkomponenten bzw. ihre «geltungserhaltende Reduktion» jedoch überwiegend abgelehnt.[148]

303 Anstelle einer «Reduktion auf das erlaubte Mass» bzw. «geltungserhaltenden Reduktion» befürworten Lehre und Rechtsprechung überwiegend eine **«modifizierte Teilnichtigkeit»**, bei der an die Stelle des nichtigen Vertragsteils auf dem Wege der vertraglichen Lückenfüllung jene Ersatzregel tritt, welche die Parteien vereinbart hätten, wäre ihnen die Nichtigkeit des Vertragsteils bewusst gewesen. Für die Beurteilung massgeblich ist dabei der Zeitpunkt des Vertragsschlusses.[149] Das Resultat der unterschiedlichen Lösungsansätze dürfte oft dasselbe sein.

304 Sieht das Gesetz selbst eine **zwingende oder dispositive Ersatzregel** vor, tritt diese an die Stelle des nichtigen Vertragsteils.[150] Bei dispositiven Ersatzregeln ist jedoch zu prüfen, ob die Parteien – aufgrund ihres hypothetischen Parteiwillens – nicht eine andere Regel an deren Stelle gesetzt hätten.[151]

305 Zu den **salvatorischen Klauseln** vgl. N 1502 ff.

C. Einseitige Unverbindlichkeit bei übermässiger Bindung

306 Zu den Folgen übermässiger Bindung ausführlich N 1953 ff.

D. Folgen hinsichtlich der Aktionärsrechte

307 In Bezug auf die Folgen eines nichtigen bzw. teilnichtigen Aktionärbindungsvertrages ist die strikte Trennung der vertraglichen und der aktienrechtlichen Ebene in

---

[148] GAUCH/SCHLUEP/SCHMID, N 706 m.w.H.; SCHWENZER, N 32.45; a.M. HINTZ-BÜHLER, 59 f. und KNOBLOCH, Joint Ventures, 560 f., nach dem die Ungültigkeit in Bezug auf ein rechtswidriges Weisungsrecht gegenüber einem Verwaltungsratsmitglied nicht die Vereinbarung bzw. Klausel als solche trifft, sondern nur die einzelne rechtswidrige Weisung. Unseres Erachtens müsste hier danach differenziert werden, ob im Rahmen der betreffenden Vereinbarung bzw. Klausel rechtsgültige Weisungen an sich möglich sind.
[149] BGE 124 III 57 E. 2c; GAUCH/SCHLUEP/SCHMID, N 702 ff. m.w.H.; HUGUENIN, Obligationenrecht, 434 ff.
[150] GAUCH/SCHLUEP/SCHMID, N 708 ff. m.w.H.; SCHWENZER, N 32.42.
[151] A.M. GAUCH/SCHLUEP/SCHMID, N 709.

Erinnerung zu rufen:[152] Die Nichtigkeit eines Aktionärbindungsvertrages hat auf körperschaftlicher Ebene keine Auswirkungen.[153]

So sind etwa die in der Generalversammlung in Befolgung eines nichtigen Aktionärbindungsvertrages abgegebenen Stimmen gültig. Der betreffende Beschluss ist nicht anfechtbar und schon gar nicht nichtig. Dies zumindest, soweit nicht die Voraussetzungen von Art. 706 und 706b OR erfüllt sind, was höchstens dann der Fall sein kann, wenn der Aktionärbindungsvertrag deshalb ungültig ist, weil damit Stimmrechtsbeschränkungen oder Vinkulierungsbestimmungen umgangen wurden.[154]

308

Zu den Folgen rechtswidriger Stimmbindungen vgl. im Einzelnen N 843 ff.

309

E. Folgen hinsichtlich eingebrachter Vermögenswerte

Bei Aktionärbindungsverträgen in Form einfacher Gesellschaften können Aktien und andere Vermögenswerte eingebracht worden sein,[155] an denen der einzelne Gesellschafter – soweit nichts anderes vereinbart ist – bei einer ordentlichen Vertragsauflösung keinen dinglichen Anspruch (mehr) hat, sondern nur noch ein Recht auf einen entsprechenden Anteil am Gesellschaftsvermögen.[156]

310

Bei Vertragsungültigkeit ist bei Aktionärbindungsverträgen als Dauerschuldverhältnissen entweder eine Abwicklung *ex tunc* oder *ex nunc* denkbar.[157] Im ersten Fall ist eine vollständige Rückabwicklung vorzunehmen (d.h. Rückerstattung der eingebrachten Werte *in natura*), während im zweiten Fall die Gesellschaft auf diesen Zeitpunkt, unter Anwendung der gesetzlichen Regeln (Art. 548 ff. OR), in das Stadium der Liquidation tritt (mit der Folge, dass keine Rückerstattung *in natura* erfolgt, sondern die Versilberung und Verteilung des Liquiditätsüberschusses). Zu Letzterem soll bei fehlerhaften Gesellschaftsverträgen allerdings dann eine Ausnahme gelten, wenn Sachen zu Eigentum in die Gesellschaft eingebracht worden sind; diese sollen dem betreffenden Gesellschafter – entgegen Art. 548 OR – *in natura* zurückerstattet werden.[158] Diese Konsequenz ist u.E. sachgerecht und zu beachten in Fällen, in denen die Beteiligten ihre Aktien zu Gesamteigentum eingebracht

311

---

[152] Vgl. N 115 ff.
[153] BÖCKLI, Aktienrecht, § 12 N 578; FORSTMOSER/MEIER-HAYOZ/NOBEL, § 2 N 46; GLATTFELDER, 299a f.; HINTZ-BÜHLER, 62 m.w.H.; KÖNIG, 173 ff.
[154] HINTZ-BÜHLER, 60 f. und 63 ff.
[155] Vgl. dazu N 1594 ff.
[156] Art. 548 Abs. 1 und 2 OR; BK-FELLMANN/MÜLLER, OR 544 N 25, 31 und 54 f.; vgl. N 1998 ff.
[157] Vgl. N 300.
[158] BK-FELLMANN/MÜLLER, OR 530 N 719.

haben, es sei denn, die Auslegung aufgrund des hypothetischen Parteiwillens führe zu einem anderen Ergebnis.

F. Folgen für die Aktiengesellschaft

312 In Bezug auf die Aktiengesellschaft kann sich die Frage stellen, ob die Nichtigkeit des Aktionärbindungsvertrages einen (wichtigen) Grund darstellt, der zur Auflösung der Aktiengesellschaft führt oder zur Auflösungsklage berechtigt (Art. 736 Ziff. 4 OR). Vgl. dazu N 2015 ff.

G. Folgen für mit dem Aktionärbindungsvertrag in Verbindung stehende Vertragsverhältnisse

313 Trotz Nichtigkeit des Aktionärbindungsvertrages bleiben **Verträge,** welche die Parteien **im Zusammenhang mit dem Aktionärbindungsvertrag** untereinander, mit der Aktiengesellschaft oder mit Dritten geschlossen haben, *gültig.* Darunter fallen Folgeverträge oder Satelliten- bzw. Durchführungsverträge im Rahmen der Gründung eines Joint-Venture-Unternehmens (d.h. Verträge zwischen den Gründergesellschaftern und der Joint-Venture-Gesellschaft, z.B. über Liegenschaften, Betriebseinrichtungen oder Immaterialgüterrechte),[159] aber auch Hinterlegungsverträge (betreffend die Aktien der Vertragsparteien), Aufträge zur Stimmrechtsvertretung, Anstellungs- und Arbeitsverträge sowie auch Darlehen etc.

314 Bestand und Dauer solcher Verträge sollten deshalb mit dem Aktionärbindungsvertrag abgestimmt oder mit ihm durch eine **Resolutivbedingung** oder eine **Kündigungsklausel** verknüpft werden.[160] Bei Verträgen mit Dritten ist dies schon deshalb *de rigueur,* weil diese den Bindungsvertrag als Motiv für den Vertragsschluss nicht zu kennen brauchen und weil sie sich diesen selbst bei Kenntnis nicht entgegenhalten lassen müssen. Zwar ergibt sich dieser Zusammenhang oft schon aus dem Zweck des betreffenden Vertrages, doch ist es zur Vermeidung von Auseinandersetzungen zweckmässig, die Verknüpfung mit dem Aktionärbindungsvertrag ausdrücklich zu regeln. Insbesondere lässt sich durch die vorgängige Regelung mittels Rückkaufs- oder anderen Rückabwicklungsklauseln klarstellen, welche Partei welche Vermögenswerte zu welchen Bedingungen zurückerhalten soll und welche Rechtsbeziehungen wann enden sollen.[161]

---

[159] VON BÜREN, Konzern, 387; GERICKE/DALLA TORRE, 39 ff.; HUBER, Vertragsgestaltung, 15 ff.; OERTLE, 17 f., 61 f. 139 ff. und 194 f.

[160] HUBER, Vertragsgestaltung, 16 und 52; OERTLE, 194 f.

[161] OERTLE, 196 f.

H. Kartellrecht

Wettbewerbsbeschränkende Verträge[162] sind **von Anfang an ganz oder teilweise nichtig** im Sinn von Art. 20 OR.[163] Die Nichtigkeitsfolge ist allerdings insofern eingeschränkt, als sie – im Unterschied zur Nichtigkeit im Allgemeinen[164] – aufgrund der Bestimmung von Art. 13 lit. a KG nicht von Anfang an von jedermann, sondern nur von den beteiligten Vertragsparteien geltend gemacht werden kann. Dritte können sich **erst nach gerichtlicher Feststellung** auf die Nichtigkeit der wettbewerbsbeschränkenden Vereinbarung berufen.[165] Folgeverträge, d.h. Verträge, die von den an einer wettbewerbswidrigen Abrede beteiligten Parteien in Durchführung der Abrede mit Dritten geschlossen wurden, sind gültig.[166] Bei Dauerschuldverhältnissen dürfte den Dritten allerdings das Recht zur Kündigung aus wichtigem Grund zustehen.[167]

Die Wirksamkeit von Verträgen, die **Zusammenschlussvorhaben** beinhalten,[168] hängt im Unterschied zu wettbewerbsbeschränkenden Verträgen von der *Beurteilung durch die Wettbewerbskommission* ab. Untersagt diese ein Zusammenschlussvorhaben, ist der entsprechende Vertrag von Anfang an nichtig; andernfalls ist er von Anfang an gültig.[169]

I. Einschränkungen und Einzelfragen

1. Ausschluss der Rückforderung bei rechts- oder sittenwidrigen Verträgen

Bereits erbrachte Leistungen sind bei Vertragsnichtigkeit zurückzuerstatten.[170] Nach **Art. 66 OR** kann jedoch, «was in der Absicht, einen rechtswidrigen oder unsittlichen Erfolg herbeizuführen, gegeben worden ist, ... nicht zurückverlangt werden». Nach neuester bundesgerichtlicher Rechtsprechung ist dabei die *Rückforderung «nur ausgeschlossen, wenn die Leistungen zur Anstiftung oder Belohnung eines*

---

[162] Vgl. N 296 f.
[163] BGE 134 III 438 E. 2; zur Diskussion dieser Frage vgl. ZÄCH, Kartellrecht, N 856 ff., insb. N 862 ff.
[164] Vgl. N 299 f.
[165] GAUCH/SCHLUEP/SCHMID, N 687c.
[166] ZÄCH, Kartellrecht, N 869 ff.; vgl. dazu auch LUKAS WIGET: Wirksamkeit von Folgeverträgen bei Kartellabsprachen, Zürich 2006 (= Diss. Zürich 2006 = SSHW 254).
[167] Vgl. N 1877 ff.
[168] Vgl. N 297.
[169] ZÄCH, Kartellrecht, N 1037.
[170] BGE 134 III 438 E. 3; zur älteren Rechtsprechung vgl. BGE 102 II 401 E. 4 und GAUCH/SCHLUEP/SCHMID, N 1549.

rechts- oder sittenwidrigen Verhaltens erfolgten (Gaunerlohn)»[171]. Art. 66 OR ist von Amtes wegen zu berücksichtigen.[172]

318 Nicht von Art. 66 OR betroffen sind die Vindikation (Art. 641 Abs. 2 ZGB) und die Grundbuchberichtigung (Art. 975 ZGB). Unbillige Konstellationen in diesem Zusammenhang – wenn beispielsweise eine Partei vindizieren kann, während der Anspruch der andern Partei auf einer unwirksamen Forderung beruht – sind mithilfe des Rechtsmissbrauchsverbots zu lösen.[173]

319 Im Zusammenhang mit Aktionärbindungsverträgen ist Art. 66 OR für den **Stimmenkauf** relevant (soweit man an dessen Unzulässigkeit festhalten will),[174] weil hier die Leistung gerade zur Anstiftung oder Belohnung des verpönten Verhaltens erfolgt. Geleistete Zahlungen im Rahmen einer Stimmbindungsvereinbarung, die sich in der Folge als verpönter Stimmenkauf herausstellt, können daher nicht zurückgefordert werden.

2. Gerichtsstands- und Schiedsklauseln

320 Rechtswahl-, Gerichtsstands- und Schiedsklauseln[175] behalten ihre Gültigkeit auch bei Vertragsnichtigkeit, soweit nicht die entsprechende Klausel selbst nichtig ist oder sich Gegenteiliges aus dem Parteiwillen ergibt.[176]

---

[171] BGE 134 III 438 E. 3.2 (Zitat); zum Ganzen GAUCH/SCHLUEP/SCHMID, N 1548 ff.
[172] BSK-SCHULIN, OR 66 N 8.
[173] BSK-SCHULIN, OR 66 N 6.
[174] Vgl. dazu ausführlich N 825 ff.
[175] Zu diesen N 2135 ff. (Rechtswahl), 2095 ff. und 2122 ff. (Gerichtsstandsabrede) sowie 2126 ff. und 2158 ff. (Schiedsabrede).
[176] Vgl. Art. 178 Abs. 3 IPRG. – BGE 116 Ia 59; BSK-HUGUENIN, OR 19/20 N 69.

2. Teil: Die Vertragsparteien

1. Kapitel: Mögliche Vertragsparteien

Als Parteien eines Aktionärbindungsvertrages kommen in erster Linie **Aktionäre** in Frage (§ 6 [N 324 ff.]), daneben aber auch **Nicht-Aktionäre** (§ 7 [N 352 ff.]). Besonderheiten gelten für **Mitglieder des Verwaltungsrates** oder der **Geschäftsleitung,** die – als Aktionäre oder auch ohne Aktionärsstellung – Partei sind (§ 8 [N 357 ff.]). Umstritten ist, ob auch die **Aktiengesellschaft selbst** Partei eines sie betreffenden Aktionärbindungsvertrages sein kann (§ 9 [N 405 ff.]).

321

Ausser Acht gelassen wird im Folgenden die **Revisionsstelle.** Ihre Beteiligung an einem Aktionärbindungsvertrag kommt nicht in Betracht: Sie muss unabhängig sein und sich ihr Prüfungsurteil objektiv bilden können; die Unabhängigkeit darf weder tatsächlich noch dem Anschein nach beeinträchtigt sein (Art. 728 Abs. 1 und 729 Abs. 1 OR), was bei der Beteiligung an einem Aktionärbindungsvertrag zumindest dem Anschein nach der Fall wäre.[1]

322

Zulässig hingegen dürfte es sein, die Revisionsstelle mit der Festlegung des Aktienwertes bei Transaktionen im Rahmen eines Aktionärbindungsvertrages zu beauftragen. Eine entsprechende *statutarische* Bestimmung ist freilich unter früherem Aktienrecht vom Zürcher Obergericht abgelehnt worden,[2] und auch in der Lehre sind dazu Bedenken geäussert worden[3]. Für die *Ebene des Aktionärbindungsvertrages* können solche Bedenken jedoch nicht gelten. Selbst wenn die Revisionsstelle durch einen entsprechenden Auftrag in ihrer Unabhängigkeit bei der Erfüllung ihrer Prüfungsaufgaben in der Aktiengesellschaft beeinträchtigt würde,[4] wäre dies für die Gültigkeit des Bindungsvertrages nicht relevant. Befürchtet die beauftragte Revisionsgesellschaft allerdings eine Beeinträchtigung ihrer Unabhängigkeit – tatsächlich oder auch nur dem Anschein nach – dann muss sie entweder den Auftrag ablehnen oder aber ihre Stellung als Revisionsstelle aufgeben.

323

---

[1] Zur Unabhängigkeit der Revisionsstelle allg. vgl. BGer-Urteil 2C_927/2011 vom 8. Mai 2012, E 3.5.1; BVGer-Urteil B-5373/2012 vom 25. Juli 2013, E 4.2; BERTSCHINGER URS: Einschränkungen der Unabhängigkeit der Revisionsstelle bei der eingeschränkten Revision, ST 2013, 317 ff.; *ders.:* Unabhängigkeit der Revisionsstelle …, AJP 2012, 1221 ff.; TREUHANDKAMMER, Bd. 2, 61 ff.; BÖCKLI, Aktienrecht, § 15 N 570 ff.; VON DER CRONE, Aktienrecht, § 6 N 50 ff.

[2] ZR 1986, Nr. 89, E. 4 f.

[3] BÖCKLI, Aktienrecht § 6 N 235; FORSTMOSER/MEIER-HAYOZ/NOBEL, § 44 N 170; BSK-OERTLE/DU PASQUIER, OR 685b N 18.

[4] In diesem Sinne allenfalls BSK-WATTER/RAMPINI, OR 728 N 35.

§ 6 Aktionäre

An Aktionärbindungsverträgen als Parteien beteiligt sind – das sagt schon der Name – in erster Linie Aktionäre – seien es **alle** Aktionäre einer Aktiengesellschaft (Ziff. I [N 325 ff.]), sei es eine **Mehrheit** oder auch eine **Minderheit** (Ziff. II [N 329 ff.]). Beteiligt sein können sodann auch Personen, die derzeit **noch nicht** Aktionäre sind, es voraussichtlich aber sein werden (Ziff. III [N 335 ff.]). Das Vertragswerk kann **mehrstufig** konzipiert sein, indem sich die an einem übergeordneten Vertrag Beteiligten in Untergruppen organisieren (Ziff. IV [N 338 ff.]).

I. Beteiligung aller Aktionäre

Die Beteiligung aller Aktionäre einer Gesellschaft an einem Aktionärbindungsvertrag kommt vor allem bei **Aktiengesellschaften mit einem kleinen, überschaubaren Aktionariat**, d.h. bei KMU und Familienunternehmen vor, sodann auch bei Joint-Venture-Gesellschaften. In solchen Konstellationen ist die sachliche *Verbindung zwischen der aktienrechtlichen und der vertraglichen Ordnung in der Regel besonders eng*.[1] Dem Aktionärbindungsvertrag kommen im Sinne einer Ergänzung der aktienrechtlichen Ordnung zahlreiche Funktionen zu wie Koordination des Stimmverhaltens, Absicherung eines geschlossenen Aktionärskreises, Festlegung von nach Aktienrecht nicht möglichen Verpflichtungen zu finanziellen Leistungen, Sach- und Arbeitsleistungen, Bestimmung der Zusammensetzung von Verwaltungsrat und Geschäftsleitung, Durchsetzung einer bestimmten Organisation, Kompetenzabgrenzung zwischen Generalversammlung, Verwaltungsrat und Geschäftsleitung etc.[2]

Auch organisatorisch kann sich bei einer Beteiligung aller Aktionäre **eine enge sachliche Verzahnung mit der Aktiengesellschaft** ergeben. Die Ausgestaltung der Aktiengesellschaft und insbesondere ihrer Statuten wird mit dem Aktionärbindungsvertrag derart koordiniert, dass (nur) aus dem Zusammenspiel der aktienrechtlichen und der vertraglichen Normen die gewünschte Ordnung hervorgeht.[3]

---

[1] Zur Gültigkeit dieser Konstellation vgl. BLOCH, 168 ff.
[2] BLOCH, 28 f.; vgl. N 35 ff.
[3] In der Literatur wird bei einer solch engen Verknüpfung von aktien- und vertragsrechtlicher Ordnung auch von Syndikat, Konsortium oder Doppelgesellschaft gesprochen (BLOCH, 28 ff.; vgl. dazu N 8 bzw. 12).

327 Es sind vor allem solche Strukturen, auf die das Wort von den Aktionärbindungsverträgen als der «unsichtbaren Seite des Mondes», d.h. der für Dritte verborgenen Seite der Unternehmensgestaltung bei Aktiengesellschaften, zutrifft.[4] Darob darf allerdings nicht vergessen werden, dass trotz der engen sachlichen Verbindung die **vertrags- und die aktienrechtliche Ebene strikte auseinander zu halten sind**.[5]

328 In der Praxis wird gegen diese eherne Regel nicht selten gesündigt und gelegentlich kaum unterschieden zwischen einer Sitzung im Rahmen des Aktionärbindungsvertrages, einer aktienrechtlichen Universalversammlung oder einer Verwaltungsratssitzung.[6] Solch fehlende Trennschärfe kann vor allem im Hinblick auf die persönliche Verantwortlichkeit der Beteiligten gravierende Folgen haben.[7] Auch kann eine solche «Sphärenvermischung» dazu führen, dass durch den Schleier der Aktiengesellschaft als juristische Person hindurch auf die dahinterstehenden Aktionäre und ihr Vermögen gegriffen wird, womit die von den Beteiligten erwartete Risikobeschränkung illusorisch wird.[8]

II. Beteiligung eines Teils der Aktionäre

329 Aktionärbindungsverträge, die nur einen Teil der Aktionäre bzw. der von diesen gehaltenen Aktien[9] erfassen, können sich **auf der sachlichen bzw. tatsächlichen**

---

[4] FORSTMOSER, Aktionärbindungsverträge, 369; ders., Schnittstelle, 386. – Auf der aktienrechtlichen Ebene sind dabei neben den Statuten auch die (für Dritte ebenfalls meist nicht zugänglichen) Reglemente zu beachten. HUBER (Vertragsgestaltung, 20) stellt dazu fest, dass der Statuteninhalt von Joint-Venture-Gesellschaften kaum je über den Inhalt von Standardstatuten hinausgehe; vielmehr werde die joint-venture-spezifische Organisation im Organisationsreglement festgehalten.

[5] Vgl N 115 ff.

[6] BLOCH, 169.

[7] Bekanntlich unterstehen der aktienrechtlichen Verantwortlichkeit nicht nur die als Organe Gewählten, sondern «alle mit der Geschäftsführung ... befassten Personen», worunter auch Aktionäre ohne formelle Funktion in der Aktiengesellschaft fallen können, wenn sie sich in die Geschäftsführung einmischen, vgl. etwa BGE 132 III 523 E. 4.5, 128 III 29 E. 3a.

[8] Zu einem solchen Durchgriff bei Sphärenvermischung vgl. die bei MEIER-HAYOZ/FORSTMOSER, § 2 N 43 ff. angeführte Judikatur und Literatur sowie allg. MARLENE KOBIERSKI: Der Durchgriff im Gesellschafts- und Steuerrecht, Bern 2012 (= Diss. Bern 2012); MARTIN MONSCH/HANS CASPAR VON DER CRONE: Durchgriff und wirtschaftliche Einheit, SZW 2013, 445 ff.

[9] Es kommt nicht selten vor, dass Aktionäre nur mit einem Teil ihrer Aktien in einem Aktionärbindungsvertrag gebunden sind (z.B. mit den durch eine Erbschaft erhaltenen), während ein anderer Teil davon nicht erfasst ist.

Ebene wesentlich von Verträgen unterscheiden, die sämtliche Aktionäre mit all ihren Aktien einbeziehen; hinsichtlich der Erfordernisse einer strikten Trennung von vertrags- und aktienrechtlicher Ebene ergeben sich aber keine Unterschiede.[10] Verträge, die nur einen Teil der Aktionäre bzw. Aktien binden, können für unterschiedliche **Ziele** eingesetzt werden. Einige Beispiele:

In einem *noyau dur* – einem Kreis von Kernaktionären etwa bestehend aus den Gründeraktionären oder den Mitgliedern der Gründerfamilie eines Unternehmens – kann die Stimmkraft gepoolt werden, um die **Kontrolle** über die Gesellschaft in der Hand zu behalten, obschon nun auch Dritte als Aktionäre beteiligt sind.[11]

Minderheitspools dienen namentlich dazu, die Interessen einer bestimmten Aktionärsgruppe zu wahren und die nötige Anzahl Stimmrechte für die Wahrnehmung von Minderheitenrechten oder das Erreichen von Sperrminoritäten zusammenzuhalten.

Stehen sich in einer Gesellschaft **verschiedene Aktionärsgruppen** gegenüber – etwa mehrere Familienstämme –, dann können Verträge innerhalb der einzelnen Stämme einen Gesamtvertrag unter allen Beteiligten ergänzen und strukturieren.[12]

In der Form eines **Gelegenheitskonsortiums** kann sich eine Gruppe von Aktionären zusammenschliessen, um an einer Generalversammlung einen bestimmten Antrag durchzusetzen oder abzulehnen bzw. eine Kandidatur für den Verwaltungsrat zu unterstützen oder eine Wahl zu verhindern.[13]

---

[10] Vgl. N 325 ff. – In der Lehre wird teils allgemein von wesentlichen Unterschieden gesprochen, ohne dass zwischen der tatsächlichen und der rechtlichen Ebene unterschieden wird (z.B. JÄGGI in ZSR 1958 II 734a f.; ZIHLMANN, Abstimmungsvereinbarungen, 242 f.). Faktisch besteht ein markanter Unterschied jedenfalls insofern, als bei einer Einbindung sämtlicher Aktionäre das Risiko von Anfechtungs- und Verantwortlichkeitsklagen minimiert ist.

[11] Dieses Ziel kann mit unterschiedlich grossen Beteiligungen verfolgt werden: Werden durch den Bindungsvertrag mindestens ⅔ aller Aktienstimmen (und die absolute Mehrheit der Aktiennennwerte) zusammengefasst, dann ist sichergestellt, dass nicht nur die Beschlüsse des ordentlichen Geschäftsgangs und die Wahlen kontrolliert werden können, sondern auch die sog. wichtigen Beschlüsse nach Art. 704 OR. Mit der Bindung der absoluten Mehrheit der Aktienstimmen wird die Generalversammlung hinsichtlich aller normalen Beschlüsse und hinsichtlich der Wahlen dominiert. Bei Publikumsgesellschaften mit einem breit gestreuten Aktionariat genügt dafür freilich meist die Bindung einer weit geringeren Aktien- bzw. Stimmenzahl.

[12] Vgl. N 338 ff.

[13] Die Abgrenzung solcher Gelegenheitskonsortien von blossen Absichtserklärungen fällt nicht immer leicht (vgl. N 14).

334 Oft dienen Aktionärbindungsverträge auch dazu, über die aktienrechtlich durch das Instrument der Vinkulierung bestehenden Möglichkeiten hinaus Einfluss auf die **Zusammensetzung des Aktionariats** zu nehmen.[14]

III. Beteiligung (auch) künftiger Aktionäre

335 Als Partei von Aktionärbindungsverträgen kommen auch Personen in Betracht, die zwar nicht Aktionäre sind, es aber in absehbarer Zeit werden sollen oder werden könnten.[15]

336 Häufig ist diese Konstellation in *Familiengesellschaften*, in denen die nächste Generation – auch wenn sie derzeit noch keine Aktien besitzt – in den Vertrag eingebunden werden soll.[16]

337 Eingebunden – und so auf bestimmte Regeln und Ziele verpflichtet – werden können auch die *Erwerber,* denen ein bisheriger Haupt- oder Grossaktionär einen Teil seiner Aktien abzugeben plant.

IV. Exkurs I: Mehrstufige Aktionärbindungsverträge

A. Untergruppen und Familienstämmen

338 Möglich und in der Praxis verbreitet ist es, dass *einzelne der* an einem Aktionärbindungsvertrag *Beteiligten,* so beispielsweise die Mitglieder eines einzelnen Familienstammes, *unter sich* wiederum einen Bindungsvertrag vereinbaren, um gegenüber den übrigen Parteien oder gegenüber einem anderen Familienstamm mit einer Stimme aufzutreten[17] und um sicherzustellen, dass die gehaltenen Aktien in den eigenen Reihen bleiben. *Nach aussen,* gegenüber Drittaktionären treten die verschiedenen Gruppen wiederum *gemeinsam,* entsprechend dem übergeordneten Aktionärbindungsvertrag, auf.

---

[14] Dazu N 1170 ff.
[15] Es wird vereinbart, die Parteien unterstellten sich dem Vertrag **mit allen gegenwärtig und künftig gehaltenen Aktien.**
[16] Dies erleichtert den künftigen Übergang und kann dazu dienen, die Nachkommen frühzeitig an die Unternehmung heranzuführen. – Vgl. etwa ASCALON in Dürr/Lardi, 159 ff. zum «Aufbau einer internen Pipeline für die Nachfolge».
[17] Wesentlich ist dies, wenn in einem Aktionärbindungsvertrag bestimmte Minderheitenrechte vorgesehen sind und allgemein im Hinblick auf das Erreichen von Quoren.

> Die Stämme [B], [C] und [D] der Familie [A] haben sich in einem Aktionärbindungsvertrag vom [Datum] verpflichtet, ihre Rechte in der [Aktiengesellschaft] gemeinsam und einheitlich wahrzunehmen und sich bei einer Veräusserung von Aktien gegenseitig Erwerbsrechte einzuräumen, in den Beziehungen der Stämme untereinander jedoch die Eigenständigkeit der Stämme zu beachten. Mit diesem Aktionärbindungsvertrag regelt der Stamm [B] die Rechte und Pflichten der Angehörigen dieses Stammes [, nämlich der Aktionäre Q, R und S sowie ihrer Nachfolger] untereinander durch Regeln über die gemeinsame Stimmrechtsausübung in der Versammlung der Vertragsparteien gemäss Aktionärbindungsvertrag vom [Datum] und durch die gegenseitige Einräumung von Vorkaufsrechten.

Es kann aber auch gerade umgekehrt sein, dass ein Aktionärbindungsvertrag eine institutionelle Gruppenbildung und den Abschluss weiterer Verträge unter den Vertragsparteien untersagt, damit sich Mehrheiten jeweils im Einzelfall frei bilden und in der künftigen Generation neue Allianzen formieren können.

> Den Parteien [dieses Aktionärbindungsvertrages] ist es untersagt, untereinander weitere Vereinbarungen zu schliessen, falls nicht sämtliche Parteien einer solchen weiteren Vereinbarung angehören oder dieser zustimmen.

> Die Parteien werden hinsichtlich der gebundenen Aktien untereinander keine weiteren Abreden treffen.

B. Verankerung im übergeordneten Aktionärbindungsvertrag

Der grundlegende, für alle Beteiligten geltende Aktionärbindungsvertrag kann solchen Möglichkeiten Rechnung tragen, indem er z.B. zusätzliche Bindungsverträge (wie soeben gezeigt) untersagt[18] oder – im Gegenteil – implizit oder explizit Bindungsverträge zweiter Stufe voraussetzt und allenfalls bezüglich der jeweiligen Regelungen auf sie verweist.

Es kann so z.B. jedem Stamm das Recht auf eine Vertretung im Verwaltungsrat zugestanden werden, was bedingt, dass auf der Stufe der einzelnen Stämme das *Auswahlprozedere* geregelt wird.[19]

---

[18] Soeben N 340.
[19] Dabei werden oft gewisse Qualifikationen vorausgesetzt: Der «Vertreter» soll über bestimmte Eigenschaften – Ausbildung, Sachkunde etc. – verfügen, er soll dem delegierenden Stamm angehören müssen oder gerade nicht zur Familie gehören dürfen.

345 | Jeder Stamm ist berechtigt, durch ein Mitglied des Stammes im Verwaltungsrat der [Aktiengesellschaft] vertreten zu sein oder stattdessen einen fachlich qualifizierten Vertreter in den Verwaltungsrat zu entsenden. Zudem hat jeder Stamm das Recht, im Einvernehmen mit dem anderen Stamm einen zweiten Vertreter, der nicht dem Stamm angehören [darf / muss], in den Verwaltungsrat der [Aktiengesellschaft] zu entsenden. Auch dieser zweite Vertreter soll fachlich qualifiziert sein.

346 Oder es kann bei den *Erwerbsrechten*[20] vorgesehen werden, dass zunächst die Mitglieder des Stammes, dem die veräusserungswillige Person angehört, zum Zuge kommen sollen und erst anschliessend die übrigen Vertragsparteien.

347 | Die Übertragung der von dieser Vereinbarung erfassten Aktien zwischen [A] und seinen Nachkommen (Stamm [X]) ist – unter vorgängiger Information des Stammes [Y] – jederzeit möglich. Ebenso ist – unter vorgängiger Information des Stammes [X] – die Übertragung zwischen den Mitgliedern des Stammes [Y] und ihren Nachkommen jederzeit möglich. Bei einer Veräusserung von gebundenen Aktien an Dritte steht dem jeweils anderen Stamm ein Vorkaufsrecht zu.

348 Die Bindungsverträge zweiter Stufe sind ihrerseits mit dem primären Aktionärbindungsvertrag **abzustimmen:**

349 *Fristen* müssen so festgelegt sein, dass Entscheidungen rechtzeitig getroffen und dass die Rechte und Pflichten aus dem primären Aktionärbindungsvertrag erfüllt werden können.[21]

350 Die *innervertragliche Organisation* wird allenfalls nur rudimentär geregelt und im Übrigen auf den übergeordneten Aktionärbindungsvertrag verwiesen, dessen Regeln dann analog gelten.

---

[20] Zu diesen N 1170 ff.

[21] Die *Versammlungen der einzelnen Gruppen oder Stämme* sind so früh anzusetzen, dass Entscheidungen rechtzeitig für die Versammlung der Vertragsparteien (vgl. dazu N 937 ff.) getroffen werden können (allenfalls sind sie auch unmittelbar davor abzuhalten); gleichzeitig sind die Versammlungen aber auch so spät anzusetzen, dass die erforderlichen Informationen (etwa über die Traktanden der bevorstehenden Generalversammlung der Aktiengesellschaft) verfügbar sind. Um den nötigen Spielraum zu schaffen, ist allenfalls statutarisch die Einladungsfrist für die Generalversammlung über die gesetzliche Mindestfrist von zwanzig Tagen (Art. 700 Abs. 1 OR) hinaus zu verlängern. – Im Hinblick auf *Erwerbsberechtigungen* ist das zweistufige Verfahren (zunächst Erwerbsrecht innerhalb der einzelnen Stämme, dann von allen gebundenen Aktionären) so anzusetzen, dass die Dreimonatsfrist von Art. 685c Abs. 3 OR eingehalten werden kann (dazu hinten N 1212 ff.

V. Exkurs II: Partizipanten als Vertragsparteien

Hat eine Aktiengesellschaft – was selten vorkommt – Partizipationsscheine (vgl. Art. 656a ff. OR) ausgegeben, dann können die Partizipanten auch an einem Aktionärbindungsvertrag beteiligt sein.

§ 7 Nicht-Aktionäre

Der in dieser Publikation verwendete Begriff des Aktionärbindungsvertrages[1] lässt es zu, dass auch **Nicht-Aktionäre**[2] Vertragspartei sein können, solange dies in einem Zusammenhang mit Rechten und Pflichten aus der aktuellen oder künftigen Aktionärsstellung mindestens einer der beteiligten Parteien[3] steht.[4]

352

Besonders bei einseitigen Stimmbindungsvereinbarungen können Nicht-Aktionäre als Parteien vorkommen, z.B. **im Rahmen eines Kaufvertrages**, wenn sich der Verkäufer für eine gewisse Zeit auch nach dem Verkauf noch Einfluss auf die Aktiengesellschaft sichern will oder wenn eine Käuferin ihren Einfluss bereits vor Übereignung der Aktien oder ihrer Anerkennung als Aktionärin ausüben will.[5] Als weiteres Beispiel wird etwas der Konkurrent genannt, der mit Aktionären Absprachen trifft, um sich – ohne offen aufzutreten – Einfluss zu verschaffen.[6]

353

Verschiedene Autoren weisen zurecht darauf hin, dass die Möglichkeit der Beteiligung von Nicht-Aktionären an Aktionärbindungsverträgen ein wichtiges **Instrument zur Bildung von Unternehmensgruppen** und zur **Durchführung von Fusionen** darstellt.[7] Hier binden sich Aktionäre verschiedener Aktiengesellschaften gegenseitig. Zwar erfolgen Unternehmenszusammenfassungen unter einheitlicher

354

---

[1] Vgl. N 1 ff.
[2] Gemeint ist damit, dass die betreffenden Personen nicht Aktionäre der Aktiengesellschaft sind, auf welche sich der Aktionärbindungsvertrag bezieht. Aktionäre anderer Gesellschaften können sie aber sein (z.B. einer anderen Konzerngesellschaft oder des Fusionspartners; dazu sogleich N 354). Ebenfalls können darunter Nutzniesser fallen, die zwar nicht Aktionäre sind, wohl aber aktienrechtliche Mitgliedschaftsrechte ausüben können (Art. 690 Abs. 2 OR).
[3] Vgl. N 4.
[4] BLOCH, 15; BÖCKLI, Aktienstimmrecht, 62; DOHM, 6 ff.; FISCHER, Parteienbestand, 9; GLATTFELDER, 178a; HINTZ-BÜHLER, 8, 11, 14 und 75; LANG, 10 f.; STUBER, 5 f.; WÜRSCH, 152.
[5] BLOCH, 15; FISCHER, Parteienbestand, 9. – Solche einseitigen Stimmbindungsvereinbarungen können sowohl im Rahmen von schuld- als auch von gesellschaftsrechtlichen Konstellationen auftreten, weil auch innerhalb einer einfachen Gesellschaft nicht alle Parteien einen gleichen Beitrag (z.B. die Stimmabgabe) zu leisten haben, sondern ihre Beiträge auch von anderer Art sein können.
[6] HINTZ-BÜHLER, 14.
[7] BLOCH, 15; VON BÜREN, Konzern, 370 ff.; DOHM, 7 f.; GLATTFELDER, 154a und 163a ff.; REYMOND, 208.

Leitung (Konzern)[8] in der Schweiz regelmässig mithilfe massgeblicher Beteiligungen.[9] Dies schliesst aber ein Interesse am Abschluss eines Aktionärbindungsvertrages nicht aus. Es können auch in Konzernverhältnissen personalistische Elemente vorkommen, die mit den Mitteln des Aktienrechts allein nicht umgesetzt werden können. Auch lassen sich auf diese Weise verbleibende Dritt-Aktionäre abhängiger Gesellschaften in die einheitliche Leitung einbinden.[10] Bereits erwähnt[11] wurde die Einbindung künftiger Aktionäre (und Erben) in Familiengesellschaften, mit der **die Weiterführung des (Familien-)Unternehmens abgesichert werden soll.**

355 In der Literatur werden vereinzelt **Bedenken** gegen die Beteiligung aussenstehender Dritter bzw. Nicht-Aktionären geäussert, weil diese zu einer ungebührlichen Fremdbeeinflussung der Aktiengesellschaft führen könne.[12] Doch ist auch in dieser Hinsicht die strikte Trennung zwischen vertrags- und aktienrechtlicher Ebene[13] zu beachten: Es liegt nur eine indirekte Einflussnahme vor, weil sich die vertragliche Bindung allein auf die Motivation eines Aktionärs zu einer bestimmten Stimmabgabe im Rahmen der (aktienrechtlichen) Generalversammlung auswirkt. So wenig wie in anderen Fällen nach der Motivation für eine Stimmabgabe zu forschen ist (zumal den Aktionär gegenüber der Aktiengesellschaft keine Treuepflicht trifft), so wenig ist diese hier zu hinterfragen.[14]

356 Wohl aber ist – bei der Beteiligung von Nicht-Aktionären nicht anders als bei Verträgen ausschliesslich unter Aktionären – zu fordern, dass auf der Ebene der Aktiengesellschaft die aktienrechtlichen Spielregeln strikte eingehalten werden und keine «Sphärenvermischung»[15] stattfindet. Auch sind Bindungsverträge unzulässig, soweit mit ihnen gesetzliche oder statutarische Stimmrechtsbeschränkungen und Vinkulierungsbestimmungen umgangen werden sollen.[16]

---

[8] Zum Begriff des Konzerns vgl. statt aller VON BÜREN, Konzern, 77 ff.
[9] VON BÜREN, Konzern, 79.
[10] VON BÜREN, 388 f.
[11] N 335 ff.
[12] LANG, 11.
[13] Vgl. N 115 ff.
[14] Vgl. auch N 378 und 2040. – Zu der in diesem Zusammenhang relevanten **Frage des Stimmenkaufs** vgl. N 825 ff.
[15] Dazu vorne N 328.
[16] PATRY, Stimmrechtsvereinbarungen, 14; vgl. N 782 ff.

§ 8 Mitglieder des Verwaltungsrates und der Geschäftsleitung

Haben am Aktionärbindungsvertrag beteiligte Personen in der Aktiengesellschaft eine Organfunktion inne, sei es als Mitglied des Verwaltungsrates oder als Mitglied der Geschäftsleitung, sind Besonderheiten zu beachten.

357

Nachfolgend geht es deshalb in Ziff. I (N 359 ff.) zunächst um die Frage, ob und allenfalls wie sich eine Mitgliedschaft im Verwaltungsrat oder der Geschäftsleitung auf die Möglichkeit auswirkt, sich in der Eigenschaft als Aktionär an einem Aktionärbindungsvertrag zu beteiligen. In Ziff. II (N 366 ff.) ist zu fragen, ob und in welchen Schranken durch Aktionärbindungsverträge Auflagen für die Ausübung des Amtes als Mitglied des Verwaltungsrats gemacht werden können (unabhängig davon, ob die Betreffenden selbst Aktionäre sind oder nicht). Es stellt sich auch die Frage, ob und inwiefern sich Aktionäre ihrerseits gegenüber allen oder einzelnen Mitgliedern des Verwaltungsrates verpflichten können (dazu Ziff. III [N 393 ff.]). Und weiter fragt es sich, ob auch der Verwaltungsrat als Gremium Vertragspartei sein kann (Ziff. IV [N 400 ff.]). Ziff. V (N 403 f.) schliesslich befasst sich mit Mitgliedern der Geschäftsleitung als Parteien eines Aktionärbindungsvertrags.

358

I. Aktionäre als Mitglieder des Verwaltungsrates oder der Geschäftsleitung

A. Zulässigkeit der Beteiligung an Aktionärbindungsverträgen

Die **Mitglieder des Verwaltungsrates und der Geschäftsleitung** einer Aktiengesellschaft sind sehr **häufig**[1] auch **Aktionäre**.[2] Die Lehre ist sich darin einig, dass

359

---

[1] Bis Ende 2007 konnten in den Verwaltungsrat gewählte Personen «ihr Amt erst antreten, nachdem sie Aktionäre geworden» waren (Art. 707 Abs. 2 aOR), mit der Folge, dass alle Mitglieder des Verwaltungsrates zumindest eine (Pflicht-)Aktie besitzen mussten.

[2] Die Abgrenzung der Rolle als Aktionär von derjenigen als Mitglied des Verwaltungsrates oder der Geschäftsleitung ist in der Praxis nicht immer einfach, vor allem dann nicht, wenn das Aktionariat aus nur wenigen Mitgliedern besteht und sich der Verwaltungsrat und die Geschäftsleitung allein aus Personen aus diesem Kreis zusammensetzen. Auch in solchen Konstellationen ist es aber unumgänglich, das «Spiel der AG zu spielen», sich jeweils genau bewusst zu sein, in welcher Rolle man sich befindet und sich konsequent an

ihre Einbindung in einen Aktionärbindungsvertrag *zulässig* ist, so lange *die vertragliche Einbindung* sich auf ihre Eigenschaft *als Aktionäre der Gesellschaft* beschränkt[3] und die mit ihrem Amt verbundenen gesetzlichen Schranken beachtet werden.[4]

B. Sonderstellung aufgrund eines Amtes in der Aktiengesellschaft

1. Stimmverbot bei Entlastungsbeschlüssen

360 Bei der Einbindung der Mitglieder des Verwaltungsrates und der Geschäftsleitung als Aktionäre der Gesellschaft stehen die **Schranken hinsichtlich der Ausübung ihres Stimmrechts in der Generalversammlung** im Vordergrund. Das Aktienrecht ist diesbezüglich zurückhaltend und verbietet den Mitgliedern des Verwaltungsrates und der Geschäftsleitung die Ausübung ihrer Aktienstimmrechte **einzig bei der Entlastung** (Art. 695 Abs. 1 OR).[5] Darüber hinaus hat ein Aktionär keine Ausstandspflicht, selbst nicht in Angelegenheiten, in denen er sich in einem Interessenkonflikt befindet. Dies folgt aus dem Fehlen jeglicher Treuepflichten des Aktionärs gegenüber der Aktiengesellschaft.[6]

361 Für Aktionärbindungsverträge folgt daraus, dass eine **vertragliche Verpflichtung**, die ein Mitglied des Verwaltungsrates oder der Geschäftsleitung als Aktionär zur Stimmabgabe bei der Entlastung anhalten würde, **ungültig** wäre und eine generelle Pflicht zur Stimmabgabe (in einer bestimmten Weise) in Bezug auf die Beschlussfassung über die Entlastung **teilungültig,** Letzteres allerdings nur dann, wenn die generelle Pflicht zur Stimmabgabe sich nach dem Willen der Parteien *explizit* auch auf die Stimmabgabe bei der Entlastung beziehen soll. Sonst darf davon ausgegangen werden (und ist eine Stimmpflicht so auszulegen), dass die Parteien keine Absicht hatten, sich vertraglich über gesetzliche Ausstandspflichten hinwegzusetzen und dass daher die Stimmenthaltung bei der Beschlussfassung über die Entlastung implizit als Ausnahme zur Stimmpflicht mit vereinbart war.

362 Zur Verpflichtung von Aktionären gegenüber Mitgliedern des Verwaltungsrates oder der Geschäftsleitung, einem Entlastungsbeschluss zuzustimmen, vgl. N 784 ff.

---

die mit der jeweiligen Funktion verbundene Rechtsstellung zu halten (vgl. zur «Sphärenvermischung» N 328).

[3] BLOCH, 230 ff.; REYMOND, 203 f. – Zur Frage, ob bzw. inwieweit darüber hinaus und unabhängig von der Aktionärsstellung eine Einbindung zulässig ist, vgl. N 366 ff.

[4] APPENZELLER, 49; BLOCH, 231; DOHM, 98 f.; HARDER SCHULER, 104 f.; HINTZ-BÜHLER, 9 ff.; LANG, 11 f.; PATRY, Stimmrechtsvereinbarungen, 15; SCHLEIFFER, 185; STUBER, 107.

[5] Vgl. N 784 ff.; BÖCKLI, Aktienrecht, § 12 N 433 ff.

[6] Vgl. N 26 und N 792 f.

2. Stimmenthaltungspflicht bei der Abberufung von Mitgliedern des Verwaltungsrates?

Vgl. dazu N 360 und 792 f.

3. Einschränkungen infolge der aktienrechtlichen Kompetenzzuweisung an die verschiedenen Organe der Aktiengesellschaft?

Von der Ausnahme des Entlastungsbeschlusses abgesehen, erscheint aus der Sicht der gesetzgeberisch gewollten aktienrechtlichen Kompetenzordnung die Verpflichtung einzelner oder aller Mitglieder des Verwaltungsrates zu einem bestimmten Stimmverhalten in ihrer **Funktion als Aktionäre** (und damit in der **Generalversammlung**) nicht problematisch.

Für die anderen Fälle – dass entweder die Mitglieder des Verwaltungsrates in Bezug auf ihre Tätigkeit in diesem Gremium eingebunden sind[7] oder dass sich die übrigen Aktionäre einzelnen oder allen Mitgliedern des Verwaltungsrates gegenüber zu einem bestimmten Stimmverhalten verpflichten[8] – lässt sich dies hingegen nicht ohne Weiteres sagen:

II. Einbindung von Mitgliedern des Verwaltungsrates in Bezug auf ihre Verwaltungsratstätigkeit

A. Tendenz zur vertraglichen Einbindung unabhängig von der Aktionärsstellung

Vor allem in personenbezogenen Aktiengesellschaften haben Aktionäre oft das Bedürfnis, auf die Exekutiveebene stärker Einfluss zu nehmen als dies durch die Ausübung der aktienrechtlichen Mitwirkungsrechte und insbesondere des Stimmrechts in der Generalversammlung möglich ist.[9] Dem wird durch eine Ergänzung – allenfalls auch Korrektur – der aktienrechtlichen Ordnung durch Verträge Rechnung getragen, sei es durch Verträge einzelner Aktionäre mit Mitgliedern des Ver-

---

[7] Vgl. N 366 ff.
[8] Vgl. N 393 ff.
[9] FISCHER, Parteienbestand, 9 f. – In der Generalversammlung können nur – aber immerhin – die grundlegende Ausrichtung der Gesellschaft und die Bestellung des Verwaltungsrates bestimmt werden (vgl. Art. 698 Abs. 2 (insb. Ziff. 1 und 2) OR. Zu den Möglichkeiten und Grenzen einer Einflussnahme durch die Generalversammlung auf die Organisation und die Entscheidungen des Verwaltungsrates vgl. statt aller FORSTMOSER, Organisationsreglement § 9, m.w.H.

waltungsrats,[10] sei es – und dies interessiert hier – durch **Aktionärbindungsverträge**. Diese können sich (indirekt) auf die Mitglieder des Verwaltungsrats auswirken (dazu lit. B [N 368 ff.]) oder es sind die Mitglieder des Verwaltungsrats selber (alle oder einzelne von ihnen) in den Vertrag einbezogen (dazu lit. C [N 372 ff.])[11].

367 Zu Recht hält denn auch DRUEY fest, dass viele Aktionärsbindungen eine Auswirkung auf den Verwaltungsrat haben müssen, um ihren Sinn entfalten zu können.[12]

B. Aktienrechtliche Einflussmöglichkeiten der Aktionäre auf die Zusammensetzung und Organisation des Verwaltungsrates

368 Ein Weg, den **Verwaltungsrat** bzw. seine Mitglieder zumindest **indirekt** in einen Aktionärbindungsvertrag **einzubinden,** besteht – jedenfalls dann, wenn die Vertragsparteien gemeinsam über eine Aktienmehrheit verfügen – einerseits in der Bestimmung seiner **personellen Zusammensetzung**[13] und andererseits im Erlass von **Statutenbestimmungen über dessen Organisation.**

369 Dazu gehören insbesondere Entscheidungen – im Einzelfall oder generell durch die statutarische Ordnung – zu folgenden Themen:[14]

– Zusammensetzung des Verwaltungsrates, bestimmt durch die Wahl und Abberufung seiner Mitglieder (Art. 698 Abs. 2 Ziff. 2 und 705 Abs. 1 OR);

– Voraussetzungen und Schranken der Wählbarkeit (Art. 626 Ziff. 6 OR[15]);

– Grösse des Verwaltungsrates (Art. 626 Ziff. 6 OR);

– Ermächtigung des Verwaltungsrates «zur Übertragung der Geschäftsführung auf einzelne Mitglieder des Verwaltungsrates oder Dritte» (Art. 627 Ziff. 12, Art. 716b Abs. 1 OR) und Einschränkung des Rechts zur Delegation;[16]

---

[10] Vgl. dazu etwa LIPS-RAUBER, *passim.*

[11] In der Literatur werden solche Aktionärbindungsverträge gelegentlich als *«consortiums d'administration»* bezeichnet (BLOCH, 154 ff.; MARTIN, 230 f.).

[12] DRUEY, Stimmbindung, 9. – Zur Notwendigkeit der Steuerung von Organfunktionen vgl. auch N 873 ff.

[13] Dazu auch N 873 ff.

[14] FORSTMOSER, Organisationsreglement, § 9 *passim* und § 14 N 4 ff.

[15] Zur Zulässigkeit zusätzlicher statutarischer Wählbarkeitsvoraussetzungen wie etwa berufliche Qualifikationen, guter Leumund, kein Konkurrentenverhältnis vgl. MÜLLER/LIPP/PLÜSS, 18. Eine Schranke ergibt sich nach diesen Autoren für solche Voraussetzungen nur aus allgemeinen gesetzlichen Vorschriften, insb. aus dem Persönlichkeitsschutz und dem Gleichbehandlungsprinzip.

[16] Solche Einschränkungen sind – im Sinne der Einräumung einer Delegationskompetenz mit Auflagen – zulässig, BGE 137 III 503 E. 4.2.

- Vertretungsrechte zugunsten von Minderheiten oder einzelnen Aktionärsgruppen (Art. 709 Abs. 2 OR);
- Wahl des Verwaltungsratspräsidenten durch die Generalversammlung (Art. 712 Abs. 2 OR);
- Wegbedingung des Stichentscheides des Vorsitzenden im Verwaltungsrat (Art. 713 Abs. 1 OR);
- bei Gesellschaften mit börsenkotierten Aktien: Wahl des Präsidenten des Verwaltungsrates, der Mitglieder des Vergütungsausschusses und des unabhängigen Stimmrechtsvertreters sowie Abstimmung über die Vergütungen von Verwaltungsrat, Geschäftsleitung und Beirat (Art. 2 VegüV[17]).

Für all diese Punkte können in einem **Aktionärbindungsvertrag** Regeln aufgestellt und deren gemeinsame Durchsetzung vereinbart werden. Die Grenzen dieser (indirekten) Einbindung sind aufgrund der zwingenden gesetzlichen Kompetenzordnung (Art. 716a Abs. 1 OR) allerdings bald einmal ausgeschöpft;[18] insbesondere kann die Generalversammlung **keinen weiteren direkten Einfluss auf die Konstituierung** des Verwaltungsrates,[19] die Entscheidungen zur **Geschäftsführung** und die **personellen Entscheide auf unteren Ebenen**[20] nehmen.

Eine **weiter gehende Einflussnahme bedarf** – soweit sie zulässig ist – **der vertraglichen Einbindung von Mitgliedern des Verwaltungsrats,** wie sie nicht nur in Individualverträgen mit diesen,[21] sondern auch in Aktionärbindungsverträgen vorgesehen werden können:

---

[17] S. auch Art. 698 Abs. 3 VE-OR.
[18] Vgl. dazu FORSTMOSER, Organisationsreglement, § 9 *passim* und die dort erwähnte Literatur.
[19] FORSTMOSER, Organisationsreglement, § 9 N 9 f. und 38 ff.
[20] FORSTMOSER, Organisationsreglement, § 9 N 19 ff. sowie § 8 N 41 ff.
[21] FISCHER, Parteienbestand, 10 f. verwendet dafür den Begriff des «Verwaltungsrats-Bindungsvertrages». – Häufig sind solche Verträge, wenn eine Person als «Vertreterin» eines bestimmten Aktionärs oder einer Aktionärsgruppe in den Verwaltungsrat gewählt wird (dazu statt aller FORSTMOSER/KÜCHLER), aber auch dann, wenn ein beherrschender Aktionär oder wirtschaftlicher Eigentümer nicht nach aussen auftreten möchte.

C. Vertragliche Einbindung von Verwaltungsratsmitgliedern

1. Zulässigkeit im Grundsatz kaum umstritten

372 Die Zulässigkeit der Einbindung aller oder einzelner Mitglieder des Verwaltungsrates in einen Aktionärbindungsvertrag ist **im Grundsatz kaum umstritten**.[22] Wo allerdings die **Grenzen** der zulässigen Einbindung im Einzelnen verlaufen, geht weder aus der Rechtsprechung hervor noch besteht darüber in der Lehre Einigkeit.[23]

2. Grenzen der Einbindungsmöglichkeiten

a) Unübertragbare und unentziehbare Aufgaben des Verwaltungsrats (Art. 716a Abs. 1 OR)

aa) In der Literatur vertretene Lehrmeinungen

373 Art. 716a Abs. 1 OR weist dem Verwaltungsrat **zwingend eine Reihe von Aufgaben unübertragbar und unentziehbar zu.** Diese können weder durch die Statuten noch durch Generalversammlungsbeschluss vom Verwaltungsrat auf die Generalversammlung, d.h. auf die Ebene der Aktionäre verschoben werden.[24] Diese Be-

---

[22] Apodiktisch a.M. allerdings VON DER CRONE (Aktienrecht, § 11 N 13), nach dem «Vereinbarungen über das Stimmverhalten von Verwaltungsräten in jedem Fall gegen das zwingende Aktienrecht [verstossen]»; s. auch BÖCKLI, Aktienrecht, § 12 N 580 ff.

[23] Vgl. APPENZELLER, 49 f.; BLOCH, 166 f.; BÖCKLI, Aktionärbindungsverträge, 485 f.; DRUEY, Stimmbindung, 13 ff.; FISCHER, Parteienbestand, 13; FRICK, Private Equity, N 1456 ff.; HINTZ-BÜHLER, 10 f. und 52 ff.; KNOBLOCH, Joint Ventures, 560 f.; LANG, 58; MARTIN, 231 f. m.w.H.; TOGNI, N 716 und 1030 (mit ausführlicher Darstellung der verschiedenen Lehrmeinungen, N 969 ff. und N 1002 ff.); WERLEN, 108. – Früher waren die Einbindung von Verwaltungsratsmitgliedern und sog. Verwaltungsrats-Bindungsverträge häufig (BÖCKLI, Aktienrecht, § 12 N 580 ff. und § 13 N 623 ff.; FISCHER, Parteienbestand, 9 f.). Seit der Aktienrechtsrevision von 1991 stellt sich die Frage der Gültigkeit solcher Vereinbarungen jedoch neu, insbesondere aufgrund der Einführung von Art. 716a Abs. 1 OR.

[24] BÖCKLI, Aktienrecht, § 13 N 279 ff.; VON DER CRONE, Aktienrecht, § 4 N 141; FORSTMOSER/MEIER-HAYOZ/NOBEL, § 30 N 29 ff.; BSK-WATTER/ROTH PELLANDA, OR 716a N 1. Vgl. dazu im Einzelnen – vor allem im Hinblick auf die Möglichkeiten einer Delegation «nach unten», an eine Geschäftsleitung – PETER BÖCKLI: Die unentziehbaren Kernkompetenzen des Verwaltungsrats, Zürich 1994 = SNA 7; ADRIAN W. KAMMERER: die unübertragbaren und unentziehbaren Kompetenzen des Verwaltungsrats, Zürich 1997 (= Diss. Zürich 1997 = SSHW 180); OLIVIER BASTIAN: Délégation de compétences et répartition des tâches au sein du conseil d'administration, Lausanne 2010 (= CEDIDAC 85); FORSTMOSER, Organisationsreglement, § 8. – Im Zusammenspiel mit Art. 698 OR, der die

stimmung wird denn auch von zahlreichen Autoren[25] als eine der Grenzen für die Einbindung von Mitgliedern des Verwaltungsrates in einen Aktionärbindungsvertrag betrachtet, weil sonst eine Gesetzesumgehung[26] vorliegen würde.[27] Da jedoch die Liste von Art. 716a Abs. 1 OR nahezu alle wesentlichen Aufgaben und Kompetenzen des Verwaltungsrates umfasst, müsste dies – zum Wortlaut genommen – dazu führen, dass Mitglieder des Verwaltungsrates sich kaum in relevanter Weise gegenüber Aktionären oder Dritten verpflichten könnten.

Einen Ausweg sehen die meisten der genannten Autoren[28] darin, eine **Einbindung** – verstanden als Pflicht zur Befolgung von Weisungen – *zumindest* soweit zuzulassen, als sie sich *innerhalb des einem Mitglied des Verwaltungsrats bei seinen Entscheidungen zustehenden Ermessensspielraumes* bewegt, wie sich dies mit der Doktrin des so genannten «doppelten Pflichtennexus» im Zusammenhang mit fiduziarischen Verwaltungsratsmandaten[29] vor allem im Konzernrecht etabliert hat. Eine solche Einbindung bewegt sich wohl überwiegend **auf der Ebene** von **grundsätzlichen Anweisungen** an die betreffenden Mitglieder des Verwaltungsrats, weil sich die im Verwaltungsrat zu entscheidenden Traktanden – schon aus Gründen der Vertraulichkeit und der Gleichbehandlung aller Aktionäre[30] – zumeist nicht im Rahmen einer Versammlung der Vertragsparteien in genügender Granularität besprechen und entscheiden lassen. Anders verhält es sich mit Bezug auf grundsätzliche strategische Entscheide wie die zu Expansion oder Konsolidierung, zu Investition und Desinvestition.

374

---

unübertragbaren Befugnisse der Generalversammlung festhält, ergibt sich daraus die Struktur der innergesellschaftlichen Gewaltenteilung im Aktienrecht.

[25] Etwa von BÖCKLI, Aktionärbindungsverträge, 486; ders., Aktienrecht, § 13 N 457 ff., 624 und 632; VON BÜREN, Konzern, 172; HINTZ-BÜHLER, 10 f. und 52 ff.; LANG, 60 f.; PFISTER, 5; REYMOND, 203 und 232; WERLEN, 108; MÜLLER/LIPP/PLÜSS, 17; vgl. auch BLOCH, 156 f. und FISCHER, Parteienbestand, 10 f. m.w.H.

[26] BGE 125 III 257 E. 3; GAUCH/SCHLUEP/SCHMID, N 715; BSK-HUGUENIN, OR 19/20 N 22.

[27] Für BÖCKLI (Aktienrecht, § 13 N 32) masst sich «der Nichtverwaltungsrat …, der sich ein direktes Weisungsrecht gegenüber einem Verwaltungsrat verschafft und dieses tatsächlich ausübt – [und zwar im Bereich von Art. 716a Abs. 1 OR] – … gesetzwidrig körperschaftliche Kompetenzen» an.

[28] BÖCKLI, Aktionärbindungsverträge, 486; FORSTMOSER, Schnittstelle, 400; HINTZ-BÜHLER, 53 f.; LANG, 60 f.

[29] Vgl. dazu schon OGer ZH vom 22. November 1957 (ZR 1959, Nr.70) sowie BÖCKLI, Aktienrecht, § 11 N 275 ff.; VON BÜREN, Konzern, 169 ff.; FORSTMOSER/KÜCHLER, 44 ff.; FRICK, Private Equity, N 1462; KNOBLOCH, Joint Ventures, 560 f.; LIPS-RAUBER, *passim.*, insb. 10 ff., 52 ff. m.w.H. und 57 ff.; TOGNI, N 1000 ff.

[30] Vgl. N 384 ff.

375 Andere Autoren[31] betrachten Art. 716a Abs. 1 OR hingegen – aus unterschiedlichen Gründen – nicht als Grenze im Hinblick auf eine Einbindung von Mitgliedern des Verwaltungsrates. Aus ihrer Sicht ist deren Einbindung in einen Aktionärbindungsvertrag zumindest im Hinblick auf Art. 716a Abs. 1 OR im Grundsatz nicht problematisch.

376 HUBER fragt sodann, ob bei personalistischen Strukturen «von der Güte eines Equity Joint Venture … nicht doch eine mittelbar aus dem Grundvertrag hervorgehende Bindung der Verwaltungsräte der Joint Venture-Gesellschaft zuzulassen [sei]», welche über den genannten Ermessensspielraum hinausgeht, mit der Folge, dass die aus dem Grundvertrag hervorgehenden Pflichten der Partner «auf die verwaltungsrätliche Beschlussebene der Joint Venture-Gesellschaft durchschlagen und notfalls mit Realerfüllung durchsetzbar sind». Er begründet dies mit der Realität, wonach es Aktiengesellschaften mit personalistischer Struktur gebe, in denen die entsandten Verwaltungsratsmitglieder in der Regel nichts anderes seien als der verlängerte Arm der Vertragsparteien. Die Eigenverantwortung des Verwaltungsrates sei schon dadurch «faktisch ausgehöhlt».[32]

377 STIRNEMANN schliesslich schlägt vor, in Aktionärbindungsverträgen Regeln über die Stimmabgabe im Verwaltungsrat insoweit zuzulassen, als sie auch Statutenbestimmungen sein könnten und das Mitglied des Verwaltungsrats in keiner Weise bezüglich des Inhalts der Beschlüsse binden würden.[33] Dies würde allerdings vor allem formelle Aspekte der Stimmabgabe betreffen (z.B. die Frage des Stichentscheides [vgl. Art. 713 Abs. 1 OR] oder der Stimmengewichtung), nicht aber Fragen der Stimmabgabe in inhaltlicher Hinsicht. Überdies ist sehr fraglich, ob statutarische Weisungen an den Verwaltungsrat zu seiner Organisation und insb. zur Entscheidfindung in diesem Gremium im Lichte der unentziehbaren Organisationspflicht (Art. 716a Abs. 1 Ziff. 2 OR) überhaupt zulässig wären, wenn dafür nicht – wie für die Wegbedingung des Stichentscheides (Art. 713 Abs. 1 OR) – eine ausdrückliche gesetzliche Basis besteht.

bb) Eigene Stellungnahme

378 In dieser Publikation wird eine **differenzierte Betrachtungsweise** vorgeschlagen: **Ausgangspunkt** der Überlegungen muss – wie schon in Bezug auf die Ausübung des Aktienstimmrechts in der Generalversammlung[34] – einmal mehr die **strikte Trennung zwischen vertrags- und aktienrechtlicher Ebene** sein. Auch im Hin-

---

[31] APPENZELLER, 39; BLOCH, 156 f.; DRUEY, Stimmbindung, 13 ff.; FISCHER, Parteienbestand, 11; mit ausführlicher Darstellung der Lehrmeinungen TOGNI, N 1030.
[32] HUBER, Vertragsgestaltung, 27 ff.
[33] STIRNEMANN, 585 f.
[34] Vgl. dazu N 355.

blick auf die Mitglieder des Verwaltungsrates stellt eine **vertragliche Bindung** nur eine indirekte Einflussnahme dar, weil sie sich allein auf deren **Motivation** zu einer bestimmten Stimmabgabe auswirkt. So wenig wie in anderen Fällen nach der Motivation für eine Stimmabgabe zu forschen ist, so wenig ist diese – im Grundsatz – hier zu hinterfragen.

Das gilt allerdings – anders als bei den Aktionären im Rahmen der Generalversammlung – **nicht uneingeschränkt:** Während das Gesetz zum Verhältnis unter den Aktionären bzw. zwischen den Aktionären und Dritten keine Vorgaben macht, weist es im Rahmen einer **aktienrechtlichen Gewaltenteilung**[35] sowohl der Generalversammlung (Art. 698 Abs. 2 OR) als auch dem Verwaltungsrat (Art. 716a Abs. 1 OR) zwingend gewisse Aufgaben unübertragbar bzw. unübertragbar und unentziehbar zu. Diese Bestimmungen sprechen jedoch die Generalversammlung und den Verwaltungsrat als Ganzes, als Gremium an und nicht die einzelnen Aktionäre oder Mitglieder des Verwaltungsrates. *Solange also die Einbindung* einzelner Mitglieder des Verwaltungsrates als solche *nicht materiell in die gesetzlich zwingende Kompetenzordnung eingreift und zu einer faktischen Aufgabenverschiebung führt,* ist sie im Lichte von Art. 716a Abs. 1 OR *nicht als ungültig zu betrachten.*[36]

In der **praktischen Umsetzung** wird die Möglichkeit der Einflussnahme freilich dadurch eingeschränkt, dass das Mitglied des Verwaltungsrats auf körperschaftsrechtlicher Ebene – in seiner Beziehung zur Aktiengesellschaft – einer Reihe von Pflichten unterworfen ist[37] und diese **Pflichten gegenüber der Gesellschaft den Vorrang haben.** Im Ergebnis dürfte daraus *eine Lösung folgen, wie sie sich aus der Theorie des «doppelten Pflichtennexus»*[38] *ergibt: Die Pflichten gegenüber der Aktiengesellschaft – insbesondere die ihr geschuldete Sorgfalts- und Loyalitätspflicht – gehen schuldrechtlichen* und damit auch bindungsvertraglichen *Verpflichtungen vor.* Diese Priorisierung belässt aber einen oft weiten *Ermessensspielraum,* und in diesem Rahmen ist die vertragliche Bindung – jedenfalls im Lichte von Art. 716a Abs. 1 OR – wirksam.

---

[35] Auch unter dem Stichwort Paritätsprinzip oder Paritätstheorie abgehandelt (VON DER CRONE, Aktienrecht, § 8 N 62 ff.; FORSTMOSER/MEIER-HAYOZ/NOBEL, § 20 N 12 f.; kritisch BÖCKLI, Aktienrecht, § 12 N 3).

[36] In einer solchen Betrachtungsweise läge auch eine Lösung für das häufig diskutierte «Paradox» der «Vertreter» im Verwaltungsrat (vgl. dazu FORSTMOSER/KÜCHLER, 41 ff. und 62). Für die Situation im Konzern hingegen (Problem der fiduziarischen Verwaltungsratsmitglieder) sowie für die Einpersonen-Aktiengesellschaft bietet sie keine Lösung; bei diesen handelt es sich um – vom Gesetzgeber gewollte – aktienrechtliche Anomalien.

[37] Sogleich, N 381 ff.

[38] Dazu N 374.

b) Sorgfalts- und Treuepflicht (Art. 717 Abs. 1 OR)

381 Im Unterschied zu den Aktionären[39] sind die **Mitglieder des Verwaltungsrates** zur *Wahrung der Interessen der Aktiengesellschaft verpflichtet*: Sie müssen «ihre Aufgaben mit aller Sorgfalt erfüllen und die Interessen der Gesellschaft in guten Treuen wahren» (Art. 717 Abs. 1 OR).[40]

382 Von dem eher unwahrscheinlichen Fall einer bewusst die Gesellschaftsinteressen verletzenden Einbindung in einen Aktionärbindungsvertrag[41] abgesehen *verbietet es* die **aktienrechtliche Treue- und Sorgfaltspflicht** *den Mitgliedern des Verwaltungsrates nicht, sich* in Bezug auf die Ausübung ihrer Tätigkeit *gegenüber Aktionären oder Dritten vertraglich zu verpflichten*. Auf der aktienrechtlichen Ebene hat *die Treue- und Sorgfaltspflicht jedoch Vorrang vor Verpflichtungen aus (Aktionärbindungs-)Vertrag*.[42] Auch kann die vertragliche Bindung das einzelne Mitglied nicht von seiner **Haftung gegenüber der Gesellschaft** (und im Konkursfall auch gegenüber den Gläubigern) befreien, sollte das weisungsgebundene Handeln den Interessen der Gesellschaft widersprechen (Art. 754 OR).[43]

383 In einer praktischen Sichtweise relativiert sich freilich die Bedeutung dieser Einschränkung dann, wenn sämtliche Aktionäre am Aktionärbindungsvertrag beteiligt sind und daher die Weisungen mittragen: Nach dem Grundsatz *volenti non fit ini-*

---

[39] Vgl. N 26.
[40] Dazu statt aller MÜLLER/LIPP/PLÜSS, 280 ff.; BSK-WATTER/ROTH PELLANDA, OR 717 N 3 ff. m.w.H.; WERLEN, 109; sowie auch SIMON KÄCH: Die Rechtsstellung des Vertreters einer juristischen Person im Verwaltungsrat, Zürich 2001 (Diss. Zürich 2001), 61 ff.; SOMMER, *passim;* THOMAS ALEXANDER STEININGER: Interessenkonflikte des Verwaltungsrates, Zürich 2011 (= Diss. Zürich 2011), 53 ff.
[41] REYMOND, 203. – Eine solche vertragliche Einbindung wäre wegen Rechts- oder Sittenwidrigkeit ungültig (MARTIN, 233; vgl. dazu N 271 und 298).
[42] MARTIN, 233. – Weiter geht hier der Swiss Code in der Fassung von 2014, wonach «eine Person, die in einem dauernden Interessenkonflikt steht, [nicht] dem Verwaltungsrat und der Geschäftsleitung angehören [kann]» (Ziff. 17 Abs. 2). Da es sich dabei aber nicht um eine gesetzliche Bestimmung handelt, hat ihre Verletzung auf der Ebene eines Aktionärbindungsvertrages keine rechtlichen Konsequenzen.
[43] DRUEY, Stimmbindung, 17 f.; FISCHER, Parteienbestand, 12 f.; HINTZ-BÜHLER, 52; FISCHER, Parteienbestand, 12 f.; LANG, 59; MARTIN, 234; BSK-WATTER/ROTH PELLANDA, OR 717 N 17a; vgl. dazu und zu den Haftungsrisiken des weisungsabhängigen Verwaltungsratsmitgliedes auch PETER FORSTMOSER: Das externe Verwaltungsratsmitglied in einer Konzerntochtergesellschaft, in: Weber/Isler (Hrsg.), Verantwortlichkeit im Unternehmensrecht V, EIZ 104, Zürich 2010, 5 ff., 18 ff. – Umgekehrt kann das betreffende Verwaltungsratsmitglied nicht rechtlich gezwungen werden, eine seiner Sorgfalts- und Treuepflicht widersprechende Weisung einzuhalten, und es kann auch nicht für deren Nichtbefolgung rechtlich sanktioniert werden.

uria können diesfalls weder die Aktionäre noch die Gesellschaft selbst Verantwortlichkeitsansprüche geltend machen. Und da die Gläubiger nur im Konkurs klageberechtigt sind (Art. 757 Abs. 1 OR), brauchen der Verwaltungsrat und seine Mitglieder letztlich nur darauf zu achten, dass die Gesellschaft zahlungsfähig bleibt.[44]

c) *Verschwiegenheitspflicht (Art. 717 Abs. 1 OR) und Pflicht zur Gleichbehandlung aller Aktionäre (Art. 717 Abs. 2 OR)*

Die **Verschwiegenheitspflicht** der Mitglieder des Verwaltungsrates[45] fliesst aus der allgemeinen Sorgfalts- und Treuepflicht von Art. 717 Abs. 1 OR; ihre **Pflicht zur Gleichbehandlung der Aktionäre** ist in einer selbständigen Bestimmung (Art. 717 Abs. 2 OR) geregelt[46]. Diese beiden Pflichten stellen praktische Grenzen der Einbindung von Mitgliedern des Verwaltungsrates in einen Aktionärbindungsvertrag dar – in zweifacher Weise:[47]

Den Mitgliedern des Verwaltungsrates kommen ungleich weiter gehende **Informationen** bzw. Informationsrechte zu als den Aktionären.[48] Ihr Wissen dürfen sie wegen ihrer Verschwiegenheitspflicht *nicht an weisungsberechtigte Aktionäre weitergeben.*[49] Den Aktionären fehlen damit allenfalls die Informationen, derer sie zu einer effektiven Weisungserteilung – über rein programmatische Anweisungen hinaus – bedürften.

Soweit Mitglieder des Verwaltungsrates Information weitergeben dürfen, haben sie die Pflicht zur Gleichbehandlung der Aktionäre zu beachten: Die Information muss **allen Aktionären in gleicher Weise** offen stehen, d.h. auch denjenigen, die nicht in den Aktionärbindungsvertrag eingebunden sind. Wo die Grenze zu einer allenfalls erlaubten Ungleichbehandlung verläuft, ist im Einzelnen umstritten.[50] Es wird in der Lehre vertreten, der Verwaltungsrat bzw. seine Mitglieder dürften einzelnen

---

[44] Vgl. zu ähnlichen Überlegungen für den Verwaltungsrat von Konzerntochtergesellschaften, FORSTMOSER, Haftung, 119 und 135 ff.
[45] Dazu grundlegend RENATE WENNINGER: Die aktienrechtliche Schweigepflicht, Diss. Zürich 1983 (=Zürich 1984 = SSHW 70), *passim* und insb. 135 ff.
[46] Grundlegend HUGUENIN, Gleichbehandlungsprinzip, *passim;* MÜLLER/LIPP/PLÜSS, 285.
[47] Vgl. auch BLOCH, 164 ff.; FRICK, Private Equity, N 1461 ff.; MARTIN, 232.
[48] Vgl. dazu FORSTMOSER/KÜCHLER, 48 f. m.w.H.
[49] Vgl. dazu FORSTMOSER/KÜCHLER, 50 ff. m.w.H. – HUBER (Vertragsgestaltung, 32 f.) geht offenbar im Zusammenhang mit Joint-Venture-Unternehmen von der Möglichkeit viel weiter gehender Informationspflichten der Gesellschaftsorgane aus, welche sich aus dem Joint-Venture-Vertrag ergeben sollen. Aus praktischer Sicht ist dies vertretbar, da bzw. falls sämtliche Aktionäre am Joint Venture beteiligt sind (vgl. auch N 383 und 387). Eine rechtliche Begründung ist dafür aber kaum zu liefern.
[50] Vgl. dazu FORSTMOSER/KÜCHLER, 52 ff. m.w.H.

Aktionären dann zusätzliche Information zukommen lassen, wenn sie Willens sind, diese Information auf Anfrage auch den anderen Aktionären zukommen zu lassen.[51]

387 Auch diese Problematik ist dann entschärft, wenn **sämtliche Aktionäre** in den Bindungsvertrag eingebunden sind: Die Gleichbehandlung ist diesfalls gewahrt und auf die Einhaltung der Verschwiegenheitspflicht hat das Aktionariat verzichtet.[52]

d) Faktische Organstellung im Verantwortlichkeitsrecht (Art. 754 OR)

388 Für die Mitglieder des Aktionärbindungsvertrages, denen in der Gesellschaft keine formelle Organfunktion zukommt, können sich Risiken aus dem **aktienrechtlichen Verantwortlichkeitsrecht** ergeben. Dieses erfasst gemäss Art. 754 Abs. 1 OR nicht nur die formell als Organe bestellten Personen – die Mitglieder des Verwaltungsrates und der Geschäftsleitung –, sondern auch «alle mit der Geschäftsführung ... befassten Personen» (faktische Organstellung): Wenn in einem konkreten Fall von einer eigentlichen «Befassung mit der Geschäftsführung» der Gesellschaft gesprochen werden muss, dann werden die einflussnehmenden **Aktionäre** aufgrund dieser Bestimmung zu **faktischen Organen.** Sie haften dann sowohl der Gesellschaft wie auch aussenstehenden Aktionären und – im Konkurs der Aktiengesellschaft – den Gesellschaftsgläubigern nach Art. 754 OR.[53]

389 Die Einflussnahme einer durch einen Aktionärbindungsvertrag verbundenen Aktionärsgruppe kann so als faktisches Organhandeln zu qualifizieren sein, weil bzw. falls sie sich «körperschaftliche Kompetenzen [anmasst]».[54] Das Haftungsrisiko ist wiederum dann begrenzt, wenn alle Aktionäre in den Aktionärbindungsvertrag eingebunden sind.

3. Statutarische Bestimmungen

390 Auch statutarische Bestimmungen können die Möglichkeit der Einbindung von Mitgliedern des Verwaltungsrates einschränken.[55] So begrenzt der Zweck der Ak-

---

[51] Vgl. dazu FORSTMOSER/KÜCHLER, 55 m.w.H. – Zum Ganzen auch HARTMANN/SINGER, 544 ff.; WATTER/DUBS, Grossaktionäre, 27 ff.

[52] Auf der Ebene des Bindungsvertrages wird dies häufig dadurch kompensiert, dass den Vertragsparteien eine Schweigepflicht auferlegt wird.

[53] BÖCKLI, Aktienrecht, § 13 N 92 ff.; VON BÜREN, Konzern, 207 ff.; FORSTMOSER, Haftung, 121; LIPS-RAUBER, 143 ff.; TOGNI, N 1035 ff. (mit ausführlicher Darstellung von Rechtsprechung und Lehre); BSK-WERNLI/RIZZI, OR 707 N 29a; BSK-GERICKE/WALLER, OR 754 N 46 ff.

[54] BÖCKLI, Aktienrecht, § 13 N 632 (Zitat); TOGNI, N 1061.

[55] HINTZ-BÜHLER, 10, m.H. auf ein Urteil des KGer ZG vom 11. November 1991 (vgl. N 104).

tiengesellschaft die Richtung und den Umfang des verwaltungsrätlichen Ermessens[56] und bestimmt die Interessen der Aktiengesellschaft[57].

Sodann können Bestimmungen in Aktionärbindungsverträgen einer statutarischen Vinkulierung oder Stimmrechtsbeschränkung zuwider laufen und als Umgehung derselben zu qualifizieren sei.[58] Insofern ist dann der Bindungsvertrag von den Mitgliedern des Verwaltungsrats bei der Ausübung ihrer Funktion nicht zu beachten.

4. Fazit

Die Zulässigkeit und der mögliche Umfang der Einbindung von Mitgliedern des Verwaltungsrates in Aktionärbindungsverträge betrifft einen Bereich des Aktienrechts, der – sowohl was die Lehre als auch was die Rechtsprechung angeht – von Unklarheiten, Widersprüchen und Anomalien bestimmt ist. Abhilfe schaffen könnte hier letztlich nur der Gesetzgeber. Tröstlich immerhin: In der Praxis wurstelt man sich erfolgreich und zumeist ohne grosse Probleme durch, dies jedenfalls solange die Gesellschaft angemessen kapitalisiert ist und keine Überschuldung droht.

III. Verpflichtungen der Aktionäre gegenüber Mitgliedern des Verwaltungsrates

Der Einbezug von Mitgliedern des Verwaltungsrates in einen Aktionärbindungsvertrag kann nicht nur in ihrer Verpflichtung (als Aktionäre oder als Mitglieder des Verwaltungsrates) gegenüber den beteiligten Aktionären resultieren,[59] sondern auch umgekehrt in **Verpflichtungen der (übrigen) Aktionäre gegenüber einzelnen oder allen Mitgliedern des Verwaltungsrates**. Aus der Sicht der aktienrechtlichen Zuweisung von Kompetenzen an die verschiedenen Organe der Aktiengesellschaft kann eine solche Konstellation – mehr als der umgekehrte Fall – zumindest hinsichtlich der Ausübung des Stimmrechts problematisch sein:[60] Der Verwaltungsrat würde durch entsprechende Stimmbindungen in die Lage versetzt, die Entscheide der Generalversammlung zu bestimmen[61] und so die Stellung der Generalversammlung als «oberstes Organ»[62] zu unterminieren.

---

[56] Vgl. N 374 und 380.
[57] Vgl. N 381 ff.
[58] Vgl. N 293.
[59] Vgl. N 359 ff.
[60] MARTIN, 248 m.w.H.
[61] SCHLEIFFER, 185 f.
[62] Art. 698 Abs. 1 OR.

A. Unzulässige Verschiebung der Stimmkraft?

394 Nach SCHLEIFFER ist Grenze des Zulässigen dort zu ziehen, wo die Willensbildung im Rahmen eines Aktionärbindungsvertrages nicht mehr der Kapitalbeteiligung entspricht, sondern den beteiligten Mitgliedern des Verwaltungsrates im Innenverhältnis ein überproportionales Stimmrecht zukommt.[63] Nach dieser Ansicht dürfte ein Kopfstimmprinzip unter den gebundenen Aktionären also nicht in Frage kommen, wenn die Kapitalbeteiligungen sehr unterschiedlich und insbesondere diejenigen der beteiligten Mitglieder des Verwaltungsrats sehr gering sind.

B. Eigene Stellungnahme

395 Mit dieser Differenzierung könnte u.E. höchstens dann argumentiert werden, wenn alle Aktionäre am Aktionärbindungsvertrag beteiligt sind. Gibt es aussenstehende Aktionäre, kann sich das Verhältnis der Stimmrechte auch dann zu deren Nachteil verschieben, wenn innervertraglich die Willensbildung entsprechend den Kapitalbeteiligungen erfolgt.

396 Eine Berücksichtigung der Kapitalbeteiligung ist im Hinblick auf die Einflussmöglichkeiten u.E. aber ohnehin *nicht sachgerecht*. Zwar lässt das Aktienrecht eine Verschiebung der Stimmkraft im Verhältnis zur Kapitalbeteiligung nur in Grenzen zu.[64] Auf die *vertragliche* Ebene des Aktionärbindungsvertrages ist diese Begrenzung aber nicht übertragbar; eine «Ausstrahlung» der aktienrechtlichen Ordnung auf den Bindungsvertrag ist abzulehnen.[65]

397 Vielmehr ist auch in dieser Frage die **Trennung zwischen vertrags- und körperschaftsrechtlicher Ebene** zu beachten:[66] Der Aktionär ist in seiner Willensbildung frei und gegenüber der Gesellschaft zu keinem spezifischen Verhalten verpflichtet,[67] weshalb es ihm – mit dem Vorbehalt von spezifischen Umgehungstatbeständen – auch unbenommen sein muss, sich bezüglich der Ausübung seiner Aktionärsrechte gegenüber Dritten – einschliesslich der Mitglieder des Verwaltungsrates – zu verpflichten. In der Lehre wird freilich **differenziert:**

398 Soweit sich Aktionäre gegenüber **einzelnen oder zumindest nur einer Minderheit der Mitglieder des Verwaltungsrats** verpflichten, kommt das Prinzip der Trennung zwischen vertrags- und körperschaftlicher Ebene nach herrschender Lehre *uneingeschränkt* zur Anwendung und ist eine rein obligatorische Bindung der Aktio-

---

[63] SCHLEIFFER, 190.
[64] Es können Stimmrechtsaktien mit einem bis zu zehn Mal höheren Stimmengewicht geschaffen werden (Art. 693 Abs. 1 und 2 OR).
[65] Vgl. auch hinten N 797 ff.
[66] Vgl. N 115 ff.
[67] Vgl. N 26.

näre an die Einflussnahme durch Mitglieder des Verwaltungsrates nicht als unzulässig zu betrachten.[68]

Sind hingegen **sämtliche oder zumindest eine Mehrheit der Mitglieder des Verwaltungsrats** in einen Aktionärbindungsvertrag eingebunden, stellt sich mit Bezug auf Stimmbindungen die Frage, ob die dadurch bewirkte Bindung aller Vertragsparteien nicht der aktienrechtlichen Kompetenzzuweisung an die verschiedenen Organe der Aktiengesellschaft widerspricht. Denn der Verwaltungsrat wird damit faktisch in die Lage versetzt, die Entscheide der Generalversammlung zu bestimmen.[69] Aus dieser Überlegung heraus wird in der Lehre bezüglich der Beteiligung aller Mitglieder des Verwaltungsrats an einem Aktionärbindungsvertrag Skepsis bzw. Ablehnung geäussert.[70] Unseres Erachtens ist dagegen auch eine Beteiligung aller oder einer Mehrheit der Mitglieder des Verwaltungsrats an einem Aktionärbindungsvertrag zumindest *immer dann zulässig, wenn auch die Aktiengesellschaft selbst Vertragspartei sein könnte*.[71] Es ist – einmal mehr – von der konsequenten Trennung der beiden Ebenen der Aktiengesellschaft und des Bindungsvertrages auszugehen.

IV. Verträge mit dem Verwaltungsrat als Gremium

Verträge von Aktionären mit dem Verwaltungsrat als Gremium bzw. **Aktionärbindungsverträge unter Einbezug des Verwaltungsrates als Organ** sind rechtlich *nicht möglich, weil dem Verwaltungsrat als solchem keine Rechtsfähigkeit zukommt*. Die Einbindung des ganzen Verwaltungsrates muss demnach auf dem Weg der individuellen Einbindung sämtlicher Mitglieder geschehen.

In Aktionärbindungsverträgen finden sich freilich oft Bestimmungen, welche den *Verwaltungsrat* der Aktiengesellschaft *als solchen ansprechen:* So sind z.B. Mitteilungen unter den Vertragsparteien an den Verwaltungsrat der Aktiengesellschaft zu richten, welche dieser seinerseits an die übrigen Vertragsparteien weiterleiten soll. Oder die Vertragsparteien werden verpflichtet, «Fälle, die ein Übernahmerecht [an den Aktien] begründen, ... der Verwaltung zu melden», und sie haben beim Vertragsaustritt ihre Aktien «dem Verwaltungsrat ... zur Verfügung zu stellen»,[72] wobei

---

[68] Vgl. TOGNI, N 969 ff. m.w.H. und 990. – Beispiele entsprechender Vereinbarungen und Bestimmungen in Aktionärbindungsverträgen sind das Versprechen der Schadloshaltung zugunsten fiduziarischer Verwaltungsratsmitglieder oder die Zusage der Entlastung.
[69] SCHLEIFFER, 185 f.
[70] S. die Hinweise bei TOGNI, N 992 und 996 (wobei TOGNI selbst sich zugunsten der Möglichkeit einer Beteiligung des Gesamtverwaltungsrates ausspricht).
[71] So auch TOGNI, 998 f. – Dazu Näheres hinten N 431 ff.
[72] So die in einem BGer-Entscheid (in SZW 1990, 213 ff.) referierte Vertragsformulierung.

dieser anschliessend die Zuteilung unter den verbleibenden Vertragsparteien vornehmen soll.

402 Solche Bestimmungen sind – zum Wortlaut genommen – unwirksam, da der Verwaltungsrat als Gremium nicht Partei und auch nicht Adressat einer bindungsvertraglichen Pflicht sein kann. Sie lassen sich aber in der Regel aufgrund einer teleologischen Auslegung *umdeuten*: entweder in eine Anweisung an sämtliche bzw. an die durch den Bindungsvertrag gebundenen Mitglieder des Verwaltungsrats[73], an dessen Präsidenten oder den für die Administration Zuständigen oder aber in eine Anweisung an die Gesellschaft.[74]

V. Einbindung von Mitgliedern der Geschäftsleitung?

403 Die **ausdrückliche Einbindung** von Mitgliedern der Geschäftsleitung in einen Aktionärbindungsvertrag ist **in der Praxis selten.** Hinsichtlich der Zulässigkeit und des möglichen Umfangs kann *mutatis mutandis* auf die Ausführungen zur Einbindung von Mitgliedern des Verwaltungsrates[75] verwiesen werden. Ein nennenswerter Unterschied liegt allerdings darin, dass die Mitglieder der Geschäftsleitung zwingend vom Verwaltungsrat zu bestimmen sind (Art. 716a Abs. 1 Ziff. 4 OR). Die Aktionäre können diese also nicht selber durch Abwahl oder Nichtwiederwahl sanktionieren, und auch das Erteilen entsprechender Weisungen an die Mitglieder des Verwaltungsrates ist – je nach Betrachtungsweise und Interessenlage – nicht ohne Weiteres als zulässig anzusehen[76].

404 Eine Einbindung der Mitglieder der Geschäftsleitung kommt in der Praxis etwa dann vor, wenn die Geschäftsführung eines *Joint-Venture-Unternehmens* einer der Partnerinnen übertragen wird.[77] Diese ist in den Joint-Venture-Vertrag dann zwar primär als Aktionärin eingebunden, doch ist gerade bei Joint-Venture-Verträgen die vertragliche Bindung zwischen den Parteien oft derart eng, dass sich daraus auch Verpflichtungen hinsichtlich der Geschäftsführung ergeben.[78] Solche Pflichten werden allenfalls vertraglich explizit festgehalten und den Mitgliedern der Ge-

---

[73] Wobei sich dann die Zulässigkeit und Verbindlichkeit einer solchen Anweisung nach den vorhergehenden Erwägungen richtet (vgl. N 359 ff.).
[74] Soweit diese Vertragspartei sein kann (dazu sogleich, N 405 ff.).
[75] Vgl. N 359 ff.
[76] Vgl. N 373 ff. – HINTZ-BÜHLER (11) beispielsweise betrachtet dies als unzulässig. Nach der hier vertretenen und wohl vorherrschenden Ansicht sind dagegen solche Weisungen zulässig und sie können von den Adressaten insofern beachtet werden, als sie aufgrund einer Beurteilung in Ausübung pflichtgemässen Ermessens mit den Gesellschaftsinteressen vereinbar sind.
[77] SPADIN, N 382 f.
[78] Vgl. etwa HUBER, Vertragsgestaltung, 23 ff.

schäftsleitung zur Kenntnis gebracht. Sachgerechter ist es aber zumeist, wenn sich die Aktionäre an die Mitglieder des Verwaltungsrates richten und dann der Verwaltungsrat der Geschäftsleitung oder deren Vorsitzenden die entsprechenden Weisungen erteilt.

§ 9 Die Aktiengesellschaft

I. Überblick über die Lehrmeinungen

A. Unzulässigkeit als bisher überwiegende Lehrmeinung

Die **Beteiligung der Aktiengesellschaft** an einem sie betreffenden Aktionärbindungsvertrag wird von einem grossen Teil der bisherigen Lehre als **unzulässig** angesehen:[1]

405

HINTZ-BÜHLER hält die *Beteiligung der Aktiengesellschaft* am Aktionärbindungsvertrag für *unzulässig, weil* eine Verpflichtung der Aktionäre, nach dem Willen der Aktiengesellschaft bzw. deren Verwaltungsrats zu handeln oder zu stimmen, *gegen die aktienrechtliche Kompetenzordnung* verstossen würde.[2] Auch würde dies zu einer *Machtkonzentration beim Verwaltungsrat* führen – ohne Übernahme eines entsprechenden Kapitalrisikos. Sodann düften den Aktionären aufgrund von Art. 680 OR durch die Aktiengesellschaft keine weiteren Pflichten auferlegt werden.[3]

406

Ähnlich argumentiert BÖCKLI:[4] Die Aktiengesellschaft könne nicht als juristische Person vertragliche Bindungen über die *Ausübung der sie selbst bestimmenden Mitwirkungsrechte* eingehen und damit ihre Willensbildung dem eigenen Willen unterwerfen.

407

Einzelne Autoren begründen ihre Ablehnung mit *Art. 659a Abs. 1 OR,* wonach das Stimmrecht an von der Gesellschaft selbst gehaltenen eigenen Aktien ruht. Mit der Beteiligung der Aktiengesellschaft an einem Aktionärbindungsvertrag werde diese Bestimmung *umgangen.*[5]

408

---

[1] Vgl. dazu BLOCH, 224 ff.; FISCHER, Parteienbestand, 13 f. m.w.H.; HARTMANN/SINGER, 551 m.w.H.; SCHOTT, § 13 N 50; TOGNI, N 938 (Anm. 2451) mit umfassender Darstellung der vertretenen Lehrmeinungen (N 888 ff.); WATTER/DUBS, Grossaktionäre, 18 f. (Anm. 39 f. m.w.H.).

[2] Ebenso SCHENKER, Übernahmerecht, 651; SCHLEIFFER, 185. – Zur aktienrechtlichen Kompetenzordnung vgl. N 373 ff.

[3] Vgl. dazu N 26 ff. – HINTZ-BÜHLER, 9; ähnlich auch APPENZELLER, 49; REYMOND, 201; SCHLEIFFER, 187 f.

[4] BÖCKLI, Aktionärbindungsverträge, 480; *ders.,* Aktienstimmrecht, 62; *ders.,* Aktienrecht, § 12 N 578; ähnlich auch MEYER, 421.

[5] DOHM, 96 f.; GLATTFELDER, 265a ff.; SCHOTT, § 13 N 50; ZIHLMANN, Abstimmungsvereinbarungen, 243 f.

409 Sodann werden *logische Gründe für die Unzulässigkeit* der Beteiligung der Aktiengesellschaft an einem sie betreffenden Aktionärbindungsvertrag geltend gemacht:[6] Die Gesellschaft könne den Aktionären keine Weisungen erteilen, wie die Generalversammlung zu entscheiden habe, weil über den Inhalt dieser Weisungen ihrerseits zunächst eine Generalversammlung befinden müsste. Diese Begründung übersieht allerdings, dass die Aktiengesellschaft mit dem Verwaltungsrat über ein weiteres Entscheidungsorgan verfügt, welches in den meisten Fällen über den Inhalt von Weisungen der Gesellschaft betreffend Stimmverhalten der Aktionäre entscheiden könnte.

410 PATRY schliesslich hält Aktionärbindungsverträge mit der betroffenen Gesellschaft als Partei auch für *rechtlich unmöglich.*[7]

B. Uneingeschränkte Zulässigkeit als Minderheitsmeinung

411 **Dezidiert anderer Meinung** ist LANG. Für ihn stellen die gegen die Beteiligung der Aktiengesellschaft vorgebrachten Gründe **keine genügende Rechtfertigung für die** daraus folgende **Einschränkung der Vertragsfreiheit** dar.[8] Auf seine Argumentation sei im Folgenden vertieft eingegangen:

412 Die *Zulässigkeit der vertraglichen Bindung* zwischen der Aktiengesellschaft und ihren Aktionären ergebe sich – so LANG – *aus dem allgemeinen Gleichbehandlungsgebot und aus dem Recht zur Partnerwahlfreiheit* der übrigen Beteiligten (als Teil der Vertragsfreiheit). Diese beiden Gründe halten u.E. bei genauerer Betrachtung nicht stand. Mit den Regeln betreffend eigene Aktien (Art. 659 ff. OR) schränkt der Gesetzgeber bewusst das Gleichbehandlungsgebot (mit Bezug auf die Möglichkeit zur Ausübung des Stimmrechts) zugunsten des Schutzes der aktienrechtlichen Kompetenzordnung ein; diese Gewichtung lässt sich ohne Weiteres auch auf die Frage der Zulässigkeit der Beteiligung der Aktiengesellschaft an einer sie betreffenden Stimmbindung übernehmen. Das Gleiche kann in Bezug auf die Einschränkung der Vertragsfreiheit gesagt werden.

413 In Bezug auf *Art. 659 ff. OR* geht LANG sodann davon aus, dass eine Beteiligung der Aktiengesellschaft an einer sie selbst betreffenden Stimmbindung keinen Stimmrechtsausschluss zur Folge hätte, weil die von den Aktionären gehaltenen Aktien nicht eigene Aktien der Gesellschaft seien und die Gesellschaft aufgrund der Begrenzung von 10% eigener Aktien auf die Aktionäre auch keinen beherrschenden Einfluss ausüben könnte. Beides würde allerdings auch für Aktien gelten, die von Tochtergesellschaften gehalten werden. Für diese gelten aber von Gesetzes wegen «die gleichen Einschränkungen und Folgen wie für den Erwerb eigener Aktien»

---

[6] PATRY, Stimmrechtsvereinbarungen, 15; STUBER, 106.
[7] PATRY, Accords, 80a f.
[8] LANG, 13 ff.; vgl. dazu auch TOGNI, N 939.

(Art. 659b Abs. 1 OR); auch eine Beteiligung der Aktiengesellschaft an einer Stimmbindung kann entsprechend als Umgehung von Art. 659a Abs. 1 OR aufgefasst werden.

Als weiteres Argument führt LANG den *Widerspruch* ins Feld, dass *Mitglieder des Verwaltungsrates* an einer Stimmbindungsvereinbarung beteiligt sein können, während dies der *Aktiengesellschaft untersagt* sein soll. Auch dies sticht nicht: Während nach der gesetzlichen Ordnung die Aktiengesellschaft selbst die Stimmrechte an ihren eigenen Aktien ohne Ausnahme nicht ausüben kann, gibt es für Mitglieder des Verwaltungsrats ein gesetzliches Stimmverbot nur in Bezug auf die Entlastung.[9] Diese Differenzierung könnte auch eine unterschiedliche Behandlung in Bezug auf Aktionärbindungsverträge rechtfertigen. Im Übrigen ist daran zu erinnern, dass auch die Beteiligung von Mitgliedern des Verwaltungsrates an einem Aktionärbindungsvertrag nicht ohne Einschränkung zulässig ist.[10]

Richtig ist hingegen u.E. LANGS Hinweis, dass sich die Unzulässigkeit der Beteiligung der Aktiengesellschaft an einer sie betreffenden Stimmbindung nicht auf das Verbot von Nebenleistungspflichten gemäss Art. 680 OR stützen lässt. Dieses Verbot betrifft einzig die gesellschaftsrechtliche Ebene, während sich Aktionäre vertraglich gegenüber der Gesellschaft wie auch untereinander ohne Weiteres zu zusätzlichen Leistungen verpflichten können.

Weitere Autoren halten Stimmbindungsvereinbarungen unter Beteiligung der Aktiengesellschaft deshalb für gültig, weil ein Aktionär trotz Vereinbarung immer noch die Möglichkeit habe, entgegen der vertraglichen Verpflichtung zu stimmen, er also letztlich in seiner Entscheidung immer noch frei sei – vorausgesetzt, er sei bereit, die Konsequenzen des Schadenersatzes oder einer Konventionalstrafe auf sich zu nehmen.[11] Diese Argumentation übersieht die Tatsache, dass neben der Klage auf Schadenersatz oder Konventionalstrafe grundsätzlich auch die Realdurchsetzung[12] möglich ist, welche einer freien Entscheidung gegen die Erfüllung einen Riegel schieben soll.

C. Neuere vermittelnde Positionen

1. Oft ein Problem der Begrifflichkeit

Betrachtet man die vorgetragenen Argumente gegen die Möglichkeit einer Beteiligung der Aktiengesellschaft an einem sie betreffenden Aktionärbindungsvertrag

---

[9] Vgl. dazu N 360 f.
[10] Vgl. dazu N 359 ff.
[11] Vgl. bei GLATTFELDER, 260a; SCHLUEP, wohlerworbene Rechte, 139 f.
[12] BUCHER, Obligationenrecht, 328 ff.; GAUCH/SCHLUEP/EMMENEGGER, N 2501 ff.; vgl. dazu N 2030 ff.

genauer, wird klar, dass sie sich regelmässig auf *Stimmbindungen* beziehen.[13] Dem liegt ein enger Begriff des Aktionärbindungsvertrages zugrunde.

418 Der in dieser Publikation verwendete umfassende Begriff[14] lässt hingegen die Beteiligung von Parteien zu, die nicht über Aktien verfügen[15] oder die sich zumindest **nicht hinsichtlich ihres Aktienstimmrechts oder anderer Aktionärsrechte verpflichten.** Dies hat auch Konsequenzen für die Beurteilung einer möglichen Beteiligung der Aktiengesellschaft.

2. Differenzierende Betrachtungsweise

419 Auf der Grundlage eines umfassenderen Begriffs des Aktionärbindungsvertrages finden sich denn auch bei anderen Autoren **differenzierende Betrachtungsweisen:**

420 So unterscheiden VON BÜREN/HINTZ zwischen «Pflichten ..., welche die Aktionärseigenschaft betreffen» und «Leistungen, die der Aktionär auch als aussenstehender Dritter erbringen könnte».[16] *In Bezug auf Stimmbindungsvereinbarungen gehen sie mit der überwiegenden Lehre einig,* dass es ein «aktienrechtlicher ‹Kurzschluss› [wäre], wenn die Aktiengesellschaft ihre Aktionäre in Bezug auf die Stimmausübung verpflichten dürfte und so den körperschaftlichen Willensbildungsprozess ihrem eigenen Willen unterwerfen könnte».[17] Soweit sich ein Vertrag mit der Aktiengesellschaft «auf andere Verpflichtungen [bezieht, welche die] Aktionärseigenschaft betreffen, so stellt diese Vereinbarung einen Verstoss beziehungsweise eine Umgehung des Verbotes von Nebenleistungspflichten gemäss OR 680 I dar».[18] Wenn es dagegen nicht direkt um die Aktionärsstellung gehe, sondern um Leistungen, welche ein Aktionär der Aktiengesellschaft als Dritter verspreche (z.B. Leistungen aus Arbeitsvertrag, Auftrag, Kaufvertrag, Mietvertrag, Lizenzvertrag usw.), sei eine vertragliche Bindung der Aktionäre gegenüber der Aktiengesellschaft möglich. In diesen Fällen liege allerdings nach der gängigen Definition gar kein Aktionärbindungsvertrag vor.[19]

421 Ähnlich argumentieren TRIPPEL/JAISLI KULL. Sie möchten allerdings eine Beteiligung der Aktiengesellschaft an einer Stimmbindung insofern zulassen, als die «Aktiengesellschaft (resp. der Verwaltungsrat) für die Umsetzung von Stimmbindungsvereinbarungen sorgt», indem der Verwaltungsrat in der Generalversammlung die

---

[13] Vgl. N 405 ff.
[14] Vgl. N 3 f.
[15] Vgl. dazu N 352 ff.
[16] VON BÜREN/HINTZ, 805.
[17] VON BÜREN/HINTZ, 806 f.
[18] VON BÜREN/HINTZ, 807.
[19] VON BÜREN/HINTZ, 808.

Stimmen der gebundenen Aktionäre aufgrund einer Vollmacht entsprechend der Stimmbindung ausübt.[20]

Gemäss MARTIN wäre ein *völliger Ausschluss der Aktiengesellschaft als Partei eines Aktionärbindungsvertrages nicht gerechtfertigt*. Sie möchte zumindest in den Bereichen der Erwerbsrechte, der Information an Aktionäre oder auch bei *Lock-up*-Vereinbarungen Ausnahmen zulassen.[21]

Differenzierend äussert sich auch STIRNEMANN. Er ist der Meinung, eine Aktiengesellschaft dürfe *nicht* Partei eines Aktionärbindungsvertrages sein, *wenn der Vertrag eine Stimmbindung enthalte*, wohl aber, wenn der Aktionärbindungsvertrag nur andere Verpflichtungen umfasse.[22]

Auch MUSTAKI/ALBERINI sehen Art. 680 Abs. 1 OR nicht als Grundlage für ein Verbot der Beteiligung der Aktiengesellschaft an einem sie selbst betreffenden Aktionärbindungsvertrag, solange der Vertrag nicht dazu dient, zwingende Bestimmungen des Aktienrechts oder die zwingende aktienrechtliche Kompetenzordnung zu umgehen.[23] Dies wäre der Fall bei einer Beteiligung der Aktiengesellschaft an einer Stimmbindung, wobei diese allerdings nur dann ungültig sein soll, wenn die Aktiengesellschaft über die Möglichkeit verfügt, diese auch rechtlich durchzusetzen.[24] Im Übrigen betrachten diese Autoren einen Aktionärbindungsvertrag unter Beteiligung der Aktiengesellschaft dann als ungültig, wenn er gegen das Gebot der Gleichbehandlung von Aktionären gemäss Art. 717 Abs. 2 OR verstösst, indem er den Beteiligten gegenüber unbeteiligten Aktionären ungerechtfertigte Vorrechte einräumt.[25]

---

[20] TRIPPEL/JAISLI KULL, 212 f. (Anm. 32). – U.E. handelt es sich bei einer solchen Verpflichtung der Aktiengesellschaft nicht um eine Beteiligung an einer Stimmbindung als solcher. Die Möglichkeit der Vertretung der Aktionäre durch den Verwaltungsrat dürfte im Übrigen mit der Revision des Aktienrechts und dem darin vorgesehenen Verbot der Organvertretung hinfällig werden (Art. 689b Abs. 2 VE-OR).
[21] MARTIN, 203 f.
[22] STIRNEMANN, 585; ähnlich REYMOND, 201 f.
[23] MUSTAKI/ALBERINI, 97; so auch VON DER CRONE, Aktienrecht, § 11 N 3.
[24] MUSTAKI/ALBERINI, 98. – Eine vertragliche «Verpflichtung» ohne die Möglichkeit ihrer rechtlichen Durchsetzung stellt u.E. keine Verpflichtung im obligationenrechtlichen Sinne dar, sondern höchstens eine nicht bindende Absichtserklärung oder ein *Gentlemen's Agreement*. Die Frage der Gültigkeit im Sinne von Art. 19 f. OR stellt sich dann gar nicht.
[25] MUSTAKI/ALBERINI, 99.

425 In letzter Zeit ist die Frage der Beteiligung der Aktiengesellschaft im Zusammenhang mit so genannten **Stillhaltevereinbarungen** *(Stand Still Agreements)*[26] und anderen **Vereinbarungen mit Gross- und Ankeraktionären**[27] intensiver diskutiert worden.

426 TOGNI postuliert eine strikte Trennung zwischen vertraglicher und aktienrechtlicher Ebene,[28] weshalb er die Beteiligung der Aktiengesellschaft auch an Stimmbindungsvereinbarungen zulassen bzw. jedenfalls «nicht kategorisch der Nichtigkeitsfolge [...]zuführen» will. Dies entbinde «den Verwaltungsrat indessen in keiner Weise von seinen Pflichten nach Art. 717 OR und [dürfe] nicht darüber hinwegtäuschen, dass der Verwaltungsrat, der mit Wirkung für die Gesellschaft eine für diese nicht vorteilhafte Stimmbindung abschliesst und jene dadurch am Vermögen schädigt, sich dem akuten Risiko einer erfolgreichen Verantwortlichkeitsklage ... aussetzt».[29]

427 WATTER/DUBS gehen insofern weniger weit, als nach ihrer Auffassung «das *Prinzip* zutreffend [ist], dass es der Grundstruktur der Aktiengesellschaft widerspricht, wenn sich die Aktionäre resp. das Organ Generalversammlung bei der Ausübung des Stimmrechts dem *freien Willen* derjenigen unterwerfen, die sie zu wählen haben».[30] Dies sei (aber nur) dann der Fall, wenn der Wille der Generalversammlung uneingeschränkt durch die Aktiengesellschaft selbst bzw. den Verwaltungsrat als deren Organ «geradezu *zwingend vorbestimmt*»[31] werden könne (**unzulässige Kompetenzusurpation**). Eine blosse Willensbeeinflussung der Generalversammlung durch die Aktiengesellschaft bzw. deren Verwaltungsrat sei hingegen zulässig (**zulässige Willensbeeinflussung**).[32] Durch eine vertragliche Verpflichtung im zweiten (und damit zulässigen) Sinne «legt der Aktionär sein Verhalten als Aktionär *freiwillig* für eine bestimmte Zeitspanne fest resp. verspricht der Gesellschaft, sich als Aktionär *im Eigeninteresse* in einem bestimmten Sinne zu verhalten».[33]

---

[26] Auch wenn der Begriff nicht einheitlich verwendet wird, versteht man darunter in der Regel einen schuldrechtlichen Vertrag zwischen einer Aktiengesellschaft und einem (Gross-)Aktionär, durch den sich der Aktionär zu Einschränkungen hinsichtlich Erwerb und/oder Veräusserung von Aktien sowie allenfalls zu einem bestimmten Stimmverhalten verpflichtet, wofür die Gesellschaft im Gegenzug dem Aktionär gewisse Rechte einräumt (z.B. Eintragung der Aktien im Aktienregister, Vorschlagsrecht für die Wahl in den Verwaltungsrat) (TOGNI, N 35 ff. und 58 ff.; HARTMANN/SINGER, 547 f.; WOLF/GABERTHÜEL, 212).

[27] Aktionäre mit einem bedeutenden Stimmrechtsanteil (über 20%), denen in der Regel ein breit gestreutes übriges Aktionariat gegenübersteht (HARTMANN/SINGER, 540).

[28] TOGNI, N 952 f.

[29] TOGNI, N 951.

[30] WATTER/DUBS, Grossaktionäre, 22.

[31] WATTER/DUBS, Grossaktionäre, 25.

[32] WATTER/DUBS, Grossaktionäre, 23.

[33] WATTER/DUBS, Grossaktionäre, 25.

Als Beispiele zulässiger Stimmbindungen nennen WATTER/DUBS das Nichtausüben der Stimmrechte für eine bestimmte Zeitspanne, die Begrenzung der Anzahl eigener Vertreter im Verwaltungsrat (z.B. entsprechend der Beteiligung), das Nichtabwählen des Verwaltungsratspräsidenten, das Verhindern einer bestimmten Fusion oder das Ausüben des Stimmrechts an der nächsten Generalversammlung im Sinne der Anträge des Verwaltungsrates.[34]

Auch HARTMANN/SINGER versuchen eine Abgrenzung zwischen der «unzulässigen Kompetenzusurpation» und einem verbleibenden Raum, in dem Stimmbindungen zwischen Aktionären und Aktiengesellschaft zulässig sein sollen. Nach diesen Autoren kann nur «*die weitgehend uneingeschränkte Festlegung und Festschreibung des Willens von Aktionären (in zeitlicher und materieller Hinsicht) mit einhergehenden (faktischen) Generalversammlungsmehrheiten durch die Gesellschaft bzw. deren Verwaltungsrat als unzulässige Missachtung der Grundstruktur der Aktiengesellschaft und damit als Kompetenzusurpation ... angesehen werden*». Erheblich sei für die Abgrenzung, «ob die Stimmbindung für den Aktionär bei der Festschreibung in ihrem Umfang und Gegenstand sowie auch Dauer bestimmt oder bestimmbar ist, womit eine ‹freiwillige› Zustimmung mit bestimmter oder bestimmbarer Stimmrechtsbindung erfolgt oder ob die Stimmbindung bzw. *Stimmausübung gemäss jeweiligen*, bei der Eingehung der Stimmbindung *noch nicht bekannten oder bestimmbaren Verwaltungsratsanträgen* eingegangen wird». Insbesondere sollten sich «solche Vereinbarungen im Falle der Stimmbindung von faktischen Generalversammlungsmehrheiten auf einzelne Gegenstände während zeitlich limitierter Dauer ... beschränken».[35] Bezüglich möglicher zulässiger Vereinbarungen folgen HARTMANN/SINGER den Beispielen von WATTER/DUBS, wobei jeweils die zeitliche Begrenzung stärker betont wird.

Das letzte Wort ist damit **in der Frage der Beteiligung der Aktiengesellschaft an Stimmbindungen sicher noch noch nicht gesprochen.** Auch fehlt bisher ein höchstrichterlicher Entscheid.

II. Eigene Stellungnahme

Nachfolgend soll aufgrund der soeben referierten Lehrmeinungen die eigene Position entwickelt werden. Dabei ist u.E. zwischen Stimmbindungsvereinbarungen (sogleich lit. A [N 432 ff.]), Vereinbarungen hinsichtlich weiterer aktienrechtlicher Mitgliedschaftsrechte (lit. B [N 442 ff.]) und Vereinbarungen nicht aktienrechtlicher Art (lit. C [N 446 ff.]) zu unterscheiden.

---

[34] WATTER/DUBS, Grossaktionäre, 26.
[35] HARTMANN/SINGER, 551 (Hervorhebung im Original).

A. Beteiligung an einer Stimmbindungsvereinbarung

1. Ausgangslage

432 Gegen die Beteiligung der Aktiengesellschaft an einer sie selbst betreffenden Stimmbindung gibt es gewichtige Bedenken: Denn wenn sich Aktionäre gegenüber der Aktiengesellschaft verpflichten, ihre Stimmrechte in der Generalversammlung nach deren Weisung auszuüben, beteiligt sich die Aktiengesellschaft an der sie selbst betreffenden Willensbildung. Dies widerspricht der zwingenden aktienrechtlichen Kompetenzordnung.[36] Es kann darin auch eine Umgehung der Bestimmung von Art. 659a Abs. 1 OR (Ruhen des Stimmrechts eigener Aktien) gesehen werden, die ebenfalls dem Schutz der aktienrechtlichen Kompetenzordnung dient.[37] Die Skepsis des Gesetzgebers gegenüber der Beeinflussung der Willensbildung der Generalversammlung durch die Aktiengesellschaft bzw. deren Verwaltungsrat kommt neuestens auch darin zum Ausdruck, dass bei Publikumsgesellschaften die Unabhängigkeit der institutionellen Stimmrechtsvertretung stark betont wird.[38]

433 Auf der anderen Seite können legitime Interessen an Stimmbindungen und anderen Vereinbarungen unter Beteiligung der Aktiengesellschaft bestehen,[39] sodass jedenfalls eine apodiktische Verneinung jeglicher Zulässigkeit von Stimmbindungspflichten gegenüber der Aktiengesellschaft als zu rigide erscheint. Die Abgrenzung zwischen zulässigen und unzulässigen Vereinbarungen ist freilich nicht einfach:

2. Abgrenzung zwischen zulässiger und unzulässiger Beteiligung der Aktiengesellschaft

434 Zunächst ist zum Zweck dieser **Abgrenzung** beim Aktionär zwischen seiner **Willens*bildung*** (Motivation) und seiner **Willens*ausübung*** (Stimmabgabe in der

---

[36] Art. 698 Abs. 2 und 716a Abs. 1 OR. – VON DER CRONE, Aktienrecht, § 11 N 12; ebenso BLOCH, 205, in Bezug auf Wahlklauseln zugunsten der Aktiengesellschaft, und WATTER/DUBS, Déchargebeschluss, 909, betreffend Verpflichtung zur Entlastung.

[37] BGE 117 II 290 E. 4d/aa (= Pra 1992, Nr. 137); BSK-LENZ/VON PLANTA, vor OR 659–659b N 3 und OR 659a N 1; SCHLEIFFER, 100 f.; SCHOTT, § 13 N 4 und 9 ff.

[38] Vgl. Art. 8 Abs. 3 und 11 VegüV (bzw. Art. 698b und 698c Abs. 3 VE-OR), wonach für börsenkotierte Aktiengesellschaften in Bezug auf die Unabhängigkeit des unabhängigen Stimmrechtsvertreters die Unabhängigkeitsvorschriften für die Revisionsstelle analog gelten und die Organ- und Depotvertretung ausgeschlossen sein sollen (ähnlich schon die Botschaft 2007, 1613 f.).

[39] Vgl. N 425 ff. – Was Stimmbindungen betrifft, geht es stets um Verpflichtungen der Aktionäre gegenüber der Aktiengesellschaft. Nicht möglich ist der umgekehrte Fall einer Stimmbindung der Aktiengesellschaft gegenüber den Aktionären: Die Stimmen von Aktien im Eigentum der Aktiengesellschaft ruhen von Gesetzes wegen (Art. 659a Abs. 1 OR) und können daher von der Aktiengesellschaft nicht ausgeübt werden.

Generalversammlung) zu unterscheiden. Dabei ist die Willensausübung des Aktionärs zugleich Teil der Willensbildung der Generalversammlung (als Organ). Eine **unzulässige Beeinflussung** der Willensbildung der Generalversammlung durch die Aktiengesellschaft findet u.E. *nur dann statt, wenn die Aktiengesellschaft nicht nur die Willensbildung des Aktionärs beeinflusst, sondern (auch) seine Willensausübung beherrscht.* Bezieht sich die Beeinflussung hingegen nur (oder jedenfalls überwiegend) auf die Willensbildung des Aktionärs, so kann diese Beeinflussung (und damit eine entsprechende Stimmbindung) als zulässig betrachtet werden, da sie sich diesfalls nur mittelbar auf die Willensbildung der Generalversammlung erstreckt.

Von einer **zulässigen,** weil blossen **Beeinflussung der Willensbildung** des Aktionärs ist z.B. dann auszugehen, *wenn sich eine Stimmbindung nur auf im Einzelnen vertraglich bestimmte oder zumindest bestimmbare Abstimmungs- und Wahlgegenstände bezieht.* Insofern deckt sich das hier vorgeschlagene Abgrenzungskriterium im Resultat weitgehend mit demjenigen von HARTMANN/SINGER.[40] Die zeitliche Komponente der Verpflichtung gegenüber der Aktiengesellschaft ist insofern von Bedeutung, als in langfristigen Verträgen eine Verpflichtung auf konkret bestimmte oder zumindest bestimmbare Abstimmungs- und Wahlgegenstände nur schwer oder gar nicht möglich erscheint. Immerhin erlaubt das hier vorgeschlagene Kriterium in Ausnahmefällen auch längerfristige Verpflichtungen.

Hängt dagegen die Willensausübung durch den Aktionär allein (oder überwiegend) von den Anweisungen der Aktiengesellschaft ab, weil sich der Aktionär *weit im Voraus* und/oder *ohne Kenntnis der konkreten Abstimmungs- und Wahlgegenstände* zur Stimmabgabe nach Weisung der Aktiengesellschaft verpflichtet hat, handelt es sich u.E. um eine unzulässige Beeinflussung der Willensbildung der Generalversammlung – eine entsprechende Vereinbarung ist *ungültig*.

Bei dieser Betrachtungsweise löst sich auch der scheinbare Widerspruch zwischen der unzulässigen bindungsvertraglichen Beeinflussung der Willensbildung der Generalversammlung durch die Aktiengesellschaft bzw. deren Verwaltungsrat und der Tatsache, dass der Verwaltungsrat diese Willensbildung allein schon aufgrund seiner gesetzlichen Aufgaben auf verschiedene Weise beeinflusst (ja beeinflussen muss), z.B. durch Traktandierung,[41] Anträge[42] und Berichte.[43] Diese *Einflussnahme bezieht sich jedoch stets auf die Willensbildung des Aktionärs, nicht auf dessen Willensausübung* – und damit nur mittelbar auf die Willensbildung der Generalversammlung.

---

[40] Vgl. N 429.
[41] Eine Pflicht des Verwaltungsrates aufgrund von Art. 700 Abs. 2 OR.
[42] Vgl. etwa Art. 700 Abs. 2 OR.
[43] Zu solchen wird der Verwaltungsrat durch das Gesetz verschiedentlich angehalten, vgl. Art. 14 FusG, Art. 29 Abs. 1 BEHG.

3. Fazit

438 **Zulässig** sind nach der hier vertretenen Ansicht *Stimmbindungen vor allem bei kurzfristigen Aktionärbindungsverträgen*, wie sie etwa in der Form von Stillhalteabkommen vorkommen, wenn sich die Vereinbarung auf eine oder bestimmte zeitlich bald folgende Generalversammlungen bezieht und der *Gegenstand* der Abstimmung bzw. Wahl bei Vertragsschluss bereits *bekannt* ist. **Unzulässig** dagegen sind *Stimmbindungen unter Beteiligung der Aktiengesellschaft, die längerfristig angelegt sind*, wie oft die schon erwähnten Vereinbarungen mit Gross- und Ankeraktionären, dies jedenfalls dann, *wenn es nicht um konkrete Gegenstände geht*.

439 Dies gilt zunächst für Stimmbindungsvereinbarungen, bei denen **alle oder** zumindest **eine Mehrheit der Aktionäre** bzw. Aktienstimmen an den Willen der Aktiengesellschaft **gebunden** werden. Denn in diesem Fall kann die Aktiengesellschaft die sie selbst betreffende Willensbildung vollständig beherrschen. Aber auch wenn sich **nur eine Aktionärsminderheit** verpflichtet oder wenn die Aktiengesellschaft nur mit einer Minderheitsstimme am Vertrag beteiligt ist,[44] kann die Aktiengesellschaft bei knappen Mehrheiten in der Lage sein, das Resultat einer Abstimmung zu beeinflussen. Auch in diesen Konstellationen müssen deshalb die hier entwickelten Kriterien gelten.

440 Gleiches muss sodann auch für die **Verpflichtung** von Aktionären gegenüber der Gesellschaft **zur Stimmenthaltung** gelten, denn auch durch Stimmenthaltung lässt sich das Resultat einer Abstimmung beeinflussen. Und schliesslich sind **auch** Vereinbarungen unter Aktionären, welche der Aktiengesellschaft im Sinne eines **echten Vertrages zugunsten Dritter** das Recht einräumen, von den Aktionären ein bestimmtes Stimmverhalten zu verlangen, nach den gleichen Kriterien zu beurteilen.[45]

441 Angesichts der bestehenden Unsicherheiten – Uneinheitlichkeit der Lehre, Fehlen höchstrichterlicher Entscheide – wird man in der Praxis Stimmbindungsvereinbarungen mit der Gesellschaft nach Möglichkeit vermeiden. Zumindest dann, wenn eine Mehrheit oder eine dominierende Minderheit des Aktionariats einheitlicher Meinung ist, können die Aktionäre mit dem gleichen Ergebnis die erforderlichen Vereinbarungen auch untereinander und ohne Beteiligung der Aktiengesellschaft abschliessen und so die geschilderte Ungewissheit vermeiden.

---

[44] A.M. SCHOTT, § 13 N 51, wonach eine Umgehung für sämtliche gebundenen Aktien nur dann vorliegt, wenn die Aktiengesellschaft die Willensbildung vertragsintern massgeblich beeinflusst hat.

[45] Art. 112 Abs. 2 und 3 OR. – Ein unechter Vertrag zugunsten Dritter bzw. der Aktiengesellschaft hingegen erscheint als zulässig, weil sich dabei die Aktionäre nur untereinander verbindlich verpflichten, nicht aber gegenüber der Aktiengesellschaft.

B. Verpflichtungen hinsichtlich weiterer aktienrechtlicher Mitgliedschaftsrechte

Die soeben entwickelten **Beurteilungskriterien** – die **zeitliche Begrenzung** und die **Bestimmtheit des Gegenstandes** – können auch im Bereich anderer Verpflichtungen von Aktionären gegenüber der Aktiengesellschaft Anwendung finden, soweit diese direkt ihre Aktionärseigenschaft, d.h. aktienrechtliche Mitgliedschaftsrechte betreffen.

Fruchtbar gemacht werden können sie etwa bei der Einschränkung von Mitwirkungs- und Minderheitenrechten wie beispielsweise dem Verzicht auf Einberufung und Traktandierung, auf das Stellen eigener Anträge oder auf den Antrag, eine Sonderprüfung zu veranlassen. Während solche Verpflichtungen eines Aktionärs im Einzelfall (für kurze Dauer und im Hinblick auf zumindest bestimmbare Gegenstände) zulässig sein können, ist bei länger dauerndem Verzicht und nicht absehbarer Tragweite die Rechtmässigkeit abzulehnen.[46]

Bei **Verpflichtungen** der Aktiengesellschaft gegenüber ihren Aktionären sowie Verpflichtungen der Aktionäre gegenüber ihrer Aktiengesellschaft, **welche die Stellung als Aktionär im weiteren Sinn betreffen,** ist **im Einzelfall zu prüfen,** ob zwingende Bestimmungen verletzt oder umgangen werden.[47] So würde beispielsweise eine generelle vertragliche Aktienübernahmeverpflichtung seitens der Gesellschaft gegen das **Verbot des Erwerbs eigener Aktien** von Art. 659 OR und das **Verbot der Einlagenrückgewähr** von Art. 680 Abs. 2 OR verstossen,[48] während eine bedingte Übernahmeverpflichtung oder eine solche im Einzelfall und unter Einhaltung der gesetzlichen Voraussetzungen. (der Kaufpreis wird nicht aus dem eingelegten Kapital bezahlt und die Voraussetzungen von Art. 659 und 717 Abs. 2 OR werden eingehalten) zulässig sein kann[49, 50]. Zulässig sind u.E. auch Veräusse-

---

[46] WOLF/GABERTHÜEL, 212.
[47] Ähnlich VON SALIS, Finanzierungsverträge, N 218.
[48] BSK-KURER/KURER, OR 680 N 24. – Ein Darlehen, das nicht zu Markt- bzw. Drittbedingungen (z.B. vollkommen ungesichert) an eine Aktionärin (z.B. die Konzernmuttergesellschaft) gewährt wird, stellt nach Ansicht des Bundesgerichts eine kapitalschutzrechtlich relevante Ausschüttung dar (vgl. BGer-Urteil 4A_138/2014 vom 16. Oktober 2014) und kann damit unter das Verbot der Einlagenrückgewähr fallen.
[49] HAYMANN, 86 f.; VON SALIS, Risiko, 221.
[50] Eine nach ihrem Wortlaut generelle Übernahmeverpflichtung kann wohl zumeist im Sinne einer *teleologischen Reduktion* als eine Verpflichtung unter Beachtung der erwähnten Schranken verstanden werden und daher mit diesen Einschränkungen zulässig sein. Zum gleichen Ergebnis kommt man auch gestützt auf die (analoge) Anwendbarkeit der Regeln über die *Teilnichtigkeit* (Art. 20 Abs. 2 OR, dazu N 301 ff.).

rungsbeschränkungen (wie sie etwa in Stillhaltevereinbarungen vorkommen),[51] jedenfalls, soweit sie mit einem blossen Vorhandrecht[52] der Aktiengesellschaft verbunden sind.[53] Möglich erscheint unter Umständen auch eine Zusicherung der Gesellschaft gegenüber Aktionären, für ein bestimmtes Verhalten der anderen Aktionäre einzustehen.[54]

445   In der Praxis nicht selten ist das Vereinbaren **erweiterter Informationsrechte,** verbunden mit einer Geheimhaltungsverpflichtung der Informationsempfänger. Solche Erweiterungen sind u.E. jedenfalls insoweit zulässig, als eine Gesellschaft sie auch freiwillig vornehmen könnte. Doch ist – da ein Konnex zur Aktionärsstellung besteht – der Grundsatz der Gleichbehandlung der Aktionäre zu beachten; es braucht also für die Differenzierung eine sachliche Rechtfertigung oder es ist das Paket von erweiterter Information und Geheimhaltungspflicht allen Aktionären in gleicher Weise anzubieten.[55, 56]

C.   Vereinbarungen nicht aktienrechtlicher Art zwischen Aktionären und Aktiengesellschaft

446   Geht es bei einer schuldrechtlichen **Vereinbarung zwischen Aktionären und Aktiengesellschaft nicht** um die **Aktionärsstellung** als solche, sondern um Leistungen, die ein Aktionär der Aktiengesellschaft auch als Dritter bzw. die Aktiengesell-

---

[51]   Vgl. N 1433.

[52]   Dazu N 1262 ff.

[53]   BAUMANN, 159; HARTMANN/SINGER, 550 f.; TOGNI, N 857 ff. und 877. – Nicht in die Kategorie der Mitgliedschaftsrechte fallen Erwerbsbeschränkungen, mit denen sich ein Aktionär verpflichtet, seine Beteiligung nicht zu erhöhen und auch nicht anderweitig Kontrollrechte zu erwerben. Eine solche Verpflichtung könnte auch ein Drittinvestor eingehen, der noch nicht Aktionär der Aktiengesellschaft ist. Es gibt keinen Grund, sie einem Aktionär zu versagen.

[54]   In diese Richtung geht in Bezug auf eine Verpflichtung gegenüber einem Dritten BGE 96 II 18 E. 2; die im gleichen Entscheid gemachten Ausführungen zur Gültigkeit einer Vereinbarung der Gesellschaft mit einem Nicht-Aktionär, diesen mit den vollen Rechten eines Aktionärs an die Generalversammlung zuzulassen, sind u.E. hingegen unrichtig und zu Recht kritisiert worden (so von KUMMER in ZBJV 1972, 129 ff.).

[55]   Vgl. Art 717 Abs. 2 OR, wonach die Aktionäre «unter gleichen Voraussetzungen gleich zu behandeln» sind.

[56]   Vertretbar dürfte es sein, Informationsprivilegien nur Aktionären einzuräumen, die bereit sind, ihre Aktien für eine bestimmte Dauer zu halten. Ob die blosse Grösse der Kapitalbeteiligung eine Differenzierung rechtfertigt, ist dagegen eher fraglich (vgl. auch N 1477 ff.; HARTMANN/SINGER, 540 ff.; WATTER/DUBS, Grossaktionäre, 27 ff.). Begründen lässt sie sich allenfalls – wenn dies im konkreten Fall zutrifft – mit der erschwerten Veräusserlichkeit einer solchen Position.

schaft ihrerseits auch einem Dritten versprechen könnte (etwa Leistungen aus Arbeitsvertrag, Auftrag, Kaufvertrag, Mietvertrag, Lizenzvertrag oder auch administrative Aufgaben in Zusammenhang mit der Vertragsabwicklung[57]), ist eine vertragliche Bindung zwischen Aktionären und Aktiengesellschaft **möglich**.[58] Der Aktionär ist in dieser Hinsicht im Verhältnis zur Gesellschaft einem Dritten gleichgestellt. Da jedoch solche Verträge allenfalls nicht *at arm's length* abgeschlossen werden, sondern von der Aktionärseigenschaft der Gegenpartei beeinflusst sind, enthält das Gesetz eine Reihe von Sondervorschriften.[59]

Für sich allein fallen solche Vereinbarungen ohnehin nicht unter den Begriff des Aktionärbindungsvertrages.[60] Sie können jedoch **Teil eines** umfassenderen Vertrages und mithin auch eines **Aktionärbindungsvertrages** sein, bei welchem die Aktiengesellschaft in Bezug auf bestimmte Vertragspunkte gegenüber Aktionären berechtigt oder verpflichtet wird.

Vgl. im Übrigen § 30 (N 1339 ff.) und § 31 (N 1420 ff.).

---

[57] Zu denken ist dabei etwa an die Einberufung der Versammlung der Vertragsparteien (vgl. N 943) oder treuhänderische Aufgaben bei Vorkaufs-, Vorhand- oder Kaufrechtsvorgängen.
[58] BGE 105 Ib 406 E. 4b, 80 II 267 E. 2; BLOCH, 258 f.; VON BÜREN/HINTZ, 807 f.; FORSTMOSER/MEIER-HAYOZ/NOBEL, § 42 N 43; GERICKE/DALLA TORRE, 48; BSK-KURER/KURER, OR 680 N 12; MUSTAKI/ALBERINI, 94; PFISTER, 12; STIRNEMANN, 585; TRIPPEL/JAISLI KULL, 214.
[59] Dazu hinten N 1345 ff.
[60] Vgl. dazu N 3 f.

2. Kapitel: Änderungen im Parteienbestand

Aktionärbindungsverträge sind überwiegend Dauerschuld- bzw. Dauerrechtsverhältnisse[1] mit einer Beteiligung von oft mehr als nur zwei Vertragsparteien. Neben den Fragen nach Dauer und Beendigung[2] bringt dies unweigerlich auch Fragen nach den **Voraussetzungen und Folgen von Änderungen im Bestand der Vertragsparteien** mit sich.[3]

Nachfolgend werden die folgenden Themenbereiche beleuchtet:

- **Ausscheiden** einer Vertragspartei durch *Tod* (natürliche Person) oder *Liquidation* (juristische Person), *Austritt* (u.a. bei Veräusserung der Aktien) und *Ausschluss* (§ 10 [N 455 ff.]);

- **Übergang** des Vertrages auf eine oder mehrere neue Parteien, insbesondere Erben (§ 11 [N 534 ff.]); sowie

- **Eintritt** einer neuen Vertragspartei (§ 12 [N 640 ff.]).

Weil Aktionärbindungsverträge oft als **Instrument der Unternehmensnachfolge** verwendet werden,[4] ist in diesem Zusammenhang der Übergang des Vertrages auf eine oder mehrere neue Parteien – besonders Erben – von Bedeutung. Weil es – neben steuerrechtlichen Fragen – dabei häufig zu Überschneidungen oder Berührungen mit ehe- oder erbrechtlichen Aspekten kommt, ist der Nachfolgeregelung bei der Ausgestaltung entsprechender Aktionärbindungsverträge besondere Beachtung zu schenken. Von entscheidender Bedeutung sind dabei die Umstände des konkreten Einzelfalles: Bei Familienaktiengesellschaften sind es die Familienkonstellationen und Verwandtschaftsbeziehungen,[5] in anderen Fällen die Frage der Eignung und die finanziellen Möglichkeiten eines potenziellen Unternehmensnachfolgers. Die vorliegenden Ausführungen beschränken sich auf diejenigen Aspekte, welche regelmässig zu beachten sind.

In Bezug auf das **Ehe- und** das **Erbrecht** sind folgende Fragen hervorzuheben:

- Wann ist eine Vereinbarung als **Verfügung von Todes wegen** zu qualifizieren und sind mithin die entsprechenden Formvorschriften einzuhalten?[6]

---

[1] Vgl. N 143 f.
[2] Vgl. §§ 50 ff. (N 1777 ff.).
[3] HINTZ-BÜHLER, 22; VON STEIGER, 407. – Umfassend dazu FISCHER, Parteienbestand, *passim*, insb. 108 ff., wo der Autor auf die minimale und lückenhafte gesetzliche Regelung sowie auf den Grundsatz der personellen Geschlossenheit von Personengesellschaften hinweist.
[4] HAAB, 384 ff.; MARTIN, 197 ff. – Zur Bedeutung der Unternehmensnachfolgen in der Schweiz vgl. etwa EITEL, 271 f.; LARDI in Dürr/Lardi 2; KINGA M. WEISS: Nachlassplanung für Familienunternehmen, AR 2011, 474 ff.
[5] MARTIN, 305 f.
[6] Vgl. N 471 ff., 570, 584 und 600 ff.

- Wann und in welchem Umfang ist dem **Pflichtteilsrecht** und der Pflicht zur Ausgleichung unter den Erben Rechnung zu tragen?[7]
- Welche Aspekte sind bei verheirateten Vertragsparteien im Hinblick auf das **Ehegüterrecht** zu beachten?[8]

453 Eng mit diesem Themenkreis verbunden sind sodann Fragen der **Verknüpfung bzw. Parallelität von Parteistellung und Eigentum an den Aktien:**[9] Denn zumeist besteht seitens der Vertragsparteien ein grosses Interesse daran, dass die Parteistellung im Aktionärbindungsvertrag und das Eigentum an den durch den Vertrag erfassten Aktien das **gleiche rechtliche Schicksal** haben und auf den gleichen Rechtsnachfolger übergehen.[10] Dies zum einen, weil der Kreis der am Vertrag (und an der Aktiengesellschaft) beteiligten Personen geschlossen gehalten (beispielsweise auf Angehörige einer bestimmten Familie beschränkt) werden soll,[11] zum zweiten, weil auch dann, wenn die Aktien von Dritten erworben werden,[12] die verbleibenden Vertragsparteien bestrebt sein können, diese Dritten (und die an sie übergegangenen Aktien) ebenfalls in den Aktionärbindungsvertrag einzubinden,[13] und schliesslich – und vor allem – auch, um ein Auseinanderfallen von Können und Müssen zu verhindern.[14]

454 Es kommen hierfür eine Reihen von Instrumenten in Frage:

- **erbrechtliche** Vorkehrungen;[15]
- **vertragliche** Regelungen wie Erwerbsrechte oder Veräusserungspflichten;[16] und schliesslich
- **aktienrechtliche** Mittel der Sicherung.[17]

---

[7] Vgl. N 473, 555, 576, 582, 588, 596 ff., 626 und 1723.
[8] Vgl. N 606; auch MARTIN, 308 ff.
[9] FISCHER, Parteienbestand, 167 ff. und 282 ff.
[10] HINTZ-BÜHLER, 177.
[11] PORTMANN, 31 f., 33 und 36 f.
[12] Etwa, weil keine Vertragspartei willens oder (finanziell) in der Lage war, die zum Erwerb angebotenen Aktien zu übernehmen, oder auch, weil Aktien aufgrund einer Vertragsverletzung in die Hände Dritter gelangt sind.
[13] FISCHER, Parteienbestand, 247; FORSTMOSER, Vinkulierung, 91.
[14] Vgl. N 497 ff. – Der Aktienerwerber, der nicht Vertragspartei ist, könnte zwar erfüllen, doch muss er nicht, während eine Vertragspartei ihren Verpflichtungen zwar nachkommen müsste, dies aber nicht kann, wenn sie nicht über Aktien verfügt.
[15] Vgl. insb. N 593 ff.
[16] Vgl. §§ 24 ff. (N 1170 ff.).
[17] Vgl. § 49 (N 1725 ff.).

§ 10 Ausscheiden einer Vertragspartei

I. Begriff

Ausscheiden meint die Beendigung der Parteistellung einer Partei bei gleichzeitigem Fortbestand des Vertrages.[1]

In einem engeren Sinn bedeutet Ausscheiden, dass die Parteistellung endet, weil und sobald ein **bestimmter Sachverhalt** eingetreten ist (dazu Ziff. II [N 460 ff.]).[2] Der Aktionärbindungsvertrag kann bestimmte Gründe (häufig der *Tod* oder die *Liquidation* einer Vertragspartei) oder Voraussetzungen vorsehen, bei deren Eintritt eine Vertragspartei aus dem Aktionärbindungsvertrag ausscheidet.[3]

Die *Folgen des Eintrittes solcher Sachverhalte*, insbesondere die Folgen des Todes, der Auflösung infolge Konkurses oder freiwilliger Liquidation sowie der Unterstellung unter umfassende Beistandschaft werden *in der Praxis aber häufig nicht oder nur rudimentär geregelt*. Dies, obwohl je nach Qualifikation des Aktionärbindungsvertrages die gesetzlichen Folgen (Universalsukzession, Ausscheiden der betroffenen Vertragspartei bzw. ihrer Rechtsnachfolger, Vertragsbeendigung, Liquidation gemeinschaftlicher Vermögenswerte etc.) sehr unterschiedlich und allenfalls unerwünscht sein können. Insbesondere dürfte die Vertragsbeendigung – eine im dispositiven Recht regelmässig vorgesehene Folge – häufig nicht im Sinn der (verbleibenden) Vertragsparteien sein.[4]

Fehlt eine Regelung, *muss der Wille der Vertragsparteien durch Auslegung ermittelt werden*. Nicht selten wird sich dann zwar ergeben, dass die Vertragsparteien von einer Fortsetzung des Vertrages ausgegangen sind, dass aber die genauen Modalitäten der Fortsetzung (z.B. nur mit den verbleibenden Vertragsparteien oder aber unter Beteiligung der Erben) unklar sind.

Hängt die Beendigung der Parteistellung vom Willen der betreffenden Vertragspartei ab, so spricht man präziser von **Austritt** (dazu Ziff. III [N 505 ff.]).[5] Hängt das Ausscheiden nur vom Willen der übrigen Vertragsparteien ab, geht es um den **Ausschluss** (dazu Ziff. IV [N 523 ff.]).[6]

---

[1] FISCHER, Parteienbestand, 123; HINTZ-BÜHLER, 186.
[2] HINTZ-BÜHLER, 187.
[3] FISCHER, Parteienbestand, 132 ff.
[4] HINTZ-BÜHLER, 177.
[5] FISCHER, Parteienbestand, 136; HINTZ-BÜHLER, 187.
[6] FISCHER, Parteienbestand, 140 ff.; HINTZ-BÜHLER, 188; WOLF, Subjektswechsel, 13 f.

II. Ausscheiden zufolge Eintrittes eines bestimmten Sachverhaltes

A. Ausscheiden zufolge Todes einer Vertragspartei

460 Nach dispositivem Gesetzesrecht hat der Tod einer Vertragspartei unterschiedliche Auswirkungen je nach dem, ob ein Aktionärbindungsvertrag als Gesellschaftsvertrag[7] oder als Schuldvertrag[8] zu qualifizieren ist:

1. Gesellschaftsrechtliche Aktionärbindungsverträge

a) Unvererblichkeit und Vertragsbeendigung als Grundsatz

461 Durch den **Tod einer Vertragspartei** wird ein *Aktionärbindungsvertrag, der als einfache Gesellschaft zu qualifizieren ist,* nach dispositivem Recht *aufgelöst* (Art. 545 Abs. 1 Ziff. 2 OR);[9] die *Mitgliedschaft* in einer einfachen Gesellschaft wird als höchstpersönlich und damit als *unvererblich* angesehen.[10]

462 Die von der verstorbenen Vertragspartei gehaltenen **Aktien** gehen hingegen durch **Universalsukzession** auf die Erben über.[11]

b) Verträge mit Fortsetzungsklausel

463 Die Bestimmung von Art. 545 Abs. 1 Ziff. 2 OR ist ausdrücklich dispositiver Natur. Die meisten Aktionärbindungsverträge dürften – ausdrücklich oder stillschweigend – unter der *Übereinkunft stehen, dass der Vertrag beim Tod einer Vertragspartei* (oder beim Eintritt eines anderen Beendigungsgrundes) unter den verbleibenden

---

[7] Sogleich N 461 ff.
[8] Dazu N 476 ff.
[9] Diese Bestimmung sieht die Auflösung und Liquidation der Gesellschaft vor, «wenn ein Gesellschafter stirbt und für diesen Fall nicht schon vorher vereinbart worden ist, dass die Gesellschaft mit den Erben fortbestehen soll». – FISCHER, Parteienbestand, 124 f.; HINTZ-BÜHLER, 178; SANWALD, 205.
[10] BGE 119 II 119 E. 3a; HÄUPTLI, PraxKomm Erbrecht, ZGB 560 N 9; HOCH, 31; MEIER-HAYOZ/FORSTMOSER, § 12 N 94. – Dem Tod eines Gesellschafters als Beendigungsgrund gleichgestellt sind die Verschollenerklärung (Art. 38 Abs. 1 ZGB) und die Unterstellung unter eine umfassende Beistandschaft (Art. 545 Abs. 1 Ziff. 3 OR i.V.m. Art. 398 ZGB).
[11] Sind die Aktien allerdings zu gemeinschaftlichem Eigentum in die Gesellschaft eingebracht worden (dazu N 1594 ff.), gilt auch für die Erben, dass die Aktien nur dann *in natura* an sie zurückfallen, wenn dies so vereinbart wird (vgl. N 465 f. und 1607; BGE 119 II 119 E. 3, 113 II 493 E. 2; KÜNZLE, PraxKomm Erbrecht, Einl. N 143; HOCH, 32 f.

Parteien *weitergeführt werden soll* (**Fortsetzungsklausel**, vgl. Art. 576 OR[12]).[13] Die entsprechende Vereinbarung kann im Aktionärbindungsvertrag enthalten sein, sie kann aber auch – als Gesellschaftsbeschluss mit Zustimmung aller Vertragsparteien[14] – in einem späteren Zeitpunkt vereinbart werden.[15] Einer besonderen Form bedarf eine solche Fortsetzungsklausel nicht, da sie als Rechtsgeschäft unter Lebenden zu qualifizieren ist.[16]

> Wenn eine Partei dieses Vertrages stirbt[, wenn der Liquidationsanteil einer Partei dieses Vertrages zur Zwangsverwertung gelangt, wenn eine Partei dieses Vertrages in Konkurs fällt oder wenn eine Partei dieses Vertrages unter umfassende Beistandschaft gestellt wird], bleibt dieser Vertrag unter den übrigen Vertragsparteien bestehen. Die Erben[, die Zwangsvollstreckungsbehörden, die Konkursverwaltung oder der Beistand] haben kein Recht, die Liquidation dieses Vertrages zu verlangen.

Die verstorbene Vertragspartei scheidet im Zeitpunkt ihres Todes aus dem Vertrag aus.[17] Die (dinglichen) Rechte der verstorbenen Vertragspartei am Vermögen der einfachen Gesellschaft, insbesondere die Rechte an allenfalls zu Eigentum eingebrachten Aktien,[18] wachsen den verbleibenden Gesellschaftern an.[19] Den Erben verbleibt ein schuldrechtlicher **Abfindungsanspruch** in der Höhe des anteilmässigen Fortführungswertes der einfachen Gesellschaft (analog Art. 580 Abs. 2 OR).[20]

---

[12] Die in Art. 576 OR vorgesehene Regelung gilt u.E. auch bei der einfachen Gesellschaft, für die das Gesetz keine Regeln zum Ausscheiden eines Gesellschafters enthält. Denn der Grundsatz der personellen Geschlossenheit der einfachen Gesellschaft ist nicht zwingender Natur; vgl. BK-Fellmann/Müller, OR 542 N 16.

[13] Bloch, 67; Fischer, Parteienbestand, 184 f.; Glattfelder, 344a; ZK-Handschin/Vonzun, OR 545–547 N 65 ff.; Hintz-Bühler, 178 f.; BK-Künzle, ZGB 517–518 N 336; BSK-Staehelin, OR 545/546 N 12 und 16a f.

[14] Vgl. N 992 ff. und 1006 ff.; von Steiger, 413.

[15] Fischer, Parteienbestand, 185. – Zum nachträglichen Beschluss über die Weiterführung nach dem Tod einer Vertragspartei vgl. N 474 f.

[16] Fischer, Parteienbestand, 186.

[17] Bloch, 77.

[18] Das Einbringen zu Eigentum ist in der Praxis die Ausnahme, vgl. N 1594.

[19] BGE 100 II 376 E. 2, 69 II 118 E. 2b; BK-Fellmann/Müller, OR 542 N 166 ff. m.w.H. und zu OR 542 N 174 ff. m.w.H.; Fischer, Parteienbestand, 232; ZK-Handschin/Vonzun, OR 545–547 N 66; Hausheer, Gesellschaftsvertrag, 134; ders., erbrechtliche Probleme, 104 und 118; Hintz-Bühler, 178 f.; Hoch, 33, 37 f. und 131 ff.; CHK-Jung, OR 542 N 3 f.; Meier-Hayoz/Forstmoser, § 12 N 93 ff.; Portmann, 33; BSK-Staehelin, OR 545/546 N 12 und zu OR 580 N 4; von Steiger, 416 ff. und 423 ff.; Wolf, Subjektswechsel, 17 f.; ders., einfache Gesellschaft, 83 ff. – So auch § 736 Abs. 1 BGB.

[20] Fischer, Parteienbestand, 186, 232 und 241; ZK-Handschin/Vonzun, OR 545–547 N 67 und 191 ff.; BSK-Staehelin, OR 580 N 4 f.

466 Bei Aktionärbindungsverträgen dürfte der Abfindungsanspruch in der Regel gering sein, sofern die gebundenen Aktien nicht im gemeinsamen Eigentum stehen (und nicht deren Rückerstattung *in natura* vereinbart worden ist[21]). Allenfalls sind Erwerbs- oder Veräusserungsrechte[22] einzubeziehen, wenn diesen ein bestimmbarer Wert zukommt.

467 Die Berechnung des Abfindungsanspruchs wird häufig vertraglich geregelt, wobei zur Bestimmung des Abfindungsanspruches bzw. des Werts der Aktien verschiedene in der Betriebswirtschaftslehre etablierte Bewertungsmethoden in Betracht kommen.[23]

468 Die Aktien der [Aktiengesellschaft] verbleiben im gemeinschaftlichen Eigentum der übrigen Vertragsparteien. Die Erben der verstorbenen Vertragspartei [oder die Konkursmasse] haben nur Anspruch auf Auszahlung des nach folgender Formel berechneten Wertes der von der [verstorbenen] Vertragspartei eingebrachten Aktien der [Aktiengesellschaft]: [Bewertungsformel].

469 Zur Möglichkeit eines **Kaufrechts** der verbleibenden Vertragsparteien von Todes wegen, soweit die **Aktien nicht im gemeinsamen Eigentum** der Vertragsparteien stehen oder die Rückerstattung *in natura* vereinbart ist, vgl. N 1290.

---

[21] FISCHER, Parteienbestand, 231.
[22] Vgl. N 1170 ff.
[23] Beispielsweise die Substanzwertmethode oder die *Discounted-free-cash-flow*-Methode (DCF). Gängig ist auch die «Praktikermethode»: (1 × Substanzwert + 2 × Ertragswert) ÷ 3. – Zur Unternehmensbewertung vgl. OLIVER AMBS/JEAN-JACQUES WYMANN: Unternehmensbewertung für Klein- und Mittelunternehmen, TREX 2011, 140 ff.; BÖCKLI, Aktienrecht, § 6 N 222 ff.; *ders.*, Rechnungslegung, N 836 ff.; PASCAL GANTENBEIN/MARCO GEHRIG: Moderne Unternehmensbewertung, Bewertungsziel mit Methodenmix erreichen, ST 2007, 602 ff.; LUZI HAIL/CONRAD MEYER: Abschlussanalyse und Unternehmensbewertung, Zürich 2006; CARL HELBLING: Unternehmensbewertung und Steuern, 9. Aufl., Düsseldorf 1998; LANGENEGGER in Dürr/Lardi, 135 ff.; SALZGEBER-DÜRIG, 29 f.; GIORGIO MEIER-MAZZUCATO: Aspekte der Unternehmensnachfolge und Unternehmensbewertung – Teil 1, TREX 2013, 144 ff.; GIORGIO MEIER-MAZZUCATO/MARC A. MONTANDON: Aspekte der Unternehmensnachfolge und Unternehmensbewertung – Teil 2, TREX 2013, 222 ff.; MARCUS A. HAUSER/ERNESTO TURNES: Unternehmensbewertung und Aktienanalyse, Grundlagen – Methoden – Aufgaben, 2. Aufl., Zürich 2014. – Bundesgerichtliche Erwägungen zu Bewertungsmethoden finden sich etwa in BGE 136 III 209 E. 6.2.2 ff. und im BGer-Urteil 2C_309/2013 vom 18. September 2013, E. 2.

c) Fortsetzungsklausel mit abweichendem Anspruch im Todesfall (Abfindungsklausel)

aa) Inhalt der Abfindungsklausel

Manchmal sehen Aktionärbindungsverträge vor, dass *im Todesfall* die Erben einen vom gesetzlichen Anspruch[24] oder von dem für das Ausscheiden aus anderen Gründen festgelegten Anspruch *abweichenden (meist tieferen) Abfindungsanspruch* erhalten sollen (**Abfindungsklausel**).[25] Als abweichender Abfindungsanspruch gilt dabei nicht nur ein im Betrag abweichender Anspruch, sondern auch schon eine zeitliche Erstreckung der Auszahlung, ihre Staffelung und ähnliches.[26]

470

bb) Verfügung von Todes wegen?

Im Falle einer solchen **Abfindungsklausel** stellt sich regelmässig die Frage, ob sie als letztwillige Verfügung, d.h. als Verfügung von Todes wegen zu qualifizieren ist und sie deshalb den entsprechenden Formerfordernissen unterliegt. (Die Fortsetzungsklausel selbst unterliegt als Rechtsgeschäft unter Lebenden den erbrechtlichen Formvorschriften nicht.[27])

471

Zweifellos liegt dann eine **Verfügung von Todes wegen** vor, *wenn der Tod als einziger Ausscheidensgrund genannt wird und eine Abfindung der Erben zugunsten der verbleibenden Vertragsparteien gänzlich ausgeschlossen wird;* es handelt sich dann um eine Schenkung von Todes wegen.[28] Ist der Abfindungsanspruch nicht gänzlich ausgeschlossen, sondern bloss *tiefer als der Fortführungswert,* so ist in der Regel von einer zumindest teilweisen Schenkung von Todes wegen auszugehen. Ist allerdings der Tod einer Vertragspartei nur *einer unter mehreren* – realistischen und nicht nur nebensächlichen – *Ausscheidensgründen,* so kann ein *Rechtsgeschäft unter Lebenden* vorliegen.[29]

472

---

[24] Vgl. N 465.
[25] BK-KÜNZLE, ZGB 517–518 N 336; STAUDINGER-HABERMEIER, Kommentar zu BGB 727 N 22.
[26] Die Erben sind so zu stellen, wie wenn die Liquidation des Vertrages ordentlich durchgeführt worden wäre (a.M. HOCH, 37).
[27] HAUSHEER, Abgrenzungen, 95 f.; HOCH, 50; KÜNZLE, PraxKomm Erbrecht, Einl. N 138; BSK-STAEHELIN, OR 545/546 N 12; WOLF, einfache Gesellschaft, 84.
[28] Art. 245 Abs. 2 ZGB; BGE 113 II 270 E. 2b, 99 II 268 E. 2.
[29] BGE 113 II 270 E. 2; 99 II 268 E. 2 f.; BÄR in ZBJV 1989, 238 ff.; BLOCH, 41 f.; BSK-BREITSCHMID, vor ZGB 467–536 N 36; BK-FELLMANN/MÜLLER, OR 530 N 541 m.w.H.; FISCHER, Parteienbestand, 241; GLOOR/FLURY, 309 f.; ZK-HANDSCHIN/VONZUN, OR 545–547 N 68 f.; HAUSHEER, Gesellschaftsvertrag, 136; *ders.,* erbrechtliche Probleme, 106; *ders.,* Abgrenzungen, 92 ff.; HINTZ-BÜHLER, 95; HOCH, 49 ff.; CHK-JUNG, OR 531 N 42; KÜNZLE, PraxKomm Erbrecht, Einl. N 139; MARTIN, 351 ff.; MEIER-

473 Die Abgrenzung ist oft delikat; das Bundesgericht betont, dass sie aufgrund «einer Würdigung aller Umstände des konkreten Falles vorzunehmen ist».[30] Im Zweifel dürfte es sich daher empfehlen, (auch) auf den Tod einer Vertragspartei hin wirkende Abfindungsklauseln den *Formerfordernissen der letztwilligen Verfügung* zu unterwerfen[31] und überdies darauf zu achten, dass *keine Pflichtteilsrechte*[32] *verletzt* werden.

d) Fortsetzung im Liquidationsstadium bei fehlender Fortsetzungsklausel

474 Wurde keine Fortsetzungsklausel[33] vereinbart, können die verbleibenden Vertragsparteien die Fortsetzung des Aktionärbindungsvertrages auch noch nach dem Tod einer Vertragspartei vereinbaren.[34] Dann allerdings bedarf die Vereinbarung – selbst wenn es nur um die Weiterführung des Vertrages allein unter den verbleibenden Vertragsparteien geht – der Zustimmung der Erben (oder im Falle der umfassenden Beistandtaft des Beistandes), weil die Erben (bzw. der Verbeiständete) an einem gemeinschaftlichen Vermögen im Liquidationsstadium dinglich berechtigt sind.[35] Ebenso bedürfen anderweitig von der ordentlichen Liquidation abweichende Regelungen (z.B. betreffend den Verbleib eingebrachter Aktien bei den übrigen Vertragsparteien oder die Aufschiebung oder Staffelung der Liquidation) der Zustimmung der Erben bzw. des Beistandes.

475 Stimmen die Erben (oder der Beistand) der Weiterführung des Vertrages nicht zu, hindert nichts die verbleibenden Vertragsparteien daran, unter sich einen *neuen, allenfalls gleich lautenden Aktionärbindungsvertrag* abzuschliessen. Es kann dann allerdings nicht sichergestellt werden, dass bisher bestehende oder erworbene Rechte weitergeführt bzw. wieder neu begründet werden können.

HAYOZ/FORSTMOSER, § 12 N 78; BSK-STAEHELIN, OR 545/546 N 12; WOLF, Subjektswechsel, 17 f.; *ders.,* einfache Gesellschaft, 85.

[30] BGE 99 II 268 E. 2b a.E.
[31] Vgl. N 627; ZK-HANDSCHIN/VONZUN, OR 545–547 N 70.
[32] EITEL, 282 f.
[33] Vgl. N 463 ff.
[34] FISCHER (Parteienbestand, 185) spricht in Abgrenzung zur Fortsetzungsklausel von «Fortsetzungsvereinbarung» (wobei aber zu beachten ist, dass auch die Fortsetzungsklausel auf einer Vereinbarung beruht). – Der letztmögliche Zeitpunkt der Vereinbarung dürfte – analog zum Widerruf des Auflösungsbeschlusses bei juristischen Personen (BGE 123 III 473 E. 2 ff.) – vor Beginn von Liquidationshandlungen liegen.
[35] BGE 119 II 119 E. 3b, 114 V 2 E. 3b, 69 II 118 E. 2b; ZK-HANDSCHIN/VONZUN, OR 545–547 N 16 und 38 f.; HOCH, 30 und 34 ff.; SANWALD, 205; BSK-STAEHELIN, OR 545/546 N 12.

2. Schuldrechtliche Aktionärbindungsverträge

a) Universalsukzession als Grundsatz

In schuldrechtlichen Verhältnissen – und damit auch bei schuldrechtlichen Aktionärbindungsverträgen – gehen die **Rechte und Pflichten** einer verstorbenen Vertragspartei durch **Universalsukzession** auf ihre Erben über (Art. 560 ZGB),[36] wobei sich an Bestand und Inhalt des Vertrages nichts ändert. Auch die von der verstorbenen Partei gehaltenen **Aktien** gehen auf die Erben über.

Die Erben können den Vertrag weiterführen oder ihn – wie schon der Erblasser – gestützt auf vertragliche oder gesetzlich vorgesehene Gründe beenden. So kann für die Erben die Fortsetzung des Vertrags aus bestimmten Gründen nicht zumutbar sein. Umgekehrt kann aber auch für die übrigen Vertragsparteien in der Person des oder der Erben ein Umstand liegen, der sie zur Kündigung aus wichtigem Grund berechtigt.[37]

Ausgenommen von der Vererblichkeit sind **höchstpersönliche Rechte,** die bei Aktionärbindungsverträgen aber kaum von Bedeutung sein dürften,[38] sowie **auftrags- und arbeitsvertragliche Rechte und Pflichten.**[39] Sind solche Rechte und Pflichten für den Vertrag als Ganzes nicht zentral, können sie entfallen, ohne dass deshalb der Vertrag als solcher dahinfallen muss. Wenn sie dagegen, wie die Pflicht zur Ausübung der Stimmrechte (soweit diese als Auftragsverhältnis zu qualifizieren ist),[40] von zentraler Bedeutung sind, dann kommt nur die Auflösung des Vertrages in Frage.

---

[36] HÄUPTLI, PraxKomm Erbrecht, ZGB 560 N 2 ff.; GLATTFELDER, 301a; HINTZ-BÜHLER, 170 und 178; MARTIN, 218.
[37] Vgl. N 1877 ff.; HINTZ-BÜHLER, 171 und 178.
[38] Eine Ausnahme stellt der Anspruch auf Schutz vor übermässiger Bindung aus Art. 27 Abs. 2 ZGB dar (vgl. dazu N 1913 ff.), der auch im Zusammenhang mit Aktionärbindungsverträgen relevant sein kann und den das Bundesgericht in BGE 129 III 209 E. 2.2 für höchstpersönlich und damit unvererblich erklärt hat. In der Konsequenz bedeutet dies, dass sich Erben nicht auf einen Anspruch auf vorzeitige Beendigung berufen können, auch wenn dem Erblasser ein solcher zugestanden hätte. Auch die Fortsetzung eines durch den Verstorbenen begonnenen Verfahrens ist nicht möglich, denn nach der Auffassung des Bundesgerichts ist es «auf Grund des geltenden Rechts ausgeschlossen, dass jemand als Vertreter eines Verstorbenen in dessen Namen eine Klage gemäss Art. 28 Abs. 1 ZGB anhebt oder weiterführt» (BGE 104 II 225 E. 5b m.H.; zustimmend zitiert in BK-MEILI, ZGB 28 N 35).
[39] Vgl. N 1441 ff.; HÄUPTLI, PraxKomm Erbrecht zu ZGB 560 N 7 f.
[40] Vgl. N 194 ff.

b) Tod als Beendigungsgrund

479 Die Vertragsparteien können vorsehen, dass eine Vertragspartei im Zeitpunkt ihres Todes aus dem Vertrag ausscheidet, während dieser unter den verbleibenden Vertragsparteien weiter bestehen soll (**Fortsetzungsklausel**).[41]

480 Der **Tod** einer Partei kann aber auch **Beendigungsgrund** für den Aktionärbindungsvertrag sein.[42] Dies kann sich **ausdrücklich** aus dem Vertrag ergeben **oder** aber **stillschweigend** vorausgesetzt sein, wenn die persönlichen Fähigkeiten, Eigenarten oder Interessen der verstorbenen Vertragspartei für den Vertrag von wesentlicher Bedeutung sind, durch den Tod dieser Person der Vertragszweck entfällt oder der Vertrag dadurch nachträglich unmöglich wird.

B. Ausscheiden zufolge Auflösung einer Vertragspartei durch freiwillige Liquidation

481 Auch bei der Auflösung **juristischer Personen und im Handelsregister eingetragener Personengesellschaften** durch freiwillige Liquidation ist zwischen gesellschaftsrechtlich und schuldrechtlich konzipierten Aktionärbindungsverträgen zu unterscheiden:

1. Gesellschaftsrechtliche Aktionärbindungsverträge

482 Das Gesetz regelt nicht ausdrücklich, welche Folgen die freiwillige Liquidation einer juristischen Person oder einer im Handelsregister eingetragenen Personengesellschaft für eine einfache Gesellschaft hat, deren Gesellschafterin sie ist. Nach unbestrittener Lehre findet aber auch in diesem Fall der **Beendigungsgrund von Art. 545 Abs. 1 Ziff. 2 OR** (Tod einer Vertragspartei) Anwendung.[43] In diesem Fall ist der Zeitpunkt der Beendigung im Zeitpunkt der Auflösung der Gesellschaft anzusetzen.[44] Im Unterschied zum Tod einer Vertragspartei findet keine Universalsukzession statt; es tritt keine andere Person in die Rechte und Pflichten der aufzulösenden Vertragspartei ein. Die Rechtsverhältnisse müssen vielmehr erst beendet und abgewickelt werden, das verbleibende Vermögen wird, soweit nicht

---

[41] Vgl. N 463 ff.
[42] Vgl. N 1815 ff.
[43] BK-FELLMANN/MÜLLER, OR 542 N 15; GLATTFELDER, 301a; ZK-HANDSCHIN/VONZUN, OR 545–547 N 35; HINTZ-BÜHLER, 170 f. und 178; HOCH, 30 f. und 34; CHK-JUNG, OR 545–546 N 4; BSK-STAEHELIN, OR 545/546 N 9; WOLF, einfache Gesellschaft, 80.
[44] ZK-HANDSCHIN/VONZUN, OR 545–547 N 35; BSK-STAEHELIN, OR 545/546 N 9 m.w.H.

anders vereinbart, «versilbert» und an die Gesellschafter verteilt. Erst danach erfolgt die Löschung im Handelsregister.[45]

Wie beim Tod einer Vertragspartei kann der Vertrag durch Vereinbarung einer Fortsetzungsklausel[46] unter den verbleibenden Vertragsparteien aufrecht erhalten werden.

Die von der zu liquidierenden Vertragspartei gehaltenen und vom Aktionärbindungsvertrag erfassten Aktien werden entweder an Dritte veräussert («versilbert») oder *in natura* an Mitglieder oder Gesellschafter der Vertragspartei übertragen.[47] Es können für diesen Fall auch entsprechende Vorkaufs- oder Kaufrechte[48] zugunsten der verbleibenden Parteien des Aktionärbindungsvertrages vereinbart werden.

2. Schuldrechtliche Aktionärbindungsverträge

Bei schuldrechtlichen Aktionärbindungsverträgen ist der Übertritt einer Vertragspartei in das Stadium der Liquidation für sich allein noch kein Grund zur (vorzeitigen) Beendigung; vielmehr sind die vertraglichen Rechte und Pflichten *weiterhin einzuhalten*.[49] Verbindlich bleiben etwa Stimmbindungen, aber auch Erwerbsrechte der anderen Vertragsparteien. Das Stadium der Liquidation führt allerdings dazu, dass alle bestehenden Rechtsverhältnisse der aufzulösenden Vertragspartei, darunter auch Aktionärbindungsverträge, schliesslich *zu beenden und abzuwickeln* sind.

Es können freilich die durch den Eintritt in das Stadium der Liquidation geänderten Umstände Anlass zu einer Kündigung aus wichtigem Grund oder einer Vertragsänderung geben.[50]

---

[45] BÖCKLI, Aktienrecht, § 17 N 23; ZK-BÜRGI/NORDMANN, OR 742–744 N 1; VON DER CRONE, Aktienrecht, § 14 N 71 f.; FORSTMOSER/MEIER-HAYOZ/NOBEL, § 54 N 6 ff.; MEIER-HAYOZ/FORSTMOSER, § 16 N 628 ff.; BSK-STÄUBLI, OR 743 N 1 ff. – Solange die Rechte und Pflichten nicht abgewickelt sind, kann die juristische Person nicht im Handelsregister gelöscht werden (ZK-BÜRGI/NORDMANN, OR 746 N 1).
[46] Vgl. N 463 ff.
[47] Sind die Aktien hingegen zu gemeinschaftlichem Eigentum in den Vertrag eingebracht worden (vgl. N 1594 ff.), fallen sie nur dann *in natura* an die zu liquidierende Vertragspartei zurück, wenn dies so vereinbart ist (vgl. N 465 f. und 1607).
[48] Vgl. N 1178 ff. bzw. N 1285 ff.
[49] ZK-BÜRGI/NORDMANN, OR 739 N 2 und zu OR 742–744 N 32; FORSTMOSER/MEIER-HAYOZ/NOBEL, § 55 N 160; BSK-STÄUBLI, OR 743 N 1.
[50] Vgl. N 1877 ff. und 1972 ff.

C. Ausscheiden zufolge Auflösung einer Vertragspartei ohne Liquidation (Umstrukturierung)

1. Gesellschaftsrechtliche Aktionärbindungsverträge

487 Ohne Liquidation werden juristische Personen oder im Handelsregister eingetragene Personengesellschaften aufgelöst, wenn sie im Rahmen einer Fusion oder Spaltung untergehen und gelöscht werden (Art. 3 Abs. 2 und Art. 29 lit. a FusG); zugleich gehen mit Eintragung der Fusion bzw. Spaltung im Handelsregister die betreffenden Aktiven und Passiven der juristischen Person oder der im Handelsregister eingetragenen Personengesellschaft auf dem Weg der **Universalsukzession** auf den neuen, **übernehmenden Rechtsträger** über (Art. 22 Abs. 1 bzw. Art. 52 FusG).[51] Die veränderten Umstände können allenfalls Anlass zu einer Kündigung aus wichtigem Grund oder einer Vertragsänderung sein.[52]

2. Schuldrechtliche Aktionärbindungsverträge

488 Für die Auflösung ohne Liquidation (Umstrukturierung) gilt für schuldrechtliche Aktionärbindungsverträge dasselbe wie für gesellschaftsrechtliche (vgl. soeben N 487).

D. Ausscheiden wegen Zwangsverwertung des Liquidationsanteils oder Konkurses einer Vertragspartei

1. Gesellschaftsrechtliche Aktionärbindungsverträge

a) Auflösung einer Vertragspartei durch Liquidation im Konkurs

489 Wie die Auflösung durch freiwillige Liquidation[53] führt die **Eröffnung des Konkurses**[54] und die darauf folgende Liquidation zur **Beendigung** eines gesellschaftsrechtlichen Aktionärbindungsvertrages (Art. 545 Abs. 1 Ziff. 3 OR).[55]

---

[51] MEIER-HAYOZ/FORSTMOSER, § 25 N 29 ff. und 67 f. – Bei der Spaltung ist zu beachten, dass der Übergang der Aktiven und Passiven aufgrund eines Inventars im Spaltungsvertrag bzw. Spaltungsplan erfolgt (Art. 37 lit. b FusG). Aktionärbindungsvertrag und Aktien gehen damit nicht zwingend auf den gleichen neuen Rechtsträger über.

[52] Vgl. N 1877 ff. und 1972 ff.

[53] Vgl. N 481 ff.

[54] Welche – im Unterschied zur freiwilligen Liquidation – neben juristischen Personen und im Handelsregister eingetragene Personengesellschaften auch im Handelsregister eingetragene Einzelunternehmen betreffen kann (Art. 39 Abs. 1 SchKG).

[55] BSK-STAEHELIN, OR 545/546 N 15. – Zu den Folgen des Konkurses einer Vertragspartei für den Aktionärbindungsvertrag vgl. auch N 2109 ff.

Nicht restlos geklärt ist die Frage, ob auch für den Fall des Konkurses (und der Zwangsverwertung des Liquidationsanteiles) vertraglich eine **Fortsetzungsklausel** vereinbart werden kann. Zumindest ein Teil der Lehre erachtet Art. 545 Abs. 1 Ziff. 3 OR als zwingend,[56] während der überwiegende Teil – u.E. zu Recht – die Vereinbarung einer solchen Klausel und damit der Weiterführung des Vertrages unter den übrigen Parteien als zulässig erachtet, sofern und solange die Gläubiger der ausscheidenden Vertragspartei durch die Fortsetzung des Vertrages nicht schlechter gestellt werden als durch dessen Auflösung.[57] Die Vereinbarung eines durch den Konkurs bedingten Kaufrechts an den Aktien der in Konkurs gefallenen Vertragspartei ist hingegen nicht möglich, da ein solches Kaufrecht im Konkursfall in eine Geldforderung umgewandelt würde.[58]

Auch nach der Konkurseröffnung kann die Fortsetzung des Vertrages unter den verbleibenden Vertragsparteien vereinbart werden, doch bedarf dies der Zustimmung der zweiten Gläubigerversammlung.[59] Ohne diese Zustimmung hindert allerdings nichts die verbleibenden Vertragsparteien daran, unter sich einen neuen, gleichlautenden Aktionärbindungsvertrag abzuschliessen. Es kann dann jedoch nicht sichergestellt werden, dass bisher bestehende oder erworbene Rechte weitergeführt bzw. wieder neu begründet werden können.

b) Auflösung bei Zwangsverwertung des Liquidationsanteils einer Vertragspartei

Gelangt im Rahmen einer Betreibung der **Liquidationsanteil,** der einer Partei an einem gesellschaftsrechtlich konzipierten Aktionärbindungsvertrages zukommt, zur Zwangsverwertung,[60] so ist dies nach Art. 545 Abs. 1 Ziff. 3 OR ebenso ein Beendigungsgrund wie die Eröffnung des Konkurses über eine Vertragspartei.[61] Da allerdings der Liquidationsanspruch der Parteien eines Aktionärbindungsvertrages oft kaum werthaltig oder verwertbar ist (sofern nicht die gebundenen Aktien gemeinschaftlich gehalten werden[62]), dürften Zwangsverwertung bzw. Verpfändung freilich meist nicht zielführend sein.

---

[56] HOCH, 65 ff. m.w.H.
[57] FISCHER, Parteienbestand, 280 f.; HOCH, 67; CHK-JUNG, OR 545–546 N 5 f.; BSK-STAEHELIN, OR 545/546 N 16a.
[58] Art. 211 Abs. 1 SchKG; FISCHER, Parteienbestand, 277 f.
[59] BSK-STAEHELIN, OR 545/546 N 16a; VON STEIGER, 453.
[60] Denkbar ist dies dann, wenn im Rahmen einer Betreibung der Liquidationsanteil als Vermögenswert gepfändet wurde oder wenn der Liquidationsanteil als Sicherheit verpfändet war und nun zur Pfandverwertung gelangt.
[61] BSK-STAEHELIN, OR 545/546 N 14.
[62] Vgl. N 1594 ff.

493 Weitaus häufiger wird der Fall eintreten, dass gebundene **Aktien** im Eigentum einer Vertragspartei zur Zwangsverwertung gelangen, sodass diese zwar Partei des weiterhin bestehenden Aktionärbindungsvertrages bleibt, jedoch nicht mehr über die Aktien verfügt, die sie zur Vertragserfüllung benötigt. Soweit keine vertragliche Regelung besteht,[63] kann dieser Umstand für die anderen Vertragsparteien Anlass zu einem Ausschluss der betroffenen Partei oder zu einer Kündigung der Gesellschaft aus wichtigem Grund bzw. zu einer Vertragsänderung sein.[64]

494 Sinnvoll und zulässig ist für diesen Fall auch die Vereinbarung eines durch die Zwangsverwertung bedingten Kaufrechts der übrigen Vertragsparteien.[65]

2. Schuldrechtliche Aktionärbindungsverträge

495 Im Unterschied zur Auflösung durch freiwillige Liquidation[66] hat die **Eröffnung des Konkurses**[67] und die darauf folgende Liquidation *weitreichende Auswirkungen auf schuldrechtliche Vertragsverhältnisse*: Ihr Schicksal wird fortan von den Regeln des Schuldbetreibungs- und Konkursrechts bestimmt.[68]

496 In Bezug auf die **Zwangsverwertung** gebundener Aktien[69] kann auf die Ausführungen zu den gesellschaftsrechtlichen Vertragsverhältnissen verwiesen werden (vgl. N 493 f.).

E. Ausscheiden wegen Veräusserung der gebundenen Aktien oder Aufgabe der Tätigkeit in der Aktiengesellschaft

1. Veräusserung der gebundenen Aktien

497 Das Eigentum an gebundenen Aktien und die Parteistellung im Aktionärbindungsvertrag sind meist nicht dinglich miteinander verbunden.[70] Es kann daher der Fall

---

[63] Zum vergleichbaren Fall des Ausscheiden aus dem Vertrag wegen Veräusserung der gebundenen Aktien vgl. N 497 ff.
[64] Vgl. N 1877 ff. und 1972 ff.
[65] FISCHER, Parteienbestand, 276 f.
[66] Vgl. N 485 f.
[67] Neben juristischen Personen und im Handelsregister eingetragenen Personengesellschaften können im Unterschied zur freiwilligen Liquidation auch im Handelsregister eingetragene Einzelunternehmen vom Konkurs betroffen sein (Art. 39 Abs. 1 SchKG).
[68] AMONN/WALTHER, § 40 N 1 ff., § 42 N 14 und 32 ff.; VON DER CRONE, Aktienrecht, § 14 N 53; FORSTMOSER/MEIER-HAYOZ/NOBEL, § 56 N 5; REUTTER, 350; BSK-STÄUBLI, OR 736 N 16; BSK-SCHWOB, SchKG 211 N 1. – Vgl. dazu N 2109 ff.
[69] Die Zwangsverwertung des Liquidationsanteils eines schuldrechtlichen Vertrages ist hingegen kaum denkbar.
[70] Vgl. N 1594.

eintreten, dass eine Vertragspartei zwar ihre gebundenen Aktien veräussert, aber weiterhin Partei des Aktionärbindungsvertrages bleibt. Die dadurch entstehende Konstellation ist paradox: Die veräussernde Partei bleibt weiterhin aus dem Vertrag verpflichtet, ist aber nicht mehr in der Lage, ihre Pflichten zu erfüllen. Der (Dritt-)Erwerber dagegen könnte die Vertragspflichten zwar erfüllen, doch ist er dazu nicht verpflichtet.

Zur Vermeidung solcher Konstellationen wird allenfalls die Veräusserung der gebundenen Aktien durch eine Vertragspartei als **Ausscheidensgrund** aus dem Vertrag vereinbart.[71]

> Eine Vertragspartei scheidet aus diesem Vertrag aus, wenn sie alle unter diesen Vertrag fallenden Aktien der [Aktiengesellschaft] veräussert hat.

> Mit der Veräusserung sämtlicher diesem Vertrag unterstehenden Aktien der [Aktiengesellschaft] scheidet die betreffende Vertragspartei zugleich aus diesem Vertrag aus.

> Sinkt die Aktienbeteiligung einer Vertragspartei unter [5%] aller Aktien der [Aktiengesellschaft], scheidet die betreffende Vertragspartei aus diesem Vertrag aus.

Um eine Veräusserung an unbeteiligte Dritte zu verhindern, wird die Veräusserung der Aktien durch eine Vertragspartei häufig verknüpft mit **Erwerbsrechten** der übrigen Vertragsparteien.[72] Das Erwerbsrecht kann – wenn für den Veräussernden unattraktiv ausgestaltet – auch als Sicherungsmittel dienen, um eine unerwünschte Aktienübertragung (an Dritte) zu verhindern.

2. Aufgabe der Tätigkeit in der Aktiengesellschaft

Für personenbezogene Aktiengesellschaften kann nicht nur die Aktionärseigenschaft einer Vertragspartei von entscheidender Bedeutung sein, sondern auch ihre Tätigkeit in der Aktiengesellschaft, sei es im Verwaltungsrat, als Geschäftsführer, als Entwickler oder Erfinder (z.B. in einem Startup-Unternehmen) oder in anderer Funktion. Es kann sich deshalb auch ein Ausscheiden aus einem Aktionärbindungsvertrag für den Fall der Aufgabe dieser Tätigkeit in der Aktiengesellschaft und eine entsprechende Regelung im Aktionärbindungsvertrag aufdrängen.[73]

---

[71] FISCHER, Parteienbestand, 134 f.; HINTZ-BÜHLER, 187; vgl. auch BLOCH, 77 (der in diesem Fall von einem automatischen Ausscheiden aus dem Vertrag ausgeht).
[72] Dazu N 1170 ff.
[73] FISCHER, Parteienbestand, 135.

F. Weitere Ausscheidensgründe

504 Den Parteien des Aktionärbindungsvertrages steht es frei, das Ausscheiden einer Vertragspartei oder ihr Recht zum Austritt anstelle der Vertragsauflösung für weitere Situationen vorzusehen. Zu denken ist an die Aufgabe der Erwerbstätigkeit, falls diese für die Aktiengesellschaft von Bedeutung war, oder an andere in der Person eines Beteiligten liegende Beendigungsgründe[74] wie den Wechsel des Güterstandes.[75]

III. Austritt einer Vertragspartei

A. Im Allgemeinen

1. Erfordernis einer Regelung im Vertrag

505 Austritt einer Vertragspartei aus einem Vertrag meint die **Beendigung der Parteistellung** der betreffenden Partei **unter Fortbestand des Vertrages**. Diese *Möglichkeit sieht weder das allgemeine Schuldvertragsrecht noch das Recht der einfachen Gesellschaft vor*. Gesetzlich vorgesehen sind nur die vollständige Vertragsbeendigung mit Wirkung für alle Parteien durch (ordentliche oder ausserordentliche) Kündigung. Nach der Auflösung des Vertrages ist ein neuer Vertragsschluss durch die verbleibenden Parteien erforderlich, wenn eine Weiterführung der Beziehung beabsichtigt ist.

506 Es ist den Vertragsparteien jedoch unbenommen (und es empfiehlt sich zumeist), im Aktionärbindungsvertrag ein *individuelles Austrittsrecht* vorzusehen.[76] Dadurch schaffen die Parteien ein Gestaltungsrecht, das durch einseitige, empfangsbedürftige Willenserklärung auszuüben ist. Zu vereinbaren haben die Vertragsparteien zudem die Modalitäten, so z.B., auf welche Termine und mit welcher Frist der Austritt erklärt werden kann.[77]

507 | Jede Vertragspartei kann [nach einer Vertragsdauer von drei Jahren] [mit einer Frist von sechs Monaten] [auf das Ende jeden Geschäftsjahres der [Aktiengesellschaft] / auf das Ende eines Monats]

---

[74] BGE 100 II 376 E. 2; HINTZ-BÜHLER, 187; VON STEIGER, 414; WOLF, Subjektswechsel, 14 f.; *ders.,* einfache Gesellschaft, 74.

[75] Statt des automatischen Ausscheidens kann ein Recht zum Ausschluss des Betreffenden vorgesehen sein, vgl. N 523 ff.

[76] BLOCH, 78; FISCHER, Parteienbestand, 125 und 135 ff.; HINTZ-BÜHLER, 187; HOCH, 126; CHK-JUNG, OR 542 N 3; BSK-STAEHELIN, OR 545/546 N 5; VON STEIGER, 413; WOLF, Subjektswechsel, 14 f.; *ders.,* einfache Gesellschaft, 74.

[77] FISCHER (Parteienbestand, 138) spricht sich dafür aus, bei fehlender Regelung Art. 546 Abs. 1 OR (sechsmonatige Kündigungsfrist) analog anzuwenden; vgl. auch a.a.O., 273.

> ihren Austritt aus diesem Vertrag erklären. Der Vertrag wird unter den verbleibenden Parteien weitergeführt. [Der austretenden Partei steht kein Abfindungsanspruch zu.]

Terminologisch ist in Aktionärbindungsverträgen oft von «Kündigung» oder von «Kündigung der Mitgliedschaft» die Rede,[78] obwohl eine Kündigung im technischen Sinn zur Beendigung des Aktionärbindungsvertrages führt.[79] Die falsche Bezeichnung schafft zwar Unklarheit (und sollte vermieden werden), ist aber insofern unschädlich, als der wirkliche Wille der Parteien – so er denn durch Auslegung eruiert werden kann – vorgeht (Art. 18 Abs. 1 OR).

2. Austritt aus gesellschaftsrechtlichen Aktionärbindungsverträgen

Sieht ein gesellschaftsrechtlicher Aktionärbindungsvertrag die Möglichkeit des Austrittes vor, so dürfte im Übrigen analog das Gleiche gelten wie beim Ausscheiden einer Vertragspartei durch Tod:[80] Der austretenden Vertragspartei steht, soweit nichts anderes vereinbart ist, ein obligatorischer Abfindungsanspruch zu, der sich in seiner Höhe mangels anderer Vereinbarung wiederum nach der Bestimmung von Art. 580 Abs. 2 OR richtet.[81] Die Möglichkeit des Austritts und dessen Voraussetzungen können bereits im Voraus vereinbart sein oder erst im konkreten Fall durch gemeinsamen (einstimmigen) Beschluss der Vertragsparteien geregelt werden (Austrittsvertrag).[82]

Sinkt die Zahl der Vertragsparteien durch Austritte auf eins, so besteht der Vertrag zwar nicht mehr weiter, doch gehen dingliche Rechte an gemeinschaftlich gehaltenen Vermögenswerten liquidationslos auf die verbleibende «Vertragspartei» über.[83]

3. Austritt aus schuldrechtlichen Aktionärbindungsverträgen

Bei schuldrechtlichen Aktionärbindungsverträgen haben die Parteien sowohl die Möglichkeit des Vertragsaustritts als auch deren Rechtsfolgen vertraglich zu regeln;

---

[78] Vgl. z.B. HINTZ-BÜHLER, 187; VON STEIGER, 413 f.
[79] Vgl. dazu N 1841 ff. und N 1877 ff.
[80] Vgl. N 465 ff. – HOCH, 126 ff.; WOLF, Subjektswechsel, 15; *ders.*, einfache Gesellschaft, 76.
[81] OGer SO vom 15./25. November 2005, E. 4 (SJZ 2007, 102 ff.); BK-FELLMANN/MÜLLER, OR 542 N 174 ff. m.w.H.; FISCHER, Parteienbestand, 131; ZK-HANDSCHIN/VONZUN, OR 545–547 N 191 ff.; HOCH, 131 ff.; MEIER-HAYOZ/FORSTMOSER, § 12 N 96; BSK-STAEHELIN, OR 580 N 4; VON STEIGER, 420; WOLF, einfache Gesellschaft, 76 f.
[82] Einlässlich FISCHER, Parteienbestand, 125 ff.
[83] BGer-Urteil 5A.28/2005 vom 13. Februar 2006, E. 3.3; BLOCH, 78; ZK-HANDSCHIN/VONZUN, OR 545–547 N 222 ff.; HOCH, 128; MEIER-HAYOZ/FORSTMOSER, § 12 N 97; WOLF, einfache Gesellschaft, 77.

entweder bereits im Voraus oder erst in der Aktualität eines konkreten Falles durch einen Austrittsvertrag.[84] Fehlt eine Regelung, fragt es sich, ob im Sinne einer Vertragsergänzung die für die einfache Gesellschaft geltenden Regeln analog anzuwenden sind. Dies dürfte namentlich dann in Betracht kommen, wenn trotz dem Überwiegen eines Austauschverhältnisses im Vertrag auch Elemente der Kooperation enthalten sind.

4. Das Schicksal der Aktien

512 Weil das Eigentum an gebundenen Aktien und die Parteistellung im Aktionärbindungsvertrag oft nicht dinglich miteinander verbunden sind,[85] müssen bei der Vertragsgestaltung Regeln vereinbart werden, mit denen sich ein Auseinanderfallen dieser beiden Positionen aufgrund des Austritts verhindern lässt; es ist das Austrittsrecht mit Erwerbsrechten[86] der verbleibenden Vertragsparteien oder Veräusserungsrechten[87] der austretenden Vertragspartei zu koordinieren.[88]

513 Stehen die Aktien im gemeinsamen Eigentum der Vertragsparteien, so stellt sich die Frage (und sollte geregelt sein), ob das Eigentum an den Aktien den verbleibenden Parteien anwächst (allenfalls verbunden mit einer Barabfindung des Austretenden) oder ob die Aktien *in natura* herauszugeben sind.[89]

5. Das Schicksal weiterer Vertragsverhältnisse

514 Die Mitgliedschaft in einem Aktionärbindungsvertrag kann mit der Parteistellung in weiteren Vertragsverhältnissen verknüpft sein (vgl. N 1339 ff. und 1420 ff.), sei es als Arbeitnehmer, Lieferant oder als Organ der Aktiengesellschaft. Oft regeln diese Vertragsverhältnisse selbst ihre Beziehung zur Parteistellung einer Vertragspartei im Aktionärbindungsvertrag, zum Teil enthalten auch Aktionärbindungsverträge Bestimmungen über ihr Verhältnis zu anderen Verträgen.

515
> Die Erklärung des Austrittes aus dem Vertrag gilt seitens der betreffenden Partei gleichzeitig Kündigung ihres Arbeitsverhältnisses mit der [Aktiengesellschaft]; umgekehrt gilt auch die Beendigung des Arbeitsverhältnisses mit der [Aktiengesellschaft] als Erklärung des Austrittes aus dem vorliegenden Vertrag. Die übrigen Parteien können die betreffende Partei von der Anwendung dieser Bestimmung mit einstimmigem Beschluss entbinden.

---

[84] FISCHER, Parteienbestand, 125 ff.
[85] Vgl. N 1594 ff.
[86] Vgl. N 1178 ff.
[87] Vgl. N 1311 ff.
[88] FISCHER, Parteienbestand, 273 ff.; vgl. auch N 497 ff.
[89] Vgl. N 465 ff.

B. Austrittsrecht bei Vertragsanpassungen durch Mehrheitsbeschluss

Sieht ein Aktionärbindungsvertrag seine Änderbarkeit durch Mehrheitsbeschluss vor,[90] kann den nicht zustimmenden Parteien – insbesondere dann, wenn durch den Beschluss den Vertragsparteien neue Pflichten auferlegt oder Rechte entzogen werden[91] – die Möglichkeit eingeräumt werden, innert einer bestimmten Frist nach der Beschlussfassung oder auf den Zeitpunkt des Inkrafttretens der neuen Regelung hin aus dem Vertrag **auszuscheiden**.[92]

516

> Wenn aufgrund einer durch Mehrheitsbeschluss zustande gekommenen Anpassung dieses Vertrages einer Partei zusätzliche Pflichten auferlegt oder bestehende Rechte entzogen werden, steht dieser Partei, soweit sie der Vertragsanpassung nicht zugestimmt hat, das Recht zu, ohne Einhaltung einer Kündigungsfrist [auf den Zeitpunkt des Inkrafttretens der neuen Ordnung] aus dem Vertrag auszuscheiden.

517

Häufig aber ist für eine Vertragspartei der Vertragsaustritt für sich allein keine echte, vor allem keine wirtschaftlich sinnvolle Alternative, besonders dann nicht, wenn es sich bei den Aktien dieser Partei um eine Minderheitsbeteiligung handelt. In solchen Fällen kann es sinnvoll sein, das Austrittsrecht mit einer **Pflicht zur Übernahme der Aktien**[93] der austretenden Partei durch die verbleibenden Vertragsparteien zu verbinden. Eine solche Übernahmepflicht kann zugleich auch zur Absicherung gegen schikanöse Mehrheitsbeschlüsse dienen, da sich daraus für die Mehrheit finanzielle Folgen ergeben (Pflicht zum Erwerb der Aktien der austretenden Vertragspartei), welche sie allenfalls nicht in Kauf nehmen will.[94]

518

C. Austrittsrecht beim Ausscheiden einer andern Vertragspartei oder beim Eintritt einer neuen Vertragspartei

Die Zusammensetzung des Kreises der Vertragsparteien kann für alle oder einzelne Parteien von grosser Bedeutung sein. Für solche Fälle lässt sich vereinbaren, dass beim Ausscheiden irgendeiner oder einer bestimmten Partei auch die übrigen Par-

519

---

[90] Vgl. dazu N 992 ff.
[91] Vgl. dazu N 1006 ff.
[92] Ein solches Austrittsrecht hat der Gesetzgeber im Genossenschaftsrecht im Falle einer Erhöhung der Leistungspflichten der Gesellschafter vorgesehen: Art. 889 Abs. 2 OR.
[93] Vgl. dazu N 1311 ff.
[94] Zum Minderheitsschutz in Aktionärbindungsverträgen vgl. auch N 1159 ff.

teien (oder einzelne von ihnen) das Recht zum Austritt aus dem Vertrag (innert einer bestimmten Frist) haben.[95]

520 | Scheidet [eine Vertragspartei] aus diesem Vertrag aus, ist jede andere Vertragspartei berechtigt, [innerhalb von 30 Tagen] ebenfalls aus dem Vertrag auszutreten.

521 Ein entsprechendes Recht kann, aus den gleichen Gründen, auch für den (Neu-)Eintritt einer weiteren Vertragspartei vorgesehen werden.

D. Austrittsrechte für Erben

522 Ein Austrittsrecht kann für den aufgrund einer Nachfolgeklausel[96] eintretenden Erben vorgesehen werden. Damit kann einer drohenden Vertragsauflösung infolge Kündigung durch Erben vorgebeugt werden.

IV. Ausschluss einer Vertragspartei

A. Begriff

523 Unter Ausschluss versteht man **das (unfreiwillige) Ausscheiden** einer Vertragspartei aus dem Aktionärbindungsvertrag **aufgrund eines Beschlusses der übrigen Vertragsparteien.**[97]

B. Gesellschaftsrechtliche Aktionärbindungsverträge

1. Voraussetzungen des Ausschlusses

524 Das Recht der einfachen Gesellschaft sieht die Möglichkeit des Ausschlusses einer Vertragspartei durch Gesellschafterbeschluss nicht vor. Die *analoge Anwendung der Regelung von Art. 577 OR,* welche für die Kollektiv- und Kommanditgesellschaft die Möglichkeit des Ausschlusses beim Vorliegen wichtiger Gründe vorsieht, wird von Rechtsprechung und Lehre *mehrheitlich abgelehnt.*[98] Die Vertragsparteien können

---

[95] Eine ähnliche Funktion erfüllen *Take-[me]-along*-Klauseln, Mitverkaufsrechte für den Fall, dass eine (oder eine bestimmte) Partei ihre Aktien veräussert (vgl. N 1321 ff.).
[96] Vgl. N 568 ff.
[97] FISCHER, Parteienbestand, 140 ff.; HINTZ-BÜHLER, 188.
[98] BGE 94 II 119; BLOCH, 79; FISCHER, Parteienbestand, 141 und 233; HINTZ-BÜHLER, 188; HOCH, 108 f. m.w.H.; BSK-STAEHELIN, OR 545/546 N 6 m.w.H.; ZK-SIEGWART, OR 545/47 N 38 und 43; VON STEIGER, 414 f.; a.M. GLATTFELDER, 345a f. und allenfalls differenzierend ZK-HANDSCHIN/VONZUN, OR 545–547 N 143 sowie 208 ff. – FISCHER (Parteienbestand, 233 f.) weist darauf hin, dass bei Aktionärbindungsverträgen

sie jedoch *vertraglich vereinbaren*.[99] Auch die Voraussetzungen des Ausschlusses – ob durch einstimmigen oder durch (allenfalls qualifizierten) Mehrheitsbeschluss oder beim Vorliegen bestimmter Sachverhalte (z.B. wichtiger Gründe im Sinne von Art. 545 Abs. 1 Ziff. 7 OR) – können die Parteien vertraglich frei vereinbaren.[100] Ist die Möglichkeit des Ausschlusses einer Vertragspartei jedoch nicht im Vertrag vorgesehen, kommt nur die Auflösung der Gesellschaft in Frage (allenfalls gefolgt von einer Neugründung durch die Verbleibenden).

So kann der Ausschluss einer Vertragspartei beispielsweise für den Fall vorgesehen werden, dass ihre Aktien zur **Zwangsverwertung** gelangen (und kein Fall von Art. 545 Abs. 1 Ziff. 3 OR vorliegt) oder dass sie dauerhaft handlungsunfähig oder unter eine umfassende Beistandschaft gestellt wird.[101] Als Ausschlussgrund kann der Umstand vorgesehen werden, dass eine Vertragspartei in einen ehelichen Güterstand wechselt, der die Gefahr in sich birgt, dass Aktien in das Eigentum des anderen Ehegatten gelangen (z.B. Wechsel von der Gütertrennung zur Gütergemeinschaft oder – je nach Vermögenslage des Betreffenden – allenfalls auch zur Errungenschaftsbeteiligung).[102] Ein **Ausschluss ohne Angabe von Gründen** dürfte zumindest unter dem Aspekt des Verstosses gegen Art. 27 Abs. 2 ZGB sowie des Rechtsmissbrauchsverbotes heikel sein.[103]

> Eine Vertragspartei kann durch Beschluss [wegen folgender Gründe: ...] per sofort aus dem Vertrag ausgeschlossen werden. Dieser Beschluss bedarf [der Einstimmigkeit der übrigen Vertragsparteien / einer Mehrheit von mindestens 75% sämtlicher Aktienstimmen der Aktiengesellschaft / einer Mehrheit von mindestens 80% durch diese Vereinbarung gebundenen Aktienstimmen]. Der Vertrag wird unter den verbleibenden Vertragsparteien weitergeführt.

Sinnvollerweise ist die vertragliche Möglichkeit des Ausschlusses mit entsprechenden **Erwerbsrechten** der verbleibenden Parteien an den gebundenen Aktien[104] zu

---

mit gemeinschaftlich gehaltenen Aktien auch nicht der Umweg über sachenrechtliche Rechtsbehelfe (Art. 649b i.V.m. 654 Abs. 2 ZGB) in Frage kommen kann.

[99] FISCHER, Parteienbestand, 142; ZK-HANDSCHIN/VONZUN, OR 545–547 N 183.
[100] BLOCH, 79; FISCHER, Parteienbestand, 293; ZK-HANDSCHIN/VONZUN, OR 545–547 N 187; BSK-STAEHELIN, OR 545/546 N 6.
[101] HOCH, 69.
[102] Vgl. N 614 ff.
[103] ZK-HANDSCHIN/VONZUN, OR 545–547 N 186, wonach dies «in der Regel» unzulässig sein soll. U.E. kommt ein Ausschluss ohne Grundangabe dann in Betracht, wenn die auszuschliessende Partei das Recht hat, ihre Aktien an die Verbleibenden zum wirklichen Wert zu veräussern (vgl. die analoge Interessenlage für die Vinkulierung in Art. 685b Abs. 1 OR). – Vgl. dazu auch STAEHELIN/STRAUB, 32 ff. und 36 ff.
[104] Vgl. N 1178 ff.

kombinieren, um die Aktien einer auszuschliessenden Vertragspartei weiterhin gebunden zu halten. Dabei kann allenfalls die Aktiengesellschaft als vorläufige Erwerberin zwischengeschaltet werden.[105] Zum Schutz des Auszuschliessenden kann auch eine **Pflicht zur Übernahme der Aktien**[106] der verbleibenden Parteien angezeigt sein – wiederum allenfalls unter Zwischenschaltung der Aktiengesellschaft.

528

> Die verbleibenden Vertragsparteien sind berechtigt und verpflichtet, die Aktien der auszuschliessenden Vertragspartei anteilmässig zu ihrem Aktienbesitz zum inneren Wert zu übernehmen [zu einem Preis zu übernehmen, der sich wie folgt errechnet: ...]. [Für den Vollzug dieser Bestimmung soll die [Aktiengesellschaft] angehalten werden, die Aktien der auszuschliessenden Partei zu übernehmen und diese den verbleibenden Vertragsparteien entsprechend ihrem Aktienbesitz anzubieten.]

2. Wirkungen des Ausschlusses

529 Je nach Ausgestaltung des Ausschlussrechts wirkt der Beschluss oder Ausschlussgrund unmittelbar oder auf einen bestimmten Zeitpunkt hin. Ist der Vertrag diesbezüglich unklar, kann auch erst ein gerichtlicher Entscheid zum Ausschluss führen.[107]

530 Wie im Falle eines Austrittes kann der ausgeschlossenen Vertragspartei ein *Abfindungsanspruch* zustehen.[108] Falls die ausgeschlossene Partei nicht Aktien in das gemeinsame Eigentum der Vertragsparteien übertragen hat und solche Aktien im Zuge des Ausschlusses nicht zurückübertragen werden,[109] wird es ihr freilich oft kaum möglich sein, einen Vermögensnachteil nachzuweisen. Es empfiehlt sich – wie vorstehend skizziert – eine Regelung der finanziellen Konsequenzen des Ausschlusses im Aktionärbindungsvertrag.

---

[105] Dazu N 1751 ff.
[106] Vgl. N 1311.
[107] FISCHER, Parteienbestand, 144 f.; ZK-HANDSCHIN/VONZUN, OR 545–547 N 188 f. sowie 214 ff. zu den Folgen des Ausscheidens.
[108] Vgl. N 509; ZK-HANDSCHIN/VONZUN, OR 545–547 N 191 ff.
[109] Diesfalls kann eine Abfindung zum wirklichen Wert analog Art. 685b Abs. 1 OR vorgesehen werden, aber auch – angesichts des Umstandes, dass der Ausgeschlossene den Grund für das Ausscheiden gesetzt hat und dass er durch die Abfindung einen grösseren Freiheitsgrad erlangt als er ihn mit einem Aktienpaket hatte – zu einem tieferen Wert. Das Verfahren kann dem für die Übernahme von Aktien aufgrund der *Escape Clause* vorgesehenen nachgebildet werden, dazu N 1751 ff.

Denkbar ist umgekehrt, dass die verbleibenden Parteien vom Ausgeschlossenen aufgrund des von ihm zu verantwortenden Ausschlussgrundes Schadenersatz verlangen oder dass eine *Konventionalstrafe* fällig wird.[110]

C. Schuldrechtliche Aktionärbindungsverträge

Das Schuldvertragsrecht sieht die Möglichkeit des Ausschlusses einer Partei nicht ausdrücklich vor. Den Vertragsparteien ist es jedoch unbenommen, bei Mehrparteienverträgen ein entsprechendes Recht vertraglich zu vereinbaren.[111] Wie bei gesellschaftsrechtlichen Aktionärbindungsverträgen sind auch die weiteren Modalitäten im Vertrag festzuhalten.[112]

Der Ausschluss kann jederzeit und ohne Grundangabe möglich sein[113] oder – was die Regel ist – von bestimmten Voraussetzungen abhängig gemacht werden. Für die Wirkungen gilt dasselbe wie bei gesellschaftsrechtlichen Aktionärbindungsverträgen, vgl. soeben N 529 f.

---

[110] Dazu N 1540 ff.
[111] FISCHER, Parteienbestand, 145 ff.; HINTZ-BÜHLER, 188. – Mit FISCHER (a.a.O.) ist festzuhalten, dass schon begrifflich ein Austritt aus einem Vertrag nur dann möglich ist, wenn dieser mehr als zwei Vertragsparteien umfasst (bei zwei Vertragsparteien deckt sich der Ausschluss mit der Vertragskündigung).
[112] Vgl. N 524 ff.
[113] Gegen die Möglichkeit eines Ausschlusses ohne Grundangabe und ohne angemessene Entschädigung ergeben sich aber die gleichen Bedenken wie bei gesellschaftsrechtlichen Aktionärbindungsverträgen, vgl. dazu N 525 ff.

§ 11 Übergang der Parteistellung (Subjektwechsel)

I. Begriff und Übersicht

Gemeint ist mit «Übergang der Parteistellung (Subjektwechsel)» das Ausscheiden[1] einer Vertragspartei und die Weiterführung ihrer gesellschaftsrechtlichen oder schuldrechtlichen Position durch eine andere Person, die an ihrer Stelle Vertragspartei wird. Die neue Vertragspartei wird Rechtsnachfolgerin der ausscheidenden Vertragspartei; die Zahl der Vertragsparteien bleibt in der Regel unverändert.[2]

534

Ein Hauptfall eines solchen Subjektwechsels ist die Weiterführung eines Aktionärbindungsvertrages **mit Erben einer verstorbenen Vertragspartei** (sogleich Ziff. II [N 537 ff.]). Hinzu kommen weitere Fälle der Rechtsnachfolge, insbesondere bei der Veräusserung von Aktien an eine Drittpartei, die zugleich, gestützt auf eine **rechtsgeschäftliche Vereinbarung** mit den verbleibenden Vertragsparteien, anstelle der veräussernden Vertragspartei in den Aktionärbindungsvertrag eintritt (rechtsgeschäftlicher Subjektwechsel, Ziff. III [N 628 ff.]).

535

Ein besonderes Augenmerk ist im vorliegenden Zusammenhang auf die Frage nach dem Schicksal der Aktien bzw. der Parallelität von Parteistellung und Eigentum an den Aktien zu werfen.[3] Denn, wenn die gebundenen Aktien von den Vertragsparteien – was überwiegend der Fall ist – nicht in gemeinschaftliches Eigentum eingebracht wurden,[4] sondern in ihrem jeweiligen Eigentum blieben, gehen die **Aktien** einer verstorbenen Vertragspartei durch **Universalsukzession** auf ihre Erben über. Um in dieser Situation die **Parallelität von Parteistellung und Eigentum** an den Aktien zu gewährleisten, sind neben vertraglichen zusätzliche Vorkehrungen notwendig. Auch diese sind im Folgenden anzusprechen (N 593 ff.).

536

---

[1] Vgl. dazu N 455 ff.
[2] FISCHER, Parteienbestand, 166. – Möglich ist freilich, dass die Stellung einer Vertragspartei anteilig auf mehrere neue übergeht, dass die Positionen mehrerer Parteien von einer einzigen neuen zusammengefasst werden oder dass schliesslich jemand, der bereits Vertragspartei ist, die Position der ausscheidenden Partei übernimmt.
[3] Vgl. N 453 und 497 ff.; FISCHER, Parteienbestand, 167 ff. und 282 ff.
[4] Dazu N 1594.

II. Weiterführung des Aktionärbindungsvertrages mit Erben einer verstorbenen Vertragspartei

537 Der Tod einer Vertragspartei kann, insbesondere bei gesellschaftsrechtlichen Aktionärbindungsverträgen, zur Vertragsbeendigung führen[5] oder, soweit die Fortsetzung des Vertrages unter den verbleibenden Vertragsparteien vereinbart worden ist, wenigstens zur Beendigung der Parteistellung[6].

538 Es ist aber auch die **Fortsetzung** des Vertrages mit allen oder einzelnen Erben möglich. Dabei ist wiederum zu differenzieren zwischen gesellschaftsrechtlichen Aktionärbindungsverträgen (sogleich, N 539 ff.) und solchen schuldrechtlicher Natur (N 592).

A. Gesellschaftsrechtliche Aktionärbindungsverträge

539 Wollen die Vertragsparteien einen gesellschaftsrechtlichen Aktionärbindungsvertrag beim Tod einer Partei nicht nur unter den verbleibenden Vertragsparteien fortführen, sondern den oder die Erben der verstorbenen Vertragspartei an deren Stelle in den Vertrag aufnehmen oder gar zum Vertragsbeitritt verpflichten, reicht eine blosse Fortsetzungsklausel nicht aus. Vielmehr sind weiter gehende vertragliche Vereinbarungen notwendig, welche nachfolgend im Einzelnen zu behandeln sind:

- die (einfache und qualifizierte) **Eintrittsklausel** (sogleich, N 540 ff.);
- die Verpflichtung der verbleibenden Vertragsparteien, dem oder den Erben ein Aufnahmeangebot zu machen (N 561 ff.);
- der Abschluss eines Vertrages zugunsten Dritter (N 563 f.);
- der vorgängige Abschluss eines bedingten Beitrittsvertrages (N 565 f.);
- die vorgängige Einbindung von Nachfolgern (N 566 ff.); oder
- eine (einfache und qualifizierte) **Nachfolgeklausel** (N 568 ff.).

1. Eintrittsklausel

540 Mit einer **Eintrittsklausel** *vereinbaren* die Vertragsparteien nicht nur, *dass der Aktionärbindungsvertrag im Falle des Todes einer Vertragspartei fortbestehen soll*, sondern sie vereinbaren zusätzlich, *dass entweder den Erben* (**einfache** Eintrittsklausel,

---

[5] Vgl. N 461 und 476 ff.
[6] Vgl. N 463 ff. und 479.

N 544 ff.) oder einem oder mehreren bestimmten Erben (**qualifizierte** Eintrittsklausel, N 551 ff.) *angeboten werden soll, dem Vertrag beizutreten.*[7]

Eine *Eintrittsklausel besteht*, dogmatisch betrachtet, *aus zwei Elementen*: einerseits aus einer auf den Tod der Vertragspartei hin verbindlichen **Offerte** (der überlebenden Vertragsparteien) an den oder die betreffenden Erben **zum Vertragsbeitritt**, andererseits aus einer häufig impliziten (und allenfalls durch den Eintritt bedingten[8]) **Fortsetzungsklausel**, die den Weiterbestand des Vertrages unter den überlebenden Vertragsparteien zumindest bis zur Annahme (oder Ablehnung) der Eintrittsofferte durch die Erben vorsieht.[9]

Weil die Offerte erst auf den Tod der betreffenden Vertragspartei hin verbindlich wird, kann sie vorher nicht angenommen werden, selbst wenn die Berechtigten davon vorher Kenntnis erlangen. Eine vorzeitige Annahme wäre in aller Regel auch nicht sinnvoll, denn Eintrittsklauseln werden unter den Vertragsparteien meist gegenseitig vereinbart, und es steht selten im Voraus fest, welche Offerte an welche Erben sich schliesslich realisiert. Nach dem Tod der betreffenden Vertragspartei sind die überlebenden Vertragsparteien durch die Offerte gebunden, sofern und sobald die Offerte den Adressaten zur Kenntnis gelangt.[10] Die Eintrittswilligen können danach durch einfache Annahmeerklärung dem Aktionärbindungsvertrag beitreten.[11] Der Entscheid über Annahme oder Ablehnung der Offerte liegt damit allein bei den einzelnen Erben bzw. den durch den Vertrag bestimmten Personen.

---

[7] BLOCH, 67; FISCHER, Parteienbestand, 187 ff.; VON GREYERZ, Unternehmernachfolge, 80; HAUSHEER, Gesellschaftsvertrag, 135; HINTZ-BÜHLER, 179; HOCH, 36 und 40; BK-KÜNZLE, ZGB 517–518 N 336; PORTMANN, 33; VON STEIGER, 425 f.; WOLF, Subjektswechsel, 18; ders., einfache Gesellschaft, 88. – Gemäss HANDSCHIN/VONZUN (ZK zu OR 545–547 N 73 f.) handelt es sich bei der Eintrittsklausel um ein Wahl- oder Optionsrecht, welches mit dem Tod des Erblassers anstelle des Abfindungsanspruches oder des Gesellschaftsanteils in die Erbschaftmasse fällt; die Erben oder bestimmte Erben können wählen, ob sie der Gesellschaft beitreten oder die Abfindung beanspruchen wollen (zu den sich aus dieser Konzeption ergebenden Komplikationen vgl. a.a.O., OR 545–547 N 75 ff.).

[8] Vgl. N 559 f.

[9] Ähnlich FISCHER (Parteienbestand, 188 f.), der allerdings von einer bloss «befristet geltenden» Fortsetzungsklausel ausgeht. U.E. ist danach zu unterscheiden, ob die Fortsetzungsklausel durch den Eintritt des oder der Erben bedingt ist oder ob der Aktionärbindungsvertrag auch im Falle des Nichtbeitritts der Berechtigten weitergeführt werden soll. Dies ist – falls nichts ausdrücklich geregelt ist – eine Frage der Auslegung (vgl. N 560).

[10] Art. 3 ff. OR; BUCHER, 129 ff.; GAUCH/SCHLUEP/SCHMID, N 391 ff.

[11] FISCHER, Parteienbestand, 188; VON GREYERZ, Unternehmernachfolge, 82 f.; STAUDINGER-HABERMEIER, Kommentar zu BGB 727 N 24; HAUSHEER, Gesellschaftsvertrag, 135; ders., erbrechtliche Probleme, 107 und 114; HOCH, 39 f.; MünchKomm-ULMER,

543 Die Eintrittsklausel beruht auf einem **Rechtsgeschäft unter Lebenden**. Sie unterliegt als solche keinen erbrechtlichen Formvorschriften:[12] Zum einen handelt es sich bei der Offerte nicht um ein Recht im obligationenrechtlichen Sinne, sondern um eine blosse Willensäusserung;[13] zum anderen entsteht die durch die Offerte ausgelöste Gestaltungslage originär beim jeweils angesprochenen Erben (und nicht beim Erblasser). Die Gestaltungslage ist damit nicht Teil der Erbmasse, weshalb der Erblasser darüber auch nicht verfügen kann.[14]

a) Einfache Eintrittsklausel

544 Mit einer **einfachen Eintrittsklausel** vereinbaren die Vertragsparteien, den *Erben einer verstorbenen Vertragspartei (ohne nähere Spezifizierung)* anzubieten, dem Aktionärbindungsvertrag beizutreten:

545
> Beim Tod einer Vertragspartei kann jeder ihrer Erben [unter der Voraussetzung, dass er Aktien der (Aktiengesellschaft) erbt] innerhalb von [drei Monaten] [nach Eröffnung der letztwilligen Verfügung oder – falls eine solche fehlt –] nach dem Tod der Vertragspartei erklären, ob er diesem Vertrag als Partei beitreten will. Im Falle des Beitritts tritt er vollumfänglich[, im Verhältnis seines Erbteils] in die Rechtsstellung der verstorbenen Partei ein.

546 Abhängig von den konkreten Umständen sind weitere Aspekte zu beachten und allenfalls in eine vertragliche Regelung aufzunehmen:

547 Das *Beitrittsangebot* richtet sich in der Regel *an die einzelnen Erben*. Die Erben treten einzeln (im Verhältnis ihres Erbteils) in den Aktionärbindungsvertrag ein und nicht als gesamthandschaftliche Gemeinschaft (als fortgesetzte Erbengemeinschaft). Der Prozess der Erbteilung kann sich aber oft über längere Zeit erstrecken, weshalb es zur Vermeidung von Vakanzen notwendig sein kann, die *Erbengemeinschaft (d.h. alle Erben) vorübergehend* in den Vertrag einzubeziehen. Denkbar ist auch, dass die Erben beschliessen, ihre Gemeinschaft nicht durch Erbteilung zu

---

Kommentar zu BGB 727 N 39 f. und 42; WOLF, Subjektwechsel, 18; *ders.,* einfache Gesellschaft, 88.

[12] FISCHER, Parteienbestand, 189 f.; HOCH, 50; CHK-JUNG, OR 542 N 9; KÜNZLE, Prax-Komm Erbrecht, Einl. N 141; WOLF, einfache Gesellschaft, 88. – Nach der Konzeption von HANDSCHIN/VONZUN (vgl. N 540 Anm. 7) müsste man u.E. aber von einer Verfügung von Todes wegen ausgehen, welche entsprechenden Formvorschriften unterläge. Als *Vorsichtsmassnahme* dürfte es sich jedenfalls empfehlen, die Formvorschriften einer *Verfügung von Todes* wegen einzuhalten.

[13] BUCHER, 126 f.; GAUCH/SCHLUEP/SCHMID, N 363.

[14] Sehr wohl kann aber der Erblasser über die Aktien und Abfindungsansprüche verfügen, deren Zuweisung es einem Erben allenfalls erst ermöglicht, die Offerte zum Vertragsbeitritt anzunehmen (vgl. N 593 ff.).

liquidieren, sondern gemeinsam fortzuführen. Die Erbengemeinschaft wird so in diesem Aspekt zur einfachen Gesellschaft, deren Gesellschafter (die Erben) gemeinschaftlich Vertragspartei werden.

Richtet sich die Beitrittsofferte von Beginn weg *an die Erbengemeinschaft* als ganzes, müssen die Erben ihre Gemeinschaft – in dieser Hinsicht – nicht durch Erbteilung liquidieren, sondern können diese gemeinsam fortführen. Die Erbengemeinschaft kann so wiederum zur einfachen Gesellschaft werden, deren Gesellschafter (die Erben) gemeinschaftlich Vertragspartei werden.[15]

Verfügen die Parteien des Aktionärbindungsvertrages über gemeinschaftliches Vermögen (insbesondere ist dabei an gemeinschaftlich gehaltene Aktien zu denken[16]), so ergeben sich zugunsten der Erben *Abfindungsansprüche* (oder die Pflicht zur Rückgabe von Aktien der verstorbenen Partei *in natura*)[17] und bei neu eintretenden Vertragsparteien Einlagepflichten. Im Idealfall, wenn alle Erben sich dem Vertrag anschliessen, lassen sich diese Forderungen gegeneinander verrechnen (bzw. sind die Pflichten zur Rückgabe von Aktien und zu deren Einbringung deckungsgleich); sonst sind Abfindungen und Einlagen im Vertrag weiter gehend zu regeln.

Wenn nicht alle Erben dem Aktionärbindungsvertrag beitreten wollen (und aus diesem Grund Aktien aus der Vertragsbindung herausfallen[18]), muss diesem Umstand allenfalls durch verhältnismässige *Anpassung der Stimmrechte* in der Versammlung der Vertragsparteien Rechnung getragen werden.[19]

b) Qualifizierte Eintrittsklausel

Mit einer **qualifizierten Eintrittsklausel** vereinbaren die Vertragsparteien, einem oder mehreren *bestimmten Erben* einer verstorbenen Vertragspartei (oder allenfalls *bestimmten Dritten*) anzubieten, dem Aktionärbindungsvertrag beizutreten:[20]

---

[15] FISCHER, Parteienbestand, 190.
[16] Vgl. N 1594 ff.
[17] Vgl. N 465 f.
[18] Ob dies der Fall ist oder ob die gebundenen Aktien ausschliesslich an diejenigen Erben gehen, die dem Bindungsvertrag beitreten, ist eine Frage der Nachlassregelung.
[19] VON GREYERZ, Unternehmernachfolge, 84 f.; VON STEIGER, 427; WOLF, einfache Gesellschaft, 89.
[20] VON GREYERZ, Unternehmernachfolge, 80; HAUSHEER, erbrechtliche Probleme, 107; HINTZ-BÜHLER, 179; HOCH, 40 f.; VON STEIGER, 427; WOLF, Subjektswechsel, 18; *ders.*, einfache Gesellschaft, 88; ähnlich FISCHER (Parteienbestand, 189), der allerdings davon auszugehen scheint, dass die Beitrittsofferte – entgegen der hier vertretenen Ansicht – in die Erbmasse fällt (vgl. auch N 543 f.).

552 | Im Falle des Versterbens von [Vertragspartei A] kann [der Erbe X bzw. Person Y] [unter der Voraussetzung, dass er/sie (Anzahl) Aktien der (Aktiengesellschaft) erbt], innerhalb von [drei Monaten] nach dem Versterben von [Vertragspartei A] erklären, ob er/sie diesem Vertrag als Partei beitreten will. Im Falle des Beitritts tritt er/sie vollumfänglich in die Rechtsstellung von [Vertragspartei A] ein.

553 Im Zusammenhang mit einer qualifizierten Eintrittsklausel stellen sich – neben den bereits im Zusammenhang mit der einfachen Eintrittsklausel erwähnten[21] – weitere Fragen:

554 Jede einzelne Vertragspartei muss – zusätzlich zu der im Aktionärbindungsvertrag gemeinsam vereinbarten Eintrittsklausel – durch selbständige letztwillige Verfügung dafür sorgen, dass die von ihm **gehaltenen Aktien auf den oder die** im Vertrag genannten **Erben übergehen.**[22] Der Aktionärbindungsvertrag sollte entsprechende gegenseitige Verpflichtungen der Vertragsparteien vorsehen; allerdings lässt sich deren Erfüllung rechtlich nur schwer sicherstellen. Ein gewisser faktischer Druck lässt sich erreichen, indem die Vertragsparteien ihre letztwilligen Verfügungen zusammen mit dem Abschluss des Aktionärbindungsvertrages treffen und diesem als Anhänge beifügen; es lässt sich damit aber nicht verhindern, dass eine Vertragspartei später anderweitige letztwillige Verfügungen trifft.[23]

555 Wurden die **gebundenen Aktien** von den Vertragsparteien – was eher selten vorkommt[24] – zu gemeinschaftlichem Eigentum in eine einfache Gesellschaft eingebracht, stehen den nicht partizipierenden Erben Abfindungsansprüche (oder das Recht auf Herausgabe von Aktien *in natura*) zu.[25] Macht ein solcher Abfindungsanspruch den Hauptteil einer Erbschaft aus, kann es schwierig sein, unter mehreren Erben einen einzelnen als neue Vertragspartei zu bestimmen, wenn diesem Erben aufgrund der Verfügungsbeschränkungen, die sich aus dem erbrechtlichen Pflichtteilsrecht ergeben, nicht der ganze Anspruch zugewiesen werden kann, was eben für dessen Vertragseintritt anstelle der verstorbenen Vertragspartei notwendig wäre.[26] Sinnvoll bzw. unumgänglich können sich in solchen Fällen erbvertragliche Vorkehrungen im Voraus (z.B. in der Form eines Erbverzichtsvertrages) erweisen.[27]

556 Benennt die Eintrittsklausel **nicht eine bestimmte Person, sondern** schränkt sie nur durch bestimmte **qualifizierende Merkmale** den Kreis der Eintrittsberechtig-

---

[21] N 546 ff.
[22] Zu den entsprechenden erbrechtlichen Vorkehrungen vgl. N 593 ff. – Vgl. auch FISCHER, Parteienbestand, 167 ff.; HINTZ-BÜHLER, 179.
[23] Dazu auch N 595.
[24] Vgl. N 1594.
[25] Vgl. N 465 f.
[26] HAUSHEER, Gesellschaftsvertrag, 135 f.; *ders.,* erbrechtliche Probleme, 117 f.
[27] Zu den erbrechtlichen Vorkehrungen vgl. N 593 ff.

ten ein (z.B. auf alle Erben mit einer bestimmten Berufsausbildung oder auf solche, die im von der Aktiengesellschaft betriebenen Geschäft aktiv mitwirken), so ist zunächst zu klären, ob sich die daraus ergebende Beitrittsofferte an *alle* qualifizierenden Personen gemeinsam richtet oder nur an *eine* dieser Personen. Soll sich die Offerte nur an eine der qualifizierenden Personen richten, ist *für die vertragliche Ebene* im Aktionärbindungsvertrag festzulegen, nach welchen Kriterien die eintrittsberechtigte Person zu bestimmen ist oder wer diese bestimmt. Fehlt eine Regelung, können auf gesellschaftsrechtlicher Ebene alle qualifizierenden Personen die Offerte annehmen.

Erbrechtlich kann es allerdings zu Problemen führen, wenn der Eintrittsberechtigte nicht vom Erblasser selbst bestimmt wird. Die Zuweisung der Aktien oder eines entsprechenden Abfindungsanspruches an einen potenziell Eintrittsberechtigten hat – unter Einhaltung der Formvorschriften – durch letztwillige Verfügung zu erfolgen. Anders als auf der Ebene des Bindungsvertrages darf der Erblasser im Rahmen einer letztwilligen Verfügung die Bestimmung des Berechtigten aber nicht Dritten, auch nicht einem Willensvollstrecker, überlassen.[28] Der Erblasser sollte daher die Auswahlkriterien selbst präzise festlegen.

c) Sicherstellung des Eintritts

Um die Annahme der Eintrittsofferte durch die im Vertrag bestimmten Erben oder Dritten sicherzustellen, bieten sich auf erbrechtlicher Ebene Auflagen und Bedingungen an, welche mit den zu vererbenden Aktien oder Abfindungsansprüchen verknüpft werden können.[29]

d) Ablehnung des Eintrittsangebotes

Lehnen alle Eintrittsberechtigten den Beitritt zum Aktionärbindungsvertrag ab, bleibt der Vertrag unter den überlebenden Vertragsparteien bestehen, soweit dessen Fortsetzung nicht unter der Bedingung des Beitritts steht. Andernfalls endet er bei Ablehnung gemäss Art. 545 Abs. 1 Ziff. 2 OR.[30]

Ob die Fortsetzung des Vertrages durch den Beitritt eines oder aller Eintrittsberechtigten bedingt ist, muss beim Fehlen einer expliziten Ordnung durch Auslegung bestimmt werden. Ins Gewicht fällt dabei etwa, ob die Fortsetzung des Vertrages

---

[28] DRUEY, Erbrecht, § 8 N 23 ff.; VON GREYERZ, Unternehmernachfolge, 80 f. und 91; HAUSHEER, erbrechtliche Probleme, 55 ff.; TUOR/SCHNYDER/RUMO-JUNGO, § 66 N 3. – Der Umfang dieser Beschränkung ist allerdings umstritten, vgl. einlässlich zu dieser Frage ELMIGER, 178 ff.; BK-KÜNZLE, ZGB 517–518 N 325 ff. und insb. 333.
[29] Vgl. dazu N 593 ff.
[30] VON GREYERZ, Unternehmernachfolge, 83; HINTZ-BÜHLER, 179; HOCH, 36 f., 40 und 45 f.; VON STEIGER, 426; WOLF, einfache Gesellschaft, 89.

auch für die verbleibenden Parteien allein Sinn ergibt oder ob der Vertragszweck (z.B. Beherrschung der betreffenden Aktiengesellschaft) nicht mehr erreicht werden kann. Im Zweifel ist wohl von einer Fortsetzung auszugehen.[31] Setzen die verbleibenden Vertragsparteien den Vertrag ohne Eintrittsberechtigte fort, steht es ihnen frei, gemeinsam unverzüglich oder zu einem späteren Zeitpunkt den Erben oder Dritten eine Offerte zum Vertragsbeitritt zu unterbreiten.[32]

2. Verpflichtung, eine Eintrittsofferte zu machen

561 Statt eine Eintrittsklausel zu vereinbaren,[33] können sich die Vertragsparteien auch bloss gegenseitig **verpflichten,** im Falle des Todes einer Vertragspartei einem oder mehreren (vorausbestimmten) Nachfolgern (dies können auch die Erben oder einzelne von ihnen sein) eine **Eintrittsofferte zu unterbreiten.**[34] Auch dies ist ein Rechtsgeschäft unter Lebenden.

562 Sofern die Vertragsbestimmung nicht im Sinne eines Vertrages zugunsten Dritter ausgestaltet (und den betreffenden Erben mitgeteilt) worden ist,[35] kann sie bei Einigkeit unter den verbleibenden Vertragsparteien geändert oder aufgehoben werden, ohne dass die Erben (oder zum Eintritt vorgesehene Dritte) eine rechtliche Möglichkeit hätten, sich dagegen zur Wehr zu setzen. Durchgesetzt werden könnte die Verpflichtung (soweit sie genügend konkretisiert ist) aber allenfalls von einer der verbleibenden Vertragsparteien mittels einer *actio pro socio*.[36]

3. Vertrag zugunsten Dritter

563 Eine mit **der Eintrittsklausel vergleichbare Wirkung** können die Vertragsparteien durch einen **Vertrag zugunsten Dritter** erreichen (dem Berechtigten steht dann nicht nur ein Gestaltungsrecht, sondern eine Forderung zu). Darin verpflichten sich die Vertragsparteien, nach dem Ableben einer Vertragspartei einen bestimmten Nachfolger in den Vertrag aufzunehmen. Haben die Vertragsparteien den vorgesehenen Nachfolger über den Abschluss des Vertrages zu seinen Gunsten in Kenntnis gesetzt und hat dieser erklärt, von seinem Eintrittsrecht Gebrauch machen zu wollen, kann ihm das Eintrittsrecht nicht mehr entzogen werden.[37] Der Nachfolger kann dies schon vor dem Ableben der übertragenden Vertragspartei erklären. Be-

---

[31] Zur Fortsetzungsklausel im Allgemeinen vgl. N 463 ff.
[32] HAUSHEER, Gesellschaftsvertrag, 135.
[33] Vgl. N 540 ff.
[34] HAUSHEER, erbrechtliche Probleme, 109. – Es ist auch bei einer solchen Klausel überdies von einer impliziten Fortsetzungsklausel auszugehen (vgl. N 541).
[35] Sogleich N 563 f.
[36] Vgl. N 2090.
[37] Art. 112 Abs. 3 OR; GAUCH/SCHLUEP/EMMENEGGER, N 3899.

ruht die Regelung unter den Vertragsparteien jedoch auf Gegenseitigkeit, ist freilich zunächst nicht klar, welches Eintrittsrecht (zugunsten welchen Nachfolgers) sich schliesslich realisieren wird bzw. in welcher Reihenfolge sich die Eintrittsrechte realisieren werden.

Bei einem solchen Eintrittsrecht handelt es sich um eine (unentgeltliche) Zuwendung zugunsten Dritter von Todes wegen, weshalb bei dessen Vereinbarung die **erbrechtlichen Formvorschriften** zu beachten sind.[38] Daneben haben die betreffenden Vertragsparteien allenfalls erbrechtliche Anordnungen über die Aktien oder Abfindungsansprüche zu treffen, um dem oder den Nachfolgern den Vertragsbeitritt auch tatsächlich zu ermöglichen.[39]

4. Bedingter Beitrittsvertrag

Steht – wie dies bei Familienunternehmen häufig der Fall ist – bereits zu Lebzeiten fest, wer die Nachfolge einer Vertragspartei als neue Partei des Aktionärbindungsvertrages antreten soll, kann an die Stelle der qualifizierten Eintrittsklausel auch ein **aufschiebend bedingter Beitrittsvertrag** treten, auf dessen Basis der Nachfolger im **Zeitpunkt des Todes** der Vertragspartei in den Aktionärbindungsvertrag aufgenommen wird.[40] Weil dieser Vertrag den Nachlass der verstorbenen Vertragspartei nicht berührt, handelt es sich auch dabei um ein Geschäft unter Lebenden. Die betroffene Vertragspartei hat jedoch durch letztwillige Verfügung allenfalls Anordnungen über die Aktien oder Abfindungsansprüche zu treffen, um dem Nachfolger den Vertragsbeitritt auch tatsächlich zu ermöglichen.[41]

5. Vorgängige Einbindung von Nachfolgern

Eine weitere Möglichkeit der Nachfolgeplanung besteht darin, die für die Nachfolge Vorgesehenen bereits vor Erbantritt (zu Lebzeiten des Erblassers) als Vertragspartei in den Aktionärbindungsvertrag einzubinden. Häufig ist dies in Familiengesellschaften, wenn die nächste Generation bereits eingebunden werden soll, obschon sie noch keine Aktien besitzt.[42] Die Nachfolger verpflichten sich damit, sich mit ihren (künftig gehaltenen) Aktien dem Aktionärbindungsvertrag zu unterstellen. Es findet diesfalls – bezüglich der Parteistellung im Aktionärbindungsvertrag – **kein**

---

[38] Art. 498 ff. ZGB; HAUSHEER, erbrechtliche Probleme, 109 ff.
[39] Zu den erbrechtlichen Vorkehrungen vgl. N 593 ff.
[40] HAUSHEER, erbrechtliche Probleme, 108 f. – Statt eines aufschiebend bedingten Vertrages wäre auch ein Vorvertrag denkbar (Art. 22 OR). In den meisten Fällen ist das aber nicht sinnvoll, weil die Vereinbarung über den Beitritt in der Regel bereits derart bestimmt oder bestimmbar sein muss, dass Vor- und Hauptvertrag zusammenfallen.
[41] KUMMER, 132 und 135. – Zu den erbrechtlichen Vorkehrungen vgl. N 593 ff.
[42] Vgl. N 335 ff.

Übergang statt, sind doch die Nachfolger bereits als Parteien beteiligt, auch wenn sie dessen Inhalt erst nach dem Übergang der Aktien betrifft. Es muss aber die Rolle dieser Vertragsparteien, solange sie noch nicht über Aktien verfügen, im Rahmen der innervertraglichen Organisation, insbesondere in Bezug auf ihre Mitsprache geregelt werden.[43] Es ist auch zu bedenken, dass durch den vertraglichen Einbezug potenzieller Nachfolger die künftigen Gestaltungsmöglichkeiten stärker präjudiziert werden als durch eine blosse Eintrittsklausel.

567 Separat zu treffen sind wiederum erbrechtliche Anordnungen über die Aktien oder Abfindungsansprüche.[44] Sollen diese Fragen im Aktionärbindungsvertrag geregelt werden, ist das Formerfordernis des Erbvertrages einzuhalten.[45]

6. Nachfolgeklausel

a) Begriff und Rechtsnatur

568 Mit einer **Nachfolgeklausel** vereinbaren die Vertragsparteien nicht nur, *dass der Aktionärbindungsvertrag im Falle des Todes einer Vertragspartei fortbestehen soll*, sondern sie vereinbaren – weiter gehend als mit einer blossen Eintrittsklausel[46] –, *dass die Vertragsmitgliedschaft* einer verstorbenen Partei an die Erben insgesamt (**einfache** Nachfolgeklausel; N 579 ff.) oder an einen oder mehrere bestimmte Erben (**qualifizierte** Nachfolgeklausel; N 583 ff.) *vererblich sein soll.*[47]

569 Die **Rechtsnatur** von Nachfolgeklauseln ist umstritten:[48] Nach herrschender Lehre «[macht] die Nachfolgeklausel ... die Mitgliedschaft vererblich»[49] bzw. übertragbar,[50] womit die einzelne Mitgliedschaftsposition ganz oder teilweise[51] vererblich

---

[43] Sinnvoll – im Sinne einer Heranführung an die künftige Aufgabe – kann es sein, vertraglich vorzusehen, dass die betreffenden Personen an den Sitzungen im Rahmen des Bindungsvertrages und an den Generalversammlungen der Aktiengesellschaft als Gäste ohne Stimmrecht teilnehmen können.

[44] Zu den erbrechtlichen Vorkehrungen vgl. N 593 ff.

[45] Art. 512 ZGB.

[46] Vgl. N 540 ff.

[47] FISCHER, Parteienbestand, 191; BK-KÜNZLE, ZGB 517–518 N 336;

[48] Vgl. FISCHER, Parteienbestand, 197 ff. m.w.H.

[49] VON GREYERZ, Unternehmernachfolge, 90 f.; vgl. auch FISCHER, Parteienbestand, 197; ZK-HANDSCHIN/VONZUN, OR 545–547 N 49; HINTZ-BÜHLER, 180; CHK-JUNG, OR 542 N 9; VON STEIGER, 427 (Anm. 241); WOLF, Subjektswechsel, 20; ders., einfache Gesellschaft, 91. – In der deutschen Literatur findet sich dafür auch die Wendung, dass die Mitgliedschaft durch die Nachfolgeklausel «vererblich gestellt» werde (STAUDINGER-HABERMEIER, Kommentar zu BGB 727 N 15; MünchKomm-ULMER, Kommentar zu BGB 727 N 21).

[50] HAUSHEER, erbrechtliche Probleme, 123.

wird.⁵² Eine (einfache) Nachfolgeklausel ist damit zunächst einmal nichts anderes als *die durch das Versterben einer Vertragspartei bedingte vorgängige (und notwendige) Zustimmung aller Mitglieder einer einfachen Gesellschaft zur Übertragung eines Gesellschaftsanteils* (d.h. der Mitgliedschaftsposition) auf einen Dritten.⁵³ Verstirbt eine Vertragspartei, **fällt der durch deren Tod** übertragbar gewordene Gesellschaftsanteil (als solcher und nicht nur im Sinne eines Abfindungsanspruchs) **in deren Nachlass.** Die Nachfolgeklausel enthält sodann – wie die Eintrittsklausel – eine (meist) implizite Fortsetzungsklausel, wobei durch Auslegung zu bestimmen ist, ob die Fortsetzung des Vertrages durch die (erfolgreiche) Übertragung der Mitgliedschaftsposition auf einen Nachfolger bedingt sein soll.⁵⁴

Auf das Schicksal der Mitgliedschaftsposition im Nachlass der verstorbenen Vertragspartei hat die **(einfache) Nachfolgeklausel** als solche keinen Einfluss.⁵⁵ Daher handelt es sich u.E. – aber auch dies ist umstritten – bei der einfachen Nachfolgeklausel um ein **Rechtsgeschäft unter Lebenden** und nicht um ein solches von Todes wegen.⁵⁶ **Anders** zu beurteilen ist die **qualifizierte Nachfolgeklausel,** weil hier neben

---

⁵¹ VON GREYERZ, Unternehmernachfolge, 91 f.
⁵² Es fragt sich, ob allenfalls implizit die *Vererblichkeit der Mitgliedschaftsposition* (einfache Nachfolgeklausel) bereits dann anzunehmen ist, wenn der Vertrag für eine bestimmte Zeitdauer, für die Dauer der Aktiengesellschaft oder bis zur Erfüllung eines bestimmten Zwecks, der durch das Versterben einer Vertragspartei nicht beeinträchtigt wird, geschlossen wurde. In der Regel dürfte dies zu verneinen sein, sofern nicht die übrigen Vertragsbestimmungen bzw. die Systematik des Vertrages auf einen entsprechenden Parteiwillen schliessen lassen.
⁵³ BK-FELLMANN/MÜLLER, OR 542 N 99; MÜLLER, Mitgliedschaft, 135 ff. – Ob die (nachfolgende) Übertragung der Mitgliedschaftsposition rechtsgeschäftlich oder erbrechtlich bewirkt wird, macht letztlich keinen Unterschied.
⁵⁴ Vgl. N 560.
⁵⁵ ZK-HANDSCHIN/VONZUN, OR 545–547 N 49; STAUDINGER-HABERMEIER, Kommentar zu BGB 727 N 15; MünchKomm-ULMER, Kommentar zu BGB 727 N 21; WOLF, Subjektwechsel, 20; ders., einfache Gesellschaft, 93.
⁵⁶ Zur *Abgrenzung zwischen Rechtsgeschäften unter Lebenden und Rechtsgeschäften von Todes wegen* vgl. N 471 ff.; BGE 113 II 270 E. 2b; BSK-BREITSCHMID, vor ZGB 467–536 N 29 ff.; DRUEY, Erbrecht, § 8 N 34 ff. (hinsichtlich der Natur der Nachfolgeklausel a.M. als hier vertreten, vgl. § 8 N 47); GUHL/KOLLER, § 12 N 17 ff.; ZK-HANDSCHIN/VONZUN, OR 545–547 N 48; HAUSHEER, Abgrenzung, 82 ff.; KÜNZLE, PraxKomm Erbrecht, Einl. N 65 ff.; TUOR/SCHNYDER/RUMO-JUNGO, § 66 N 1. – Zur *Nachfolgeklausel* insbesondere: VON GREYERZ, Unternehmernachfolge, 90 ff.; CHK-JUNG, OR 542 N 9; PORTMANN, 33; BSK-STAEHELIN, OR 545/546 N 10; ZOBL, Personenbestand, 198, der allerdings die qualifizierte Nachfolgeklausel für nichtig hält, 199 (dazu sogleich nachstehend N 571 ff.). Die Nachfolgeklausel *nicht für ein Rechtsgeschäft unter Lebenden* halten DRUEY, Erbrecht, § 8 N 47; FISCHER, Parteienbestand, 198 f.; HOCH,

den Voraussetzungen für die Vererbbarkeit der Mitgliedschaftsposition auch eine Vereinbarung über deren Schicksal im Nachlass getroffen wird. Damit handelt es sich um eine Verfügung von Todes wegen, die den entsprechenden Formvorschriften untersteht, sofern sie nicht als eine blosse Verpflichtung an die betreffende Vertragspartei ausgestaltet ist, gemäss Vereinbarung letztwillig zu verfügen.[57]

b) Zulässigkeit von Nachfolgeklauseln
aa) Lehre und Rechtsprechung

571 Hinsichtlich der Zulässigkeit von Nachfolgeklauseln sind zahlreiche Fragen offen: In der Lehre wird ihre Zulässigkeit mehrheitlich **nicht in Frage gestellt**,[58] und auch das Bundesgericht hat in einem *obiter dictum* festgehalten, dass für eine Personengesellschaft «vereinbart werden [kann], dass sie mit den Erben fortgesetzt werden soll». Zur Fortsetzung könnten die Erben dabei «je nach den Umständen verpflichtet oder bloss berechtigt sein».[59] Dennoch bleiben Vorbehalte:[60]

bb) «Verbot» von Verträgen zulasten Dritter

572 So wird eingewendet, die Verpflichtung der Erben durch eine Nachfolgeklausel verstosse gegen das «**Verbot von Verträgen zulasten Dritter**».[61] Die Verpflichtung

---

50; KÜNZLE, PraxKomm Erbrecht, Einl. N 140; WOLF, einfache Gesellschaft, 92; *ders.*, Subjektwechsel, 21.

[57] Zu den entsprechenden erbrechtlichen Vorkehrungen vgl. N 593 ff. – In Betracht kommt – bei gegebenen Voraussetzungen (vgl. N 135 ff.) – auch die Konversion einer formungültigen letztwilligen Verfügung im Aktionärbindungsvertrag in eine entsprechende Verpflichtung der Vertragsparteien oder in eine (qualifizierte) Eintrittsklausel (CHK-Jung, OR 542 N 11).

[58] FISCHER, Parteienbestand, 193 ff.; HINTZ-BÜHLER, 179 ff. m.w.H.; HOCH, 41 f. und 44; KÜNZLE, PraxKomm Erbrecht, Einl. N 140; PORTMANN, 33 f.; SANWALD, 205 f.; BSK-STAEHELIN, OR 545/546 N 10; VON STEIGER, 427; WOLF, Subjektswechsel, 19 f.; a.M. SCHAUB, 29; ZOBL, Personenbestand, 199 (hinsichtlich der qualifizierten Nachfolgeklausel).

[59] BGE 95 II 547 E. 3, auch 88 II 209 E. II.2f.

[60] Zu den verschiedenen Argumenten vgl. FISCHER, Parteienbestand, 193 ff. m.w.H.; VON GREYERZ, Unternehmernachfolge, 83; HAUSHEER, erbrechtliche Probleme, 125 ff.; HINTZ-BÜHLER, 180 f.; HOCH, 39 ff.; SCHAUB, 21 f.; VON STEIGER, 427; WOLF, einfache Gesellschaft, 94 f. – Bezeichnenderweise finden sich in der deutschen Literatur wenig Hinweise auf eine Diskussion der Nachfolgeklausel; deren Zulässigkeit scheint unbestritten (vgl. nur STAUDINGER-HABERMEIER, Kommentar zu BGB 727 N 14 ff.; Münch-Komm-ULMER, Kommentar zu BGB 727 N 21 ff.).

[61] GAUCH/SCHLUEP/SCHMID, N 243; VON GREYERZ, Unternehmernachfolge, 83; HINTZ-BÜHLER, 180 f.; SCHAUB, 22 f.; VON STEIGER, 427; WOLF, Subjektswechsel, 20 f.; *ders.*,

des oder der Erben ergibt sich aber nicht aus dem Aktionärbindungsvertrag, sondern sie ist Konsequenz der erbrechtlichen Universalsukzession, d.h. der erbrechtlichen Übertragung der Mitgliedschaftsposition.[62]

cc) Höchstpersönliche Natur der Mitgliedschaft in der einfachen Gesellschaft?

Ein weiterer Einwand stützt sich auf die Regel, dass die Mitgliedschaft in einer einfachen Gesellschaft – und somit auch die Mitgliedschaft in einem als solche zu qualifizierenden Aktionärbindungsvertrag – höchstpersönlicher Natur und deshalb unvererblich ist.[63] Anders aber als bei den von Natur aus an die Person gebundenen Positionen oder bei den Persönlichkeitsrechten ist bei sachen- und obligationenrechtlichen Verhältnissen jeweils im Einzelfall zu prüfen, wie weit die Höchstpersönlichkeit geht, ob sie auch die Übertragung der Mitgliedschaft einschliesst. Auch bei gesellschaftsrechtlichen Verhältnissen ist Höchstpersönlichkeit wohl nur zu vermuten[64] und besteht für die Parteien Gestaltungsfreiheit. So ist die Ausübung der Mitgliedschaftsrechte in der Regel höchstpersönlich, während die Mitgliedschaft als solche durchaus übertragen werden kann. Eine Übertragung unter Lebenden wird allgemein als zulässig angesehen.[65]

Aktionärbindungsverträge werden überwiegend[66] **nicht wegen der Persönlichkeit der** einzelnen **Vertragspartei**, sondern wegen ihrer **Eigenschaft als Aktionärin** einer bestimmten Aktiengesellschaft **geschlossen,** und es zeichnet sich die Aktionärsstellung dadurch aus, dass sie mit den Aktien übertragen werden kann.[67]

---

einfache Gesellschaft, 94 f. – Das «Verbot von Verträgen zulasten Dritter» ist in Anführungszeichen zu setzen, weil schon aus dem Begriff des Vertrages folgt, dass durch einen Vertrag keine Pflichten zulasten einer nicht am Vertrag beteiligten Drittperson vereinbart werden können. Damit geht es letztlich nicht um ein Verbot solcher Verträge (Widerrechtlichkeit), sondern vielmehr um eine Frage der rechtlichen Unmöglichkeit.

[62] BLOCH, 68 f.; FISCHER, Parteienbestand, 193. – Vertragsklauseln der folgenden Art sollten allerdings, um Missverständnisse zu vermeiden, vermieden werden: «Die Erben der Vertragsparteien sind an die vorliegende Vereinbarung gebunden.» oder: «Nachkommen, auf die Aktien durch Erbfall übertragen werden, sind an diesen Vertrag gebunden.»
[63] BGE 119 II 119 E. 3b; BK-FELLMANN/MÜLLER, OR 530 N 172 und 175; HÄUPTLI, PraxKomm Erbrecht, ZGB 560 N 9; MEIER-HAYOZ/FORSTMOSER, § 12 N 12 und 94; BSK-STAEHELIN, OR 545/546 N 10; WOLF, Subjektwechsel, 17; a.M. HAUSHEER, Gesellschaftsvertrag, 138 f.
[64] Art. 545 Abs. 1 Ziff. 2 OR; DRUEY, Erbrecht, § 13 N 21 ff.; HAUSHEER, Gesellschaftsvertrag, 138 f.
[65] Vgl. 628 ff.; BK-FELLMANN/MÜLLER, OR 542 N 99 ff.; MÜLLER, Mitgliedschaft, 94 f.
[66] Wohl kann es aber Fälle geben, in denen z.B. der Beruf einer Vertragspartei von Bedeutung oder gar ausschlaggebend ist.
[67] HAUSHEER, Gesellschaftsvertrag, 138; MEIER-HAYOZ/FORSTMOSER, § 3 N 31 ff.

Den aus einem aktionärbindungsvertraglichen Vertragsverhältnis fliessenden Rechten und Pflichten dürfte deshalb die **Höchstpersönlichkeit** in aller Regel **abgehen**.[68] Unvererblich sein dürften nur die allenfalls mit der Mitgliedschaft in einer einfachen Gesellschaft verbundenen arbeitsvertrags- und auftragsähnlichen personenbezogenen Verpflichtungen – so insbesondere eine vertraglich vorgesehene undelegierbare Pflicht zur Geschäftsführung.[69] Dies führt jedoch – eine andere Abmachung vorbehalten – nicht dazu, dass damit die gesamte Mitgliedschaftsposition unvererblich würde, sondern es betrifft dies nur jene Rechte und Pflichten aus dem Rechtsverhältnis, auf die sich die Höchstpersönlichkeit direkt bezieht (etwa die Arbeitsleistung des Arbeitnehmers).[70] Auch kann etwas anderes vereinbart sein (Art. 321 OR).[71]

dd) Nachfolgeklauseln als übermässige Bindung der Erben?

Schliesslich könnte argumentiert werden, die Vererbung der Mitgliedschaftsposition in einem Aktionärbindungsvertrag verletze die Persönlichkeit von Erben, indem sie diese durch die vererbten Pflichten übermässig in ihrer persönlichen Freiheit einschränke. In der Regel geht es bei Aktionärbindungsverträgen jedoch nicht um Bindungen, die in den höchstpersönlichen Bereich eingreifen, sondern um die Beschränkung der wirtschaftlichen Freiheit, die gemäss bundesgerichtlicher Rechtsprechung nur ganz ausnahmsweise unter die Beschränkung von Art. 27 Abs. 2 ZGB fällt.[72]

Es stehen dem belasteten Erben sodann verschiedene Möglichkeiten offen, sich der Verpflichtungen aus dem Aktionärbindungsvertrag zu entledigen: Er kann die Erbschaft als Ganze ausschlagen (Art. 566 ff. ZGB), er kann verlangen, dass ihm zumindest der Pflichtteil unbelastet von Auflagen und Bedingungen überlassen wird[73]

---

[68] ZK-HANDSCHIN/VONZUN, OR 545–547 N 54.
[69] MÜLLER, Mitgliedschaft, 162 f.; SCHAUB, 23. – Allerdings enden auch beim Arbeitsvertrag aufseiten des Arbeitnehmers mit dessen Tod nicht alle Wirkungen; es verbleiben bestimmte nachwirkende Pflichten wie Rückgabepflichten, Geheimhaltungspflichten etc. (ZK-STAEHELIN, OR 338 N 2; STREIFF/VON KAENEL/RUDOLPH, OR 338 N 2).
[70] WEIMAR, 767.
[71] PORTMANN/STÖCKLI, N 148; ZK-STAEHELIN, OR 321 N 1; STREIFF/VON KAENEL/RUDOLPH, OR 321 N 2 f.
[72] Vgl. N 1920; vgl. auch BLOCH, 67 f. und 70 f.; FISCHER, Parteienbestand, 194 f.; ZK-HANDSCHIN/VONZUN, OR 545–547 N 55.
[73] BGE 70 II 142 E. 2; vgl. auch PICHLER, 42 f. – Belastet sind die Aktien allerdings nur, wenn diese Belastungen erbrechtlicher oder dinglicher Natur ist (vgl. aber N 598). Die blosse vertragliche «Belastung» folgt den Aktien hingegen nicht zwingend. – Dies kann auch deshalb zum Problem werden, weil eine Vertragspartei nicht nur teilweise einem Vertrag beitreten kann und es vonseiten des Erbrechts keine rechtliche Handhabe gibt,

oder er kann allenfalls die amtliche Liquidation der Erbschaft verlangen (Art. 593 ff. ZGB)[74].[75] Der Erbe kann sodann dem Aktionärbindungsvertrag zwar beitreten, diesen aber sogleich ordentlich[76] oder aus wichtigem Grund[77] kündigen.[78] Ist dies aufgrund der Umstände zu befürchten, empfiehlt es sich, ein vertragliches **Austrittsrecht** für Erben zu vereinbaren.[79]

Die regelmässig im Zusammenhang mit einem Aktionärbindungsvertrag vorzunehmenden Handlungen (z.B. Besprechungen unter den Aktionären, Teilnahme an der Generalversammlung) sind im Übrigen in Umfang und Intensität weit weniger belastend als Pflichten, wie sie z.B. aus einem Arbeitsverhältnis fliessen. Es handelt sich zum Teil auch um Handlungen (z.B. Teilnahme an der Generalversammlung), die ein Erbe der Aktien auch ohne Vertragsbindung im Eigeninteresse vornehmen würde.

ee) Fazit

Nachfolgeklauseln können daher u.E. in aller Regel wirksam vereinbart werden. Ihre Umsetzung freilich kann an erbrechtlichen Vorgaben scheitern.

c) Praktische Ausgestaltung von Nachfolgeklauseln

aa) Einfache Nachfolgeklausel

Mit der **einfachen Nachfolgeklausel** vereinbaren die Vertragsparteien, dass der *Aktionärbindungsvertrag im Falle des Todes einer Vertragspartei fortbestehen* und dass die vertragliche *Mitgliedschaftsposition der betreffenden Vertragspartei vererblich* sein soll. Die einfache Nachfolgeklausel *genügt, wenn ein Alleinerbe oder alle Erben gemeinsam (als fortgesetzte Erbengemeinschaft) Parteien des Aktionärbindungsvertrages werden sollen.*[80]

---

eine entsprechende Vertragsänderung durchzusetzen. – Vgl. auch ZK-HANDSCHIN/VONZUN, OR 545–547 N 50.

[74] ZK-HANDSCHIN/VONZUN, OR 545–547 N 56.
[75] FISCHER, Parteienbestand, 194 f.
[76] Vgl. N 1841 ff.
[77] Vgl. N 1877 ff.
[78] VON GREYERZ, Unternehmernachfolge, 93; HAUSHEER, Gesellschaftsvertrag, 140 f.; *ders.*, erbrechtliche Probleme, 116 f.; HINTZ-BÜHLER, 180 f.; HOCH, 44; CHK-JUNG, OR 542 N 10; PORTMANN, 31 und 34 f.; SANWALD, 206; BSK-STAEHELIN, OR 545/546 N 10; VON STEIGER, 427 f.; WOLF, einfache Gesellschaft, 95 f.; vgl. aber HANDSCHIN/VONZUN (ZK ZU OR 545–547 N 55), welche ein solches Vorgehen als rechtsmissbräuchliches *venire contra factum proprium* betrachten (auch BLOCH, 71).
[79] Vgl. N 505 f. und 522
[80] BLOCH, 72; VON GREYERZ, Unternehmernachfolge, 93 und 95 f.; CHK-JUNG, OR 542 N 10; WOLF, einfache Gesellschaft, 92. – Die Erbengemeinschaft selbst kann zwar als

580 > Die Stellung als Partei dieses Vertrages ist vererblich. Im Falle des Versterbens einer der Vertragsparteien tritt bzw. treten ihr oder ihre Erbe(n) an ihrer Stelle in den Vertrag ein.

581 Im Falle der einfachen Nachfolgeklausel bleibt dem Erblasser unabhängig von der Regelung im Aktionärbindungsvertrag die Möglichkeit, durch entsprechende Teilungsvorschriften oder (Voraus-)Vermächtnisse[81] einem oder mehreren seiner Erben die Stellung als Vertragspartei zuzuweisen.[82] Hat der Erblasser nichts verfügt, können die Erben in der Erbteilung einem oder mehreren Erben die Mitgliedschaftsposition zuweisen.[83]

582 Hinsichtlich der **Aktien** ist wiederum danach zu unterscheiden, ob diese in die den Aktionärbindungsvertrag bildende einfache Gesellschaft eingebracht wurden und ob sie vom Erblasser durch letztwillige Verfügung dem oder den vorgesehenen Erben zugewiesen werden.[84] Teilungsvorschrift und Vermächtnis stehen stets unter der Einschränkung des Pflichtteilsrechts (Art. 470 ff. ZGB) und allenfalls der Ausgleichung (Art. 626 ff. ZGB).[85]

bb) Qualifizierte Nachfolgeklausel

583 Eine **qualifizierte Nachfolgeklausel** ist *notwendig, wenn* bereits auf der Ebene des Aktionärbindungsvertrages *ein oder mehrere bestimmte Erben für die Nachfolge einer Vertragspartei vorgesehen werden sollen.* Für sich allein genügt eine solche Klausel jedoch nicht, um die Nachfolge sicherzustellen:

584 Wie bei einer einfachen Nachfolgeklausel fällt die Mitgliedschaftsposition auch hier zunächst in den Nachlass.[86] Jede Vertragspartei hat daher neben der Nachfolgeklausel in einer **Verfügung von Todes wegen** durch entsprechende Teilungsvorschrif-

---

solche nicht Vertragspartei sein, möglich ist aber, dass alle Erben gemeinsam (als fortgesetzte Erbengemeinschaft) Vertragspartei werden. Möglich ist weiter die Umwandlung der Erbengemeinschaft in eine einfache Gesellschaft, die als Untergesellschaft Vertragspartei wird (z.B. um zu verhindern, dass die Stimmrechte bei mehreren Erben zu sehr zersplittert werden) (VON GREYERZ, Unternehmernachfolge, 94; HAUSHEER, erbrechtliche Probleme, 144 ff., 154 und 176; HINTZ-BÜHLER, 180; KUMMER, 134; BSK-STAEHELIN, OR 545/546 N 10; WOLF, einfache Gesellschaft, 94).

[81] Vgl. N 597 ff.
[82] BLOCH, 72; VON GREYERZ, Unternehmernachfolge, 94 und 96; WOLF, einfache Gesellschaft, 93.
[83] WOLF, einfache Gesellschaft, 93 f.
[84] Vgl. N 554 f.
[85] EITEL, 282 f. und 290 ff.; BSK-SCHAUFELBERGER/KELLER LÜSCHER, ZGB 608 N 6 ff.; WIEBEL, PraxKomm Erbrecht, ZGB 608 N 22 f.
[86] Vgl. N 569 ff.; VON GREYERZ, Unternehmernachfolge, 95. – Vgl. auch N 579 Anm. 80.

ten oder (Voraus-)Vermächtnisse[87] die Mitgliedschaftsposition dem oder den zur Nachfolge bestimmten Erben zuzuweisen.[88] Es sind auch hier die Einschränkungen zu beachten, welche hinsichtlich der Bestimmung des oder der Eintrittsberechtigten durch Dritte bestehen.[89]

> Die Stellung als Partei dieses Vertrages ist vererblich. Im Falle des Versterbens der [Vertragspartei V tritt ihr Erbe X / treten ihre Erben X, Y, Z] in den Aktionärbindungsvertrag ein und [übernimmt / übernehmen] in jeder Hinsicht deren Stellung als Vertragspartei.

585

> Die [Vertragspartei V] verpflichtet sich, hinsichtlich ihrer vererblichen Stellung als Vertragspartei [und hinsichtlich ihrer in diesem Aktionärbindungsvertrag gebundenen Aktien] durch letztwillige Verfügung dafür besorgt zu sein, dass diese [und die gebundenen Aktien] im Erbfall ihrem [Erben X zufällt / ihren Erben X, Y, Z zufallen].

586

> Die letztwilligen Verfügungen der Vertragsparteien, in welchen sie die entsprechenden erbrechtlichen Vorkehrungen getroffen haben, sind diesem Vertrag als [Anhänge 1–4] beigefügt.

587

Hinsichtlich der **Aktien** ist wiederum danach zu unterscheiden, ob diese in die Gesellschaft eingebracht wurden oder ob sie bei den Parteien verblieben und daher vom Erblasser durch letztwillige Verfügung dem oder den vorgesehenen Erben zugewiesen werden können und müssen.[90] Die Teilungsvorschrift und das Vermächtnis stehen wie stets unter der Einschränkung des Pflichtteilsrechts (Art. 470 ff. ZGB) und der Ausgleichung (Art. 626 ff. ZGB).[91]

588

d) Konsequenzen eines Auseinanderfallens von Aktionärsstellung und Vertragsmitgliedschaft

Von den Vertragsparteien ist schliesslich auch die Frage zu klären, welches die Konsequenzen für den Aktionärbindungsvertrag sind, wenn der oder die im Vertrag vorgesehene(n) Erbe(n) die Aktien nicht erben oder wenn, umgekehrt, ein Erbe der Aktien keine Mitgliedschaftsposition im Aktionärbindungsvertrag zugewiesen erhält:

589

---

[87] Vgl. N 597 ff.
[88] BLOCH, 71; VON GREYERZ, Unternehmernachfolge, 95; CHK-JUNG, OR 542 N 10; WOLF, einfache Gesellschaft, 93. – Zu den erbrechtlichen Vorkehrungen vgl. N 593 ff.
[89] Vgl. N 556.
[90] Vgl. N 554 f. sowie 597 ff.
[91] BSK-SCHAUFELBERGER/KELLER LÜSCHER, ZGB 608 N 6 ff.; WEIBEL, PraxKomm Erbrecht, ZGB 608 N 22 f.

590 Es ist möglich, eine **bedingte Nachfolgeklausel** zu vereinbaren, wonach die Vererblichkeit der Mitgliedschaftsposition unter der auflösenden Bedingung steht, dass diese einem bestimmten Erben zufällt (und dies nur unter der Voraussetzung, dass der Erbe auch die Aktien erhält).[92] Ob und inwiefern eine solche Bedingung bereits in einer qualifizierten Nachfolgeklausel selbst enthalten ist, ist eine Frage der Auslegung.

591 Fehlt eine Regelung für den Fall, dass die Mitgliedschaftsposition nicht vererbt wird, so tritt die Rechtsfolge von Art. 545 Abs. 2 Ziff. 2 OR ein, und der Vertrag wird rückwirkend auf den Tod des Erblassers aufgelöst.[93] Wollen die Vertragsparteien dies verhindern, haben sie zusätzlich als Eventualbestimmung eine **Fortsetzungsklausel**[94] zu vereinbaren.[95] Ob und inwiefern die Fortsetzungsklausel allenfalls schon in einer qualifizierten Nachfolgeklausel selbst enthalten ist, muss wiederum durch Auslegung ermittelt werden.

B. Schuldrechtliche Aktionärbindungsverträge

592 Bei schuldrechtlich konzipierten Aktionärbindungsverträgen **gehen** – soweit der Tod einer Vertragspartei nicht aufgrund einer Vereinbarung oder wegen der auftragsrechtlichen Natur des Vertrages Beendigungsgrund ist[96] – die **Rechte und Pflichten** einer verstorbenen Vertragspartei sowie deren Aktien durch Universalsukzession **auf** deren **Erben über**, allenfalls unter Vorbehalt höchstpersönlicher Rechte (Art. 560 ZGB).[97] Sind mehrere Erben vorhanden, dann tritt zunächst die Erbengemeinschaft in das Rechtsverhältnis und die Eigentümerstellung hinsichtlich der Aktien ein (Art. 602 Abs. 1 ZGB).[98]

C. Erbrechtliche Vorkehrungen und Vorkehrungen unter Lebenden

1. Letztwillige Verfügungen der einzelnen Vertragsparteien als Voraussetzung für eine wirksame Planung

593 Um den erbrechtlichen Eintritt eines *bestimmten* oder *mehrerer bestimmter* Erben in den Aktionärbindungsvertrag zu gewährleisten (statt des Eintritts der Erbengemein-

---

[92] VON GREYERZ, Unternehmernachfolge, 95; CHK-JUNG, OR 542 N 11 (der allerdings von einer aufschiebenden Bedingung ausgeht).
[93] VON GREYERZ, Unternehmernachfolge, 95; CHK-JUNG, OR 542 N 11.
[94] Vgl. N 463 ff.
[95] VON GREYERZ, Unternehmernachfolge, 95; CHK-JUNG, OR 542 N 11.
[96] Vgl. N 476 ff. und N 1815 ff.; FISCHER, Parteienbestand, 200 f.
[97] HÄUPTLI, PraxKomm Erbrecht, ZGB 560 N 2 ff. – Vgl. N 476 f.
[98] BSK-SCHAUFELBERGER/KELLER LÜSCHER, ZGB 602 N 2; WEIBEL, PraxKomm Erbrecht, ZGB 602 N 3.

schaft oder eines bei deren Liquidation ausgewählten Erben), können verschiedene **erbrechtliche Vorkehrungen** getroffen werden.[99] Gemeinsam ist diesen, dass sie *die Parteien* des Aktionärbindungsvertrages in ihrer Eigenschaft *als (künftige) Erblasser* betreffen. Welche dieser Vorkehrungen sich letztlich als zweckmässig erweisen, ist im Einzelfall zu entscheiden.

Der Inhalt der Regelung kann zwar durch den Aktionärbindungsvertrag vorgegeben sein, die Vertragsparteien haben sie aber **in der Form einer letztwilligen Verfügung**[100] **je einzeln zu bestätigen**. Werden letztwillige Verfügungen in den Aktionärbindungsvertrag aufgenommen, sind für diesen die erbrechtlichen Formvorschriften einzuhalten und die letztwilligen Verfügungen müssen *für jede Vertragspartei individuell und unterscheidbar formuliert* sein. Gemeinschaftliche letztwillige Verfügungen sind zwar nicht undenkbar und nicht grundsätzlich ausgeschlossen, sie müssen aber für jeden Erblasser alle Formelemente erfüllen und je für sich dem jeweiligen Erblasser zuordenbar sein.[101]

Zumeist werden die Parteien allerdings in den Aktionärbindungsvertrag nur die **Verpflichtung** einer jeden Vertragspartei aufnehmen, eine entsprechende letztwillige Verfügung zu erlassen – allenfalls vorgängig dem Vertragsabschluss und mit der Auflage, diese als Anhang des Aktionärbindungsvertrages einzureichen.[102] Gegen eine anders lautende und vertragswidrige (spätere) letztwillige Verfügung einer Vertragspartei schützt dies allerdings nicht.[103] Ein solches Vorgehen kann aber zum Verfall einer Konventionalstrafe führen, welche die Erbschaft belastet, was sowohl gegenüber der Vertragspartei als auch gegenüber ihren Erben einen gewissen Druck bewirken kann.[104]

Alle erbrechtlichen Vorkehrungen stehen stets unter dem **Vorbehalt des Pflichtteilsrechts** (Art. 470 ff. ZGB) und allenfalls der Ausgleichung (Art. 626 ff. ZGB).[105] Sind entsprechende Ansprüche von (Pflichtteils-)Erben absehbar, empfiehlt sich eine erbvertragliche Regelung (Art. 468 ZGB).[106]

---

[99] Zum Ganzen auch EITEL, 272 ff.
[100] Art. 498 ff. ZGB
[101] BSK-BREITSCHMID, ZGB 498 N 16; GRUNDMANN, PraxKomm Erbrecht, Vorb. zu ZGB 494 ff. N 23.
[102] Dies als Beleg, dass letztwillig vereinbarungsgemäss verfügt wurde.
[103] Zur nachträglichen Änderung letztwilliger Verfügungen vgl. auch MARTIN, 354 ff.
[104] Dies allerdings unter dem Vorbehalt, dass die vertragliche Verpflichtung eines Erblassers bezüglich seiner letztwilligen Verfügung wegen ihres höchstpersönlichen Charakters nicht als unzulässig betrachtet wird (Art. 27 Abs. 2 ZGB) (so etwa MARTIN, 360).
[105] EHRAT/FREY, 329 f.; EITEL, 282 f. und 290 ff.; HAUSHEER, Gesellschaftsvertrag, 137; NERTZ, PraxKomm Erbrecht, ZGB 470 N 11; BSK-SCHAUFELBERGER/KELLER LÜSCH-

2. Vererbung der Aktien (Teilungsvorschriften und Vermächtnis)

597 Als Erbe gilt, wer vom Erblasser die **Erbschaft insgesamt oder zu einem Bruchteil** erhalten soll (Art. 483 Abs. 2 ZGB). Will der Erblasser bei mehreren Erben sicherstellen, dass bestimmte Gegenstände oder Rechte (z.B. durch einen Aktionärbindungsvertrag gebundene Aktien) einem bestimmten Erben bzw. einer bestimmten Person zukommen, so muss er in seiner letztwilligen Verfügung entweder entsprechende Teilungsvorschriften (Art. 608 ZGB)[107] erlassen oder für den Betreffenden ein (Voraus-)Vermächtnis (Art. 484 ZGB)[108] vorsehen.[109]

598 Im Rahmen einer **Teilungsvorschrift** können sowohl die Aktien als auch das aktionärbindungsvertragliche Rechtsverhältnis einem oder mehreren bestimmten Erben zugewiesen werden.[110] Liegt der Wert der Aktien allerdings über dem Wert des einem Erben zustehenden Bruchteils, erhält er im Falle einer Teilungsvorschrift nicht alle Aktien (oder muss er diese zum Teil finanziell abgelten). Möglich ist auch die Schaffung von Mehr- und Minderheitspaketen, wobei allerdings – im Zusammenhang mit dem Pflichtteilsrecht – die so genannte «*biens aisément négociables*-Doktrin» zu beachten ist, wonach zugeteilte Aktien nicht nur wertmässig dem Pflichterbteil entsprechen, sondern auch in anderen Aspekten den übrigen Aktien (insbesondere solchen eines Mehrheitspakets) gleichwertig sein müssen. So darf beispielsweise die Übertragbarkeit der Minderheitsaktien (z.B. aufgrund einer Vinkulierung) nicht allein vom Willen des Mehrheitsaktionärs abhängen. Diese Doktrin ist allerdings nicht unumstritten und es fehlt zu dieser Konstellation ein höchstrichterlicher Entscheid.[111]

599 Demgegenüber bietet ein **(Voraus-)Vermächtnis** den Vorteil, dass der Erblasser nicht im Voraus wissen muss, ob die Aktien im Wert unter oder über dem Wert des dem Erben zukommenden Bruchteils liegen, denn mit dem Vermächtnis steht dem Erben gegenüber der Erbschaft ein obligatorischer Anspruch auf Übertragung

---

ER, ZGB 608 N 6 ff. und 13; WEIBEL, PraxKomm Erbrecht, ZGB 608 N 22 f.; WOLF, einfache Gesellschaft, 95.

[106] EITEL, 280 f.; SCHRÖDER, PraxKomm Erbrecht, ZGB 468 N 1 ff.

[107] BSK-SCHAUFELBERGER/KELLER LÜSCHER, ZGB 608 N 1; WEIBEL, PraxKomm Erbrecht, ZGB 608 N 4 ff.

[108] BURKART, PraxKomm Erbrecht, ZGB 484 N 6 ff. und 16 ff.; BSK-HUWILER, ZGB 484 N 10 ff. und ZGB 486 N 21 ff.

[109] EITEL, 284 f.

[110] EHRAT/FREY, 330; SOMARY/VASELLA, 294.

[111] EHRAT/FREY, 330; HAUSHEER, erbrechtliche Probleme, 203 ff.; vgl. zum Ganzen auch EITEL, 285 ff. m.H. – Der Begriff der «*biens aisément négociables*» stammt zwar aus einem Entscheid des Bundesgerichts, allerdings in einem anderen Zusammenhang (vgl. EITEL, a.a.O.).

sämtlicher der für ihn bestimmten Aktien zu.[112] Doch kann ein solches Vermächtnis gegen das Pflichtteilsrecht verstossen oder es kommen allenfalls die Regeln über die Ausgleichung zur Anwendung, wenn nicht wiederum im Voraus entsprechende (erbvertragliche) Vorkehrungen getroffen wurden.

3. Eintritt der Erben in den Aktionärbindungsvertrag

Um sicherzustellen, dass der Erbe der Aktien nicht nur Aktionär wird,[113] sondern auch in den Aktionärbindungsvertrag eintritt, kann der Erblasser durch Verfügung von Todes wegen den Erwerb der Aktien mit **entsprechenden Auflagen oder Bedingungen** versehen (Art. 482 ZGB).[114] Möglich ist dies sowohl bei der Erbeinsetzung bzw. den entsprechenden Teilungsvorschriften als auch bei einem (Voraus-)Vermächtnis. Auch hier gilt es, das Pflichtteilsrecht zu beachten, da dieses nicht von Bedingungen abhängig oder mit Auflagen belastet werden darf.[115]

Durch eine **Auflage** wird der Beschwerte dazu verpflichtet, anstelle der Erbengemeinschaft dem Aktionärbindungsvertrag beizutreten (und zwar an sich unabhängig davon, ob er Aktien erhält). Den Vollzug, auch auf dem Weg der Klage, kann «jedermann» verlangen, der «ein Interesse hat» (Art. 482 Abs. 1 ZGB).[116] Zu den «Interessierten» dürften auch die verbleibenden Mitglieder des Aktionärbindungsvertrages gehören, zumindest dann, wenn der Erblasser die Auflage ausdrücklich zu deren Gunsten erlassen hat.

Wird der Vertragsbeitritt als **Bedingung** vorgesehen, dann gehen die Aktien erst bei Eintritt der Bedingung, d.h. mit dem Beitritt zum Aktionärbindungsvertrag auf den betreffenden Erben über.[117] Erfüllt der Erbe die Bedingung nicht, so verbleiben die Aktien in der Erbschaft, und die Erbengemeinschaft bleibt Partei des Aktionärbindungsvertrages. Allenfalls ergibt es Sinn, auch für diesen (Eventual-)Fall Regeln in der letztwilligen Verfügung und im Aktionärbindungsvertrag vorzusehen.

Es kann sich fragen, ob die in einer Auflage oder Bedingung verankerte Pflicht, einem Schuldvertrag oder einer Personengesellschaft beizutreten, nicht einen zu

---

[112] SOMARY/VASELLA, 294.
[113] Einschränkungen durch Vinkulierung sind im Falle des erbrechtlichen Überganges nicht (kotierte Aktien: Art. 685d Abs. 3 OR) bzw. nur beschränkt (Ablehnung zwar möglich, aber nur bei Abfindung zum wirklichen Wert, so bei nicht kotierten Aktien: Art. 685b Abs. 4 OR) wirksam.
[114] HAUSHEER, Gesellschaftsvertrag, 137; SOMARY/VASELLA, 293 f.
[115] NERTZ-PraxKomm Erbrecht, ZGB 470 N 11.
[116] BGE 99 II 375 E. 7; HAUSHEER, erbrechtliche Probleme, 115 f.; SCHÜRMANN, PraxKomm Erbrecht, ZGB 482 N 15 ff.; BSK-STAEHELIN, ZGB 482 N 14 ff., insb. 28. – Die Klage hat sich auf Realvollstreckung zu richten, Schadenersatz hingegen ist ausgeschlossen.
[117] SCHÜRMANN, PraxKomm Erbrecht, ZGB 482 N 4 ff.; BSK-STAEHELIN, ZGB 482 N 4 ff.

starken Eingriff in die persönliche Freiheit der belasteten Erben darstellt und damit im Sinn von Art. 482 Abs. 2 ZGB als widerrechtlich oder unsittlich zu qualifizieren sein könnte.[118] Dies ist u.E. zu verneinen, denn zum einen hat das Bundesgericht ausgeführt, dass mit der Anordnung an die Erben, einen Vertrag mit einem im Voraus bestimmten Inhalt abzuschliessen, kein verpöntes Verhalten verlangt werde,[119] und zum anderen geht es bei Aktionärbindungsverträgen regelmässig nicht um Bindungen im höchstpersönlichen Bereich, sondern um Beschränkungen der wirtschaftlichen Freiheit, die auch im Zusammenhang mit Art. 27 Abs. 2 ZGB in der Regel nicht als übermässig zu qualifizieren sind.[120] Schliesslich ist auch daran zu erinnern, dass allenfalls die Möglichkeit einer Beendigung der Parteistellung aus wichtigem Grund besteht.[121]

4. Vorkehrungen unter Lebenden

604 Rechtsgeschäftlich kann mit einem oder mehreren **Nachfolgern** bereits zu Lebzeiten und unter Einbezug aller Vertragsparteien der Beitritt zu einem **Aktionärbindungsvertrag im Zeitpunkt des Todes** vereinbart werden. Dies kann im Aktionärbindungsvertrag selbst oder in einer nachträglichen, selbständigen Vereinbarung geschehen. Das Recht zum Vertragsbeitritt kann sodann auch als blosse Offerte an den Nachfolger (**Eintrittsklausel**)[122] ausgestaltet sein, welche dieser annehmen kann, aber nicht muss. Allfällige vermögensrechtliche Ansprüche gehen diesfalls nicht direkt auf den Nachfolger über, sondern zunächst auf die Erben der verstorbenen Vertragspartei insgesamt. Das Schicksal dieser Ansprüche wiederum ist mittels Verfügung von Todes wegen zu bestimmen.[123]

605 Was die **Übertragung der Aktien** von der Vertragspartei auf ihren Nachfolger betrifft, ist insbesondere die Frage der Abgrenzung zwischen Rechtsgeschäften unter Lebenden und solchen von Todes wegen zu beachten, weil im letzteren Fall zur Gültigkeit des Geschäfts die Formen der letztwilligen Verfügung (Art. 498 ff. ZGB) zu wahren sind: In jedem Fall zu beachten sind diese, wenn ein unentgeltliches Rechtsgeschäft, d.h. eine Schenkung von Todes wegen vorliegt.[124] Ein auf den Tod einer Vertragspartei gestellter Kaufvertrag oder Kaufrechtsvertrag dürfte hingegen dann diesen Vorschriften nicht unterliegen, wenn sich der Preis der Aktien nach ihrem wirklichen Wert richtet; bei einem geringeren Preis wäre dagegen u.E. von

---

[118] HINTZ-BÜHLER, 181; SCHÜRMANN, PraxKomm Erbrecht, ZGB 482 N 40 ff.; WOLF, Subjektswechsel, 18 und 21; *ders.,* einfache Gesellschaft, 95.
[119] BGE 99 II 375 E. 7b.
[120] Vgl. N 1920. – Vgl. dazu die Ausführungen bei N 575 ff.
[121] Dazu N 1877 ff.
[122] Vgl. N 540 ff.
[123] Vgl. N 597 ff.
[124] Art. 245 Abs. 2 ZGB; BGE 113 II 270 E. 2b, 99 II 268 E. 2.

einer teilweisen Schenkung auszugehen und müssten die erbrechtlichen Formvorschriften beachtet werden.[125] Von einem Geschäft unter Lebenden kann auch dann ausgegangen werden, wenn der Tod der Vertragspartei *nur einer unter mehreren – realistischen und nicht nur nebensächlichen – Auslösern* für die Übertragung der Aktien (auch zu einem allenfalls unter dem wirklichen Wert liegenden Preis) ist.[126] Die Grenzziehung ist aber oft heikel,[127] und in Zweifelsfällen empfiehlt es sich, die Form einer letztwilligen Verfügung einzuhalten.

5. Exkurs: Ehegüterrechtliche Schranken und Vorkehrungen

Bei verheirateten Vertragsparteien hat – neben dem Erbrecht – das Ehegüterrecht einen entscheidenden Einfluss auf die vermögensrechtlichen Möglichkeiten der Nachfolgeplanung. In aller Kürze dazu einige wesentliche Punkte:[128]

a) Güterrechtliche Auseinandersetzung

Das Ehegüterrecht lässt im Verlauf einer Ehe zwischen den Ehegatten gegenseitige Ansprüche entstehen. Realisiert als konkrete, allenfalls gegenseitig verrechenbare (Geld-)Forderungen werden diese Ansprüche allerdings erst im Zeitpunkt der Auflösung der Ehe, sei es durch den Tod eines Ehegatten, sei es durch Scheidung.[129] Die Höhe der Ansprüche ist im Rahmen der **güterrechtlichen Auseinandersetzung** zu bestimmen.[130] Im Falle des Todes eines Ehegatten geht die ehegüterrechtliche Auseinandersetzung der erbrechtlichen Bestimmung des Nachlasses voraus, denn erst danach können Umfang und Inhalt des Nachlasses bestimmt werden.[131]

---

[125] GLOOR/FLURY (310 f.) gehen auch dann grundsätzlich nicht von einer Schenkung von Todes wegen aus.

[126] Weitere Auslöser können z.B. die Geschäftsaufgabe, das Erreichen eines bestimmten Alters etc. sein. Vgl. zum Ganzen BGE 113 II 270 E. 2; 99 II 268 E. 2 f.; BLOCH, 41 f.; GLOOR/FLURY, 309 f.; ZK-HANDSCHIN/VONZUN, OR 545–547 N 68 f.; HINTZ-BÜHLER, 95.

[127] Vgl. zur Abgrenzung auch N 471 ff.

[128] Vgl. zum Ganzen EITEL, 274 f.; MARTIN, 308 ff.

[129] BK-HAUSHEER/REUSSER/GEISER, ZGB 204 N 11. – Gemäss Art. 204 ZGB (Errungenschaftsbeteiligung) bzw. Art. 236 ZGB (Gütergemeinschaft) wird der jeweilige Güterstand mit dem Tod eines Ehegatten bzw. bei Scheidung der Ehe aufgelöst. Auch die Vereinbarung eines anderen Güterstandes hat die Auflösung des bisherigen Güterstandes zur Folge. – Nur der Güterstand der Gütertrennung bedarf keiner Auflösung, da dieser Güterstand als eigentlicher «Nichtgüterstand» keine in der Ehe begründeten Ansprüche entstehen lässt (HAUSHEER/GEISER/AEBI-MÜLLER, N 13.48 und 13.57).

[130] HAUSHEER/GEISER/AEBI-MÜLLER, N 12.154 und 13.35.

[131] EHRAT/FREY, 328; HAUSHEER/GEISER/AEBI-MÜLLER, N 12.155; BK-HAUSHEER/REUSSER/GEISER, ZGB 204 N 13; NONN in Dürr/Lardi, 47.

b) Bedeutung der verschiedenen Güterstände

608 Die **vertraglichen Güterstände** der Gütertrennung oder der Gütergemeinschaft sind im vorliegenden Zusammenhang oft Teil der Lösung und nicht des Problems: Sie können nur durch Vereinbarung der Ehegatten entstehen (Art. 181 ZGB) und werden häufig als Resultat von Überlegungen im Hinblick auf eine Nachfolgeplanung bzw. als Baustein einer solchen vorgesehen:[132]

609 Bei der **Gütertrennung** (Art. 247 ff. ZGB) handelt es sich um einen eigentlichen «Nichtgüterstand», der *keine in der Ehe begründeten Ansprüche* entstehen lässt.[133] Hinsichtlich des Vermögens und der gebundenen Aktien einer verstorbenen Vertragspartei in Gütertrennung gelten damit auch gegenüber einem Ehegatten allein die erbrechtlichen Regeln.

610 Dagegen verfügen die Ehegatten bei der **Gütergemeinschaft** (Art. 221 ff. ZGB) über *ein schuld- und sachenrechtlich gemeinsames Vermögen* (gemeinschaftliches Eigentum zur gesamten Hand),[134] auf dessen Hälfte jeder Ehegatte bei Auflösung des Güterstandes einen Anspruch hat. Machen die in einem Aktionärbindungsvertrag gebundenen Aktien den Hauptteil dieses Vermögens aus, stellen sich – wie im Erbfall – Fragen der Verfügbarkeit der Aktien und der finanziellen Abgeltung. Immerhin lassen sich einzelne Vermögenswerte durch ehevertragliche Vereinbarung aus dem Gesamtgut ausschliessen (Art. 224 ZGB).[135]

611 Vereinbaren die Ehegatten nichts anderes, so gilt für sie der **ordentliche Güterstand** der **Errungenschaftsbeteiligung** (Art. 181 sowie 196 ff. ZGB). Dieser Güterstand zeichnet sich u.a. dadurch aus, dass er *während seines Bestandes weitgehend einer Gütertrennung gleichkommt*, d.h. *auf die eigentumsrechtliche Zuordnung von Vermögenswerten zwischen den Ehegatten keinen Einfluss* hat; jeder Ehegatte verfügt, wie eine unverheiratete Person, über sein eigenes Vermögen und haftet auch nur mit diesem.[136]

612 Gegenseitige Forderungen entstehen bei der Errungenschaftsbeteiligung einerseits aus dem Anspruch des anderen Ehegatten auf die Hälfte der Errungenschaft, welche insbesondere aus dem **Arbeitserwerb** und anderen während der Ehe entgeltlich erworbenen Vermögenswerten besteht (Art. 197 ZGB),[137] und andererseits aus dem Anspruch eines Ehegatten auf den anteilmässigen **Mehrwert bei Investitionen** in

---

[132] EITEL, 281 f.; MARTIN, 314 f. und 316.
[133] HAUSHEER/GEISER/AEBI-MÜLLER, N 13.48 und 13.57; MARTIN, 315 f.
[134] HAUSHEER/GEISER/AEBI-MÜLLER, N 13.11; MARTIN, 312 ff.
[135] EHRAT/FREY, 329; HAUSHEER/GEISER/AEBI-MÜLLER, N 13.08 f.
[136] NONN in Dürr/Lardi, 48.
[137] HAUSHEER/GEISER/AEBI-MÜLLER, N 12.05 ff.; BK-HAUSHEER/REUSSER/GEISER, ZGB 197 N 6 ff.; NONN in Dürr/Lardi, 49.

Vermögenswerte des anderen Ehegatten (Art. 206 ZGB)[138]. Daraus können sich, wenn die in einem Aktionärbindungsvertrag gebundenen Aktien den Hauptteil des Vermögens eines Ehegatten darstellen, erhebliche Einschränkungen hinsichtlich der nachfolgeplanerischen Verfügbarkeit der in einem Aktionärbindungsvertrag gebundenen Aktien ergeben. Insbesondere bleibt oft unbeachtet, dass Erträge und Wertsteigerungen eines Unternehmens auch dann zu güterrechtlichen Ansprüchen führen können, wenn diese nicht ausbezahlt, sondern – wie dies bei Familien- und KMU-Unternehmen oft der Fall ist – reinvestiert werden.[139] Auch bei der Errungenschaftsbeteiligung lassen sich allerdings einzelne Vermögenswerte vertraglich dem Eigengut zuordnen (Art. 199 ZGB) und Mehrwertansprüche ausschliessen (Art. 206 Abs. 3 ZGB). Sodann kann eine andere Beteiligung am Vorschlag als die gesetzlich vorgesehene vereinbart werden (Art. 216 Abs. 1 ZGB).[140]

Zu denken ist bei der Planung daran, dass sich für den Fall einer *Scheidung* andere vermögensrechtliche Folgen aufdrängen können[141] als für den Todesfall.

c) Regelung im Aktionärbindungsvertrag?

In Aktionärbindungsverträgen finden sich gelegentlich Bestimmungen, wonach sich die Vertragsparteien in Bezug auf ihre bestehende oder im Hinblick auf eine künftige Ehe **verpflichten**, die **Gütertrennung** zu vereinbaren oder anderweitige **ehevertragliche Regelungen** zu treffen. Da das Recht zur Ehe und die Ehe als solche eng mit der Persönlichkeit einer Person verbunden sind, stellt sich die Frage ihrer Zulässigkeit:

Rechtlich zulässig dürfte es sein, einen bestimmten Güterstand zur **Voraussetzung für die Aufnahme in einen Aktionärbindungsvertrag** zu machen. Denn einerseits sind die Vertragsparteien frei, die Voraussetzungen für den Beitritt zum Aktionärbindungsvertrag festzulegen, und andererseits gibt es für Drittaktionäre kein Recht auf einen Beitritt zu einem Aktionärbindungsvertrag. Zulässig dürfte es daher – in den Grenzen des Rechtsmissbrauchs und des Verbots übermässiger Bindungen[142] – auch sein, die Vereinbarung eines bestimmten Güterstandes – insbesondere den Wechsel von der Gütertrennung zur Gütergemeinschaft oder zur Errungenschafts-

---

[138] HAUSHEER/GEISER/AEBI-MÜLLER, N 12.80 ff.; BK-HAUSHEER/REUSSER/GEISER, ZGB 206 N 9 ff.

[139] HAUSHEER/GEISER/AEBI-MÜLLER, N 12.12 ff.; BK-HAUSHEER/REUSSER/GEISER, ZGB 197 N 43; MARTIN, 318 ff.

[140] EHRAT/FREY, 329; HAUSHEER/GEISER/AEBI-MÜLLER, N 12.39 ff.; MARTIN, 322 ff., 325 f. und 326 ff.; SOMARY/VASELLA, 292.

[141] Dazu z.B. ERIK JOHNER: Trennung und Scheidung, Ein Ratgeber für Unternehmer, Selbständige und Führungskräfte, Bern 2012.

[142] Zu Letzteren vgl. N 1913.

beteiligung – als **Ausschlussgrund**[143] oder als Grund für eine Verkaufspflicht[144] vorzusehen.

616 Nicht zulässig hingegen ist es u.E., **bestehenden Vertragsparteien für den Fall ihrer Heirat einen bestimmten Güterstand vorzuschreiben.**[145] Eine solche Verpflichtung würde die Freiheit des Eheschlusses übermässig einschränken (Art. 27 Abs. 2 ZGB), zumal die Vereinbarung eines von der gesetzlichen Regelung abweichenden Güterstandes der Zustimmung des anderen Ehegatten bedarf.

617 Ebenfalls unzulässig dürften *Konventionalstrafen* für den Fall sein, dass eine Vertragspartei von ihrem bisherigen (vertragskonformen) Güterstand zu einen anderen Güterstand wechselt.

D. Fazit

1. Sorgfältige Planung auf vertrags- und erbrechtlicher Ebene als notwendige Voraussetzung

618 Der Möglichkeit, dass eine Vertragspartei durch Tod aus dem Aktionärbindungsvertrag ausscheiden könnte, wird oftmals nur wenig oder gar keine Aufmerksamkeit geschenkt.[146] Daraus ergeben sich Probleme, weil die dispositive gesetzliche Ordnung kaum hilfreich ist und die rechtliche Situation an der Schnittstelle zwischen Vertrags- bzw. Gesellschaftsrecht einerseits und Erbrecht andererseits komplex sein kann. Es besteht gerade im Erbfall ein erhebliches Risiko, dass die **Pflichten aus dem Aktionärbindungsvertrag** und das **Recht an den Aktien**, welches Voraussetzung für die Erfüllung der Vertragspflichten ist, **auseinanderfallen.** Es ist daher sowohl auf der vertrags- bzw. gesellschaftsrechtlichen Ebene als auch auf der Ebene des Erbrechts eine sorgfältige Planung notwendig; oft ergibt sich nur aus deren Zusammenspiel ein sinnvolles Ganzes.

619 Stehen die Nachfolger bereits fest – etwa im Rahmen der Nachfolgeplanung in einem Familienunternehmen –, dann kann es sich empfehlen, die **Angehörigen der nächsten Generation** schon vor dem Ausscheiden einer Vertragspartei (durch Tod oder allenfalls auch aufgrund der Aufgabe der aktiven beruflichen Tätigkeit) **in den Aktionärbindungsvertrag einzubinden,** auch wenn sie noch nicht Aktionäre sind.[147] Diese haben dann – vorerst virtuell – die Rechte und Pflichten von Ver-

---

[143] Vgl. N 523 ff.
[144] Vgl. N 1285 ff.
[145] Allenfalls kann eine solche unzulässige Verpflichtung in einen Ausschlussgrund umgedeutet werden.
[146] VON GREYERZ, Unternehmernachfolge, 101.
[147] Vgl. N 336 und 566. – Allenfalls können Sie mit einer symbolischen Beteiligung (von z.B. einer Aktie) zu Aktionären gemacht werden.

tragsparteien, und diese Rechtsposition wird wirksam, sobald sie im Rahmen der Nachlassteilung die Aktionärsstellung erlangen.[148]

Als Vorbereitung des Generationenwechsels können auch weitere Klauseln und Bestimmungen Sinn ergeben, z.B. die Vereinbarung unter den Parteien des Aktionärbindungsvertrages, einem möglichen Nachfolger zu gegebener Zeit eine **Eintrittsofferte** zu machen[149] oder mit einem bestimmten Nachfolger bereits einen bedingten **Beitrittsvertrag abzuschliessen.**[150] Möglich ist sodann auch ein (allenfalls bedingter) **Vertrag zugunsten des Nachfolgers** (als eines Dritten).[151]

Schliesslich ist daran zu denken, dass die *Abwicklung eines Nachlasses längere Zeit* in Anspruch nehmen kann. Es kann im Hinblick darauf sinnvoll sein, einen Willensvollstrecker vorzusehen, der die Aktien in der Generalversammlung der Aktiengesellschaft – allenfalls nach den hinterlassenen Weisungen des Erblassers – zwischenzeitlich vertreten kann.[152]

2. Zur Verwendung von Fortsetzungs-, Eintritts- und Nachfolgeklauseln

Bei gesellschaftsrechtlichen Aktionärbindungsverträgen sind Fortsetzungs-, Eintritts- und Nachfolgeklauseln wichtige Elemente der Zukunfts- und Nachfolgeplanung für den Fall des Ausscheidens einer Vertragspartei durch Tod: Die **Fortsetzungsklausel** stellt den Weiterbestand des Vertrages unter den verbleibenden Vertragsparteien sicher;[153] soll der Vertrag nicht aufgelöst werden, ist sie zumindest bei gesellschaftsrechtlich konzipierten Aktionärbindungsverträgen unverzichtbar.[154] Soll der Aktionärbindungsvertrag nach dem Tod einer Vertragspartei nicht nur weiter bestehen, sondern zugleich mit einer oder mehreren zur Nachfolge der verstorbenen

---

[148] Gewisse Rechte – etwa die zur Teilnahme an den Versammlungen der Vertragsparteien – können ihnen auch unabhängig von einer Aktionärsstellung bereits zustehen, ebenso bestimmte Pflichten wie die Verschwiegenheitspflicht (vgl. N 967 f.).

[149] Vgl. N 561 ff.

[150] Vgl. N 565 f.

[151] Vgl. N 563 f.

[152] HANS RAINER KÜNZLE: Aktuelle Praxis zur Willensvollstreckung (2008–2009), successio 2009, 267 ff., 273. – KÜNZLE weist darauf hin, dass auch diese Einsetzung nicht von den Vertragsparteien gemeinsam, sondern einzeln erfolgen sollte: «Vertragspartei A setzt X als ihren Willensvollstrecker ein», «Vertragspartei B setzt X als ihren Willensvollstrecker ein» etc.

[153] Vgl. N 463 ff.

[154] Sie ist auch implizit Teil der Eintritts- und Nachfolgeklausel (vgl. N 541 und 569), wobei jeweils durch Auslegung zu bestimmen ist, ob sie durch den Nichtbeitritt von zur Nachfolge vorgesehenen Personen auflösend bedingt ist.

Partei vorgesehenen Personen weitergeführt werden, bieten sich – neben den bereits genannten Alternativen[155] – Eintritts- oder Nachfolgeklauseln an.

623 Der entscheidende Unterschied zwischen der Eintritts- und der Nachfolgeklausel besteht darin, dass dem zur Nachfolge Vorgesehenen bei der **Eintrittsklausel** eine Eintrittsofferte gemacht wird, während bei der **Nachfolgeklausel** die Mitgliedschaftsposition vererblich wird und im Zuge der Erbteilung auf einen Nachfolger übergeht. Will eine zur Nachfolge vorgesehene Person nicht Vertragspartei werden, kann sie im Falle einer Eintrittsklausel die Eintrittsofferte ablehnen,[156] während sie bei der Nachfolgeklausel – sofern sie die Erbschaft nicht als Ganzes ausschlägt – zunächst Vertragspartei wird und den Vertrag anschliessend erst kündigen muss[157]. Letzteres kann dann Sinn ergeben, wenn – jedenfalls für eine gewisse Zeit – Kontinuität geschaffen werden soll.

624 Ist bezüglich einer zur Nachfolge vorgesehen Person absehbar, dass sie dem Aktionärbindungsvertrag nicht beitreten möchte, so sollte anderweitig geplant werden. Allenfalls sollte einem solchen Nachfolger durch eine Eintrittsklausel (und durch Verzicht auf eine Nachfolgeklausel) die Wahl gelassen werden, ob er dem Vertrag beitreten will.

625 **Eintritts-** und **Nachfolgeklauseln** bieten sich folglich an, wenn:[158]

- der Erblasser einen einzigen Erben hinterlässt (sowohl eine einfache Eintritts- als auch eine einfache Nachfolgeklausel ist möglich);

- der Erblasser mehrere Erben hinterlässt und diese im Verhältnis ihres Erbteils dem Vertrag beitreten sollen (sowohl eine einfache Eintritts- als auch eine einfache Nachfolgeklausel ist möglich);

- der Erblasser mehrere Erben hinterlässt und aus diesen seinen Nachfolger selber bestimmen will (einfache Nachfolgeklausel und entsprechende Verfügung von Todes wegen);

- von mehreren Erben nach dem Willen der (übrigen) Vertragsparteien ein bestimmter die Nachfolge des Erblassers als Vertragspartei antreten soll (sowohl eine qualifizierte Eintritts- als auch eine qualifizierte Nachfolgeklausel ist möglich, mit ergänzender Verfügung von Todes wegen); oder wenn

---

[155] Vgl. N 619 f.
[156] Vgl. N 559 f.
[157] Vgl. N 576.
[158] VON GREYERZ, Unternehmernachfolge, 86 f. und 95 f.; HAUSHEER, erbrechtliche Probleme, 107 und 122 f. – Es ist auch im Auge zu behalten, dass es meist nicht nur um die Nachfolgeplanung einer einzelnen Vertragspartei geht, sondern dass die getroffene Lösung für alle Vertragsparteien angemessen sein muss.

– die Aktien im Gesamteigentum der Vertragsparteien stehen und eine Person zum Eintritt berechtigt werden soll, die nicht Erbin der verstorbenen Vertragspartei ist (hier ist nur die Eintrittsklausel möglich).

3. Faktischer Vorrang vermögensrechtlicher Aspekte

Hinsichtlich der faktischen Ausgestaltungsmöglichkeiten der Nachfolgeplanung sollten sich die Vertragsparteien aber nicht einer Illusion hingeben: Oft genug scheitert eine Nachfolgeplanung nicht an den rechtlichen Gestaltungsmöglichkeiten, sondern am *erbrechtlichen Pflichtteilsrecht* oder überhaupt an *Vermögens- und Liquiditätsfragen:* Stellen die vom Erblasser gehaltenen und dem Aktionärbindungsvertrag unterworfenen Aktien den hauptsächlichen oder einen wesentlichen Vermögenswert seines Nachlasses dar, ist es oft nicht möglich, dieses Aktienpaket in seiner Gesamtheit einem bestimmten Nachfolger zu übertragen, weil die finanziellen Mittel nicht ausreichen, um die übrigen Erben entsprechend ihrem Pflichtteilsrecht abzufinden.[159] Diesfalls braucht es entweder erbvertraglich zu vereinbarende Zugeständnisse aller Beteiligten, oder man muss eine gewisse Zersplitterung des Aktionariats in Kauf nehmen.[160]

4. *Caveat* zu den erbrechtlichen Formen

Zum Schluss nochmals das *caveat:* Auch wenn der erbrechtliche Charakter bzw. die Qualifikation der Nachfolgeklausel als Rechtsgeschäft von Todes wegen nach der hier vertretenen Meinung meist zu verneinen ist, wird man in der Praxis – solange zu dieser Frage keine gesicherte bundesgerichtliche Praxis besteht – gut daran tun, bei Klauseln, welche die verbleibenden Vertragsparteien oder bestimmte Erben gegenüber anderen besserstellen, die erbrechtlichen Formvorschriften zu beachten: *«Mit allem, was auch nur erbrechtlich riecht, zum Notar!»*[161]

---

[159] EHRAT/FREY, 328; HENSCH/STAUB, 1173; MARTIN, 336; NONN in Dürr/Lardi, 46.
[160] Ob aber z.B. ein Minderheitspaket vinkulierter Namenaktien für Pflichtteilserben dem Pflichtteilsrecht zu genügen vermag ist umstritten (vgl. N 598).
[161] BÄR in ZBJV 1989, 240; vgl. auch SAG 1988, 30 f.; ZK-HANDSCHIN/VONZUN, OR 545–547 N 70; STAEHELIN, Nachfolgeplanung, 80; WOLF, einfache Gesellschaft, 97.

III. Vertragsübergang unter Lebenden (rechtsgeschäftlicher Subjektwechsel)

A. Natürliche Personen als Vertragsparteien

1. Gesellschaftsrechtliche Aktionärbindungsverträge

628 Bei den als **gesellschaftsrechtlich** zu qualifizierenden **Aktionärbindungsverträgen** bedarf die Übertragung der Parteistellung in einem Aktionärbindungsvertrag entweder der *Zustimmung aller übrigen Gesellschafter oder* einer entsprechenden *gesellschaftsrechtlichen Vereinbarung* (Art. 542 OR).[162]

629 Bei der Übertragung der Mitgliedschaft ist danach zu unterscheiden, ob die Mitgliedschaftsposition des Austretenden durch rechtsgeschäftliche Übertragung,[163] d.h. durch Verfügungsgeschäft, auf den Eintretenden übertragen wird oder ob die «Übertragung» durch Austritt des alten bei gleichzeitigem Eintritt des neuen Gesellschafters erfolgt (Mitgliederwechsel durch Doppelvertrag, d.h. durch Abschluss eines Ausscheidens- und eines Aufnahmevertrages, die gleichzeitig vollzogen werden).[164] Der Unterschied besteht vor allem darin, dass bei der rechtsgeschäftlichen Übertragung die eintretende Partei in die Rechtsstellung der austretenden Partei eintritt (einschliesslich der Haftung für bereits entstandene Verbindlichkeiten und unter solidarischer Haftung des Austretenden),[165] während beim Mitgliederwechsel durch Doppelvertrag die eintretende Partei eine neue Mitgliedschaftsposition erlangt (und damit auch nur für neue Verbindlichkeiten haftet).[166] Im zweiten Fall ist zudem keine Vereinbarung zwischen dem ausscheidenden und dem neu eintretenden Gesellschafter notwendig.[167]

630 Um zu vermeiden, dass der Aktienbesitz und die Stellung als Vertragspartei auseinanderfallen, ist die Zustimmung zur Übertragung der Mitgliedschaftsposition

---

[162] BGE 134 III 597 E. 3.3.2; BK-FELLMANN/MÜLLER, OR 542 N 17 ff. und 90 ff.; FISCHER, Parteienbestand, 170 ff.; BSK-HANDSCHIN, OR 542 N 1 und 3; HINTZ-BÜHLER, 184 f.; MARTIN, 228; SANWALD, 205.

[163] BK-FELLMANN/MÜLLER, OR 542 N 99 ff.; BSK-HANDSCHIN, zu OR 542 N 3; CHK-JUNG, OR 542 N 7 f. (hier allerdings «Vertragsübernahme» genannt).

[164] BK-FELLMANN/MÜLLER, OR 542 N 155 ff.; BSK-HANDSCHIN, OR 542 N 3; CHK-JUNG, OR 542 N 6; einlässlich zu den verschiedenen Übertragungstheorien, insb. auch für den Fall einer fehlenden Vereinbarung: FISCHER, Parteienbestand, 171 ff.

[165] BK-FELLMANN/MÜLLER, OR 542 N 127 ff. und 137 ff. m.w.H. zur Anwendbarkeit von Art. 181 OR; CHK-JUNG, OR 542 N 8.

[166] BK-FELLMANN/MÜLLER, OR 542 N 88 ff. und OR 544 N 195 ff.

[167] BK-FELLMANN/MÜLLER, OR 542 N 157 ff.

unter die Bedingung der gleichzeitigen Übertragung der Aktien auf die den Vertrag übernehmende Partei zu stellen.[168]

2. Schuldrechtliche Aktionärbindungsverträge

Die Übertragung der Parteistellung in einem **schuldrechtlichen Aktionärbindungsvertrag** von einer natürlichen Person auf eine andere erfolgt auf dem Weg der *Vertragsübernahme*. Diese Bedarf der Zustimmung aller übrigen Vertragsparteien.[169]

Um zu vermeiden, dass der Aktienbesitz und die Stellung als Vertragspartei auseinander fallen, ist die Zustimmung zur Übertragung des Vertrags unter die Bedingung der gleichzeitigen Übertragung der Aktien auf die den Vertrag übernehmende Partei zu stellen.[170]

B. Juristische Personen und im Handelsregister eingetragene Personengesellschaften als Vertragsparteien

1. Übertragung der Mitgliedschaft und Vertragsübernahme

Bezüglich Übertragung der Mitgliedschaft und Vertragsübernahme gilt für juristische Personen und im Handelsregister eingetragene Personengesellschaften grundsätzlich dasselbe wie für natürliche Personen (vgl. soeben N 628 ff.).

2. Vertragübergang durch Umstrukturierungsvorgänge (Fusion, Spaltung, Vermögensübertragung) sowie Kontrollwechsel

Daneben können juristische Person und im Handelsregister eingetragene Personengesellschaften ihre Stellung als Vertragspartei aber auch dadurch auf eine neue Partei übertragen, dass sie entweder liquidationslos durch Fusion oder Spaltung (Art. 3 ff. und 29 ff. FusG) in einer neuen Partei aufgehen[171] oder dass ihr Vermö-

---

[168] FISCHER, Parteienbestand, 170.
[169] FISCHER, Parteienbestand, 180 ff.; GAUCH/SCHLUEP/EMMENEGGER, N 3547 ff. m.w.H.; HINTZ-BÜHLER, 183 f.; MARTIN, 226 f.; SANWALD, 204 f. – Eine blosse Übertragung einzelner Forderungen durch Zession hingegen ist ohne Zustimmung der anderen Vertragspartei(en) möglich, da dadurch nicht das gesamte Vertragsverhältnis übertragen wird, sondern nur einzelne Teilaspekte (Art. 164 OR).
[170] FISCHER, Parteienbestand, 170; MARTIN, 226 f.
[171] Dazu statt aller FRANK VISCHER (Hrsg.): Zürcher Kommentar zum Fusionsgesetz, 2. Aufl., Zürich 2012; ROLF WATTER *et al.* (Hrsg.): Fusionsgesetz (FusG), Basler Kommentar, 2. Aufl., Basel 2014; ferner als Überblick MEIER-HAYOZ/FORSTMOSER, § 25 N 29 ff. und 67 f.

gen gesamthaft oder teilweise auf eine andere juristische Person übertragen wird (Art. 69 ff. FusG).[172] An Bestand und Inhalt eines Aktionärbindungsvertrages ändern solche Umstrukturierungsvorgänge für sich allein nichts; alle Rechte und Pflichten gehen – soweit nichts anders vereinbart ist – auf den neuen Rechtsträger über.

635 Haben die Parteien für einen solchen Fall keine – auch keine stillschweigende – Vereinbarung getroffen, ist aber überdies zu prüfen, ob die Übertragung der Rechtsstellung aus Aktionärbindungsvertrag mit dessen Zweck vereinbar ist. Wird der Zweck durch den Übergang unmöglich, sieht das Gesetz bei gesellschaftsrechtlichen Aktionärbindungsverträgen in Art. 545 Abs. 1 Ziff. 1 OR deren Auflösung vor.[173] In weniger weit gehenden Fällen kann der Rechtsübergang wichtiger Grund für eine ausserordentliche Kündigung sein.[174] Bei schuldrechtlichen Aktionärbindungsverträgen kommt allenfalls auch Unmöglichkeit der Leistung nach Art. 119 OR in Frage.[175]

636 Es dürfte sinnvoll sein, den Fall eines Vertragsüberganges auf einen anderen Rechtsträger bereits bei Vertragsschluss zu regeln:

637
> Gehen die Rechte und Pflichten aus diesem Vertrag aufgrund von Fusion, Spaltung, Vermögensübertragung oder einer vergleichbaren Transaktion auf einen neuen Rechtsträger über, haben die übrigen Vertragsparteien das Recht, diesen Rechtsträger innerhalb von [zwei] Monaten durch [einstimmigen Beschluss / mit einer Mehrheit von 75% aller Aktienstimmen / mit einer Mehrheit von 80% der gebundenen Aktienstimmen] aus dem Vertrag auszuschliessen.
>
> Kündigt der neue Rechtsträger den Vertrag, bevor die übrigen Parteien über einen Ausschluss entschieden haben, oder tritt aufgrund der Transaktion ein anderer Beendigungsgrund ein, wird der Vertrag unter den übrigen Vertragsparteien unter Abfindung des neuen Rechtsträgers liquidationslos weitergeführt (Fortsetzungsklausel).

638 Eine analoge Regelung kann sinnvoll sein für den Fall, dass zwar keine Übertragung auf einen anderen Rechtsträger stattfindet, jedoch bei einer Vertragspartei die **Beteiligungsverhältnisse** wesentlich **ändern** (d.h. bei einem **Kontrollwechsel**): Auch

---

[172] Dazu die soeben zit. Kommentare; ferner als Überblick MEIER-HAYOZ/FORSTMOSER, § 25 N 77 ff.; vgl. zum Ganzen auch FISCHER (Parteienbestand, 201 ff.), nach dessen Ansicht aber bei einer Spaltung und bei der Vermögensübertragung für den Vertragsübergang die Zustimmung der übrigen Vertragsparteien notwendig ist (a.a.O., 207 f.).
[173] Vgl. N 1871.
[174] Vgl. N 1877 ff.
[175] Vgl. N 1872 ff.; FORSTMOSER, Schnittstelle, 401; a.M. für den Fall der Fusion GLATTFELDER, 343a f.

dies kann dem Zweck des Vertrages zuwiderlaufen oder zumindest einen Grund zur Vertragsauflösung darstellen.[176]

> Findet bei einer Vertragspartei ein Kontrollwechsel statt, haben die übrigen Parteien das Recht, diese Partei durch [einstimmigen Beschluss / mit einer Mehrheit von 80% der gebundenen Aktienstimmen / mit einer Mehrheit von 75% aller Aktienstimmen] aus dem Vertrag auszuschliessen. Als Kontrollwechsel gilt:
>
> – der Erwerb von mindestens [25%] der Aktien oder Stimmrechte einer Vertragspartei durch Dritte;
>
> – das Erlangen der faktischen Kontrolle über die Geschäftstätigkeit einer Vertragspartei durch Dritte (insbesondere die Möglichkeit, die Geschäftspolitik oder Entscheidungen der Geschäftsführung durch Stimmrechte oder vertraglich begründete Rechte direkt oder indirekt massgeblich zu beeinflussen; oder
>
> – [weitere Kriterien ...].
>
> Die von einem Kontrollwechsel betroffene Partei benachrichtigt unverzüglich alle übrigen Parteien.

---

[176] Etwa dann, wenn sich ein Konkurrent an einer juristischen Person, die Vertragpartei ist, massgebend beteiligt. – FISCHER, Parteienbestand, 285.

§ 12 Originärer Eintritt einer neuen Vertragspartei

I. Begriff

Mit Eintritt (oder auch Beitritt) ist das Hinzukommen einer weiteren Vertragspartei zum Aktionärbindungsvertrag gemeint, sodass sich die Zahl der Vertragsparteien erhöht.[1]

640

II. Gesellschaftsrechtliche Aktionärbindungsverträge

Das Recht der einfachen Gesellschaft sieht vor, dass ein Dritter nur mit «Einwilligung der übrigen Gesellschafter» in die Gesellschaft aufgenommen werden kann (Art. 542 Abs. 1 OR). Diese Bestimmung ist dispositiver Natur[2] und lässt den Vertragsparteien Raum, die Aufnahme Dritter in einen Aktionärbindungsvertrag abweichend zu regeln. So kann für die Aufnahme ein Mehrheitsbeschluss genügen, es können Beitrittskriterien aufgestellt werden (z.B. Aktienbesitz, Verwandtschaft) oder es kann der Beitritt bestimmter Vertragsparteien schon im Vertrag vorgesehen sein (z.B. Beitritt der Tochter des Hauptaktionärs bei deren Volljährigkeit).[3]

641

> Die Vertragsparteien beschliessen [einstimmig / mit einer Mehrheit von zwei Dritteln der vertretenen / der in diesem Vertrag gebundenen / sämtlicher Aktienstimmen] über die Aufnahme weiterer Vertragsparteien und über die Aufnahmebedingungen. Die folgenden Voraussetzungen muss eine beitrittswillige Partei in jedem Fall erfüllen:
>
> – [Auflistung von Voraussetzungen].
>
> Die Vertragsparteien können mit [einstimmigem Beschluss / mit einer qualifizierten Mehrheit von 75%] von der Erfüllung einer oder mehreren dieser Voraussetzungen absehen.

642

---

[1] FISCHER, Parteienbestand, 153.
[2] BK-FELLMANN/MÜLLER, OR 542 N 55; a.M. ZK-HANDSCHIN/VONZUN, OR 542 N 8, 36 f., welche die Möglichkeit von Mehrheitsbeschlüssen nur für bestimmte Fälle zulassen wollen.
[3] BK-FELLMANN/MÜLLER, OR 542 N 55; FISCHER, Parteienbestand, 155; BSK-HANDSCHIN, OR 542 N 1; HINTZ-BÜHLER, 188 f.; CHK-JUNG, OR 542 N 2; MEIER-HAYOZ/FORSTMOSER, § 12 N 99; VON STEIGER, 412; WOLF, einfache Gesellschaft, 65 f.

643 | Werden im Rahmen einer Kapitalerhöhung der [Aktiengesellschaft] die Aktien von einer Drittpartei gezeichnet, hat diese das Recht, diesem Vertrag als Partei beizutreten.

644 Der Eintritt einer neuen Vertragspartei erfolgt durch **Aufnahmevertrag** zwischen den bisherigen Parteien und der neuen Vertragspartei. Bei diesem Vertragsschluss haben alle bisherigen Parteien mitzuwirken[4], wobei eine Vertragspartei im Aktionärbindungsvertrag als Geschäftsführerin ermächtigt werden kann, die übrigen Parteien (generell oder im konkreten Fall) beim Abschluss zu vertreten.[5]

645 Halten die bisherigen Vertragsparteien ihre Aktien gemeinschaftlich, hat auch die neu eintretende Partei ihre Aktien in die Gesamthandschaft einzubringen oder allenfalls eine Einkaufssumme zu bezahlen.[6] Im Gegenzug erwirbt sie mit dem Eintritt eine dingliche Berechtigung an den bereits gebundenen Aktien.[7]

III. Schuldrechtliche Aktionärbindungsverträge

646 Das Obligationenrecht sieht den Beitritt einer neuen Vertragspartei zu einem Schuldvertrag nicht ausdrücklich vor. Den Vertragsparteien ist es jedoch unbenommen, dies vertraglich zu vereinbaren, einen bestehenden Vertrag – unter Einbezug der neuen Partei – entsprechend zu ändern oder mit dem für Vertragsänderungen erforderlichen Quorum eine Ausnahme im Einzelfall zu beschliessen.[8] Die **Offerte zum Vertragsbeitritt** kann dabei von den bestehenden oder von der neuen Vertragspartei ausgehen.

647 Die neue Vertragspartei beteiligt sich auf der einen oder anderen Seite des schuldrechtlichen Austausch- oder Leistungsverhältnisses. Vereinbaren die Parteien nichts anderes, verpflichtet sich die beitretende Partei zusammen mit den bisherigen Vertragspartein als Solidarschuldnerin (Art. 143 ff. OR); in welcher Weise die Vertragsparteien berechtigt werden, hängt von der Parteivereinbarung und von der geschuldeten Leistung ab (partielle, solidarische oder gesamthänderische Berechtigung).[9]

---

[4] Nach überwiegender Lehre kann ein Mehrheitsbeschluss vorgesehen werden, vgl. ZK-HANDSCHIN/VONZUN, OR 542 N 8, die aber selbst – wie erwähnt – diese Möglichkeit nur in engen Grenzen zulassen wollen.

[5] BK-FELLMANN/MÜLLER, OR 542 N 58 f.; FISCHER, Parteienbestand, 155 ff.; WOLF, einfache Gesellschaft, 69.

[6] FISCHER, Parteienbestand, 235 f.

[7] BK-FELLMANN/MÜLLER, OR 542 N 67 ff.; FISCHER, Parteienbestand, 158 ff.; VON STEIGER, 412 f.; WOLF, einfache Gesellschaft, 66 ff. und 71 f.

[8] Vgl. zum Ganzen auch FISCHER, Parteienbestand, 161 ff. m.w.H.

[9] BUCHER, 593; GAUCH/SCHLUEP/EMMENEGGER, N 3551; HINTZ-BÜHLER, 188 f.

3. Kapitel: Aktien- und börsenrechtliche Gruppentatbestände

Das organisierte **Zusammenwirken von Aktionären** – man spricht auch von **Gruppentatbeständen** oder von *«Acting in Concert»*[1] – ist für verschiedene Bestimmungen des Aktien- und des Rechnungslegungsrechts, wie auch (bei Gesellschaften mit kotierten Aktien) des Börsenrechts von Bedeutung. 648

Bei **Aktionärbindungsverträgen** – als **einer typischen Form des Zusammenwirkens** von Aktionären – stellt sich daher regelmässig die Frage, ob – und wenn ja, mit welchen Rechtsfolgen – solche Bestimmungen Anwendung finden[2] (vgl. für das Aktienrecht § 13 [N 651 ff.] und für das Börsenrecht § 14 [N 693 ff.]). 649

Diese Vertragsverhältnisse sind zwar regelmässig auf Dauer angelegt, dabei aber keineswegs immer statisch, sondern oft zeitlichen **Veränderungen** unterliegend sowohl in Hinsicht auf die beteiligten **Vertragsparteien** als auch auf ihren **Inhalt**. Es stellt sich deshalb insb. auch die Frage, inwiefern solche Veränderungen bei den behandelten Gruppentatbeständen zu berücksichtigen sind (vgl. N 689 ff. und 726 ff.). 650

---

[1] HÖHN, 25.
[2] BLOCH, 319 ff.

§ 13 Gruppentatbestände des Aktien- und des Rechnungslegungsrechts

I. Arten von Gruppentatbeständen

Die Voraussetzungen zur **Ausübung einzelner Aktionärsrechte** (Berechtigungstatbestände[1]) können gemäss verschiedenen Bestimmungen des Aktienrechts nicht nur von einzelnen Aktionären allein, sondern auch **von mehreren Aktionären gemeinsam** erfüllt werden, so:

- das *Einberufungs- und das Traktandierungsrecht* (Art. 699 OR) (vgl. N 656 ff.);
- das Recht zur *Einsetzung eines Sonderprüfers* (Art. 697b OR) (vgl. N 659 f.);
- die *Auflösungsklage* (Art. 736 Ziff. 4 OR) (vgl. N 667); und
- das Recht auf *Erstellung einer Konzernrechnung* (Art. 963a Abs. 2 Ziff. 2 OR[2]) und auf ein *Opting-up der Revision* (Art. 727 Abs. 2 OR) (vgl. N 675 f.).

Intensität und Dauer des Zusammenwirkens und damit auch eines Aktionärbindungsvertrages spielen in diesem Zusammenhang eine untergeordnete Rolle, weil zumeist nur das punktuelle gemeinsame Ausüben des jeweiligen Aktionärsrechts relevant ist.[3]

Das Gesetz und konkretisierend die Statuten können die Rechte eines Aktionärs beschränken. In solchen Fällen fragt es sich, ob ein **Zusammenwirken mehrerer** –

---

[1] Mit HOFSTETTER (Gruppentatbestände, 286) kann zwischen Bestimmungen unterschieden werden, die es zusammenwirkenden Aktionären erst erlauben, gesetzliche oder statutarische Berechtigungsschwellen zu überschreiten (**Berechtigungstatbestände**), solchen, die zur Verhinderung von Normumgehungen bei den zusammenwirkenden Aktionären zu einer Einschränkung ihrer rechtlichen Möglichkeiten führen (**Umgehungstatbestände**), und schliesslich solchen, die den zusammenwirkenden Aktionären aufgrund ihres Zusammenwirkens neue Rechtspflichten auferlegen (**Verpflichtungstatbestände**). Die zusätzlich erwähnten **Publikationstatbestände** werden im Folgenden nicht eigens behandelt, sondern als Unterkategorie der Verpflichtungstatbestände verstanden (Verpflichtung zur Publikation).

[2] Bis zum Inkrafttreten des neuen, rechtsformübergreifenden Rechnungslegungsrechts am 1. Januar 2013 war dieses Recht in den nun aufgehobenen Art. 663e Abs. 3 und 663f Abs. 2 aOR verankert.

[3] HOFSTETTER, Gruppentatbestände, 286.

etwa die Aufteilung eines Aktienpaketes auf verschiedene Personen, sodass deren jeweilige Aktienpakete unter einer relevanten Schwelle liegen – **als Umgehung** zu qualifizieren ist (Umgehungstatbestände[4]). Es betrifft dies:

– statuarische *Höchststimmklauseln* (Art. 692 Abs. 2 OR) (vgl. N 661 ff.) sowie

– statutarische *Übertragungs- bzw. Eintragungsbeschränkungen* (Vinkulierung) (Art. 685b und 685d OR) (vgl. N 665 f.).

654 In ihrem Zweck mit den Umgehungstatbeständen verwandt sind sodann die Bestimmungen über *nahe stehende Personen* (vgl. N 677 ff.).

655 Der aktienrechtliche Gruppentatbestand der Pflicht zur *Offenlegung qualifizierter Beteiligungen* (Art. 663c Abs. 1 OR) betrifft lediglich Aktionäre von Gesellschaften, deren Aktien an einer Börse kotiert sind (vgl. N 668 ff.).[5]

II. Einberufungs- und Traktandierungsrecht (Art. 699 OR)

656 Die Einberufung einer Generalversammlung kann von einem oder mehreren Aktionären, die zusammen mindestens 10% des Aktienkapitals vertreten, verlangt werden. Aktionäre, die Aktien im Nennwert von einer Million Franken vertreten, können die Traktandierung eines Verhandlungsgegenstandes verlangen.[6]

657 Das Zusammenwirken erschöpft sich hier im gemeinsamen – allenfalls gerichtlichen – Begehren um Einberufung einer Generalversammlung oder Traktandierung eines Verhandlungsgegenstandes. Mehr verlangt der Tatbestand nicht; die betreffenden Aktionäre brauchen in der Generalversammlung bzw. in Bezug auf den anbegehrten Verhandlungsgegenstand nicht einheitlich aufzutreten und ihr Stimmrecht nicht einheitlich auszuüben.

658 Falls die Aktionäre ihr Recht auf Einberufung einer Generalversammlung oder auf Traktandierung gerichtlich geltend machen, hat sich das Zusammenwirken – analog dem Fall der Einsetzung eines Sonderprüfers[7] – mindestens auf den Zeitraum ab Einleitung des Verfahrens bis zum Zeitpunkt des gerichtlichen Entscheides zu

---

[4] HOFSTETTER, a.a.O.
[5] KISTLER, 12 f.; BSK-WATTER/MAIZAR, OR 663c N 12.
[6] Näheres dazu bei BÖCKLI, Aktienrecht, § 12 N 60 ff.; VON DER CRONE, Aktienrecht, § 5 N 96 ff.; BSK-DUBS/TRUFFER, OR 699 N 12 ff.; FORSTMOSER/MEIER-HAYOZ/NOBEL, § 23 N 16 ff. – Gemäss Entwurf 2007 bzw. VE 2014 sollen diese Schwellenwerte nach kotierten und nicht-kotierten Gesellschaften differenziert und z.T. erheblich gesenkt werden (Art. 699 Abs. 3 E-OR 2007 bzw. VE-OR).
[7] Dazu sogleich, N 659 f.

erstrecken, weil das entsprechende Quorum als Prozessvoraussetzung auch im Entscheidzeitpunkt noch gegeben sein muss.[8] Es empfiehlt sich, dies vertraglich sicher zu stellen.[9]

III. Recht auf Einleitung einer Sonderprüfung (Art. 697b OR)

Jeder Aktionär kann in der Generalversammlung beantragen, bestimmte Sachverhalte durch eine Sonderprüfung abklären zu lassen (Art. 697a OR). Entspricht die Generalversammlung dem Antrag nicht, können Aktionäre, die zusammen mindestens 10% des Aktienkapitals oder Aktien im Nennwert von 2 Millionen Franken vertreten, innert dreier Monate das Gericht ersuchen, einen Sonderprüfer einzusetzen.[10]

Es ist nicht erforderlich, dass die gemeinsam das Gericht anrufenden Aktionäre das Begehren schon an der Generalversammlung unterstützt hatten.[11] Das Zusammenwirken muss sich aber mindestens auf den Zeitraum ab Einleitung des Verfahrens bis zum Zeitpunkt des gerichtlichen Entscheides erstrecken, weil das Quorum als Prozessvoraussetzung auch noch im Entscheidzeitpunkt gegeben sein muss.[12] Auch hier empfiehlt sich die vertragliche Absicherung des Zusammenwirkens.

IV. Höchststimmklauseln (Art. 692 Abs. 2 OR)

Die Statuten der Aktiengesellschaft können die **Stimmenzahl eines Aktionärs,** der mehrere Aktien hält, **beschränken** (Art. 692 Abs. 2 OR). Solche Höchststimmklauseln sehen meistens eine prozentuale Schwelle vor (z.B. Bruchteil aller oder der

---

[8] BGE 133 III 180 E. 3.4.
[9] Dies deshalb, weil die Gegner der Einberufung oder Traktandierung erfahrungsgemäss versuchen, einzelne Beteiligte von ihrem Vorhaben abzubringen und dieses so wegen Unterschreitens der relevanten Schwelle zu Fall zu bringen.
[10] Näheres dazu bei BÖCKLI, Aktienrecht, § 16 N 39 ff.; VON DER CRONE, Aktienrecht, § 8 N 108 ff.; FORSTMOSER/MEIER-HAYOZ/NOBEL, § 35 N 1 ff.; BSK-WEBER, OR 697b N 1 ff.; grundlegend schon ANDREAS CASUTT: Die Sonderprüfung im künftigen schweizerischen Aktienrecht, Zürich 1991 (Diss. Zürich 1991 = SSHW 136). – Gemäss Entwurf 2007 bzw. VE 2014 sollen die Schwellenwerte für die neu Sonderuntersuchung genannte Prüfung nach kotierten und nicht-kotierten Gesellschaften differenziert und gesenkt werden (Art. 697b Abs. 1 E-OR 2007 bzw. Art. 697d Abs. 1 VE-OR).
[11] BGE 133 III 133 E. 3.2.
[12] BGE 133 III 180 E. 3.4 (während der Dauer der Sonderprüfung selbst muss das Quorum hingegen nicht zwingend aufrecht erhalten werden [E. 3.3]).

mit Stimmrecht eingetragenen Aktien), bis zu welcher eine Ausübung der Stimmrechte in der Generalversammlung zulässig ist.[13] Möglich ist aber auch das Festlegen einer absoluten maximalen Zahl von Aktienstimmen.

662 Oft enthalten die Statuten in diesem Zusammenhang eine Gruppenklausel, wonach mehrere Aktionäre unter bestimmten Voraussetzungen als *ein* Aktionär behandelt werden. Welche Aktionäre im konkreten Fall als Gruppe gelten, ist mangels ausdrücklicher gesetzlicher Regelung jeweils Auslegungsfrage.[14]

663
> Ein Aktionär kann bei der Stimmrechtsausübung für eigene oder vertretene Aktien höchstens [5%] des gesamten Aktienkapitals auf sich vereinigen.
>
> Als ein Aktionär gelten auch Personen und Rechtsgemeinschaften, die untereinander kapital- oder stimmenmässig, durch einheitliche Leitung oder auf andere Weise verbunden sind sowie Personen und Rechtsgemeinschaften, die zum Zweck der Umgehung dieser Bestimmung gemeinsam handeln.

664 Im Allgemeinen dürfte aber für die Anwendung einer Gruppenklausel zumindest eine **Stimmrechtskoordination** (aufgrund konzern- oder vertragsmässiger Bindung) **von einer gewissen Dauer** zu verlangen sein,[15] sodass die gebundenen Aktionäre bei der Ausübung ihrer Stimmrechte jeweils als Einheit erscheinen; die einheitliche Stimmabgabe aufgrund übereinstimmender Interessen oder auch eine Absprache zwischen Aktionären vor einer einzelnen Generalversammlung ist hingegen nicht als Gruppe zu qualifizieren.[16] Für die Anwendung einer Höchststimmklausel nicht als Einheit zu betrachten sind sodann die Parteien eines Aktionärbindungsvertrags, der sich auf die Regelung von Erwerbsrechten beschränkt und keinerlei Bestimmungen über die Ausübung von Mitwirkungsrechten enthält.

---

[13] BIERI, N 334 ff., 365 ff. und 538 ff.; BÖCKLI, Aktienrecht, § 12 N 467 ff.; DAENIKER/WALLER, 103 ff.; FORSTMOSER/MEIER-HAYOZ/NOBEL, § 24 N 60 ff.; BSK-LÄNZLINGER, OR 692 N 7 ff.; VON SALIS, Stimmrecht, 129 ff.; SCHOTT, § 13 N 44.

[14] Dazu ZR 2009, Nr. 64, E. 4.2 f. (Auslegung statutarischer Gruppenklauseln); vgl. (zur Bedeutung und Zulässigkeit von Gruppenklauseln) auch BIERI, N 577 ff.; DAENIKER/WALLER, 104 ff.; KACZYNSKI, 173 sowie einlässlich MAIZAR, 402 ff.

[15] GOTSCHEV, N 169 ff.; HOFSTETTER, Gruppentatbestände, 287.

[16] ZR 2009, Nr. 64, E. 4.3.3; DAENIKER/WALLER, 107. – KACZYNSKI (173 f.) möchte auf die Umgehungsabsicht als bei der Auslegung zentrales Kriterium abstellen, was u.E. nur dann der Fall sein sollte, wenn die Gruppenklausel (wie im genannten Entscheid) das Kriterium der Umgehung selbst anspricht.

V. Statutarische Übertragungs- bzw. Erwerbsbeschränkungen (Vinkulierung) (Art. 685b und 685d OR)

Aktiengesellschaften können – mit im Einzelnen unterschiedlichen Voraussetzungen und Auswirkungen bei kotierten und bei nicht kotierten Gesellschaften – prozent- oder zahlenmässige Erwerbsbeschränkungen für ihre Namenaktien vorsehen[17] Es fragt sich, ob bzw. unter welchen Bedingungen eine Umgehung vorliegt, wenn mehrere Erwerber, die untereinander in Verbindung stehen, zwar je einzeln, nicht aber insgesamt die statutarisch vorgesehenen Limiten einhalten.

Das Gesetz regelt in Art. 685b Abs. 3 und 685d Abs. 2 OR ausdrücklich den Erwerb durch Strohleute.[18] Eine Umgehung der Vinkulierung liegt aber auch vor, wenn ein (bereits als stimmberechtigt anerkannter) Aktionär seine Stimmrechte nach Weisungen eines Dritten ausübt, der nicht als (stimmberechtigter) Aktionär zugelassen wurde oder voraussichtlich abgelehnt würde.[19] Teilweise wird für diesen Fall in der Lehre zusätzlich Missbräuchlichkeit der Stimmbindungsvereinbarung selbst und/oder eine ausdrückliche Gruppenklausel in den Statuten verlangt.[20] Es ist u.E. bei Aktionärbindungsverträgen jedenfalls im Einzelfall nach deren Zweck zu unterscheiden und nicht von vornherein von einer Umgehung auszugehen.

VI. Auflösungsklage (Art. 736 Ziff. 4 OR)

Die Aktiengesellschaft kann durch gerichtliches Urteil aufgelöst werden, wenn Aktionäre, die zusammen mindestens 10% des Aktienkapitals vertreten, aus wichti-

---

[17] Vgl. für die Voraussetzungen bei nicht börsenkotierten Namenaktien Art. 685b OR und bei börsenkotierten Namenaktien Art. 685d OR; für die Wirkungen bei nicht börsenkotierten Namenaktien Art. 685c OR und bei kotierten Namenaktien Art. 685f OR. – Zum Ganzen vgl. N 1725 ff.; BÖCKLI, Aktienrecht, § 6 N 46 ff. und 194 ff.; VON DER CRONE, Aktienrecht, § 3 N 56 ff.; KLÄY, 163 ff. und 219 ff.; BSK-OERTLE/DU PASQUIER, OR 685b N 1 ff. und zu OR 685d N 1 ff.; FORSTMOSER/MEIER-HAYOZ/NOBEL, § 44 N 133 ff. und 182 ff.
[18] VON DER CRONE, Aktienrecht, § 3 N 92 f. und 122; FORSTMOSER/MEIER-HAYOZ/NOBEL, § 44 N 253 ff.; KLÄY, 220 (Anm. 8); BSK-OERTLE/DU PASQUIER, OR 685b N 15 und zu OR 685d N 9.
[19] KLÄY, 494.
[20] BÖCKLI, Aktienrecht, § 12 N 473; HOFSTETTER, Gruppentatbestände, 287 m.w.H.; KLÄY, 232 f. und 494. – Bsp. einer Gruppenklausel vgl. N 663.

gen Gründen die Auflösung verlangen.[21] Wiederum ist ein Zusammenwirken zwar bloss punktuell erforderlich, aber das 10%-Quorum muss mindestens für die Dauer des gerichtlichen Verfahrens aufrechterhalten werden, was allenfalls vertraglich abzusichern ist.[22]

VII. Offenlegung von Beteiligungen (Art. 663c OR)

668 Börsenkotierte Aktiengesellschaften haben im Anhang der Bilanz **bedeutende Aktionäre und deren Beteiligungen anzugeben**, sofern ihnen diese bekannt sind oder bekannt sein müssten.[23] Als bedeutende Aktionäre gelten Aktionäre und stimmrechtsverbundene Aktionärsgruppen, deren Beteiligung am Bilanzstichtag 5% aller Stimmrechte übersteigt. Ziel dieser Bestimmung ist die Offenlegung der Beherrschungsverhältnisse,[24] ein Ziel freilich, das erst gestützt auf die durch das BEHG eingeführte börsenrechtliche Meldepflicht[25] lückenlos erfüllbar geworden ist.[26]

A. Der Gruppenbegriff von Art. 663c Abs. 2 OR

669 Art. 663c Abs. 2 OR behandelt Aktionäre, die sich zu einer einheitlichen Ausübung des Stimmrechts zusammengetan haben («stimmrechtsverbundene Aktionärsgruppe») gleich wie einen Einzelaktionär. Aus dem Ziel der Norm ist zu schliessen, dass die **Stimmrechtsausübung** in einer Art und Weise einheitlich zu sein hat, welche die Gruppe wie einen **einzigen Aktionär** erscheinen lässt. Vorausgesetzt ist, dass die **Stimmrechtsverbindung von einer gewissen Dauer** ist und dass sie – abgesehen von Konzernsachverhalten – auf einer rechtlichen Bindung beruht; Gelegenheitskonsortien[27] fallen nicht darunter.[28]

---

[21] Näheres dazu bei Böckli, Aktienrecht, § 16 N 39 ff.; von der Crone, Aktienrecht, § 8 N 256 ff.; Forstmoser/Meier-Hayoz/Nobel, § 35 N 1 ff.; BSK-Weber, OR 697b N 1 ff.

[22] BGE 133 III 180 E. 3.4.

[23] Bloch, 321 f. – Die beteiligten Aktionäre trifft nach OR keine Pflicht zur Offenlegung. Gemäss VE 2014 soll diese Bestimmung (u.E. zu Recht) aufgehoben werden, weil die Beteiligungsverhältnisse bereits aufgrund des Börsenrechts allgemein zugänglich sind (vgl. dazu N 701 ff.).

[24] Böckli, Aktienrecht, § 8 N 660 ff.; ders., Börsengesetz, 234; Gotschev, N 168; Kistler, 44 ff.; Mettier, 64 ff.; BSK-Watter/Maizar, OR 663c N 14 ff. und 35.

[25] Vgl. N 701 ff.

[26] Vgl. Peter Forstmoser: OR 663c – Ein wenig transparentes Transparenzgebot, in: Aspekte des Wirtschaftsrechts, Festgabe zum Schweizerischen Juristentag 1994, Zürich 1994, 69 ff., 79 f.

[27] Vgl. N 143 und N 333.

Auf eine gewisse Dauer angelegte Aktionärbindungsverträge fallen unter die Bestimmung von Art. 663c OR, sofern die durch den Vertrag verbundenen Aktionäre insgesamt über mehr als 5% aller Stimmrechte verfügen und der Vertrag die Parteien zur Koordination ihrer Stimmrechte verpflichtet.[29] Reine Verfügungsbindungen (z.B. Kauf-, Verkaufs-, Vorkaufs- oder Mitverkaufsrechte) ohne Koordination der Stimmrechte könnten allenfalls dann (und nur dann) unter Art. 663c OR fallen, wenn die Beteiligten dadurch (faktisch) gezwungen werden, ihr Verhalten auch in Bezug auf die Stimmrechte zu koordinieren.[30] Wie für das Börsenrecht ist u.E. davon auszugehen, dass die von den Beteiligten gehaltenen Aktien *insgesamt* zu zählen sind, unabhängig davon, ob alle von einem Aktionär gehaltenen Aktien durch den Vertrag gebunden sind oder nicht. Eine andere Lösung (d.h. die Differenzierung zwischen gebundenen und nicht gebundenen Aktien eines Aktionärs) dürfte für die Aktiengesellschaft nicht praktikabel sein.[31]

Aus der Gleichstellung der stimmrechtsverbundenen Aktionärsgruppe mit einem Einzelaktionär folgt, dass nur die Beteiligung der Gruppe als Ganze im Anhang zur Bilanz anzugeben ist.[32]

B. Abgrenzung zur börsenrechtlichen Offenlegungspflicht (Art. 20 BEHG)

Der augenfälligste **Unterschied** zwischen der Offenlegungspflicht nach **Art. 663c OR** und derjenigen nach Börsenrecht (**Art. 20 BEHG**) besteht *darin, dass Art. 663c OR die Gesellschaft, Art. 20 BEHG hingegen den Inhaber der entsprechenden Beteiligung zur Offenlegung verpflichtet.*[33] Eine Pflicht der Aktionäre, ihre Beteiligung der Gesellschaft zu melden, ergibt sich nur aus dem Börsenrecht (Art. 20 Abs. 1 BEHG), nicht aber aus Art. 663c OR.

Auch das Börsenrecht nimmt in Art. 10 Abs. 2 BEHV-FINMA den **Begriff der «stimmrechtsverbundenen Aktionärsgruppe»** auf. Nach der Lehre stimmen die Begriffe nach Aktien- und nach Börsenrecht nicht vollständig überein. *Der börsen-*

---

[28] BÖCKLI, Aktienrecht, § 8 N 383. GOTSCHEV, N 404; HOFSTETTER, Gruppentatbestände, 289; KISTLER, 68 ff.; BSK-WATTER/MAIZAR, OR 663c N 20.
[29] BLOCH, 323; FISCHER, Parteienbestand, 417 ff.
[30] Zu dieser Frage im Zusammenhang mit dem Börsengesetz N 698.
[31] Vgl. N 706.
[32] Diese Gleichstellung sieht im Übrigen auch die RLCG vor. Gemäss deren Anhang (Ziff. 1.2) sind bei den Informationen zur Corporate Governance im Geschäftsbericht Angaben über «bedeutende Aktionäre sowie bedeutende Aktionärsgruppen und deren Beteiligungen, sofern sie dem Emittenten bekannt sind» zu machen.
[33] Art. 20 BEHG. Doch muss die Gesellschaft gemäss Art. 21 die ihr zukommenden Informationen veröffentlichen (Art. 23 BEHV-FINMA).

rechtliche Gruppenbegriff soll im Unterschied zum aktienrechtlichen auch bloss vorübergehende Stimmbindungsvereinbarungen erfassen.

674 Die Differenzierung dürfte von geringer praktischer Bedeutung sein: Nach Art. 21 BEHG muss die Gesellschaft grundsätzlich «die ihr mitgeteilten Informationen über die Veränderungen bei den Stimmrechten veröffentlichen». Erhöht sich aber eine bereits offengelegte Beteiligung innerhalb der Grenzen von zwei börsenrechtlichen Schwellenwerten[34] (beispielsweise von 10% auf 14%) so ist dies börsenrechtlich nicht meldepflichtig, während aktienrechtlich die Gesellschaft verpflichtet ist, die Beteiligung periodisch, nämlich am Bilanzstichtag in ihrer aktuellen Höhe offenzulegen, sofern sie davon Kenntnis hat oder haben müsste.[35] Umgekehrt ist nach Börsenrecht jede Über- oder Unterschreitung der Schwellenwerte vom Betroffenen unverzüglich (und nicht nur einmal im Jahr) der Gesellschaft zu melden,[36] was zur Offenlegung durch die Gesellschaft führt.[37]

VIII. Recht auf eine Konzernrechnung (Art. 963a Abs. 2 Ziff. 2 OR) und auf ein Opting-up der Revision (Art. 727 Abs. 2 OR)

675 Gemäss Art. 963a Abs. 2 Ziff. 2 OR hat die Gesellschaft unter anderem dann eine **Konzernrechnung** zu erstellen, wenn Aktionäre, die zusammen mindestens 20% des Aktienkapitals vertreten, dies verlangen.[38] Auch hier geht es um ein bloss punktuelles Zusammenwirken von Aktionären.

676 Dasselbe gilt für das Begehren, die Jahresrechnung und gegebenenfalls die Konzernrechnung **ordentlich prüfen** zu lassen, wenn nach Gesetz nur die eingeschränkte Revision verlangt ist (Art. 727 Abs. 2 OR).

IX. Nahe stehende Personen

A. Im Aktien- und im Rechnungslegungsrecht

677 Der Begriff der nahe stehenden Person stammt ursprünglich aus dem Steuerrecht. Im Aktienrecht findet er sich seit der Aktienrechtsrevision von 1968/1991 in Art.

---

[34] 3, 5, 10, 15, 20, 25, 33⅓, 50, 66⅔%, Art. 20 Abs. 1 BEHG.
[35] GOTSCHEV, N 404; HOFSTETTER, Gruppentatbestände, 289; KISTLER, 310; METTIER, 66 ff. (mit weiteren Abgrenzungskriterien); BSK-WATTER/MAIZAR, OR 663c N 20.
[36] Art. 20 Abs. 1 BEHG, Art. 22 Abs. 2 BEHV-FINMA.
[37] Art. 21 BEHG, Art. 22 Abs. 1 und 2 und Art. 23 BEHV-FINMA.
[38] BÖCKLI, Rechnungslegung, N 1238 f.; HANDSCHIN, N 964.

678 Abs. 1 OR, seit dem 1. Januar 2007 in Art. 663b^bis OR und schliesslich seit dem 1. Januar 2014 in Art. 16 VegüV[39]. Auch im Bereich der Rechnungslegung[40] und bei den Rechnungslegungsstandards[41] findet der Begriff der nahe stehenden Person Verwendung.[42] Der Begriff hat jedoch nicht überall die gleiche Bedeutung:

1. Rückerstattung von Leistungen (Art. 678 Abs. 1 OR)

Art. 678 Abs. 1 OR sieht vor, dass «Aktionäre und Mitglieder des Verwaltungsrates sowie diesen **nahe stehende Personen,** die ungerechtfertigt und in bösem Glauben Dividenden, Tantiemen, andere Gewinnanteile oder Bauzinse bezogen haben», zur Rückerstattung derselben verpflichtet sind.[43]

678

Als nahe stehend werden **Drittpersonen** betrachtet, die mit Aktionären oder Mitgliedern des Verwaltungsrates **persönlich oder wirtschaftlich eng verbunden** sind, unabhängig davon, ob die Bindung tatsächlicher oder rechtlicher Natur ist. Eindeutige objektive Kriterien gibt es nicht; vielmehr ist im Einzelfall aufgrund der konkreten Umstände zu entscheiden.

679

Als Beispiele werden genannt: verwandtschaftliche Beziehungen, Konzernverbundenheit, enge finanzielle Verflechtungen, verschachtelte Gesellschaftskonstrukte, Strohperson-, Treuhand- oder Beauftragtenverhältnisse, Partnerschaften in Anwaltskanzleien oder Revisionsgesellschaften, bei denen eine gegenwärtige oder frühere Organperson tätig ist sowie gesellschaftsrechtliche oder schuldrechtliche Verbundenheit mit Aktionären. Ein starkes Indiz für ein Nahestehen liegt dann vor, wenn die Leistung an eine Person nicht *at arm's length*, d.h. nicht zu marktüblichen Bedingungen erbracht wird.[44]

680

---

[39] Art. 734c VE-OR.
[40] Art. 959a Abs. 4 OR. – Hier spricht das Gesetz allerdings nicht von nahe stehenden Personen, sondern von «direkt oder indirekt Beteiligten und Organen sowie [von] Unternehmen, an denen direkt oder indirekt eine Beteiligung besteht».
[41] Diese sind auch für das Rechnungslegungsrecht des OR und damit aktienrechtlich relevant, vgl. Art. 962 f. OR und dazu die Verordnung über die anerkannten Standards zur Rechnungslegung (VASR) vom 21. November 2012. – BÖCKLI, Rechnungslegung, N 1255 ff.
[42] BÖCKLI, Rechnungslegung, N 710 ff.; BSK-KURER/KURER, OR 678 N 7; BSK-WATTER/MAIZAR, OR 663b^bis N 32.
[43] Hervorhebung hinzugefügt. – Dazu auch N 1358 f. Im Zuge der laufenden Aktienrechtsrevision soll Art. 678 Abs. 1 OR verschärft werden, wobei sich aber am Begriff der nahe stehenden Person nichts ändern dürfte (Art. 678 Abs. 1 E-OR 2007 bzw. VE-OR.).
[44] BÖCKLI, Aktienrecht, § 12 N 551; BSK-KURER/KURER, OR 678 N 7 f.; MÜLLER/LIPP/PLÜSS, 333 f.

2. Offenlegung von Managementtransaktionen

681 Nach den Bestimmungen von Art. 663b^{bis} Abs. 1 OR bzw. Art. 14 ff. VegüV[45] haben börsenkotierte Gesellschaften im Anhang der Bilanz bzw. im Vergütungsbericht alle Vergütungen, Darlehen und Kredite anzugeben, die sie direkt oder indirekt an gegenwärtige oder frühere Mitglieder des Verwaltungsrates, der Geschäftsleitung oder eines Beirates ausgerichtet haben. Zur Verhinderung von Umgehungsgeschäften sind auch Vergütungen anzugeben, welche – sofern sie nicht marktüblich sind – die Gesellschaft direkt oder indirekt an Personen ausgerichtet hat, die den vorangehend genannten Personen nahe stehen.[46]

682 Der Begriff der nahe stehenden Person nach Art. 663b^{bis} OR bzw. Art. 16 VegüV[47] deckt sich im Wesentlichen mit demjenigen von Art. 678 Abs. 1 OR.[48]

3. Rechnungslegungsrecht sowie Rechnungslegungsstandards (IAS 24 und Swiss GAAP-FER 15)

683 Im Rahmen der Rechnungslegung sind **Beherrschungsverhältnisse und gewisse wesentliche Geschäftsvorfälle** offenzulegen.[49] Zentral ist auch hier der Begriff der nahe stehenden Personen *(Related Parties)*. Als solche gelten im Rechnungslegungsrecht – allgemein gesagt – (natürliche oder juristische) *Personen, welche auf die betreffende Gesellschaft, d.h. auf ihre finanziellen und operativen Entscheidungen, einen zumindest massgeblichen Einfluss auszuüben in der Lage sind oder auf welche die betreffende Gesellschaft zumindest einen massgeblichen Einfluss ausüben kann.*[50] Es geht somit nicht um *Personen,* die Mitgliedern von Verwaltungsräten oder Aktionären nahe stehen, sondern um solche, *die der Gesellschaft selbst nahe stehen.* Die im Rechnungslegungsrecht, in IAS 24 und in Swiss GAAP-FER 15 verwendeten Umschreibungen unterscheiden sich zwar in ihrem Detaillierungsgrad, sind aber materiell im Wesentlichen deckungsgleich.[51]

---

[45] Art. 734a ff. VE-OR.
[46] BSK-WATTER/MAIZAR, OR 663b^{bis} N 8 ff. und 31. – Im Zuge der Umsetzung von Art. 95 Abs. 3 BV (Bestimmungen «gegen die Abzockerei») sind diese Angaben – inhaltlich im Wesentlichen unverändert – zu einem obligatorischen Bestandteil des Vergütungsberichts gemacht worden (Art. 16 Abs. 1 VegüV; vgl. auch Art. 734c Abs. 1 VE-OR) (MÜLLER/LIPP/PLÜSS, 139, 593 f.).
[47] Art. 734c VE-OR.
[48] Vgl. N 679 f.; BSK-WATTER/MAIZAR, OR 663b^{bis} N 32 f.
[49] BÖCKLI, Rechnungslegung, N 641 ff.; SPADIN, N 163 ff.
[50] Vgl. auch Art. 959a Abs. 4 OR; BÖCKLI, Rechnungslegung, N 710 ff.; MEIER, Swiss GAAP FER, 154 ff.; SPADIN, 55, 69 und 91 ff.
[51] SPADIN, N 152 ff.

Als **Beispiele** für nahe stehende Personen in diesem Sinn werden genannt: Gesellschaften im Rahmen eines Joint-Venture-Unternehmens, Gesellschaften im Konzern, Aktionäre, die allein oder gemeinsam hohe Beteiligungen halten, Mitglieder des Verwaltungsrates und Mitglieder der Geschäftsleitung in Schlüsselpositionen, enge Familienangehörige anderer nahe stehender Personen, Gesellschaften, die von nahe stehenden Personen beherrscht werden, die Vorsorgeeinrichtung des Unternehmens.[52]

684

Anders als im Aktienrecht müssen unter IAS 24 und Swiss GAAP-FER 15 **alle (wesentlichen) Transaktionen** mit nahe stehenden Personen, nicht nur die marktunüblichen, offengelegt werden.

685

B. Parteien eines Aktionärbindungsvertrages

Im Rahmen der **Rückerstattungspflicht von Art. 678 Abs. 1 OR** braucht in der Regel nicht auf den Begriff der nahe stehenden Person abgestellt zu werden, da die Parteien eines Aktionärbindungsvertrages zumeist auch Aktionäre der Aktiengesellschaft sind und diese Bestimmung auf Aktionäre direkt anwendbar ist.[53] Eine Ausnahme besteht nur dann, wenn ein Aktionärbindungsvertrag auch Parteien umfasst, die nicht Aktionäre der Gesellschaft sind;[54] in diesem Fall müsste bei Rückerstattungsklagen das Nahestehen der Betreffenden geprüft werden. Die vertragliche Bindung wird hierfür zumindest ein Indiz sein.

686

Dagegen sind bei der **Offenlegung von Vergütungen gemäss Art. 663b^{bis} OR bzw. Art. 14 ff. VegüV**[55] primär die gegenwärtigen oder früheren Mitglieder des Verwaltungsrates, der Geschäftsleitung oder eines Beirates angesprochen.[56] Nahe stehend könnte die Partei eines die Aktiengesellschaft betreffenden Aktionärbindungsvertrages dann sein, wenn (gegenwärtige oder frühere) Mitglieder des Verwaltungsrates oder der Geschäftsleitung ebenfalls Vertragsparteien sind.

687

Der Begriff der nahe stehenden Person im Rahmen der **Rechnungslegung** schliesslich ist nicht mit demjenigen des Aktienrechts deckungsgleich, sondern meint *der Gesellschaft selbst* nahe stehende Personen wie bedeutende Aktionäre, verbundene Gesellschaften etc.[57]

688

---

[52] Eingehend SPADIN, N 373 ff. m.w.H.; BÖCKLI, Rechnungslegung, N 712 ff.; MEIER, Swiss GAAP FER, 155;
[53] Vgl. N 678.
[54] Vgl. N 352 ff.
[55] Art. 734a ff. VE-OR.
[56] Vgl. N 681 f.
[57] Vgl. N 683 f.

X. Änderungen in Aktionärbindungsverträgen und ihre Auswirkungen auf aktienrechtliche Gruppentatbestände

A. Aktienrechtliche Berechtigungs- und Umgehungstatbestände

689 Die aktienrechtlichen **Berechtigungs- und Umgehungstatbestände**[58] sind in der Regel auf einen bestimmten Vorgang (Begehren um Einberufung einer Generalversammlung oder ein Opting-up) hin und **nicht auf einen Dauerzustand ausgerichtet**. Mit Änderungen in der Zusammensetzung des Personenkreises oder im Inhalt der Vereinbarung unter den Mitgliedern der Gruppe braucht man sich daher in der Regel nicht zu befassen.

690 Bei den **Berechtigungstatbeständen** spielt die Zusammensetzung der Gruppe immerhin dann eine Rolle, wenn der entsprechende *Anspruch auf gerichtlichem Weg geltend gemacht* werden soll. Diesfalls muss sich das Zusammenwirken der Gruppenmitglieder unverändert (auch was das Erreichen der erforderlichen Schwelle betrifft) mindestens bis zum Zeitpunkt des gerichtlichen Entscheides erstrecken.[59]

B. Offenlegung von Beteiligungen

691 *Änderungen in der personellen Zusammensetzung oder im Umfang* der von den Vertragsparteien gehaltenen **Beteiligungen** von bereits nach Art. 663c OR bekannt gegebenen Gruppen *sind* – soweit sie der Gesellschaft bekannt werden – einmal jährlich zum Bilanzstichtag *offen zu legen*.

692 Andere Änderungen im **Inhalt der Vereinbarung,** die keine Änderung der bekannt zu gebenden Daten bewirken, sind hingegen in Bezug auf Art. 663c OR *ohne Bedeutung*, es sei denn, die Änderung habe zur Folge, dass die Gruppe nicht mehr unter den Tatbestand von Art. 663c OR fällt (Wegfall der Stimmrechtsverbundenheit).

---

[58] Vgl. N 656 ff.
[59] Vgl. N 658 und 660.

§ 14 Gruppentatbestände des Börsenrechts

I. Anwendungsbereich

Der Anwendungsbereich der Gruppentatbestände des Börsenrechts **beschränkt** sich auf **Publikumsgesellschaften**, d.h. auf *Gesellschaften mit Sitz in der Schweiz, die an einer Schweizer Börse kotierte Beteiligungspapiere ausstehend haben.*[1] Für Aktionärbindungsverträge zwischen Aktionären von Aktiengesellschaften, deren Aktien nicht bzw. nicht an einer Schweizer Börse kotiert sind, sind die nachfolgend behandelten Bestimmungen deshalb nicht von Bedeutung.

693

In Bezug auf den **Geltungsumfang** der hier relevanten Bestimmungen ist anzumerken, dass beim Vorliegen eines Gruppentatbestandes (z.B. aufgrund eines Aktionärbindungsvertrages) u.E. **sämtliche Aktien** der betreffenden Aktionäre in Betracht zu ziehen sind, unabhängig davon, ob der Vertrag selbst sich auf alle gehaltenen Aktien bezieht oder ob die Aktionäre daneben über «freie», nicht gebundene Aktien verfügen.[2]

694

II. Der Begriff der Gruppe

Das **Börsengesetz** selbst verwendet bei der Umschreibung der Gruppe keinen einheitlichen Begriff. Es spricht von *«Handeln in gemeinsamer Absprache mit Dritten»* oder von *«vertraglich oder auf andere Weise organisierter Gruppe».*[3] Auf Stufe der **Verordnung** verzichtete die Aufsichtsbehörde allerdings auf eine entsprechende Differenzierung und führte für das gesamte Börsenrecht einen einheitlichen Gruppenbegriff ein: Danach handelt *«in gemeinsamer Absprache oder als organisierte Gruppe …, wer seine Verhaltensweise im Hinblick auf den Erwerb oder die Veräusse-*

695

---

[1] BSK-DAENIKER/WALLER, BEHG 2 lit. a–c N 20 ff. und 28 ff.; GOTSCHEV, N 210 ff.; KISTLER, 7 ff. und 13; METTIER, 47 ff.
[2] Vgl. N 706.
[3] Art. 20 Abs. 1, 20 Abs. 3, 24 Abs. 3, 31 Abs. 1, 32 Abs. 1 und 2 sowie 33b Abs. 2 BEHG.

rung von Beteiligungspapieren oder die Ausübung von Stimmrechten mit Dritten durch Vertrag oder andere organisierte Vorkehren abstimmt.»[4]

696 «Eine **Abstimmung der Verhaltensweise** liegt namentlich vor bei: (a) Rechtsverhältnissen zum Erwerb oder zur Veräusserung von Beteiligungspapieren; (b) Rechtsverhältnissen, welche die Ausübung der Stimmrechte zum Gegenstand haben (stimmrechtsverbundene Aktionärsgruppen); oder (c) der Zusammenfassung von natürlichen oder juristischen Personen durch die Mehrheit von Stimmrechten oder Kapitalanteilen oder durch eine Beherrschung auf andere Weise zu einem Konzern oder einer Unternehmensgruppe».[5] Im vorliegenden Zusammenhang von Bedeutung sind die ersten beiden Tatbestände, wonach unter den Gruppentatbestand **Rechtsverhältnisse zum Erwerb oder zur Veräusserung von Beteiligungspapieren** fallen, **und** solche, welche die **Ausübung der Stimmrechte** zum Gegenstand haben.

697 Der Gruppenbegriff setzt keine bestimmte inhaltliche Art der Abstimmung der Stimmrechte voraus; insbesondere ist für die Annahme einer Gruppe nicht erforderlich, dass zwischen den Aktionären ein vertragliches oder anderweitiges Rechtsverhältnis besteht.[6] Doch muss die **Bindung** unter den Gruppenmitgliedern zumindest derart beschaffen sein, dass *«sie eine Intensität und ‹innere Verbindlichkeit› aufweist, die dazu führt, dass die Aktionäre nicht mehr völlig frei über ihre Stimmrechtsausübung entscheiden»*, weil die Missachtung der Bindung Konsequenzen irgendwelcher Art nach sich ziehen kann.[7] Sinngemäss gilt dies auch für den Tatbe-

---

[4] Art. 10 Abs. 1 und 2 sowie 31 BEHV-FINMA (Hervorhebung hinzugefügt); dazu etwa FISCHER, Parteienbestand, 333 ff. und 337 ff.; GOTSCHEV, N 376 ff.; HOFSTETTER, Gruppentatbestände, 291 f.; HÖHN, 27; KISTLER, 147 ff.; NOBEL, 93; SCHENKER, Offenlegungsrecht, 363 ff.; TSCHÄNI, Übernahmerecht, 183 f., 192 und 194 ff.

[5] Art. 10 Abs. 2 BEHV-FINMA (Hervorhebung hinzugefügt); dazu etwa NOBEL, 85 f.

[6] BGE 130 II 530 E. 6.4; UEK Empfehlung Adval Tech Holding AG vom 3. März 2004, E. 2.2.2; HÖHN, 30 und 35; SCHENKER, Offenlegungsrecht, 364; *ders.*, Übernahmerecht, 138 f.

[7] BGE 130 II 530 E. 6.4.3 (Hervorhebung hinzugefügt. Ausdrücklich offen gelassen wird vom Bundesgericht die Frage, ob eine «rein soziale oder faktische Bindung für die Annahme einer gemeinsamen Absprache genügen könne»); im Übrigen vgl. EBK Verfügung Sulzer AG/Everest Beteiligungs GmbH vom 29. Mai 2008, Rz. 52; UEK Empfehlung La Compagnie Vaudoise d'Electricité vom 30. März 2005, E. 2.1.1; UEK Empfehlung Adval Tech Holding AG vom 3. März 2004, E. 2.2.2; HÖHN, 35; TSCHÄNI, Übernahmerecht, 202, 206 ff. und 221 ff. – In der Lehre wird die Auffassung, wonach bereits eine rein soziale oder faktische Bindung genüge könne, kritisiert (GOTSCHEV, N 381 f.; BSK-HOFSTETTER/SCHILTER-HEUBERGER, BEHG 32 N 44), weil sie die Schwelle zur Annahme einer Gruppe zu tief ansetze. Zur Tendenz, eine restriktivere Auslegung für Gruppensachverhalte zu verlangen, vgl. auch KUNZ, Meldepflicht, 249. – Vgl. ferner HOFFMANN/VON DER CRONE, 317 f.; SCHENKER, Offenlegungsrecht, 364 f.; OLS-Jahresbericht 2000, Ziff. 3.1.3.5.

stand des gemeinsamen Erwerbs bzw. der gemeinsamen Veräusserung: Ein Handeln in gemeinsamer Absprache liegt dann vor, wenn «der Einzelne seine künftige Handlungsfreiheit einschränkt, indem er den Kauf oder Verkauf unter die gemeinsame Koordination der Gruppe stellt».[8] All dies verlangt ein **Minimum an innerer Organisation,** die durch bewusste **interaktive Kommunikation** zu einer gemeinsamen Verhaltensabstimmung führt.[9]

Im Einzelnen ist die **Grenze umstritten.** Zwar sind sich Lehre und Rechtsprechung darin einig, dass blosses Parallelverhalten noch nicht zu einer Gruppe im börsenrechtlichen Sinne führt;[10] auch blosse verwandtschaftliche Beziehungen oder soziale Bindungen allein dürften nicht genügen.[11] Unsicherheit besteht hingegen in Bezug auf reine Verfügungsbindungen (z.B. Kauf-, Verkaufs-, Vorkaufs- oder Mitverkaufsrechte) innerhalb eines Aktionärbindungsvertrages. Sie könnten dann unter den börsenrechtlichen Gruppenbegriff fallen, wenn die Beteiligten dadurch (faktisch) gezwungen werden, ihr Verhalten auch in Bezug auf die Stimmrechte zu koordinieren.[12] Die Frage der Abgrenzung stellt sich insbesondere, wenn Aktionäre zum Zweck der Ausübung des Traktandierungs- und Einberufungsrechts oder anderer Minderheitenrechte[13] kooperieren: Während die Lehre sich gerade in diesen Fällen wohl mehrheitlich gegen die Anwendung des Gruppenbegriffs ausspricht,[14] scheinen Ausführungen der Offenlegungsstelle für die gegenteilige Ansicht zu sprechen.[15]

---

[8] HOFFMANN/VON DER CRONE, 316. – Nicht unter den Gruppenbegriff fällt hingegen der reine Kaufvertrag über Aktien (SCHENKER, Übernahmerecht, 138).

[9] GOTSCHEV, N 380; HOFFMANN/VON DER CRONE, 316 f.; BSK-WEBER, BEHG 20 N 88 ff. – Vgl. auch das BVGer-Urteil B-1215/2009 vom 9. November 2011, E. 9.1 («Massgeblich ist im Einzelfall, ob eine Ausrichtung auf ein gemeinsames Ziel hin durch den Einsatz gemeinsamer Mittel und Kräfte zumindest konkludent vereinbart ist und dabei die Einzelinteressen den Gesamtinteressen der organisierten Gruppe bzw. der gemeinsamen Absprache hintenanstehen. Eine Koordination des gemeinsamen Verhaltens setzt somit eine bewusste intensive Kommunikation voraus ...»).

[10] HOFFMANN/VON DER CRONE, 314; BSK-Weber, BEHG 20 N 89.

[11] Vgl. Anm. 7.

[12] FISCHER, Parteienbestand, 339 ff.; GOTSCHEV, N 435 ff. m.w.H.; BSK-HOFSTETTER/SCHILTER-HEUBERGER, BEHG 32 N 46 m.w.H. auf die nicht einheitliche Praxis der UEK in dieser Frage; SCHENKER, Übernahmerecht, 138; a.M. HÖHN, 38 f., der ausführt, dass «für die Annahme einer ‹gemeinsamen Absprache› die Koordination der Stimmrechtsausübung *in jedem Fall* genügt, die Koordination von anderen Aktionärsrechten ohne Koordination der Stimmrechtsausübung *nie* genügt» (Hervorhebung durch die Autoren).

[13] Vgl. N 38 ff. und 656 ff.

[14] Vgl. etwa KUNZ, Meldepflicht, 247; MAIZAR, 387 f. und 393.

[15] OLS-Jahresbericht 2010, Ziff. 3.2.4.3 (127 f.). – Vgl. zum Ganzen auch FISCHER, Parteienbestand, 343 f.; MAIZAR, 385 ff.; SCHENKER, Offenlegungsrecht, 366 ff.

699 Gruppentatbestände können sich auch innerhalb bereits bestehender Gruppen – als **Untergruppen** – verwirklichen.[16]

700 Trotz des grundsätzlich einheitlichen börsenrechtlichen (Grund-)Begriffs gehen Rechtsprechung und Lehre davon aus, dass der **Begriff der Gruppe** – je nach den aus dem Vorliegen einer Gruppe abgeleiteten Rechtsfolgen – **differenziert auszulegen** ist. Im Hinblick auf die Angebotspflicht (N 712 ff.) ist eine Gruppe zurückhaltender anzunehmen als im Bereich des Offenlegungsrechts (N 701 ff.).[17] Dies ist im Folgenden zu berücksichtigen.

III. Die einzelnen Tatbestände

A. Die Meldepflicht nach Art. 20 BEHG (Offenlegung von Beteiligungen)

1. Grundsatz

701 Nach Börsengesetz unterstehen Aktionäre dann als Gruppe der **Meldepflicht an die Offenlegungsstelle der Börse und an die betroffene Aktiengesellschaft,** wenn sie «in gemeinsamer Absprache» Aktien erwerben oder veräussern und dabei die Schwellenwerte von Art. 20 Abs. 1 BEHG (3, 5, 10, 15, 20, 25, 33⅓, 50 oder 66⅔ Prozent der Stimmrechte) erreichen, über- oder unterschreiten.[18] Der Begriff der «gemeinsamen Absprache» entspricht dem bereits erläuterten Begriff der Gruppe (vgl. N 695 ff.).[19]

702 Wer als Gruppe meldepflichtig ist, «hat die gesamte Beteiligung, die Identität der einzelnen Mitglieder, die Art der Absprache und die Vertretung zu melden».[20] Nach der Praxis der Offenlegungsstelle der Schweizer Börse (OLS) ergibt sich daraus für die Offenlegung Folgendes:[21]

703 *Tritt eine Einzelperson,* die ihrerseits meldepflichtig war, *einer Gruppe bei* (oder bildet sie mit anderen neu eine Gruppe), ist sowohl die Gruppe meldepflichtig (Gruppenbildung, Änderung im Personenbestand, evtl. Überschreiten eines Schwellenwertes) als auch die Einzelperson (Unterschreiten des Schwellenwertes).

---

[16] Davon geht auch das Bundesgericht u.a. in BGE 130 II 530 implizit aus.
[17] HÖHN, 27 ff., m.w.H.; KUNZ, Meldepflicht, 246 f.
[18] FISCHER, Parteienbestand, 352 ff.
[19] BLOCH, 324 ff.
[20] Art. 15 Abs. 3 BEHV-FINMA; GOTSCHEV, N 467; BSK-WEBER, BEHG 20 N 113. – Zu den Meldeformalitäten vgl. FISCHER, Parteienbestand, 355 ff.
[21] Vgl. die Mitteilung der OLS vom 3. Dezember 2013.

Tritt ein Mitglied einer Gruppe aus dieser aus (oder löst sich die Gruppe auf), ist einerseits die Gruppe meldepflichtig (Änderung im Personenbestand, Auflösung, evtl. Unterschreiten eines Schwellenwertes) und andererseits das austretende Mitglied, dieses aber nur, sofern es allein wiederum einen Schwellenwert erreicht oder überschreitet.

Die Beteiligung des einzelnen Mitgliedes der Gruppe braucht nicht offengelegt zu werden (was als Gruppenprivileg oder *Black-box*-Prinzip bezeichnet wird).[22]

2. Anwendung auf Aktionärbindungsverträge

Aktionärbindungsverträge fallen, soweit sie eine **gemeinsame Stimmrechtsausübung** (Stimmbindung) vorsehen, in den Anwendungsbereich von Art. 20 BEHG. Solche Verträge sind daher – falls zumindest der unterste Grenzwert von 3% erreicht wird – der Aktiengesellschaft und der Börse zu melden.[23] Umstritten ist, ob auch «freie Aktien», d.h. Aktien der Vertragsparteien, die nicht durch den Vertrag gebunden sind, hinzugerechnet werden müssen und damit der Meldepflicht unterliegen. Allein schon aus Gründen der Praktikabilität ist u.E. von der Hinzurechnung der «freien Aktien» auszugehen; andernfalls müssten jeweils im konkreten Fall die Einzelheiten der Vereinbarung offengelegt und geprüft werden. Auch wird ein Aktionär in der Regel kaum ein unterschiedliches Stimmverhalten für die gebundenen und seine nicht-gebundenen Aktien an den Tag legen.[24]

Dem oft bestehenden Wunsch der Vertragsparteien nach Vertraulichkeit sind damit Schranken gesetzt. Die Pflicht zur Offenlegung erschöpft sich jedoch regelmässig in der blossen Tatsache des Bestehens eines Aktionärbindungsvertrages, während die inhaltlichen Elemente der Absprache nicht oder nur sehr allgemein bekannt gegeben werden müssen; die Anforderungen an die Meldung gehen in dieser Hinsicht nicht sehr weit.[25]

Die Offenlegungspflicht wird gelegentlich auch in Aktionärbindungsverträgen angesprochen und geregelt:

---

[22] Art. 15 Abs. 3 BEHV-FINMA; GOTSCHEV, N 467; BSK-WEBER, BEHG 20 N 113. – Zu den Meldeformalitäten vgl. FISCHER, Parteienbestand, 355 ff.

[23] BÖCKLI, Börsengesetz, 239; FISCHER, Parteienbestand, 341 f.; SCHENKER, Übernahmerecht, 124.

[24] So mit ausführlicher Begründung FISCHER, Parteienbestand, 344 f. m.w.H.; auch SCHENKER, Übernahmerecht, 124 f. m.H. auf a.M.

[25] Vgl. dazu auch die Ausführungen zur Meldepflicht bei (wesentlichen) inhaltlichen Änderungen (N 728 ff., insb. 732).

709 > Die Parteien sind einzeln und gemeinsam aufgrund und mit Abschluss des vorliegenden Vertrages als Gruppe im Sinne des schweizerischen Börsengesetzes (BEHG) gegenüber der schweizerischen Börse (SIX Swiss Exchange) meldepflichtig.
>
> Die Parteien verpflichten sich, einzeln und gemeinsam einen Vertreter damit zu beauftragen, die Einhaltung der börsenrechtlichen Meldepflichten zu überwachen und alle aufgrund dieser Pflichten erforderlichen Meldungen vorzunehmen. Die Parteien verpflichten sich, dem Vertreter die zur Wahrnehmung dieser Aufgabe erforderlichen Informationen zukommen lassen.

710 Nach ständiger Praxis der OLS und der FINMA können auch blosse **Lock-up-Vereinbarungen**[26] unter gegebenen Umständen zu einem Gruppentatbestand nach Art. 20 Abs. 3 BEHG i.V.m. Art. 10 Abs. 1 BEHV-FINMA führen.[27] Ebenso können, wie erwähnt,[28] Erwerbs- und Veräusserungsgeschäfte unter die Meldepflicht fallen, wobei dies nur dann der Fall sein soll, wenn die Aktien von Dritten erworben oder an Dritte veräussert werden, nicht aber bei innervertraglichen Erwerbs- und Veräusserungsvorgängen.[29]

3. Zeitpunkt der Entstehung der Meldepflicht

711 Die Meldepflicht gemäss Art. 20 BEHG entsteht mit dem Abschluss bzw. der Auflösung des Aktionärbindungsvertrages.[30] Änderungen des Vertragsinhalts lösen dagegen selten eine Meldepflicht aus (dazu N 726 ff.).

B. Die Angebotspflicht nach Art. 32 BEHG

1. Grundsatz

712 Nach Art. 32 BEHG hat der Erwerber von Beteiligungspapieren die Pflicht, den übrigen Inhabern von Beteiligungspapieren ein Übernahmeangebot zu unterbreiten, sobald er den Schwellenwert von $33\frac{1}{3}\%$[31] der Stimmrechte überschreitet.[32] Die

---

[26] Durch eine *Lock-up*-Vereinbarung verpflichten sich Aktionäre, die von ihnen gehaltenen Aktien einer bestimmten Aktiengesellschaft während einer bestimmten Zeit nicht oder nur mit Zustimmung einer anderen Partei zu veräussern (vgl. GOTSCHEV, N 442 ff.).

[27] OLS-Jahresbericht 2010, Ziff. 3.2.1 (12 f.); OLS-Jahresbericht 2006, Ziff. 3.2.1.

[28] Vgl. N 697 f.

[29] FISCHER, Parteienbestand, 340 f. und 370 ff. je m.w.H. – Zu den innervertraglichen Änderungen vgl. 728 ff.

[30] GOTSCHEV, N 405 f.; HOFSTETTER, Gruppentatbestände, 295; KISTLER, 104 f.; METTIER, 100 ff. und 137; BSK-WEBER, BEHG 20 N 104.

[31] Vereinzelt kann noch die übergangsrechtliche Schwelle von 50% Anwendung finden (Art. 52 BEHG), wenn eine Gruppe bzw. ein Aktionärbindungsvertrag bereits vor dem Inkrafttreten des BEHG bestand. – Zulässig ist es, dass eine Gesellschaft statutarisch den

Bildung einer Aktionärsgruppe fällt wie ein Erwerb unter die **Angebotspflicht,** falls die Summe der von den Beteiligten gehaltenen Aktien den Schwellenwert überschreitet.[33]

Das Übernahmerecht geht zunächst vom gleichen **Gruppenbegriff** aus wie das börsenrechtliche **Offenlegungsrecht** (vgl. N 695 ff. und 701 ff.), verlangt aber als **zusätzliches Tatbestandselement,** dass die gemeinsame Absprache bzw. die Gruppe *«im Hinblick auf die Beherrschung der Zielgesellschaft»* gebildet wird (Art. 31 BEHV-FINMA).[34] Daher – und auch wegen der einschneidenden Konsequenzen – ist im Übernahmerecht eine gemeinsame Absprache bzw. eine Gruppe zurückhaltender anzunehmen als im Offenlegungsrecht.[35]

713

Die Aussagen in Rechtsprechung und Lehre zur Frage, wann eine solche **gemeinsame Beherrschungsabsicht** anzunehmen ist, sind uneinheitlich. Nach der Praxis des Bundesgerichts sind «Vorkehren im Hinblick auf eine Beherrschung bereits dann anzunehmen, wenn der gemeinsame Erwerb [oder eben die gemeinsame Absprache] eine solche objektiv ermöglicht und aufgrund der Umstände darauf zu schliessen ist, dass eine Beherrschung auch angestrebt wird».[36] Präzisierend Folgendes:

714

Eine gemeinsame Beherrschung liegt dann vor, wenn die Absprache unter den Beteiligten derart ausgestaltet ist, dass sie den **Einzel- zugunsten des Gruppenwillens aufhebt** und die Beteiligten mit vereinten Kräften auf das gemeinsame Ziel, eine Gesellschaft zu beherrschen, hinwirken. Die Beteiligten treten hinsichtlich ihres Stimmverhaltens so auf, wie dies ein einzelner Aktionär mit derselben Stimm-

715

Schwellenwert anhebt – was bis auf 49% der Stimmrechte möglich ist – (*opting*-up, Art. 32 Abs. 1 BEHG) oder dass sie die Angebotspflicht ganz ausschliesst (*opting*-out, Art. 22 Abs. 2 und 3 BEHG), wovon derzeit etwas über ein Viertel der kotierten Gesellschaften Gebrauch gemacht hat (Tendenz abnehmend). Rechtspolitisch sind diese Ausnahmen unter Druck geraten.

[32] FISCHER, Parteienbestand, 373 ff.
[33] UEK Empfehlung Forbo Holding AG vom 3. Juni 2005, E. 3.2; BLOCH, 335 ff.; GOTSCHEV, N 510; BSK-HOFSTETTER/SCHILTER-HEUBERGER, BEHG 32 N 23 und 45; MAIZAR, 394 ff.
[34] BGE 130 II 530 E. 6.5.1 ff.; EBK Verfügung Sulzer AG/Everest Beteiligungs GmbH vom 29. Mai 2008, Rz. 39 und 54; BLOCH, 333 f.; HÖHN, 36; MAIZAR, 395.
[35] BGE 130 II 530 E. 6.3; MAIZAR, 395 ff. – Vgl. auch TSCHÄNI, Übernahmerecht, 199, der wegen der tiefer greifenden Wirkung bereits hinsichtlich der Kriterien von Art. 10 BEHV-FINMA eine engere Auslegung des Gruppenbegriffs bei der Angebotspflicht postuliert.
[36] BGE 130 II 530 E. 6.5.7; EBK Verfügung Sulzer AG/Everest Beteiligungs GmbH vom 29. Mai 2008, Rz. 54; UEK Empfehlung I Aare-Tessin AG für Elektrizität vom 11. August 2005, E. 1.1.1.

kraft tun könnte.³⁷ Zusätzlich zu dieser objektiven Möglichkeit der Beherrschung muss sich aus den Umständen ergeben, dass eine Beherrschung tatsächlich auch angestrebt wird. Dies ist dann anzunehmen, wenn die Absprache auf Dauer ausgerichtet ist und wesentliche Aspekte der Zielgesellschaft wie deren Strategie, die Aktien- und Aktionariatsstruktur und die Zusammensetzung des Verwaltungsrates umfasst. Für die Annahme einer Beherrschungsabsicht ist somit nicht eine Stimmbindungsvereinbarung über alle Aspekte der Zielgesellschaft notwendig, aber zumindest die nachhaltige und wesentliche gemeinsame Einflussnahme in zentralen Fragen.³⁸

716 Anders als bei der Meldepflicht nach Art. 20 BEHG ist bei der Angebotspflicht nur der Erwerb, nicht aber eine Veräusserung, also **nur die Bildung, nicht aber die Auflösung einer Gruppe relevant,**³⁹ weil es hier nicht primär um Transparenz und Publizität gegenüber den Anlegern, sondern um den Schutz der Minderheitsaktionäre vor einem für sie nachteiligen Kontrollerwerb oder Kontrollwechsel geht.⁴⁰ Die Veräusserung von Beteiligungspapieren – und damit auch die Auflösung einer Gruppe – löst keine Angebotspflicht aus.⁴¹

717 Eine Angebotspflicht entsteht sodann nicht, «wenn die Stimmrechte durch Schenkung, Erbgang, Erbteilung, eheliches Güterrecht oder Zwangsvollstreckung erworben werden» (Art. 32 Abs. 3 BEHG).

2. Anwendung auf Aktionärbindungsverträge

718 Auf Dauer geschlossene Aktionärbindungsverträge unter Aktionären börsenkotierter Aktiengesellschaften fallen, soweit sie eine gemeinsame Stimmrechtsausübung (Stimmbindungsvereinbarung) vorsehen, zumeist in den Anwendungsbereich von Art. 32 BEHG. Längere Dauer und Regeln über die Ausübung der Stimmrechte sind starke Indizien für eine gemeinsame Beherrschungsabsicht, d.h. die nachhaltige und wesentliche Einflussnahme auf die Gesellschaft in zentralen Fragen.⁴²

---

[37] EBK Verfügung Sulzer AG/Everest Beteiligungs GmbH vom 29. Mai 2008, Rz 55; BSK-HOFSTETTER/SCHILTER-HEUBERGER, BEHG 32 N 49; GOTSCHEV, N 685.

[38] UEK Empfehlung Helvetia Holding AG vom 8. Dezember 2008, Rz. 10; GOTSCHEV, N 685 f. mit Beispielen; BSK-HOFSTETTER/SCHILTER-HEUBERGER, BEHG 32 N 49 f. ebenfalls mit Beispielen; HÖHN, 32.

[39] BSK-HOFSTETTER/SCHILTER-HEUBERGER, BEHG 32 N 53.

[40] BGE 130 II 530 E. 5.3; UEK Empfehlung II Saurer AG vom 31. Oktober 2006, E. 3.2.2; Botschaft zu einem Bundesgesetz über die Börsen und den Effektenhandel vom 24. Februar 1993, BBl 1993 I 1369, 1389 und 1417; BSK-HOFSTETTER/SCHILTER-HEUBERGER, BEHG 32 N 4 f.; BSK-WEBER, BEHG 20 N 1.

[41] BGE 130 II 530 E. 6.2; BSK-HOFSTETTER/SCHILTER-HEUBERGER, BEHG 32 N 53.

[42] Vgl. N 714 f.

Eine Angebotspflicht entfällt immer dann, wenn eine Partei aus einem der in Art. 32 Abs. 3 BEHG genannten Gründe (Schenkung, Erbgang, Erbteilung, eheliches Güterrecht oder Zwangsvollstreckung) Aktien erwirbt und dadurch die Zahl der insgesamt von den Vertragsparteien gehaltenen Aktien die Schwelle von 33⅓% überschreitet. 719

3. Zeitpunkt der Entstehung der Angebotspflicht

Anders als bei der Meldepflicht nach Art. 20 BEHG entsteht die Angebotspflicht nicht bereits mit dem Abschluss eines Verpflichtungsgeschäftes, sondern erst mit dem **Verfügungsgeschäft,** d.h. dem Vollzug einer vertraglichen Transaktion. Im Zusammenhang mit dem Abschluss eines Aktionärbindungsvertrages fällt dieser Zeitpunkt allerdings mit dem Zeitpunkt des Verpflichtungsgeschäftes zusammen,[43] es sei denn, der Beginn der Wirksamkeit des Vertrages sei hinausgeschoben. 720

Bedenkt man den regelmässig hohen Marktwert börsenkotierter Aktiengesellschaften, kann der Abschluss eines die Angebotspflicht auslösenden Aktionärbindungsvertrages für die Beteiligten schwerwiegende finanzielle Konsequenzen haben, müssen sie doch – schlimmstenfalls – bis zu 66⅔% der Aktien von den übrigen Aktionären zu einem gesetzlich vorgegebenen Mindestpreis[44] erwerben.[45] 721

C. Anbieterpflichten beim öffentlichen Kaufangebot (Art. 24 BEHG)

1. Grundsatz

Nach Art. 24 Abs. 3 BEHG und Art. 12 UEV gelten die Pflichten des Anbieters im Hinblick auf den Angebotsprospekt und die Gleichbehandlung der übrigen Aktionäre für «alle, die mit ihm in gemeinsamer Absprache handeln». Dieser Gruppentatbestand, der sich sinngemäss an denjenigen des offenlegungsrechtlichen Gruppenbegriffs[46] angelehnt, bezieht sich also auf das **Zusammenwirken von Aktionären im Rahmen eines öffentlichen Angebotes.** Von Bedeutung ist dies vor allem dann, wenn sich die gemeinsame Angebotspflicht nicht bereits aus Art. 32 BEHG ergibt, d.h. *bei freiwilligen Kaufangeboten.* 722

---

[43] HOFSTETTER, Gruppentatbestände, 295; BSK-HOFSTETTER/SCHILTER-HEUBERGER, BEHG 32 N 32; BSK-WEBER, BEHG 20 N 104 f.
[44] Der Angebotspreis muss mindestens gleich hoch sein wie der Börsenkurs oder – wenn dieser höher ist – der höchste Preis, den der Anbieter in den zwölf letzten Monaten für Beteiligungspapiere der Zielgesellschaft bezahlt hat (Art. 32 Abs. 4 BEHG).
[45] BÖCKLI, Börsengesetz, 255.
[46] Dazu N 695 ff. und 701 ff.; BLOCH, 335; HOFSTETTER, Gruppentatbestände, 290 f.; MAIZAR, 399 ff.; TSCHÄNI, Übernahmerecht, 185 ff. und 210 ff.; BSK-TSCHÄNI/IFFLAND/DIEM, BEHG 24 N 31 ff.

2. Anwendung auf Aktionärbindungsverträge

723 Bei diesem Gruppentatbestand geht es in der Regel um **relativ kurzfristige Vereinbarungen** unter Aktionären im Hinblick auf den Erwerb von Beteiligungspapieren, also weniger um längerfristige Rechtsverhältnisse, welche, wie Aktionärbindungsverträge, die Ausübung des Stimmrechts auf Dauer zum Gegenstand haben. Aktionärbindungsverträge fallen nur dann unter diesen Gruppenbegriff, wenn dieser den gemeinsamen Erwerb von Aktien im Rahmen eines (freiwilligen) öffentlichen Kaufangebotes vorsieht. Die Pflichten gelten sodann auch nur für diejenigen Vertragsparteien, die sich tatsächlich am Erwerb von Aktien beteiligen.

D. Die Meldepflichten während der Hängigkeit eines öffentlichen Kaufangebots (Art. 31 BEHG)

1. Grundsatz

724 Gemäss Art. 31 Abs. 1 und 2 BEHG muss der Anbieter oder wer direkt, indirekt oder in gemeinsamer Absprache mit Dritten über eine Beteiligung von mindestens 3% der Stimmrechte der Zielgesellschaft verfügt, von der Veröffentlichung des Angebots bis zum Ablauf der Angebotsfrist jeden Erwerb oder Verkauf von Beteiligungspapieren der Zielgesellschaft melden, wobei eine vertraglich oder auf andere Weise organisierte Gruppe dieser **Meldepflicht nur gemeinsam als Gruppe** untersteht (Gruppenprivileg). Für den Begriff der gemeinsamen Absprache bzw. der organisierten Gruppe verweisen Art. 38 Abs. 2 i.V.m. 11 Abs. 1 UEV auf Art. 10 Abs. 1 und 2 BEHV-FINMA, den offenlegungsrechtlichen Gruppenbegriff.[47]

2. Anwendung auf Aktionärbindungsverträge

725 Diese Bestimmung ist relevant für die Parteien eines Aktionärbindungsvertrages, soweit dieser unter den offenlegungsrechtlichen Gruppenbegriff[48] fällt. Die Parteien des Vertrages sind in diesem Fall nur (aber immerhin) als Gruppe hinsichtlich des Erwerbs oder der Veräusserung von Beteiligungspapieren während der Lauffrist des Angebotes meldepflichtig, auch wenn der Erwerb oder die Veräusserung durch eine einzelne Partei des Vertrages und nicht durch die Vertragsparteien insgesamt erfolgt (Gruppenprivileg).[49]

---

[47] Vgl. N 695 ff. und 701 ff.; BÖCKLI, Börsengesetz, 251; HOFSTETTER, Gruppentatbestände, 291; BSK-REUTTER/ROTH PELLANDA, BEHG 31 N 16 ff.; TSCHÄNI, Übernahmerecht, 188 ff.
[48] Soeben N 724.
[49] Dazu auch FISCHER, Parteienbestand, 407 ff.

IV. Änderungen in Aktionärbindungsverträgen und ihre Auswirkungen auf börsenrechtliche Gruppentatbestände

A. Meldepflicht nach Art. 20 BEHG (Offenlegung von Beteiligungen)

1. Meldepflichten bei Änderungen im Rahmen einer Gruppe

Nach Art. 10 Abs. 4 und 5 BEHV-FINMA sind zwar «Erwerb und Veräusserung [von Beteiligungsrechten] unter verbundenen Personen, die ihre Gesamtbeteiligung gemeldet haben, ... von der Meldepflicht ausgenommen» (Gruppenprivileg oder *Black-box*-Prinzip), doch sind **«Änderungen in der Zusammensetzung des Personenkreises und der Art der Absprache oder der Gruppe»** im Sinn von Art. 20 BEHG meldepflichtig.[50] Gruppen (und damit auch Aktionäre, die durch einen als Gruppe qualifizierenden Aktionärbindungsvertrag verbunden sind), die ihre Beteiligung bereits offengelegt haben, unterliegen also nicht nur dann erneut einer Meldepflicht, wenn sie einen der Schwellenwerte von Art. 20 BEHG unter- oder überschreiten, sondern auch, wenn sich die Zusammensetzung der Gruppe oder der Inhalt der Vereinbarung ändert:

2. Änderungen in der Zusammensetzung des Personenkreises insbesondere

Die Meldepflicht bei Änderungen in der Zusammensetzung des Personenkreises, d.h. bei Änderungen eines Aktionärbindungsvertrages hinsichtlich der beteiligten Vertragsparteien, führt kaum zu Abgrenzungsfragen. Sowohl Neueintritte in die Gruppe als auch Austritte bestehender Gruppenmitglieder sind der Börse und der Gesellschaft zu melden.[51]

3. Änderungen in der Art der Absprache oder der Gruppe insbesondere

Dagegen geht weder aus dem Gesetz noch aus Rechtsprechung und Lehre eindeutig hervor, was materiell unter meldepflichtigen «Änderungen in der Art der Absprache oder der Gruppe» zu verstehen ist. Es ist insbesondere nicht klar, wie umfassend eine Änderung in quantitativer und/oder qualitativer Hinsicht sein muss, damit sie

---

[50] GOTSCHEV, N 467 ff.; BSK-WEBER, BEHG 20 N 97 und 114. – Allenfalls mag eine Änderung in der Zusammensetzung der Gruppe (z.B. der Beitritt einer neuen Vertragspartei) oder des Inhalts gleichzeitig auch das Überschreiten eines Schwellenwertes bewirken, weshalb die entsprechende Änderung bereits aus diesem Grund meldepflichtig wäre.

[51] Art. 10 Abs. 5 BEHV-FINMA; FISCHER, Parteienbestand, 360 f. und 362 ff.

zu melden ist. Fest steht jedenfalls, dass **nicht jede (unbedeutende)** Änderung zu melden ist.[52] In der Lehre wird jeweils davon gesprochen, dass **nur wesentliche Änderungen** meldepflichtig seien.[53]

729 Die **Qualifikation einer Änderung als wesentlich** ergibt sich aus dem Zweck der Meldepflicht nach Art. 20 BEHG: Weil die Beteiligungsverhältnisse an börsenkotierten Unternehmen und diesbezügliche Änderungen die Kursentwicklung und damit den Entscheid des Anlegers über eine Investition potenziell zu beeinflussen vermögen, soll mithilfe der Meldepflicht in dieser Hinsicht – zum Schutz der Anleger und des Funktionierens des Marktes – Transparenz geschaffen werden. Richtschnur für die Wesentlichkeit einer Änderung muss demnach die *Frage* sein, *ob die Änderung potenziell die Kursentwicklung zu beeinflussen vermag bzw. ob bei objektiver Betrachtungsweise die Änderung den Entscheid eines Anlegers über eine Investition in die Gesellschaft beeinflussen könnte.*[54] Die Bedeutung einer Änderung ist dabei unter Beachtung der konkreten Umstände des Einzelfalles zu beurteilen.[55] Dabei kann die ursprüngliche Gruppenmeldung herangezogen werden, soweit diese Angaben über die Art der Absprache enthält (beispielsweise die Umschreibung der Gruppe als «stimmrechtsverbunden»). Im Interesse der Transparenz sind Änderungen in Bezug auf bereits gemeldete Sachverhalte, selbst wenn sie sich als nicht wesentlich im hier verstandenen Sinn erweisen sollten, ebenfalls zu melden.[56]

730 Im Übrigen gehen in der **Lehre** die Meinungen hinsichtlich der unter dem Kriterium der Wesentlichkeit zu meldenden Änderungen auseinander: Während einzelne Autoren **Änderungen im Vertragsinhalt** – wie beispielsweise der Wechsel vom Kopf- zum Kapitalanteilsstimmrecht oder einschneidende Veränderungen von Quorums-Bestimmungen – für meldepflichtig halten,[57] betrachten andere – unter Bezugnahme auf den Gesetzeswortlaut («Änderungen in der Art der Absprache»)[58] – nur **Änderungen in der juristischen Grundlage** der Gruppe als meldepflichtig (z.B. wenn sich eine auf andere Weise organisierte Gruppe neu eine vertragliche Grundlage gibt).[59]

731 Derjenige Teil der Lehre, der eine Meldepflicht nur zurückhaltend annimmt, argumentiert, Ereignisse, die sich auf das Innenleben der organisierten Gruppe bezö-

---

[52] BERNET, 92; GOTSCHEV, N 474 f.; METTIER, 135 f.
[53] BSK-WEBER, BEHG 20 N 1.
[54] BERNET, 92; FISCHER, Parteienbestand, 361; GOTSCHEV, N 177 ff., 240 und 474 f.; METTIER, 135 f.; BSK-WEBER, vor BEHG 20–21, N 1 f. und BEHG 20 N 1.
[55] GOTSCHEV, N 475.
[56] BERNET, 92; GOTSCHEV, N 474 f.; HOFSTETTER, Gruppentatbestände, 297; METTIER, 135 f.
[57] METTIER, 135 f.; MEIER-SCHATZ, Kommentar zu BEHG 20 N 241.
[58] Art. 10 Abs. 5 BEHV-FINMA.
[59] GOTSCHEV, N 474.

gen, könnten vertraulich bleiben, weil mit der Einführung des *Black-box*-Prinzips gerade bezweckt worden sei, dem Bedürfnis der zahlreichen von Familien beherrschten Aktiengesellschaften nach Diskretion Rechnung zu tragen. Selbst grundlegende inhaltliche Änderungen eines Aktionärbindungsvertrages oder die Bildung von Untergruppen seien daher nicht meldepflichtig. Vielmehr solle die Gruppe nach der Vorstellung des Gesetzgebers eine *Black Box* bleiben. Denn aus Sicht des Kapitalmarktes interessiere in erster Linie das maximale Stimmenpotenzial einer Gruppe, deren innere Strukturen dagegen nicht.[60]

Die **Praxis der Offenlegungsstelle** der Schweizer Börse tendiert in die Richtung dieses Teils der Lehre, der eine **Meldepflicht nur zurückhaltend** annimmt: Die *Art der Absprache wird in der Praxis nur sehr abstrakt erfasst.*[61] Meldungen bezüglich dieser Sachverhalte gehen selten über die einfache Wiedergabe des Gesetzestextes von Art. 20 Abs. 3 BEHG bzw. Art. 10 Abs. 3 BEHV-FINMA und Allgemeinbegriffe hinaus, und dies selbst in den wenigen Fällen, in welchen Meldungen tatsächlich Angaben über den Inhalt der Absprache enthalten: Die meistverwendeten Beschreibungen für die Art der Absprache sind Begriffe wie «Konzern», «Handeln in gemeinsamer Absprache» oder «Gruppenmeldung».[62] Was die **Meldung von Änderungen** angeht, finden sich ausser dem häufig verwendeten allgemeinen Hinweis «Änderung in der Zusammensetzung der Gruppe» nahezu **keine konkreten Angaben** über Änderungen in Gruppenabsprachen. Zwei bei einer Recherche gefundene Ausnahmen («Auflösung einfache Gesellschaft/Aktionärbindungsvertrag» und «Än-

---

[60] GOTSCHEV, N 467; HOFSTETTER, Gruppentatbestände, 297; vgl. auch FISCHER, Parteienbestand, 361 f. m.w.H.

[61] Dies spiegelt sich auch im Meldeformular für die «Meldung beim Handeln in gemeinsamer Absprache oder als organisierte Gruppe» der Offenlegungsstelle der Schweizer Börse wieder, das nur wenig Platz bietet für Ausführungen zu «Änderungen in der Art der Absprache oder der Gruppe»; eine ausführliche Beschreibung inhaltlicher Änderungen wird offenbar nicht erwartet.

[62] Dies zeigt die (kursorische) Auswertung der auf der Internetseite der Schweizer Börse publizierten (Gruppen-)Meldungen. – Weitere im Rahmen dieser Auswertung gefundene Beispiele: «Koordination Stimmrechte», «Ausübung der Stimm- und weiterer Aktionärsrechte in gemeinsamer Absprache», «Kaufvertrag», «Stimmrechtsvereinbarung», «Transaktionsvertrag» «Absprache zwischen Aktionären», «Aktionärbindungsvertrag», «Erwerb in gemeinsamer Absprache», «Erwerbsgruppe», «Familienverhältnisse», «als organisierte Gruppe oder in gemeinsamer Absprache halten …», «Investmentfund», «Transaktionsvertrag» und «Vertrag», «Absprache über einen gemeinsamen Beteiligungsaufbau», «Absprache der Gruppenmitglieder, die Fusionsbemühungen der X mit Y zu unterstützen», «Beschluss der in den Verwaltungsrat gewählten Vertreter der Gruppenmitglieder, in Zukunft die Stimmrechte im gemeinsamen Interesse nach interner Absprache auszuüben», «Konsortialvertrag zur Sicherstellung der schweizerischen Beherrschung durch Verkaufsbeschränkungen».

derung der Vereinbarung unter den Mitgliedern der Aktionärsgruppe») sagen ebenfalls wenig über die inhaltlichen Aspekte der betreffenden Modifikationen aus.

733 Änderungen des gruppeninternen Entscheidfindungsprozesses (etwa vom Einstimmigkeits- zum Mehrheitsprinzip oder umgekehrt) oder der internen Organisation im Rahmen eines Aktionärbindungsvertrages müssen also kaum jemals aufgrund von Art. 20 BEHG gemeldet werden.[63]

B. Angebotspflicht nach Art. 32 BEHG

1. Angebotspflicht bei Änderungen der Gruppe

734 Auch im Rahmen der Angebotspflicht nach Art. 32 BEHG spielen Änderungen innerhalb der Gruppe eine Rolle, was sich *e contrario* aus dem Gesetz ergibt: Gemäss Art. 32 Abs. 2 lit. a BEHG kann die Übernahmekommission nämlich «in berechtigten Fällen Ausnahmen von der Angebotspflicht gewähren, namentlich bei der Übertragung von Stimmrechten innerhalb einer vertraglich oder auf eine andere Weise organisierten Gruppe». Sodann entfällt die Angebotspflicht vollständig, «wenn die Stimmrechte durch Schenkung, Erbgang, Erbteilung, eheliches Güterrecht oder Zwangsvollstreckung erworben werden» (Art. 32 Abs. 3 BEHG).

735 Das **Gesetz nennt** damit im Wortlaut nur **Änderungen in den Beteiligungsverhältnissen,** d.h. die Übertragung von Stimmrechten innerhalb einer Gruppe sowie die Übertragung von Stimmrechten durch Schenkung, Erbgang, Erbteilung, eheliches Güterrecht oder Zwangsvollstreckung, nicht aber Änderungen des Vertragsinhalts.[64] Auch bei den von der Übernahmekommission und der Aufsichtsbehörde[65] behandelten Fällen ging es regelmässig allein um diese Art von Änderungen innerhalb von Gruppen.[66]

736 Lehre und Praxis sind sich trotzdem einig, dass auch **Änderungen hinsichtlich der materiellen Vereinbarung** unter den Mitgliedern einer Gruppe die übernahme-

---

[63] In Zweifelsfällen kann der Meldepflichtige mit einem Gesuch um einen Vorabentscheid an die Offenlegungsstelle der Schweizer Börse gelangen. Das Gesuch ist zu begründen und hat alle Angaben zu enthalten, welche auch eine entsprechende Meldung enthalten müsste; Art. 20 BEHV-FINMA; BSK-WEBER, BEHG 20 N 123 ff.
[64] HOFSTETTER, Gruppentatbestände, 297 f.
[65] Aufsichtsbehörde ist seit dem 1. Januar 2009 die FINMA.
[66] Auch bei den UEK Empfehlungen Schmolz + Bickenbach AG vom 15. Mai 2008 und Rätia Energie AG vom 11. November 2005, in welchen das Thema der Vertragsänderung angesprochen wird, ging es letztlich um Verschiebungen bei den Beteiligungen der Vertragsparteien.

rechtliche Angebotspflicht auslösen können, soweit es sich dabei nicht um bloss geringfügige Änderungen handelt.[67] Dazu konkretisierend Folgendes:

2. Änderungen in den Beteiligungsverhältnissen innerhalb der Gruppe

Nach dem *Black-box*-Prinzip soll die Übertragung von Aktien innerhalb einer bestehenden Gruppe – d.h. der Erwerb von Aktien von einem anderen Mitglied der Gruppe – nicht zu einer Angebotspflicht führen.[68] Gesetzestechnisch ist dies so gelöst, dass zwar auch durch eine solche Transaktion, sofern der Erwerber dabei für sich allein den Schwellenwert von 33⅓% überschreitet, grundsätzlich eine Angebotspflicht ausgelöst wird, jedoch die Übernahmekommission dem Erwerber eine Ausnahme gewähren kann.[69]

Nach der Praxis der Übernahmekommission bedarf aber nicht jede Transaktion einer Ausnahmebewilligung. Im Sinn eines **zweistufigen Vorgehens**[70] ist zunächst festzustellen, «ob sich die Verhältnisse innerhalb der Gruppe wesentlich ändern und dadurch eine neue Gruppe entsteht», d.h. es ist zu klären, ob die Verschiebung innerhalb der Gruppe in ihrer Auswirkung einem Erwerb bzw. der Bildung einer (neuen) Gruppe gleichkommt. Dies ist dann der Fall, wenn die Verschiebung einen Kontrollerwerb bzw. einen Kontrollwechsel innerhalb der Gruppe[71] darstellt.[72] Nur dann muss – als Zweites – geprüft werden, ob eine Ausnahme zu gewähren ist, d.h. ob sich «die Natur des Pools» durch die Transaktion aus der Sicht der Minderheitsaktionäre nur unwesentlich verändert.[73] Nach bundesgerichtlicher Rechtsprechung ist eine Ausnahme jedenfalls immer dann zu gewähren, wenn «die Verschiebung

---

[67] UEK Empfehlung Rätia Energie AG vom 11. November 2005, E. 2.1; UEK Empfehlung Helvetia Patria Holding AG vom 2. April 2001, E. 2.1; GOTSCHEV, N 689; HOFSTETTER, Gruppentatbestände, 297 f.; BSK-HOFSTETTER/SCHILTER-HEUBERGER, BEHG 32 N 54.

[68] Art. 32 Abs. 2 BEHG und Art. 39 BEHV-FINMA; Botschaft zu einem Bundesgesetz über die Börsen und den Effektenhandel vom 24. Februar 1993, BBl 1993 I 1369, 1417; BSK-HOFSTETTER/SCHILTER-HEUBERGER, BEHG 32 N 52 f.

[69] BGE 130 II 530 E. 5.3; FISCHER, Parteienbestand, 392 ff.; HOFSTETTER, Gruppentatbestände, 294 und 297 f.; BSK-HOFSTETTER/HEUBERGER, BEHG 32 N 52; TSCHÄNI, Übernahmerecht, 218 f.

[70] UEK Empfehlung Helvetia Patria Holding AG vom 2. April 2001, E. 2.1.

[71] Durch die Transaktion erlangt z.B. eine Vertragspartei die Majorität und damit den entscheidenden Einfluss über die Stimmrechtsausübung durch die Gesamtheit der Vertragsparteien. Oder es verschiebt sich die Kontrolle von einer Partei oder Gruppe auf eine andere.

[72] UEK Empfehlung Rätia Energie AG vom 11. November 2005, E. 2.1.

[73] UEK Empfehlung Helvetia Patria Holding AG vom 2. April 2001, E. 2.2; GOTSCHEV, N 534 und 689; BSK-HOFSTETTER/SCHILTER-HEUBERGER, BEHG 32 N 80.

innerhalb der Gruppe nicht zu einer (zusätzlichen) Benachteiligung der Minderheitsaktionäre führt».[74]

739 Diese Praxis entspricht dem Zweck der Angebotspflicht: Sie soll die Minderheitsaktionäre in ihrem Vertrauen in die Kontinuität gegebener Aktionärsstrukturen schützen und ihnen im Falle eines aus ihrer Sicht nachteiligen Kontrollwechsels die Möglichkeit geben, sich von ihrer Investition zu trennen. Dann (und nur dann), wenn interne Übertragungen von Stimmrechten einen **Wechsel der Kontrollverhältnisse innerhalb einer Gruppe** bewirken, kann dies die Position der Minderheitsaktionäre massgebend verändern und eine Angebotspflicht auslösen.[75]

3. Änderungen in der Zusammensetzung des Personenkreises

740 Bezüglich einer Gruppe von Aktionären, die bereits über mehr als 33⅓%[76] der Stimmrechte einer Aktiengesellschaft verfügt, sind die folgenden Änderungen in der Zusammensetzung des Personenkreises denkbar:

– der Eintritt einer neuen Vertragspartei in die Gruppe unter Einbringen eigener Aktien;

– der Eintritt einer neuen Vertragspartei anstelle einer alten unter Übernahme von deren Aktien;

– das Ausscheiden einer Vertragspartei unter Mitnahme ihrer Beteiligung, sodass sich die Gesamtbeteiligung der Gruppe verkleinert und allenfalls unter die relevante Schwelle fällt; oder

– das Ausscheiden einer Vertragspartei unter Veräusserung ihrer Beteiligung an eines oder mehrere der verbleibenden Gruppenmitglieder.

741 Während das *Ausscheiden einer Vertragspartei unter Mitnahme ihrer Beteiligung nicht zu einer Angebotspflicht führen kann*,[77] ist **im Übrigen** je nach Konstellation zu **differenzieren:**

742 Tritt ein Aktionär einer *Gruppe* bei, *die bereits über 33⅓% der Stimmrechte verfügt*, löst dies ebenso wenig eine Angebotspflicht aus wie wenn ein Aktionär, der allein über mehr als 33⅓% der Stimmrechte verfügt, mit anderen Aktionären einen Ak-

---

[74] BGE 130 II 530 E. 7.4; HOFSTETTER, Gruppentatbestände, 294; BSK-HOFSTETTER/SCHILTER-HEUBERGER, BEHG 32 N 78.

[75] BGE 130 II 530 E. 5.3 m.w.H.; FISCHER, Parteienbestand, 394 f.; GOTSCHEV, N 487; BSK-HOFSTETTER/SCHILTER-HEUBERGER, BEHG 32 N 4 f.

[76] Bzw. aufgrund eines *opting-up* über die statutarisch vorgesehene Limite von bis zu 49% oder übergangsrechtlich 50% (Vgl. Art. 32 Abs. 2 und Art. 52 BEHG; vorne N 712).

[77] Vgl. N 716; FISCHER, Parteienbestand, 399 f.

tionärbindungsvertrag eingeht.[78] Dies trifft allerdings nur dann zu, *wenn sich* durch den Beitritt *nicht aufgrund der vertraglichen Ausgestaltung oder der Beteiligung des Beitretenden der beherrschungsmässige Schwerpunkt innerhalb der Vereinbarung verlagert*. Eine solche Verlagerung käme einem Kontrollwechsel gleich, bei dem eine Angebotspflicht entsteht, wobei aber zu prüfen wäre, ob eine Ausnahme gewährt werden kann.

Tritt eine *neue Vertragspartei anstelle einer alten unter Übernahme von deren Aktien* in den Aktionärbindungsvertrag ein, löst dies nur dann eine Angebotspflicht aus, wenn die neue Vertragspartei entweder selber weitere Aktien in den Vertrag einbringt oder wenn mit dem Eintritt auch materielle Änderungen im Vertrag einhergehen.[79]

Tritt eine Partei aus der Gruppe aus und veräussert ihre Aktien an die übrigen Mitglieder der Gruppe, löst dies keine Angebotspflicht aus, ebenfalls mit dem Vorbehalt, dass durch die Transaktion nicht der beherrschungsmässige Schwerpunkt innerhalb der Gruppe verlagert wird. Diesfalls wäre zu prüfen, ob eine Ausnahme gewährt werden kann.[80]

Werden die Stimmrechte durch *Schenkung, Erbgang, Erbteilung, eheliches Güterrecht oder Zwangsvollstreckung* erworben, entfällt nach Art. 32 Abs. 3 BEHG die Angebotspflicht schon von Gesetzes wegen (Art. 39 Abs. 4 BEHV-FINMA).

4. Änderungen in der Art der Absprache oder der Gruppe

Bei materiellen Änderungen im Inhalt der Vereinbarung unter den Gruppenmitgliedern sind **die gleichen Beurteilungskriterien** anzuwenden wie bei Änderungen hinsichtlich der individuellen Beteiligungen. Auch hier muss zunächst abgeklärt werden, ob sich die Verhältnisse innerhalb der Gruppe wesentlich ändern, d.h. es ist festzustellen, ob die Veränderungen innerhalb der Gruppe einem Erwerb bzw. der Bildung einer (neuen) Gruppe gleichkommen. Nur dann besteht eine Angebotspflicht, und es ist dann allenfalls zu prüfen, ob eine Ausnahme zu gewähren ist.[81]

Entscheide der Übernahmekommission zu inhaltlichen Änderungen in Gruppenvereinbarungen liegen u.W. nicht vor.[82] Soweit die Lehre auf diesen Sachverhalt

---

[78] FISCHER, Parteienbestand, 398 f.; HOFSTETTER, Gruppentatbestände, 295.
[79] FISCHER, Parteienbestand, 402 ff.
[80] FISCHER, Parteienbestand, 400 f.
[81] Vgl. N 738; UEK Empfehlung Helvetia Patria Holding AG vom 2. April 2001, E. 2.1 f.; GOTSCHEV, N 534 und 689; BSK-HOFSTETTER/SCHILTER-HEUBERGER, BEHG 32 N 52 und 80.
[82] Vgl. N 735.

eingeht, werden regelmässig nur allgemeine Aussagen gemacht. Zusammenfassend lässt sich sagen, dass eine Angebotspflicht bei der Neufassung von Aktionärsabsprachen, Parteiwechseln oder sonstigen strukturellen Anpassungen innerhalb eines Aktionärspools von der Lehre dann bejaht wird, wenn die Änderungen **innerhalb der Gruppe** zu einer **Begründung oder Verschiebung der Kontrolle** über die Ausübung der Stimmrechte durch die Vertragsparteien führen. Diesfalls kann bei der Aufsichtsbehörde eine **Ausnahmegenehmigung** im Einzelfall beantragt werden. Rein formelle und im Hinblick auf die Beherrschung der Gesellschaft **nicht wesentliche Änderungen** von Gruppenabsprachen lösen hingegen **keine Angebotspflicht** aus und bedürfen keiner Ausnahmegenehmigung.[83]

748 Wird beispielsweise im Rahmen eines Aktionärbindungsvertrages eine striktere Stimmbindungsvereinbarung eingeführt, muss – falls bereits eine Beherrschungsabsicht im Sinn von Art. 31 BEHV-FINMA vorlag[84] – geprüft werden, ob die Verschärfung der Stimmbindung zu einer Verschiebung der Kontrolle über die Ausübung der Stimmrechte innerhalt der Gruppe geführt hat und diese auch aus der Sicht der übrigen Aktionäre als wesentlich verändert erscheinen lässt. Hierbei kommt es zunächst auf die Ausgangslage, d.h. die bestehende Stimmbindungsvereinbarung an: Vorstellbar ist beispielsweise der Wechsel vom Einstimmigkeits- zum Mehrheitsprinzip. Während unter dem Einstimmigkeitsprinzip jedem Gruppenmitglied, unabhängig von seiner Stimmenzahl, ein Vetorecht zukommt, kann die Einführung des Mehrheitsprinzips die Verschiebung der Kontrolle auf einzelne Mitglieder oder eine Untergruppe zur Folge haben. Besonders zu beachten ist die Frage der Bildung von Untergruppen innerhalb von Aktionärsgruppen, welche übergangsrechtlich vom Schwellenwert von 50%[85] profitieren konnten; bei der Bildung von (neuen) Untergruppen wäre nicht diese Schwelle, sondern diejenige von 33⅓% anwendbar.

749 In der Regel dürften allerdings auch solche materiellen Änderungen innerhalb bestehender Aktionärsgruppen, selbst wenn sie zu einer internen Verschiebung der Kontrolle führen, nach aussen nur unwesentliche Veränderungen mit sich bringen. Ausnahmen von der Angebotspflicht im Sinn von Art. 32 Abs. 2 BEHG bzw. Art. 39 BEHV-FINMA sind in solchen Fällen angezeigt.

---

[83] HOFSTETTER, Gruppentatbestände, 297 f.; BSK-HOFSTETTER/SCHILTER-HEUBERGER, BEHG 32 N 52.
[84] Anderenfalls wäre die Einführung der strikteren Stimmbindungsvereinbarung als (Neu-) Bildung einer angebotspflichtigen Aktionärsgruppe zu qualifizieren.
[85] Art. 52 BEHG.

V. Exkurs: Kartellrechtliche «Gruppentatbestände»

Kartellrechtlich können Aktionärbindungsverträge – neben den bereits erwähnten Tatbeständen[86] – im Zusammenhang mit dem (alleinigen) «**Kontrollerwerb**» (als einem der Tatbestände des Unternehmenszusammenschlusses) von Bedeutung sein. Als solcher gilt u.a. «der Abschluss eines Vertrages, durch den ein oder mehrere Unternehmen unmittelbar oder mittelbar die Kontrolle über ein oder mehrere bisher unabhängige Unternehmen oder Teile von solchen erlangen» (Art. 4 Abs. 3 lit. b KG), wobei das Augenmerk im vorliegenden Zusammenhang auf Verträgen liegt, «die einen bestimmenden Einfluss auf die Zusammensetzung, die Beratungen oder Beschlüsse der Organe des Unternehmens gewähren» (Art. 1 lit. b VKU).[87]

Ebenfalls kartellrechtliche Auswirkungen kann (als ein weiterer Zusammenschlusstatbestand nach Art. 4 Abs. 3 lit. b KG) je nach Ausgestaltung der vertraglichen Basis ein **gemeinsamer Kontrollerwerb** haben, wie er im Zusammenhang mit der Gründung eines *Joint Venture* vorkommen kann (Art. 2 VKU).[88]

---

[86] Vgl. N 297.
[87] SHK-Köchli/Reich, KG 4 N 53 f.; BSK-Reinert, KG 4 III N 119 ff., insb. 154 ff.; Zäch, Kartellrecht, N 725.
[88] SHK-Köchli/Reich, KG 4 N 57 f.; Zäch, Kartellrecht, N 728 ff.

3. Teil: Typische Vertragsinhalte

Trotz der Vielfalt der Erscheinungsformen von Aktionärbindungsverträgen gibt es 752
eine Reihe von Regelungsbereichen, die regelmässig oder zumindest häufig zu ihrem Inhalt gehören:

– Da es darum geht, Einfluss auf eine Aktiengesellschaft zu nehmen, finden sich darin meist **Stimmbindungsvereinbarungen** (dazu 1. Kapitel [N 753 ff.]), nicht selten verbunden mit Bestimmungen über die **Steuerung von Organfunktionen** (dazu 2. Kapitel [N 873 ff.]).

– Zu regeln ist sodann die **Organisation innerhalb des Bindungsvertrags** und insbesondere die Beschlussfassung (dazu 3. Kapitel [N 906 ff.]).

– Um den Kreis der Beteiligten und des Aktionariats kontrollieren oder zumindest beeinflussen zu können, werden sodann der **Erwerb** und die **Übertragung der Aktionärsstellung** geregelt (dazu 4. Kapitel [N 1170 ff.]).

– Ein Aktionärbindungsvertrag enthält häufig Bestimmungen betreffend (geldwerte) **Leistungen von der und an die Aktiengesellschaft** (dazu 5. Kapitel [N 1332 ff.]).

– Neben einer Reihe **weiterer Vertragsinhalte** (dazu 6. Kapitel [N 1444 ff.]) sind – in unterschiedlicher Intensität – Vorkehren zur **Absicherung der Einhaltung** der Vertragspflichten verbreitet (dazu 7. Kapitel [N 1533 ff.]).

– Schliesslich werden zumeist auch die **Dauer** der vertraglichen Bindung und die **Beendigung** explizit geregelt (dazu 8. Kapitel [N 1777 ff.]).

1. Kapitel: Stimmbindungsvereinbarungen

§ 15 Begriff, Rechtsnatur und vertragliche Ausgestaltung

I. Begriff und Wirkung

Stimmbindungsvereinbarungen (auch: Stimmbindungen) sind *Verpflichtungen gegenüber einer oder mehreren Personen, das Stimmrecht in der Generalversammlung in einem im Voraus bestimmten Sinn auszuüben* oder allenfalls durch Vertreter ausüben zu lassen.[1] Sie fallen damit unter den hier verwendeten Begriff des Aktionärbindungsvertrages und bilden oft dessen Kern.[2]   753

Stimmbindungsvereinbarungen verschaffen der begünstigten Partei auf vertraglicher Grundlage die *Möglichkeit, über die Stimmabgabe in der Generalversammlung zu bestimmen, ohne dass sie über ein formelles Stimmrecht an den gebundenen Aktien verfügt*. Materiell bewirken Stimmbindungsvereinbarungen einen Übergang der Stimmkraft auf die von der Vereinbarung begünstigte(n) Partei(en).[3] Das formelle Stimmrecht des vertraglich gebundenen Aktionärs wird von der Stimmbindungsvereinbarung jedoch nicht berührt;[4] gegenüber der Aktiengesellschaft bleibt weiterhin er – oder der von ihm bestimmte Vertreter – stimmberechtigt.   754

II. Rechtsnatur

A. Einseitige Stimmbindungsvereinbarungen

Zur Rechtsnatur bzw. Qualifikation der einseitigen Stimmbindungsvereinbarung vgl. N 175 ff.   755

Einseitige Stimmbindungen treten oft als Nebenleistungen zu anderen vertraglichen Vereinbarungen hinzu,[5] so bei der Verpfändung von Aktien[6] oder bei deren Kauf bzw. Verkauf.[7]   756

---

[1] APPENZELLER, 30; VON DER CRONE, Aktienrecht, § 11 N 6; DOHM, 9; HINTZ-BÜHLER, 73; PATRY, Accords, 57a f.; VON SALIS, Stimmrecht, 179; TRIPPEL/JAISLI KULL, 211.
[2] Vgl. N 3 f. und 11; BLOCH, 195; DRUEY/GLANZMANN, § 11 N 85.
[3] Vgl. etwa VON SALIS, Stimmrecht, 180 f.
[4] FORSTMOSER/MEIER-HAYOZ/NOBEL, § 39 N 159 f.; VON SALIS, Stimmrecht, 180 f.
[5] Vgl. den Hinweis bei VON SALIS, Stimmrecht, 184; ferner NOACK, 58.

B. Zwei- und mehrseitige Stimmbindungsvereinbarungen

757 Zwei- oder mehrseitige Stimmbindungsvereinbarungen sind – wie Aktionärbindungsverträge im Allgemeinen – abhängig davon, ob eine gemeinsame Zweckverfolgung vorliegt oder nicht, als Verträge über eine **einfache Gesellschaft oder** als **schuldrechtliche Verhältnisse** *(sui generis)* zu qualifizieren.[8]

III. Vertragliche Ausgestaltung

A. Anwendungsbereich der Stimmbindungsvereinbarung[9]

1. Gebundene Rechte

758 Die Bindung kann sich auf die Stimmabgabe beschränken, sie kann aber auch weitere, damit zusammenhängende Aktionärsrechte erfassen (z.B. das Recht zur Einberufung einer Generalversammlung oder auf Traktandierung eines Beschlussgegenstandes).

759 Die Vertragsparteien sind verpflichtet, ihre Stimme in der Generalversammlung der [Aktiengesellschaft] gemäss den Bestimmungen dieses Vertrages abzugeben oder ihren Vertretern entsprechende Instruktionen zu erteilen.

760 Die Vertragsparteien sind verpflichtet, ihre Stimme in der Generalversammlung der [Aktiengesellschaft] sowie ihre weiteren Aktionärsrechte gemäss den Bestimmungen dieses Vertrages abzugeben bzw. auszuüben oder ihren Vertretern entsprechende Instruktionen zu erteilen. Soweit dieser Vertrag keine Bestimmungen enthält, üben sie ihre Aktionärsrechte individuell aus, beachten dabei jedoch den Zweck dieses Vertrages.

2. Sachlicher Umfang der Stimmbindung

761 Zu bestimmen ist weiter, auf welche Beschlussgegenstände die Stimmrechtsverpflichtung anwendbar sein soll.[10] Der Anwendungsbereich kann *alle Beschlüsse* der

---

[6] ZBINDEN, 123 ff.
[7] Vgl. N 353.
[8] Vgl. N 145 ff. und 174 ff. – DOHM, 126; GLATTFELDER, 229a ff.; NOACK, 58; VON SALIS, Stimmrecht, 188.
[9] Vgl. auch N 67 f.

Generalversammlung umfassen oder *eingeschränkt* sein, beispielsweise auf Wahlen, Statutenänderungen oder auf bestimmte andere wichtige Beschlüsse, während die Parteien im Übrigen in ihrer Stimmabgabe frei sind.

> In allen Angelegenheiten, die nicht [gemäss diesem Vertrag] der einheitlichen Stimmabgabe unterliegen, können die Vertragsparteien ihre Aktienstimmrechte frei ausüben.

Um Unsicherheiten und Streitigkeiten zu vermeiden, sollten die erfassten Beschlussgegenstände möglichst konkret umschrieben werden. Eine Klausel des Inhalts, dass die Parteien ihre Stimme im Unternehmensinteresse abzugeben hätten, dürfte zur Konkretisierung der Stimmpflicht wenig hilfreich sein. Dagegen ist der Inhalt einer Stimmpflicht in der Regel eindeutig, wenn die Stimmen gemäss einem im Rahmen des Bindungsvertrages gefällten Beschluss[11] abzugeben ist.

3. Erfasste Versammlungen

Es ist auch darauf zu achten, dass aus der Vereinbarung hervorgeht, für welche Aktionärsversammlungen die Stimmbindungsvereinbarung Geltung beansprucht: Verpflichten sich die Vertragsparteien ganz allgemein zu einer Stimmbindung im Rahmen der Generalversammlung, so ist davon auszugehen, dass damit *alle* künftigen Aktionärsversammlungen – sowohl die ordentlichen als auch ausserordentliche Generalversammlungen und allfällige Sonderversammlungen (Art. 654 Abs. 2 OR) – gemeint sind.

B. Regeln für die Stimmabgabe in der Generalversammlung[12]

1. Konkrete Regelung in der Stimmbindungsvereinbarung

Für bestimmte Sachverhalte kann die Stimmbindungsvereinbarung selbst schon die Kriterien für die Stimmabgabe vorsehen. Verbreitet ist etwa eine Regelung, wonach der gebundene Aktionär für die Ausschüttung einer Dividende in bestimmter Höhe[13] zu stimmen hat (soweit der Bilanzgewinn dies zulässt)[14]. Ein anderes Beispiel ist die Vereinbarung, wonach für die Auflösung der Gesellschaft zu stimmen ist,

---

[10] HINTZ-BÜHLER (74) erwähnt im Zusammenhang mit dem Gegenstand der Stimmbindung auch Regeln, welche die Willensbildung im Verwaltungsrat betreffen; von diesen ist hier ausdrücklich *nicht* die Rede (vgl. dazu vielmehr N 894 ff.).
[11] Dazu N 908 ff.
[12] Vgl. dazu auch N 1101 ff.
[13] Dazu N 1384 ff.
[14] TRIPPEL/JAISLI KULL, 211.

wenn diese in einer festgelegten Zeitspanne einen gewissen Umsatz oder die Gewinnschwelle nicht erreicht.

766 | Die Vertragsparteien sind verpflichtet, ihre Stimme in der Generalversammlung der [Aktiengesellschaft] gemäss den Bestimmungen dieses Vertrages abzugeben oder ihren Vertretern entsprechende Instruktionen zu erteilen.

767 Die allgemeine Regel kann durch eine Ausnahmeregel für bestimmte Situationen ergänzt werden – etwa für den Fall, dass die gebundenen Aktionäre mit einer qualifizierten Mehrheit etwas anderes beschliessen:

768 | ... es sei denn, die Versammlung der Vertragsparteien beschliesse mit einer Mehrheit von [75%] [der in der Versammlung vertretenen / aller gebundenen] Aktienstimmen die Stimmfreigabe.

769 Zulässig ist – unter Aktionären oder zwischen Aktionären und Dritten – auch eine Vereinbarung, wonach die Stimmabgabe jeweils in Übereinstimmung mit den Anträgen des Verwaltungsrates erfolgen soll.[15] Eine diesbezügliche Regelung kann wie folgt lauten:

770 | Die Vertragsparteien stimmen in der Generalversammlung der [Aktiengesellschaft] entsprechend den Anträgen und Wahlvorschlägen des Verwaltungsrates.

771 Wiederum kann vorgesehen werden, dass von der Regel aufgrund eines Beschlusses mit qualifizierter Mehrheit abgewichen werden kann:

772 | ... es sei denn, die Versammlung der Vertragsparteien beschliesse mit einer Mehrheit von [75%] [der in der Versammlung vertretenen/aller gebundenen] Aktienstimmen eine andere Stimmabgabe.

2. Stimmabgabe gemäss vereinbarten Grundsätzen

773 Statt einer konkreten Regelung über die Stimmabgabe kann ein Aktionärbindungsvertrag auch bloss Grundsätze vorgeben, welche die Ausübung des Stimmrechts im konkreten Fall leiten sollen. Mangels Bestimmtheit dürften dürften solche Bestimmungen als blosse Absichtserklärungen[16] zu qualifizieren und im konkreten Fall kaum durchsetzbar sein.

---

[15] HINTZ-BÜHLER, 76.
[16] Vgl. dazu N 14, 71 und 1525 ff.

> Soweit die Parteien nicht mit einer Mehrheit von [75 % sämtlicher in dieser Vereinbarung gebundenen Aktienstimmen] der [Aktiengesellschaft] (bzw. einer anderen in dieser Vereinbarung für bestimmte Entscheidungen vorgesehenen Mehrheit) etwas anderes beschliessen, werden sie ihre Mitwirkungsrechte als Aktionäre [und/oder Organe] nach den folgenden Grundsätzen ausüben:
> – das langfristige wirtschaftliche Wohl der [Aktiengesellschaft] als selbständiges Unternehmen;
> – die angemessene Vertretung aller Vertragsparteien in den Organen der [Aktiengesellschaft]; und
> – die angemessene Entschädigung des Kapitaleinsatzes und einer allfälligen Organtätigkeit der Vertragsparteien.
> Unter mehreren möglichen Lösungen ist im Zweifel diejenige zu wählen, die dem langfristigen Gedeihen der [Aktiengesellschaft] am besten Rechnung trägt.

3. Stimmabgabe gemäss Weisung

Die Stimmbindungsvereinbarung kann vorsehen, dass die Stimmen nach Weisung einer oder mehrerer bestimmter Personen auszuüben sind: Weisungsgeber können gebundene oder andere Aktionäre sowie auch Dritte sein.[17]

4. Vorgängige Willensbildung in der Versammlung der Vertragsparteien

Für viele Traktanden ist es kaum möglich, die Stimmabgabe im Voraus und generell vertraglich zu regeln. Die Parteien beschliessen deshalb oft erst im Rahmen einer Versammlung der Vertragsparteien[18] vor der jeweiligen Generalversammlung über die gemeinsame Stimmabgabe.

Zu dieser vorgängigen Willensbildung in der Versammlung der Vertragsparteien vgl. N 973 ff. und 1101 ff.

5. Abschwächung der Bindung durch Stimmfreigabe

Stimmrechtsverpflichtungen können dadurch abgeschwächt werden, dass für bestimmte Konstellationen, – etwa dann, wenn in der Versammlung der Vertragsparteien keine (qualifizierte) Mehrheit erreicht wird, oder wenn eine qualifizierte Mehrheit dies beschliesst – Stimmfreigabe vereinbart wird.[19]

---

[17] HINTZ-BÜHLER, 76 f. – Zur Frage der Beteiligung der Aktiengesellschaft selbst an einer Stimmbindungsvereinbarung (als weisungsgebende Partei) vgl. N 432 ff. Zur allfälligen Umgehung von Vinkulierungsbestimmungen oder Stimmrechtsbeschränkungen vgl. N 784 ff. und 794 ff.
[18] Vgl. N 908 ff.
[19] Vgl. dazu N 762, 767 f. und 1115 ff.

779 Die Aktionäre sind dann für die betreffende Beschlussfassung von der Stimmbindung befreit.

§ 16 Schranken der Zulässigkeit von Stimmbindungen

I. Zulässigkeit als Grundsatz

Das geltende Recht regelt – wie erwähnt[1] – weder den Aktionärbindungsvertrag im Allgemeinen noch **Stimmbindungsvereinbarungen** im Speziellen, obwohl es insbesondere Letztere mehrfach **implizit voraussetzt**.[2] Es lässt sich somit insbesondere aus dem Aktienrecht kein Verbot von Stimmbindungsvereinbarungen ableiten.[3] Denn aus der Tatsache, dass die Willensbildung hinsichtlich der Beschlussfassung in der Generalversammlung – dieser vorgelagert – in einer Versammlung der Vertragsparteien stattfindet oder dass sie durch vertragliche Vereinbarung vorbestimmt ist, ergeben sich keine rechtlichen Bedenken für die Zulässigkeit von Stimmbindungsvereinbarungen. Der aktienrechtlichen Ordnung lässt sich keine Bestimmung (und kein Verbot) des Inhalts entnehmen, dass der Wille zur Beschlussfassung in der Generalversammlung nicht bereits vor dieser gebildet werden könnte. Im Gegenteil lässt sich aus den Vertretungsmöglichkeiten und den Berechtigungstatbeständen[4] des Aktienrechts schliessen, dass eine Willensbildung der Aktionäre vor der Generalversammlung, auch eine gemeinsame Willensbildung, zulässig sein muss.[5]

780

In Lehre[6] und Rechtsprechung[7] wird denn auch heute nicht (mehr) bezweifelt, dass Stimmbindungsvereinbarungen im schweizerischen Recht zulässig sind.[8] Insbeson-

781

---

[1] Vgl. N 76 ff.
[2] Vgl. N 79 ff.
[3] Vgl. N 272 ff.
[4] Zu diesen vgl. N 656 ff.
[5] VON SALIS, Stimmrecht, 190.
[6] APPENZELLER, 37; ARTER/JÖRG, 474; BÖCKLI, Aktienstimmrecht, 57; ZK-BÜRGI, OR 692 N 29; DOHM, 55 ff.; VON DER CRONE, Aktienrecht, § 11 N 6 ff.; DRUEY, Stimmbindung, 9; FORSTMOSER, Aktionärbindungsverträge, 376 f.; FORSTMOSER/MEIER-HAYOZ/NOBEL, § 24 N 92; FRICK, Private Equity, N 1438; GLATTFELDER, 253a ff.; HINTZ-BÜHLER, 77; KLÄY, 315 f. und 503; MÜLLER/LIPP/PLÜSS, 499; VON SALIS, Stimmrecht, 179; STUBER, 91 f.; SCHLEIFFER, 183 f.; TRIPPEL/JAISLI KULL, 212; ausführlich BLOCH, 195 ff.; zurückhaltend noch ZIHLMANN, 240 f.
[7] BGE 109 II 43 E. 3, 88 II 172 E. 1, 81 II 534 E. 4.
[8] Ebenso im deutschen Recht (vgl. etwa NOACK, 66 ff.).

dere wird – zu Recht – die Herleitung eines Verbots aus dem Prinzip der Unveräusserlichkeit des politischen Stimmrechts in Bund, Kantonen und Gemeinden abgelehnt.[9] Doch gelten die aus zwingendem Recht folgenden Schranken der Vertragsfreiheit natürlich auch für die Ausgestaltung von Stimmbindungsvereinbarungen:[10]

II. Rechtswidrige Stimmbindungsvereinbarungen

A. Umgehung gesetzlicher oder statutarischer Stimmrechtsbeschränkungen

782 Im Zusammenhang mit der Frage der Rechtmässigkeit von Stimmbindungsvereinbarungen haben besonders diejenigen Fälle Beachtung gefunden, in denen die Vereinbarung darauf ausgerichtet war, **zwingende aktienrechtliche oder statutarische Bestimmungen** zu **umgehen**.[11] Art. 691 Abs. 1 OR untersagt ein solches Vorgehen ausdrücklich; von der Bestimmung werden nach einhelliger Lehre sämtliche Rechtsgeschäfte erfasst, welche auf eine Vereitelung des mit Stimmrechtsbeschränkungen angestrebten Erfolgs abzielen.[12]

783 Der **Umgehungstatbestand** wird erfüllt, *wenn anhand der Stimmbindungsvereinbarung die materielle Stimmkraft an der Aktie vom formell Stimmberechtigten auf eine Person übertragen wird, die nach der umgangenen Vorschrift nicht oder nicht mit dieser Stimmkraft an Beschlüssen der Generalversammlung mitwirken darf.*[13] Die Stimmbindungsvereinbarung selbst ist dann nichtig, wenn sie systematisch eine solche Umgehung bewirkt oder bezweckt; ist die Stimmbindungsvereinbarung als solche nicht nichtig, kann eine einzelne Stimmabgabe in der Generalversammlung dennoch anfechtbar sein, wenn aktienrechtlich ein entsprechender Tatbestand erfüllt ist.[14]

---

[9] BLOCH, 196 f.; DOHM, 57 ff.; GLATTFELDER, 261a f.; HINTZ-BÜHLER, 79.
[10] Dazu allgemein N 258 ff.
[11] Zum Begriff der Umgehung vgl. N 262 und 293 f.
[12] APPENZELLER, 45; BÖCKLI, Aktienrecht, § 12 N 493; VON DER CRONE, Aktienrecht, § 11 N 8 f.; DOHM, 100 ff.; FORSTMOSER/MEIER-HAYOZ/NOBEL, § 24 N 94; GLATTFELDER, 264a; HINTZ-BÜHLER, 80; LANG, 39; BSK-LÄNZLINGER, OR 691 N 1 ff.; MARTIN, 229 f. und 246.
[13] BIERI, N 478 ff.; HINTZ-BÜHLER, 81; VON SALIS, Stimmrecht, 183.
[14] Vgl. N 848 ff.

B. Gesetzliche Stimmrechtsbeschränkungen

1. Stimmrechtsausschluss bei der Entlastung

a) Ausgangslage

Art. 695 Abs. 1 OR schliesst beim Beschluss über die **Entlastung** der Mitglieder des Verwaltungsrates *das Stimmrecht all derjenigen Personen aus, die in irgendeiner Weise an der Geschäftsführung teilgenommen haben.*[15] Ist deshalb auch eine Vereinbarung, die andere Aktionäre gegenüber solchen Personen verpflichtet, bei einem Entlastungsbeschluss zustimmend mitzuwirken, als unzulässige Umgehung im Sinne von Art. 695 Abs. 1 OR zu beurteilen?

Von einem Teil der Lehre wird dies bejaht;[16] insbesondere wird auch eine **treuhänderische oder simulierte Übertragung** von Aktien an Dritte oder Mitaktionäre, verbunden mit der Auflage, für die Entlastung zu stimmen, als unzulässige Umgehung betrachtet.[17] Andere Autoren befürworten eine differenzierte Betrachtungsweise,[18] und in der Praxis ist es bei fiduziarisch ausgeübten Verwaltungsratsmandaten durchaus üblich, dass der Treugeber dem mandatierten Verwaltungsratsmitglied die Erteilung der Entlastung verspricht, ohne dass daran Anstoss genommen würde. Dasselbe gilt für die Verpflichtung des Käufers beim Unternehmenskauf in der Form eines *share deal*, dem Verkäufer – oder auch allen bisherigen Organpersonen – nach dem Übergang der Aktionärsrechte die Entlastung zu erteilen. Es ist dies ein regelmässiger Bestandteil entsprechender Vereinbarungen über den Erwerb von Unternehmen.

---

[15] Der von Art. 695 Abs. 1 OR erfasste **Personenkreis ist weit zu ziehen:** Vom Stimmrechtsausschluss werden alle Organe im Sinn von Art. 754 OR erfasst, also nicht nur diejenigen, welche vom Entlastungsbeschluss direkt betroffen sind (BÖCKLI, Aktienrecht, § 12 N 438 f.; FORSTMOSER, Verantwortlichkeit, 417 ff.; WATTER/DUBS, Déchargebeschluss, 920 f.). Der Stimmrechtsausschluss gilt sodann auch, wenn nicht der Aktionär selbst, sondern sein Vertreter die Voraussetzungen des Stimmverbots erfüllt (BGE 128 III 142 E. 3; FORSTMOSER/MEIER-HAYOZ/NOBEL, § 24 N 80; SCHLEIFFER, 210 f.). WATTER/DUBS, Déchargebeschluss, 919 ff., weisen darauf hin, dass im Falle der Vertretung nicht Art. 691 Abs. 1 OR, sondern der entstehende Interessenkonflikt Grundlage des Ausschlusses sei, wobei der Interessenkonflikt (und damit auch der Stimmrechtsausschluss) durch eine ausdrückliche Stimmweisung vermieden werden könne.

[16] APPENZELLER, 45; BLOCH, 229 f. m.w.H.; BÖCKLI, Aktienstimmrecht, 61; LANG, 39 ff. m.w.H.; SCHOTT, § 13 N 52 f.

[17] FORSTMOSER/MEIER-HAYOZ/NOBEL, § 24 N 80; CHK-GIRSBERGER/GABRIEL, OR 695 N 4; GLATTFELDER, 264a; BSK-LÄNZLINGER, OR 695 N 6; PATRY, Accords, 93a f.

[18] HINTZ-BÜHLER, 80; WATTER/DUBS, Déchargebeschluss, 921; GLATTFELDER, 264a f.

b) Eigene Stellungnahme

786 Es muss u.E. in Betracht gezogen werden, dass die **Entlastung** *nicht nur gegenüber dem einzelnen zustimmenden Aktionär Wirkung* entfaltet, sondern auch gegenüber der Aktiengesellschaft selbst und den übrigen Aktionären (Art. 758 OR).[19] Daher kann der Anspruchsverzicht des einzelnen zustimmenden Aktionärs allein nicht genügen, sondern *müssen auch Rechte anderer beachtet werden*. Einer differenzierenden Betrachtung, woraus sich zumindest die folgenden Schranken ergeben, ist deshalb zuzustimmen:

787 Die *Parteien* eines Aktionärbindungsvertrages sind dann *in ihrer Gesamtheit von der Stimmabgabe beim Beschluss über die Entlastung ausgeschlossen,* wenn sie ihre Stimmen aufgrund eines **vertragsinternen Mehrheitsbeschlusses** einheitlich auszuüben haben und dieser interne Beschluss von einer oder mehreren vom Stimmrecht gemäss Art. 695 Abs. 1 OR ausgeschlossenen Personen stimmenmässig und ohne Einschränkungen beherrscht werden kann.[20]

788 Eine *Lösung* könnte *in solchen Situationen* darin bestehen, dass die betreffenden Personen auch **vertragsintern** eine vertraglich vereinbarte **Ausstandspflicht** trifft. In diesem Fall könnten die Aktien der übrigen Vertragsparteien gestimmt werden. In Fällen, in denen keine Aktien verbleiben, die nicht unter die Ausstandspflicht fallen, lässt sich das Problem mit einer Ausstandsregelung allerdings nicht lösen.

789 Weiter denkbar wäre eine **vertragliche Einschränkung der Pflicht zur Entlastung,** nach der *die übrigen Vertragsparteien nur dann verpflichtet* wären, *wenn eine Entlastung auch im Übrigen (für einen unabhängigen Aktionär) opportun* erschiene oder soweit es nicht um grobfahrlässiges oder absichtliches Fehlverhalten geht.[21] Damit würde die Pflicht zur Entlastung durch die übrigen Aktionäre auf diejenigen Fälle begrenzt, in denen Organe eine berechtigte Erwartung auf die Entlastung haben.[22]

2. Stimmbindungsvereinbarungen mit der Aktiengesellschaft

790 Vgl. dazu N 432 ff.

---

[19] CHK-BINDER/ROBERTO, OR 758 N 1 ff.; WATTER/DUBS, Déchargebeschluss, 910 ff.; BSK-GERICKE/WALLER, OR 758 N 2 ff.

[20] WATTER/DUBS, Déchargebeschluss, 921.

[21] Letzteres dürfte im Rahmen eines Vertrages freilich auch ohne explizite Vereinbarung gelten (Art. 100 Abs. 1 OR analog).

[22] Die Praktikabilität einer solchen Ordnung – und im Lichte der strengen bundesgerichtlichen Praxis auch ihre Akzeptanz durch die Gerichte (vgl. BGE 128 III 142 E.3) – erscheint allerdings zweifelhaft.

3. Weitere gesetzliche Stimmrechtsausschlüsse

Eine Beschränkung des Stimmrechts kann sich für **Aktionäre börsenkotierter Aktiengesellschaften** aus Art. 32 Abs. 7 BEHG ergeben. Nach dieser Bestimmung «kann der Richter die **Ausübung des Stimmrechts** einer Person, welche die Angebotspflicht nicht beachtet, **suspendieren**». Auch hier kann der Tatbestand eines Umgehungsgeschäftes vorliegen, wenn ein suspendierter Aktionär andere Aktionäre zu verpflichten sucht, nach seiner Anweisung zu stimmen.[23]

4. Stimmenthaltungspflicht bei der Abberufung von Mitgliedern des Verwaltungsrates?

BLOCH spricht sich zusätzlich dafür aus, die Regel von Art. 695 Abs. 1 OR analog auf das zwingende Abberufungsrecht von Art. 705 Abs. 1 OR anzuwenden. Ein Mitglied des Verwaltungsrates befinde sich bei der Frage der eigenen Abberufung in einem mit der Entlastung vergleichbaren Interessenkonflikt. Folglich solle auch eine Vertragsbestimmung, welche andere Aktionäre gegenüber einem Mitglied des Verwaltungsrates verpflichte, gegen dessen Abberufung zu stimmen, ungültig sein. Die entsprechenden Beschlüsse seien im Rahmen von Art. 691 OR anfechtbar.[24]

Gegen diese Betrachtungsweise ist einzuwenden, dass das Aktienrecht generell (und eben nur mit der einen Ausnahme von Art. 695 Abs. 1 OR) keinen Stimmrechtsausschluss und keine Ausstandspflicht wegen Interessenkonflikten kennt,[25] weshalb denn auch ein Aktionär nach unbestrittener Lehre bei seiner eigenen Wahl in den Verwaltungsrat nicht vom Stimmrecht ausgeschlossen ist[26]. Ein Stimmrechtsausschluss bei der Abberufung führte zum absurden Ergebnis, dass ein Mehrheitsaktionär bei seiner Abwahl zwar nicht mitstimmen dürfte, sich aber bei der Ersatzwahl sogleich selber wieder wählen könnte. Eine Stimmenthaltungspflicht bei der Abberufung ist deshalb abzulehnen.

C. Statutarische Stimmrechtsbeschränkungen (Höchststimmklauseln)

Gemäss Art. 692 Abs. 2 OR können die Statuten die **Stimmenzahl eines Aktionärs,** der mehrere Aktien hält, **beschränken.**[27]

---

[23] SCHOTT, § 13 N 36 ff.
[24] BLOCH, 207 f.
[25] BÖCKLI, Aktienrecht, § 12 N 454 ff.
[26] BÖCKLI, Aktienrecht, § 12 N 460 (Anm. 1071).
[27] Vgl. N 661 ff.

795 Von der Umgehung einer solchen statutarischen Stimmrechtsbeschränkung[28] muss u.E. dann ausgegangen werden, wenn ein Aktionär seine Stimmrechte vollständig und ohne eigenes Interesse nach den Weisungen eines anderen Aktionärs[29] – der dieses Stimmrecht selbst nicht ausüben könnte – ausübt und sich damit seiner eigenen Entscheidungsfreiheit entäussert. Dem anderen Aktionär kommt in diesem Fall in der Generalversammlung eine Stimmkraft zu, die über die statutarisch vorgesehene maximale Stimmenzahl (pro Aktionär) hinausgeht.[30]

796 Oft enthalten die Statuten in diesem Zusammenhang eine *Gruppenklausel,* wonach mehrere Aktionäre unter bestimmten Voraussetzungen als ein einziger Aktionär behandelt werden.[31] Inwiefern eine konkrete Gruppenklausel über die vorangehend genannte Grenze hinausgeht und eine Zurechnung des Stimmverhaltens an weitere Voraussetzungen knüpft oder – umgekehrt – eine Zurechnung schneller vornimmt, ist durch Auslegung der jeweiligen Klausel zu entscheiden.

D. Stimmrechtsbeschränkungen und vertragsinterne Beschlussfassung über die Stimmabgabe

1. Das Problem

797 Wenn eine Stimmbindung im Vertrag selbst bereits konkret vereinbart ist, dann ist deren Überprüfung auf eine Umgehung einer gesetzlichen oder statutarischen Stimmrechtsbeschränkung verhältnismässig einfach.[32] Oft werden die konkreten Stimmbindungen aber erst durch einen Beschluss im Rahmen einer Versammlung der Parteien[33] im Hinblick auf eine bestimmte Generalversammlung festgelegt.[34] Unterstehen in diesem Fall eine oder mehrere Parteien einem gesetzlichen oder

---

[28] Zur Umgehung statutarischer Bestimmungen vgl. N 293 f.

[29] Eine Stimmbindungsvereinbarung, mit welcher sich Aktionäre Dritten gegenüber verpflichten, ihre Aktienstimmen in der Generalversammlung in einer bestimmten Weise auszuüben, kann keine Umgehung einer Stimmrechtsbeschränkung darstellen. Der Dritte verfügt diesfalls zwar materiell über die betreffenden Stimmen, er ist als Nicht-Aktionär aber nicht an die statutarische Begrenzung gebunden, und der Aktionär ist frei im Entscheid darüber, aufgrund welcher Kriterien er seine Stimmrechte ausüben will. Wohl aber kann in der Stimmbindungsvereinbarung mit einem Dritten eine *Umgehung der Vinkulierungsordnung* liegen, dazu sogleich N 821 ff.

[30] BLOCH, 232 ff.; BIERI, N 548 ff., insb. 564 ff. zur Umgehung durch Stimmbindungsvereinbarungen; VON SALIS, Stimmrecht, 183 ff.; vgl. auch N 797 ff. und N 845 ff.

[31] Vgl. N 662.

[32] Vgl. dazu z.B. N 784 ff.; VON SALIS, Stimmrecht, 183 ff. (der Autor unterscheidet nach ein- oder mehrseitigen Stimmbindungsvereinbarungen, vgl. hinten N 804).

[33] Vgl. N 1101 ff.

[34] VON SALIS, Stimmrecht, 180.

statutarischen Stimmrechtsausschluss, stellt sich die Frage, wie diese Tatsache bei der **Beschlussfassung unter den Aktionären**[35] zu berücksichtigen ist und wie sie sich auf die **Zulässigkeit der Stimmabgabe** durch die anderen Vertragsparteien in der Generalversammlung auswirkt.

2. Auswirkung der Stimmrechtsbeschränkungen auf die vertragsinterne Beschlussfassung

Auf die Willensbildung im Rahmen des Aktionärbindungsvertrages schlagen aktienrechtliche Stimmrechtsbeschränkungen wegen der strikten Trennung zwischen vertrags- und aktienrechtlicher Ebene[36] nicht durch. So führt beispielsweise der gesetzliche Stimmrechtsausschluss beim Entlastungsbeschluss in der Generalversammlung nach Art. 695 Abs. 1 OR für die betroffenen Aktionäre nicht auch zu einer Ausstandspflicht auf der Ebene des Aktionärbindungsvertrages.

Doch kann es sinnvoll sein, Ausstandsregelungen auf der Ebene des Aktionärbindungsvertrages zu vereinbaren, wenn z.B. eine in der Generalversammlung vom Stimmrecht ausgeschlossene Vertragspartei im Rahmen des Vertrages entscheidenden Einfluss hat, da sonst Gefahr besteht, dass alle dem Aktionärbindungsvertrag unterstehenden Aktien in der Generalversammlung nicht gestimmt werden können.[37] Auch kann so auf der Ebene des Bindungsvertrages Interessenkonflikten Rechnung getragen werden, selbst wenn sie aktienrechtlich nicht zu einer Ausstandspflicht führen.

3. Umfang der Stimmrechtsbeschränkungen in der Generalversammlung

a) Lehrmeinungen

In der Literatur werden verschiedene Lösungen vorgeschlagen. Die Fragestellung deckt sich regelmässig mit der Frage der Nichtigkeit bzw. des Umfangs der Nichtigkeit betroffener Stimmbindungsvereinbarungen:

Von einzelnen Autoren werden die stimmrechtsverbundenen Aktionäre insgesamt als Gruppe betrachtet, deren **sämtliche Mitglieder der Stimmrechtsbeschränkung unterworfen** sind. Die entsprechende Stimmrechtsbeschränkung oder Höchststimmklausel gilt nach dieser Ansicht für die ganze Gruppe,[38] ohne dass die gruppeninternen Beschlussmechanismen und Mehrheiten zu berücksichtigen wären. Da nach dieser Ansicht ein Verbot besteht, stellt sich die Frage einer Umgehung nicht.

---

[35] Zu dieser vgl. N 1101 ff.
[36] Vgl. N 115 ff.
[37] Vgl. N 817 f.
[38] In diesem Sinne wohl BÖCKLI, Aktienstimmrecht, 60.

802 Diese Lösung besticht durch ihre Einfachheit – allerdings nur vermeintlich: Denn es gibt im Bereich der Stimmrechtsbeschränkungen keine gesetzlichen Kriterien für einen solchen Gruppentatbestand; soweit vorhanden könnte höchstens auf eine statutarische Umschreibung abgestellt werden. Die einheitliche Behandlung als Gruppe lässt sodann die konkreten Beschlussmechanismen und Machtverhältnisse innerhalb der Gruppe unberücksichtigt. Und es werden auch Aktionäre vom Stimmrecht ausgeschlossen, bei denen die Voraussetzungen der Umgehung nicht gegeben sind.

803 Nach DOHM ist im Falle der Umgehung einer gesetzlichen **Stimmrechtsbeschränkung** die *ganze Stimmbindungsvereinbarung als Umgehungsgeschäft nichtig*, während im Falle der Umgehung einer **Höchststimmklausel** die Nichtigkeit *nur denjenigen Teil* der gebundenen Stimmen treffen soll, *der über die statutarisch vorgesehene Höchststimmzahl hinausgeht*.[39]

804 VON SALIS differenziert nach ein- und mehrseitigen Stimmbindungsvereinbarungen sowie innerhalb der zweiten Gruppe nach solchen synallagmatischer und solchen gesellschaftsrechtlicher Natur.[40] Während bei **einseitigen und synallagmatischen Stimmbindungsvereinbarungen** die konkreten *Bindungen häufig schon vertraglich geregelt sind*,[41] erfolgt die Beschlussfassung bei **gesellschaftsrechtlichen Stimmbindungsvereinbarungen** in der Regel *erst im Hinblick auf eine bestimmte Generalversammlung* und die dort vorgelegten Traktanden. Hier sind deshalb die internen *Mechanismen der Beschlussfassung von Bedeutung*: Gemäss VON SALIS ergibt sich bei einstimmiger Beschlussfassung[42] (und soweit keine anderweitige Gegenleistung erfolgt) keine Verschiebung der materiellen Stimmkraft, weshalb kein Grund bestehe, die Stimmkraft aller Mitglieder (gemeinsam) mit einer Höchstlimite zu belegen.[43] Hingegen entspreche bei Mehrheitsbeschlüssen das Resultat nicht mehr dem von jedem Aktionär frei gebildeten Entscheid; der Mehrheit komme deshalb mehr materielle Stimmkraft zu, als ihr aufgrund ihrer eigenen Aktien zustehe, was zu einer Umgehung von Stimmrechtsbeschränkungen führen könne.[44] Nur in diesem Umfang sollen entsprechende Stimmbindungsvereinbarungen ungültig sein.[45]

805 Aufgrund ähnlicher Überlegungen soll nach WATTER/DUBS[46] beim **Entlastungsbeschluss** eine *Person nur dann vom Stimmrecht ausgeschlossen sein, wenn «ihre Willensbildung von einer vom Stimmrecht ausgeschlossenen Person beherrscht wird»*. Dies

---

[39] DOHM, 100 ff.; vgl. auch VON SALIS, Stimmrecht, 185.
[40] VON SALIS, Stimmrecht, 183 ff. und 187 ff.
[41] Vgl. N 797.
[42] Vgl. N 992 ff.
[43] VON SALIS, Stimmrecht, 189 f. und gestützt darauf auch SCHOTT, § 13 N 56 f.
[44] VON SALIS, Stimmrecht, 192 ff.
[45] VON SALIS, Stimmrecht, 193 f.
[46] WATTER/DUBS, Déchargebeschluss, 921.

sei dann der Fall, wenn «eine rechtlich-strukturell» begründete Möglichkeit zur Beherrschung dieser Willensbildung bestehe, während ein rein faktischer Einfluss nicht ausreiche. Bei einem Aktionärbindungsvertrag sei dies etwa dann der Fall, wenn die betreffende Person beim internen Entscheid über die gemeinsame Stimmrechtsausübung einen entscheidenden Einfluss habe.

Auch BIERI[47] unterscheidet zunächst – wie VON SALIS – *zwischen einstimmiger Beschlussfassung und einer solchen nach Mehrheitsprinzip*. Eine Umgehung soll nach BIERI allerdings nur zurückhaltend angenommen werden, denn auch bei der **Beschlussfassung nach Mehrheitsprinzip** würden die *Aktionäre weiterhin im eigenen Interesse handeln,* nämlich im Sinne einer Verbesserung der eigenen Stellung im Willensbildungsprozess der Aktiengesellschaft durch Bildung einer Interessengemeinschaft. Eine Ausnahme sei nur bei bestimmten Konstellationen zu bejahen, etwa bei einem dauernden massgebenden Einfluss durch eine einzelne Vertragspartei.

LANG[48] endlich will die vollständige **Nichtigkeit einer Stimmbindung** nur dann annehmen, *wenn «die nicht der Stimmrechtsbeschränkung unterliegenden Beteiligten [nicht] über genügend Entscheidungsfreiheit verfügen, um eine eigene Stimmabgabe vornehmen zu können»,* was sich erst aufgrund der konkreten internen Struktur der Stimmbindungsvereinbarung ergebe. Weil sich die internen Strukturen allerdings für Aussenstehende meist nur schwer erschliessen lassen, schlägt LANG eine Beweislastumkehr vor, nach der die an der Stimmbindung beteiligten Aktionäre den Nachweis für ihre Unabhängigkeit in der Stimmabgabe zu erbringen haben.

Zur Gültigkeit der gemäss einer solchen, allenfalls nichtigen Stimmbindungsvereinbarung abgegebenen Stimmen vgl. N 848 ff.

b) Eigene Auffassung

aa) Die zu beachtenden Kriterien

Nach dem bisher Ausgeführten sind für die Bestimmung des jeweiligen Umfangs einer Stimmrechtsbeschränkung die **folgenden Variablen** im Auge zu behalten:

– Handelt es sich um eine *Stimmrechtsbeschränkung, die sich auf die Stimmrechtsausübung durch eine bestimmte Person bezieht* (Entlastung, Stimmrecht an eigenen Aktien), oder um eine solche, deren Zweck in einer Begrenzung der maximal möglichen Stimmen eines jeden Aktionärs besteht (Höchststimmklausel)?

---

[47] BIERI, N 509 ff.
[48] LANG, 40 f.

- Stehen die *Aktien im Eigentum der einzelnen gebundenen Aktionäre oder* werden sie *in gemeinschaftlichem Eigentum* gehalten (Einbringung in eine einfache Gesellschaft)?[49]
- Handelt es sich um eine *ein- oder eine mehrseitige Stimmbindungsvereinbarung?*
- Wie sind die *internen Strukturen der Stimmbindungsvereinbarung* ausgestaltet? Ist für den Beschluss über die gemeinsame Stimmabgabe Einstimmigkeit erforderlich oder genügt ein Mehrheitsentscheid? Verfügt einer der gebundenen und von einer Stimmrechtsbeschränkung betroffenen Aktionäre bzw. verfügen mehrere von einer Stimmrechtsbeschränkung betroffene Aktionäre insgesamt über eine die Stimmbindungsvereinbarung beherrschende Mehrheit?

810 Nur aus dem **Zusammenspiel dieser Aspekte** kann sich u.E. im konkreten Fall ergeben, ob und allenfalls in welchem Umfang die gemeinsam abzugebenden Stimmrechte von einer Stimmrechtsbeschränkung betroffen sind.

bb) Die Art der Stimmrechtsbeschränkung und die Eigentumsverhältnisse an den Aktien

811 Während sich die Stimmrechtsbeschränkung in Bezug auf die Entlastung (Art. 695 Abs. 1 OR) und die eigenen Aktien der Gesellschaft (Art. 659a Abs. 1 OR) auf den **Ausschluss einer bestimmten Person** von der Willensbildung der Aktiengesellschaft bezieht,[50] richten sich Höchststimmklauseln (Art. 692 Abs. 2 OR) nicht gegen bestimmte Personen, sondern **gegen die Kumulation** einer über ein gewisses Maximum hinausgehenden Stimmmacht und soll mit ihnen generell die Stimmkraftverteilung gestaltet werden.[51]

812 Auf eine **bestimmte Person** bezogene Stimmrechtsbeschränkungen sollten, unabhängig von den Eigentumsverhältnissen an den Aktien, stets nur so weit wie der Einfluss der betreffenden Person reichen. Solange eine oder mehrere Personen nicht über einen bestimmenden Einfluss innerhalb des Aktionärbindungsvertrages verfügen, sollte die Stimmrechtsbeschränkung sich daher nur auf die Aktien der betreffenden Personen bzw. einen entsprechenden Anteil gemeinsam gehaltener Aktien beziehen.[52]

813 Bei Stimmrechtsbeschränkungen hingegen, die sich nicht auf eine bestimmte Person beziehen, d.h. bei den **Höchststimmklauseln,** sollte das formelle Element der Eigentumsverhältnisse in den Vordergrund treten. Behalten die einzelnen verbundenen Aktionäre das Eigentum an ihren Aktien, ist eine Höchststimmklausel auf

---

[49] Vgl. N 1594.
[50] BSK-LÄNZLINGER, OR 695 N 3 ff.; SCHLEIFFER, 207 ff. und 131 ff.
[51] Vgl. VON SALIS, Stimmrecht, 61 ff.
[52] SCHLEIFFER, 219 f.

jeden einzelnen von ihnen getrennt anzuwenden, d.h. jeder von ihnen kann seine Aktien bis zur Höchstgrenze stimmen. Halten sie ihre Aktien jedoch gemeinschaftlich, sind sie als Einheit zu behandeln und die Höchststimmklauseln **auf die gemeinsam gehalten Aktien insgesamt** anzuwenden.

cc) Einseitige Stimmbindungsvereinbarung

Besteht zugunsten einer Person, die selbst einer Stimmrechtsbeschränkung unterliegt, eine einseitige Stimmbindungsvereinbarung, so muss diese Stimmrechtsbeschränkung **für alle Aktien** gelten, auf welche sich die Stimmbindung bezieht.[53]

dd) Mehrseitige Stimmbindungsvereinbarung

Weniger klar ist die Wirkung einer Stimmrechtsbeschränkung im Falle einer mehrseitigen Stimmbindungsvereinbarung. Regelmässig erfolgt hier die Beschlussfassung über die Ausübung der Stimmen nicht schon im Aktionärbindungsvertrag, sondern erst im Rahmen einer Versammlung der Vertragsparteien:

Hat die **Beschlussfassung** unter den Parteien des Aktionärbindungsvertrages **einstimmig** zu erfolgen, so kann man davon ausgehen, dass *keine Verschiebung der materiellen Stimmkraft erfolgt, weil jeder Vertragspartei ein Vetorecht zusteht*[54] und sich somit keine von ihnen einer Mehrheit zu unterwerfen hat. Allenfalls kann aber ein starker faktischer Druck zur Stimmabgabe in einem gewissen Sinn bestehen, etwa dadurch, dass für eine bestimmte – rechtlich freie – Stimmabgabe eine erhebliche Gegenleistung versprochen oder Sanktion angedroht ist. (Blosser Gruppendruck ohne Androhung rechtlicher Konsequenzen dürfte aber nicht genügen.[55]) Von diesen Ausnahmefällen abgesehen sind dann, wenn ein Einstimmigkeitserfordernis besteht, nur die **Aktien desjenigen Aktionärs** vom Stimmrecht **ausgeschlossen, welcher zu entlasten ist**, und eine **Höchststimmklausel** wäre – soweit kein gemeinsames Eigentum an den Aktien besteht[56] – **auf jeden Aktionär einzeln anzuwenden**, sodass jeder von ihnen seine Aktien bis zur Limite stimmen kann.

Erfolgt die **Beschlussfassung durch Mehrheitsbeschluss,**[57] ist die Verschiebung der Stimmkraft zugunsten der Mehrheit im Einzelfall zu prüfen. Verfügen eine oder mehrere Parteien, die einer Stimmrechtsbeschränkung unterliegen, allein oder gemeinsam über eine bestimmende Mehrheit im Rahmen des Aktionärbindungsvertrages, so sind die übrigen Stimmen ebenfalls ihnen zuzurechnen und unterliegen gegebenenfalls der Stimmrechtsbeschränkung. Im Übrigen lässt sich die Frage

---

[53] VON SALIS, Stimmrecht, 183 ff. und 199.
[54] Vgl. N 997 f.
[55] Vgl. N 805; VON SALIS, Stimmrecht, 190.
[56] Vgl. N 813.
[57] Vgl. N 999 ff.

nur anhand der konkreten Ausgestaltung der Stimmbindungsvereinbarung beantworten.[58]

818 Es stellt sich schliesslich die Frage, wie **zufällige Mehrheitsentscheide,** wenn keine eindeutige Mehrheit von vornherein feststeht, zu behandeln sind. Mit BLOCH[59] ist u.E. davon auszugehen, dass dann, wenn eine Stimmkraftbündelung nur durch eine zufällige, vorgängig nicht feststehende Stimmenmehrheit zustande kommt, eine unzulässige Stimmkraftverschiebung nicht vorliegt. Zu begründen ist diese Ansicht vor allem mit praktischen Überlegungen, weil die Stimmverhältnisse als Vertragsinterna nur schwer feststellbar sind. Das Stimmverbot erfasst in solchen Fällen also nur diejenigen Aktien einer dem Verbot unterliegenden Vertragspartei, die ihr persönlich zukommen.

ee) Intransparenz der Stimmbindungsvereinbarung

819 Stimmbindungsvereinbarungen sind für Dritte nur dann transparent, wenn die Beteiligten aufgrund einer gesetzlichen Vorschrift verpflichtet sind, ihre Verbindung als Gruppentatbestand offenzulegen,[60] wenn sie aufgrund des Einbringens der Aktien in die einfache Gesellschaft des Aktionärbindungsvertrages gegenüber der Aktiengesellschaft den Eigentümerwechsel bekannt machen mussten[61] oder wenn sie die Vereinbarung freiwillig offenlegen.

820 Weil sich daher die internen Strukturen für Aussenstehende nur schwer erschliessen lassen, ist die von LANG[62] vorgeschlagene Beweislastumkehr, nach der die an der Stimmbindung beteiligten Aktionäre den Nachweis für ihre Unabhängigkeit in der Stimmabgabe zu erbringen haben, u.E. zumindest vertretbar.

III. Umgehung der Vinkulierungsordnung

821 In BGE 109 II 43 E. 3b hat das Bundesgericht erklärt, «Stimmbindungsvereinbarungen, mit welchen statutarische Vinkulierungsbestimmungen umgangen werden sollen, [seien] rechtsmissbräuchlich und deshalb unbeachtlich». Dies hat in der Lehre vereinzelt zur Annahme geführt, das Bundesgericht lasse Stimmbindungsvereinbarungen für vinkulierte Namenaktien generell nicht zu.[63] Da sich die Ausfüh-

---

[58] Für Rechenbeispiele vgl. VON SALIS, Stimmrecht, 192 ff.
[59] BLOCH, 238
[60] Vgl. N 693 ff.
[61] Vgl. N 1616 ff.
[62] LANG, 40 f.
[63] BÄR (in ZBJV 1985, 235) und HOMBURGER (in SAG 1983, 125) verstehen erwähntes Urteil als generelle Absage des Bundesgerichts an die Zulässigkeit von Stimmbindungsvereinbarungen bezüglich vinkulierter Aktien.

rungen des Bundesgerichts ausdrücklich auf einen Umgehungstatbestand beziehen, ist aber nicht anzunehmen, das Gericht habe mit seinen Ausführungen ein absolutes Stimmbindungsverbot für vinkulierte Aktien aufzustellen beabsichtigt.[64] Ein generelles Verbot von Stimmbindungen für vinkulierte Aktien ergibt sich daher aus der bundesgerichtlichen Praxis nicht.

Die Lehre[65] und die bundesgerichtliche Rechtsprechung[66] sind sich jedoch darin einig, dass Stimmbindungsvereinbarungen unzulässig sind, wenn sie auf eine **Umgehung** der Vinkulierungsordnung abzielen. Dieser Tatbestand ist erfüllt, wenn ein abgelehnter Aktienerwerber oder einer, der mit einer Ablehnung rechnen muss, über eine Stimmbindungsvereinbarung mit einem eingetragenen Aktionär dennoch Einfluss auf die Beschlussfassung der Gesellschaft nehmen will.[67] Eine Umgehung der Vinkulierungsbestimmungen liegt also dann vor, wenn sich der Aktionär in der Stimmbindungsvereinbarung verpflichtet, seine Stimmrechte im Interesse und nach den Weisungen eines Dritten auszuüben, der seinerseits mit den gebundenen Stimmen **nicht als Aktionär anerkannt** werden und daher auch nicht stimmen könnte.[68]

Keine Umgehung liegt hingegen vor, wenn ein Veräusserer von Aktien gegenüber dem Erwerber **auf die** weitere **Ausübung** seiner Mitgliedschaftsrechte, namentlich seines Stimmrechts, **verzichtet**.[69] Ebenso wenig soll eine Umgehung der Bestimmungen über die Vinkulierung vorliegen, wenn der Aktionär zugunsten des Erwerbers die Verpflichtung eingeht, in der Generalversammlung **für dessen Anerkennung** als Aktionär zu stimmen (soweit diese Entscheidkompetenz statutarisch an die Generalversammlung übertragen wurde;[70] in der Regel liegt der Entscheid beim Verwaltungsrat).[71]

---

[64] DRUEY, Stimmbindung, 10; FORSTMOSER, Aktionärbindungsverträge, 379. – Vgl. auch BGE 81 II 534 E. 4, in welchem Entscheid das Bundesgericht von der Zulässigkeit von Stimmbindungen im Zusammenhang mit vinkulierten Aktien ausgeht.

[65] Vgl. statt aller FORSTMOSER, Aktionärbindungsverträge, 377; HINTZ-BÜHLER, 81 f.; SCHOTT, § 13 N 54 f.

[66] BGE 109 II 43 E. 3b; vgl. auch BGE 114 II 57 E. 6c und ZR 1990, Nr. 49.

[67] DRUEY, Stimmbindung, 9. – Nach KLÄY, 494, ist «im Sinn der Koalitionsfreiheit» zu entscheiden, die Stimmbindungsvereinbarung im Zweifel also zuzulassen.

[68] BIERI, N 481 ff.; DRUEY, Stimmbindung, 9.

[69] Umstritten ist, ob diese Verpflichtung sich als Nebenleistungspflicht ohne Weiteres aus dem Kaufvertrag ergibt oder ob sie ausdrücklich vereinbart werden muss (BGE 114 II 64 ff., noch zum alten Aktienrecht).

[70] FORSTMOSER, Vinkulierung, 105.

[71] Zur Einbindung von Mitgliedern des Verwaltungsrates in einen Aktionärbindungsvertrag vgl. N 366 ff.

824 **Keine Umgehung** der Bestimmungen über die Vinkulierung liegt ferner vor, wenn Aktienerwerber, die von der Gesellschaft als Aktionäre **anerkannt** wurden, nachträglich **untereinander eine Stimmbindung eingehen** und die Stimmrechte der gebundenen Stimmen insgesamt eine in den Statuten vorgesehene prozentmässige Beschränkung überschreiten:[72] Denn die Vinkulierung hat die Funktion einer «Türkontrolle»;[73] ist ein Erwerber als Aktionär anerkannt bzw. sind seine Stimmrechte zugelassen, ergeben sich aus der Vinkulierung keine Einschränkungen für die Ausübung der Aktionärsrechte mehr.[74]

IV. Stimmenkauf insbesondere

A. Begriff und Lehrmeinungen

825 Unter Stimmenkauf versteht man die Verpflichtung, ein Stimmrecht entgeltlich oder gegen einen anderen (wirtschaftlichen) Vorteil im Sinne oder nach der Weisung eines Dritten auszuüben.[75] Die zumindest zahlenmässig überwiegende Lehre nimmt an, dass ein solcher Stimmenkauf sittenwidrig und damit rechtlich nicht verbindlich ist (Art. 19 f. OR),[76] obwohl sich gewichtige Lehrmeinungen für dessen (zumindest teilweise) Zulässigkeit aussprechen.[77]

---

[72] KLÄY, 232 f.

[73] FORSTMOSER, Vinkulierung, 100.

[74] So auch BIERI, N 514 ff. – Wohl aber greift die Vinkulierung, wenn ein Aktionär seine bisherige Stellung in einer gegen die Vinkulierungsbestimmungen verstossenden Weise ausbaut (BGE 109 II 43 E. 3b).

[75] APPENZELLER, 46 und 83; BÖCKLI, Aktienrecht, § 12 N 501; ders., Aktienstimmrecht, 59 f.; GLATTFELDER, 269a f.; HINTZ-BÜHLER, 56 und 83; MARTIN, 247; TOGNI, N 694 (mit eingehender Darstellung der verschiedenen Lehrmeinungen zur Definition, N 670 ff.); VON SALIS, Stimmrecht, 204 f.; SCHOTT, § 13 N 64; STUBER, 102; ZBINDEN, 125.

[76] HINTZ-BÜHLER, 83 m.w.H.; BERTSCHINGER, 32; BÖCKLI, Aktienrecht, § 12 N 501; ders., Aktienstimmrecht, 59 f.; ZK-BÜRGI, OR 692 N 33 f.; GLATTFELDER, 269a f.; KLÄY, 316; KUNZ, Einberufungsrecht, N 37 (Anm. 129); BSK-LÄNZLINGER, OR 692 N 11; PATRY, Accords, 125a (Anm. 175); SCHLUEP, wohlerworbene Rechte, 139; VON SALIS, Stimmrecht, 205 f.; SONTAG, 59 f.; STUBER, 101 f.

[77] APPENZELLER, 47 f.; BLOCH, 199 ff.; ZK-BÜRGI, OR 692 N 30; DOHM, 85 f.; HINTZ-BÜHLER, 83; LANG, 44 f. – TOGNI (N 695 ff., insb. 712) weist in seiner ausführlichen Untersuchung der vertretenen Lehrmeinungen darauf hin, dass von denjenigen Autoren, welche zur Frage des Stimmenkaufs eine **eingehende Begründung** liefern, die grosse **Mehrheit sich gegen die Sittenwidrigkeit des Stimmenkaufs ausspricht.**

Die Abgrenzung zwischen rechtlich zulässiger Stimmbindung und (unerlaubtem) Stimmenkauf ist bis heute nicht endgültig geklärt,[78] zumal der (unerlaubte) Stimmenkauf häufig in einen Zusammenhang mit der Umgehung von Vinkulierungsbestimmungen oder Höchststimmklauseln gerückt wird.[79] Ist aber eine Stimmbindungsvereinbarung bereits deshalb ungültig, weil ein Umgehungsgeschäft vorliegt, braucht die Frage des (unerlaubten) Stimmenkaufs nicht mehr geklärt zu werden.[80]

Ein Teil der Lehre nimmt an, dass jede Gewährung eines Entgelts zur Nichtigkeit einer Stimmbindungsvereinbarung führt.[81] Andere Autoren treten dagegen für eine restriktivere Anwendung des Begriffs des (unerlaubten) Stimmenkaufs ein: Ein solcher soll nur dann vorliegen, wenn die Gegenleistung «in keinem sachlichen Zusammenhang mit der Übernahme einer Stimmrechtsverpflichtung steht».[82] Auf dieser Basis könnte beispielsweise der Pfandgläubiger mit dem Verpfänder von Aktien vertraglich vereinbaren, dass Letzterer sein Stimmrecht jeweils im Interesse der Werterhaltung der Aktien ausübt.[83]

Vertreten wird auch, dass ein (unerlaubter) Stimmenkauf nur dann vorliegen soll, wenn sich die besonderen Vorteile nicht schon aus dem Abstimmungsergebnis selbst ergeben und sie überdies auch nicht allen Aktionären gleichermassen zukommen sollen.[84]

B. Eigene Auffassung

1. Auch der «blosse» Stimmenkauf ist nicht sittenwidrig

Jener Teil der Lehre, welcher sich für die Sittenwidrigkeit des Stimmenkaufs ausspricht, bezieht sich zunächst auf die deutsche Gesetzgebung,[85] welche in § 405 Abs. 3 AktG die «Ausübung von Rechten ... gegen Gewähren oder Versprechen

---

[78] FORSTMOSER, Aktionärbindungsverträge, 364 und 379; HINTZ-BÜHLER, 83. – In einem nicht amtlich publizierten, in SAG 1948/49, 77 ff. referierten Entscheid hatte sich das Bundesgericht mit einem Fall zu befassen, in welchem die beiden kantonalen Instanzen die Klage wegen nichtigen Stimmenkaufs abgewiesen hatten. Das Bundesgericht äusserte an der kantonalen Begründung erhebliche Zweifel, liess die Frage aber offen.

[79] Vgl. etwa ZR 1990, Nr. 49 E. III.2.1; FORSTMOSER in SZW 1991, 214 f.; GLATTFELDER, 269a ff.; LANG, 45; VON SALIS, Stimmrecht, 206 ff.; WATTER/HINSEN, 34 f.

[80] ZR 1990, Nr. 49 E. III.2.1; VON SALIS, Stimmrecht, 206.

[81] STUBER, 101 f.; ferner BÖCKLI, Aktienstimmrecht, 59 f., der jede zweiseitige Stimmbindung für unzulässig erachtet (67 f.).

[82] ZK-BÜRGI, OR 692 N 30.

[83] ZBINDEN, 125 f.

[84] HINTZ-BÜHLER, 83; VON SALIS, Stimmrecht, 205.

[85] BÖCKLI, Aktienstimmrecht, 59 f.; STUBER, 98 ff.

besonderer Vorteile» als Ordnungswidrigkeit unter Strafe stellt.[86] In der Schweiz sei der Stimmenkauf zwar durch das Gesetz nicht verboten, müsse aber (in analoger Weise) zumindest als sittenwidrig angesehen werden. Diese Sicht verkennt, dass das deutsche Aktiengesetz den Stimmenkauf zum Schutz der Interessen der Gesellschaft und der übrigen Aktionäre und im Zusammenhang mit einer gesetzlichen Loyalitätspflicht der Aktionäre verbietet, was sich u.a. auch aus § 243 Abs. 2 AktG ergibt, wonach der Beschluss der Hauptversammlung angefochten werden kann, wenn «ein Aktionär mit der Ausübung des Stimmrechts für sich oder einen Dritten Sondervorteile zum Schaden der Gesellschaft oder der anderen Aktionäre zu erlangen suchte». Eine solche Treuepflicht des Aktionärs gegenüber der Aktiengesellschaft oder seinen Mitaktionären kennt das schweizerische Aktienrecht aber gerade nicht;[87] sie sollte auch nicht indirekt über die Qualifikation solcher Vereinbarungen als sittenwidrig eingeführt werden.

830 Des Weiteren wird die Sittenwidrigkeit des Stimmenkaufs mit Blick auf Art. 168 StGB (Bestechung bei Zwangsvollstreckung, früher: Stimmenkauf) begründet, wonach bestraft wird, «wer einem Gläubiger ... besondere Vorteile zuwendet oder zusichert, um dessen Stimme in der Gläubigerversammlung ... zu erlangen». Und es wird schliesslich auf das öffentliche Recht, insbesondere die politischen Rechte verwiesen, bei welchen der Stimmenkauf unter Strafandrohung ebenfalls untersagt ist (Art. 281 StGB: Wahlbestechung). Als Rechtsgut, welches es zu schützen gilt, wird jeweils «die unverfälschte und unbeeinflusste Willenskundgabe der Stimm- und Wahlberechtigten» genannt.[88] Das ebenso wichtige Rechtsgut des demokratischen Prinzips (und hier insbesondere das Kopfstimmprinzip) wird meist nicht erwähnt, obwohl es sowohl in der Gläubigerversammlung[89] als auch bei politischen Abstimmungen und Wahlen gilt.

831 Will man aber nicht jede Stimmbindung, auf welcher Grundlage auch immer, als ungültig betrachten, so kann der Schutz der «unverfälschte[n] und unbeeinflusste[n] Willenskundgabe der Stimm- und Wahlberechtigten» kein massgebendes Kriterium sein. Es bleibt damit als Argument der Schutz des demokratischen Prinzips (und hier insbesondere der Schutz des Kopfstimmprinzips). Gerade in Bezug auf dieses Prinzip unterscheidet sich aber die demokratische Entscheidfindung in politischen Gremien fundamental von der Entscheidfindung im Rahmen der Generalversammlung einer Aktiengesellschaft: Während im ersten Fall jede Person nur über eine einzige (gleichwertige) Stimme verfügt, bestimmt sich die Anzahl der Stimmen bzw. die Stimmgewichtung im Rahmen der Generalversammlung primär nach der Höhe des eingesetzten Kapitals. Es kann die Generalversammlung deshalb

---

[86] APPENZELLER, 83 f.
[87] Vgl. N 26; ähnlich BLOCH, 200 f.; LANG, 45 f.
[88] BSK-WEHRLE, StGB 281 N 1.
[89] AMONN/WALTHER, § 45 N 6 und § 47 N 9.

nicht als demokratisch im Sinne des in der Politik massgebenden **Kopfstimmprinzips** bezeichnet werden.[90]

Hinzu kommt, dass *in der Aktiengesellschaft die Stimmen bzw. Stimmrechte käuflich sind* – durch den *Erwerb von Aktien*. Es ist damit u.E. denjenigen Lehrmeinungen zuzustimmen, welche das Stimmrecht vor allem auch als einen *ökonomischen Wert* im Rahmen der Beteiligung an einer Aktiengesellschaft verstehen, dessen Handel den Aktionären nicht verwehrt werden darf.[91] Das entspricht auch der konsequent **kapitalbezogenen Ausrichtung** des Aktienrechts[92] und dem Umstand, dass einem Aktionär im Verhältnis zu seiner Gesellschaft keine über die Liberierung seiner Aktien hinausgehenden Pflichten obliegen (Art. 680 Abs. 1 OR),[93] mithin auch keine Pflichten oder Verbote, die Stimmrechte in einer bestimmten Art oder aufgrund gewisser Vorgaben auszuüben oder nicht auszuüben.

Dies führt zum Ergebnis, dass auch **der «blosse» Stimmenkauf,** soweit er nicht der Umgehung von Gesetzesvorschriften dient[94] oder gegen andere gesetzliche Regeln verstösst, **nicht sittenwidrig** ist.[95]

2. Gesetzliche Schranken des Stimmenkaufs, insbesondere aus Lauterkeits- und Kartellrecht

Neben den bereits erwähnten aktien- und börsenrechtlichen Umgehungstatbeständen[96] kommt insbesondere Art. 4a UWG (**Privatbestechung**) als materielle Schranke des Stimmenkaufs in Frage. Danach handelt unlauter, wer «als Gesellschafter … im Zusammenhang mit seiner … geschäftlichen Tätigkeit für eine … im Ermessen stehende Handlung oder Unterlassung für sich oder einen Dritten

---

[90] Für den Begriff der Demokratie ist das Kopfstimmprinzip zentral; die Tatsache allein, dass abgestimmt oder gewählt wird, genügt nicht. Der in letzter Zeit populär gewordene Begriff der «Aktionärsdemokratie» ist deshalb insofern irreführend und begrifflich inkorrekt (PETER BÖCKLI: «Aktionärsdemokratie»: Ein Schlagwort mit Schlagseite, GesKR 2013, 179 ff. und schon *ders.*, Aktienrecht, § 12 N 46b; kritisch auch MAIZAR, 340); ausführlich und zumindest teilweise a.M. HANS-UELI VOGT: Aktionärsdemokratie, Zürich 2012, 6 ff. – In der Lehre wird denn auch etwa der Begriff *«Kapitaldemokratie»* verwendet, um den eigentlich treffenden, aber unschönen Ausdruck «Plutokratie» zu vermeiden.

[91] APPENZELLER, 47 f.; BLOCH, 201; DOHM, 86; GRONER, Private Equity, 285; letztlich auch LANG, 44 f.

[92] Dazu N 17 ff.

[93] Dazu N 26.

[94] Vgl. N 826.

[95] So auch TOGNI, N 714; für die Zulässigkeit auch SCHOTT, § 13 N 65; VON DER CRONE, Aktienrecht, § 11 N 11.

[96] Vgl. N 651 ff.

einen nicht gebührenden Vorteil fordert, sich versprechen lässt oder annimmt». Die Abgrenzung zwischen einem erlaubten und einem gegen Art. 4a UWG verstossenden Stimmenkauf dürfte in weiten Teilen entlang der gleichen Linie verlaufen, wie sie heute bereits unter dem Kriterium des sachlichen Zusammenhangs[97] diskutiert wird.

835 In der wettbewerbsrechtlichen Literatur wird allerdings, wegen der strikt kapitalbezogenen Ausgestaltung der Aktiengesellschaft ohne gesetzliche Treuepflichten der Aktionäre,[98] in Zweifel gezogen, dass Aktionäre als «Gesellschafter» im Sinne von Art. 4a UWG gelten können. Nach dieser Ansicht könnten sie nur dann im Sinne von Art. 4a UWG bestochen werden, wenn sie nicht nur Aktionäre sind, sondern auch eine Organfunktion ausüben.[99] Dies ist u.E. fraglich, denn das UWG schützt nicht die (fehlende) Treuepflicht des Aktionärs gegenüber der Aktiengesellschaft, sondern den lauteren Wettbewerb (Art. 1 UWG), und zweifellos kann ein Aktionär mit seinen Stimmrechten einen erheblichen Einfluss auf die Aktiengesellschaft ausüben und damit Einfluss auf den Wettbewerb nehmen.

836 Weiter könnte der Einwand erhoben werden, das Ausüben des Stimmrechts sei keine «geschäftliche Tätigkeit» im Sinne von Art. 4a UWG. Es wird Lehre und Rechtsprechung obliegen, in diesen Fragen Klarheit zu schaffen.

837 Wenn man die direkte Anwendung des (auch strafbewehrten) Art. 4a UWG verneint, könnten gewisse lauterkeitsrechtlich relevante Tatbestände des Stimmenkaufs immer noch unter die Generalklausel von Art. 2 UWG fallen.[100] Es entfiele damit zwar die strafrechtliche Relevanz, nicht aber die zivilrechtliche Ungültigkeit des betreffenden Geschäfts (Art. 19 f. OR).

838 Zu den **kartellrechtlichen** Schranken s. N 296 f. und 750 f.

V. Verstoss gegen die Mehrheitserfordernisse und Quoren des Aktienrechts?

839 Vgl. dazu N 1037 ff.

VI. Verstoss gegen Persönlichkeitsrechte

840 Vgl. dazu N 264 ff.

---

[97] Vgl. vorne, N 827.
[98] Vgl. N 17 ff. und 26.
[99] So SHK-Spitz, UWG 4a N 54 und 57.
[100] SHK-Spitz, UWG 4a N 32.

VII. Verstoss gegen die guten Sitten und die öffentliche Ordnung

Vgl. dazu N 269 ff.

VIII. Verstoss gegen Treu und Glauben

Vgl. dazu N 298.

§ 17 Folgen rechtswidriger Stimmbindungen

I. Folgen der Rechtswidrigkeit für die Stimmbindungsvereinbarung selbst

Eine **Vereinbarung**, die eine rechtswidrige Stimmbindung oder die Umgehung einer Gesetzesnorm bezweckt, **ist nichtig**. Von der Nichtigkeit ist die gesamte Stimmbindungsvereinbarung betroffen, soweit sie sich nicht in einzelne Vertragsbestimmungen aufteilen lässt, die je ein eigenes Schicksal haben können.

843

Zu den Folgen anfechtbarer oder ungültiger Vereinbarungen im Allgemeinen vgl. N 299 ff., betreffend Umgehungsgeschäfte auch N 293 ff.

844

II. Folgen für die Aktionärsstellung bei Verstoss gegen Vinkulierungsbestimmungen

Besteht im Zusammenhang mit einer Vinkulierungsbestimmung die unzulässige Stimmbindung bereits in der **Phase des Anerkennungsgesuchs** des Gebundenen und ist dies erkennbar, so kann der Verwaltungsrat die Anerkennung verweigern (Art. 685b OR) bzw. kann er – bei börsenkotierten Namenaktien – den Gesuchsteller nicht mit vollen Rechten, sondern nur als Aktionär ohne Stimmrecht anerkennen (und entsprechend ins Aktienbuch eintragen) (Art. 685f Abs. 3 OR).

845

Wird die **Stimmbindung erst nach erfolgter Eintragung bekannt,** so kann die Gesellschaft die betreffenden Aktionäre im Aktienbuch gestützt auf Art. 686a OR streichen, was eine Rückgängigmachung der Anerkennung bedeutet. Bei kotierten Aktien hat dies die Rückstufung auf die Stellung eines Aktionärs ohne Stimmrecht zur Folge.[1] Bei nicht kotierten Namenaktien entfällt die Aktionärsstellung insgesamt (vgl. Art. 685c Abs. 1 OR), wobei von einer Wirkung *ex tunc* ausgegangen wird; die Übertragung der Aktien muss dann – nach den Regeln des Vertragsrechts – zwischen Verkäufer und Käufer rückabgewickelt werden.[2]

846

---

[1] BIERI, N 397 f. und 516.
[2] BÖCKLI, Aktienrecht, § 6 N 188 ff.; BSK-OERTLE/DU PASQUIER, OR 686a N 4; CHK-SCHMID, OR 686a N 5 f.

847 Eine Stimmbindung, die erst **nach Anerkennung als Aktionär geschlossen** wird, kann nicht wegen des Verstosses gegen eine Vinkulierungsbestimmung ungültig sein. Der Vinkulierung kommt – wie erwähnt[3] – nur die Funktion einer «Türkontrolle» zu. Eine nachträgliche Stimmbindung kann also keine Begründung für eine Änderung des Aktienbuches bzw. einen Entzug der Mitgliedschaft oder die Rückstufung auf die Position eines Aktionärs ohne Stimmrecht sein.[4]

III. Folgen für die Behandlung der Stimmen in der Generalversammlung

A. Ungültigkeit aufgrund nicht-aktienrechtlicher Tatbestände

848 Aus dem Prinzip der **strikten Trennung zwischen vertrags- und körperschaftsrechtlicher Ebene**[5] ergibt sich, dass die Ungültigkeit einer Stimmbindungsvereinbarung aufgrund nicht-aktienrechtlicher Tatbestände keine Auswirkungen auf die Beschlussfassung in der Generalversammlung hat. Die **Gültigkeit der Stimmabgabe** beurteilt sich **allein nach aktienrechtlichen Voraussetzungen,**[6] weshalb es für die Aktiengesellschaft unerheblich ist, dass die Stimmen z.B. in Befolgung einer Stimmbindungsvereinbarung abgegeben wurden, die wegen Willensmangels oder übermässiger Bindung ungültig ist.

B. Ungültigkeit aufgrund aktienrechtlicher Tatbestände

849 Dies gilt im Grundsatz selbst dann, wenn die Ungültigkeit der Vereinbarung sich aus einer Verletzung aktienrechtlicher Normen ergibt; ob eine – in Übereinstimmung mit einer rechtswidrigen Vereinbarung abgegeben – Stimme von der Aktiengesellschaft als gültig abgegeben zu zählen ist, bestimmt sich wiederum allein nach den **Voraussetzungen des Aktienrechts.** Insbesondere stellt sich die Frage, ob die verletzte aktienrechtliche Norm (aufgrund derer die Stimmbindungsvereinbarung nichtig ist) auch die Stimmabgabe selbst als ungültig bzw. anfechtbar erfassen will. Dies ist u.E. bei Stimmrechtsbeschränkungen für die in der Praxis bedeutsamsten Umgehungstatbestände[7] anzunehmen, weil die umgangene Norm hier ein bestimmtes Ergebnis, nämlich die Beteiligung bestimmter Stimmen am Entscheidungsprozess, verhindern will. Vieles ist allerdings umstritten:

---

[3] N 824.
[4] BÖCKLI PETER/HÄRING DANIEL: Das Aktienbuch: Ein neuer Blick auf ein altes Register, in: De lege negotiorum, Festschrift für François Chaudet, Genf 2009, 119 ff., 134 ff.
[5] Vgl. N 115 ff.
[6] SCHOTT, § 13 N 67 ff.
[7] Vgl. N 782 ff.

1. Meinungsstand

Die Frage, ob eine Stimmabgabe in Übereinstimmung mit einer nichtigen Stimmbindung ungültig (und der so erfolgte Generalversammlungsbeschluss gegebenenfalls anfechtbar[8]) ist, wird in der **Lehre** und in der Rechtsprechung unterschiedlich beantwortet:

Nach DOHM ist *zwischen der schuld- und der körperschaftsrechtlichen Seite streng zu trennen*. Die Ungültigkeit der Bindungsvereinbarung führe nicht zur Ungültigkeit der abgegebenen Stimmen. Ein Generalversammlungsbeschluss soll daher – auch wenn er durch eine ungültige Stimmbindungsvereinbarung beeinflusst wurde – nur dann anfechtbar sein, wenn er selbst gegen Gesetz oder Statuten verstösst.[9]

Auch SCHLEIFFER erachtet Stimmabgaben, die in Übereinstimmung mit einer nichtigen Stimmbindungsvereinbarung abgegeben wurden, als gültig. Er nimmt aber bezüglich der Umgehung von Stimmrechtsausschlüssen Differenzierungen vor: *Der zur Umgehung eingesetzte Dritte werde bei Umgehungsfällen den Rechtsfolgen der umgangenen Norm unterstellt, sodass das Stimmverbot auch für ihn gelte.* Allerdings soll sich der Dritte von der Stimmrechtsbeschränkung befreien können, indem ihn die Gesellschaft oder der Verwaltungsrat davon entbindet oder er erklärt, dass er sich tatsächlich nicht an die Stimmbindungsvereinbarung halten werde.[10]

Nach VON SALIS ist die Stimmabgabe in der Generalversammlung in Übereinstimmung mit einer wegen Umgehung einer Höchststimmklausel ungültigen (ein- oder mehrseitigen) Stimmbindung gültig, denn es genüge, «dass der Aktionär in seiner Willensbildung rechtlich frei ist».[11] *Anders* sei indes zu entscheiden, *wenn weitere Umstände vorlägen, die auf eine Umgehung hinweisen.*[12] Bestünden finanzielle Abhängigkeiten von einem Dritten *(Stimmenkauf)*,[13] dränge sich eine wirtschaftliche Betrachtungsweise auf:[14] Da der Dritte mit dem geleisteten Entgelt am wirtschaftlichen Risiko partizipiere, komme ihm trotz fehlender rechtlicher Bindung materielle Stimmkraft zu, jedenfalls dann, wenn das Entgelt an den Aktionär tatsächlich geleistet worden sei. Aber auch wenn die Gegenleistung vom Dritten nicht

---

[8] Zur Anfechtbarkeit vgl. N 863 ff.
[9] DOHM, 109 m.w.H.
[10] SCHLEIFFER, 193. – Für das deutsche Recht in diesem Sinn NOACK (154 f.), der einräumt, dass die Stimmabgabe von der «gesellschaftsrechtlichen Nichtigkeit der Stimmbindung» unberührt bleibt, wenn die Stimmbindungsvereinbarung bekannt ist und sich der Stimmende, beispielsweise durch Erklärung gegenüber der Versammlungsleitung, von dieser distanziert.
[11] VON SALIS, Stimmrecht, 186 m.w.H.
[12] VON SALIS, Stimmrecht, 187.
[13] Vgl. N 825 ff.
[14] VON SALIS, Stimmrecht, 202 ff.

erbracht worden war, sei dennoch zu vermuten, dass der Aktionär im Sinn der nichtigen Vereinbarung stimme, es sei denn, er lege die Vereinbarung gegenüber der Gesellschaft offen und erkläre ausdrücklich, dass er sich nicht durch diese gebunden fühle.[15]

854 LANG folgt dem überwiegenden Teil der Lehre und der Rechtsprechung, wonach das *Umgehungsgeschäft nichtig und die auf dessen Basis abgegebenen Stimmen nicht zu berücksichtigen* sind. Im Einzelfall will er blosse Teilnichtigkeit zulassen, wenn «die nicht der Stimmrechtsbeschränkung unterliegenden Beteiligten über genügend Entscheidungsfreiheit verfügen, um eine eigene Stimmabgabe vornehmen zu können».[16]

855 BLOCH vertritt die Auffassung, dass eine *Stimmabgabe in Übereinstimmung mit einer rechtswidrigen Stimmbindungsvereinbarung ungültig* ist. Gültig sollen die Stimmabgaben nach BLOCH – in Anlehnung an SCHLEIFFER[17] – ausnahmsweise dann sein, wenn der Aktionär gegenüber der Gesellschaft oder dem Gericht erklärt, dass er sich der Nichtigkeit der Stimmbindungsvereinbarung bewusst gewesen sei und sein Stimmrecht unabhängig, im eigenen Namen und auf eigene Rechnung,[18] ausgeübt habe.[19]

856 Nach BIERI[20] gelten *gebundene Aktienstimmen*, die in Umgehung einer statutarischen Vinkulierung abgegeben werden, als *unstatthaft überlassen im Sinne von Art. 691 Abs. 1 OR*, wobei sich die Rechtsfolgen aus der analogen Anwendung der umgangenen Bestimmung ergeben sollen (z.B. Ruhen der betreffenden Aktien bei der Umgehung einer prozentmässigen Beschränkung des Stimmrechts). Würden die *Stimmen* vereinbarungsgemäss abgegeben, *gälten sie als nichtig und seien sowohl für die Beschlussfassung als auch für die Berechnung allfälliger Quoren ausser Acht zu lassen.*

857 Das **Bundesgericht** hat sich – soweit ersichtlich – bisher in zwei Urteilen[21] mit dieser Thematik auseinandergesetzt, wobei beide zur Diskussion stehenden Stimmbindungsvereinbarungen einen Verstoss gegen die Vinkulierungsordnung der Gesellschaft darstellten. Nach Ansicht des Bundesgerichts sind *diejenigen Stimmen, die unter Beachtung einer ungültigen Stimmbindungsvereinbarung abgegeben wurden,* für das Beschlussergebnis *unbeachtlich.*[22]

---

[15] VON SALIS, Stimmrecht, 207.
[16] LANG, 40 f.
[17] SCHLEIFFER, 193.
[18] Vgl. VON SALIS, Stimmrecht, 203.
[19] BLOCH, 214 ff.
[20] BIERI, N 518.
[21] BGE 109 II 43, 81 II 534.
[22] BGE 109 II 43 E. 3a–b, 81 II 534 E. 3.

2. Eigene Ansicht: Gültigkeit unabhängig abgegebener Stimmen

Eine **Stimmabgabe** in der Generalversammlung ist u.E., auch wenn sie in Übereinstimmung mit einer rechtswidrigen Stimmbindungsvereinbarung abgegeben wurde, dann *gültig, wenn der Aktionär sein Stimmrecht unabhängig vom Einfluss des Dritten, zu dessen Gunsten die (nichtige) Stimmbindungsvereinbarung eingegangen wurde, ausgeübt hat.*[23]

In diesem Zusammenhang wird in der Lehre allerdings zu Recht vorgebracht, dass nur schwer festgestellt werden kann, ob ein Aktionär sein Stimmrecht auch tatsächlich unabhängig ausübte.[24] Eine Erleichterung in beweisrechtlicher Hinsicht kann sich dadurch ergeben, dass bei der *Beurteilung der Unabhängigkeit auf objektive Kriterien abgestellt* wird. Ein solches Kriterium kann die verschiedentlich vorgeschlagene «Unabhängigkeitserklärung» des Aktionärs gegenüber der Gesellschaft oder dem Gericht darstellen,[25] wobei eine solche freilich nur ein Indiz für Unabhängigkeit sein kann.[26]

Regelmässig dürfte die Unabhängigkeit des Aktionärs jedenfalls dann nicht gegeben sein, wenn er für die Ausübung seines Stimmrechts von einem Dritten Vorteile irgendwelcher Art (insb. ein Entgelt) erhielt.

C. Folgen für die Berechnung von Beschluss- und Präsenzquoren

Nichtige Stimmabgaben in der Generalversammlung gelten als nicht erfolgt und die betroffenen Aktien als nicht vertreten.[27] Sie werden daher bei der Berechnung des **Beschlussquorums** (Art. 703 und 704 OR oder ein davon abweichendes statutarisches Quorum) nicht berücksichtigt.[28]

Bei statutarischen **Präsenzquoren** ist danach zu unterscheiden, ob die von der Stimmbindungsvereinbarung verletzte Rechtsnorm «lediglich» ein **Stimmverbot oder** aber zusätzlich auch ein **Teilnahmeverbot** des betroffenen Aktionärs an der Generalversammlung vorsieht. Ein Teilnahmeverbot besteht – bezüglich der hier interessierenden Tatbestände – bei einer Umgehung des Stimmrechtsausschlusses

---

[23] FORSTMOSER in SZW 1991, 215; *ders.*, Aktionärbindungsverträge, 379.
[24] Beispielsweise BLOCH (215), der daraus die Ungültigkeit von Stimmabgaben in Übereinstimmung mit nichtigen Stimmbindungsvereinbarungen ableitet, was u.E. aber zu weit geht.
[25] Vergleichbar den Vorschlägen BLOCHS (vorne N 855) und LANGS (vorne N 854).
[26] Sinnvoll erscheint die von LANG vorgeschlagene Beweislastumkehr (vgl. vorn N 807).
[27] Vgl. SCHLEIFFER (288) für die Tatbestände des Stimmrechtsausschlusses.
[28] BIERI, N 518; FORSTMOSER/MEIER-HAYOZ/NOBEL, § 24 N 89 f. im Zusammenhang mit aktienrechtlichen Stimmrechtsbeschränkungen, wobei dies auch für Verletzungen von Art. 20 OR und Art. 27 ZGB Geltung haben dürfte; einlässlich SCHOTT, § 13 N 74 ff.

an eigenen Aktien (Art. 659a Abs. 1 OR)[29] und bei einer Umgehung von Vinkulierungsbestimmungen.[30]

D. Anfechtbarkeit des Generalversammlungsbeschlusses

863 Ein Beschluss der Generalversammlung, der unter Berücksichtigung nichtiger Stimmen gefasst wurde, ist nach Art. 706 i.V.m. 691 Abs. 3 OR anfechtbar, wenn das Beschlussergebnis ohne die fehlerhaften Stimmen anders gelautet hätte (Kausalitätsprinzip).[31] Anfechtbarkeit – und nicht etwa Nichtigkeit nach Art. 706b OR – ist auch dann die Rechtsfolge, wenn sämtliche an der Generalversammlung vertretenen Stimmen vom Mangel betroffen sind.[32]

864 Anfechtungsberechtigt ist jeder Aktionär (Art. 691 Abs. 2 OR), und zwar – unter Vorbehalt des Rechtsmissbrauchs – selbst ein Aktionär, der dem anzufechtenden Beschluss in der Generalversammlung zugestimmt hatte.[33] Daran dürfte sich auch nichts ändern, wenn ein Aktionär seine zustimmende Stimme aufgrund einer vertraglichen Verpflichtung abgegeben hat. Denn eine «Drittwirkung» der Stimmbindungsvereinbarung auf das körperschaftliche Recht zur Anfechtung ist u.E. aufgrund der strikten Trennung der vertraglichen und der aktienrechtlichen Ebene abzulehnen. Die Vertragsbindung kann aber allenfalls ein Indiz für die Rechtsmissbräuchlichkeit der Anfechtungsklage sein.

865 Im Zusammenhang mit dem Geltendmachen der aktienrechtlichen Anfechtbarkeit ist auf die *kurze zweimonatige* **Verwirkungsfrist** zur Anhebung der Klage hinzuweisen (Art. 706a OR).

866 Die **Anfechtung** eines Generalversammlungsbeschlusses, dem aufgrund einer Stimmbindungspflicht zuzustimmen war, könnte sodann – *auf vertraglicher Ebene* – als *Vertragsverletzung* Folgen haben.

---

[29] SCHLEIFFER, 284.

[30] Dies aber nur dann, wenn mit der Umgehung einem *Nichtaktionär* Stimmkraft in der Generalversammlung verliehen werden soll. – Dazu auch SCHOTT, § 13 N 88 f. – Verfügt der Teilnehmende über weitere Aktien, welche nicht der ungültigen Stimmbindung unterliegen bzw. nicht vertraglich (ungültig) gebunden sind, so ist er immerhin mit diesen Aktien zuzulassen.

[31] BIERI, N 518 m.w.H.; FISCHER, Parteienbestand, 21 f. m.w.H.; MARTIN, 230. – Das Kausalitätsprinzip ergibt sich aus der Einschränkung von Art. 691 Abs. 3 OR, die nach wohl h.L. bei Verfahrensmängeln ganz allgemein zur Anwendung gelangt; statt vieler FORSTMOSER/MEIER-HAYOZ/NOBEL, § 25 N 18; vorsichtig in diese Richtung weisend BGE 122 III 281; einlässlich zur Kausalität SCHOTT, § 3 N 4 ff.

[32] BGer-Urteil 4C.107/2005 vom 29. Juni 2005. – Einlässlich zu den Fragen der Anfechtbarkeit bzw. Nichtigkeit von Generalversammlungsbeschlüssen SCHOTT, *passim*.

[33] BÖCKLI, Aktienrecht, § 16 N 107b.

§ 18 Folgen der Verletzung einer gültigen Stimmbindung

I. Gültigkeit des Generalversammlungsbeschlusses

Aus dem Prinzip der **strikten Trennung von vertrags- und körperschaftsrechtlicher Ebene**[1] ergibt sich, dass die Verletzung einer gültigen Stimmbindungsvereinbarung keine Auswirkungen auf die Beschlussfassung in der Generalversammlung bzw. die Gültigkeit der Generalversammlungsbeschlüsse hat. Die in Verletzung einer Stimmbindungsvereinbarung abgegebene **Stimme** ist **gültig, ebenso** der so erwirkte **Beschluss** der Generalversammlung. Eine Anfechtungsklage kann deshalb aufgrund der Verletzung einer Stimmbindungsvereinbarung nicht angehoben werden.[2]

867

Die Gesellschaft muss – es sei dies nochmals betont – die Stimmen so beachten, wie sie abgegeben wurden. Sie darf eine Stimmbindungsvereinbarung nicht berücksichtigen (d.h. sie darf einen Aktionärbindungsvertrag nicht durchsetzen oder vollziehen),[3] selbst wenn sie von der Abredewidrigkeit der Stimmabgabe Kenntnis hat,[4] und dies sogar dann nicht, wenn alle Aktionäre Parteien einer Stimmbindung sind.[5] Vielmehr sind Generalversammlungsbeschlüsse anfechtbar, wenn der Verwaltungsrat die Stimmen nicht so zählt wie sie abgegeben wurden, sondern so, wie sie nach

868

---

[1] Vgl. N 115 ff.

[2] BLOCH, 85 und 170; BÖCKLI, Aktienstimmrecht, 51 f.; DRUEY/GLANZMANN, § 11 N 86; FORSTMOSER, Schnittstelle, 387; FRICK, Private Equity, N 1437; GERICKE, 123; GLATTFELDER, 306a f.; HINTZ-BÜHLER, 67 ff.; LANG, 64 f.; MÜLLER/LIPP/PLÜSS, 499; PATRY, Accords, 75a und 81a; STUBER, 77; TRIPPEL/JAISLI KULL, 215.

[3] LANG, 64 m.w.H.

[4] GLATTFELDER, 306a; LANG, 64.

[5] BLOCH, 168; GLATTFELDER, 229a f. – Der deutsche Bundesgerichtshof hat in zwei Entscheidungen (BGH, NJW 1983, 1910 f., und BGH, NJW 1987, 1890 und 1892) zur GmbH festgehalten, dass eine Anfechtung gestützt auf die Verletzung einer Stimmbindung zulässig sei, wenn alle Gesellschafter gebunden sind. In der deutschen Literatur ist dies streitig (vgl. HÜFFER, AktG 243 N 10). Eine Übertragung der BGH-Rechtsprechung auf die Aktiengesellschaft wird in der deutschen Lehre teilweise vertreten (etwa NOACK, 168 f.). Doch ist diese Rechtsprechung jedenfalls für das schweizerische Recht abzulehnen. – Zur Diskussion HINTZ-BÜHLER, 63 ff. m.w.H. auch zur deutschen Lehre und Rechtsprechung.

einem Aktionärbindungsvertrag hätten abgegeben werden sollen. Auch statutarisch kann nicht vorgesehen werden, dass die Gesellschaft Stimmbindungsvereinbarungen Rechnung tragen muss oder darf.[6]

869 In der schweizerischen Lehre ist – soweit ersichtlich – ein einziger Autor[7] der Meinung, dass die Gesellschaft Stimmbindungsvereinbarungen zu beachten und die Stimmabgaben entsprechend der Vereinbarung der Aktionäre zu berücksichtigen habe. Zur Begründung werden zum einen praktische und prozessökonomische Überlegungen angeführt und zum anderen das Argument, dem vertragswidrig abstimmenden Aktionär fehle die materielle Stimmberechtigung, weshalb die Stimmen nicht wie tatsächlich abgeben, sondern entsprechend der vertraglichen Verpflichtung auszuzählen seien. Diese Ansicht wurde in der übrigen Lehre einhellig abgelehnt,[8] zweifellos zu Recht, da sie die Wirkungen des Vertrages auf die körperschaftsrechtliche Ebene ausdehnt und den Aktionären überdies zusätzliche Pflichten auferlegen würde. Beides ist aus aktienrechtlicher Sicht unzulässig.[9]

II. Schadenersatz und Konventionalstrafe

870 Wer in Verletzung einer gültigen Stimmbindungsvereinbarung stimmt und dadurch schuldhaft einen Schaden verursacht, wird den Vertragspartnern nach allgemeinem Vertragsrecht **ersatzpflichtig**.[10] Allerdings ist ein ziffernmässig benennbarer materieller Schaden infolge Verletzung einer Stimmbindungsvereinbarung oft nur schwer oder gar nicht nachzuweisen.[11] Es könnte im Gegenteil von der verletzenden Partei argumentiert werden – allenfalls nicht einmal zu Unrecht –, sie habe eine Verletzung des Bindungsvertrages in Kauf nehmen müssen, um Schaden von der Aktiengesellschaft (und damit auch von den übrigen Vertragsparteien) abzuwenden (z.B. bei der Verweigerung der Wahl eines ungeeigneten Verwaltungsratskandidaten).

871 Ohne Schadensnachweis durchsetzbar sind dagegen für den Verletzungsfall vorgesehene **Konventionalstrafen**.[12]

---

[6] DOHM, 198; MARTIN, 282 f.
[7] APPENZELLER, 62 ff.
[8] BLOCH, 17 f.; FISCHER, Parteienbestand, 22 f. m.H.; HINTZ-BÜHLER, 67 f., LANG, 64 f.
[9] Vgl. N 26 sowie N 115 ff.
[10] Art. 97 OR und Art. 538 Abs. 2 OR.
[11] BÖCKLI, Aktienstimmrecht, 55; GLATTFELDER, 308a f.; PATRY, Accords, 118a f.; STUBER, 78. – Vgl. zum Schadenersatz auch N 2080 ff.
[12] Dazu N 1540 ff.

III. Durchsetzung von Stimmbindungsvereinbarungen

Zur Sicherstellung der Erfüllung und zur (realen) Durchsetzung von Stimmbindungsvereinbarungen vgl. N 1533 ff. (Sicherungsmittel) und N 2023 ff. (prozessuale Durchsetzung).

2. Kapitel: Bestimmungen über die Organe und die Organisation der Aktiengesellschaft

Aktionärbindungsverträge werden zu ganz verschiedenen Zwecken geschlossen.[1] Während im einen Fall die Verpflichtung der am Vertrag beteiligten Aktionäre auf ein gemeinsames Stimmverhalten in der Generalversammlung genügt, können in anderen Fällen Regelungen notwendig sein, welche nicht nur eine vertragliche Bindung auf Aktionärsebene erfordern, sondern – wegen der zwingenden gesetzlichen Kompetenzordnung[2] – auch eine Einbindung der Mitglieder des Verwaltungsrates oder gar der Geschäftsleitung bezwecken,[3] weil die **Steuerung allein durch Geltendmachen der Mitwirkungsrechte in der Generalversammlung nicht ausreicht.**[4]

873

Vertragliche Vereinbarungen betreffend die **Wahl von Mitgliedern des Verwaltungsrates** können sicherstellen, dass die verbundenen Aktionäre die Zusammensetzung des Verwaltungsrates bestimmen oder mitbestimmen können. Sie können sodann auch dazu dienen, verschiedenen am Vertrag beteiligten **Aktionärsgruppen**, insbesondere Minderheitsgruppen, eine **Beteiligung im Verwaltungsrat** zu **garantieren.**[5] Dazu § 19 (N 876 ff.).

874

Soll aber darüber hinaus auch auf die **Entscheidungen** in den Exekutivgremien einer Aktiengesellschaft Einfluss genommen werden, braucht es zusätzlich die **Inpflichtnahme der Mitglieder** dieser Gremien. Zu diesem Zweck werden nicht selten *Mitglieder des Verwaltungsrates in den Aktionärbindungsvertrag eingebunden* oder wird erklärt, die Grundsätze oder einzelne Bestimmungen des Vertrages würden die Parteien nicht nur in ihrer Eigenschaft als Aktionäre verpflichten, sondern auch bei der Ausübung einer Organfunktion in der Gesellschaft. Dazu § 20 (N 894 ff. und schon N 372 ff.).

875

---

[1] Vgl. dazu N 32 ff.
[2] Der Kompetenz der Generalversammlung und dadurch der Einflussnahme durch die Ausübung der Aktienstimmrechte sind durch die unentziehbaren Rechts des Verwaltungsrates (vgl. Art. 716a OR) wesentliche Bereiche entzogen, vgl. dazu N 366 ff. sowie BÖCKLI, Aktienrecht, § 13 N 279 ff.; *ders.:* Die unentziehbaren Kernkompetenzen des Verwaltungsrats, Zürich 1994 (=SnA7); VON DER CRONE, Aktienrecht, § 4 N 141 ff.; FORSTMOSER, Organisationsreglement, § 9; ADRIAN KAMMERER: Die unübertragbaren Kompetenzen des Verwaltungsrates, Zürich 1997 (= Diss. Zürich = SSHW 180).
[3] HINTZ-BÜHLER, 9 f. – Vgl. dazu sogleich, N 876, sowie N 372 ff. und N 403 f.
[4] Besonders prononciert ist dies bei Joint-Venture-Gesellschaften der Fall, vgl. HUBER, Vertragsgestaltung, 21 ff.; TRIPPEL/JAISLI KULL, 208 f.
[5] MARTIN, 263 f. – Hier kann ein Aktionärbindungsvertrag ergänzend zu einer Statutenbestimmung im Sinne von Art. 709 Abs. 2 OR in Erscheinung treten, vgl. etwa BLOCH, 204.

§ 19 Bestellung und Abberufung von Organen

I. Bestellung und Abberufung von Mitgliedern des Verwaltungsrates

A. Bestellung

1. Zwei Stufen der Bestellung

Aktionärbindungsverträge enthalten oft Regeln im Hinblick auf die Bestellung des Verwaltungsrates (und allenfalls auch der Geschäftsleitung[1]) und über die «Abordnung» der Parteien oder ihrer Vertreter in den Verwaltungsrat.[2] Verfügen die Vertragsparteien gemeinsam über alle oder eine Mehrheit der Aktienstimmen, können sie in der Generalversammlung die Wahl der gewünschten Verwaltungsratsmitglieder durchsetzen. Verfügen sie nur über eine Stimmenminderheit, können sie allenfalls zumindest einen Anspruch auf Vertretung im Verwaltungsrat aufgrund einer statutarischen Schutzbestimmung oder gestützt auf Art. 709 Abs. 1 OR geltend machen.[3]

876

Die Bestellung der Mitglieder des Verwaltungsrates erfolgt – aus aktionärbindungsvertraglicher Sicht – in zwei Stufen: Zunächst werden auf der **Ebene des Aktionärbindungsvertrages** die **Kandidaten festgelegt** bzw. wird entschieden, für wen die gebundenen Aktionäre ihre Stimme abzugeben haben. Auf der **Ebene der Gesellschaft** werden sodann diese Kandidaten in der Generalversammlung gewählt.

877

2. Bestimmung der Kandidaten auf Vertragsebene

Hinsichtlich der Vertretung der Vertragsparteien im Verwaltungsrat der Gesellschaft hat sich der Vertrag darüber auszusprechen, wie die **Wahlvorschläge** für die potenziellen Mitglieder des Verwaltungsrats **zustandekommen und** – allenfalls – den **Wahlmodus in der Versammlung der Vertragsparteien** festzulegen.

878

---

[1] Dazu N 892 ff.
[2] MARTIN, 263 f.
[3] Zu diesen eingehend FORSTMOSER/KÜCHLER, 36 ff. m.w.H.; MÜLLER/LIPP/PLÜSS, 34 ff.

a) Bestimmung der Kandidaten im Vertrag

879 In Aktionärbindungsverträgen mit nur wenigen Vertragsparteien wird oft über die Vertretung im Verwaltungsrat nicht durch Beschluss der Versammlung der Vertragsparteien entschieden, sondern es wird das Recht auf Vertretung **direkt im Bindungsvertrag** geregelt, allenfalls mit der Auflage, dass der Vertreter bestimmte Qualifikationen (Mitglied der Familie, spezifische Fachkenntnisse etc.) aufweisen muss. Vorgesehen werden in der Regel Vertragsparteien selbst oder von ihnen namentlich bestimmte Vertreter.

880 | Jede Vertragspartei ist berechtigt, im Verwaltungsrat der [Aktiengesellschaft] Einsitz zu nehmen oder sich im Verwaltungsrat durch einen Dritten vertreten zu lassen[, der die folgenden Voraussetzungen erfüllen muss: ...].

881 | Der Verwaltungsrat der [Aktiengesellschaft besteht aus folgenden Mitgliedern: X, Y, Z. Scheidet ein Mitglied aus dem Verwaltungsrat aus, ist es berechtigt, einen Nachfolger zu bestimmen, der die folgenden Voraussetzungen erfüllen muss:

– [Auflistung der Voraussetzungen].

Der als Nachfolger Bestimmte kann nur aus wichtigen Gründen abgelehnt werden.

b) Bestimmung der Kandidaten durch die Versammlung der Vertragsparteien

882 Andernfalls sind die zu bestellenden Mitglieder des Verwaltungsrates durch die **Versammlung der Vertragsparteien** zu bestimmen. Vgl. dazu N 1124 ff.

3. Wahl der Kandidaten in der Generalversammlung

883 Die im Vertrag oder von der Versammlung der Vertragsparteien bestimmten Kandidaten sind anschliessend in der Generalversammlung der Aktiengesellschaft zu wählen. Es findet sich in Aktionärbindungsverträgen deshalb häufig die ausdrückliche Verpflichtung der Parteien, ihre Stimmen in der Generalversammlung für die von ihnen bestimmten Kandidaten abzugeben.

884 | Die Parteien verpflichten sich, in der Generalversammlung sich gegenseitig als Mitglieder des Verwaltungsrates der [Aktiengesellschaft] wählen.

885 | Die Parteien verpflichten sich, bei der Gründung der [Aktiengesellschaft] die Personen [X], [Y] und [Z] als Mitglieder des Verwaltungsrates zu wählen.

> Die Parteien verpflichten sich, die [in Ziff. X dieses Vertrages genannten Personen / von der Versammlung der Vertragsparteien vorgeschlagenen Personen] in der Generalversammlung als Mitglieder des Verwaltungsrates der [Aktiengesellschaft] zu wählen.

Auch ohne explizite Erwähnung folgt eine solche Pflicht freilich schon aus der allgemeinen Verpflichtung der Parteien eines Aktionärbindungsvertrages, ihre Rechte so einzusetzen, dass der Vertrag umgesetzt wird.

B. Abberufung

Nach Art. 705 Abs. 1 OR hat die Generalversammlung das **Recht, «die Mitglieder des Verwaltungsrates ... abzuberufen»**. Dieses Recht kann – sofern ordnungsgemäss traktandiert – *jederzeit* und *ohne Begründung* im Rahmen einer ordentlichen oder ausserordentlichen Generalversammlung ausgeübt werden. Es ist *zwingend* und kann statutarisch nicht wegbedungen oder durch zusätzliche materielle Voraussetzungen, wie z.B. wichtige Gründe, erschwert werden.[4] Ob die Abberufung formell durch qualifizierte Beschluss- oder Präsenzquoren erschwert werden kann, ist umstritten,[5] aber gemäss Bundesgericht soweit möglich, als die Erschwerung eine Abwahl nicht verunmöglicht.[6] Ebenfalls umstritten ist, inwiefern dieses zwingende Recht zu Beschränkungen auf der Ebene eines Aktionärbindungsvertrages führt.[7,8]

Eine Abberufung von Mitgliedern des Verwaltungsrates *kommt selten vor*, und sie wird in Aktionärbindungsverträgen noch seltener ausdrücklich geregelt. Denkbar ist eine Ordnung analog derjenigen über die Bestellung der Mitglieder des Verwaltungsrats, allenfalls modifiziert durch das Erfordernis einer qualifizierten Mehrheit. Sie kann insbesondere dann sinnvoll sein, wenn die Vertretung im Verwaltungsrat ein Element des Minderheitenschutzes ist. In der Regel rechtfertigt sich eine ver-

---

[4] BGE 80 II 118; BÖCKLI, Aktienrecht, § 13 N 61 ff.; BSK-DUBS/TRUFFER, OR 705 N 5; FORSTMOSER/MEIER-HAYOZ/NOBEL, § 22 N 29 und § 27 N 38 f.; MÜLLER/LIPP/PLÜSS, 56 ff.; CHK-TANNER, OR 705 N 2 f.
[5] BÖCKLI, Aktienrecht, § 13 N 64; BSK-DUBS/TRUFFER, OR 705 N 5; FORSTMOSER/MEIER-HAYOZ/NOBEL, § 22 N 30 und § 27 N 39; CHK-TANNER, OR 705 N 2.
[6] BGE 117 II 290 E. 7a/aa. Das BGer hat in jenem Entscheid sehr weit gehende statutarische Erschwerungen des Abberufungsrechts geschützt.
[7] Vgl. den – u.E. nicht haltbaren – Entscheid des Tribunal Cantonal, Canton de Vaud vom 11. Dezember 2008 (referiert vorn N 100); sodann BLOCH, 206 f.; MARTIN, 248; WILHELM/BLOCH, *passim*. – Zur (nicht bestehenden) Pflicht zur Stimmenthaltung für Mitglieder des Verwaltungsrates bei der eigenen Abberufung vgl. N 792 f.
[8] Nach BLOCH (207) besteht eine Möglichkeit der Beschränkung des Abberufungsrechts in den Grenzen von Art. 2 Abs. 2 und 27 Abs. 2 ZGB.

tragliche Beschränkung des Rechts auf Abwahl auf den Fall des Vorliegens wichtiger sowie allenfalls zusätzlich bestimmter im Vertrag umschriebener Gründe.⁹

890
> Für die Abwahl eines Mitgliedes des Verwaltungsrates der [Aktiengesellschaft] gelten die Bestimmungen über die Wahl analog[, wobei für den Beschluss eine qualifizierte Mehrheit von 80% erforderlich ist].

891
> Die Vertragsparteien verpflichten sich, nur dann für die Abwahl eines Mitgliedes des Verwaltungsrates der [Aktiengesellschaft] zu stimmen oder diese der Generalversammlung zu beantragen, wenn wichtige Gründe für die Abwahl [oder einer der vorliegenden Gründe:
>
> – Aufzählung von Gründen;
>
> – ...]
>
> vorliegen.

II. Bestellung und Abberufung von Mitgliedern der Geschäftsleitung

892 **Regeln** über die Bestellung und Abberufung von Mitgliedern der Geschäftsleitung der Aktiengesellschaft **sind** in Aktionärbindungsverträgen **selten**, dies auch wegen der **Unsicherheiten betreffend** ihrer **Geltung** bzw. Ungültigkeit. Denn Art. 716a Abs. 1 Ziff. 4 OR weist die Aufgabe der «**Ernennung und Abberufung der mit der Geschäftsführung betrauten Personen**» unübertragbar und unentziehbar dem **Verwaltungsrat** zu. Die Aktionäre können deshalb – in ihrer Eigenschaft als Aktionäre – auf die Bestellung und Abberufung der Mitglieder der Geschäftsleitung im Rahmen der Ausübung ihrer Stimmrechte in der Generalversammlung nicht direkt Einfluss nehmen. Entsprechende vertragliche Bestimmungen wären wegen rechtlicher Unmöglichkeit nichtig.[10]

893 Sind Aktionäre oder Dritte in ihrer Rolle als **Mitglieder des Verwaltungsrates** in einen Aktionärbindungsvertrag eingebunden, können ihnen jedoch Vorgaben über die als Mitglieder der Geschäftsleitung zu bestimmenden Personen gemacht werden, soweit dies im Sinne einer Weisung an ein «entsandtes» Verwaltungsratsmitglied zulässig ist. Wie weit dies der Fall ist, ist nicht restlos geklärt.[11]

---

[9] Möglich ist auch eine beispielhafte Aufzählung bestimmter Gründe, die als wichtig erachtet werden.
[10] Vgl. N 259 f.
[11] Vgl. N 177 Anm. 121 und N 372 ff.

§ 20 Einbindung von Organmitgliedern

I. Einbindung von Mitgliedern des Verwaltungsrates

Zu Zulässigkeit und Umfang der Einbindung von Mitgliedern des Verwaltungsrates in einen Aktionärbindungsvertrag vgl. N 372 ff. Die dortigen Ausführungen werden hier ergänzt durch ein Beispiel für die konkrete Ausgestaltung der Einbindung: 894

> Die Vertragsparteien verpflichten sich, ihre Mitwirkungsrechte als [Aktionäre und/oder] Organe der [Aktiengesellschaft] nach den folgenden Grundsätzen auszuüben (und allenfalls von ihnen delegierte Organpersonen entsprechend zu instruieren):
> – [Auflistung der Grundsätze];
> – ...

895

> Die Vertragsparteien verpflichten sich – soweit rechtlich zulässig [und den guten Sitten entsprechend] – ihre Rechte [als Aktionäre und] als Mitglieder des Verwaltungsrates [und/oder anderer Organe] der [Aktiengesellschaft] im Sinne dieses Vertrages und gemäss den Beschlüssen der Versammlung der Vertragsparteien auszuüben. Lassen sie sich in der Generalversammlung, im Verwaltungsrat oder in anderen Organen der [Aktiengesellschaft] durch Dritte vertreten, sind sie verpflichtet, diesen Dritten entsprechende Weisungen zu erteilen»

896

II. Einbindung von Mitgliedern der Geschäftsleitung

Zur Zulässigkeit der Einbindung von Geschäftsleitungsmitgliedern vgl. N 403 f. 897

§ 21 Organisation der Aktiengesellschaft

I. Statutarische Ebene

In Aktionärbindungsverträgen finden sich oft Bestimmungen, die sich mit der inneren Organisation der Aktiengesellschaft selbst befassen (z.B. Quoren für die Generalversammlung, Änderung des Gesellschaftszwecks, Aufhebung des Bezugsrechts etc.). Aufgrund der strikten Trennung von vertraglicher und körperschaftsrechtlicher Ebene[1] sind solche Bestimmungen für die Aktiengesellschaft nur dann verbindlich, wenn sie auch in den Gesellschaftsstatuten verankert sind.

Solche Bestimmungen sind demnach als Anweisung an die in der Generalversammlung stimmberechtigten Vertragsparteien zu formulieren, entsprechende Statutenänderungen zu beschliessen – soweit aufgrund der Mehrheitsverhältnisse möglich – oder zumindest auf solche hinzuwirken.[2]

> Die Vertragsparteien verpflichten sich, in der [ersten auf den Vertragsschluss folgenden] Generalversammlung der [Aktiengesellschaft] die folgenden Statutenänderungen zu beschliessen:
>
> – [Aufzählung der Statutenänderungen];
>
> – ...
>
> Sie stellen durch Ausübung ihres Traktandierungsrechts sicher, dass die erforderlichen Statutenänderungen traktandiert werden.

Sind auch Mitglieder des Verwaltungsrates in den Aktionärbindungsvertrag eingebunden, können allenfalls diese – im Rahmen ihres Ermessensspielraumes[3] – angewiesen werden, für entsprechende Anträge des Verwaltungsrates zuhanden der Generalversammlung zu sorgen. Entsprechende Vereinbarungen können auch im Rahmen eines Aktionärbindungsvertrages unter Minderheitsaktionären sinnvoll sein.

---

[1] Vgl. N 115 f.
[2] Anders formulierte Bestimmungen können allenfalls entsprechend ausgelegt werden (vgl. N 261).
[3] Vgl. dazu N 366 ff.

II. Ebene des Verwaltungsrates und der Geschäftsleitung

902 Ein Aktionärbindungsvertrag kann keine direkt anwendbaren Bestimmungen über die Organisation des Verwaltungsrates und seine Kompetenzen enthalten; auch die indirekte Einflussnahme ist durch den Bereich der unübertragbaren und unentziehbaren Aufgaben des Verwaltungsrates begrenzt,[4] weil diese der Regelung durch die Generalversammlung – und damit die Aktionäre – entzogen sind.

903 Einen weiter gehenden Einfluss können die Aktionäre und damit die Parteien eines Aktionärbindungsvertrages nur über entsprechende Anweisungen an ebenfalls in den Vertrag eingebundenen Mitglieder des Verwaltungsrates ausüben. Darunter fallen etwa Anweisungen hinsichtlich der Konstituierung des Verwaltungsrates oder seiner Organisation gemäss einem im Aktionärbindungsvertrag vorgegebenen Organisationsreglement. Die betreffenden Mitglieder des Verwaltungsrates haben dabei jedoch stets das Interesse der Aktiengesellschaft im Auge zu behalten, die ihrer Weisungsgebundenheit Schranken setzt.[5]

904 > Die selbst oder durch einen Vertreter im Verwaltungsrat vertretenen Vertragsparteien verpflichten sich, dafür besorgt zu sein, dass durch den Verwaltungsrat der [Aktiengesellschaft] [innerhalb von drei (3) Monaten nach Vertragsschluss] ein Organisationsreglement erlassen wird, das dem [Anhang 1] dieses Vertrags entspricht.

905 > Die selbst oder durch einen Vertreter im Verwaltungsrat vertretenen Vertragsparteien verpflichten sich, dafür besorgt zu sein, dass durch den Verwaltungsrat der [Aktiengesellschaft] [innerhalb von drei (3) Monaten nach Vertragsschluss] ein Organisationsreglement erlassen wird, das die folgenden Grundsätze enthält:
>
> a) Der Verwaltungsrat konstituiert sich selbst. Der Präsident des Verwaltungsrates hat [den / keinen] Stichentscheid.
>
> b) Der Verwaltungsrat ist beschlussfähig, wenn die absolute Mehrheit seiner Mitglieder anwesend ist.
>
> c) Beschlüsse werden mit der absoluten Mehrheit der anwesenden Mitglieder zu fassen.
>
> d) Eine Mehrheit von zwei Dritteln samtlicher Verwaltungsratsmitglieder ist erforderlich für folgende Beschlüsse:

---

[4] Vgl. dazu N 282 ff.
[5] Vgl. dazu N 381 ff.; vgl. zum Organisationsreglement auch FORSTMOSER, Organisationsreglement, *passim*.

- Änderungen des Organisationsreglements;
- Änderung der Unternehmensstrategie;
- Beschlüsse über die Übertragung von Aktien (Vinkulierung);
- Erwerb und Veräusserung von Tochtergesellschaften (oder von Beteiligungen an Gesellschaften, die 20 % ihres Kapitals übersteigen);
- Erwerb und Veräusserung von Liegenschaften; und
- wirtschaftlich bedeutsame Beschlüsse (einmalige Investitionen von über [CHF 1 000 000] und wiederkehrende Investitionen von über [CHF 200 000]);
- [weitere Beschlüsse ...]

e) Die Geschäftsführung und Vertretung der [Aktiengesellschaft] wird [Person X] übertragen.

f) Im Übrigen zeichnen die Mitglieder des Verwaltungsrates kollektiv zu zweien.

g) [weitere Grundsätze ...]

3. Kapitel: Innervertragliche Organisation und Beschlussfassung

Zumindest bei Aktionärverbindungsverträgen mit mehr als nur zwei oder drei Vertragsparteien ist es sinnvoll oder gar unumgänglich, Regeln vorzusehen, die das Vorgehen für die **Entscheidfindung** strukturieren. Zentrales Element dabei ist die Versammlung der Vertragsparteien (dazu § 22 [N 908 ff.]).[1]

Oft ist auch der **Informationsfluss** unter den Vertragsparteien, aber auch zwischen dem Verwaltungsrat und den Vertragsparteien zu regeln, verbunden mit Auflagen zur Wahrung der Vertraulichkeit (dazu § 23 [N 1142 ff.]).[2]

---

[1] FISCHER, Parteienbestand, 24.
[2] HINTZ-BÜHLER, 19 f.

§ 22 Versammlung der Vertragsparteien

I. Die Bedeutung organisatorischer Vorgaben

Für Aktionärbindungsverträge, besonders diejenigen, die eine Stimmbindung enthalten,[1] ist die **Versammlung der Vertragsparteien**[2] – oder die sie ersetzende Beschlussfassung auf dem Zirkulationsweg[3] – *ein zentrales organisatorisches Element.*[4] In dieser Versammlung werden die *Beschlüsse für die Abstimmungen* in der Generalversammlung der Aktiengesellschaft *getroffen* und *weitere Entscheide* gefällt, die – bei entsprechender Einbindung[5] – von Verwaltungsrat und Geschäftsleitung der Aktiengesellschaft umzusetzen sind.[6] Ist der Aktionärbindungsvertrag als einfache Gesellschaft zu qualifizieren, fallen in die Kompetenz der Versammlung der Vertragsparteien *auch Änderungen des Gesellschaftsvertrages.*[7]

908

Weitere organisatorische Elemente sind *Austritt und Ausschluss von Vertragsparteien*[8] sowie – eng damit verknüpft – die *Ausübung von Vorkaufs-, Vorhand- und Mitverkaufsrechten.*[9] Sodann können unter den Vertragsparteien gegenseitige *Konsultations- oder Informationsrechte und -pflichten*[10] vorgesehen sein.

909

Verträge über *Joint-Venture-Unternehmen* enthalten *oft präzise, bis ins letzte Detail gehende organisatorische Regeln;* bei einem kleinen, überschaubaren Kreis von vielleicht auch verwandtschaftlich verbundenen Vertragsparteien wird dagegen eine Formalisierung der Abläufe nicht selten als unnötig erachtet. Doch wird man den *Nutzen einer klaren Regelung* dann erkennen, wenn sich die Parteien nicht mehr einig oder wenn sie gar zerstritten sind. Klare Regeln können *schwierige Situationen*

910

---

[1] Vgl. N 753 ff.
[2] Je nach Vertragskontext wird auch von Versammlung der Parteien, Pool- oder Konsortialversammlung, Familienversammlung etc. gesprochen.
[3] Vgl. N 979 f. – Zur Zulässigkeit des Zirkulationsweges vgl. BÖCKLI, Aktienstimmrecht, 70; DOHM, 130; BK-FELLMANN/MÜLLER, OR 534 N 139.
[4] FRICK, Private Equity, N 1435.
[5] Vgl. N 366 ff.
[6] HINTZ-BÜHLER, 77.
[7] Vgl. N 1006 ff.
[8] Vgl. N 505 ff. und 523 ff.
[9] Vgl. N 1170 ff.
[10] Vgl. N 1142 ff.

entschärfen. Auch erleichtern Formalisierung und Dokumentation die spätere *Überprüfbarkeit von Beschlüssen* und den Nachvollzug der Entscheidfindung.

911 *Bei einer grösseren Zahl von Vertragsparteien* drängt sich eine organisatorische Formalisierung in jedem Fall auf. *Organisatorische Formalisierung und Dokumentation* ist auch in Fällen unabdingbar, in denen nicht – oder nicht ausschliesslich – die Vertragsparteien selbst an den Versammlungen teilnehmen, sondern *wechselnde Vertreter.*

912 Die Mehrzahl der Aktionärbindungsverträge, die nicht einfach einen Austausch von Leistungen, sondern ein gemeinsames Vorgehen bezwecken, ist als einfache Gesellschaft zu qualifizieren.[11] Deshalb wird im Folgenden hauptsächlich, und wo nicht anders vermerkt, von den innervertraglichen Regeln der einfachen Gesellschaft ausgegangen. Oft dürften diese Regeln, was die innervertragliche Organisation betrifft, auch auf schuldrechtliche Mehrparteienverträge anwendbar sein, sofern sich aus der Auslegung des betreffenden Vertrages nichts anderes ergibt.

II. Organisation der Versammlung der Vertragsparteien

A. Regelung durch die Parteien des Aktionärbindungsvertrages

913 Die **Organisation** der Versammlung der Vertragsparteien ist *von den Parteien selbst festzulegen;* das Gesetz kennt – bis auf wenige Ausnahmen – keine besonderen Regeln oder Formvorschriften.[12]

914 Eine **rudimentäre Regelung** kann darin bestehen, auf die Versammlung der Vertragsparteien *sinngemäss die* gesetzlichen und statutarischen *Bestimmungen für die Generalversammlung der Aktiengesellschaft* für anwendbar zu erklären:

915
> Auf die Versammlung der Vertragsparteien sind sinngemäss die gesetzlichen und statutarischen Bestimmungen für die Generalversammlung der [Aktiengesellschaft] anwendbar.

916 In der Regel reicht allerdings ein solch genereller Hinweis nicht, um den *Besonderheiten der Versammlung der Vertragsparteien* gerecht zu werden. So können Quoren und Stimmkraft (beispielsweise Kopf- statt Anteilsstimmrecht) von denjenigen der Generalversammlung abweichen; aber auch für die Einberufung der Versammlung bestehen oft abweichende Bedürfnisse. Bei einer Verweisung auf die Regeln der Generalversammlung kann zudem unklar bleiben, welche Fragen gestützt auf die aktienrechtliche Ordnung zu beantworten sind und für welche das (dispositive)

---

[11] Vgl. N 145 f.
[12] BK-Fellmann/Müller, OR 534 N 137; ZK-Handschin/Vonzun, OR 534–535 N 95 ff.

Recht der einfachen Gesellschaft massgebend sein soll. Es empfiehlt sich daher eine explizite Ordnung.

Fehlende Regeln sind durch Auslegung und Ergänzung des Vertrages zu finden. Allenfalls können dabei die Statuten der Aktiengesellschaft als Richtschnur dienen oder *analog beigezogen* werden, doch kann auch gerade umgekehrt eine *Abweichung* von der aktienrechtlichen Regelung und die Anwendung des Rechts der einfachen Gesellschaft Sinn ergeben.[13]

B. Einberufung

1. Zeitpunkt der Durchführung

a) Ordentliche Durchführung

Wann und auf welchen **Zeitpunkt** sinnvollerweise Versammlungen einzuberufen sind, *hängt von Zweck, Inhalt und Umfang des jeweiligen Vertrages ab*, insbesondere davon, ob eine gemeinsame Stimmrechtsausübung vorgesehen ist.

Im Extremfall, wenn eine **kleine Zahl von Aktionären** über sämtliche Aktien verfügt und zudem die Mitglieder des Verwaltungsrates stellt, kann die *Versammlung ad hoc* – allenfalls zusammen mit einer Universalversammlung der Aktiengesellschaft (Art. 701 OR)[14] oder einer Verwaltungsratssitzung derselben[15] – durchgeführt werden.

Sind die **Verhältnisse weniger überschaubar** und die Beziehungen zwischen den Vertragsparteien weniger eng, ist eine *formelle Regelung der Einberufung und Durchführung* der Versammlung unumgänglich, wobei folgende Aspekte zu beachten sind:

Wenn die Parteien über ihr **Stimmverhalten** hinsichtlich der für die Generalversammlung traktandierten Verhandlungsgegenstände zu beschliessen haben, muss die Versammlung zeitlich so gelegt werden, dass die Traktanden bekannt sind; sie muss also mit Rücksicht auf die gesetzliche Mindestfrist von Art. 700 Abs. 1 OR *weniger als 20 Tage vor der Generalversammlung* stattfinden.[16] Sinnvoll dürfte ein Datum 5–15 Tage vor der Generalversammlung sein, um den Parteien Zeit für das Studium der Traktanden zu geben. Generell gilt, dass die Versammlung so früh anzusetzen ist, dass Entscheidungen rechtzeitig für die Generalversammlung ge-

---

[13] Betreffend die Vertragsergänzung durch Beizug der statutarischen Ordnung vgl. N 209.
[14] BÖCKLI, Aktienrecht, § 12 N 53 ff.; VON DER CRONE, Aktienrecht, § 5 N 48 ff.
[15] BÖCKLI, Aktienrecht, § 13 N 113 ff.; MÜLLER/LIPP/PLÜSS, 109 ff.
[16] Erweist sich die Frist von 20 Tagen als zu kurz, steht es den Vertragsparteien (bei entsprechender Stimmenmehrheit) frei, in den Statuten eine längere Minimalfrist vorzusehen (BSK-DUBS/TRUFFER, OR 700 N 7; CHK-TANNER, OR 700 N 2 f.).

troffen werden können; gleichzeitig ist sie aber auch so spät anzusetzen, dass die erforderlichen Informationen über die Geschäftstätigkeit der Aktiengesellschaft verfügbar sind und verarbeitet werden können.[17]

922 | Spätestens [zwölf] Tage vor jeder Generalversammlung der [Aktiengesellschaft] ist eine Versammlung der Vertragsparteien durchzuführen.

923 | Nach Bekanntgabe der Traktanden, jedenfalls aber spätestens [fünf] Tage vor der Generalversammlung ist eine Versammlung der Vertragsparteien durchzuführen.

924 | Vor jeder Generalversammlung der [Aktiengesellschaft] sowie dann, wenn [25%] der [gebundenen] Aktienstimmen dies verlangen, ist eine Versammlung der Vertragsparteien durchzuführen. Dieser Versammlung sind alle für die Generalversammlung vorgesehenen Traktanden und alle Traktanden, die von den Vertragsparteien [bis fünf Tage] vor der Versammlung den übrigen Vertragsparteien/dem Vorsitzenden bekannt gemacht wurden, zur Diskussion und gemeinsamen Beschlussfassung vorzulegen.

925 Sind auch **Mitglieder des Verwaltungsrates** Vertragsparteien[18] und benötigen diese im Hinblick auf die Generalversammlung bzw. die zu traktandierenden Geschäfte Informationen oder Weisungen der Aktionäre, ist die Versammlung der Vertragsparteien *vor den Zeitpunkt der Einladung zur Generalversammlung* zu legen (allenfalls mit einer zusätzlichen Versammlung kurz vor der Generalversammlung, sollten andere oder geänderte Traktanden oder Anträge vorgesehen werden).

926 Für den Fall, dass an der Generalversammlung **keine ausserordentlichen Traktanden** zur Debatte stehen und die Anträge des Verwaltungsrates voraussichtlich unbestritten sind, kann der Vertrag bestimmen, dass die Versammlung der Vertragsparteien auch *erst unmittelbar vor der Generalversammlung* stattfinden kann.

927 | Stehen nur Routinegeschäfte an, namentlich die regelmässigen Traktanden einer ordentlichen Generalversammlung wie Wahlen, Entlastung, Abnahme der Jahresrechnung und des Lageberichts sowie Gewinnverwendung, kann die Versammlung der Vertragsparteien auch erst unmittelbar vor der Generalversammlung der [Aktiengesellschaft] durchgeführt werden.

---

[17] Werden Aktionäre durch Dritte vertreten, dann ist auch der für die Erteilung von Weisungen benötigte Zeitraum zu berücksichtigen.
[18] Vgl. N 366 ff.

> Falls an einer ordentlichen Generalversammlung der [Aktiengesellschaft] keine ausserordentlichen Traktanden zur Diskussion stehen und die Anträge des Verwaltungsrates von keiner Vertragspartei bestritten werden, kann die Versammlung auch erst unmittelbar vor der Generalversammlung stattfinden.

928

> Im Einverständnis sämtlicher Vertragsparteien kann die Versammlung auch erst unmittelbar vor der Generalversammlung durchgeführt oder können die Beschlüsse auf dem Zirkulationsweg gefasst werden.

929

Enthält der Vertrag keine Regelung, ergibt sich die Notwendigkeit einer Versammlung meist nach Bedarf aus dem Vertragszweck (bei Stimmbindungsvereinbarungen beispielsweise vor jeder Generalversammlung).

930

b) Ausserordentliche Durchführung

Neben den regelmässigen Einberufungen jeweils vor den Generalversammlungen kann der Aktionärbindungsvertrag auch ein **Einberufungsrecht von** einer oder mehreren der **Vertragsparteien** (allenfalls abhängig von weiteren Voraussetzungen) vorsehen.

931

> Jede Vertragspartei kann jederzeit die Durchführung einer ausserordentlichen Versammlung der Vertragsparteien verlangen.

932

> Eine oder mehrere Vertragsparteien, die allein oder gemeinsam mindestens [zwanzig] Prozent der diesem Vertrag unterliegenden Aktienstimmen vertreten, können jederzeit die Durchführung einer ausserordentlichen Versammlung der Vertragsparteien verlangen. [Aus wichtigen Gründen steht dieses Recht jeder Vertragspartei unabhängig von ihrem Aktienbesitz zu.]

933

> Die Vertragsparteien, welche die Durchführung einer ausserordentlichen Versammlung verlangen, teilen dies dem Vorsitzenden einschliesslich der an dieser Versammlung zu behandelnden Traktanden und ihren Anträgen [sowie einer kurzen Begründung] mit. Der Vorsitzende beruft die Versammlung innert [zwanzig] Tagen seit Erhalt der Mitteilung ein.

934

Wenn der Vertrag als einfache Gesellschaft zu qualifizieren ist, steht den Vertragsparteien auch ohne explizite Regelung das *Recht auf jederzeitige Einberufung einer ausserordentlichen Versammlung* zu. Liegt ein wichtiger Grund vor, ist dieses Recht zwingend und darf auch nicht von weiteren Voraussetzungen (wie der Anzahl gehaltener Aktien) abhängig gemacht werden.[19]

935

---

[19] BK-FELLMANN/MÜLLER, OR 534 N 141.

2. Form und Frist

a) Form

936 Die **Einberufung** hat in der *vertraglich vorgesehenen Form* zu erfolgen; das Gesetz selbst kennt auch diesbezüglich keine Formvorschriften:[20] Der Vertrag kann die *schriftliche oder elektronische Einladung* vorsehen, aber auch die Einladung durch *eingeschriebenen Brief*, was im Interesse der Nachweisbarkeit sinnvoll, aber aus praktischen Gründen für die Adressaten unerwünscht sein kann.[21] Schweigt der Vertrag zur Form der Einladung, ist eine schriftliche Einladung angezeigt.

b) Frist

937 Weiter ist zu bestimmen, *wann die Einladung zu versenden ist* bzw. *wann sie einzutreffen hat:* Angemessen – und auch beim Fehlen einer expliziten Regelung zu beachten – sein dürfte eine *Frist von 5–10 Tagen*.[22]

938 Ginge man analog den Regeln über die Generalversammlung (Art. 700 Abs. 1 OR) vor, wäre die Einladung mindestens 20 Tage im Voraus zu versenden oder müsste sie gar so verschickt werden, dass sie in diesem Zeitpunkt eintrifft.[23] Beides ist für ordentliche Versammlungen schon deshalb nicht möglich, weil die Einladung zur Generalversammlung abzuwarten ist.[24]

---

[20] BK-Fellmann/Müller, OR 534 N 137.

[21] In der Regel wird man daher die Zustellung per Einschreiben nicht vertraglich vorsehen. Dem Einberufenden ist es dann immer noch unbenommen, im Einzelfall die eingeschriebene Zustellung zu veranlassen, wenn dies wegen der Bedeutung der Traktanden oder im Hinblick auf eine angespannte Situation unter den Vertragsparteien tunlich erscheint.

[22] Mit dem Vorbehalt der Einladung zu einer Sitzung unmittelbar vor der Generalversammlung, vgl. sodann N 921.

[23] In Bezug auf die Generalversammlung ist umstritten, ob für die Einhaltung der Frist das Datum des Versandes massgebend ist (so die wohl heute herrschende Lehre, s. etwa Ines Pöschel: Generalversammlung und Internet: Versuch einer Ent-Täuschung, in, Watter [Hrsg.], Die «grosse» Schweizer Aktienrechtsrevision, Zürich 2010 [= SSHW 300], 223 ff., 229, m.w.H. in Anm. 26.) oder das des Eintreffens (bei normalen postalischen Verhältnissen), so noch Forstmoser/Meier-Hayoz/Nobel, § 23 N 42 f. Für Aktionärbindungsverträge empfiehlt es sich, diese Frage explizit zu regeln.

[24] Vgl. N 921. – Das zur Verfügung stehende *Zeitfenster ist recht eng;* es wird zum einen begrenzt durch den Erhalt der Einladung zur Generalversammlung der Aktiengesellschaft, zum anderen durch die bindungsvertraglich vorgesehene Frist, die zwischen der Generalversammlung und der Versammlung der Vertragsparteien liegen soll, dazu soeben N 921.

> Die Einladung zur Versammlung der Vertragsparteien muss diesen mindestens [fünf] Tage im Voraus zugestellt werden / muss so zugestellt werden, dass sie – unter Annahme einer normalen postalischen Zustellung in der Schweiz – mindestens [fünf] Tage im Voraus eintrifft.

Alternativ kann eine frühzeitige Einberufung, verbunden mit einer Nachsendung der Traktanden der Versammlung innert angemessener Frist, vorgesehen werden. Allgemein ist festzuhalten, dass die vorgängige Bekanntgabe der Traktanden nur dann erforderlich ist, wenn den Vertragsparteien nach Treu und Glauben nicht zugemutet werden kann, einen Beschluss ohne vorgängige Kenntnis zu fällen.[25]

Mit Vorteil vertraglich vorzusehen ist die **Fiktion,** dass die Einladung als zugestellt gilt, wenn sie ordnungsgemäss an die gemäss Vertrag mitgeteilte Adresse einer Vertragspartei versandt worden ist.

> Die Einladung zur Versammlung der Vertragsparteien gilt als zugestellt, wenn sie ordnungsgemäss an die [von einer Vertragspartei / gemäss Art. X] angegebene Adresse versandt worden ist.

3. Zuständigkeit

Es ist auch festzulegen, wer für die Einladung der Vertragsparteien verantwortlich ist; diese Aufgabe kann einer bestimmten Person, dem **Vorsitzenden** der Versammlung[26] (soweit ein solcher vorgesehen ist und er nicht einfach in der Versammlung jeweils *ad hoc* bestellt wird), dem ständigen **Sekretär**[27] oder – was häufig geschieht – einer **Vertragspartei** zufallen, die zugleich **Mitglied des Verwaltungsrates** der Aktiengesellschaft (und allenfalls dessen Präsident) ist.

> Der Vorsitzende / Sekretär / Präsident des Verwaltungsrates [der Aktiengesellschaft] ist für die ordnungsgemässe Einladung zur Versammlung der Vertragsparteien zuständig.

---

[25] BK-FELLMANN/MÜLLER, OR 534 N 138. – Die aktienrechtliche Regelung, wonach grundsätzlich nur über im Voraus bekannt gegebene Verhandlungsgegenstände beschlossen werden kann (Art. 700 Abs. 3 OR), ist nicht anwendbar, es sei denn, die Parteien hätten dies so vereinbart. Es besteht Formfreiheit betreffend die Einberufung und Durchführung von Gesellschafterversammlungen (BK-FELLMANN/MÜLLER, OR 534 N 137).

[26] Vgl. N 950 ff.

[27] Vgl. N 966.

C. Vertretung

945 Die **Vertretung** in der Versammlung der Vertragsparteien *folgt den Regeln über die Stellvertretung gemäss Art. 32 ff. OR*. Sie ist nur zulässig, wenn die übrigen Vertragsparteien der Vertretung im Einzelfall zustimmen oder wenn der Vertrag sie vorsieht.[28]

946 Die Vertretung wird in Aktionärbindungsverträgen häufig – analog zur bei nicht kotierten Gesellschaften noch immer weit verbreiteten aktienrechtlichen Statutenregel gemäss Art. 689 Abs. 2 OR – auf die **Vertretung durch eine andere Vertragspartei** beschränkt. Dies ist dann sinnvoll, wenn sich eine Vertragspartei auch an der Generalversammlung vertreten lassen möchte und auch dort nur andere Aktionäre als Vertreter zugelassen sind. Es macht darüber hinaus allenfalls auch dann Sinn, wenn der Kreis der Beteiligten in der Versammlung der Vertragsparteien geschlossen bleiben soll, z.B. wegen der Vertraulichkeit der zu behandelnden Themen.

947 | Jede Vertragspartei kann sich in der Versammlung der Vertragsparteien durch eine andere Vertragspartei vertreten lassen.

948 Eine solche Einschränkung der Vertretungsmöglichkeit kann freilich **im Konfliktfall problematisch** sein, da dann einer Partei allenfalls nur die Möglichkeit bleibt, sich durch die gegnerische Seite vertreten zu lassen. Um dies zu vermeiden, kann vorgesehen werden, dass auf Verlangen einer Vertragspartei ein **unabhängiger Stellvertreter,** der nicht Aktionär zu sein braucht, zu bestellen ist.[29]

949 | Jede Vertragspartei kann verlangen, dass für die Versammlung der Vertragsparteien eine unabhängige Person bezeichnet wird, die mit der Vertretung beauftragt werden kann. [Allenfalls Ausführungen zur Bestellung bzw. zu den erforderlichen Qualifikationen des unabhängigen Stellvertreters.]

D. Vorsitz

950 Die vertragliche Bestellung eines **Vorsitzenden** oder Verantwortlichen für die *organisatorischen Vorkehrungen* – insbesondere diejenigen im Hinblick auf die Versammlung der Vertragsparteien – und die *Leitung der Versammlung* empfiehlt sich

---

[28] BK-Fellmann/Müller, OR 534 N 83 ff.; ZK-Handschin/Vonzun, OR 534–535 N 54 ff.

[29] Für die Vertretung in der Generalversammlung soll dies im Aktienrecht künftig zwingend möglich sein (Art. 689d Abs. 2 VE-OR).

schon aus praktischen Gründen.[30] Wie dieser Verantwortliche bestimmt wird und mit welchen Rechten und Pflichten er auszustatten ist, kann von Parteien frei bestimmt werden. Dem Vorsitzenden kann im Falle der Stimmengleichheit der *Stichentscheid* zukommen.[31] Es muss dies jedoch – anders als für die Generalversammlung nach dispositivem Aktienrecht[32] – ausdrücklich im Vertrag vorgesehen sein.

> Die Vertragsparteien wählen aus ihrer Mitte einen Vorsitzenden, der für die Einladung zur Versammlung der Vertragsparteien, für die Leitung der Versammlung und für alle übrigen administrativen Aufgaben im Rahmen dieses Vertrages zuständig ist. Die Amtsdauer [beträgt (zwei) Jahre / läuft bis zum Abschluss der nächsten ordentlichen Versammlung der Vertragsparteien]. Wiederwahl ist möglich.

951

> Die Leitung obliegt dem gemäss Art. X dieser Vereinbarung bestellten Vorsitzenden. Dieser ist auch für alle administrativen Aufgaben im Rahmen der Vereinbarung [einschliesslich der Einladung zur Versammlung der Vertragsparteien] verantwortlich.

952

Der Vertrag kann aber auch die Wahl eines **Tagespräsidiums** vorsehen, entweder als Regel[33] oder in Ausnahmefällen:

953

> Die Versammlung der Vertragsparteien wählt mit dem absoluten Mehr der vertretenen Aktienstimmen / der anwesenden / vertretenen Vertragsparteien[34] einen Vorsitzenden für die jeweilige Versammlung.

954

> Die Versammlung der Vertragsparteien kann mit einer Mehrheit von [75] Prozent einen anderen Tagespräsidenten [als den ordentlichen Vorsitzenden] wählen. Der Antrag ist spätestens unmittelbar nach der Eröffnung der Versammlung zu stellen.

955

Sind die durch den Aktionärbindungsvertrag verbundenen **Aktionäre zugleich** oder zumindest mehrheitlich auch **im Verwaltungsrat** der betreffenden Aktiengesellschaft vertreten, kann die *parallele Organisation von Versammlung der Vertrags-*

956

---

[30] Es kann dafür auch ein Sekretär eingesetzt werden (vgl. N 966).
[31] Dazu N 1048 ff.
[32] Art. 713 Abs. 1 OR.
[33] Diesfalls sind die üblicherweise vom Vorsitzenden zu erledigenden administrativen Aufgaben einschliesslich der Vorbereitung der Versammlung und ihrer Einberufung eigens zu regeln und z.B. einem ständigen Sekretär zuzuweisen.
[34] Nicht selten wird für den Entscheid über solche administrativen Anträge auf das Kopfstimmprinzip abgestellt.

parteien, Generalversammlung und Verwaltungsratssitzung – und damit auch von deren Vorsitz – angebracht sein.

957 | Den Vorsitz führt der jeweilige Vertreter der Vertragsparteien im Verwaltungsrat der [Aktiengesellschaft]. Sind mehrere Parteien Mitglieder des Verwaltungsrates, obliegt die Einberufung dem Vertreter der Partei mit dem grössten Aktienbesitz / dem amtsältesten Mitglied / dem an Jahren ältesten Mitglied.

958 | Den Vorsitz führt der jeweilige Präsident des Verwaltungsrates der [Aktiengesellschaft], falls dieser Partei dieses Vertrages ist. Ist der Präsident des Verwaltungsrates nicht Partei dieses Vertrages, obliegt der Vorsitz derjenigen [im Verwaltungsrat vertretenen] Vertragspartei, deren Nachname im Alphabet an erster Stelle steht / ist der Vorsitzende durch das Los zu bestimmen.

959 | Den Vorsitz führt der jeweilige Präsident des Verwaltungsrates der [Aktiengesellschaft]. Dieser ist für die ordnungsgemässe Einladung zur Versammlung der Vertragsparteien und die Durchführung aller administrativen Aufgaben, die im Rahme dieser Vereinbarung anfallen, zuständig.

960 Der **Vorsitz** kann auch jeder Vertragspartei abwechselnd nach einem im Voraus vereinbarten **Turnus** zukommen (z.B. in *alphabetischer Reihenfolge* oder nach *Anciennität*). Als Vorbereitung für die Auflösung von Pattsituationen durch Stichentscheid[35] kann der Vorsitz aber auch einem neutralen Minderheitsbeteiligten[36] oder einem aussenstehenden Dritten, der dem Aktionärbindungsvertrag zu diesem Zweck beitritt, übertragen werden.

961 | Der Vorsitz der Versammlung der Vertragsparteien wechselt unter den Vertragsparteien [in alphabethischer Reihenfolge der Nachnamen / in der Reihenfolge auf dem Deckblatt dieses Vertrages / nach Anciennität] von Jahr zu Jahr. Den ersten Vorsitzenden bezeichnen die Vertragsparteien bei Vertragsunterzeichnung.

E. Ablauf der Versammlung

962 In der Regel richtet sich der **Ablauf der Versammlung** der Vertragsparteien nach der *Reihenfolge der anstehenden Traktanden*. Andere Vorgehensweisen sind möglich und liegen im Ermessen des Vorsitzenden oder – bei Fehlen eines solchen – der Vertragsparteien. Themen, bei denen Dritte anwesend sein müssen, können so z.B.

---

[35] Vgl. N 1048 ff.
[36] Vgl. N 1058 ff.

an den Anfang oder an das Ende der Versammlung gelegt werden, ebenso Themen, bei denen nicht sämtliche Vertragsparteien anwesend sein sollen.[37]

Bei einer kleinen Zahl von Beteiligten können die Sitzungen informell ablaufen, bei einer grösseren Zahl – aber auch dann, wenn das Verhältnis unter den Parteien gespannt ist – sollte auf ein formelles Vorgehen Wert gelegt werden.

F. Protokollierung

Anders als für die Generalversammlung (Art. 702 Abs. 2 OR) und die Sitzungen des Verwaltungsrates (Art. 713 Abs. 3 OR) ist die **Führung eines Protokolls** für die Versammlung der Vertragsparteien *nicht vorgeschrieben*. Aktionärbindungsverträge sehen diese jedoch regelmässig und zu Recht vor.[38] Die Protokollführung *empfiehlt sich* nur schon zum Zweck der Dokumentation und der späteren *Überprüfbarkeit*, aber auch deshalb, weil sie die *Genauigkeit der Beschlüsse* fördert und versteckte *Missverständnisse aufdeckt*. Die vollständige Protokollierung auch der *Verhandlungen* erleichtert die spätere Nachvollziehbarkeit einer Entscheidung; für die Protokollierung nur der *Beschlüsse* spricht, dass sie die Vertraulichkeit der Voten gewährleistet und so die offene Diskussion fördert.

> Die [Verhandlungen und die] Beschlüsse der Versammlung der Vertragsparteien sind zu protokollieren. Die Versammlung wählt / der Vorsitzende bestimmt zu Beginn einen Protokollführer.

In komplexen Verhältnissen kann es angezeigt sein, einen **ständigen Sekretär** zu bestimmen, der für die *Administration*, einschliesslich der *Vorbereitung der Versammlung* zuständig ist und in dieser das *Protokoll* führt.

G. Anwesenheit von Gästen

Gelegentlich wird auch die **Teilnahme von Gästen** an der Versammlung der Vertragsparteien geregelt. Zu denken ist dabei vor allem an *Ehe- und Lebenspartner*, potenzielle *Nachfolger oder Nachkommen* bei Familienunternehmen, die selber (noch) nicht Aktionäre sind, aber an ihre künftige Aufgabe herangeführt und in das Unternehmen eingebunden werden sollen, sodann auch an nicht im Aktionariat vertretene *Investoren*, beispielsweise bei Startup-Unternehmen.

---

[37] Beispielsweise eine *Privatsitzung* ohne diejenigen Parteien, die im Verwaltungsrat der Aktiengesellschaft vertreten sind, entsprechend der in Verwaltungsratssitzungen verbreiteten *Closed* bzw. *Private Session* ohne den im Übrigen anwesenden CEO.

[38] Oder es besteht zumindest eine entsprechende vertragsinterne Übung.

968 | Die Vertragsparteien sind frei, [mündige] Nachkommen sowie Ehegatten oder ihre Lebenspartnerinnen oder Lebenspartner als Gäste an der Versammlung der Vertragsparteien teilnehmen zu lassen, sofern diese sich schriftlich zur Geheimhaltung gemäss [Ziff. X] dieses Vertrages verpflichten [und die Anwesenden mehrheitlich zustimmen].

969 | Volljährige direkte Nachkommen und die Partnerinnen und Partner der Vertragsparteien können als Gäste an der Versammlung der Vertragsparteien teilnehmen, falls sie sich schriftlich zu Stillschweigen verpflichten. Unmündige direkte Nachkommen können als Gäste an der Versammlung der Vertragsparteien teilnehmen, sofern eine Mehrheit der Vertragsparteien zustimmt. Bei der Behandlung geheimhaltungspflichtiger Traktanden haben Gäste den Raum zu verlassen, es sei denn, sie verpflichten sich zur Geheimhaltung und alle anwesenden Vertragsparteien erklären sich mit ihrer Anwesenheit einverstanden.

970 | Die Vertragsparteien können Drittpersonen als Gäste zur Versammlung der Vertragsparteien zulassen, wenn [eine (qualifizierte) Mehrheit zustimmt / alle Vertragsparteien zustimmen].

971 | Der Vorsitzende der Geschäftsleitung nimmt an den Sitzungen als Auskunftsperson teil, soweit die Vertragsparteien nicht etwas anderes beschliessen.

972 | Der Vorsitzende entscheidet über die Anwesenheit von Mitgliedern der Geschäftsleitung oder Dritten.

III. Beschlussfassung und Quoren im Allgemeinen

A. Stimmengewicht der Vertragsparteien

973 Ein weiterer im Aktionärbindungsvertrag zu regelnder Punkt ist das **Stimmengewicht in der Versammlung.** Die Stimmkraft kann *entsprechend der Anzahl* der von einer Partei gehaltenen und unter den Vertrag fallenden *Aktienstimmen* festgelegt werden. Es kann *aber auch das Kopfstimmprinzip* vorgesehen sein, sodass jeder Vertragspartei unabhängig von der Zahl ihrer Aktien je eine Stimme zukommt. Wenn ein Aktionärbindungsvertrag als einfache Gesellschaft zu qualifizieren ist und nichts anderes vereinbart wurde, ist dies sogar die Regel (Art. 534 OR).[39] Weitere Varianten der Stimmgewichtung und Kombinationen sind denkbar.[40]

---

[39] Vgl. N 992 ff.
[40] FISCHER, Parteienbestand, 87 f.; ZK-HANDSCHIN/VONZUN, OR 534–535 N 92.

> Jede Vertragspartei verfügt in der Versammlung der Vertragsparteien über diejenige Anzahl Stimmen, die ihrem Anteil an den unter diesen Vertrag fallenden Aktien der [Aktiengesellschaft] entspricht.

974

> Jede Vertragspartei verfügt in der Versammlung der Vertragsparteien über eine Stimme.

975

Verfügen eine oder mehrere Vertragsparteien über **Stimmrechtsaktien,** ist zu entscheiden, ob auch in der Versammlung der Vertragsparteien die Höhe der Stimmkraft und/oder der Ausschluss derselben (allenfalls auch nur bei bestimmten Geschäften) berücksichtigt werden sollen.[41] Denkbar ist, dass auch **Partizipanten,** die Parteien des Aktionärbindungsvertrages sind,[42] in der Versammlung der Vertragsparteien – anders als in der Generalversammlung (Art. 656c Abs. 1 OR) – generell oder bei bestimmten Traktanden (wie etwa die Festlegung der Stimmabgabe über den Dividendenbeschluss) stimmberechtigt sind.

976

Zur Gewichtung der Stimme des Vorsitzenden **(Stichentscheid)** vgl. N 1048 ff.

977

B. Beschlussfassung und Quoren[43]

1. Arten der Beschlussfassung

Ein **Beschluss** kommt zustande, wenn sich die Vertragsparteien *im dafür vorgesehenen Verfahren mit dem erforderlichen Quorum*[44] für den entsprechenden Antrag aussprechen.

978

a) Form der Beschlussfassung

Die Beschlussfassung im Rahmen des Aktionärbindungsvertrages ist gesetzlich an **keine besondere Form** gebunden. Sie kann demnach *sowohl ausdrücklich als auch konkludent* erfolgen. In der Regel wird man allerdings eine *formelle Beschlussfassung durch (offene oder geheime) Abstimmung* vorsehen und – von unbestrittenen Routinetraktanden abgesehen – auch durchführen. Ebenfalls möglich ist die Beschlussfassung auf dem schriftlichen oder elektronischen *Zirkulationsweg,*[45] sodann die Be-

979

---

[41] Vgl. Art. 693 Abs. 3 OR.
[42] Vgl. N 351.
[43] Grundlegend zu Arten und Bedeutung von Quoren TANNER, *passim.* – Betreffend die Vertragsergänzung bei fehlender Regelung durch Beizug der statutarischen Ordnung vgl. N 209 und 917.
[44] Dazu N 992 ff. – Ausführlich zu den Theorien der Beschlussfassung TANNER, § 1 N 58 ff.
[45] BK-FELLMANN/MÜLLER, OR 534 N 136 und 139 f.

schlussfassung in einer *Telefon- oder Videokonferenz* oder auch in einem *virtuellen (Chat-)Raum.*

980 Werden für die *Beschlussfassung unter Anwesenden andere Regeln als für die Beschlussfassung auf dem Zirkulationsweg* aufgestellt, sollte vertraglich festgelegt werden, welcher dieser beiden Kategorien die Beschlussfassung mittels elektronischer Hilfsmittel zugerechnet werden soll.[46] Sodann ist im Zusammenhang mit der Beschlussfassung auf dem Zirkulationsweg zu regeln, ob verspätet eintreffende Stimmen als vertretene, aber ungültige Stimmen zu zählen sind oder ob sie als nicht anwesende Stimmen betrachtet werden. Dies ist dann wesentlich, wenn Präsenzquoren bestehen, allenfalls aber auch, wenn für einen (positiven) Beschluss die absolute Mehrheit der vertretenen Stimmen verlangt wird, weil sich beim absoluten Mehr vertretene, aber ungültige Stimmen wie Nein-Stimmen auswirken.[47] Wird die Frage nicht geregelt, dürften verspätet eintreffende Stimmen als nicht vertreten zu betrachten sein.

b) Offene oder geheime Stimmabgabe

981 Für die Versammlung der Vertragsparteien kann die **offene oder geheime Stimmabgabe** vorgesehen werden.

982 In *kleineren, überschaubaren Verhältnissen verfehlt* die geheime Stimmabgabe *allenfalls ihr Ziel,* weil den Beteiligten trotz Anonymität klar ist, wer wie gestimmt hat. Bei Verträgen mit einer *grösseren Zahl von Beteiligten* kann die Möglichkeit einer geheimen Stimmabgabe die einzelnen Vertragsparteien hingegen *dem Konformitätsdruck entziehen* und eine unverfälschte Willenskundgabe fördern.

983 Oft wird als Regel die offene Stimmabgabe vorgesehen, die geheime Abstimmung aber dann, wenn eine Vertragspartei, eine Minderheit oder der Vorsitzende sie verlangt bzw. anordnet.

---

[46] Die physische Versammlung der Vertragsparteien geniesst aufgrund der Möglichkeit des persönlichen Kontakts oftmals eine Vorrangstellung gegenüber den anderen Arten der Beschlussfassung.

[47] In der Praxis ist das Vorgehen freilich oft weniger formal und werden auch verspätet eingereichte Stimmen bis zum Abschluss der Entscheidfindung berücksichtigt. Dies ist u.E. angesichts der oft im Einverständnis aller Beteiligten flexiblen Handhabung der Formalien auf der Stufe des Aktionärbindungsvertrages vertretbar, muss dann aber gegenüber allen Parteien gleich gehandhabt werden, nicht nur zugunsten des eigenen Lagers. – Vgl. zur Wirkung ungültiger Stimmen sogleich, N 984 ff.

2. Arten der Stimmenmehrheit[48]

Die *Begriffe* für die verschiedenen **Arten der Stimmenmehrheit** («Mehrheit», «absolute Mehrheit», «relative Mehrheit», «einfache Mehrheit» und «qualifizierte Mehrheit») *werden uneinheitlich und oft verwirrend verwendet.*[49] In dieser Publikation sind sie wie folgt definiert:

Mehrheit: Der Begriff «Mehrheit» bedeutet «grösserer Teil einer bestimmten Anzahl von Personen» oder Stimmen, d.h. mehr als die Hälfte dieser Anzahl Personen oder Stimmen. Der Begriff ist damit Synonym und zugleich Basis zu den Begriffen der absoluten bzw. der einfachen Mehrheit.

Absolute Mehrheit: Die absolute Mehrheit ist erreicht, wenn ein Antrag mehr als die Hälfte der (anwesenden bzw. vertretenen) Stimmen auf sich vereinigt.[50] Stimmenthaltungen und ungültige Stimmen haben die Wirkung von Nein-Stimmen.[51] Ist

---

[48] Im Folgenden ist vom Erfordernis einer bestimmten Anzahl Stimmen im Rahmen einer Abstimmung die Rede («**Stimmenquorum**», vgl. TANNER, § 2 N 7 ff.). Davon zu unterscheiden sind **Präsenzquoren**, die eine Voraussetzung dafür sind, dass eine Frage überhaupt entschieden werden kann (vgl. TANNER, § 2 N 4 ff.). Das **Zusammenspiel der beiden Quoren** ist genau zu beachten. So nützt etwa das Einstimmigkeitserfordernis für Beschlüsse (dazu N 990) wenig, wenn die Versammlung beschlussfähig ist, falls die (absolute) Mehrheit der Parteien oder der gebundenen Stimmen anwesend oder vertreten ist. Eine Kombination der beiden Erfordernisse kann dadurch erfolgen, dass sich die erforderliche Stimmenmehrheit für bestimmte Beschlüsse aufgrund **sämtlicher** Vertragsparteien oder gebundener Aktienstimmen bemisst, nicht nur der anwesenden bzw. vertretenen.

[49] Zur Terminologie vgl. BSK-DUBS/TRUFFER, OR 703 N 10; ERNST, 52 ff.; FORSTMOSER/MEIER-HAYOZ/NOBEL, § 24 N 7 ff.; BSK-HEINI/SCHERRER, ZGB 67 N 8 und 13 f.; BK-RIEMER, ZGB 67 N 49 ff.; TANNER, § 2 N 36 ff. – Vgl. auch Duden, Deutsches Universalwörterbuch, 7. Aufl., Mannheim 2011, und das Parlamentswörterbuch der schweizerischen Bundesversammlung (http://www.parlament.ch).

[50] ERNST, 52 f. – Beispielsweise bedarf ein Beschluss bei 50 Anwesenden der Zustimmung mit 26 Stimmen, bei 49 oder 48 Anwesenden der Zustimmung mit 25 Stimmen.

[51] A.M. BK-RIEMER, ZGB 67 N 56 f., der Stimmenthaltungen und ungültige Stimmen nicht als «anwesende» Stimmen betrachtet. – Diese Lehrmeinung ist u.E. deshalb abzulehnen, weil sich im Erfordernis der absoluten Mehrheit das Prinzip der Vorsicht bzw. Trägheit ausdrückt: Der bestehende Zustand soll nur geändert werden, wenn sich eine Mehrheit für die Änderung ausspricht (ERNST, 52 f.). Im Lichte dieses Vorsichtsprinzips erscheint es folgerichtig, Stimmenthaltungen, die gegenüber einer Änderung zumindest eine gewisse Skepsis signalisieren («höfliche Art des Nein-Sagens»), als Nein-Stimmen zu zählen. Auch ungültige Stimmen, die, will man nicht geradezu absichtliche Ungültigkeit unterstellen, Ja- oder Nein-Stimmen hätten sein können, sind im Sinne der Vorsicht als Nein-Stimmen zu betrachten. – Der Entwurf 2007 bzw. der VE 2014 sieht in Art. 703

die Zahl der Ja-Stimmen nicht grösser als die Zahl der Nein-Stimmen, der Stimmenthaltungen und der ungültigen Stimmen insgesamt, konnte der Antrag keine (absolute) Mehrheit auf sich vereinigen, weshalb ein positiver Beschluss nicht zustande gekommen ist.

987 **Relative Mehrheit:** Eine Mehrheit ist relativ, wenn ein Antrag mehr Stimmen auf sich vereinigt als jeder andere; die Mehrheit muss – anders als beim absoluten Mehr – nicht höher sein als die Gesamtheit der anderen Stimmen. Es wird ausschliesslich auf die abgegebenen Stimmen abgestellt, Stimmenthaltungen und ungültige Stimmen fallen ausser Betracht.[52] Bei der relativen Mehrheit ist also jene Vorlage angenommen oder diejenige Person gewählt, welche die meisten Stimmen auf sich vereinigt.[53]

988 **Einfache Mehrheit:** Der Begriff der einfachen Mehrheit wird uneinheitlich verwendet: Sinnvollerweise ist damit der Gegensatz zu einer qualifizierten Mehrheit gemeint.[54] Teilweise wird er aber dem Begriff der relativen Mehrheit gleichgesetzt.[55]

989 **Qualifizierte Mehrheit:** Muss eine Mehrheit weitere (strengere) Voraussetzungen erfüllen als nur die (absolute) Mehrheit der Stimmen, spricht man vom Erfordernis einer qualifizierten Mehrheit.

990 **Einstimmigkeit:** Erfordert ein Beschluss die Zustimmung aller Stimmenden, spricht man von Einstimmigkeit. Stimmenthaltungen und ungültige Stimmen haben – sofern nichts anderes vereinbart ist[56] – die Wirkung von Nein-Stimmen,

---

Abs. 1 E-OR 2007 bzw. in Art. 703 Abs. 2 VE-OR freilich vor, dass Beschlüsse mit der «Mehrheit der *abgegebenen* Stimmen» gefasst werden (im Gegensatz zu den heute verlangten «*vertretenen* Aktienstimmen» [Art. 703 OR]). Gemäss Abs. 2 bzw. Abs. 3 der neuen Bestimmung würden Enthaltungen also als nicht abgegebene Stimmen zählen, während die Behandlung ungültiger Stimme nicht geregelt wird, was absehbar zu Unklarheiten führen dürfte.

[52] Vgl. zum sog. Abstimmungsmehr ERNST, 57.
[53] ERNST, 65 f.
[54] Nach der hier verwendeten Terminologie stehen sich damit auf der einen Seite die einfache und die qualifizierte und auf der anderen Seite die absolute und die relative Mehrheit gegenüber.
[55] FORSTMOSER/MEIER-HAYOZ/NOBEL, § 24 N 8; BSK-HEINI/SCHERRER, ZGB 67 N 14.
[56] Es kann auch bloss Einstimmigkeit der abgegebenen Stimmen vorgesehen werden, unter Ausschluss der Stimmenthaltungen. Heikel hingegen dürfte der Ausschluss der ungültigen Stimmen sein, denn immerhin kam der Wille zur Stimmabgabe zum Ausdruck. Mit Vorteil ist die Abstimmung bei ungültig abgegebenen Stimmen zu wiederholen.

verhindern also einen einstimmigen Beschluss. Die Folge des Erfordernisses der Einstimmigkeit ist letztlich ein Vetorecht jedes einzelnen Stimmberechtigten.[57]

In Bezug auf **Wahlen** (z.B. für den Verwaltungsrat) können ebenfalls *unterschiedliche Wahlmodi* vorgesehen werden: Es kann die *absolute Mehrheit* der Stimmen erforderlich sein,[58] es kann aber auch vereinbart sein, dass der *Kandidat mit den meisten Stimmen* gewählt sein soll. Sind mehrere Sitze im Verwaltungsrat zu vergeben, können die Kandidaten entweder in einer gemeinsamen Wahl antreten oder es kann je einzeln über sie abgestimmt werden.[59]

3. Erforderliche Stimmenmehrheiten

a) Einstimmigkeits- und Anwesenheitserfordernisse

Vereinbaren die Parteien nichts anderes, bedürfen Beschlüsse der **Anwesenheit und Zustimmung aller Vertragsparteien.**[60] In der Versammlung der Vertragsparteien müssen folglich *nicht nur alle Parteien anwesend* sein, sondern die *Beschlüsse müssen auch einstimmig gefällt werden.*[61] In Bezug auf einschneidende Änderungen in den Rechten und Pflichten der Vertragsparteien (d.h. Vertragsänderungen) ist die Anwesenheit und Einstimmigkeit aller Vertragsparteien sogar zwingend.[62] In anderen

---

[57] VON DER CRONE, Pattsituationen, 38 ff. – Einen sicheren Schutz kann das Einstimmigkeitserfordernis freilich nur dann bringen, wenn es sich aufgrund sämtlicher Vertragsparteien bzw. gebundener Stimmen bemisst, nicht nur der in der Versammlung vertretenen (vgl. vorne, N 984 Anm. 48).

[58] Was mehrere Wahlgänge erfordern kann, bei denen jeweils der Kandidat mit den wenigsten Stimmen ausscheidet.

[59] Auf der Ebene des Aktienrechts verlangt nun Art. 3 Abs. 1 bzw. Art. 7 Abs. 1 VegüV bei börsenkotierten Aktiengesellschaften die Einzelwahl der Mitglieder des Verwaltungsrates und auch der Mitglieder des Vergütungsausschusses. In Zukunft soll für die Wahl der Mitglieder des Verwaltungsrates auch für die nicht kotierten Gesellschaften Einzelwahl vorgeschrieben werden (Art. 710 Abs. 3 VE-OR).

[60] Auf Verträge, die ein gemeinsames Vorgehen bezwecken, ist grundsätzlich das Recht der einfachen Gesellschaft anwendbar (vgl. N 145 ff.). Damit ergibt sich das Prinzip der Einstimmigkeit aus Art. 534 Abs. 1 OR.

[61] Entsprechendes gilt für auf dem Zirkulationsweg gefasste Beschlüsse.

[62] Vgl. N 1006 ff. und 1018; BK-FELLMANN/MÜLLER, OR 534 N 144 ff., 152 und 155 ff.; ZK-HANDSCHIN/VONZUN, OR 534–535 N 91 f., 99 ff. – Dies gilt nicht nur für das Recht der einfachen Gesellschaft, sondern aufgrund der allgemeinen Prinzipien des Vertragsrechts auch für schuldrechtliche Aktionärbindungsverträge.

Fällen wiederum kann Einstimmigkeit – als Vetorecht jedes Einzelnen – dem Minderheitenschutz dienen.[63]

> 993 Die Beschlüsse der Versammlung der Vertragsparteien bedürfen der Anwesenheit und Einstimmigkeit aller Vertragsparteien.

> 994 Der Einstimmigkeit aller Vertragsparteien bedürfen sämtliche Beschlüsse, durch die finanzielle und andere Leistungspflichten bzw. -rechte der Vertragsparteien begründet, geändert oder entzogen werden, insbesondere
> – [Aufzählung vorgesehener oder bereits vorhersehbarer Rechte und Pflichten]
> – ...

> 995 Darüber hinaus bedarf die Änderung nachfolgender Vertragsbestimmungen der Zustimmung aller Vertragsparteien:
> – [Aufzählung der betreffenden Bestimmungen]
> – ...

> 996 Folgende Beschlüsse
> – [Aufzählung]
>
> bedürfen der Zustimmung [der Mehrheit / einer Zweidrittelmehrheit sämtlicher gebundener Aktienstimmen] [sowie der Zustimmung der Gründergesellschafter A, B und C].

997 Die Notwendigkeit der Anwesenheit aller Vertragsparteien und das Einstimmigkeitsprinzip *ermöglichen es jeder Vertragspartei, schon durch blosses Fernbleiben die Entscheidfindung zu blockieren.*[64] Aus diesem Grund sehen Aktionärbindungsverträ-

---

[63] FISCHER, Parteienbestand, 87 und 292 f.; KOEHLER, 289. – Ein Einstimmigkeitserfordernis findet sich nicht selten in Bindungsverträgen, die eine Aktiengesellschaft überlagern, welche *aus einer Personengesellschaft entstanden* ist. Das personengesellschaftliche Einstimmigkeitsprinzip wird so indirekt trotz einer körperschaftlichen Ordnung weitergeführt; jeder Partei bleibt ein Vetorecht. Gelegentlich wird dieses Erfordernis der Einstimmigkeit zeitlich befristet oder nur für die Generation der Gründer vorgesehen. Oder es wird erklärt, dass (bestimmte) Entscheide das doppelte Quorum der Mehrheit der Parteien und zusätzlich sämtlicher Gründer voraussetzen.

[64] BK-FELLMANN/MÜLLER, OR 534 N 146; FISCHER, Parteienbestand, 87.

ge für die Beschluss*fähigkeit* oft nur ein bestimmtes Mehrheitsquorum[65] und für die Beschluss*fassung* oft die absolute oder allenfalls auch eine qualifizierter Stimmenmehrheit vor. Zu beachten bleiben im übrigen die allgemeinen vertraglichen oder gesellschaftsrechtlichen Treuepflichten der Vertragsparteien untereinander, welche von ihnen auch im Rahmen von Mehrheitsbeschlüssen ein Handeln nach Treu und Glauben verlangen.[66]

Gelegentlich wird allerdings die Möglichkeit der Blockierung durch ein *Veto bewusst in Kauf genommen;* dann etwa, wenn keiner Partei eine Weiterentwicklung über den Status quo hinaus aufgezwungen werden soll.[67] Es ist dann freilich sicherzustellen, dass zumindest diejenigen Entscheidungen getroffen werden können, die zur Aufrechterhaltung des Status quo und für das Funktionieren der Aktiengesellschaft im gewöhnlichen Geschäftsverlauf notwendig sind (wie Regelung des Stimmverhaltens bei den alljährlich in der Generalversammlung notwendigerweise zu behandelnden Traktanden wie Abnahme der Jahresrechnung).[68]

b) Mehrheitsbeschlüsse und Quoren

aa) Im Allgemeinen

Sieht der Vertrag – im Rahmen des Zulässigen[69] – die **Beschlussfassung durch Stimmenmehrheit** vor, so bezieht sich diese, wenn nichts anderes vereinbart ist, auf die *Mehrheit der Kopfstimmen* ***aller*** *Vertragsparteien,* nicht bloss der in der Versammlung Anwesenden.[70] Dies stellt eine erhebliche Erschwerung der Willensbildung dar, wenn die Zahl der Vertragsparteien gross ist. Enthält der Aktionärbindungsvertrag eine *Mehrheitsklausel,* sollte diese ausdrücklich regeln, ob die *Mehrheit der an der Versammlung vertretenen Stimmen* zur Beschlussfassung genügt.[71]

---

[65] Oft die absolute oder – allgemein oder auch nur dann, wenn wichtige Entscheide zu treffen sind – eine qualifizierte Mehrheit der Vertragsparteien bzw. gebundenen Aktienstimmen.
[66] FISCHER, Parteienbestand, 90 f.
[67] VON DER CRONE, Pattsituationen, 39. – Eine Variante ist der Vorbehalt der Zustimmung – und damit das *Vetorecht* – bestimmter Vertragsparteien, etwa der Gründer, vgl. das Beispiel in N 1025.
[68] Denkbar ist auch eine *Stimmfreigabe* unter gewissen Voraussetzungen (vgl. N 1111 f.).
[69] Vgl. N 992 ff.
[70] Art. 534 Abs. 2 OR; BK-FELLMANN/MÜLLER, OR 534 N 144.
[71] Wird auf die Mehrheit der **vertretenen** Stimmen abgestellt, kann ein Zufallsmehr dadurch verhindert werden, dass für die Beschlussfähigkeit der Versammlung ein **Präsenzquorum** verlangt wird (vgl. dazu auch vorne, N 984 Anm. 48).

1000 | Die Beschlüsse der Versammlung der Vertragsparteien werden – soweit dieser Vertrag nichts anderes bestimmt – mit der absoluten Mehrheit der in der Versammlung vertretenen Vertragsparteien/Aktienstimmen gefasst.

1001 | Die Versammlung der Vertragsparteien ist beschlussfähig, wenn [zwei Drittel] der Vertragsparteien anwesend oder vertreten ist.

1002 Für bestimmte, wichtige Beschlüsse werden oft qualifizierte **Beschluss- und/oder Anwesenheitsquoren** vorgesehen.

1003 | Eine Mehrheit von [75%] Prozent der [vertretenen / gebundenen / gesamten] Aktienstimmen ist für die Beschlüsse zu nachfolgenden Traktanden erforderlich:
– [Auflistung der einschlägigen Traktanden der Generalversammlung, beispielsweise Zweckänderung, Kapitalveränderungen, Aufhebung des Bezugsrechtes, Aufhebung statutarischer Aktionärsrechte, Liquidation der Gesellschaft etc. sowie allenfalls auch von wichtigen Beschlüssen ohne direkte Auswirkung auf die Stimmabgabe in der Generalversammlung wie solche über Transaktionen von strategischer Bedeutung.]
– ...

1004 | Folgende Beschlüsse können nur gefasst werden, wenn in der Versammlung eine Mehrheit von [80%] der Vertragsparteien anwesend oder vertreten ist: ...

1005 Anwesenheits- und Beschlussquoren werden oft **kombiniert,** indem vorgesehen wird, dass gewisse wichtige Beschlüsse der Zustimmung einer *qualifizierten Mehrheit der Stimmenden* in einer *Versammlung* bedürfen, *in der eine qualifizierte Mehrheit der Vertragsparteien anwesend* ist. Zum Schutze einer Minderheit ist dabei das *Präsenzquorum* wichtig, weil es ihr ermöglicht, durch Fernbleiben oder Verlassen der Versammlung einen Beschluss zu verhindern. Mit Bezug auf *Beschlussquoren* ist darauf zu achten, dass man sich nicht durch eine allzu hohe Hürde der Willkür einzelner Querulanten oder von Parteien, die sachfremde Ziele verfolgen,[72] aussetzt.

bb) Änderung gesellschaftsrechtlicher Aktionärbindungsverträge

1006 Bei als einfache Gesellschaften zu qualifizierenden Aktionärbindungsverträgen bilden die **unverzichtbaren Gesellschafterrechte** (etwa das Recht zur Teilnahme an der Gesellschafterversammlung oder das Recht zur Anfechtung rechtswidriger Be-

---

[72] Etwa den Verkauf ihrer Aktien an die anderen Vertragsparteien zu einem unangemessen hohen Preis.

schlüsse), die sich aus den zwingenden Vorschriften des Rechts der einfachen Gesellschaft ergeben, eine *Grenze für Vertragsänderungen*.[73] Auf diese können die Vertragsparteien nicht verzichten, sie sind somit *keinem – auch keinem einstimmigen – Gesellschafterbeschluss zugänglich* – auch wenn im Einzelfall auf die Ausübung seitens der Vertragsparteien verzichtet werden kann.

Sodann kennt das Recht der einfachen Gesellschaft **unentziehbare Gesellschafterrechte,** die *den Gesellschaftern nicht ohne deren Einverständnis entzogen werden können,* (u.a. das Stimmrecht, die Gewinnbeteiligung und das Recht auf das Liquidationsergebnis).

Im Einzelfall können *weitere Rechte und Pflichten* hinzukommen, die für den konkreten Gesellschaftsvertrag als zum **Kernbereich der Mitgliedschaft** gehörend zu betrachten sind und die deshalb ohne das Einverständnis der Betroffenen nicht entzogen, geändert oder neu eingeführt werden können.[74] *Diese Rechte und Pflichten* sind, im Gegensatz zu den unverzichtbaren und den unentziehbaren Gesellschafterrechten, *einem Gesellschafterbeschluss zugänglich,* einem (qualifizierten) Mehrheitsbeschluss allerdings nur dann, wenn die Änderung oder der Entzug dieser Rechte oder die Einführung neuer Pflichten bereits genügend konkret bestimmbar in einer entsprechenden Vertragsklausel (der alle Vertragsparteien zugestimmt haben) ausdrücklich vorgesehen ist.[75]

Während seiner Laufzeit kann dieser Aktionärbindungsvertrag nur einstimmig abgeändert oder aufgehoben werden.

Dieser Vertrag kann mit einstimmigem Beschluss der Versammlung der Vertragsparteien jederzeit [mit sofortiger Wirkung / auf das Ende des jeweiligen Monats / auf den Zeitpunkt des Beitritts einer neuen Vertragspartei] geändert werden. Die Änderung ist schriftlich festzuhalten und von den Vertragsparteien zu unterzeichnen.

Anpassungen dieses Vertrages hinsichtlich [der angestrebten Dividendenpolitik der Aktiengesellschaft] sind mit einer Mehrheit von [80%] sämtlicher gebundener Aktienstimmen möglich.

Als u.E. zulässige **Alternative** zum Einstimmigkeitserfordernis wird es den betroffenen Parteien gelegentlich freigestellt, unverzüglich oder unter Einhalten einer (kur-

---

[73] BK-FELLMANN/MÜLLER, OR 534 N 167.
[74] BK-FELLMANN/MÜLLER, OR 534 N 166 und 169.
[75] BK-FELLMANN/MÜLLER, OR 534 N 168; FISCHER, Parteienbestand, 111 und 113 ff.; a.M. HANDSCHIN/VONZUN, OR 534–535 N 106 ff., die für Vertragsänderungen in jedem Fall einen einstimmigen Beschluss verlangen.

zen) Kündigungsfrist *aus dem Vertrag auszuscheiden,* falls sie einem Beschluss nicht zustimmen. Der Vertragsaustritt *muss* für die betreffende Vertragspartei allerdings eine *echte, vor allem auch wirtschaftlich angemessene Alternative sein.*

1013
> Wenn aufgrund einer durch [qualifizierten] Mehrheitsbeschluss zustande gekommenen Anpassung dieses Vertrages einer Partei zusätzliche Pflichten auferlegt oder Rechte entzogen werden, steht dieser Partei, soweit sie der Vertragsanpassung nicht zugestimmt hat, das Recht zu, ohne Einhaltung einer Kündigungsfrist mit sofortiger Wirkung aus dem Vertrag auszuscheiden.

1014 Von diesen Rechten und Pflichten abgesehen ist es möglich, Vertragsänderungen und Vertragsergänzungen einem **Mehrheitsbeschluss** zu unterstellen.[76] Aufgrund der Tragweite von Vertragsänderungen sind für diese **zumeist qualifizierte Stimmenmehrheiten** bzw. **qualifizierte Anwesenheitsquoren** angebracht.

1015 Die **Abgrenzung** ist jedoch **nicht einfach,** weshalb es sich letztlich empfiehlt, für alle Vertragsänderungen, die nicht bereits im Vertrag eindeutig umschrieben und einem Mehrheitsentscheid unterstellt sind, die Anwesenheit aller Vertragsparteien und deren einstimmige Zustimmung vorzusehen.

1016 Zulässig ist die **Auflösung** des Vertrages **durch Mehrheitsbeschluss,** sofern diese Möglichkeit im Gesellschaftsvertrag ausdrücklich vorgesehen ist.

1017
> Diese Vereinbarung kann jederzeit aufgelöst werden durch den Beschluss einer Mehrheit von zwei Dritteln der gebundenen Aktienstimmen und der absoluten Mehrheit der Parteien dieser Vereinbarung.

cc) Änderung schuldrechtlicher Aktionärbindungsverträge

1018 Die Änderung eines **Schuldvertrages** bedarf der Zustimmung aller Betroffenen, d.h. wiederum der übereinstimmenden gegenseitigen Willensäusserung[77] aller Vertragsparteien. Die Vertragsänderung durch den Willen einzelner oder auch nur einer Mehrheit der Vertragsparteien ist nur im Rahmen von **vertragsändernden Gestaltungsrechten** (z.B. ein einseitiges Kündigungsrecht, Kauf- und Vorkaufsrechte) denkbar, die bereits im Vertrag (oder im Gesetz) bestimmbar verankert sind. Möglich erscheint sodann eine im Voraus vereinbarte Vertragsänderung beim

---

[76] BK-FELLMANN/MÜLLER, OR 534 N 48 f. und 159 ff.; a.M. ZK-HANDSCHIN/VONZUN, OR 534–535 N 106 f. und wohl auch BSK-HANDSCHIN, OR 534 N 3 (vgl. allerdings auch dort N 5 a.E.).

[77] Art. 1 Abs. 1 OR.

Eintritt einer **Bedingung**,[78] wobei deren Eintritt allenfalls durch den Willen einer der Vertragsparteien bestimmt sein kann[79].

c) Besondere Quoren

aa) Berücksichtigung von Aktionärsgruppen oder Familienstämmen

Bei Familiengesellschaften sind oft verschiedene Aktionärsgruppen – insb. Familienstämme[80] oder auch Investoraktionäre einerseits und im Unternehmen operativ tätige Aktionäre andererseits[81] – zu unterscheiden, wobei die verschiedenen Gruppen unterschiedliche Interessen haben können. Dem kann bei der Ausgestaltung der Quoren Rechnung getragen werden. So kann etwa die Schwelle eines **Anwesenheitsquorums** so gelegt werden, dass *von jeder Gruppe eine Mehrheit (oder zumindest eine qualifizierte Minderheit) anwesend oder vertreten* sein muss. Sodann kann (in Kombination mit dem Anwesenheitsquorum) das **Beschlussquorum** so bestimmt werden, dass *von jeder Gruppe eine Mehrheit (oder zumindest qualifizierte Minderheit) zustimmen* muss, damit ein positiver Beschluss zustande kommt.

> Die Versammlung der Vertragsparteien ist beschlussfähig, wenn sowohl die Mehrheit der Aktionäre / der gebundenen Aktienstimmen des Familienstammes A wie auch die Mehrheit der Aktionäre / der gebundenen Aktienstimmen des Familienstammes B [wenn sowohl die Mehrheit der (Aktienstimmen der) Investoraktionäre wie auch die Mehrheit der (Aktienstimmen der) operativ tätigen Aktionäre] anwesend oder vertreten ist.

> Die Beschlussfassung erfolgt mit der [absoluten Mehrheit] der [gebundenen Aktienstimmen], sofern dieser Vertrag keine abweichenden Bestimmungen enthält. Die Mehrheit der Stimmen jedes der [beiden Familienstämme] ist erforderlich, für [die Wahl der Vertreter im Verwaltungsrat / die Stimmabgabe betreffend Umstrukturierungen / die Stimmabgabe betreffend Statutenänderungen / eine Abweichung der in diesem Vertrag vorgesehenen Regeln über die Gewinnverwendung].

> Die folgenden Beschlüsse können nur mit einer [Zweidrittels-] Mehrheit sämtlicher Aktienstimmen sowohl des Familienstammes A wie auch des Familienstammes B gefasst werden:
> – [Aufzählung der qualifizierten Beschlüsse];
> – ...

---

[78] Art. 151 ff. OR.
[79] Potestativbedingung; zu deren Ausübung durch Erben vgl. Art. 155 OR.
[80] Vgl. N 338 ff.
[81] Vgl. N 1384 f.

1023 Bei einer grösseren Zahl von Familienstämmen kann auch nur das Erfordernis einer Zustimmung der *Mehrheit der Stämme* sinnvoll sein oder auch die Zustimmung einer *Mehrheit der Stämme sowie die Erreichung eines bestimmten Quorums insgesamt*. In jedem Fall ist zu beachten, dass paritätische Quoren im Konfliktfall allenfalls die Blockierung der Entscheidfindung bewirken.[82]

1024 Neben Familienstämmen oder nur finanziell bzw. zudem auch mit ihrer Arbeitskraft beteiligten Aktionären als besonderen Gruppen kommen auch die **Gründeraktionäre** als besondere Kategorie in Frage. Diese können sich beispielsweise Einstimmigkeit bzw. ihre Zustimmung bei wichtigen Geschäften ausbedingen, während für die übrigen Vertragsparteien oder nach dem Ausscheiden der Gründeraktionäre das Mehrheitsprinzip Platz greift. Auf diese Weise kann – in Analogie zu Art. 807 OR – einzelnen Beteiligten *ad personam* ein Vetorecht bei bestimmten Beschlüssen eingeräumt werden.

1025 > Beschlüsse über [Aufzählung entsprechenden Sachverhalte] erfordern zudem die Zustimmung [der Mehrheit / von zwei Dritteln / der Gesamtheit] der Gründeraktionäre.

1026 > Bei Beschlüssen über [entsprechende Sachverhalte] kommt den Gründeraktionären ein Vetorecht zu.

1027 Viele Regelungen sind denkbar, wobei stets zwischen einer Stärkung des *Minderheiten-* und allenfalls auch *Individualschutzes* einerseits und dem Risiko einer *Blockade* (allenfalls aus zweckfremden Motiven) auf der anderen Seite abzuwägen ist.

bb) *Beschlüsse betreffend die Abweichung von Regeln des Aktionärbindungsvertrages*

1028 In Aktionärbindungsverträgen wird gelegentlich die Möglichkeit vorgesehen, von den vereinbarten Regeln abzuweichen, falls dies eine qualifizierte Mehrheit beschliesst:

1029 > ... es sei denn, die Versammlung der Vertragsparteien beschliesse mit einer Mehrheit von [75%] [der in der Versammlung vertretenen / aller gebundenen] Aktienstimmen [eine abweichende Stimm- und Wahlpflicht / die Stimmfreigabe / die Ausschüttungen einer höheren / tieferen Dividende (als der im Aktionärbindungsvertrag vorgesehenen)].

---

[82] Zur Lösung von Pattsituationen vgl. N 1045 ff.

> ... Von diesem Grundsatz kann mit Zustimmung von [80%] aller [in diesem Vertrag gebundenen] Aktienstimmen abgewichen werden / kann abgewichen werden, wenn sowohl die Mehrheit der in der Gesellschaft aktiv tätigen Vertragsparteien (Unternehmeraktionäre) als auch die Mehrheit der an der Gesellschaft nur finanziell beteiligten Vertragsparteien (Investoraktionäre) zustimmen.

1030

> ... Von diesem Grundsatz kann abgewichen werden, wenn sowohl die Mehrheit der in der Gesellschaft aktiv tätigen Vertragsparteien (Unternehmeraktionäre) als auch die Mehrheit der an der Gesellschaft nur finanziell beteiligten Vertragsparteien (Investoraktionäre) zustimmen.

1031

d) Exkurs: Minderheitsquoren und Individualrechte

Denkbar ist auch, dass vertraglich vorgesehen wird, dass für gewisse (positive) Beschlüsse die **Zustimmung einer Minderheit genügt.** 1032

Sinn kann dies etwa als *Element des Minderheitenschutzes* machen: So kann im Aktionärbindungsvertrag vorgesehen werden, dass sich die Parteien mit allen gebundenen Aktien für die Geltendmachung gewisser aktienrechtlicher Minderheitenrechte – die Einberufung einer Generalversammlung, die Traktandierung eines Gegenstandes, ein *opting-in* für die Revision, eine Sonderprüfung oder die Auflösung der Aktiengesellschaft – einsetzen werden, wenn auch nur eine Minderheit der Vertragsparteien dies verlangt.[83] 1033

> Alle Parteien werden sich mit ihren gebundenen Aktien für die Durchsetzung der folgenden Minderheitenrechte einsetzen, wenn dies von Parteien mit [20%] der gebundenen Aktienstimmen verlangt wird:
>
> – [Auflistung der Minderheitenrechte].

1034

Noch weiter gehend kann vereinbart werden, dass die Stimmrechte in der Generalversammlung der Aktiengesellschaft von allen Vertragsparteien einheitlich in einem bestimmten Sinn auszuüben sind, wenn auch nur *eine* Vertragspartei dies verlangt. Damit wird ein **Individualrecht** auf der Ebene des Aktionärbindungsvertrages geschaffen. 1035

> Jede Vertragspartei kann verlangen, dass sich alle Vertragsparteien mit all ihren Aktionärsrechten und insb. all ihren Aktienstimmen für die Durchsetzung folgender Begehren einsetzen:
>
> – [Auflistung der betreffenden Begehren].

1036

---

[83] Vgl. auch N 1486 ff.

e) *Beachtung qualifizierter Mehrheiten und Ausstandspflichten des Aktienrechts?*

aa) *Qualifizierte Mehrheitserfordernisse des Aktienrechts*

1037 Verschiedene Bestimmungen des Aktienrechts verlangen die Zustimmung einer qualifizierten Mehrheit (Art. 704 OR) oder gar sämtlicher Aktionäre (Art. 706 Abs. 2 Ziff. 4 OR); die Statuten einer Aktiengesellschaft können weitere qualifizierte Mehrheitserfordernisse vorsehen.

1038 Auf der Ebene des Aktionärbindungsvertrages wird aber häufig auch für solche Traktanden eine Beschlussfassung mit einfacher oder absoluter Mehrheit der gebundenen Aktienstimmen vereinbart. Entgegen der von GLATTFELDER geäusserten Meinung, wonach ein aktienrechtlicher gesetzlicher oder statutarischer Minderheitenschutz den betreffenden Aktionären vertraglich nicht entzogen werden dürfe, weil damit eine Umgehung vorliege,[84] ist u.E. auch in dieser Frage vom Grundsatz der strikten **Trennung von vertrags- und aktienrechtlicher Ebene**[85] auszugehen:

1039 Die **Beschlussfassung** im Rahmen des Aktionärbindungsvertrages unterliegt **ausschliesslich den Regeln des Bindungsvertrages,** weshalb in der Versammlung der Vertragsparteien mit einer Mehrheit der Köpfe oder mit einfacher Mehrheit eine einheitliche Stimmabgabe beschlossen werden kann, die dann in der Aktiengesellschaft zum Erreichen eines Quorums führt, das im Rahmen des Bindungsvertrages allenfalls nicht erreicht wurde.[86] Denn die vertragliche Bindung wirkt sich – es wurde mehrfach erwähnt[87] – allein auf die *Motivation* eines Aktionärs zu einer bestimmten Stimmabgabe im Rahmen der (aktienrechtlichen) Generalversammlung aus, welche zu erforschen und zu berücksichtigen das Aktienrecht keine Grundlage bietet.

1040 Dies bedeutet freilich nicht, dass nicht *im Einzelfall weitere Umstände* hinzukommen können, welche für das Vorliegen einer Umgehung zwingenden (Aktien-)Rechts oder eine rechtsmissbräuchliche Stimmrechtsausübung sprechen. Und es kann im konkreten Fall – insbesondere dann, wenn alle Aktionäre Parteien eines Aktionärbindungsvertrages sind – durch **Auslegung des Vertrages** zu *prüfen* sein, *ob die Parteien* auf der Ebene des Aktionärbindungsvertrages tatsächlich *auf ihre (aktienrechtlichen) Minderheitenrechte verzichten wollten.* Als Vermutung gilt aber, dass eine entsprechende «*Ausstrahlung*» *des Aktienrechts auf den Aktionärbindungsvertrag abzulehnen* ist.

---

[84] GLATTFELDER, 291a f.
[85] Vgl. N 115 ff.
[86] So im Resultat (für das deutsche Recht) auch ZÖLLNER, 753 f.
[87] Vgl. etwa N 355 und 378.

bb) Aktienrechtlicher Stimmrechtsausschluss

Eine Ausstandspflicht bzw. einen Stimmrechtsausschluss für Aktionäre sieht das Aktienrecht einzig im Falle von Art. 695 Abs. 1 OR (Entlastungsbeschluss) für diejenigen Aktionäre vor, die «in irgendeiner Weise an der Geschäftsführung teilgenommen haben».[88] Zu den Konsequenzen dieses Stimmrechtsausschlusses für die Ebene des Aktionärbindungsvertrages vgl. N 786 ff.

4. Stimmenthaltung und ungültige Stimmen

Auch die **Stimmenthaltung und die Ungültigkeit von Stimmen** können einen Beschluss wesentlich beeinflussen: Verlangen die Bestimmungen des Vertrages die Beschlussfassung mit der *absoluten Mehrheit* der Stimmen, so zählen bei der Berechnung der erforderlichen Mehrheit *auch die enthaltenden und ungültigen Stimmen* mit – d.h. diese wirken sich wie Nein-Stimmen aus. Ist hingegen nur eine *relative Mehrheit* erforderlich, sind *enthaltende und ungültige Stimmen nicht mitzuzählen*.[89]

Soll das Zustandekommen positiver Beschlüsse gefördert werden, dann kann für Sachgeschäfte oder bestimmte Arten von Wahlen auch vorgesehen werden, dass Stimmenthaltungen als Ja-Stimmen gelten. Es muss dies ebenso zulässig sein wie *Minderheitsquoren* für bestimmte Beschlüsse.[90]

> In Sachgeschäften wie [Beispiele] gilt Stimmenthaltung als Zustimmung zum entsprechenden Antrag.

5. Umgang mit Pattsituationen

a) Ausgangslage: Beschlussunfähigkeit im technischen Sinne nur aufgrund von Präsenzquoren

Oft ist – nicht nur bei juristischen Laien – davon die Rede, ein *Beschluss sei wegen einer Pattsituation nicht zustande gekommen*. Eine eigentliche *Beschlussunfähigkeit* liegt aber nur vor, wenn in einer Versammlung ein *Präsenzquorum nicht erreicht* wird, weshalb eine *Abstimmung nicht möglich* ist.

Wenn sich dagegen in einer Versammlung, die an sich beschlussfähig ist, zwei gleich grosse Stimmenlager gegenüberstehen, *kommen* – entgegen landläufiger Meinung – sehr wohl Beschlüsse zustande. Denn sowohl das Erfordernis einer absoluten als auch das einer relativen Mehrheit verlangt für einen positiven (zustimmen-

---

[88] Vgl. N 784 ff.
[89] Vgl. N 987 ff.
[90] Dazu soeben N 1032 ff.

den) Beschluss eine Mehrheit. Folglich *resultiert bei Stimmengleichheit nicht etwa Beschlussunfähigkeit,* sondern ein **negativer Entscheid,** nämlich die Ablehnung des betreffenden Antrages[91] bzw. die *Beibehaltung des Status quo.*[92] Ist für die Beschlussfassung gar Einstimmigkeit erforderlich, reicht jeweils eine abweichende Stimme (Veto), um einen positiven Beschluss zu verhindern (bzw. einen negativen Beschluss zu erzielen).[93]

1047 Allerdings kann die Unfähigkeit, positive Beschlüsse zu fassen, zu einer **Lähmung** zunächst *unter den Vertragsparteien und* – abhängig von der Intensität ihrer Einflussnahme – schliesslich auch *der Aktiengesellschaft* führen.[94] Eine Weiterentwicklung ist so nicht möglich, und es können unter Umständen selbst solche Beschlüsse nicht mehr gefasst werden, die für die Aufrechterhaltung des Status quo erforderlich sind.[95] Dies freilich ist unerwünscht, und es können sich Mechanismen aufdrängen, die **positive Beschlüsse** (und Wahlen) **gewährleisten.**[96]

b) Stichentscheid

aa) Weit verbreitete Praxis des Stichentscheides des Vorsitzenden

1048 Ist eine Beschlussfassung durch Mehrheitsentscheid vorgesehen (wie meist in Vereinen, Generalversammlungen oder Verwaltungsratssitzungen), wird häufig dem

---

[91] Vgl. N 984 ff.; VON DER CRONE, Aktienrecht, § 5 N 186.
[92] Man kann freilich auch anders argumentieren (und dies liegt der Vorstellung zugrunde, bei Stimmengleichheit sei eine Versammlung beschlussunfähig) und erklären, ein Entscheid könne nur mit einer *Mehrheit* gefasst werden (Art. 703 OR) und dies gelte sowohl für einen positiven wie auch für einen negativen Entscheid. Bei *Stimmengleichheit* kommt bei dieser Betrachtung in der Tat *kein Beschluss* zustande. Die unterschiedliche Argumentation und Terminologie ist praktisch nicht von Bedeutung, denn so oder so geht es darum, einen *Dead Lock* vermeiden zu können und allenfalls trotz Stimmengleichheit zu einer positiven Entscheidung oder zumindest zu einer klaren Ablehnung zu kommen, vgl. sogleich N 1048 ff.
[93] Vgl. N 992 ff. – Dagegen ist, im Sinne des Vorsichtsprinzips (vgl. N 986 Anm. 51) nichts einzuwenden: Der bestehende Zustand soll dann eben nur geändert werden, wenn sich eine *Mehrheit* oder gar *alle* Stimmberechtigten für die Änderung aussprechen.
[94] BLOCH, 30 f.; KOEHLER, 284; SPADIN, N 389.
[95] Solche Probleme ergeben sich vor allem, wenn einer Partei oder (wie beim Erfordernis der Einstimmigkeit) allen Parteien ein **Vetorecht** zukommt, das allenfalls auch zweckfremd eingesetzt werden kann (HUBER, Vertragsgestaltung, 30; SCHLUEP, Unternehmenskonzentration, 490; TSCHÄNI, Gemeinschaftsunternehmen, 90), sodann auch dann, wenn sich in einer Organisation zwei **gleich starke Lager** mit gegensätzlichen Positionen gegenüberstehen.
[96] BÖCKLI, Aktienrecht, § 13 N 117; zu weiteren *«Dead Lock Devices»* KNOBLOCH, Joint Ventures 562 ff.; TRIPPEL/JAISLI KULL, 207. – Vgl. auch N 1043 f.

jeweiligen **Vorsitzenden der Stichentscheid** eingeräumt. Damit soll einer dauerhaften Stagnation vorgebeugt werden.[97]

In paritätischen Verhältnissen mit zwei gleichberechtigten Parteien oder zwei gleich grossen Parteigruppen ist der Stichentscheid des Vorsitzenden in der Regel *kein adäquates Mittel zur Lösung einer (langfristigen) Pattsituation*.[98] Verfügt hier eine der Vertragsparteien oder eine Parteiengruppe mit dem Vorsitzenden über den Stichentscheid, kann diese ihre Position stets durchsetzen.[99] Durch turnusgemässen Wechsel des Vorsitzes zwischen den Parteien lässt sich zwar ein Ausgleich schaffen, doch nur auf Kosten einer kontinuierlichen Entwicklung.[100] Auf einen Stichentscheid sollte in solchen Situationen allenfalls verzichtet werden, um die Parteien zu zwingen, sich zu einer beidseits akzeptablen Lösung zusammenzuraufen. Als Alternative kann der Stichentscheid zwar vorgesehen, aber einem neutralen Dritten zugewiesen werden.[101] Es sind die folgenden Differenzierungen im Auge zu behalten:

bb) Bewusste Besserstellung des Vorsitzenden (grösseres Entscheidungsgewicht)

Verfügt der *Vorsitzende* über ein *ordentliches Stimmrecht und* stimmt er zunächst zusammen mit den übrigen Vertragsparteien, so stellt sein *Stichentscheid* im Falle von Stimmengleichheit eine **Besserstellung des Vorsitzenden** dar.[102] Es wird ihm damit die Möglichkeit eingeräumt, die *Ablehnung eines Antrages* – die Folge der

---

[97] Wie vorstehend gezeigt bezieht sich das Erfordernis einer Mehrheit auf das Fassen eines *positiven* Beschlusses und liegt daher bei Stimmengleichheit keine Beschlussunfähigkeit, sondern ein ablehnender Entscheid vor (vgl. soeben, N 1045). Nach dieser Ansicht vermittelt daher der Stichentscheid die Möglichkeit, einen negativen Beschluss entweder zu bekräftigen oder aber ihn **in einen positiven Beschluss umzukehren.** Geht man dagegen davon aus, dass es auch für einen negativen Beschluss eine Mehrheit braucht, führt die Pattsituation in der Tat zur Beschlussunfähigkeit, die durch den Stichentscheid behoben werden soll.

[98] Skeptisch betreffend des Nutzens eines Stichentscheides in der Generalversammlung VON DER CRONE, Aktienrecht, § 5 N 185 ff.

[99] FORSTMOSER/MEIER-HAYOZ/NOBEL, § 24 N 58 und § 62 N 108 f. in Bezug auf die Generalversammlung. Skeptisch gegenüber der Zulässigkeit einer solchen Besserstellung im Rahmen der Generalversammlung VON DER CRONE, Aktienrecht, § 5 N 187.

[100] Vgl. N 960 f.; HUBER, Vertragsgestaltung, 30; KOEHLER, 288; OERTLE, 76 f.; SCHLUEP, Unternehmenskonzentration, 490; SPADIN, N 397.

[101] Vgl. dazu sogleich N 1058 ff.

[102] Er verfügt damit letztlich in Pattsituationen über zwei Stimmen, die er unabhängig voneinander abgeben kann; zunächst die ordentliche Stimme, dann – im Falle der Stimmengleichheit – den Stichentscheid.

Stimmengleichheit – *in einen zustimmenden Beschluss zu drehen*. Im Falle gleichrangiger Alternativen (und Wahlen) kommt ihm mit dem Stichentscheid das Recht zu, einen Entscheid für das eine oder andere zu treffen. Ein solcher zusätzlicher Stichentscheid eignet sich, um Stagnation zu verhindern und positive Beschlüsse zu fördern.

1051 | Bei Stimmengleichheit hat der Vorsitzende den Stichentscheid.

1052 Die Beschlussfassung geschieht also gleichsam in einem zweistufigen Verfahren: Zunächst wird unter Mitwirkung aller Stimmberechtigten – einschliesslich des Vorsitzenden – abgestimmt. Ergibt sich dabei eine Mehrheit für oder gegen den Antrag, dann ist der Beschluss definitiv. Kommt es zu einem Patt, dann kann der Vorsitzende allein mit der Stichstimme entscheiden, ob es dabei bleibt, dass kein positiver Beschluss zustande gekommen ist oder ob er die Ablehnung in einen positiven Beschluss umkehren will.

cc) Stichentscheid, verbunden mit vorgängiger Stimmenthaltung

1053 Vorgesehen werden kann, dass der **Vorsitzende** *nur dann an einer Abstimmung teilnimmt, wenn unter den übrigen Vertragsparteien Stimmengleichheit herrscht*. Eine solche Regelung kennt z.B. das Parlamentsgesetz, nach welchem die Präsidentin oder der Präsident des jeweiligen Rates nicht mitstimmt, sondern nur bei Stimmengleichheit den Stichentscheid hat.[103] Auch hier geht es aber letztlich allein darum, einen negativen Entscheid in einen positiven umzukehren bzw. eine Wahl zwischen Alternativen zu treffen.

---

[103] Art. 80 Abs. 1 ParlG. – Unklar ist diesbezüglich die Bestimmung von Art. 713 Abs. 1 OR: Diese bestimmt zunächst, dass Beschlüsse mit der Mehrheit der abgegebenen Stimmen zustande kommen; daraus ergibt sich, dass bei Stimmengleichheit ein Antrag abgelehnt ist. Zugleich räumt sie aber dem Vorsitzenden den Stichentscheid ein, legt aber nicht fest, ob dieser in der vorgängigen Abstimmung mitstimmt. Für eine dem Parlamentsgesetz analoge Auslegung spricht u.E., dass in der Lehre ein Mehrfachstimmrecht vehement abgelehnt wird (FORSTMOSER, Organisationsreglement, § 9 (Anm. 57) m.H.; CHK-PLÜSS/FACINCANI-KUNZ/KÜNZLI, OR 713 N 5; BSK-WERNLI, OR 713 N 8); ein Stichentscheid zusätzlich zur «regulären» Stimme würde für den Vorsitzenden auf ein Mehrfachstimmrecht hinauslaufen. Das vorherrschende Verständnis dürfte aber – sachlich u.E. zurecht – ein anderes sein: In der Praxis ist es üblich, dass der Vorsitzende – sofern er Aktionär ist – *an der Abstimmung teilnimmt* und er dann im Falle der Stimmengleichheit *zusätzlich die Stichstimme ausübt*. Auch die gesetzliche Ordnung dürfte davon ausgehen, dass der Stichentscheid nicht an die Stelle des ordentlichen Stimmrechts tritt, sondern dass er *zusätzlich zu diesem* besteht.

> Der Vorsitzende stimmt bei Beschlüssen nicht mit. Bei Stimmengleichheit hat er den Stichentscheid. [Bei Beschlüssen, welche die Mehrheit / eine qualifizierte Mehrheit aller Aktienstimmen / eine Mehrheit aller gebundenen Aktienstimmen erfordern, stimmt der Vorsitzende mit.]

1054

Der Vorteil dieser Variante besteht darin, dass dem Vorsitzenden ausserhalb von Fällen der Stimmengleichheit eine gewisse Neutralität zukommt, weil er nicht mitstimmt.[104]

1055

dd) Stichentscheid der jeweils sachverständigen oder interessierten Partei

Sind an einem Aktionärbindungsvertrag Parteien unterschiedlicher Qualifikationen oder Interessen beteiligt, kann der **Stichentscheid** auch der in der anstehenden Entscheidung jeweils **sachverständigen oder besonders interessierten Partei** zuerkannt werden.[105] Dies hat – im Gegensatz zum rein formell legitimierten Stichentscheid des Vorsitzenden – den Vorteil einer fachlich oder durch die Interessenlage begründeten und im Idealfall **sachgerechten Zuweisung,** wodurch sich auch ein grösseres Entscheidungsgewicht rechtfertigen lässt.

1056

Eine solche Ordnung setzt voraus, dass die jeweiligen Fachgebiete oder Interessen, bei denen die eine oder andere Partei den Stichentscheid eingeräumt erhält, im Aktionärbindungsvertrag präzise umschrieben werden.

1057

ee) Stichentscheid eines neutralen Dritten

Zur Auflösung von Pattsituationen kann schliesslich eine **neutrale Drittperson** in den Aktionärbindungsvertrag aufgenommen werden.[106] Der Stimme dieser Drittperson kommt dann bei Stimmengleichheit unter den übrigen Vertragsparteien das **«Zünglein an der Waage»** zu. Das Gleiche kann – ohne Stichentscheid – erreicht werden, wenn die Stimmkraft des Dritten nur dann zum Tragen kommen soll, wenn sich die Hauptparteien uneinig sind.

1058

Stehen sich in einer Aktiengesellschaft zwei gleich starke Parteien gegenüber (wie häufig in einem Joint Venture), dann kann die Position des neutralen Dritten dadurch verstärkt werden, dass ihm von jeder Seite **eine Aktie treuhänderisch**

1059

---

[104] Zu beachten ist aber, dass sich dann, wenn sich zwei gleich starke Seiten gegenüberstehen und eine den Vorsitzenden stellt, diese Variante zum **Nachteil** dieser Seite auswirkt: Wenn der Vorsitzende nicht stimmt, ergibt sich eine *Mehrheit zugunsten der anderen Seite*. Damit ist *entschieden*, und *zur Ausübung des Stichentscheides kommt es gar nicht!* Dieses Konzept dürfte sich daher nur rechtfertigen, wenn entweder wechselnde Gruppierungen erwartet werden oder wenn ein neutraler Dritter als Vorsitzender bestellt wird.

[105] KOEHLER, 288; SPADIN, N 391.

[106] Dies ist der Konfliktlösung durch eine Schiedsperson (vgl. N 1062 f.) ähnlich.

überlassen wird, womit er auch in der Generalversammlung der Aktiengesellschaft für eine Mehrheit sorgen kann, falls sich die im Rahmen des Aktionärbindungsvertrages unterliegende Partei nicht an ihre Stimmpflicht halten sollte.[107]

1060 In der Praxis ist freilich nicht selten festzustellen, dass sich ein als neutraler Dritter im Einverständnis beider Seiten eingesetzter Dritter bei dauerhaften Konflikten irgendwann konsequent auf die Seite einer Vertragspartei schlägt und dann seine ausgleichende Funktion nicht mehr wahrnimmt.[108]

ff) Exkurs: Doppelte Stimmkraft statt Stichentscheid

1061 *Statt eines Stichentscheides* wird gelegentlich vorgesehen, dass die **Stimme einer Person** – in der Regel des Vorsitzenden – **doppelt zählen** soll. Während dies für den Verwaltungsrat einer Aktiengesellschaft problematisch ist,[109] ist eine solche Regelung im Recht der einfachen Gesellschaft – und damit auch bei Aktionärbindungsverträgen – möglich. Doch ist die **Einräumung eines Stichentscheides vorzuziehen,** weil sie *mehr Flexibilität* belässt: Der Berechtigte ist frei, einen Antrag mit Stichentscheid auch dann *abzulehnen,* wenn er ihn in der vorherigen Abstimmung befürwortet hat. Dies kann Sinn ergeben, wenn ein Entscheid nicht durchgeboxt, sondern die Möglichkeit wahrgenommen werden soll, einen umstrittenen Antrag zu überarbeiten, um so in einem zweiten Anlauf eine zustimmende Mehrheit zu erreichen.

c) Schiedsentscheidung

1062 Eine weitere Möglichkeit der Auflösung einer Pattsituation besteht in der **Übertragung des Entscheides an eine Schiedsperson.** Dabei kann es sich um eine neutrale Fachperson handeln, auf welche sich die entscheidunfähigen Vertragsparteien **im Einzelfall oder generell** geeinigt haben. Möglich ist auch die Ernennung durch eine Drittinstanz, die von den Parteien gemeinsam mit der Ernennung beauftragt wird, wie beispielsweise die örtliche Handelskammer.[110] Umfasst der Verwaltungsrat der Gesellschaft ein externes und – von den Vertragsparteien – unabhängiges Mitglied, kommt auch dieses als Schiedsperson in Frage.[111]

1063 Der Vorteil dieser Lösung besteht nicht zuletzt im *Einigungsdruck* auf die Parteien, der dadurch entsteht, dass sie nicht wissen, wie ein Entscheid der Schiedsperson

---

[107] VON DER CRONE, Pattsituationen, 42.
[108] OERTLE, 78; SPADIN, N 394.
[109] Verbot eines Mehrfachstimmrechts im Verwaltungsrat (vgl. dazu FORSTMOSER, Organisationsreglement, § 9, Anm. 57, m.H.; BSK-WERNLI, OR 713 N 8, m.H.).
[110] Vgl. N 2149 Anm. 3.
[111] BLOCH, 32 f.

ausfallen würde.[112] Weil die Anrufung einer Schiedsperson mit Aufwand und Kosten verbunden ist und Zeit beansprucht, steht dieses Vorgehen oft erst am Ende einer Reihe von Konfliktlösungsmechanismen bzw. Eskalationsstufen, welche den Parteien jeweils eine Plattform zur Kompromissfindung bieten sollen.[113]

> Kommen wegen Stimmengleichheit unter den Vertragsparteien keine [positiven] Beschlüsse zustande [und wird dadurch die Weiterentwicklung der Tätigkeit der (Aktiengesellschaft) erheblich behindert], ist über die entsprechenden Anträge an einer neuen, innerhalb von 30 Tagen einzuberufenden Versammlung der Vertragsparteien nochmals zu beschliessen. Die Vertragsparteien verpflichten sich, [in der Zwischenzeit Gespräche zu führen und] nach Möglichkeit eine einvernehmliche Lösung zu finden. Kommt auch in dieser zweiten Versammlung keine Lösung zustande, kann von jeder Partei die Schiedsstelle angerufen werden. [...]

1064

d) Einräumung von Kauf- oder Verkaufsrechten

Die Einräumung von **Kauf- oder Verkaufsrechten** an den gebundenen Aktien im Falle von (unauflösbaren bzw. dauerhaften) Pattsituationen – **generell oder unter bestimmten Bedingungen** – stellt keinen eigentlichen Lösungsmechanismus dar, sondern vielmehr das *Eingeständnis der Entscheidungsunfähigkeit* und ein damit einhergehendes Ausscheiden einer oder mehrerer Vertragsparteien.[114] Der – durchaus erwünschte – Nebeneffekt solcher Regelungen kann eine präventive Wirkung sein, indem diese Konsequenz und auch die Ungewissheit über den Ausgang einen Anreiz schafft, *Kompromisse* zu suchen.

1065

Zur fairen **Preisfestsetzung** sind *verschiedene Mechanismen denkbar:* Nahe liegt es, eine von beiden Seiten akzeptierte Drittperson mit der Bewertung zu beauftragen.[115] Dies dürfte aber häufig einer Pattsituation unter gleichermassen beteiligten Vertragsparteien nicht gerecht werden.[116] Passender sind oft Vorgehensweisen, die sicherstellen sollen, dass diejenige Partei die Aktien erhält, der diese mehr wert sind,

1066

---

[112] SPADIN, N 393.
[113] OERTLE, 78. – Einfacher ist es freilich, wenn als Schiedsperson ein neutrales Mitglied des Verwaltungsrates bestimmt ist. Vgl. auch N 2146 ff. und 2156 f.
[114] VON DER CRONE, Pattsituationen, 42 f.; HAYMANN, 143 f.; HUBER, Vertragsgestaltung, 32; OERTLE, 78 ff.; TSCHÄNI, M&A, 300. – Im Zusammenhang mit Art. 731b Abs. 1 OR erwähnt das Bundesgericht im Fall einer blockierten Zweimannaktiengesellschaft die Möglichkeit einer Übernahme der Aktien des einen Aktionärs durch den anderen im Rahmen einer richterlich angeordneten Versteigerung (BGE 138 III 294 E. 3.3.3).
[115] Zu den Methoden vgl. N 467 Anm. 23.
[116] VON DER CRONE, Pattsituationen, 43.

während die andere Partei finanziell abgefunden wird zu einem Preis, den sie selber zu zahlen nicht bereit gewesen wäre:

1067 Es kann vereinbart werden, dass diejenige Partei, welche die Zusammenarbeit auflösen möchte, der anderen für deren Aktien eine Offerte zu unterbreiten hat. Die andere Partei hat sodann die Wahl, ihre Aktien zu diesem Preis an die erste Partei zu verkaufen oder aber deren Aktien zum gleichen Preis zu erwerben (*Texas-shoot-out*-Klausel). Ist der von der ersten Partei offerierte Preis in den Augen der zweiten zu hoch, wird sie der ersten Partei ihre Aktien verkaufen und so einen Preis lösen, den sie selber zu zahlen nicht bereit wäre. Ist er ihrer Ansicht nach zu niedrig angesetzt, wird sie die Aktien der anderen Partei kaufen wollen. Die erste Partei ist durch diese Methode bestrebt, den Preis nicht zu hoch und nicht zu tief anzusetzen.[117]

1068 > Verlangt eine der Parteien die Beendigung der Zusammenarbeit, so hat sie der Gegenpartei ein schriftliches Angebot für deren Aktien zu unterbreiten. Die Gegenpartei hat innert einer Frist von [30 Tagen] zu erklären, ob sie zum gebotenen Preis das Aktienpaket der bietenden Partei kaufen oder ihr eigenes Aktienpaket zu diesem Preis an die bietende Partei verkaufen will. Der Kaufpreis wird innert [drei Monaten] nach Abgabe der Erklärung durch die Gegenpartei fällig und ist [Zug um Zug gegen Übergabe der Aktien] zu entrichten. Unterlässt es die Gegenpartei, innert der Frist von [30 Tagen] zu erklären, ob sie kaufen oder verkaufen will, so steht der entsprechende Entscheid der bietenden Partei zu.[118]

1069 Eine weitere Methode besteht im – allenfalls mehrfachen – Unterbreiten einer Offerte durch beide Parteien gleichzeitig, wobei am Ende die höher bietende Partei die Aktien der anderen Partei kaufen kann *(Blind Bid)*.[119]

1070 > Verlangt eine der Parteien die Beendigung der Zusammenarbeit, so findet eine Versteigerung mit [einmaligem] versiegeltem Gebot statt. Mit der Durchführung dieser Versteigerung beauftragen die Parteien gemeinsam eine von beiden Seiten akzeptierte natürliche oder juristische Person. Werden sich die Parteien innert [30 Tagen] über die Wahl der mit der Versteigerung zu beauftragenden Person nicht einig, so kann jede der Parteien [bei der Zürcher Handelskammer] deren Bestimmung beantragen.

---

[117] Soll diese Methode nicht für die eine oder die andere Partei zu einem unbilligen Resultat führen, setzt dies freilich voraus, dass die Parteien den Wert der Aktien für sich selbst und die andere Partei (innerhalb einer gewissen Bandbreite) kennen und dass sie über die erforderliche Liquidität verfügen bzw. sich diese verschaffen können.
[118] Beispiel nach VON DER CRONE, Pattsituationen, 43.
[119] BRECHBÜHL/EMCH, 276; VON DER CRONE, Pattsituationen, 42 ff.; HUBER, Vertragsgestaltung, 50 f.; TSCHÄNI, M&A, 300.

> Der Versteigerungsleiter setzt beiden Parteien eine Frist von [30 Tagen], innert der ein schriftliches Gebot für die Aktien der anderen Partei bei ihm einzureichen ist. Nach Ablauf der Frist eröffnet der Versteigerungsleiter die Gebote. Die Partei, die das höhere Gebot unterbreitet hat, darf und muss das Paket der Gegenpartei zu dem von ihr gebotenen Preis übernehmen. Bei gleichen Geboten entscheidet das Los. Der Kaufpreis wird innert [3 Monaten] nach Eröffnung der Gebote fällig und ist [Zug um Zug gegen Übergabe der Aktien mit Bankcheck] zu entrichten. Verzichtet eine der Parteien innerhalb der Frist auf die Unterbreitung eines Angebots, so erfolgt der Zuschlag an die andere Partei zum von ihr gebotenen Preis. Massgebend für die Fristwahrung ist der Poststempel.[120]

Es besteht bei diesem Verfahren allerdings die **Gefahr,** dass zwar diejenige Partei, welche den höheren Preis bietet, den Zuschlag erhält, dass aber der damit erzielte *Preis nicht das Optimum* darstellt, falls die unterlegene Partei im Wissen um das Gebot der anderen Partei allenfalls zu einem höheren Gebot bereit gewesen wäre.[121] Dies kann mit einem erweiterten *Verfahren über zwei oder mehrere Runden* verhindert werden. Bei mehreren Runden dürfte aus Gründen der Praktikabilität ein *Versteigerungsverfahren unter Anwesenden* angezeigt sein.

> Variante für mehrfache Angebote (im Anschluss an die Regelung für die Unterbreitung der ersten Offerte):
>
> Diejenige Partei, die das tiefere Angebot gemacht hat, kann innert [20 Tagen] ein neues Angebot unterbreiten, das jedoch mindestens [3%] über dem Angebot der Gegenpartei liegen muss. Wird von dieser Möglichkeit Gebrauch gemacht, dann kann die Gegenpartei wiederum innert [20 Tagen] ein weiteres Angebot unterbreiten, das erneut mindestens [3%] höher liegen muss. Die Partei, die schliesslich das höchste Gebot unterbreitet hat, darf und muss das Paket der Gegenpartei zu dem von ihr zuletzt gebotenen Preis übernehmen.

Es ist auf die Harmonisierung mit anderen bindungsvertraglichen Erwerbs- und Veräusserungsrechten zu achten,[122] damit **keine Widersprüche oder Umgehungsmöglichkeiten** entstehen (insbesondere wenn die Preisfestsetzung für verschiedene Erwerber oder Veräusserungsmechanismen unterschiedlich geregelt sein sollte).[123] Ein weiteres **Risiko** von Kauf- und Verkaufsrechten liegt sodann darin, dass *Berechtigte ihre Position missbrauchen* können, indem sie den Angebotsmechanismus in einem *für die andere Partei ungünstigen Zeitpunkt* auslösen.

---

[120] Beispiel nach VON DER CRONE, Pattsituationen, 43.
[121] Zur Kritik am bloss einstufigen Verfahren CLOPATH, 157.
[122] Vgl. N 1170 ff.
[123] OERTLE, 79 f.

e) Weitere Vorkehren für Pattsituationen

1074 Als weitere Möglichkeit der Auflösung einer Pattsituation denkbar ist der **Entscheid durch das Los**. In der Praxis findet er sich allerdings selten, und der Sinn einer solchen Lösung dürfte vor allem darin bestehen, die Parteien aufgrund des Risikos eines Zufallsentscheides dazu zu bewegen, gemeinsam eine beidseits akzeptable Lösung zu suchen.

1075 Soweit es um Beschlüsse hinsichtlich der Stimmabgabe in der Generalversammlung der Gesellschaft geht, kann sodann die Auflösung der Pattsituation auch in der **Stimmfreigabe** bestehen. Dies ergibt allerdings nur dann Sinn, wenn die Mehrheitsverhältnisse in der Generalversammlung nicht mit denen in der Versammlung der Vertragsparteien deckungsgleich sind:[124] andernfalls entsteht die Pattsituation in der Generalversammlung von neuem.[125]

1076 Zur Lösung von Pattsituationen wird in Aktionärbindungsverträgen gelegentlich auch eine **Überlegungsfrist** vorgesehen: Der Entscheid wird vertagt und die Versammlung neu einberufen in der (oft auch im Vertrag ausdrücklich zum Ausdruck gebrachten) Meinung, dass zwischenzeitlich Gespräche geführt und Kompromisse gesucht werden sollen. Zu diesem Zweck wird gelegentlich vertraglich auch eine **Mediation**[126] vorgesehen.

C. Ausstandspflichten

1077 Weder das Vertragsrecht noch das Recht der einfachen Gesellschaft kennen ausdrückliche Bestimmungen über Ausstandspflichten der Vertragsparteien bzw. der Gesellschafter für den Fall von Interessenkonflikten. Im Recht der einfachen Gesellschaft soll nach der Lehre aber u.a. dann ein Stimmrechtsausschluss bestehen, wenn es um die Einleitung eines Rechtsstreits gegen einen Gesellschafter, um seinen Ausschluss oder den Entzug der Geschäftsführung oder der Vertretungsbefugnis geht.[127] Unseres Erachtens dürften diese Regeln analog auch für die Beschlussfassung in Mehrparteienverträgen gelten, selbst wenn diese nicht als einfache Gesell-

---

[124] Dies ist der Fall, wenn sämtliche Aktionäre auch Parteien des Aktionärbindungsvertrages sind und sich die Stimmkraft im Rahmen des Bindungsvertrages nach der Anzahl Aktien (gleicher Stimmkraft) richtet.

[125] VON DER CRONE, Pattsituationen, 37 (in einer Aktiengesellschaft mit zwei gleich starken Aktionären hat jeder Aktionär auch in der Generalversammlung eine Sperrminorität).

[126] Zu dieser und zu einschlägigen Musterklauseln s. N 2146 ff.

[127] BK-FELLMANN/MÜLLER, OR 534 N 74 ff.; ZK-HANDSCHIN/VONZUN, OR 535 N 84 ff.
– In den genannten Fällen ergibt sich dies bereits sachlogisch aus der Tatsache, dass nach Art. 534 Abs. 1 OR Gesellschaftsbeschlüsse «mit Zustimmung aller Gesellschafter gefasst» werden. Ohne Ausstand des betroffenen Gesellschafters käme ein entsprechender Beschluss nie zustande.

schaften zu qualifizieren sind. Den Vertragsparteien steht es sodann frei, weitere Ausstandsgründe in den Vertrag aufzunehmen.

Zu Ausstandspflichten (sowie dem Erfordernis qualifizierter Mehrheiten) aufgrund des Aktienrechts vgl. N 1037 ff.

D. Treuwidriges Stimmverhalten

Ist die *Entscheidfindung* unter den Parteien **wegen der Obstruktion einer Partei** unauflösbar *blockiert*, bleibt letztlich nur die ordentliche oder ausserordentliche **Beendigung des Aktionärbindungsvertrages**.[128] **Aufgrund des gemeinsamen Zwecks** soll es nach der Lehre immerhin Beschlüsse geben, in denen die Treuepflicht gegenüber der einfachen Gesellschaft die Teilnahme an der Willensbildung oder gar die Zustimmung zu bestimmten Vorschlägen gebietet.[129] Verursacht eine Vertragspartei in Verletzung einer solchen Pflicht einen Schaden, wird sie den übrigen Vertragsparteien dafür haftbar.[130]

Umstritten sind die weiteren **Konsequenzen** eines treuwidrigen Stimmverhaltens: Ein Teil der Lehre spricht sich – gestützt auf die deutsche Literatur – dafür aus, dass bei Beschlüssen in Geschäftsführungsangelegenheiten (beim Aktionärbindungsvertrag wohl vor allem Beschlüsse über das Stimmverhalten in der Generalversammlung der Aktiengesellschaft) die treuwidrige Mitwirkungs- oder Zustimmungsverweigerung **nicht zu beachten** sei. Der Geschäftsführungsbeschluss komme so trotz Verweigerung zustande.[131] Nach einem anderen Teil der Lehre ist die treuwidrig abgegebene oder verweigerte Stimme für das Beschlussergebnis dagegen so wie abgegeben **mitzuzählen;** eine Beseitigung des treuwidrigen Zustandes oder das Haftbarmachen für den entstandenen Schaden soll anschliessend (und nur) auf dem **Klageweg** möglich sein.[132]

Dieser zweiten Lehrmeinung ist u.E. für das schweizerische Recht der Vorzug zu geben. Eine vertrags- oder treuwidrige Handlung führt nicht zur Nichtigkeit dieser Handlung, sondern hat **schadenersatz- oder allenfalls vollstreckungsrechtliche Folgen.** Weigert sich eine Vertragspartei, eine nach gesellschaftsrechtlicher Treuepflicht erforderliche Zustimmung zu einem Beschluss zu erteilen, steht es den übrigen Vertragsparteien offen, auf Abgabe einer entsprechenden Willenserklärung, auf

---

[128] Dazu N 1835 ff. und 1869 ff.
[129] BK-FELLMANN/MÜLLER, OR 534 N 62 f. und 146; ZK-HANDSCHIN/VONZUN, OR 534–535 N 61 ff.
[130] BK-FELLMANN/MÜLLER, OR 534 N 66 und 144; ZK-HANDSCHIN/VONZUN, OR 534–535 N 131.
[131] BK-FELLMANN/MÜLLER, OR 534 N 64 f.
[132] ZK-HANDSCHIN/VONZUN, OR 534–535 N 130.

Ersatzvornahme durch das Gericht oder auf Schadenersatz bzw. Entrichtung einer Konventionalstrafe zu klagen.[133]

1082 Wollen die Parteien die Abhängigkeit von einer einzigen Vertragspartei vermeiden, haben sie es in der Hand, anstelle des Einstimmigkeitsprinzips ein Mehrheitserfordernis vorzusehen. Tun sie es nicht, ist davon auszugehen, dass sie jeder beteiligten Partei ein **Vetorecht** einräumen wollten.

E. Mängel bei der Beschlussfassung

1. Mängel bei der Stimmabgabe und andere Mängel

1083 Unter die Mängel der Beschlussfassung fallen zunächst Mängel der **Form** der Stimmabgabe, **inhaltliche Mängel** (wie beispielsweise die Wahl einer nicht kandidierenden Person) oder die **verspätete Stimmabgabe** (insbesondere bei der Stimmabgabe auf dem Zirkulationsweg).

1084 Weil es sich bei der Stimmabgabe im Rahmen eines Aktionärbindungsvertrages um eine rechtsgeschäftliche Willenserklärung der jeweiligen Vertragspartei handelt, kann diese unter **Willensmängeln** leiden (z.B., weil die Vertragspartei sich in einem Irrtum befand).

1085 Neben der fehlerhaften Abgabe der Stimme selbst können bei der Beschlussfassung weitere Mängel auftreten. Im Vordergrund stehen **Verfahrensfehler** wie das Nichtbeachten von **Fristen** und **Formen**, Mängel beim **Inhalt der Einladung** zur Versammlung der Vertragsparteien oder falsches **Auswerten der Stimmen**.[134]

2. Mängel des Beschlusses

1086 Der Beschluss selbst kann sodann **inhaltliche Mängel** aufweisen, weil er gegen eine gesetzliche Vorschrift oder die guten Sitten verstösst.[135]

3. Mängelfolgen

1087 Bei den Mängelfolgen ist nach der betroffenen Ebene zu unterscheiden: Auf der einen Seite stehen die **Folgen für den Beschluss der Versammlung der Vertragsparteien** (dazu sogleich N 1088 ff.). Auf der anderen Seite ist nach den **Konsequenzen für Generalversammlungsbeschlüsse der Aktiengesellschaft** zu fragen, die als Folge einer solchen mangelhaften Beschlussfassung auf vertraglicher Ebene gefällt wurden (dazu N 1096 ff.).

---

[133] Zur Klage auf Abgabe einer Willenserklärung oder Ersatzvornahme vgl. N 2055 ff.
[134] BK-FELLMANN/MÜLLER, OR 534 N 179.
[135] BK-FELLMANN/MÜLLER, OR 534 N 182.

a)   Für die Beschlüsse der Versammlung der Vertragsparteien
aa)   Bei ungültiger Stimmabgabe

Verspätet abgegebene Stimmen und Stimmen mit *formalen oder inhaltlichen Mängeln* sind ungültig.[136] Auch *unwirksame oder erfolgreich wegen Willensmängeln angefochtene* Stimmabgaben sind als **ungültig** abgegebene Stimmen zu betrachten.[137]   1088

Eine aufgrund von Willensmängeln erfolgte Stimmabgabe ist **anfechtbar** nach Art. 23 ff. OR.[138] Das Anfechtungsrecht steht nur derjenigen Vertragspartei zu, deren Stimmabgabe am *Willensmangel* leidet.[139] **Unwirksam** wäre die Stimmabgabe einer *urteilsunfähigen Vertragspartei.*[140]   1089

Im Unterschied zu bereits bei der Auszählung als ungültig erkannten Stimmen tritt bei wegen Willensmängeln angefochtenen Stimmen oder in Fällen, in denen ein Mangel erst nach der Versammlung erkannt wird, die Ungültigkeit erst zu einem späteren Zeitpunkt ein. So oder so **wirkt sich** die Ungültigkeit auf den Beschluss **nur dann aus, wenn** ohne die betreffenden Stimmen eine bestimmte **Mehrheit oder ein Quorum nicht erreicht worden wäre,** d.h. wenn statt eines positiven Beschlusses der Antrag abgelehnt bzw. eine andere Alternative gewählt worden wäre. Andernfalls lässt die Ungültigkeit der Stimmen die Gültigkeit des Beschlusses unberührt.[141]   1090

Wäre das **Ergebnis** bei Gültigkeit der betreffenden Stimmen anders gewesen, **dann** ist der Beschluss **wegen des Mangels** beim Zustandekommen **fehlerhaft** *ex tunc* und muss neu gefasst werden. Sind die übrigen Vertragsparteien dazu nicht bereit, **muss** der fehlerhafte Beschluss **gerichtlich angefochten werden;** dies zumindest nach der Meinung der Lehre,[142] da das Recht der einfachen Gesellschaft die Folgen mangelhafter Beschlüsse selber nicht regelt.   1091

---

[136] Zur oft flexibleren Praxis bei Verspätung vgl. N 980 Anm. 47.
[137] A.M. BK-FELLMANN/MÜLLER, OR 534 N 124, welche diese Stimmen als Stimmenthaltungen zählen wollen. Letztlich spielt diese Unterscheidung keine Rolle, weil in den relevanten Zusammenhängen sowohl Stimmenthaltungen als auch ungültig abgegebene Stimmen als Nein-Stimmen zu zählen sind (absolute Mehrheit, Einstimmigkeit) bzw. gleichermassen ausser Betracht fallen (relative Mehrheit) (vgl. N 986 f.).
[138] ZK-HANDSCHIN/VONZUN, OR 534–535 OR N 45 f.; zu den Folgen der Anfechtung vgl. GAUCH/SCHLUEP/SCHMID, N 890 ff.; SCHWENZER, N 39.02 ff.
[139] BK-FELLMANN/MÜLLER, OR 534 N 125 und 128 f.
[140] BK-FELLMANN/MÜLLER, OR 534 N 122 f.; VON TUHR/PETER, 225.
[141] BK-FELLMANN/MÜLLER, OR 534 N 125; ZK-HANDSCHIN/VONZUN, OR 534–535 N 127. – Vgl. auch die aktienrechtliche Regelung von Art. 691 Abs. 3 OR.
[142] BK-FELLMANN/MÜLLER, OR 534 N 129, 132, 174 ff., 181 und 186 ff.; ZK-HANDSCHIN/VONZUN, OR 534–535 N 119 und 133 ff.

1092 Im Falle eines Willensmangels ergibt sich die **Frist** zur Geltendmachung aus Art. 31 OR, welcher auf die Anfechtung eines Gesellschaftsbeschlusses analog anzuwenden ist.[143] In anderen Fällen können – soweit vorhanden – andere passende gesetzliche Regelungen analog herangezogen werden.[144]

1093 Eine *weitere Begrenzung* der (gerichtlichen) Anfechtbarkeit ergibt sich *aufgrund des Erfordernisses eines* **Rechtsschutzinteresses:** Dieses schliesst die Anfechtbarkeit aus in Fällen, in denen Beschlüsse nicht mehr rückgängig gemacht oder geändert werden können (weil z.B. die Generalversammlung der Aktiengesellschaft bereits stattgefunden hat[145]). Vorbehalten bleiben Schadenersatzansprüche oder Ansprüche aus Konventionalstrafe.[146]

bb) Andere Mängel der Stimmabgabe

1094 Entsprechendes gilt für formale Mängel anderer Art. Der Beschluss ist nur dann anfechtbar, wenn sich die fehlerhafte Stimmabgabe auf das Ergebnis ausgewirkt hat.[147]

cc) Inhaltliche Mängel

1095 Bei inhaltlichen Mängeln ergibt sich die **Rechtsfolge** des Mangels – nach den Regeln des Vertragsrechts – *aus der übertretenen Gesetzesnorm.*[148]

b) Für die Beschlüsse der Generalversammlung der Aktiengesellschaft
aa) Ausübung des Stimmrechts nach den Regeln des Aktienrechts

1096 Üben die Vertragsparteien ihr **Stimmrecht in der Generalversammlung** der Aktiengesellschaft zwar *auf der Basis eines fehlerhaften Beschlusses* der Versammlung der

---

[143] Vgl. Art. 7 ZGB; BK-Fellmann/Müller, OR 534 N 126 ff.

[144] Soweit unterschiedliche Anfechtungsgründe geltend gemacht werden, dürfte eine Koordination der Fristen bzw. die analoge Anwendung von Art. 31 OR auf alle Anfechtungsgründe sinnvoll sein.

[145] Vgl. dazu aber N 2077 f.

[146] Zu Letzterer vgl. N 1540 ff.

[147] BK-Fellmann/Müller, OR 534 N 125; ZK-Handschin/Vonzun, OR 534–535 N 120 ff. Dieser Vorbehalt soll allerdings dann nicht gelten, wenn eine Vertragspartei mangels Einladung an der Versammlung nicht teilgenommen hat. Dem ist beizupflichten, denn es wäre der abwesenden Partei – unabhängig von ihrer Stimmkraft – vielleicht gelungen, andere Parteien in der Versammlung umzustimmen.

[148] ZK-Handschin/Vonzun, OR 534–535 N 123. Oft wird dies zur **Unwirksamkeit** führen; a.M. BK-Fellmann/Müller, OR 534 N 183, welche die Folge der Nichtigkeit – in Analogie zum Aktienrecht (Art. 706b OR) – nur ganz ausnahmsweise eintreten lassen wollen.

Vertragsparteien, *jedoch aktienrechtlich korrekt* aus, dann ist der Mangel nicht zu beachten.[149] Auch eine nachträgliche erfolgreiche Anfechtung des Beschlusses der Versammlung der Vertragsparteien – z.B. wegen Willensmangels – hat auf die Gültigkeit des Generalversammlungsbeschlusses keinen Einfluss. Es sind auch hier die **vertragliche und die aktienrechtliche Ebene strikte auseinanderzuhalten.**[150]

bb) Nicht gehörige Vertretung der Aktien in der Generalversammlung

Auswirkungen auf die Gültigkeit eines Generalversammlungsbeschlusses kann der Mangel eines Beschlusses der Versammlung der Vertragsparteien dann haben, wenn dieser **Mangel** sich auf die **gehörige Vertretung der Aktien** in der Generalversammlung ausgewirkt hat. Dies ist etwa dann der Fall, wenn die betroffenen Aktien von den Vertragsparteien als gemeinschaftliches Eigentum in die einfache Gesellschaft eingebracht wurden[151] (und dies bei Namenaktien der Aktiengesellschaft mitgeteilt worden ist).[152] Dann können die Berechtigten die Rechte aus diesen Aktien nur durch einen gemeinsamen Vertreter ausüben (Art. 690 Abs. 1 OR), welcher von den Vertragsparteien gemeinsam und einstimmig bestimmt und ermächtigt werden muss (Art. 653 Abs. 2 ZGB).

War dies nicht der Fall, weil z.B. eine **Vertragspartei ihre Teilnahme an der Willensbildung** oder die Stimmabgabe in der Versammlung der Vertragsparteien verweigerte und daher keine gültige Vertretung der gemeinschaftlich gehaltenen Aktien zustande kam, dann konnten diese Aktien in der Generalversammlung der Aktiengesellschaft weder durch einen vorher bestellten «Vertreter» noch durch andere Vertragsparteien gehörig vertreten werden. Für die von der Generalversammlung gefassten Beschlüsse ist dies *nicht von Belang,* denn auch in diesem Fall ist die strikte *Trennung der bindungsvertraglichen und der körperschaftlichen Ebene zu beachten.* Die Aktiengesellschaft stellt (zu Recht) fest, dass die betreffenden Stimmen nicht vertreten sind. Weshalb dies der Fall ist, braucht sie nicht zu kümmern.

Unterliegt eine Vertragspartei bei der Beschlussfassung der Vertragsparteien über die Vertretung einem **Willensmangel,** ist die dort abgegebene Stimme (und damit auch der Beschluss) dann, aber auch nur dann anfechtbar, wenn der Willensmangel **auf der körperschaftlichen Ebene** anzusiedeln ist.[153] Ein aufgrund eines in dieser Art mangelhaften Beschlusses der Vertragsparteien zustande gekommener *General-*

---

[149] Vgl. auch N 867 ff.
[150] Vgl. N 115 ff.
[151] Vgl. N 1594 ff.
[152] Art. 686 Abs. 4 OR.
[153] Z.B., weil die Willensbildung aufgrund falscher Informationen der Aktiengesellschaft erfolgte. – Dazu Art. 23 OR; GAUCH/SCHLUEP/SCHMID, N 890 ff.; SCHWENZER, N 39.02 ff.

versammlungsbeschluss muss innert zwei Monaten nach der Generalversammlung angefochten werden; sonst erlischt das Anfechtungsrecht[154] (selbst wenn der Mangel der Beschlussfassung im Rahmen des Aktionärbindungsvertrages erst später bekannt wird). Liegt dagegen der Willensmangel einzig auf der **Ebene des Bindungsvertrages,**[155] dann kann dies zwar im Rahmen des Bindungsvertrages relevant sein;[156] für die Ebene der Aktiengesellschaft ist dies **nicht von Belang,** der Beschluss ist und bleibt gültig.

1100 Als **Exkurs** sei erwähnt, dass **Beschlüsse der Generalversammlung** nicht bloss anfechtbar, sondern ganz ausnahmsweise auch **nichtig** sein können.[157] Die Nichtigkeit kann nicht nur von jedermann geltend gemacht werden, sondern sie heilt auch nicht durch Zeitablauf. Eine Korrektur kann nur unter Berufung auf Rechtsmissbrauch erfolgen.[158]

IV. Beschlüsse über die Stimmabgabe in der Generalversammlung insbesondere

A. Allgemein

1101 Zentrales Element eines Aktionärbindungsvertrages ist – falls er sich nicht auf die Vereinbarung von Erwerbsrechten und/oder Erwerbspflichten beschränkt[159] – zumeist die Bindung hinsichtlich der **Stimmabgabe in der Generalversammlung** der Aktiengesellschaft. Dazu auch vorne, N 765 ff.

---

[154] Art. 706a Abs. 1 OR.

[155] Z.B., weil die Zustimmung zu einem Antrag in der Versammlung der Vertragsparteien durch bewusst falsche Angaben seitens der Antragsteller über deren Auswirkungen erschlichen wurde (Art. 28 OR).

[156] Vgl. vorne N 1088 ff.

[157] Dazu etwa BGer-Urteil 4A_197/2008 vom 24. Juni 2008 (Nichtigkeit verneinend); besprochen durch ALEX DOMENICONI/HANS CASPAR VON DER CRONE in SZW 2009, 223 ff. – Grundlegend BERTRAND G. SCHOTT: Aktienrechtliche Anfechtbarkeit und Nichtigkeit von Generalversammlungsbeschlüssen wegen Verfahrensmängeln, Zürich 2009 (= Diss. Zürich 2009 = SSHW 285), 59 ff. und *passim;* ferner etwa VON DER CRONE, Aktienrecht, § 8 N 215 ff.; FORSTMOSER/MEIER-HAYOZ/NOBEL, § 25 N 86 ff.

[158] Vgl. etwa BGE 78 III 33 E. 9 (Schutz des Vertrauens in einen Entscheid, der wegen Nichterreichens eines Quorums nichtig war, weil dieser Entscheid über mehrere Jahre unangefochten blieb und er überdies im Handelsregister eingetragen war. Begründung mit «unabweislichen praktischen Bedürfnissen» (S. 45); FORSTMOSER/MEIER-HAYOZ/NOBEL § 25 N 135 f.

[159] Dazu N 1170 ff.

> Die Vertragsparteien verpflichten sich, die gebundenen Aktienstimmen in der Generalversammlung der [Aktiengesellschaft] gemäss den Beschlüssen der Versammlung der Vertragsparteien abzugeben.

1102

> Die Vertragsparteien verpflichten sich, vor jeder Generalversammlung der [Aktiengesellschaft] ihre Stimmabgabe zu koordinieren und ihre Stimmen in der Generalversammlung der [Aktiengesellschaft] gemäss den jeweiligen Beschlüssen abzugeben.

1103

Hinsichtlich der **Stimmbindung** kann festgelegt werden, dass für einen verbindlichen Beschluss die absolute Mehrheit genügt oder dass im Gegenteil nur ein qualifiziertes Mehr oder gar Einstimmigkeit die Parteien zur einheitlichen Stimmabgabe verpflichtet.[160] Soweit **kein positiver Beschluss** zustande kommt, können die Parteien verpflichtet sein, in der Generalversammlung **gegen** den entsprechenden Antrag zu stimmen (vgl. N 1113 f.). Es kann den Parteien aber in diesem Fall auch **freigestellt** sein, wie sie in der Generalversammlung stimmen, oder sie können schliesslich verpflichtet sein, ihr **Stimmrecht nicht auszuüben** (vgl. N 1115 f.).

1104

Zahlreiche andere Konstellationen sind denkbar, und oft werden je nach Traktandum unterschiedliche Regeln für die Beschlussfassung und deren Folgen aufgestellt.[161]

1105

B. Positive Beschlüsse der Versammlung

1. Pflicht zur entsprechenden Stimmabgabe

Bei einem **positiven Beschluss der Versammlung** sind regelmässig alle Vertragsparteien, auch diejenigen, die dem Beschluss nicht zugestimmt haben, verpflichtet, in der Generalversammlung ihre *Stimme dem Beschluss entsprechend abzugeben*.

1106

> Kommt unter Beachtung der anwendbaren Quoren zu einem Traktandum ein zustimmender Beschluss über die Stimmabgabe zustande, sind alle Vertragsparteien verpflichtet, ihre diesem Vertrag unterliegenden Aktienstimmen in der Generalversammlung der [Aktiengesellschaft] entsprechend diesem Beschluss abzugeben.

1107

---

[160] Vgl. vorne, N 992 ff. – Zur Beschlussfassung und zu den Quoren als solchen ausführlich N 978 ff.
[161] Z.B. unterschiedliche Regeln für Abstimmungen und für Wahlen.

> 1108 Die Parteien verpflichten sich, die von der Versammlung der Vertragsparteien mit absoluter Mehrheit bestimmten Personen in der Generalversammlung als Mitglieder des Verwaltungsrates der [Aktiengesellschaft] zu wählen.

2. Pflicht zur Stimmenthaltung oder Stimmfreigabe

1109 Es kann aber auch vorgesehen sein, dass sich die unterliegenden Vertragsparteien (bloss) *der Stimme zu enthalten* haben.

> 1110 Kommt unter Beachtung der anwendbaren Quoren zu einem Traktandum ein zustimmender Beschluss zustande, sind die zustimmenden Vertragsparteien verpflichtet, ihre diesem Vertrag unterliegenden Aktienstimmen in der Generalversammlung der [Aktiengesellschaft] entsprechend diesem Beschluss abzugeben. Die ablehnenden Vertragsparteien enthalten sich an der Generalversammlung der Stimme oder stimmen im Sinn des Beschlusses.

1111 Natürlich ist es – das sei ergänzend bemerkt – auch möglich, dass Stimmfreigabe mit qualifizierter Mehrheit selbst dann beschlossen werden kann, wenn eine Mehrheit für einen positiven Beschluss gestimmt hat.

> 1112 Die Vertragsparteien verpflichten sich, ihre diesem Vertrag unterliegenden Aktienstimmen in der Generalversammlung der [Aktiengesellschaft] entsprechend den mit der absoluten Mehrheit der gebundenen Aktienstimmen getroffenen Entscheiden abzugeben, es sei denn, die Versammlung der Vertragsparteien beschliesse mit einer Mehrheit von [75%] [der in der Versammlung vertretenen / aller gebundenen] Aktienstimmen die Stimmfreigabe.

C. Ablehnende Beschlüsse der Versammlung

1. Stimmabgabe gegen den Antrag an die Generalversammlung

1113 Wird ein **Antrag abgelehnt,** d.h. findet ein Traktandum in der Versammlung der Vertragsparteien nicht die erforderliche Mehrheit, werden zumeist – korrespondierend zur Regelung für positive Beschlüsse – alle Vertragsparteien verpflichtet sein, in der Generalversammlung ihre *Stimme im Sinne dieser Ablehnung auszuüben.*

> 1114 Kommt zu einem Traktandum kein zustimmender Beschluss zustande, sind alle Vertragsparteien verpflichtet, ihre gebundenen Aktienstimmen in der Generalversammlung der [Aktiengesellschaft] in Ablehnung des entsprechenden Traktandums abzugeben.

2. Pflicht zur Stimmenthaltung oder Stimmfreigabe

Denkbar ist auch in diesem Fall die *Stimmfreigabe* oder eine *Pflicht zur Stimmenthaltung*.

> Kommt in der Versammlung der Vertragsparteien zu einem Traktandum kein positiver Beschluss zustande, ist jede Vertragspartei in der Generalversammlung der [Aktiengesellschaft] in ihrer Stimmabgabe frei.

> Kommt in der Versammlung der Vertragsparteien zu einem Traktandum kein positiver Beschluss zustande, stimmen die Vertragsparteien in der Generalversammlung der [Aktiengesellschaft] gemäss den Anträgen des Verwaltungsrates.

> Kommt in der Versammlung der Vertragsparteien zu einem Traktandum kein positiver Beschluss zustande, sind die Vertragsparteien in der Generalversammlung der [Aktiengesellschaft]verpflichtet, sich der Ausübung ihrer gebundenen Aktienstimmen zu enthalten.

Der Vertrag kann sodann vorsehen, dass die Ablehnung eines Antrages zwar grundsätzlich zur Pflicht, nein zu stimmen führt, dass aber die Versammlung anders entscheiden kann, wofür meist ein qualifizierter Beschluss verlangt wird.

> Die Versammlung der Vertragsparteien kann mit einer Mehrheit von [80%] der vertretenen / sämtlicher gebundener Aktienstimmen die Stimmfreigabe oder die Pflicht zur Stimmenthaltung beschliessen.

D. Bei Stimmabgabe durch einen gemeinsamen Vertreter

Stehen die gebundenen Aktien in gemeinschaftlichem Eigentum der Vertragsparteien, so haben sich diese in der Generalversammlung der Aktiengesellschaft durch einen gemeinsamen Vertreter vertreten zu lassen (Art. 690 Abs. 1 OR).

Es stellt sich die Frage, ob der gemeinsame Vertreter sämtliche vertretenen Aktien einheitlich stimmen muss oder ob er seine *Stimmrechte unterschiedlich ausüben* kann – einen Teil zustimmend, einen ablehnend und vielleicht einen dritten mit Stimmenthaltung.[162] Für ein solches Vorgehen kann ein praktisches Bedürfnis bestehen, etwa dann, wenn die Parteien des Aktionärbindungsvertrages Stimmfreigabe und damit die Berücksichtigung unterschiedlicher Positionen beschlossen haben. Die

---

[162] Z.B. entsprechend den unterschiedlichen Positionen der von ihm Vertretenen.

Möglichkeit unterschiedlicher Stimmabgaben ist *zu bejahen:* So wie ein einzelner Aktionär nicht alle Stimmen einheitlich abgeben muss, so muss auch der Vertreter – entsprechend einem unabhängigen Stimmrechtsvertreter[163] – zur differenzierten Stimmabgabe berechtigt sein.

1123 Denkbar ist es auch, in solchen Fällen mehrere Vertreter zu bestellen,[164] die dann ihre Stimmen unterschiedlich abgeben.

V. Bestimmung von Kandidaten für die Vertretung im Verwaltungsrat insbesondere

1124 Wenn die Kandidaten für die Vertretung der Vertragsparteien im Verwaltungsrat nicht schon im Aktionärbindungsvertrag genannt werden und sich darin auch keine eindeutigen Regeln für die Bestellung (wie etwa Zugehörigkeit zu einem Familienstamm) finden,[165] sind sie durch die Versammlung der Vertragsparteien zu bestimmen. Dafür ist regelmässig ein Vorschlagsrecht der einzelnen Vertragsparteien oder Interessengruppen vorgesehen. Oft ist dieses so ausgestaltet, dass die Vorschläge der Vertragsparteien oder Gruppen nur aus wichtigen Gründen oder bei Fehlen wichtiger Voraussetzungen von den anderen Vertragsparteien abgelehnt werden dürfen.[166] Verfügt eine der Vertragsparteien allein über eine Mehrheit der Aktienstimmen, dient eine solche Regelung auch dem Minderheitenschutz im Rahmen des Aktionärbindungsvertrages, weil so sichergestellt werden kann, dass ein beteiligter Minderheitsaktionär – oder zumindest die Gruppe der Minderheitsaktionäre insgesamt – angemessen im Verwaltungsrat vertreten ist.

1125
> Der Verwaltungsrat der [Aktiengesellschaft] besteht in der Regel aus [sieben (7) Mitgliedern]. Mindestens [zwei Mitglieder], jedoch nicht die Mehrheit der Mitglieder, stammen aus dem Kreis der Vertragsparteien. Der Präsident des Verwaltungsrates ist in der Regel eine der Vertragsparteien.
>
> Jede Vertragspartei, die mit mindestens [16% der gebundenen Aktien] an diesem Vertrag beteiligt ist (Beteiligung bzw. Stimmkraft), hat das Recht, entweder selbst in den Verwaltungsrat der [Aktiengesellschaft] gewählt zu werden oder eine geeignete Persönlichkeit zu bezeichnen, die an ihrer Stelle in den Verwaltungsrat zu wählen ist.
>
> Das gleiche Recht steht auch einer Gruppe von Vertragsparteien zu, die zusammen mit mindestens [16% der gebundenen Aktien] an diesem Vertrag beteiligt sind. Diese Vertragsparteien können eine

---

[163] Implizit Art. 689c OR.
[164] LANG, 165.
[165] Vgl. N 879 f.
[166] OERTLE, 73 f. – Eine solche Einschränkung empfiehlt sich, um die Gefahr von Fehlbesetzungen zu reduzieren (TRIPPEL/JAISLI KULL, 209).

Person aus ihrem Kreis oder eine geeignete Persönlichkeit bezeichnen, welche in den Verwaltungsrat der [Aktiengesellschaft] zu wählen ist.

Die von den Vertragsparteien oder einer Gruppe vorgeschlagenen Drittpersonen sind von der Versammlung der Vertragsparteien je einzeln mit einfacher Mehrheit zu bestätigen. Wird eine vorgeschlagene Drittperson nicht bestätigt, kann eine neue Drittperson vorgeschlagen werden.

Machen mehrere Vertragsparteien von ihrem Recht, in den Verwaltungsrat gewählt zu werden, Gebrauch, ist die Zahl der Verwaltungsratsmitglieder entsprechend zu erhöhen, um sicherzustellen, dass die Mehrheit des Verwaltungsrates nicht mit Vertragsparteien besetzt ist.

Jede Vertragspartei kann der Versammlung der Vertragsparteien [einen] Kandidaten für den Verwaltungsrat der [Aktiengesellschaft] vorschlagen. Dieser kann von der Versammlung nur aus wichtigen Gründen abgelehnt werden. 1126

Vertragsparteien, die zusammen über [mindestens 30%] der [diesem Vertrag unterliegenden/sämtlicher] Aktien verfügen, können der Versammlung der Vertragsparteien einen Kandidaten vorschlagen. Dieser kann [sofern er die folgenden Voraussetzungen erfüllt: ...] von der Versammlung nur aus wichtigen Gründen abgelehnt werden. 1127

Jede Partei kann der Versammlung der Vertragsparteien [Anzahl] Personen vorschlagen, welche in der Generalversammlung als Mitglieder des Verwaltungsrates der [Aktiengesellschaft] gewählt werden sollen. 1128

Die Parteien verpflichten sich, in der Generalversammlung der [Aktiengesellschaft] ihre Stimme demjenigen Kandidaten zu geben, der in der Versammlung der Vertragsparteien [die meisten Stimmen/das absolute Mehr der Stimmen] auf sich vereinigt hat. 1129

Eine Kombination kann darin bestehen, dass zwar bestimmten Vertragsparteien ein Recht auf Vertretung im Verwaltungsrat eingeräumt wird, diese aber zwei (oder mehrere) Vorschläge machen müssen, aus denen die übrigen Vertragsparteien durch Beschluss auswählen können. 1130

Oft sind die **Kandidaten aus dem Kreis der Vertragsparteien** oder aus den an der Aktiengesellschaft beteiligten Familien bzw. Familienstämme zu bestellen. Nötigenfalls ist der Kreis der wählbaren Kandidaten bzw. der Familienmitglieder näher zu umschreiben. 1131

1132 Die Vertragsparteien bestimmen aus ihren Reihen die der Generalversammlung für die Wahl in den Verwaltungsrat der [Aktiengesellschaft] vorzuschlagenden Kandidaten. [Die Kandidaten haben dabei die folgenden Voraussetzungen zu erfüllen:] / [Die Vertragsparteien stellen sicher, dass mindestens je einer der Kandidaten je eine der folgenden Voraussetzungen erfüllt: ...].

1133 Jeder Familienstamm hat das Recht, einen Kandidaten für die Wahl in den Verwaltungsrat vorzuschlagen. [Es kommen sowohl Mitglieder des jeweiligen Familienstammes als auch aussenstehende Dritte als Kandidaten in Frage.] Dieser kann [sofern er die folgenden Voraussetzungen erfüllt: ...] von der Versammlung nur aus wichtigen Gründen abgelehnt werden.

1134 Jeder Familienstamm wird durch einen vom jeweiligen Stamm bestimmten Vertreter im Verwaltungsrat der Aktiengesellschaft vertreten. Als Vertreter kommen nur Angehörige des jeweiligen Stammes in Betracht.

Weitere, von der Familie unabhängige Verwaltungsratsmitglieder werden von den Parteien gemeinsam bestimmt.

1135 Es kann aber auch – etwa dann wenn die Aktionäre selbst nicht sachkundig sind (z.B. Erben, die sich beruflich anders orientiert haben) oder die Familie zerstritten ist – gerade umgekehrt vorgesehen werden, dass **keine Angehörigen der Familie,** sondern fach- und branchenkundige Dritte zu wählen sind. Diesfalls sind wiederum die notwendigen Qualifikationen zu umschreiben.

1136 Die Versammlung der Vertragsparteien bestimmt [mindestens drei] aussenstehende [nicht zu einem Familienstamm gehörende] Dritte als in den Verwaltungsrat der [Aktiengesellschaft] zu wählende Kandidaten. Jeder Familienstamm hat ein Vorschlagsrecht für [einen] Kandidaten. [Die Kandidaten haben dabei die folgenden Voraussetzungen: ... zu erfüllen.]

1137 Die Zusammensetzung des Verwaltungsrates mit fünf Mitgliedern, von denen zwei unabhängig sind, sichert den Vertretern der Parteien die Entscheidungshoheit, solange sie einig sind, und weist gleichzeitig den unabhängigen Dritten bei Uneinigkeit der Parteien eine Schiedsfunktion zu:

Der Verwaltungsrat der [Aktiengesellschaft] besteht aus [fünf] Mitgliedern. Je ein Mitglied stammt, als deren Vertreter, aus dem Kreis eines Familienstammes, [zwei] Mitglieder sind diesem Vertrag nicht unterstehende Drittpersonen.

1138 Jede Vertragspartei kann verlangen, dass zwei aussenstehende Verwaltungsratsmitglieder zugewählt werden. Diese sollen nach Ausbildung und Erfahrung für das Amt geeignet sein, hohe Anerkennung geniessen, in keinem Konkurrenzverhältnis zur [Aktiengesellschaft] oder einer der Vertrags-

> parteien stehen, die Fähigkeiten der Vertreter der Vertragsparteien ergänzen und sich dem Gesamtwohl der [Aktiengesellschaft] verpflichtet fühlen. Im Fall von Differenzen zwischen den Vertragsparteien wirken sie ausgleichend und vermittelnd. Die Ernennung soll im Einvernehmen erfolgen.

Bestehen unter den Vertragsparteien Spannungen, dann kann der Einbezug externer Dritter zu einer Versachlichung und – im Falle von Spezialisten – zu einer Erhöhung der Entscheidungsqualität führen.[167] Insbesondere kann es sich anbieten, als Präsidenten des Verwaltungsrates einen unabhängigen Dritten vorzusehen, dem nach dispositivem Recht der Stichentscheid im Verwaltungsrat zukommt (Art. 713 Abs. 1 OR) und dem zusätzlich der Stichentscheid in der Generalversammlung statutarisch eingeräumt werden kann.[168]

Allenfalls sind das Recht unterschiedlicher Aktionärskategorien oder Aktionärsgruppen auf Vertretung im Verwaltungsrat (Art. 709 Abs. 1 OR) und statutarische Bestimmungen zur (Maximal-)Zahl von Mitgliedern des Verwaltungsrats und zum Minderheiten- und Gruppenschutz (Art. 709 Abs. 2 OR) zu beachten.

Sind **mehrere Sitze** im Verwaltungsrat der Aktiengesellschaft zu besetzen, dann hat dies in der *Generalversammlung* der Aktiengesellschaft durch Einzelwahl zu geschehen.[169] In der *Versammlung der Vertragsparteien* kann es dagegen sinnvoll sein, einen *einzigen Wahlgang* oder zumindest die abschliessende *Bestätigung aller Kandidierenden in einer Gesamtwahl* vorzusehen. So kann etwa verhindert werden, dass zunächst der Kandidat des einen Stammes mit den Stimmen (auch) des anderen bestellt wird, dann aber dem Kandidaten des anderen Stammes die Zustimmung im Gegenzug verweigert wird.

---

[167] Vgl. etwa BAUMANN, 150 f.
[168] Die Zuweisung des Stichentscheides in der Generalversammlung ist statutarisch möglich, vgl. BGE 95 II 555 E. 1 f.
[169] Dies gilt u.E. generell, da den Stimmenden die Möglichkeit offenstehen muss, einen Kandidaten zu wählen, einen anderen dagegen **abzulehnen**. Falls alle an der Versammlung Teilnehmenden damit einverstanden sind bzw. niemand opponiert, schliesst dies die Wahl aller Kandidierenden *in globo* freilich nicht aus. Im künftigen Aktienrecht soll die Einzelwahl zwingend vorgeschrieben werden, wie schon heute bei kotierten Aktiengesellschaften aufgrund der VegüV (vgl. vorn N 991 Anm. 59).

§ 23 Auskunftsrechte und Auskunftspflichten

I. Informations- und Einsichtsrechte

A. Informations- und Einsichtsrechte der Vertragsparteien untereinander

Wenn ein Aktionärbindungsvertrag als einfache Gesellschaft zu qualifizieren ist,[1] gilt Art. 541 Abs. 1 OR, wonach **jeder Gesellschafter das Recht** hat, sich persönlich über den Gang der Geschäfte zu informieren, in die Geschäftsunterlagen **Einsicht zu nehmen** und sich eine Übersicht über das gemeinschaftliche Vermögen zu verschaffen.[2] Diese Regelung ist **zwingend;** Konkretisierungen dürfen keine übermässige Erschwerung des Einsichtsrechts bewirken.[3] Ergänzt wird das Einsichtsrecht durch die auftragsrechtliche Auskunftspflicht der geschäftsführenden Vertragspartei (Art. 540 Abs. 1 i.V.m. 400 Abs. 1 OR).[4]

1142

Im Rahmen von Aktionärbindungsverträgen findet eine eigentliche Geschäftstätigkeit in der Regel nicht statt. Ein Recht auf Einsichtnahme ist aber trotzdem immer dann gegeben, *wenn einer der Vertragsparteien eine bestimmte Aufgabe übertragen wird,* die sie für die Gesamtheit der Vertragsparteien ausführt. Darunter können beispielsweise die organisatorischen Aufgaben des Vorsitzenden der Versammlung der Vertragsparteien fallen, aber auch der Abschluss eines Hinterlegungsvertrages

1143

---

[1] Vgl. N 145 ff. – Im Folgenden wird von *gesellschaftsrechtlichen* Aktionärbindungsverträgen ausgegangen. Bei *schuldrechtlichen* Aktionärbindungsverträgen müssen entsprechende Auskunftsrechte und Auskunftspflichten *ausdrücklich vereinbart* werden, denn die allgemeinen vertraglichen Treue- und Schutzpflichten begründen keinen Leistungsanspruch (z.B. auf ein Einsichtsrecht), sie führen nur bei Verletzung zu einem Schadenersatzanspruch (vgl. GAUCH/SCHLUEP/EMMENEGGER, N 2638 ff.).

[2] Der Wortlaut des Gesetzes («[d]er von der Geschäftsführung ausgeschlossene Gesellschafter») ist zu eng; das Einsichts- und Informationsrecht steht *allen* Gesellschaftern zu (BK-FELLMANN/MÜLLER, OR 541 N 10 f. und 17; ZK-HANDSCHIN/VONZUN, OR 541 N 3).

[3] BK-FELLMANN/MÜLLER, OR 541 N 101 f.

[4] BK-FELLMANN/MÜLLER, OR 541 N 12, 44 ff. und 50 ff. ZK-HANDSCHIN/VONZUN, OR 541 N 23 ff.

für die gebundenen Aktien im Namen aller oder etwa die Vertretung der Vertragsparteien in der Generalversammlung bzw. im Verwaltungsrat.[5]

1144 Wenn *nicht alle Aktien der Vertragsparteien durch den Vertrag gebunden* sind,[6] kann es angezeigt sein, dass die *Vertragsparteien sich gegenseitig über Zu- und Verkäufe* von nicht unter den Vertrag fallenden Aktien *informieren*. Denn der Kauf von bzw. Verkauf an Dritte kann die Macht- und Stimmverhältnisse innerhalb der Aktiengesellschaft massgeblich verschieben.

B. Pflicht zur gegenseitigen Offenlegung potenzieller Interessenkonflikte

1145 Schon aus dem Begriff der Gesellschaft (Art. 530 Abs. 1 OR) und mehr noch aus dem allgemeinen **Interessenkollisionsverbot** von Art. 536 OR geht hervor, dass die Vertragsparteien *alle Handlungen und Geschäfte zu unterlassen* haben, *die das Erreichen des gemeinsamen Zwecks vereiteln* würden.[7]

1146 Häufig wird dieses allgemeine Verbot von den Vertragsparteien weiter konkretisiert.[8] So vereinbaren die Vertragsparteien oft, sich untereinander – allenfalls im Voraus – über *Interessenkonflikte und Tätigkeiten* zu informieren, *die mit dem Zweck des Aktionärbindungsvertrages in Konflikt stehen könnten*. Vorgesehen werden können auch ein *Verbot solcher Tätigkeiten,* das Recht jeder Vertragspartei oder einer Minderheit bzw. Mehrheit, dagegen *Einspruch* zu erheben oder das *Erfordernis einer Zustimmung* der übrigen Parteien (einstimmig/mit Mehrheitsbeschluss) bzw. des Vorsitzenden.

1147 Jede Vertragspartei ist verpflichtet, die übrigen Vertragsparteien im Voraus über Tätigkeiten zu informieren, die in einem Konflikt mit den Zielen dieses Vertrages stehen könnten. Erhebt nicht eine andere Vertragspartei gegen die geplante Tätigkeit innert [20 Tagen] Widerspruch, gilt diese als genehmigt.

1148 Unterlässt es eine Vertragspartei, die übrigen Parteien entsprechend einer solchen expliziten Regelung zu informieren, verletzt sie bereits dadurch den Vertrag und kann zur Zahlung von **Schadenersatz** oder einer **Konventionalstrafe** verpflichtet sein, ohne dass eine Verletzung der allgemeinen Treuepflicht bzw. des Konkurrenzverbotes selbst vorliegen müsste.

---

[5] Die Frage, inwieweit der «Vertreter» der Vertragsparteien im Verwaltungsrat diesen gegenüber auskunftsberechtigt ist richtet sich nach Aktienrecht, vgl. dazu N 1149 ff.
[6] Vgl. N 67.
[7] BK-FELLMANN/MÜLLER, OR 536 N 9 und 20 ff.; ZK-HANDSCHIN/VONZUN, OR 536 N 17 ff.
[8] Vgl. N 1446.

C. Information durch die Aktiengesellschaft bzw. deren Verwaltungsrat

Weiter wird in Aktionärbindungsverträgen oft vorgesehen, dass die Parteien durch **Mitglieder des Verwaltungsrates** periodisch über den Geschäftsgang der Aktiengesellschaft **informiert** werden sollen.[9] Zur Erteilung solcher Informationen ist der Verwaltungsrat gegenüber den Aktionären aktienrechtlich freilich nicht verpflichtet, soweit der Rahmen der aktienrechtlichen Informationspflicht nach Art. 697 OR überschritten wird. Leistet er entsprechenden Begehren Folge (was zumindest dann die Regel sein wird, wenn die Aktiengesellschaft durch die Parteien beherrscht wird), dann stellen sich – neben der Gefahr unzulässiger Wissensvorsprünge oder gar von Insiderkenntnissen – heikle Fragen der Gleichbehandlung aller Aktionäre (Art. 717 Abs. 2 OR), es sei denn, sämtliche Aktionäre seien auch als Partei am Aktionärbindungsvertrag beteiligt.

1149

Häufig ist es insbesondere, dass die Aufgabe einer **Partei** des Aktionärbindungsvertrages darin besteht, **im Verwaltungsrat** der Aktiengesellschaft Einsitz zu nehmen und – damit verbunden und manchmal auch als Hauptzweck – **die übrigen Vertragsparteien** über den Lauf der Dinge **zu unterrichten**. Diese bindungsvertragliche Pflicht steht in einem Spannungsfeld zu den aktienrechtlichen Treue- und Sorgfaltspflichten gegenüber der Aktiengesellschaft (Art. 717 Abs. 1 OR)[10] sowie – falls nicht alle Aktionäre in den Aktionärbindungsvertrag eingebunden sind – zur Pflicht zur Gleichbehandlung aller Aktionäre (Art. 717 Abs. 2 OR)[11].

1150

Zu entscheiden ist dieser Konflikt u.E. nach den Kriterien, die für (Vorab-)Informationen an Grossaktionäre[12] oder die im Gesetz vorgesehenen «Vertreter»[13] entwickelt worden sind: Zulässig dürfte die Auskunftserteilung jedenfalls in dem Umfang sein, in welchem auch Drittaktionäre informiert würden, sollten sie sich an den Verwaltungsrat wenden.[14]

1151

D. Abgrenzung von den aktienrechtlichen Informations- und Kontrollrechten

Von diesen vertraglichen Informations- und Kontrollrechten der Vertragsparteien untereinander sind die allen Aktionären zustehenden Auskunfts- und Einsichtsrechte gegenüber der Aktiengesellschaft (Art. 696 f. OR) abzugrenzen, ebenfalls die

1152

---

[9] Vgl. auch N 1477 ff.
[10] Vgl. N 381 ff.
[11] Vgl. N 384 ff.; MÜLLER/LIPP/PLÜSS, 288 f.
[12] Dazu etwa BÖCKLI/BÜHLER, 101 ff.
[13] Dazu etwa FORSTMOSER/KÜCHLER, 35 ff.
[14] Vgl. N 385 f.

Auskunfts- und Einsichtsrechte der Mitglieder des Verwaltungsrates gegenüber dem Verwaltungsrat als Gremium und den Mitgliedern der Geschäftsleitung (Art. 715a OR). Solche Informationsrechte ergeben sich aus dem Aktienrecht und sind von bindungsvertraglichen Vereinbarungen unabhängig.

II. Vertraulichkeit

1153 Wenn die Vertragsparteien verhindern wollen, dass die nicht beteiligten Aktionäre, Dritte oder die Aktiengesellschaft von der Existenz und vom Inhalt des Aktionärbindungsvertrages erfahren, können sie eine Klausel in den Vertrag aufzunehmen, welche bestimmt, dass die Vertragsparteien sowohl den Inhalt als auch die Existenz des Aktionärbindungsvertrages **vertraulich zu behandeln** haben, sofern sie nicht durch Gesetz oder behördliche Anordnungen zur Auskunft bzw. Bekanntgabe verpflichtet sind.[15]

1154 Die Parteien verpflichten sich, über diesen Vertrag und dessen Inhalt gegenüber Dritten [unter Vorbehalt gesetzlicher Informationspflichten / soweit sie nicht durch Gesetz oder rechtskräftige behördliche Anordnung zur Auskunft verpflichtet sind] Stillschweigen zu bewahren. Diese Verpflichtung kann durch Beschluss der Parteien in Einzelfällen aufgehoben werden.

1155 Beabsichtigt eine Partei, ihre Aktien einer Drittpartei zu veräussern, kann sie zu diesem Zweck der Drittpartei diesen Vertrag offenbaren. Doch ist die Drittpartei vorgängig schriftlich zu striktem Stillschweigen gegenüber weiteren Dritten zu verpflichten. Die anderen Parteien sind [der Vorsitzende ist] vorgängig zu informieren und können [kann] Einsicht in die Verpflichtungserklärung der Drittpartei verlangen.

1156 Die Vertraulichkeit ergibt sich indes häufig auch ohne einschlägige Bestimmungen im Vertrag schon aufgrund der allgemeinen personengesellschaftsrechtlichen Treuepflicht;[16] dies immer dann, wenn das Bekanntwerden des Vertragsinhaltes oder auch schon der Existenz des Vertrages einer Vertragspartei zum Schaden gereichen könnte oder das gemeinsame Vertragsinteresse durch die Kenntnisgabe gefährdet würde.[17]

---

[15] Vgl. auch N 1163 ff.
[16] Vgl. N 1450 ff.
[17] ZK-HANDSCHIN/VONZUN, OR 530 N 187 ff. – Der Geheimhaltungspflicht können aktien- und börsenrechtliche Offenlegungspflichten entgegenstehen (vgl. dazu N 701 ff., 1166 ff.). Diese gehen vor, worauf in den Verträgen – ohne dass dies rechtlich erforderlich wäre – oft hingewiesen wird.

Die Pflicht zur Geheimhaltung der Existenz und des Inhaltes des Vertrages kann ergänzt werden durch eine Bestimmung, welche die Vertragsparteien darüber hinaus verpflichtet, auch alle vertraulichen Informationen über die Aktiengesellschaft vertraulich zu behandeln.

> Die Parteien halten zudem alle vertraulichen Kenntnisse über die [Aktiengesellschaft] geheim.

III. Minderheitenschutz

Sind die Stimmen in der Versammlung der Vertragsparteien – aufgrund unterschiedlichen Aktienbesitzes oder aus anderen Gründen[18] – ungleich verteilt und erfolgt die Beschlussfassung auf dem Weg von Mehrheitsbeschlüssen, stellt sich – wie im Rahmen der Aktiengesellschaft – auch auf der bindungsvertraglichen Ebene die Frage des Minderheitenschutzes.[19]

Dabei steht wegen der Trennung der bindungsvertraglichen und der körperschaftsrechtlichen Ebene von vornherein fest, dass auf der Ebene des Aktionärbindungsvertrages der *aktienrechtliche Minderheitenschutz nicht zum Tragen kommt.*[20] Im Rahmen der einfachen Gesellschaft wird die Minderheit durch das Erfordernis der Einstimmigkeit der Beschlussfassung über Vertragsänderungen geschützt,[21] sodann auch durch zwingende Gesellschafterrechte wie das Recht zum Entzug oder zur Beschränkung der Geschäftsführungsbefugnis aus wichtigem Grund (Art. 539 Abs. 2 OR), das Kontrollrecht gemäss Art. 541 OR und das Recht zur fristlosen Vertragskündigung aus wichtigem Grund (Art. 545 Abs. 2 OR)[22]. Auch dürfen Mehrheitsbeschlüsse weder gegen zwingendes Recht[23] noch gegen die Bestimmungen des Aktionärbindungsvertrages selbst verstossen und müssen den Anforderungen der gesellschaftsrechtlichen Treuepflicht,[24] dem Gebot der Gleichbehandlung,

---

[18] Vgl. N 973 f.
[19] Eingehend FISCHER, Parteienbestand, 87 ff. und 291 ff.
[20] Vgl. allerdings FISCHER (Parteienbestand, 92 ff.) dazu, ob bzw. inwiefern aktienrechtliche Vorschriften in Bezug auf mangelhafte Beschlüsse der Versammlung der Vertragsparteien analog beigezogen werden können.
[21] Vgl. N 992 ff.
[22] Vgl. N 1877 ff.
[23] Unverbindlich wäre die Verpflichtung zu einer Stimmabgabe, die auf einen nichtigen oder anfechtbaren Generalversammlungsbeschluss abzielt (GLATTFELDER, 290a f.; STUBER, 74 f.).
[24] FISCHER, Parteienbestand, 90 f. – Dies ergibt sich aus Art. 536 OR, der ein Konkurrenzverbot statuiert (BK-FELLMANN/MÜLLER, OR 536 N 7: «Die Bestimmung verbietet … alle Handlungen, die einem Gesellschafter zum Vorteil gereichen, gleichzeitig aber den

dem Grundsatz der Verhältnismässigkeit sowie Treu und Glauben[25] entsprechen. Dazu sei auf die Literatur zum Recht der einfachen Gesellschaft verwiesen.[26]

1161 Es ist sodann möglich, als Element des Minderheitenschutzes auch positive **Beschlüsse** vorzusehen, die nur der Unterstützung einer **Minderheit** bedürfen.[27] Beispiele sind – analog den aktienrechtlichen Regelungen – der Beschluss über die Veranlassung einer Untersuchung, der Vorschlag eines Verwaltungsratskandidaten (der von der Mehrheit nur aus wichtigen Gründen abgelehnt werden kann) oder die Unterstützung der Zuwahl eines neutralen Dritten in den Verwaltungsrat.

1162 In gewisser Weise ein weiteres Element des Minderheitenschutzes stellt für Minderheitsaktionäre die Möglichkeit dar, aus einem Aktionärbindungsvertrag **ohne** unangemessene **Hindernisse ausscheiden und die Aktien** zu einem angemessenen Preis **veräussern** zu können.[28] Gerade in kleineren Aktiengesellschaften ist Letzteres meist nicht ohne Weiteres möglich, da sich für eine Minderheitsbeteiligung oft kein Käufer findet. Wollen die Vertragsparteien keine Vertragsauflösung aus wichtigem Grund[29] oder eine Bindungsreduktion gestützt auf Art. 27 ZGB[30] in Kauf nehmen, so bieten sich insbesondere Verkaufsrechte mit Übernahmeverpflichtungen oder auch Mitverkaufsrechte[31] als Lösung an.[32]

IV. Exkurs: Auskunftspflicht über den Bindungsvertrag gegenüber Drittaktionären und Gläubigern?

A. Auskunft durch die Parteien des Aktionärbindungsvertrages

1163 Sowohl aufgrund der strikten Trennung zwischen vertrags- und körperschaftsrechtlicher Ebene als auch mangels einer Treuepflicht gegenüber der Aktiengesellschaft

---

Zweck der Gesellschaft vereiteln oder beeinträchtigen würden. [D]er Anwendungsbereich des Art. 536 OR [ist] sehr weit ...». – Aus der Treuepflicht kann eine Pflicht der Mehrheit zur Rücksichtnahme auf die Minderheit abgeleitet werden (FISCHER, Parteienbestand, 90 f.; GLATTFELDER, 288a f.; STUBER, 63 f. und 72 ff.).

[25] So wäre es nach Ansicht des Bundesgerichts allenfalls missbräuchlich, einen Aktionär aufgrund eines Beschlusses der Vertragsparteien zu zwingen, für seine eigene Abberufung aus dem Verwaltungsrat zu stimmen (vgl. das *obiter dictum* in BGE 88 II 175).

[26] Statt aller BK-FELLMANN/MÜLLER, OR 534 N 155 ff.; ZK-HANDSCHIN/VONZUN, OR 530 N 187 ff. und 194 f. sowie OR 534–535 N 112 ff.

[27] Vgl. N 1032 ff.

[28] Vgl. N 516 ff.

[29] Vgl. N 1877 ff.

[30] Vgl. N 1913 ff.

[31] Vgl. N 1311 ff.

[32] FISCHER, Parteienbestand, 97 ff.

trifft die durch einen Aktionärbindungsvertrag verbundenen Aktionäre **keine Pflicht,** der Aktiengesellschaft bzw. dem Verwaltungsrat der Gesellschaft die **Existenz oder** gar den **Inhalt ihres Vertrages offenzulegen.**

Die rein vertragliche Natur des Aktionärbindungsvertrages **schliesst auch Offenlegungspflichten gegenüber** aussenstehenden **Dritten aus.** Dies gilt auch für die nicht am Aktionärbindungsvertrag beteiligten Mitaktionäre.[33] 1164

Ausnahmen hierzu ergeben sich aufgrund besonderer gesetzlicher Bestimmungen, insbesondere aufgrund der **börsenrechtlichen Offenlegungspflichten** für Gruppentatbestände.[34] 1165

B. Auskunft durch den Verwaltungsrat der Aktiengesellschaft

Der *Verwaltungsrat hat* nach Art. 716b Abs. 2 OR «Aktionäre und Gesellschaftsgläubiger, die ein schutzwürdiges Interesse glaubhaft machen, auf Anfrage hin schriftlich *über die Organisation der Geschäftsführung»*[35] *zu orientieren* und zwar *nicht nur über den Inhalt eines Organisationsreglements,* sondern über die *tatsächlich gelebte Organisation.*[36] 1166

Hat ein Aktionärbindungsvertrag auf die Organisation der Geschäftsführung *faktisch einen Einfluss* und ist dem Verwaltungsrat die Existenz oder gar der Inhalt dieses Vertrages bekannt, so stellt sich die Frage, ob der Verwaltungsrat gemäss Art. 716b Abs. 2 OR interessierten Drittaktionären oder Gläubigern diese Informationen bekannt zu geben hat. Unseres Erachtens sind einmal mehr die *unterschiedlichen Ebenen von Aktionärbindungsvertrag* (mit seinen Parteien) einerseits *und Aktiengesellschaft* (mit Verwaltungsrat und Aktionären) auf der anderen Seite *auseinanderzuhalten:* 1167

Selbst wenn an einem *Aktionärbindungsvertrag* auch (die) Mitglieder des Verwaltungsrates beteiligt sind und der Vertrag Bestimmungen über die Einflussnahme auf die Organisation des Verwaltungsrates und der Geschäftsführung enthält, hat der Vertrag dadurch zwar einen Einfluss auf die Organisation, *betrifft aber nur die hinter der Organisation* und ihrer praktischen Umsetzung *stehenden Motive.*[37] Die Organisation selbst und ihre allenfalls bloss faktische (sich nicht aus dem Organisationsreglement ergebende) Ausgestaltung hingegen liegen allein in der Kompetenz 1168

---

[33] A.M. JÄGGI in ZSR 1959 II 733a, der ausgehend von einer Treuepflicht der Aktionäre untereinander eine «Offenbarungspflicht» der verbundenen Aktionäre postuliert.
[34] Vgl. N 701 ff.
[35] Hervorhebung hinzugefügt.
[36] FORSTMOSER, Organisationsreglement, § 29 N 15 ff. m.H.; ROTH PELLANDA, N 655 ff.; BSK-WATTER/ROTH PELLANDA, OR 716b N 28 f.
[37] Vgl. auch N 378 ff.

des Verwaltungsrates (Art. 716a Abs. 1 Ziff. 2 OR), und nur darüber, nicht aber über die dahinter stehenden Gründe und Motive hat er gemäss Art. 716b Abs. 2 OR Auskunft zu geben.[38]

1169 Umgekehrt ist es dem Verwaltungsrat als Gremium oder Mitgliedern des Verwaltungsrates, die nicht in den Aktionärbindungsvertrag eingebunden bzw. nicht aufgrund eines Treuhandverhältnisses zu Vertraulichkeit verpflichtet sind, **weder aktienrechtlich noch vertragsrechtlich verwehrt,** ihm bzw. ihnen bekannte Informationen in Bezug auf den Aktionärbindungsvertrag an Drittaktionäre oder Dritte weiterzugeben. Ob dies sinnvoll ist, steht freilich auf einem anderen Blatt.

---

[38] A.M. noch FORSTMOSER, Schnittstelle, 398.

4. Kapitel: Erwerbsrechte und Erwerbspflichten

§ 24 Zweck, Erscheinungsformen, Arten und Rechtsnatur

I. Zweck und Wirkung

Mit Erwerbsrechten und Erwerbspflichten sowie Verfügungs- und Übertragungsbeschränkungen[1] wollen die Vertragsparteien in erster Linie **Einfluss auf die Zusammensetzung des beteiligten Aktionärskreises** nehmen.[2] Unerwünschte Interessenten sollen vom Erwerb abgehalten werden, die Aktien trotz Eigentümerwechsels nach Möglichkeit beim bisherigen Aktionariat oder innerhalb eines bestimmten Personenkreises verbleiben.[3] Anders gesagt geht es damit auch um die Frage der **Verknüpfung bzw. Parallelität von Parteistellung und Eigentum an den Aktien.**[4] Dafür reicht die Möglichkeit der statutarischen Vinkulierung von Namenaktien allein meist nicht aus.[5]

1170

Zugleich können Regeln zu Veräusserung und Erwerb auch dazu dienen, Aktionären die **Möglichkeit einer Veräusserung** ihrer Aktien **zu angemessenen Bedingungen** zu sichern.[6] Erwerbsrechte und -pflichten in Aktionärbindungsverträgen können sodann vereinbart werden, um (indirekt) das **Einhalten von Stimmbindungen,** einen geregelten **Generationenwechsel,** den **Übergang in der Führung eines Unternehmens**[7] oder auch den Weiterbestand eines Ehegattenunternehmens bei einer Ehescheidung sicherzustellen.[8] Je nach Konstellation sind im Einzelfall

1171

---

[1] Zu Letzteren N 1699 ff.
[2] BLOCH, 9; VON DER CRONE, Aktienrecht, § 11 N 21 ff.; FISCHER, Parteienbestand, 26 f. und 61 f.; HINTZ-BÜHLER, 15, 21, 87 und 110 f.; MARTIN, 265 ff. – Zum Aktionärskreis vgl. N 45 f.
[3] FISCHER (Parteienbestand, 56) spricht dabei – unter Einbezug der erst in einem späteren Kapitel zu behandelnden Regeln zur Absicherung und Durchsetzung der Vertragspflichten (N 1533 ff.) – umfassend von Massnahmen zum «Systemschutz». Man könnte auch von «Instrumente[n] zur Stabilisierung der Machtverhältnisse» sprechen (VISCHER, Vorkaufsrechte, 82).
[4] Vgl. auch N 453 f.; FISCHER, Parteienbestand, 282 ff.
[5] Vgl. N 1725 ff.
[6] BLOCH, 286.
[7] Oder auch etwa die Auflösung eines Joint-Venture-Verhältnisses (GERICKE/DALLA TORRE, 61 ff.).
[8] EHRAT/FREY, 328 ff.; GLOOR/FLURY, 305 ff.; HAAB, 383 ff.; HENSCH/STAUB, 1173 ff.

viele weitere Gründe denkbar, wie das Erhalten einer Beteiligungsquote, das Verhindern von Übernahmen oder das Weiterführen eines Joint-Venture-Unternehmens beim Ausscheiden eines Partners.[9]

1172 Im Gegenzug können gerade Erwerbsrechte und Erwerbspflichten gegenüber Dritten eine negative Wirkung bezüglich Verhandlungs- und Kaufbereitschaft haben, da diese Gefahr laufen, dass sich ihr Verhandlungsaufwand letztlich als nutzlos erweist.[10] Auch dies ist bei der Vertragsgestaltung im Auge zu behalten.

II. Erscheinungsformen und Arten

1173 Als **Erwerbsrechte** werden Erscheinungsformen bezeichnet, die den Parteien des Aktionärbindungsvertrages die Möglichkeit geben sollen, Aktien zu erwerben.[11] **Erwerbspflichten** sind Verpflichtungen, in bestimmten Situationen Aktien zu übernehmen. Bei den Erwerbsrechten und Erwerbspflichten handelt es sich in der Regel um Vorkaufsrechte (vgl. N 1178 ff.), Vorhandrechte (vgl. N 1262 ff.), Kaufrechte (vgl. N 1285 ff.), Rückkaufs- und Wiederkaufsrechte (vgl. N 1308 ff.), Verkaufsrechte (vgl. N 1311 ff.) sowie Mitverkaufsrechte und entsprechende Pflichten (vgl. N 1321 ff.).

1174 Mit der Vereinbarung von Erwerbsrechten und Erwerbspflichten wollen die Beteiligten die Aktien in einem geschlossenen oder vorbestimmten Kreis halten.[12] Damit ausscheidenswillige Aktionäre die Möglichkeit haben, die Gesellschaft zu verlassen, werden die Verbleibenden allenfalls zur Übernahme der Aktien verpflichtet. Die Rechte und Pflichten treffen meist alle Parteien des Vertrages gegenseitig, sodass jeder gleichzeitig Berechtigter und Verpflichteter ist. Möglich sind aber auch einseitige Vereinbarungen, die einzelnen Beteiligten ein Veräusserungsrecht, anderen eine Übernahmepflicht zuweisen.

III. Obligatorische Rechtsnatur

1175 Die *vertraglich vereinbarten* Erwerbsrechte und Erwerbspflichten, Angebots- und Veräusserungspflichten *wirken nur zwischen den beteiligten Parteien*. Sie entfalten *keine dingliche Wirkung*, damit also auch keine Wirkung auf nicht am Vertrag Be-

---

[9] HUBER, Vertragsgestaltung, 48 ff.; OERTLE, 192.
[10] FISCHER, Parteienbestand, 62; SCHENKER, Vorkaufsrechte, 249 f. und 275 f.
[11] BLOCH, 286 ff.; KLÄY, 460.
[12] FISCHER, Parteienbestand, 26; FORSTMOSER/MEIER-HAYOZ/NOBEL, § 44 N 259; HINTZ-BÜHLER, 87; ZOBL, Sicherung, 402 ff.

teilte.¹³ Es handelt sich entweder um **Gestaltungsrechte** (Kauf-, Rückkaufs- und Vorkaufsrechte) oder um **Verpflichtungen zu einem Tun oder einem Unterlassen** (Vorhandrecht).

Isoliert betrachtet sind sie entweder als **Verträge *sui generis*** oder als **bedingte Kaufverträge** zu qualifizieren.¹⁴ Im Rahmen von gesellschaftsrechtlichen Aktionärbindungsverträgen¹⁵ stellen sie **gesellschaftsrechtliche Verpflichtungen** dar.

1176

IV. Exkurs: Zulässigkeit statutarischer Erwerbsrechte?

Bei kleineren Aktiengesellschaften mit nicht an der Börse kotierten Aktien wird gelegentlich versucht, Erwerbsrechte und -pflichten sowie Übertragungsbeschränkungen in den Statuten zu verankern und ihnen so eine «quasi-dingliche» Wirkung für alle Aktionäre zu verleihen.¹⁶ Während dies unter dem Aktienrecht vor 1992 gängig war und auch von der herrschenden Lehre als zulässig erachtet wurde,¹⁷ kommt der überwiegende Teil der Lehre heute aufgrund der Regelung von Art. 685b Abs. 7 OR zum Schluss, dass solche statutarischen Bestimmungen nur noch in dem durch die Vinkulierungsordnung vorgegebenen Rahmen Gültigkeit haben können, d.h. regelmässig **nur** unter Beachtung der *Escape Clause* und mithin unter *Abfindung des Ausscheidenden zum wirklichen Wert* (Art. 685b Abs. 1 OR).¹⁸

1177

---

¹³ FORSTMOSER/MEIER-HAYOZ/NOBEL, § 39 N 158 ff. sowie § 44 N 57; SCHENKER, Vorkaufsrechte, 265; ZOBL, Sicherung, 402 f. und 404.

¹⁴ BLOCH, 287 ff.; FORSTMOSER, Schnittstelle, 385; GLATTFELDER, 235a f.; LEHNER, 73 f. sowie N 1180, 1263 f., 1287.

¹⁵ Vgl. N 145 ff.

¹⁶ Vgl. N 28 und 117. – BÖCKLI, Aktienrecht, § 6 N 210 f.

¹⁷ Zum alten Recht BLOCH, 293; BÖCKLI, Aktionärbindungsverträge, 498 f.; FORSTMOSER, Vinkulierung, 103 f.; FORSTMOSER/MEIER-HAYOZ/NOBEL, § 44 N 263; KLÄY, 464 ff. (mit Überblick über die Lehrmeinungen); HINTZ-BÜHLER, 129 f.; LEHNER, 73; MEIER-SCHATZ, 224; SALZGEBER-DÜRIG, 162 ff. und 270 ff.

¹⁸ BLOCH, 294 ff.; BÖCKLI, Aktienrecht, § 6 N 293 ff.; DRUEY/GLANZMANN, § 11 N 84; DUMARTHERAY, 80; FORSTMOSER/MEIER-HAYOZ/NOBEL, § 44 N 264 ff.; HINTZ-BÜHLER, 130 f.; KLÄY, 474 ff. (mit Überblick über die Lehrmeinungen); MARTIN, 252 f. und 269 f.; MEIER-SCHATZ, 225; SCHENKER, Vorkaufsrechte, 266 f.; ZOBL, Sicherung, 404 f. – Näheres hinten N 1751 ff.

§ 25 Vorkaufsrechte

I. Begriff und Zweck

Das vertragliche Vorkaufsrecht ist eine vom Vorkaufsverpflichteten dem Vorkaufsberechtigten eingeräumte **Befugnis, die Übertragung zu Eigentum zu verlangen, sobald** dieser die Sache an einen Dritten verkauft oder in einer Weise veräussert, die wirtschaftlich einem Verkauf gleichkommt ist **(Vorkaufsfall)**.[1] Vorkaufsrechte dienen vor allem der Kontrolle über die Zusammensetzung des Aktionärskreises; sind die beteiligten Aktionäre daraus im Verhältnis ihres bisherigen Aktienbesitzes berechtigt, verhindert ein Vorkaufsrecht auch Machtverschiebungen innerhalb des Aktionärskreises.[2]

1178

Gesetzlich geregelt ist nur das vertragliche Vorkaufsrecht an Grundstücken (Art. 216c ff. OR), während für Fahrnis oder Mitgliedschaftsrechte eine gesetzliche Ordnung fehlt.[3] Die **Zulässigkeit** des Vorkaufsrechts an Aktien ist aber allseits **anerkannt.**[4] Als rein obligatorische Verpflichtung[5] kann es sowohl für bestehenden Aktienbesitz als auch für Aktien, die der Verpflichtete erst erwerben wird, vereinbart werden.[6]

1179

II. Rechtsnatur

Das Vorkaufsrecht ist ein **Gestaltungsrecht** und bedarf zu seiner Ausübung einer einseitigen, empfangsbedürftigen Willenserklärung. Das Gestaltungsrecht gibt dem

1180

---

[1] Zur Definition des Vorkaufsrechts: BGE 134 III 597 E. 3.4.1, 115 II 175 E. 4a; BGer-Urteil 4A_225/2007 vom 20. März 2008, E. 3.2; BLOCH, 289 und 301; BÖCKLI/MORSCHER, 53; FISCHER, Parteienbestand, 62; BK-GIGER, OR 216 N 77 ff.; HINTZ-BÜHLER, 89 m.w.H.; KLÄY, 460; LANG, 34 f.; MARTIN, 255 f.; BK-MEIER-HAYOZ, ZGB 681 N 19; SALZGEBER-DÜRIG, 10; ZOBL, Sicherung, 402; SCHENKER, Vorkaufsrechte, 246. – Zu den Vorkaufsfällen vgl. N 1234 ff.

[2] FISCHER, Parteienbestand, 283 f. und 286; VISCHER, Vorkaufsrechte, 82.

[3] Zur analogen Anwendung von Art. 216c ff. OR vgl. N 1234 ff.; SUTTER, 277; VISCHER, Vorkaufsrechte, 83 f.

[4] BLOCH, 287; BK-MEIER-HAYOZ, ZGB 681 N 13 ff.; SALZGEBER-DÜRIG, 19; ZOBL, Sicherung, 402.

[5] MARTIN, 256.

[6] SALZGEBER-DÜRIG, 22.

Berechtigten unter der Bedingung, dass der Verpflichtete einen Vertrag mit einem Dritten geschlossen hat, die Möglichkeit, durch einseitige Erklärung die Änderung eines Rechtsverhältnisses herbeizuführen.[7] Der **Vorkaufsvertrag** wird als Vertrag *sui generis* (Innominatkontrakt) oder als **(aufschiebend) bedingter Kaufvertrag** qualifiziert,[8] wobei die Qualifikation für die Rechtsfolgen kaum von Bedeutung ist, da man auch bei Annahme eines Innominatkontrakts auf die – analog anwendbaren – Regeln des Kaufvertragsrechts zurückgreifen wird.[9]

1181 Durch die Ausübung des Gestaltungsrechts erfolgt **kein Eintritt** des Vorkaufsberechtigten **in den Vertrag** des Verpflichteten **mit dem Drittkäufer,** sondern es kommt zwischen dem Verkaufsberechtigten und dem Vorkaufsverpflichteten ein selbständiges Rechtsgeschäft zustande.[10]

III. Form

1182 Die Vereinbarung von Vorkaufsrechten an Aktien bedarf – wie allgemein der Aktionärbindungsvertrag[11] – **keiner besonderen Form.**[12] Als **wesentliche Vertragspunkte** gelten die Angaben über die *Vertragsparteien*, den *Verkaufsgegenstand* und den *Preis*.[13]

1183 **Ausnahmen** zu diesem Grundsatz können sich aufgrund von Vertragselementen oder Vertragsinhalten ergeben, für die eine bestimmte **Form vorgeschrieben** ist, wie beispielsweise bei einem Vorkaufsrecht, welches auch oder gar ausschliesslich im Falle des Todes des Aktionärs wirksam werden werden soll. Diesfalls sind unter Umständen die Vorschriften des Erbrechts einzuhalten.[14]

---

[7] BGE 113 II 31 E. 2a m.w.H.; BLOCH, 289; FOËX, 385 f.; BÖCKLI/MORSCHER, 54; BK-GIGER, OR 216 N 84; BK-MEIER-HAYOZ, ZGB 681 N 48 ff.; NOELPP, 33; SALZGEBER-DÜRIG, 11; VON TUHR/PETER, 23 ff.; VISCHER, Vorkaufsrechte, 83.

[8] BGE 93 II 53 E. 3; BLOCH, 289; FISCHER, Parteienbestand, 62 f.; BK-GIGER, OR 216 N 85; KLÄY, 460; LEHNER, 73 f.; BK-MEIER-HAYOZ, ZGB 681 N 41 ff.; SALZGEBER-DÜRIG, 12 f.; SCHENKER, Vorkaufsrechte, 246 f.; SUTTER, 277 f.; VISCHER, Vorkaufsrechte, 83. – Zur Qualifikation im Rahmen eines Aktionärbindungsvertrages vgl. N 1175 f.

[9] Vgl. N 1234 ff.

[10] BK-GIGER, OR 216 N 157; BK-MEIER-HAYOZ, ZGB 681 N 236 ff.; SALZGEBER-DÜRIG, 54 ff.

[11] Vgl. N 218 f.

[12] HINTZ-BÜHLER, 94 f.; SCHENKER, Vorkaufsrechte, 247; ZOBL, Sicherung, 404.

[13] FISCHER, Parteienbestand, 63; MARTIN, 254; zum Kaufpreis vgl. N 1186 ff.

[14] Vgl. dazu im Allgemeinen N 221 ff. – Die Einräumung eines auf den Tod hin wirksam werdenden Vorkaufsrechts ist allerdings nicht in jedem Fall ein Rechtsgeschäft von Todes wegen (BGE 84 II 247 E. 6, 50 II 370 E. 1); vgl. zur Abgrenzung N 471 ff.

IV. Arten und Inhalt

A. Einseitige oder mehrseitige sowie einmalige oder mehrmalige Vorkaufsrechte

Vorkaufsrechte können einseitig oder mehrseitig (d.h. gegenseitig oder zugunsten mehrerer Personen) sowie einmalig oder mehrmalig (d.h. für mehrere Transaktionen gültig) ausgestaltet sein.[15]

B. Vorkaufsrechte unter den Vertragsparteien oder zugunsten Dritter

Das Vorkaufsrecht kann zugunsten der anderen Vertragsparteien oder auch zugunsten Dritter eingeräumt werden.[16]

C. Unlimitierte oder limitierte Vorkaufsrechte

Im Zusammenhang mit der **Kaufpreisbestimmung** ist die *Unterscheidung zwischen unlimitierten und limitierten Vorkaufsrechten* massgebend:[17]

1. Unlimitierte Vorkaufsrechte

Beim **unlimitierten Vorkaufsrecht** regeln die Parteien den Preis im Vorkaufsvertrag nicht. Als Kaufpreis *gilt derjenige Preis, welchen der kaufbereite Dritte* dem Vorkaufsbelasteten für die Aktien *zu zahlen bereit ist* (vgl. Art. 216d Abs. 3 OR).[18]

Diese Kaufpreisbestimmung ist *für den Veräusserungswilligen attraktiv,* hat er doch im Falle der Ausübung des Vorkaufsrechts keine Einbusse zu befürchten, sondern er kann die Aktien zum höchsten Preis, den ein Dritter zu zahlen bereit wäre, veräussern.[19] Sie ist aber anfällig für Umgehungen – etwa durch die Vereinbarung eines überhöhten Preises mit einem Dritten, der dann in einer anderen Transaktion «schadlos gehalten» wird.

---

[15] S. dazu die Aufzählungen bei SALZGEBER-DÜRIG, 10 f. und 24 f.; BK-MEIER-HAYOZ, ZGB 681 N 20 ff. sowie HINTZ-BÜHLER, 95.
[16] SALZGEBER-DÜRIG, 21. – Das Vorkaufsrecht kann als echter Vertrag zugunsten eines Dritten ausgestaltet sein.
[17] MARTIN, 253; VISCHER, Vorkaufsrechte, 84.
[18] BGE 134 III 597 E. 3.4.1; BGer-Urteil 4A_225/2007 vom 20. März 2008, E. 3.2; BLOCH, 301 f.; HINTZ-BÜHLER, 92; KLÄY, 462; LEHNER, 74; SALZGEBER-DÜRIG, 25 f.; SCHENKER, Vorkaufsrechte, 247 ff.
[19] BÖCKLI, Kaufsrechte, 55; SCHENKER, Vorkaufsrechte, 248.

2. Limitierte Vorkaufsrechte

1189 Beim **limitierten Vorkaufsrecht** wird der *Preis oder* die Art der *Kaufpreisbestimmung* (Preisberechnungsmodus) *im Voraus vertraglich bestimmt:*[20]

1190 Ein **absolut limitiertes Vorkaufsrecht** liegt vor, wenn der *Kaufpreis entweder zahlenmässig bestimmt oder* wenn er zahlenmässig genau *bestimmbar* ist (z.B. als Relation zum Nennwert der Aktie). Diese Art des Vorkaufsrechts birgt den Nachteil, dass Wertschwankungen nicht berücksichtigt werden können; der im Voraus bestimmte Preis kann von einem «fairen» Wert im Zeitpunkt der Veräusserung erheblich abweichen. Ein absolut limitiertes Vorkaufsrecht wird daher nur dann vereinbart, wenn die Parteien Wertschwankungen der Aktien nicht berücksichtigen wollen.[21]

1191 Nennt der Vertrag *nur die Modalitäten bzw. den Modus der Preisfestsetzung,* spricht man von einem **relativ limitierten Vorkaufsrecht**. Eine Variante besteht darin, den Preis als Höchstbetrag zu vereinbaren, während die berechtigte Partei das Recht hat, die belasteten Aktien zu einem tieferen Preis zu erwerben, wenn ein Drittwerber nur einen tieferen Preis zu bezahlen bereit ist.[22]

1192 Überwiegend soll sichergestellt werden, dass der Kaufpreis in einer angemessenen Relation zum wirklichen Wert der Aktien steht oder diesem entspricht:[23]

1193 Die Ermittlung des wirklichen Werts hat nach den jeweils üblichen Bewertungsgrundsätzen zu erfolgen. Sofern der Ertragswert über dem Substanzwert liegt, ist der wirkliche Wert auf das arithmetische Mittel zwischen dem einfachen Substanzwert und dem doppelten Ertragswert festzusetzen.[24]

1194 Andererseits kann es aber auch das Ziel einer Regelung sein, eine bestimmte Partei zu begünstigen.[25] So besteht oft die Absicht, den Preis so festzulegen, dass die in der Gesellschaft als Aktionäre verbleibenden Parteien bevorzugt werden. Dies erleichtert die Übernahme durch die Verbleibenden und erscheint als angemessene «Gegenleistung» für den grösseren Freiheitsgrad, der durch liquide Mittel erlangt wird.

---

[20] BGE 134 III 597 E. 3.4.1; BGer-Urteil 4A_225/2007 vom 20. März 2008, E. 3.3; BLOCH, 301 f.; BÖCKLI, Kaufsrechte, 55; HAYMANN, 112; HINTZ-BÜHLER, 92 f.; KLÄY, 462; LEHNER, 74 ff.; BK-MEIER-HAYOZ, ZGB 681 N 22; SALZGEBER-DÜRIG, 11 und 28.
[21] HAYMANN, 112 f., SALZGEBER-DÜRIG, 28.
[22] SCHENKER, Vorkaufsrechte, 251 f.
[23] BÖCKLI, Aktienrecht, § 6 N 221 ff.; *ders.,* Kaufsrechte, 58 ff.; SALZGEBER-DÜRIG, 29 ff.
[24] Beispielklausel nach TSCHÄNI, Vinkulierung, 29.
[25] VON SALIS, Risiko, 220.

D. Kaufpreisbestimmung beim relativ limitierten Vorkaufsrecht

Die **Art der Berechnung des Preises** wird *je nach Ziel und Zweck des Aktionärbindungsvertrags unterschiedlich* gewählt. Im Vertrag sind neben den Entscheidfaktoren auch das Entscheidverfahren und die am Entscheid beteiligten Personen zu bestimmen.[26] Einige Möglichkeiten der Kaufpreisbestimmung:

Aushandlung unter den Beteiligten: Im Vertrag wird erklärt, dass der Kaufpreis unter den Parteien ausgehandelt wird, wobei oft Regeln – oder Wünsche – für die Durchführung der *Verhandlungen* mit auf den Weg gegeben werden; etwa die, es sei «*in guten Treuen*» zu verhandeln oder es solle der erfolgreiche Weiterbestand des Unternehmens im Mittelpunkt stehen. Zur Verbesserung der Erfolgschancen wird allenfalls die Führung oder Begleitung der Verhandlungen durch einen neutralen Dritten[27] vorgesehen. Oft findet sich auch eine *Fallback*-Regelung für den Fall, dass die Verhandlungen scheitern.

Festlegung durch Dritte: In Aktionärbindungsverträgen weit verbreitet ist die Vereinbarung, dass der Preis dem inneren Wert der Aktie entsprechen und durch eine – allenfalls spezifisch genannte oder bestimmte Qualitätserfordernissen erfüllende – *Treuhandgesellschaft oder eine andere unabhängige Stelle* festgelegt werden soll.[28] Dies soll sicherstellen, dass der Preis ohne Beeinflussung durch die Gesellschaft oder eine am Aktionärbindungsvertrag beteiligte Partei bestimmt wird. Allenfalls wird die Methode zur Wertbestimmung vorgegeben (vgl. nachfolgend N 1200 [«Berechnungmethoden»]).

Steuerwert: Eine weitere Möglichkeit, den Preis der Aktien festzusetzen, ist das Abstellen auf den Steuerwert. Ausgangspunkt kann z.B. der *letztbekannte Steuerwert oder der durchschnittliche Steuerwert einiger vergangener Jahre* sein. Aufgrund der Praxis der Steuerbehörden resultiert so in der Regel ein Preis, der unter dem inneren Wert der Aktien liegt, was gewollt sein kann, manchmal aber auch durch Vereinbarung eines prozentualen Zuschlags zum Steuerwert korrigiert wird. Oft empfehlen sich weitere Umschreibungen, falls der Steuerwert im konkreten Fall Abzüge zulässt.

Börsenkurs: Bei börsenkotierten Aktiengesellschaften besteht die Möglichkeit, als Preis für die Aktien den Börsenkurs vorzusehen. Um die *täglichen Schwankungen auszugleichen* und die Gefahr zu minimieren, dass eine Partei durch Börsentransaktionen auf den Kurs Einfluss nimmt, ist eine Klausel sinnvoll, die zur Berechnung auf den *Durchschnitt der Schlusskurse* der letzten beispielsweise 20–30 Börsentage oder auch etwa auf die Schlusskurse des ersten oder letzten **Handelstages** der letz-

---

[26] GERICKE/DALLA TORRE, 62 f.; VON SALIS, Risiko, 220.
[27] Vgl. N 2156 f.
[28] Vgl. N 2156 f.

ten 3, 6 oder 9 Monate abstellt.²⁹ Soll den verbleibenden Aktionären ein Vorteil verschafft werden, vereinbaren die Parteien auf dem so ermittelten Börsenkurs einen prozentualen Abschlag.

1200 **Berechnungsmethoden:** Schliesslich kann im Vertrag der *Berechnungsmodus (mathematische Formel) zur Bestimmung des* massgebenden, d.h. zumeist des inneren *Wertes der Aktien vereinbart* werden. Der innere Wert der Aktien bestimmt sich nach dem objektiven Wert der Gesellschaft unter Einschluss von Substanz- und Ertragswert und in der Annahme, die Gesellschaft werde fortgeführt.³⁰ Zur Bewertung von Unternehmen existieren verschiedene betriebswirtschaftliche Methoden, welche je nach Bedürfnis zur Anwendung kommen können.³¹

E. Weitere Modalitäten des Vorkaufsrechts

1. Umfang des Vorkaufsrechts

1201 Vermutungsweise – falls nicht etwas anderes im Vertrag ausdrücklich festgehalten ist oder Indizien für eine andere Absicht vorliegen – **umfasst** das Vorkaufsrecht **alle zum Verkauf stehenden Aktien** (Gesamtausübung).³² Wer ein Vorkaufsrecht ausübt, muss daher bereit und in der Lage sein, alle angebotenen Aktien zum vereinbarten bzw. zu bestimmenden Preis zu übernehmen.³³

1202 > Das Vorkaufsrecht kann nur ungeteilt ausgeübt werden.

1203 Das Vorkaufsrecht kann aber auch so ausgestaltet sein, dass es nur für **einzelne oder einen Teil der** zum Verkauf stehenden **Aktien** ausgeübt werden kann. Für den Veräusserungswilligen kann eine solche Regelung sehr nachteilig sein, insbesondere dann, wenn durch die Veräusserung nur eines Teils der angebotenen Aktien eine aktien-

---

²⁹ Allenfalls kann die für öffentliche Angebote in Art. 40 Abs. 2 BEHV-FINMA vorgesehene Regel Anwendung finden: «volumengewichtete[r] Durchschnittskurs der börslichen Abschlüsse der letzten 60 Börsentage.»

³⁰ Im Unterschied zum Liquidationswert der Gesellschaft. – BGE 120 II 261 ff.; BÖCKLI, Aktienrecht, § 6 N 222 ff.; FORSTMOSER/MEIER-HAYOZ/NOBEL, § 44 N 163 ff.; KLÄY, 189 ff.

³¹ Beispielsweise die Substanzwertmethode oder die *Discounted-free-cash-flow*-Methode (DCF). Gängig ist auch die sog. «Praktikermethode» (1 × Substanzwert + 2 × Ertragswert) ÷ 3. – Zu weiteren Hinweisen und Literatur vgl. N 467 Anm. 23.

³² FORSTMOSER/MEIER-HAYOZ/NOBEL, § 44 N 167; KLÄY, 183; BSK-OERTLE/DU PASQUIER, OR 685b N 11.

³³ BÖCKLI, Kaufsrechte, 57; FORSTMOSER/MEIER-HAYOZ/NOBEL, § 44 N 167; HINTZ-BÜHLER, 96; REYMOND, 228.

rechtlich relevante Beteiligungsschwelle unterschritten wird[34] oder eine im Bindungsvertrag vorgesehene Sperrminorität verloren geht. Auch wird eine Dritterwerberin häufig nur ein Interesse am ganzen angebotenen Aktienpaket haben.[35]

Umgekehrt ist es auch sinnvoll, die Vertragsparteien zu verpflichten, ihre **sämtlichen** dem Vertrag unterstellten **Aktien anzubieten.** So kann verhindert werden, dass eine Partei mit nur wenigen Aktien im Vertrag verbleibt und aufgrund eines Vetorechts bzw. des Erfordernisses der Einstimmigkeit die übrigen Vertragsparteien blockiert.

2. Mehrstufiges Zuteilungsverfahren bei einer Mehrzahl von Vorkaufsberechtigten

a) Übernahme durch die Erwerbsberechtigten gemeinsam

Steht das Vorkaufsrecht den Erwerbsberechtigten gemeinsam zu, ist es gemeinsam bzw. durch einen Vertreter auszuüben und sind die Berechtigten nach Ausübung gegenüber dem veräusserungswilligen Aktionär zur **gemeinsamen Übernahme der Aktien im vereinbarten Umfang**[36] verpflichtet. Dies hat für den Vorkaufsverpflichteten den Vorteil, dass er von der Aufteilung der übernommenen Aktien bzw. von betreffenden Verfahren nicht betroffen ist.[37]

Verbreitet ist für die Aufteilung der gemeinsam zu übernehmenden Aktien ein **zwei- oder mehrstufiges Verfahren** im Sinne mehrerer Angebotsrunden:

Im **ersten Durchgang** kann jede beteiligte Vertragspartei mitteilen, wie viele Aktien sie zu übernehmen bereit ist. Wird dadurch die Zahl der angebotenen Aktien übertroffen, werden diese mittels eines im Aktionärbindungsvertrag enthaltenen Schlüssels – in der Regel der bisherige Aktienbesitz – gekürzt.

Stellt sich nach der ersten Runde heraus, dass die Berechtigten insgesamt weniger Aktien übernehmen wollen als angeboten werden, gibt es einen **zweiten Durchgang,** in dem wiederum alle Berechtigten sagen können, wie viele Aktien sie übernehmen wollen. Auch in diesem Fall kommt der Schlüssel zur Anwendung, falls die Nachfrage das Angebot übertrifft.

Der Schlüssel kann sodann Anwendung finden, wenn nicht alle Aktien aufgeteilt werden können, d.h. wenn die einzelnen Vertragsparteien verpflichtet sind, dem

---

[34] Beispielsweise der Verlust der Sperrminorität von einem Drittel (vgl. Art. 704 OR) oder das Unterschreiten der Schwelle von 10% (Recht, die Auflösung zu verlangen [Art. 736 Ziff. 4 OR], Einberufungsrecht [Art. 699 Abs. 3 OR]).
[35] BÖCKLI, Kaufsrechte, 57.
[36] Vgl. N 1201 ff.
[37] HINTZ-BÜHLER, 95 f.

Schlüssel entsprechend die nach dem zweiten Durchgang noch verbleibende Aktien zu übernehmen. Denkbar ist aber auch eine **weitere Angebotsrunde**.[38]

1210

> Erste Angebotsrunde:
>
> Die veräusserungswillige Vertragspartei hat ihre Veräusserungsabsicht der Treuhandstelle mit eingeschriebenem Brief mitzuteilen unter genauer Bekanntgabe, wie viele Aktien sie an wen und auf welche Art übertragen will. Die Treuhandstelle informiert innert [10 Tagen] nach Erhalt dieser Mitteilung die anderen Vertragsparteien mit eingeschriebenem Brief und gibt ihnen gleichzeitig bekannt, wer aufgrund der jeweiligen Beteiligungsquote wie viele der zum Erwerb stehenden Aktien übernehmen kann. Gleichzeitig setzt die Treuhandstelle den vorkaufsberechtigten Vertragsparteien eine Frist von [30 Tagen] an, um ihr mit eingeschriebenem Brief mitzuteilen, ob sie ihre Vorkaufsrechte ausüben wollen oder nicht – und wenn ja, wie viele der ihnen zugeteilten Aktien sie übernehmen wollen.
>
> Jede Vertragspartei, die ihr Vorkaufsrecht vollumfänglich ausübt, hat zudem das Recht, weitere Aktien zu erwerben, die von den andern Vorkaufsberechtigten nicht übernommen werden. Wer von diesem Zusatzrecht Gebrauch machen will, muss dies der Treuhandstelle innert der [30-Tage-Frist] ebenfalls kundtun. Falls mehrere Vertragsparteien von diesem Zusatzrecht Gebrauch machen, werden die nicht übernommenen Aktien unter ihnen im Verhältnis ihrer jeweiligen Beteiligungen aufgeteilt. Die Treuhandstelle gibt die so berechnete Aufteilung bekannt und setzt den betreffenden Vertragsparteien eine Frist von [10 Tagen] an, um ihr mit eingeschriebenem Brief mitzuteilen, wie viele der ihnen zugeteilten Aktien sie übernehmen wollen.
>
> Zweite Angebotsrunde:
>
> Wenn sich aufgrund der bei der Treuhandstelle eingegangenen Erklärungen und der gestützt darauf vorgenommenen Zuweisungen ergibt, dass in der ersten Angebots-Runde (inkl. Zusatzrecht) nicht alle zum Erwerb stehenden Aktien übernommen werden, dann werden die noch verfügbaren Aktien denjenigen Vertragsparteien, welche von ihrem Vorkaufsrecht bereits Gebrauch gemacht haben, wiederum zum Kauf angeboten. Die Treuhandstelle berechnet [im Verhältnis der Beteiligungen / im Verhältnis des Aktienerwerbs] die Anteile und setzt den Vertragsparteien eine [30-tägige] Frist an zur Abgabe einer entsprechenden Erklärung. Ein Zusatzrecht im Sinne der ersten Angebotsrunde steht den Vorhandberechtigten in dieser zweiten Angebotsrunde nicht zu.
>
> Ergibt sich nach Eingang aller Erklärungen, dass auch nach der zweiten Angebotsrunde nicht alle Aktien übernommen werden, ist die veräusserungswillige Vertragspartei berechtigt [alle angebotenen / die freien] Aktien an die von ihr bezeichnete Drittperson zu den von ihr festgesetzten oder festzusetzenden Konditionen [jedoch mindestens zu den für das interne Angebot geltenden Konditionen] zu übertragen.

---

[38] Schranken ergeben sich jedoch aufgrund der gesetzlichen Fristen für den Entscheid der Gesellschaft über Eintragungsgesuche, vgl. N 1766 f.

Soweit feststeht, dass sämtliche angebotenen Aktien übernommen werden, kann das Verfahren der Aufteilung unter den Berechtigten frei bestimmt werden, da es ohne Beteiligung des Vorkaufsverpflichteten vonstatten geht. In der Beziehung zum Vorkaufsbelasteten ist aber die Dreimonatsfrist von Art. 685c Abs. 3 OR zu beachten.[39]

1211

Zwei- oder mehrstufig kann das Verfahren aber auch noch in einem anderen Sinne sein: Die zum Verkauf angebotenen Aktien werden zuerst **innerhalb eines engeren Kreises** von Berechtigten (etwa innerhalb eines von mehreren Familienstämmen) angeboten, dann erst auch den übrigen Parteien des Aktionärbindungsvertrages (und schliesslich vielleicht auch noch sämtlichen derzeitigen Aktionären, auch wenn sie nicht Partei des Bindungsvertrages sind).

1212

Bei einem zwei- oder mehrstufigen Verfahren wird für die erste Runde eine längere **Frist** einzuplanen sein, da die Erwerbsberechtigten von der Verkaufsabsicht des Verpflichteten allenfalls überrascht werden und die Finanzierbarkeit prüfen müssen. Für die zweite Runde können kürzere Fristen angesetzt werden.

1213

Bei **nicht kotierten** vinkulierten Namenaktien muss das Verfahren insgesamt innerhalb der Dreimonatsfrist abgeschlossen werden können, innerhalb der die Gesellschaft über Eintragungsgesuche zu entscheiden hat (Art. 685c Abs. 3 OR), damit für die Gesellschaft innert dieser Frist feststeht, dass die Aktien übernommen werden – durch Erwerbsberechtigte oder (wenn sich solche nicht finden lassen) durch Dritte. Dies kann – falls mehrere Angebotsrunden vorgesehen sind – zu einer knappen Fristansetzung zwingen.[40]

1214

Äusserst kurz ist die zur Verfügung stehende Frist bei **börsenkotierten** Namenaktien: Nach Art. 685g OR muss die Gesellschaft innert 20 Tagen über eine Ablehnung entscheiden, was ein mehrstufiges Verfahren ausschliessen dürfte. Da bei kotierten Namenaktien der Erwerber jedoch auch bei Ablehnung durch die Gesellschaft Aktionär – freilich Aktionär ohne Stimmrecht – wird (Art. 685f Abs. 1 und 2 OR), ist bei kotierten Gesellschaften ohnehin ein anderes Verfahren vorzusehen.

1215

b) Direkte Übernahme durch die Erwerbsberechtigten einzeln

Sind die **Erwerbsberechtigten einzeln vorkaufsberechtigt,** so stellt sich die Frage der Aufteilung der angebotenen Aktien unter den interessierten Vertragsparteien bereits zu Beginn des Verfahrens unter **Einbezug des Vorkaufsverpflichteten.** Eine solche Regelung empfiehlt sich vor allem dann, wenn die Vorkaufsberechtigten nicht verpflichtet sind, alle angebotenen Aktien zu übernehmen,[41] oder wenn sich

1216

---

[39] Dazu sogleich N 1214 f.
[40] Vgl. N 1221, 1243 f. sowie hinten, 1751 ff.
[41] HINTZ-BÜHLER, 96. – Vgl. N 1203.

durch das Zuteilungsverfahren zugleich entscheiden soll, ob die berechtigten Vertragsparteien insgesamt bereit sind, sämtliche angebotenen Aktien zu erwerben oder ob die verpflichtete Partei die Aktien an den Dritten veräussern kann.

1217 Auch in diesem Fall ist ein **zwei- oder mehrstufiges Verfahren** geboten, weil einzelne Vorkaufsberechtigte nach Kenntnis der Angebote der anderen (bzw. aufgrund des Verzichts derselben) allenfalls weitere Aktien zu erwerben wünschen:

1218 Im **ersten Durchgang** teilt jeder Vorkaufsberechtigte mit, wie viele Aktien er zu übernehmen bereit ist. Wird dadurch insgesamt die Zahl der angebotenen Aktien übertroffen, werden diese mittels eines im Aktionärbindungsvertrag enthaltenen Schlüssels – in der Regel der bisherige Aktienbesitz – gekürzt.

1219 Liegt das Angebot nach dem ersten Durchgang insgesamt unter der Zahl der angebotenen Aktien, kann – um eine Veräusserung an Dritte zu verhindern – ein **zweiter Durchgang** vorgesehen werden. Dieser kann entweder auf diejenigen Parteien beschränkt sein, die beim ersten Durchgang ihren Verhandlungswillen erklärten, oder wiederum alle erfassen. Erneut kommt ein Schlüssel zur Anwendung, falls die Nachfrage das Angebot übertrifft.

1220 Denkbar sind **weitere Angebotsrunden,** falls von den Vorkaufsberechtigten auch beim zweiten Durchgang nicht alle Aktien übernommen wurden.[42]

1221 Bei der Planung der Fristen für das Entscheidprozedere sind die Interessen des Verkaufswilligen (und einer erwerbswilligen Drittpartei) an einer raschen Klärung und die der verbleibenden Vertragsparteien an einer umsichtigen Entscheidfindung gegeneinander abzuwägen. Bei vinkulierten Namenaktien muss die Gesamtfrist wiederum die Einhaltung der Dreimonatsfrist von Art. 685c Abs. 3 OR) ermöglichen,[43] was bei mehrstufigen Verfahren ein straffes Fristenmanagement bedingt.

c) Regeln für die Veräusserung an den Drittkäufer

1222 Für die Veräusserung an den Dritterwerber wird – unabhängig davon, ob sämtliche angebotenen Aktien an ihn verkauft werden können oder nur diejenigen, die nicht von Erwerbsberechtigten übernommen werden sind – regelmässig vorgesehen, dass die Aktien nur zum **gleichen Preis** wie dem für die Erwerbsberechtigten geltenden oder einem **höheren Preis** (bzw. zu den gleichen oder schlechteren Bedingungen) veräussert werden dürfen. Soll der Verkauf an den Drittkäufer zu einem tieferen Preis erfolgen, ist den Vorkaufsberechtigten vorgängig Gelegenheit zum Erwerb zu diesem tieferen Preis zu geben, was in der Regel dadurch geschieht, dass das Erwerbsverfahren erneut durchgespielt wird, allenfalls mit kürzeren Entscheidungsfristen.

---

[42] Wiederum setzen die gesetzlichen Fristen für den Entscheid über Eintragungsgesuche durch die Aktiengesellschaft der Vertragsgestaltung Schranken, vgl. N 1766 f.

[43] Vgl. N 1214, 1243 f. sowie hinten, 1751 ff.

Weil sich der Wert von Aktien oder andere Umstände innert kurzer Zeit ändern können, wird die **Möglichkeit des Drittverkaufs** – nachdem die Vorkaufsberechtigten auf ihr Vorkaufsrecht verzichtet haben – regelmässig **zeitlich befristet** (verbreitet sind sechs Monate). Wird der in Aussicht genommene Verkauf nicht innerhalb dieser Frist vollzogen, ist bei einem beabsichtigten Drittverkauf erneut das Vorkaufsprozedere durchzuführen.

3. Vorschlag eines alternativen Drittkäufers, Erwerb durch die Aktiengesellschaft

Den Erwerbsberechtigten kann das Recht eingeräumt werden, einen alternativen Drittkäufer zu stellen. Fehlt eine entsprechende Klausel, dann steht es ihnen – eine abweichende Vereinbarung (Verkaufsverbot für eine bestimmte Zeitspanne nach dem Erwerb) vorbehalten – zumindest frei, die zum Verkauf stehenden Aktien zu übernehmen und anschliessend einem genehmen Dritten weiter zu veräussern, wobei dieser Dritte die Transaktion allenfalls vorfinanziert.

Als Dritterwerberin (oder auch bereits als Vorkaufsberechtigte) kann die Aktiengesellschaft selbst vorgesehen werden. Bei einem Erwerb durch diese ist jedoch die 10%- bzw. 20%-Schwelle von Art. 659 Abs. 1 und 2 OR zu beachten. Auch muss die Gesellschaft über entsprechende frei verwendbare Mittel verfügen. Steht die unmittelbare Weitergabe an Aktionäre oder Dritte fest, brauchen diese Limiten freilich nach herrschender Lehre nicht beachtet zu werden;[44] die als Erwerber Vorgesehenen können die Transaktion finanzieren, womit das Erfordernis frei verwendbarer Mittel ebenfalls kein Hindernis darstellt.

Ein vergleichbarer Vorgang liegt vor, wenn eine Gesellschaft im Falle vinkulierter Aktien einen Aktienerwerber ablehnt und dem Veräusserer anbietet, die Aktien zum wirklichen Wert selbst zu übernehmen (*Escape Clause*; Art. 685b Abs. 1 OR).[45] Der Unterschied besteht darin, dass im Falle von Art. 685b Abs. 1 OR die Gesellschaft dem Veräusserer den wirklichen Wert der Aktien zu erstatten hat und keine weiter gehenden Beschränkungen vorgesehen werden können,[46] während auf vertraglicher Basis unter den Aktionären eine andere Preisgestaltung möglich ist. Dies ist ein relevanter Unterschied, der insbesondere bei einer (in der Praxis häufigen) konzeptionellen Verknüpfung von *Escape Clause* und Vorkaufsrecht zu beachten ist.[47]

---

[44] BÖCKLI, Aktienrecht, § 6 N 196; FORSTMOSER/MEIER-HAYOZ/NOBEL, § 44 N 162; KLÄY, 188; BSK-OERTLE/DU PASQUIER, OR 685b N 11. – Es handelt sich um eine blosse Ordnungsvorschrift, sodass eine Vereinbarung über den Erwerb von Aktien über die 10%-Schwelle hinaus trotzdem gültig ist (FORSTMOSER/MEIER-HAYOZ/NOBEL, § 50 N 173).

[45] Vgl. N 1751 ff.

[46] Vgl. N 1758.

[47] Vgl. N 1765.

1227 Wichtig ist bei diesen Alternativen die Frage der vertraglichen Einbindung der Drittkäuferin bzw. der Aktiengesellschaft:

1228 Ist die alternative Drittkäuferin bzw. die Aktiengesellschaft nicht Partei des Aktionärbindungsvertrages und sehen die Statuten keine Pflicht zur Geltendmachung der *Escape Clause* vor, können sich die Parteien des Aktionärbindungsvertrages immerhin gegenseitig dazu verpflichten, der Drittkäuferin bzw. der Aktiengesellschaft die Aktien bei einer Veräusserung zuerst anzubieten (möglich ist dabei auch eine Ausgestaltung des Verkaufsrechts als echter Vertrag zugunsten eines Dritten[48]).

1229 Ist die Drittkäuferin bzw. die Aktiengesellschaft Partei des Aktionärbindungsvertrags[49], so kann eine Pflicht zur Übernahme der zu veräussernden Aktien vertraglich verankert werden, wobei die Aktiengesellschaft die Grenzen von Art. 659 OR zu beachten hat, soweit diese nicht entfallen, weil die Drittfinanzierung und die Weitergabe der Aktien unmittelbar nach dem Erwerb durch die Aktiengesellschaft feststehen.[50]

1230 Alternativ zur Weitergabe der von der Aktiengesellschaft übernommenen Aktien an die erwerbswilligen Aktionäre oder an Dritte wird gelegentlich vorgesehen, dass die Gesellschaft die Aktien erwerben und sie nachher mittels Kapitalherabsetzung vernichten soll. Ein solches Vorgehen ist freilich – weil steuerrechtlich regelmässig als (indirekte) Teilliquidation zu qualifizieren[51] – kaum je empfehlenswert, es sei denn, der Kaufpreis werde jeweils so angepasst, dass sich die Transaktion für den Ausscheidenden steuerlich neutral auswirkt.

4. Kaufpreiszahlung

1231 Oft werden vertraglich auch die **Modalitäten der Kaufpreiszahlung** geregelt. Fehlt eine Regelung, dann ist der Kaufpreis sofort – Zug um Zug gegen Übergabe der Aktien – geschuldet (Art. 82 OR).[52]

1232 Der Verkäufer ist in der Regel an einer **Barzahlung** interessiert. Diese kann aber dem oder den Käufern Probleme bereiten, weshalb etwa vorgesehen wird, dass der Kaufpreis in **Raten** entrichtet werden kann oder dass die **Fälligkeit** hinausgeschoben wird. Dies gibt den Käufern auch die Möglichkeit, zumindest teilweise «das Huhn mit den Eiern zu bezahlen», d.h. den Kaufpreis durch Ausschüttungen der

---

[48] Zu diesem vgl. 1423.
[49] Zur Aktiengesellschaft als Vertragspartei s. 405 ff.
[50] Vgl. soeben N 1225.
[51] Art. 20 Abs. 1 lit. c DBG bzw. Art. 7 Abs. 1bis StHG i.V.m. Art. 4a Abs. 1 VStG; BÖCKLI, Aktienrecht, § 6 N 208; BSK-LENZ/VON PLANTA, OR 659 N 16 ff. und sogleich N 1232 Anm. 53.
[52] BGer-Urteil 4A_361/2012 vom 30. Oktober 2012, E. 3.

Gesellschaft zu finanzieren.⁵³ Eine weitere Möglichkeit besteht sodann darin, die Bezahlung (im Sinne eines partiarischen Rechtsgeschäftes⁵⁴) an den künftigen Geschäftserfolg zu knüpfen (allenfalls innerhalb gewisser Schranken eines Minimal- bzw. Maximalbetrages).

Eine Erstreckung der ratenweisen Kaufpreiszahlung über längere Zeit oder ihre Aufschiebung auf einen späteren Zeitpunkt kann für den Veräusserer besonders dann nachteilig sein, wenn er den Erlös anderweitig – etwa in einem eigenen Geschäft – investieren will. Bei der Vertragsgestaltung ist daher eine **Interessenabwägung** vorzunehmen, die auch dieses Bedürfnis berücksichtigt.

V. Der Vorkaufsfall

A. Gesetzliche Definition

Das Recht des Grundstückkaufs enthält in Art. 216c Abs. 1 OR die folgende Regel: Das Vorkaufsrecht kann ausgeübt werden, *«wenn die Sache verkauft wird, sowie bei jedem anderen Rechtsgeschäft, das wirtschaftlich einem Verkauf gleichkommt»*.⁵⁵ Die sich daraus ergebende gesetzliche **Umschreibung des Vorkaufsfalles** findet analog auch auf Vorkaufsrechte an beweglichen Sachen und Forderungen, also auch an Aktien Anwendung.⁵⁶ Die Veräusserungsvereinbarung mit dem Drittkäufer muss in der Regel mindestens die für einen Kaufvertrag wesentlichen Vertragspunkte umfassen: die Vertragsparteien, den Kaufgegenstand und den Kaufpreis.⁵⁷

Keine Vorkaufsfälle stellen – nach Art. 216c Abs. 1 OR⁵⁸ – die Zuweisung an einen Erben in der *Erbteilung,* die *Zwangsversteigerung* und der *Erwerb zur Erfüllung öffentlicher Aufgaben* dar. Ebenfalls keine Vorkaufsfälle sind nach herrschender Lehre *Schenkungen,* die Bestellung einer *Nutzniessung* und die *Verpfändung*. Auch Änderungen in den Eigentumsverhältnissen einer vorkaufsverpflichteten

---

⁵³ Bei einem solchen Vorgehen ist jedoch wegen der **steuerlichen Risiken** grösste Vorsicht am Platz: Unter bestimmten Voraussetzungen wird der auf diese Weise bezahlte Kaufpreis dem Verkäufer als Einkommen angerechnet (wie wenn die Ausschüttung seitens der Gesellschaft direkt an ihn gegangen wäre), welches entsprechend zu versteuern ist (sog. «indirekte Teilliquidation») (Art. 20a Abs. 1 lit. a DBG bzw. Art. 7a Abs. 1 lit. a StHG).
⁵⁴ MEIER-HAYOZ/FORSTMOSER, § 1 N 91 ff.
⁵⁵ Hervorhebung hinzugefügt. – Vgl. dazu etwa BGE 115 II 175 E. 4a; FISCHER, Parteienbestand, 63 f.; FOËX, 405 f.; BK-GIGER, OR 216 N 115 ff.; BK-MEIER-HAYOZ, ZGB 681 N 137 ff.; SALZGEBER-DÜRIG, 32 ff.; SUTTER, 278 f.
⁵⁶ BLOCH, 302; HINTZ-BÜHLER, 97; SCHENKER, Vorkaufsrechte, 247 und 252 f.; VISCHER, Vorkaufsrechte, 83 f.
⁵⁷ MARTIN, 255 f.
⁵⁸ Vertraglich kann etwas anderes vorgesehen werden, vgl. sogleich N 1236 ff.

juristischen Person, die nicht zu einem Kontrollwechsel führen, oder der Tausch der Aktien gegen Leistungen, welche die vorkaufsberechtigte Partei nicht erbringen kann, gelten nicht als Vorkaufsfälle.[59]

B. Bestimmung durch die Parteien

1236 Den Parteien steht es frei, die *Vorkaufsfälle* im Vertrag *genauer oder* von der gesetzlichen Ordnung *abweichend zu umschreiben*.[60] Oft empfiehlt sich eine **Präzisierung** bzw. **Erweiterung,** um Umgehungsgeschäften vorzubeugen und spätere Auseinandersetzungen zu vermeiden.

1237 **Inhaltlich** können einerseits Tatbestände, die normalerweise keine Vorkaufsfälle darstellen (z.B. unentgeltliche Übertragungsvorgänge, erbrechtliche Rechtsnachfolge[61]), als Auslöser des Vorkaufsrechts vereinbart werden. Andererseits können Vorgänge, die nach der gesetzlichen Umschreibung Vorkaufsfälle wären, vom Anwendungsbereich des Vorkaufsrechts ausgenommen werden wie beispielsweise Übertragungen unter Vertragsparteien oder Familienmitgliedern.[62]

1238 Häufig sehen die Parteien im Vertrag vor, dass das Vorkaufsrecht nicht wirksam wird beim Verkauf an gewisse **nahe stehende Personen** (wie *Ehegatten oder Nachkommen*) oder auch beim Verkauf an eine *Tochtergesellschaft* bzw. eine *von einer Vertragspartei beherrschte Gesellschaft*.[63] In solchen Fällen ist jedoch vorzusehen, dass die Veräusserung der Kontrollmehrheit an der erwerbenden Gesellschaft ihrerseits einen Vorkaufsfall darstellt, da sonst die Tür für Umgehungen (zunächst Übertragung der belasteten Aktien auf die Tochtergesellschaft, dann deren Veräusserung) weit offen steht.

1239 Innerhalb des Kreises der Erwerbsberechtigten wird sodann, falls die Parteien eines Aktionärbindungsvertrages keine homogene Gruppe bilden, in Bezug auf die Ausübung des Vorkaufsrechts, oft eine **Abstufung** vorgenommen[64]: So sollen etwa in Familiengesellschaften zunächst die *Angehörigen des eigenen Stammes* berechtigt sein,

---

[59] BGer-Urteil 4A_22/2010 vom 15. April 2010, E. 3; BÖCKLI, Kaufsrechte, 55 f.; BSK-FASEL, OR 216c N 6 und 8 ff.; BK-GIGER, OR 216 N 120; HINTZ-BÜHLER, 97 f.; BK-MEIER-HAYOZ, ZGB 681 N 159 ff.; SCHENKER, Vorkaufsrechte, 252 ff.

[60] BLOCH, 302; FISCHER, Parteienbestand, 63; BK-GIGER, OR 216 N 119; LEHNER, 77; BK-MEIER-HAYOZ, ZGB 681 N 137; REYMOND, 226; SCHENKER, Vorkaufsrechte, 255 f. und 258 ff. (mit einer Analyse häufiger Umgehungsgeschäfte).

[61] Rechtlich handelt es sich bei solchen Vorkaufsrechten eigentlich um bedingte Kaufrechte (vgl. N 1290 f.; FISCHER, Parteienbestand, 284 f.).

[62] SCHENKER, Vorkaufsrechte, 256 f.

[63] BLOCH, 302; BÖCKLI, Kaufsrechte, 55.

[64] Vgl. vorn N 1212 ff.

dann die *übrigen Familienaktionäre* und schliesslich die *Aktionäre* schlechthin. Sind auch diese nicht erwerbswillig, können die Aktien an *Dritte* veräussert werden.

C. Mitteilung des Eintritts

Der **Eintritt** des Vorkaufsfalles ist **den Berechtigten** in der vertraglich vorgesehenen Form[65] **mitzuteilen;** bei mehreren Berechtigten sind alle zu benachrichtigen (Art. 216d Abs. 1 OR).[66] Bei mehrseitigen Vorkaufsrechten in Aktionärbindungsverträgen wird häufig vorgesehen, dass der Verpflichtete die Meldung an den Präsidenten des Verwaltungsrates oder den gemäss Bindungsvertrag bestimmten Vorsitzenden oder allenfalls auch den Sekretär richten muss. Diese müssen dann für die unverzügliche Weiterleitung an die Berechtigten besorgt sein.[67]

Die Mitteilung hat den für die Erwerbsberechtigten **wesentlichen Inhalt des Kaufvertrages** zwischen dem Belasteten und dem potenziellen Käufer zu beinhalten. Allenfalls wird die Vorlage des Kaufvertrages vereinbart.[68] Wesentlich sind die *Anzahl der zum Verkauf stehenden Aktien, die Person des Käufers und der Kaufpreis,*[69] allenfalls auch die Zahlungs- oder andere Erfüllungsbedingungen.

Mit dem Zugang der formgerechten Mitteilung *beginnt* für den oder die Berechtigten die **Frist zur Ausübung** des Vorkaufsrechts zu laufen,[70] soweit der Beginn nicht vertraglich abweichend festgelegt worden ist.[71]

VI. Ausübung des Vorkaufsrechts

A. Frist zur Ausübung

Das Vorkaufsrecht **muss innert** einer bestimmten **Frist** nach Eintritt bzw. Mitteilung[72] des Vorkaufsfalles **ausgeübt werden;** sonst erlischt dieses Gestaltungsrecht

---

[65] Vgl. N 251 f.
[66] Vgl. Bloch, 303; Fischer, Parteienbestand, 64; Foëx, 406 f.; BK-Giger, OR 216 N 134 ff.; BK-Meier-Hayoz, ZGB 681 N 201 f.; Salzgeber-Dürig, 45 f.; Schenker, Vorkaufsrechte, 262 f.
[67] Salzgeber-Dürig, 45 f.
[68] BGE 83 II 517 E. 2; BK-Giger, OR 216 N 136 f.; BK-Meier-Hayoz, ZGB 681 N 205 ff.; Salzgeber-Dürig, 46.
[69] Der Kaufpreis ist auch bei einem limitierten Vorkaufsrecht wesentlich, da er auch bei ihm relevant sein kann für den Entscheid über die Ausübung des Vorkaufsrechts; vgl. Foëx, 407; Salzgeber-Dürig, 47.
[70] Sogleich, N 1243 f.
[71] BK-Giger, OR 216 N 150; BSK-Fasel, OR 216e N 2.
[72] Vgl. N 1240 ff.

(Art. 216e OR).[73] Steht das Vorkaufsrecht den verbleibenden Aktionären gemeinsam zu, ist es gemeinsam auszuüben. Das Gesetz sieht in Art. 216e OR für das Vorkaufsrecht an Grundstücken eine Frist von drei Monaten seit Kenntnis von Abschluss und Inhalt des Kaufvertrages vor.[74] Diese Frist gilt nach der Lehre beim Fehlen einer expliziten Ordnung analog auch für das Vorkaufsrecht an Aktien,[75] was jedoch bei vinkulierten Aktien im Hinblick auf die gesetzliche Dreimonatsfrist für den Entscheid der Aktiengesellschaft über Eintragungsgesuche (Art. 685c Abs. 3 OR) nicht gangbar sein dürfte.[76]

B. Vorbehaltlose Ausübung

1244 Will ein Berechtigter das Vorkaufsrecht ausüben, hat er dies **vorbehaltlos und unwiderruflich** zu **erklären**,[77] weil das Vorkaufsrecht *als Gestaltungsrecht bedingungsfeindlich* ist. Zulässig sind *immerhin Bedingungen*, deren Eintritt allein vom Willen des Erklärungsempfängers, also des Vorkaufsverpflichteten abhängt.[78]

1245 Unter anderen Bedingungen abgegebene Akzepte dürften **als Offerte zur Vertragsänderung bzw. als Offerte zu einem neuen Vertrag** zu qualifizieren sein, welche der Erklärungsempfänger annehmen kann. Lehnt er ab oder reagiert er nicht,[79] ist das Erwerbsrecht nicht ausgeübt.

C. Wirkungen der Ausübung

1246 Das Ausüben des Vorkaufsrechts bewirkt den **Eintritt der Rechtswirkungen des** bis dahin **aufschiebend bedingten Kaufvertrages** zwischen dem Verpflichteten und dem Berechtigten.[80]

1247 Um sich vor dem Risiko zu schützen, wegen der Ausübung des Vorkaufsrechts durch eine Vertragspartei einem Drittkäufer gegenüber vertragsbrüchig zu werden, ist es sinnvoll, bereits bei den Verkaufsverhandlungen auf das Vorkaufsrecht hin-

---

[73] BGE 115 II 385, 102 II 279; BLOCH, 303, FISCHER, Parteienbestand, 65 f.; HINTZ-BÜHLER, 97 ff.; SALZGEBER-DÜRIG, 50; vgl. auch N 1253 f.
[74] So auch Art. 681 ZGB; vgl. SALZGEBER-DÜRIG, 145, zur alten Einmonatsfrist von Art. 681 aZGB.
[75] BLOCH, 303; HINTZ-BÜHLER, 100 m.w.H.; MARTIN, 256.
[76] Vgl. N 1260 und 1766 f.
[77] BGE 117 II 32 f.; HINTZ-BÜHLER, 99, BK-MEIER-HAYOZ, ZGB 681 N 224; SALZGEBER-DÜRIG, 48 f.
[78] BGE 123 III 246 E. 3; VON TUHR/ESCHER, 167.
[79] Vgl. Art. 5 OR.
[80] Vgl. N 1180 f.; FISCHER, Parteienbestand, 65; BK-GIGER, OR 216 N 157; HINTZ-BÜHLER, 102; BK-MEIER-HAYOZ, ZGB 681 N 236 ff.; SALZGEBER-DÜRIG, 54 ff.

zuweisen und in den Kaufvertrag mit dem Dritten eine Bedingung aufzunehmen, welche die Ausübung des Vorkaufsrechts vorbehält.[81] Sonst riskiert der Verpflichtete, gegenüber dem Dritten aus Vertragsverletzung haftbar zu werden.[82] Allenfalls kann bereits der Aktionärbindungsvertrag eine Verpflichtung enthalten, den entsprechenden Vorbehalt im Vertrag mit dem Dritten anzubringen.

> Die veräussernde Partei ist verpflichtet, [im Vertrag mit einem Drittkäufer die Ausübung des Erwerbsrechts nach dieser Bestimmung ausdrücklich vorzubehalten und] den übrigen Parteien/dem Vorsitzenden über die Veräusserung ihrer Aktien unverzüglich Mitteilung zu machen.

1248

VII. Übertragbarkeit und Vererblichkeit von Vorkaufsrechten

Vorkaufsrechte (als Gestaltungsrechte)[83] sind, sofern die Parteien nichts anderes vereinbaren, **nicht** unabhängig von ihrem Grundverhältnis **übertragbar**.[84] Ihre Abtretung ist *nur möglich, wenn sie entweder vertraglich vereinbart* worden ist *oder wenn der Vorkaufsverpflichtete ihr zugestimmt hat*. Zusammen mit dem ihnen zugrunde liegenden Vertragsverhältnis können sie hingegen übertragen werden.[85] Bei schuldrechtlichen Verträgen richtet sich die Übertragbarkeit nach den Voraussetzungen der Vertragsübernahme,[86] bei gesellschaftsrechtlichen Aktionärbindungsverträgen nach den Regeln über den Ein- oder Austritt von Vertragsparteien.[87]

1249

Im **Erbfall** sind Vorkaufsrechte *sowohl aktiv als auch passiv vererblich,* da alle Rechte und Pflichten des Erblassers *durch Universalsukzession* auf die Erben übergehen.[88] Das Gleiche gilt im Falle einer Fusion (Art. 22 Abs. 1 FusG). Anders ist die Rechts-

1250

---

[81] HINTZ-BÜHLER, 102; BK-MEIER-HAYOZ, ZGB 681 N 236 ff.; SALZGEBER-DÜRIG, 54 f.
[82] Der Dritte könnte seine vertraglichen Ansprüche auch real zu vollstrecken versuchen (Art. 98 OR), wodurch der Vorkaufsverpflichtete im Erfolgsfall gegenüber den aus Aktionärbindungsvertrag Vorkaufsberechtigten für Schadenersatz haftbar würde.
[83] Vgl. N 1180.
[84] Art. 216b OR; BÖCKLI/MORSCHER, 55 ff.; FISCHER, Parteienbestand, 73 ff.; BK-GIGER, OR 216 N 169; BSK-FASEL, OR 216b N 4; FOËX, 395 f.; HINTZ-BÜHLER, 108; BK-MEIER-HAYOZ, ZGB 681 N 97 ff.; REYMOND, 226; SALZGEBER-DÜRIG, 61.
[85] BÖCKLI, Kaufsrechte, 64; BÖCKLI/MORSCHER, 56; FOËX, 395 f.
[86] Vgl. N 631 ff. und 633.
[87] Vgl. N 628 ff. und 633.
[88] Art. 216b Abs. 1 OR; BSK-FASEL, OR 216b N 1; FISCHER, Parteienbestand, 75 f.; BK-GIGER, OR 216 N 165; BK-MEIER-HAYOZ, ZGB 681 N 105 f.; HINTZ-BÜHLER, 109 f.; SALZGEBER-DÜRIG, 62 f.

lage beim **Vermächtnis:** Der Vermächtnisnehmer tritt nicht in die Rechtsstellung des Erblassers ein, sondern erhält bloss einen obligatorischen Anspruch gegenüber der Erbmasse auf Übertragung der Vermächtnissache.[89] Damit ist die Erfüllung eines Vermächtnisses wie die Abtretung eine Singularsukzession, weshalb ein Vorkaufsrecht nur zusammen mit dem Grundverhältnis auf den Vermächtnisnehmer übergeht oder dann, wenn die Übertragbarkeit vertraglich vereinbart worden ist oder der Vorkaufsverpflichtete der Übertragung zustimmt.[90]

VIII. Untergang des Vorkaufsrechts

A. Ausübung

1251　Wird das **Vorkaufsrecht ausgeübt,** *dann geht es* – vorbehältlich einer anderen Regelung – *unter.* Der Erwerber kann die erworbenen Aktien frei weiterveräussern.[91]

1252　Vertraglich ist freilich eine andere Lösung möglich und im Rahmen von Aktionärbindungsverträgen üblich: Der Erwerber ist ja in der Regel bereits Partei des Aktionärbindungsvertrages und untersteht deshalb den entsprechenden vertraglichen Verpflichtungen auch weiterhin.[92] Ein Erwerber ausserhalb des Aktionärbindungsvertrages hingegen muss durch eine entsprechende Bestimmung im Kaufvertrag verpflichtet werden, dem Aktionärbindungsvertrag beizutreten, was – als echter Vertrag zugunsten Dritter – den verbleibenden Vertragsparteien die Möglichkeit gibt, ihn zum Beitritt zu veranlassen.

B. Nichtausübung innert Frist

1253　Wird das Vorkaufsrecht **nicht in der vertraglich vorgesehenen Frist** – oder der analog angewendeten Dreimonatsfrist von Art. 216e OR – **ausgeübt,** gilt es als *verwirkt.*[93] Die unterstellten Aktien können dann – aus Sicht des Bindungsvertrages – frei veräussert werden. Doch ist zu beachten, dass auf der Ebene der Aktiengesell-

---

[89] Zum Vermächtnis statt aller BURKART, PraxKomm Erbrecht, ZGB 484 N 1 ff.; HÄUPTLI, PraxKomm Erbrecht, ZGB 562 N 1 ff.; BSK-HUWILER, ZGB 484 N 1 ff.
[90] Vgl. soeben N 1249.
[91] Vgl. N 1243 ff.; BÖCKLI, Kaufsrechte, 63 f.; BK-GIGER, OR 216 N 150; HAYMANN, 130; HINTZ-BÜHLER, 105 f.; BK-MEIER-HAYOZ, ZGB 681 N 294; SALZGEBER-DÜRIG, 69 f.
[92] Es kommt allerdings darauf an, welche Aktien unter den Aktionärbindungsvertrag fallen (vgl. N 67).
[93] HAYMANN, 130 f.; HINTZ-BÜHLER, 106; BK-MEIER-HAYOZ, ZGB 681 N 296 f.; SALZGEBER-DÜRIG, 70 f.; SCHENKER, Vorkaufsrechte, 264 f.

schaft noch immer eine Vinkulierungsregelung dem Übergang entgegenstehen kann.⁹⁴

Dabei ist jedoch zu beachten, dass die **Verwirkung nur für den konkreten Vorkaufsfall** gilt, also nur dann, wenn die Aktien im Rahmen des Kaufvertrages, durch welchen das Vorkaufsrecht ausgelöst wurde, veräussert wurden. Wird dagegen auf den Vollzug des Kaufvertrages verzichtet, besteht das Vorkaufsrecht weiter und wird es *erneut wirksam, wenn später ein anderer Kaufvertrag abgeschlossen werden sollte.*

Wird zwar ein Vorkaufsrecht nicht ausgeübt, aber werden die Aktien an einen Erwerber innerhalb des Kreises der Parteien eines Aktionärbindungsvertrages veräussert, so kann daran wiederum ein Vorkaufsrecht entstehen, welches den Erwerber verpflichtet. Dies dann, wenn der Erwerber mit **sämtlichen** von ihm (jeweils) gehaltenen Aktien dem Bindungsvertrag unterworfen ist.⁹⁵

C. Zeitablauf

Fehlt eine spezielle Regelung, wird das Vorkaufsrecht das Schicksal des Aktionärbindungsvertrages allgemein teilen und in jedem Fall mit diesem – etwa zufolge Zeitablaufs – beendigt werden.⁹⁶

Für die vertragliche Regelung gelten sodann auch hier die allgemeinen Grundsätze, wie sie im Zusammenhang mit **überlangen Vertragsbindungen** entwickelt wurden.⁹⁷ Doch ist auch in dieser Hinsicht nicht anzunehmen, dass das Vorkaufsrecht anders zu behandeln ist als der Aktionärbindungsvertrag, dessen Bestandteil es bildet.

D. Handänderungen, die keine Vorkaufsfälle sind

Stellt eine **Handänderung keinen Vorkaufsfall** dar, geht das Vorkaufsrecht unter, falls es nicht vertraglich vom Rechtsnachfolger übernommen wird (Art. 175 ff. OR). Eine Ausnahme bildet die Universalsukzession (zufolge Erbgangs oder Fusion), bei der alle Rechte und Pflichten übergehen.⁹⁸

---

⁹⁴ Vgl. dazu N 1735 ff.
⁹⁵ Vgl. N 1201 ff.
⁹⁶ BGE 97 II 53 E. 3; HINTZ-BÜHLER, 107 f.; vgl. dazu N 1777 ff.
⁹⁷ Vgl. N 1913 ff.; BGE 102 II 243 E. 3; BK-GIGER, OR 216 N 177; HAYMANN, 131; HINTZ-BÜHLER, 107 f.; BK-MEIER-HAYOZ, ZGB 681 N 311 ff.; SALZGEBER-DÜRIG, 72 f.
⁹⁸ HAYMANN, 132; HINTZ-BÜHLER, 108; BK-MEIER-HAYOZ, ZGB 681 N 307; SALZGEBER-DÜRIG, 65.

E. Weitere Untergangsgründe

1259 Als **weitere Untergangsgründe** kommen Konfusion, gerichtliches Urteil, Untergang der Aktien (Liquidation der Aktiengesellschaft), Vertragsauflösung oder Erlass in Frage.[99]

IX. Exkurs: Harmonisierung mit der statutarischen Ordnung

1260 Das bindungsvertragliche Vorkaufsrecht kann mit einer statutarischen Ordnung verbunden werden, die gestützt auf die *Escape Clause* sicherstellen soll, dass die vorkaufsbelasteten Aktien nicht in Verletzung des Vorkaufsrechts an Dritte übergehen: Der Verwaltungsrat wird verpflichtet, dann, wenn ein Eintragungsgesuch für einen Dritterwerber gestellt wird, die vorkaufsberechtigten (oder alle) Aktionäre zu informieren und – falls diese oder einzelne unter ihnen von ihrem Erwerbsrecht Gebrauch machen wollen – die Aktien für deren Rechnung zu übernehmen (vgl. Art. 685b Abs. 3 OR). Näheres dazu hinten, N 1751 ff.

1261 Über das Anerkennungsgesuch muss innerhalt einer Frist von drei Monaten entschieden werden (Art. 685c Abs. 3 OR). Deshalb muss das Angebotsverfahren – wie erwähnt[100] – so geregelt sein, dass der Entscheid zum Erwerb innerhalb der Dreimonatsfrist getroffen werden kann. Falls mehrere Angebotsrunden vorgesehen sind, kann dies zu knappen Fristen führen; es empfiehlt sich, den für die erste Runde zur Verfügung stehenden Zeitraum grosszügiger anzusetzen als den für die nächste Runde, denn innerhalb der ersten Runde müssen die Erwerbsberechtigten ihren Grundsatzentscheid treffen und die Möglichkeiten der Finanzierung abklären. Für eine oder gar mehrere weitere Runden kann dann die Entscheidungsfrist knapp bemessen sein.

---

[99] BK-GIGER, OR 216 N 180 f.; HAYMANN, 131 f.; HINTZ-BÜHLER, 109 f.; BK-MEIER-HAYOZ, ZGB 681 N 323 ff.; SALZGEBER-DÜRIG, 68 ff.
[100] Vgl. N 1214, 1221 und 1243 f.

§ 26 Vorhandrechte

I. Begriff und Zweck

Das **Vorhandrecht** *(Right of First Refusal)* verpflichtet eine verkaufswillige Vertragspartei, ihre Aktien zunächst einem Vorkaufsberechtigten anzubieten. Im Gegensatz zum Vorkaufsrecht wird das Vorhandrecht bereits dann ausgelöst, *wenn der Verpflichtete die blosse Absicht hat, seine Aktien zu veräussern.*[1] Wie das Vorkaufsrecht dient das Vorhandrecht primär der Kontrolle des Aktionärskreises und allenfalls dem Erhalt der Machtverhältnisse innerhalb dieses Kreises.[2]

1262

II. Rechtsnatur

Vorhandrechte *vermitteln einen Anspruch und nicht* – wie Vorkaufs- und Kaufrechte – *ein Gestaltungsrecht,* das je nach Art des Vorhandrechts einen unterschiedlichen Inhalt hat: Die erste und zweite Variante der Vorhand (N 1265 ff. bzw. 1267 f.) geben einen Anspruch auf ein Tun, während die dritte Variante (N 1269) einen Anspruch auf ein Tun oder ein Unterlassen (Vertragsschluss mit Berechtigtem oder Unterlassen eines Vertragsschlusses) vermittelt. Der Vertrag über Vorhandrechte der ersten und zweiten Art wird als potestativ bedingter, einseitig verpflichtender Vorvertrag qualifiziert, derjenige der dritten Art als bedingter Vertrag *sui generis,* der eine Wahlschuld begründet.[3]

1263

III. Form

Vgl. N 1182 f. zum Vorkaufsrecht.

1264

---

[1] BLOCH, 289; FISCHER, Parteienbestand, 66; HINTZ-BÜHLER, 89 f.; LEHNER, 77 (zu einer Ausgestaltung als blosse Obliegenheit vgl. 80 f.); MARTIN, 256; BK-MEIER-HAYOZ, ZGB 681 N 33; VON SALIS, Risiko, 220; SCHENKER, Vorkaufsrechte, 269 f.; ZOBL, Sicherung, 403.

[2] Vgl. N 1178; FISCHER, Parteienbestand, 283 f.

[3] BLOCH, 289 f.; FISCHER, Parteienbestand, 66 ff.; FOËX, 386 f.; HAYMANN, 101; LEHNER, 77 f.; BK-MEIER-HAYOZ, ZGB 681 N 34 f.; SALZGEBER-DÜRIG, 129 ff.; SCHENKER, Vorkaufsrechte, 269.

IV. Arten und Inhalt

A. Unterscheidung nach dem Inhalt der Verpflichtung[4]

1. Angebotspflicht des Vorhandverpflichteten (1. Variante)

1265 Der **Eigentümer** der Aktien ist bei dieser ersten Variante aufgrund des Vorhandrechts *verpflichtet, seine Aktien zunächst dem Erwerbsberechtigen anzubieten*, falls und sobald er diese zu veräussern beabsichtigt. Er muss dem Berechtigten *eine Offerte zum Kauf unterbreiten*. Lehnt dieser das Angebot ab, ist der Verpflichtete frei, mit Dritten zu kontrahieren.[5]

1266 Bei der **unlimitierten Vorhand** hat der Verpflichtete dem Berechtigten die Aktien zu den gleichen Bedingungen anzubieten wie er sie einem Dritten offerieren würde. Handelt es sich um ein **limitiertes Vorhandrecht,** ist der Preis oder der Berechnungsmodus im Vorhandvertrag festgelegt.[6]

2. Pflicht zur Annahme der Offerte des Vorhandberechtigten (2. Variante)

1267 Bei dieser zweiten Variante ist der **Eigentümer** der Aktien *verpflichtet,* dem Erwerbsberechtigten *seine Veräusserungsabsicht zur Kenntnis zu bringen,* worauf der *Erwerbsberechtigte berechtigt ist, dem Verpflichteten eine Offerte zu machen.*

1268 Haben die Parteien ein **limitiertes Vorhandrecht** vereinbart, muss der Verpflichtete die Offerte – wenn sie den vereinbarten Bedingungen entspricht – annehmen. Bei einem **unlimitierten Vorhandrecht** ist er dagegen in der Regel berechtigt, die Offerte unter der Voraussetzung auszuschlagen, dass ein Dritter einen besseren Preis offeriert;[7] dies ist mit Vorteil im Vertrag zu regeln.

3. Verpflichtung, vor dem Kontrahieren mit einem Dritten dem Vorhandberechtigten die Gelegenheit zu einem Angebot zu geben (3. Variante)

1269 Bei dieser Variante des Vorhandrechts schliesslich besteht die **Verpflichtung des Eigentümers** der Aktien nur darin, bei Veräusserungsabsicht *dem Vorhandberechtigten die Gelegenheit zur Abgabe eines Angebots zu geben und nur dann mit einem Drit-

---

[4] MARTIN, 257.
[5] BLOCH, 289 f.; BÖCKLI, Kaufsrechte, 58; FISCHER, Parteienbestand, 66; HINTZ-BÜHLER, 90; KLÄY, 461; LEHNER, 78; BK-MEIER-HAYOZ, ZGB 681 N 34; SALZGEBER-DÜRIG, 121 f.
[6] BLOCH, 289 f.; KLÄY 462; SALZGEBER-DÜRIG, 122; SCHENKER, Vorkaufsrechte, 270 f.
[7] BLOCH, 290; FISCHER, Parteienbestand, 67; HINTZ-BÜHLER, 90; KLÄY, 461; BK-MEIER-HAYOZ, ZGB 681 N 35; SALZGEBER-DÜRIG, 122 f.

ten zu kontrahieren, wenn dessen Bedingungen besser sind als diejenigen des Vorhandberechtigten. Sind die Bedingungen des Dritten nicht besser als oder gleich wie diejenigen des Vorhandberechtigten, dann steht es dem Verpflichteten nur frei, entweder das Angebot des Vorhandberechtigten anzunehmen oder auf die Veräusserung der Aktien zu verzichten. Bei dieser Art der Vorhand kann der Vorhandberechtigte somit einzig erzwingen, dass der Vorhandgeber keinen Vertrag mit einem Dritten schliesst, sofern er bereit ist, dieselben Bedingungen wie der Dritte zu akzeptieren.[8]

B. Kaufpreisbestimmung

Vgl. N 1195 ff. zum Vorkaufsrecht.[9]

C. Weitere Modalitäten des Vorhandrechts

Auch für die weiteren Modalitäten wie den Umfang des Vorhandrechts (N 1201 ff.), den Vorschlag eines alternativen Drittkäufers (N 1224 ff.) sowie die Kaufpreiszahlung (N 1231 ff.) kann auf die Ausführungen zum Vorkaufsrecht – *mutatis mutandis* – verwiesen werden.

Auch im Zusammenhang mit Vorhandrechten ist oft ein mehrstufiges Zuteilungsverfahren vorgesehen, wobei wiederum die vorgängige Übernahme durch die Erwerbsberechtigten gemeinsam (N 1205 ff.) oder der Erwerb durch die Erwerbsberechtigten je einzeln (N 1216 ff.) möglich ist.

V. Vorhandfall

Vorhandrechte stehen unter der aufschiebenden Bedingung der **Veräusserungsabsicht** des Verpflichteten, d.h. in der Regel seines Entschlusses, die belasteten Aktien zu verkaufen (Vorhandfall).[10] Vertraglich können auch *andere oder zusätzliche Tatbestände* (z.B. eine Schenkungs- oder Tauschabsicht) als Vorhandfälle vereinbart werden.[11] Der Abschluss eines Vertrages mit einem Dritten ist, anders als beim Vorkaufsrecht,[12] nicht Voraussetzung.

---

[8] BLOCH, 290; FISCHER, Parteienbestand, 67; HAYMANN, 101; HINTZ-BÜHLER, 91; KLÄY, 461; BK-MEIER-HAYOZ, ZGB 681 N 36; SALZGEBER-DÜRIG, 124 f.
[9] FISCHER, Parteienbestand, 68; HINTZ-BÜHLER, 93 f.; MARTIN, 258.
[10] BLOCH, 289 f.; BÖCKLI, Aktionärbindungsverträge, 492; FISCHER, Parteienbestand, 68; HINTZ-BÜHLER, 101; KLÄY, 461; LANG, 34; SALZGEBER-DÜRIG, 138 f.; SCHENKER, Vorkaufsrechte, 270.
[11] BÖCKLI, Kaufsrechte, 62; HINTZ-BÜHLER, 101; SALZGEBER-DÜRIG, 141.
[12] Vgl. N 1234.

1274 Vertragsverhandlungen mit oder Offerten von Dritten sind zwar Indizien für die Veräusserungsabsicht, stellen jedoch nicht zwingend Vorhandfälle dar. Ist die Veräusserungsabsicht aber erwiesen, tritt der Vorhandfall ein, und der Verpflichtete kann nicht mehr darauf zurückkommen.[13]

VI. Mitteilung des Vorhandfalles

1275 Der Verpflichtete hat dem Berechtigten den Eintritt des Vorhandfalls mitzuteilen:[14] es empfiehlt sich, dies und allfällige Modalitäten im Aktionärbindungsvertrag zu regeln.

VII. Ausübung des Vorhandrechts

1276 Nach Kenntnis des Vorhandfalles gibt der Vorhandberechtigte seine Ausübungserklärung ab – in Form eines Akzepts bei der ersten, in Form einer Offerte bei der zweiten und der dritten Variante.[15]

1277 Fehlt im Vertrag eine Frist zur Abgabe der Erklärung, könnte die gesetzliche Dreimonatsfrist von Art. 216e OR bzw. Art. 681a ZGB analog beigezogen werden. Diese ist für Aktionärbindungsverträge jedoch in der Regel nicht angemessen, da sie den veräusserungswilligen Aktionär zu lange im Ungewissen lässt.[16] Die Interessenlage stimmt mit derjenigen beim Vorkaufsrecht nicht ganz überein, kann doch der Verpflichtete beim Eintritt des Vorkaufsfalles fest mit dem Vertragsabschluss rechnen (nur die Partei ist noch nicht bestimmt), während er bei der Mitteilung eines Vorhandfalles erst noch vor oder am Anfang von Vertragsverhandlungen steht. Im Vertrag sollte daher eine angemessene Frist ausdrücklich vereinbart werden, in der Regel wohl eine Frist von 20–30 Tagen.

1278 > Die berechtigten Vertragsparteien haben das Vorhandrecht innerhalb von [30 Tagen] seit [Empfang des Angebotes] auszuüben.

VIII. Übertragbarkeit und Vererblichkeit

1279 Vgl. N 1249 f. zum Vorkaufsrecht.[17]

---

[13] FISCHER, Parteienbestand, 68 f.; HINTZ-BÜHLER, 101 f.; SALZGEBER-DÜRIG, 138 ff.
[14] FISCHER, Parteienbestand, 68 f.; HINTZ-BÜHLER, 101 und 105; LANG, 34; SALZGEBER-DÜRIG, 141.
[15] FISCHER, Parteienbestand, 69; HINTZ-BÜHLER, 101; SALZGEBER-DÜRIG, 143 f.
[16] SALZGEBER-DÜRIG, 145 (so schon zur alten Einmonatsfrist von Art. 681 aZGB).
[17] HINTZ-BÜHLER, 108; SALZGEBER-DÜRIG, 149 ff.

IX. Untergang der Vorhandrechte

Vgl. N 1251 ff. zum Vorkaufsrecht.

Im Unterschied zum Vorkaufsrecht geht das Vorhandrecht bei Nichtausübung durch den Berechtigten nicht generell, sondern *nur für den jeweiligen Vorhandfall*, d.h. für die zu diesem Zeitpunkt bestehende Veräusserungsabsicht unter. Sieht der Vorhandverpflichtete zu diesem Zeitpunkt von einem Verkauf ab, besteht das Vorhandrecht weiter, und eine künftige neue Veräusserungsabsicht setzt einen neuen Vorhandfall.[18] Dieser Unterschied rührt daher, dass der Vorkaufsfall erst durch einen bereits abgeschlossenen Kaufvertrag eintritt,[19] während für den Vorhandfall bereits die blosse Absicht der Veräusserung genügt. Der Verzicht auf den Vollzug eines abgeschlossenen Kaufvertrages[20] dürfte ungleich seltener sein als die Änderung einer blossen Veräusserungsabsicht.

Um Auseinandersetzungen über den Zeitraum, in welchem nach Nichtausübung des Vorhandrechts an einen Dritten veräussert werden kann, vorzubeugen, und um möglichen Beweisschwierigkeiten zu begegnen, ist es sinnvoll, die Frist vertraglich festzulegen: Passend erscheint eine Frist von sechs Monaten, damit der vorhandverpflichteten Partei nach Ablehnung der Offerte durch die berechtigte Partei genügend Zeit bleibt, um mit Dritten Verkaufsverhandlungen zu führen.[21]

> [Gebundene] Aktien, die nach Massgabe dieses Vertrages den berechtigten Vertragsparteien angeboten wurden und an denen das Vorhandrecht nicht ausgeübt wurde, können von der veräusserungswilligen Vertragspartei während [sechs Monaten] ab der Nichtausübung des Vorhandrechts frei [an die bezeichnete Drittpartei] veräussert werden, [jedoch nur zum gleichen oder einem höheren Preis als dem, zu dem die Aktien dem Vorhandberechtigten angeboten worden waren]. Kommt innert dieser Frist keine Veräusserung zustande, lebt das Vorhandrecht wieder auf.

X. Kombination mit einem Vorkaufsrecht

Ein Vorhandrecht kann in der Weise mit einem Vorkaufsrecht verbunden werden, dass die veräusserungswillige Partei die Aktien zunächst im Sinne eines Vorhandrechts dem oder den Vorhandberechtigten anzubieten hat. Verzichten diese auf die Ausübung, ist der Vorhandverpflichtete frei, einen Drittkäufer zu suchen, wobei

---

[18] HINTZ-BÜHLER, 106 f.; LEHNER, 80; SALZGEBER-DÜRIG, 152 f.; SCHENKER, Vorkaufsrechte, 271 f.
[19] Vgl. N 1234.
[20] Vgl. N 1254.
[21] SCHENKER, Vorkaufsrechte, 272.

jedoch beim Abschluss eines Kaufvertrages mit einem Dritten dem ursprünglich Vorhandberechtigten ein Vorkaufsrecht zu den Bedingungen des Kaufvertrages zusteht.[22]

---

[22] Vgl. das Beispiel in BGer-Urteil 4A_627/2012 vom 9. April 2013, E. 8.1.

§ 27 Kaufrechte

I. Begriff

Das Kaufrecht gewährt dem Kaufberechtigten die **Möglichkeit, durch einseitige Willenserklärung eine bestimmte Sache zu erwerben.**[1] Die Ausübung des Kaufrechts ist somit – im Gegensatz zum Vorkaufsrecht[2] und zum Vorhandrecht[3] – *unabhängig vom Willen des Verpflichteten.*[4] Für das Kaufrecht wird auch der Begriff der **Option** (bzw. genauer der *Call Option*) verwendet. 1285

Die Zulässigkeit von Kaufrechten an Aktien ist unbestritten.[5] 1286

II. Rechtsnatur

Das Kaufrecht ist – wie das Vorkaufsrecht – ein Gestaltungsrecht, der Kaufrechtsvertrag ein bedingter Kaufvertrag oder ein Innominatkontrakt.[6] Vgl. N 1180 zum Vorkaufsrecht. 1287

III. Form

Vgl. N 1182 f. zum Vorkaufsrecht. 1288

---

[1] BLOCH, 287 ff.; BÖCKLI/MORSCHER, 54; BSK-FASEL, OR 216 N 9; FISCHER, Parteienbestand, 69 f.; FORSTMOSER/MEIER-HAYOZ/NOBEL, § 44 N 216; GLATTFELDER, 334a; HAYMANN, 95; HINTZ-BÜHLER, 88 f.; KLÄY, 460; LANG, 35; MARTIN, 254; BK-MEIER-HAYOZ, ZGB 681 N 25; NOELPP, 5; VON SALIS, Risiko, 220 f.; SALZGEBER-DÜRIG, 89; ZOBL, Sicherung, 404.
[2] Vgl. N 1178.
[3] Vgl. N 1262.
[4] BK-MEIER-HAYOZ, ZGB 681 N 25.
[5] HAYMANN, 95; SALZGEBER-DÜRIG, 92.
[6] BGE 115 II 385; BLOCH, 288; BÖCKLI/MORSCHER, 54; FISCHER, Parteienbestand, 71; BK-GIGER, OR 216 N 44; BSK-FASEL, OR 216 N 9; BK-MEIER-HAYOZ, ZGB 683 N 81; HAYMANN, 96 f.; SALZGEBER-DÜRIG, 90 f.

IV. Arten und Inhalt

A. Einseitige oder mehrseitige Kaufrechte

1289 Das Kaufrecht kann einseitig oder mehrseitig sein.[7] Im Rahmen von Aktionärbindungsverträgen **überwiegen mehrseitige Kaufrechte** (sowohl aufseiten der Berechtigten als auch aufseiten der Verpflichteten) weil unter den Vertragsparteien meist gegenseitige Kaufrechte eingeräumt werden.

B. Bedingte oder unbedingte Kaufrechte

1290 Das Kaufrecht kann bedingt oder unbedingt sein.[8] In Aktionärbindungsverträgen finden sich **regelmässig bedingte Kaufrechte**,[9] d.h. es wird die Ausübung des Kaufrechts an den Eintritt eines **vertraglich frei bestimmbaren Ereignisses** (Art. 151 ff. OR) gebunden (z.B. den Austritt einer Partei aus dem Aktionärbindungsvertrag, die Auflösung des Arbeitsverhältnisses des durch das Recht Belasteten mit der Gesellschaft, die freiwillige Änderung des ehelichen Güterstandes durch eine Vertragspartei oder den Tod des Belasteten sowie allenfalls auch eine Vertragsverletzung durch den Belasteten oder dessen Ausschluss aus dem Vertrag[10]). Handelt es sich bei der Bedingung allerdings um einen Tatbestand, welcher eine Veräusserung darstellt (Vorkaufsfall),[11] liegt ein Vorkaufsrecht vor.[12]

1291
> Die verbleibenden Parteien haben das Recht, rückwirkend auf den Zeitpunkt des Todes der verstorbenen Partei die Aktien proportional zu der von ihnen gehaltenen Beteiligung zu dem nach den in diesem Vertrag festgelegten Kriterien bestimmten Kaufpreis zu erwerben. Die verbleibenden Parteien fassen [innert drei (3) Monaten] nach dem Tod der Partei einen entsprechenden Beschluss.

1292 Während beim Vorkaufsrecht der Vorkaufsbelastete dem Berechtigten den Eintritt des Vorkaufsfalles melden muss, ist dies beim bedingten Kaufrecht bezüglich des Bedingungseintrittes nicht eindeutig. Bei der Einräumung eines entgeltlichen Kaufrechts wird verschiedentlich vom Vorliegen einer entsprechenden Mitteilungspflicht ausgegangen;[13] eine solche dürfte auch bestehen, wenn der Bedingungsein-

---

[7] HINTZ-BÜHLER, 95 f.; SALZGEBER-DÜRIG, 96.
[8] FISCHER, Parteienbestand, 70; HINTZ-BÜHLER, 95 f.; SALZGEBER-DÜRIG, 96.
[9] BLOCH, 288; BÖCKLI, Kaufsrechte, 42 f.; FISCHER, Parteienbestand, 284 f.; HAYMANN, 96; HINTZ-BÜHLER, 88 f.; LANG 35 f.; MARTIN, 254 f.; SALZGEBER-DÜRIG, 89 und 97.
[10] BLOCH, 135; FISCHER, Parteienbestand, 274; vgl. N 1307.
[11] Vgl. N 1234 ff.
[12] BÖCKLI, Kaufsrechte, 58; GLATTFELDER, 334a; LANG, 35 f.; BK-MEIER-HAYOZ, ZGB 681 N 25 f. und 137 ff. und 683 N 40; SALZGEBER-DÜRIG, 110 ff.
[13] HINTZ-BÜHLER, 104; SALZGEBER-DÜRIG, 98 f.

tritt vom Kaufrechtsverpflichteten abhängig ist oder sich zumindest in dessen Sphäre abspielt, sodass die Mitteilung einer vertraglichen Treuepflicht entspringt. Es empfiehlt sich, die Frage der Mitteilungspflicht und ihre allfällige Ausgestaltung im Aktionärbindungsvertrag zu regeln.[14]

C. Befristete oder unbefristete Kaufrechte

Das Kaufrecht kann befristet oder unbefristet sein.[15] Die Befristung kann in der Vereinbarung einer bestimmten Zeitdauer bestehen oder wiederum vom Eintritt gewisser Bedingungen abhängig gemacht werden; regelmässig ist die Dauer des Kaufrechts mit der Dauer des Aktionärbindungsvertrages[16] verknüpft.

V. Bestimmung des Kaufpreises

A. Absolut oder relativ limitierte Kaufrechte

Bezüglich der Kaufpreisbestimmung kann – wie beim Vorkaufsrecht – unterschieden werden zwischen **absolut oder relativ limitierten Erwerbsrechten** (Bestimmtheit oder lediglich Bestimmbarkeit des Kaufpreises).[17] Weil bei der zahlenmässig bestimmten Preisfestsetzung nachträgliche Wertschwankungen keine Berücksichtigung finden, werden – ausser bei kurzfristigen Aktionärbindungsverträgen – in der Regel relativ limitierte Kaufrechte vereinbart,[18] bei denen nur die Modalitäten bzw. der Modus der Preisfestsetzung im Voraus bestimmt werden.

Vgl. zu den entsprechenden **Mechanismen der Kaufpreisfestsetzung** N 1195 ff. zum Vorkaufsrecht.

B. Unlimitierte Kaufrechte?

Der **Kaufpreis** gehört beim Kaufrechtsvertrag zu den *essentialia,* er muss entweder **bestimmt oder zumindest bestimmbar** sein. Weil es bei Kaufrechten, anders als bei den Vorkaufsrechten,[19] in der Regel keinen von einem Dritten angebotenen

---

[14] BK- MEIER-HAYOZ, ZGB 681 N 29 und SALZGEBER-DÜRIG, 98 f.
[15] HINTZ-BÜHLER, 95 f.; SALZGEBER-DÜRIG, 96.
[16] Vgl. N 1777 ff.
[17] Vgl. N 1189 ff.
[18] BÖCKLI, Kaufrechte, 58 (insb. Anm. 35).
[19] Dazu N 1187.

Preis gibt, ist ein unlimitiertes Kaufrecht mangels Bestimmbarkeit eines wesentlichen Vertragselementes rechtlich nicht gültig zu vereinbaren.[20]

VI. Ausübung des Kaufrechts

1297 Ist nichts anderes vereinbart (was aber die Ausnahme sein dürfte), besteht für das Kaufrecht keine Ausübungsfrist.[21] Steht das Kaufrecht unter einer suspensiven Bedingung, kann es nicht vor deren Eintritt ausgeübt werden (es entsteht als Gestaltungsrecht erst mit dem Bedingungseintritt).[22] Will der Berechtigte das Kaufrecht ausüben, hat er dies **vorbehaltlos und unwiderruflich zu erklären,**[23] weil das Kaufrecht als Gestaltungsrecht bedingungsfeindlich ist.[24] Durch die Erklärung wird der bisher in der Schwebe gehaltene Kaufvertrag wirksam.[25]

1298 Auch hinsichtlich des Kaufrechts ist anzunehmen, dass dieses im Zweifel nur *an sämtlichen in Frage stehenden Aktien ausgeübt* werden kann.[26] Eine abweichende Vereinbarung ist deshalb dann erforderlich, wenn ausnahmsweise ein Kaufrecht nur an einzelnen Aktien bestehen soll.[27]

1299 Entsteht das Kaufrecht erst beim Eintritt gewisser Bedingungen,[28] dann wird für die Ausübung regelmässig eine bestimmte Frist seit Bedingungseintritt vorgesehen. Dabei besteht der sich für Vorkaufs- und Vorhandrechte aus Art. 685c Abs. 3 bzw. 685g OR ergebende Zeitdruck[29] nicht. Doch empfiehlt es sich, bei Kaufrechten, die aufgrund des Eintritts einer Bedingung entstehen, im Interesse des Kauf-

---

[20] BLOCH, 288; BÖCKLI, Kaufsrechte, 58 ff.; BK-GIGER, OR 216 N 58; HAYMANN, 97; HINTZ-BÜHLER, 91 f.; BK-MEIER-HAYOZ, ZGB 681 N 27 und 683 N 38; SALZGEBER-DÜRIG, 93 und 96.

[21] FISCHER, Parteienbestand, 71; HINTZ-BÜHLER, 96; SALZGEBER-DÜRIG, 97 f.

[22] FISCHER, Parteienbestand, 71; HINTZ-BÜHLER, 96; SALZGEBER-DÜRIG, 97 f.

[23] BGE 117 II 32 f.; HINTZ-BÜHLER, 99, BK-MEIER-HAYOZ, ZGB 681 N 224; SALZGEBER-DÜRIG, 48 f.

[24] Vorbehalten bleiben Bedingungen, die allein vom Willen des Kaufrechtsbelasteten abhängen, vgl. vorn N 1244.

[25] FISCHER, Parteienbestand, 71; HINTZ-BÜHLER, 102; BK-MEIER-HAYOZ, ZGB 683 N 59; SALZGEBER-DÜRIG, 100 f.

[26] Vgl. zum Vorkaufsrecht vorne N 1201 ff. zum Vorhandrecht vorne N 1271.

[27] So kann – als Mittel der Konfliktlösung – vorgesehen werden, dass in einer paritätisch beherrschten AG bei dauernder Uneinigkeit ein Dritter von jeder Partei eine Aktie erwerben kann, um Zünglein an der Waage zu sein. Oder es kann ein Ungleichgewicht der Parteien dadurch beendigt werden, dass die Partei mit dem kleineren Aktienbesitz ein Kaufrecht ausüben und so Parität schaffen kann. Vgl. auch N 1058 ff.

[28] Vgl. N 1290 f.

[29] Dazu N 1260 f. und 1751 ff.

rechtsbelasteten und der Klärung der Verhältnisse eine Regelung vorzusehen, die eine zeitnahe Entscheidung sicherstellt.

VII. Weitere Modalitäten des Kaufrechts

A. Zuteilung bei mehrern Kaufberechtigten

Bei mehreren Kaufberechtigen wird – wie beim Vorkaufsrecht – für die Aktienzuteilung regelmässig ein zwei- oder mehrstufiges Verfahren vereinbart, um die Übernahme aller kaufrechtsbelasteten Aktien (oder den Verzicht auf die Ausübung des Kaufrechts für alle) zu gewährleisten. Vgl. dazu N 1205 ff. 1300

B. Kaufpreiszahlung

Vgl. N 1231 ff. zum Vorkaufsrecht. 1301

VIII. Übertragbarkeit und Vererblichkeit

Vgl. dazu N 1249 f. zum Vorkaufsrecht. – Auch das Kaufrecht ist unübertragbar, es geht jedoch im Erbfall und bei anderen Tatbeständen der Universalsukzession (Fusion) über.[30] 1302

IX. Untergang des Kaufrechts

Vgl. N 1251 ff. zum Vorkaufsrecht. 1303

X. Kombination mit Vorhand- und Vorkaufsrechten sowie Verkaufsrechten und Übernahmepflichten

Wie das Vorhandrecht[31] kann ein Kaufrecht mit nachfolgenden Vorhand- und Vorkaufsrechten kombiniert werden.[32] 1304

Um zu gewährleisten, dass die veräussernde Vertragspartei entweder alle belasteten Aktien veräussern kann oder aber keine veräussern muss – gerade bei kleineren Aktiengesellschaften mit einem überschaubaren Aktionärskreis entspricht dies zu- 1305

---

[30] BÖCKLI/MORSCHER, 55 ff.; BK-GIGER, OR 216 N 48 ff.; BSK-FASEL, OR 216b N 1 ff.; BK-MEIER-HAYOZ, ZGB 683 N 53; REYMOND, 227; SALZGEBER-DÜRIG, 102 f.
[31] N 1284.
[32] Vgl. das Beispiel in BGer-Urteil 4A_627/2012 vom 9. April 2013, E. 8.1.

meist einer fairen Regelung – ‚können Kaufrechte auch mit Verkaufsrechten oder Übernahmepflichten kombiniert werden.[33]

XI. Praktische Bedeutung von Kaufrechten

1306 Kaufrechte können ähnlichen Zwecken dienen wie Vorkaufsrechte, insbesondere dem Einfluss auf die Zusammensetzung des Aktionärskreises. Sie finden sodann Anwendung, wenn ein Beteiligter **Aktionär auf Zeit** sein oder wenn seine Aktionärsstellung in absehbarer Zeit beendet werden soll. So können einem Geschäftsführer für die Zeit seiner aktiven Tätigkeit Aktien überlassen werden, die er bei deren Beendigung zurückerstatten soll, wobei er allenfalls an der zwischenzeitlichen Wertentwicklung partizipiert. Oder es soll der Übergang auf die nächste Generation oder eine neue Gruppe von Investoren gestaffelt vor sich gehen, indem auf bestimmte Zeitpunkte hin Kaufrechte an einzelnen Aktienpaketen eingeräumt werden, sei es zu einem vorbestimmten Festpreis, sei es unter Berücksichtigung der Wertentwicklung.

1307 Kaufrechte können aber auch der **Absicherung eines korrekten Verhaltens** dienen, indem als auslösende Bedingung ein vertragswidriges Verhalten des Verpflichteten vorgesehen wird.[34] Führt dies zu einer erheblichen Vermögenseinbusse des Verpflichteten, weil der Berechtigte die Aktien zu einem Vorzugspreis oder gar unentgeltlich erwerben kann,[35] dann beurteilt sich das Kaufrecht inhaltlich nach den Regeln über die Konventionalstrafe.[36] Ein solches Kaufrecht kann sodann mit einem Veräusserungsrecht derart verbunden werden, dass die geschädigten Parteien die Wahl haben, ob sie die Aktien der vertragsbrüchigen Partei erwerben wollen, oder ob diese Partei – gerade umgekehrt – zur Übernahme der Aktien der Geschädigten verpflichtet werden soll.[37]

XII. Exkurs: Rückkaufs- oder Wiederkaufsrechte

1308 Das **Rückkaufs- oder Wiederkaufsrecht** ist eine Spielart des Kaufrechts. Es gibt dem Verkäufer das *Recht, durch einseitige Erklärung eine einst verkaufte Sache zurückzukaufen*.[38] Das Rückkaufsrecht folgt den gleichen Regeln wie das Kaufrecht,

---

[33] FISCHER, Parteienbestand, 274 f.
[34] FISCHER, Parteienbestand, 70 und 274.
[35] BLOCH, 135; CHAPPUIS, Clause de prohibition, 333; HINTZ-BÜHLER, 111.
[36] BGE 135 III 433 E. 3; GAUCH/SCHLUEP/EMMENEGGER, N 3791; vgl. dazu N 1547 ff.
[37] BLOCH, 125.
[38] BGE 109 II 219 E. 2b; BK-GIGER, OR 216 N 62 ff.; HAYMANN, 97 f.; NOELPP, 7; SALZGEBER-DÜRIG, 108.

jedoch mit der Besonderheit, dass das Rückkaufsrecht – dies ergibt sich schon aus dem Begriff – nicht zwischen beliebigen Parteien vereinbart werden kann, sondern nur zwischen dem ursprünglichen Verkäufer und dem Käufer.[39]

Der **Rückkaufspreis** kann frei vereinbart werden. Häufig ist er höher als der ursprünglich bezahlte Kaufpreis. Ist der Rückkaufspreis nicht bestimmt, ist er durch Auslegung zu ermitteln, wobei wohl häufig vom ursprünglichen Kaufpreis auszugehen ist. Lässt sich der Rückkaufspreis nicht durch Auslegung ermitteln (weil beispielsweise in der Zwischenzeit ein unerwartet starker Preisanstieg zu verzeichnen war und anzunehmen ist, dass die Parteien unter diesen Umständen den vereinbarten Preis nicht gelten lassen wollten), fehlt dem Vertrag ein wesentlicher Vertragspunkt (Art. 2 Abs. 1 OR).[40]

Rückkaufsrechte werden aus verschiedenen **Gründen** vereinbart; u.a. können sie dazu dienen, die *vollständige Erfüllung eines Kaufvertrages* durch den Käufer oder andere Pflichten aus dem Aktionärbindungsvertrag *sicherzustellen* (die Kaufsache soll – allenfalls zu einem tiefen Preis – wieder an den Verkäufer zurückgehen, falls der Käufer seinen vertraglichen Pflichten nicht nachkommt und der Verkäufer es so will).[41] Allerdings besteht die Absicherung nur in einem obligatorischen Anspruch (auf Rückübertragung der Aktien).

---

[39] HAYMANN, 98; BK-MEIER-HAYOZ, ZGB 681 N 30; NOELPP, 7; SALZGEBER-DÜRIG, 108.
[40] HAYMANN, 98; BK-MEIER-HAYOZ, ZGB 683 N 39; NOELPP, 7.
[41] BK-MEIER-HAYOZ, ZGB 683 N 12; NOELPP, 8; SALZGEBER-DÜRIG, 108.

§ 28 Verkaufsrechte und Übernahmepflichten

I. Begriff und Zweck

Aktionärbindungsverträge können die *Pflicht* enthalten, unter gewissen Voraussetzungen *Aktien von anderen Vertragsparteien erwerben zu müssen*. Aus der Sicht des Verkäufers handelt es sich um ein **Verkaufsrecht** *(Put Option)*.[1] Das Verkaufsrecht eröffnet die Möglichkeit, Aktien zu einem bestimmten oder (gänzlich oder innerhalb eines bestimmten Zeitraums) vom Berechtigten frei zu bestimmenden Zeitpunkt zu den im Kaufvertrag vorgesehenen Bedingungen an den Verpflichteten zu veräussern. Das Verkaufsrecht ist damit das Gegenstück zum Kaufrecht.[2]

Ein Verkaufsrecht stellt sicher, dass ein Aktionär aus seiner Aktionärsstellung ausscheiden kann, was besonders für Minderheitsaktionäre wichtig sein kann. Verkaufsrechte können sich aber auch eignen, um Aktienpakete nicht kotierter Gesellschaften mobiler zu machen oder einen Anreiz zum Erwerb von Minderheitsbeteiligungen zu setzen.[3] Sie können sodann Teil eines Konfliktlösungsmechanismus sein.[4]

Zur Frage, ob bzw. unter welchen Voraussetzungen die Aktiengesellschaft übernahmeverpflichtete Partei sein kann, vgl. N 1411 f.

1311

1312

1313

II. Rechtsnatur

Das Verkaufsrecht ist – wie das Kaufrecht – ein Gestaltungsrecht, der Verkaufsrechtsvertrag wird als (einseitig potestativ) aufschiebend bedingter Kaufvertrag oder als Innominatkontrakt qualifiziert.[5]

1314

III. Form

Vgl. N 1182 f. zum Vorkaufsrecht.

1315

---

[1] BLOCH, 314; BÖCKLI, Kaufsrechte, 66; LANG, 36; MARTIN, 258.
[2] Zu diesem vgl. N 1285 ff.
[3] HAYMANN, 76 (Überschrift), 138 ff. und 143 f.; MARTIN, 258 f.
[4] Vgl. N 1065 ff.
[5] HAYMANN, 76 f.; vgl. zum Kaufrecht, N 1287.

IV. Arten und Inhalt

A. Modalitäten des Verkaufsrechts

1316 Wie das Kaufrecht kann das Verkaufsrecht einseitig oder mehrseitig, bedingt oder unbedingt sowie befristet oder unbefristet vereinbart werden.[6] Bedingungen und Befristungen werden regelmässig vorgesehen, weil die Ausübung des Verkaufsrechts für den Verpflichteten sehr nachteilig sein kann.

B. Kaufpreiszahlung

1317 Vgl. N 1231 f. zum Vorkaufsrecht.

V. Bestimmung des Kaufpreises

1318 Das Verkaufsrecht kann **nur limitiert oder relativ limitiert** vereinbart werden. Fehlt es an der Bestimmtheit oder zumindest der Bestimmbarkeit des Kaufpreises, ist die Vereinbarung ungültig.

1319 Vgl. dazu auch N 1294 ff. zum Kaufrecht.

VI. Beispiel einer Übernahmeverpflichtung

1320
> (1) Die Minderheitsaktionäre haben das Recht, nach Ablauf von [drei] Jahren seit Unterzeichnung dieses Vertrages jederzeit die Übernahme ihrer Aktien von den Mehrheitsaktionären zu verlangen. Dieses Begehren wird durch eingeschriebenen Brief gestellt. Dieses Recht ist übertragbar.
>
> (2) Die Mehrheitsaktionäre sind verpflichtet, im Falle eines Verkaufs ihrer Beteiligung die in diesem Vertrag statuierte Übernahmepflicht und andere aus diesem Vertrag fliessende Pflichten gegenüber den Minderheitsaktionären auf den Neuerwerber zu übertragen. Die Minderheitsaktionäre verpflichten sich ihrerseits, bei einer Veräusserung ihrer Aktien dem Übernehmer die aus diesem Vertrag fliessenden Pflichten zu überbinden.
>
> (3) Ein beabsichtigter Verkauf ist jeweils von der veräusserungswilligen Vertragspartei der anderen anzuzeigen. Die Gegenpartei hat an den Aktien der veräusserungswilligen Partei ein Vorkaufsrecht, welches innerhalb von [30 Tagen] nach Erhalt der Mitteilung ausgeübt werden kann. Als Preis gilt der wirkliche Wert der Aktien, ungeachtet einer anderen Vereinbarung mit einem Drittinteressenten (Ziff. 4 des Vertrages).

---

[6] Vgl. N 1289 ff. – Zur Dauer selbständiger Verkaufsrechte vgl. auch SANWALD, 207 f.

(4) Massgebend für die Bestimmung des wirklichen Wertes ist der Zeitpunkt der Stellung des Übernahmebegehrens.

(5) Können sich die Vertragsparteien über den Übernahmepreis nicht einigen, so wird der Wert der Aktien auf Verlangen einer Vertragspartei durch die X-Treuhandgesellschaft auf der Basis einer *True and Fair View* festgestellt. Der von der X-Treuhandgesellschaft errechnete Übernahmepreis ist für beide Vertragsparteien verbindlich. Sollte die X-Treuhandgesellschaft an einer Durchführung der Expertise verhindert sein, so bestimmt [die Zürcher Handelskammer] einen neutralen Experten. Die Kosten des Gutachtens sind von beiden Vertragsparteien [zu gleichen Teilen / im Verhältnis ihrer Beteiligungen] zu übernehmen.

(6) Verletzt eine der Vertragsparteien die in diesem Vertrag aufgeführten Pflichten, insbesondere Ziff. 2 und 3, so hat sie, ungeachtet eines Schadenseintrittes, der Gegenpartei eine Konventionalstrafe von [CHF 100 000] zu bezahlen. Vorbehalten bleibt das Geltendmachen eines diesen Betrag übersteigenden Schadens.

(7) Der Übernahmepreis ist innert [drei Jahren] in [sechs gleichmässigen halbjährlichen Raten] zu bezahlen, [wobei eine frühere Zahlung jederzeit möglich ist]. Diese Raten werden jeweils [am 30. Juni und 31. Dezember] fällig. Die geschuldeten Restbeträge sind zu [5%] jährlich zu verzinsen. [Nach Bezahlung der ersten Rate / Nach vollständiger Zahlung / Entsprechend den Zahlungen] sind die Aktien der Minderheitsaktionäre an die Mehrheitsaktionäre zu übergeben.[7]

VII. Mitverkaufsrechte und Mitverkaufspflichten

A. Begriff und Zweck

Als **Mitverkaufsrecht** (auch *Take-[me]-along-* oder *Tag-along*-Klausel) bezeichnet man das *Recht einer Partei, im Falle des Verkaufes der Aktien* oder eines bestimmten Anteils von Aktien *durch eine andere Partei* des Aktionärbindungsvertrages *ihre eigenen Aktien (anteilmässig) mitzuverkaufen*.[8] Mit diesem Recht kann verhindert werden, dass sich ein (Minderheits-)Aktionär einem ihm unerwünschten neuen Partner ausgesetzt sehen muss.[9] Es handelt sich um ein Element des Minderheitenschutzes.

Als Gegenstück zum Mitverkaufsrecht kann eine **Mitverkaufspflicht** (auch *Dragalong*-Klausel) vorgesehen werden. *Gestützt darauf kann eine verkaufswillige Vertragspartei von anderen Vertragsparteien verlangen, ihre Aktien ebenfalls (anteilmässig)*

---

[7] Leicht angepasste Musterklausel nach HAYMANN, 129 f.
[8] BÖSIGER, 9; MARTIN, 254; REYMOND, 230; VON SALIS, Risiko, 222; SCHENKER, Vorkaufsrechte, 272 f.; TSCHÄNI, M&A, 302 N 51.
[9] BÖSIGER, 9; VON SALIS, Risiko, 222; WEBER, Private-Equity, 54.

mitzuverkaufen.[10] Eine solche Mitverkaufspflicht kann einer Vertragspartei die Möglichkeit geben, einem Investor oder Übernehmer ein grösseres Aktienpaket anzubieten als sie selber besitzt, was sich in einer besseren Verhandlungsposition und einem höheren Preis niederschlagen kann (Paketzuschlag).[11]

B. Rechtsnatur

1323 Das **Mitverkaufsrecht** ist ein *durch den Verkauf an Dritte bedingtes Verkaufsrecht* (gegenüber dem Veräussernden, nicht etwa gegenüber dem nicht am Vertrag beteiligten Dritten, es kann aber auch als Vorvertrag zulasten Dritter oder als Garantievertrag ausgestaltet sein), die **Mitverkaufspflicht** ein *bedingtes Kaufrecht zugunsten Dritter.*[12]

1324 Vgl. im Übrigen *mutatis mutandis* auch die Ausführungen zum bedingten Kaufrecht (N 1290 f.) bzw. zur Übernahmepflicht (Verkaufsrecht) (N 1311 ff.).

C. Arten und Inhalt

1325 Der **Mitverkaufsfall** kann unterschiedlich ausgestaltet sein: So kann das Recht bereits durch den Verkauf einzelner Aktien, beim Verkauf eines bestimmten Prozentsatzes der Aktien oder erst beim Verkauf aller Aktien durch eine andere Vertragspartei ausgelöst werden. Regelmässig sind weitere Bedingungen oder Voraussetzungen festzulegen (z.B. ein bestimmter Preis, Fristen für Benachrichtigung, Ausübung, Zahlung, Zustimmung eines bestimmten Prozentsatzes der betroffenen oder der im Aktionärbindungsvertrag gebundenen Aktionäre).[13]

1326 Auch der **Umfang der Verpflichtung** kann unterschiedlich ausgestaltet sein: Sie kann alle Aktien umfassen oder nur einen Teil. Insbesondere dann, wenn bereits der Verkauf einzelner Aktien das Mitverkaufsrecht bzw. die Mitverkaufspflicht auslösen, sind Recht und Pflicht in der Regel auf eine anteilmässige Zahl von Aktien beschränkt.[14]

---

[10] MARTIN, 254; VON SALIS, Risiko, 221 f.; TSCHÄNI, M&A, 302 N 52
[11] VON SALIS, Risiko, 222 ; WEBER, Private-Equity, 54.
[12] VON SALIS, Risiko, 222; SCHENKER, Vorkaufsrechte, 273.
[13] VON SALIS, Risiko, 222; SCHENKER, Vorkaufsrechte, 273 f. und 276 f.
[14] SCHENKER, Vorkaufsrechte, 273 f.

§ 29 Exkurs: Veräusserungsvorzug

I. Begriff und Zweck

In den Kontext von Erwerbsrechten und -pflichten gehören schliesslich auch Regelungen, wonach **im Falle der Veräusserung** von Aktien *einem oder mehreren Aktionären ein im Verhältnis zu seiner Beteiligung verhältnismässig grösserer Anteil am Veräusserungserlös zukommen soll.*[1]

In seiner Wirkung ist der Veräusserungsvorzug *der Einräumung von Vorzugsaktien mit Liquidationsvorzug*[2] *vergleichbar,* doch kommt er – anders als die Privilegierung durch Vorzugsaktien – nicht dann zur Anwendung, wenn die Gesellschaft liquidiert wird, sondern dann, wenn Aktionäre ausscheiden, die Gesellschaft aber weiter besteht wie im Falle der Veräusserung der Aktienmehrheit oder allenfalls bei einer Fusion.

II. Rechtsnatur

Solche Vereinbarungen sind – im Gegensatz zur Besserstellung durch Vorzugsaktien – rein **obligatorischer Natur.**

III. Arten und Inhalt

Inhaltlich unterscheiden sich verschiedene Arten des Veräusserungsvorzuges vor allem durch die Ausgestaltung und Berechnung des Vorzuges: So kann die Regelung vorsehen, der bevorzugten Partei einen im Vergleich zu den übrigen Parteien prozentual höheren Betrag zukommen zu lassen; es kann aber auch ein fester Betrag als Vorzug bestimmt sein oder es kann die Beteiligung der belasteten Parteien am Veräusserungserlös plafoniert werden.

Anstelle des Veräusserungs*vorzugs* kann natürlich auch eine schwächere Stellung vereinbart sein, etwa ein tieferer prozentualer Anteil pro Aktie am Veräusserungserlös oder eine Plafonierung der Beteiligung am Erlös. Ein Grossaktionär kann sich so für den Mehrwert seines Pakets entschädigen lassen.

---

[1] Vgl. zum Ganzen VON SALIS, Finanzierungsverträge, N 748 ff.; *ders.,* Risiko, 219 f.
[2] Vgl. zu den Vorzugsaktien LIEBI, *passim.*

5. Kapitel: (Geldwerte) Leistungen von der und an die Aktiengesellschaft

Dieses Kapitel widmet sich den in Aktionärbindungsverträgen häufigen Bestimmungen über Leistungen der Aktiengesellschaft an die Vertragsparteien (oder auch an Aktionäre allgemein) (§ 30 [N 1339 ff.]) einerseits und Leistungen von Vertragsparteien an die Aktiengesellschaft (§ 31 [N 1420 ff.) auf der anderen Seite. Dabei liegt das Augenmerk auf den **vermögensmässig relevanten** Beziehungen zwischen Aktionären und Gesellschaft.[1]   1332

Unter **die (geldwerten) Leistungen der Aktiengesellschaft an ihre Aktionäre** (und damit auch an die Parteien eines Aktionärbindungsvertrages) fallen insbesondere die *Dividenden*. Aktionärbindungsverträge enthalten deshalb oft Bestimmungen über die *Ausschüttungspolitik* der Aktiengesellschaft oder Regeln über die Gewinnverwendung im Allgemeinen (dazu N 1377 ff.).   1333

Weiter sind zu erwähnen Regeln über: 1334

- die Zuteilung des *Liquidationsüberschusses* (dazu N 1399);
- den *Bezug von Aktien,* sei es im Zuge einer Kapitalerhöhung (dazu N 1400 ff.) oder bei der Veräusserung eigener Aktien (dazu N 1410);
- den *Rückkauf von Aktien* durch die Gesellschaft (dazu N 1411 f.);
- die *Gehälter von Organen* (dazu N 1413 ff.); sowie
- *Sach- und Dienstleistungen* aller Art (dazu N 1418 f.).

Zu den – in der Regel entgeltlichen – **(geldwerten) Leistungen der Vertragsparteien an die Aktiengesellschaft** gehören etwa: 1335

- *Zeichnungs- und Aktienbezugspflichten* (dazu N 1427 ff.);
- *Darlehensgewährung, Nachschuss- und Zuzahlungspflichten* (dazu N 1434 ff.);
- *Schuldübernahme, Garantie und Bürgschaft* (dazu N 1437 f.);
- *Sachleistungen, Lieferung- und Abnahmepflichten* (dazu N 1439 f.); sowie
- *Arbeitsleistungen* (auftrags- oder arbeitsrechtlicher Natur) (dazu N 1441 ff.).

Solche zusätzlichen Bestimmungen, die Verpflichtungen und Rechte finanzieller, sachlicher und persönlicher Art beinhalten, kommen vor allem dann vor (und sind erforderlich), wenn zwischen der aktienrechtlichen Ordnung in Statuten und Reglementen einerseits und der vertraglichen im Aktionärbindungsvertrag andererseits eine intensive Beziehung im Sinne einer *materiellen Einheit* besteht, wie sie vorkommt in kleinen, personenbezogenen Gesellschaften, in denen die Vertragsparteien ihre *wirtschaftliche und/oder berufliche Tätigkeit in der Aktiengesellschaft ausüben*,[2]   1336

---

[1] Nicht vermögenswerte Leistungen sind an anderer Stelle besprochen, vgl. etwa zu Informationsprivilegien N 1149 ff.
[2] Sog. **Doppelgesellschaften,** vgl. N 12.

aber auch in Joint Ventures, in denen Unternehmen gewisse Aktivitäten ausgliedern und gemeinsam betreiben.

1337 Der Besprechung spezifischer Leistungsbestimmungen vorangestellt werden im Folgenden einige allgemeine Ausführungen zu Vertragsbeziehungen zwischen Aktiengesellschaft und Aktionären, die in § 30 platziert sind, aber auch für § 31 gelten:

- ein Hinweis auf **Arten und Besonderheiten von Vertragsbeziehungen** zwischen der Aktiengesellschaft und ihren Aktionären (N 1339 ff.); und

- eine Übersicht über die **besonderen Anforderungen,** die bei solchen Verträgen zu beachten sind (N 1345 ff.).

1338 Wenn im Folgenden zunächst (§ 30 [N 1339 ff.]) von Leistungen der Aktiengesellschaft an Aktionäre und anschliessend (§ 31 [N 1420 ff.]) von solchen der Aktionäre bzw. Vertragsparteien an die Aktiengesellschaft die Rede ist, dann darf das nicht darüber hinweg täuschen, dass es sich zumeist um **synallagmatische Beziehungen** handelt, in welchen beide Seiten – die Aktiengesellschaft und die Aktionäre bzw. Vertragsparteien – sowohl *Leistungserbringer* als auch *Leistungsempfänger* sind.

§ 30 Leistungen der Aktiengesellschaft

I. Übersicht zu den Vertragsbeziehungen der Aktiengesellschaft mit Aktionären

Ob und inwiefern eine Aktiengesellschaft selber **Partei eines sie betreffenden Aktionärbindungsvertrages** sein kann, ist stark umstritten. Darauf wurde bereits in § 9 (N 405 ff.) ausführlich eingegangen. 1339

Hier geht es primär um **schuldvertragliche** Beziehungen der Aktiengesellschaft zu Aktionären, welche die Aktiengesellschaft **auch mit Dritten eingehen** könnte. Selbst wenn der Anlass zum Abschluss eines solchen Vertrages mit einem Aktionär im konkreten Fall in dessen Aktionärsstellung begründet liegt, steht dem nichts entgegen.[1] 1340

Werden aber die **Vertragsbedingungen anders gestaltet** als man dies gegenüber Dritten täte, kann sich dies zum Nachteil der Gesellschaft, der Mitaktionäre und allenfalls der Gläubiger auswirken: Es wird etwa dem Hauptaktionär ein Darlehen eingeräumt, das wegen seines Umfangs für die Gesellschaft ein Klumpenrisiko darstellt, welches gegenüber einem Dritten nicht eingegangen worden wäre. Oder der Kaufpreis für eine von der Gesellschaft verkaufte Ware wird nur gerade kostendeckend angesetzt, Dienstleistungen werden unentgeltlich erbracht, das Salär des Hauptaktionärs ist unüblich hoch. 1341

Das Gesetz trägt dem Rechnung, indem es eine Reihe *besonderer Vorschriften für Verträge* enthält, *die mit Aktionären* (und allenfalls ihnen nahe stehenden Personen) *abgeschlossen werden* (dazu sogleich Ziff. II [N 1345 ff.]). 1342

Durch Aktionärbindungsverträge können sodann Vereinbarungen zwischen der Aktiengesellschaft und einzelnen oder allen Aktionären **veranlasst** und abgesichert sowie inhaltlich mehr oder präzis **vorbestimmt** werden (dazu Ziff. III [N 1372 ff.]). 1343

Und schliesslich können Aktionärbindungsverträge auch **Leistungen mitgliedschaftsrechtlicher Art** betreffen (dazu Ziff. IV [N 1376 ff.]).[2] 1344

---

[1] Vgl. vorne, N 446 f.
[2] Dazu, ob bzw. inwieweit die Aktiengesellschaft selbst in solche Verträge eingebunden werden kann, vgl. schon vorne N 442 ff.

II. Verträge zwischen der Aktiengesellschaft und Aktionären

1345 Gesetz und Gerichtspraxis haben besondere Regeln aufgestellt für Verträge, die in **Selbstkontrahieren** abgeschlossen werden (Ziff. A [N 1346 ff.]). Das Rechnungslegungsrecht sieht sodann **Offenlegungspflichten** für Verträge mit an der Gesellschaft Beteiligten und mit Organpersonen vor (Ziff. B [N 1357]). Unangemessene Leistungen können allenfalls **zurückgefordert** werden (Ziff. C [N 1358 f.]). Als **verdeckte Gewinnausschüttungen** können nicht marktübliche Leistungen der Aktiengesellschaft sowohl **aktien-** als auch **steuerrechtlich** relevant sein (Ziff. D [N 1360 ff.]). Weiter fragt sich, ob – bzw. unter welchen Umständen – auf solche Verträge das für körperschaftsrechtliche Beziehungen konzipierte **Gleichbehandlungsgebot** Anwendung findet (Ziff. E [N 1363 ff.]). Einzelne dieser Sonderregeln finden nicht nur Anwendung, wenn Aktionäre Gegenpartei sind, sondern auch bei Verträgen mit **nahe stehenden Personen** (Ziff. F [N 1370 f.]).

A. Regeln für das Selbstkontrahieren und andere Geschäfte mit Interessenkonflikten

1. Schriftlichkeitserfordernis

1346 Seit Anfang 2008 gilt, dass dann, wenn «die Gesellschaft beim Abschluss eines Vertrages durch diejenige Person vertreten [wird], mit der sie den Vertrag abschliesst», dieser *schriftlich abgefasst* werden muss (Art. 718b OR).[3] Relevant ist diese Bestimmung stets dann, wenn die Aktiengesellschaft selbst Vertragspartei ist und dabei von einer Person vertreten wird, die ihrerseits auf der Vertragsgegenseite steht (sei es als gebundene Aktionärin im Aktionärbindungsvertrag, als in den Vertrag einbezogenes Mitglied des Verwaltungsrats, als Erwerberin oder Veräussererin von Aktien oder von Vermögenswerten oder als Bezügerin oder Erbringerin von Leistungen irgendwelcher Art). Die praktische Bedeutung des gesetzlichen Schrifterfordernisses dürfte insofern gering sein, als Verträge im vorliegenden Zusammenhang ohnehin in aller Regel schriftlich abgefasst werden.[4]

2. Ermächtigung oder Genehmigung durch ein über- oder nebengeordnetes Organ

1347 Von grösserer Relevanz ist die Rechtsprechung – analog der für die Stellvertretung entwickelten Praxis – zur Gültigkeit von **Insichgeschäften:** Danach ist von der

---

[3] Ausnahme: Verträge des laufenden Geschäfts mit einer Leistung der Gesellschaft von nicht mehr als CHF 1000.

[4] Vgl. N 219 f.

Ungültigkeit solcher Geschäfte auszugehen, *soweit nicht die Ermächtigung oder Genehmigung durch ein über- oder nebengeordnetes Gesellschaftsorgan erteilt wird oder keine Gefahr einer Benachteiligung* für die vertretene Partei besteht.[5]

Immer dann, wenn die Aktiengesellschaft selbst Partei eines Aktionärbindungsvertrages (oder eines diesem nebengeordneten Vertrages oder endlich eines sonstigen Vertrages mit einem indirekten Bezug zu einem Bindungsvertrag) ist, muss darauf geachtet werden, dass der *Vertreter der Aktiengesellschaft entweder nicht selbst* (z.B. als Aktionär) auf der Vertragsgegenseite *Partei* ist *oder* dass ein *unabhängiges* (und vertretungsberechtigtes) *Mitglied des Verwaltungsrates* den Vertrag für die Aktiengesellschaft *unterzeichnet* bzw. zumindest nachträglich *genehmigt*. Sind die Mitglieder des Verwaltungsrates nur kollektiv zeichnungsberechtigt, ist die Unterzeichnung durch zwei unabhängige Mitglieder zu verlangen.

1348

In der Lehre vorgeschlagen wird auch die *Genehmigung des Vertrages durch die Generalversammlung,* was technisch immer dann möglich ist, wenn alle Aktionäre oder zumindest eine Aktionärsmehrheit Partei eines Aktionärbindungsvertrages sind.[6] Freilich ergeben sich u.E. bei einer solchen «Genehmigung» eines vom Verwaltungsrat oder einzelnen seiner Mitglieder abgeschlossenen Vertrages durch die Generalversammlung *dogmatische Probleme:* Der Abschluss von Verträgen ist eine Aufgabe der Geschäftsführung, und diese obliegt dem Verwaltungsrat. Nach Art. 716b Abs. 1 OR ist zwar eine Delegation der Geschäftsführung (und damit auch von Vertragsabschlüssen) möglich, aber nur «nach unten», an eine Geschäftsleitung, und nicht «nach oben», an die Generalversammlung.[7] Überdies dürfte es für eine Delegation «nach oben» in der Regel an der nach Art. 716b Abs. 1 OR verlangten statutarischen Kompetenznorm fehlen.

1349

Bei einer Genehmigung durch die Generalversammlung könnten im Übrigen auch die vertragschliessenden Aktionäre mitstimmen. Denn das Aktienrecht kennt in Bezug auf die Generalversammlung nur einen einzigen Ausstandsgrund für Aktio-

1350

---

[5] Unter «Insichgeschäften» versteht man in der Regel Fälle des Selbstkontrahierens und der Doppelvertretung (BÖCKLI, Insichgeschäfte, 355).– BGE 127 III 332 E. 2a, 126 III 361 E. 3a, 95 II 442 E. 5; BGer-Urteil 4A_360/2013 vom 3. Dezember 2012; BÖCKLI, Insichgeschäfte, 355 ff.; SOMMER, 130 ff.; TOGNI, N 807; vgl. auch ANSGAR SCHOTT: Insichgeschäft und Interessenkonflikt, Zürich 2002 (= Diss. Zürich 2002); THOMAS ALEXANDER STEININGER: Interessenkonflikte des Verwaltungsrates, Zürich 2011 (= Diss. Zürich 2011); DAMIAN FISCHER: Gültigkeit von Verträgen bei organschaftlicher Doppelvertretung, GesKR 2013, 281 ff.; RALPH STRAESSLE/HANS CASPAR VON DER CRONE: Die Doppelvertretung im Aktienrecht, SZW 2013, 338 ff. – Zur fehlenden Gefahr einer Benachteiligung sogleich N 1353.
[6] TOGNI, N 827; auch das Bundesgericht scheint davon auszugehen, vgl. BGE 126 III 361 E. 5a.
[7] FORSTMOSER, Organisationsreglement, § 9 N 84, m.H.

näre, nämlich Art. 695 Abs. 1 OR, wonach die Mitglieder und die mit der Geschäftsführung befassten Personen beim Entlastungsbeschluss vom Stimmrecht ausgeschlossen sind.[8] Bei Interessenkonflikten gibt es hingegen keine Pflicht zum Ausstand.[9]

1351 Einer Bevollmächtigungsvermutung, wie sie z.T. für den Fall einer Beteiligung aller Aktionäre oder zumindest einer Aktionärsmehrheit in der Lehre angenommen wird,[10] steht das Bundesgericht jedenfalls bei Vorhandensein von Minderheitsaktionären skeptisch gegenüber, weil «zum Schutze der Minderheit … zu fordern [sei], dass eine Ermächtigung bzw. Genehmigung mittels eines anfechtbaren Beschlusses erteilt wurde».[11]

1352 Sind am Vertrag **Dritte** beteiligt, dann muss im Einzelfall entschieden werden, ob der Interessenkonflikt für sie erkennbar war bzw. hätte sein müssen; war dies nicht der Fall, ist das Vertrauen in das Bestehen der Vertretungsmacht zu schützen.[12]

3. Keine Gefahr einer Benachteiligung

1353 Gültig sind Insichgeschäfte sodann auch ohne Ermächtigung bzw. Genehmigung nach der bundesgerichtlichen Praxis dann, wenn «die Gefahr einer Benachteiligung…nach der Natur des Geschäftes ausgeschlossen» ist.[13] Keine Benachteiligungsgefahr liegt vor, wenn Waren zum Börsen- oder Marktpreis gekauft oder verkauft werden (vgl. Art. 436 Abs. 1 OR) und auch im übrigen marktübliche Bedingungen eingehalten werden.

1354 Für *Darlehen* der Aktiengesellschaft an Aktionäre und solche von Aktionären an die Gesellschaft schreibt das Steuerrecht bestimmte *Minimal- bzw. Maximalzinssätze* vor. Werden diese nicht eingehalten, liegt steuerrechtlich eine (verdeckte) Gewinnausschüttung vor; aber auch auch zivilrechtlich kann dies ein Indiz für ein Insichgeschäft sein, welches der Ermächtigung oder Genehmigung bedarf. Wichtig ist sodann auch, dass die Rückzahlung eine Darlehens ernsthaft geplant ist.[14]

---

[8] Vgl. N 784 ff.
[9] Vgl. N 793. – Dies ergibt sich daraus, dass den Aktionär gegenüber der Gesellschaft – abgesehen von der Pflicht zur Liberierung seiner Aktien – keine weitere Pflicht, insbesondere keine Treuepflicht trifft (vgl. N 26).
[10] So etwa BK-ZÄCH/KÜNZLER, OR 33 N 81.
[11] BGE 126 III 361 E. 5a. – Handeln sämtliche Aktionäre übereinstimmend, kann konkludentes Handeln genügen (TOGNI, N 815).
[12] TOGNI, N 808 ff.
[13] BGE 126 III 361 E. 3a.
[14] BGE 138 II 57 E.5.

4. Künftige Regelung von Interessenkonflikten im Verwaltungsrat

Künftig soll das Aktienrecht explizite Vorgaben über die Behandlung von Interessenkonflikten im Verwaltungsrat enthalten (vgl. Art. 717a E-OR 2007 sowie inhaltsgleich Art. 717a VE-OR).[15]

5. Umgang mit Interessenkonflikten gemäss Swiss Code

Auch der Swiss Code in der Fassung von 2014 spricht Interessenkonflikte der Mitglieder des Verwaltungsrates an (Ziff. 17):[16] Primär sollen Interessenkonflikte vermieden werden; treten sie dennoch auf, entscheidet der Verwaltungsrat über die geeigneten Massnahmen. Sowohl beim Entscheid des Verwaltungsrates über solche Massnahmen als auch beim Entscheid in der Sache tritt das betreffende Mitglied in den Ausstand. Bei Geschäften zwischen der Gesellschaft und Organmitgliedern (und ihnen nahe stehenden Personen) gilt der Grundsatz des Abschlusses zu Drittbedingungen *(Arm's Length Principle)*.

B. Offenlegungspflicht nach Rechnungslegungsrecht

Nach dem Rechnungslegungsrecht müssen «Forderungen und Verbindlichkeiten gegenüber direkt oder indirekt Beteiligten und Organen sowie gegenüber Unternehmen, an denen direkt oder indirekt eine Beteiligung besteht, ... jeweils gesondert in der Bilanz oder im Anhang ausgewiesen werden» (Art. 959a Abs. 4 OR). Systematisch findet sich diese Bestimmung bei der Mindestgliederung der Bilanz, weshalb anzunehmen ist, dass nur solche Forderungen und Verbindlichkeiten gemeint sind, welche nach buchhalterischen Grundsätzen in die Bilanz aufzunehmen sind (so ausstehende Liberierungsbeiträge, Darlehen etc.).[17]

C. Rückerstattung unangemessener Leistungen

Nach Art. 678 Abs. 2 OR sind Aktionäre und Mitglieder des Verwaltungsrates sowie diesen nahe stehende Personen zur Rückerstattung von «Leistungen der Gesellschaft verpflichtet, soweit diese in einem offensichtlichen Missverhältnis zur Gegenleistung ... stehen».[18]

---

[15] Dazu BÖCKLI, Insichgeschäfte, 365 ff.
[16] Der Swiss Code richtet sich primär an Gesellschaften, die an der Börse kotiert sind. Aber auch «nicht kotierte, volkswirtschaftlich bedeutende Gesellschaften ... [sollen] dem ‹Swiss Code› zweckmässige Leitideen entnehmen» können.
[17] BÖCKLI, Rechnungslegung, N 393 und 424 f.
[18] Vgl. dazu neben der Standardliteratur ROGER DÜRR: Rückerstattungsklage nach Art. 678 Abs. 2 OR im System der unrechtmässigen Vermögensverlagerungen, Zürich 2005 (= Diss. Zürich 2005 = SSHW 245); BEAT SPÖRRI: Die aktienrechtliche Rückerstattungspflicht. Zivilrechtliche und steuerrechtliche Aspekte, Zürich 1996 (= Diss. Zürich 1996 = SSHW 171).

1359 Die Rückerstattung muss jedoch nur erfolgen, wenn der Bezug «unberechtigt und in bösem Glauben» erfolgte (Art. 678 Abs. 1 OR) und die Leistungen überdies «in einem offensichtlichen Missverhältnis ... zur wirtschaftlichen Lage der Gesellschaft stehen.» (Art. 678 Abs. 2 OR).[19]

D. Verdeckte Gewinnausschüttungen

1360 «Eine verdeckte Gewinnausschüttung liegt vor, wenn einem Gesellschafter oder einer ihm oder der Gesellschaft nahe stehenden Person bewusst geschäftsmässig nicht begründete Zuwendungen geldwerter Vorteile durch die Gesellschaft erwachsen, ohne dass diese aufgrund eines Gewinnverteilungs- oder Kapitalherabsetzungsbeschlusses durch die Generalversammlung erfolgen.»[20] Die Gesellschaft erbringt also Leistungen, ohne dafür eine (angemessene) Gegenleistung zu erhalten. Wirtschaftlich betrachtet werden auf diese Weise Mittel der Gesellschaft an die Aktionäre (oder ihnen nahe stehende Personen) transferiert, was im Effekt einer Ausschüttung gleich kommt.[21]

1361 Der Begriff der verdeckten Gewinnausschüttung ist vor allem im Steuerrecht entwickelt worden, indem geschäftsmässig nicht begründete Leistungen an Aktionäre oder nahe stehende Dritte der Gesellschaft als **steuerbarer Gewinn** aufgerechnet werden. Ein «offensichtliches Missverhältnis» zwischen Leistung und Gegenleistung[22] ist dabei – anders als bei der Rückerstattungspflicht nach Art. 678 OR – nicht vorausgesetzt.[23]

1362 Aktienrechtlich kann – wenn die zusätzlichen Anforderungen von Art. 678 OR erfüllt sind – Rückerstattung verlangt werden. Auch kann allenfalls eine verantwort-

---

[19] Im Zuge der Aktienrechtsreform soll auf das Erfordernis der Bösgläubigkeit verzichtet werden, vgl. Art. 678 Abs. 1 E-OR 2007 bzw. VE-OR.

[20] DIETER C. PROBST: Die verdeckte Gewinnausschüttung nach schweizerischem Handelsrecht, Zürich 1981 (= Diss. Bern 1979); vgl. auch etwa RETO HEUBERGER: Die verdeckte Gewinnausschüttung aus Sicht des Aktienrechts und des Gewinnsteuerrechts, Bern 2001 (= Diss. Bern 2001 = Berner Beiträge zum Steuer- und Wirtschaftsrecht 15); sodann die soeben in Anm. 18 erwähnten Publikationen DÜRR und SPÖRRI.

[21] Der verdeckten Gewinnausschüttung vergleichbar ist die verbotene Einlagenrückgewähr; auch hier stellt sich regelmässig die Frage der angemessenen Gegenleistung. Das Bundesgericht hat z.B. ein Darlehen als kapitalschutzrechtlich relevant bezeichnet, welches nicht zu Markt- bzw. Drittbedingungen (z.B. vollkommen ungesichert) einer Aktionärin gewährt wurde (BGE 140 III 533 E. 4).

[22] Vgl. soeben N 1359.

[23] Vgl. etwa BGer-Urteil 2C_961/2010 vom 30. Januar 2012, wonach als verdeckte Gewinnausschüttung «Zuwendungen der Gesellschaft [gelten], denen keine oder keine genügenden Gegenleistungen des Anteilsinhabers entsprechen und die einem an der Gesellschaft nicht beteiligten Dritten nicht oder nur in wesentlich geringerem Umfang erbracht worden wären».

lichkeitsrechtlich relevante Pflichtverletzung vorliegen (Art. 754 Abs. 1 i.V.m. Art. 717 Abs. 1 OR).[24]

E. Gleichbehandlungspflicht bei Vertragsbeziehungen mit Aktionären?

Nach Art. 717 Abs. 2 OR sind «die Aktionäre unter gleichen Voraussetzungen gleich zu behandeln.» Es fragt sich, ob diese auf der körperschaftsrechtlichen Ebene angesiedelte Anweisung auch bei Vertragsbeziehungen mit Aktionären zu beachten ist. Unseres Erachtens ist zu differenzieren:

Soweit ein Rechtsgeschäft in **keiner Beziehung zur Mitgliedschaft** steht – weder aufgrund seines Inhalts noch hinsichtlich der vorgesehenen Konditionen –, braucht der Gleichbehandlungsgrundsatz nicht beachtet zu werden. Die Aktionäre stehen der Gesellschaft wie irgendwelche Dritte gegenüber, die mitgliedschaftliche Gleichstellung spielt nicht.

Anders verhält es sich bei Rechtsgeschäften, die eine **Auswirkung auf Mitgliedschaftsrechte** haben. So ist dann, wenn eine Gesellschaft eigene Aktien zurück erwirbt,[25] die Möglichkeit des Verkaufs allen Aktionären gleichmässig zu gewähren, und auch beim Verkauf eigener Aktien (an Aktionäre) ist der Gleichbehandlungsgrundsatz einzuhalten.[26] Dies gilt selbst dann, wenn die Aktien zum wirklichen Wert veräussert werden, denn durch die Veräusserung von bei der Gesellschaft liegenden Aktien leben die bisher ruhenden Stimmrechte (Art. 659a Abs. 1 OR) wieder auf.

Gleich zu behandeln sind die Aktionäre aber auch, wenn ein bloss **faktischer Konnex** zur Aktionärsstellung besteht, also dann, wenn ein Vertrag mit einem Dritten nicht oder nicht zu gleichen Bedingungen abgeschlossen worden wäre. Verträge zu Sonderkonditionen sind daher allen Aktionären gleichermassen anzubieten, es sei denn, es lägen ungleiche Voraussetzungen und damit sachliche Gründe für eine Ungleichbehandlung vor.

Nicht beachtet werden muss der Grundsatz der Gleichbehandlung, wenn eine ungleiche Behandlung oder marktunübliche Bedingungen durch einen **Aktionärbindungsvertrag sanktioniert** werden, an welchem **sämtliche Aktionäre beteiligt** sind.

Auch wenn das Gleichbehandlungsprinzip oder andere aktienrechtliche Anforderungen missachtet wurden, ist aber der mit einem Aktionär abgeschlossene **Vertrag**

---

[24] Zum Verhältnis der Rückerstattungsklage gemäss Art. 678 OR zur Verantwortlichkeitsklage (Art. 754 ff. OR) vgl. BGE 140 III 533 E. 3.2.
[25] Dazu hinten N 1410.
[26] Entgegen BGE 88 II 98 E. 3.

in gleicher Weise **gültig,** wie wenn er mit einem Dritten abgeschlossen worden wäre.[27] Dem steht auch nicht entgegen, dass der Aktionär allenfalls die innervertragliche Kompetenzordnung kennt, hat er doch der Aktiengesellschaft gegenüber keinerlei Pflichten mit Ausnahme der Liberierungspflicht.[28] Anders verhält es sich nur im Falle eigentlicher Sittenwidrigkeit[29] oder wenn durch den Vertrag die körperschaftsrechtliche Ordnung missbräuchlich ausgehebelt werden soll: Etwa, wenn bei einer Kapitalerhöhung die neuen Aktien von der Gesellschaft fest übernommen und anschliessend nur an einzelne Aktionäre veräussert werden.

1369 Denkbar sind allenfalls **Klagen aus aktienrechtlicher Verantwortlichkeit** (Art. 754 ff. OR), wobei Aktionäre, die in Verletzung des Gleichbehandlungsprinzips bei einer Vertragsvergabe nicht berücksichtigt wurden, einen **direkten Schaden** geltend machen können.[30]

F. Gleichstellung von nahe stehenden Personen mit Aktionären

1370 Einzelne der erwähnten Regeln – so die Rückerstattungspflicht gemäss Art. 678 OR – finden nicht nur auf Aktionäre Anwendung, sondern auch auf diesen **nahe stehende Personen.**[31]

1371 Eine Ausweitung des Anwendungsbereichs der Sonderbestimmungen ergibt sich auch, wenn neben der direkten Aktionärsstellung auch eine **indirekte Beteiligung** mitberücksichtigt wird, was etwa im Rechnungslegungsrecht explizit vorgesehen ist,[32] sich allenfalls aber aufgrund der Auslegung auch für Regeln und Sachverhalte rechtfertigt, die nicht explizit in einem Erlass erwähnt sind.

III. Sicherstellung des Vertragsschlusses

1372 Eine **indirekte Veranlassung der Aktiengesellschaft** zu bestimmten (Gegen-)Leistungen (oder einem entsprechenden Vertragsschluss mit Aktionären oder Dritten) kann dadurch erreicht werden, dass – bei genügender Stimmkraft – Aktionäre sich verpflichten, im Rahmen der **Generalversammlung** auf bestimmte Hand-

---

[27] Vorbehalten bleibt die *Ungültigkeit aus anderen Gründen,* etwa wegen Missachtung des Schriftlichkeitserfordernisses (vgl. vorn N 1346 oder wegen unerlaubten Selbstkontrahierens (vgl. vorn N 1347 ff.).
[28] Art. 680 Abs. 1 OR; dazu N 26.
[29] Vgl. N 271.
[30] Dazu statt aller BGE 132 III 564 E. 3.2. und BGE 131 III 306 E. 3.1; ferner BGE 139 III 24 E. 3.1.
[31] Zum Begriff der nahe stehenden Person vgl. N 677 ff.
[32] Art. 959a Abs. 4 OR; BÖCKLI, Rechnungslegung, N 393 und 424 f.

lungen der Aktiengesellschaft hinzuwirken.[33] Zweckmässiger und korrekter (weil die Generalversammlung in der Regel für solche Geschäftsführungshandlungen nicht das zuständige Organ ist)[34] dürften entsprechende Verpflichtungen für in den Aktionärbindungsvertrag eingebundene **Mitglieder des Verwaltungsrates** sein.[35]

Solche Vereinbarungen unter den Vertragsparteien können – wenn die Vertragsparteien selber zu haften bereit sind, falls die Aktiengesellschaft nicht leistet – als **Garantievereinbarungen** ausgestaltet sein.[36]

Werden im Aktionärbindungsvertrag selbst nur die Grundzüge einer rechtlichen Bindung zwischen Aktiengesellschaft und beteiligten Aktionären festgehalten, während die Details in einem später abzuschliessenden Vertrag zwischen den Verpflichteten und der Aktiengesellschaft geregelt werden sollen, kann ein Vorvertrag (Art. 22 Abs. 1 OR) bzw. speziell ein **Vorvertrag zugunsten einer Dritten** (der Aktiengesellschaft bzw. der als Gegenpartei vorgesehenen Aktionärin oder Drittperson) vorliegen.[37]

Dies ist zumindest dann der Fall, wenn Aktiengesellschaft und/oder (einzelne) Aktionäre sich verpflichten, in der Folge entsprechende Vereinbarungen abzuschliessen. Wiederum kann es sich um ganz unterschiedliche Inhalte oder Vertragsarten handeln (z.B. Arbeits-, Darlehens-, Liefer- oder ähnliche Verträge). Ob der Begünstigte selbst Rechte aus dem Vorvertrag geltend machen kann, bestimmt sich analog der Regeln von Art. 112 Abs. 2 OR.[38]

IV. Leistungen mitgliedschaftsrechtlicher Art

Durch Aktionärbindungsverträge sollen regelmässig (auch) mitgliedschaftsrechtliche Leistungen der Aktiengesellschaft bestimmt oder zumindest beeinflusst werden. Inwieweit dies mithilfe des Einbezugs der Aktiengesellschaft selbst in einen Bin-

---

[33] Zu den Stimmbindungsvereinbarungen vgl. N 753 ff.
[34] Vgl. N 1349
[35] Zur vertraglichen Einbindung von Mitgliedern des Verwaltungsrates vgl. N 357 ff.
[36] Das Gesetz kennt zwar den Begriff des «Vertrages zulasten eines Dritten» (Art. 111 OR), doch handelt es sich dabei **nicht** um die **echte Verpflichtung** eines Dritten (ohne dessen Zutun), **sondern** um einen **Garantievertrag,** worin eine Vertragspartei der anderen die Leistung eines Dritten verspricht und selber zu haften bereit ist, wenn der Dritte nicht leistet (GAUCH/SCHLUEP/EMMENEGGER, N 3920 ff.).
[37] Zum Vorvertrag vgl. BSK-BUCHER, OR 22 N 3 ff.; *ders.,* Vorvertrag, 169 ff.; GAUCH/SCHLUEP/SCHMID, N 1074 ff.; HERZOG, Vorvertrag, *passim;* SCHWENZER, N 26.04 ff. – Von verschiedenen Autoren werden Sinn und Zweck des Rechtsinstitutes des Vorvertrages angezweifelt (vgl. die Nachweise bei BSK-BUCHER, OR 22 N 29 ff.).
[38] GAUCH/SCHLUEP/SCHMID, N 1078; OERTLE, 91 f.

dungsvertrag möglich ist, ist stark umstritten (vgl. dazu ausführlich N 405 ff.). Im Folgenden wird auf die Möglichkeiten – und Schranken – der Einflussnahme hinsichtlich einiger vermögensrechtlich wichtiger Entscheidungen der Aktiengesellschaft eingegangen.

A. Ausschüttungspolitik und Dividenden

1. Unterschiedliche Aktionärsinteressen

1377 Unter den Rechten des Aktionärs nimmt das **Recht auf Dividende** – neben den Mitwirkungsrechten – eine **zentrale Stellung** ein.[39] Es erstaunt deshalb nicht, dass sich diesbezüglich sehr häufig Regelungen in Aktionärbindungsverträgen finden.

1378 Der Spielraum der Generalversammlung bei der Festsetzung der Dividende ist gross:[40] Die Aktionäre haben keinen Anspruch auf eine jährliche Ausschüttung oder eine Mindestdividende, der erwirtschaftete Gewinn kann – als Eigenkapital – grösstenteils oder auch gänzlich in der Gesellschaft belassen werden. Möglich ist aber auch – nach Beachtung der bescheidenen gesetzlichen Reservebildungsvorschriften (Art. 671 OR) – die Ausschüttung des gesamten Reingewinns. Oft gibt es unter den Aktionären von KMU- und Familienaktiengesellschaften diesbezüglich **unterschiedliche Interessen:** Während die im Verwaltungsrat oder der Geschäftsleitung operativ tätigen Aktionäre Gehälter und Spesenentschädigungen erhalten und den

---

[39] Vgl. N 278 ff.
[40] Art. 660 Abs. 1 i.V.m. 674 Abs. 2 OR; VON DER CRONE, Aktienrecht, § 5 N 30; MEIER-HAYOZ/FORSTMOSER, § 16 N 262. – Ein Missbrauch dieses Spielraumes liegt dann vor, wenn die Beschlüsse der Generalversammlung systematisch zu einer Benachteiligung von Minderheitsaktionären führen oder wenn der Bilanzgewinn willkürlich oder für unternehmensfremde Zwecke verwendet wird (BGE 99 II 59 ff., 95 II 567, 93 II 405; FORSTMOSER in SAG 1975, 107; BSK-NEUHAUS/BLÄTTLER, OR 660 N 17). Ist ein Entscheid der Generalversammlung in dieser Weise willkürlich, d.h. beschränkt er ohne sachlichen Grund die Rechte von Aktionären, kann er angefochten werden (Art. 706 Abs. 2 Ziff. 2 OR) (BÖCKLI, Aktienrecht, § 12 N 514; MEYER, 424).
Dieser gesetzliche Minderheiten- und Individualschutz greift jedoch nur in Extremfällen. Auch gibt es dazu praktisch keine Gerichtspraxis. Vgl. immerhin KUNZ, Minderheitenschutz, § 12 N 62 ff., der dem Gericht die Möglichkeit zusprechen will, eine Pflichtdividende festzulegen und sogar eine dahingehende gerichtliche Statutenänderung vorzunehmen. (Ersteres wurde abgelehnt in einem Entscheid des Handelsgerichts des Kantons Zürich vom 24. Oktober 1974, referiert in SAG 1975, 108 f.) – Eine andauernde, systematische finanzielle Benachteiligung der Minderheitsaktionäre durch die Mehrheitsaktionäre könnte allenfalls auch – als *ultima ratio* – Grund für eine Klage auf Auflösung der Gesellschaft aus wichtigen Gründen sein (Art. 736 Ziff. 4 OR) (BGE 105 II 114 E. 4 f.; BÖCKLI, Aktienrecht, § 16 N 188 ff.; FORSTMOSER/MEIER-HAYOZ/NOBEL, § 55 N 71 ff.).

erwirtschafteten Gewinn in «ihr» Unternehmen reinvestieren wollen, sind andere Aktionäre, die ihre Aktien als Investition halten, an hohen und regelmässigen Dividendenzahlungen interessiert. An Ausschüttungen interessiert sind Minderheitsaktionäre, die ihr Aktienpaket oft nicht zu einem angemessen Preis veräussern und damit den reinvestierten Gewinn nicht über den Verkauf von Aktien realisieren können, weil sich für ihre Beteiligung entweder kein Käufer findet oder ein hoher Abschlag hinzunehmen ist.[41]

In Aktionärbindungsverträgen kann eine von den Beteiligungsverhältnissen abweichende Verteilung des Gewinns vorgesehen werden, aber auch der gänzliche Ausschluss einer Gewinnausschüttung (der Gewinn wird vollumfänglich zu Investitionszwecken in der Aktiengesellschaft belassen), oder – was häufiger ist – gerade im Gegenteil die Zusicherung einer Mindestdividende (unter dem Vorbehalt eines ausschüttbaren Gewinns) bzw. eine feste Relation zwischen Ausschüttung und Reinvestition.[42]

2. Grenzen der Ausschüttungspolitik

Bei Bestimmungen über die Ausschüttung von Dividenden ist in zweifacher Hinsicht zu unterscheiden: einerseits danach, ob die am Aktionärbindungsvertrag beteiligten Aktionäre über **100%** der Aktien verfügen oder ob **Drittaktionäre** vorhanden sind, und andererseits danach, ob die abweichende Gewinnverteilung bereits auf der Ebene der **Aktiengesellschaft** implementiert wird oder bloss auf der vertraglichen Ebene des **Aktionärbindungsvertrages:**

Verfügen die durch einen Aktionärbindungsvertrag verbundenen Aktionäre gemeinsam über **100%** der Aktien, so kann im Rahmen der Generalversammlung eine von Art. 661 OR **abweichende Gewinnverteilung** beschlossen werden, wie sie allenfalls schon als allgemeine Regel im Aktionärbindungsvertrag vorgesehen oder dann durch Beschluss der Versammlung der Vertragsparteien des Bindungsvertrages im Einzelfall festgelegt wird. Durch statutenändernden Beschluss kann selbst die Gewinnstrebigkeit der Aktiengesellschaft aufgehoben werden (Art. 706 Abs. 2 Ziff. 4 OR), da keine Rücksicht auf Minderheiten genommen werden muss.[43]

---

[41] FORSTMOSER in SAG 1975, 107; FORSTMOSER/MEIER-HAYOZ/NOBEL, § 40 N 51; MEIER-HAYOZ/FORSTMOSER, § 16 N 174; BSK-NEUHAUS/BLÄTTLER, OR 660 N 17; BSK-NEUHAUS/BALKANYI, OR 674 N 13 und OR 669 N 41; auch HUGUENIN, Gleichbehandlungsprinzip, 100 f. – Schon gar nicht besteht in der Regel die Möglichkeit, sich durch den regelmässigen Verkauf einzelner Aktien ein konstantes Einkommen zu verschaffen, das an die Stelle einer regelmässigen Dividendenausschüttung treten könnte.

[42] BLOCH, 346 f.; FISCHER, Parteienbestand, 27.

[43] Zu analogen Überlegungen im Zusammenhang mit zu 100% beherrschten Tochtergesellschaften in Konzernen vgl. FORSTMOSER, Haftung, 135 ff.

1382 Verfügen die Vertragsparteien hingegen über eine blosse **Stimmenmehrheit,** so können sie zwar ebenfalls im Rahmen der Generalversammlung eine von Art. 661 OR abweichende Gewinnverteilung vornehmen. Sie müssen aber die **aktienrechtlichen Schranken**[44] beachten. Andernfalls sind die entsprechenden Generalversammlungsbeschlüsse anfechtbar.

1383 Unabhängig von der Grösse der gemeinsamen Beteiligung können die Aktionäre im Rahmen eines Aktionärbindungsvertrages eine **Vereinbarung über die vertragsinterne Verteilung** der von der Aktiengesellschaft an sie ausgeschütteten Dividenden treffen. Eine solche Vereinbarung betrifft allein die Ebene des Aktionärbindungsvertrages und der Ansprüche der beteiligten Aktionäre untereinander. Sie wirkt sich nicht auf die Aktiengesellschaft aus. Insbesondere im Falle *gemeinschaftlichen Eigentums* an den gebundenen Aktien[45] ist eine *Vereinbarung meist unerlässlich,* da sonst die an die einfache Gesellschaft der Vertragsparteien insgesamt ausgeschütteten Dividenden nach der Regel von Art. 533 Abs. 1 OR gleichmässig nach Köpfen aufzuteilen wären.

3. Verankerung der Ausschüttungspolitik im Aktionärbindungsvertrag

1384 Oft wird in einem Aktionärbindungsvertrag festgelegt, dass vom (aufgrund einer *True and Fair View* berechneten) Jahresgewinn ein **bestimmter Prozentsatz ausgeschüttet** und der Rest in der Gesellschaft belassen wird. Nicht operativ tätigen Aktionären wird so – vorbehältlich der zwingenden aktienrechtlichen Bestimmungen zum Kapitalschutz – eine gewisse Rendite zugesichert, während die im Unternehmen aktiv tätigen Aktionäre Planungssicherheit für das Unternehmen erhalten wie auch die Gewissheit, dass keine Anfechtung entsprechender Beschlüsse zu erwarten ist.

1385 Oft wird eine solche Regelung – etwa die Abmachung, dass 50% des Gewinnes auszuschütten und 50% in der Gesellschaft zu belassen sind – verbunden mit der **Möglichkeit einer abweichenden Beschlussfassung** im Einzelfall mit qualifizierter Mehrheit. Diese kann so gewählt werden, dass sowohl die Mehrheit der Investoraktionäre wie auch die Mehrheit der operativ tätigen Aktionäre zustimmen muss, damit das Quorum für Ausschüttungsbeschlüsse, die von der allgemeinen Regel abweichen, erreicht wird. Vielfach wird auch vorgesehen, dass dann, wenn in einem Jahr Ausschüttungen mangels genügenden Gewinns ausfallen, die entsprechenden Leistungen **in späteren Jahren nachzuholen** sind. Schliesslich wird oft ein absoluter Betrag als **Mindestausschüttung** vereinbart, insbesondere der Betrag, den die Aktionäre durchschnittlich (oder bei maximaler Belastung) für die Begleichung der auf den Aktien liegenden Steuerlast benötigen. Mit solchen Regeln kann sicherge-

---

[44] Vgl. vorne N 1378.
[45] Vgl. N 1604 ff.

stellt werden, dass die Aktionäre – und besonders auch die Minderheitsaktionäre – mit einem bestimmten Einkommen aus ihrer Investition rechnen können bzw. – im Falle der Mindestgarantie zur Abdeckung der Steuerforderungen –, dass sie die Investition finanziell zumindest nicht belastet.

> Soweit die Parteien nicht mit einer Mehrheit [von zwei Dritteln] der [gebundenen] Aktienstimmen/mit einer Mehrheit der [gebundenen] Aktienstimmen sowohl der Aktienkategorie A wie auch der Aktienkategorie B etwas anders beschliessen, sind [35%] des [auf der Basis einer *True and Fair View* / einer nach den Regeln der IFRS erstellten Jahresrechnung] ausgewiesenen Jahresgewinns als Dividende an die Aktionäre auszuschütten.

1386

> Als Minimum ist – soweit es die gesetzlichen Bestimmungen erlauben – eine Ausschüttung vorzusehen, die es allen [gebundenen] Aktionären erlaubt, die auf ihren Aktien anfallenden Steuern aus der Ausschüttung zu bezahlen. Ist dies in einem Jahr nicht möglich, sind entsprechende Ausschüttungen in den Folgejahren nachzuholen.

1387

> Ausschüttungen sollen in einer für die [gebundenen] Aktionäre möglichst steuergünstigen Form erfolgen.

1388

In Betracht kommen vielerlei andere Kriterien, so etwa – immer unter dem Vorbehalt der gesetzlichen Ausschüttungsschranken – die Orientierung am Durchschnittsertrag bestimmter Anleihen, verbunden mit einem Risikozuschlag.

1389

4. Einbezug der Aktiengesellschaft und ihrer Organe?

a) *Verpflichtung der Aktiengesellschaft?*

Die Aktiengesellschaft kann gegenüber den Aktionären zwar problemlos diejenigen vertraglichen Verpflichtungen eingehen, die sie auch gegenüber beliebigen Dritten eingehen könnte.[46] Vereinbarungen im Bereich der aktienrechtlichen Mitgliedschaftsrechte sind hingegen heikel.[47] Hier fragt sich insbesondere, ob die Aktiengesellschaft sich selber gegenüber Aktionären (z.B. einem Grossaktionär mit einem erheblichen Minderheitspaket[48]) rechtsverbindlich zur Zahlung von Dividenden in bestimmter Höhe bzw. zu einer bestimmten Ausschüttungspolitik verpflichten kann.

1390

---

[46] Vgl. soeben N 446 f. und 1340 f.
[47] Vgl. N 442 ff.
[48] Wenig Sinn ergibt eine solche Vereinbarung mit einer Aktionärsmehrheit oder gar allen Aktionären, haben es diese doch selbst in der Hand, in der Generalversammlung die erforderlichen Beschlüsse zu fassen (wozu sie sich in einem Aktionärbindungsvertrag gegenseitig verpflichten können [vgl. N 1377 ff.]).

1391 Weil die Beschlussfassung über die Festsetzung der Dividende unübertragbar bei der Generalversammlung (Art. 698 Abs. 2 Ziff. 4 OR) liegt,[49] fehlt es dem Verwaltungsrat und/oder der Geschäftsleitung (bzw. ihren Mitgliedern) u.E. an der notwendigen Vertretungsmacht,[50] um die Aktiengesellschaft entsprechend zu verpflichten. Dies gilt – das sei ergänzend erwähnt – ganz allgemein für alle Kompetenzen, die unübertragbar bei einem anderen Organ der Gesellschaft liegen.

1392 In Bezug auf weitere mitgliedschaftsrechtliche Aspekte, welche nicht in den Bereich der zwingenden Kompetenzordnung fallen, kann hingegen eine Verpflichtung der Aktiengesellschaft gegenüber Aktionären, im Rahmen des in N 442 ff. Skizzierten, möglich sein.

b) Verpflichtung der Organe?

1393 Die Mitglieder des Verwaltungsrates können sich (immer als Einzelpersonen, nicht als Gremium[51]) im Rahmen dessen, was auch im Allgemeinen als zulässig erachtet wird,[52] vertraglich zu einem bestimmten Verhalten und mithin auch zur Unterstützung einer bestimmten Ausschüttungspolitik verpflichten. Das Ermessen des Verwaltungsrates bzw. seiner Mitglieder ist in diesem Bereich gerade auch deshalb gross, weil dem Verwaltungsrat letztlich nur ein Vorschlagsrecht zukommt und der eigentliche Beschluss über die Festsetzung der Dividende bei der Generalversammlung (und damit bei den Aktionären selbst) liegt (Art. 698 Abs. 2 Ziff. 4 OR). Immerhin muss aber auch hinsichtlich der Anträge zur Gewinnverwendung die Sorgfaltspflicht gemäss Art. 717 Abs. 1 OR beachtet werden.[53] Das heisst etwa, dass dann, wenn gebundene Mitglieder des Verwaltungsrats zum Schluss kommen, die zugesagte Ausschüttungspolitik widerspreche den Interessen der Aktiengesellschaft, sie diesen Interessen den Vorrang zu geben und ihre Anträge entsprechend zu formulieren und zu begründen haben.[54]

c) Gegenseitige Verpflichtung der Aktionäre untereinander

1394 Aus dem vorangehend Ausgeführten ergibt sich, dass in Bezug auf die Festlegung der Ausschüttungspolitik eine wirkungsvolle Regelung letztlich **nur durch eine**

---

[49] Wobei diese die gesetzlichen Schranken der Gewinnausschüttung (insbesondere die Vorschriften zur Reservebildung) zu beachten hat (vgl. N 1378).

[50] Zur Vertretungsmacht im Allgemeinen BÖCKLI, Aktienrecht, § 13 N 497 ff.; FORSTMOSER/MEIER-HAYOZ/NOBEL, § 21 N 3 ff.

[51] Vgl. N 400 ff.

[52] Vgl. N 372 ff.

[53] Es gelten die gleichen Regeln wie für treuhänderisch tätige Organpersonen (vgl. dazu N 177 und 381 ff.).

[54] S. sogleich auch N 1395.

gegenseitige Verpflichtung der Aktionäre untereinander (mit oder ohne Einbezug von Organmitgliedern) möglich ist.

Auch ohne rechtlichen Einbezug von Organmitgliedern steht es den Parteien eines Aktionärbindungsvertrages natürlich offen, den Verwaltungsrat informell über die auf Aktionärsebene vereinbarte Ausschüttungspolitik zu informieren. Damit wird dem Verwaltungsrat erspart, in der Generalversammlung mit seinen Anträgen desavouiert zu werden. Kommt er zum Schluss, dass die ins Auge gefassten Ausschüttungen dem Interesse der Gesellschaft zuwider laufen oder dass sie gar nicht gesetzeskonform sind (z.B. wegen Verletzung der Reservebildungspflicht), muss er sich freilich in der Generalversammlung für die Gesellschaftsinteressen bzw. die Einhaltung der rechtlichen Vorschriften einsetzen, im Minimum durch eine Offenlegung der Interessenlage.

B. Andere finanzielle Leistungen

Für andere finanzielle Leistungen der Aktiengesellschaft an ihre Aktionäre oder Organpersonen (z.B. Bauzinse, Tantiemen oder besondere Vorteile) gilt das Gleiche wie für die Ausschüttung von Dividenden (vgl. N 1377 ff.).

Oft wird versucht, den Aktionären geldwerte Leistungen in einer **steuerlich optimierten Form** zukommen zu lassen. Gelegentlich wird dies – als Wink mit dem Zaunpfahl – auch in Aktionärbindungsverträgen explizit erwähnt.

Steuerrechtlich besteht das Risiko, dass solche Leistungen als **verdeckte Gewinnausschüttungen** qualifiziert und besteuert werden.[55] Aktienrechtlich besteht die Gefahr einer **Rückforderung** als unangemessene Leistung,[56] allenfalls auch die einer **persönlichen Verantwortlichkeit**.[57]

C. Liquidationsanteil

Der Aktionär hat ein Recht auf einen verhältnismässigen Anteil am Ergebnis der Liquidation der Aktiengesellschaft (Art. 660 Abs. 2 und Art. 745 OR). Anders als für die Ausschüttung einer Dividende, die durch die Thesaurierung von Gewinnen stark eingeschränkt werden kann,[58] gibt es für die Zuweisung des Liquidationsüberschusses kein Ermessen (vgl. Art. 745 Abs. 1 OR), weshalb eine Einbindung von Organpersonen kaum Sinn ergeben bzw. nicht erforderlich sein dürfte.[59] Selbstver-

---

[55] Vgl. N 1360 ff.
[56] Vgl. N 1358 f.
[57] Zum Verhältnis der Rückerstattungsklage gemäss Art. 678 OR zur Verantwortlichkeitsklage (Art. 754 ff. OR) vgl. BGer-Urteil 4A_138/2014 vom 16. Oktober 2014, E. 3.2.
[58] Vgl. N 1378.
[59] Für den Konkursfall wäre sie ohnehin unwirksam.

ständlich bleibt es aber den Aktionären unbenommen, unter sich eine von der gesetzlichen Ordnung abweichende Verteilung des Liquidationsüberschusses vorzusehen – durch entsprechende statutarische Regeln[60] oder auch in einer Vereinbarung untereinander.

D. Ausgabe neuer Aktien (Kapitalerhöhung)

1. Entscheid über die Ausgabe neuer Aktien

1400 Die Generalversammlung ist frei, eine Kapitalerhöhung zu beschliessen (Art. 650 Abs. 1 OR). Vorbehalten bleibt das Verbot des Rechtsmissbrauchs.[61]

1401 Die Aktionäre sind gegen die Verwässerung ihrer Beteiligung dadurch geschützt, dass ihnen ein **Bezugsrecht** zusteht (Art. 652b Abs. 1 OR). Damit ist freilich denjenigen Aktionären nicht gedient, die sich aufgrund ihrer persönlichen Vermögenssituation nicht an der Erhöhung beteiligen können oder wollen: Mit einem Verzicht auf die Ausübung von Bezugsrechten verlieren sie in jedem Fall an Stimmkraft. Falls die neuen Aktien zu einem Ausgabepreis unter dem inneren Wert der bisherigen Aktien ausgegeben werden, erleiden sie zudem eine vermögensmässige Verwässerung. Unter dem Gesichtspunkt des Rechtsmissbrauchs ist aber auch ein solcher Erhöhungsbeschluss, sofern er im Lichte des Gesellschaftsinteresses vertretbar ist – nicht zu beanstanden. Immerhin ist in Bezug auf die konkrete Ausgestaltung jeweils das Gebot der schonenden Rechtsausübung zu beachten.[62]

1402 Auf körperschaftsrechtlicher Ebene lässt sich ein Schutz von Minderheitsaktionären gegen eine sie benachteiligende Kapitalerhöhung durch eine statutarische **Anhebung des Quorums** für die Beschlussfassung erreichen. Differenzierter kann die Regelung in einem Aktionärbindungsvertrag sein: So kann auf der Ebene des Bindungsvertrages neben einem allgemeinen erhöhten Beschlussquorum auch vorgesehen werden, dass sowohl die im Unternehmen aktiv tätigen wie auch die bloss

---

[60] Deren nachträgliche Einführung wäre aber nach Art. 706 Abs. 2 Ziff. 3 OR anfechtbar, falls nicht alle Aktionäre zustimmen. Ob es zulässig wäre, durch die Statuten die Verteilung des Liquidationsüberschusses dem Ermessen des Verwaltungsrates anheim zu stellen (womit dieser dann allenfalls die in einem Bindungsvertrag vorgesehene Regelung berücksichtigen könnte), ist aufgrund der unentziehbaren Kompetenzen der Generalversammlung zum Entscheid über die Verwendung des Bilanzgewinns und zur Beschlussfassung über die Statuten zumindest fraglich.

[61] Missbräuchlich kann ein Erhöhungsbeschluss sein, wenn eine Aktiengesellschaft offensichtlich für neues Kapital keine sinnvolle Verwendung hat.

[62] VON DER CRONE, Aktienrecht, § 10 N 92; FORSTMOSER/MEIER-HAYOZ/NOBEL § 39 N 95 ff., m.w.H.

finanziell beteiligten Aktionäre mehrheitlich zustimmen müssen.[63] Wiederum ist eine Ergänzung denkbar, wonach vom im Bindungsvertrag verankerten Grundsatz abgewichen werden kann, wenn eine qualifizierte Mehrheit dies beschliesst,[64] oder dass Kapitalerhöhungen nur für bestimmte Zwecke (z.B. zum Zwecke des Erhalts einer minimalen Eigenkapitalquote, nicht aber für Akquisitionen) erfolgen sollen.[65]

2. Festlegen des Ausgabepreises

Auch über die **Ausgabebedingungen** für neue Aktien können Aktionärbindungsverträge Regelungen enthalten. Häufig ist insbesondere die Festlegung des Ausgabepreises.

> Neue Aktien gibt die [Aktiengesellschaft] zum [nach einer bestimmten Formel errechneten] inneren Wert der bisherigen Aktien [abzüglich 10%] heraus, soweit nicht mit einer Mehrheit [von zwei Dritteln] der [gebundenen] Aktienstimmen etwas anderes bestimmt wird.

Seltener – aber im konkreten Fall für eine individuelle und den Interessen der einzelnen Aktionäre angepasste Regelung sinnvoll – können differenzierte Bestimmungen sein – etwa hinsichtlich der Ausgabe unterschiedlicher (oder unterschiedlich zu liberierender) Aktien und allenfalls der (Vor-)Finanzierung des Kaufpreises, die es einzelnen Aktionären erlauben soll, an der Kapitalerhöhung mitzuwirken und so ihre Beteiligungsquote zu erhalten.[66]

Was den Einbezug der Aktiengesellschaft und/oder von Mitgliedern des Verwaltungsrates betrifft, kann auf die Ausführungen im Zusammenhang mit der Ausschüttungspolitik verwiesen werden (N 1390 ff.).

3. Entzug des Bezugsrechts

Gibt die Aktiengesellschaft neue Aktien aus, hat jeder Aktionär das Recht zum Bezug im Verhältnis seiner bisherigen Beteiligung (Art. 652b Abs. 1 OR). Allerdings kann dieses Bezugsrecht zusammen mit dem Beschluss über die Kapitalerhö-

---

[63] Vgl. N 1019 ff. – Eine solche Regelung kann auch in den Statuten umgesetzt werden, dadurch, dass für die Unternehmer- und die Investoraktionäre unterschiedliche Aktienkategorien geschaffen werden und für entsprechende Beschlüsse die Zustimmung einer Mehrheit beider Kategorien verlangt wird.

[64] Vgl. N 1028 f.

[65] Das Pendant sind bindungsvertragliche Regeln, wonach sich die gebundenen Aktionäre verpflichten, unter bestimmten Voraussetzungen einer Kapitalerhöhung zuzustimmen (dazu N 1427 ff.).

[66] Ausgeschlossen ist jedoch eine Vorfinanzierung durch die Aktiengesellschaft, da dies einer Umgehung der Liberierungspflicht bzw. einer Scheinliberierung gleichkäme.

hung aus wichtigen Gründen – und unter Beachtung des (Mindest-)Quorums von Art. 704 Abs. 1 OR – aufgehoben werden, wobei auch dann, wenn ein wichtiger Grund für den Entzug des Bezugsrechts gegeben ist, kein Aktionär «in unsachlicher Weise begünstigt oder benachteiligt werden» darf (Art. 652b Abs. 2 OR).[67]

1408 Auf der Ebene des Aktionärbindungsvertrages sind solche Einschränkungen irrelevant. Hier können die Parteien – abweichend von Gesetz und Statuten – vereinbaren, unter welchen Umständen sie einem Entzug des Bezugsrechts zustimmen oder welche Umstände sie als wichtig erachten, auch dann, wenn die Voraussetzungen von Art. 652b Abs. 2 OR nicht erfüllt sind. Sie sind dann verpflichtet, ihre Stimme in der Generalversammlung entsprechend abzugeben und auf eine Anfechtung des Beschlusses zu verzichten.[68] Möglich ist auch, dass sich die Vertragsparteien oder einzelne von ihnen bindungsvertraglich verpflichten, auf die Ausübung des Bezugsrechts zu verzichten.

1409 Neben den im Gesetz aufgeführten Tatbeständen[69] finden sich solche Regelungen häufig im Zusammenhang mit der Unternehmensfinanzierung (z.B. im Hinblick auf die schrittweise Finanzierung eines Startup-Unternehmens durch Investoren mittels Übernahme von Eigenkapital).

4. Hinweis betreffend die Veräusserung eigener Aktien

1410 Erinnert sei daran, dass auch bei der Veräusserung eigener Aktien durch die Aktiengesellschaft das Gleichbehandlungsprinzip zu wahren ist.[70] Zudem folgt aus der Ähnlichkeit mit einer Neuausgabe von Aktien, dass den Aktionären an den zum Verkauf angebotenen Aktien ein Erwerbsrecht (analog einem Bezugsrecht nach Art. 652b Abs. 1 OR) zusteht.[71] Zwar handelt es sich um eine schuldrechtliche Transaktion, wie sie auch mit Dritten vollzogen werden könnte. Doch ergeben sich Auswirkungen auf die körperschaftsrechtliche Ebene, weshalb das Gleichbehandlungsgebot auf solche Verträge ausstrahlt.[72] In Aktionärbindungsverträgen kann – für die beteiligten Aktionäre – selbstverständlich eine andere Ordnung getroffen werden.

---

[67] Dazu statt aller BÖCKLI, Aktienrecht, § 2 N 273 ff.; VON DER CRONE, Aktienrecht, § 10 N 93 ff.

[68] Falls nicht alle Aktionäre Partei des Bindungsvertrages sind, kann eine allfällige Anfechtung durch nicht dem Bindungsvertrag angehörende Drittaktionäre freilich nicht verhindert werden.

[69] Art. 652b Abs. 2 OR. Im Aktionärbindungsvertrag können die gesetzlichen Gründe für den Entzug des Bezugsrechts allenfalls konkretisiert oder abgeändert werden.

[70] Vgl. N 1365.

[71] Vgl. dazu eher kritisch BÖCKLI, Aktienrecht, § 4 N 300 ff. sowie FORSTMOSER/MEIER-HAYOZ/NOBEL § 39 N 50.

[72] Vgl. N 1363 ff.

E. Aktienrückkauf und Kapitalherabsetzung

Auch Aktienrückkäufe und Kapitalherabsetzungen können in Aktionärbindungsverträgen geregelt werden. Während für die Kapitalherabsetzung ebenfalls ein Beschluss der Generalversammlung notwendig ist und deshalb auf die zur Kapitalerhöhung gemachten Ausführungen zu verweisen ist,[73] stehen Aktienrückkäufe – unter Beachtung der Voraussetzungen von Art. 659 f. OR – im Ermessen des Verwaltungsrates.[74]

1411

Die *Aktiengesellschaft* kann sich gegenüber Aktionären vertraglich zu einem *Erwerb eigener Aktien* verpflichten.[75] Ebenso können sich die Mitglieder des Verwaltungsrates gegenüber (anderen) Aktionären verpflichten, in der Aktiengesellschaft entsprechend aktiv zu werden. Die Grenzen den Handelns des Verwaltungsrates liegen auch diesbezüglich in der Sorgfalts- und Treuepflicht gegenüber der Aktiengesellschaft und im Gebot der Gleichbehandlung aller Aktionäre (Art. 717 OR).[76]

1412

F. Gehälter für Organtätigkeit

Während die (in der Praxis kaum vorkommenden) Tantiemen für Mitglieder des Verwaltungsrats – als Teil der Gewinnausschüttung[77] – von der Generalversammlung zu beschliessen sind, beruhen andere Vergütungen auf schuldvertraglicher Basis (zwischen der Aktiengesellschaft und dem einzelnen Mitglied des Verwaltungsrates).[78]

1413

Sind alle Aktionäre oder ist zumindest eine Aktionärsmehrheit in einem Aktionärbindungsvertrag zusammengeschlossen, enthält dieser häufig auch Bestimmungen über die *Vergütungen der Mitglieder des Verwaltungsrats,* weil sich diese dann meist aus dem Kreis der gebundenen Aktionäre rekrutieren oder sie zumindest durch diese ausgewählt werden. Die **Kompetenz** zur Festlegung der Vergütungen liegt bei

1414

---

[73] Vgl. N 1400 ff.

[74] Sollen die von der Gesellschaft erworbenen Aktien anschliessend vernichtet werden – was sich bei nicht kotierten Gesellschaften freilich aus steuerlichen Gründen nicht empfiehlt –, braucht es jedoch einen Generalversammlungsbeschluss (Art. 732 OR).

[75] SANWALD, 203. – Zu beachten hat sie aber die Schranken von Art. 659 OR, es sei denn, die unmittelbare Weitergabe und die Finanzierung durch Aktionäre oder Dritte stünden fest (vgl. N 1225).

[76] Es gelten die allgemeinen Regeln über die Zulässigkeit und Schranken für Verpflichtungen von Organpersonen (dazu N 372 ff.), sodann auch die Einschränkungen, die sich für vertragsrechtliche Beziehungen ergeben, falls diese einen Konnex zur Mitgliedschaft oder eine Auswirkung auf diese haben (dazu N 1363 ff.).

[77] Dazu N 1377 ff.; MEIER-HAYOZ/FORSTMOSER, § 16 N 474.

[78] BÖCKLI, Aktienrecht, § 13 N 237 ff.; VON DER CRONE, Aktienrecht, § 4 N 284 ff.

Gesellschaften, deren Aktien nicht kotiert sind,[79] in der Regel beim **Verwaltungsrat**,[80] sodass eine Einbindung von Mitgliedern des Verwaltungsrats sinnvoll sein kann.

1415 Einschlägige Bestimmungen in Aktionärbindungsverträgen sind meist eher programmatisch gehalten, während die Einzelfragen im jeweiligen Vertrag zwischen Aktiengesellschaft und Verwaltungsratsmitglied geregelt werden.

1416 > Soweit eine Vertragspartei bei der [Aktiengesellschaft] als Organ tätig ist, soll sie für diese Tätigkeit angemessen [marktüblich] entschädigt werden/so entschädigt werden, wie eine vergleichbare Tätigkeit in einem Drittunternehmen entschädigt würde.

1417 Sind Aktionäre auch auf der Stufe der *Geschäftsleitung* (oder in anderen Funktionen) in der Gesellschaft aktiv, können für deren Gehälter entsprechende Abmachungen getroffen werden.

V. Sach- und Dienstleistungen der Aktiengesellschaft an die Aktionäre

1418 Für **Sach- und Dienstleistungen,** welche die Aktiengesellschaft ihren Aktionären entgeltlich erbringt (aufgrund von Aufträgen, Lizenz-, Franchising-, Alleinvertriebs-, Kauf- oder Werkverträgen etc.),[81] enthalten Aktionärbindungsverträge oft allgemeine Grundsätze, während für die Einzelheiten auf die von der Gesellschaft abzuschliessenden Verträge verwiesen wird. Die konkrete Ausgestaltung richtet sich nach den für die jeweilige Vertragsart anwendbaren und sinnvollen Bestimmungen.

1419 Statt einer strikten Anweisung, bestimmte Verträge ausschliesslich mit Aktionären einzugehen, findet sich überwiegend lediglich die Auflage, dass die Aktiengesellschaft Vertragsangebote zuerst (oder zumindest auch) an die Parteien des Aktionärbindungsvertrages zu richten bzw. dass sie diese zuerst (oder zumindest auch) zur Offertstellung einzuladen habe, sowie, dass den Vertragsparteien der Vorzug zu geben sei, falls sie gleiche Bedingungen zu offerieren oder zu akzeptieren bereit sind wie Dritte *(Right of First Refusal).* Oft wird auch der Grundsatz stipuliert, dass Verträge mit Aktionären zu Markt- oder Drittbedingungen abzuschliessen sind *(Arm's Length Principle).*

---

[79] Bei Aktiengesellschaften mit börsenkotierten Aktien ist die Kompetenz des Verwaltungsrates durch Art. 18 f. VegüV (bzw. Art. 735 f. VE-OR) eingeschränkt.

[80] Denkbar – in der Praxis aber u.W. nicht vorkommend – wäre hinsichtlich des Verwaltungsrats (nicht aber der Geschäftsleitung) auch eine Vergütungskompetenz der Generalversammlung, MEIER-HAYOZ/FORSTMOSER, § 16 N 475.

[81] Dazu auch N 446 f.

§ 31 Leistungen der Vertragsparteien

In diesem Paragraphen werden spezifisch Leistungen angesprochen, welche Aktionäre (bzw. die Vertragsparteien von Aktionärbindungsverträgen) der Gesellschaft gegenüber erbringen. Zum umgekehrten Fall von Leistungsverpflichtungen der Aktiengesellschaft gegenüber ihren Aktionären und zu den Vertragsbeziehungen zwischen Aktiengesellschaft und Aktionären allgemein sei auf § 30 (N 1339 ff.) verwiesen. Sodann ist daran zu erinnern, dass oft **synallagmatische Beziehungen** vorliegen (so bei den nachstehend erwähnten Liefer- und Abnahmepflichten [N 1439 f.] und bei Verträgen auf Arbeitsleistung [N 1441 f.]).

1420

I. Erfordernis bindungsvertraglicher Regelungen

Für den Betrieb und die Weiterentwicklung einer Aktiengesellschaft sind künftige Mittelzuflüsse sowie Sach- und Dienstleistungen notwendig. Zu solchen Leistungen können die Aktionäre aber aktienrechtlich nicht verpflichtet werden, untersagt doch Art. 680 Abs. 1 OR jede Art von Verpflichtungen ausser diejenige zur Liberierung. Die **Ergänzung** der körperschaftsrechtlichen Regelung **durch Vertrag** drängt sich daher auf.

1421

Ein Aktionärbindungsvertrag bietet den Aktionären die Möglichkeit, sich (gegenseitig) bereits im Voraus zu entsprechenden Leistungen zu verpflichten (vgl. allgemein Ziff. II [N 1423 ff.]). In Betracht kommen dabei vor allem die Verpflichtung, sich an künftigen Kapitalerhöhungen zu beteiligen (Ziff. III [N 1427 ff.]), aber auch die Verpflichtung zur Darlehensgewährung, zu Nachschüssen oder Zuzahlungen (Ziff. IV [N 1434 ff.]), Schuldübernahmen oder die Gewährung von Garantien und Bürgschaften (Ziff. V [N 1437 f.]) sowie schliesslich die Verpflichtung zu Sach- und Arbeitsleistungen aller Art (Ziff. VI bzw. VII [N 1439 f. bzw. 1441 ff.]).

1422

II. Verpflichtungen der Aktionäre zugunsten der Aktiengesellschaft im Allgemeinen

A. Echter oder unechter Vertrag zugunsten einer Dritten

Verpflichten sich die Aktionäre gegenseitig zu Leistungen an die Aktiengesellschaft, liegt ein Vertrag zugunsten eines Dritten vor (Art. 112 OR).[1] Dabei ist zu unter-

1423

---

[1] MARTIN, 261.

scheiden: Soll die Aktiengesellschaft als begünstigte Dritte den oder die Verpflichteten aus eigenem Recht zur Erfüllung anhalten können, handelt es sich um einen **echten Vertrag zugunsten einer Dritten** (Art. 112 Abs. 2 OR); zwar haben auch die übrigen Vertragsparteien diesfalls ein eigenes Forderungsrecht, doch können sie, nachdem die Aktiengesellschaft erklärt hat, «von [ihrem] Recht Gebrauch zu machen» (Art. 112 Abs. 3 OR),[2] nurmehr auf Leistung an die Aktiengesellschaft klagen. Ist die Aktiengesellschaft lediglich ermächtigt, die Leistung in Empfang zu nehmen, ohne dass ihr ein eigenes Forderungsrecht zukommen soll, liegt ein **unechter Vertrag zugunsten einer Dritten** vor.[3] In beiden Fällen ist der Einbezug der Aktiengesellschaft letztlich eine Reflexwirkung der Vereinbarung unter den beteiligten Aktionären.

1424 Ob ein echter oder ein unechter Vertrag zugunsten Dritter vorliegt, bestimmt sich nach dem Willen der Parteien und ergibt sich entweder explizit aus der Vereinbarung selbst, aus einer stillschweigenden Übereinkunft oder einer entsprechenden Übung;[4] es ist von Vorteil, wenn aus den entsprechenden Klauseln klar hervorgeht, ob der Aktiengesellschaft ein eigenes Forderungsrecht eingeräumt werden soll oder nicht.

B. Vertragsinhalt

1425 Ein Vertrag zugunsten Dritter kann einen beliebigen Inhalt aufweisen, und die meisten Klauseln in Aktionärbindungsverträgen, welche die Parteien zu Leistungen an die Aktiengesellschaft verpflichten, können als Verträge zugunsten Dritter ausgestaltet werden.[5] Eine **bedeutsame Einschränkung** ergibt sich allerdings aus der Tatsache, dass durch einen Vertrag zugunsten Dritter nur Leistungen an die Aktiengesellschaft versprochen werden können, **nicht** aber allfällige, diesen Leistungen

---

[2] Vorher kann der Promittent die Verpflichtung zur Leistung an den Dritten widerrufen oder auch Leistung an sich selbst verlangen. Ist jedoch klar, dass der Promissar den Vertrag nur geschlossen hat, damit der Promittent an den Dritten leiste, ist eine Erfüllungsklage auf Leistung an den Promissar ausgeschlossen. Dies dürfte bei Aktionärbindungsverträgen meist der Fall sein. – BUCHER, Obligationenrecht, 481; GAUCH/SCHLUEP/EMMENEGGER, N 3887 ff.; SCHWENZER, N 86.19 ff.

[3] GAUCH/SCHLUEP/EMMENEGGER, N 3884 ff.; SCHWENZER, N 86.06 ff.

[4] BUCHER, Obligationenrecht, 476 f.; GAUCH/SCHLUEP/EMMENEGGER, N 3890 f.; SCHWENZER, N 86.06 ff. – Das Bundesgericht hat im Urteil 4C.5/2003 vom 11. März 2003 ein Konkurrenzverbot in einem Aktionärbindungsvertrag ausdrücklich als echten Vertrag zugunsten Dritter qualifiziert (E. 2.1.1).

[5] Zu möglichen Inhalten von Verträgen zugunsten Dritter: BUCHER, Obligationenrecht, 478; BSK-GONZENBACH/ZELLWEGER-GUTKNECHT, OR 112 N 12; VON TUHR/ESCHER, 238.

gegenüberstehende **Gegenleistungen der Aktiengesellschaft**.[6] Austauschverträge der Aktionäre mit der Aktiengesellschaft können daher auf diesem Weg nicht konstituiert werden.[7]

C. Vertragserfüllung

Die Aktiengesellschaft muss, unabhängig davon, ob ein echter oder ein unechter Vertrag zugunsten einer Dritten vorliegt, die angebotene Leistung nicht annehmen (wenn dies z.B. den Gesellschaftsinteressen widerspricht); es besteht für den aus dem Vertrag berechtigten Dritten keine solche Pflicht.[8] Für den Verpflichteten wird es in diesem Fall (unverschuldet) unmöglich, die vertragliche Leistung zu erbringen, und er wird von seiner Leistungspflicht befreit (Art. 119 Abs. 1 OR).[9] Umgekehrt stehen beim echten Vertrag zugunsten Dritter der begünstigten Aktiengesellschaft alle Möglichkeiten offen, die sich aus einer Gläubigerstellung ergeben.[10]

1426

III. Verpflichtung zur Zeichnung oder zum Kauf von Aktien

A. Pflicht zur Zeichnung von Aktien bzw. zur Zustimmung zu einer Kapitalerhöhung

Der Aktionärbindungsvertrag kann vorsehen, dass die Parteien bei einer bestimmten oder jeder künftigen Kapitalerhöhung Aktien zeichnen müssen. Es kann vereinbart werden, wann eine Kapitalerhöhung vorgenommen werden soll oder unter welchen Voraussetzungen eine solche zu beschliessen ist (z.B. für den Fall einer Übernahme oder eines unternehmerischen Ausbauschrittes). Im Falle einer Kapitalerhöhung reicht es (sofern der *Status quo* weitergeführt werden soll) aus, wenn festgehalten wird, dass das **Bezugsrecht** in jedem Fall **ausgeübt werden muss,** was dazu führt, dass nach gesetzlicher Vorschrift Aktien im Verhältnis zum bisherigen Aktienbesitz zu zeichnen sind (Art. 652b Abs. 1 OR).[11] Eine weiter gehende Rege-

1427

---

[6] Zu den Leistungen der Aktiengesellschaft vgl. N 1339 ff.
[7] Es sei denn, die Aktiengesellschaft sei als Vertragspartei eingebunden.
[8] SCHWENZER, N 86.19.
[9] BUCHER, Obligationenrecht, 481 f.; BSK-GONZENBACH/ZELLWEGER-GUTKNECHT, OR 112 N 17.
[10] Verzug, Klage auf Erfüllung, Schadenersatz wegen Nichterfüllung (Art. 97 ff. OR). – BUCHER, Obligationenrecht, 480 BSK-GONZENBACH/ZELLWEGER-GUTKNECHT, OR 112 N 15; SCHWENZER, N 86.19 ff.
[11] BLOCH, 338 f. – Immerhin muss bei einer solchen Regelung zumindest der künftige Bezugspreis bestimmbar sein, vgl. sogleich N 1429.

lung kann die Voraussetzungen, den Zeitpunkt, die Höhe, die Grundsätze der Ausgabe neuer Aktien und allenfalls die Art der betreffenden Beschlussfassung umfassen.

1428 Für einzelne der am Aktionärbindungsvertrag beteiligten Aktionäre kann eine allgemeine Verpflichtung, bei allen künftigen Kapitalerhöhungen mitzuziehen, eine zu weitreichende und zu ungewisse finanzielle Verpflichtung sein. Für solche Fälle kann der Vertrag auch eine abgeschwächte Regelung vorsehen, wonach nur ein **Recht** (nicht aber eine Pflicht) besteht, bei Kapitalerhöhungen mitzuziehen. Dies kommt unter den Vertragsparteien einer Verstärkung des Bezugsrechts gleich. Allenfalls sind auch die Konsequenzen des Verzichts einer Partei zu regeln (z.B. eine Herabsetzung der vertragsinternen Stimmkraft). Mit einer **Pflicht** verbunden werden kann diese Regelung dadurch, dass sich die Parteien verpflichten, für eine entsprechende Kapitalerhöhung zu stimmen, auch wenn sie bei dieser nicht mitwirken können oder wollen.

1429 Im Aktionärbindungsvertrag geregelt werden können auch die **Bedingungen,** zu welchen neue Aktien ausgegeben werden sollen. So kann vereinbart sein, dass die Liberierung zum inneren Wert der bestehenden Aktien vorzusehen ist, womit Aktionäre, welche ihr Bezugsrecht nicht ausüben können oder wollen, zwar nicht stimmen-, aber immerhin vermögensmässig vor einer Verwässerung geschützt sind. Es kann aber auch vereinbart werden, dass die Liberierung zu einem tieferen als dem inneren Wert der bestehenden Aktien erfolgen soll, womit sich die Parteien verpflichten, einer Kapitalerhöhung zuzustimmen, obwohl dies für sie wegen des Verwässerungseffekts finanziell nachteilig ist. Eine präzise Umschreibung empfiehlt sich, damit die Vertragsparteien ihre mögliche Verpflichtung abschätzen können; unabdingbar ist dies, wenn die Vertragsparteien verpflichtet sind, bei künftigen Kapitalerhöhungen mitzuziehen, da sonst die Verpflichtung zu unbestimmt bleibt und daher unverbindlich ist. Es genügen aber Bestimmbarkeit und eine relativ allgemeine Formulierung (z.B. Ausgabe zum Nennwert oder zum inneren Wert abzüglich 10%). Wie bei anderen Regelungen kann die Möglichkeit von Abweichungen vorgesehen werden unter der Bedingung, dass eine qualifizierte Mehrheit zustimmt.[12]

1430 **Keinen Einfluss** hat die vertragliche Regelung auf das Bezugsrecht auf **aktienrechtlicher Ebene.** Selbst wenn alle oder eine Mehrheit der Aktionäre Partei des Aktionärbindungsvertrages sind, könnte ein Aktionär in der Generalversammlung gegen die Aufhebung des Bezugsrechts stimmen und den entsprechenden Beschluss gegebenenfalls wegen eines fehlenden wichtigen Grundes (Art. 652b Abs. 2 OR) anfechten. Auf bindungsvertraglicher Ebene könnte allerdings die Einhaltung allen-

---

[12] Vgl. dazu etwa N 1028 f.

falls gerichtlich erzwungen werden[13] und würde der sich vertragswidrig verhaltende Aktionär allenfalls schadenersatzpflichtig oder riskierte er den Verfall einer Konventionalstrafe.[14]

Es kann auch die **Gründung einer neuen Aktiengesellschaft** vereinbart werden, deren Aktien wiederum von den Vertragsparteien zu zeichnen sind, wobei festzulegen ist, welche Partei wie viele Aktien der neuen Gesellschaft zeichnen darf oder muss (z.B. im Hinblick auf die Gründung einer Joint-Venture-Gesellschaft). Oft werden Aktionärbindungsverträge auch bereits im **Vorfeld der Gründung** abgeschlossen, wobei dann im Vertrag auch die Gründungsphase – mit den entsprechenden Verpflichtungen zur Zeichnung und Liberierung – geregelt werden kann.

B. Pflicht zum Kauf von Aktien

Neben der Kapitalerhöhung oder der Gründung einer (neuen) Gesellschaft kann der Aktionärbindungsvertrag auch den Kauf und die Aufteilung von Aktien durch die Vertragsparteien regeln, seien es eigene Aktien im Sinne von Art. 659 OR oder im Rahmen einer *Escape Clause* (Art. 685b Abs. 1 OR) von Dritten zu erwerbende Aktien. Wie bei der Kapitalerhöhung kann der Vertrag aber auch Verpflichtungen zum Erwerb von Aktien einer anderen Aktiengesellschaft aufstellen (z.B. für den Fall einer Übernahme).

C. Erwerbs- und Veräusserungsbeschränkungen

Zu den einen Aktienerwerb betreffenden Vereinbarungen gehören in einem weiteren Sinne sodann Erwerbs- und Veräusserungsbeschränkungen, wie sie in Stillhalte- oder *Lock-up*-Vereinbarungen vorgesehen sind.[15]

IV. Darlehensgewährung, Nachschuss- und Zuzahlungspflichten

Der Aktionärbindungsvertrag kann die Aktionäre auch verpflichten, der Aktiengesellschaft Darlehen zu gewähren, also **Fremdkapital** zur Verfügung zu stellen. Ebenso möglich sind Nachschuss- und Zuzahlungspflichten als Geldleistungen an das **Eigenkapital** der Gesellschaft, welche über die Einzahlung des Ausgabebetrags der Aktien (die Liberierung) hinausgehen.[16] Solche Engagements werden häufig in Aktionärbindungsverträgen vereinbart, welche hauptsächlich die Finanzierung der

---

[13] Dazu N 2030 ff.
[14] Dazu N 2080 ff.
[15] HARTMANN/SINGER, 549. – Vgl. N 425 und 1705 ff.
[16] BLOCH, 258 ff.; VON DER CRONE, Aktienrecht, § 11 N 5 und 19.

Aktiengesellschaft zum Gegenstand bzw. Ziel haben – im Zusammenhang mit deren Sanierung, mit einer Übernahme oder Investition oder aus einem anderen Grund, der Kapital erfordert. Je nach Funktion sind solche Nachschüsse oder Zuzahlungen rechtlich entweder als Darlehen (zur Erhöhung der Liquidität) oder als Schenkungen (*à fonds perdu*-Beiträge, insbesondere zur Sanierung) ausgestaltet, soll also dadurch die künftige Erhöhung des Fremd- oder des Eigenkapitals sichergestellt werden.[17]

1435 Aus der Regelung im Rahmen des Aktionärbindungsvertrages sollte auch bei solchen Verpflichtungen klar hervorgehen, ob die Parteien mit ihrer Vereinbarung einen eigenen Anspruch der Aktiengesellschaft anstreben (Vertrag zugunsten Dritter)[18] oder erst die gegenseitige Verpflichtung (allenfalls im Sinne eines Vorvertrages zugunsten der Aktiengesellschaft),[19] unter bestimmten Bedingungen einen entsprechenden Vertrag mit der Aktiengesellschaft abzuschliessen.

1436 Falls es sich nicht um blosse Absichtserklärungen ohne rechtliche Bindung[20] handelt, sind im Aktionärbindungsvertrag die *Eckwerte* festzuhalten wie die Höhe der Beiträge, die Häufigkeit der Leistung (einmalig oder mehrfach) sowie deren Zeitpunkt (z.B. aufgrund erreichter Ziele, *milestones*) und die Aufteilung auf die beteiligten Aktionäre bzw. Vertragsparteien. Bei Darlehen sind sodann auch die Modalitäten der Rückzahlung sowie die Verzinsung anzusprechen.

V. Schuldübernahme, Garantie und Bürgschaft

1437 Statt zu direkten Geldleistungen können sich die Aktionäre dazu verpflichten, für die Schulden der Gesellschaft persönlich einzustehen.[21] Dies kann geschehen durch:

- **Schuld(mit)übernahme** (Art. 175 ff. OR);[22]
- **Garantieerklärung** (Art. 111 OR);[23] oder
- **Bürgschaft** (Art. 492 ff. OR).[24]

1438 Wie die Nachschuss- oder Zuzahlungspflichten, so ist auch die Übernahme einer persönlichen Haftung für Gesellschaftsschulden im Vertrag meist nur generell vor-

---

[17] BLOCH, 260.
[18] Vgl. N 1423 f.
[19] Vgl. N 1374.
[20] Vgl. N 14.
[21] VON DER CRONE, Aktienrecht, § 11 N 20.
[22] GAUCH/SCHLUEP/EMMENEGGER, N 3640 ff.; SCHWENZER, N 91.01 ff.
[23] GAUCH/SCHLUEP/EMMENEGGER, N 3919 ff.; SCHWENZER, N 86.28 ff.
[24] Allg. zur Bürgschaft statt aller PASCAL MÜLLER: Der Schutz des Bürgen im schweizerischen Privatrecht, Zürich 2010 (= Diss. Zürich 2010), 3 ff.

gesehen, während die konkrete Ausgestaltung in einem separaten Vertrag geregelt wird. Da bei der Bürgschaft eine besondere vertragliche Form einzuhalten ist,[25] muss insbesondere die – gelegentlich heikle – Abgrenzung zwischen Garantieerklärung und Bürgschaft beachtet werden.[26] Im Zweifel empfiehlt es sich, bei jeder Form des subsidiären Einstehens für Verpflichtungen der Aktiengesellschaft die **Bürgschaftsform** zu beachten und sich nicht darauf zu verlassen, dass Garantieverträge formfrei abgeschlossen werden können.

VI. Sachleistungen, Lieferungs- und Abnahmepflichten

Der Aktionärbindungsvertrag kann dazu verpflichten, der Aktiengesellschaft Immobilien, Fahrzeuge, Produktionsmittel oder sonstige Sachen oder Werte entgeltlich oder unentgeltlich zur Verfügung zu stellen oder zu verkaufen. Er kann (ein- oder gegenseitige) Lieferungs- und Abnahmepflichten enthalten. Letzteres findet sich häufig in Joint-Venture-Verträgen.[27]

Wiederum hält der Aktionärbindungsvertrag in der Regel nur die *Verpflichtung zum Vertragsabschluss* mit der Aktiengesellschaft und – mehr oder weniger präzis – die *Eckwerte* fest; die Details werden separaten Verträgen mit der Aktiengesellschaft vorbehalten.

VII. Arbeitsleistungen (auftrags- und arbeitsrechtlicher Natur)

Es kann vorgesehen werden, dass eine, mehrere oder alle Parteien des Aktionärbindungsvertrages der Aktiengesellschaft ihre Arbeitskraft (ganz oder in einem bestimmten Umfang) zur Verfügung stellen. Häufig besteht der Zweck einer solchen Klausel darin, einen oder mehrere Vertragsparteien bzw. ihre Vertreter als Mitglied des Verwaltungsrates, als Geschäftsführer oder in eine andere leitende oder überwachende Position in die Aktiengesellschaft zu entsenden. Oft sind solche Klauseln nicht nur als **Verpflichtung,** sondern auch als **Recht,** für die Aktiengellschaft arbeiten zu können (verbunden mit dem Recht auf angemessenes Gehalt), ausgestaltet. Es kann sich dabei um arbeits- oder auftragsrechtliche Konstruktionen handeln.[28] Neben dem Grundsatz der Pflicht und allenfalls auch des Rechts zur Arbeitsleistung

---

[25] Art. 493 OR. – Zu den vertraglichen Formen im Allgemeinen vgl. N 216 ff.
[26] Vgl. dazu etwa EMCH/RENZ/ARPAGAUS (Hrsg.): Das schweizerische Bankgeschäft, 7. Aufl., Zürich 2011, N 1373 ff.; GAUCH/SCHLUEP/EMMENEGGER, N 3938 ff.; SCHNYDER in HAVE 2012, 415 ff.; SCHWENZER, N 86.31.
[27] VON DER CRONE, Aktienrecht, § 11 N 18; FISCHER, Parteienbestand, 28; OERTLE, 141.
[28] Zur Rechtsnatur des Verwaltungsratsmandates vgl. MÜLLER/LIPP/PLÜSS, 39 ff.

sind etwa die Vergütung, die Arbeitszeit, die Verwertung von Erfindungen, Unterschriftsberechtigungen etc. zu vereinbaren, wobei wiederum zumeist nur die Grundsätze im Aktionärbindungsvertrag stehen, während die konkrete Ausgestaltung in Verträgen mit der Gesellschaft erfolgt.

1442 Wenn die Aktiengesellschaft allerdings nicht gewillt ist, den Aktionär einzustellen oder wenn dieser seine Arbeitskraft vereinbarungswidrig nicht zur Verfügung stellen will, ist zu unterscheiden: Im Vertragsrecht hat die jeweils berechtigte Vertragspartei einen Anspruch darauf, die versprochene Leistung mit Klage auf **Realerfüllung** erhältlich zu machen.[29] Ein Anspruch auf Realerfüllung kann jedoch nicht bestehen, wenn der Vertrag die Verpflichtung zur Erbringung einer persönlichen Dienstleistung enthält, wie dies beim Arbeitsvertrag der Fall ist, denn das reale Erzwingen der Erbringung persönlichen Dienstleistungen mittels Klage ist nicht möglich.[30] Doch kann **Schadenersatz** oder eine Konventionalstrafe gefordert werden.[31]

1443 In Bezug auf die **Aktiengesellschaft** ist von Bedeutung, ob sie **Partei** des Aktionärbindungsvertrages[32] ist oder nicht: Ist sie Partei und sind die arbeits- oder auftragsrechtlichen Bestimmungen Teil des Aktionärbindungsvertrages, dann stellt sich allenfalls die Frage der Kündbarkeit dieses Verhältnisses und der Kündigungsfolgen. Enthält der Aktionärbindungsvertrag hingegen bloss eine allgemeine Regelung (im Sinne eines Vorvertrages[33]), stellt sich die Frage der Durchsetzbarkeit des Vertragsschlusses. Ist die Aktiengesellschaft **nicht Partei**, dann kann sie nicht zum Vertragsschluss gezwungen werden.[34] Wohl aber können die übrigen am Vertrag beteiligten Parteien – im Sinne eines Garantievertrages – zur Schadloshaltung verpflichtet sein,[35] oder sie können gehalten sein, sich aufgrund ihrer Funktion als Organ der Aktiengesellschaft für die Durchsetzung einzusetzen, soweit dies im Rahmen ihrer aktienrechtlichen Pflichten zulässig ist.[36]

---

[29] GAUCH/SCHLUEP/EMMENEGGER, N 2487 ff.; SCHWENZER, N 61.01 ff. – Zum Recht auf Realerfüllung bei Aktionärbindungsverträgen insb. s. N 2030 ff.
[30] GAUCH/SCHLUEP/EMMENEGGER, N 2492.
[31] Vgl. N 2080 ff.
[32] Vgl. N 405 ff. und N 1339 ff.
[33] Vgl. N 1374.
[34] Dies gilt auch, wenn die Vereinbarung als echter Vertrag zugunsten der Aktiengesellschaft als einer Dritten zu qualifizieren ist, vgl. vorn N 1374.
[35] BGer-Urteil 4C.376/2002 vom 20. März 2003, E. 3.
[36] Vgl. N 372 ff. – Aufgrund seiner Sorgfaltspflicht (Art. 717 Abs. 1 OR) muss ein Verwaltungsratsmitglied die Anstellung einer ungeeigneten Person auch dann ablehnen, wenn es nach Aktionärbindungsvertrag zur Zustimmung verpflichtet wäre (Vorrang der Gesellschaftsinteressen, vgl. N 381 ff.). In der Praxis wird dieser Vorbehalt freilich gelegentlich auch angerufen, um die Ernennung eines missliebigen Kandidaten zu verhindern, obwohl dieser die erforderlichen Fähigkeiten sehr wohl mitbrächte.

6. Kapitel: Weitere häufige Vertragsinhalte

Vertraglich verankert werden oft **Loyalitätspflichten** (§ 32 [N 1446 ff.]) gegenüber den anderen Vertragsparteien, aber auch gegenüber der Aktiengesellschaft selbst: 1444

– *Treue- und Geheimhaltungspflichten* (N 1446 ff. und 1459);

– *Konkurrenzverbote* (N 1460 ff.); und

– *Offenlegungspflichten* (N 1470 ff.)

Darüber hinaus finden sich Regelungen bezüglich aktienrechtlicher **Individual- und Minderheitenrechte** (§ 33 [N 1474 ff.]), **Überprüfungsklauseln** (§ 34 [N 1492 ff.]), **salvatorische Klauseln** (§ 35 [N 1502 ff.]) sowie **Präambeln und Zweckartikeln** (§ 36 [N 1525 ff.]). 1445

§ 32 Treuepflichten

I. Treuepflichten im Allgemeinen

A. Der Begriff der Treuepflichten

Treuepflichten gehören in die Kategorie der vertraglichen Nebenpflichten[1] – oder anders ausgedrückt – gewisse **vertragliche Nebenpflichten** können unter dem Begriff der Treuepflichten zusammengefasst werden. Dazu gehören etwa:[2]

– *Obhuts- und Schutzpflichten;*
– *Informations- und Aufklärungspflichten;*
– *Geheimhaltungspflichten;* aber auch
– *Konkurrenzverbote.*

Welche konkrete Gestalt vertragliche Treuepflichten annehmen, ergibt sich – soweit ihr Inhalt nicht im Detail vertraglich festgehalten ist – aus dem Gesetz oder aus einer Auslegung des jeweiligen Vertrages, dies freilich oft erst im Nachhinein, wenn gerichtlich eine Treuepflichtverletzung festgestellt wurde.[3] Dies macht die reale Durchsetzung von Treuepflichten schwierig. Wenn eine drohende Verletzung im Voraus zu erkennen ist, kann allenfalls eine Unterlassungsklage angestrebt werden.[4] Sonst bleibt es bei Schadenersatz und Konventionalstrafe.[5]

B. Zulässigkeit vertraglicher Treuepflichten

Im Gegensatz zum Vertrags- und zum Personengesellschaftsrecht sind im Aktienrecht Treuepflichten zulasten der Gesellschafter nicht nur unbekannt, ihre statutarische Einführung wäre als Verstoss gegen Art. 680 Abs. 1 OR sogar rechtswidrig und unwirksam.[6] Ausserhalb der körperschaftsrechtlichen Ordnung – also auch in

---

[1] Zur Definition BLOCH, 242 f. – Zu den vertraglichen Nebenpflichten auch GAUCH/SCHLUEP/EMMENEGGER, N 2637 ff.; SCHWENZER, N 4.22 ff.
[2] GAUCH/SCHLUEP/EMMENEGGER, N 2643 ff.; SCHWENZER, N 4.23.
[3] Vgl. auch GAUCH/SCHLUEP/EMMENEGGER, N 2639 ff.; SCHWENZER, N 4.22.
[4] Vgl. dazu die entsprechenden Ausführungen betreffend die Durchsetzung von Stimmbindungsvereinbarungen (N 2045 ff.).
[5] Vgl. N 2080 ff.
[6] Vgl. N 26; BLOCH, 246 ff.

einem Aktionärbindungsvertrag – ist jedoch die Verankerung von Treuepflichten zwischen den Aktionären unter sich und auch gegenüber der Aktiengesellschaft zulässig.[7]

C. Umfang und Inhalt vertraglicher Treuepflichten

1. Inhalt und Umfang im Allgemeinen

1449 Der Inhalt solcher Treuepflichten besteht – allgemein gesagt – einerseits in der Pflicht, sich für die gemeinsamen Interessen bzw. die Interessen der Aktiengesellschaft einzusetzen, und andererseits – und oft in erster Linie – in der Pflicht, alle für die gemeinsamen Interessen bzw. die Interessen der Aktiengesellschaft schädlichen Handlungen zu unterlassen.[8]

2. Treuepflichten der Vertragsparteien untereinander

a) Gesellschaftsrechtliche Vertragsverhältnisse

1450 Personengesellschaften kennen von Gesetzes wegen in verschiedenen Einzelbestimmungen sich manifestierende Treuepflichten der Gesellschafter, sowohl untereinander als auch gegenüber der Personengesellschaft selber.[9] So geht schon *e contrario* aus dem Begriff der Gesellschaft (Art. 530 Abs. 1 OR) und mehr noch aus dem allgemeinen Interessenkollisionsverbot von Art. 536 OR hervor, dass die Vertragsparteien bei der einfachen Gesellschaft alle Handlungen und Geschäfte zu unterlassen haben, welche das Erreichen des gemeinsamen Zwecks vereiteln würden.[10] Bei als (einfache) Gesellschaften konzipierten Aktionärbindungsverträgen ergeben sich daher Treuepflichten schon aus der dispositiven gesetzlichen Ordnung. Doch können solche (oder weiter gehende) Treuepflichten im Aktionärbindungsvertrag auch explizit verankert und umschrieben sein.[11] Es empfiehlt sich dies im Interesse der Klarheit, zur Vermeidung von Meinungsverschiedenheiten und als Basis für eine allfällige gerichtliche Durchsetzung.

---

[7] BLOCH, 247 f.; CHAPPUIS, Clause de prohibition, 323; COTTI, N 124; VON DER CRONE, Aktienrecht, § 11 N 14 ff.; FISCHER, Parteienbestand, 27; FORSTMOSER, Aktionärbindungsverträge, 362; HINTZ-BÜHLER, 20; WÜRSCH, 51 und 159.

[8] BGE 130 III 219; BLOCH, 250 f.; BÖCKLI, Aktienrecht, § 13 N 599 f.; BK-FELLMANN/MÜLLER, OR 536 N 9; FORSTMOSER/MEIER-HAYOZ/NOBEL, § 28 N 25 ff.; BSK-WATTER/ROTH PELLANDA, OR 717 N 15 ff.; WOHLMANN, 10 f.; WÜRSCH, 12 ff.

[9] Art. 536 bzw. 561 OR; BK-FELLMANN/MÜLLER, OR 536 N 10.

[10] BK-FELLMANN/MÜLLER, OR 530 N 588 ff. und OR 536 N 9 und 20 ff.; HANDSCHIN/VONZUN, OR 530 N 187 ff. und OR 536 N 1 ff. und 20 ff.

[11] BLOCH, 250 f.; WÜRSCH, 159.

b) Schuldrechtliche Vertragsverhältnisse

Treuepflichten können als vertragliche Neben- oder Nebenleistungspflichten auch dann bestehen, wenn sie nicht explizit aus einem Vertrag hervorgehen. So kann sich beispielsweise aus einem Vertrag über die Pfandbestellung an Aktien die Verpflichtung des Pfandgebers ergeben, das Stimmrecht so auszuüben, dass der (innere) Wert der Aktien möglichst erhalten bleibt. Es folgt dies aus dem Vertragszweck.[12]

3. Treuepflicht gegenüber der Aktiengesellschaft

a) Verpflichtungen nur zwischen den Parteien des Aktionärbindungsvertrages

Auch gegenüber der Aktiengesellschaft können auf der Ebene des Bindungsvertrages Treuepflichten der Vertragsparteien begründet werden. Sie können sich schon aus dem **Zweck des Aktionärbindungsvertrages** ergeben, wenn dieser beispielsweise als Ziel die Entwicklung der von der Aktiengesellschaft betriebenen Geschäftstätigkeit vorsieht. Denn gemäss Art. 536 OR dürfen Gesellschafter einer einfachen Gesellschaft keine Geschäfte betreiben, durch welche deren Zweck vereitelt werden könnte.[13] Die gesellschaftsinternen Treuepflichten wirken sich damit auch im Verhältnis zur Aktiengesellschaft aus;[14] jedes Widerhandeln gegen die Interessen der Aktiengesellschaft bedeutet zugleich einen Verstoss gegen die Treuepflicht als Vertragspartei bzw. einfacher Gesellschafter. Das konkrete Ausmass der Treuepflicht bestimmt sich dann nach der Art der Mitwirkung und hängt auch von den Informationen ab, welche der Aktionär im Zuge seiner Tätigkeit für die Aktiengesellschaft oder in seiner Eigenschaft als gebundener Aktionär erhält.[15]

Treuepflichten zugunsten der Aktiengesellschaft können aber auch im Aktionärbindungsvertrag **explizit verankert** und umschrieben sein, was insbesondere dann üblich und zu empfehlen ist, wenn Aktionäre aufgrund des Bindungsvertrages Zugang zu vertraulicher Information erhalten.

b) Verpflichtungen gegenüber der Aktiengesellschaft selbst

Die Aktiengesellschaft selbst hat nur dann einen eigenen Anspruch auf Durchsetzung solcher Treuepflichten (oder allenfalls Anspruch auf Schadenersatz bzw. Leistung einer Konventionalstrafe), wenn sich dies aus dem Aktionärbindungsvertrag

---

[12] ZBINDEN, 123 ff.
[13] BLOCH, 263 f.; BK-FELLMANN/MÜLLER, OR 536 N 24 ff.; HANDSCHIN/VONZUN, OR 536 N 20 ff.; WÜRSCH, 163 und 167.
[14] OERTLE, 92; WÜRSCH, 174.
[15] CHAPPUIS, Clause de prohibition, 322.

(im Sinne eines Vertrages zugunsten Dritter)[16] ergibt. Bei Treuepflichten, die nicht ausdrücklich im Aktionärbindungsvertrag festgehalten sind, sondern sich allein aus der Auslegung des Vertragszwecks oder anderer Vertragsbestimmungen ergeben, dürfte dies nicht der Fall sein.

1455 Treuepflichten gegenüber der Aktiengesellschaft können sich auch dann ergeben, wenn die Aktiengesellschaft selber Partei des Aktionärbindungsvertrages ist, oder wenn zwischen ihr und einzelnen oder allen Aktionären selbständige Vertragsbeziehungen bestehen (die sich wiederum auf den Aktionärbindungsvertrag stützen können),[17] wobei in der Praxis arbeitsvertragliche und auftragsrechtliche Beziehungen, bei denen Treuepflichten schon aufgrund der dispositiven gesetzlichen Ordnung bestehen, im Vordergrund stehen dürften.

D. Exkurs: Verbot weiterer Vereinbarungen unter den Vertragsparteien oder mit Dritten

1456 In den Zusammenhang der vertraglichen Treuepflichten der Vertragsparteien untereinander gehört auch das gelegentlich vereinbarte **Verbot, weitere Vereinbarungen** (sei es unter Beteiligten, sei es mit Dritten) **zu treffen.**[18]

1457
> Die Vertragsparteien verpflichten sich, weder untereinander noch mit Dritten weitere Verträge betreffend die Aktien der [Aktiengesellschaft] und die Ausübung der Rechte aus diesen Aktien einzugehen.

1458 Grund dafür kann die Absicht der Parteien sein, die freie vertragsinterne Willensbildung zu sichern und äussere Einflüsse zu unterbinden. Bei börsenkotierten Aktiengesellschaften kann sich das Verbot von weiteren Vereinbarungen auch aufdrängen, um zu verhindern, dass wegen der Bildung von Untergruppen Melde- oder Angebotspflichten entstehen.[19]

II. Geheimhaltungspflichten

1459 Vgl. dazu N 1153 ff.

---

[16] Vgl. N 1423 ff.
[17] Vgl. N 1441 ff.
[18] Vgl. auch N 340 f.
[19] Vgl. N 699.

III. Konkurrenzverbote

A. Bedürfnis und Zulässigkeit einer Regelung

Mit einem **Konkurrenzverbot** kann – im Sinne der Konkretisierung vertraglicher Treuepflichten – den an einem Aktionärbindungsvertrag beteiligten *Aktionären untersagt* werden, *die Aktiengesellschaft* (oder auch die anderen Vertragsparteien) zu *konkurrenzieren*.[20] Gebundene Aktionäre, die in der Aktiengesellschaft als Mitglieder des Verwaltungsrates, Geschäftsführer oder Arbeitnehmer tätig sind, trifft bereits in jener Eigenschaft regelmässig ein Konkurrenzverbot zugunsten der Aktiengesellschaft, sei es aktienrechtlich gestützt auf Art. 717 OR oder arbeitsvertraglich aus Art. 321a Abs. 3 oder Art. 340 OR. Es kann jedoch das Bedürfnis bestehen, solche gesetzlichen Verbote zu konkretisieren[21] oder zu verschärfen sowie vor allem auch Aktionäre, die nicht einem Konkurrenzverbot aufgrund ihrer organschaftlichen oder vertraglichen Beziehungen zur Gesellschaft unterliegen, einem solchen zu unterwerfen.

1460

B. Umfang und Inhalt vertraglicher Konkurrenzverbote

Zu Umfang und Inhalt ist *mutatis mutandis* auf die Ausführungen zu den Treuepflichten im Allgemeinen zu verweisen (vgl. N 1449 ff.).

1461

C. Zulässigkeit und Gültigkeitsschranken

Vertragliche Konkurrenzverbote sind in Aktionärbindungsverträgen zulässig.[22] Beschränkungen können sich aus Art. 27 Abs. 2 ZGB (übermässige Bindung)[23] ergeben und, sofern ein Aktionär zugleich Arbeitnehmer der Aktiengesellschaft ist, aus den arbeitsvertraglichen Bestimmungen von Art. 340 ff. OR.[24] Es ist aber selbst bei einem Aktionär, der zugleich Arbeitnehmer ist, zu prüfen, ob die arbeitsvertrag-

1462

---

[20] MARTIN, 259 ff.
[21] Vgl. z.B. BGer-Urteil 4C.222/2000 vom 9. Oktober 2000, worin die beiden Parteien eines Aktionärbindungsvertrages vereinbarten, dass sie «auf alle Tätigkeiten [verzichten], die in direktem oder indirektem Widerspruch zu den Interessen der Gesellschaft stehen». Da dieses Konkurrenzverbot allerdings in einen Zusammenhang mit der Arbeitstätigkeit der Vertragsparteien für die Aktiengesellschaft gestellt wurde, endete es zusammen mit dem Arbeitsverhältnis, obwohl der gekündigte Arbeitnehmer weiterhin Aktionär war (E. 3c).
[22] BLOCH, 253 f.; CHAPPUIS, Clause de prohibition, 323; COTTI, N 124; WÜRSCH, 51.
[23] Vgl. dazu auch N 267 f., 1917 ff. und 1942 ff.
[24] Auf Konkurrenzverbote ausserhalb des Arbeitsvertragsrechts sind die arbeitsrechtlichen Beschränkungen nicht, auch nicht per Analogie anwendbar (BGE 124 III 500; BGer-Urteil 4C.5/2003, E. 2.1.2; CHAPPUIS, Clause de prohibition, 325; COTTI, N 830; MÜLLER, Arbeitnehmer, 281).

lichen oder die aktienrechtlichen Aspekte seiner Beziehung zur Aktiengesellschaft überwiegen:[25] Das Bundesgericht hat bei einem Arbeitnehmer, der zu 50% an der Aktiengesellschaft beteiligt war, argumentiert, dass dessen Position nicht schwächer gewesen sei als die des andern 50% Aktionärs; es hat mit dieser Begründung die Anwendung der Regeln des Arbeitsvertragsrechts abgelehnt.[26] Daraus lässt sich ableiten, dass die Schutzbestimmungen von Art. 340 ff. OR nur dann zu beachten sind, wenn ein Subordinationsverhältnis einen besonderen Schutz rechtfertigt.[27]

1463 Die **Gültigkeit** eines vertraglichen Konkurrenzverbotes wird allgemein unter den folgenden Aspekten untersucht:[28]

1464 **Materieller Aspekt:** Hierbei geht es um die Branchen und Tätigkeitsgebiete, auf die sich das Konkurrenzverbot bezieht. Bei Aktionärbindungsverträgen dürfte sich ein Konkurrenzverbot, welches Tätigkeiten oder Beteiligungen ausserhalb des Zwecks der Aktiengesellschaft erfasst, als problematisch erweisen,[29] wobei auf den tatsächlich ausgeübten Gesellschaftszweck abzustellen ist, nicht auf den regelmässig sehr weit gefassten statutarischen Zweck. Unseres Erachtens ist sodann zwischen einem Tätigkeits- und einem blossen Beteiligungsverbot zu differenzieren, da ersteres im Lichte des Persönlichkeitsschutzes einschränkender ist.

1465 **Geografischer Aspekt:** Relevant ist weiter der räumliche Aspekt eines Konkurrenzverbotes. Dieser muss möglichst genau definiert werden (z.B. ein Umkreis von 50 km um den Geschäftsbetrieb der Aktiengesellschaft[30] oder ein bestimmtes geografisches Gebiet wie der Bezirk der Stadt Zürich) und darf nicht zu weit gezogen sein.

1466 **Zeitlicher Aspekt:** Ein Konkurrenzverbot muss zeitlich beschränkt sein. Beim zeitlichen Aspekt ist das Gebot der Verhältnismässigkeit zu beachten. Die Frage, ob ein Konkurrenzverbot für die gesamte Vertragsdauer des Aktionärbindungsvertrages zulässig ist, kann analog zur Frage der zulässigen Dauer von Aktionärbindungsverträgen im Allgemeinen beantwortet werden.[31] Soll ein Konkurrenzverbot für die

---

[25] BGer-Urteil 4C.5/2003, E. 2.1.2; REYMOND, 217 f.
[26] BGer-Urteil 4C.5/2003, E. 2.1.2.
[27] Offen gelassen hat das Bundesgericht, ob bei ungleichem Aktienbesitz in Bezug auf die schwächere Vertragspartei allenfalls die Regeln von Art. 340 ff. OR analog anzuwenden wären (BGer-Urteil 4A_340/2011 vom 13. September 2011, E. 4.4.4).
[28] COTTI, N 132 ff.; BSK-HUGUENIN/REITZE, ZGB 27 N 9 ff.; MARTIN, 260; WÜRSCH, 98 ff. – Vgl. auch N 1917 ff. und 1942 ff.
[29] BLOCH, 253 f.; CHAPPUIS, Clause de prohibition, 327 f.
[30] In BGer-Urteil 4C.5/2003 vom 11. März 2003 anerkennt des Bundesgericht einen Umkreis von 50 km um den Geschäftssitz als zulässig, wobei sich die Zahl nicht verallgemeinern lässt, sondern von Art und Umfang der Geschäftstätigkeit abhängt. Es empfiehlt sich im Übrigen, den Mittelpunkt des Rayons im Vertrag genau zu bestimmen.
[31] Vgl. N 1913 ff.

ganze Dauer des Aktionärbindungsvertrags gelten, empfiehlt es sich, im Gegenzug eine Möglichkeit des Ausscheidens aus dem Vertrag vorzusehen.[32] Soll das Konkurrenzverbot auch oder ausschliesslich nach dem Verkauf der vom Aktionärbindungsvertrag erfassten Aktien wirksam sein, bestimmt sich die zulässige Dauer nach der vorherigen Tätigkeit des Aktionärs in der Aktiengesellschaft und dem Ausmass an Einsicht, welche er in deren Geschäfte nehmen konnte. Wiederum wird man für Beteiligungsverbote nicht den gleich strengen Massstab anlegen wie für Tätigkeitsverbote.

Wiederholt sei, dass sich die detaillierte Umschreibung von Konkurrenzverboten in der Regel nicht im Aktionärbindungsvertrag selbst findet, sondern in anderen Dokumenten – etwa in Anhängen zum Bindungsvertrag, vor allem aber in Verträgen mit der Aktiengesellschaft.

> Die Parteien verpflichten sich, während der Dauer dieses Vertrages weder auf eigene Rechnung ein Geschäft zu betreiben, welches mit den Aktivitäten der [Aktiengesellschaft] in Konkurrenz steht, noch in einem solchen Geschäft als Arbeitnehmer oder in anderer Weise tätig zu sein oder sich direkt oder indirekt daran [mit einer Quote von mehr als (10)%] zu beteiligen.

Obwohl nach aktueller bundesgerichtlicher Rechtsprechung[33] die **Regeln des Arbeitsvertragsrechts** ausserhalb desselben **nicht anwendbar** sind, sollten diese bei der Beurteilung von Einschränkungen der Arbeitsmöglichkeiten nicht unbeachtet bleiben, insbesondere dann nicht, wenn sich die Konsequenzen eines nachwirkenden Konkurrenzverbotes als eigentlichen Berufsverbot auswirken. Die arbeitsvertraglichen Bestimmungen von Art. 340 ff. OR können in diesem Fall zumindest als Leitlinien für die Grenze einer übermässigen Bindung gemäss Art. 27 Abs. 2 ZGB herangezogen werden. In jedem Fall aber ist das Zusammenspiel bzw. die Kombination der verschiedenen Aspekte eines Konkurrenzverbotes von Bedeutung: Ein weitreichendes materielles oder geografisch ausgedehntes Konkurrenzverbot kann zulässig sein, wenn es nur für kurze Dauer gilt. Ein lange dauerndes Konkurrenzverbot wiederum kann gültig sein, wenn es sich auf einen engen materiellen Bereich beschränkt. Und die Einengung beruflicher Entfaltungsmöglichkeiten dürfte schwerer wiegen als die Einschränkung der Möglichkeit, Beteiligungen zu erwerben. Entscheidend ist letztlich stets die Frage, wie schwerwiegend der Eingriff für den Betroffenen und wie stark das Interesse des Berechtigten am Konkurrenzverbot ist.[34]

---

[32] BLOCH, 253 f.
[33] Vgl. soeben N 1462 Anm. 24.
[34] CHAPPUIS, Clause de prohibition, 327 f.; vgl. N 267 f., 1917 ff. und 1942 ff.

IV. Informations- und Aufklärungspflichten

1470 Neben Treue- und Geheimhaltungspflichten oder Konkurrenzverboten verlangen Aktionärbindungsverträge gelegentlich – im Sinne der Transparenz mit Bezug auf Interessenbindungen und mögliche Interessenkonflikte[35] – die Offenlegung der geschäftlichen Tätigkeiten und Bindungen der Parteien.

1471
> Die Parteien verpflichten sich, auf den Zeitpunkt des Inkrafttretens des vorliegenden Vertrages gegenseitig Memoranden über ihre in diesem Zeitpunkt aktuellen Tätigkeiten, die im Hinblick auf den Tätigkeitsbereich der [Aktiengesellschaft] relevant sein könnten, auszutauschen, insbesondere über: [Aufzählung der erforderlichen Information, z.B. Tätigkeitsbereiche, Produkte, Unternehmen, Beratungsaufträge, bedeutende Beteiligungen etc.]. Änderungen sind in der Folge den übrigen Vertragsparteien innert 30 Tagen bekannt zu geben.

1472
> Jede Partei ist verpflichtet, die übrigen Parteien rechtzeitig und im Voraus über alle ihre Tätigkeiten zu informieren, die im Hinblick auf die Ziele und geschäftlichen Aktivitäten der [Aktiengesellschaft] relevant sein könnten. Jede Partei informiert die übrigen Parteien unverzüglich über den Eintritt eines aktuellen oder auch nur potenziellen Interessenkonflikts.

1473 Sind die Tätigkeiten und geschäftlichen Bindungen den Vertragsparteien gegenseitig bekannt und erhebt keine Partei Einspruch, darf von deren Einverständnis ausgegangen werden, womit eine vertraglich relevante Verletzung einer Treuepflicht oder eines Konkurrenzverbotes ausgeschlossen ist. Unterlässt hingegen eine Partei die Mitteilung, so stellt bereits dies eine Vertragsverletzung dar – und meist auch ein starkes Indiz für eine Verletzung der Loyalitätspflicht.

---

[35] Zur Regelung von Interessenkonflikten s. auch N 1346 ff.

§ 33 Aktienrechtliche Individual- und Minderheitenrechte

Aktionärbindungsverträge dienen häufig auch dazu, die **Position von Minderheitsaktionären zu stärken oder abzusichern.** So können die Informationsrechte verstärkt werden (Ziff. I [N 1477 ff.]) oder es kann vereinbart werden, dass aktienrechtliche Minderheitenrechte durchgesetzt werden, auch wenn die Minderheit dazu allein nicht in der Lage wäre (Ziff. II [N 1486]). 1474

Schutzvorkehren zugunsten von Minderheiten sind oft schon im Rahmen der innervertraglichen Organisation, insb. beim Entscheid über die koordinierte Ausübung der Stimmrechte vorgesehen: Bei der vertragsinternen Beschlussfassung kann für die der Minderheit wichtigen Fragen eine qualifizierte Mehrheit vorgesehen werden, die nur mit Zustimmung der Minderheit erreicht wird. Der Minderheit wird dadurch ein Vetorecht verschafft. Oder es kann sogar vereinbart sein, dass bei gewissen Traktanden – etwa bei der Wahl eines Mitglieds des Verwaltungsrates – alle Vertragsparteien ihre Stimmen gemäss den Anweisungen der Minderheit abzugeben haben. 1475

Es kann sich dabei um einen **Interessenausgleich** handeln: Die Partei, die im Aktionärbindungsvertrag die Mehrheit stellt, benötigt die Unterstützung der Minderheit, um die Kontrolle über die Aktiengesellschaft (bzw. allenfalls auch eine qualifizierte Mehrheit oder umgekehrt wenigstens eine Sperrminorität) zu erlangen. Im Gegenzug ist sie bereit, ihre starke Position zugunsten der Minderheitsbeteiligten einzusetzen. 1476

I. Informationsrechte insbesondere

Sind einzelne Aktionäre in der Aktiengesellschaft als Mitglieder des Verwaltungsrates, der Geschäftsleitung oder in anderer Funktion tätig, entsteht zwangsläufig gegenüber den nicht aktiv beteiligten Aktionären ein Informationsgefälle.[1] Die gesetzlich vorgesehenen Informationsrechte[2] reichen nicht aus, um dieses auszugleichen, 1477

---

[1] FORSTMOSER/KÜCHLER, 48 ff. m.w.H.
[2] Die Bekanntgabe des Geschäftsberichtes (Art. 696 OR), die Auskunft über die Angelegenheiten der Gesellschaft in der Generalversammlung (Art. 697 Abs. 1 OR) und – bei Ermächtigung durch die Generalversammlung – die Einsicht in Geschäftsbücher und Korrespondenzen (Art. 697 Abs. 3 OR). – Vgl. BÖCKLI, Aktienrecht, § 12 N 74 ff. und 148a ff.; VON DER CRONE, Aktienrecht, § 8 N 65 ff.; FORSTMOSER, Informationsrechte, 92 ff.; FORSTMOSER/KÜCHLER, 48 m.w.H.

weshalb in Aktionärbindungsverträgen vorgesehen wird, dass die in der Aktiengesellschaft tätigen Aktionäre die übrigen gebundenen Aktionäre weiter gehend informieren, sei es über den Geschäftsverlauf im Allgemeinen, sei es über bestimmte Themenbereiche im Besonderen.

1478 Bei der Umsetzung einer solchen – rein vertraglichen – Regelung sind, aus aktienrechtlicher Sicht, **zwei Aspekte** zu berücksichtigten:[3]

1479 Die Mitglieder des Verwaltungsrates und weitere Organpersonen oder Arbeitnehmer der Aktiengesellschaft haben gegenüber dieser eine Sorgfalts- und Treuepflicht (Art. 717 Abs. 1 OR), welche in Bezug auf Information über die Aktiengesellschaft, beispielsweise aus Gründen des Geschäftsgeheimnisses,[4] auch eine **Verschwiegenheitspflicht** gegenüber den (übrigen) Aktionären beinhalten kann. Dies vor allem deshalb, weil die Aktionäre, anders als Organpersonen und Arbeitnehmer, keine Treuepflicht und daher im Hinblick auf vertrauliche Information auch keinerlei Schweigepflicht trifft.[5] Verletzt ein Organ seine Treuepflichten, kann dies zu einer Haftung aus Verantwortlichkeit, im Konkurs auch gegenüber Gläubigern führen.[6]

1480 Zunächst ist in Bezug auf die Sorgfalts- und Treuepflicht der Organe zu beachten, dass diese nicht gegenüber den Aktionären besteht, sondern gegenüber der Aktiengesellschaft und zum Schutz von deren Interessen. Selbst wenn alle Aktionäre Partei eines Aktionärbindungsvertrages sind, der eine weiter gehende Information der nicht in der Aktiengesellschaft tätigen Aktionäre vorsieht, kann dies deshalb nicht zu einer Aufhebung der Sorgfalts- und Treuepflicht führen. Zum Schutz der als Organe tätigen Aktionäre vor einer persönlichen Haftung – und zum Schutz der Aktiengesellschaft – ist deshalb zwingend im Aktionärbindungsvertrag auch eine entsprechende **Geheimhaltungsverpflichtung aller Vertragsparteien** vorzusehen.[7] Sinnvollerweise kann diese als echter Vertrag zugunsten der Aktiengesellschaft ausgestaltet sein, damit sie nötigenfalls die Durchsetzung selbst veranlassen kann.

1481 Neben den allgemeinen Sorgfalts- und Treuepflichten fordert Art. 717 Abs. 2 OR von den Exekutivorganen der Aktiengesellschaft auch eine **Gleichbehandlung aller Aktionäre** «unter gleichen Voraussetzungen».[8] Deshalb ist Information den Aktionären in der Generalversammlung zu erteilen, damit alle Aktionäre davon gleich profitieren können.[9]

---

[3] Vgl. auch N 1149 ff.
[4] Art. 697 Abs. 2 und 3 OR.
[5] Vgl. N 26.
[6] Art. 754 Abs. 1 i.V.m. 757 OR.
[7] FORSTMOSER/MEIER-HAYOZ/NOBEL, § 40 N 206.
[8] VON DER CRONE, Aktienrecht, § 8 N 28 ff.; HORBER, N 861 ff.; HUGUENIN, Gleichbehandlungsprinzip, *passim*; BSK-WEBER, OR 697 N 6 m.w.H.
[9] BÖCKLI, Aktienrecht, § 12 N 149; BSK-WEBER, OR 697 N 2.

Bei der Frage der **Gleichbehandlung** der Aktionäre ist danach zu unterscheiden, ob alle Aktionäre oder nur ein Teil von ihnen Partei des Aktionärbindungsvertrages sind: Sind alle Aktionäre Partei, kann eine weiter gehende Information keine Ungleichbehandlung von Aktionären darstellen. Und sollte im Aktionärbindungsvertrag eine ungleiche Information verschiedener Aktionäre vereinbart sein (weil beispielsweise die einen Aktionäre sich nicht aktiv für die Geschicke der Aktiengesellschaft interessieren oder weil sie aufgrund ihrer Organstellung ohnehin informiert sind), erfolgt dies mit dem Einverständnis der benachteiligten Aktionäre. 1482

Sind hingegen nicht alle Aktionäre Partei, stellt sich die Frage der Ungleichbehandlung von Aktionären und deren Rechtfertigung. In der Lehre sind die Meinungen darüber geteilt, ob eine Bekanntgabe von Mehrinformation an bestimmte Aktionäre, insbesondere Grossaktionäre, zulässig ist: Auf der einen Seite stehen die Verfechter einer strikten Gleichbehandlung,[10] auf der anderen diejenigen, die eine Differenzierung unter bestimmten Voraussetzungen zulassen möchten[11]. 1483

Nach überwiegender Lehrmeinung gilt das Gleichbehandlungsgebot jedenfalls **nicht absolut;** eine Ungleichbehandlung ist vielmehr dann zulässig, wenn sie ein sachliches Mittel zur Erreichung eines gerechtfertigten Zweckes ist[12] bzw. wenn bei Aktionären ungleiche Voraussetzungen vorliegen (vgl. Art. 717 Abs. 2 OR). Verpflichtet sich ein Grossaktionär beispielsweise dazu, sein Aktienpaket für eine bestimmte Zeit nicht zu verkaufen oder auch nur, vor einem Verkauf die Gesellschaft zu informieren, kann eine privilegierte Information gerechtfertigt sein.[13] HORBER 1484

---

[10] HUGUENIN, Gleichbehandlungsprinzip, 192 f.; KUNZ, Minderheitenschutz, § 8 N 77.
[11] BÖCKLI/BÜHLER, 101 ff.; FORSTMOSER, Informationsrechte, 106 f. – HUBER (Vertragsgestaltung, 32 f.) geht offenbar im Zusammenhang mit Joint-Venture-Unternehmen von der Möglichkeit viel weiter gehender Informationspflichten der Organe aus, welche sich aus dem Joint-Venture-Vertrag ergeben sollen. Dabei dürfte sich freilich kein Gleichbehandlungsproblem stellen – es werden ja beide bzw. alle Parteien gleich informiert –, sondern höchstens die Frage einer Schweigepflicht als Teil eines sorgfältigen Verhaltens.
[12] BGE 95 II 157 E. 9a; BÖCKLI, Aktienrecht, § 13 N 680; VON DER CRONE, Aktienrecht, § 8 N 36; FORSTMOSER/MEIER-HAYOZ/NOBEL, § 39 N 11 ff.; HUGUENIN, Gleichbehandlungsprinzip, 37; HORBER, N 864; BSK-WATTER/ROTH PELLANDA, OR 717 N 23.
[13] BÖCKLI, Aktienrecht, § 13 N 701; FORSTMOSER, Informationsrechte, 107; BSK-WEBER, OR 698 N 6. BÖCKLI/BÜHLER, 110 f., argumentieren, dass eine zusätzliche Information zulässig sei, wenn es nicht darum gehe, Neuigkeiten selektiv zu verbreiten, sondern bestehende Information zu verdichten, zu erläutern und zu vertiefen. Noch weiter gehend bezüglich der Zulässigkeit von Vorabinformationen geht HOFSTETTER (Gleichbehandlung, 222 ff.) nach welchem Ungleichbehandlungen zulässig sind, wenn sie plausible Massnahmen zu Steigerung oder Erhalt des Unternehmenswertes darstellen. Die anderen Aktionäre hätten – so die Annahme HOFSTETTERS – im Wissen um diese Folge der Ungleichbehandlung ohnehin zugestimmt (233).

argumentiert, dass das Interesse je nach Aktionärskategorie ermittelt werden soll. Langfristig orientierte Aktionäre hätten ein anderes Informationsbedürfnis als solche, welche Aktien nur zu Spekulationszwecken hielten. Diese unterschiedlichen Bedürfnisse rechtfertigten auch eine unterschiedliche Informationsdichte.[14] Dem ist u.E. jedenfalls dann zuzustimmen, wenn sich das langfristige Engagement in einer rechtlichen Verpflichtung niederschlägt, was freilich mit den Mitteln des Aktienrechts allein – sieht man von einer Erschwerung der Übertragbarkeit durch Vinkulierung ab – kaum umsetzbar ist.[15]

1485 Es kann deshalb nicht generell gesagt werden, dass eine bevorzugte Informationsvermittlung an die übrigen Parteien eines Aktionärbindungsvertrages zulässig oder unzulässig ist; vielmehr sind die jeweiligen **Umstände des Einzelfalles** in Betracht zu ziehen, welche allenfalls eine privilegierte Informationsvermittlung rechtfertigen können. Unbedenklich dürfte die Vermittlung von Informationen jedenfalls dann sein, wenn die Gesellschaft bzw. ihr Verwaltungsrat bereit ist, die Zusatzinformationen allen Aktionären zukommen zu lassen, die sich danach erkundigen.[16]

II. Regeln im Zusammenhang mit der Geltendmachung weiterer aktienrechtlicher Minderheitenrechte

1486 Einzelne Aktionärsrechte sind nicht als Individualrechte, sondern als **Minderheitenrechte** ausgestaltet, d.h., es muss zu ihrer Ausübung eine bestimmte, gesetzlich festgelegte Schwelle des Aktienkapitals (in der Regel 10%)[17] erreicht werden. Ein Aktionärbindungsvertrag kann daher zu einem wesentlichen Instrument des Min-

---

[14] HORBER, N 883 ff.
[15] *De lege ferenda* ist angeregt worden, Aktionäre, die bereit sind, ihre Aktien langfristig zu halten, mit einer Art *Nachhaltigkeitsbonus* zu belohnen (vgl. dazu GERHARD SCHWARZ/URS MEISTER: Ideen für die Schweiz, Zürich 2013, 250 ff.; HANS-UELI VOGT: Aktionärsdemokratie, Zürich 2012, 136 f.; PETER FORSTMOSER: Corporate Social Responsibility, eine (neue) Rechtspflicht für Publikumsgesellschaften, in: FS Nobel, Bern 2015; PATRICK BOLTON/FRÉDÉRIC SAMAMA: Loyalty-Shares: Reworking Longterm Investors, Journal of Applied Corporate Finance (JACF) 2013 Heft 3, 86 ff. Ein solcher Bonus könnte auch in Informationsprivilegien bestehen.
[16] FORSTMOSER/KÜCHLER, 60.
[17] Für die Einberufung und Traktandierung gilt dazu alternativ eine Schwelle von Aktienbesitz im Nennwert von einer Million Franken, für die Einsetzung eines Sonderprüfers von zwei Millionen Franken. Im Zuge der Aktienrechtsreform sollen die Schwellenwerte überarbeitet und im Allgemeinen herabgesetzt werden (vgl. Art. 697b Abs. 1, 699 Abs. 3, 699a Abs. 1 E-OR 2007 bzw. Art. 697d Abs. 1, 697j Abs. 1, 699 Abs. 3, 699a Abs. 1 VE-OR).

derheitenschutzes werden,[18] dadurch, dass durch die Poolung der Aktienstimmen das für die Geltendmachung eines Minderheitenrechts erforderliche Quorum zustande kommt, aber auch dadurch, dass sich innerhalb des Vertrages grössere Aktionäre verpflichten, ihre Stimmkraft zugunsten von Minderheitenrechten auch in Fällen einzusetzen, in welchen dies Vertragsparteien verlangen, die selber nicht über einen genügenden Aktienbesitz verfügen.

A. Erreichen aktienrechtlicher Quoren

Es betrifft dies die folgenden Minderheitenrechte:

– Recht auf **Einberufung einer Generalversammlung** oder auf **Traktandierung** von Geschäften für die Generalversammlung (Art. 699 Abs. 3 OR);[19]
– Recht, eine **ordentliche Revision** zu verlangen *(opting-up)* (Art. 727 Abs. 2 OR);[20]
– Recht auf Einsetzung eines **Sonderprüfers** (Art. 697b Abs. 1 OR);[21] und
– Recht auf **Auflösung** der Aktiengesellschaft (Art. 736 Ziff. 4 OR).[22]

Als Minderheitenrecht ist auch die **Sperrminorität** zu qualifizieren, die es einer Aktionärsminderheit erlaubt, zwar nicht positiv Einfluss zu nehmen, aber immerhin einen nicht gewollten Beschluss zu verhindern. Das Gesetz sieht in Art. 704 OR eine Reihe von «wichtigen» Beschlüssen vor, bei denen eine Zweidrittelmehrheit verlangt ist. Es handelt sich um ein zwingendes Minimum, sowohl in Bezug auf das verlangte Quorum wie auch hinsichtlich der unterstellten Beschlüsse. Die Statuten können das Quorum anheben und/oder die Liste der unterstellten Beschlüsse erweitern.[23] In einem abgestimmten Zusammenspiel der statutarischen Ordnung[24]

---

[18] Dies ist denn auch oft ein Grund, weshalb Aktionäre sich in einem Aktionärbindungsvertrag zusammenschliessen (BLOCH, 343; vgl. N 38 ff.).
[19] BÖCKLI, Aktienrecht, § 12 N 66; BSK-DUBS/TRUFFER, OR 699 N 23; VON DER CRONE, Aktienrecht, § 5 N 96 ff.; FORSTMOSER/MEIER-HAYOZ/NOBEL, § 23 N 26.
[20] Dazu statt aller Böckli, Aktienrecht, § 15 N 110 ff.; VON DER CRONE, Aktienrecht, § 6 N 22 ff.
[21] BÖCKLI, Aktienrecht, § 16 N 24 ff.; VON DER CRONE, Aktienrecht, § 8 N 108 ff.; FORSTMOSER/MEIER-HAYOZ/NOBEL, § 35 N 8 ff.; BSK-WEBER, OR 697a N 1 ff.
[22] BLOCH, 344; BÖCKLI, Aktienrecht, § 16 N 190; VON DER CRONE, Aktienrecht, § 8 N 256 ff.; FORSTMOSER/MEIER-HAYOZ/NOBEL, § 55 N 62; BSK-STÄUBLI, OR 736 N 17. – Zur Frage, ob die Beendigung eines Aktionärbindungsvertrages allenfalls als wichtiger Grund zur Auflösung der Aktiengesellschaft qualifiziert werden kann, vgl. N 2018 ff.
[23] BSK-DUBS/TRUFFER, OR 704 N 13 ff.
[24] Erweiterung der Liste der nur mit qualifiziertem Mehr zu fassenden Beschlüsse, allenfalls Anheben des Quorums.

mit einem Aktionärbindungsvertrag, der einer Minderheit die Erreichung des Quorums sichert, kann ein effizienter Minderheitenschutz liegen.

1489 Es können im Aktionärbindungsvertrag sodann auch die Bedingungen genauer umschrieben werden, unter welchen die gebundenen Aktionäre gemeinsam ein Minderheitenrecht geltend zu machen beabsichtigen,[25] ebenso die Bedingungen, unter denen die Aktionäre auf die Ausübung eines Rechts verzichten wollen. Es kann auch etwa vorgesehen werden, ein Recht auch dann geltend zu machen, wenn dies nur von einer Minderheit der gebundenen Aktionäre oder Aktienstimmen oder auch nur von einer einzigen Vertragspartei verlangt wird.[26]

1490 Auf der Ebene der Aktiengesellschaft wirken sich solche Vereinbarungen nicht direkt aus.[27] Verweigert ein Vertragspartner die zugesagte Unterstützung für die Ausübung eines Minderheitenrechts, dann kommt dieses allenfalls nicht zum Tragen. Und macht ein Aktionär trotz anderslautender Vereinbarung dennoch ein Minderheitenrecht geltend, dann ist dies auf der aktienrechtlichen Ebene gültig.[28]

B. Vereinbarungen zur Sicherstellung einer Mehrheit in der Generalversammlung

1491 Eng verwandt mit Abmachungen, die einer Minderheit einen verstärkten Rechtsschutz gewähren wollen, sind solche, mit denen durch die Zusammenlegung der Aktienstimmen eine Mehrheit – oder auch eine qualifizierte Minderheit – in der Generalversammlung erreicht werden kann. Dies und die damit verbundene Möglichkeit, eine Aktiengesellschaft zu steuern, auch wenn keiner der Einzelaktionäre über die nötige Stimmkraft verfügt, ist oft die eigentliche *raison d'être* von Aktionärbindungsverträgen.

---

[25] BLOCH, 343.
[26] Zu den Minderheitsquoren vgl. N 1032 ff.
[27] So ist z.B. ein im Rahmen eines Aktionärbindungsvertrages vereinbarter wichtiger Grund zur Auflösung der Aktiengesellschaft nicht zwingend auch aktienrechtlich als solcher anzuerkennen (vgl. N 2018 ff.).
[28] BLOCH, 343 f.

§ 34 Überprüfungsklauseln

Eine auf Dauer angelegte Beziehung zwischen Vertragsparteien ist selten statisch: Es können sich die Bedürfnisse im Laufe der Zeit ändern oder es kann sich die gelebte Vertragswirklichkeit von Regeln des Vertrages entfernen. Im Konfliktfall sind einmal getroffene Regeln möglicherweise nicht mehr angemessen – und müssen gleichwohl angewendet werden.

Überprüfungsklauseln wollen hier Abhilfe schaffen. Sie halten die Vertragsparteien dazu an, ihren Vertrag **periodisch, aus bestimmten Gründen, beim Erreichen bestimmter Meilensteine oder auf Verlangen** einer oder mehrerer Vertragsparteien **zu überprüfen**. Als Gründe kommen z.B. erhebliche Veränderungen des Umfelds in Frage, wie beispielsweise solche technologischer, ökonomischer oder politischer Natur oder generell Akte höherer Gewalt.[1] Die Initiative zur Überprüfung kann Dritten zugewiesen werden, beispielsweise dem Verwaltungsratspräsidenten der betroffenen Aktiengesellschaft oder externen Beratern.

> Der Aktionärbindungsvertrag soll periodisch alle fünf Jahre jeweils nach der ordentlichen Generalversammlung der [Aktiengesellschaft] überprüft und nötigenfalls angepasst werden.

> [Ein Jahr] vor dem Ablauf der Vertragsdauer treten die Parteien in Verhandlungen ein mit dem Ziel einer Fortführung des Vertrages.

> Eine Überprüfung der Bestimmungen dieses Vertrages erfolgt [auch], wenn zwei oder mehr Parteien dies verlangen.

> Der [Präsident des Verwaltungsrates der Aktiengesellschaft] initiiert das Überprüfungsverfahren.

Inwiefern die Parteien durch solche Klauseln verbindlich verpflichtet werden (können), den Vertrag gegebenenfalls neu zu verhandeln, hängt im Einzelfall von der Formulierung ab und den Konsequenzen der Nichtbeachtung. In Frage kommen die Vereinbarung einer Konventionalstrafe[2] oder die Verknüpfung der Verhand-

---

[1] Vgl. auch N 1972 ff. – Vgl. ZK-JÄGGI/GAUCH/HARTMANN, OR 18 N 661.
[2] Vgl. N 1540 ff.

lungspflicht mit der Beendigungsordnung,³ indem beispielsweise das Nichtverhandeln oder die Nichteinigung innerhalb einer bestimmten Frist zu einem Kündigungsrecht führt.

1499
> Kommen die Parteien im Rahmen der Überprüfung bis zu [Datum oder Ereignis] nicht zu einer Einigung, verlängert sich der Vertrag um weitere [Anzahl] Jahre, sofern er nicht von einer der Parteien mit einer Frist von [Anzahl] Monaten auf das Ende des Geschäftsjahres der [Aktiengesellschaft] gekündigt wird.

1500 Überprüfungs- und Neuverhandlungsklauseln verpflichten die Parteien stets nur zu einem **Verhalten nach Treu und Glauben** und nicht dazu, Vertragsänderungen zu akzeptieren. Sie bieten daher keine Gewähr für das Zustandekommen einer angemessenen Neuordnung. Immerhin ist es hilfreich, den Parteien in Erinnerung zu rufen, dass die vereinbarten Regeln nicht in Stein gemeisselt sind. Sinnvoll ist es auch, den Auslöser und das Verfahren für die Überprüfung – allenfalls unter Beizug von Beratern – im Voraus festzulegen. Ist – was bei gleich grossen Beteiligungen zweier Parteien (etwa im Rahmen eines Joint Venture) oft vorkommt – ein neutraler Vorsitzender vorgesehen, dann kann diesem vertraglich die Aufgabe des Mediators zugewiesen werden.⁴ Sich anbahnende Konflikte lassen sich in einem frühen Stadium eher lösen als dann, wenn die Fronten verhärtet sind und ein Streitfall auf dem Tisch liegt.

1501 Dass die gegenseitige Zusage einer periodischen Überprüfung dann auch gelebt wird, ist damit freilich nicht gewährleistet. Nur allzu oft verschwinden Bindungsverträge «in der Schublade» und man erinnert sich an sie erst wieder im Konfliktfall.

---

[3] Vgl. N 1782 ff.
[4] Vgl. N 960 sowie auch 2146 ff.

§ 35 Salvatorische Klauseln

I. Einfache salvatorische Klauseln

Oft vereinbaren die Parteien, dass der Vertrag weiter bestehen soll, auch wenn sich einzelne Bestimmungen als nichtig oder unwirksam erweisen sollten.[1] Man spricht von **salvatorischen Klauseln:**[2]

1502

> Sollte sich eine Bestimmung dieser Vereinbarung als ungültig erweisen, so bleiben die übrigen Regelungen dennoch weiter bestehen.

1503

> Sollte eine Klausel dieser Vereinbarung nicht rechtsgültig sein, bleiben die übrigen Teile der Vereinbarung in Kraft.

1504

> Sollten einzelne Bestimmungen dieses Vertrages ungültig sein oder deren Erfüllung unmöglich werden, wird dadurch die Gültigkeit der übrigen Teile des Vertrages nicht beeinträchtigt.

1505

> Sollten einzelne Bestimmunen dieses Vertrages ganz oder teilweise ungültig, unmöglich oder nicht durchsetzbar sein oder werden, bleiben die übrigen Bestimmungen dieses Vertrages in Kraft.

1506

Klauseln dieser Art haben oft keinen über die Vermutung von Art. 20 Abs. 2 OR hinausgehenden Regelungsgehalt. Denn trotz Klausel dürfte der Wille der Vertragsparteien selten dahin gehen, den Vertrag beim Wegfall zentraler Vertragsbestimmungen weiter bestehen zu lassen. Insofern sind solche Klauseln nicht notwendig;[3] sinnvoll sind sie immerhin als eine erste Orientierung in Fällen, in denen sich die Ungültigkeit einer Vertragsbestimmung abzeichnet.

1507

---

[1] Selten sind dagegen umgekehrt sog. **Nichtigkeitsabreden,** wonach die Parteien vereinbaren, dass der Vertrag bei Nichtigkeit auch bloss einzelner Bestimmungen als Ganzes dahinfallen soll (HUGUENIN, Obligationenrecht, N 439; BSK-HUGUENIN, OR 19/20 N 68).

[2] GAUCH/SCHLUEP/SCHMID, N 696.

[3] Vgl. auch N 1523 f. – Anders ist die Rechtslage im deutschen Vertragsrecht, weil § 139 BGB bei Nichtigkeit einzelner Bestimmungen gerade entgegen Art. 20 Abs. 2 OR die Vermutung der Nichtigkeit des ganzen Rechtsgeschäfts aufstellt.

1508 Gelegentlich wird das gleiche Vorgehen auch für die **Lückenfüllung**[4] festgeschrieben:

1509
> In gleicher Weise ist vorzugehen, wenn die Vereinbarung eine Lücke aufweisen sollte.

II. Vertragliche Regeln über die Lückenfüllung

A. Lückenfüllung im Sinne des Vertragszwecks

1510 Wenn eine salvatorische Klausel **zusätzlich Anweisungen** enthalten soll, wie bzw. nach welcher Methode eine ungültige Bestimmung zu ersetzen oder eine Vertragslücke zu füllen ist, dann ist eine *vertragliche Regelung notwendig.*[5]

1511
> Die ungültige Bestimmung ist durch eine neue, gültige Bestimmung zu ersetzen, die dem Sinn und Zweck der ursprünglichen Vereinbarung so nahe als möglich kommt.

1512
> Die dahingefallene Klausel ist durch rechtsgültige Bestimmungen zu ersetzen, welche den Vertragszweck in möglichst gleicher Weise erfüllen.

1513
> Die Vertragsparteien verpflichten sich, eine ungültige oder unmöglich gewordene Bestimmung unverzüglich durch eine Vereinbarung zu ersetzen, die nach ihrem Inhalt der ursprünglichen Absicht der Parteien am nächsten kommt.

1514 Zwar weisen auch die allgemeinen Regeln vertraglicher Lückenfüllung das auslegende Gericht an, den Vertragszweck (im Sinn des Parteiwillens) in Erwägung zu ziehen.[6] Da in der Rechtsprechung jedoch die Tendenz besteht, Vertragslücken zunächst durch Anwendung des dispositiven Rechts zu schliessen,[7] ist die **Anweisung, den Vertragszweck zu beachten,** sinnvoll und praktisch dann von Bedeutung, wenn das dispositive Recht nicht mit den Absichten der Parteien übereinstimmt.

---

[4] Sogleich, N 1510 ff.
[5] BSK-WIEGAND, OR 18 N 91. – Vgl. zur Vertragsergänzung allg. ZK-JÄGGI/GAUCH/HARTMANN, OR 18 N 539 ff.
[6] BSK-WIEGAND, OR 18 N 80.
[7] BSK-WIEGAND, OR 18 N 70 und 81.

B. Lückenfüllung nach wirtschaftlicher Betrachtungsweise

In handelsrechtlichen Verträgen – und auch in Aktionärbindungsverträgen – ist oft auch die Anweisung zu finden, dass der Vertrag durch eine Ersatzregel ergänzt werden soll, die «wirtschaftlich» der ungültigen Bestimmung am nächsten kommt.

> Sollte eine Bestimmung dieser Vereinbarung für ungültig erklärt werden, dann ist sie zu ersetzen durch jene rechtmässige Bestimmung, die der ungültig erklärten Bestimmung wirtschaftlich am nächsten kommt.

> Ungültige, unmögliche oder nicht durchsetzbare Bestimmungen sind dem Sinn und Zweck dieses Vertrages entsprechend durch wirksame Bestimmungen zu ersetzen, die in ihren wirtschaftlichen Auswirkungen denjenigen der unwirksamen Bestimmungen möglichst nahe kommen.

Damit ist vermutungsweise nichts anderes gemeint als eine *Ersatzregel, die sich am Vertragszweck orientiert*. Denn es sind in wirtschaftlichen Zusammenhängen kaum Konstellationen denkbar, in denen Vertragszweck und wirtschaftlicher Zweck eines Vertrages auseinanderfallen.

C. Lückenfüllung durch die Parteien

Neben Klauseln, die ausdrücklich oder stillschweigend das auslegende Gericht im Hinblick auf die Lückenfüllung anweisen, kommen auch Klauseln vor, welche die Vertragsparteien verpflichten, zunächst gemeinsam eine neue, gültige Bestimmung anzustreben.[8]

Solche Klauseln sind mit Streitbeilegungs- und Schlichtungsklauseln verwandt.[9] Sie sind insofern von beschränktem Wert, als eine Partei nicht zu einem neuen Vertragschluss gezwungen werden kann. Immerhin mag man darin ein Bekenntnis zu einem über das nach Treu und Glauben Gebotene hinausgehenden Bemühen um Einigung erblicken. Auch kann das Prozedere verbindlich festgelegt werden – etwa der Beizug eines *Mediators*.

D. Lückenfüllung bei auslegungsbedürftigem Vertrag

Sollen die in einer salvatorische Klausel aufgestellten Regeln auch für die Vertragsauslegung Geltung beanspruchen, kann dies durch einen entsprechenden Zusatz erklärt werden.

---

[8] BSK-WIEGAND, OR 18 N 91.
[9] Vgl. N 2146 ff.

1522

> Die vorstehenden Bestimmungen gelten entsprechend für den Fall, dass sich der Vertrag als lückenhaft oder auslegungsbedürftig erweist.

III. Gefahr der Standardklauseln

1523 Salvatorische Klauseln sind oft vertragliche Standardklauseln, die ohne genauere Prüfung in den Vertrag übernommen werden. Es ist daher stets zu fragen, ob die Vertragsparteien tatsächlich den Weiterbestand unter allen Umständen vereinbaren wollten, oder ob – im Sinne einer teleologischen Auslegung – eine salvatorische Klausel nur dann zum Tragen kommen soll, wenn eine nicht zentrale Vertragsbestimmung vom Wegfall betroffen ist.

1524 Man kann sich z.B. kaum vorstellen, dass die Parteien den Weiterbestand des Vertrags auch für den Fall vereinbaren wollten, dass die Stimmbindungsklauseln entfallen, es sei denn, die im Vertrag ebenfalls enthaltenen Erwerbsberechtigungen würden für sich allein Sinn ergeben. Diesfalls würde man aber wohl eher zum Schluss kommen, es sei die Erwerbsregelung für sich allein weiter zu führen, und nicht dazu, im Hinblick auf die Regeln der Stimmbindung sei eine Lückenfüllung vorzunehmen. Salvatorische Klauseln sind – es sei dies nochmals betont – wie alle anderen Vertragsbestimmungen **auszulegen** und ihrem mutmasslichen Sinn entsprechend anzuwenden, was auch bei ihnen zu einer Korrektur des strikten Wortlauts führen kann.

§ 36 Präambeln und Zweckartikel

I. Präambeln, Vorbemerkungen und Absichtserklärungen

Viele Verträge enthalten einleitende Präambeln, Vorbemerkungen, Erwägungen, Grundsatz- oder Absichtserklärungen. Darin werden u.a. die Vorgeschichte und die Ausgangslage im Zeitpunkt des Vertragsschlusses umschrieben, Ausführungen zu den Vertragsparteien gemacht und die gemeinsamen Gründe, Absichten und Ziele des Vertragsschlusses festgehalten. Beispielsweise:[1]

1525

– Erhalt einer Familienunternehmung mit langjähriger Tradition;
– einheitliche Stimmrechtsausübung durch die Erben des Unternehmensgründers, welche nun dessen Aktien halten;
– einheitlicher Auftritt der Vertragsparteien gegen aussen;
– langfristiges Gedeihen der Unternehmung;
– angemessenes Verhältnis zwischen Reinvestition und Ausschüttung;
– Gründung eines gemeinsamen Unternehmens (Joint Venture);
– Schutz gegenüber der Mehrheit und Durchsetzung von Minderheitenrechten.

> Als Nachkommen und Mitglieder der Familie [XY], in der Absicht, den Aktionärbindungsvertrag vom [Datum] in einer geänderten, den heutigen Bedürfnissen angepassten Form zu erneuern, gemeinsame Interessen der Familienmitglieder einheitlich in der [Aktiengesellschaft] zu vertreten, eine bestimmende Beteiligung der Familie an der [Aktiengesellschaft] zu erhalten und dadurch die langfristigen Interessen der Unternehmung bestmöglich zu wahren, schliessen wir den folgenden Vertrag ab:

1526

> Die Parteien wollen ihre Rechte als Aktionäre der [Aktiengesellschaft] sowie allenfalls als Organe der [Aktiengesellschaft] und weiterer Gesellschaften der [Aktiengesellschaft]-Gruppe in gegenseitiger Absprache und einheitlich ausüben. Dabei verfolgen sie folgende Ziele:
>
> – Das langfristige Gedeihen der [Aktiengesellschaft]-Gruppe als selbständige Unternehmensgruppe.

1527

---

[1] Vgl. auch N 35 ff.

> – Angemessene Wahrung der Eigentümerinteressen der Parteien unter fairer Berücksichtigung der Minderheitsinteressen des Stammes [Y] sowie der spezifischen Interessen der im Unternehmen exekutiv tätigen Aktionäre einerseits und der nicht im Unternehmen exekutiv tätigen Aktionäre andererseits.
> – Gemeinsamer und einheitlicher Auftritt gegenüber anderen Aktionären.

1528 Solche dem eigentlichen Vertragstext vorangestellten Passagen enthalten typischerweise keine verbindlichen Verpflichtungen und es können daraus nicht direkt Rechte abgeleitet werden. Für sich allein sind sie damit blossen Absichtserklärungen oder *Gentlemen's Agreements* vergleichbar.[2] In einem Vertrag sind solche Textpassagen jedoch im Streitfall regelmässig für die *Vertragsauslegung* oder die *Lückenfüllung* von Bedeutung: Sie können Hinweise oder Konkretisierungen zu einzelnen Auslegungselementen wie dem gemeinsamen Willen, der Entstehungsgeschichte, der Vertragssystematik oder dem Vertragszweck enthalten.[3]

1529 Wegen der – vermeintlich – fehlenden rechtlichen Relevanz von Präambeln ist diesen oft eine gewisse Geschwätzigkeit eigen, mit der man allen Beteiligten gefallen will, statt sich auf die wesentlichen Aspekte zu beschränken.

II. Zweckartikel

1530 Ein Zweckartikel ist, im Unterschied zu einer Präambel, zumeist als Teil des eigentlichen Vertragstextes konzipiert und konziser auf den Vertragszweck hin formuliert. Ein solcher Zweckartikel, über dessen Verbindlichkeit als Teil des Vertragstextes die Beteiligten im Klaren sind, dürfte deshalb oft vorzuziehen sein.

1531
> Durch diese Vereinbarung sollen das erfolgreiche Weiterbestehen der [Aktiengesellschaft]-Gruppe sowie der Generationenwechsel im Stamm [X] vorbereitet bzw. vollzogen werden.

1532
> Die [Aktiengesellschaft] befindet sich zur Zeit in einer kritischen Situation.
>
> Zur Sanierung der [Aktiengesellschaft] soll neben einer mit Forderungsverzichten verbundenen Umschuldung die Eigenkapitalbasis neu gestaltet werden durch eine Kapitalherabsetzung mit anschliessender Kapitalerhöhung. Die Parteien haben sich zum Ziel gesetzt, die [Aktiengesellschaft] nachhaltig zu sanieren und sie wieder als langfristig erfolgreiches Industrieunternehmen unter schweizerischer Kontrolle, aber mit globalem Tätigkeitsfeld zu positionieren.

---

[2] Zu diesen N 14.
[3] Zur Auslegung vgl. vorne N 204 ff., zur Lückenfüllung N 1510 ff.

Mit diesem Vertrag regeln die Parteien insbesondere

- die Erarbeitung einer Strategie;
- die einheitliche Stimmabgabe in der Generalversammlung der [Aktiengesellschaft];
- die Vertretung der Parteien im Verwaltungsrat; und
- die Veräusserungsbeschränkungen und Erwerbsberechtigungen hinsichtlich der zu übernehmenden Aktien.

Die Parteien werden bis zum [31.12.2015] eine Strategie für die [Aktiengesellschaft] erarbeiten. In dieser sind insbesondere die Geschäftsfelder zu definieren, in welchen die [Aktiengesellschaft] aktiv sein soll. Die Strategie soll für alle Parteien (sowohl in ihrer Eigenschaft als Aktionäre als auch als [Organpersonen / Mitglieder des Verwaltungsrates / Mitglieder der Geschäftsleitung] der [Aktiengesellschaft]) verbindlich sein, wenn 75% der gebundenen Aktienstimmen zustimmen. Sie ist Bestandteil dieses Vertrages und Basis für die Ausübung der Grundverpflichtungen der Parteien.

Wahrend der Dauer dieses Vertrages werden die Parteien alljährlich die Strategie überprüfen. Korrekturen können mit einer Mehrheit von zwei Dritteln beschlossen werden, grundlegende Änderungen mit einer Mehrheit von 75% der gebundenen Aktienstimmen.

7. Kapitel: Regeln zur Sicherung und Durchsetzung der Vertragspflichten

§ 37 Sicherung und Durchsetzung im Allgemeinen

Sicherung und Durchsetzung vertraglicher Pflichten sind zwei Seiten derselben Münze, sodass **richtigerweise** von der **Absicherung der Durchsetzung** zu sprechen wäre. Denn die Absicherung der Vertragspflichten will deren Einhaltung garantieren.[1] Es ist zwar in diesem Kapitel vor allem von den Sicherungsmitteln die Rede, doch ist die Frage der Durchsetzung stets mitzudenken. In einem nächsten Teil des Buches (4. Teil, §§ 55 ff. [N 2023 ff.]) sollen dann die Mittel zur prozessualer Durchsetzung der Vertragspflichten besprochen werden. Diese kommen regelmässig erst dann zum Zuge, wenn vertragliche und faktische Sicherungsmittel versagt haben.

1533

Im Zusammenhang mit der Absicherung vertraglicher Pflichten aus einem Aktionärbindungsvertrag sind **zwei grundlegende Prinzipien** von Bedeutung: auf der einen Seite die bereits vielfach erwähnte *strikte Trennung zwischen vertrags- und körperschaftsrechtlicher Ebene*[2] und auf der anderen die von einem Aktionärbindungsvertrag ausgehenden *rein obligatorischen Rechtsbeziehungen* mit Wirkung ausschliesslich *inter partes*.[3]

1534

Dies bedeutet zum einen, dass zur Absicherung **keine aktienrechtlichen**, gegenüber allen Aktionären geltenden **Instrumente** eingesetzt werden können und dass es nicht Aufgabe der Aktiengesellschaft bzw. ihrer Organe sein kann, **für die Durchsetzung** der vertraglichen Pflichten zu sorgen.[4] Zum zweiten ist zu beachten, dass rein obligatorische Rechtsbeziehungen den Vertragsparteien nur *Schranken des Dürfens setzen, nicht aber solche des Könnens,* was bedeutet, dass die Vertragsparteien beispielsweise trotz vertraglicher Übertragungsbeschränkungen ihre Aktien weiterhin veräussern können (obwohl sie es nicht dürften) und dass die Stimmen einer Vertragspartei in der Generalversammlung der Aktiengesellschaft so zu beachten sind, wie sie abgegeben wurden, auch wenn bei der Stimmausübung Pflichten aus dem Bindungsvertrag verletzt wurden.[5]

1535

---

[1] FISCHER (Parteienbestand, 56) spricht – unter Einbezug der bereits behandelten Erwerbsrechte und Erwerbspflichten (vgl. N 1170 ff.) – umfassend von Massnahmen zum «Systemschutz».
[2] Vgl. N 115 ff.
[3] Vgl. N 117 ff.
[4] Dies jedenfalls dann nicht, wenn die Aktiengesellschaft nicht selber Vertragspartei ist, dazu vgl. N 405 ff.
[5] Zu Letzterem vgl. N 867 ff.

1536   Im Folgenden geht es darum, die **vertraglichen und faktischen Vorkehrungen** zu beschreiben, welche den Parteien eines Aktionärbindungsvertrages zur **Absicherung** und somit **Durchsetzung** der vertraglichen Pflichten zur Verfügung stehen. Es ist dabei wichtig, für jede durchzusetzende Vertragspflicht das jeweils angemessene Durchsetzungsmittel zu bestimmen und entsprechend zu vereinbaren,[6] weshalb je nach der zu sichernden Vertragspflicht (Stimmabgabe, Konkurrenzverbot, Erwerbsrechte etc.) unterschiedliche Sicherungsmassnahmen in Betracht zu ziehen sind.

1537   **Primäres Ziel** ist es, die *reale Erfüllung* des Vertrages sicherzustellen, **sekundäres Ziel,** *für* einen wegen Nichterfüllung entstandenen *Schaden entschädigt zu werden*.

1538   Zur Absicherung dieser Ziele hat die Praxis eine Vielzahl von Lösungen entwickelt, die freilich zum Teil nicht halten, was von ihnen erwartet wird. Ganz generell lässt sich sagen, dass mit rein **obligatorischen Massnahmen** eine Durchsetzung der Vertragspflichten letztlich nicht gesichert werden kann. Soll auch die *Möglichkeit* eines vertragswidrigen Verhaltens unterbunden werden, braucht es **dingliche Vorkehren**, die sich jedoch auf die Aktionärsstellung *einschneidend auswirken* können.

1539   Verbreitet sind in der Praxis die in den folgenden Paragraphen vorgestellten Massnahmen und Abmachungen:

- Als probates Mittel bietet sich stets die Unterlegung von Verpflichtungen durch die Drohung mit einer **Konventionalstrafe** an (dazu § 38 [N 1540 ff.]).

- Verbreitet, aber entgegen einer bei juristischen Laien verbreiteten Ansicht letztlich unwirksam ist die Bestellung eines **gemeinsamen Vertreters** (dazu § 39 [N 1570 ff.]).

- Damit verwandt – jedoch nur in bestimmten Konstellationen wirksam – ist die gemeinsame **Hinterlegung** gebundener Aktien (dazu § 40 [N 1578 ff.]).

- Eine konsequente dingliche Massnahme ist das Einbringen der gebundenen Aktien in **gemeinschaftliches Eigentum** (dazu § 41 [N 1594 ff.]).

- Ebenfalls eine dingliche Massnahme ist die Begründung einer **gemeinsamen Nutzniessung** (dazu § 42 [N 1623 ff.]).

- Weiter ist die **Verpfändung** gebundener Aktien zu erwähnen (dazu § 43 [N 1640 ff.]).

- Die **Eigentumsübertragung auf einen Treuhänder** ist eine wirksame Massnahme, bei der freilich das juristische Eigentum an den gebundenen Aktien aufgegeben wird (dazu § 44 [N 1657 ff.]).

- Das Gleiche gilt für die Einbringung gebundener Aktien in eine **gemeinsame Holdinggesellschaft** (dazu § 45 [N 1672 ff.]).

---

[6] MARTIN, 244.

- Unterstützend werden gelegentlich (mehr oder weniger taugliche) Versuche einer **physischen Absicherung** auf der Ebene der Aktientitel unternommen (dazu § 46 [N 1681 ff.]).

- Um ein Auseinanderfallen von «Dürfen» und «Können» zu verhindern, wird den Vertragsparteien regelmässig die Auflage gemacht, bei der Übertragung ihrer Aktien die **Pflichten** aus Aktionärbindungsvertrag mit **zu überbinden** (dazu § 47 [N 1688 ff.]).

- Auch mit **(obligatorischen) Verfügungs- und Übertragungsbeschränkungen** soll ein unerwünschter Übergang von gebundenen Aktien verhindert werden (dazu § 48 [N 1699 ff.]).

- Schliesslich wird versucht, die Möglichkeit **statutarischer Übertragungsbeschränkungen** für die Absicherung der Durchsetzung von Pflichten aus Aktionärbindungsverträgen zu nutzen (dazu § 49 [N 1725 ff.]).

§ 38 Konventionalstrafe

I. Begriff und Zweck

Die schmerzhafte Konventionalstrafe ist das wohl noch immer einfachste, häufigste und zugleich wirksamste vertragliche Sicherungsmittel in Aktionärbindungsverträgen.[1] Als **Konventionalstrafe** oder Vertragsstrafe wird eine *vertragliche Leistung* (oder auch die Übernahme eines Rechtsnachteils bzw. Rechtsverlustes) bezeichnet, die *unter der aufschiebenden Bedingung* versprochen ist, dass eine bestimmte andere *vertragliche Verpflichtung* oder der Vertrag als Ganzes *nicht oder nicht richtig erfüllt* wird (Art. 160 Abs. 1 OR).[2]

1540

Zweck der Vereinbarung einer solchen Leistung (bzw. eines solchen Rechtsverlustes) ist zum einen die *Absicherung der Vertragseinhaltung* und zum anderen die *Schadloshaltung* des Vertragsgläubigers mittels einer im Voraus bestimmten Leistung für den Fall einer Vertragsverletzung. Wie die Androhung von Schadenersatz *vermag allerdings* auch die Konventionalstrafe allein die *tatsächliche Vertragserfüllung nicht sicherzustellen*. Sie dient nur (aber immerhin) der *Abschreckung*.[3]

1541

Der wesentliche *Unterschied zum* bereits durch das Gesetz angedrohten *Nachteil des Schadenersatzes* bei Nichterfüllung des Vertrages (Art. 97 Abs. 1 OR) besteht darin, dass die Konventionalstrafe **auch dann geschuldet** ist, **wenn** aus der Nichterfüllung dem Vertragsgläubiger **kein Schaden erwachsen oder** dieser **nicht nachweisbar** ist (Art. 161 Abs. 1 OR). Dies bedeutet für den Verletzten eine erhebliche Erleichterung, weil er – neben der Vereinbarung über die Konventionalstrafe – nur die Vertragsverletzung nachzuweisen hat.[4] Es ist dies gerade auch bei Aktionärbin-

1542

---

[1] COUCHEPIN, N 72 f.; VON DER CRONE, Aktienrecht, § 11 N 48; DRUEY/GLANZMANN, § 11 N 87; FORSTMOSER, Schnittstelle, 388; HINTZ-BÜHLER, 227; KLÄY, 495; auch MARTIN, 239 ff.; MARXER, 288 f.; OERTLE, 121 ff. – Dies auch wenn, worauf BLOCH (112) zurecht hinweist, die Konventionalstrafe nur ein indirektes Mittel der Absicherung darstellt und damit eine reale Vertragserfüllung letztlich nicht garantieren kann.

[2] BGE 135 III 433 E. 3, 122 III 420 E. 2a; COUCHEPIN, N 19 ff. und 394 ff.; BSK-EHRAT, OR 160 N 1 ff.; IOLE FARGNOLI: Rechtsverlust als Inhalt der Konventionalstrafe, Jusletter vom 14. September 2009; GAUCH/SCHLUEP/EMMENEGGER, N 3783 und 3791; LANG, 125.

[3] BLOCH, 110 ff.; COUCHEPIN, N 129 ff.; FISCHER, Parteienbestand, 58 f.; HINTZ-BÜHLER, 227; HIRSCH/PETER, 3; KLÄY, 495; LANG, 125 f. und 127 f.; OERTLE, 122; SANWALD, 212 f.

[4] BGE 122 III 420 E. 2a; LANG, 125.

dungsverträgen essenziell, weil es häufig sehr schwer oder gar unmöglich ist, einen konkreten Schadensbetrag oder gar den Eintritt eines Schadens überhaupt nachzuweisen, wenn z.B. eine Stimmbindung nicht eingehalten wird.[5]

1543 Ohne andere Abrede ist der Gläubiger nur berechtigt, entweder die Vertragserfüllung oder die Konventionalstrafe zu verlangen (Art. 160 Abs. 1 OR).[6] Es wird jedoch regelmässig vereinbart, dass die Leistung der Konventionalstrafe *nicht von der Vertragserfüllung entbindet*.[7] Häufig wird auch festgehalten, dass die Konventionalstrafe nicht nur einmal, sondern *für jede einzelne Verletzungshandlung* erneut geschuldet ist.[8]

1544 **Nicht geschuldet** ist die Konventionalstrafe, *wenn die Vertragserfüllung* durch einen vom Schuldner nicht zu vertretenden Umstand *unmöglich geworden* ist (Art. 163 Abs. 2 OR, vgl. auch Art. 119 Abs. 1 OR). Doch kann diesbezüglich eine andere Vereinbarung getroffen werden.[9] Sichert die Konventionalstrafe eine *widerrechtliche Verpflichtung*,[10] ist sie ungültig bzw. kann sie nicht eingefordert werden (Art. 163 Abs. 2 OR).[11]

1545 Die **Durchsetzung der Konventionalstrafe** selbst kann wiederum durch *Pfandbestellung* (beispielsweise an den gebundenen Aktien) oder andere Sicherheiten abgesichert werden.[12]

II. Form

1546 Die Vereinbarung der Konventionalstrafe bedarf der gleichen Form wie die Verpflichtung, bei deren Nichterfüllung sie geschuldet ist.[13] Für die Absicherung von Aktionärbindungsverträgen bedeutet dies im Regelfall **Formfreiheit,** üblich ist aber (zumindest) **Schriftlichkeit.**[14]

---

[5] BLOCH, 107 ff.; zur Frage der Verletzung eines Vorkaufsrechts vgl. SCHENKER, Vorkaufsrechte, 250.

[6] BGE 122 III 420 E. 2b; COUCHEPIN, N 585 ff. – Der Versuch, Erfüllung zu verlangen, bedeutet allerdings (noch) keinen Verzicht des Gläubigers auf die Konventionalstrafe (GAUCH/SCHLUEP/EMMENEGGER, N 3799 [m.w.H.]).

[7] BLOCH, 110; COUCHEPIN, N 633 ff. – Vgl. N 1559 ff.

[8] BK-FELLMANN/MÜLLER, OR 536 N 89.

[9] CHK-ROTH PELLANDA/DUBS, OR 163 N 5.

[10] Vgl. N 258 ff. und N 782 ff.

[11] BLOCH, 111; CHK-ROTH PELLANDA/DUBS, OR 163 N 3 f.; BSK-EHRAT, OR 163 N 4; GAUCH/SCHLUEP/EMMENEGGER, N 3819.

[12] Vgl. N 1643; GAUCH/SCHLUEP/EMMENEGGER, N 3843; HINTZ-BÜHLER, 228.

[13] CHAPPUIS, Aspects, 68; COUCHEPIN, N 476 ff.; BSK-EHRAT, OR 160 N 11 m.w.H.; GAUCH/SCHLUEP/EMMENEGGER, N 3794.

[14] Vgl. N 218 ff.

III. Höhe

Die **Höhe** der Konventionalstrafe (in der Regel eine Geldsumme) *muss bestimmt oder* zumindest aufgrund der Vereinbarung *bestimmbar sein*.[15] Sie ist entscheidend für die Wirksamkeit der Strafe als Sicherungsmittel, aber auch in Bezug auf den Zweck der Schadloshaltung des geschädigten Vertragsgläubigers. Wird die Konventionalstrafe – wie dies häufig der Fall ist – zu tief angesetzt, nimmt der Verpflichtete sie womöglich anstelle der Vertragserfüllung in Kauf.[16] Eine Konventionalstrafe ist deshalb *im Zweifelsfall hoch anzusetzen*.[17] Bei der Vertragsgestaltung wird dieser Ratschlag oft nicht beachtet, zum einen, weil man das Postulat einer hohen Strafe als Misstrauenskundgebung versteht, zum anderen wohl auch, weil jede Partei das Risiko vor Augen hat, selber einmal von der Strafe betroffen zu werden.

Zwar kann das Gericht **übermässig hohe Konventionalstrafen** nach seinem Ermessen **herabsetzen** (Art. 163 Abs. 3 OR). Nach der Rechtsprechung des Bundesgerichts rechtfertigt sich ein Eingriff in den Vertrag aber *nur, wenn die vereinbarte Konventionalstrafe so hoch ist, dass sie das vernünftige, mit Recht und Billigkeit noch zu vereinbarende Mass übersteigt*, d.h. «wenn zwischen dem vereinbarten Betrag und dem Interesse des Ansprechers ... ein krasses Missverhältnis besteht». Es sind dabei einerseits die Grundsätze der Vertragstreue und der Vertragsfreiheit im Auge zu behalten, weil die Höhe der Konventionalstrafe an sich in beliebiger Höhe vereinbart werden kann (Art. 163 Abs. 1 OR), und andererseits die Umstände des Einzelfalles zu würdigen (Art und Dauer des Vertrages, Schwere des Verschuldens und der Vertragsverletzung, Interesse des Ansprechers an der Einhaltung des Vertrages, Abhängigkeiten aus dem Vertragsverhältnis, Geschäftserfahrung der Beteiligten, die wirtschaftliche Lages der Beteiligten etc.).[18]

---

[15] GAUCH/SCHLUEP/EMMENEGGER, N 3789.
[16] Ein Beispiel dafür findet sich in ZR 1970, Nr. 101.
[17] FORSTMOSER, Aktionärbindungsverträge, 375; HIRSCH/PETER, 3; KLÄY, 495.
[18] BGE 133 III 43 E. 3.3; BGer-Urteil 4A_174/2011 vom 17. Oktober 2011, E. 6.1; 4A_107/2011 vom 25. August 2011, E. 3; BLOCH, 111 f.; COUCHEPIN, N 767 ff.; BK-FELLMANN/MÜLLER, OR 536 N 92; GAUCH/SCHLUEP/EMMENEGGER, N 3824 ff. – Im Zusammenhang mit Aktionärbindungsverträgen wurden eine Konventionalstrafe für eine Konkurrenzvereinbarung in der Höhe von insgesamt CHF 192 000 bzw. CHF 1000 pro gebundener Aktie (BGE 88 II 172) und eine solche in der Höhe des Nominalwerts der gehaltenen Beteiligungen (DM 40 000) (BGer-Urteil 4C.143/2003 vom 14. Oktober 2003, E. 7) nicht beanstandet. Bei der Nichteinhaltung einer Verpflichtung des Käufers im Zusammenhang mit einen Aktienkaufvertrag, für eine bestimmte Dauer nach dem Aktienkauf den Sitz der Aktiengesellschaft und gewisse Geschäftsbereiche nicht zu verlagern oder aufzugeben, wurde eine Konventionalstrafe von CHF 1 000 000 um einen Drittel reduziert, weil «einerseits von einer ... nicht schweren Vertragsverletzung und an-

1549 Angesichts der Zurückhaltung der Gerichte darf die Gefahr der Herabsetzung von Konventionalstrafen nicht überbewertet werden und es wird ein Verpflichteter auch nicht damit rechnen können. Vielmehr scheint es u.E. gerechtfertigt und **zulässig, in Aktionärbindungsverträgen** – als Verträgen des Wirtschaftslebens – **schmerzhaft hohe Konventionalstrafen zu vereinbaren.**[19]

IV. Konventionalstrafe in Aktionärbindungsverträgen insbesondere

A. Tun oder Unterlassen als typische Vertragspflichten

1550 Aktionärbindungsverträge enthalten **typischerweise Vertragspflichten,** welche die Beteiligten zu einem **Tun oder Unterlassen** anhalten. Zu denken ist vor allem an Stimmbindungsvereinbarungen,[20] aber auch an allgemeine Treuepflichten und Konkurrenzverbote.[21] Im Unterschied zu Zahlungs- oder Übereignungspflichten[22] lassen sich im Falle der Nichterfüllung solcher Vertragspflichten ein **konkreter Schaden und** die **Kausalität** meist **nur schwer nachweisen.** Auch die gerichtliche Durchsetzung der Realerfüllung solcher Vertragspflichten ist häufig mit erheblichen Schwierigkeiten verbunden – und dürfte oft zu spät kommen.[23]

1551 Für Aktionärbindungsverträge bietet sich daher die Vereinbarung einer Konventionalstrafe zur Absicherung der Vertragseinhaltung und der Schadloshaltung geradezu an. Solche Vereinbarungen sind denn auch in der Praxis sehr häufig.[24] Dabei sind verschiedene Punkte zu beachten:

---

dererseits von einem nicht mehr grossen Interesse, ... an der vereinbarten Konventionalstrafe gegen das nahe Ende der Schutzdauer in vollem Umfang festzuhalten», auszugehen sei (BGer-Urteil 4A_174/2011 vom 17. Oktober 2011). In dem in BGer-Urteil 4A_361/2012 vom 30. Oktober 2012 zu beurteilenden Fall hatte die Vorinstanz eine Konventionalstrafe von CHF 100 000 auf CHF 25 000 reduziert (Absicherung eins Kaufrechts), wobei das Bundesgericht sich mit der Angemessenheit dieser Reduktion nicht befasste.

[19] Vgl. auch N 1920 (betreffend die Zurückhaltung der Gerichte im Bereich übermässiger Vertragsbindungen).
[20] Vgl. N 753 ff.
[21] Vgl. N 1446 bzw. 1460 ff.
[22] Auch solche Verpflichtungen werden oft durch eine Konventionalstrafe abgesichert.
[23] Vgl. N 2039 ff.
[24] BLOCH, 110 ff.; CHAPPUIS, Aspects, 65 ff.; FORSTMOSER, Aktionärbindungsverträge, 375; HINTZ-BÜHLER, 227 f.; HIRSCH/PETER, 3; KLÄY, 495; LANG, 125 ff.; REYMOND, 235 f.

B. Höhe und Inhalt der Konventionalstrafe

Die **Höhe der Konventionalstrafe** kann unterschiedlich bestimmt sein:

Ein im Voraus festgelegter **pauschaler Betrag** eignet sich vor allem dann, wenn den Vertragsparteien innerhalb des Vertrages mehr oder weniger das gleiche Gewicht zukommt oder wenn es darum geht, ein Konkurrenzverbot zu sichern.[25]

Geht es hingegen vor allem um die Absicherung der Stimmbindungsvereinbarung – bei unterschiedlich grossen Beteiligungen –, kann eine Konventionalstrafe sinnvoll sein, die sich an der **Anzahl der** gehaltenen bzw. dem Aktionärbindungsvertrag unterstehenden **Aktien** orientiert (allenfalls in Verbindung mit einer Mindestpauschale). Wichtig ist dabei, dass der pro Aktie geschuldete Betrag und der massgebliche Zeitpunkt für die Feststellung der Anzahl gebundener Aktien (beispielsweise der Zeitpunkt der Vertragsverletzung) bestimmt sind.[26] Andernfalls ist die Höhe der Konventionalstrafe nicht bestimmbar.[27]

Neben der Höhe der Konventionalstrafe sollte deren **Fälligkeit**[28] zumindest bestimmbar sein, und es sollte sich aus dem Wortlaut der Vereinbarung ergeben, ob die Konventionalstrafe **nur einmal oder** für jede einzelne Verletzungshandlung **erneut geschuldet** ist.

Verletzt eine Partei ihre Verpflichtungen aus diesem Vertrag, schuldet sie für jede einzelne Verletzungshandlung eine Konventionalstrafe in der Höhe von [CHF 250 000]. Die Konventionalstrafe ist spätestens [30 Tage] nach der jeweiligen Verletzungshandlung zahlbar.

Verletzt eine Partei ihre Verpflichtungen aus diesem Vertrag, schuldet sie für jede einzelne Verletzungshandlung eine Konventionalstrafe in der Höhe von [Betrag, z.B. errechnet aufgrund des inneren Werts der gehaltenen Aktien] für alle von ihr im Zeitpunkt der Verletzungshandlung gehaltenen [und diesem Vertrag unterstehenden] Aktien[, mindestens aber einen Betrag von CHF 100 000]. Die Konventionalstrafe ist spätestens [30 Tage] nach der jeweiligen Verletzungshandlung zahlbar.

---

[25] CHAPPUIS, Aspects, 68. – Bei langfristigen Verträgen kann es angezeigt sein, eine Anpassung der Summe an die Teuerung vorzusehen.

[26] CHAPPUIS, Aspects, 68.

[27] Vgl. N 1547. – Bei Namenaktien kann auf das Aktienbuch abgestellt werden, bei Bucheffekten auf den entsprechenden Saldo auf dem Effektenkonto. Bei ausgegebenen Inhaberaktien ist der Nachweis schwieriger, hier kann man sich auf die von der jeweiligen Vertragspartei in Anspruch genommenen Stimmrechte stützen oder – bei Absicherung durch gemeinsame Hinterlegung (vgl. N 1578 ff.) – auf die Anzahl der hinterlegten Aktien.

[28] Ohne andere Abrede wird die Konventionalstrafe mit Eintritt der Bedingung (vgl. N 1540) fällig.

1558 Obwohl Konventionalstrafen regelmässig eine Geldzahlung zum **Inhalt** haben, kommen auch «Strafen» anderer Art in Frage:[29] So kann der Aktionärbindungsvertrag vorsehen, dass bei einer Verletzung bestimmter Vertragspflichten der betreffende Aktionär verpflichtet ist, seine Aktien an die übrigen Aktionäre (zu einem im voraus bestimmten, tiefen Preis) zu verkaufen. Auch solche Konventionalstrafen unterliegen der Bestimmung von Art. 163 Abs. 3 OR und sind allenfalls herabzusetzen.[30]

C. Kumulation von Vertragserfüllung und Konventionalstrafe

1559 Weil gesetzlich keine **Kumulation von Erfüllungsanspruch und** Anspruch auf **Leistung der Konventionalstrafe** vorgesehen ist (Art. 160 Abs. 1 OR),[31] empfiehlt sich dort, wo trotz Verfall der Konventionalstrafe weiterhin ein Interesse an der tatsächlichen Durchsetzung der Vertragspflichten besteht (beispielsweise bei einem Konkurrenzverbot), die gegenteilige *Regelung im Vertrag*. Der Geschädigte kann in diesem Fall kumulativ auf Erfüllung des Aktionärbindungsvertrages und auf Leistung der Konventionalstrafe klagen.

1560
> Jede Partei hat – unabhängig vom Recht auf Leistung der Konventionalstrafe – das Recht, von der verletzenden Partei die Beseitigung des vertragswidrigen Zustandes bzw. die Vornahme der vertraglich erforderlichen Handlungen und die Abgabe von vertraglich erforderlichen Willenserklärungen zu verlangen.

1561 Verbreitet ist eine «Gnadenfrist» zur Wiederherstellung des vertragsmässigen Zustandes, soweit dies überhaupt möglich ist.[32]

1562
> Bei einer Verletzung dieser Vereinbarung ist die verletzende Vertragspartei vom Vorsitzenden schriftlich zu ermahnen, und es ist ihr eine Frist von [zwei Monaten] einzuräumen, um den vertragsmässigen Zustand (wieder) herzustellen.

---

[29] Vgl. N 1540.
[30] Vgl. N 1548 f.
[31] GAUCH/SCHLUEP/EMMENEGGER, N 3799 ff.; SCHWENZER, N 71.10; vgl. auch N 1543. – Gemäss HANDSCHIN/VONZUN (ZK zu OR 531 N 112) ist allerdings die Regel von Art. 160 Abs. 1 OR auf einfache Gesellschaften nur beschränkt anwendbar, weil deren Ausrichtung auf einen bestimmten Zweck es den Gesellschaftern verbiete, nur die Konventionalstrafe zu fordern. Vgl. auch BK-FELLMANN/MÜLLER, OR 536 N 89 f.
[32] Aussichtslos ist dies beispielsweise, wenn die betreffenden Aktien entgegen der vereinbarten Übertragungsbeschränkung bereits an einen Dritten veräussert und übertragen wurden.

Dies ist vor allem dann zu empfehlen, wenn eine hohe Strafe vorgesehen ist. Diese erscheint dadurch umso eher gerechtfertigt und das Risiko einer gerichtlichen Herabsetzung minimiert sich.[33]

D. Konventionalstrafe und Schadenersatz

Übersteigt ein durch die Vertragsverletzung entstandener Schaden den Betrag der Konventionalstrafe, so kann der Mehrbetrag eingefordert werden; allerdings gelten dafür die allgemeinen Voraussetzungen eines Schadenersatzanspruches (Art. 161 Abs. 2 OR), ist also insbesondere der Nachweis des Schadens und des Kausalzusammenhangs erforderlich.[34]

E. Geltendmachen der Konventionalstrafe (Legitimation)

Sind an einem Aktionärbindungsvertrag mehr als zwei Vertragsparteien beteiligt und ist er als einfache Gesellschaft zu qualifizieren,[35] stellt sich die Frage der **Legitimation zur Geltendmachung** der **Konventionalstrafe:**[36] Die (übrigen) Vertragsparteien sind **nur gemeinsam** legitimiert. **Subsidiär** kann aber auch eine einzelne Vertragspartei mit der *actio pro socio* die Leistung einer Konventionalstrafe an die Vertragsgemeinschaft einfordern.[37] Die Konventionalstrafe fällt in das gemeinschaftliche Vermögen, was bedeutet, dass die fehlbare Vertragspartei im Rahmen ihres Liquidationsanspruches ebenfalls daran partizipiert,[38] was bei der Festlegung der Höhe der Konventionalstrafe und allenfalls im Rahmen einer Regelung über die Gewinnverteilung[39] zu berücksichtigen ist. Das Bundesgericht hat aber auch die Geltendmachung einer Konventionalstrafe durch einen einzelnen Gesellschafter mit dem Begehren einer Zahlung an sich selbst geschützt, und zwar unter Hinweis auf die Möglichkeit eines einzelnen Gesellschafters, auch seinen unmittelbaren Schaden direkt einklagen zu können:[40] «Il n'en demeure pas moins que si la violation touche directement l'intérêt de l'associé à l'exécution de la convention …, cet associé possède également une créance personnelle qui lui permet de réclamer aux associés

---

[33] Vgl. N 1548 f.
[34] BLOCH, 111; GAUCH/SCHLUEP/EMMENEGGER, N 3813 ff.; SCHWENZER, N 71.12; vgl. auch N 2080 f. – Entgegen der allgemeinen Regel von Art. 97 Abs. 1 OR wird das Verschulden nicht vermutet.
[35] Vgl. N 145 ff.
[36] Zur Legitimation im Allgemeinen vgl. N 2083 ff.
[37] BK-FELLMANN/MÜLLER, OR 536 N 99 und 101; vgl. zur *actio pro socio* auch HARTMANN, 402 ff.
[38] BK-FELLMANN/MÜLLER, OR 536 N 103.
[39] Vgl. N 1604 ff.
[40] BK-FELLMANN/MÜLLER, OR 536 N 102.

n'ayant pas exécuté (ou exécuté imparfaitement) leur obligation principale ... le montant de la peine conventionnelle ...»[41]

1566 Weil nicht stets alle Vertragsparteien gleicherweise zur Geltendmachung verfallener Konventionalstrafen bereit sein mögen und weil einer einzelnen Vertragspartei allenfalls nicht zugemutet werden kann, eine Klage im Rahmen der *actio pro socio* auf eigenes Risiko und eigene Rechnung zu führen, empfiehlt sich eine **abweichende Regelung** der Legitimation. Auch im Hinblick auf die Beteiligung der fehlbaren Vertragspartei am Erlös liegt eine andere Regelung nahe. So kann vereinbart werden, dass nur diejenigen Parteien an der Konventionalstrafe partizipieren sollen, die sich aktiv an ihrer Geltendmachung beteiligen, oder dass nur die vertragstreuen Parteien daran beteiligt werden.

1567 > Jede Partei ist allein oder gemeinsam mit den anderen Parteien zur Geltendmachung der Konventionalstrafe berechtigt. Machen mehrere Parteien die Konventionalstrafe gemeinsam geltend, wird der geleistete Betrag [nach Köpfen/im Verhältnis der von ihnen gehaltenen Aktien] auf sie verteilt.

1568 > Die Strafzahlung ist unter denjenigen Parteien dieses Vertrages, die sich vertragskonform verhalten haben, entsprechend ihrer Aktienbeteiligung aufzuteilen.

F. Kombination mit weiteren Sicherungsmitteln

1569 Der Sicherungseffekt kann durch die Kombination der Konventionalstrafe mit der *Verpfändung der Aktien* zu ihrer Absicherung verstärkt werden.[42]

---

[41] BGer-Urteil 4A_65/2011 vom 1. April 2011, 3.3.1.
[42] Zur Verpfändung vgl. N 1640 ff.

§ 39 Bestellen eines gemeinsamen Vertreters

I. Begriff und Zweck

Zur Absicherung der Pflichten aus einer Stimmbindung kann **eine der Vertragsparteien oder** auch **ein Dritter bevollmächtigt** werden, die gebundenen Aktien in der Generalversammlung der Aktiengesellschaft zu vertreten und **das Stimmrecht** im Sinne der vertraglichen Verpflichtung bzw. eines Beschlusses der Vertragsparteien **auszuüben**.[1]

1570

Aufgrund verschiedener Beschränkungen durch zwingendes Recht (insbesondere der jederzeitigen Widerrufbarkeit) **taugt** das Instrument der (gemeinsamen) Vertretung **allerdings im Zweifelsfall kaum** zur Absicherung von Stimmbindungen.[2] Auch ist es notwendig, die korrekte und vereinbarte Stimmabgabe durch den Vertreter sicherzustellen (z.B. durch die Vereinbarung einer Konventionalstrafe[3] zulasten des Vertreters).

1571

II. Zulässigkeit und Voraussetzungen der Vertretung

Nach Art. 689 Abs. 2 OR ist es **zulässig, Aktien** in der Generalversammlung durch einen Dritten **vertreten zu lassen**. Bei Namenaktien bedarf die Vertretung der schriftlichen Bevollmächtigung durch den Aktionär (Art. 689a Abs. 1 OR); bei Inhaberaktien genügt dem Vertreter der Besitz der Aktien als Berechtigungsausweis gegenüber der Gesellschaft (Art. 689a Abs. 2 OR)[4].

1572

---

[1] Zur Beschlussfassung unter den Vertragsparteien vgl. N 1101 ff. – BLOCH, 113 f.; VON DER CRONE, Aktienrecht, § 11 N 49; DOHM, 189; FORSTMOSER, Aktionärbindungsverträge, 375; HINTZ-BÜHLER, 226; KLÄY, 495 f.; LANG, 129 ff.; MARTIN, 243; OERTLE, 116 f. – Der Dritte wird häufig als «Treuhänder» bezeichnet, auch wenn kein fiduziarisches Verhältnis, sondern blosse Stellvertretung vorliegt (GLATTFELDER, 323a).

[2] Vgl. N 1575 ff.; LANG, 133.

[3] Vgl. N 1540 ff.

[4] Die Aktionäre übergeben dem Vertreter die Aktientitel zum Zweck der Legitimation, sog. Legitimationsübertragung (BSK-SCHAAD, OR 689a N 15 f.), wobei auch bei Inhaberaktien (analog zu Art. 689a Abs. 1 OR) eine schriftliche Bevollmächtigung möglich sein soll (FORSTMOSER/MEIER-HAYOZ/NOBEL, § 24 N 126, ähnlich – in Verbindung

1573 Im Innenverhältnis verlangt Art. 689b Abs. 2 OR bei der Vertretung von Inhaberaktien eine Ermächtigung «in einem besonderen Schriftstück». Es handelt sich dabei jedoch nur um eine interne Voraussetzung des Dürfens, nicht eine solche des Könnens, weil diese Ermächtigung gegenüber der Gesellschaft nicht vorausgesetzt ist und nicht offengelegt zu werden braucht.[5]

1574 Im Hinblick auf das rechtmässige Handeln des Vertreters gegenüber den Vertragsparteien bzw. den Aktionären fragt es sich, ob der Aktionärbindungsvertrag als ein solches «besonderes Schriftstück» gilt. Unseres Erachtens ist dies der Fall, weil ein Aktionärbindungsvertrag als individuell ausgehandelter Vertrag nicht mit allgemeinen Geschäftsbedingungen, wie sie von Banken verwendet werden, zu vergleichen ist.[6] Irrelevant ist die Frage meist, wenn ein Dritter die Vertretung übernimmt, da in diesem Fall regelmässig eine separate Regelung ausserhalb des Aktionärbindungsvertrages getroffen wird.

III. Grenzen der Absicherung durch Vertretung

A. Jederzeitige Widerruflichkeit der Vertretungsvollmacht

1575 Die **Vertretungsvollmacht** richtet sich nach den Regeln der Stellvertretung (Art. 32 ff. OR) und **kann** deshalb vom Vollmachtgeber, d.h. von jedem einzelnen die Vollmacht erteilenden Aktionär, gemäss zwingendem Recht **jederzeit** beschränkt oder **widerrufen werden** (Art. 34 Abs. 1 und 2 OR),[7] auch wenn die Regelung im Aktionärbindungsvertrag anders lautet. Zur Absicherung der realen Durchsetzung von Stimmbindungsvereinbarungen ist die Bestellung eines (gemeinsamen) Vertreters deshalb **kein geeignetes Mittel**.[8]

---

mit einer Hinterlegung der Aktien auf den eigenen Namen des Vollmachtgebers – BÖCKLI, Aktienrecht, § 12 N 143).

[5] BÖCKLI, Aktienrecht, § 12 N 142 f. – Art. 689b Abs. 1 OR ist insofern aus Sicht der Aktiengesellschaft blosse Ordnungsvorschrift (BÖCKLI, a.a.O, N 145; FORSTMOSER/MEIER-HAYOZ/NOBEL, § 24 N 129; teils a.A. BSK-SCHAAD, OR 689b N 23 f.).

[6] Wohl a.M. BÖCKLI, Aktienrecht, § 12 N 142, der ein mit «Ermächtigung» betiteltes Dokument verlangt.

[7] BLOCH, 114; BÖCKLI, Aktienrecht, § 12 N 144; BSK-WATTER, OR 34 N 8 ff. – Nach BÖCKLI (a.a.O.) soll es immerhin insofern Beschränkungen der jederzeitigen Widerrufbarkeit geben, als es für die Aktiengesellschaft aufgrund praktischer Abläufe unzumutbar sein könne, einen Widerruf in letzter Minute vor der Generalversammlung beachten zu müssen.

[8] BLOCH, 114; FORSTMOSER, Aktionärbindungsverträge, 375 (Anm. 102); ebenso HIRSCH/PETER, 3; DOHM, 189; GLATTFELDER, 326a f.; OERTLE, 117. – Trotzdem werden in der Praxis häufig «unwiderrufliche» Vollmachten vereinbart; solche Bestimmungen sind ungültig und wirkungslos.

Besteht an den Aktien **gemeinschaftliches Eigentum,** so ist von Gesetzes wegen ein gemeinsamer Vertreter zu bestimmen (Art. 690 Abs. 1 OR), dem die Vollmacht – bei entsprechender Regelung – auch *nur gemeinschaftlich entzogen* werden kann.[9] Die Durchsetzung der vertraglichen Pflichten ist dann schon durch das gemeinsame Eigentum gewährleistet und nicht erst durch die gemeinsame Vertretung.[10]

B. Vertretung nur durch einen (anderen) Aktionär

Die Statuten der Aktiengesellschaft können vorsehen, dass ein Aktionär sich nur durch einen anderen Aktionär (und nicht durch einen beliebigen Dritten) in der Generalversammlung vertreten lassen kann (Art. 689 Abs. 2 OR).[11] Häufig ist eine solche Statutenbestimmung begleitet von statutarischen Übertragungsbeschränkungen,[12] welche die Übertragung von Aktien erschweren bzw. von der Zustimmung der Aktiengesellschaft abhängig machen.[13] In solchen Fällen kann als gemeinsamer Vertreter nur ein **Aktionär** bestellt werden; auch eine treuhänderische Übertragung auf einen Dritten zum Zwecke der Vertretung wäre als Umgehung unwirksam.[14]

---

[9] Ohne entsprechende Regelung könnte die Vollmacht von jeder einzelnen Vertragspartei allein entzogen werden (Art. 535 Abs. 1 und 2 OR); immerhin könnten die Stimmrechte dann aber wegen Art. 690 Abs. 1 OR ohne gemeinsamen Vertreter nicht ausgeübt werden.

[10] Zum gemeinschaftlichen Eigentum als Sicherungsmittel vgl. N 1594 ff.

[11] Zumindest für börsenkotierte Aktiengesellschaften soll diese Beschränkung der Vertretung künftig nicht mehr zulässig sein (Art. 689d Abs. 1 E-OR 2007 bzw. VE-OR *e contrario*).

[12] Vgl. N 1725 ff.

[13] GLATTFELDER, 326a f.

[14] Vgl. N 1661 f.

§ 40 Gemeinsame Hinterlegung der gebundenen Aktien

I. Praktische Bedeutung: Aktientitel als Voraussetzung

Die **gemeinsame Hinterlegung** der durch einen Aktionärbindungsvertrag gebundenen Aktien ist ein *häufig genanntes Mittel der Sicherung* vertraglicher Stimmbindungsvereinbarungen und Veräusserungsverbote.[1] Es *darf in seiner praktischen Bedeutung allerdings nicht überschätzt werden,* denn seine Wirkung unterliegt je nach Art der Aktien und der beabsichtigten Absicherung bedeutenden Einschränkungen.[2] Zudem setzt die Hinterlegung eine Verbriefung der Aktien, d.h. das Bestehen physischer Aktientitel voraus, auf welche heute zunehmend verzichtet wird. Dieser Trend dürfte sich mit der nunmehr erfolgten ausdrücklichen Regelung der Wertrechte (Art. 973c OR) und der Bucheffekten (BEG) noch verstärken.[3]

1578

II. Begriff und Zweck

A. Begriff der (gemeinsamen) Hinterlegung und Abgrenzung zur Sammelverwahrung

Durch einen **Hinterlegungsvertrag** verpflichtet sich der Aufbewahrer gegenüber dem Hinterleger, *eine (bestimmte) bewegliche Sache* (z.B. Aktientitel), die dieser ihm anvertraut, zu übernehmen, diese *sicher zu verwahren* (Art. 472 Abs. 1 OR) und sie schliesslich *zurückzugeben*.[4] Der Aufbewahrer darf die dingliche Rechtsstellung des Hinterlegers (oder eines Dritteigentümers) ohne dessen Zustimmung nicht beeinträchtigen,[5] weshalb vertretbare Sachen getrennt von Sachen gleicher Art aufzubewahren sind, um eine Vermengung zu vermeiden.

1579

---

[1] BLOCH, 114 ff.; DOHM, 148; FISCHER, Parteienbestand, 59; GLATTFELDER, 324a f.; HINTZ-BÜHLER, 132 f.; LANG, 134 ff.; MARTIN, 242; OERTLE, 117 f. und 131 ff.; REYMOND, 233 f. sowie als Beispiel ZR 1970, Nr. 101, E. 2.
[2] Vgl. N 1586 ff.
[3] BÖCKLI, Aktienrecht, § 4 N 111b ff. und 122 ff.; VON DER CRONE, Aktienrecht, § 3 N 7 ff. – Vgl. auch N 1585.
[4] Allg. zum Begriff BAERLOCHER, 655 f.; BSK-KOLLER, OR 472 N 1 ff.; CHK-STUPP, OR 472 N 1 ff.
[5] BAERLOCHER, 658.

1580 Bei der (**regulären**) Hinterlegung von Wertpapieren findet in der Regel **keine Vermengung** statt, sei es, weil die Aktionäre dazu keine ausdrückliche Zustimmung erteilt haben (Art. 481 Abs. 3 und 484 Abs. 1 OR) oder weil es sich nicht um vertretbare Wertpapiere handelt.[6, 7] Als Aufbewahrer von Wertpapieren fungieren in der Regel Banken oder Treuhandgesellschaften.

1581 **Gemeinsam** wird die Hinterlegung dadurch, dass die Parteien des Aktionärbindungsvertrages mit dem Aufbewahrer einen gemeinsamen Vertrag schliessen, worin dieser sich verpflichtet, die Aktien – auch wenn diese weiterhin im Eigentum der einzelnen Aktionäre verbleiben – nur an die Vertragsparteien gemeinsam bzw. nur unter Zustimmung aller Vertragsparteien oder an Vertragsparteien in beliebiger anderer Kombination herauszugeben.[8] Denn, «wie die mehreren Hinterleger ihre Rechte gegen den Aufbewahrer ausüben können, richtet sich primär nach der Vereinbarung im Hinterlegungsvertrag».[9] Fehlt eine vertragliche Regelung über die Legitimation zur Ausübung der Rechte der Hinterleger, so besteht die Vermutung ihrer gesamthänderischen Berechtigung.[10]

1582 *Von dieser regulären Hinterlegung* ist die (in der Praxis weitaus bedeutendere) **Sammelverwahrung von Wertpapieren** nach Art. 973a OR *zu unterscheiden*.[11] Bei der Sammelverwahrung erwirbt der Hinterleger mit der Einlieferung beim Aufbewahrer Miteigentum nach Bruchteilen an den zum Sammelbestand gehörenden Wertpapieren gleicher Gattung und kann jederzeit ohne Zustimmung oder Mitwirkung

---

[6] BSK-KOLLER, OR 481 N 1 ff. und OR 484 N 1 ff.; CHK-STUPP, OR 481 N 2. – Grundsätzlich können freilich nicht nur Inhaberaktien, sondern auch Ordre- und Namenpapiere Gattungssachen sein: «Jede Aktie oder Aktienkategorie einer bestimmten Aktiengesellschaft verkörpert gleichartige Rechte und wird dadurch vertretbar, auch wenn sie auf den Namen lautet» (BK-GAUTSCHI, OR 481 N 3a).

[7] Vgl. Art. 727 Abs. 1 ZGB i.V.m. Art. 484 Abs. 2 OR; dazu CHK-STUPP, OR 484 N 5; ZOBL/KRAMER, § 5 N 544. – Um eine (unabsichtliche) Vermengung in jedem Fall zu verhindern, empfiehlt es sich im Zweifelsfall, ein (Nummern-)Verzeichnis der hinterlegten Aktien anzulegen.

[8] In der Praxis kommt auch die Regelung vor, wonach der Aktionär nur zusammen mit der Aktiengesellschaft die Aktien herausverlangen kann. Dies ist zulässig, soweit damit der Gesellschaft nicht Entscheidungskompetenzen hinsichtlich der Ausübung der Stimmrechte eingeräumt werden (vgl. N 432 ff.).

[9] BSK-KOLLER, OR 479 N 7.

[10] BAERLOCHER, 706 m.w.H. BSK-KOLLER, OR 479 N 7.

[11] BSK-KOLLER, OR 484 N 9 ff.; CHK-KUHN, OR 973a N.; CHK-STUPP, OR 481 N 10 f. – Vor Inkrafttreten dieser Bestimmung war die Möglichkeit der Sammelverwahrung von Lehre und Rechtsprechung aus Art. 484 OR i.V. mit den Bestimmungen über das Miteigentum (Art. 646 ff. ZGB) abgeleitet worden (vgl. etwa BAERLOCHER, 688; BK-GAUTSCHI, OR 484 N 1a ff.).

anderer Mithinterleger die Herausgabe von Wertpapieren im Umfang seines Bruchteils aus diesem Sammelbestand verlangen (Art. 973a Abs. 2 und 3 OR) oder seinen Miteigentumsanteil mittels eines Traditionssurrogates übertragen.

Zur Vertragssicherung **eignet sich die Sammelverwahrung** wegen der selbständigen Verfügungsrechte der Beteiligten **nicht.** Deshalb, und weil in Art. 973a Abs. 1 OR die Zustimmung zur Sammelverwahrung – im Unterschied zur Regelung in Art. 481 Abs. 3 bzw. 484 Abs. 1 OR – vermutet wird, ist es wesentlich, im Aktionärbindungsvertrag ausdrücklich eine **reguläre Hinterlegung** und keine Sammelverwahrung zu **vereinbaren.**

B. Zweck der Hinterlegung

Der Zweck der gemeinsamen Hinterlegung im Rahmen von Aktionärbindungsverträgen ist meist die **Sicherstellung vertraglicher Pflichten** (Stimmbindungen, Veräusserungsverbote etc.), indem den einzelnen Vertragsparteien die Verfügungsgewalt über ihre Aktien entzogen werden soll. Doch wie bei der Vollmacht an einen gemeinsamen Vertreter[12] wird dieses Ziel durch gemeinsame Hinterlegung kaum erreicht:

III. Grenzen der Absicherung durch gemeinsame Hinterlegung

A. Beschränkung auf physische Titel

Die Möglichkeit der Hinterlegung **beschränkt sich auf bewegliche Sachen,** *setzt also physische Wertschriftentitel voraus.* Aktien mit aufgeschobenem Titeldruck[13] oder solche, die als blosse Wertrechte auf Effektenkonten verbucht sind, können nicht hinterlegt werden. Dadurch scheidet dieses Sicherungskonzept bei Publikumsgesellschaften von vornherein aus, da diese keine physischen Titel (mehr) ausgeben.[14]

---

[12] Vgl. N 1570 ff.
[13] Mit diesem Konstrukt haben Publikumsgesellschaften die Ausgabe physischer Aktientitel vor der Einführung der Bucheffekten vermieden. Das Konzept ging davon aus, dass den Aktionären zwar ein Recht auf einen physischen Titel erhalten blieb, diese aber darauf verzichteten – in der Theorie bis auf Weiteres, in der Realität (hoffentlich) für immer –, dieses Recht geltend zu machen (vgl. PETER FORSTMOSER/THOMAS LÖRTSCHER: Namenaktien mit aufgeschobenem Titeldruck. Ein Konzept zur Rationalisierung der Verwaltung und des Handels von Schweizer Namenaktien, SAG 1987, 50 ff.).
[14] Vgl. aber immerhin N 1602.

B. Grenzen bei der Absicherung von Veräusserungsbeschränkungen

1. Inhaberaktien

1586 Für Veräusserungsbeschränkungen bietet die Hinterlegung von Inhaberaktien **keine Sicherheit**, weil diese namentlich durch Besitzanweisung (Art. 924 ZGB)[15] auf einen neuen Erwerber übertragen werden können, ohne dass sie aus dem Depot genommen werden müssen.[16] Die h.L. vertritt zudem die Ansicht, dass nach Art. 924 Abs. 3 ZGB – entgegen dem Wortlaut dieser Bestimmung – nur dingliche Ansprüche den Aufbewahrer berechtigen, die Herausgabe an den Erwerber zu verweigern, sodass eine im Hinterlegungsvertrag getroffene Regelung, wonach die Aktien nur mit dem Einverständnis aller Vertragsparteien herausgegeben werden dürfen, gegenüber einem Dritterwerber wirkungslos bleibt.[17]

1587 Letzteres wäre nur dann nicht der Fall, wenn man der Meinung von ERNST folgen würde, wonach Art. 924 Abs. 3 ZGB nicht nur dingliche Berechtigungen umfasst, sondern einen gesetzlichen Übergang des Rechtsverhältnisses zwischen Veräusserer und Aufbewahrer (Besitzmittler) auf den Erwerber vorsieht.[18] Dann wäre auch ein Dritterwerber an die im Hinterlegungsvertrag getroffene Regelung gebunden. Die Aktien könnten zwar weiterhin durch Besitzanweisung an einen Dritten übertragen werden, jedoch könnte dieser aufgrund des Hinterlegungsvertrages nur mit Zustimmung der übrigen Vertragsparteien über die Aktien effektiv verfügen.

1588 Teilt man diese Ansicht nicht, dann liegt ein möglicher Ausweg darin, dem Aufbewahrer nicht die Position eines alleinigen Besitzers (mit unmittelbarem unselbständigem Besitz) zu verschaffen, sondern ihn zum **Gesamtbesitzer zusammen mit den hinterlegenden Vertragsparteien** zu machen, indem die Aktien z.B. in einem Tresor gelagert werden, der nur unter Mitwirkung aller Vertragsparteien geöffnet werden kann.[19] Eine solche *faktische Sicherstellung* lässt sich im Übrigen auch ohne Zutun eines Aufbewahrers durch die Vertragsparteien allein bewerkstelligen.

---

[15] Allg. dazu BSK-ERNST, ZGB 924 N 3 ff.
[16] BGer-Urteil 6P.28/2006 vom 26. Juli 2006, E. 7.2; BLOCH, 115 ff.; VON DER CRONE, Aktienrecht, § 11 N 51; EISENHUT, 201 f.; FISCHER, Parteienbestand, 59; HIRSCH/PETER, 3 f.; KLÄY, 496; LANG, 139 f.; OERTLE, 132; REY, N 1730; SANWALD, 213 f.
[17] BLOCH, 116 f.; CHK-EITEL/ARNET, ZGB 924 N 6; BSK-ERNST, ZGB 924 N 21; HIRSCH/PETER, 3 f.; KLÄY, 496; LANG, 140 f.; OERTLE, 132; REY, N 1731; vgl. auch HGer ZH vom 24. Juni 1980, SAG 1981, 65 f. (kritisch ZWICKER, 324 ff.).
[18] BSK-ERNST, ZGB 924 N 10 ff. (a.M. BK-STARK, ZGB 924 N 37).
[19] CHK-EITEL/ARNET, ZGB 919 N 4. – Vgl. auch N 1686.

2. Namenaktien

Namenaktien können nicht nur durch Übergabe der indossierten Wertpapierurkunde (Art. 684 Abs. 2 und 967 Abs. 1 OR), sondern auch durch blosse Zession übertragen werden (Art. 165 Abs. 1 OR).[20] Die Hinterlegung bietet daher auch bei Namenaktien **keinen Schutz** zur Absicherung von Übertragungsbeschränkungen.[21]

Nach einem Teil der Lehre ist es möglich, in den Statuten der Aktiengesellschaft die Übertragung von Aktien durch Zession auszuschliessen.[22] Bei verbrieften Aktien – und um solche handelt es sich bei der Hinterlegung stets[23] – mag eine solche Beschränkung zulässig sein,[24] weil sie nur eine der möglichen Formen der Übertragung ausschliesst, während die Übertragung durch Übergabe der indossierten Wertpapierurkunde weiterhin möglich ist. Bei nicht verbrieften Aktien hingegen, die nur durch Zession oder Verbuchung auf einem Bucheffektenkonto übertragen werden können, wäre dies ein Verstoss gegen die zwingende Bestimmung von Art. 685b Abs. 7 OR.[25]

Möglich ist u.E. die nachträgliche rechtsgeschäftliche Vereinbarung eines Abtretungsverbotes zwischen dem einzelnen Aktionär und der Aktiengesellschaft.[26] Vgl. dazu N 1721.

C. Grenzen hinsichtlich der Absicherung von Stimmbindungsvereinbarungen

1. Inhaberaktien

Bei Inhaberaktien kann die Mitgliedschaftsrechte nur ausüben, wer sich als Besitzer der verbrieften Aktien ausweist (indem er diese vorlegt [Art. 689a Abs. 1 OR]). Deshalb kann durch gemeinsame Hinterlegung eine absprachewidrige Stimmabgabe **verhindert** werden;[27] dies allerdings nur in Verbindung mit einer gemeinsamen Vertretung der Aktien in der Generalversammlung durch eine Vertragspartei oder einen Dritten (in der Regel wohl der Aufbewahrer der Aktien). Die Legitimations-

---

[20] EISENHUT, 202. – Zur Übertragung gewöhnlicher Namenaktien vgl. BÖCKLI, Aktienrecht, § 4 N 102; FORSTMOSER/MEIER-HAYOZ/NOBEL, § 44 N 90 ff.
[21] BLOCH, 116; SCHENKER, Vorkaufsrechte, 268.
[22] Vgl. etwa DALLA TORRE/GERMANN, 577; HINTZ-BÜHLER, 135 (Anm. 585); FISCHER, Parteienbestand, 59; VISCHER, Sicherstellung, 160 f.
[23] Vgl. soeben N 1585.
[24] Zumindest Zweifel sind u.E. aber angebracht.
[25] KLÄY, 430 und 496 m.w.H.
[26] Vgl. zu den Vereinbarungen zwischen Aktionär(en) und Aktiengesellschaft N 431 ff. und 1420 ff.
[27] VON DER CRONE, Aktienrecht, § 11 N 50.

übertragung auf den Dritten bedarf aber wiederum einer Stimmbindungsvereinbarung, die ihrerseits mittels Konventionalstrafe etc. abgesichert werden kann.[28]

2. Namenaktien

1593 Da bei Namenaktien für die Ausübung des Stimmrechts auf den Eintrag im Aktienbuch abgestellt wird, können mit einer Hinterlegung keine Stimmbindungsvereinbarungen abgesichert werden (Art. 689a Abs. 1 OR).[29]

---

[28] BLOCH, 116 f.; LANG, 136 f.; BSK-SCHAAD, OR 689a N 15 f.
[29] LANG, 137 m.w.H.

§ 41 Schaffung gemeinschaftlichen Eigentums

I. Eigentum an gebundenen Aktien im Allgemeinen

Die **Schaffung gemeinschaftlichen Eigentums** zur Absicherung von Stimmbindungen und Veräusserungsbeschränkungen eines Aktionärbindungsvertrages wird zwar *in der Literatur häufig erwähnt,*[1] *findet sich aber in der Realität eher selten,*[2] denn die Preisgabe ihres Eigentums an den Aktien geht den Vertragsparteien meist zu weit.[3]

1594

Vorauszuschicken ist, dass das **Eigentum** (und die Rechtszuständigkeit ganz allgemein) *an den* durch einen Aktionärbindungsvertrag *gebundenen Aktien ohne anderweitige Vereinbarung bei den einzelnen Vertragsparteien* bleibt.[4] *Selbst* wenn das bindungsvertragliche Verhältnis *als einfache Gesellschaft* zu qualifizieren ist,[5] führt dies nicht zu gemeinschaftlichem Eigentum an den gebundenen Aktien.[6] Die Entstehung einer einfachen Gesellschaft setzt kein Gesellschaftsvermögen voraus,[7] und die Entstehung gemeinschaftlichen Eigentums kann nicht ohne bewussten Akt der Beteiligten geschehen; die Übertragung von Aktien bedarf entweder der Besitzübertragung oder der Übertragung durch Indossament bzw. Zession.[8] Bei Namenaktien muss die Gemeinschaft der Vertragsparteien als gemeinschaftliche Eigentümerin bzw. Aktionärin im Aktienbuch eingetragen werden, bei nicht kotierten Aktien generell, bei kotierten jedenfalls dann, wenn die Mitwirkungsrechte ausgeübt werden sollen, was bei Aktionärbindungsverträgen zumeist ein Hauptzweck ist.

1595

---

[1] APPENZELLER, 37; BLOCH, 122 ff.; VON DER CRONE, Aktienrecht, § 11 N 54; DOHM, 191 ff.; FISCHER, Parteienbestand, 31 f. und 217, 60 f. und 217 ff.; FORSTMOSER, Aktionärbindungsverträge, 376; GLATTFELDER, 232a; HINTZ-BÜHLER, 138 f. und 228; HÉRITIER LACHAT, 94 f.; HIRSCH/PETER, 4 ff.; KLÄY, 496 f.; LANG, 162 ff.; MARTIN, 243; OERTLE, 119 ff. und 133 ff.; RIHM, 518; STUBER, 34 ff.; ZIHLMANN, 239.
[2] FISCHER, Parteienbestand, 60 f.; HINTZ-BÜHLER, 139; STUBER, 34.
[3] FISCHER, Parteienbestand, 222; SANWALD, 214.
[4] FISCHER, Parteienbestand, 31; VON SALIS, Stimmrecht, 189.
[5] Vgl. N 145 ff.
[6] FISCHER, Parteienbestand, 31.
[7] BK-FELLMANN/MÜLLER, OR 544 N 20; FISCHER, Parteienbestand, 218 f.
[8] BLOCH, 123 f.; LANG, 147 ff. und 162 ff.; vgl. auch BGer-Urteil 4A_155/2011 vom 10. Januar 2012, E. 2.2.7.

1596 Die Schaffung von gemeinschaftlichem Eigentum ist keine Voraussetzung für die Verbindlichkeit bindungsvertraglicher Regeln. Sowohl Übertragungsbeschränkungen als auch Stimmbindungen können rein obligatorisch vereinbart werden.

1597 Ohne anderweitige bzw. zusätzliche Vereinbarungen und Massnahmen ist die Bindungswirkung eines Aktionärbindungsvertrages auf die **rein obligatorische Bindung** beschränkt:[9] Zwar **darf** eine Vertragspartei ihre Rechte an den gebundenen Aktien **nicht vertragswidrig** ausüben oder diese im Widerspruch zu den vertraglichen Vereinbarungen veräussern, doch **kann** sie dies dennoch tun.[10]

1598 Als Massnahme zur Absicherung der Vertragserfüllung macht gemeinschaftliches Eigentum wegen seiner **dinglichen und nicht nur obligatorischen Wirkung** daher Sinn.

II. Begriff und Zweck

A. Miteigentum oder Gesamteigentum

1599 Das Sachenrecht kennt *zwei Arten des gemeinschaftlichen Eigentums*: das Miteigentum (Art. 646 ff. ZGB) und das Gesamteigentum (Art. 652 ff. ZGB).[11] **Miteigentum** entsteht *durch entsprechende Vereinbarung* der Parteien, während **Gesamteigentum** ein *Gemeinschaftsverhältnis* (wie beispielsweise eine einfache Gesellschaft) voraussetzt.[12]

1600 Entscheiden sich die Parteien, an den gebundenen Aktien gemeinschaftliches Eigentum schaffen zu wollen, ist demnach zunächst danach zu unterscheiden, ob es sich um ein schuldrechtliches oder um ein gesellschaftsrechtliches Verhältnis handeln soll.[13] Ist der *Aktionärbindungsvertrag schuldrechtlicher Natur*, haben die Vertragsparteien nur die Möglichkeit, **Miteigentum** zu vereinbaren, während beim *Einbringen der Aktien in die (einfache) Gesellschaft* sowohl die Vereinbarung von **Miteigentum als auch von Gesamteigentum möglich** ist;[14] vereinbaren die Parteien nichts, so stehen die in die einfache Gesellschaft eingebrachten Aktien im **Gesamteigentum** der Vertragsparteien (Art. 652 ZGB i.V.m. Art. 544 Abs. 1 OR).[15]

---

[9] BLOCH, 123.
[10] Vgl. etwa N 118 f.
[11] REY, N 605.
[12] BSK-BRUNNER/WICHTERMANN, ZGB 646 N 15 ff.; REY, N 610 f., 711 ff. und 994 ff.; BSK-WICHTERMANN, ZGB 652 N 17 ff.
[13] Vgl. N 140.
[14] BSK-BRUNNER/WICHTERMANN, vor ZGB 646–654a N 16.
[15] FISCHER, Parteienbestand, 31 f.; MEIER-HAYOZ/FORSTMOSER, § 13 N 17 f.; BSK-PESTALOZZI/HETTICH, OR 544 N 2 f.

In jedem Fall **ändert gegenüber der Aktiengesellschaft die Aktionärsstellung:** Statt einzelner, individuell auftretender Aktionäre steht der Aktiengesellschaft fortan eine gemeinsam handelnde Gruppe gegenüber. Auch das Aktienbuch ist daher entsprechend zu ändern und es ist die **Gesamtheit der Gesellschafter als Aktionärin einzutragen.**[16]

B. Aktien ohne physische Aktientitel

Eigentum im sachenrechtlichen Sinn setzt das Bestehen **physischer Aktientitel** voraus, auf welche heute **zunehmend verzichtet** wird.[17] Wenn die Aktientitel nicht physisch verfügbar sind, kann eine dem gemeinschaftlichen Eigentum vergleichbare Rechtslage durch **Abtretung** der Aktien an die Gesamtheit der Vertragsparteien (Gesamthandschaft) erreicht werden, wobei es zusätzlich der Anzeige an die das Wertrechtebuch führende Aktiengesellschaft bedarf (Art. 973c Abs. 2 und 4 OR) und überdies die **Gutschrift auf einem Effektenkonto** notwendig ist, welches auf den Namen der Gesamtheit der Vertragsparteien lautet (Art. 24 BEG).

C. Zweck des gemeinschaftlichen Eigentums

Gemeinschaftliches Eigentum an den Aktien bezweckt die **Absicherung der Einhaltung von Stimmbindungen und Erwerbsrechten** über die bloss vertragliche Verpflichtung des Aktionärbindungsvertrages hinaus. Dies gestützt darauf, dass bei gemeinschaftlichem Eigentum die *Stimmrechte nur noch gemeinsam bzw. durch einen gemeinsamen Vertreter ausgeübt werden können* (Art. 690 Abs. 1 OR), und dass *über die Aktien* – zumindest bei Gesamteigentum – *nur noch gemeinsam verfügt werden kann*. Eine abredewidrige Stimmabgabe und – bei Gesamteigentum – eine abredewidrige Veräusserung können so wirksam verhindert werden.[18]

D. Notwendige Regelungen

Das Einbringen der Aktien in die einfache Gesellschaft bedarf einiger ausdrücklicher Regelungen im Aktionärbindungsvertrag, weil das dispositive Recht der einfachen Gesellschaft auf die konkrete Situation meist nicht passt:

Die Aktien stehen nach dem Einbringen in die einfache Gesellschaft im gemeinsamen Eigentum der Vertragsparteien. Damit besteht auch eine gemeinsame Berechtigung an den ausbezahlten **Dividenden.** Gemäss der dispositiven Ordnung von

---

[16] Die börsenrechtlichen Konsequenzen des Bestehens einer Gruppe hängen dagegen nicht vom expliziten und formellen Bekenntnis ab, eine Gruppe bilden zu wollen, sondern vom tatsächlichen einheitlichen Vorgehen (vgl. N 695 ff.).
[17] Vgl. dazu N 1578 und 1585.
[18] HINTZ-BÜHLER, 139.

Art. 533 Abs. 1 OR «hat jeder Gesellschafter, ohne Rücksicht auf die Art und Grösse seines Beitrages, gleichen Anteil an Gewinn und Verlust» der einfachen Gesellschaft.[19] Diese Aufteilung des gesamten Dividendenertrags zu gleichen Teilen ist dann nicht angemessen, wenn die verbundenen Aktionäre nicht jeweils gleich viele Aktien eingebracht haben. Beim Fehlen einer ausdrücklichen Regelung dürfte zwar eine starke Vermutung für einen von der gesetzlichen Ordnung abweichenden Vertragswillen der Parteien sprechen (was durch Auslegung zu ermitteln ist), doch empfiehlt sich zumindest der Klarheit halber die ausdrückliche *Vereinbarung einer Gewinnverteilung im Verhältnis der ursprünglichen Beteiligungen*.

1606 Vertragliche Regelungen können sich sodann auch für den Fall der **Ausübung von Bezugsrechten** aufdrängen oder in Bezug auf das **Bestellen von Sicherheiten** zugunsten bzw. zulasten der Vertragsparteien (z.B. Verpfändung von Aktien) zur Wahrung ihrer Finanzierungsmöglichkeiten bzw. Kreditwürdigkeit.[20] Haben die Parteien zu diesen Fragen keine explizite Regelung getroffen, dann dürfte in der Regel die Vereinbarung betreffend die *Aufteilung der Dividenden analog* anwendbar sein. Fehlt eine solche, ist durch Auslegung der wirkliche Wille der Parteien zu eruieren, wobei zu vermuten sein dürfte, dass an den im Rahmen einer Kapitalerhöhung neu erlangten Aktien die *gleichen Beteiligungsverhältnisse* gelten sollen wie an den bisherigen und dass auch finanzielle Verpflichtungen nach dem gleichen Schlüssel aufzuteilen sind.

1607 Ein bedeutender Regelungsaspekt betrifft schliesslich die Frage der **Rücknahme der eingebrachten Aktien** bei der Auflösung des Aktionärbindungsvertrages (und der dem Vertrag zugrunde liegenden einfachen Gesellschaft). Die dispositive Regelung von Art. 548 Abs. 1 OR, wonach Sachen, die zu Eigentum in die Gesellschaft eingebracht wurden, nicht an den jeweils einbringenden Gesellschafter zurückfallen, sondern dieser nur einen Anspruch auf den Einlagewert der Sache hat, ist dem Sinn und Zweck eines Aktionärbindungsvertrags nicht angemessen. Es empfiehlt sich deshalb eine Vertragsbestimmung, wonach die eingebrachten Aktien *in natura* wieder an den jeweiligen Aktionär zurückfallen.[21] Fehlt eine Regelung, dann ist auch für diese Frage der wirkliche Wille der Parteien durch Auslegung zu ermitteln und in der Regel wohl zu vermuten, dass eine Rückgabe der eingebrachten Aktien beabsichtigt war.

---

[19] BSK-HANDSCHIN, OR 533 N 2 ff.
[20] BLOCH, 126; HIRSCH/PETER, 6.
[21] BLOCH, 124 und 125; FISCHER, Parteienbestand, 231; HIRSCH/PETER, 6; LANG, 171 f.; BSK-STAEHELIN, OR 548/549 N 9.

III. Absicherung von Stimmbindungsvereinbarungen

A. Ausübung des Stimmrechts durch einen gemeinsamen Vertreter (Art. 690 Abs. 1 OR)

Steht eine Aktie in gemeinschaftlichem Eigentum, können gemäss Art. 690 Abs. 1 OR die Berechtigten die **(Stimm-)Rechte** *nur durch einen gemeinsamen Vertreter ausüben*.[22] Daher können Aktionäre, die Partei eines Aktionärbindungsvertrages sind und ihre Aktien zu gemeinschaftlichem Eigentum an die Gesamtheit der Vertragsparteien übertragen haben, ihre Rechte aus den Aktien nicht mehr individuell, sondern nur noch über den gemeinsamen Vertreter geltend machen.[23] Es ist damit in Bezug auf das Stimmrecht in der Generalversammlung sichergestellt, dass keine Stimmrechte anders als vereinbart ausgeübt werden.[24]

Ist nichts anderes vereinbart, *bestimmen die verbundenen Aktionäre ihren Vertreter* (einen Aktionär oder – falls die Statuten der Aktiengesellschaft dies nicht untersagen [Art. 689 Abs. 2 OR] – einen Dritten) **bei Miteigentum mit einfacher Mehrheit** und **bei Gesamteigentum mit Einstimmigkeit**.[25] Im Falle von Gesamteigentum kann demnach ein einzelner Beteiligter die Bevollmächtigung wirkungsvoll blockieren; die Aktien sind dann in der Generalversammlung nicht vertreten.[26]

Beim **Entzug der Vertretungsmacht** ist danach zu unterscheiden, ob das Vertretungsverhältnis *auftragsrechtlicher Natur (Drittvertreter)* oder *gesellschaftsrechtlicher Natur (Gesellschafter als Vertreter)* ist: Ein **auftragsrechtliches** Vertretungsverhältnis kann nach der zwingenden Bestimmung von Art. 404 Abs. 1 OR jederzeit aufgelöst werden, wobei der Auflösungsentscheid von den Vertragsparteien wiederum mit einfacher Mehrheit (Miteigentum) bzw. mit Einstimmigkeit (Gesamteigentum) zu

---

[22] Dazu etwa BGer-Urteil 4A_197/2008 vom 24. Juni 2008, E. 2.2.
[23] BÖCKLI, Aktienrecht, § 12 N 136. – Eine Ausnahme gilt für sammelverwahrte Aktien, die in sog. labilem Miteigentum stehen. Bei diesen räumt die Lehre den einzelnen Aktionären ein selbständiges, eigenes Recht auf Stimmrechtsausübung ein (BAERLOCHER, 693; VON DER CRONE, Aktienrecht, § 3 N 30; FORSTMOSER/MEIER-HAYOZ/NOBEL, § 45 N 9.
[24] BLOCH, 124; FISCHER, Parteienbestand, 222; LANG, 165 f. – Zur Beschlussfassung betreffend Stimmabgabe in der Generalversammlung vgl. auch N 1101 ff.
[25] BSK-LÄNZLINGER, OR 690 N 8; REY, N 706 ff.; BSK-WICHTERMANN, ZGB 652 N 11- – Zur Beschlussfassung im Rahmen des Aktionärbindungsvertrages im Allgemeinen vgl. auch N 999 ff.
[26] FISCHER, Parteienbestand, 224; BSK-LÄNZLINGER, OR 690 N 8. – Vgl. auch BGer-Urteil 4A_197/2008 vom 24. Juni 2008, E. 2.2, wo allerdings für die interne Beschlussfassung das Mehrheitsprinzip vereinbart war.

beschliessen ist.²⁷ Ist das Vertretungsverhältnis **gesellschaftsrechtlicher** Natur, kann es – abgesehen von der Beendigung gemäss vereinbarten Voraussetzungen – nur beim Vorliegen eines wichtigen Grundes beendet werden (Art. 539 Abs. 1 OR),²⁸ in diesem Fall allerdings nach zwingendem Recht durch jeden einzelnen Gesellschafter (Art. 539 Abs. 2 OR).²⁹

1611 Gegenüber der **Aktiengesellschaft** legitimiert sich der Vertreter bei Inhaberaktien durch deren Besitz und bei Namenaktien mittels schriftlicher Ermächtigung durch die gemeinschaftlichen Eigentümer.³⁰

B. Vertretung durch eine Vertragspartei

1612 Die Parteien des Aktionärbindungsvertrages können sich gemeinsam durch eine der Vertragsparteien vertreten lassen. Es besteht dabei aber wieder das Risiko, dass der gemeinsame Vertreter die Stimmen abweichend vom gemeinsamen Beschluss ausübt, wobei die Aktiengesellschaft diese Stimmen – ungeachtet eines Vereinbarungsbruchs – so zu beachten hat, wie sie abgegeben wurden.³¹ Diesem Risiko kann wiederum durch die Vereinbarung einer Konventionalstrafe begegnet werden.³²

C. Vertretung durch Dritte

1613 Sehen die Statuten der Aktiengesellschaft keine Beschränkung der Vertretung auf Aktionäre vor,³³ können sich die im Aktionärbindungsvertrag verbundenen Aktionäre auch durch einen beliebigen Dritten in der Generalversammlung vertreten lassen (Art. 689 Abs. 2 OR).

---

[27] Beim Vorliegen eines wichtigen Grundes soll jeder einzelne (Eigentümer-)Aktionär dem Vertreter das Vertretungsrecht entziehen können (Art. 539 Abs. 2 OR analog; LANG, 169 f.).

[28] A.M. OERTLE, 119 f.

[29] LANG, 169 f.; OERTLE, 120 f. m.H. – OERTLE (121) weist aber mit Recht darauf hin, dass selbst dann, wenn die Vertretungsvollmacht von jedem einzelnen Aktionär widerrufen werden kann, es dem Widerrufenden nicht möglich ist, das Stimmrecht wieder selber auszuüben.

[30] BSK-LÄNZLINGER, OR 690 N 6.

[31] Vgl. N 867 ff.

[32] Vgl. N 1540 ff.

[33] Zumindest für börsenkotierte Aktiengesellschaften soll diese Beschränkung der Vertretung künftig nicht mehr zulässig sein (Art. 689d Abs. 1 E-OR 2007 bzw. VE-OR *e contrario*).

IV. Absicherung von Veräusserungsbeschränkungen

A. Keine Sicherung durch Miteigentum

Zur Absicherung von Veräusserungsbeschränkungen **eignet sich** Miteigentum **nicht,** weil **jedem Miteigentümer** über seinen Anteil die Verfügungsmacht zukommt (Art. 646 Abs. 3 ZGB)[34] und ein Dritterwerber überdies die Aufhebung des Miteigentums verlangen kann (Art. 650 Abs. 1 ZGB)[35]. Zwar kann der Anspruch auf Teilung für höchstens 50 Jahre rechtsgeschäftlich ausgeschlossen werden (Art. 650 Abs. 2 ZGB),[36] dies wäre aber für einen Dritterwerber aufgrund der rein obligatorischen Natur einer solchen Vereinbarung nicht massgebend.[37] Nur die Veräusserung sämtlicher gebundener Aktien bedürfte der Zustimmung aller Miteigentümer.

1614

B. Sicherung durch Gesamteigentum

Im Gegensatz zu Miteigentum kann – sofern nichts anderes vereinbart ist – bei Gesamteigentum nur über die Sache als Ganze und nur mit Zustimmung aller Gesamteigentümer verfügt werden (Art. 653 Abs. 2 und 3 ZGB i.V.m. Art. 534 Abs. 1 OR).[38] *Damit kann* durch das Einbringen der gebundenen Aktien in die einfache Gesellschaft des Aktionärbindungsvertrages *eine nicht vereinbarungsgemässe Veräusserung wirksam verhindert werden.*[39]

1615

V. Unerwünschte Nebenwirkungen

A. Transparenz und Publizität

Die Schaffung von gemeinschaftlichem Eigentum an gebundenen Aktien kann zu einer von den Beteiligten nicht gewünschten **Transparenz gegenüber der Aktien-**

1616

---

[34] BSK-BRUNNER/WICHTERMANN, ZGB 646 N 23 f.; FISCHER, Parteienbestand, 221 f.; REY, N 627, 647 und 651 ff.

[35] BSK-BRUNNER/WICHTERMANN, ZGB 650 N 12 ff.; REY, N 721.

[36] Die Aufhebung des Miteigentums ist in diesem Fall erst nach Auflösung des Gesellschaftsverhältnisses möglich (BK-MEIER-HAYOZ, ZGB 650 N 13).

[37] BSK-BRUNNER/WICHTERMANN, ZGB 650 N 14 ff.; REY, N 723. – Die einzige Schranke im Bereich des Eigentums an Aktien besteht darin, dass die Aufhebung nicht zur Unzeit erfolgen darf (Art. 650 Abs. 3 ZGB; BSK-BRUNNER/WICHTERMANN, ZGB 650 N 19 f.).

[38] REY, N 988; BSK-WICHTERMANN, ZGB 653 N 4 ff. – Individuell durch die einzelnen Gesamteigentümer kann allein der Anspruch auf den Liquidationserlös veräussert werden (REY, N 989 f.).

[39] So auch FISCHER, Parteienbestand, 222.

gesellschaft und gegenüber Dritten führen – soweit die Aktionäre nicht ohnehin aufgrund eines börsenrechtlichen Gruppentatbestandes zur Publizität verpflichtet sind.[40]

1617 Transparenz entsteht vor allem im Zusammenhang mit der **gemeinsamen Vertretung**:[41] Bei Inhaberaktien kann sich der gemeinsame Vertreter zwar allein durch den Besitz der Aktien legitimieren; bei Namenaktien ist dies hingegen nicht der Fall.[42] Zwar könnten theoretisch die zur gesamten Hand gehaltenen Aktien auf mehrere Vertreter aufgeteilt und in der Generalversammlung so vertreten werden;[43] die Transparenz der Eigentumsverhältnisse lässt sich aber nicht vermeiden, da die Vertretungsverhältnisse im Protokoll festzuhalten sind (Art. 702 Abs. 2 OR).[44]

B. Behandlung als «Gruppe»

1618 Treten die verbundenen Aktionäre als gemeinschaftliche Eigentümer auf, so liegt es nahe, sie aus der Sicht des Aktienrechts als verbundene «Gruppe» zu betrachten und gemeinsam wie einen einzelnen Aktionär zu behandeln. Dies mit der Folge, dass unter Umständen eine statutarische Höchststimmklausel oder eine Stimmrechtsbeschränkung nicht mehr individuell auf die einzelnen verbundenen Aktionäre, sondern auf ihre Gesamtheit angewendet wird, was zu einer *Reduktion der gemeinsamen Stimmkraft* führen kann.[45]

1619 Sodann kann die Behandlung als Gruppe zu *börsenrechtlichen Offenlegungs- und Angebotspflichten* führen (vgl. N 693 ff.).

VI. Einbringen in eine Kollektiv- oder Kommanditgesellschaft (nicht kaufmännischer Art) insbesondere

1620 Statt sich nur als einfache Gesellschaft zu verbinden, können die Parteien unter sich die Gründung einer nichtkaufmännischen Kollektiv- oder Kommanditgesellschaft vereinbaren[46] und die Aktien in diese einbringen. Im Gegensatz zur einfachen Gesellschaft ist die Kollektiv- oder Kommanditgesellschaft **selbst handlungsfähig,**

---

[40] Vgl. N 693 ff.; BLOCH, 124 f.; FISCHER, Parteienbestand, 222 f.; HINTZ-BÜHLER, 139.
[41] BLOCH, 124 f.; LANG, 176 f.
[42] BLOCH, 125.
[43] LANG, 165 f.
[44] BÖCKLI, Aktienrecht, § 12 N 193.
[45] Dies kann allerdings auch der Fall sein, ohne dass die Aktien in gemeinschaftliches Eigentum überführt werden. – Vgl. dazu auch N 797 ff.; BLOCH, 126 ff.; FISCHER, Parteienbestand, 223.
[46] BK-MEIER-HAYOZ, ZGB 652 N 30 ff.

d.h., sie ist selbst Trägerin der aus den Aktien sich ergebenden Rechte und Pflichten.[47]

Da es sich bei der Kollektiv- oder Kommanditgesellschaft um nichtkaufmännische Gesellschaften im Sinne von Art. 553 bzw. 595 OR handelt, bedarf es der **konstitutiven Eintragung im Handelsregister.** Durch den Eintrag wird – es kann dies ebenso ein Nachteil wie ein Vorteil sein – gegenüber Dritten und der Gesellschaft Klarheit geschaffen, insbesondere auch über das Recht zur Vertretung der Aktien in der Generalversammlung.

VII. Fazit

Das Einbringen der Aktien in eine gemeinsame einfache Gesellschaft ist in verschiedener Hinsicht ein wirksames Sicherungsmittel.[48] Sie führt jedoch zu einem **Verlust des individuellen Eigentums und bedingt** eine **detaillierte Regelung** im Aktionärbindungsvertrag. Oft sind die Aktionäre nicht bereit, ihre Rechte an den Aktien in solch weitreichender Weise preiszugeben. Hinzu kommt der Nachteil der **Publizität** gegenüber der Aktiengesellschaft und nach aussen.[49] Dieses Sicherungsmittel ist darum in der Praxis auch eher selten anzutreffen.

---

[47] MEIER-HAYOZ/FORSTMOSER, § 13 N 24 ff. und § 14 N 16.
[48] BLOCH, 124.
[49] Vgl. N 1616 ff.

§ 42 Begründung einer gemeinsamen Nutzniessung

I. Begriff und Zweck

Die **Nutzniessung** ist eine **persönliche Dienstbarkeit,** die dem Berechtigten den **vollen Genuss** an einer **Sache oder** an einem **Recht** verschafft. Dem Eigentümer verbleibt nur das «nackte» Eigentum bzw. Recht (damit aber immerhin das Recht zur tatsächlichen und rechtlichen Verfügung über die Sache bzw. das Recht).[1]

1623

Für die Einräumung einer Nutzniessung an **Aktien** hat der Gesetzgeber in Art. 690 Abs. 2 OR klargestellt, dass diese **auch** den **Genuss der persönlichen Mitgliedschaftsrechte** (und nicht nur der Vermögensrechte) umfasst, also insbesondere das Recht auf Teilnahme an der Generalversammlung und zur Ausübung der Stimmrechte.[2] Die Einräumung der Nutzniessung verlangt, neben einer entsprechenden vertraglichen Vereinbarung, die Erfüllung der **gleichen Voraussetzungen wie** sie **für die Übertragung des Vollrechts** notwendig wären (Art. 746 Abs. 1 ZGB): bei Namenaktien entweder die Form des Indossamentes oder der Zession, bei Inhaberaktien die Übertragung des Besitzes. Bei Aktien mit aufgeschobenem Titeldruck ist die Nutzniessung in der Form der Zession zu begründen.[3] Für Bucheffekten gelten die Formen und Bestimmungen des BEG (Art. 25 Abs. 3 BEG). Zusätzlich ist nach Art. 686 OR bei Namenaktien die Eintragung der Nutzniessung im Aktienbuch Voraussetzung, um gegenüber der Aktiengesellschaft Geltung beanspruchen zu können.[4]

1624

---

[1] Art. 745 ff. und 773 ff. ZGB; BÄRTSCHI, 319 ff.; ZK-BAUMANN, ZGB 745 N 1 ff. und ZGB 773–775 N 7, 9 und 11; BICHSEL/MAUERHOFER, ZGB-Komm., ZGB 773 N 1 ff.; BSK-MÜLLER, ZGB 745 ff. und ZGB 773, 774 N 1 ff.; RIEMER, § 10 N 4 und § 13 N 1.

[2] BÄRTSCHI, 337 f.; BÖCKLI, Aktienrecht, § 12 N 137; LANG, 196 f.; BSK-LÄNZLINGER, OR 690 N 12. – Dies lässt sich in den Statuten freilich anders regeln, nicht jedoch durch eine Vereinbarung zwischen dem Eigentümer und dem Nutzniesser (BÖCKLI, Aktienrecht, § 12 N 137).

[3] Die Begründung der Nutzniessung bedarf der Form des Indossaments oder der Zession, ist aber keine Indossierung oder Zession im eigentlichen, umfassenden Sinne, was bei der Begründung mit der Beschränkung «zur Nutzniessung» oder ähnlich zum Ausdruck gebracht wird bzw. werden muss (vgl. ZK-BAUMANN, ZGB 773–775 N 18 und 20.

[4] ZK-BAUMANN, ZGB 773–775 N 17 ff.; LANG, 195 f.; BSK-MÜLLER, ZGB 746 N 5.

1625 Ist der Aktionärbindungsvertrag als einfache Gesellschaft konzipiert bzw. als eine solche zu qualifizieren,[5] eröffnet sich die *Möglichkeit, die Einhaltung der Stimmbindung* durch Begründung einer gemeinsamen Nutzniessung an den Aktien *abzusichern*. Die einzelnen Aktionäre bzw. Vertragsparteien *räumen dabei der einfachen Gesellschaft* als Ganzer bzw. all ihren Gesellschaftern gesamthaft die *Nutzniessung an den von ihnen gehaltenen Aktien ein*. Damit **können** insbesondere die **Stimmrechte nur noch gemeinsam** bzw. durch einen gemeinsamen Vertreter **ausgeübt werden** (Art. 690 OR), weshalb die Nutzniessung für die Absicherung von Stimmbindungen ein geeignetes Instrument ist.[6]

1626 Die Begründung einer Nutzniessung stellt damit eine geeignete Form der Einbringung der Aktien in die einfache Gesellschaft zur Nutzung *(quoad usum)* dar (im Gegensatz zum Einbringen zu Eigentum *[quoad dominium]*).[7] Eine andere Art der des Einbringens zur blossen Nutzung ist u.E. nicht ersichtlich; beim blossen Versprechen der Vertragsparteien, die eigenen Aktienstimmrechte in einem bestimmten Sinn auszuüben, handelt es sich nicht um ein Einbringen der Aktien bzw. der Stimmrechte, sondern bestenfalls um ein Einbringen der faktischen Stimmrechtsausübungsfähigkeit des Aktionärs (ähnlich dem Einbringen bzw. Versprechen von Arbeitskraft und Arbeitsleistung).

II. Grenzen der Absicherung durch Nutzniessung

A. Keine Absicherung gegen die Veräusserung der Aktien

1627 Zwar müssen gemäss Art. 773 Abs. 2 ZGB «Verfügungen über Wertpapiere ... vom Gläubiger und vom Nutzniesser ausgehen», doch herrscht in der Lehre keine Einigkeit über den Geltungsumfang dieser Bestimmung. Sie gilt nach einer Lehrmeinung für alle der Nutzniessung unterliegenden Forderungen (und nicht nur für Wertpapiere), nach einer anderen jedoch nur für solche «Verfügungen», durch welche die Schuld herabgesetzt oder gelöscht werden kann. Dagegen soll es dem

---

[5] Vgl. N 145 ff.
[6] BLOCH, 131 f.; VON DER CRONE, Aktienrecht, § 11 N 52; HINTZ-BÜHLER, 135 und 229 f.; HIRSCH/PETER, 7; LANG, 195 ff. – Die in diesem Zusammenhang ebenfalls ins Auge gefasste Möglichkeit der Nutzniessung durch einen Dritten, welcher sodann die Stimmrechte im Sinne der Gemeinschaft der Vertragsparteien eines Aktionärbindungsvertrages ausübt (vgl. etwa HINTZ-BÜHLER, 229), ist eine gegenüber der gemeinsamen Nutzniessung wenig vorteilhafte Alternative, da wiederum die Stimmrechtsausübung durch den Dritten entsprechend abzusichern ist. – Vgl. aber für die umgekehrte Möglichkeit der Übertragung an einen Dritten zu treuhänderischem Eigentum und Einräumung der Nutzniessung an die Vertragsparteien durch diesen hinten N 1629.
[7] MEIER-HAYOZ/FORSTMOSER, § 12 N 40.

Gläubiger **gestattet** sein, das **Recht** ohne Zustimmung des Nutzniessers **zu veräussern** oder ein nachrangiges beschränktes dingliches Recht einzuräumen, sofern dadurch die Rechtsstellung des Nutzniessers nicht beeinträchtigt wird. Insbesondere letztere Meinung stützt sich auf einen älteren Bundesgerichtsentscheid,[8] welcher sich – eine Verpfändung betreffend – entsprechend äussert.[9]

Gestützt auf diese Rechtslage ist davon auszugehen, dass die Begründung einer (gemeinsamen) **Nutzniessung** an gebundenen Aktien für sich allein zwar eine Stimmbindungsvereinbarung zu sichern vermag, aber allenfalls **keine Veräusserung** der betreffenden Aktien durch den Eigentümeraktionär **verhindern** kann. Immerhin dürften die durch die Nutzniessung belasteten Aktien nur unter erschwerten Bedingungen handelbar sein.[10]

Die Verbindung der Vorteile der Begründung einer Nutzniessung (Sicherung der Stimmbindung) mit einer Absicherung der gebundenen Aktien gegen Veräusserung kann dadurch erreicht werden, dass die Begründung einer **Nutzniessung** mit der **fiduziarischen Übertragung an einen Dritten** verbunden wird. Dabei werden die Aktien zunächst fiduziarisch an den Dritten übertragen, der sodann den verbundenen Aktionären die entsprechende Nutzniessung einräumt.[11]

B. Auszahlung der Dividenden an die einfache Gesellschaft bzw. an die Parteien gemeinsam

Durch Begründung einer Nutzniessung an Aktien kommt der Nutzniesser in den Genuss sowohl der Vermögens- als auch der Mitgliedschaftsrechte.[12] Dies bedeutet, dass auch die Dividenden den Vertragsparteien gemeinsam zufallen.

Es ist darum im Aktionärbindungsvertrag eine **Regelung für die Verteilung der aus den Dividenden entstehenden Erträge** zu treffen (häufig wohl Zuteilung entsprechend der Anzahl eingebrachter Aktien), weil sonst die Vertragsparteien gemäss dispositivem Recht zu gleichen Teilen daran berechtigt wären (Art. 533 Abs. 1 OR).[13]

---

[8] BGE 49 II 338 E. 2.
[9] BICHSEL/MAUERHOFER, ZGB-Komm., ZGB 773 N 10; HIRSCH/PETER, 7; LANG, 198 m.H.; BSK-MÜLLER, OR 773/774 N 10 und 14; CHK-THURNHERR, ZGB 773–775 N 4; a.M. aber ZK-BAUMANN (ZGB 773–775 N 51) und PIOTET (635 f.) mit u.E. überzeugender Begründung.
[10] VON DER CRONE, Aktienrecht, § 11 N 52; FISCHER, Parteienbestand, 224 f.; HINTZ-BÜHLER, 135 f.; SANWALD, 214.
[11] HINTZ-BÜHLER, 230. – Es sind auch hier die Einschränkungen durch statutarische Übertragungsbeschränkungen zu beachten (vgl. dazu auch N 1635 f.).
[12] N 1623 f.
[13] Zur analogen Problematik beim gemeinschaftlichen Eigentum vgl. N 1604 ff.

1632 Eine **Beschränkung der Nutzniessung** allein auf die Mitwirkungsrechte (oder umgekehrt der Ausschluss des Dividendenrechts von der Nutzniessung) ist u.E. nicht möglich. Gegenstand einer Nutzniessung können nur Rechte sein, die nutzbar und übertragbar sind.[14] Art. 690 Abs. 2 OR stellt bereits eine Ausnahme dar bzw. es sind die Mitwirkungsrechte als zu den Vermögensrechten akzessorische (Neben-)Rechte zu betrachten, an welchen nur gemeinsam mit den Vermögensrechten eine Nutzniessung begründet werden kann.[15]

C. Recht des Nutzniessers auf Abtretung der Forderung bzw. des Wertpapiers

1633 Gemäss Art. 775 Abs. 1 ZGB hat der Nutzniesser das Recht, innert drei Monaten nach der Bestellung der Nutzniessung die Abtretung der betreffenden Forderungen und Wertpapiere zu verlangen.[16] Bei der Bestellung einer Nutzniessung im Rahmen eines Aktionärbindungsvertrages ist es aber regelmässig nicht im Interesse der Beteiligten, dass die vom Vertrag erfassten Aktien an den oder die Nutzniesser übergehen (sonst hätte man von vornherein das Einbringen der Aktien zu gemeinsamem Eigentum[17] ins Auge gefasst).

1634 Aus der juristischen Literatur geht – soweit ersichtlich – nicht hervor, ob das Recht des Nutzniessers auf Abtretung zwingender Natur ist;[18] u.E. sollte es aber möglich sein, in der Vereinbarung über die Nutzniessung bzw. im Aktionärbindungsvertrag einen Verzicht auf die Ausübung des Abtretungsrechts zu vereinbaren. Soweit ein solcher nicht ausdrücklich vereinbart worden ist, kann u.E. in der Regel aufgrund einer Auslegung des Vertrages von einem stillschweigenden Verzicht ausgegangen werden.[19] Zumindest aber kann der Entscheid über die Ausübung dieses Rechts von der Zustimmung aller Vertragsparteien (d.h. aller gemeinsamen Nutzniesser) abhängig gemacht werden, sodass jeder Aktionär mit der Abtretung einverstanden sein müsste.

D. Begrenzung durch statutarische Übertragungsbeschränkungen (Vinkulierung)

1635 Statutarische Übertragungsbeschränkungen (Vinkulierung) gelten auch für die Begründung einer Nutzniessung (Art. 685a Abs. 2 OR). Kennen also die Statuten

---

[14] ZK-BAUMANN, ZGB 773–775 N 7; BICHSEL/MAUERHOFER, ZGB-Komm., ZGB 773 N 3; BSK-MÜLLER, ZGB 773/774 N 6; CHK-THURNHERR, ZGB 773–775 N 1.

[15] ZK-BAUMANN, ZGB 745 N 19.

[16] Dazu ZK-BAUMANN, ZGB 773–775 N 84 ff.; BSK-MÜLLER, ZGB 775 N 1 ff.; CHK-THURNHERR, ZGB 773–775 N 8 f.

[17] Vgl. N 1594 ff.

[18] Dispositiver Natur ist es nach BICHSEL/MAUERHOFER, ZGB-Komm., ZGB 773 N 1.

[19] Vgl. bereits N 1633 a.E.

der Aktiengesellschaft Übertragungsbeschränkungen, so können diese bei der Begründung der Nutzniessung von der Aktiengesellschaft geltend gemacht und kann die Begründung der Nutzniessung dadurch allenfalls verhindert werden.[20]

Bei der koordinierten Ausarbeitung von Statuten und Aktionärbindungsvertrag kann dies ein weiterer Grund sein, die Zustimmung zur Aktienübertragung bzw. zur Begründung einer Nutzniessung in die Hände der Generalversammlung zu legen, statt sie entsprechend dem dispositiven Recht beim Verwaltungsrat zu belassen.[21]

E. Weitere statutarische Beschränkungen und Abtretungsverbote *(pacta de non cedendo)*

1. Statutarische Bestimmungen zur Vertretung in der Generalversammlung

Nach einem Teil der Lehre ist es möglich, in den Statuten einer Aktiengesellschaft für den Fall der Nutzniessung die Vertretung der Aktien in der Generalversammlung durch den Aktionär vorzuschreiben. Begründet wird dies mit der dispositiven Natur von Art. 690 Abs. 2 OR[22].[23] Geht man von der Zulässigkeit solcher statutarischer Bestimmungen aus, können diese verhindern, dass eine Stimmbindung durch Begründen einer Nutzniessung abgesichert werden kann.

Dies ist u.E. jedoch nicht zutreffend: Art. 690 Abs. 2 OR befasst sich primär mit dem Verhältnis zwischen Aktionär und Nutzniesser, was bedeutet, dass die Mitwirkungsrechte aufgrund einer Vereinbarung zwischen Aktionär und Nutzniesser beim Aktionär verbleiben können. Hingegen kann die Aktiengesellschaft dies den Beteiligten nicht in den Statuten vorschreiben. Eine solche – unter altem Aktienrecht wohl zulässige – Beschränkung der Einräumung einer Nutzniessung an Aktien widerspräche unter geltendem Recht der Bestimmung von Art. 685b Abs. 7 OR bzw. wäre nur unter Einhaltung und in den Schranken der Vinkulierungsvorschriften zulässig.

---

[20] BÄRTSCHI, 321; HARDER SCHULER, 102. – Dies jedenfalls, solange die Nutzniessung nicht ausdrücklich von den Übertragungsbeschränkungen ausgenommen ist. Eine Begrenzung der statutarischen Übertragungsbeschränkungen ist – im Gegensatz zu einer Ausweitung über die gesetzlichen Schranken hinaus – immer möglich (vgl. etwa BÖCKLI, Aktienrecht, § 6 N 198).

[21] Vgl. auch N 1767.

[22] FORSTMOSER/MEIER-HAYOZ/NOBEL, § 45 N 23; VON GREYERZ, Aktiengesellschaft, 133 f.; BSK-LÄNZLINGER, OR 690 N 13; PIOTET, 636; VON STEIGER, 150.

[23] BSK-MÜLLER, ZGB 773/774 N 13.

2. Statutarische Abtretungsverbote *(pacta de non cedendo)*

1639 Vgl. dazu schon N 1590 ff.

§ 43 Verpfändung der gebundenen Aktien

I. Begriff und Zweck

A. Verpfändung von Aktien

Ein weiteres Sicherungsmittel, das in der Literatur erwähnt wird, ist die **Verpfändung der gebundenen Aktien**.[1] Die Verpfändung von Wertpapieren folgt dabei den Bestimmungen über das Fahrnispfandrecht (Art. 884 ff. ZGB), wobei die besonderen Regeln über die Verpfändung von Forderungen und anderen Rechten (Art. 899 ff. ZGB; Rechtspfand) zu beachten sind.[2] Für Bucheffekten gelten die Bestimmungen des BEG.[3]

1640

Zur Verpfändung von Wertpapieren genügt bei Inhaberpapieren die Übertragung der Urkunde und bei anderen Wertpapieren die Übergabe der Urkunde in Verbindung mit einem Indossament oder mit einer Abtretungserklärung (Art. 901 Abs. 1 und 2 ZGB). Bei unverbrieften Aktien bedarf es gemäss Art. 900 Abs. 1 ZGB eines schriftlichen Pfandvertrages und, sofern ein Schuldschein besteht, der Übergabe dieses Schuldscheines.[4] Die Lehre ist sich jedoch darin einig, dass Wertpapiere auch nach der (strengeren) Vorschrift von Art. 900 Abs. 1 ZGB (Forderungsverpfändung) verpfändet werden können, weil Art. 901 ZGB mit den Verzicht auf das Schriftlichkeitserfordernis lediglich eine Erleichterung gegenüber dieser Vorschrift vorsieht.[5] Das Wertpapier ist dabei – es ist dies eine konstitutive Voraussetzung – als «Schuldschein» an den Pfandgläubiger zu übertragen.[6]

1641

Als Folge des Akzessorietätsprinzips setzen Pfandrechte eine bestimmte oder zumindest bestimmbare zu besichernde Forderung voraus, wobei es sich auch um eine

1642

---

[1] BLOCH, 133; GERICKE/DALLE TORRE, 71; GLATTFELDER, 322a f.; LANG, 192 ff.; MARTIN, 243; ZOBL, Sicherung, 401 ff.
[2] BÄRTSCHI, 270 ff.; BSK-BAUER, ZGB 899 N 2 f.; CHK-REETZ/GRABER, ZGB 899 N 6; ZBINDEN, 10 und 42 ff.; BK-ZOBL, ZGB 899 N 1.
[3] Art. 25 BEG; dazu ZBINDEN, 61 ff.
[4] BSK-BAUER, ZGB 899 N 41. – Als «Schuldschein» kommt bei Aktien die Bestätigung der Liberierung in Frage, welche zum Bezug der entsprechenden Aktien berechtigt.
[5] BSK-BAUER, ZGB 901 N 1; CHK-REETZ/GRABER, ZGB 900 N 1; BK-ZOBL, ZGB 901 N 107 ff.
[6] BK-ZOBL, ZGB 901 N 109.

künftige Forderung handeln kann.⁷ Es muss also aufgrund des Pfandvertrags – d.h. vorliegend des Aktionärbindungsvertrags – bestimmbar sein, welche Forderungen durch die Pfandrechte gesichert sind.

B. Zweck der Verpfändung

1643 Ein Pfandrecht dient der **Absicherung einer (Geld-)Forderung**. Darunter können z.B. auch Vorkaufs- oder sonstige Erwerbsrechte sowie Forderungen aus Konventionalstrafe oder Schadenersatz fallen.⁸

1644 Zur direkten Sicherstellung der **Einhaltung von Stimmbindungsvereinbarungen oder Übertragungsbeschränkungen** hingegen kann die Verpfändung **nicht herangezogen** werden. Auch wird sie – anders als die Nutzniessung (Art. 686 OR) – bei Namenaktien nicht ins Aktienbuch eingetragen,⁹ sodass gegenüber der Aktiengesellschaft der Aktionär stimmberechtigt bleibt (Art. 905 Abs. 1 ZGB).¹⁰ Und eine dem Pfandnehmer eingeräumte Vertretungsvollmacht könnte jederzeit widerrufen werden.¹¹

1645 Ein an den gebundenen Aktien errichtetes Pfandrecht kann jedoch **faktische Wirkungen** in dieser Hinsicht haben, wenn z.B. die Forderungen aus einer Konventionalstrafe durch das Pfandrecht gesichert sind.

C. (Gemeinsame) Hinterlegung der verbrieften Aktien

1646 Sind die Aktien verbrieft, ist zur Pfanderrichtung deren Besitz an den (ersten) Pfandgläubiger (oder einen Pfandhalter) zu übertragen (Art. 900 und 901 ZGB; Faustpfandprinzip).¹²

1647 Der gemeinsame Besitz wird ausgeübt, indem die Aktien gemeinsam bei einem Pfandhalter hinterlegt werden. Sie können dann auch nur gemeinsam herausverlangt werden.¹³

---

⁷ BSK-BAUER, ZGB 884 N 51 ff.; CHK-REETZ/GRABER, ZGB 884 N 14 ff.
⁸ FISCHER, Parteienbestand, 77 f.; SCHENKER, Vorkaufsrechte, 268 f.; ZOBL, Sicherung, 407.
⁹ ZBINDEN, 46.
¹⁰ Wobei der Aktionär den Pfandgläubiger ermächtigen kann, die Aktien in der Generalversammlung zu vertreten (BSK-BAUER, ZGB 905 N 5).
¹¹ Vgl. N 1575 f.
¹² ZBINDEN, 42 ff. und 52 ff.; ZOBL, Sicherung, 408 f. – Bei Wertrechten sind die Bestimmungen des BEG zu beachten.
¹³ Zur gemeinsamen Hinterlegung vgl. N 1578 ff.; FORSTMOSER, Aktionärbindungsverträge, 375; ZOBL, Sicherung, 408 f.

II. Mögliche Forderungen, die durch Verpfändung gesichert werden können

A. Absicherung von Forderungen aus Schadenersatz oder Konventionalstrafe

Als zu sichernde Forderung kann eine **Schadenersatzforderung** in Frage kommen[14] oder eine Forderung aus **Konventionalstrafe**.[15] Bei Nichteinhalten der Vertragspflichten, seien es Stimmbindungen oder Übertragungsbeschränkungen, entsteht eine Geldforderung, welche als künftige Forderung für eine Pfandsicherung genügend bestimmt ist.[16]

1648

Je nach Gläubiger dieser Forderung (die Vertragsparteien je einzeln oder alle gemeinsam) ist das Pfandrecht entsprechend auszugestalten.[17] Aus praktischen Erwägungen ist eine **gemeinsame Gläubigerschaft** vorzusehen, weil sonst das Pfandrecht bei mehreren einzelnen Gläubigern auf dem Weg der Nachverpfändung zu errichten wäre (Art. 886 bzw. 903 ZGB); dadurch wäre auch keine Gleichberechtigung unter den Vertragsparteien gewährleistet. Wie die Konventionalstrafe fällt dann der Pfanderlös in das gemeinschaftliche Vermögen (mit der Konsequenz, dass auch die fehlbare Vertragspartei daran teil hat, was aber vertraglich wegbedungen werden kann).[18]

1649

B. Absicherung von Erwerbsrechten

Auch der Absicherung von Erwerbsrechten kann eine Verpfändung dienen.[19] Ist für die Einhaltung von Erwerbsrechten eine Konventionalstrafe vereinbart, so kann die Pfandsicherung sich direkt auf die sich daraus ergebende Forderung beziehen (und muss sich diesfalls auch nicht auf die Absicherung des Erwerbsrechts beschränken).[20] Besteht die Pfandsicherung hingegen allein für die Erwerbsrechte, so setzt die spätere Geltendmachung des Pfandrechts den Bestand und die Fälligkeit einer Pfandforderung im Sinne einer Geldforderung voraus, d.h. die Umwandlung des Eigentumsverschaffungsanspruches an den Aktien in eine Geldforderung.[21]

1650

---

[14] Der Nachweis eines Schadens ist allerdings gerade im Zusammenhang mit Aktionärbindungsverträgen häufig schwierig (vgl. N 2080 f.).
[15] Vgl. N 1540 ff.
[16] FISCHER, Parteienbestand, 77 f.; ZOBL, Sicherung, 407.
[17] ZOBL, Sicherung, 408.
[18] Vgl. N 1565 ff.
[19] FISCHER, Parteienbestand, 77 f.; SCHENKER, Vorkaufsrechte, 268 f.; und insb. ZOBL, Sicherung, *passim*.
[20] Vgl. N 1648 ff.
[21] ZOBL, Sicherung, 410.

1651 Insbesondere im Zusammenhang mit der Absicherung von Erwerbsrechten ist es sinnvoll, im Vertrag die **Privatverwertung** der verpfändeten Aktien durch den Pfandgläubiger (d.h. durch die Vertragsparteien gemeinsam) sowie den **Ausschluss der Verrechnung** mit der Kaufpreisforderung zu vereinbaren.[22] Damit kann nicht nur die Bezahlung einer Schadenersatzforderung oder Konventionalstrafe sichergestellt werden, sondern auch die reale Übertragung der Aktien an die erwerbsberechtigten Vertragsparteien.[23]

1652 Zur (gemeinsamen) Hinterlegung vgl. N 1646 f.

C. Absicherung von Stimmbindungsvereinbarungen

1653 Eine direkte Absicherung von Stimmbindungsvereinbarungen ist durch die Verpfändung der Aktien nicht zu erreichen. Da jedoch bei *verbrieften Inhaberaktien* die Aktien selbst als Ausweis gegenüber der Aktiengesellschaft dienen, muss bei gemeinsam hinterlegten Aktien das Stimmrecht durch einen gemeinsamen Vertreter ausgeübt werden, was zu einer gewissen **faktischen Absicherung** der Stimmbindungsvereinbarung führt.

1654 Im Übrigen kann durch die Verpfändung der gebundenen Aktien zur Sicherstellung von Forderungen aus Konventionalstrafe zumindest eine *abschreckende Wirkung* erzielt werden, läuft doch eine Vertragspartei, welche die Stimmbindung verletzt, das Risiko, ihre Aktien durch Pfandverwertung zu verlieren, sollte sie nicht in der Lage sein, die Konventionalstrafe anderweitig zu begleichen.

1655 Wiederum empfiehlt es sich, die **freihändige Verwertung** zu vereinbaren, damit verhindert werden kann, dass die Aktien infolge Pfandverwertung in die Hände unerwünschter Dritter gelangen.

D. Absicherung von Übertragungsbeschränkungen

1656 Während wie gezeigt die Hinterlegung allein keinen Schutz vor der Veräusserung von Aktien an Dritte bietet,[24] stellt die Verpfändung (und Hinterlegung) der Aktien insofern einen Schutz dar, als das Pfandrecht bei einer Veräusserung bestehen bleibt und auch **einen Dritterwerber belastet**.[25] Ein Dritter wird zurückhaltender sein, Aktien zu übernehmen, wenn er riskiert, dass für die aus der Veräusserung resultierende Konventionalstrafe die erworbenen Aktien zur Pfandverwertung herangezogen werden.

---

[22] ZK-Oftinger/Bär, ZGB 891 N 48 ff.
[23] Fischer, Parteienbestand, 78.
[24] Vgl. N 1586 ff.
[25] Zobl, Sicherung, 412; Glattfelder, 322a f.

§ 44 Übertragung der Aktien auf einen Treuhänder

I. Begriff und Zweck

A. Der Begriff der fiduziarischen Eigentumsübertragung (Treuhand)

Begrifflich geht es bei der Treuhand um ein Rechtsverhältnis, bei dem **Vermögenswerte** (Treugut) vom Treugeber **zu vollem (Eigentums-)Recht auf den Treuhänder übereignet** werden, mit der Vereinbarung, dass diese Vermögenswerte vom Treuhänder nicht vollumfänglich und im eigenen, sondern nur in einem vereinbarten Umfang und **im Interesse (und auf Rechnung) des Treugebers** (oder eines Drittbegünstigten) verwendet oder **verwaltet** werden.[1] Im schweizerischen Recht fehlt eine gesetzliche Regelung der fiduziarischen Vermögensübertragung, von Lehre und Rechtsprechung wird sie aber als gültig anerkannt.[2] Die Qualifikation der dem Rechtsverhältnis zugrunde liegenden (Treuhand-)Vereinbarung *(pactum fiduciae)* ist im Einzelnen umstritten, jedenfalls aber kommt (direkt oder analog) primär Auftragsrecht zur Anwendung (Art. 394 ff. OR).[3]

1657

Nach der Übertragung der Aktien auf einen **Treuhänder** kann sich dieser **der Aktiengesellschaft gegenüber** als **vollberechtigter Aktionär** präsentieren;[4] bei Inhaberaktien genügt dazu, dass er sich gegenüber der Gesellschaft als Besitzer ausweist (Art. 689a Abs. 2 OR), während bei Namenaktien für den Eintrag im Aktienbuch die Urkundenübertragung mit Indossament oder die Zession nachzuweisen ist. Trotz dieser Vollberechtigung darf und soll der Treuhänder aufgrund des obligatorischen Innenverhältnisses *(pactum fiduciae)* von seinen Rechten nur im Umfang und nach den Anweisungen der Treugeber, also der Parteien des Aktionärbindungsvertrages Gebrauch machen.

1658

---

[1] BGE 71 II 99 E. 2; FISCHER, Parteienbestand, 60; SEILER, N 123; WATTER, 187.

[2] BGE 117 II 290 E. 4c; HINTZ-BÜHLER, 136 f.; SEILER, N 120; WATTER, 188 f. und 205 ff. – Zur Simulation bzw. Abgrenzung von der Simulation vgl. BLOCH, 120 ff. m.w.H. sowie GAUCH/SCHLUEP/SCHMID, N 1023a ff.; SEILER, N 136 f.; WATTER, 207 ff.; BSK-WIEGAND, OR 18 N 126 ff.

[3] BLOCH, 118 f.; SEILER, N 132; WATTER, 189 ff. m.w.H. – Zum Ganzen auch BK-FELLMANN, OR 394 N 56 ff.; BSK-WIEGAND, OR 18 N 140 ff.

[4] OERTLE, 118 f.

B. Zweck der fiduziarischen Eigentumsübertragung im Zusammenhang mit Aktionärbindungsverträgen

1659 Der Zweck der Übertragung der gebundenen Aktien an einen Treuhänder besteht – wie bei der gemeinsamen Hinterlegung[5] – darin, der einzelnen Vertragspartei die (dingliche) **Verfügungsmacht über die Aktien und das Stimmrecht zu entziehen** und damit die Sicherstellung von Übertragungsbeschränkungen und Stimmbindungsvereinbarungen zu gewährleisten.[6]

1660 Die dem Treuhandverhältnis zugrunde liegende Vereinbarung *(pactum fiduciae)* enthält nicht nur Bestimmungen über die Verwaltung und allenfalls die Aufbewahrung der Aktien, sondern auch eine **Stimmbindungsvereinbarung,** welche den Treuhänder verpflichtet, in der Generalversammlung der Aktiengesellschaft nach den Anweisungen der im Aktionärbindungsvertrag verbundenen Vertragsparteien[7] zu stimmen.

II. Grenzen der Absicherung durch treuhänderische Eigentumsübertragung

A. Vinkulierung

1661 Statutarische Übertragungsbeschränkungen (**Vinkulierung**)[8] können einer Übertragung der Aktien auf einen Treuhänder im Wege stehen.[9] Ist in den Statuten eine Vinkulierung festgeschrieben, kann die Aktiengesellschaft schon aufgrund der gesetzlichen Ordnung die Übertragung der Aktien bzw. die Eintragung eines Erwerbers als stimmberechtigter Aktionär in das Aktienbuch ablehnen, wenn dieser nicht erklärt, die Aktien in eigenem Namen und auf eigene Rechnung zu erwerben (Art. 685b Abs. 3 und 685d Abs. 2 OR).[10] Diese Erklärung kann ein fiduziarischer Eigentümer nicht in guten Treuen abgeben.

---

[5] Vgl. N 1578 ff.

[6] BLOCH, 117 ff.; FISCHER, Parteienbestand, 60; HINTZ-BÜHLER, 136 und 228 f.; LANG, 144 ff.; MARTIN, 243; OERTLE, 118. – Zur Abgrenzung der fiduziarischen Aktienübertragung von der Stimmbindung vgl. APPENZELLER, 35 f.

[7] Im Folgenden werden diese «Aktionäre» genannt, obwohl formal-rechtlich nicht mehr sie Aktionäre der Aktiengesellschaft sind, sondern der Treuhänder.

[8] Vgl. N 1725 ff.

[9] LANG, 145 und 156 f.

[10] BÖCKLI, Aktienrecht, § 6 N 116 ff. und 285 f.; KLÄY, 195 ff. und 268 ff.

B. Stimmrechtsbeschränkungen

Das Überlassen von Aktien zum Zweck der Ausübung des Stimmrechts ist unstatthaft, wenn damit die Umgehung einer **Stimmrechtsbeschränkung** beabsichtigt ist (Art. 691 Abs. 1 OR).[11] Im Zusammenhang mit der Übereignung von Aktien zur Absicherung einer Stimmbindung dürfte dies allerdings nur selten zutreffen, denn die Stimmrechtsbeschränkungen knüpfen (zumindest solche in der Form von Prozentklauseln) regelmässig bereits am Tatbestand der Gruppe an,[12] weshalb die Übertragung der Aktien auf einen Treuhänder nichts an der – bereits bestehenden – Stimmrechtsbeschränkung ändert. Art. 691 Abs. 1 OR ist dann von Bedeutung, wenn einzelne gebundene Aktionäre ihre Aktien an verschiedene Drittpersonen übertragen, um die Tatsache der Gruppe oder ihre Gruppenzugehörigkeit zu verschleiern.

1662

C. Jederzeitige Kündbarkeit des Treuhandverhältnisses

Die Anwendung des Auftragsrechts auf Treuhandverhältnisse[13] führt dazu, dass diese von den Parteien **jederzeit gekündigt** werden können (Art. 404 Abs. 1 OR). Dies bedeutet, dass eine auf Dauer beabsichtigte Absicherung von Stimmbindungsvereinbarungen und Veräusserungsbeschränkungen stets vom Risiko begleitet ist, dass eine der Parteien des Aktionärbindungsvertrages die fiduziarische Übereignung der Aktien rückgängig macht und ihre Rechte wiederum selber ausübt.[14]

1663

Immerhin ergibt sich aus dem Erfordernis der Rückübertragung der Aktien auf den Aktionär insbesondere bei Namenaktien – anders als beim Widerruf einer Stimmrechtsvertretung[15] – eine gewisse **faktische Verzögerung,** bis der Aktionär seine Rechte wieder selber ausüben kann. Diese Zeitspanne gibt den übrigen Vertragsparteien allenfalls die Möglichkeit, gerichtliche Massnahmen anzustrengen.[16] Zur Stärkung dieser Möglichkeit kann der Treuhänder dazu verpflichtet werden, den übrigen Vertragsparteien die Beendigung der Treuhandvereinbarung durch eine Vertragspartei unverzüglich anzuzeigen.

1664

Ein möglicher Ausweg könnte u.E. – wenn aufseiten der gebundenen Aktionäre eine Personenmehrheit besteht – im Abschluss einer gemeinsamen Vereinbarung mit dem Treuhänder liegen, die dann seitens der gebundenen Aktionäre auch nur gemeinsam gekündigt werden könnte. Die Übertragung und Rückübertragung der Aktien würden aber auch in diesem Fall je individuell erfolgen.

1665

---

[11] BLOCH, 119 f.; LANG, 145 f.
[12] Vgl. N 661 ff.
[13] Vgl. N 1657.
[14] BLOCH, 118 f.; VON DER CRONE, Aktienrecht, § 11 N 53; LANG, 146.
[15] Vgl. N 1575.
[16] LANG, 146. – Zur prozessualen Durchsetzung vgl. N 2023 ff.

III. Rechtliche Konsequenzen des Treuhandverhältnisses

A. «Überschiessende Rechtsmacht» des Treuhänders

1666 Schweizerische Lehre und Rechtsprechung folgen in Bezug auf die fiduziarische Eigentumsübertragung der **Vollrechtstheorie**,[17] aus der folgt, dass der Treuhänder im Aussenverhältnis gegenüber der Aktiengesellschaft vollberechtigter Aktionär und gegenüber Dritten vollberechtigter Eigentümer der Aktien ist. Der Treuhänder verfügt damit über eine im Verhältnis zur Treuhandvereinbarung «überschiessende Rechtsmacht»; er kann trotz der in der Treuhandvereinbarung auferlegten Beschränkungen **vollumfänglich über die Aktien verfügen und die** aus ihnen folgenden **Rechte uneingeschränkt wahrnehmen.**[18]

1667 Der Treuhänder gibt daher in der Generalversammlung der Aktiengesellschaft seine Stimmen gültig ab, auch wenn er sich nicht an die Anweisungen seiner Treugeber hält. Und er kann die Aktien auch in Verletzung der Treuhandabrede gültig an Dritte veräussern.[19] Als Sicherungsmittel gedacht bedarf die Übertragung der gebundenen Aktien an einen Treuhänder demnach ihrerseits einer Ergänzung durch Mittel zur **Absicherung des Treuhandverhältnisses.** In Frage kommt auch hier insbesondere die Konventionalstrafe,[20] sodann die Einräumung der Vertretungsmacht durch die Parteien des Aktionärbindungsvertrages gemeinsam; eine Hinterlegung dagegen ist, auch in diesem Fall, nur von begrenztem Nutzen[21].

1668 Die Aufnahme einer **Resolutivbedingung** in die Treuhandvereinbarung, wie sie in der Literatur vorgeschlagen wird,[22] wonach die Aktien vom Treuhänder an den Aktionär zurückfallen, wenn der Treuhänder sich vertragswidrig verhält oder wenn er in Konkurs fällt,[23] ist u.E. kritisch zu beurteilen: Eine Resolutivbedingung setzt eine bestehende Rechtsbeziehung voraus, welche durch den Eintritt der Bedingung beendet wird.[24] Eine solche Rechtsbeziehung liegt zwar auf schuldrechtlicher Ebene in Form der Treuhandvereinbarung vor, nicht aber auf der Ebene der Eigentumsübertragung; diese ist ein einmaliger, in sich abgeschlossener Vorgang, an dem ein

---

[17] SEILER, N 135; WATTER, 187 f.; BSK-WIEGAND, OR 18 N 143 ff.
[18] GERICKE/DALLA TORRE, 69 f.; WATTER. 187; BSK-WIEGAND, OR 18 N 144.
[19] FISCHER, Parteienbestand, 60; SANWALD, 214 f. – Vergleichbar der Stimmabgabe bzw. der Veräusserung entgegen den Vereinbarungen in einem Aktionärbindungsvertrag.
[20] Vgl. N 1540 ff.
[21] Vgl. allgemein N 1586 ff.
[22] SEILER, N 147 ff.; WATTER, 225 f. und 235; vgl. dazu auch kritisch GERICKE/DALLA TORRE, 55 und 70.
[23] Dazu sogleich, N 1669 f.
[24] GAUCH/SCHLUEP/EMMENEGGER, N 3960.

späterer Bedingungseintritt nichts ändert.²⁵ Die Beendigung der Treuhandvereinbarung wiederum führt allein zu einer schuldrechtlichen Verpflichtung zur Rückübertragung, gleich wie dies im Falle einer aufschiebenden Bedingung der Fall wäre. Die sich in diesem Zusammenhang stellenden Fragen («überschiessende» Rechtsmacht, Aussonderung im Konkurs) müssten wohl durch den Gesetzgeber gelöst werden.

B. Konkurs, Tod oder Handlungsunfähigkeit des Treuhänders

Eine weitere Konsequenz der Vollrechtstheorie ist sodann, dass *beim Tod oder Konkurs des Treuhänders* die übertragenen *Aktien in dessen Erbmasse bzw. Konkursmasse* fallen;²⁶ die Treuhandvereinbarung erlischt, soweit nichts Gegenteiliges vereinbart wurde, gemäss Art. 405 Abs. 1 OR. Bei **Tod** oder Handlungsunfähigkeit des Treuhänders hat der Aktionär einen *Anspruch auf Rückübertragung* seiner Aktien. Fällt der Treuhänder hingegen in **Konkurs,** dann bleibt dem Aktionär bloss eine *Geldforderung gegen die Konkursmasse* (Art. 211 Abs. 1 SchKG).

1669

Die Ausnahmeregeln von Art. 401 Abs. 1 und 3 OR, wonach der Auftraggeber im Konkurs des Beauftragten diejenigen beweglichen Sachen herausverlangen kann bzw. diejenigen Forderungen auf dem Weg der Legalzession auf den Auftraggeber übergehen, welche dieser auf Rechnung des Auftraggebers von Dritten erworben hat, findet gerade im vorliegenden Fall kaum je Anwendung, weil die Aktien regelmässig **direkt vom Auftraggeber** an den Beauftragten übereignet (und nicht von einem Dritten erworben) worden sind.²⁷ Ebenso wird auch der Sondertatbestand von Art. 201 SchKG kaum Anwendung finden, weil es sich zwar bei Aktien um Inhaber- oder Ordrepapiere handeln kann, jedoch die übrigen Voraussetzungen nicht erfüllt sind.²⁸

1670

Während sich die mit einem Konkurs verbundenen Risiken letztlich nur durch sorgfältige Auswahl des Treuhänders vermeiden lassen, kann für den Todesfall bzw. die Handlungsunfähigkeit des Treuhänders dadurch vorgesorgt werden, dass für diese Funktion nicht eine Einzelperson, sondern eine auch beim Tod eines Gesellschafters weiter bestehende Personengesellschaft oder eine juristische Person bestellt wird.²⁹ Trotzdem werden aufgrund der Konsequenzen des Treuhandverhältnisses

1671

---

[25] BUCHER, Obligationenrecht, 510; a.M. GAUCH/SCHLUEP/EMMENEGGER, N 3983. – Zur Diskussion im Zusammenhang mit dem Eigentumsvorbehalt vgl. nur BSK-SCHWANDER, ZGB 715 N 5; WIEGAND, 85 ff.
[26] FISCHER, Parteienbestand, 60; WATTER, 216 ff.; BSK-WIEGAND, OR 18 N 144.
[27] BGE 117 II 429 E. 3; BK-FELLMANN, OR 401 N 80 ff.; WATTER, 221 ff.
[28] Ist der Treuhänder eine Bank, so gelten im Konkursfall Spezialregelungen wie Art. 37d i.V.m. 16 BankG. Vgl. zum Ganzen auch EISENHUT, 207 ff.
[29] WATTER, 217.

Aktionäre verständlicherweise oft nicht bereit sein, ihre Aktien zur Absicherung eines Aktionärbindungsvertrages an einen Treuhänder zu übertragen.[30]

---

[30] Hintz-Bühler, 138; Sanwald, 215.

§ 45 Übertragung der Aktien auf eine Holdinggesellschaft

I. Übertragung auf eine AG oder GmbH

Statt die gebundenen Aktien in einen gesellschaftsrechtlichen Aktionärbindungsvertrag einzubringen, können sie auf eine Körperschaft, eine Holdinggesellschaft – in der Regel eine Aktiengesellschaft, aber auch eine GmbH ist möglich –, an der sich die verbundenen Aktionäre als Gesellschafter beteiligen, übertragen werden:[1]

Die **Beteiligten verlieren dabei ihre unmittelbare Aktionärsstellung** bei der Aktiengesellschaft, erwerben im Gegenzug aber eine Beteiligung an der Holdinggesellschaft. Die Holdinggesellschaft erwirbt ihrerseits die aktienrechtliche Mitgliedschaft an der Aktiengesellschaft und ist daher als Aktionärin im Aktienbuch einzutragen. Die Aktionärsrechte werden fortan durch sie, in ihrem eigenen Namen ausgeübt. Damit wird sichergestellt, dass die betroffenen Aktien einheitlich – eben durch die zwischengeschaltete Aktiengesellschaft – gestimmt werden. Die Gefahr des Widerrufs einer Vertretungsbefugnis besteht nicht, da die Holdinggesellschaft aus eigenem Recht handelt (oder ihrerseits Vollmacht erteilt). Ebenso wenig können die Aktien durch einzelne Beteiligte veräussert werden. Und Auseinandersetzungen unter den Beteiligten finden künftig auf der Ebene der Holdinggesellschaft statt und schlagen nicht auf die Aktiengesellschaft durch.

Diese Lösung kommt vor allem dann in Betracht, wenn eine dauerhafte, allenfalls auch generationenübergreifende Regelung angestrebt wird. Sie findet sich daher in Familienunternehmen, sei es, dass alle Beteiligten ihre Aktien in eine einzige Körperschaft einbringen, sei es, dass mehrere Familienstämme je einzeln eine Stammholding gründen.[2] Der Vorteil dieser Ordnung liegt in dreierlei:

1672

1673

1674

---

[1] Dazu auch WEBER, der diese Lösung als die «sicherste» bezeichnet, «weil die Konflikte … nicht in der eigentlichen Ziel-, sondern in der Holdinggesellschaft ausgetragen werden müssen, die hernach mit einer Stimme spricht» (87 [Anm. 78]); APPENZELLER, 37; DRUEY/GLANZMANN, § 11 N 87; FISCHER, Parteienbestand, 217; FORSTMOSER, Aktionärbindungsverträge, 376; HINTZ-BÜHLER, 139 f.; LANG, 172 ff. – Dieses Vorgehen soll aber wegen der damit verbundenen Kosten und der Publizität nicht oft gewählt werden (so DOHM, 196; LANG, 177). Die Zurückhaltung dürfte sich auch daraus erklären, dass die Beteiligten ihre Mitgliedschaft preisgeben müssen.

[2] Zum Ganzen vgl. BAUMANN, *passim*.

1675 Die Aktien werden bei der Zielgesellschaft[3] zwangsläufig **mit *einer* Stimme gestimmt**. Allerdings kann eine differenzierte Stimmabgabe – etwa entsprechend dem Gewicht der Dahinterstehenden – vereinbart und mit Weisungen an die Holdinggesellschaft umgesetzt werden.

1676 Die Aktien können **nicht mehr** von den bisher Berechtigten **vertragswidrig veräussert** werden. Möglich bleibt natürlich – wenn Absicherungsmechanismen nicht vorgesehen sind oder nicht greifen – die Veräusserung von Holdingaktien, die aber nicht die gleich gravierenden Konsequenzen hat: Wenn in einem Mehrheitspool einzelne Aktionäre ausscheren, verliert dieser allenfalls die Mehrheit. Wenn sich dagegen auf der Stufe der Holding ein Beteiligter vertragswidrig verhält, hat dies höchstens Auswirkungen auf der Holdingstufe, während die Stimmabgabe durch die Holding nicht tangiert wird. Und wenn die vertragswidrig handelnden Beteiligten bzw. ihre Rechtsnachfolger kein für die Beschlussfassung im Rahmen des Bindungsvertrages relevantes (Minderheits-)Quorum erreichen, hat deren Verhalten auch keinerlei Konsequenzen für die Weisungen an die Holdingsgesellschaft betreffend die Ausübung der Stimmrechte.

1677 Schliesslich finden Querelen unter den Beteiligten auf der Holdingstufe statt und schlagen nicht auf die Zielgesellschaft durch, und ganz allgemein wird zwischen den wirtschaftlich Berechtigten und der Unternehmung eine gewisse **Distanz geschaffen**.

1678 Nicht zu übersehen ist allerdings, dass dadurch viele der mit einem Aktionärbindungsvertrag verbundenen Probleme nur **um eine Ebene verschoben** werden: Die bisherigen Aktionäre der Zielgesellschaft werden neu zu Aktionären der Holdinggesellschaft und müssen nun auf dieser Ebene geeignete Massnahmen für die Willensbildung, die einheitliche Stimmabgabe und die Übertragung der Beteiligung treffen.

II. Exkurs I: Einbringung in eine (Unternehmens-)Stiftung

1679 Die einheitliche Durchsetzung kann durch das Einbringen der Aktien in eine (Unternehmens-)Stiftung gesichert werden.[4] Damit geht aber nicht nur – wie bei der

---

[3] Dieser dem Übernahmerecht entstammende Begriff wird hier zur Bezeichnung der Aktiengesellschaft verwendet, auf die Einfluss genommen werden soll.

[4] Zu diesen vgl. statt aller HAROLD GRÜNINGER: Unternehmensstiftung, in: Kunz/Jörg/Arter (Hrsg.), Entwicklungen im Gesellschaftsrecht V, Bern 2010, 19 ff.; *ders.,* Die Unternehmensstiftung in der Schweiz, Basel 1984 (= Diss. Basel 1984); HANS MICHAEL RIEMER: Unternehmensstiftungen, in: Riemer (Hrsg.), Die Stiftung in der juristischen

Einbringung in eine Körperschaft – die direkte Beteiligtenstellung verloren, sondern es wird für die Zukunft weitgehend auch **auf die Möglichkeiten einer indirekten Einflussnahme verzichtet**.[5]

III. Exkurs II: Errichtung eines Voting Trusts

Eine weitere Möglichkeit, die Stimmkraft mehrerer Aktionäre zu bündeln, ist die Errichtung eines *Voting Trusts*. Das Stimmrechtspooling mithilfe dieses der Schweizer Rechtstradition nicht bekannten Konstrukts kann gegenüber vertraglichen oder gesellschaftsrechtlichen Stimmbindungsvereinbarungen Vorteile in Bezug auf Durchsetzung, Dauer und Widerrufbarkeit haben.[6] Andererseits ist zu beachten, dass man sich damit einer anderen Rechtsordnung unterstellt.

---

und wirtschaftlichen Praxis, Zürich 2001, 177 ff.; *ders.*, Die Stiftungen, systematischer Teil und Kommentar zu Art. 80–89bis ZGB, Berner Kommentar, Bd. I: Einleitung und Personenrecht, Abt. 3: Das Personenrecht, Teilbd. 3, Bern 1975, Systematischer Teil, N 383 ff.; ROGER SCHMID: Die Unternehmensstiftung im geltenden Recht, im Vorentwurf zur Revision des Stiftungsrechts und im Rechtsvergleich, Zürich 1997 (= Diss. Zürich 1997 = SSHW 181); LINDA ZURKINDEN-ERISMANN/HANS SIEBER: Unternehmensstiftung als Instrument der Nachfolgeregelung, ST 2006, 740 ff.

[5] Vgl. in diesem Zusammenhang BGE 140 II 255 ff., 259 f. E. 5.3 zur Unzulässigkeit einer Stiftung, bei welcher sich der Stifter die gleiche Verfügungsfreiheit über das Stiftungsvermögen wie über seine eigenen Mittel vorbehält.

[6] ARTER/JÖRG, 476; vgl. auch TOGNI, N 480 f. sowie MARXER, 288.

§ 46 Physische Absicherung durch die Aktientitel

I. Keine Ausgabe von Titeln

Zur Erschwerung der Verkehrsfähigkeit wird gelegentlich im Gründungsstadium – oder später – vereinbart, dass die Aktiengesellschaft keine Aktientitel ausgeben soll. Die Wirksamkeit dieser Massnahme darf jedoch nicht überschätzt werden,[1] da unverbriefte Aktien durch Zession übertragen werden können.[2]

1681

II. Vermerk auf den Aktientiteln

Namentlich bei Inhaberaktien findet sich gelegentlich **auf den Aktientiteln selbst ein Vermerk,** die Ausübung der Rechte aus der Aktie unterstehe den Bestimmungen eines (bestimmten) Aktionärbindungsvertrages.[3] Ein solcher Vermerk ist aus verschiedenen Gründen **kaum wirksam:**[4]

1682

Zum einen ist der Vermerk im Verhältnis zwischen **Aktiengesellschaft und Aktionären** – den **derzeitigen** wie auch den durch Aktienerwerb **neu hinzutretenden** – wirkungslos, weil eine solche Beschränkung im Widerspruch zu Art. 680 Abs. 1 OR steht, wonach einem Aktionär ausser der Liberierungspflicht keine weiteren Pflichten auferlegt werden können.[5] Selbst wenn sich der Aktionär individuell auf schuldrechtlicher Basis gegenüber der Aktiengesellschaft zur Einhaltung der auf dem Titel vermerkten Bedingungen verpflichtet, kommen die im Zusammenhang mit der Aktiengesellschaft als Partei eines Aktionärbindungsvertrages erwähnten Einschränkungen zum Tragen.[6]

1683

Zwischen den Parteien des Aktionärbindungsvertrages und einen **Aktienerwerber** schliesslich zeitigt ein solcher Vermerk keine Wirkung, wenn der Erwerber sich

1684

---

[1] GLATTFELDER, 335a; DOHM, 196 f.; OERTLE, 136.
[2] BLOCH, 133 f.; FISCHER, Parteienbestand, 80; FORSTMOSER/MEIER-HAYOZ/NOBEL, § 44 N 102; KLÄY, 496; LANG, 178 ff. – Vgl. N 1721 f.
[3] BLOCH, 134 f.; LANG, 187 ff.
[4] FISCHER, Parteienbestand, 80; HINTZ-BÜHLER, 182; SANWALD, 212.
[5] Vgl. N 26.
[6] Vgl. N 405 ff.

nicht ausdrücklich zur Übernahme der aktionärbindungsvertraglichen Pflichten bzw. zum Beitritt zum Aktionärbindungsvertrag verpflichtet. Von einer stillschweigenden Vertragsübernahme durch Annahme der Aktientitel darf jedenfalls nicht ausgegangen werden, selbst wenn man einen solchen Vermerk als Offerte an den Erwerber verstehen wollte.[7]

1685 Aus denselben Gründen hätte im Übrigen auch eine **Eintragung** des Aktionärbindungsvertrages **im Handelsregister** keine «*quasi-dingliche*» *Wirkung* gegenüber Dritten. Der Entwurf 2007 zur Revision des Aktienrechts sah in Art. 634a Abs. 4 E-OR zwar vor, dass «die Gesellschaft ... weitere Rechtsgeschäfte ins Handelsregister eintragen lassen [kann]», doch ging es dabei um Transparenz bezüglich Sachübernahmen von Aktionären und ihnen nahe stehenden Personen und nicht um die Verbindlichkeit solcher Verträge gegenüber Dritten.[8]

III. Gemeinsames Bankschliessfach oder Tresor

1686 Physisch ausgegebene Aktien können von den Vertragsparteien in einem nur gemeinsam zugänglichen Bankschliessfach aufbewahrt werden.[9] Eine Eigentumsübertragung durch Besitzanweisung fällt damit ausser Betracht, weil die Bank nicht Besitzerin ist. Bei Namenaktien kann jedoch durch diese Massnahme nicht verhindert werden, dass die Rechtsstellung trotzdem – durch Zession – übertragen wird.[10]

IV. Gemeinsames Effektenkonto

1687 Wie bei Bankkonten dürfte auch bei Effektenkonten eine Regelung möglich sein, wonach entweder nur alle Beteiligten gemeinsam über ein Konto verfügen können oder jeder der Beteiligten allein über das Konto (allenfalls nur im Umfang seines Anteils) verfügen kann. Damit liesse sich bei Bucheffekten die Struktur von Gesamt- bzw. Miteigentum oder allenfalls eine Hinterlegung zumindest teilweise nachbilden.[11]

---

[7] LANG, 190 f.; SALZGEBER-DÜRIG, 84 und 105.
[8] Vgl. auch Botschaft 2007, 1640 f. – Im VE 2014 findet sich der entsprechende Regelungsvorschlag nicht mehr.
[9] GERICKE/DALLA TORRE, 68.
[10] Vgl. N 1588.
[11] Zum BEG allgemein vgl. etwa LUKAS BEELER: Bucheffekten, Zürich 2013 (= Diss. Zürich 2013 = SSHW 317).

§ 47 Überbinden der Rechte und Pflichten auf einen Aktienerwerber

I. Erwerb durch eine Vertragspartei

Sieht ein Aktionärbindungsvertrag vor, dass er für **alle** von den **Vertragsparteien** gehaltenen Aktien der Aktiengesellschaft gilt, d.h. sowohl für die bereits bei Vertragsschluss gehaltenen als auch für später erworbene,[1] dann werden neu erworbene Aktien – auch solche, die von einer anderen Vertragspartei übernommen werden – automatisch von der bindungsvertraglichen Regelung erfasst. Eine explizite Überbindung und Übernahme der Rechte und Pflichten aus dem Aktionärbindungsvertrag ist nicht notwendig.

1688

Schweigt der Aktionärbindungsvertrag zur Geltung für zusätzlich erworbene Aktien, dann muss der Parteiwille durch Auslegung ermittelt werden: Regelungen in Bezug auf den **Erwerb und die Veräusserung** von Aktien sind wohl *im Zweifel für alle gehaltenen Aktien* gedacht. Dagegen wird eine für die **Ausübung der Stimmrechte** getroffene Ordnung eher auf eine bestimmte Anzahl gehaltener Aktien ausgerichtet und daher *nicht auf zusätzlich erworbene Aktien anwendbar* sein. Beides ist aber nicht offenkundig; eine **ausdrückliche Regelung** drängt sich daher auf.

1689

II. Erwerb durch Dritte

Weil die Rechte und Pflichten eines Aktionärbindungsvertrages nur *inter partes* wirken,[2] können **Dritterwerber** dem Aktionärbindungsvertrag nicht durch eine Bestimmung im Vertrag selbst unterworfen werden. Entsprechende Klauseln, wie man sie allerdings sporadisch in Aktionärbindungsverträgen findet, sind als Verträge zulasten Dritter unwirksam.[3]

1690

---

[1] Vgl. N 67 f.
[2] Vgl. N 117.
[3] HINTZ-BÜHLER, 182.; vgl. N 572. – Vorbehalten bleibt die Möglichkeit, einen Dritten als potenziellen künftigen Aktionär bereits in den Vertrag einzubinden, wie dies in Familiengesellschaften oft mit den voraussichtlichen Erben (als den Aktionären der nächsten Generation) geschieht; vgl. N 335 ff.

1691 Es müssen vielmehr *die Vertragsparteien darauf verpflichtet* werden, die *Rechte und Pflichten aus dem Aktionärbindungsvertrag* einem Dritterwerber *zu überbinden* bzw. diesen im Veräusserungsvertrag zum Vertragsbeitritt zu verpflichten (**Überbindungsklausel**).[4] Unabhängig davon, ob es sich um einen schuld- oder einen gesellschaftsrechtlichen Aktionärbindungsvertrag handelt, bedarf der Vertragsbeitritt des Dritterwerbers seinerseits der **Zustimmung aller übrigen Vertragsparteien**.[5] Diese Zustimmung kann (allenfalls bedingt) bereits im Vertrag selbst vereinbart sein oder im Einzelfall erteilt werden. Bei gesellschaftsrechtlichen Aktionärbindungsverträgen beinhaltet die Zustimmung zugleich die Ermächtigung an die veräussernde Vertragspartei, ihre Gesellschafterposition an den Dritterwerber zu übertragen.[6]

1692 Überbindungsklauseln sind mit den Kündigungsregeln, den Erwerbs- und Veräusserungspflichten sowie Bestimmungen über einen Vertragsaustritt abzustimmen.

1693 > Die Vertragsparteien sind verpflichtet, bei einer Übertragung gebundener Aktien die Rechte und Pflichten aus diesem Vertrag [einschliesslich dieser Pflicht zur Überbindung der vertraglichen Rechte und Pflichten] dem Erwerber zu überbinden.

1694 > Die Vertragsparteien sind verpflichtet, einen Erwerber ihrer Aktien der [Aktiengesellschaft] zum Beitritt zu diesem Vertrag zu verpflichten.

1695 > Gesellschaftsrechtliche Formulierung:
>
> Veräussert eine Vertragspartei einzelne oder alle Aktien, dann muss sie den Erwerber verpflichten, ein Gesuch zum Beitritt zu diesem Vertrag zu stellen. Die Aufnahme erfordert die Zustimmung von [80%] der [verbleibenden Vertragsparteien / der gebundenen Aktienstimmen der verbleibenden Vertragsparteien].

1696 Wenn der Dritterwerber nicht in die Rechte und Pflichten des Aktionärbindungsvertrages eintritt, haben die übrigen Vertragsparteien wegen der blossen *inter partes*-Wirkung einer Überbindungsklausel nur Ansprüche gegen die veräussernde Partei (auf Schadenersatz oder Konventionalstrafe), nicht aber gegen den Dritten.[7] Auch bleibt der Aktienverkauf an den Drittkäufer gültig.[8]

---

[4] BLOCH, 171.
[5] Vgl. N 640 ff.
[6] BK-FELLMANN/MÜLLER, OR 542 N 19 und 99 ff.; FISCHER, Parteienbestand, 79 und 247 ff.
[7] FISCHER, Parteienbestand, 249 ff.; HINTZ-BÜHLER, 129.
[8] FISCHER, Parteienbestand, 251 f.

III. Statutarische Überbindungspflicht

Auch statutarisch können die Aktionäre und Parteien eines Aktionärbindungsvertrages nicht zur Überbindung ihrer Rechtsstellung im Aktionärbindungsvertrag verpflichtet werden. Eine entsprechende Statutenbestimmung wäre als Verstoss gegen Art. 680 Abs. 1 bzw. 685b Abs. 7 OR unwirksam.[9]

Zur Frage, ob der Nichtbeitritt zu einem Aktionärbindungsvertrag ein Ablehnungsgrund im Sinne von Art. 685b Abs. 2 OR sein kann, vgl. N 1738 ff.

---

[9] Vgl. N 26; SANWALD, 211.

§ 48 Vertragliche Verfügungs- und Übertragungsbeschränkungen

I. Begriff und Zweck

Als **Verfügungs- oder Übertragungsbeschränkungen** werden *Klauseln* bezeichnet, *welche die Verfügung über Aktien erschweren oder untersagen*. Es sind dies insbesondere vertragliche Veräusserungsverbote sowie Verbote der Belastung von Aktien mit Pfandrechten, Nutzniessung oder anderen beschränkten Rechten (z.B. durch *Securities Lending*).[1] Gesetzliche Beschränkungen der Übertragbarkeit können sich – dies sei als Exkurs erwähnt – sodann aus dem ehelichen Güterrecht und dem Erbrecht ergeben.[2]

1699

Verfügungs- und Übertragungsbeschränkungen werden aus den verschiedensten **Gründen** in einen Aktionärbindungsvertrag aufgenommen. Primär geht es – wie schon bei den Erwerbsrechten und Erwerbspflichten – darum, *Einfluss auf die Zusammensetzung des Aktionärskreises* zu nehmen.[3]

1700

Implizite Verfügungs- und Übertragungsbeschränkungen gehen regelmässig auch aus den erwähnten Erwerbsrechten und Erwerbspflichten hervor: Wer einem anderen ein Kaufrecht, ein Vorkaufsrecht oder ein Vorhandrecht einräumt, darf die belasteten Aktien nicht mehr frei veräussern, sondern ist verpflichtet, sie unter den vereinbarten Voraussetzungen dem Berechtigten zu veräussern.[4]

1701

II. Rechtsnatur und Zulässigkeit

Vertraglich vereinbarte Veräusserungspflichten sowie Veräusserungsverbote wirken nur zwischen den beteiligten Parteien und entfalten *keine dingliche Wirkung*, damit also auch keine Wirkung auf nicht am Vertrag Beteiligte.[5] Es handelt sich in der Regel um *Unterlassungspflichten*.

1702

Verfügungs- und Übertragungsbeschränkungen sind *in den Schranken der Vertragsfreiheit* (Art. 19 f. OR) und des Verbots der übermässigen Vertragsbindung (Art. 27

1703

---

[1] MARTIN, 249 f. – Zu den statutarischen Übertragungsbeschränkungen vgl. N 1725.
[2] Vgl. N 1723 f.
[3] Vgl. N 1170 f.
[4] VON SALIS, Risiko, 219.
[5] FORSTMOSER/MEIER-HAYOZ/NOBEL, § 39 N 158 ff. sowie § 44 N 57.

Abs. 2 ZGB)⁶ *zulässig.* Eine übermässige Bindung ist nur ganz ausnahmsweise anzunehmen;⁷ sie wird in der Regel durch eine Befristung der Bindung vermieden.⁸

1704 BLOCH und MARTIN gehen allerdings selbst in Fällen bloss obligatorischer Veräusserungsbeschränkungen – im Sinne einer Minimalgarantie – auch von Schranken des Aktienrechts aus: So soll u.a. ein Erbe nicht durch einen Aktionärbindungsvertrag dazu verpflichtet werden können, seine Aktien unter dem wirklichen Wert zu veräussern (vgl. Art. 685b Abs. 4 OR).⁹ Unseres Erachtens trifft dies nicht zu: Auch wenn es richtig ist, dass Aktienrecht und Aktionärbindungsverträge «nicht zwei verschiedene Welten»¹⁰ sind, ist u.E. eine solche Vermischung der aktienrechtlichen mit der vertraglichen Ebene abzulehnen: Die genannte Minimalgarantie von Art. 685b Abs. 4 OR findet nur dann Anwendung, wenn eine Veräusserungsbeschränkung auf statutarischer Ebene durch eine *Escape Clause* ergänzt bzw. durch eine solche gestützt wird.¹¹

III. Veräusserungsbeschränkungen (*Lock-up-Vereinbarungen*)

A. Begriff

1705 Durch ein **Veräusserungsverbot** wird den betreffenden Vertragsparteien *die Veräusserung ihrer Aktien schlechthin verboten oder* dadurch *erschwert*, dass sie von der Zustimmung der anderen Vertragsparteien oder von anderen Bedingungen abhängig gemacht wird (***Lock-up*-Klauseln**).¹² Ein solches Verbot kann sich auch implizit aus anderen Vertragsvereinbarungen wie einer Hinterlegungspflicht oder Erwerbsrechten ergeben,¹³ wobei im zweiten Fall die Beschränkung oft mit einer Übernahmepflicht durch andere Aktionäre oder Dritte verbunden ist¹⁴.

1706 Bei einem Vertrag unter natürlichen Personen wird die Übertragung an andere Vertragsparteien, Nachkommen und allenfalls Ehepartner oft von einem Veräusse-

---

⁶ BLOCH, 282; vgl. dazu im Einzelnen N 1913 ff.
⁷ BLOCH, 282; MARTIN, 249 f.
⁸ BLOCH, 262 f.; HINTZ-BÜHLER, 121 f.; VON SALIS, Risiko, 219.
⁹ BLOCH, 282 f.; MARTIN, 250; die beiden Autoren stützen sich dabei auf KLÄY, 509 f. – Keine aktienrechtliche, sondern eine erbrechtliche Frage ist es, ob im Rahmen der Erbteilung die Aktien zum wirklichen Wert anzurechnen sind (vgl. N 598).
¹⁰ KLÄY, 510.
¹¹ Vgl. dazu N 1751 ff.
¹² BLOCH, 262 f.; FISCHER, Parteienbestand, 57 f.; HINTZ-BÜHLER, 120; VON SALIS, Risiko, 219.
¹³ Vgl. N 1701.
¹⁴ Vgl. N 1311 ff.

rungsverbot ausgenommen,[15] und sowohl für natürliche wie auch für juristische Personen wird gelegentlich – um den Parteien gestalterische Flexibilität zu belassen – die Übertragung auf eine vollständig beherrschte Gesellschaft oder zwischen solchen Gesellschaften vorbehalten. Diesfalls ist darauf zu achten, dass die Regeln des Aktionärbindungsvertrages nicht dadurch ausgehebelt werden können, dass die gebundenen Aktien zunächst in eine Aktiengesellschaft eingebracht und alsdann deren Aktien veräussert werden. Zum Schutz kann vorgesehen werden, dass die Aktien der beherrschten Gesellschaft denselben Auflagen unterworfen werden wie die im Bindungsvertrag gebundenen Aktien (z.B. Erwerbsrecht der übrigen Vertragsparteien, wenn Aktien der beherrschten Gesellschaft veräussert werden).

B. Wirkung

Vertragliche Veräusserungsverbote wirken **ausschliesslich obligatorisch**, zwischen den dadurch verpflichteten Vertragsparteien. Veräussert ein Aktionär seine Aktien in Verletzung des Verbots, ist der Kaufvertrag gültig und die Verfügung über die Aktien wirksam. Die Folge der Vertragsverletzung ist lediglich Schadenersatz oder eine andere vertraglich vereinbarte Konsequenz.[16] Die Sicherung eines Veräusserungsverbotes kann über eine Konventionalstrafe[17] erfolgen, durch gemeinsame Hinterlegung[18] oder durch Übertragung an einen Treuhänder,[19] wobei die jeweiligen Einschränkungen im Auge zu behalten sind.

C. Zustimmungsvorbehalt zugunsten anderer Vertragsparteien

Eine dem Veräusserungsverbot vergleichbare Wirkung hat der Vorbehalt, wonach **die anderen** (oder einzelne andere) Vertragsparteien **der Veräusserung zustimmen müssen.**[20]

IV. Beschränkung des Verpfändungsrechts

Das Verbot oder die Beschränkung der Verpfändung gebundener Aktien kann in einen Aktionärbindungsvertrag aufgenommen werden, um zu verhindern, dass ein **Pfandgläubiger** oder **Erwerber zwangsverwerteter Aktien Einfluss** auf die Aktiengesellschaft gewinnt, ohne an den Aktionärbindungsvertrag gebunden zu sein.[21]

---

[15] FISCHER, Parteienbestand, 58.
[16] HINTZ-BÜHLER, 121 und 123.
[17] Dazu N 1540 ff.
[18] Dazu N 1578 ff.
[19] Dazu N 1657 ff.
[20] VON SALIS, Risiko, 219.
[21] HINTZ-BÜHLER, 117 f.

In der Praxis sind Verpfändungsverbote oft nicht absolut formuliert, sondern es wird die Verpfändung von der Zustimmung der übrigen Vertragsparteien abhängig gemacht, wobei meist erklärt wird, diese dürfe nicht ohne sachlichen Grund verweigert werden (was sich freilich zumindest im Grundsatz schon aus dem Gebot von Treu und Glauben ergibt). Die Möglichkeit der Verweigerung kann aber auch vom Vorliegen eines wichtigen Grundes, also von Unzumutbarkeit, abhängig gemacht werden werden.

1710 | Eine Verpfändung der gebundenen Aktien ist [nicht / nur mit Zustimmung von zwei Dritteln der gebundenen Aktienstimmen] zulässig.

1711 | Ohne Zustimmung der übrigen Vertragsparteien dürfen die gebundenen Aktien nicht als Sicherheit verwendet werden.

1712 Die Gefahr des **Einflusses durch** einen **Pfandgläubiger** ist allerdings **begrenzt,** denn die Verpfändung von Aktien hat auf die Aktionärsstellung und auf die Berechtigung zur Ausübung des Stimmrechts und der anderen nichtvermögensmässigen Mitgliedschaftsrechte keinen Einfluss (Art. 905 ZGB).[22] Zwar kann der Aktionär einen Pfandgläubiger nach dispositivem Recht zur Vertretung der Aktien bevollmächtigen, doch kann ihm dies vertraglich untersagt werden.[23]

1713 Wohl aber besteht das **Risiko,** dass die verpfändeten Aktien zur **Pfandverwertung** gelangen und von einem nicht an den Aktionärbindungsvertrag gebundenen Dritten erworben werden. Bei nicht börsenkotierten Aktien kann dem Erwerber zwangsverwerteter Aktien eine statutarische Vinkulierung nur dann entgegen gehalten werden, wenn ihm die Gesellschaft die Übernahme der Aktien zum wirklichen Wert anbietet (Art. 685b Abs. 4 OR).[24] Bei kotierten Aktien kann dem Erwerber der Zugang zur Aktiengesellschaft ohnehin nicht verweigert werden, es sei denn, er überschreite mit den neuen Aktien eine statutarische prozentmässige Begrenzung (Art. 685d Abs. 1 OR).

1714 Ein Verpfändungsverbot ist schliesslich dann unwirksam, wenn das Vermögen einer Vertragspartei als Ganzes zur Zwangsverwertung gelangt, weil sie in **Konkurs** gefallen ist.

---

[22] BSK-BAUER, ZGB 905 N 1 ff.; BK-ZOBL, ZGB 905 N 15.
[23] BSK-BAUER, ZGB 905 N 5; FORSTMOSER/MEIER-HAYOZ/NOBEL, § 45 N 29; BK-ZOBL, ZGB 905 N 34. – Wirkungsvoll ist diesbezüglich auch eine statutarische Regelung, wonach Aktionäre nur durch Aktionäre vertreten werden können (Art. 689 Abs. 2 OR; vgl. HINTZ-BÜHLER, 120).
[24] HINTZ-BÜHLER, 118.

V. Beschränkung des Rechts, eine Nutzniessung einzuräumen

Während bei der Verpfändung von Aktien die Mitwirkungsrechte beim Pfandgeber verbleiben,[25] sieht das Gesetz bei der Nutzniessung die Vertretung der Aktien durch den Nutzniesser vor (Art. 690 Abs. 2 OR).[26] Die Gefahr, dass ein an den Aktionärbindungsvertrag nicht gebundener Dritter Einfluss auf die Aktiengesellschaft ausüben kann, ist deshalb ungleich grösser als bei der Verpfändung,[27] weshalb in Bindungsverträgen die Einräumung einer Nutzniessung oft untersagt wird.

In der Praxis sind freilich auch Verbote der Einräumung einer Nutzniessung meist nicht absolut formuliert, sondern es wird die Einräumung von der Zustimmung der übrigen Vertragsparteien abhängig gemacht (wiederum oft verbunden mit dem Hinweis, dass die Zustimmung nicht ohne wichtigen oder auch nur sachlichen Grund verweigert werden darf).

> Eine Nutzniessung darf an den gebundenen Aktien [nicht / nur mit Zustimmung von zwei Dritteln der gebundenen Aktienstimmen] eingeräumt werden. [Die betreffende Vertragspartei behält sich gegenüber dem Nutzniesser die Ausübung der nicht vermögensmässigen Mitwirkungsrechte aus den Aktien vor.]

VI. Beschränkung von Securities Lending und Repurchase Agreements

Auch weitere Möglichkeiten der Aktionäre, über die von ihnen gehaltenen Aktien zu verfügen, können in Aktionärbindungsverträgen eingeschränkt werden, so z.B. das **Securities Lending and Borrowing** (kurz *Securities Lending*, auch Wertpapierdarlehen oder Wertpapier- bzw. Effektenleihe),[28] welches Ähnlichkeit mit der Nutzniessung hat. Der Verleiher *(Lender)* überlässt dem Borger *(Borrower)* entgeltlich Wertschriften für eine bestimmte Zeit. Rechtlich wird dieser Vorgang als Sachdarlehen gemäss Art. 312 ff. OR qualifiziert. Der Verleiher übereignet dem Borger Aktien zum vollen Eigentumsrecht, dieser wiederum schuldet die Rückerstattung

---

[25] Vgl. N 1712.
[26] BÖCKLI, Aktienrecht, § 12 N 137; FORSTMOSER/MEIER-HAYOZ/NOBEL, § 45 N 13; BSK-LÄNZLINGER, OR 690 N 12. – Diese Regel ist allerdings dispositiver Natur (vgl. N 1637 f.).
[27] HINTZ-BÜHLER, 115 ff.
[28] Legaldefinition im Zusammenhang mit dem Fondsgeschäft in Art. 1 KKV-FINMA.

von Wertschriften gleicher Art, Menge und Güte sowie einen Zins *(Lending Fee)*.[29] Aufgrund des Rückgabeanspruches bleibt der Verleiher wirtschaftlich Berechtigter und hat einen Anspruch auf die Erträge aus den Aktien.[30] Da der Borger das volle Eigentum an den Aktien erwirbt, kann er diese weiterveräussern oder selber das Stimmrecht ausüben.[31] Das *Securities Lending* dient unter anderem dazu, dem Borger mittels der geborgten Aktien zu einem bestimmten Zeitpunkt einen grösseren Einfluss auf die Aktiengesellschaft zu verschaffen.[32]

1719 Ähnliches gilt für das im Aktienhandel ebenfalls gebräuchliche **Repurchase Agreement** (Repo- oder Pensionsgeschäft): Das *Repurchase Agreement* ist eine Vereinbarung, durch welche der Pensionsgeber (Verkäufer und Rückkäufer) das Eigentum an den Aktien vorübergehend auf den Pensionsnehmer (Käufer und Rückverkäufer) überträgt und gleichzeitig verspricht, Wertpapiere gleicher Menge und Güte zu einem späteren Zeitpunkt zurückzukaufen.[33] Auch beim *Repurchase Agreement* erlangt der Pensionsnehmer die Aktien – wiederum vorübergehend – zu vollem Recht und kann somit die Aktien weiterveräussern oder selber die Stimmrechte ausüben.[34]

1720 In beiden Fällen besteht die Gefahr eines Einflusses Aussenstehender, welchen die Parteien eines Aktionärbindungsvertrages in der Regel zu verhindern suchen. Soweit ein Aktionärbindungsvertrag nicht ein **allgemeines Veräusserungsverbot** bzw. eine Veräusserungsbeschränkung enthält (welche ein Verbot bzw. eine **Beschränkung auch von *Securities Lending* und *Repurchase Agreements*** regelmässig mit umfassen), können diese Transaktionsarten auch spezifisch vertraglich untersagt werden. Umgekehrt müssten sie von einem allgemeinen Veräusserungsverbot bzw. Veräusserungsbeschränkungen ausdrücklich ausgenommen werden, falls dies gewünscht sein sollte.

---

[29] Vgl. zum *Securities Lending* BERTSCHINGER, *passim;* ROLF H. WEBER, in Berner Kommentar zu 312–318 OR (Das Darlehen), Bern 2013, 269 ff.; ZOBL/KRAMER, § 23.
[30] GIOVANOLI, 95; ZOBL/KRAMER, § 23 N 1277.
[31] BERTSCHINGER, 25; ZOBL/KRAMER, § 23 N 1291.
[32] BERTSCHINGER, 23 f. – Ein weiterer Zweck des *Securities Lending* besteht im kurzfristigen Beschaffen von Aktien, wenn der Borger Aktien verkauft hat, ohne über die Titel selber zu verfügen (Leerverkäufe), oder wenn er Titel weiter verkauft hat, bevor sie ihm geliefert wurden (vgl. ZOBL/KRAMER, § 23 N 1280 ff.).
[33] Legaldefinition in Art. 11 lit. b KKV-FINMA sowie GIOVANOLI, 6 ff.; ZOBL/KRAMER, § 22 N 1244.
[34] GIOVANOLI, 310 f.

VII. Exkurs: Vereinbarung eines Abtretungsverbots (pactum de non cedendo) mit der Aktiengesellschaft

Gläubiger und Schuldner – hier die Gesellschaft – können die Abtretbarkeit der Aktionärsrechte mittels eines *pactum de non cedendo* ausschliessen. Der Ausschluss der Abtretung kann aber nur dann wirksam Gegenstand des Aktionärbindungsvertrages sein, wenn die Gesellschaft selbst Partei des Vertrages ist. Ein neuer Gläubiger hat sich in diesem Fall das *pactum de non cedendo* entgegenhalten zu lassen. In der Lehre wird vertreten, dass ein solcher Ausschluss der Abtretbarkeit nur gültig sei, wenn die Gesellschaft ein besonderes Schutzbedürfnis geltend machen könne, was nur in den seltensten Fällen zu bejahen sein dürfte.[35]

Zur Möglichkeit eines *pactum de non cedendo* in den Statuten vgl. N 1590.

VIII. Exkurs: Beschränkungen durch Erbrecht und eheliches Güterrecht

Die Frage nach der freien Übertragbarkeit der Aktien kann sich auch im Falle des Todes oder bei der Ehescheidung einer Vertragspartei stellen. Bezüglich des **Erbrechts** ist insbesondere das Pflichtteilsrecht des Ehegatten und der Nachkommen zu beachten (Art. 471 ZGB): Ein Aktionär kann nicht einem seiner Nachkommen das ganze Aktienpaket zukommen lassen, wenn er dadurch das Pflichtteilsrecht der anderen Nachkommen und jenes des überlebenden Ehegatten verletzt.[36]

Im **ehelichen Güterrecht** ergeben sich Verfügungsbeschränkungen vor allem im vertraglichen Güterstand der Gütergemeinschaft (Art. 221 ff. ZGB). Bei diesem kann ein Ehegatte über ein Aktienpaket, welches zum Gesamtgut gehört, nicht ohne Zustimmung des anderen verfügen (Art. 228 Abs. 1 ZGB). Im Falle des ordentlichen Güterstandes der Errungenschaftsbeteiligung hingegen hat der Güterstand auf die sachenrechtliche Zuordnung von Vermögenswerten – ob vor oder während der Ehe erworben – (und auf die Möglichkeit, über sie zu verfügen) keinen Einfluss; es erfolgt lediglich für die während der Ehe erworbenen Einkünfte eine rein rechnerische Teilung, welche zu schuldrechtlichen Ansprüchen zwischen den Ehegatten führt.[37]

---

[35] LANG, 181 ff.
[36] EHRAT/FREY, 329 ff.; HENSCH/STAUB, 1173 ff.
[37] Vgl. N 608 ff.

§ 49 Exkurs: Statutarische Übertragungsbeschränkungen

I. Begriff und Rechtsnatur

A. Grundsatz

Für **Namenaktien** (und nur für diese)[1] kennt das Aktienrecht die *Möglichkeit der Beschränkung der Übertragbarkeit* (und damit der Einflussnahme auf die Zusammensetzung des Aktionariats): die **Vinkulierung** gemäss Art. 685a ff. OR.[2] 1725

Diese *Übertragungsbeschränkungen*, die in den Statuten der Aktiengesellschaft verankert werden müssen, sind gesellschafts- bzw. **aktienrechtlicher Natur** und gelten gegenüber allen Aktionären, weshalb man von einer *«quasi-dinglichen Wirkung»* sprechen kann.[3] Sie stehen damit in einem Gegensatz zur rein obligatorischen Wirkung von vertraglich vereinbarten Verfügungs- und Übertragungsbeschränkungen.[4] 1726

Abhängig davon, ob die *Aktien an der Börse kotiert* sind *oder nicht,* sieht das Gesetz für die Vinkulierung *zwei unterschiedliche Ordnungen* vor.[5] Dazu in Kürze Folgendes:[6] 1727

B. Börsenkotierte Namenaktien

Bei **börsenkotierten Namenaktien** beschränkt sich die Möglichkeit der Vinkulierung **allein** auf eine in den Statuten vorzusehende **(prozentmässige) Beschrän-** 1728

---

[1] Die Übertragung von Inhaberaktien kann statutarisch nicht beschränkt werden (Art. 685a Abs. 1 OR *e contrario.* – BLOCH, 187 f.; LANG, 118; MEIER-HAYOZ/FORSTMOSER, § 16 N 305 ff.).

[2] Zur Vinkulierung im Allgemeinen (je m.w.H.): BÖCKLI, Aktienrecht, § 6; VON DER CRONE, Aktienrecht, § 3 N 56 ff.; HINTZ-BÜHLER, 123 ff.; BSK-OERTLE/DU PASQUIER, OR 685a ff.; FORSTMOSER/MEIER-HAYOZ/NOBEL, § 44 N 103 ff.; KLÄY, 133 ff.; MEIER-HAYOZ/FORSTMOSER, § 16 N 305 ff.; VON SALIS, Finanzierungsverträge, N 940 ff.; TSCHÄNI, Vinkulierung, 1 ff.; VON BÜREN/STOFFEL/WEBER, N 281 ff.

[3] Vgl. etwa MARTIN, 251 sowie hier N 117.

[4] Vgl. N 1699 ff.

[5] BÖCKLI, Aktienrecht, § 6 N 128 ff. und 304 ff.; VON DER CRONE, Aktienrecht, § 3 N 62 ff. und 96 ff.; FISCHER, Parteienbestand, 253 f.; FORSTMOSER, Vinkulierung, 93 f.; FORSTMOSER/MEIER-HAYOZ/NOBEL, § 44 N 178 ff. und 212 ff.; KLÄY, 197 ff. und 274 ff.; BSK-OERTLE/DU PASQUIER, OR 685b N 4.

[6] Grundlegend noch immer KLÄY, *passim.*

kung des Stimmrechts (Art. 685d ff. OR). Für die über dieser Schwelle liegenden Aktienstimmrechte kann einem Aktionär die Anerkennung und der Eintrag als stimmberechtigter Aktionär im Aktienbuch verweigert werden.[7]

1729 Der Eintrag kann auch verweigert werden, wenn ein Erwerber auf Verlangen der Aktiengesellschaft nicht ausdrücklich erklärt, die Aktien in eigenem Namen und auf eigene auf Rechnung erworben zu haben (Art. 685d Abs. 2 OR). Für Aktien, die durch Erbgang, Erbteilung, eheliches Güterrecht oder Zwangsvollstreckung erworben worden sind, gibt es bei börsenkotierten Namenaktien keinen Ablehnungsgrund (Art. 685d Abs. 3 OR).

1730 Nur in diesem Rahmen können einem Erwerber von Aktien das Stimmrecht und die damit verbundenen Rechte vorenthalten werden. Die Mitgliedschaft als solche und die übrigen daraus fliessenden Rechte, insbesondere die Vermögensrechte, gehen trotz Vinkulierung auf den Erwerber über.[8]

C. Nicht börsenkotierte Namenaktien

1731 Bei den **nicht kotierten Namenaktien** kann im Gegensatz zu den kotierten[9] die Übertragung an eine erwerbswillige Person vollumfänglich verhindert werden; die Mitgliedschaft bleibt dann beim ursprünglichen Aktionär (Art. 685b f. OR).[10] Die Ablehnung eines Erwerbers setzt auch hier eine statutarische Grundlage voraus und ist nur aus folgenden Gründen zulässig:[11]

1732 Die Aktiengesellschaft kann die Zustimmung zur Übertragung der Aktien an einen Erwerber ablehnen, wenn sie hierfür **einen wichtigen (nach Lehre und Praxis: sachlichen)**[12] **Grund** nennt, der *in den Statuten aufgeführt* ist (Art. 685b Abs. 1 OR). Solche Gründe sind gemäss Art. 685b Abs. 2 OR «Bestimmungen über die Zusammensetzung des Aktionärskreises, die im Hinblick auf den Gesellschaftszweck oder die wirtschaftliche Selbständigkeit des Unternehmens die Verweigerung

---

[7] BIERI, N 262 ff., 348 ff. und 388 ff.; BLOCH, 187; BÖCKLI, Aktienrecht, § 6 N 46 ff.; VON DER CRONE, Aktienrecht, § 3 N 98 ff.; FORSTMOSER/MEIER-HAYOZ/NOBEL, § 44 N 208 ff.; KLÄY, 224 ff.; MEIER-HAYOZ/FORSTMOSER, § 16 N 310; BSK-OERTLE/DU PASQUIER, OR 685d N 4 ff.; TSCHÄNI, Vinkulierung, 30 f. – Zur Abgrenzung von Vinkulierung und «echter» Stimmrechtsbeschränkung im Sinn von Art. 692 Abs. 2 OR vgl. VON SALIS, Stimmrecht, 58 f. sowie BIERI, N 334 ff.

[8] KLÄY, 127 ff.; MEIER-HAYOZ/FORSTMOSER, § 16 N 313.

[9] Vgl. N 1728 ff.

[10] MEIER-HAYOZ/FORSTMOSER, § 16 N 313 (2. Lemma).

[11] BGer-Urteil 4C.242/2001 vom 5. März 2003, E. 2.2; BLOCH, 271; DUMARTHERAY, 80; KLÄY, 126 f.

[12] FORSTMOSER/MEIER-HAYOZ/NOBEL, § 44 N 139; KLÄY, 15 und 149 ff.

rechtfertigen».[13] In der Lehre werden genannt: Beschränkung des Aktionariats auf Aktionäre mit bestimmten fachlichen Qualifikationen, Fernhalten von Konkurrenten, Verhindern einer Konzernierung oder eines Kontrollwechsels.[14] Ein weiterer Grund der Ablehnung besteht, wenn der Erwerber auf Verlangen der Aktiengesellschaft nicht ausdrücklich erklärt, die Aktien in eigenem Namen und auf eigene Rechnung erworben zu haben (Art. 685b Abs. 3 OR).[15]

Liegt **kein wichtiger Grund** vor, kann die Aktiengesellschaft einen Erwerber nur (aber immerhin) dann ablehnen, wenn sie dem Veräusserer anbietet, die **Aktien** für eigene Rechnung, für Rechnung anderer Aktionäre oder für Rechnung Dritter **zum wirklichen Wert zu übernehmen** (Art. 685b Abs. 1 OR) *(Escape Clause)*.[16]

Sind Aktien durch Erbgang, Erbteilung, eheliches Güterrecht oder Zwangsvollstreckung erworben worden, kann der Erwerber – selbst wenn ein wichtiger Grund vorliegt – überhaupt nur abgelehnt werden, wenn die Gesellschaft die Übernahme der Aktien zum wirklichen Wert anbietet (Art. 685b Abs. 4 OR).

D. Verwenden der Vinkulierungsordnung zur Absicherung von Aktionärbindungsverträgen?

Können diese Möglichkeiten der Übertragungsbeschränkung nutzbar gemacht werden, um die Durchsetzung von Aktionärbindungsverträgen sicherzustellen, also für diese eine Art «quasi-dinglicher» Absicherung zu erreichen?[17] Eine direkte Pflicht, als Aktionär bzw. (Dritt-)Erwerber von Aktien einem bestimmten Aktionärbindungsvertrag beizutreten, kann aufgrund von Art. 680 Abs. 1 OR in den Statuten der Aktiengesellschaft nicht verankert werden.[18] Entsprechende Statutenbestimmungen wären ungültig und für den Aktienerwerber auch dann nicht be-

---

[13] KLÄY, 146 ff.
[14] BÖCKLI, Aktienrecht, § 6 N 257 ff.; VON DER CRONE, Aktienrecht, § 3 N 65 ff.; FISCHER, Parteienbestand, 255 f.; FORSTMOSER, Vinkulierung, 96 f.; FORSTMOSER/MEIER-HAYOZ/NOBEL, § 44 N 139 ff.; GERICKE/DALLA TORRE, 65 f.; HINTZ-BÜHLER, 124 f.; KLÄY, 157 ff., 161 ff. und 167 ff.; MEIER-HAYOZ/FORSTMOSER, § 16 N 311; BSK-OERTLE/DU PASQUIER, OR 685b N 2 ff.; TSCHÄNI, Vinkulierung, 15 ff.
[15] BÖCKLI, Aktienrecht, § 6 N 116 ff. und 285 f.; KLÄY, 195 ff. und 268 ff.
[16] BÖCKLI, Aktienrecht, § 6 N 195 ff.; VON DER CRONE, Aktienrecht, § 3 N 74 ff.; FISCHER, Parteienbestand, 263 f.; FORSTMOSER/MEIER-HAYOZ/NOBEL, § 44 N 161 ff.; HINTZ-BÜHLER, 127; KLÄY, 176 ff.; BSK-OERTLE/DU PASQUIER, OR 685b N 9 ff.; TSCHÄNI, Vinkulierung, 27 ff.
[17] FISCHER, Parteienbestand, 81. – Zum Verhältnis von statutarischer Vinkulierung und vertraglichen Veräusserungsbeschränkungen vgl. BLOCH, 280 ff. und 291 ff.
[18] Vgl. N 26.

achtlich, wenn der gesamte Inhalt des Aktionärbindungsvertrages in die Statuten aufgenommen würde.[19]

1736 Im Vordergrund stehen deshalb insbesondere zwei Konstellationen:

- die **statutarische Absicherung des Überganges des ganzen Aktionärbindungsvertrages** auf einen Aktienerwerber in dem Sinne, dass der Nichtbeitritt zum Vertrag als Ablehnungsgrund im Sinne von Art. 685b Abs. 2 OR geltend gemacht werden kann (dazu N 1738 ff.); und

- die **statutarische Absicherung von Erwerbsrechten** der übrigen Aktionäre bei der Veräusserung von Aktien durch eine Vertragspartei (oder einen Drittaktionär) (dazu N 1751 ff.).

1737 Soweit **Inhaberaktien** zur Diskussion stehen, ist eine solche Absicherung der vertraglichen Ordnung durch die Statuten **unmöglich**, denn Inhaberaktien sind nach zwingendem Recht frei übertragbar.[20] **Ausgeschlossen** ist die Absicherung auch **bei kotierten Aktien,** ist doch für sie als einzige Vinkulierungsmöglichkeit die ganze oder teilweise Verweigerung des Eintrags als stimmberechtigter Aktionär im Aktienbuch vorgesehen.[21]

II. Nichtbeitritt zu einem Aktionärbindungsvertrag als Ablehnungsgrund

A. Ausgangslage und Einschränkungen

1738 Unter dem Aktienrecht von 1936, das beliebige Vinkulierungsgründe zuliess,[22] wurde nicht selten der Beitritt zu einem bestimmten Aktionärbindungsvertrag zur Voraussetzung der Anerkennung als Aktionär gemacht.[23] Das seit 1992 geltende

---

[19] HINTZ-BÜHLER, 182. – Ein solcher «statutarischer» Aktionärbindungsvertrag könnte allenfalls unter den Gründungsaktionären, welche die Statuten gemeinsam erlassen und unterzeichnet haben (Art. 629 Abs. 1 OR), Geltung beanspruchen. Dies aber nicht als statutarische, körperschaftsrechtliche Ordnung, sondern als schuld- oder gesellschaftsrechtliche, die (zufällig) im Statutentext steht bzw. aufgrund einer Umdeutung (Konversion) der ungültigen statutarischen in eine gültige schuld- oder gesellschaftsvertragliche Verpflichtung (vgl. N 132 bzw. 135 ff.; FORSTMOSER/MEIER-HAYOZ/NOBEL, § 44 N 268 ff.).

[20] Art. 685a Abs. 1 OR *e contrario;* vgl. N 1725 Anm. 1.

[21] Art. 685d Abs. 1 OR.

[22] KLÄY, 83 ff., mit einem Überblick zum alten Recht.

[23] BLOCH, 180; BÖCKLI, Aktienrecht, § 6 N 299; FISCHER, Parteienbestand, 82 und 253; KLÄY, 175. – Ob dies zulässig und wirksam war, kann heute offen bleiben.

Aktienrecht hat die Ablehnungsmöglichkeiten bedeutend eingeschränkt.[24] Die Meinungen gehen auseinander, ob heute die Anerkennung eines Erwerbers als Aktionär noch von seinem Beitritt zu einem Aktionärbindungsvertrag abhängig gemacht werden kann.[25]

B. Unterschiedliche Lehrmeinungen

Als Beispiele für **zulässige Gründe,** die mit der gesetzlichen Ordnung von Art. 685b OR in Einklang stehen, werden in der Lehre der *Ausschluss von Konkurrenten* oder die *Geheimhaltung vertraulicher Information* genannt.[26] Von einem Erwerber kann daher verlangt werden, dass er sich als Voraussetzung für die Aktienübertragung einem Konkurrenzverbot oder einer Geheimhaltungsklausel unterwirft. **Umstritten** hingegen sind bereits *Familienklauseln,* d.h. die Beschränkung der Aktienübertragung nur auf Familienmitglieder.[27] Und **mehrheitlich ablehnend** steht die Lehre Übertragungsbeschränkungen gegenüber, welche einen Erwerber dazu verpflichten sollen, einem bestimmten *Aktionärbindungsvertrag* beizutreten.[28]

1739

C. Eigene Stellungnahme

Zulässig dürften u.E. Übertragungsbeschränkungen sein, die als Voraussetzung für die Aktienübertragung den Beitritt zu einem *(Aktionärbindungs-)Vertrag* verlangen, *der nicht über die Verpflichtung zu einem Konkurrenzverbot oder einer Geheimhaltungsklausel hinausgeht* oder, allgemein gesagt, der «nichts verlangt, was nicht auch Gegenstand einer Vinkulierungsbestimmung sein könnte».[29]

1740

---

[24] BLOCH, 181; BÖCKLI, Aktienrecht, § 6 N 243 ff.; FISCHER, Parteienbestand, 82; FORSTMOSER/MEIER-HAYOZ/NOBEL, § 44 N 135 ff.; KLÄY, 125 ff.; BSK-OERTLE/DU PASQUIER, OR 685b N 3 ff.

[25] BLOCH, 182 f.; FISCHER, Parteienbestand, 82 f., HINTZ-BÜHLER, 125 ff. m.w.H. sowie MARTIN, 281 f. und sogleich, N 1739 ff.

[26] Vgl. N 1732.

[27] HARDER SCHULER, 75; BÖCKLI, Aktienrecht, § 6 N 277 ff.; HINTZ-BÜHLER, 126 f.; MARTIN, 281 f.; BSK-OERTLE/DU PASQUIER, OR 685b N 4; kritisch KLÄY, 173 f. und VON DER CRONE, Aktienrecht, § 3 N 70.

[28] Zum Ganzen FISCHER, Parteienbestand, 259 ff. m.w.H.; BÖCKLI, Aktienrecht, § 6 N 299; HINTZ-BÜHLER, 125 f.; KLÄY, 176; MUSTAKI/ALBERINI, 95; BSK-OERTLE/DU PASQUIER, OR 685b N 20; TSCHÄNI, Vinkulierung, 44; eher bejahend BSK-KURER, OR 680 N 13; differenzierend FORSTMOSER, Vinkulierung, 94 f. m.w.H. und 96 ff.

[29] FORSTMOSER, Vinkulierung, 97, sowie *ders.,* Schnittstelle, 392 f. – HINTZ-BÜHLER (126) weist allerdings zu Recht darauf hin, dass sich Aktionärbindungsverträge nur selten auf die genannten Gegenstände beschränken, weshalb ihres Erachtens die unter diesen Voraussetzungen «als zulässig erachtete Variante in der Praxis nichts [nütze]».

1741 Inwiefern der Beitritt zu einem umfassenderen oder weiter gehenden (Aktionärbindungs-)Vertrag als Übertragungsvoraussetzung im Lichte von Art. 685b Abs. 2 und 7 OR zulässig wäre, hängt einerseits von Zweck und Natur der betreffenden Aktiengesellschaft selbst und andererseits von Zweck und Inhalt der Übertragungsbeschränkung bzw. des Aktionärbindungsvertrages ab.[30] Jedenfalls müssten dabei die *Interessen der Aktiengesellschaft* (d.h. entweder die Absicherung des Gesellschaftszwecks oder die Wahrung der Selbständigkeit des Unternehmens) und *nicht die Interessen der Aktionäre* massgebend sein.[31] Der Inhalt des Aktionärbindungsvertrages müsste mithin in einem **engen sachlichen Zusammenhang** mit den geltend gemachten, rechtlich geschützten Interessen der Aktiengesellschaft stehen und dürfte nicht darüber hinausgehen.

1742 Weiter ist aus Transparenzgründen zu verlangen, dass die Statuten den Ablehnungsgrund klar und bestimmt umschreiben.[32] Der blosse Verweis auf das Bestehen eines Aktionärbindungsvertrages genügt nicht; vielmehr müsste der Ablehnungsgrund und der (wesentliche) Inhalt des Aktionärbindungsvertrages in den Statuten offengelegt werden.[33]

1743 Hält man sich diese Einschränkungen und die Tendenz vor Augen, die Möglichkeit von Übertragungserschwerungen einschränkend zu interpretieren, dann drängt sich der Schluss auf, dass die Berufung auf wichtige, in den Statuten genannte Gründe in der Regel nicht geeignet sein dürfte, den Beitritt zu einem Aktionärbindungsvertrag als statutarische Zulassungsvoraussetzung vorzusehen.[34] Immerhin sind Sonderfälle denkbar. Als Beispiel sei die Anwaltsaktiengesellschaft erwähnt:

D. Anwaltsaktiengesellschaften als Ausnahme

1. Unabhängigkeitserfordernis der Anwaltsaktiengesellschaft

1744 Während bei anderen Aktiengesellschaften häufig kein eigenes Interesse der Gesellschaft an einer Vinkulierung auszumachen ist, ergibt sich bei **Anwaltsaktiengesellschaften** ein solches Interesse bereits aus dem Gesetz, nämlich ein qualifiziertes *Unabhängigkeitsinteresse:*[35]

1745 Das Bundesgericht hatte sich kürzlich mit der Frage zu befassen, ob Anwälte, die bei einer als Aktiengesellschaft organisierten Anwaltskanzlei angestellt sind, ins

---

[30] FORSTMOSER, Vinkulierung, 97.
[31] KLÄY, 140 m.w.H.; LANG, 120.
[32] KLÄY, 142 ff.
[33] FISCHER, Parteienbestand, 258 f.; FORSTMOSER, Vinkulierung, 99 f.; a.M. BLOCH, 177 ff.
[34] Letztlich ähnlich FISCHER, Parteienbestand, 83 und 261 ff.; SANWALD, 211; positiver noch FORSTMOSER, Vinkulierung, 97 und *ders.,* Schnittstelle, 392 f. sowie a.M. BLOCH, 175 ff., 183 f. und 188 ff.
[35] Art. 8 Abs. 1 lit. d BGFA. – Vgl. zum Ganzen auch SENNHAUSER, N 35 ff.

kantonale Anwaltsregister eingetragen werden können. Im zu beurteilenden Fall sah das Bundesgericht das Erfordernis der institutionellen Unabhängigkeit der angestellten Anwälte (Art. 8 Abs. 1 lit. d BGFA) erfüllt, weil *aufgrund der Statuten und eines Aktionärbindungsvertrages* die vollständige **Beherrschung der Anwaltsaktiengesellschaft durch** in der Schweiz registrierte **Anwälte sichergestellt** war. Insbesondere war in den Statuten und im Aktionärbindungsvertrag vorgesehen, dass alle Gesellschafter in der Schweiz registrierte Anwälte sein müssen und die Aktien aufgrund einer Vinkulierung nur auf in der Schweiz registrierte Anwälte übertragen werden dürfen, und dass weiter die Leitung der Anwaltsaktiengesellschaft ganz in den Händen registrierter Anwälte liegt.[36]

Detaillierter bezüglich der Voraussetzungen war die Zürcher Aufsichtskommission über die Anwältinnen und Anwälte in der gleichen Sachfrage.[37] Die entsprechenden Anforderungen an Anwaltsgesellschaften wurden in den Entwurf des schweizerischen Anwaltsverbandes für ein Schweizer Anwaltsgesetz aufgenommen. Der Entwurf verlangt, um auf Dauer Gewähr dafür zu bieten, dass die Unabhängigkeit angestellter Anwälte durch nicht im Anwaltsregister eingetragene Dritte nicht in Frage gestellt wird, dass u.a.:[38]

— als Gesellschafter grundsätzlich *nur natürliche Personen* aufgenommen werden können;

— die Gesellschafter der Anwaltsgesellschaft *stimmenmässig zu mindestens drei Vierteln aus registrierten Anwältinnen oder Anwälten bestehen* («registrierte Gesellschafter») und deren Beteiligung an den Eigenmitteln der Anwaltsgesellschaft mindestens zwei Drittel beträgt;

— auf allen Entscheidungsebenen der Anwaltsgesellschaft *Beschlüsse* (Sachgeschäfte und Wahlen) *ausschliesslich mit einer Stimmenmehrheit der als Anwälte registrierten Gesellschafter* zustande kommen; und

— die oder der *Vorsitzende des obersten Leitungs- oder Verwaltungsorganes* und der Gesellschafterversammlung oder der Generalversammlung der Gesellschafter eine *registrierte Anwältin oder* ein *registrierter Anwalt* ist.

Um als Anwaltsaktiengesellschaft funktionieren zu können, hat die *Aktiengesellschaft* somit ein gesetzlich vorgegebenes *Interesse an* der (dauerhaften) **Zusammensetzung ihres Aktionariats** aus im Anwaltsregister eingetragenen Anwälten.[39] Die Vinkulie-

---

[36] BGE 138 II 440 E. 1 und 23.
[37] Beschluss vom 5. Oktober 2006 (ZR 2006 Nr. 71), E. III.8.3 und VI; SENNHAUSER, N 246 ff.
[38] Art. 39 E-Anwaltsgesetz. Abrufbar unter http://www.sav-fsa.ch.
[39] Dies im Unterschied zu Revisionsgesellschaften, wo sich die Unabhängigkeit nur im Verhältnis zu der zu revidierenden Gesellschaft bestimmt (Art. 728 OR) und die Zulas-

rung der Aktien stellt allerdings nur eine Zugangsschranke dar und kann nicht alle der genannten Anforderungen sicherstellen; insbesondere kann ein einmal anerkannter Aktionär nicht wieder ausgeschlossen werden, selbst wenn er seine anwaltliche Registrierung verliert und dadurch den Zweck der Gesellschaft gefährdet. Entsprechende Konsequenzen lassen sich dagegen in einem (**Aktionärbindungs-)Vertrag** unter den Aktionären regeln.

1748 Im Fall von Anwaltsaktiengesellschaften dürfte daher ein **genügendes eigenes Interesse** der jeweiligen **Aktiengesellschaft** bestehen, um den statutarischen Ablehnungsgrund des Nichtbeitritts zu einem Aktionärbindungsvertrag zu rechtfertigen; freilich müsste sich der Vertrag auf die für die Aufrechterhaltung der Unabhängigkeit notwendigen Regeln beschränken (Erwerbs- und Veräusserungspflichten, Stimmbindungen hinsichtlich der Wahl der obersten Leitungsorgane etc.).[40]

2. Praktische Ausgestaltung

1749 Aufgrund dieser Erwägungen ist u.E. etwa **folgende statutarische Regelung** möglich:

1750
> Die Übertragung der Namenaktien bedarf der Zustimmung des Verwaltungsrats der [Aktiengesellschaft]. Der Verwaltungsrat verweigert die Zustimmung, wenn eine der folgenden Voraussetzungen erfüllt ist:
>
> – Der Erwerber hat den Aktionärbindungsvertrag vom [Datum] nicht unterzeichnet, der zum Zweck der dauerhaften und langfristigen Beherrschung der [Aktiengesellschaft] durch in einem schweizerischen Anwaltsregister eingetragene Anwälte folgende Stimmbindungen und Erwerbsrechte vorsieht: [Stimmbindungen und Erwerbsrechte].
>
> – Der Erwerber ist nicht in einem schweizerischen Anwaltsregister eingetragen.
>
> – Der Erwerber betreibt ein zum Gesellschaftszweck in Konkurrenz stehendes Unternehmen, er ist an einem solchen beteiligt oder ist bei einem solchen angestellt.
>
> – Der Erwerber erwirbt die Aktien zwar im eigenen Namen, aber im Interesse Dritter.

---

sungsvoraussetzungen im Übrigen nur die obersten Leitungs- und Verwaltungsorgane der Gesellschaft betreffen (Art. 6 RAG).

[40] Werden die Aktien der Anwaltsaktiengesellschaft gemeinschaftlich gehalten (vgl. dazu etwa FISCHER, Parteienbestand, 225 ff.), können sich entsprechende Regelungen erübrigen, wenn der Aus- und Zutritt zur Aktiengesellschaft aktionärbindungsvertraglich über die Abfindung austretender Aktionäre und durch Einkauf neuer Mitglieder geregelt ist. Sobald allerdings die Mittel für eine Abfindung austretender Mitglieder fehlen, droht die Auflösung des Aktionärbindungsvertrages und die Verwertung der Aktien.

III. Übertragungsbeschränkungen unter Zuhilfenahme der *Escape Clause*

A. Ausgangslage

Die Aktiengesellschaft kann bei **nicht börsenkotierten Namenaktien** einen *Erwerber ohne Begründung ablehnen, wenn sie* dem Veräusserer der Aktien *anbietet, seine Aktien* für eigene Rechnung, für Rechnung anderer Aktionäre oder für Rechnung Dritter *zum wirklichen Wert zu übernehmen* (Art. 685b Abs. 1 OR) *(Escape Clause)*.[41] Dies gilt auch bei einem Erwerb durch Erbgang, Erbteilung, eheliches Güterrecht oder Zwangsvollstreckung (Art. 685b Abs. 4 OR).[42]

Die Statuten können die Voraussetzungen und Bedingungen des Übernahmeangebotes näher regeln, wobei sich diese in den zwingenden Grenzen der Vinkulierungsordnung, insbesondere von Art. 685b Abs. 7 OR zu bewegen haben und auch nicht gegen das **Verbot von** über die Liberierung hinausgehenden **Aktionärspflichten** verstossen dürfen.[43] Zudem können in den Statuten dem **Verwaltungsrat** gewisse *Pflichten auferlegt* werden, so u.a. diejenige, dass er von einer *Escape Clause* Gebrauch zu machen, d.h. ein Übertragungsgesuch abzulehnen hat, und wie er – immer in den Schranken des zwingenden Rechts – dabei vorzugehen hat.[44]

B. Die zwingenden Grenzen im Überblick

Insgesamt ist den statutarisch verankerten Übertragungsbeschränkungen zur Absicherung vertraglicher Erwerbsrechte ein enger Rahmen gesteckt. Es ergeben sich die folgenden zwingenden **Grenzen bzw. Rahmenbedingungen:**[45]

---

[41] Vgl. N 1731.
[42] BÖCKLI, Aktienrecht, § 6 N 195; FORSTMOSER, Vinkulierung, 100 ff.; HINTZ-BÜHLER, 126 f.; KLÄY, 176 f.; BSK-OERTLE/DU PASQUIER, OR 685b N 9 ff.
[43] Vgl. zum Ganzen MARTIN, 270 ff. m.H. auf die verschiedenen Lehrmeinungen. – Dem veräusserungswilligen Aktionär dürfen daher keine Pflichten auferlegt werden. Nicht zulässig wäre u.E. eine Regelung, wonach ein Aktionär, der seine Aktien zu veräussern wünscht, zunächst den Verwaltungsrat der Aktiengesellschaft darüber zu informieren hat (bevor er mit Dritten in Verkaufsverhandlungen tritt).
[44] Zu weit gehen dürfte allerdings eine statutarische Bestimmung, wonach der Verwaltungsrat die Zuteilung der Aktien nach den Regeln eines Aktionärbindungsvertrages vorzunehmen habe; dies dürfte – insbesondere dann, wenn noch Drittaktionäre vorhanden sind – gegen das aktienrechtliche Gleichbehandlungsprinzip verstossen (BÖCKLI, Aktienrecht, § 6 N 215 f.; HINTZ-BÜHLER, 127).
[45] BLOCH, 294 ff.; BÖCKLI, Aktienrecht, § 6 N 195 ff.; 212 ff. und 296 ff.; FISCHER, Parteienbestand, 265 ff.; DUMARTHERAY, 83; HINTZ-BÜHLER, 131 f.; KLÄY, 193 ff.; MARTIN, 275 ff.; MEIER-SCHATZ, 226 f.; SANWALD, 211 f.

1754 Die *Escape Clause* bzw. die Übertragungsbeschränkung muss in den Statuten verankert und kann dort weiter konkretisiert sein (Art. 685a Abs. 1 i.V.m. 685b Abs. 1 OR).[46]

1755 Das Angebot zur Übernahme muss *innerhalb dreier Monate* nach Erhalt des Gesuchs um Übertragung der Aktien erfolgen (Art. 685c Abs. 3 OR).

1756 Das Angebot bzw. der Ankauf der Aktien muss *von der Aktiengesellschaft ausgehen* (wenn auch allenfalls auf Rechnung von Aktionären oder Dritten, Art. 685b Abs. 1 OR); direkte Erwerbsrechte von Aktionären oder Dritten können statutarisch nicht vorgesehen werden.[47]

1757 Die Aktien können dem Aktionär *nicht gegen seinen Willen entzogen* werden; er hat bei einem Angebot der Aktiengesellschaft die Wahl, dieses abzulehnen und die Aktien zu behalten.

1758 Dem Aktionär muss für seine Aktien (mindestens) der *wirkliche Wert* der Aktien, d.h. der innere Wert angeboten werden (Art. 685b Abs. 1 OR); dabei bleibt dem veräusserungswilligen Aktionär die Möglichkeit, die Kaufpreisbestimmung durch das Gericht zu verlangen (Art. 685b Abs. 5 OR).[48] Die Statuten können somit nicht vorsehen, dass beispielsweise die Revisionsstelle oder die Generalversammlung den Kaufpreis verbindlich und abschliessend bestimme.[49] Sie können auch nicht vorschreiben, aufgrund welcher Kriterien der Preis zu bestimmen ist.[50] Und schon gar nicht kann eine Abfindung zu einem tieferen als dem wirklichen Wert vorgesehen werden.

1759 Die Aktiengesellschaft muss die Übernahme *aller zu veräussernden Aktien* anbieten.

1760 Die Aktiengesellschaft muss sich an den durch die Bestimmungen über die eigenen Aktien (Art. 659 f. OR) und das Gesellschaftsinteresse gesteckten Rahmen halten, sofern nicht Aktionäre oder Dritte bereit sind und sich bindend verpflichtet haben, die Aktien zu übernehmen.[51] Eine *generelle Pflicht zur Übernahme* durch die Aktiengesellschaft selbst ist somit *nicht zulässig*.[52]

---

[46] BGer-Urteil 4C.242/2001 vom 5. März 2003, E. 2.2 f.
[47] Vgl. auch FISCHER, Parteienbestand, 265 f. m.w.H.
[48] FISCHER, Parteienbestand, 268 f. – Zum wirklichen Wert vgl. ausführlich BÖCKLI, Aktienrecht, § 6 N 221 ff.
[49] KLÄY, 195.
[50] Vorbehalten bleibt – aber körperschaftsrechtlich irrelevant ist – die Änderung auf der Ebene des Bindungsvertrages, durch den körperschaftsrechtlichen Ordnung nach Art. 685b OR unter den Vertragsparteien in einem zweiten Schritt auf der vertraglichen Ebene korrigiert werden kann.
[51] FISCHER, Parteienbestand, 267 f. sowie 298 ff. zur Frage der Zulässigkeit einer Hilfestellung der Aktiengesellschaft bei der Kaufpreisfinanzierung.
[52] Überdies kommt aus Gründen des Steuerrechts (Stichwort Teilliquidation) eine Übernahme von Aktien mit anschliessender Vernichtung durch Kapitalherabsetzung in der

Das Angebotsverfahren selbst darf für den Veräusserer *nicht zu einer Erschwerung* im Vergleich zur Vinkulierungsordnung führen (Art. 685b Abs. 7 OR). Eine Regelung etwa, welche Aktionäre dazu verpflichten würde, schon bei Veräusserungsabsicht den Verwaltungsrat zu informieren oder die ihnen auferlegen würde, die Aktionäre direkt (und nicht nur den Verwaltungsrat) zu informieren, würde diesem Prinzip (sowie Art. 680 Abs. 1 OR) widersprechen. 1761

Die Übertragungsbeschränkung darf das *Gleichbehandlungsgebot* (Art. 717 Abs. 2 OR) nicht verletzen. Das heisst insbesondere, dass die Übertragungsbeschränkung sich auf *alle Aktionäre* beziehen muss und nicht beispielsweise auf durch einen (bestimmten) Aktionärbindungsvertrag verbundene Aktionäre beschränkt sein darf, aber auch, dass die für die Übertragung vorgesehenen Aktien *allen Aktionären* entsprechend ihrem Aktienbesitz *angeboten* werden müssen. 1762

Analog dem Bezugsrecht (Art. 652b Abs. 1 OR) dürfen die zur Veräusserung anstehenden Aktien *nur dann an Dritte verkauft* werden, *wenn nicht Aktionäre* bereit sind, diese (zum wirklichen Wert) zu *übernehmen*. 1763

Tritt die Aktiengesellschaft in *Liquidation,* fällt die Übertragungsbeschränkung dahin (Art. 685a Abs. 3 OR). 1764

C. Praktische Ausgestaltung

1. Auf der Ebene der Statuten

Nach Zugang eines Gesuchs um Übertragung von Aktien hat die Aktiengesellschaft eine **Frist von maximal drei Monaten,** *um* die Übertragung abzulehnen und *ein Übernahmeangebot* zu einem bestimmten Preis (entsprechend dem «wirklichen Wert» der Aktien) *zu machen* (Art. 685c Abs. 3 OR). 1765

Die *Statuten oder ein Reglement* können das gesellschaftsinterne **Entscheidungsverfahren (und insbesondere die für das Verfahren intern vorgesehenen Fristen) näher regeln,** soweit dies für den veräusserungswilligen Aktionär keine Erschwerung darstellt. Beispielsweise kann der Verwaltungsrat verpflichtet werden, innert einer bestimmten (kurzen) Frist die übrigen Aktionäre zu informieren und deren Übernahmeangebote einzuholen. Ebenso ist es möglich, zu bestimmen, dass der Verwaltungsrat nur dann ein Übernahmeangebot zu machen hat, wenn sich die übrigen Aktionäre gemeinsam oder einzeln verbindlich verpflichten, sämtliche zu übertragenden Aktien zu übernehmen und den Übernahmepreis im Voraus sicherzustellen. Wenn in einer ersten Runde nicht sämtliche Aktien übernommen wer- 1766

Regel nicht in Betracht (vgl. N 1230). Die Aktien können aber für einen Zeitraum von bis zu sechs Jahren (Art. 4a Abs. 2 VStG) bei der Aktiengesellschaft parkiert werden. Die verbleibenden Aktionäre haben so die Möglichkeit, die Finanzierung bereit zu stellen oder sich nach einem geeigneten Käufer umzusehen.

den, kann eine zweiten Runde vorgesehen sein. Nach der zweiten (oder gar einer dritten) Runde müssen alle Aktien übernommen worden sein – durch Aktionäre und/oder die Aktiengesellschaft im Rahmen der für sie zugelassenen 20% (Art. 659 Abs. 2 OR)[53] oder durch einen (den verbleibenden Aktionären genehmen) Dritten. Es sollte dabei kein direkter Bezug auf die Mechanik des Aktionärbindungsvertrages gemacht, sondern das Verfahren so ausgestaltet werden, dass es unabhängig von der Existenz des Aktionärbindungsvertrages funktioniert.[54]

1767 Die **Kompetenz,** über die *Zustimmung zur Übertragung* von Aktien zu entscheiden, kann in den Statuten auch *der Generalversammlung zugeteilt werden.*[55] Der Vorteil liegt darin, dass dann die Aktionäre selber über die Ablehnung unter Anrufung der *Escape Clause* entscheiden können, also diejenigen, die letztlich auch Aktien zu übernehmen haben werden. Bei einem Entscheid durch die Generalversammlung ist es möglich, im Aktionärbindungsvertrag die Voraussetzungen zu vereinbaren, unter denen einer Übertragung der Aktien zugestimmt wird. Umgekehrt muss man beachten, dass das *Verfahren innert drei Monaten nach Erhalt des Gesuchs* um Übertragung der Aktien *abgeschlossen sein muss,* weshalb die für den Entscheid notwendige ausserordentliche Generalversammlung innert dieser drei Monate durchzuführen[56] ist.[57] Sonst gilt die Zustimmung als erteilt (Art. 685c Abs. 3 OR). Wenn für den Entscheid der Aktionäre ein mehrstufiges Verfahren vorgesehen ist, dann dürfte die Kompetenzzuweisung an die Generalversammlung problematisch sein, weil die

---

[53] Wenn sich die Aktiengesellschaft an der Übernahme der Aktien beteiligt, stellt sich dem Verwaltungsrat die Frage, ob die Übernahme eigener Aktien im Interesse der Gesellschaft liegt.

[54] Vgl. das Beispiel in N 1769. – Der Aktionärbindungsvertrag hingegen kann und sollte sich auf die Statuten beziehen, beispielsweise im Hinblick auf die Harmonisierung der Fristen (vgl. N 1770 ff.).

[55] BLOCH, 186; BÖCKLI, Aktienrecht, § 6 N 31; FISCHER, Parteienbestand, 264 f.; FORSTMOSER, Vinkulierung, 105; HINTZ-BÜHLER, 128; MARTIN, 251 f.; BSK-OERTLE/DU PASQUIER, OR 685a N 8 f.

[56] Vorgängig muss geklärt sein, ob – dem Bindungsvertrag unterworfene oder andere – Aktionäre willens und in der Lage sind, die zur Veräusserung anstehenden Aktien (zum wirklichen Wert) zu übernehmen, da andernfalls wegen Art. 685c Abs. 3 (Ablehnung «zu Unrecht») auch ein negativer Beschluss der Generalversammlung den Übergang der Aktien auf einen unerwünschten Dritten nicht verhindern kann.

[57] BÖSIGER (6) schlägt zusätzlich vor, in den Statuten für diesen Entscheid der Generalversammlung Einstimmigkeit vorzusehen. Damit könne wirkungsvoll verhindert werden, dass Aktien auf unerwünschte Dritte übertragen werden könnten (ähnlich schon FORSTMOSER, Vinkulierung, 105). Dabei ist freilich nicht zu übersehen, dass dann, wenn kein (einstimmiger) Entscheid zur Übernahme der Aktien durch die Gesellschaft gefällt wird oder wenn die Übernahme am Fehlen der erforderlichen finanziellen Mittel scheitert, eine Übertragung an (unerwünschte) Dritte nicht verhindert werden kann (Art. 685c Abs. 3 OR).

Fristen sehr knapp angesetzt werden müssen. Weit häufiger deshalb – und ausserhalb überschaubarer Verhältnisse aus praktischen Gründen wohl geboten – ist daher die Entscheidungskompetenz des Verwaltungsrates.[58]

Der Verwaltungsrat muss bei der Aktienzuteilung das **Gleichbehandlungsgebot** (Art. 717 Abs. 2 OR) beachten,[59] er kann also nicht verpflichtet werden (und ist auch nicht berechtigt), einzelne Aktionäre (etwa die Parteien des Aktionärbindungsvertrages) zu bevorzugen. Aus der Ähnlichkeit einer Veräusserung eigener Aktien an Aktionäre mit einer Neuausgabe von Aktien im Zuge einer Kapitalerhöhung[60] folgt, dass den Aktionären an den zum Verkauf angebotenen Aktien ein **Erwerbsrecht** (analog einem Bezugsrecht nach Art. 652b Abs. 1 OR) zusteht, weshalb diese Aktien nur dann einem Dritten angeboten werden dürfen, wenn kein Aktionär sie (zum inneren Wert) übernehmen will.

1768

> Die Übertragung von [Aktien / Namenaktien] bedarf der Zustimmung der [Aktiengesellschaft] (Art. 685a Abs. 1 OR). Die Zustimmung kann unter den nachfolgenden Voraussetzungen sowie aus den im Gesetz genannten Gründen verweigert werden:
>
> [Konkretisierung wichtiger Ablehnungsgründe entsprechend Art. 685b Abs. 2 OR.]

1769

---

[58] Mit dem Risiko, dass der Wille des Verwaltungsrates in dieser Frage vom Willen der Aktionäre abweicht und der Verwaltungsrat eine Veräusserung der Aktien an nicht durch den Aktionärbindungsvertrag gebundene Dritte gegen den Willen der gebundenen Aktionäre zulässt. Soweit der Verwaltungsrat (mehrheitlich) nach dem Willen der im Aktionärbindungsvertrag zusammengeschlossenen Aktionäre besetzt ist, dürfte dieses Risiko aber gering sein.

[59] VON DER CRONE, Aktienrecht, § 9 N 76 ff.; FORSTMOSER/MEIER-HAYOZ/Nobel, § 39 N 50; vgl. FISCHER, Parteienbestand, 267; vgl. BGer-Urteil 4C.242/2001 vom 5. März 2003, E. 3, worin das Bundesgericht betont, dass der Verwaltungsrat «das ... Ankaufsrecht von Art. 685b Abs. 1 OR nicht im einseitigen Interesse oder zum Nachteil einzelner Aktionäre oder Aktionärsgruppen einsetzen [darf], ohne dass das Gesellschaftsinteresse dies erfordert ...». Aus heutiger Sicht unhaltbar BGE 88 II 98, E. 3: Bei der Veräusserung eines bei der Aktiengesellschaft liegenden und für ihre Beherrschung entscheidenden Aktienpakets wurde eine von zwei zerstrittenen Aktionärsgruppen privilegiert. Das Bundesgericht erblickte darin keine Verletzung des Gleichbehandlungsprinzips, weil der Verwaltungsrat nicht einen Beschluss gefasst habe «über die rechtlichen Beziehungen zwischen den Aktionären und der Gesellschaft, sondern er machte nichts grundsätzlich anderes, als wenn er einen Nicht-Aktionär als Käufer ausgewählt hätte». – Den Gebrauch der *Escape Clause* überhaupt nur im Gesellschaftsinteresse zuzulassen (vgl. KLÄY, 357), würde allerdings zu weit gehen.

[60] Vgl. dazu eher kritisch BÖCKLI, Aktienrecht, § 4 N 300 ff. sowie FORSTMOSER/MEIER-HAYOZ/NOBEL § 39 N 50.

Stellt ein Aktionär das Gesuch um Zustimmung zur Übertragung von [Aktien / Namenaktien], hat die [Aktiengesellschaft] das Recht, die betreffenden Aktien auf Rechnung der übrigen Aktionäre [oder, wenn die übrigen Aktionäre auf eine Übernahme von Aktien verzichten, auf eigene oder auf Rechnung Dritter] zum wirklichen Wert zu übernehmen.

Die [Aktiengesellschaft] informiert [umgehend / innert 15 Tagen] nach Erhalt des Gesuchs die übrigen Aktionäre durch schriftliche Mitteilung über:

– den Veräusserer und den potenziellen Erwerber;

– die Anzahl [und die Kategorie] der zu veräussernden [Aktien / Namenaktien]; und

– die Schätzung des wirklichen Werts der zu veräussernden [Aktien / Namenaktien] durch den Verwaltungsrat oder den zwischen dem Verwaltungsrat und dem Veräusserer bereits vereinbarten Übernahmepreis.

Für die Bestimmung des wirklichen Werts ist der Zeitpunkt des Erhalts des Gesuchs um Zustimmung zur Übertragung massgebend. Der Verwaltungsrat ist dafür besorgt, mit dem Veräusserer (Art. 685b Abs. 1 OR) bzw. dem Erwerber (Art. 685b Abs. 4 OR) nach Möglichkeit einen Übernahmepreis rechtsverbindlich zu vereinbaren. Kommt innert [30 Tagen] nach Erhalt des Gesuchs keine Vereinbarung zustande, wird der wirkliche Wert durch eine Revisionsgesellschaft festgesetzt, die von der Gesellschaft und dem veräusserungswilligen Aktionär gemeinsam ausgewählt wird. Können sich die Beteiligten innerhalb von weiteren [10 Tagen] nicht auf eine Revisionsgesellschaft einigen, wird sie auf Begehren einer der Parteien oder der Gesellschaft [durch die Zürcher Handelskammer] ernannt. Die Kosten der Bewertung trägt die Gesellschaft. Vorbehalten bleibt Art. 685b Abs. 5 OR.

Diejenigen Aktionäre, die der Gesellschaft ein Angebot zur Übernahme von Aktien zum mitgeteilten Übernahmepreis oder zum wirklichen Wert machen wollen, unterbreiten dem Verwaltungsrat ihr verbindliches Angebot für die von ihnen zu übernehmende Anzahl Aktien innert [20 Tagen] nach Zugang der Mitteilung. Der Verwaltungsrat kann die Sicherstellung des Übernahmepreises zugunsten der Gesellschaft verlangen; unterbleibt diese, fällt das betreffende Angebot dahin.

Liegen genügend Angebote zur Übernahme aller vom Gesuch erfassten Aktien vor, ist der Verwaltungsrat verpflichtet, die Zustimmung zur Übertragung zu verweigern. Übersteigen die Angebote der Aktionäre die Anzahl der verfügbaren Aktien, nimmt der Verwaltungsrat eine Zuweisung im Verhältnis der bisherigen Anteile der anbietenden Aktionäre am Aktienkapital vor. Spitzen werden durch das Los zugewiesen. Liegen nicht genügend Angebote vor, entscheidet der Verwaltungsrat nach pflichtgemässem Ermessen über den Erwerb der verbleibenden Aktien durch die Gesellschaft selbst oder auf Rechnung der anbietenden Aktionäre oder von Dritten oder aber über die Genehmigung des Übertragungsgesuchs.

[Variante: zweistufiges Verfahren; vgl. N 1216 ff.]

Der Verwaltungsrat teilt dem Veräusserer (Art. 685b Abs. 1 OR) bzw. dem Erwerber (Art. 685b Abs. 4 OR) die Ablehnung des Gesuchs innerhalb der dreimonatigen Frist von Art. 685c Abs. 3 OR

> mit und unterbreitet ein Angebot zur Übernahme der Aktien zum vereinbarten bzw. dem durch [die vereinbarte Revisionsgesellschaft oder] den Richter bestimmten Preis. Lehnt der Veräusserer (Art. 685b Abs. 1 OR) bzw. der Erwerber (Art. 685b Abs. 4 OR) das Angebot nicht innerhalb eines Monats nach Zugang des Angebots ab, gilt dieses als angenommen.[61]

2. Modalitäten der vertragsinternen Entscheidfindung und Zuteilung der Aktien

Wie die Aktionäre den Entscheidungsprozess unter sich gestalten, ob sie je einzeln über eine Übernahme von Aktien entscheiden oder ob der Entscheid durch Mehrheitsbeschluss gefällt wird, ist auf der Ebene des **Aktionärbindungsvertrages** zu regeln.

> Beabsichtigt eine der Vertragsparteien Aktien der [Aktiengesellschaft] an eine andere Vertragspartei oder einen Dritten zu veräussern, haben die übrigen Vertragsparteien das Recht, diese Aktien proportional zu der von ihnen gehaltenen Beteiligung zu erwerben. Hat die veräussernde Partei bereits eine Vereinbarung über die Veräusserung der Aktien getroffen oder eine entsprechende Offerte gestellt, haben die anderen Parteien das Recht, die Aktien zu den gleichen Bedingungen zu erwerben. Im Übrigen richtet sich der Kaufpreis nach den in diesem Vertrag festgelegten Kriterien. [Dies gilt unter den Vertragsparteien auch, wenn die Aktien aufgrund eines statutarisch vorgesehenen Verfahrens zugewiesen werden und der Kaufpreis entsprechend Art. 685b Abs. 1 OR in anderer Höhe festgelegt worden ist.]
>
> Die veräussernde Partei ist verpflichtet, [im Vertrag mit dem Dritten die Ausübung des Erwerbsrechts nach dieser Bestimmung ausdrücklich vorzubehalten und] den übrigen Parteien über die beabsichtigte Veräusserung ihrer Aktien unverzüglich Mitteilung zu machen. Die übrigen Parteien haben innert [20 Tagen] nach Zugang der Mitteilung der veräussernden Partei schriftlich zu erklären, ob sie von ihrem Kaufrecht Gebrauch machen wollen. Stillschweigen gilt als Verzicht auf das Kaufrecht.
>
> Verzichten eine oder mehrere Parteien auf die Ausübung ihres Kaufrechts, ist das Kaufrecht aller Parteien verwirkt, sofern nicht die verbleibenden Parteien [oder die Aktiengesellschaft] bereit sind, auch die auf die verzichtenden Parteien entfallenden Aktien zu den vorgenannten Bedingungen zu übernehmen. Liegen nicht genügend Angebote für sämtliche zum Verkauf stehenden Aktien vor, ist die austretende Partei frei, ihre Aktien an den offengelegten Dritten zu veräussern.
>
> Unterlässt die veräussernde Partei die Mitteilung an die übrigen Parteien und erhalten diese vom Verwaltungsrat die Mitteilung über ein Gesuch um Zustimmung zur Übertragung der Aktien, entscheiden die übrigen Aktionäre je einzeln [innert 20 Tagen], ob sie gegenüber Gesellschaft ein verbindliches Angebot für den Erwerb von zu übertragenden Aktien machen wollen.

---

[61] Vgl. auch die Formulierung bei GERICKE/DALLA TORRE, 66 (Anm. 138).

> Verzichten eine oder mehrere Parteien auf ein Angebot, steht es den verbleibenden Parteien frei, [innert 10 Tagen] auch für die auf die verzichtenden Parteien entfallenden Aktien Angebote zu machen. Liegen Angebote für mehr als die zu übertragenden Aktien vor, haben die übrigen Aktionäre das Recht, die angebotenen Aktien proportional zu ihrem bestehenden/dem diesem Vertrag unterstellten Aktienbesitz zu erwerben. Sie haben die Ausübung dieses Rechts innert [10] Tagen zu erklären.
>
> Kommen [fristgerecht] nicht genügend Angebote für sämtliche zu übertragende Aktien zustande, sind die Erwerbsrechte verwirkt, sofern sich nicht die [Aktiengesellschaft bereit erklärt, die verbleibenden Aktien zu übernehmen].
>
> [Der Verwaltungsrat / Der Vorsitzende / Der Sekretär] dieses Aktionärbindungsvertrages hat das Recht, von den erwerbswilligen Aktionären eine Finanzierungsbescheinigung zu verlangen. Wird diese nicht fristgerecht zusammen mit der Erklärung des Erwerbsinteresses vorgelegt, fällt das entsprechende Angebot dahin.
>
> [Vorbehalten bleiben – sofern diese vom Verwaltungsrat der [Aktiengesellschaft] geltend gemacht werden – die statutarischen Übertragungsbeschränkungen.]

1772   Wie lässt sich ein im Vergleich zum gesetzlich vorgesehenen wirklichen Wert – den der Veräusserer auf gesellschaftsrechtlicher Ebene durchsetzen kann (Art. 685b Abs. 5 OR)[62] – *niedrigerer, vertraglich vereinbarter Erwerbspreis* im Rahmen der statutarischen Übertragungsbeschränkung durchsetzen?[63] Sind die Bestimmungen des Aktionärbindungsvertrages hinsichtlich der Erwerbsrechte so ausgestaltet, dass überhaupt erst eine Vertragsverletzung – nämlich die Unterlassung der bindungsvertraglichen Pflicht, die übrigen Vertragsparteien zu informieren und ihnen die Aktien anzubieten – zur Anwendung der *Escape Clause* führt, können die vertraglichen Erwerbsrechte durch eine entsprechende Schadenersatzpflicht oder – aus Praktikabilitätsgründen vorzuziehen – Konventionalstrafe abgesichert werden. Muss das statutarische Ankaufsverfahren durchgeführt werden, hat die veräussernde Vertragspartei beispielsweise die Differenz zwischen dem zugesprochenen wirklichen Wert und dem vertraglich vereinbarten Erwerbspreis als Schadenersatz oder eine pauschale Summe, die diese Differenz zumindest erreicht, als Konventionalstrafe zu bezahlen.[64] Die Konventionalstrafe als Geldforderung geltend zu machen ist wesentlich einfacher als der Versuch, die Erwerbsrechte real durchzusetzen.

1773   Es handelt sich bei einer solchen Regelung nicht um eine Umgehung von Art. 685b Abs. 1 OR. Diese Bestimmung ist zwar hinsichtlich des auf aktienrechtlicher Ebene

---

[62] BÖCKLI, Aktienrecht, § 6 N 221 ff.; BSK-OERTLE/DU PASQUIER, OR 685b N 12 f.
[63] BÖCKLI, Aktienrecht, § 6 N 214.
[64] Denkbar ist auch ein Zuschlag (bei dessen Bemessung Art. 163 Abs. 3 OR zu beachten ist).

geschuldeten Übernahmepreises zwingend,⁶⁵ doch schliesst dies nicht aus, dass die Aktionäre unter sich im Rahmen eines (Aktionärbindungs-)Vertrages eine abweichende Regelung, d.h. einen tieferen Übernahmepreis vereinbaren. Würde man dies anders verstehen, wären vertragliche Erwerbsrechte unter den Aktionären mit einem tieferen als dem wirklichen Wert stets ungültig, wenn die Statuten der Aktiengesellschaft eine *Escape Clause* vorsehen.⁶⁶

D. Fazit

Die *Escape Clause* kann dazu dienen, einen **Erwerber** wegen Nichtbeitritts zu einem Aktionärbindungsvertrag **abzulehnen** (und ihn so zumindest indirekt zu einem Vertragsbeitritt zu bewegen),⁶⁷ aber auch dazu, vertraglich vereinbarte **Erwerbsrechte** der verbleibenden Parteien eines Aktionärbindungsvertrages auf statutarischer Ebene **abzusichern**. Die Gesellschaft oder die Aktionäre müssen dabei allerdings über die nötigen finanziellen Mittel verfügen, um eine austretende Partei bzw. deren Erben zum wirklichen Wert abfinden zu können.⁶⁸ Dabei ist zu beachten, dass bindungsvertraglich vorgesehene Regeln zur Bestimmung des wirklichen Werts – etwa die Festlegung durch die Revisionsstelle der Aktiengesellschaft oder die Anwendung einer bestimmten Formel⁶⁹ – im Aussenverhältnis, gegenüber dem Dritterwerber nicht verbindlich sind; es bleibt stets die Möglichkeit der Kaufpreisbestimmung durch das Gericht (Art. 685b Abs. 5 OR). Doch kann aufgrund des Aktionärbindungsvertrages zwischen den Parteien eine *Korrektur* erfolgen, indem unter den Vertragsparteien vereinbart wird, dass zwischen ihnen ein nach den Regeln des Bindungsvertrages bestimmter Preis gilt. Dieser kann anders zu berechnen sein als nach Art. 685b Abs. 5 OR, und er kann insbesondere *tiefer liegen* als der bei Anrufung der *Escape Clause* massgebende Wert. Es hat dann intern unter den Vertragsparteien ein Ausgleich stattzufinden, falls nicht eine pauschale Abfindung durch eine Konventionalstrafe vereinbart wird.

1774

Fehlen den Parteien die erforderlichen Mittel, dann können sie allenfalls einen ihnen genehmen Dritten beiziehen, der den Abfindungsbetrag leistet, dann aber auch als Aktionär (und als Partei des Aktionärbindungsvertrages) zugelassen werden will. Sie können so zwar den Übergang der Mitgliedschaftsstellung auf einen Drit-

1775

---

⁶⁵ BÖCKLI, Aktienrecht, § 6 N 232; BSK-OERTLE/DU PASQUIER, OR 685b N 19.
⁶⁶ BÖCKLI, Aktienrecht, § 6 N 214.
⁶⁷ BLOCH, 171 f.; TRIPPEL/JAISLI KULL, 214 f.. – Was als weniger einschneidend im Vergleich zu einer Ablehnung ganz ohne Begründung zulässig sein muss (FORSTMOSER, Vinkulierung, 101; HINTZ-BÜHLER, 126).
⁶⁸ BLOCH, 294; BÖCKLI, Aktienrecht, § 6 N 293; FORSTMOSER/MEIER-HAYOZ/NOBEL, § 44 N 264 ff.; HINTZ-BÜHLER, 130 f. m.H.; KLÄY, 474 ff. m.H.
⁶⁹ Vgl. N 1195 ff.

ten nicht verhindern, haben aber die Möglichkeit, die **Person des Dritterwerbers zu bestimmen.**

IV. Statutarische Stimmrechtsbeschränkungen und Quorumsvorschriften

1776 Statutarische Stimmrechtsbeschränkungen (Art. 692 Abs. 2 OR)[70] und Quorums- sowie Einstimmigkeitsvorschriften[71] können ebenfalls ein Sicherheitsnetz bilden, durch das Beschlüsse, die grundlegenden Bestimmungen eines Aktionärbindungsvertrages widersprechen, in der Generalversammlung ohne Zustimmung aller oder zumindest eines wesentlichen Teils der (gebundenen) Aktionäre verhindert werden können. Bei strengen Quorums- oder gar Einstimmigkeitsvorschriften ist allerdings stets Vorsicht walten zu lassen. Solche Bestimmungen stellen zwar sicher, dass eine überwiegende Mehrheit einem Beschluss zustimmen muss, sie schaffen für eine Minderheit aber auch die Möglichkeit, ein Veto einzulegen und so eine objektiv erwünschte Entwicklung (allenfalls aus zweckfremden Motiven) zu blockieren.

---

[70] Vgl. etwa BÖCKLI, Aktienrecht, § 12 N 467 ff.; FORSTMOSER/MEIER-HAYOZ/NOBEL, § 24 N 60 ff.; BSK-LÄNZLINGER, OR 692 N 7 ff.

[71] Vgl. etwa BÖCKLI, Aktienrecht, § 12 N 348 ff.; VON DER CRONE, Aktienrecht, § 5 N 181 ff.; FORSTMOSER/MEIER-HAYOZ/NOBEL, § 24 N 60 ff.

8. Kapitel: Dauer und Beendigung von Aktionärbindungsverträgen

§ 50 Regelung von Dauer und Beendigung

I. Übersicht

Aktionärbindungsverträge sind in der Regel **auf (längere) Zeit angelegt**.[1] Ausnahmen bestehen nur bezüglich der auf ein bestimmtes, zeitlich und sachlich begrenztes Ziel beschränkten Gelegenheitskonsortien, wie sie etwa kurzfristig im Vorfeld einer Generalversammlung oder in einem Übernahmekampf gebildet werden.[2] Damit stellen sich *Fragen der Dauer, ihrer Festlegung und Begrenzung* (dazu § 51 [N 1782 ff.]), aber auch der *Modalitäten der ordentlichen und ausserordentlichen Beendigung* (dazu § 52 [N 1835 ff.] und § 53 [N 1869 ff.]).[3] Zu betrachten sind schliesslich auch die *Folgen einer Beendigung* (dazu § 54 [N 1995 ff.].

1777

II. Bedeutung einer vertraglichen Regelung

Obwohl der Dauer und der Beendigung von Aktionärbindungsverträgen grosse praktische Bedeutung zukommt, werden die Beendigung und ihre Folgen oft nur rudimentär oder gar nicht geregelt:

1778

Endet der Aktionärbindungsvertrag durch gemeinsame Übereinkunft oder weil sein Zweck erreicht oder obsolet geworden ist, sind die Parteien in der Lage, die Folgen der Beendigung nachträglich zu regeln. Aber schon bei einer ordentlichen Kündigung gegen den Willen der anderen Vertragsparteien und noch mehr bei einem Scheitern des Vertrages können Zeitpunkt und Folgen der Vertragsbeendigung kontrovers sein. Wegen des weitgehenden Fehlens einer passenden gesetzlichen Auffangregelung und einschlägiger Entscheide besteht beträchtliche Unsicherheit; sie kann zu langwierigen Auseinandersetzungen führen. Umso wichtiger ist es, dass sich die Parteien von allem Anfang an auf klare Regeln und Verfahren verständigen,

1779

---

[1] BGE 128 III 428 E. 3; BLOCH, 79; GAUCH/SCHLUEP/SCHMID, N 94 f.; GERICKE/DALLA TORRE, 57; GLATTFELDER, 335a ff.; HINTZ-BÜHLER, 74 und 150; HUBER, Vertragsgestaltung, 45; OERTLE, 175; VENTURI-ZEN-RUFFINEN, 3 f.
[2] BAUSCH, 651; BLOCH, 57; FORSTMOSER, Schnittstelle, 388; GLATTFELDER, 337a; vgl. auch N 220.
[3] HINTZ-BÜHLER, 22; OERTLE, 175.

auch wenn im Zeitpunkt des Vertragsschlusses die Vertragsbeendigung oder gar das Scheitern des Vertrages kein vordringliches Thema ist.[4]

1780 Die folgenden Ausführungen befassen sich mit den Themen «Dauer» und «Beendigung» vor allem im Hinblick auf deren Regelung in einem Aktionärbindungsvertrag. Darüber hinaus wird aber auch zu Fragen Stellung genommen, die sich dann ergeben, wenn eine explizite vertragliche Regelung fehlt und die Antwort im – dispositiven oder allenfalls auch zwingenden – Gesetzesrecht zu suchen ist.

III. Einzelaspekte

1781 Die einschlägigen Bestimmungen eines Aktionärbindungsvertrages sollten die folgenden Punkte ansprechen:

- Vertragsdauer oder Regeln für deren Bestimmung (dazu N 1791 ff.);
- ordentliche Beendigungsgründe, Kündigungsfristen oder (befristeter) Ausschluss der ordentlichen Kündigung (dazu N 1835 ff.);
- ausserordentliche Beendigungsgründe, insbesondere Umstände, die zu einer Kündigung aus wichtigem Grund berechtigen (dazu N 1869 ff.);
- Beendigungsfolgen im Allgemeinen mit (Rück-)Abwicklungsordnung (dazu N 1995 ff.);
- Zuteilung oder Verwertung gemeinsamer Vermögenswerte im Rahmen der Liquidation des Vertragsverhältnisses sowie Rückgabe eingebrachter Aktien *in natura* oder deren Verwertung (dazu N 1998 ff.);
- Schicksal allfälliger Satelliten- bzw. Durchführungsverträge mit Dritten (mit entsprechend abgestimmten Regeln in diesen Verträgen) (dazu N 2021 ff.).

---

[4] ARTER, Stimmbindung, 474; FORSTMOSER, Aktionärbindungsverträge, 373; HOCH, 87; OERTLE, 175.

§ 51 Befristung von Aktionärbindungsverträgen

I. Befristung im Allgemeinen

Die **Dauer eines Aktionärbindungsvertrages** wird von verschiedenen Faktoren bestimmt, allen voran von den Gründen, die zum Vertragsschluss geführt haben: Wird der Vertrag bereits bei der Gründung der betroffenen Aktiengesellschaft geschlossen, ist es oft das Ziel der Parteien, die körperschaftlich-statutarische und die vertragliche Ordnung auch in Bezug auf ihre Dauer kongruent zu halten.[1] Solche Aktionärbindungsverträge werden deshalb für die *Dauer der Aktiengesellschaft* geschlossen.[2] In anderen Fällen kann ein Aktionärbindungsvertrag auf die *langfristige Beherrschung einer Aktiengesellschaft*,[3] oder auch nur auf eine *bestimmte, zeitlich begrenzte Dauer*[4] ausgerichtet sein.

1782

Die Dauer eines Aktionärbindungsvertrages kann sich aus dem Zweck, zu dessen Erreichung er geschlossen wird, ergeben; der Aktionärbindungsvertrag endet dann mit dem *Erreichen dieses Zwecks*. Die Zweckerreichung muss dabei nicht der Dauer der Aktiengesellschaft entsprechen. Regelt der Vertrag die Investition in ein Startup-Unternehmen und die damit verbundenen Kontroll- und Mitwirkungsrechte der Investoren, überdauert die betroffene Aktiengesellschaft die aktionärbindungsvertragliche Grundvereinbarung. Ist das Ziel des Aktionärbindungsvertrages die Ordnung der Unternehmensnachfolge, erstreckt sich die Dauer des Vertrages *über den Tod der Vertragsparteien (oder einzelner von ihnen) hinaus* auf deren Erben.[5]

1783

Die Spanne der beabsichtigten Vertragsdauer kann sich somit von einem kurzen, im Voraus präzis festgelegten Zeitraum bis hin zu einer unbegrenzten Dauer wäh-

1784

---

[1] Die statutarische und reglementarische Ordnung der Aktiengesellschaft und die vertragliche Ordnung durch einen (für alle Aktionäre geltenden) Aktionärbindungsvertrag bilden konzeptionell oft eine Einheit, vgl. dazu N 325 ff.
[2] VON BÜREN/STOFFEL/WEBER, N 986; VON DER CRONE, Aktienrecht, § 11 N 32; FORSTMOSER, Aktionärbindungsverträge, 369; FORSTMOSER, Schnittstelle, 384; FORSTMOSER/MEIER-HAYOZ/NOBEL, § 39 N 173; HINTZ-BÜHLER, 150; HOCH, 86; HUBER, Vertragsgestaltung, 45.
[3] PFISTER, 8.
[4] Etwa für die Regelung des Generationenwechsels in einer Familienaktiengesellschaft.
[5] FORSTMOSER, Aktionärbindungsverträge, 369.

rend des (theoretisch «ewigen») Bestehens der Aktiengesellschaft erstrecken.[6] Je länger und je unbestimmter die in Aussicht genommene Vertragsdauer ist, desto mehr stellt sich die Frage der Gültigkeit der vereinbarten Vertragsdauer und desto wichtiger wird eine präzise Regelung.

II. Unterscheidung von befristeten und unbefristeten Aktionärbindungsverträgen

1785   Die **Unterscheidung**, ob ein Vertrag *befristet*[7] oder *unbefristet*[8], ob er also auf eine bestimmte oder eine unbestimmte Dauer abgeschlossen ist, *bestimmt die Möglichkeit seiner ordentlichen Kündigung*[9].[10] Denn «ordentlich kündbar sind in der Regel nur Verträge, die auf unbestimmte ... oder nicht bestimmte ... Dauer oder Zeit abgeschlossen werden; solche auf bestimmte Dauer oder Zeit gelten dagegen als unkündbar».[11]

1786   Die Abgrenzung zwischen Verträgen von befristeter Dauer und solchen von unbefristeter Dauer ist – obwohl scheinbar klar – **nicht in jedem Fall unumstritten:**[12]

1787   Setzen die Parteien im Voraus das Ende des Aktionärbindungsvertrages auf einen **bestimmten Termin** hin fest, handelt es sich zweifellos um einen *befristeten Vertrag;* umgekehrt liegt, wenn die Parteien über die Dauer des Vertrages **keine Vereinbarung** treffen, ein *unbefristeter Vertrag* vor.

1788   Hängt die Dauer des Vertrages hingegen von einem (objektiv) **ungewissen künftigen Ereignis**, d.h. dem Eintritt einer Bedingung im Sinn von Art. 154 Abs. 1 OR[13] ab – wobei ohne Bedeutung ist, ob das Ereignis in der Handlung einer Vertragspartei besteht oder im Eintritt eines von den Parteien nicht kontrollierbaren Ereignis-

---

[6]   Obwohl in Art. 627 Ziff. 4 und 736 Ziff. 1 OR vorgesehen, sind statutarische Auflösungsgründe bei Aktiengesellschaften und insbesondere ihre zeitliche Befristung in der Praxis selten (BÖCKLI, Aktienrecht, § 17 N 5; VON DER CRONE, Aktienrecht, § 14 N 4; FORSTMOSER/MEIER-HAYOZ/NOBEL, § 55 N 17 ff.).
[7]   Vgl. N 1791 ff.
[8]   Vgl. N 1832 ff.
[9]   Zum Begriff der ordentlichen Kündigung N 1841 ff.
[10] BLOCH, 58 ff.; FORSTMOSER, Aktionärbindungsverträge, 370; *ders.,* Schnittstelle, 389; FORSTMOSER/MEIER-HAYOZ/NOBEL, § 39 N 176; ZK-HANDSCHIN/VONZUN, OR 545–547 N 113; OERTLE, 176.
[11] BGE 106 II 226 E. 2a; gleiche Umschreibung schon bei GAUCH, 39 f. und nun bei HILTY, 953 f. – Vgl. auch N 1841 ff.
[12] DRUEY/DRUEY JOST, § 4 N 55; FORSTMOSER, Aktionärbindungsverträge, 370; FORSTMOSER, Schnittstelle, 389; OERTLE, 177 f.
[13] BSK-EHRAT, vor OR 151–157 N 1; GAUCH/SCHLUEP/EMMENEGGER, N 3948 ff.

ses[14] –, ist die Frage der Befristung des Vertrages weit weniger eindeutig zu beantworten. Das Gleiche gilt, wenn die Dauer des Vertrages nicht von einer Bedingung abhängt, sondern von einem Ereignis, dessen Eintritt zwar gewiss ist, das aber in **ungewisser Zukunft** liegt (z.B. Tod einer Vertragspartei oder Auflösung einer Aktiengesellschaft).[15]

Nach **bundesgerichtlicher Rechtsprechung** haben die Parteien einen befristeten Vertrag abgeschlossen, wenn dessen Beendigung durch ein Ereignis herbeigeführt wird, welches «mit Sicherheit und nicht erst in völlig unabsehbarer Zeit erwartet werden kann»; den in Frage stehenden Vertrag «auf [maximal] die Lebensdauer des Beklagten» erachtete das Bundesgericht als auf «bestimmte Dauer» abgeschlossen.[16] Und bezüglich eines Darlehensvertrages, bei dem die Rückzahlung fällig sein sollte, «sobald nach dem Geschäftsergebnis möglich», hat das Bundesgericht erklärt, es liege «kein unbefristetes Darlehen» vor.[17] In der **neueren Lehre** wird – wohl noch weiter gehend – die Ansicht vertreten, dass jeder Vertrag, der eine Abrede über seine Dauer enthält, als auf bestimmte Zeit abgeschlossen zu qualifizieren sei. Dies gelte selbst dann, wenn ungewiss ist, wann und ob überhaupt der vereinbarte Beendigungsgrund bzw. Beendigungszeitpunkt eintreten wird.[18]

1789

Letzteres ist u.E. sachgerecht, weil damit die Unklarheit darüber, wann der Eintritt einer Resolutivbedingung genügend voraussehbar ist und zu einem befristeten Vertrag führt (und wann nicht), ausgeräumt wird: Jede **Abrede über die Vertragsdauer** *bewirkt* danach **einen befristeten Vertrag,** selbst wenn diese Dauer im Zeitpunkt des Vertragsschlusses nicht absehbar oder der Eintritt der Resolutivbedingung unwahrscheinlich ist.[19] Umgekehrt liegt ein *unbefristeter Vertrag* vor, *wenn* die Parteien über die Vertragsdauer überhaupt **keine Regelung** getroffen haben.[20] Diese Lösung ist auch deshalb angemessen, weil Vertragsparteien, die eine wie auch immer geartete Regelung zur Vertragsdauer getroffen haben, diesbezüglich immerhin Überlegungen angestellt haben – im Unterschied zu Vertragsparteien, die gar keine Regelung vorsahen. Schliesslich ist auch darauf hinzuweisen, dass bei Aktionärbindungsverträgen, die als einfache Gesellschaften zu qualifizieren sind,[21] die

1790

---

[14] BSK-EHRAT, vor OR 151–157 N 8; GAUCH/SCHLUEP/EMMENEGGER, N 3965 ff.
[15] GAUCH/SCHLUEP/EMMENEGGER, N 4036 ff.
[16] BGE 56 II 189, 190 f.; ZK-SIEGWART, OR 545/47 N 16 und 20; VON STEIGER, 456 f.
[17] BGE 76 II 144 E. 4.
[18] GAUCH, 40 ff.; GLATTFELDER, 337a (m.H. auf GIERKE); JÄGGI, 117 ff.; OERTLE, 177 f.; ZÄCH, Personengesellschaften, 111 f.
[19] Sie muss allerdings zumindest im Zeitpunkt ihres Eintrittes bestimmbar sein. – Zu den Arten der Befristung vgl. N 1791 ff.
[20] Vgl. N 1832 ff.
[21] Es dürfte dies die grosse Mehrheit sein; vgl. dazu N 145 ff.

Qualifikation als Vertrag auf unbestimmte Dauer zu einer Rechtsfolge führt, die von den Parteien oft nicht vorgesehen und nicht gewollt war.[22]

III. Befristete Aktionärbindungsverträge

A. Allgemein

1791 Die Dauer von Verträgen – und damit auch von Aktionärbindungsverträgen – kann auf unterschiedlichste Weise befristet sein: durch eine bestimmte **Zeitdauer**, durch den Eintritt eines bestimmten, gewissen oder ungewissen äusseren **Ereignisses**, durch eine **Höchst- oder** eine **Mindestdauer** oder durch das Erreichen eines bestimmten **Zwecks**.[23]

1792 Ob und wie sich die Dauer eines Vertrages bestimmt und welches die diesbezüglich massgeblichen Elemente sind, hängt vom expliziten oder mutmasslichen[24] Willen der Vertragsparteien ab.

B. Befristung durch Zeitdauer oder Kalenderdatum

1793 Die einfachste Art der Befristung ist die Festlegung der Vertragsdauer in Jahren, Monaten oder Tagen, die Festsetzung eines Kalenderdatums als Zeitpunkt der Beendigung oder die Begrenzung auf eine sonstwie zeitlich bestimmbare Dauer.[25]

1794
> Der vorliegende Aktionärbindungsvertrag gilt bis zum [31. Dezember 2018].

1795
> Der vorliegende Aktionärbindungsvertrag wird für [fünf] Jahre fest abgeschlossen.

1796 Dies gilt sowohl für schuldrechtlich als auch für gesellschaftsrechtlich[26] konzipierte Aktionärbindungsverträge.

---

[22] Kündigungsmöglichkeit mit einer Kündigungsfrist von nur sechs Monaten, Art. 546 Abs. 1 OR; dazu N 1846 ff.
[23] FISCHER, Parteienbestand, 39 f.; HARDER SCHULER, 118; GERICKE/DALLA TORRE, 57; GLATTFELDER, 337a.
[24] Zur Vertragsauslegung vgl. N 204 ff.
[25] FORSTMOSER, Aktionärbindungsverträge, 371; GLATTFELDER, 337a f.; ZK-HANDSCHIN/VONZUN, OR 545–547 N 112 f.; HINTZ-BÜHLER, 143; HOCH, 71; OERTLE, 176.
[26] Art. 545 Abs. 1 Ziff. 5 OR.

C. Befristung auf die Dauer der Aktiengesellschaft

Nicht selten werden Aktionärbindungsverträge ausdrücklich auf die Dauer der betreffenden Aktiengesellschaft geschlossen.[27] So etwa dann, wenn der Vertrag bei der Gründung der Aktiengesellschaft vereinbart wird und die vertragliche Ordnung in Bezug auf ihre Dauer nicht von der körperschaftlich-statutarischen abweichen soll.[28]

1797

> Diese Vereinbarung gilt, solange die [Aktiengesellschaft] besteht.

1798

> Die Vereinbarung wird für die Dauer des Bestehens der [Aktiengesellschaft] abgeschlossen.

1799

Bezieht sich der Aktionärbindungsvertrag auf die Ausübung von Mitgliedschaftsrechten in einer bestimmten Aktiengesellschaft, dann dürfte sich – bei Stillschweigen des Vertrags – eine *Maximalfrist* entsprechend der Dauer des Bestehens der Aktiengesellschaft schon aus dem Vertragszweck ergeben.[29] Denn mit dem Wegfall der Aktiengesellschaft wird der Zweck der vertraglichen Bindung obsolet.[30] Weniger eindeutig ist die Antwort für Fälle der liquidationslosen Auflösung der Aktiengesellschaft, etwa durch eine Fusion oder eine Rechtsformumwandlung; je nach Vertragszweck fällt der Aktionärbindungsvertrag bzw. dessen Zweck dahin oder er kann sich künftig auf die Nachfolgegesellschaft bzw. die Gesellschaft im neuen Rechtskleid beziehen.[31]

1800

Aktionärbindungsverträge, die ausdrücklich oder stillschweigend für die Dauer der sie betreffenden Aktiengesellschaft abgeschlossen werden, sind u.E. als *Verträge von befristeter Dauer* zu betrachten;[32] dies selbst dann, wenn – wie im Regelfall – die Dauer der Aktiengesellschaft[33] nicht zeitlich befristet worden ist.[34] Daraus kann

1801

---

[27] BLOCH, 65; FISCHER, Parteienbestand, 39.
[28] Vgl. N 35; VON BÜREN/STOFFEL/WEBER, N 986; FISCHER, Parteienbestand, 39; FORSTMOSER, Aktionärbindungsverträge, 369; *ders.*, Schnittstelle, 384 und 386; GERICKE/DALLA TORRE, 57; ZK-HANDSCHIN/VONZUN, OR 545–547 N 132; HOCH, 86; HUBER, Vertragsgestaltung, 45.
[29] Offen bleibt dabei aber, ob im Übrigen die ordentlichen Möglichkeiten der Beendigung (vgl. insb. für einfache Gesellschaften Art. 546 Abs. 1 OR) erhalten bleiben oder ob die Dauer der Gesellschaft als absolute und nicht nur als Maximalfrist zu verstehen ist, die dispositive vertragliche Ordnung also wegbedungen werden sollte. Dies ist durch Auslegung zu ermitteln.
[30] Vgl. N 1809 ff.
[31] BLOCH, 66.
[32] Vgl. auch vorne N 1785 ff. – A.M. VON DER CRONE, Aktienrecht, § 11 N 32.
[33] Art. 627 Ziff. 4 OR; WOLF, Bindungen, 9 f. und 39 f.

allerdings eine zeitlich übermässige Vertragsbindung resultieren, die zur Kündigung berechtigt.[35] Deshalb empfiehlt es sich, entweder eine lange Vertragsdauer mit Kündigungsmöglichkeiten zu kombinieren oder aber eine zeitlich[36] begrenzte Vertragsdauer mit der Möglichkeit der Vertragsverlängerung vorzusehen, die automatisch erfolgt, sofern nicht auf den vorgesehenen Termin hin eine Kündigung ausgesprochen wird.[37]

D. Befristung auf die Dauer der Beteiligung an der Aktiengesellschaft

1802 Von der Befristung auf die Dauer der Aktiengesellschaft zu unterscheiden ist die **Befristung auf die Dauer der Beteiligung einer oder mehrerer Vertragsparteien an der Aktiengesellschaft.**[38] Diese Art der Befristung kommt bei Joint Ventures oder bei Startup-Unternehmen vor, wenn die Beteiligung nur für eine bestimmte Zeit, etwa – wie im Falle des Investors beim Startup-Unternehmen – für die Anfangsphase geplant ist.

1803
> Dieser Vertrag hat so lange Bestand, als mindestens zwei der Vertragsparteien Aktionäre der [Aktiengesellschaft] sind.

1804
> Dieser Vertrag hat so lange Bestand, als mindestens zwei der Vertragsparteien zusammen über mehr als [40%] der Aktien der [Aktiengesellschaft] verfügen.

1805
> Dieser Vertrag endet, wenn eine der Vertragsparteien über weniger als [25%] der Aktien der [Aktiengesellschaft] verfügt.

1806
> Der vorliegende Vertrag gilt bis zum [31. Dezember 2017]. Sofern der Investor den Vertrag nicht spätestens drei Monate vor dessen Ablauf kündigt, verlängert er sich jeweils um [zwei] weitere Jahre.

---

[34] GLATTFELDER, 338a (Anm. 11); HINTZ-BÜHLER, 144; HOCH, 87; OERTLE, 178; kritisch FORSTMOSER, Schnittstelle, 391; a.M. noch VON STEIGER, 457 (allerdings unter der Annahme eines zwingenden Kündigungsrechts nach Art. 546 Abs. 1 OR; der zwingende Charakter von Art. 546 Abs. 1 OR wurde erst mit BGE 106 II 226 E. 2a aufgegeben; vgl. HUBER, Vertragsgestaltung, 45 f.), aber auch BLOCH, 61.

[35] Vgl. N 1913 ff.; FISCHER, Parteienbestand, 39; HINTZ-BÜHLER, 158.

[36] Das Ergebnis ist letztlich dasselbe wie bei der Qualifikation eines solchen Vertrages als unbefristet (und als solcher irgendwann kündbar).

[37] Vgl. dazu etwa ZK-HANDSCHIN/VONZUN, OR 545–547 N 132; vgl. N 1826 ff. und 1966 ff.

[38] Art. 545 Abs. 1 Ziff. 6 OR; HINTZ-BÜHLER, 159; GLATTFELDER, 338a.

> Dieser Vertrag endet in jedem Fall im Zeitpunkt, in welchem der Investor [nicht mehr am Aktienkapital der [Aktiengesellschaft] beteiligt ist / mit weniger als [10%] am Aktienkapital der [Aktiengesellschaft] beteiligt ist].

Das Ausscheiden einer Vertragspartei führt freilich in der Regel nicht zur Vertragsbeendigung, sondern zur Anwendbarkeit der Bestimmungen über den Austritt oder Parteiwechsel (dazu N 455 ff. und 534 ff.).[39] Doch kann – um die Kongruenz von Aktionärsstellung und Parteistellung im Aktionärbindungsvertrag nach Möglichkeit sicherzustellen – vorgesehen werden, dass eine Partei mit der Veräusserung ihrer Aktien (gemäss den Regeln der Aktionärbindungsvertrages) auch ihre Parteistellung im Aktionärbindungsvertrag verliert.

E. Befristung durch Meilensteine

Eine weitere Art der Befristung besteht darin, das Erreichen oder Nicht-Erreichen im Voraus festgelegter Meilensteine als Beendigungsgründe zu vereinbaren. Diese Art der Befristung ist ebenfalls häufig im Bereich von Aufbauinvestitionen und Startup-Unternehmen anzutreffen, bei denen die Beteiligung eines Investors[40] vom Erreichen bestimmter Ziele abhängig gemacht wird oder umgekehrt die Erreichung eines Zwischenziels Anlass für dessen Ausscheiden bildet.[41]

F. Befristung durch Erreichen des Vertragszwecks

1. Zweckerreichung

Eine weitere Art, Aktionärbindungsverträge zu befristen, besteht darin, auf den Zweck abzustellen und die **Beendigung bei Erreichen des Zwecks** vorzusehen, d.h. des Ziels, zu dessen Verfolgung die Beteiligten sich zusammengetan haben. Die Befristung infolge Zweckerreichung ist für die einfache Gesellschaft in Art. 545 Abs. 1 Ziff. 1 OR ausdrücklich vorgesehen. Sie kann aber auch in schuldrechtlichen Verhältnissen von den Parteien vereinbart werden.[42]

Typisch ist die Beendigung eines Aktionärbindungsvertrages wegen der Erreichung seines Zwecks bei **Gelegenheitskonsortien**.[43] Deren *raison d'être* erschöpft sich in der Regel in einem einzigen bestimmten Zweck (etwa der Zuwahl oder Abwahl

---

[39] VON DER CRONE, Aktienrecht, § 11 N 33.
[40] Und damit verbunden ein Veräusserungsverbot, aber auch Mitbestimmungsrechte.
[41] Vgl. zu typischen Ausstiegsszenarien bei *Private-Equity*-Transaktionen WEBER, Private-Equity, 25 f.
[42] ZK-HANDSCHIN/VONZUN, OR 545–547 N 26; HINTZ-BÜHLER, 145; HILTY, 950; HOCH, 8 ff.
[43] Vgl. N 143; BLOCH, 58; ZK-HANDSCHIN/VONZUN, OR 545–547 N 26.

eines Mitgliedes des Verwaltungsrats).⁴⁴ Vorstellbar ist eine Befristung durch den Zweck sodann im Rahmen der **Gründung** eines Unternehmens (z.B. eines Startup-Unternehmens), in dessen Anfangsphase das Aktionariat «stabilisiert» oder zu weiteren Kapitalleistungen verpflichtet werden soll, oder im Rahmen einer Nachfolgeregelung für den Zeitraum der Stabübergabe. Auch bei einem *Going Public* kann es sinnvoll sein, das Kernaktionariat für eine bestimmte Zeit vertraglich zusammenzuhalten und gewissen Regeln zu unterstellen.

1811 Mit der Zweckerreichung findet der Aktionärbindungsvertrag ein natürliches Ende (vgl. für gesellschaftsrechtlich konzipierte Verträge Art. 545 Abs. 1 Ziff. 1 OR). Die Erreichung des Vertragszwecks ist daher auch dann ein Beendigungsgrund, wenn dies nicht explizit vorgesehen ist

1812 Ist der Vertrag hingegen zur Erfüllung eines **Dauerzwecks** abgeschlossen worden, dessen Erreichen nicht absehbar bzw. nie abgeschlossen ist, kann es keine Befristung durch Zweckerreichung geben.⁴⁵

2. Unmöglichkeit der Zweckerreichung

1813 Eine Vertragsbeendigung tritt auch dann ein, wenn das Erreichen des vorgesehenen Vertragszwecks (nachträglich) unmöglich geworden ist (beispielsweise durch Auflösung der Aktiengesellschaft, durch den Austritt eines bedeutenden Aktionärs aus dem Aktionärbindungsvertrag⁴⁶ oder auch, weil infolge einer Gesetzesänderung die vorgesehene gemeinsame Tätigkeit nicht mehr verfolgt werden kann).

1814 Immerhin kann die Fortführung des Bindungsvertrages und seiner Regelung für die – allenfalls erhebliche – Zeitdauer sinnvoll sein, in welchem die gemeinsame Tätigkeit zu beenden bzw. die Aktiengesellschaft zu liquidieren ist. Fehlt es diesbezüglich an einer Regelung, ist auch in dieser Frage der mutmassliche gemeinsame Wille der Parteien durch Auslegung zu ermitteln.

G. Befristung auf die Lebensdauer einer Vertragspartei

1. Befristung auf die Lebensdauer natürlicher Personen

1815 Auch der **Tod einer Vertragspartei** kommt als Beendigungsgrund in Frage. Haben die Parteien dies nicht ausdrücklich geregelt, dann ist zu differenzieren:⁴⁷

---

⁴⁴ GLATTFELDER, 337a; HOCH, 9 f.

⁴⁵ Wohl aber liegt ein Beendigungsgrund vor, wenn die Ausübung des mit dem Aktionärbindungsvertrag verfolgten Zwecks auf Dauer unmöglich geworden ist, dazu sogleich nachstehend N 1813.

⁴⁶ Art. 545 Abs. 1 Ziff. 1 OR; BLOCH, 66; FORSTMOSER, Schnittstelle, 401; ZK-HANDSCHIN/VONZUN, OR 545–547 N 27 f.; HOCH, 15 ff.

⁴⁷ HINTZ-BÜHLER, 157 f.

Aus der Auslegung des Vertrages kann sich eine **stillschweigende Befristung** auf die Lebenszeit einer Vertragspartei ergeben, dies namentlich dann, wenn persönliche Fähigkeiten oder Eigenschaften von Bedeutung sind.[48]

1816

Umgekehrt ist, wenn der Vertrag für eine bestimmte Zeitdauer[49] oder für die Dauer der Aktiengesellschaft[50] geschlossen wurde, von seinem **Weiterbestand im Todesfall** auszugehen. In Bezug auf die Befristung des Vertrages durch seinen Zweck[51] ist zu prüfen, inwiefern dieser durch das Versterben einer Vertragspartei ändert oder gar unmöglich wird, was wiederum davon abhängt, ob persönliche Qualifikationen einer Vertragspartei wichtig sind.

1817

a) Gesellschaftsvertragliche Aktionärbindungsverträge

Ist ein Aktionärbindungsvertrag als **einfache Gesellschaft** zu qualifizieren und haben die Vertragsparteien keine (auch keine stillschweigende) abweichende Vereinbarung getroffen, dann wird er gemäss Art. 545 Abs. 1 Ziff. 2 OR **aufgelöst**, «wenn ein Gesellschafter stirbt ...».[52] Dem Tod eines Gesellschafters gleichgestellt sind die Verschollenerklärung (Art. 35 ff. ZGB) und die Auflösung einer Gesellschaft, die Vertragspartei ist,[53] sofern diese nicht liquidationslos in einer anderen juristischen Person aufgeht.

1818

Art. 545 Abs. 1 Ziff. 2 OR ist dispositiver Natur, weshalb die Parteien die Beendigung der Gesellschaft beim Tod einer Partei ausschliessen können.[54] Davon ist in denjenigen Fällen auszugehen, in denen der Vertrag Bestimmungen über die vertragliche Bindung der Erben enthält.[55]

1819

b) Schuldrechtliche Aktionärbindungsverträge

Kommt es nicht wesentlich auf die Person an und ist nichts anderes vereinbart, so gehen **in schuldrechtlichen Verhältnissen** die Rechte und Pflichten aus dem Akti-

1820

---

[48] Denkbar ist in solchen Fällen auch ein **Ausscheiden** mit dem Tod, wobei der Vertrag durch die Überlebenden weitergeführt wird. Möglich ist weiter, dass der Tod einer Vertragspartei zur **Kündigung aus wichtigem Grund** – durch die Erben oder auch durch die verbleibenden Gesellschafter – berechtigt; vgl. HINTZ-BÜHLER, 170 f. sowie N 1881 ff.

[49] Vgl. N 1793 ff.

[50] Vgl. N 1797 ff.

[51] Vgl. N 1809 ff.

[52] Vgl. GLATTFELDER, 301a; ZK-HANDSCHIN/VONZUN, OR 545–547 N 35; HINTZ-BÜHLER, 170 f.; CHK-JUNG, OR 545–546 N 4; BSK-STAEHELIN, OR 545/546 N 9.

[53] In diesem Fall ist der Zeitpunkt der Beendigung im Zeitpunkt der Auflösung der Gesellschaft anzusetzen (ZK-HANDSCHIN/VONZUN, OR 545–547 N 35; BSK-STAEHELIN, OR 545/546 N 9 m.w.H.).

[54] HINTZ-BÜHLER, 157. – Vgl. dazu N 463 ff.

[55] GLATTFELDER, 344a.

onärbindungsvertrag zusammen mit den von der Vertragspartei gehaltenen Aktien durch **Universalsukzession** auf die Erben über.[56] An Inhalt und Bestand des Vertrages ändert sich nichts.[57]

c) Tod häufig nicht geregelt

1821 In der Praxis wird die Folge des Todes einer Vertragspartei häufig nicht ausdrücklich geregelt, obwohl die dispositive **gesetzliche Ordnung völlig unterschiedlich** ist, je nach dem, ob es sich beim Aktionärbindungsvertrag um einen *Schuldvertrag (Universalsukzession)* oder eine *(einfache) Gesellschaft (Auflösung)* handelt.

2. Befristung auf die «Lebensdauer» juristischer Personen

1822 Sind eine oder mehrere juristische Personen Parteien des Aktionärbindungsvertrages, ist es auch möglich, den Vertrag auf deren Beendigung hin zu befristen. Es gilt dabei *mutatis mutandis* das für den Tod von natürlichen Personen Gesagte.[58]

H. Befristung durch den Konkurs einer Vertragspartei

1823 Vgl. dazu N 2109 ff.

I. Befristung durch den Eintritt (oder Nichteintritt) eines bestimmten Ereignisses

1824 In diese Kategorie fallen die bereits erwähnten Befristungen – Auflösung der Aktiengesellschaft,[59] Zweckerreichung,[60] Tod einer Vertragspartei[61] oder deren Konkurs[62]. Die Parteien können – in den Schranken der Vertragsfreiheit – darüber hinaus den **Eintritt (oder Nichteintritt) jedes beliebigen Ereignisses** als Beendigungsgrund

---

[56] HÄUPTLI, PraxKomm Erbrecht, ZGB 560 N 2 ff.; GLATTFELDER, 301a; HINTZ-BÜHLER, 170 f.

[57] Vgl. N 476 ff.

[58] Vgl. N 1815 ff.; FORSTMOSER, Aktionärbindungsverträge, 369 f.; HUBER, Vertragsgestaltung, 46. – Art. 545 Abs. 1 OR regelt zwar die Auflösung eines «Gesellschafters» nicht ausdrücklich, doch ist diese dem Tod einer natürlichen Person (Ziff. 2) gleichzusetzen, zumal dies auch für den Konkursfall so vorgesehen ist (Ziff. 3) und eine Fortsetzung durch Erben ebenfalls nicht in Frage kommt. Eine Universalsukzession kommt bei Gesellschaften jedoch im Falle der Fusion vor (Art. 22 Abs. 1 FusG).

[59] Vgl. N 1797 ff.

[60] Vgl. N 1809 ff.

[61] Vgl. N 1815 ff.; FORSTMOSER, Schnittstelle, 389.

[62] Vgl. N 1823.

vereinbaren.⁶³ Stattdessen können sie auch vorsehen, dass mit dem Eintritt (oder Nichteintritt) eines bestimmten Ereignisses (nur) ein Kündigungsrecht entsteht.⁶⁴

Zur Frage, ob bei ungewissen oder unwahrscheinlichen Ereignissen eine bestimmte oder eine unbestimmte Vertragsdauer vorliegt, vgl. N 1788.

J. Befristung durch eine Mindest- oder eine Höchstdauer

Die in der Lehre zum Teil verwendeten und diskutierten **Begriffe der Mindest- bzw. Höchstdauer** von (Aktionärbindungs-)Verträgen⁶⁵ sind **rechtlich** meist **wenig relevant**. Der Begriff der «Mindestdauer» wird im Zusammenhang mit Vertragsbestimmungen verwendet, die eine bestimmte kürzeste Dauer des Vertrages vorsehen. Eine solche ergibt allerdings nur dann Sinn, wenn der Vertrag zugleich eine Verlängerungsmöglichkeit vorsieht, wie beispielsweise – was häufig vorkommt – die automatische Verlängerung um eine weitere «Mindestdauer» oder auf unbestimmte Zeit, sofern der Vertrag nicht auf das Ende der jeweiligen Vertragsdauer von einer Vertragspartei gekündigt wird. Ebenfalls möglich und verbreitet ist eine Vereinbarung, wonach die Parteien sich verpflichten, vor Ablauf der «Mindestdauer» Verhandlungen über eine Verlängerung zu führen. Kommen die Parteien dann nicht zu einer Einigung, endet der Vertrag mit Ablauf der Befristung.⁶⁶

> Diese Vereinbarung wird für [zehn Jahre] fest abgeschlossen. Sie verlängert sich jeweils automatisch um [ein Jahr], wenn sie nicht unter Einhaltung einer [sechsmonatigen] Kündigungsfrist von einer Vertragspartei gekündigt wird.

> [Ein Jahr] vor dem Ablauf der Vertragsdauer treten die Parteien in Verhandlungen mit dem Ziel einer Fortführung des Vertrages ein.

Der in solchen Vertragsbestimmungen oft verwendete Begriff der «Erneuerung» der Vereinbarung nach Ablauf der «Mindestdauer» ist insofern irreführend, als der Vertrag danach nicht neu beginnt, sondern sich seine Laufzeit verlängert. Richtiger ist es deshalb, von «Vertragsverlängerung» zu sprechen.

Dogmatisch gesehen handelt es sich bei einem Dauerschuldverhältnis mit einer «**Mindestdauer**» um einen unbefristeten Vertrag, bei dem die Möglichkeit der ordentlichen Kündigung für einen gewissen, meist anfänglichen Zeitraum ausge-

---

⁶³ HINTZ-BÜHLER, 144; GAUCH, 61.
⁶⁴ GLATTFELDER, 340a; STAEHELIN, Insolvenzfall, 368.
⁶⁵ Vgl. z.B. HINTZ-BÜHLER, 143; HOCH, 71; OERTLE, 179 f.
⁶⁶ Solche «Verpflichtungen» gehen daher kaum über das nach Treu und Glauben Gebotene hinaus.

schlossen ist.⁶⁷ Nach Ablauf dieser Frist folgt der Vertrag den gesetzlichen oder von den Parteien vereinbarten Kündigungsregeln,⁶⁸ sofern die Kündigung nicht erneut für eine weitere «Mindestdauer» ausgeschlossen wird.

1831 Umgekehrt ergibt der Begriff der **Höchstdauer** nur dann Sinn, wenn der Vertrag entweder mehrere Befristungen gleichzeitig enthält und es (noch) nicht bestimmbar ist, welche von ihnen zuerst eintreten wird, oder wenn der Vertrag zwar befristet, aber während seiner Dauer dennoch unter bestimmten Voraussetzungen kündbar ist bzw. durch Eintritt eines bestimmten Ereignisses kündbar wird.⁶⁹ Eine eigenständige rechtliche Bedeutung hat der Begriff der Höchstdauer dabei nicht.⁷⁰

IV. Unbefristete Aktionärbindungsverträge

A. Fehlende Befristung mangels entsprechender Vereinbarung

1832 Haben die Parteien über die Dauer des Vertrages **keine Vereinbarung** getroffen, liegt ein Vertrag von unbestimmter Dauer bzw. ein unbefristeter Vertrag vor.⁷¹ Nicht selten unterlassen die Vertragsparteien eine Vereinbarung über die Dauer des Vertrages aber deshalb, weil sie der Meinung sind, der Vertrag sei «für immer» oder jedenfalls für die Dauer der Aktiengesellschaft abgeschlossen. Dies kann dazu führen, dass der Vertrag (als Vertrag auf unbestimmte Dauer) nach dispositivem Recht einer ordentlichen Kündigung zugänglich ist.⁷² Es ist dann durch Auslegung zu bestimmen, ob dies nach dem tatsächlichen oder zumindest hypothetischen Willen der Vertragsparteien ausgeschlossen sein sollte.⁷³

1833 Eine unbestimmte Vertragsdauer kann sich auch dann ergeben, wenn die Vertragsparteien – was in der Praxis recht oft vorkommt – einen ursprünglich befristeten Vertrag ohne weitere Abmachungen über seine Befristung hinaus vorbehaltlos **weiterführen**.⁷⁴

---

⁶⁷ GAUCH, 23; GLATTFELDER, 340a; ZK-HANDSCHIN/VONZUN, OR 545–547 N 115; CHK-JUNG, OR 545–546 N 10; a.M. OERTLE, 180.
⁶⁸ HINTZ-BÜHLER, 143 f., 145.
⁶⁹ GAUCH, 23 und 61.
⁷⁰ Zur damit nicht zu verwechselnden Frage der **zulässigen Höchstdauer** von Verträgen vgl. N 1913 ff.; OERTLE, 181.
⁷¹ ZK-HANDSCHIN/VONZUN, OR 545–547 N 125. – Zur Abgrenzung von befristeten und unbefristeten Verträgen vgl. N 1785 ff.
⁷² Vgl. N 1841. – Vor allem bei gesellschaftsrechtlich konzipierten Aktionärbindungsverträgen kann dies ganz unerwartete Folgen haben, nämlich die Kündbarkeit mit einer Kündigungsfrist von nur sechs Monaten gemäss Art. 546 Abs. 1 OR; vgl. N 1846 ff.
⁷³ ZK-HANDSCHIN/VONZUN, OR 545–547 N 113.
⁷⁴ Art. 546 Abs. 3 OR; HILTY, 949 f.; HOCH, 72.

B. Vereinbarung einer unbestimmten Dauer

Die unbestimmte Dauer kann von den Parteien auch ausdrücklich vereinbart werden. Davon wiederum zu unterscheiden ist die Frage, ob die Parteien damit auch die (ordentliche) Kündbarkeit des Vertrages vereinbart haben,[75] und es ist – falls die Parteien eigentlich eine «ewige», unkündbare Dauer vereinbaren wollten – die Ungültigkeit bzw. Kündbarkeit überlanger Verträge zu beachten[76].

---

[75] Vgl. N 1841.
[76] Vgl. N 1913 ff.

§ 52 Ordentliche Beendigung von Aktionärbindungsverträgen

I. Begriff

Ordentlich sind diejenigen Arten der Vertragsbeendigung, welche die Parteien oder das Gesetz bei **störungsfreiem** Ablauf des Vertrages vorsehen.[1]

1835

II. Zeitablauf, Eintritt eines bestimmten Ereignisses

In die Kategorie der ordentlichen Beendigung fallen alle Beendigungsgründe, die zu einer **automatischen Beendigung** des Vertrages *ex nunc* durch Zeitablauf oder Eintritt eines bestimmten Ereignisses führen.[2]

1836

III. Übereinkunft der Parteien

Eine weitere Möglichkeit der ordentlichen Vertragsbeendigung besteht in der Beendigung des Vertrages durch gegenseitige Übereinkunft der Parteien (**Aufhebungsvertrag**).[3]

1837

Von Gesetzes wegen bedarf der Aufhebungsvertrag keiner besonderen Form, selbst wenn für den Vertragsschluss die Einhaltung einer Form erforderlich war.[4] Sieht

1838

---

[1] VON BÜREN, Lizenzvertrag, 372; FISCHER, Parteienbestand, 40 f.; GAUCH, 27; ZK-HIGI, Vorb. zu OR 266–266o N 75 und 79; HINTZ-BÜHLER, 142; MARTIN, 212; mit anderer Terminologie: ZK-HANDSCHIN/VONZUN, OR 545–547 N 5 ff. – Der Begriff der ordentlichen Vertragsbeendigung ergibt sich letztlich nur in Abgrenzung zum Begriff der ausserordentlichen Beendigung (zu diesem N 1869 ff.).

[2] Vgl. N 1791 ff.; ZK-HANDSCHIN/VONZUN, OR 545–547 N 112 ff.; HINTZ-BÜHLER, 143 f.; HOCH, 71; MARTIN, 213 f.; BSK-STAEHELIN, OR 545/546 N 19 f.

[3] HINTZ-BÜHLER, 166 f.; MARTIN, 220 (welche freilich beide die Aufhebung durch gegenseitige Übereinkunft bei den ausserordentlichen Beendigungsgründen einordnen).

[4] Art. 115 OR; SCHWENZER, N 79.01 ff. und N 82.02; nach GAUCH/SCHLUEP/EMMENEGGER, N 3111 ff. gilt die Formfreiheit allerdings nur für den Erlass einzelner Forderungen, für Änderungen ganzer Verträge soll Art. 12 OR vorgehen. – Zur Form vgl. N 216 ff.

der Vertrag jedoch für Vertragsänderungen eine bestimmte Form vor, so ist zumindest zu vermuten, dass die Parteien auch dessen Aufhebung dieser Form unterstellen wollten.[5]

1839 Bei gesellschaftsrechtlichen Aktionärbindungsverträgen bedarf die Auflösung durch Übereinkunft der Zustimmung sämtlicher Gesellschafter,[6] sofern nicht im Voraus vereinbart wurde, dass für den Auflösungsbeschluss eine (qualifizierte) Stimmenmehrheit genügt.[7]

1840
> Dieser Vertrag kann jederzeit durch Beschluss einer Mehrheit von vier Fünfteln der Vertragsparteien/der in diesem Vertrag gebundenen Aktienstimmen der [Aktiengesellschaft] aufgelöst werden.

IV. Ordentliche Kündigung

A. Begriff

1841 Eine der wichtigsten Arten der Beendigung von Dauerschuldverhältnissen ist die **ordentliche, einseitige Kündigung** durch eine Vertragspartei. Dabei sind ordentlich kündbar «in der Regel nur Verträge, die auf unbestimmte ... oder nicht bestimmte ... Dauer oder Zeit abgeschlossen werden...».[8] Dies gilt zumindest, soweit die Parteien keine abweichende Regelung (wie z.B. den Ausschluss der Kündbarkeit[9]) getroffen haben. Umgekehrt können die Vertragsparteien auch bei befristeten Verträgen eine (ordentliche) Kündigungsmöglichkeit vor dem vereinbarten Vertragsablauf vorsehen.

1842 Die Kündigung ist eine **einseitige, empfangsbedürftige Willenserklärung,** die ohne die Mitwirkung der anderen Vertragsparteien zur Beendigung des Dauerschuldverhältnisses bzw. Auflösung der einfachen Gesellschaft *ex nunc* führt.[10] Bei

---

[5] Zur gewillkürten Form vgl. N 239 ff.
[6] Vgl. aber zur Möglichkeit einer Kündigung durch jeden Gesellschafter Art. 546 Abs. 1 OR und dazu sogleich N 1846 ff.
[7] Vgl. N 978 ff.; zur Vertragsaufhebung insgesamt: BK-FELLMANN/MÜLLER, OR 534 N 48 f.; GLATTFELDER, 342a f.; BSK-GONZENBACH/GABRIEL-TANNER, OR 115 N 1 ff.; ZK-HANDSCHIN/VONZUN, OR 545–547 N 108 ff.; ZK-HIGI, Vorb. zu OR 266–266o N 12 ff.; HINTZ-BÜHLER, 166 f.; HOCH, 70; CHK-JUNG, OR 545–546 N 8; SCHWENZER, N 82.02; BSK-STAEHELIN, OR 545/546 N 18; VON STEIGER, 455.
[8] BGE 106 II 226 E. 2a; dazu auch N 1785 ff. – Vorbehalten bleibt die Möglichkeit einer ausserordentlichen Kündigung, dazu hinten N 1877 ff.
[9] Vgl. N 1913 ff.
[10] BGE 133 III 360 E. 7.2.

der einfachen Gesellschaft ist die Kündigung allen Mitgesellschaftern zur Kenntnis zu bringen; eine Kündigungsfrist ist erst mit *Kenntnisnahme* durch alle bzw. *Zugang* bei allen Mitgesellschaftern eingehalten.[11] Als **Gestaltungsrecht** ist die Kündigung *bedingungsfeindlich,* wobei aber Bedingungen, deren Eintritt allein vom Willen des oder der Erklärungsempfänger abhängt, zulässig sind.[12] Die Kündigung *kann nicht einseitig* vom Kündigenden *widerrufen werden;*[13] ist sie einmal ausgesprochen, endigt der Vertrag auf den Kündigungstermin hin und kann nur aufgrund eines übereinstimmenden Parteiwillens fortgesetzt werden.[14]

Die ordentliche Kündigung verlangt – ausser der Berechtigung zur Kündigung[15] – keine weitere Voraussetzung oder besondere Form. Sie muss auch nicht begründet werden.[16] Haben die Parteien vereinbart, für Mitteilungen unter dem Vertrag eine bestimmte Form einzuhalten, gilt diese jedoch auch für die Kündigung.[17]

B. Ordentliche Kündbarkeit von Aktionärbindungsverträgen

1. Allgemeine Voraussetzung

Die Voraussetzung für eine ordentliche Kündbarkeit von Aktionärbindungsverträgen ist nach dem Gesagten[18] somit, dass die Parteien entweder einen unbefristeten Vertrag geschlossen haben oder – bei einem befristeten Vertrag – dass sie die Kündbarkeit vor Vertragsablauf vereinbart haben.[19]

---

[11] BGE 52 III 4, 6 f.; HOCH, 73 f. (der allerdings davon spricht, dass eine «Kündigungsfrist ... erst vom Zeitpunkt der Kenntnisnahme aller an zu laufen [beginne]», was wohl nicht so eng gemeint sein kann); CHK-JUNG, OR 545–546 N 10.

[12] BGE 123 III 246 E. 3; GAUCH/SCHLUEP/SCHMID, N 167 ff.; GAUCH/SCHLUEP/EMMENEGGER, N 3985; VON TUHR/ESCHER, 167.

[13] BGE 128 III 129 E. 2a; BGer-Urteil 4A_146/2013 vom 31. Juli 2013, E. 2.2; SCHWENZER, N 27.25; VON TUHR/PETER, 147.

[14] Ausführlich zum Wesen der Kündigung ZK-HIGI, Vorb. zu OR 266–266o N 31 ff.; HILTY, 959 f.; HOCH, 73 f.

[15] ZK-HIGI, Vorb. zu OR 266–266o N 47 ff.

[16] HOCH, 74 und 95; BSK-STAEHELIN, OR 545/546 N 21.

[17] Vgl. N 251 f.

[18] Vgl. N 1841 sowie N 1785 ff. und 1832 ff.

[19] Im letzteren Fall vereinbaren die Vertragsparteien regelmässig auch eine selbständige Kündigungsregelung, welche nicht mit den dispositiven Kündigungsregeln übereinstimmen muss. Immerhin gelten auch dann die allgemeinen Regeln betr. Kündigungsfristen, empfangsbedürftiger, bedingungsfeindlicher und unwiderruflicher Willenserklärung etc. (N 1842). – Zu den auf lange Dauer befristeten Verträgen vgl. auch N 1853 f.

1845 Liegt hingegen ein befristeter Vertrag[20] ohne anderweitige Parteiabrede vor, so ist dieser einer ordentlichen Kündigung nicht zugänglich.[21]

2. Gesellschaftsrechtliche Aktionärbindungsverträge

1846 Wenn der Aktionärbindungsvertrag als **(einfache) Gesellschaft** zu qualifizieren ist[22] und die Parteien keine Vereinbarung über seine Dauer getroffen oder dessen unbefristete Dauer vereinbart haben,[23] steht den Vertragsparteien die *ordentliche Kündigung nach Art. 546 Abs. 1 OR* unter Einhaltung einer **Frist von sechs Monaten** offen.[24] Die Kündigung soll allerdings in guten Treuen und nicht zur Unzeit ausgesprochen werden,[25] und sie darf, sofern der Vertrag jährliche Rechnungsabschlüsse vorsieht, nur auf das Ende der Abrechnungsperiode erfolgen (Art. 546 Abs. 2 OR). Die Kündigung ist zu ihrer Wirksamkeit gegenüber allen Mitgesellschaftern zu erklären.[26]

1847 Die Bestimmung von Art. 546 Abs. 1 OR ist **dispositiver Natur**.[27] Fehlt eine explizite Vereinbarung über die Dauer des Vertrages, ist durch Auslegung zu ermitteln, ob allenfalls die gesetzliche Kündigungsregelung trotzdem nicht zur Anwendung kommen soll. Aus dem Vertragszweck kann sich beispielsweise ergeben, dass die Kündigungsfrist von sechs Monaten *nicht dem mutmasslichen Parteiwillen entspricht*, weil die von den Vertragsparteien getätigten Investitionen nach einer längeren Frist verlangen.[28] Ausgeschlossen kann die Möglichkeit der ordentlichen Kündigung auch dann sein, wenn der Vertrag *andere Möglichkeiten der Befreiung* von vertraglichen Verpflichtungen vorsieht, etwa die Möglichkeit der Parteien, ihre Aktien zu angemessenen Bedingungen zu veräussern.[29] Auch können die Parteien eine *andere Kündigungsfrist* oder eine *Begründungspflicht* vorsehen oder die *ordentli-*

---

[20] Vgl. N 1791 ff.
[21] Vgl. aber N 1852 ff.
[22] Vgl. N 145 ff.
[23] Vgl. N 1832 ff.
[24] APPENZELLER, 56; FISCHER, Parteienbestand, 40; FORSTMOSER, Schnittstelle, 390 f.; GERICKE/DALLA TORRE, 57; ZK-HANDSCHIN/VONZUN, OR 545–547 N 120; HARDER SCHULER, 118 f.; HINTZ-BÜHLER, 146; HOCH, 73 ff.; CHK-JUNG, OR 545–546 N 10; MARTIN, 214 f.; BSK-STAEHELIN, OR 545/546 N 21 f.
[25] Vgl. N 1860 ff.
[26] ZK-HANDSCHIN/VONZUN, OR 545–547 N 122.
[27] BGE 106 II 226 E. 2a; GERICKE/DALLA TORRE, 58; ZK-HANDSCHIN/VONZUN, OR 545–547 N 135; JÄGGI, 122 ff.
[28] BGE 92 II 299 E. 3b und HILTY, 968 ff. zur vergleichbaren Problemstellung bei Lizenzverträgen.
[29] FORSTMOSER, Aktionärbindungsverträge, 371.

che Kündigung überhaupt ausschliessen,[30] wobei die Konsequenzen einer übermässig langen Vertragsdauer im Auge zu behalten sind.[31]

Dass aber ein Gesellschaftsvertrag, der sich zur Möglichkeit der Kündigung ausschweigt, *jederzeit mit einer Kündigungsfrist von sechs Monaten beendet* werden kann, wird in der Praxis nicht selten übersehen: Juristisch nicht geschulte Parteien gehen oft davon aus, dass ein Vertrag über eine einfache Gesellschaft beim Fehlen einer Kündigungsregelung unkündbar ist, was eben gerade nicht zutrifft. Kann durch Auslegung kein abweichender hypothetischer Parteiwille bzw. Konsens gefunden werden, ist Art. 546 Abs. 1 OR anwendbar und es wird so ein allenfalls langfristig gedachter Vertrag auf einen kurzen Termin hin kündbar.

3. Schuldrechtliche Aktionärbindungsverträge

Ist ein Aktionärbindungsvertrag als **Schuldvertrag** zu qualifizieren,[32] dann ist zu beachten, dass es sich bei Aktionärbindungsverträgen in der Regel um *gemischte oder zusammengesetzte Verträge* und jedenfalls um Innominatverträge handelt.[33] Anders als bei den als gesellschaftsrechtlich zu qualifizierenden Aktionärbindungsverträgen gibt es daher bei schuldrechtlichen Aktionärbindungsverträgen keine ausdrückliche gesetzliche Ordnung im Hinblick auf die ordentliche Kündigung. Die *Möglichkeit der ordentlichen Kündigung unbefristeter Dauerschuldverhältnisse* stellt jedoch – wie das Recht zur jederzeitigen Kündigung aus wichtigem Grund[34] – ein *allgemeines Prinzip des schweizerischen Vertragsrechts* dar, das auch auf Dauerinnominatverträge Anwendung findet. Im Unterschied zur Möglichkeit der (ausserordentlichen) Kündigung aus wichtigem Grund ist das Recht zur ordentlichen Kündigung allerdings **dispositiv** und kann von den Vertragsparteien ausgeschlossen werden.[35]

---

[30] FORSTMOSER, Schnittstelle, 389; HINTZ-BÜHLER, 146; HOCH, 75.

[31] Vgl. N 1913 ff. – Sofern die Parteien Miteigentum an den gebundenen Aktien vereinbart haben (dazu N 1594 ff.), gilt die Regel von Art. 650 Abs. 2 ZGB, wonach die Aufhebung von Miteigentum nicht für länger als 30 Jahre ausgeschlossen werden kann (BSK-BUNNER/WICHTERMANN, ZGB 650 N 14 f.; HOCH, 85 f.).

[32] Vgl. N 174 ff.

[33] Vgl. N 179 ff.; BSK-AMSTUTZ/MORIN/SCHLUEP, Einl. vor OR 184 ff. N 6 ff.; GLATTFELDER, 236a ff.

[34] Vgl. dazu N 1877 ff.

[35] Zum Ganzen vgl. BGE 97 II 53 E. 3, 92 II 299 E. 3b; BSK-BUCHER, OR 1–40 N 30; CHERPILLOD, N 59 ff.; FISCHER, Lizenzverträge, 129 f.; FORSTMOSER, Aktionärbindungsverträge, 371; FORSTMOSER, Schnittstelle, 390; GAUCH, 38 ff.; GLATTFELDER, 342a und 347a; ZK-HIGI, Vorb. zu OR 266–266o N 76; HILTY, 948 f., 962; HINTZ-BÜHLER, 147 f.; HUBER, Vertragsgestaltung, 47; VON TUHR/ESCHER, 167 Anm 51. – Die gelegentlich vertretene Lehrmeinung, dass Dauerinnominatkontrakte nur aus wichtigen Gründen

1850 Haben die Parteien also keine Vereinbarung über die Dauer des Vertrages getroffen – und auch nicht dessen Kündbarkeit ausdrücklich ausgeschlossen –,[36] dann ist auch ein als schuldrechtlich zu qualifizierender Aktionärbindungsvertrag ordentlich kündbar.[37]

1851 Anders als bei Gesellschaftsverträgen sind jedoch die **Kündigungsmodalitäten** nicht dem Gesetz zu entnehmen. Vielmehr sind sie durch Vertragsauslegung, analoge Gesetzesanwendung oder selbständige gerichtliche Regelfindung im Sinn von Art. 1 Abs. 2 ZGB zu bestimmen.[38] Von Bedeutung ist dabei insbesondere die Festlegung einer angemessenen Kündigungsfrist. Die massgebenden Kriterien sind nicht abstrakt zu bestimmen, sondern es ist auf die jeweiligen Umstände des Einzelfalles abzustellen.[39] Zu beachten sind etwa:

– der Zweck des Vertrages (soweit sich daraus nicht bereits eine Befristung ergibt[40]);

– die Möglichkeit einer Anlehnung oder analogen Anwendung der Kündigungsfristen des besonderen Vertragsrechts (deren längste Dauer sechs Monate beträgt);

– die Investitionen der Parteien und das Erfordernis einer angemessenen Amortisationszeit;

– die von einer Partei benötigte Zeit, um sich den geänderten Verhältnissen nach erfolgter Vertragskündigung anzupassen;

– die (wirtschaftliche) Abhängigkeit einer Vertragspartei von einer anderen oder von deren Einbindung in den Aktionärbindungsvertrag;

– bestimmte Abrechnungsperioden bzw. das Geschäftsjahr der Aktiengesellschaft, auf die sich der Aktionärbindungsvertrag bezieht.

---

kündbar sein sollen, lässt sich weder auf einschlägige Rechtsprechung stützen, noch lässt sich im Hinblick auf die gesetzlich geregelten Dauerschuldverhältnisse eine solche Unterscheidung rechtfertigen.

[36] Vgl. N 1832 ff.
[37] GLATTFELDER, 339a f.
[38] APPENZELLER, 55; GLATTFELDER, 347a; HINTZ-BÜHLER, 147; HUBER, Vertragsgestaltung, 47. – MARTIN (215 ff.) etwa erwägt die analoge Anwendung von Art. 404 OR.
[39] HUBER, Vertragsgestaltung, 47; zu entsprechenden Überlegungen bei Lizenzverträgen FISCHER, Lizenzverträge, 130 ff.; HILTY, 962 ff.
[40] Vgl. N 1809 f.

C. Ordentliche Kündigung befristeter Aktionärbindungsverträge insbesondere

1. Gesellschaftsrechtliche Aktionärbindungsverträge

Dem Grundsatz nach sind **befristete gesellschaftsrechtliche Aktionärbindungsverträge** *nicht ordentlich kündbar,* soweit die Parteien nichts anderes vereinbart haben.[41] Eine wichtige **Ausnahme** enthält jedoch die dispositive Bestimmung von Art. 546 Abs. 1 OR,[42] wonach eine einfache *Gesellschaft, die auf Lebenszeit eines Gesellschafters geschlossen worden ist,* von jedem Gesellschafter ordentlich auf sechs Monate gekündigt werden kann.

2. Schuldrechtliche Aktionärbindungsverträge

Haben die Parteien nichts anderes vereinbart, unterliegen **befristete schuldrechtliche Dauerschuldverhältnisse** nicht der *Möglichkeit der ordentlichen Kündigung.*[43] Es fragt sich aber, ob nicht auch *in Fällen langfristiger Dauerschuldverhältnisse* wie etwa von Aktionärbindungsverträgen auf die Dauer der Aktiengesellschaft oder auf Lebenszeit der Vertragsparteien die Möglichkeit einer ordentlichen Kündigung offen stehen sollte. Dem Obligationenrecht ist jedenfalls die Möglichkeit der ordentlichen Kündigung befristeter Dauerschuldverhältnisse nicht unbekannt:[44] So ist ein befristeter Arbeitsvertrag, der für eine lange Dauer abgeschlossen worden ist, nach Ablauf von zehn Jahren mit einer Kündigungsfrist von sechs Monaten kündbar (Art. 334 Abs. 3 OR). Sodann ist ein befristetes Auftragsverhältnis aufgrund der zwingenden Bestimmung von Art. 404 Abs. 1 OR jederzeit kündbar.[45]

Die Frage einer ordentlichen Kündigungsmöglichkeit stellt sich insbesondere dann, wenn die Bindung an die Dauer der Aktiengesellschaft (und damit die Befristung) zwar die Angleichung der vertraglichen an die körperschaftlich-statutarische Ordnung bezweckt, aber nicht unbedingt als Ausschluss des ordentlichen Kündigungsrechts zu verstehen ist bzw. wenn kein hypothetischer Parteiwille (weder in die eine noch in die andere Richtung) auszumachen ist.[46]

---

[41] Vgl. N 1844 f.; HILTY, 953; HOCH, 75 und 84.
[42] BGE 106 II 226 E. 2a; APPENZELLER, 56; HOCH, 78.
[43] Vgl. N 1841.; HILTY, 953.
[44] HILTY, 956.
[45] BSK-WEBER, OR 404 N 9. – Dazu sogleich, N 1855 und vorne N 194 ff.
[46] HILTY, 954 f., zu vergleichbaren Überlegungen im Zusammenhang mit Lizenzverträgen.

3. Die Kündigung nach Art. 404 Abs. 1 OR

1855 Zur Qualifikation des Aktionärbindungsvertrages als Auftrag oder als auftragsähnlich, welche zur zwingenden Anwendbarkeit des jederzeitigen Kündigungsrechts von Art. 404 Abs. 1 OR führt, vgl. N 194 ff.

D. Folgen einer fehlerhaften Kündigung

1. Allgemein

1856 Wenn die Kündigung eines Vertrages sich als fehlerhaft erweist, ist zu unterscheiden, ob es an Voraussetzungen bzw. an der Berechtigung zur Kündigung gefehlt hat oder ob die Kündigung selbst zwar gültig ist, aber zur Unzeit oder wider Treu und Glauben erfolgt ist.

2. Formell fehlerhafte Kündigung

1857 Wenn die Parteien vereinbart haben, für vertragsrelevante Mitteilungen eine bestimmte Form einzuhalten, gilt diese trotz Art. 115 OR auch für die Kündigung.[47] Hält sich die kündigende Partei nicht an die vorbehaltene Form, ist die Kündigung wirkungslos.[48] Immerhin ist im Einzelfall zu prüfen, ob die Ungültigkeitsfolge dem Willen der Parteien entspricht oder ob der vorbehaltenen Form nicht blosse Ordnungs- oder Beweisfunktion zukommen sollte (beispielsweise bei der Regelung der Art der Zustellung oder der genauen Zustelladresse). Formell nicht korrekt, aber dennoch gültig dürfte etwa die Kündigung sein, die zwar an die Gegenpartei gerichtet ist und von dieser auch empfangen wurde, die aber nicht an die im Vertrag als Adressat erwähnte Person oder Adresse gesandt wurde.

3. Nichteinhalten der Kündigungsfrist

1858 Bei Kündigungen nach Art. 546 Abs. 1 OR (Kündigung auf sechs Monate) oder dann, wenn die Parteien eine **Kündigungsfrist, aber keinen Kündigungstermin vereinbart** haben, tritt die Vertragsauflösung nach Zugang der Kündigung beim Empfänger mit Ablauf der Frist ein. Der Tag, an dem die Kündigung dem Empfänger zugeht, wird dabei nicht in die Fristberechnung einbezogen (analog Art. 77 Abs. 1 Ziff. 1 OR).[49]

1859 Haben die Parteien **neben der Kündigungsfrist** einen **bestimmten Kündigungstermin vereinbart** oder ist die Kündigung wegen Art. 546 Abs. 2 OR nur auf das Ende des Geschäftsjahres möglich, muss die Kündigung dem Empfänger so recht-

---

[47] Vgl. N 251 ff.
[48] ZK-HIGI, Vorb. zu OR 266–266o N 120.
[49] ZK-HIGI, Vorb. zu OR 266–266o N 124.

zeitig zugehen, dass ihm die gesamte Kündigungsfrist zur Verfügung steht.[50] Trifft die Kündigung zu spät beim Empfänger ein oder wird in der Kündigung ein Termin genannt, für welchen die Kündigungsfrist nicht eingehalten worden ist, dann ist die Kündigung – falls sich nicht aus der vertraglichen Regelung oder zweifelsfrei aus der Vertragsauslegung etwas anderes ergibt – nicht ungültig, sondern sie entfaltet ihre Wirkung auf den nächstmöglichen Kündigungstermin (beispielsweise auf den Tag nach Ablauf einer Sechsmonatsfrist oder auf das Ende des nächsten Geschäftsjahres). Dies ergibt sich aus der allgemeinen Auslegungsregel, wie sie für das Mietrecht in Art. 266a Abs. 2 OR kodifiziert ist.[51]

4. Kündigung wider Treu und Glauben (Art. 2 ZGB)

Der Grundsatz, wonach eine Kündigung in guten Treuen zu erfolgen hat und nicht rechtsmissbräuchlich sein darf, ergibt sich aus den allgemeinen Grundsätzen des Zivilrechts und insbesondere aus Art. 2 ZGB.[52]

Einer **rechtsmissbräuchlichen Kündigung** wird der Rechtsschutz verweigert – sie ist *ex tunc* nichtig.[53]

5. Kündigung zur Unzeit

Sodann darf eine **Kündigung nicht zur Unzeit** ausgesprochen werden; dies wird im Gesetz verschiedentlich festgehalten.[54] Vorliegend von Bedeutung ist die Erwähnung im Auftragsrecht (Art. 404 Abs. 2 OR) sowie im Recht der einfachen Gesellschaft (Art. 546 Abs. 2 OR). *Nicht eindeutig geregelt ist allerdings, wann* eine Kündigung zur Unzeit vorliegt *und welche Folgen* die zur Unzeit ausgesprochene Kündigung hat:[55]

---

[50] ZK-HIGI, Vorb. zu OR 266–266o N 126.
[51] BGE 107 II 189 E. 3; ZK-HANDSCHIN/VONZUN, OR 545–547 N 123; ZK-HIGI, OR 266a N 36 ff.; BSK-WEBER, OR 266a N 5. – Vgl. aber BGE 135 III 441 E. 3.3, wonach der Gesetzgeber die Spezialvorschrift von Art. 266a Abs. 2 OR allein für den Fall eines Irrtums über einen Termin oder eine Frist erlassen habe, während eine in (anderen) Grundvoraussetzungen ungültige Kündigung nicht in eine anderweitig gültige Kündigung umgedeutet werden können soll.
[52] Vgl. auch die ausdrückliche Verpflichtung, das Kündigungsrecht «in guten Treuen» geltend zu machen, Art. 546 Abs. 2 OR.
[53] BGE 133 III 360 E. 8; GAUCH/SCHLUEP/SCHMID, N 152; ZK-HIGI, Vorb. zu OR 266–266o N 141 ff. und 160 f.; HOCH, 95.
[54] Art. 304 Abs. 2, 336c f., 404 Abs. 2, 406d Ziff. 7, 546 Abs. 2 OR.
[55] Nur im Arbeitsvertragsrecht ist der Begriff der Unzeit durch Sperrfristen konkretisiert und die Nichtigkeit der während einer solchen Sperrfrist ausgesprochenen Kündigung gesetzlich verankert (BSK-PORTMANN, OR 336c N 10).

a) Zeitpunkt der Unzeit

1863 Die Frage, wann eine Kündigung zur Unzeit erfolgt, ist abstrakt nicht zu beantworten, sondern nur aufgrund der Umstände des Einzelfalles, wobei die konkrete Situation des Gekündigten und die Gründe des Kündigenden gegeneinander abzuwägen sind.[56]

1864 Als Beispiele werden der Unterbruch der bestimmungsgemässen Abwicklung eines wichtigen Geschäftes, die Verursachung unverhältnismässiger Nachteile bei der Gegenpartei oder die Kündigung kurz vor Erreichen des Vertragszwecks genannt.[57]

b) Rechtsfolgen der Kündigung zur Unzeit

1865 Hinsichtlich der **Rechtsfolgen** wurde für Art. 546 Abs. 2 OR *in der älteren Literatur vertreten*, dass die zur Unzeit erfolgte Kündigung nicht nur schadenersatzpflichtig mache, sondern dass sie unwirksam sei und eine *Gesellschaft nicht aufzulösen vermöge*.[58] Nach *neuerer Meinung* ist die Kündigung zur Unzeit hingegen nicht nichtig, aber sie *entfaltet ihre Wirkung erst auf den Zeitpunkt hin, auf den eine Kündigung nicht mehr unzeitig* gewesen wäre.[59] Die Konsequenz beider Lehrmeinungen besteht darin, dass eine Kündigung zur Unzeit im Rahmen des Rechts der einfachen Gesellschaft keine Schadenersatzpflicht auslöst: Nach der ersten ist sie einfach nicht zu beachten, weil sie keine Wirkung entfaltet; nach der zweiten entfaltet sie ihre Wirkung erst auf denjenigen späteren Zeitpunkt hin, in welchem sie nicht mehr unzeitig und damit zulässig ist. Einen dritten Weg geht die gesetzliche Regelung für den Fall der **Kündigung eines Auftrags** zur Unzeit: Nach Art. 404 Abs. 2 OR erwächst daraus ein Anspruch des zur Unzeit Gekündigten auf Ersatz des entstandenen Schadens gegen den Kündigenden, was voraussetzt, dass die *Kündigung zur Unzeit auf den Zeitpunkt der Kündigung wirksam* ist.[60]

1866 Für die Kündigung eines als einfache Gesellschaft zu qualifizierenden Aktionärbindungsvertrages ist u.E. die zweite Variante angemessen. Anders als beim Auftrag geht es nicht um die fristlose Vertragsauflösung, sondern es bleibt dem Gekündigten in jedem Fall eine Frist von mehreren Monaten, um sich an die neuen Gegebenheiten anzupassen (weshalb u.E. auch die Schwelle der Unzeitigkeit höher liegen muss als beim Auftrag). Ausserdem rechtfertigt sich die fristlose Kündigung

---

[56] Vgl. zum Ganzen für Art. 404 Abs. 2 OR: BK-Fellmann, OR 404 N 53 ff.
[57] ZK-Handschin/Vonzun, OR 545–547 N 127; Hoch, 95 f.
[58] ZK-Siegwart, OR 545/47 N 22.
[59] ZK-Handschin/Vonzun, OR 545–547 N 128; Hoch, 197; BSK-Staehelin, OR 545/546 N 23.
[60] BK-Fellmann, OR 404 N 47 und 66; Hoch, 197 m.w.H. auf die deutsche Lehre; CHK-Jung, OR 545–546 N 10; BSK-Weber, OR 404 N 16.

eines Auftragsverhältnisses wegen des persönlichen Charakters der Vertragsbeziehung, was bei einem Aktionärbindungsvertrag oft nicht der Fall ist.[61]

6. Weitere Fälle fehlerhafter Kündigung

Fehlt es der Kündigung an anderen materiellen oder formellen Voraussetzungen oder verstösst sie in anderer Weise gegen zwingende Schranken des Privatrechts, ist sie *ex tunc* wirkungslos.[62] Dies bedeutet allerdings nicht, dass sie keine Rechtsfolgen haben könnte: Zum einen kann eine fehlerhaft ausgesprochene Kündigung als vertragswidriges Verhalten Schadenersatzfolgen zeitigen; sodann kann eine unwirksame Kündigung als Offerte zur Vertragsauflösung an die Gegenpartei verstanden werden.[63]

Denkbar ist schliesslich, dass eine fehlerhafte Kündigung in eine andere, rechtmässige Erklärung von weniger weitgehender Tragweite umgedeutet wird (Konversion),[64] so z.B. in eine vertraglich vorgesehene Abmahnung oder in ein Angebot zum Erwerb der Aktien der anderen Vertragspartei oder zur Veräusserung der eigenen Aktien an diese.

---

[61] Im Falle der Unzumutbarkeit einer Fortführung des Vertrages bleibt in jedem Fall die Möglichkeit einer Kündigung aus wichtigem Grund (vgl. N 1877 ff.).
[62] ZK-HIGI, Vorb. zu OR 266–266o N 132 ff.
[63] HOCH, 198; BSK-WEBER, OR 266o N 6.
[64] Zu den Voraussetzungen der Konversion vgl. N 135 ff.

§ 53 Ausserordentliche Beendigung von Aktionärbindungsverträgen

I. Begriff

Der Begriff der **ausserordentlichen Vertragsbeendigung** ergibt sich in Abgrenzung zum Begriff der ordentlichen Beendigung.[1] Er umfasst somit diejenigen Arten der Vertragsbeendigung, welche von den Parteien oder vom Gesetz für den **Fall eines nicht störungsfreien Ablaufs einer Vertragsbeziehung** vorgesehen sind. Vorausgesetzt ist somit eine Vertragsstörung, die zu einem vorzeitigen Ende des Vertrages führt.[2]

1869

II. Unverschuldete nachträgliche Unmöglichkeit

A. Gesellschaftsrechtliche Aktionärbindungsverträge

Auch für gesellschaftsrechtliche Aktionärbindungsverträge gilt bei unverschuldeter nachträglicher Unmöglichkeit – wenn auch nur sinngemäss – die für schuldvertragliche Beziehungen aufgestellte **Regel von Art. 119 Abs. 1 OR**, wonach die betreffende Forderung als **erloschen** gilt und der **Schuldner frei** wird.[3] Die Unmöglichkeit einer Leistung wird aber oft nicht das ganze Gesellschaftsverhältnis betreffen, sodass nur eine einzelne Leistungspflicht erlischt, während der Vertrag im Übrigen weiter besteht. Immerhin kann sich daraus ein wichtiger Grund zur Vertragskündigung ergeben.[4]

1870

Das Recht der einfachen Gesellschaft kennt zudem als **Spezialnorm** die Auflösung der Gesellschaft bei Unmöglichkeit, den Gesellschaftszweck zu erreichen (Art. 545 Abs. 1 Ziff. 1 OR).[5] Eine Auflösung wegen Unmöglichkeit der Zweckerreichung hat z.B. zu erfolgen, wenn die Aktiengesellschaft, auf die der Bindungsvertrag aus-

1871

---

[1] Zu diesem N 1835 ff.
[2] VON BÜREN, Lizenzvertrag, 372; FISCHER, Parteienbestand, 40 f.; GAUCH, 27; ZK-HIGI, Vorb. zu OR 266–266o N 75 und 79; HINTZ-BÜHLER, 160; MARTIN, 212.
[3] GAUCH, 127; HINTZ-BÜHLER, 174. – Für w.H. vgl. N 1872 Anm. 10.
[4] HINTZ-BÜHLER, 174. – Zur Kündigung aus wichtigem Grund vgl. N 1877 ff.
[5] FORSTMOSER, Schnittstelle, 391; GAUCH, 126 f.; GLATTFELDER, 343a; HOCH, 15; OERTLE, 187.

gerichtet ist, liquidiert wird oder untergeht.⁶ Dies allerdings nur dann, wenn der Aktionärbindungsvertrag nicht aus anderen Gründen – Befristung auf die Dauer der Aktiengesellschaft – beendet wird.⁷ Die Unmöglichkeit der Zweckerreichung kann sich auch aus anderen Gründen ergeben, etwa daraus, dass die nachträgliche Unmöglichkeit einer versprochenen Leistung den Zweck der Gesellschaft vereitelt.⁸ Es ist jeweils im Einzelfall zu prüfen ist, ob die einschneidende Rechtsfolge der Auflösung gerechtfertigt ist.⁹

B. Schuldrechtliche Aktionärbindungsverträge

1872 Wie für alle **Schuldverträge** gilt auch für Aktionärbindungsverträge die *Regel von Art. 119 Abs. 1 OR,* wonach im Falle unverschuldeter nachträglicher Unmöglichkeit eine *Forderung als erloschen* gilt und der *Schuldner frei* wird.¹⁰ Bei synallagmatischen Verträgen verliert der *Schuldner* zugleich das Recht auf die Gegenleistung des Gläubigers bzw. hat er erfolgte *Leistungen zurückzuerstatten.*¹¹

1873 Für **Dauerschuldverhältnisse,** bei denen die Leistungserbringung bereits begonnen hat oder Leistungen – wie die Stimmabgabe – nicht rückabgewickelt werden können, ist diese Rechtsfolge freilich nicht immer passend. Häufig drängt sich vielmehr die *Anwendung der Folgen des Kündigungsrechts,* d.h. die *Vertragsbeendigung ex nunc ohne Rückabwicklung bereits erfolgter Leistungen,* auf.¹²

1874 Die Unmöglichkeit, eine *einzelne Vertragspflicht* zu erfüllen, führt nicht notwendig zur Beendigung des Vertragsverhältnisses. Andere Konsequenzen – etwa eine finanzielle Abgeltung – können im Vertrag vorgesehen sein oder sich aus dessen Ausle-

---

[6] FORSTMOSER, Schnittstelle, 401; HINTZ-BÜHLER, 173; GLATTFELDER, 343a.
[7] Vgl. N 1797 ff.
[8] HINTZ-BÜHLER, 174; mit weiteren Beispielen HOCH, 17 f.
[9] BSK-STAEHELIN, OR 545/546 N 8; kritisch HINTZ-BÜHLER, 173, bezüglich der in BGE 110 II 287 E. 2c angedeuteten Annahme einer Zweckunmöglichkeit, wenn die Gesellschafter aufgrund interner Differenzen keinen Gesellschaftsbeschluss mehr zustande bringen.
[10] CHERPILLOD, N 94 ff.; FISCHER, Parteienbestand, 41; FORSTMOSER, Schnittstelle, 391; GLATTFELDER, 343a f.; KÄLIN, 247 ff.; HUGUENIN, Obligationenrecht, N 836; MARTIN, 219; SCHWENZER, 64.11 ff. – Ist die Unmöglichkeit hingegen von einer der Parteien zu vertreten, kommt nicht Art. 119 OR zur Anwendung, sondern es stellen sich Fragen der Leistungsstörungen nach Art. 97 ff. OR, welche freilich auch zur Auflösung bzw. zum Rücktritt vom Vertrag oder zum Ausscheiden aus diesem führen können (GAUCH, 120 f.; SCHWENZER, N 64.19 ff.).
[11] GAUCH, 123 f.; HUGUENIN, Obligationenrecht, N 837; SCHWENZER, N 64.16.
[12] GAUCH, 209 ff.; GLATTFELDER, 343a und 347a; HILTY, 937 f. (Zu den in diesem Paragraphen gestellten Fragen äussert sich HILTY im Zusammenhang mit Lizenzverträgen ausführlich.)

gung oder Ergänzung ergeben. Betrifft die Unmöglichkeit jedoch die Hauptleistungspflichten, erlischt nicht nur die einzelne Forderung, sondern der ganze Vertrag in seiner Eigenschaft als Dauerschuldverhältnis.[13]

Bei Aktionärbindungsverträgen ist der häufigste Anwendungsfall unmöglich gewordener Vertragspflichten wohl die **Liquidation oder der Untergang der betroffenen Aktiengesellschaft,**[14] womit die Ausübung von Mitgliedschaftsrechten unmöglich wird und auch Regeln für die Übertragung der Mitgliedschaft keinen Sinn mehr ergeben. Die Rechtsfolgen der Unmöglichkeit treten allerdings nur dann ein, wenn der Aktionärbindungsvertrag nicht bereits ausdrücklich oder stillschweigend auf die Dauer der Aktiengesellschaft befristet ist und damit ordentlich durch Fristablauf endet.[15] Wird die Aktiengesellschaft ohne Liquidation – z.B. aufgrund einer Übernahme oder Fusion – aufgelöst, ist entscheidend (und mangels einer expliziten Regelung durch Auslegung zu ermitteln), ob die im Aktionärbindungsvertrag vorgesehenen Pflichten weiterhin Sinn machen und ihre Erfüllung möglich bleibt.[16]

Zu betonen ist, dass nachträgliche Unmöglichkeit nicht schon dann anzunehmen ist, wenn sich die Interessenlage bei der betroffenen Aktiengesellschaft oder bei den beteiligten Vertragsparteien verschoben hat.[17]

III. Kündigung aus wichtigem Grund

A. Recht auf Kündigung aus wichtigem Grund als allgemeiner Rechtsgrundsatz

Die Möglichkeit der **Vertragskündigung aus wichtigem Grund** ist – in unterschiedlicher Ausgestaltung – den meisten gesetzlich geregelten Dauerschuldverhältnissen bekannt.[18] Aber auch dort, wo sie sich – wie insbesondere bei Innominatverträgen – nicht auf einen gesetzlich ausformulierten Tatbestand stützen lässt, ist sie

---

[13] GAUCH, 121 und 123.
[14] FORSTMOSER, Schnittstelle, 401.
[15] Vgl. N 1797 ff.
[16] FORSTMOSER, Schnittstelle, 401; a.M. für den Fall der Fusion GLATTFELDER, 343a f., der in diesem Fall von einer Unmöglichkeit der Zweckerreichung ausgeht.
[17] BGer-Urteil 4C.143/2003 vom 14. Oktober 2003, E. 6; NUSSBAUMER/VON DER CRONE, 144 f.
[18] So z.B. dem Miet- (Art. 266g OR) und dem Arbeitsrecht (Art. 337 OR), aber auch dem Recht der einfachen Gesellschaft (Art. 545 Abs. 1 Ziff. 7 OR); ZK-BAUMANN, ZGB 2 N 481; BK-BUCHER, ZGB 27 N 203 ff.; VON BÜREN, Lizenzvertrag, 379 (Anm. 484); CHERPILLOD, N 170 ff.; HILTY, 978 f.; HINTZ-BÜHLER, 162 f.; VENTURI-ZEN-RUFFINEN, 1 f.

als *allgemeiner Grundsatz des schweizerischen Vertragsrechts* – im Sinne eines Auffangtatbestandes – anerkannt.[19]

1878 Die Möglichkeit der Kündigung aus wichtigem Grund *erlaubt* einer Vertragspartei *bei auf Dauer angelegten Vertragsverhältnissen die fristlose Vertragsauflösung*, wenn ihr die *Weiterführung* des Vertrages vernünftigerweise *nicht mehr zugemutet werden kann*. Voraussetzung ist somit, dass eine Situation vorliegt, welche die Fortführung des Dauerschuldverhältnisses für die kündigende Partei unzumutbar macht.[20]

B. Kündigung aus wichtigem Grund als zwingendes Recht

1879 Das Recht zur Kündigung aus wichtigem Grund ist **zwingender Natur** und *kann* von den Parteien *weder ausgeschlossen noch* auf bestimmte Sachverhalte oder Voraussetzungen *beschränkt werden*.[21] Die Unterscheidung zwischen unbefristeten und befristeten Dauerschuldverhältnissen spielt hier keine Rolle: Sowohl unbefristete als auch befristete Dauerverträge können aus wichtigem Grund gekündigt werden.[22]

---

[19] BGer-Urteil 4A_87/2010 vom 9. April 2010, E. 3.2; BK-BUCHER, ZGB 27 N 200; ders. in BSK, vor OR 1–40 N 30; VON BÜREN, Lizenzvertrag, 379 f.; CHERPILLOD, N 225 ff.; FORSTMOSER, Schnittstelle, 391; HINTZ-BÜHLER, 162 f. m.w.H.; HILTY, 977; VENTURI-ZEN-RUFFINEN, 2.

[20] BGE 135 III 1 E. 2.4, 128 III 428 E. 3, 122 III 262 E. 2a/aa; 92 II 299 E. 3; BGer-Urteil 4A_598/2012 vom 19. März 2013, E. 4.2, 4A_589/2011 vom 5. April 2012, E. 7, 4A_87/2010 vom 9. April 2010, E. 3.2; BK-AEBI-MÜLLER/HAUSHEER, ZGB 2 N 236; BLOCH, 76; BK-BUCHER, ZGB 27 N 200; ders. in BSK, vor OR 1–40 N 30; VON BÜREN, Lizenzvertrag, 379 f.; CHERPILLOD, N 250 f.; FORSTMOSER/MEIER-HAYOZ/NOBEL, § 55 N 72; GAUCH, 173 f.; GLATTFELDER, 337a; HILTY, 977, 981 f. (m.w.H.); HINTZ-BÜHLER, 162 ff.; BSK-HONSELL, ZGB 2 N 20; HUBER, Vertragsgestaltung, 53 f.; MARTIN, 219 f.; VON STEIGER, 458.

[21] BGE 89 II 30 E. 5a, 23 I 659 E. 5; BLOCH, 75; VON BÜREN, Lizenzvertrag, 382; FORSTMOSER, Schnittstelle, 391; ZK-HIGI, OR 266g N 7; HILTY, 982 f. m.w.H.; HOCH, 99 und 116; BSK-STAEHELIN, OR 545/546 N 33; VON STEIGER, 459; VENTURI-ZEN-RUFFINEN, 2 f.; a.M. offenbar ZK-HANDSCHIN/VONZUN, OR 545–547 N 166 f. – Vertragliche **Erweiterungen** der Kündigungsgründe sind dagegen möglich. Solche Erweiterungen werden oft als Konkretisierung des wichtigen Grundes formuliert («Ein wichtiger Grund liegt insbesondere vor, wenn …»), auch wenn sie objektiv betrachtet die Intensität eines wichtigen Grundes nicht erreichen (vgl. N 1906 ff.).

[22] BGE 106 II 226 E. 2a, 98 II 305 E. 2a; GLATTFELDER, 338a und 346a; ZK-HIGI, Vorb. zu OR 266–266o N 3. – Die ordentliche Kündbarkeit eines Vertragsverhältnisses kann aber insofern eine Rolle spielen, als es dann, wenn in absehbarer Zeit eine ordentliche Beendigung möglich ist, an der Unzumutbarkeit der vorläufigen Weiterführung des Vertrages und damit an einer notwendigen Voraussetzung für das Bestehen eines wichtigen Grundes mangelt (vgl. N 1887).

C. Kündigung aus wichtigem Grund als *ultima ratio*

Als **Auffangtatbestand** ist die Kündigung aus wichtigem Grund die **restriktiv** zu handhabende *ultima ratio*. Sie muss die Ausnahme bleiben und ist nur zulässig, wenn alle anderen Mittel der Vertragsauflösung – wie die ordentliche Kündigung oder der Vertragsrücktritt nach Art. 107 ff. OR – versagen oder wenn deren Anwendung von vornherein als nicht zielführend oder als unzumutbar zu beurteilen ist.[23] Das Vorliegen eines wichtigen Kündigungsgrundes ist somit nicht leichthin anzunehmen, es kommen nur ausserordentlich schwerwiegende Umstände in Frage, weil neben dem Ausnahmecharakter auch das allgemeine Interesse an Vertragstreue und Rechtssicherheit im Auge zu behalten ist.[24]

D. Voraussetzungen der Kündigung aus wichtigem Grund im Einzelnen

1. Umstände, die zur Kündigung aus wichtigem Grund berechtigen können

Wichtiger Grund kann ein *objektiver, äusserer Umstand* sein, aber *auch ein subjektiver Umstand, der in der Person der kündigenden Partei oder in der Person der Gegenpartei liegt*.[25] Neben einzelnen Umständen können *auch mehrere Umstände*, die je für sich allein keinen wichtigen Grund darstellen würden, *in ihrer Gesamtheit* einen wichtigen Grund ergeben. Oder es kann ein trotz Abmahnung *fortgesetztes Verhalten* schliesslich zu einem wichtigen Grund mutieren.[26]

Der als wichtiger Grund geltend gemachte Umstand *darf nicht bereits im Zeitpunkt des Vertragsschlusses vorliegen,* denn ein solcher Umstand würde den Betroffenen zur Berufung auf Mängel des Vertragsschlusses berechtigen, die der Kündigung aus wichtigem Grund vorgeht (und für die in der Regel auch eine längere Frist zur Geltendmachung vorgesehen ist).[27] Auch darf der Umstand im Zeitpunkt des Ver-

---

[23] BGE 100 II 345 E. 4, 92 II 299 E. 3b, VON BÜREN, Lizenzvertrag, 380 f.; CHERPILLOD, N 265 ff.; FISCHER, Lizenzverträge, 140 ff.; ZK-HIGI, OR 266g N 13 f.; HILTY, 983 f.; STIEGER, 11; a.M. VENTURI-ZEN-RUFFINEN, 8 ff. (welche den Vertragsrücktritt nach Art. 107 ff. OR als Alternative zur Kündigung aus wichtigem Grund betrachtet).
[24] GAUCH, 174 f.; VENTURI-ZEN-RUFFINEN, 3; BSK-WEBER, OR 266g N 5.
[25] CHERPILLOD, N 243 ff.; GAUCH, 174; ZK-HANDSCHIN/VONZUN, OR 545–547 N 149.
[26] BGer-Urteil 4A_598/2012 vom 19. März 2013, E. 4.2; 4A_589/2011 vom 5. April 2012, E. 7, ZK-HIGI, OR 266g N 29 f.; HILTY, 988; STIEGER, 11; VENTURI-ZEN-RUFFINEN, 14 ff.
[27] Vgl. N 1880; BGE 122 III 262 E. 2a; GAUCH, 196 ff.; a.M. offenbar VON STEIGER, 366 f.

tragsschlusses *nicht voraussehbar* gewesen sein,[28] weil anzunehmen ist, dass die Parteien einen solchen voraussehbaren Grund nicht als wichtig eingestuft haben, denn sonst hätten sie eine vertragliche Regelung getroffen oder auf den Vertragsschluss verzichtet.

1883 Nicht ausgeschlossen ist aber, dass sich ein Mangel des Vertragsschlusses oder ein voraussehbarer Umstand *wegen neu hinzutretender Umstände* zu einem wichtigen Kündigungsgrund entwickelt.[29]

1884 Als wichtige Gründe in Frage kommen Umstände wie:[30]

- **Vertrauensverlust** und **persönliche Differenzen** zwischen den Vertragsparteien, falls sie sich gravierend auf die Vertragsbeziehung auswirken;

- die schwere **Verletzung vertraglicher Pflichten** durch die Gegenpartei;[31]

- **Verfehlungen** einer Vertragspartei oder Vorkommnisse ausserhalb des Vertrages;[32]

- die systematische **Schikane** einer Vertragspartei durch die Übrigen oder die Mehrheit;

- **Krankheit oder Unfall** einer Vertragspartei, welche das Funktionieren der Vertragsbeziehung in Frage stellt;

- Unterstellung einer Vertragspartei unter eine **umfassende Beistandschaft;**

- **Tod** einer Vertragspartei;

- Zahlungsunfähigkeit, **Konkurs** oder Zwangsverwertung einer Vertragspartei;

- die **Übernahme** einer Vertragspartei durch einen Dritten;

- die **Fusion einer Vertragspartei** mit einer Drittpartei.

1885 In zeitlicher Hinsicht muss der wichtige Grund in Bezug auf seine *Auswirkungen von Dauer* sein. Wird eine bestimmte Situation über längere Zeit ohne Vorbehalte

---

[28] BGE 122 III 262 E. 2a, 63 II 79, 82 f.; ZK-HIGI, OR 266g N 42; VON STEIGER, 366.
[29] ZK-SIEGWART, OR 530 N 51 f.; ZK-HIGI, OR 266g N 43.
[30] FORSTMOSER, Schnittstelle, 401; ZK-HANDSCHIN/VONZUN, OR 545–547 N 159 (Bsp. zur Praxis zu den wichtigen Gründen); HINTZ-BÜHLER, 163 f. und 170 ff.; HILTY, 986; HOCH, 104 f. mit zahlreichen Beispielen; REUTTER, 354; BSK-STAEHELIN, OR 545/546 N 31 m.w.H.; BSK-WEBER, OR 266g N 5.
[31] Dies – wegen der Subsidiarität dieses Rechtsbehelfs – freilich nur, wenn die Durchsetzung auf andere Weise unmöglich oder unzumutbar ist.
[32] So können eine strafrechtliche Verurteilung und der dadurch bewirkte Reputationsverlust die Befähigung einer Partei, aufgrund des Aktionärbindungsvertrages eine Organfunktion in der Aktiengesellschaft auszuüben, in Frage stellen.

geduldet, ist dies umgekehrt ein Indiz dafür, dass kein wichtiger Grund vorliegt. Jedenfalls *muss* der angerufene Grund *im Zeitpunkt der Kündigung (noch) bestehen*.[33]

2. Unzumutbarkeit der Fortführung der Vertragsbeziehung

Damit der Umstand, aus dem das Recht zur Kündigung abgeleitet wird, als «wichtiger» Grund qualifiziert, muss er derart beschaffen sein, dass er der kündigenden Partei die **Fortsetzung** bzw. die Erfüllung des Vertrages **unerträglich oder unzumutbar** macht.[34] Die Unzumutbarkeit bestimmt sich dabei objektiv nach Treu und Glauben, d.h. nach dem Verständnis vernünftiger und redlicher Vertragsparteien. Subjektive Vorstellungen einer Vertragspartei über die Unzumutbarkeit der Fortsetzung eines Vertrages spielen keine Rolle.[35] Sie können aber – negativ – in die Abwägung einfliessen, indem ein bestimmter Umstand nicht als wichtiger Grund zu behandeln ist, wenn er für eine Vertragspartei offenbar nicht das entsprechende Gewicht hat (was darin zum Ausdruck kommen kann, dass sie eine Situation für längere Zeit vorbehaltlos geduldet hat).[36]

Ob Unzumutbarkeit vorliegt, ist *unter Einbezug sämtlicher Umstände des konkreten Falles* nach Recht und Billigkeit zu beurteilen.[37] Dabei sind die folgenden Umstände in die Beurteilung einzubeziehen:[38]

– die Möglichkeit, den Vertrag durch **andere ausserordentliche Beendigungsgründe** zu beenden (z.B. durch Vertragsrücktritt nach Art. 107 ff. OR oder Geltendmachen einer vertraglich vereinbarten Abmahnregelung[39]);

– die **Zeitdauer, für welche die kündigende Partei noch an den Vertrag gebunden ist** (eine fristlose Auflösung erscheint bei einem langfristigen oder gar unbefristeten Vertrag eher gerechtfertigt als bei einem kurzfristigen);

– die **Möglichkeit, den Vertrag in absehbarer Zeit ordentlich aufzulösen** (je näher der Zeitpunkt einer möglichen ordentlichen Beendigung und je einfacher

---

[33] ZK-HIGI, OR 266g N 40 f. – Vgl. zum Zeitpunkt der Kündigung N 1890 f.

[34] Ausdrücklich erwähnt in Art. 266g Abs. 1, 297 Abs. 1 und 337 Abs. 2 OR. Vgl. sodann FORSTMOSER/MEIER-HAYOZ/NOBEL, § 55 N 72; GAUCH, 178 ff.; HILTY, 987; STIEGER, 11.

[35] ZK-HIGI, OR 266g N 11 und 31; VENTURI-ZEN-RUFFINEN, 12 ff. m.w.H. – Den Parteien steht es sodann frei, vertraglich auch solche Gründe als wichtig einzustufen bzw. zum Auflösungsgrund zu machen, denen nach allgemeiner Ansicht diese Qualität nicht zukommt (vgl. N 1906 ff.).

[36] Vgl. zum Zeitpunkt der Kündigung N 1890 f.

[37] Art. 4 ZGB; BGE 128 III 428 E. 4; GAUCH, 175 f.; ZK-HANDSCHIN/VONZUN, OR 545–547 N 148; HINTZ-BÜHLER, 165 f.; BSK-HONSELL, ZGB 4 N 2, 5 und 9; STIEGER, 11.

[38] Vgl. auch ZK-HANDSCHIN/VONZUN, OR 545–547 N 150 ff.

[39] Vgl. BGer-Urteil 4A_87/2010 vom 9. April 2010, E. 4.1.1 ff.

eine ordentliche Auflösung, desto eher erscheint der Verblieb im Vertrag zumutbar);[40]

– die **Intensität der Bindung der Parteien** im Rahmen des Vertrages (sind die Parteien durch den Vertrag eng miteinander verflochten, ist unter dem Aspekt des Vertrauensschutzes ein strengerer Massstab an die Voraussetzung der Zumutbarkeit anzulegen);[41]

– das (objektive) **Interesse der Gegenpartei an der Aufrechterhaltung des Vertrages** (durch die ausserordentliche Kündigung werden die Interessen der Gegenpartei unter Umständen erheblich beeinträchtigt);[42, 43]

– der **Zweck des Vertrages oder der Gesellschaft** (für den Fall der Unmöglichkeit der Zweckerreichung steht bei der einfachen Gesellschaft mit Art. 545 Abs. 1 Ziff. 1 OR ein eigenständiger Auflösungstatbestand zur Verfügung);[44]

– das **Verschulden der Parteien** (obwohl nicht notwendig, kann ein Verschulden des Gekündigten im Rahmen der Zumutbarkeitsabwägung eine Rolle spielen; ein Verschulden des Kündigenden am Kündigungsgrund sodann schliesst die Unzumutbarkeit in der Regel aus);[45]

– die **Zeitdauer** seit dem Eintritt der geltend gemachten Umstände **bis zur Kündigungserklärung** (wartet der Kündigende mit der Erklärung zu lange, lässt dies den Schluss zu, es fehle [subjektiv] an der Unzumutbarkeit).[46]

Dabei sind bei der Abwägung stets auch der **Ausnahmecharakter** der Kündigung aus wichtigem Grund[47] sowie das allgemeine **Interesse an Vertragstreue und Rechtssicherheit** im Auge zu behalten.[48] Das Vorliegen eines wichtigen Grundes ist daher – wie betont – **nicht leichthin anzunehmen.**

---

[40] ZK-HIGI, OR 266g N 11 und 32; HILTY, 987 f.
[41] HILTY, 988.
[42] HILTY, 978.
[43] Unter diesem Aspekt kann die soeben als Indiz für die Zulässigkeit der Berufung auf einen wichtigen Grund erwähnte **Intensität einer Bindung** auch **gegen** eine Auflösung aus wichtigem Grund sprechen.
[44] HINTZ-BÜHLER, 164 (Anm. 720).
[45] ZK-HIGI, OR 266g N 36; HILTY, 988; CHK-JUNG, OR 545–546 N 11; BSK-WEBER, OR 266g N 5.
[46] Vgl. N 1886 und N 1890 f. – Bei Zuwarten wider Treu und Glauben kann auch mit Verwirkung gestützt auf Art. 2 Abs. 2 ZGB argumentiert werden (vgl. BSK-HONSELL, ZGB 2 N 49; SCHWENZER, N 3.11; HILTY, 990).
[47] Vgl. N 1880.
[48] GAUCH, 174 f.; VENTURI-ZEN-RUFFINEN, 3; BSK-WEBER, OR 266g N 5.

E. Ausübung des Kündigungsrechts

1. Berechtigung zur Ausübung

Die Kündigung aus wichtigem Grund kann – dies ergibt sich bereits aus ihren Voraussetzungen[49] – nur von einer Partei ausgesprochen werden, der die Fortführung des Vertrages nicht mehr zuzumuten ist. Andere Vertragsparteien sind nur dann berechtigt, wenn dies für sie ebenfalls zutrifft.

2. Der Zeitpunkt der Kündigung

Wenn ein wichtiger Grund für die ausserordentliche Vertragskündigung vorliegt, ist diese **innert angemessener** (Überlegungs-)**Frist auszusprechen.** Die Angemessenheit der Frist hängt von den Umständen des Einzelfalles ab. Bei einer schleichenden Entwicklung der geltend gemachten Umstände ist sie anders zu beurteilen als bei einem zeitlich eindeutig fixierbaren Ereignis. Während im zweiten Fall von einer eher *kurzen Frist von wenigen Tagen* auszugehen ist, kann *beim schleichenden Eintritt eine längere Frist* angezeigt sein, die abgewartet werden kann (oder allenfalls abgewartet werden muss[50]). Langes Zuwarten wird aber zumeist zum Schluss führen, es liege keine Unzumutbarkeit vor.[51]

Die Kündigung aus wichtigem Grund **bedarf** zwar grundsätzlich **keiner vorgängigen Abmahnung,**[52] es kann *aber* eine solche aus verschiedenen Gründen *dennoch sinnvoll* sein: Gerade beim schleichenden Eintritt der Umstände, welche schliesslich eine Kündigung aus wichtigem Grund rechtfertigen, ist oft nicht klar, ab welchem Zeitpunkt die Unzumutbarkeit gegeben ist. Eine Abmahnung stellt hier einerseits klar, dass man das Andauern der Situation nicht hinzunehmen gewillt ist, und sie stellt andererseits sicher, dass bei der nachfolgenden Kündigung nicht behauptet werden kann, man habe durch das Zuwarten die besagten Umstände stillschweigend hingenommen.[53] Nicht notwendig ist eine Abmahnung aber jedenfalls dann, wenn es sich bei den Kündigungsgründen um objektive, von den Parteien nicht zu beeinflussende äussere Umstände handelt, sodann auch dann, wenn aus dem Verhalten der anderen Parteien unmissverständlich hervorgeht, dass eine Fristansetzung sinnlos wäre.[54]

---

[49] Vgl. N 1881 ff.
[50] Vgl. N 1881.
[51] VON BÜREN, Lizenzvertrag, 382; HILTY, 990; HOCH, 119; BSK-PORTMANN, OR 337 N 11 f.; STIEGER, 11 f.; VENTURI-ZEN-RUFFINEN, 18 f. und 23 ff. m.w.H.; vgl. auch N 1886.
[52] Art. 545 Abs. 2 OR; BGer-Urteil 4A_589/2011 vom 5. April 2012, E. 7.
[53] Vgl. N 1885 f.
[54] HILTY, 989; BSK-WIEGAND, OR 102 N 11.

1892 Eine vorgängige Abmahnung kann auch deshalb sinnvoll sein, weil die Kündigung aus wichtigem Grund als *ultima ratio* subsidiär ist zu anderen Rechtsbehelfen, insbesondere zum Vertragsrücktritt gestützt auf Art. 107 ff. OR.[55] Diese anderen Rechtsbehelfe setzen jedoch regelmässig die vorgängige Mahnung der anderen Vertragspartei voraus (z.B. Art. 102 Abs. 1 OR), sodass dann, wenn das Recht zur Kündigung aus wichtigem Grund verneint wird, die Abmahnung zumindest **als rechtsgenügende Mahnung** in Bezug auf solche anderen Rechtsbehelfe von Bedeutung ist.

3. Gesellschaftsrechtliche Aktionärbindungsverträge

1893 Im Recht der **einfachen Gesellschaft** ist die Vertragsbeendigung aus wichtigem Grund als **Gestaltungsklagerecht** ausgestaltet (Art. 545 Abs. 1 Ziff. 7 OR). Diejenige Vertragspartei, die den Vertrag aus wichtigem Grund auflösen möchte, muss – soweit nichts anderes vereinbart ist – mit Klage an das Gericht gelangen.[56] Da nur diejenigen Parteien passiv legitimiert sind, die mit der Auflösung der Gesellschaft nicht einverstanden sind oder ein entsprechendes Urteil nicht gegen sich gelten lassen würden, ist vor Klageeinreichung eine Mitteilung an die übrigen Vertragsparteien nicht nur angezeigt, sondern notwendig.[57] Die beklagten Vertragsparteien bilden gemäss Art. 70 Abs. 1 ZPO eine notwendige Streitgenossenschaft.[58] Die **Auflösung** der einfachen Gesellschaft erfolgt *ex nunc* **bei Eintritt der Rechtskraft des Urteils.**[59]

1894 In der Lehre wird die Meinung vertreten, dass eine einfache Gesellschaft bei Vorliegen eines wichtigen Grundes auch gestützt auf Art. 27 Abs. 2 ZGB fristlos durch einseitige Willenserklärung gekündigt werden kann.[60] Teilweise wird diese Kündigungsmöglichkeit auf Fälle beschränkt, in denen «einem Gesellschafter der Verbleib in der Gesellschaft *absolut* nicht mehr zuzumuten [ist]»,[61] oder auf *«gravierende Fälle»*[62]. Die Möglichkeit der fristlosen Kündigung bei qualifizierter Unzumutbarkeit ist zwar u.E. im Grundsatz zu bejahen, in der Umsetzung aber heikel. Zum

---

[55] Vgl. N 1880.
[56] ZK-HANDSCHIN/VONZUN, OR 545–547 N 121, 146 und 170; HINTZ-BÜHLER, 164; HOCH, 109 f.; STAEHELIN/STAEHELIN/GROLIMUND, § 14 N 16 f.
[57] BGE 113 II 140 E. 2c, 86 II 451 E. 3, 74 II 215 E. 3, 38 II 503 E. 4, 24 II 197 E. 2; HINTZ-BÜHLER, 164 f.; CHK-JUNG, OR 545–546 N 11; RIHM, 518; BSK-STAEHELIN, OR 545/546 N 34; VON STEIGER, 460; a.M. HOCH, 111 f.
[58] RIHM, 518.
[59] BGE 74 II 172 E. 1; BLOCH, 76; ZK-HANDSCHIN/VONZUN, OR 545–547 N 175 f.; CHK-JUNG, OR 545–546 N 11; BSK-STAEHELIN, OR 545/546 N 34.
[60] CHERPILLOD, N 14; GUHL/DRUEY, § 62 N 57; HINTZ-BÜHLER, 164; HOCH, 94; CHK-JUNG, OR 545–546 N 11; BSK-STAEHELIN, OR 545/546 N 29 und 34; ZR 2014, Nr. 25 (E. 9.3); a.M. ZK-HANDSCHIN/VONZUN, OR 545–547 N 137 ff.
[61] BSK-STAEHELIN, OR 545/546 N 29 (Hervorhebung durch die Autoren).
[62] ZR 2014, Nr. 25 (E. 9.3).

einen stellt schon die Kündigung aus wichtigem Grund als solche eine *ultima ratio* dar.[63] Und zum anderen wird kaum je im Voraus mit Sicherheit gesagt werden können, wann ein besonders gravierender Fall oder eine ganz besonders unzumutbare Unzumutbarkeit vorliegt. Andere Autoren wollen eine ausserordentliche fristlose Kündigung (als Anwendungsfall der *clausula rebus sic stantibus*) auf Art. 2 ZGB stützen und diese dann zulassen, «wenn sich die Verhältnisse stark und in ausserordentlich belastender Weise für einen Gesellschafter entwickelt haben».[64] Auch bei dieser Begründung ist die Grenze zur «gewöhnlichen» Unzumutbarkeit, die nur zur Kündigung aus wichtigem Grund berechtigt, schwer zu ziehen.

Jedenfalls dürfte schlecht beraten sein, wer auf das klageweise Geltendmachen der Beendigung aus wichtigem Grund verzichtet; er riskiert, die fristgerechte Klageeinreichung[65] zu verpassen, wenn sich im späteren Feststellungsprozess die Unzumutbarkeit schliesslich doch nur als eine «schlichte Unzumutbarkeit» herausstellen sollte – oder die hier dargestellten Lehrmeinungen verworfen werden.

In der Praxis scheint – soweit es sich nicht um eine Vermischung der Kündigung aus wichtigem Grund mit der Vertragsbeendigung bei übermässiger Bindung und unter Berufung auf die *clausula rebus sic stantibus* handelt[66] – hinter einer Kündigung gestützt auf Art. 27 Abs. 2 OR oft der Versuch zu stehen, dem Erfordernis der Geltendmachung auf dem Klageweg (Art. 545 Abs. 1 Ziff. 7 OR) auszuweichen; dies allerdings wiederum mit dem Risiko, die fristgerechte Kündigung[67] zu verpassen.[68] Zulässig ist es, vertraglich die Möglichkeit einer sofortigen, fristlosen Vertragskündigung beim Vorliegen eines wichtigen Grundes zu vereinbaren.[69]

4. Schuldrechtliche Aktionärbindungsverträge

Bei den schuldrechtlichen Aktionärbindungsverträgen ist die Kündigung aus wichtigem Grund **wie die ordentliche Kündigung** *durch einseitige, empfangsbedürftige Willenserklärung*[70] des Kündigenden geltend zu machen.[71] Eine bestimmte Form

---

[63] Vgl. N 1880.
[64] DRUEY/DRUEY JUST, § 4 N 56, vgl. auch BSK-STAEHELIN, OR 545/546, N 34, der empfiehlt, bei einer Klage auf Auflösung aus wichtigem Grund «vorsorglich die ausserordentliche Kündigung gestützt auf Art. 27 Abs. 2 ZGB auszusprechen.»
[65] Vgl. N 1890 ff.
[66] Vgl. auch N 1956 ff. und 1976 f.
[67] Vgl. N 1890 ff.
[68] Zumindest für den Regelfall hat der Gesetzgeber entschieden, die Kündigung aus wichtigem Grund bei der einfachen Gesellschaft als Gestaltungs*klage*recht und nicht als blosses Gestaltungsrecht auszugestalten; dies grundsätzlich zu ändern läge wiederum beim Gesetzgeber.
[69] ZK-HANDSCHIN/VONZUN, OR 545–547 N 135 sowie hier N 1906 f.
[70] Vgl. N 1841 f.

der Kündigung braucht – sofern die Parteien nichts anderes vereinbart haben[72] – nicht eingehalten zu werden.[73]

1898 Gleich wie die ordentliche Kündigung ist die Kündigung aus wichtigem Grund nicht zwingend zu begründen.[74] Sie **muss aber als ausserordentliche Kündigung erkennbar sein,** sonst zeitigt sie keine Wirkung.[75] Letztlich empfehlen sich eine Begründung und das Nennen der wichtigen Gründe nur schon zur Vermeidung rechtlicher Auseinandersetzungen mit den gekündigten Vertragsparteien. Das Nachschieben von Gründen im Prozess ist zwar zulässig, doch müssen diese Gründe im Kündigungszeitpunkt bereits bestanden haben.[76] Unbehelflich ist das Nachschieben von Gründen, die erst nach der Kündigung eingetreten sind.[77]

F. Folgen der Kündigung aus wichtigem Grund

1. Bei gerechtfertigter Kündigung

1899 Bei **Schuldverträgen** führt die ausserordentliche Kündigung – gleich wie die ordentliche – zur **Beendigung** des Vertragsverhältnisses *ex nunc*.[78] Allenfalls resultieren vertragliche Schadenersatzforderungen gegen die Partei, die schuldhaft den wichtigen Grund gesetzt hat.[79]

---

[71] BGE 92 II 299 E. 3b; CHERPILLOD, N 252; GAUCH, 181; HINTZ-BÜHLER, 165; STIEGER, 11. – Die Notwendigkeit einer Gestaltungsklage nach Art. 545 Abs. 1 Ziff. 7 OR ist eine auf die einfache Gesellschaft beschränkte Ausnahme.

[72] Gewisse formelle Voraussetzungen wie Schriftlichkeit oder die Bedingung bestimmter Adressaten können gültig vereinbart werden und sind nicht als (unzulässige) Einschränkung des Rechts auf Kündigung aus wichtigem Grund (dazu vorne 1879) zu betrachten.

[73] VENTURI-ZEN-RUFFINEN, 21; vgl. N 251 f. und N 1843.

[74] Vgl. N 1843; BSK-PORTMANN, OR 337 N 16; VENTURI-ZEN-RUFFINEN, 22 f. (die allerdings generell ein Recht der gekündigten Partei auf eine nachträgliche Begründung statuiert); a.M. ZK-HIGI, OR 266g N 54.

[75] BGE 123 III 124 E. 3d; HILTY, 989; VENTURI-ZEN-RUFFINEN, 21 f.

[76] HILTY, 989 f. m.w.H. – Werden Gründe erst im Prozess genannt, ist dies allenfalls bei der Aufteilung der Verfahrenskosten zu berücksichtigen, falls angenommen werden muss, dass sich der Prozess bei frühzeitiger Begründung hätte vermeiden lassen.

[77] BSK-PORTMANN, OR 337 N 9; BSK-WEBER, OR 271/271a N 33.

[78] VON BÜREN, Lizenzvertrag, 382; GAUCH, 184; STIEGER, 11; VENTURI-ZEN-RUFFINEN, 26 f. – Dies unterscheidet die Kündigung aus wichtigem Grund von anderen Rechtsbehelfen wie der Geltendmachung von Willensmängeln oder der anfänglichen Unmöglichkeit, welche zur Vertragsauflösung *ex tunc* führen (eine Konsequenz, die sich freilich bei der Beendigung von Dauerrechtsverhältnissen, wie sie Aktionärbindungsverträge überwiegend darstellen, nicht immer umsetzen lässt, vgl. auch vorne, N 1873).

[79] HOCH, 120 f.; vgl. N 2009 ff.

Bei **gesellschaftsrechtlichen Verträgen** löst das Gericht die Gesellschaft mit **Gestaltungsurteil** auf; dem Urteil kommt dabei *mit Eintritt der formellen Rechtskraft* konstitutive **Wirkung *ex nunc*** zu. Eine Rückwirkung auf den Zeitpunkt der Klageeinreichung findet mangels entsprechender gesetzlicher Anordnung nach h.L. nicht statt.[80] Der Gefahr nicht wieder gutzumachender Nachteile während des Verfahrens (z.B. durch das Veranlassen nicht rückgängig zu machender Entscheidungen in der Aktiengesellschaft) kann der Kläger durch vorsorgliche Massnahmen begegnen.[81]

2. Bei ungerechtfertigter Kündigung

a) Fehlender wichtiger Grund

Besteht **kein wichtiger Grund,** ist die **Kündigung wirkungslos** und das Vertragsverhältnis besteht fort. Die arbeitsrechtliche Bestimmung von Art. 337 OR, welche die ausserordentliche Beendigung der vertraglichen Beziehung auch dann vorsieht, wenn die Kündigung nicht durch wichtige Gründe gerechtfertigt ist und dem gekündigten Arbeitnehmer nur die Möglichkeit belässt, Schadenersatz zu verlangen, kommt nicht zum Zug, da es sich um eine Ausnahme handelt, die im übrigen Vertragsrecht keine Anwendung findet.[82]

Die **Konversion** einer ausserordentlichen Kündigung in eine ordentliche ist infolge der Bedingungsfeindlichkeit von Gestaltungsrechten **grundsätzlich nicht möglich.**[83] Es ist einer kündigenden Partei *aber unbenommen*, primär aus wichtigem Grund ausserordentlich zu kündigen, gleichzeitig aber auch *subsidiär und eventualiter ordentlich*.[84]

Im Übrigen schadet es einer «auf einen klar umschriebenen Sachverhalt» hin ausgesprochenen ausserordentlichen Kündigung nicht, «wenn … – rechtsirrtümlich – als

---

[80] BGE 74 II 172 E. 1, 30 II 453 E. 9; HOCH, 114 f. (mit Hinweis auf die abweichende Lehrmeinung – Auflösung der Gesellschaft mit Wirkung ab Klageanhebung – von MERZ); SOGO, 51 ff.; VON STEIGER, 460; VENTURI-ZEN-RUFFINEN, 27.
[81] HOCH, 114 und 117 ff.; SOGO, 54 f.; VON STEIGER, 460. – Dabei kann die im Rahmen des Massnahmeverfahrens vorzunehmende Hauptsachenprognose bereits ein gewisses Indiz für einen möglichen Ausgang des Hauptverfahrens sein. Zu den vorsorglichen Massnahmen vgl. N 2045 ff.
[82] BGE 133 III 360 E. 8; VENTURI-ZEN-RUFFINEN, 28 und 30 ff. – A.M. MICHAEL KULL: Verbindlichkeit der fristlosen und ungerechtfertigten Kündigung von Dauerschuldverhältnissen, SJZ 2011, 245 ff., der, gerade umgekehrt, den Weiterbestand des Vertrages als Ausnahmetatbestand betrachtet (249 f.).
[83] BGE 135 III 441 E. 3.1 ff.; 123 III 124 E. 3d; ZK-HIGI, OR 266g N 67; VENTURI-ZEN-RUFFINEN, 30; a.M. VON BÜREN, Lizenzvertrag, 382.
[84] Vgl. auch den Hinweis von STAEHELIN (BSK, OR 545/546 N 34), wonach die gleichzeitige Anrufung von Art. 27, Abs. 2 ZGB sinnvoll sein kann.

rechtliche Grundlage ... eine unrichtige Gesetzesbestimmung [angerufen wird], sofern eine Ersatznorm zur Verfügung steht, welche [den] Anspruch stützt»[85] wie eben der allgemeine Grundsatz der Kündigung aus wichtigem Grund.

b) Kündigung nicht als ausserordentlich erkennbar

1904 Ist die **ausserordentliche Kündigung nicht als solche erkennbar,** indem etwa nicht ausdrücklich mit sofortiger Wirkung gekündigt wird, dann ist – wie beim Nichteinhalten der Kündigungsfrist[86] – davon auszugehen, die *Kündigung entfalte ihre Wirkung auf den nächstmöglichen (ordentlichen) Kündigungstermin,* falls eine solche Kündigung nach Treu und Glauben nicht von vornherein als eine ordentliche Kündigung zu betrachten ist.

c) Schaden durch ungerechtfertigte ausserordentliche Kündigung

1905 Der Adressat der ungültigen Kündigung kann, soweit ihm – beispielsweise durch ungerechtfertigt angeordnete vorsorgliche Massnahmen – ein Schaden entstanden ist, Schadenersatz geltend machen.[87] Im Übrigen gilt für die fehlerhafte ausserordentliche Kündigung grundsätzlich das für die fehlerhafte ordentliche Kündigung Gesagte (vgl. N 1856 ff.).

G. Vertragliche Regelung

1. Im Allgemeinen

1906 Das Recht zur Kündigung aus wichtigem Grund ist zwingend und kann von den Vertragsparteien weder ausgeschlossen noch auf bestimmte Sachverhalte oder durch zusätzliche Voraussetzungen beschränkt werden.[88] Auch die Vereinbarung eines Kündigungstermins oder einer Kündigungsfrist ist nicht möglich.

1907 Es ist den Parteien aber unbenommen, im Vertrag beispielhaft und in nicht abschliessender Weise **bestimmte Umstände aufzuzählen,** deren Eintritt zur Kündigung aus wichtigem Grund berechtigt. Für eine solche Vertragsbestimmung sprechen vor allem zwei Gründe:

---

[85] BGE 123 III 124 E. 3d; BSK-WEBER, OR 257d N 11 und OR 266g N 7.
[86] Vgl. N 1858 f.
[87] Art. 264 Abs. 2 ZPO; HOCH, 119; VENTURI-ZEN-RUFFINEN, 36; a.M. GERICKE/DALLA TORRE, 60 (es müsse, weil nur mit äusserster Zurückhaltung in die Vertragsfreiheit eingegriffen werden dürfe, «möglich sein, die zur vorzeitigen Vertragsauflösung berechtigenden Gründe vertraglich zu definieren und auf ein Minimum zu beschränken»).
[88] Vgl. N 1879.

Einerseits können die Vertragsparteien auf diese Weise Umstände als wichtige 1908
Gründen qualifizieren, die nach allgemeinen Grundsätzen nicht als solche betrachtet würden oder deren Qualifikation zumindest ungewiss ist.[89]

Andererseits gibt die beispielhafte Aufzählung wichtiger Gründe dem auslegenden 1909
Gericht und den Parteien eine gewisse Richtschnur vor, unter welcher Art von Umständen die Parteien den Weiterbestand des Vertrages als nicht mehr zumutbar erachten.[90]

Ohne Weiteres möglich sind **Erleichterungen des Kündigungsrechts** aus wichti- 1910
gem Grund,[91] etwa die Herabsetzung der Schwelle für seine Ausübung, die Einführung zusätzlicher Kündigungsgründe oder der sofortige Eintritt der Kündigungswirkungen.

2. Bei gesellschaftsrechtlichen Aktionärbindungsverträgen im Besonderen

Im Unterschied zu Schuldverträgen ist die Kündigung aus wichtigem Grund bei 1911
gesellschaftsrechtlichen Verträgen als **Gestaltungs*klage*recht** ausgestaltet (Art. 545 Abs. 1 Ziff. 7 OR); die kündigende Vertragspartei muss daher zur Auflösung der Gesellschaft an das Gericht gelangen.[92] Art. 545 Abs. 1 Ziff. 7 OR ist allerdings **nicht zwingender Natur;** es ist den Vertragsparteien unbenommen, eine abweichende Regelung zu treffen und bei Vorliegen wichtiger Gründe die Kündigung – d.h. eine Willenserklärung – an die Stelle des gerichtlichen Gestaltungsurteils treten zu lassen.[93] Der gesellschaftsrechtliche Aktionärbindungsvertrag wird dann wie ein schuldrechtlicher auf den Zeitpunkt des Zugangs der Kündigung bei den anderen Vertragsparteien aufgelöst.

Eine solche Regelung ist vor allem dann sinnvoll, wenn die Parteien im Vertrag 1912
präzis Umstände umschrieben haben, die als wichtige Gründe gelten,[94] womit sich Meinungsverschiedenheiten über das Vorliegen eines wichtigen Grundes und deren gerichtliche Klärung erübrigen sollten. Kommt es trotzdem zum Prozess über die Frage, ob die Kündigung aus wichtigem Grund gerechtfertigt war, wirkt sich die vertragliche Regelung dahingehend aus, dass – falls die Kündigung gerechtfertigt

---

[89] FISCHER, Lizenzverträge, 139; VENTURI-ZEN-RUFFINEN, 2 f.
[90] HINTZ-BÜHLER, 175; GERICKE/DALLA TORRE, 61. – Auch wenn sich die Unzumutbarkeit in objektiver Weise nach Treu und Glauben bestimmt (vgl. N 1886), kann dies – umgekehrt – auch für deren Verneinung von Bedeutung sein, wenn bestimmte Gründe in einer ansonsten ausführlichen Aufzählung fehlen. Auch das ist im Auge zu behalten.
[91] ZK-HANDSCHIN/VONZUN, OR 545–547 N 163.
[92] Vgl. N 1893 ff.
[93] BGE 74 II 172, 174 f.; HOCH, 116 f.; VON STEIGER, 459; differenzierend ZK-HANDSCHIN/VONZUN, OR 545–547 N 164.
[94] Vgl. N 1907 ff.

war – ihre Wirkung auf den Kündigungszeitpunkt hin eintritt und nicht erst auf den Zeitpunkt der formellen Rechtskraft des (Feststellungs-)Urteils.[95] Die Unsicherheit lässt sich damit für die Dauer des Prozesses freilich nicht vermeiden; denn verneint das Gericht das Vorliegen eines wichtigen Grundes, ist auch die Kündigung unwirksam.[96]

IV. Überlang befristete Aktionärbindungsverträge und andere übermässige Bindungen

A. Allgemeines

1913 Das schweizerische Privatrecht kennt – von einzelnen Ausnahmen abgesehen[97] – keine allgemeine Regel über die Höchstdauer von Dauerschuldverhältnissen.[98] Doch ist in Rechtsprechung und Lehre allgemein anerkannt, dass **Verträge nicht auf «ewige» oder überlange Zeit** abgeschlossen und aufrechterhalten werden können.[99] Ist für einen Aktionärbindungsvertrag eine sehr lange Dauer vereinbart oder wird er von den Parteien gar für zeitlich unbegrenzt und unauflösbar erklärt, stellt sich folglich die Frage der Gültigkeit und Tragweite einer solchen vertraglichen Bindung.[100]

1914 Bei unbefristeten Verträgen, die auf einen überschaubaren Zeitpunkt hin ordentlich kündbar sind,[101] oder bei kürzer befristeten Verträgen, die sich ohne anderweitige Erklärung der Parteien jeweils periodisch verlängern,[102] stellt sich diese Frage dagegen nicht. Solche Verträge sind, auch wenn sie über sehr lange Zeit in Kraft bleiben, keine «ewigen» oder überlangen Verträge im hier verstandenen Sinne.[103]

B. (Aktionärbindungs-)Verträge auf «ewige» Zeit

1915 Einig sind sich Rechtsprechung und Lehre zunächst darin, dass Verträge nicht auf «ewige» Zeit abgeschlossen und aufrechterhalten werden können, weil dies **eine**

---

[95] Vgl. N 1900.
[96] Vgl. N 1901 ff.
[97] Art. 334 Abs. 3, 404, 475 Abs. 1, 516 Abs. 1 bzw. 526 Abs. 1 OR.
[98] CHERPILLOD, N 7; HERZOG, Dauer, 201; HINTZ-BÜHLER, 150; WÜRSCH, 149 f.
[99] BLOCH, 79; VON BÜREN, Lizenzvertrag, 383; FORSTMOSER, Schnittstelle, 388; HINTZ-BÜHLER, 150.
[100] BLOCH, 79; GLATTFELDER, 338a; HINTZ-BÜHLER, 57 und 150; PATRY, Stimmrechtsvereinbarungen, 13.
[101] Vgl. N 1841 ff.
[102] Vgl. N 1826 ff.
[103] BGE 114 II 159 E. 2b; BK-BUCHER, ZGB 27 N 277; CHERPILLOD, 8; WOLF, Bindungen, 9.

übermässige Bindung der Parteien und damit ein **Verstoss gegen die Regel von Art. 27 Abs. 2 ZGB** (wonach die persönliche und wirtschaftliche Handlungsfreiheit nicht übermässig eingeschränkt werden darf) bzw. **Art. 2 Abs. 2 ZGB** (wonach das Beharren einer Partei auf einer übermässigen Bindung als zweckwidrige Rechtsausübung und damit als rechtsmissbräuchlich erscheint) wäre.[104]

Mit der Feststellung, dass «ewige Vertragsbindungen» ungültig sind, ist allerdings rechtlich nicht viel gesagt, insbesondere nichts über die erlaubte Höchstdauer. Auch «ewige» Verträge sind im Einzelfall nach denselben Kriterien zu beurteilen wie die nachfolgend zu behandelnden bloss überlangen bzw. übermässigen Vertragsbindungen.[105] Es handelt sich also nicht um eine eigene Kategorie. Die Anführungszeichen beim Begriff «ewig» sind auch deshalb gerechtfertigt, weil schon die Idee eines tatsächlich «ewigen» Vertrages abwegig ist:[106] Es sind kaum Verträge bekannt, deren Dauer sich über mehr als ein paar Jahrzehnte erstreckt.[107] Auf den Begriff des «ewigen Vertrages» kann deshalb verzichtet werden,[108] bzw. er ist dem des überlang befristeten Vertrages gleichzusetzen.

---

[104] BGE 127 II 69 E. 5b, 114 II 159 E. 2a m.w.H. (Zitate), 113 II 209 E. 4, 103 II 176 E. 4, 97 II 390 E. 7, 93 II 290 E. 7 m.w.H.; BLOCH, 80; BK-BUCHER, ZGB 27 N 348 m.w.H.; VON BÜREN, Lizenzvertrag, 383; CHERPILLOD, N 9 f.; GAUCH, 24; GAUCH/SCHLUEP/SCHMID, N 664; HINTZ-BÜHLER, 57 und 150; HOCH, 88; BK-MERZ (1962), ZGB 2 N 246 und 332; WÜRSCH, 149; kritisch HERZOG, Dauer, 208 f. – Eine Ausnahme scheint das Bundesgericht im Bereich immaterialgüterrechtlicher Abgrenzungsvereinbarungen zu sehen (BGer-Urteil 4A_589/2011 vom 5. April 2012, E. 11), welche es als «ihrem Wesen nach unkündbar» und «auch unter dem Gesichtswinkel einer übermässigen Bindung im Sinne von Art. 27 ZGB als unproblematisch betrachtet ...». Die dort in Frage stehende Vereinbarung war allerdings erst wenige Jahre alt; möglicherweise hätte das Bundesgericht anders entschieden, wenn der Vertrag bereits 50–60 Jahre alt und für eine der Vertragsparteien mit einer erheblichen Beschränkung verbunden gewesen wäre (vgl. auch sogleich N 1921 ff.).

[105] Sogleich, N 1917 ff.

[106] WOLF, Bindungen, 9 f.

[107] Dies gilt auch für Verträge, die ohne Angabe einer Dauer für unkündbar erklärt werden. – Beim ältesten den Autoren bekannten – und noch immer geltenden – Vertrag handelt es sich um den Mietvertrag, den der irische Bierbrauer Arthur Guinness 1759 für ein Brauereigebäude, das noch heute Teil der Guinness-Brauerei ist, gegen eine jährliche Miete von £ 45 und eine Mietdauer von 9000 Jahren geschlossen hat. Von diesen 9000 Jahren sind allerdings erst etwas mehr als 250 Jahre vergangen.

[108] Nach HERZOG, Dauer, 208 f., handelt es sich beim «ewigen» Vertrag ohnehin um ein Scheinproblem, weil jeder auf Dauer abgeschlossene Vertrag seine Grenze in der Kündigung aus wichtigem Grund findet (in diesem Sinn auch GLATTFELDER, 338a f. und PATRY, Stimmrechtsvereinbarungen, 13).

C. Überlang befristete Aktionärbindungsverträge

1. Übermässige Bindung als entscheidendes Kriterium

1917 Problematisch sind Verträge nicht nur, wenn sie auf unbegrenzte Zeit unkündbar sind, sondern auch, wenn sie **auf (sehr) lange Zeit befristet sind**.[109] Dabei ist letztlich – es wurde dies schon im Zusammenhang mit den «ewigen» Verträgen erwähnt – nicht die Vertragsdauer als solche entscheidend, sondern die sich daraus (und aus weiteren Elementen) ergebende übermässige Bindung und Einschränkung der persönlichen und wirtschaftlichen Handlungsfreiheit.[110]

1918 Die Vertragsdauer erweist sich damit zwar als ein wesentliches, **aber nicht als einziges Element** zur Beurteilung der Übermässigkeit einer vertraglichen Bindung. Die Übermässigkeit folgt letztlich aus der *Gesamtheit der durch den Vertrag geregelten Gegenstände und* den den Parteien auferlegten *Pflichten und deren Dauer* im Einzelfall *sowie aus der dadurch verursachten Einschränkung der persönlichen oder wirtschaftlichen Freiheit:*[111] Je grösser die Einschränkung, desto eher ist bei langfristigen Verträgen eine übermässige Bindung zu bejahen.[112]

2. Einzelne Elemente der Beurteilung

1919 Die Intensität einer Bindung und deren **Übermässigkeit** sind – unter *Einbezug sämtlicher Umstände des konkreten Falles* – nach Recht und Billigkeit zu beurteilen.[113] Namentlich die folgenden Elemente und Umstände können in die Beurteilung mit einzubeziehen sein:[114]

– als wichtigstes Element zunächst die **Zeitdauer,** für welche die in Frage stehende Partei an den Vertrag gebunden ist;[115] sodann aber eben auch

---

[109] BGE 127 II 69 E. 6, 114 II 159 E. 2, 113 II 209 E. 4a, 103 II 176 E. 4, 97 II 390 E. 7, 93 II 290 E. 7 m.w.H., 51 II 162 E. 3; CHERPILLOD, N 11 ff.; kritisch HERZOG, Dauer, 208 f.

[110] Vgl. N 1915; BGE 114 II 159 E. 2b.

[111] BGE 102 II 211 E. 6, 62 II 32 E. 5, 51 II 162 E. 3; BK-BUCHER, ZGB 27 N 274 ff. und 290 ff.; ZK-HANDSCHIN/VONZUN, OR 545–547 N 131; HINTZ-BÜHLER, 57 und 151 f.; HOCH, 89 f.; BSK-HUGUENIN/REITZE, ZGB 27 N 10; LUDWIG, 433; TOGNI, N 645.

[112] BGE 114 II 159 E. 2, 93 II 290 E. 7, 62 II 32 E. 5; BK-BUCHER, ZGB 27 N 293; CHERPILLOD, N 11; HERZOG, Dauer, 203; BSK-HUGUENIN, OR 19/20 N 45.

[113] BLOCH, 80; BK-BUCHER, ZGB 27 N 290 ff.; GAUCH/SCHLUEP/SCHMID, N 663; ZK-HANDSCHIN/VONZUN, OR 545–547 N 131; HINTZ-BÜHLER, 152 f.; BSK-HONSELL, ZGB 4 N 2 und 9.

[114] Vgl. zum Ganzen insb. BK-BUCHER, ZGB 27 N 275 ff., HINTZ-BÜHLER, 152 ff. und MARTIN, 286 ff.

[115] BK-BUCHER, ZGB 27 N 275 ff.

- die **Art der** sich aus dem Vertrag ergebenden **Pflichten** (der blosse Verzicht auf die Verfügung über bestimmte Vermögensgegenstände, z.B. Aktien, wird in der Regel als weniger einschneidend zu betrachten sein als die wiederkehrende Verpflichtung zu einer positiven Leistung);[116]
- der **Umfang der** vertraglichen **Bindung** (die Beschränkung der Verfügung über einzelne Gegenstände ist weniger einschneidend als die über einen ganzen Geschäftsbereich);
- die **Abhängigkeit der Vertragsparteien** voneinander bzw. ein diesbezügliches Ungleichgewicht, indem eine Vertragspartei sich den Weisungen der andern dauerhaft unterwirft, oder die Fremdbestimmung durch Dritte (z.B. Kaufpreisbestimmung durch Marktfaktoren);[117]
- die **Auswirkungen** der vertraglichen Verpflichtungen auf die wirtschaftliche Betätigungsfreiheit der betroffenen Vertragspartei insgesamt;[118]
- die Frage, ob es sich bei der betroffenen Vertragspartei um eine **natürliche oder juristische Person** handelt (bei natürlichen Personen können die Vertragsbindungen in deren persönliche Sphäre eingreifen,[119] wie ein Aktionärbindungsvertrag mit Nachfolgeregelung; juristische Personen können zwar auch Persönlichkeitsrechte geltend machen[120] und auch eine übermässige Selbstbindung ist denkbar, aber deren persönliche Sphäre ist doch weniger intensiv zu schützen als die einer natürlichen Person[121]);
- das Verhältnis zwischen **Leistung und Gegenleistung** (und sonstigen Vorteilen) aus dem Vertrag für die betroffene Partei einerseits und das Verhältnis der Rechte und Pflichten aus dem Vertrag zwischen den Vertragsparteien;[122] und
- die möglichen **Sanktionen bei einer Vertragsverletzung** und deren Schwere (insbesondere hinsichtlich Konventionalstrafen).[123, 124]

---

[116] BGE 114 II 159 E. 2a, 62 II 32 E. 5; BK-BUCHER, ZGB 27 N 278 f.; HOCH, 89; TOGNI, N 646,

[117] BK-BUCHER, ZGB 27 N 281 f.

[118] BGE 62 II 32 E. 5; BK-BUCHER, ZGB 27 N 280.

[119] BK-BUCHER, ZGB 27 N 278.

[120] Vgl. statt aller BGE 138 III 337 E. 6.1.

[121] Vgl. BGE 106 II 378, 95 II 488 ff. – Zum Ganzen vgl. F. TRÜMPY-WARIDEL: Le droit de la personalité des personnes morales…, Diss. Lausanne 1986.

[122] BK-BUCHER, ZGB 27 N 284 f.; HINTZ-BÜHLER, 151 und 154. – Problematisch könnten Stimmpflichten ohne nennenswerte Mitbestimmungsrechte oder Verkaufspflichten zu völlig unangemessenen Bedingungen sein.

[123] Vgl. aber Art. 163 Abs. 3 OR, wonach der Richter übermässig hohe Konventionalstrafen herabsetzen soll, was deren Gewicht im Hinblick auf die Übermässigkeit einer Bindung und damit des Vorliegens eines wichtigen Grundes mindert.

3. Einschränkungen der wirtschaftlichen Freiheit insbesondere

1920 *Bei Einschränkungen der* im Zusammenhang mit Aktionärbindungsverträgen in der Regel überwiegend relevanten *wirtschaftlichen Freiheit*[125] ist das Bundesgericht in der **Annahme einer übermässigen Bindung zurückhaltend:**[126] Nach der vom Bundesgericht verwendeten Formel liegt eine übermässige vertragliche Bindung und damit ein Verstoss gegen Art. 27 Abs. 2 ZGB nur dann vor, «wenn [die vertragliche Einschränkung] den Verpflichteten der Willkür eines anderen ausliefert, seine wirtschaftliche Freiheit aufhebt oder in einem Masse einschränkt, dass die Grundlagen seiner wirtschaftlichen Existenz gefährdet sind».[127] Dies gilt sowohl für natürliche als auch für juristische Personen.[128] Der Vertrag muss, mit anderen Worten, die Vertragspartei in einer solchen Weise binden, dass von einem eigentlichen «Knebelungsvertrag» gesprochen werden kann.[129] Dies dürfte bei Aktionärbindungsverträgen nur selten der Fall sein.[130]

D. Leitlinien aus Lehre und Rechtsprechung?

1921 Vereinzelte *Versuche* in der **Lehre,** für bestimmte Vertragstypen allgemein gültige Höchstlaufzeiten zu bestimmen, *haben nicht zu praktisch brauchbaren Ergebnissen geführt;* sie wurden denn auch von der Rechtsprechung nicht übernommen.[131] In Bezug auf Aktionärbindungsverträge wird jeweils eingeräumt, diese könnten «im Einzelfall unter besonderen Umständen wegen sittenwidriger übermässiger Bindung nichtig sein», doch wird auch betont, dass dies nur ausnahmsweise der Fall sei.[132]

1922 Die **Rechtsprechung** hat zwar über *die Jahre verschiedene Fallgruppen* übermässiger Bindungen herausgearbeitet,[133] aber gerade bei gemischten oder zusammengesetzten Verträgen, wie es Aktionärbindungsverträge oft sind,[134] ist eine Beurteilung schwie-

---

[124] BK-BUCHER, ZGB 27 N 287; HINTZ-BÜHLER, 154.
[125] HINTZ-BÜHLER, 59; HOCH, 94 (mit Beispielen).
[126] BGE 104 II 8 (mit Zusammenfassung der bundesgerichtlichen Rechtsprechung); HINTZ-BÜHLER, 57 f. m.w.H.; BSK-HUGUENIN/REITZE, ZGB 27 N 14; LANG, 45 f.
[127] Grundlegend BGE 114 II 159 E. 2a (Zitat), letztmals in 123 III 337 E. 5 und ähnlich BGE 138 III 322 E. 4.3.2; GAUCH/SCHLUEP/SCHMID, N 663.
[128] BGE 114 II 159 E. 2a m.w.H., auch 123 III 337 E. 5, 88 II 172 E. 2a; VON BÜREN, Lizenzvertrag, 383; HINTZ-BÜHLER, 57 f. m.w.H. auf die Rechtsprechung des Bundesgerichts; PORTMANN, 31 und 34 f.
[129] BSK-HUGUENIN, OR 19/20 N 45; SCHWENZER, N 32.24.
[130] GERICKE/DALLA TORRE, 59; MARTIN, 211.
[131] HERZOG, Dauer, 204 f. und 209 f. m.w.H.
[132] DOHM, 92 ff.; GLATTFELDER, 339a (Zitat); HINTZ-BÜHLER, 56 ff.
[133] BSK-HUGUENIN/REITZE, ZGB 27 N 11 ff.
[134] Vgl. N 179 ff.

rig, da sich das Zusammenspiel von Umständen und unterschiedlichen Verpflichtungen nicht auf einen einzigen Aspekt reduzieren lässt. Zudem ist in Bezug auf die Rechtsprechung zu bemerken, dass *kaum je ein Aktionärbindungsvertrag* Gegenstand der Beurteilung war[135] und dass der Fokus der Betrachtung auf einem einzelnen Vertragselement, dem Konkurrenzverbot, lag.[136] In BGE 88 II 172 schliesslich erklärte des Bundesgericht – wenig erstaunlich – eine auf sechs Jahre angelegte Stimmbindung als zulässig (E. 2a).

Im Übrigen sind in Bezug auf die Vertragsdauer Zulässigkeit von langen Vertragsbindungen vor allem **zwei Rechtsprechungslinien** zu registrieren:[137]

Erstens die Beurteilung von **dienstbarkeits- bzw. konzessionsähnlichen Wasser- und Energielieferungsverträgen,** bei denen das Bundesgericht jeweils nach einer relativ langen **Dauer von 50 Jahren und mehr** die Auflösung des Vertrages guthiess – ohne allerdings festzulegen, ab wann diese Verträge frühestens hätten aufgelöst werden können.[138]

Zweitens verschiedene **Verträge über Bezugs-, Liefer- und ähnliche Pflichten,** bei denen je nach Intensität der vertraglichen Pflichten eine **Vertragsdauer um die 15– 20 Jahre** als noch zulässig erachtet wurde, auch wenn das Bundesgericht in Einzel-

---

[135] Ein Schiedsgericht erachtete die Verlängerung eines Aktionärbindungsvertrages um dreissig Jahre als gültig (nach GLATTFELDER, 339a [Anm. 15]).

[136] BGer-Urteil 4C.5/2003 vom 11. März 2003, E. 2.1.2 (ein Konkurrenzverbot von fünf Jahren für einen Umkreis von 50 km wurde als nicht übermässig qualifiziert).

[137] Auch wenn jeweils die besonderen Umstände des Einzelfalles im Auge zu behalten und die Entscheide deshalb nicht verallgemeinerbar sind (BK-BUCHER, ZGB 27 N 269; WÜRSCH, 100). – Zu Kasuistik auch CHERPILLOD, N 15 ff.; HAUSHEER/AEBI-MÜLLER, 11.16 ff.

[138] Eine unbefristete Wassernutzungskonzession konnte vom Gemeinwesen nach 134 Jahren aufgelöst werden; offen blieb, ob und wie viel früher dies auch schon möglich gewesen wäre (BGE 127 II 69 E. 6). Ein unbefristeter Vertrag über die dauernde Wasserlieferung konnte nach mehr als 63 Jahren gekündigt werden, insbesondere auch, weil die Gegenpartei ihre Investitionen seit mehr als 22 Jahren amortisiert hatte (BGE 113 II 209 E. 4). Ein unbefristeter Stromlieferungsvertrag konnte nach mehr als sechzig Jahren gekündigt werden, insbesondere, weil eine damit verknüpfte Wasserrechtskonzession ebenfalls auf diese Dauer beschränkt war (BGE 97 II 390 E. 7 f.). Für kündbar erachtete das Bundesgericht eine seit mehr als fünfzig Jahren bestehende Wasserlieferungspflicht (eine entsprechende Dienstbarkeit hätte nach dreissig Jahre abgelöst werden können, weshalb eine obligatorische Verpflichtung auf eine wesentlich längere Zeit nicht aufrecht erhalten werden könne) (BGE 93 II 290 E. 7). Die unbefristete Wasserbezugspflicht eines Unternehmens gegenüber einer Gemeinde wurde vom Bundesgericht nicht als *per se* unsittlich beurteilt (allerdings erging der Entscheid bereits 5 Jahre nach Vertragsschluss) (BGE 67 II 221 E. 3).

fällen eine viel frühere Vertragsauflösung zuliess.[139] Diese Praxis wird man für die Beurteilung langfristiger Aktionärbindungsverträge berücksichtigen dürfen, jedenfalls dann, wenn der Vertrag intensive Bindungen beinhaltet.[140]

1926 Aus praktischer Sicht lässt sich weiter feststellen, dass sich die *Gerichtspraxis* bei der Beurteilung der zulässigen Vertragsdauer *häufig durch den Vertragsinhalt* selbst *und die Umstände des Einzelfalles leiten lässt*. Die nachfolgenden Beispiele sind demnach weniger im Hinblick auf die konkret erlaubte Vertragsdauer als vielmehr im Hinblick darauf relevant, dass die Rechtsprechung oft **im Vertrag selbst oder in dessen Kontext nach Anhaltspunkten** für die zulässige Vertragsdauer **sucht:**

1927 Eine auf unbegrenzte Zeit eingegangene Bezugsverpflichtung wurde für unzulässig erklärt und an deren Stelle eine für gültig erachtete Verpflichtung von zwanzig Jahren gesetzt. Die Dauer von zwanzig Jahren war durch den Vertrag indiziert, der in einer anderen Klausel die Amortisation der Investitionen der Gegenpartei über den Zeitraum von zwanzig Jahren vorsah.[141]

1928 Das Bundesgericht bestätigte in einem anderen Fall das vorinstanzliche Urteil über einen IT-Entwicklungsvertrag, der eine Kündigung nur aus wichtigem Grund vorsah. Die Vorinstanz hatte diese Regelung für ungültig erklärt und stattdessen eine Ersatzregel angenommen, wonach der Vertrag für sechs Jahre Geltung habe und sich jeweils um weitere sechs Jahre verlängere, sofern keine der Parteien ein Jahr vor Ablauf der Vertragsdauer schriftlich kündige. Die Dauer von sechs Jahren ergab sich hier aus einem ursprünglichen Vertrag und dessen Ergänzungsverträgen, die jeweils sechsjährige Perioden zur Tilgung der Entwicklungskosten vorsahen.[142]

---

[139] Anstelle einer auf unbefristete Zeit eingegangenen Bierabnahmepflicht wurde eine Dauer von zwanzig Jahren als gültig erachtet (BGE 114 II 159 E. 2c/aa). Die unbefristete Verpflichtung eines Tabakwarenhändlers, die Detailverkaufspreise der Zigarettenfabrikanten einzuhalten, erachtete das Bundesgericht als nach sechs Jahren kündbar (BGE 62 II 32 E. 5). Die Verpflichtung eines Bäckers, während zehn Jahren seinen gesamten Mehlbedarf bei einer bestimmten Mühle zu decken, verstiess nach Ansicht des Bundesgerichts nicht gegen die guten Sitten (BGE 51 II 162 E. 3 f.). Eine Bezugspflicht für Bier für die Dauer von fünfzehn Jahren erachtete das Bundesgericht als zulässig (BGE 40 II 233 E. 6 f.; ebenso BGer-Urteil vom 5. Juni 1996, E. 3a [Pra 1997, Nr. 54]). Auf kantonaler Ebene wurde eine Abnahmeverpflichtung von siebzehn Jahren als ungültig angesehen (SJZ 1988, 47 ff. E. 2 [= ZBJV 1988, 374 ff.]), als gültig dagegen eine Verpflichtung zum Betrieb einer Tankstelle für 20 Jahre, wobei aufgrund der arbeitsrechtlichen Elemente eine Kündigungsmöglichkeit nach zehn Jahren erwogen wurde (SJZ 1974, 73 ff. E. 1). – Vgl. auch die Beispiele bei HOCH, 93.

[140] HINTZ-BÜHLER, 159:

[141] BGE 114 II 159 E. 2c.

[142] BGer-Urteil 4C.382/2001 vom 12. März 2002; zu beachten ist hier wohl auch, dass im IT-Bereich kürzere Produktzyklen die Regel sind als in anderen Geschäftszweigen.

E. Relevante Bestimmungen in Aktionärbindungsverträgen

Für Regelungen, die sich in Aktionärbindungsverträgen häufig finden, lassen sich hinsichtlich der Beurteilung ihrer Intensität (und damit indirekt der zulässigen Bindungsdauer) folgende Aussagen machen:[143]

1. Vertragsdauer bzw. Vertragsbindung auf die Dauer der Aktionärseigenschaft

Aktionärbindungsverträge sehen oft eine Vertragsbindung auf die Dauer der Aktionärseigenschaft einer Vertragspartei vor. In einem solchen Fall kann jedenfalls dann nicht von einer übermässigen Bindung ausgegangen werden, wenn der Vertrag eine Kündigungs- oder Austrittsmöglichkeit durch oder bei Veräusserung der gebundenen Aktien vorsieht, oder wenn die austrittswillige Vertragspartei ihre Aktien zu angemessenen Bedingungen an die übrigen Vertragsparteien oder Dritte veräussern kann.[144] Ausnahmsweise kann es für einen Aktionär allenfalls unzumutbar sein, seine Aktien veräussern zu müssen, um der Vertragsbindung zu entgehen, beispielsweise bei Anteilen an einem Familienunternehmen. Von Bedeutung ist sodann die Abstimmung mit Erwerbsrechten oder Erwerbspflichten der übrigen Vertragsparteien.[145]

2. Bindung der Vertragsdauer an die Dauer der Aktiengesellschaft

Aktiengesellschaften werden nur selten für eine bestimmbare Dauer gegründet. Es kann deshalb die Bindung der Vertragsdauer an die Dauer der Aktiengesellschaft[146] zu einer zeitlich überlangen Vertragsbindung führen.[147] Es ist bei einer solchen Bindung ratsam, den Vertragsparteien Kündigungs- oder Austrittsmöglichkeiten zur Verfügung zu stellen.

Anders als hier[148] betrachtet BLOCH[149] einen auf die Dauer der Aktiengesellschaft geschlossenen Aktionärbindungsvertrag nicht als befristet, weshalb er davon ausgeht, dass für einen solchen Vertrag die Möglichkeit der jederzeitigen Vertragskündigung mit einer Frist von sechs Monaten gemäss Art. 546 Abs. 1 OR gegeben wäre.

---

[143] Für konkrete Fälle lassen sich daraus freilich nur Anhaltspunkte entnehmen und nicht präzise Regeln.
[144] BLOCH, 82; GERICKE/DALLA TORRE, 58 f.; MARTIN, 288.
[145] Vgl. N 1938 f.
[146] Vgl. N 1797 ff.
[147] GERICKE/DALLA TORRE, 58.
[148] Vgl. N 1801 sowie N 1785 ff.
[149] BLOCH, 82 f.

3. Stimmbindungsvereinbarungen

1933 Stimmbindungsvereinbarungen[150] betreffen das wichtigste Mitwirkungsrecht des Aktionärs in der Aktiengesellschaft. Sie sind schon deshalb einschneidend. Auch handelt es sich um die Verpflichtung zu einer positiven Leistung.

1934 Entscheidend ist die konkrete Ausgestaltung: So ist wesentlich, ob die gebundene Partei sich den Weisungen der anderen Vertragspartei(en) zu unterwerfen hat oder ob die Stimmrechtsausübung nach einem jeweils gemeinsam zu fällenden Beschluss erfolgt. In Bezug auf eine Beschlussfassung fragt es sich wiederum, ob die Mehrheits- und Minderheitsverhältnisse zu wechselnden Koalitionen führen können oder ob sie stets unveränderlich feststehen, weil eine Partei oder Gruppe über eine klare Mehrheit verfügt. Letzteres würde wiederum auf eine Unterwerfung hinauslaufen.[151]

1935 Eine vertragliche Bindung, in der sich eine Vertragspartei dauerhaft den Weisungen der anderen Vertragspartei unterwirft oder in der die Vertragspartei sich dauerhaft in einer Minderheitsposition befindet, könnte bei sehr langer Dauer als übermässig zu beurteilen sein. Doch sind auch die weiteren Umstände wie Gegenleistungen, Veräusserungsmöglichkeiten und die möglichen Sanktionen im Auge zu behalten.[152]

4. Veräusserungs- und Übertragungsbeschränkungen

1936 Aktionärbindungsverträge enthalten häufig Veräusserungs- und Übertragungsbeschränkungen hinsichtlich der gebundenen Aktien.[153] Soweit sich diese als Verzicht auf die Verfügung über bloss einen Teil des Vermögens der gebundenen Vertragspartei auswirken, ist eine übermässige Bindung kaum je anzunehmen.[154] Eine übermässige Bindung könnte aber beispielsweise dann vorliegen, wenn sie im Rahmen einer Nachfolgeregelung oder im Zusammenhang mit der Zusammensetzung des Aktionariats die gesamte wirtschaftliche Betätigungsfreiheit einer Vertragspartei betrifft und damit zugleich auch in deren persönliches Betätigungsfeld eingreift.[155]

---

[150] Vgl. N 753 ff.

[151] In der Praxis finden sich nicht selten Differenzierungen, die ebenfalls zu beachten sind: Für bestimmte Beschlüsse (z.B. solche in Abweichung von gemeinsam bestimmten Grundsätzen) wird eine qualifizierte Mehrheit oder Einstimmigkeit vorgesehen (die einem Minderheitsbeteiligten Einfluss geben sollen), bei anderen Beschlüssen – in der Regel den weniger wichtigen – entscheidet die Mehrheit; vgl. N 992 ff.

[152] HINTZ-BÜHLER, 58 und 152 f.

[153] FISCHER, Parteienbestand, 57; GLATTFELDER, 330a; vgl. N 1699 ff.

[154] BGE 129 III 209 E. 2.3, 123 III 337 E. 4 f.; GLATTFELDER, 251a; HINTZ-BÜHLER, 153 ff.; TOGNI, N 651.

[155] BGE 123 III 337 E. 5: Die Verletzung von Art. 27 Abs. 2 ZGB aufgrund einer Veräusserungsbeschränkung wurde in diesem Fall aber verneint, weil eine übermässige Beschrän-

Veräusserungs- und Übertragungsbeschränkungen kommt aber auch deshalb eine besondere Bedeutung zu, weil sie im Zusammenhang mit anderen vertraglichen Beschränkungen entscheidend für die Intensität der Vertragsbindung sind. Soweit die Bindung an den Aktionärbindungsvertrag mit der Aktionärseigenschaft gekoppelt ist und diese zu angemessenen Bedingungen aufgegeben werden kann, liegt auch bei sehr langfristigen Verträgen kaum eine übermässige Bindung vor.[156] Zuzulassen ist eine sehr lange Bindung besonders auch dann, wenn ihr als Ausstiegsmöglichkeit eine Kaufverpflichtung anderer Vertragsparteien zu einem fairen Preis gegenübersteht.[157] Ist die Veräusserung der Aktien hingegen streng beschränkt, weil entweder der Käuferkreis oder der Verkaufspreis so vereinbart ist, dass eine Veräusserung für die betroffene Vertragspartei nicht zumutbar oder unmöglich ist, weil für die betreffenden Aktien kein Markt besteht, fällt dies wiederum ins Gewicht.

5. Erwerbsrechte und Erwerbspflichten

Erwerbsrechte und Erwerbspflichten[158] sind ebenfalls häufig Bestandteil von Aktionärbindungsverträgen. Sie sind im vorliegenden Zusammenhang mit Veräusserungs- und Übertragungsbeschränkungen insofern vergleichbar, als sie etwa dann problematisch sein können, wenn sie im Rahmen einer Nachfolgeregelung oder im Zusammenhang mit der Zusammensetzung des Aktionariats die gesamte wirtschaftliche Betätigungsfreiheit einer Vertragspartei betreffen und damit zugleich auch in deren persönliches Betätigungsfeld eingreifen.[159] Schwer wiegen können vor allem Erwerbspflichten, deren Tragweite in unbestimmter Zukunft kaum abzuschätzen ist und die sich daher als übermässig erweisen können.[160]

Auf die Ausübung von Kauf- und Vorkaufsrechten kann dagegen verzichtet werden, weshalb sie auf unbegrenzte Zeit eingeräumt werden können und jedenfalls

---

kung der wirtschaftlichen Freiheit oder Bedrohung der wirtschaftlichen Existenz nicht einmal behauptet worden war.

[156] MARTIN, 211 f.; TOGNI, N 650.
[157] FORSTMOSER, Aktionärbindungsverträge, 371; FORSTMOSER, Schnittstelle, 390; GLATTFELDER, 331a; HINTZ-BÜHLER, 58. – Ähnlich zu beurteilen ist der Fall, dass den Vertragsparteien das Recht eingeräumt ist, ihre Aktien zum inneren Wert an Dritte zu veräussern, falls sie nicht zu diesem Preis von einer anderen Vertragspartei oder den Vertragsparteien gesamthaft übernommen werden. Dies jedenfalls dann, wenn der Drittwerber als Aktionär zuzulassen ist und wenn ausserdem der Erwerb und die Zulassung als Aktionär nicht mit Auflagen verbunden sind, welche die Veräusserung an Dritte aus praktischen Gründen ausschliessen oder übermässig einschränken.
[158] Vgl. N 1170.
[159] Vgl. N 1936
[160] SANWALD, 207 f.

keine gesetzlichen Beschränkungen hinsichtlich der Dauer bestehen.[161] Im Gesamtzusammenhang der Vertragsbeurteilung sind aber auch sie – als allenfalls die Bindungsintensität minderndes Element – in Rechnung zu stellen.

6. Dividendenverzicht

1940 Beim Recht auf Dividende sind nach Rechtsprechung und Lehre drei Aspekte zu unterscheiden: zunächst das Recht des Aktionärs auf Gewinnstrebigkeit der Aktiengesellschaft, sodann das Recht auf Ausschüttung einer jährlichen Dividende und schliesslich das Recht auf Auszahlung der einmal beschlossenen Dividende.[162] Grundsätzlich kann auf alle diese Rechte langfristig partiell oder gänzlich verzichtet werden[163]. Es handelt sich um blosse Einschränkungen der wirtschaftlichen Betätigungsfreiheit.[164]

7. Nachschusspflichten

1941 Die Verpflichtung zur Leistung von Nachschüssen[165] kann für die betroffene Vertragspartei zweifellos eine weiter gehende Belastung darstellen als der blosse Verzicht auf die Dividende; allerdings handelt es sich auch hier bloss um eine Einschränkung der finanziellen bzw. wirtschaftlichen Freiheit:[166] Das schweizerische Privatrecht verbietet es einer Vertragspartei nicht, sich über die Grenzen ihrer finanziellen Leistungsfähigkeit hinaus zu verpflichten.[167] So kennt beispielsweise das Recht der GmbH in Art. 795 ff. OR die Möglichkeit, für die Gesellschafter eine zeitlich unbeschränkte Nachschusspflicht (allerdings in einem im Voraus festzulegenden und in der Höhe auf das Doppelte des Nennwertes beschränkten Maximalbetrag: Art. 795 Abs. 2 OR) statutarisch vorzusehen.[168] Das Recht der Genossenschaft wiederum lässt Nachschusspflichten sogar in unbeschränkter Höhe zu (Art. 871 Abs. 2 OR), wobei jedoch gemäss Art. 842 OR für die Genossenschafter eine (durch die Gerichtspraxis freilich stark beschränkte) Austrittsfreiheit besteht.[169]

---

[161] BÖCKLI, Kaufsrechte, 58; HAYMANN, 103 f.; SALZGEBER-DÜRIG, 66 ff., 72 f. und 103.
[162] MEIER-HAYOZ/FORSTMOSER, § 16 N 262; SCHLUEP, wohlerworbene Rechte, 51 f.; vgl. auch N 278 ff.
[163] Verzichte sind auch gesetzlich vorgesehen, so für Forderungsrechte etwa durch Erlass oder Schenkung und für die Gewinnstrebigkeit durch einstimmigen Beschluss aller Aktionäre.
[164] Dazu N 1920; HINTZ-BÜHLER, 153.
[165] Vgl. N 1434 ff.
[166] HINTZ-BÜHLER, 153.
[167] BGE 95 II 55, 58; BK-BUCHER, ZGB 27 N 146 f.
[168] Vgl. N 2184.
[169] BK-FORSTMOSER, OR 842 N 7 ff.; MEIER-HAYOZ/FORSTMOSER, § 19 N 50 und 69.

8. Konkurrenzverbote

Ein Konkurrenzverbot,[170] das während der Beteiligung an einem Aktionärbindungsvertrag oder nach dem Ausscheiden aus einem solchen gilt, kann für die betroffene Vertragspartei einschneidende Beschränkungen ihrer wirtschaftlichen Bewegungsfreiheit mit sich bringen. Das Verbot der Konkurrenzierung kann dabei in zweierlei Hinsicht bestehen: einerseits als Verbot der Konkurrenzierung der Aktiengesellschaft im Sinne einer Verpflichtung zugunsten einer Dritten (soweit die Gesellschaft nicht Partei des Vertrages ist[171]), anderseits als Verbot der gegenseitigen Konkurrenzierung der Vertragsparteien.[172]

Zur Beurteilung der Übermässigkeit sind wiederum alle Umstände des jeweiligen Einzelfalles in Betracht zu ziehen: zunächst die Elemente des Konkurrenzverbotes selbst, insbesondere seine **Dauer,** sein **örtlicher und sachlicher Umfang, Gegenleistungen,** das **Interesse der Vertragsparteien** am Konkurrenzverbot und die möglichen **Sanktionen** (Konventionalstrafe, Schadenersatz, Gewinnherausgabe oder auch eine Verpflichtung zum Verkauf der Aktien im Falle der Verletzung des Konkurrenzverbotes).[173] Als übermässig müsste ein Konkurrenzverbot dann beurteilt werden, wenn es die gesamte wirtschaftliche Betätigung einer Vertragspartei für mehr als nur kurze Zeit unterbindet.[174]

Konkurrenzverbote, die sich auf gesetzliche Grundlagen stützen (wie beispielsweise das arbeitsrechtliche Konkurrenzverbot, das Konkurrenzverbot des Gesellschafters einer einfachen Gesellschaft oder die Treuepflicht des Mitgliedes des Verwaltungsrats[175]) folgen bezüglich Dauer und Bindung den im jeweiligen Zusammenhang geltenden Voraussetzungen.[176] Inwiefern hier Konkurrenzvereinbarungen zwischen Aktionären auch zwingendem Gesetzesrecht – wie beispielsweise Art. 340a OR – widersprechen, ist keine Frage der übermässigen Bindung, sondern eine Frage der Umgehung bzw. Verletzung zwingenden Rechts, weshalb die etwa im Arbeitsrecht entwickelte Rechtsprechung nur sehr begrenzt für die Beurteilung der Übermässigkeit von Konkurrenzverboten in Aktionärbindungsverträgen beigezogen werden kann.

---

[170] Vgl. N 1456 ff.
[171] Vgl. zur Gesellschaft als Vertragspartei N 405 ff.
[172] OERTLE, 92; WÜRSCH, 167.
[173] CHAPPUIS, Clause de prohibition, 327 ff.
[174] BGE 93 II 300; HINTZ-BÜHLER, 154.
[175] Art. 340 ff., 536, 717 Abs. 1 OR.
[176] COTTI, N 34 ff. und 830 ff.; HINTZ-BÜHLER, 153 f.; WÜRSCH, 132 ff.

9. Bezugs- und Lieferpflichten

1945 Bezugs- und Lieferpflichten[177] können dann Bestandteil eines Aktionärbindungsvertrages sein, wenn dieser der Begründung eines Joint-Venture-Unternehmens dient.[178] Zu beachten ist hier neben Umfang und Dauer, dass es sich nicht um eine blosse Verfügungsbeschränkung handelt, sondern die betroffene Partei zu einer positiven Leistung verpflichtet wird.

10. Vereinbarung von Miteigentum an den Aktien

1946 Die Vereinbarung von Miteigentum[179] an Aktien wird dadurch begrenzt, dass gemäss Art. 650 Abs. 2 ZGB dessen Aufhebung auf höchstens 30 Jahre ausgeschlossen werden kann und Vorausverlängerungen – z.B. durch eine automatische Verlängerungsklausel – ungültig sind.[180] Die Berufung auf Übermässigkeit dürfte ausserhalb dieser gesetzlichen Schranken kaum je in Betracht kommen.

11. Konventionalstrafen

1947 Auch eine hohe Konventionalstrafe kann für die Vertragsparteien eine grosse Belastung sein. Für sich allein kann jedoch eine Konventionalstrafe noch keine übermässige Vertragsbindung im Sinne von Art. 27 Abs. 2 ZGB darstellen, weil hier das Gesetz selbst eine Korrekturmöglichkeit vorsieht, indem gemäss Art. 163 Abs. 3 OR übermässige Konventionalstrafen vom Richter herabzusetzen sind.[181]

F. Zeitpunkt der Beurteilung

1948 Zum **Zeitpunkt der Beurteilung** der Übermässigkeit einer vertraglichen Bindung äussern sich Rechtsprechung und Lehre nicht eindeutig und nicht ohne Widersprüche: Während der überwiegende Teil der **Lehre** einen Verstoss gegen Art. 27 Abs. 2 ZGB als Unterfall von Art. 19 f. OR einstuft[182] und sich damit (implizit) für eine Beurteilung aufgrund der Verhältnisse im *Zeitpunkt des Vertragsschlusses* ausspricht,[183] vertritt ein anderer Teil die Ansicht, das Übermass der Bindung bestim-

---

[177] Vgl. N 1439 f.
[178] OERTLE, 89 f.
[179] Vgl. N 1594 ff.
[180] BSK-BRUNNER/WICHTERMANN, ZGB 650 N 15.
[181] Vgl. zur Konventionalstrafe N 1540 ff.
[182] CHERPILLOD, N 28 ff.; GAUCH, 24; GAUCH/SCHLUEP/SCHMID, N 656 und 658 ff.; BSK-HUGUENIN, OR 19/20 N 43; BK-KRAMER, OR 19–20 N 208 f. und 370.
[183] GAUCH/SCHLUEP/SCHMID, N 666; HOCH, 91 f. m.w.H.

me sich nach dem Zeitpunkt der Beurteilung und es sei nur die effektiv gelebte Vertragswirklichkeit in Betracht zu ziehen.[184]

Das **Bundesgericht** betrachtete bisher übermässige Bindungen zumeist als Verstösse gegen die guten Sitten im Sinn von Art. 19 f. OR[185] und die Vertragsbindung damit als von Anfang an (teil-)nichtig. In seiner neuesten Rechtsprechung scheint es sich dagegen *eher an den Zeitpunkt der tatsächlichen Beurteilung* zu halten,[186] indem es die Berufung auf Art. 27 Abs. 2 ZGB als einen Unterfall der Kündigung aus wichtigem Grund qualifiziert[187] und den Anspruch auf Schutz vor übermässiger Bindung für höchstpersönlich und damit unvererblich erklärt.[188]

1949

Das Abstellen auf den Zeitpunkt der Beurteilung überzeugt u.E. nicht. Sie führt zunächst zu Abgrenzungsschwierigkeiten gegenüber der Kündigung aus wichtigem Grund: Eine der Voraussetzungen der Kündigung aus wichtigem Grund besteht darin, dass der geltend gemachte Umstand im Zeitpunkt des Vertragsschlusses nicht bereits vorgelegen hat oder voraussehbar war.[189] Im Fall einer übermässigen Bindung ist dies aber der Fall, weshalb der Verstoss gegen Art. 27 Abs. 2 ZGB kein Unterfall der Kündigung aus wichtigem Grund sein kann. Umgekehrt bedarf es der Berufung auf übermässige Bindung nicht, wenn sich eine Vertragspartei auf einen neuen, nicht voraussehbaren Umstand stützt, es genügt dann die Kündbarkeit aus wichtigem Grund.

1950

Ändern sich bestehende oder voraussehbare Umstände grundlegend, so braucht man ebenfalls nicht auf die Annahme einer übermässigen Bindung zurückgreifen, sondern es ist die Lösung oder die Anpassung des Vertragsverhältnisses über die *clausula rebus sic stantibus*[190] zu suchen.[191]

1951

Die unterschiedlichen Betrachtungsweisen haben nicht nur in Bezug auf den Zeitpunkt der Beurteilung Auswirkungen, sondern – wie sogleich zu zeigen sein wird – auch auf die Rechtsfolgen einer übermässigen Vertragsbindung.

1952

---

[184] BK-BUCHER, ZGB 27 N 295 ff. und 299 ff.
[185] BGE 120 II 35 E. 4, 114 II 159 E. 2c; 112 II 433 E. 3, 102 II 211 E. 6, 51 II 162 E. 3.
[186] HOFER, 59 und 63.
[187] BGE 128 III 428 E. 3c.
[188] BGE 129 III 209 E. 2.2.; vgl. auch N 1956 f.
[189] Vgl. N 1882.
[190] Vgl. N 1972 ff.
[191] Die in der Lehre – vor allem von BUCHER (BK, ZGB 27 N 295 ff.) – vorgebrachten Fallbeispiele für den massgeblichen Beurteilungszeitpunkt liessen sich regelmässig auch mithilfe der Kündigung aus wichtigem Grund oder der *clausula rebus sic stantibus* zu einem angemessenen Ergebnis führen (z.B. «Fall Axelrod», BGE 50 II 485). In anderen Fällen, z.B. nach langer widerspruchsloser Vertragserfüllung, kann mit dem Rechtsmissbrauchsverbot (Art. 2 ZGB) ein Ausgleich gefunden werden.

G. Geltendmachung einer übermässigen Bindung

1. Berechtigung zur Geltendmachung

1953 Zur Geltendmachung einer übermässigen Vertragsbindung ist nur diejenige Vertragspartei berechtigt, die durch die Vertragsbindung in ihrer Persönlichkeit übermässig beschränkt wird (vgl. sogleich N 1956 ff.).

2. Übermässige Bindung in zeitlicher oder anderer Hinsicht

1954 Eine übermässige Bindung kann nicht nur in Bezug auf die Vertragsdauer vorliegen, es kann sich ein Aktionärbindungsvertrag auch in anderer Hinsicht als übermässig bindend herausstellen.[192] Neben einer zeitlichen Reduktion der Vertragsbindung ist deshalb auch die Reduktion anderer, übermässig bindender Elemente auf ihr erlaubtes Mass (im Sinne einer vertraglichen Teilnichtigkeit[193]) denkbar, so etwa bei einem übermässigen Konkurrenzverbot[194]. Selbst die (Teil-)Nichtigkeit mehrer Vertragselemente ist denkbar.

1955 Trotzdem wird – meist aus praktischen Gründen – auch bei Verträgen, die in anderer als zeitlicher Hinsicht eine übermässige Bindung beinhalten, die Lösung regelmässig in einer (vorzeitigen) Vertragsbeendigung gesucht.[195] Im Folgenden steht deshalb die zeitliche Reduktion der Vertragsbindung im Vordergrund:

3. Bei Vorliegen einer übermässigen Bindung

a) Entwicklung der Rechtsprechung des Bundesgerichts

1956 In einer langjährigen und **bis vor kurzem** verfolgten Rechtsprechungslinie hat das Bundesgericht – in Übereinstimmung mit der herrschenden Lehre – bei übermässigen Vertragsbindungen im Grundsatz stets Art. 20 Abs. 1 OR angewendet und ist von der Nichtigkeit bzw. Teilnichtigkeit des betreffenden Vertrages ausgegangen.[196] Der häufig unangemessenen *Ex-tunc*-Wirkung der Nichtigkeit wurde dabei teils

---

[192] Vgl. N 1917 ff.
[193] Vgl. N 301 ff.
[194] Vgl. N 1942 ff.
[195] In BGE 112 II 433 hat das Bundesgericht z.B. die Reduktion einer gegen Art. 27 Abs. 2 ZGB verstossenden Globalzession auf das gegenständlich zulässige Mass erwogen, schliesslich aber verworfen, weil die unter die Teilnichtigkeit fallenden Forderungen weder für Dritte noch den Schuldner selbst bestimmbar gewesen wären (E. 4).
[196] BGE 129 III 209 E. 2.2, 120 II 35 E. 4, 114 II 159 E. 2c, 112 II 433 E. 4, 106 II 369 E. 4; BLOCH, 80 f.; CHERPILLOD, N 28 ff.; GAUCH/SCHLUEP/SCHMID, N 658 ff. und 685; HAUSHEER/AEBI-MÜLLER, N 11.30 ff.; BK-KRAMER, OR 19–20 N 208 und 370 f.; VON STEIGER, 362 und 452; zum Ganzen auch HERZOG, Dauer, 206.

durch den Ausschluss der Rückwirkung,[197] teils durch die Anwendung der Regeln über die Teilnichtigkeit und die Lückenfüllung – gestützt auf den hypothetischen Parteiwillen – Rechnung getragen.[198] Zudem ging die Rechtsprechung im Einklang mit der Lehre von einem «flexiblen» Nichtigkeitsbegriff aus, der es unter Mitberücksichtigung des Normzwecks von Art. 27 Abs. 2 ZGB zulasse, dass sich nur die übermässig gebundene Vertragspartei auf die vertragliche (Teil-)Nichtigkeit berufen könne und die Vertragsnichtigkeit zudem nicht von Amtes wegen zu berücksichtigen sei.[199]

In seiner **neuesten Rechtsprechung** änderte das Bundesgericht – vor allem BUCHER folgend[200] – seine Position dahingehend, dass eine übermässige Bindung ein Rechtsgeschäft nur dann als im Sinn Art. 20 Abs. 1 OR nichtig erscheinen lasse, wenn dieses den höchstpersönlichen, jeder vertraglichen Bindung entzogenen Kernbereich einer Person betreffe.[201] Wo hingegen eine Bindung an sich zulässig, deren Umfang aber als übermässig zu qualifizieren sei, liege kein Verstoss gegen die guten Sitten vor; hier solle die übermässige Bindung nur dann zur Unverbindlichkeit des Vertrages führen, wenn die betroffene Person den Schutz in Anspruch nehmen und sich von der Bindung lösen möchte.[202] Diese gegenüber der Nichtigkeit im Sinn von Art. 20 Abs. 1 OR eingeschränkte Rechtsfolge sei gerechtfertigt, weil der zu schützenden Person die Freiheit belassen werden solle, auf den Schutz von Art. 27 Abs. 2 ZGB zu verzichten und den Vertrag zu erfüllen, ohne dass die Gegenpartei sich ihrerseits auf das Übermass der Bindung solle berufen können.[203] 1957

Die neue Rechtsprechung des Bundesgerichts ist u.E. fragwürdig: Nicht nur war den damit angeblich zu lösenden Problemen bereits unter der alten Rechtsprechung Rechnung getragen worden,[204] sondern sie führt zusätzlich zu erheblichen Abgren- 1958

---

[197] BSK-HUGUENIN, OR 19/20 N 57; BSK-HUGUENIN/REITZE, ZGB 27 N 26.
[198] BLOCH, 81; GAUCH/SCHLUEP/SCHMID, N 689 ff. und insb. 706; HAUSHEER/AEBI-MÜLLER, N 11.34 f.; HINTZ-BÜHLER, 156; HOCH, 90 f.; BSK-HUGUENIN, OR 19/20 N 61 ff.; BSK-HUGUENIN/REITZE, ZGB 27 N 28 ff.
[199] ACOCELLA, 494; GAUCH/SCHLUEP/SCHMID, N 687; HINTZ-BÜHLER, 155 f.; HOFER, 58; BSK-HUGUENIN/REITZE, ZGB 27 N 18; BSK-HUGUENIN, OR 19/20 N 43 ff. und 55 f.; KRAMER, 31; *ders.* in BK, OR 19–20 N 370 ff.; TUOR/SCHNYDER/SCHMID, 100.
[200] BGE 129 II 209 E. 2.2; BK-BUCHER, ZGB 27 N 162 ff.; *ders.,* Obligationenrecht, 265 ff.; BSK-HUGUENIN/REITZE, ZGB 27 N 19; KRAMER, 30.
[201] HAUSHEER/AEBI-MÜLLER, N 11.36 f. und 11.40 ff. sowie zu den höchstpersönlichen Persönlichkeitsrechten N 7.21 ff.; BSK-HUGUENIN/REITZE, ZGB 27 N 19.
[202] HAUSHEER/AEBI-MÜLLER, N 11.42; BSK-HUGUENIN/REITZE, ZGB 27 N 19.
[203] BGE 129 III 209 E. 2.2; in BGer-Urteil 5C.72/2004 vom 26. Mai 2004, E. 4.2.1 als «Präzisierung» der Rechtsprechung bezeichnet;. – Kritisch KRAMER, 30 f.; *ders.* in BK, OR 19–20 N 370 ff.; BSK-HUGUENIN/REITZE, ZGB 27 N 20 ff.
[204] Vgl. N 1956.

zungsschwierigkeiten gegenüber der Kündigung aus wichtigem Grund und der *clausula rebus sic stantibus*.[205] Dogmatisch ist damit nichts gewonnen, und es ergeben sich, besonders für den Bereich der gesellschaftsrechtlichen Aktionärbindungsverträge, erhebliche praktische Konsequenzen und Unsicherheiten:

b) Praktische Konsequenzen der neuen Praxis des Bundesgerichts

1959 Soweit der höchstpersönliche, jeder vertraglichen Bindung entzogene **Kernbereich der** durch Art. 27 Abs. 2 ZGB **geschützten Persönlichkeit** einer Person betroffen ist (was bei einem Aktionärbindungsvertrag kaum je zutreffen dürfte[206]), ändert sich unter der neuen Rechtsprechung des Bundesgerichts nichts. Hier war und ist die Rechtsfolge der anfänglichen Nichtigkeit von Art. 20 Abs. 1 OR angemessen und richtig.

1960 In den **übrigen Fällen** laufen zwar, zumindest in praktischer Hinsicht, letztlich beide Konzepte auf ein einseitiges Recht zur Vertragsbeendigung durch die übermässig gebundene Vertragspartei hinaus[207] (das Bundesgericht spricht davon, «dass die übermässig gebundene Person die Vertragserfüllung verweigern kann»[208]). Aber es ist unter der neuen Rechtsprechung hinsichtlich der einseitigen Unverbindlichkeit unklar, ob die Vertragspartei, die sich darauf berufen will, dies der anderen Partei im Sinn einer einseitigen **Willenserklärung** mitzuteilen hat oder ob die Unverbindlichkeit unmittelbar zur Nichteinhaltung des Vertrages berechtigt. Da das Bundesgericht nunmehr die Unverbindlichkeit aufgrund übermässiger Bindung als einen Unterfall der Kündigung aus wichtigem Grund zu betrachten scheint,[209] ist wohl von der Notwendigkeit einer an die Gegenpartei gerichteten entsprechenden Willenserklärung auszugehen;[210] verweigert eine übermässig gebundene Person die Vertragserfüllung ohne vorherige, an die Gegenpartei gerichtete Erklärung, läuft sie Gefahr, wegen Nichteinhaltung des Vertrages schadenersatzpflichtig zu werden. Die Partei, die sich aus dem Vertrag lösen will, tut jedenfalls gut daran, der Gegen-

---

[205] Vgl. N 1949 ff.

[206] Vgl. N 1920.

[207] BGE 129 III 209 E. 2.2; BK-BUCHER, ZGB 27 N 532 (der von einem Recht zur «Terminierung» spricht); VON BÜREN, Lizenzvertrag, 383; KRAMER, 31. – Angesichts der früheren Rechtsprechung ist jedenfalls nicht davon auszugehen, dass das Bundesgericht mit dem neuen Begriff der einseitigen Unverbindlichkeit zu einer *Ex-tunc*-Unwirksamkeit der übermässigen Vertragsbindung zurückkehren will, zumal es diese Unverbindlichkeit eine «gegenüber der Nichtigkeit eingeschränkte Rechtsfolge» nennt (BGE 129 III 209 E. 2.2).

[208] BGer-Urteil 5C.72/2004 vom 26. Mai 2004, E. 4.2.1; BGE 129 III 209 E. 2.2.

[209] BGE 128 III 428 E. 3c.

[210] Vgl. auch HAUSHEER/AEBI-MÜLLER, N 11.46 f., wobei nicht klar wird, ob für die einredeweise Geltendmachung stets eine vorgängige Kündigung als notwendig erachtet wird.

partei ihren Willen zur Vertragsbeendigung **vorgängig im Sinn einer begründeten Kündigung mitzuteilen**.

Offen bleibt die **Bedeutung der übrigen Voraussetzungen der Kündigung aus wichtigem Grund,** wie insbesondere der Einhaltung einer angemessenen kurzen Kündigungsfrist,[211] denn die übermässige Bindung besteht von Anfang an.[212]

Ist ein Vertrag als **einfache Gesellschaft** zu qualifizieren sind (was bei Aktionärbindungsverträgen wie mehrfach erwähnt – überwiegend der Fall ist), ergeben sich durch die neue Rechtsprechung **bedeutsame Unterschiede im Vergleich zur bisherigen Praxis:** Gestützt auf Art. 20 OR kann die Unverbindlichkeit einer vertraglichen Bindung voraussetzungslos geltend gemacht werden. Eine gerichtliche Klärung braucht es nur, wenn die Gegenseite die Vertragsbeendigung bestreitet. Diesfalls ist eine **Feststellungsklage** anzustrengen. Eine Vertragsbeendigung wegen übermässiger Bindung, verstanden als Unterfall der Kündigung aus wichtigem Grund,[213] muss dagegen stets auf dem Klageweg – durch **Gestaltungsklage** gemäss Art. 545 Abs. 1 Ziff. 7 OR – geltend gemacht werden.[214] Sodann verschiebt sich der Zeitpunkt der Vertragsbeendigung auf das Datum der Rechtskraft des gerichtlichen Urteils.[215]

Auch die in der Lehre vertretene Meinung, wonach eine einfache Gesellschaft bei Vorliegen eines wichtigen Grundes auch gestützt auf Art. 27 Abs. 2 ZGB fristlos durch einseitige Willenserklärung gekündigt werden könne,[216] dürfte aufgrund der neuen Rechtsprechung zu überdenken sein.

4. Bei Fehlen einer übermässigen Bindung

Liegt keine übermässige Vertragsbindung vor, ist der Vertrag nicht unverbindlich bzw. kann er nicht aus diesem Grund aufgelöst werden; das Vertragsverhältnis besteht fort. Eine Konversion der Kündigungserklärung in eine ordentliche Kündigung ist infolge der Bedingungsfeindlichkeit von Gestaltungsrechten abzulehnen. Doch kann sich aus einer Auslegung der Erklärung unter Berücksichtigung der Umstände ergeben, dass eine ordentliche Kündigung (mit)gemeint war. Jedenfalls

---

[211] Vgl. N 1881 ff. und 1890 ff.
[212] Vgl. N 1950.
[213] BGE 128 III 428 E. 3c.
[214] Vgl. N 1893 und 1911.
[215] Vgl. auch N 1900. – Gemäss HANDSCHIN/VONZUN (ZK zu OR 545–547 N 135) gilt nach dem Ablauf der gemäss Art. 27 Abs. 2 ZGB zulässigen Dauer die Regelung von Art. 546 Abs. 1 OR mit ihrer Kündigungsfrist von sechs Monaten.
[216] Vgl. N 1894 f.

ist es möglich (und ratsam), im Verbund mit einer ausserordentlichen Kündigung subsidiär und eventualiter auch die ordentliche Kündigung zu erklären.[217]

1965 Im Übrigen gilt das Gleiche wie für die fehlerhafte ausserordentliche Kündigung (vgl. N 1901 ff.).

H. Praktische Hinweise zur Vertragsgestaltung

1966 Aktionärbindungsverträge können – da sie regelmässig (nur oder zumindest schwergewichtig) die wirtschaftliche Freiheit der Vertragsparteien betreffen[218] – auf lange Zeit abgeschlossen werden. Nichtsdestotrotz ist es sinnvoll, bei der Vertragsgestaltung die folgenden **Leitlinien** zu beachten:

1967 Ein Aktionärbindungsvertrag, bei dem ein *Austritt nicht durch blosse (und nicht erheblich erschwerte) Veräusserung der Aktien möglich* ist, sollte spätestens *nach* **etwa 20 Jahren** für die Parteien **kündbar** werden.[219] Möglich ist die Vereinbarung einer automatischen Verlängerung des Vertrages um eine weitere feste Vertragsdauer (sofern keine Kündigung erfolgt), wobei eine neue feste Vertragsdauer eine Frist von jeweils 5–10 Jahren nicht überschreiten sollte.[220]

1968 Enthält der Vertrag, neben der eigentlichen Vertragsdauer, weitere *auf eine bestimmte Dauer ausgerichtete Elemente* wie die Amortisation einer Investition, sollte **eine gegenseitige Abstimmung dieser Elemente mit der Vertragsdauer** bzw. der *Kündigungsordnung* erfolgen, da bei der gerichtlichen Beurteilung oft Indizien für die angemessene Vertragsdauer aus solchen weiteren im Vertrag enthaltenen Elementen entnommen werden. Auch die Abstimmung mit ausservertraglichen Elementen, die erkennbar für eine Partei ein wesentliches Motiv für den Vertragsschluss bildeten, sind bei der Festlegung der Vertragsdauer zu beachten.[221]

1969 Eine **Gesamtbetrachtung** drängt sich auch deshalb auf, weil sie – implizit oder ausdrücklich – auch von den Gerichten vorgenommen wird: Je *intensiver und ein-*

---

[217] Vgl. N 1902 f.
[218] Vgl. N 1920.
[219] Vielfach ist es ohnehin sinnvoll, eine vertragliche Ordnung nach spätestens zwei Jahrzehnten zu überdenken und allenfalls neu auszuhandeln, da sich im Laufe der Zeit Umstände und Interessen erheblich ändern können.
[220] Ähnlich FISCHER, Parteienbestand, 41 f. und, mit einem Richtwert von 25 Jahren, ZK-HANDSCHIN/VONZUN, OR 545–547 N 131 und TOGNI, N 651 und 652. – Eher selten dürfte von einem dienstbarkeits- oder konzessionsähnlichen Verhältnis ausgegangen werden können, bei welchen Vertragsbindungen von 50 und mehr Jahren zulässig sind (vgl. N 1924).
[221] Vgl. N 1926.

schränkender die Verpflichtungen sind, die sich aus dem Vertrag ergeben, *desto kürzer* soll die höchstzulässige Dauer sein und umgekehrt.[222]

Insbesondere ist auch zu prüfen, ob die schwerwiegenden Konsequenzen einer langjährigen Bindung durch **Modalitäten der Vertragsanpassung** gemildert werden können, etwa durch eine periodische Überprüfung und Neufestsetzung der Entschädigung vertraglicher Pflichten oder durch die Einräumung von Minderheitenrechten.

Auch eine lange und intensive Bindung ist in der Regel dann unbedenklich, wenn es eine Partei in der Hand hat, sich davon durch die **Veräusserung** ihrer Aktien **zu angemessenen Bedingungen** zu befreien.[223]

V. Clausula rebus sic stantibus

A. Begriff

Die Anwendung der *clausula rebus sic stantibus* führt – subsidiär zu anderen Rechtsbehelfen – zur **gerichtlichen Anpassung einer vertraglichen Vereinbarung** «gegen den Willen einer Partei …, wenn infolge einer – im Zeitpunkt des Vertragsschlusses – unvorhersehbaren und unvermeidbaren grundlegenden und ausserordentlichen Veränderung der Umstände eine gravierende Störung der Äquivalenz von Leistung und Gegenleistung eintritt …, so dass ein Beharren des Gläubigers auf seinem Vertragsanspruch geradezu eine wucherische Ausbeutung des Missverhältnisses und damit einen offenbaren Rechtsmissbrauch darstellt, der nach Art. 2 Abs. 2 ZGB keinen Rechtsschutz findet».[224]

B. Praktische Bedeutung

Die *clausula rebus sic stantibus* berechtigt in der Praxis nur äusserst selten zu einer Vertragsanpassung,[225] weil die Vertragsparteien gerade bei langfristigen Verträgen damit rechnen (müssen), dass sich die Verhältnisse in der Zukunft verändern wer-

---

[222] Vgl. N 1918.
[223] MARTIN, 211 f.
[224] BGE 138 V 366 E. 5.1; ähnlich BGE 127 III 300 E. 5, 122 III 97 E. 3; 100 II 345 E. 2b, 68 II 169 E. 2; Art. 373 Abs. 2 OR; ZK-BAUMANN, ZGB 2 N 443 ff.; VON BÜREN, Lizenzvertrag, 385; CHERPILLOD, N 83 ff.; GAUCH/SCHLUEP/SCHMID, N 1279a ff.; BK-HAUSHEER/AEBI-MÜLLER, ZGB 2 N 225 ff.; SHK-HAUSHEER/JAUN, ZGB 2 N 105 ff.; HINTZ-BÜHLER, 161 f.; ZK-JÄGGI/GAUCH/HARTMANN, OR 18 N 641 ff.; KÄLIN, 251 ff.; LEU, 117 ff.; SCHWENZER, N 35.04 ff.; BSK-WIEGAND, OR 18 N 95 ff.
[225] BGE 122 III 97; HINTZ-BÜHLER, 174; BK-AEBI-MÜLLER/HAUSHEER, ZGB 2 N 245 f.

den.²²⁶ Häufig ist es gerade der Zweck eines langfristig angelegten Vertrages, die Parteien auch bei geänderten Verhältnissen auf ein bestimmtes Verhalten zu verpflichten.²²⁷

1974 Bei Dauerschuldverhältnissen wie dem Aktionärbindungsvertrag steht als Antwort auf geänderte Verhältnisse meist die Möglichkeit der vorzeitigen Vertragsbeendigung im Vordergrund, obwohl auch die Anpassung anderer Vertragsparameter möglich wäre.²²⁸

1975 Bei gesellschaftsrechtlichen Verträgen ist sodann auch zu prüfen, ob trotz einer ausserordentlichen Veränderung der Umstände der vereinbarte Zweck weiterhin erreicht werden kann. Ist dies nicht möglich, so ist der Vertrag (bzw. der Zweck) nicht den geänderten Umständen anzupassen, sondern es sieht das Gesetz die Auflösung des Vertrages bzw. der einfachen Gesellschaft vor (Art. 545 Abs. 1 Ziff. 1 OR).

C. Abgrenzungen

1. Kündigung aus wichtigem Grund

1976 Die Voraussetzungen für eine Kündigung aus wichtigem Grund²²⁹ sind mit denen der *clausula rebus sic stantibus* in vielem deckungsgleich.

1977 Die Unzumutbarkeit, das Vertragsverhältnis weiterzuführen, muss bei der Kündigung aus wichtigem Grund allerdings nicht in einem Missverhältnis zwischen Leistung und Gegenleistung (Äquivalenzstörung) bestehen;²³⁰ der Anwendungsbereich der Kündigung aus wichtigem Grund ist insofern breiter. Es ist deshalb u.E. nicht richtig, bei der Kündigung aus wichtigem Grund von einem Unter- oder Anwendungsfall der *clausula rebus sic stantibus* zu sprechen.²³¹

2. Irrtum über einen zukünftigen Sachverhalt (Grundlagenirrtum)

1978 Nach der Rechtsprechung des Bundesgerichts kann sich eine Vertragspartei im Zusammenhang mit Zukünftigem dann auf Grundlagenirrtum (Art. 24 Ziff. 4

---

[226] BGE 127 III 300 E. 2b/aa.
[227] Vgl. zum Ganzen LEU, 109 ff.
[228] BGE 127 III 307; VON BÜREN, Lizenzvertrag, 385; DRUEY/DRUEY JUST, § 4 N 56; GAUCH/SCHLUEP/SCHMID, N 1291; BK-AEBI-MÜLLER/HAUSHEER, ZGB 2 N 249; ZK-JÄGGI/GAUCH/HARTMANN, OR 18 N 651 ff.; KÄLIN, 253; SCHWENZER, N 35.10. – Dasselbe gilt in Fällen übermässiger Vertragsbindung (vgl. N 1917 f. und 1954 f.).
[229] Vgl. N 1881 ff.
[230] Vgl. auch BGE 128 III 428 E. 3c, der den Anwendungsbereich der *clausula rebus sic stantibus* noch weiter gehend auf «Veränderungen der äusseren Umstände ..., von denen alle Vertragsparteien gleichermassen betroffen sind», einschränkt.
[231] So aber offenbar DRUEY/DRUEY JUST, § 4 N 56; BSK-WEBER, OR 266g N 1.

OR) berufen, wenn sie sich über einen ganz bestimmten, konkreten (künftigen) Sachverhalt geirrt hat, von dem auch die Gegenpartei nach Treu und Glauben im Geschäftsverkehr hätte erkennen müssen, dass der sichere Eintritt für die andere Partei eine Vertragsvoraussetzung war.[232]

Die Abgrenzung zur *clausula rebus sic stantibus* besteht also einerseits darin, dass es beim Grundlagenirrtum nicht um die Änderung irgendeines Umstandes geht, sondern um den Eintritt eines ganz bestimmten Sachverhaltes. Andererseits kann bezüglich des Eintritt oder eben Nicht-Eintritts des bestimmten Sachverhaltes auch nicht gesagt werden, dieser sei nicht voraussehbar gewesen: Dass ein bestimmter Sachverhalt eintreten bzw. nicht eintreten könnte, auch wenn dies von den Beteiligten nicht für wahrscheinlich erachtet wird, ist letzlich stets voraussehbar.[233]

D. Vertragliche Regelung

Die vertragliche Regelung der nachträglichen und nicht voraussehbaren ausserordentlichen Änderung der Umstände im Voraus ist letzlich ein Widerspruch in sich. Oder umgekehrt formuliert: Es können entsprechende Vertragsbestimmungen stets nur die «voraussehbaren Unvorhersehbarkeiten» in Betracht ziehen bzw. es wird durch die vertragliche Erfassung Unvorhersehbares zu einem Umstand, den man voraussieht (auch wenn man seinen Eintritt für unwahrscheinlich hält).

In der Praxis finden sich in längerfristig angelegten Verträgen nicht selten Bestimmungen, die sich auf *erhebliche Veränderungen* beispielsweise technologischer, ökonomischer oder politischer Natur, auf Arbeitskampf, Umweltkatastrophen oder generell auf Akte höherer Gewalt beziehen, und welche die Parteien bei deren Eintritt zur *Neuverhandlung* des Vertrages verpflichten[234, 235] oder zur *Kündigung* berechtigen. Vorgesehen werden kann ein Mechanismus zur Anpassung, etwa die Neufestsetzung vertraglicher Leistungspflichten, wenn sich gewisse Parameter geändert haben.[236]

---

[232] BGer-Urteil 4C.34/2000 vom 24. April 2001, E. 3b/bb; BGE 118 II 297 E. 2c; BSK-SCHWENZER, OR 24 N 18 f. m.w.H.
[233] Zur Abgrenzung vgl. auch ZK-JÄGGI/GAUCH/HARTMANN, OR 18 N 697 ff. und 760 ff.
[234] CHERPILLOD, N 89. – Vgl. auch N 1492 ff.
[235] Vgl. N 1492 ff.
[236] Für die Neufestsetzung kann vertraglich die gutachterliche Stellungnahme eines neutralen externen Experten vorgesehen sein.

VI. Beendigung wegen Nichterfüllung

A. Nichterfüllung bei schuldrechtlichen Aktionärbindungsverträgen

1. Nichterfüllung von Hauptleistungspflichten

1982 **Erfüllt** bei einem schuldrechtlichen Aktionärbindungsvertrag **eine Partei** ihre fälligen vertraglichen **Hauptleistungspflichten** (z.B. die Stimmabgabe) **nicht** (mehr), steht es der anderen Partei offen, die Schuldnerin nach Art. 102 Abs. 1 OR durch Mahnung in Verzug zu setzen und nach angemessener Frist Klage auf Erfüllung zu erheben, auf die Leistung zu verzichten und Ersatz des Schadens zu verlangen oder den Rücktritt vom Vertrag zu erklären (Art. 107 OR).[237] Ist die Leistung an einem bestimmten Tag geschuldet (Verfalltag) und die nachträgliche Erfüllung nicht mehr möglich oder nutzlos geworden (z.B. die Pflicht zur Stimmabgabe in einer bestimmten Generalversammlung, wenn diese vorbei ist), tritt ohne Mahnung der Verzug ein; auch eine Fristansetzung ist in diesen Fällen nicht erforderlich.[238]

1983 Bei Aktionärbindungsverträgen ist die Klage auf Erfüllung oder der Verzicht auf Leistung unter Schadenersatzfolge oft nicht sinnvoll, weil entweder die Erfüllung nicht mehr möglich ist (z.B. die Stimmabgabe in der vergangenen Generalversammlung oder die Offerte zum Erwerb von Aktien, die bereits an einen Dritten übertragen worden sind)[239] oder weil ein konkreter Schaden nur schwer zu bestimmen und nachzuweisen ist (selbst unter Anwendung von Art. 42 Abs. 2 OR).[240] Beim Rücktritt vom Vertrag hingegen kann die zurücktretende Partei immerhin ihre eigene Gegenleistung verweigern (Art. 109 Abs. 1 OR); insbesondere kann sie sich so von eigenen Stimm- und anderen dauerhaften Bindungen befreien.[241] Überdies kann sie – wenn die Gegenpartei nicht nachweisen kann, dass sie kein Verschulden trifft – Schadenersatz im Sinne des negativen Vertragsinteresses verlangen (Art. 109 Abs. 2 OR).

---

[237] BLOCH, 63 f.; CHERPILLOD, N 127 ff.; GAUCH, 146; GLATTFELDER, 343a und 347a; HINTZ-BÜHLER, 168 f.; SCHWENZER, N 65.02 ff.; BSK-WIEGAND, Vorb. zu OR 102–109 N 2; *ders.* in BSK, OR 102 N 4; *ders.* in BSK, OR 107 N 4 ff. m.w.H.

[238] Art. 102 Abs. 2 und 108 OR; SCHWENZER, N 65.10 ff.; BSK-WIEGAND, OR 102 N 10 f.; *ders.* in BSK, OR 108 N 2 ff.

[239] Vgl. N 2074 ff.

[240] BGE 133 III 462 E. 4.4.2; 122 III 219 E. 3a m.w.H.; GAUCH/SCHLUEP/EMMENEGGER, N 2909. – Zu Art. 42 Abs. 2 OR vgl. auch N 2081.

[241] GLATTFELDER, 343a.

Nach der vom Bundesgericht angewendeten Umwandlungstheorie wird der Vertrag beim Rücktritt nicht einfach *ex tunc* beseitigt, sondern es entsteht ein vertragliches **(Rück-)Abwicklungsverhältnis,** in dessen Rahmen die Vertragsparteien möglichst so zu stellen sind, als hätten sie den Vertrag nie geschlossen.[242] Bei Dauerschuldverhältnissen wird der Rücktritt faktisch zur Kündigung, wenn mit dem Beginn der typischen Hauptleistung(en) bereits begonnen wurde und nur noch eine Auflösung *ex nunc* in Betracht kommt.[243]

2. Nichterfüllung von Teil- oder Nebenleistungspflichten

Beim Aktionärbindungsvertrag ist oft nicht eine einzige Hauptleistungspflicht auszumachen, sondern es ergeben **verschiedene Teil- und Nebenleistungspflichten** zusammen das Vertragsganze **oder** der Vertrag sieht **aufeinanderfolgende Teilleistungen** vor.[244] Kommt der Verpflichtete mit einer Teil- oder Nebenleistung in Verzug, kann der Berechtigte nur hinsichtlich dieser Teil- oder Nebenleistung nach Art. 107 ff. OR vorgehen. Anders verhält es sich, wenn durch die Nichterfüllung der ganze Vertrag in Frage gestellt ist, weil der Berechtigte diesen ohne die nicht erbrachte Teilleistung nicht geschlossen hätte oder weil durch das Verhalten die künftige Vertragserfüllung insgesamt fraglich scheint. Dies gilt auch, wenn den Teil- oder Nebenleistungen des Verpflichteten eine unteilbare Leistung des Berechtigten gegenübersteht.[245]

Immerhin kann sich fragen, ob bei der Nichterfüllung blosser Teil- und Nebenleistungspflichten, bei denen das Vorgehen nach Art. 107 ff. OR sich auf die betreffenden Vertragsteile beschränkt, bezüglich des Restvertrages nicht eine Kündigung aus wichtigem Grund in Frage kommen kann.[246] Dies ist u.E., jedenfalls bei Vorliegen der entsprechenden Voraussetzungen, der Fall.

---

[242] BGE 132 III 242 E. 4.1, 129 III 264 E. 4.1, 126 III 119 E. 3, 123 III 16 E. 2, 114 II 152 E. 2c/aa; GAUCH/SCHLUEP/SCHMID, N 1570 f.; GAUCH/SCHLUEP/EMMENEGGER, N 2804 ff.; HILTY, 995; BSK-WIEGAND, OR 109 N 4 f.

[243] BGE 132 III 242 E. 4.2, 123 III 124 E. 3b, 97 II 58 E. 6 f. (= Pra 1971, Nr. 450), 78 II 32 E. 1b (wo dieser Rücktritt allerdings als Kündigung aus wichtigem Grund angesehen wird); GAUCH, 146 ff., 149 f., 166 f., 209 ff.; GAUCH/SCHLUEP/EMMENEGGER, N 2815 m.w.H.; HILTY, 995 ff.; HINTZ-BÜHLER, 168; SCHWENZER, N 66.36; BSK-WIEGAND, OR 109 N 4 und 10 m.w.H.

[244] So gleicht z.B. die Verpflichtung zur alljährlichen Stimmabgabe in der der Generalversammlung einem Sukzessivlieferungsvertrag.

[245] BGE 119 II 135 E. 3; GAUCH/SCHLUEP/EMMENEGGER, N 2813 f.; SCHWENZER, N 66.35 und 66.37; BSK-WIEGAND, OR 107 N 21; *ders.* in BSK, OR 109 N 10.

[246] Vgl. N 1877 ff.

B. Nichterfüllung bei gesellschaftsrechtlichen Aktionärbindungsverträgen

1987 Bei der Beendigung gesellschaftsrechtlicher Aktionärbindungsverträge kommt der Rücktritt nach Art. 107 ff. OR nicht in Betracht; hier gelten die besonderen Bestimmungen von Art. 545 OR.[247]

VII. Unterstellung einer Vertragspartei unter umfassende Beistandschaft

1988 Wird eine Partei des Aktionärbindungsvertrages unter eine umfassende Beistandschaft gestellt (Art. 398 ZGB), verliert sie dadurch ihre Handlungsfähigkeit (Art. 17 bzw. 398 Abs. 3 ZGB). Die verbeiständete Person wird durch den Beistand in allen rechtlichen Angelegenheiten vertreten (Art. 408 Abs. 1 ZGB). Eigenes Handeln auch der noch urteilsfähigen verbeiständeten Person bedarf – mit wenigen Ausnahmen wie beispielsweise von Geschäften im Rahmen eines selbständig ausgeübten Gewerbes – der Zustimmung des Beistandes und allenfalls der Erwachsenenschutzbehörden (Art. 19 Abs. 1 und 416 Abs. 1 ZGB).

1989 Bei **gesellschaftsrechtlichen Aktionärbindungsverträgen** ist gemäss Art. 545 Abs. 1 Ziff. 3 OR die Unterstellung eines Gesellschafters unter eine umfassende Beistandschaft ein Auflösungsgrund.[248] Eine Fortsetzung mit dem Verbeiständeten ist allerdings mit Zustimmung des Beistandes und allenfalls der Erwachsenenschutzbehörden denkbar,[249] ebenso die Fortführung des Vertrags unter Ausscheiden und Abfindung des Betroffenen[250].

1990 Auf einen **schuldrechtlichen Aktionärbindungsvertrag** hingegen hat die Unterstellung einer Vertragspartei unter eine umfassende Beistandschaft keine Auswirkungen: Der Vertrag ist von einem Handlungsfähigen abgeschlossen worden und bleibt gültig. Wollen die Parteien verhindern, den Aktionärbindungsvertrag unter Mitwirkung des Beistandes einer Vertragspartei weiterführen zu müssen, haben sie die umfassende Beistandschaft ausdrücklich als Beendigungsgrund zu vereinbaren.

---

[247] CHERPILLOD, N 157; HINTZ-BÜHLER, 169; HOCH, 139 und 141; CHK-JUNG, OR 531 N 10 (Anwendung allenfalls bei Zweipersonengesellschaften).

[248] ZK-HANDSCHIN/VONZUN, OR 545–547 N 101 ff.; HOCH, 69. – Dabei handelt es sich um einen gesetzlich mittelbaren Auflösungsgrund, welcher die Auflösung nicht *eo ipso* herbeiführt, sondern den übrigen Vertragsparteien ein Gestaltungsrecht gibt, die Auflösung zu verlangen (BGer-Urteil 4A_150/2014 vom 26. August 2014, E. 1.4).

[249] ZK-HANDSCHIN/VONZUN, OR 545–547 N 103.

[250] ZK-HANDSCHIN/VONZUN, OR 545–547 N 105.

Allenfalls stellt die umfassende Beistandschaft einen wichtigen Grund zur fristlosen Vertragsauflösung dar.[251]

VIII. Zwangsverwertung oder Konkurs

Vgl. dazu N 2109 ff.

IX. Vereinigung

Einen weiteren Auflösungsgrund stellt sowohl für schuldrechtliche als auch für gesellschaftsrechtliche Aktionärbindungsverträge die **Vereinigung** (Art. 118 Abs. 1 OR) dar. Vereinigung tritt beispielsweise dann ein, wenn die Parteien eines Aktionärbindungsvertrages untereinander fusionieren oder wenn alle gebundenen Aktien durch Erbschaft auf eine einzige verbleibende Vertragspartei übergehen.[252] Einer Liquidation des Vertragsverhältnisses bedarf es in diesem Fall nicht.

Sieht der Aktionärbindungsvertrag **Rechte zugunsten Dritter** vor, gehen diese bei Vereinigung nur unter, wenn dies unter den Parteien ausdrücklich so vereinbart war. Bei einem echten Vertrag zugunsten Dritter, der dem Dritten eigene Rechte zuweist (Art. 112 Abs. 2 OR)[253], muss überdies der Dritte – zumeist also die Aktiengesellschaft – zustimmen.

X. Weitere Beendigungsgründe

Die sich aus Art. 83 OR (Rücktritt bei einseitiger Zahlungsunfähigkeit) und Art. 95 f. OR (Rücktritt wegen Gläubigerverzuges) ergebenden Beendigungsgründe sind für Aktionärbindungsverträge in der Praxis kaum von Bedeutung.[254]

---

[251] Vgl. N 1877 ff.
[252] HOCH, 124; a.M. ZK-HANDSCHIN/VONZUN, OR 545–547 N 4 (nach diesen Autoren führen die allgemeinen Erlöschensgründe des OR nicht zur Auflösung der Gesellschaft).
[253] Dazu N 1423 f.
[254] CHERPILLOD, N 69 ff. und 158 ff.; GAUCH, 169 ff.; HINTZ-BÜHLER, 167 f. m.w.H. und 172.

§ 54 Folgen der Beendigung

Die Beendigung eines Aktionärbindungsvertrages kann Wirkungen nicht nur für den Aktionärbindungsvertrag selbst (sogleich, Ziff. I [N 1996]) haben, sondern auch für die Aktiengesellschaft (vgl. Ziff. II [N 2015 ff.]) und allenfalls für Dritte (vgl. Ziff. III [N 2021 f.]). 1995

I. Folgen für den Aktionärbindungsvertrag

A. Gesellschaftsrechtliche Aktionärbindungsverträge

Bei bei gesellschaftsrechtlichen Aktionärbindungsverträgen erfolgt mit der Beendigung (sei es durch Zeitablauf, Zweckerreichung, Kündigung, Urteil oder in gegenseitigem Einvernehmen) und mit Wirkung *ex nunc* die **Umformung in ein Abwicklungs- bzw. Liquidationsverhältnis** (Art. 548 ff. OR).[1] Neben (Rück-)Abwicklungs- und anderen Pflichten[2] steht beim gesellschaftsrechtlichen Aktionärbindungsvertrag die Liquidation eines gemeinsamen Vermögens im Vordergrund.[3] 1996

Auch hier – wie bei der Fortsetzung des Vertrages bei fehlender Fortsetzungsklausel[4] – steht es den Vertragsparteien frei, das sich im Liquidationsstadium befindliche Vertragsverhältnis durch einstimmigen Beschluss wieder in ein weiterlaufenden Verhältnis umzuwandeln.[5] 1997

Gemeinsames Vermögen kann beim gesellschaftsrechtlichen Aktionärbindungsvertrag beispielsweise bestehen, wenn zur Absicherung der gemeinsamen Stimmrechtsausübung die Aktien der Vertragsparteien in die einfache Gesellschaft eingebracht wurden.[6] Nach dispositivem Gesetzesrecht steht das Gesellschaftsvermögen den Gesellschaftern gesamthänderisch zu, was die praktisch bedeutsame Konsequenz 1998

---

[1] BGE 119 II 119 E. 3a, 105 II 204 E. 2a (erst mit Abschluss der Liquidation ist das Gesellschaftsverhältnis beendet); BGer-Urteil 4A_443/2009 vom 17. Dezember 2009, E. 3.2; ZK-HANDSCHIN/VONZUN, OR 545–547 N 1; HOCH, 15, 32 und 156 ff.; MEIER-HAYOZ/FORSTMOSER, § 12 N 82 ff.; OERTLE, 195; SOGO, 72; BSK-STAEHELIN, OR 547 N 1; VON STEIGER, 366 und 461.
[2] Vgl. N 2006 ff.
[3] BK-FELLMANN/MÜLLER, OR 544 N 31; BSK-STAEHELIN, OR 548/549 N 1.
[4] Vgl. N 474 f.
[5] ZK-HANDSCHIN/VONZUN, OR 545–547 N 13 ff.
[6] Vgl. N 1594 ff.; OERTLE, 133 ff.

hat, dass der einzelne Gesellschafter **keinen Anspruch auf Rückerstattung der eingebrachten Aktien *in natura*** hat: Zwar hat er weiterhin einen dinglichen Anspruch am Gesamthandvermögen,[7] aber die Vermögensgegenstände, die er zu Eigentum in die Gesellschaft eingebracht hat, fallen nicht an ihn zurück.[8] Vielmehr hat er (nur) einen Anspruch auf den Wert, für den die Vermögensgegenstände eingebracht worden sind[9] bzw. auf einen entsprechenden Anteil am Liquidationsergebnis.[10] Die gemeinsamen Vermögensgegenstände – bei Aktionärbindungsverträgen also regelmässig die eingebrachten Aktien – sind somit zu veräussern, und der Verkaufserlös ist nach Massgabe ihrer Beteiligung auf die einzelnen Vertragsparteien aufzuteilen.[11]

1999 Diese – bei Aktionärbindungsverträgen in aller Regel nicht sinnvolle und nicht gewünschte – Folge ist jedoch dispositiver Natur. Es steht den Vertragsparteien frei, bereits im Aktionärbindungsvertrag oder auch erst im Nachhinein im Rahmen eines Liquidationsvertrages **abweichende Vereinbarungen** über die Ausgestaltung des Vermögens und die Art der Liquidation zu treffen.[12] Insbesondere können die Vertragsparteien vereinbaren, dass eingebrachte Aktien *in natura* an die jeweilige Vertragspartei zurückfallen (Rückfallsrecht)[13] oder nach einem bestimmten Schlüssel wieder auf die Gesellschafter verteilt werden sollen (Naturalteilungsabrede).[14, 15] Zu beachten ist allerdings, dass dieses Rückfalls- bzw. Teilungsrecht bloss obligatorischer Natur ist; ein dinglicher Anspruch auf Rückgabe der eingebrachten Vermögenswerte besteht nicht.[16]

2000 Diese Fragen stellen sich nur, wenn – insbesondere durch die Einbringung der gebundenen Aktien – **gemeinsames Eigentum** geschaffen worden ist. Es kommt dies als ein Mittel zur Absicherung der Durchsetzung der vertraglichen Vereinba-

---

[7] BGE 119 II 119 E. 3c; Hoch, 32 f.; CHK-Jung, OR 547–551 N 14; BSK-Staehelin, OR 545/546 N 9.
[8] Art. 548 Abs. 1 OR.
[9] Art. 548 Abs. 2 OR.
[10] BK-Fellmann/Müller, OR 544 N 23 f., 31 und 54 f.; BSK-Pestalozzi/Wettenschwiler, OR 544 N 3 und 5; BSK-Staehelin, OR 548/549 N 4.
[11] Oertle, 196.
[12] BGer-Urteil 4A_146/2013 vom 31. Juli 2013, E. 2.2; BK-Fellmann/Müller, OR 544 N 25; Oertle, 195; BSK-Staehelin, OR 548/549 N 2 und 14 f.; von Steiger, 468; Zäch, Liquidationsvertrag, 398 und 405 ff.
[13] Huber, Vertragsgestaltung, 48.
[14] Zäch, Liquidationsvertrag, 405 ff.
[15] Ob trotz Fehlens einer expliziten Bestimmung diesbezüglich eine implizite Vereinbarung besteht, ist durch Auslegung zu ermitteln.
[16] BK-Fellmann/Müller, OR 544 N 61; BSK-Staehelin, OR 548/549 N 4.

rungen vor.¹⁷ Überwiegend verbleiben die Aktien freilich im Eigentum der Vertragsparteien (und werden nur *quoad usum* in die Gesellschaft eingebracht¹⁸), sodass sich bei der Beendigung der vertraglichen Bindung eine Veräusserung oder Rückabwicklung erübrigt.

Die Liquidation des gesellschaftsrechtlichen Aktionärbindungsvertrages ist von den Parteien – im Sinn einer Abwicklungspflicht – gemeinsam und einstimmig vorzunehmen (Art. 550 Abs. 1 OR).¹⁹ Soll das Mehrheitsprinzip²⁰ gelten, ist dies im Aktionärbindungsvertrag – von Anfang an oder durch Vertragsergänzung – zu vereinbaren.²¹ Jede Vertragspartei hat das Recht, nach Eintritt des Auflösungsgrundes die Durchführung der Liquidation zu verlangen.²² Ist die Beendigung des Aktionärbindungsvertrages durch den Tod einer Vertragspartei ausgelöst worden, treten an deren Stelle ihre Erben in das Abwicklungsverhältnis ein.²³

2001

Ein Spezialfall liegt nach bundesgerichtlicher Rechtsprechung bei der einvernehmlichen Auflösung der einfachen Gesellschaft unter gleichzeitiger Fortführung durch einen oder mehrere Gesellschafter vor.²⁴ Hier kommen, soweit nichts anders vereinbart worden ist, nicht die Regeln über die Liquidation zur Anwendung, sondern diejenigen, die im Falle des Austrittes eines oder mehrerer Gesellschafter gelten.²⁵ Diese Rechtsprechung kann dann von Bedeutung sein, wenn ein Aktionärbindungsvertrag dadurch beendet wird, dass die gebundenen Aktien – etwa infolge der Ausübung eines Erwerbsrechts oder aufgrund eines Erbfalls – in einer Hand vereinigt werden.

2002

---

[17] Vgl. N 1594 ff.
[18] Vgl. N 1623 ff.
[19] BK-FELLMANN/MÜLLER, OR 544 N 31; GAUCH, 233; HOCH, 158; ZÄCH, Liquidationsvertrag, 399.
[20] Vgl. N 992 ff.
[21] HOCH, 205 f.; BSK-STAEHELIN, OR 548/549 N 14 und zu OR 550 N 2. – Ein für die Beschlussfassung generell vereinbartes Mehrheitsprinzip gilt nach der u.E. zutreffenden Auffassung von ZÄCH (Liquidationsvertrag, 399 ff.) nicht auch für die Liquidationsphase. Ob dies der Fall ist, muss unter Berücksichtigung aller erkennbaren Umstände durch Auslegung ermittelt werden.
[22] HOCH, 156 ff.
[23] BGE 119 II 119 E. 3b.
[24] Bei genauer Betrachtung liegt hier allerdings kein Spezialfall vor, sondern ganz einfach eine Vereinbarung der Gesellschafter über den Austritt eines oder mehrerer Gesellschafter aus der einfachen Gesellschaft. Die falsche Bezeichnung «Auflösung» schadet dem Durchbruch des wirklichen Willens der Parteien nicht (Art. 18 Abs. 1 OR).
[25] BGer-Urteil 4A_31/2009 vom 30. November 2009, E. 4 (dazu HEFTI/RIEDER/VISCHER, in: GesKR 2010, 234 ff., 235 f.).

B. Schuldrechtliche Aktionärbindungsverträge

2003 Bei **ordentlicher Beendigung, Kündigung oder Rücktritt** (soweit mit der Vertragserfüllung bereits begonnen wurde[26]) enden Aktionärbindungsverträge als Dauerschuldverhältnisse *ex nunc* auf den Beendigungszeitpunkt hin.[27] Dieser Zeitpunkt kann sofort oder – wie normalerweise bei der ordentlichen Kündigung – nach Ablauf eines gewissen Zeitraumes vorgesehen sein. Bis zur Beendigung ausgetauschte bzw. erbrachte Leistungen werden von dieser nicht berührt.[28] Ab dem Beendigungszeitpunkt hingegen ändert sich der Inhalt des Vertragsverhältnisses: Es ist nicht mehr auf die Leistungserfüllung gerichtet, sondern auf die Herstellung desjenigen Zustandes, der nach der Beendigung eintreten soll.[29]

2004 Auch das schuldrechtliche Dauerschuldverhältnis tritt also mit seiner Beendigung – wie dies für das Recht der einfachen Gesellschaft in Art. 548 ff. OR gesetzlich statuiert ist – in ein **Liquidationsstadium.**[30] Die betreffenden Rechte und Pflichten sind vertraglicher Natur, weshalb die allgemeinen Regeln des Obligationenrechts Anwendung finden.[31]

C. Weitere nachvertragliche Pflichten

2005 Bei komplexen Vertragsverhältnissen (wie sie bei Aktionärbindungsverträgen oft vorliegen) enden deshalb auf den Beendigungszeitpunkt hin regelmässig nicht einfach alle Rechte und Pflichten zwischen den Vertragsparteien. Vielmehr bleiben bzw. entstehen **(Rück-)Abwicklungs-, Restanz- und weitere nachvertragliche Pflichten** mit dem Zweck der Herstellung des Beendigungszustandes oder der Erhaltung eines bestimmten Zustandes zwischen den Parteien über den Beendigungszeitpunkt hinaus.[32]

2006 Zweck der (Rück-)Abwicklungs- und Restanzpflichten ist es, die Lage herzustellen, wie sie zwischen den Parteien aufgrund der Vertragsbeendigung eintreten soll.[33] Je nach Vertrag kann diese in der Wiederherstellung des Zustandes bestehen, wie er vor dem Vertragsschluss bestand, oder in der Herstellung eines andern von den Parteien beabsichtigten Zustandes. Die in Frage stehenden Pflichten können also etwa in der Rückgängigmachung von Sach- und Wertverschiebungen bestehen

---

[26] Vgl. N 300.
[27] GAUCH, 207; HOCH, 97.
[28] HILTY, 1004.
[29] HILTY, 996.
[30] GAUCH, 205.
[31] BGE 126 III 122; BSK-WIEGAND, OR 109 N 5 und 7.
[32] GAUCH, 203 ff. und 205 f.; HILTY, 996.
[33] GAUCH, 203 und 206 ff.

(z.B. Rückgabe hinterlegter Aktien, schriftlicher Stimmrechtsvollmachten oder anderer Dokumente, die eine Vertragspartei von der anderen zur Erbringung ihrer Leistungen erhalten hat)[34] oder im Ersatz aufgelaufenen Aufwandes[35]. Solche Leistungen sind in schuldrechtlichen Verhältnissen *in natura* zu erbringen.

Bei umfassenderen Vertragsverhältnissen (z.B. Joint-Venture-Verträgen) können zu den genannten Pflichten auch Auslaufrechte im Zusammenhang mit Lizenzen oder das Recht zum Abverkauf bereits produzierter Güter oder noch vorhandener Warenlager kommen.[36]

Als **weitere vertragliche Pflichten** können bei der Beendigung eines Aktionärbindungsvertrages – wie bei der Beendigung von Dauerschuldverhältnissen im Allgemeinen – solche hinzukommen, die nicht primär der Herstellung einer bestimmten Lage dienen, sondern unabhängig davon einen bestimmten Zustand über das Ende des Vertrages hinaus erhalten wollen. Darunter fallen **Konkurrenzverbote, Pflichten zur Wahrung von Geschäftsgeheimnissen** oder **Enthaltungspflichten.** Gewisse dieser Pflichten ergeben sich auch ohne ausdrückliche Vereinbarung aus dem Vertragsverhältnis selbst (z.B. nachvertragliche Treue- und Geheimhaltungspflichten), andere sind von den Parteien ausdrücklich im Vertrag vorzusehen.[37]

D. Schadenersatz und Konventionalstrafe infolge vorzeitiger Vertragsbeendigung

Bei der **Kündigung aus wichtigem Grund**[38] und der **Vertragsbeendigung wegen Nichterfüllung**[39] stellt sich – neben der Frage der (Rück-)Abwicklungs- und sonstiger Pflichten – die Frage einer **Schadenersatzpflicht.** Die Schadenersatzpflicht setzt das Eintreten eines (nachweisbaren oder zumindest abschätzbaren) Schadens voraus,[40] und es muss eine Vertragspartei für diesen Schaden haftbar gemacht werden können.[41] Eine Schadenersatzpflicht entfällt demnach immer dann, wenn der Umstand, der zur Vertragsbeendigung geführt hat, von aussen gesetzt wurde.[42]

---

[34] GAUCH, 212 ff.; HILTY, 1003.
[35] GAUCH, 218 ff.
[36] HILTY, 997 ff. m.w.H.
[37] GAUCH, 204 f. und 209 ff.; HILTY, 1005 ff. und 1011 f.; OERTLE, 198; BSK-WIEGAND, Einl. zu OR 97–109 N 12.
[38] Vgl. N 1877 ff.
[39] Vgl. N 1982 ff.
[40] Vgl. N 2080 f.
[41] GAUCH, 222.
[42] GAUCH, 227; VENTURI-ZEN-RUFFINEN, 28.

2010 Ist der Grund der Vertragsbeendigung von einer der Vertragsparteien zu vertreten, ist der anderen Vertragspartei – soweit auch alle anderen Schadenersatzvoraussetzungen erfüllt sind – das **Erfüllungsinteresse** geschuldet; sie ist so zu stellen, wie wenn der Vertrag richtig erfüllt worden wäre (positives Interesse).[43] Wählt die berechtigte Vertragspartei allerdings den Vertragsrücktritt (Art. 109 OR), so ist (nur) das negative Interesse geschuldet.

2011 Die Probleme des Schadensnachweises und die Auseinandersetzung über das Vorliegen einer schuldhaften Pflichtverletzung können durch die Vereinbarung einer **Konventionalstrafe** vermieden werden.[44]

E. Exkurs: Liquidation einer gemeinsamen Holdinggesellschaft

2012 Zur Absicherung vertraglicher Vereinbarungen werden die betroffenen Aktien gelegentlich auch in eine gemeinsame Holdinggesellschaft eingebracht.[45] Diese ist zur Beendigung der Beziehungen unter den Vertragsparteien nach aktienrechtlichen Grundsätzen (Art. 736 ff. OR) aufzulösen und zu liquidieren. Dabei ist es im Einverständnis aller Beteiligten in ihrer Position als Aktionäre der Holdinggesellschaft möglich, zu vereinbaren, dass die eingebrachten Aktien nicht verwertet, sondern *in natura* zurückgegeben werden.[46] Vorbehalten bleibt, dass vorgängig sämtliche Verpflichtungen der Holdinggesellschaft gegenüber Dritten erfüllt worden sind.[47]

2013 Die Auflösung der Holdinggesellschaft ist von den Beteiligten zu beschliessen (Art. 736 Ziff. 2 OR), wobei sich die Pflicht, einem entsprechenden Antrag zuzustimmen, jedenfalls dann aus der allgemeinen Loyalitätspflicht des einfachen Gesellschafters ergeben dürfte, wenn die Sicherstellung des gemeinsamen Vorgehens gegenüber der Gesellschaft, deren Aktien gemeinsam gehalten werden, der alleinige Zweck der Holdinggesellschaft oder ihr Hauptzweck ist. Eine entsprechende Verpflichtung kann aber auch im Bindungsvertrag als Teil der Regeln für die Beendigung ausdrücklich vorgesehen sein.

2014 Sollte ein Beschluss im Rahmen des Aktionärbindungsvertrages nicht zustande kommen, kann die Beendigung des Bindungsvertrages allenfalls einen wichtigen

---

[43] Venturi-Zen-Ruffinen, 27 f.
[44] Dazu N 1540 ff.
[45] Dazu N 1672 ff.
[46] Das liegt insbesondere dann nahe, wenn die Übertragung der Aktien auf der Basis eines fiduziarischen Vertragsverhältnisses erfolgte (vgl. auch N 1657 ff.).
[47] Bestand der Zweck der Holdinggesellschaft im Wesentlichen nur darin, die Durchsetzung des gemeinsamen Vorgehens gegenüber der Zielgesellschaft sicherzustellen, dürfte es – neben Hinterlegungsgebühren und Entschädigungen für treuhänderische Tätigkeit – kaum nennenswerte Verpflichtungen gegenüber Dritten geben.

Grund für eine aktienrechtliche Auflösungsklage (Art. 736 Ziff. 4 OR) bilden,[48] wenn der (faktische) Zweck der Holding-Aktiengesellschaft im Wesentlichen darin besteht, die Umsetzung des Aktionärbindungsvertrages sicherzustellen.

II. Folgen für die Aktiengesellschaft

A. Im Allgemeinen

Für die Aktiengesellschaft hat die Beendigung des Aktionärbindungsvertrages **keine Auswirkungen.**[49] Insbesondere ergibt sich daraus nur in seltenen Fällen ein Grund für die Auflösung der Aktiengesellschaft.[50]

B. Verknüpfung der Existenz von Aktiengesellschaft und Aktionärbindungsvertrag

Eine Verknüpfung des Schicksals der Aktiengesellschaft mit dem Bestand des Aktionärbindungsvertrages kann aber über entsprechende Bestimmungen in den **Statuten der Aktiengesellschaft** erreicht werden:

– Aufnahme einer **Bestimmung in** die **Statuten** der Aktiengesellschaft, wonach diese bei Beendigung eines genau bezeichneten Aktionärbindungsvertrages aufgelöst wird (Art. 736 Ziff. 1 OR);[51]

---

[48] Vgl. N 2018 ff. – Im Rahmen seiner Kompetenz, statt der Auflösung «auf eine andere sachgemässe und den Beteiligten zumutbare Lösung erkennen» (Art. 736 Ziff. 4 OR), könnte das Gericht auch die Möglichkeit haben, die «Rückgabe» der eingebrachten Aktien zu verfügen, falls dies die Erfüllung der Verpflichtungen gegenüber Drittgläubigern nicht gefährdet.

[49] Vgl. N 124; BÖCKLI, Aktienrecht, § 12 N 578; FORSTMOSER/MEIER-HAYOZ/NOBEL, § 2 N 46; FORSTMOSER, Schnittstelle, 393; GLATTFELDER, 299a f.; HINTZ-BÜHLER, 62 m.w. H.; KÖNIG, 173 ff.

[50] FORSTMOSER, Schnittstelle, 391 f.; OERTLE, 192.

[51] BLOCH, 344; FORSTMOSER, Schnittstelle, 399. – Es ist umstritten, ob Aktionären ein statutarisches Kündigungsrecht eingeräumt werden kann (befürwortend: SANWALD, 198 ff. m.H.; ablehnend: BÖCKLI, Aktienrecht, § 17 N 21a; VON DER CRONE, Aktienrecht, § 14 N 6 m.H.). Lehnt man ein statutarisches Kündigungsrecht ab, kann die Beendigung der Aktiengesellschaft aufgrund der Beendigung eines Aktionärbindungsvertrages als Umgehung erscheinen, zumindest dann, wenn der betreffende Vertrag seinerseits durch einen einzelnen Aktionär kündbar ist. In diesem Fall könnte die Beendigung eines Aktionärbindungsvertrages aber zumindest als «wichtiger Grund» gemäss Art. 736 Ziff. 4 OR in die Statuten aufgenommen werden (SANWALD, 176).

- Begrenzung der Dauer der Aktiengesellschaft (Art. 627 Ziff. 4 OR) auf die **Dauer** des Aktionärbindungsvertrages;[52]
- Nennung eines **bestimmten Ereignisses,** welches gleichzeitig zur Beendigung des Aktionärbindungsvertrages und der Aktiengesellschaft führen soll;[53] oder
- mit dem Aktionärbindungsvertrag **übereinstimmende oder von diesem abhängige Zweckbestimmung,** bei deren Erreichen oder Unmöglichwerden sowohl die Aktiengesellschaft (Art. 627 Ziff. 4 i.V.m. 736 Ziff. 1 OR) wie auch der Aktionärbindungsvertrag enden.[54]

Auf der Ebene des **Aktionärbindungsvertrages** kann sodann vorgesehen werden, dass die Vertragsparteien bei oder nach der Auflösung des Bindungsvertrages in der Generalversammlung der Aktiengesellschaft deren Auflösung zu beschliessen haben.

C. Auflösung des Aktionärbindungsvertrages als wichtiger Grund für die Auflösung der Aktiengesellschaft?

Es ist denkbar – aber äusserst selten –, dass die Beendigung des Aktionärbindungsvertrages einen wichtigen Grund darstellt, der in der Aktiengesellschaft mit einer Auflösungsklage geltend gemacht werden kann (Art. 736 Ziff. 4 OR).[55]

Möglich ist dies dann, wenn die Weiterführung der Aktiengesellschaft den Beteiligten nach Beendigung der gemeinsamen Einflussnahme nicht mehr zumutbar ist,[56] z.B. bei Familiengesellschaften mit Nachfolgeplanung oder in Joint-Venture-Verhältnissen.[57] Dies hängt davon ab, ob, und falls ja, inwieweit persönliche Gründe «wichtig» im Sinne von Art. 736 Ziff. 4 OR sein können. Während das Bundesgericht – und mit ihm ein Teil der Lehre[58] – dies ursprünglich verneint hat, modifi-

---

[52] Vgl. soeben Anm. 51.
[53] Etwa Wegfall einer Lizenz, zu deren gemeinsamen Verwertung die Aktiengesellschaft gegründet worden war.
[54] FORSTMOSER, Schnittstelle, 399; OERTLE, 193; BSK-STÄUBLI, OR 736 N 2. – Vgl. auch N 1809 zur Befristung des Vertrages durch den Zweck.
[55] FORSTMOSER, Schnittstelle, 398 f.; FORSTMOSER/MEIER-HAYOZ/NOBEL, § 55 N 57 ff.; BSK-STÄUBLI, OR 736 N 23 f.
[56] Hauptsächlicher Auflösungsgrund in der Rechtsprechung ist allerdings der Machtmissbrauch eines oder mehrerer Mehrheitsaktionäre (FORSTMOSER/MEIER-HAYOZ/NOBEL, § 55 N 83 ff., insb. 92); vgl. auch KNOBLOCH, System, 225 ff.
[57] FORSTMOSER, Schnittstelle, 399.
[58] Näheres bei PHILIPP HABEGGER: Die Auflösung der Aktiengesellschaft aus wichtigen Gründen, Zürich 1996 (= Diss. Zürich 1996 = ASR 588); vgl. auch HANS-UELI VOGT/THOMAS ENDERLI: Die Auflösung einer Aktiengesellschaft aus wichtigen Gründen und die Anordnung einer «anderen sachgemässen Lösung» (Art. 736 Ziff. 4 OR, Bemerkungen aus Anlass von BGE 136 III 278 ff., recht 2010, 238 ff., 241 ff.

zierte es in späteren Urteilen seine Ansicht dahingehend, dass persönliche Aspekte bei der Aktiengesellschaft zwar in den Hintergrund treten, jedoch vor allem in Familienaktiengesellschaften nicht völlig ignoriert werden dürfen.[59] Uneinigkeit unter den Aktionären bzw. den Parteien eines Aktionärbindungsvertrages dürfte damit für sich allein noch nicht ein Recht auf Auflösung der Aktiengesellschaft auslösen, wohl aber allenfalls dann, wenn sich die Uneinigkeit auch objektiv schwerwiegend auf die Aktiengesellschaft auswirkt, und jedenfalls dann, wenn – wie bei Doppelgesellschaften[60] – der gesellschaftsrechtlich konzipierte Aktionärbindungsvertrag mit der Aktiengesellschaft eine organisatorische Einheit bildet.[61]

In aller Regel aber wird – dies sei nochmals betont – **der wichtige Grund,** der zur Auflösung des Aktionärbindungsvertrages berechtigt,[62] **nicht auch ein wichtiger Grund im Sinne von Art. 736 Ziff. 4 OR** sein. Vielmehr muss bei der Aktiengesellschaft der wichtige Grund gerade in der Beendigung des Aktionärbindungsvertrages bestehen, wobei auch dann die Auflösung der Aktiengesellschaft nur die *ultima ratio* ist, die zur Anwendung kommt, wenn andere zumutbare Rechtsbehelfe bzw. andere mögliche gerichtliche Anordnungen (wie z.B. die Übertragung der Aktien der klagenden Partei auf einen anderen Aktionär oder einen Dritten) ausgeschlossen sind.[63]

III. Folgen für die Beziehungen zu Dritten

Bei der Beendigung eines Aktionärbindungsvertrages werden Verträge, welche die Parteien zwar im Zusammenhang mit dem Vertrag, aber getrennt davon untereinander, mit der Aktiengesellschaft oder mit Dritten geschlossen haben,[64] **nicht auch automatisch beendet.**

---

[59] BGE 136 III 278 E. 2.2.2, 126 III 266 E. 1a.; 105 II 124, 105 II 128.
[60] Vgl. N 12.
[61] Teils a.M. BLOCH, 76 f.
[62] Vgl. N 1877 ff.
[63] VON DER CRONE, Aktienrecht, § 8 N 269 ff.; FORSTMOSER/MEIER-HAYOZ/NOBEL, § 55 N 110. – Vgl. N 1880.
[64] Darunter fallen z.B. sog. **Folgeverträge** oder **Satelliten- bzw. Durchführungsverträge** im Rahmen eines Joint-Venture-Unternehmens (d.h. Verträge zwischen den Gründergesellschaften und der Joint-Venture-Gesellschaft z.B. über Liegenschaften, Maschinen oder Immaterialgüterrechte; vgl. N 313 f.; VON BÜREN, Konzern, 387; GERICKE/DALLA TORRE, 39 ff.; HUBER, Vertragsgestaltung, 15 ff.; OERTLE, 17 f., 61 f. 139 ff. und 194 f.). In Betracht kommen können aber auch etwa Hinterlegungsverträge (betreffend die Aktien der Vertragsparteien), Aufträge zur Stimmrechtsvertretung, Anstellungs- und Arbeitsverträge sowie auch Darlehen etc.

2022 Es ist deshalb sinnvoll, Bestand und Dauer solcher Verträge **mit dem** betreffenden **Aktionärbindungsvertrag abzustimmen,** beispielsweise durch eine entsprechende Resolutivbedingung oder eine Kündigungsklausel.[65] Bei Verträgen mit Dritten ist dies schon deshalb *de rigueur,* weil sich diese den Aktionärbindungsvertrag als Motiv für den Vertragsschluss nicht entgegenhalten lassen müssen. Zwar ergibt sich dieser Zusammenhang oft schon aus dem Zweck des betreffenden Vertrages, doch ist es zur Vermeidung von Auseinandersetzungen zweckmässig, die Verknüpfung mit dem Aktionärbindungsvertrag ausdrücklich anzusprechen. So kann vorgesehen werden, dass das Vertragsverhältnis mit den Dritten bei Beendigung des Aktionärbindungsvertrages ebenfalls endet oder dass die Beendigung zumindest einen Kündigungsgrund bildet. Auch lässt sich durch die vorgängige Regelung mittels Rückkaufs- oder anderer Rückabwicklungsklauseln vereinbaren, welche Partei welche Vermögenswerte zurückerhalten soll oder welche eingeräumten Rechte wann enden sollen.[66]

---

[65] HUBER, Vertragsgestaltung, 16 und 52; OERTLE, 194 f.
[66] OERTLE, 196 f.

4. Teil: Prozessuale Durchsetzung

Das Funktionieren und der Erfolg einer Vertragsbeziehung hängen primär vom vom gegenseitigen kooperativen Verhalten der Vertragsparteien und von ihrem Willen zu einer effizienten Lösung von Konflikten ab. Dem dienen einfache und **eindeutige Formulierungen** und **Vertragsstrukturen,** aber auch rechtliche und faktische **Sicherungsmassnahmen,**[1] welche die Vertragsparteien – sei es mit oder ohne Androhung von (finanziellen) Nachteilen – zu einem entsprechenden Verhalten anhalten. Aktionärbindungsverträge sind aber nicht selten komplexe und manchmal instabile Vertragsgebilde.[2]

Scheitert die Vertragsbeziehung und ist deren Beendigung nicht einvernehmlich möglich, kommt die zwangsweise Durchsetzung von Rechten und Pflichten mithilfe staatlicher Gerichte oder vor Schiedsgerichten[3] ins Spiel. Dabei ist zu unterscheiden zwischen der realen **Durchsetzung vertraglicher Pflichten** einerseits und der blossen **Abwicklung des Scheiterns** und der **finanziellen Konsequenzen der Nichterfüllung** auf der anderen Seite.

Naturgemäss stehen Konflikte zwischen den Vertragsparteien und die Möglichkeit des Scheiterns des Vertrages nicht im Zentrum der Vertragsverhandlungen. Daher werden diese Fragen bei der Vertragsgestaltung oft wenig beachtet. Im Streitfall wird aber die Notwendigkeit vorausschauend und sorgfältig formulierter prozessrelevanter Klauseln evident.[4]

Bei der prozessualen **Durchsetzung von Rechten und Pflichten** aus oder im Zusammenhang mit einem Aktionärbindungsvertrag kann es um eine **Vielzahl von Themen** gehen wie etwa:[5]

– Einfordern von Leistungen einzelner Vertragsparteien;

– Erzwingung von Erwerbs- und Veräusserungsrechten;

– Anfechtung von Beschlüssen der Versammlung der Vertragsparteien;

– Durchsetzung von Konkurrenzverboten;

– Durchsetzung von Stimmbindungsvereinbarungen;

– Ausschluss von Parteien aus dem Vertrag;

– Auflösung des (gesellschaftsrechtlichen) Aktionärbindungsvertrages;

– Einfordern von Konventionalstrafen und Schadenersatz.

---

[1] Vgl. §§ 37 ff. (N 1533 ff.).
[2] OERTLE, 111.
[3] Vgl. dazu auch N 84 ff.
[4] RIHM, 523.
[5] RIHM, 518 ff.

2027 Zu den Vorkehren für eine prozessuale Durchsetzung gehören auch Regeln über das anwendbare Recht, sowohl auf materieller wie auf prozessualer Ebene, also hinsichtlich einer **Rechtswahl** und des Entscheides zwischen **staatlichen Gerichten** und **Schiedsgerichten**.

* * *

2028 Im Folgenden ist zunächst zu betonen, dass auch bei Aktionärbindungsverträgen ein **Recht auf Realerfüllung** besteht (§ 55 [N 2030 ff.]). An deren Stelle oder auch zusätzlich können **Schadenersatz** und – falls vereinbart – eine **Konventionalstrafe** treten (§ 56 [N 2080 ff.]). Einzugehen ist auf Besonderheiten von Klagen im Zusammenhang mit Aktionärbindungsverträgen hinsichtlich der **Legitimation** und der **örtlichen wie sachlichen Zuständigkeit** (§ 57 [N 2083 ff.]). Besonders eingetreten wird auf die **Durchsetzung im Konkurs** einer Vertragspartei oder auch der Aktiengesellschaft (§ 58 [N 2103 ff.]), sodann auch auf die Fragen, die sich in **internationalen Verhältnissen** stellen (§ 59 [N 2118 ff.]).

2029 Verbreitet sind in Aktionärbindungsverträgen Mechanismen der Streitbeilegung, mit denen **gerichtliche Verfahren vermieden** werden sollen (dazu § 60 [N 2144 ff.]).

§ 55 Recht auf Realerfüllung

Wie allgemein im Vertragsrecht besteht bei Aktionärbindungsverträgen ein Recht auf Realerfüllung (vgl. Ziff. I [N 2031 ff.]). Dieses besteht auch im Hinblick auf Stimmbindungsvereinbarungen, doch ergeben sich bei ihrer Durchsetzung andere Probleme (vgl. Ziff. II [N 2035 ff.]) als bei anderen Vertragspflichten (vgl. Ziff. III [N 2079]).

2030

I. Realerfüllung im Allgemeinen

Der Vertragsgläubiger, auch derjenige eines Aktionärbindungsvertrages, hat einen **Anspruch auf Erfüllung,**[1] sei es primär im Sinne einer **Realerfüllung,** sei es subsidiär in der Form von Schadenersatz[2]. Realerfüllung meint die rechtliche Erzwingung der Erbringung einer geschuldeten **Leistung *in natura*** durch den Schuldner selbst oder in der Form einer Ersatzvornahme durch den Gläubiger, Dritte oder das Gericht.[3] Das Recht, Realerfüllung zu fordern, besteht insofern und solange, als es sich nicht um eine blosse, unselbständige Nebenpflicht handelt oder die Realerfüllung aufgrund der Umstände unmöglich (geworden) ist.[4]

2031

Bei Verträgen, wie dem Aktionärbindungsvertrag, deren Inhalt primär auf Handlungen oder Unterlassungen gerichtet ist, kommt der Realerfüllung eine **besondere Bedeutung** zu, weil sich die Höhe eines (subsidiär) geschuldeten Schadenersatzes in vielen Fällen nur schwer oder gar nicht bestimmen lässt. Überdies ist eine Wiedergutmachung durch Schadenersatz oft nicht zielführend, weil es den beteiligten Aktionären um Einfluss auf die Aktiengesellschaft geht und nicht um direkte materielle Vorteile.[5]

2032

---

[1] ZR 1984, Nr. 53 E. 5b; BLOCH, 85 f.; GAUCH/SCHLUEP/EMMENEGGER, N 2488 f.; HINTZ-BÜHLER, 191; MARTIN, 235; OERTLE, 112 f.; SCHWENZER, N 61.01 f.; TRIPPEL/JAISLI KULL, 217; VON TUHR/ESCHER, 86 ff.

[2] BSK-WIEGAND, OR 97 N 38; vgl. N 2080 f.

[3] Art. 98 Abs. 1 OR; GAUCH/SCHLUEP/EMMENEGGER, N 2490 und 2506 ff.; SCHWENZER, N 61.01 und 61.06 ff.; BK-WEBER, OR 97 N 339.

[4] GAUCH/SCHLUEP/EMMENEGGER, N 2488; SCHMID, 591 ff., insb. 592; STAEHELIN/STAEHELIN/GROLIMUND, § 28 N 43 f.; BSK-WIEGAND, OR 98 N 2.

[5] BLOCH, 109; LANG, 78 f.; LÖRTSCHER, 193; OERTLE, 112. – Die finanziellen Konsequenzen eines gegen die Verpflichtungen aus einem Aktionärbindungsvertrag gefällten Generalversammlungsbeschlusses lassen sich selten beziffern. (Oft wird die den Vertrag

2033 Die Durchsetzung der Realerfüllung scheitert aber nicht selten daran, dass die vertragswidrige Absicht einer Vertragspartei den übrigen Vertragsparteien erst bekannt wird, wenn bereits **vollendete Tatsachen** geschaffen sind: Die Veräusserung von Aktien in Verletzung eines Erwerbsrechts ist vollzogen, die vertragswidrige Stimmabgabe erfolgt, wodurch ein *fait accompli* entstanden ist, das aus rechtlichen oder auch tatsächlichen Gründen nur schwer oder gar nicht rückgängig zu machen ist.[6] Oder es ist ein entsprechendes Urteil innert kurzer Frist, z.B. bis zur angekündigten Generalversammlung, nicht zu erlangen.[7]

2034 OERTLE macht auf das Problem aufmerksam, dass in einem Joint-Venture-Verhältnis neben den Vertragsparteien auch die **Aktiengesellschaft selbst ein Interesse** an der Durchsetzung der Regeln eines Aktionärbindungsvertrages haben kann, obwohl sie nicht Vertragspartei ist.[8] Soweit es nicht um spezifisch aktienrechtliche Fragen geht, kann dem Rechnung getragen werden, indem Rechte und Pflichten im Sinne eines **Vertrages zugunsten Dritter** ausgestaltet werden.[9] Im engeren Bereich der aktienrechtlichen Mitgliedschaftsrechte hingegen ist eine vertragliche Einbindung der Aktiengesellschaft häufig – auch als Berechtigte – rechtlich ausgeschlossen.[10]

II. Reale Durchsetzung von Stimmbindungsvereinbarungen

2035 Die Zulässigkeit von Stimmbindungsvereinbarungen wird von Lehre und Rechtsprechung (unter Vorbehalt von Umgehungstatbeständen) heute kaum mehr in Zweifel gezogen.[11] Weniger einhellig fällt die Antwort in Bezug auf die Möglichkeit realen Durchsetzung von Stimmbindungsvereinbarungen aus:

---

verletzende Partei gar – mehr oder weniger glaubwürdig – behaupten, es sei ihr darum gegangen, Schaden für die Gesellschaft abzuwenden.). – Vgl. auch schon N 1550 f.

[6] BLOCH, 86 und 91; HOCH, 145; MARTIN, 235 f.; OERTLE, 113. – Dies spricht jedoch nicht gegen den Anspruch auf Realerfüllung, wie dies zum Teil vertreten wird (vgl. dazu BLOCH, 91 f.; HINTZ-BÜHLER, 202 f. je m.w.H.) – Allenfalls kommt eine nachträgliche Korrektur in Betracht, indem etwa ein in Verletzung des Bindungsvertrages gewähltes Verwaltungsratsmitglied wieder abgewählt wird.

[7] BLOCH, 89 f. und 102; VON DER CRONE, Aktienrecht, § 11 N 34. – Umso bedeutender sind deshalb die im vorangehenden Kapitel beschriebenen Mechanismen der rechtlichen oder praktischen Absicherung der Vertragspflichten (vgl. N 1533 ff.).

[8] OERTLE, 111.

[9] Vgl. N 1423 ff.

[10] Vgl. N 405 ff.

[11] Vgl. N 780 f.

A. In der Lehre vertretene Positionen

Die reale Durchsetzbarkeit von Stimmbindungsvereinbarungen war (und ist teilweise) umstritten, weil diese direkte Auswirkungen auf der aktienrechtlichen Ebene haben, d.h. die Aktiengesellschaft und ihre Entscheidfindung direkt betreffen können.[12]

Die **ältere Lehre verneinte** überwiegend das Recht auf Realerfüllung bei Stimmbindungsvereinbarungen:[13] Es wurde argumentiert, dass für alle Gesellschaftsbeschlüsse die «Freiheit der Entschliessung der Gesellschafter» gegeben sein müsse, weshalb es einem Gesellschafter trotz Stimmbindungsvereinbarung erlaubt sein müsse, so zu stimmen «wie es ihm beliebt».[14] PATRY hält fest, dass es sich bei der Stimmabgabe des Aktionärs nicht um eine Willenserklärung im eigentlichen Sinne handle (an deren Stelle ein Gerichtsentscheid treten könnte [Art. 344 Abs. 1 ZPO]),[15] weshalb ein Gericht nicht festlegen könne, wie ein Aktionär zu stimmen habe. Es könne auch nicht gerichtlich der Gesellschaft die Vollstreckung eines Vertrages aufgezwungen werden, an den sie nicht gebunden sei; insbesondere aber habe nach einem Entscheid durch die Generalversammlung das Gericht keine Möglichkeit mehr, diesen Entscheid zu ändern. Auch eine Strafandrohung gemäss Art. 292 StGB erachtet PATRY als unzulässig, weil sie dem Prinzip der freien Willensentscheidung des Aktionärs widerspreche. Damit bleibe bei der Verletzung einer Stimmbindung nur Schadenersatz.[16] Im Übrigen wurden in der Lehre Bedenken gegen die nachträgliche Anpassung eines Generalversammlungsbeschlusses durch die Vollstreckung und einen Eingriff in das Aktienrecht geäussert.[17, 18]

---

[12] LANG, 87 m.w.H.

[13] Referiert bei GLATTFELDER in ZSR 1959 II, 703a; HINTZ-BÜHLER, 195 f., die beide diese Ansicht nicht teilen.

[14] SONTAG, 59 f., der allerdings aus diesem Grund auch die Möglichkeit eines Schadenersatzanspruches in Zweifel zieht (und damit letztlich die Gültigkeit von Stimmbindungsvereinbarungen überhaupt; vgl. dazu N 780 f.); vgl. auch LANG, 87 m.w.H. und 88 f.

[15] Vgl. aber N 2041.

[16] PATRY, Accords, 115a ff.; vgl. auch HINTZ-BÜHLER, 196 f. m.w.H.; LANG, 88.

[17] BÜRGI in ZSR 1959 II, 721a f.; LEHNER in ZSR 1959 II, 720a f.; differenzierend STUBER, 88 f. – JÄGGI (in ZSR 1959 II, 734a f.) hingegen plädiert dafür, insbesondere dann, wenn alle Aktionäre an einem Bindungsvertrag beteiligt seien, «mit der Vollstreckung möglichst weit zu gehen», indem etwa bei einer Verpflichtung, bestimmte Personen in den Verwaltungsrat zu wählen, es bei abredewidriger Nichtwahl, «unter den Aktionären so zu halten sei, als ob die Betreffenden dem Verwaltungsrat angehörten» (eine kühne Folgerung!).

[18] Vgl. auch BLOCH, 88 f.; LANG, 88; ZIHLMANN, Abstimmungsvereinbarungen, 241; sowie HINTZ-BÜHLER, 208 ff.; STUBER, 81 ff. und GLATTFELDER, 309a ff. (beide auch m.H. auf das deutsche Recht).

2038 Schon GLATTFELDER und mit ihm die **neuere Lehre** sprechen sich dagegen überwiegend **für die Möglichkeit und Zulässigkeit der Realvollstreckung** von Stimmbindungsvereinbarungen aus.[19] Die Rechtsprechung hat sich bisher kaum mit dieser Frage auseinandergesetzt; soweit ersichtlich hat einzig das Zürcher Kassationsgericht dazu Stellung bezogen und den Anspruch auf Realerfüllung bejaht.[20] Im Einzelnen bleiben viele Fragen ungeklärt:

B. Reale Durchsetzbarkeit vertraglicher Pflichten als Grundsatz auch für Stimmbindungen

2039 Geht man vom zivilrechtlichen Grundsatz aus, dass einem vertraglich begründeten Erfüllungsanspruch primär durch Leistung *in natura* nachzukommen ist,[21] und erachtet man Stimmbindungsvereinbarungen als gültig,[22] so ist u.E. **kein Grund erkennbar, weshalb nicht auch** für Verpflichtungen aus **Stimmbindungsvereinbarungen** eine Leistungsklage auf Erfüllung mit der Möglichkeit der realen Durchsetzung in Frage kommen soll.[23] Zu den vorgebrachten Einwänden ist das Folgende zu sagen:

2040 Beim Argument, man könne oder dürfe den Aktionären die freie Entschlussfähigkeit nicht entziehen,[24] werden die (aus aktienrechtlicher Sicht) *freie Stimmabgabe und* die hinter dieser Stimmabgabe stehende *Motivation verwechselt*. So wenig wie in anderen Fällen nach der Motivation für eine Stimmabgabe zu forschen ist (zumal den Aktionär gegenüber der Aktiengesellschaft keine Treuepflicht trifft[25]), so wenig

---

[19] APPENZELLER, 58 ff.; BSK-BAUDENBACHER, OR 620 N 37; VON DER CRONE, Aktienrecht, § 11 N 43 f.; DOHM, 166 ff.; FORSTMOSER, Aktionärbindungsverträge, 373 f.; FORSTMOSER/MEIER-HAYOZ/NOBEL, § 39 N 191; GERICKE/DALLA TORRE, 49; GLATTFELDER, 310a f.; ZK-HANDSCHIN/VONZUN, OR 535 N 72; HINTZ-BÜHLER, 198 ff. und 208ff.; LANG, 88 ff.; LÖRTSCHER, 192 f.; MARTIN, 235 (Anm. 1359); TRIPPEL/JAISLI KULL, 218; WEBER, Vertragsgestaltung, 87; ZIHLMANN, Abstimmungsvereinbarungen, 241 f.

[20] ZR 1984, Nr. 53, E. 5b. – Implizit setzen auch das Urteil bzw. die Verfügungen des HGer ZH betreffend vorsorgliche Massnahmen vom 18. Oktober 2011 (ZR 2014, Nr. 25) bzw. 24. Juni 2013 (Gesch.-Nr. HE130188) das Recht auf Realerfüllung voraus (vgl. N 2055 Anm. 57).

[21] Vgl. N 2031.

[22] Vgl. N 780 f.

[23] Wie hier auch GLATTFELDER, 312a; HINTZ-BÜHLER, 197 ff.; LANG, 89 f.; LÖRTSCHER, 193; ZIHLMANN, 241 f. – Auch der deutsche BGH erachtet die reale Durchsetzung einer Stimmpflicht als zulässig (BGH-Urteil vom 29. Mai 1967, NJW 1967, 1963 ff., 1965 f.).

[24] Vgl. N 2037.

[25] Vgl. N 26.

ist diese im Zusammenhang mit der (allenfalls zwangsweisen) Erfüllung der Pflicht aus einer Stimmbindung zu hinterfragen.[26] Soweit bei dieser Begründung die Idee der Generalversammlung als dem Ort der Meinungsbildung mitschwingt,[27] ist an die Realität zu erinnern, daran, dass die Meinungen zumeist schon vor der Generalversammlung gefasst sind (was bei der Ausübung des Stimmrechts durch Vertreter ohnehin unvermeidbar ist).[28] Es ist sodann nicht konsequent, wenn zwar die Gültigkeit von Stimmbindungsvereinbarungen und die Einklagbarkeit von Schadenersatz und Konventionalstrafe bejaht, jedoch die Möglichkeit der realen Durchsetzung verneint wird, denn die freie Willensbildung wird auch durch drohende finanzielle Nachteile beeinflusst.[29]

Die Möglichkeit der realen Durchsetzung wird auch deshalb verneint, weil es sich bei der Stimmabgabe **nicht um eine Willenserklärung** im eigentlichen Sinne handle, an deren Stelle ein Gerichtsentscheid (Art. 344 Abs. 1 ZPO) treten könne.[30] Es spricht nun aber einiges dafür, dass es sich beim Akt der Stimmabgabe tatsächlich um eine Willenerklärung handelt, zumal auch die Berufung auf Willensmängel für möglich gehalten wird.[31] Selbst wenn man aber vom Gegenteil ausgeht, wäre eine reale Durchsetzung nicht ausgeschlossen, weil der betreffende Aktionär auch in diesem Fall zumindest **zu einem Tun angehalten** werden könnte (Art. 343 ZPO).

Richtig ist u.E., dass eine **nachträgliche Änderung der Stimmabgabe** (und somit des Generalversammlungsbeschlusses) durch Gerichtsentscheid – nur schon aus Gründen der Rechtssicherheit[32] – **nicht zulässig** sein kann. Dafür stehen ausschliesslich die aktienrechtlicher Rechtsbehelfe wie die Anfechtung von Generalversammlungsbeschlüssen zur Verfügung. Insbesondere gilt dies, wenn der zustande gekommene Beschluss Rechte Dritter begründet wie bei der Entlastung, der Festsetzung der Dividende, der Beschlussfassung über die Fusion oder die Liquidation der Gesellschaft.

---

[26] BLOCH, 88 f.; LANG, 89; vgl. N 355.
[27] SONTAG, 59 f.
[28] Vgl. nur FORSTMOSER/WOHLMANN/HOFSTETTER: Stärkung der Aktionärsdemokratie durch das Internet, NZZ vom 3. April 2012, 29.
[29] BLOCH, 98 und 100; HINTZ-BÜHLER, 199.
[30] Vgl. N 2037.
[31] APPENZELLER, 61 f.; BLOCH, 98; BÖCKLI, Aktienrecht, § 12 N 189 f.; BSK-DUBS/TRUFFER, OR 703 N 18; GLATTFELDER, 317a; HINTZ-BÜHLER, 216; HOMBURGER/MOSER: Willensmängel bei der Beschlussfassung der Generalversammlung der Aktionäre, in: Mélanges Pierre Engel, Lausanne 1989, 145 ff., 146 und 149; BSK-LÄNZLINGER, OR 692 N 5; SCHOTT, § 2 N 9 ff.
[32] BÖCKLI, Aktienrecht, § 12 N 110 sowie (sinngemäss) 189 und 228 ff.

2043 Dies bedeutet aber nicht, dass deshalb eine reale Durchsetzung generell ausgeschlossen wäre: Erstens kann ein Urteil auch schon vor der Durchführung der Generalversammlung erstritten werden (insbesondere, wenn sich der Vertrag nicht nur auf eine einzige Generalversammlung bezieht, sondern als Dauerverpflichtung ausgestaltet ist). Zweitens stehen auch andere Mittel als die nachträgliche Änderung der Stimmabgabe zur Verfügung:[33] Beispielsweise die Verpflichtung, die Einberufung einer ausserordentlichen Generalversammlung zu unterstützen (Art. 699 Abs. 3 OR) und in dieser vertragskonform zu stimmen, oder die Verpflichtung zur Stimmabgabe für die Abwahl bzw. die Nichtwiederwahl eines abredewidrig gewählten Mitgliedes des Verwaltungsrats in einer künftigen Generalversammlung.[34] Damit werden die vertrags- und die aktienrechtliche Ebenen nicht vermischt,[35] denn die Aktiengesellschaft hat keinen Anspruch darauf, dass die Aktionäre keine ausserordentliche Generalversammlung einberufen oder dass ihr künftiges Abstimmungsverhalten (z.B. bezüglich der Abwahl bzw. Wiederwahl eines Mitgliedes des Verwaltungsrats) im Einklang mit dem bisherigen steht. Ob ein Aktionär seine Stimme freiwillig in einem bestimmten Sinn abgibt oder ob er dies aufgrund einer gerichtlichen Anweisung tut, spielt keine Rolle.

2044 Aus rechtlicher Sicht sind daher Pflichten aus Stimmbindungsvereinbarungen **real durchsetzbar.** Die Möglichkeit der praktischen Umsetzung hängt freilich von den konkreten Umständen ab, vor allem davon, ob eine Vertragsverletzung im Voraus oder ob sie erst *post festum* erkannt wird:

C. Vor der Generalversammlung erkennbare Absicht der Nichterfüllung von Stimmbindungspflichten (vorsorgliche Massnahmen)

1. Ausgangslage

2045 Oft ist für die übrigen Vertragsparteien die Absicht einer Pflichtverletzung vor dem Zeitpunkt der Generalversammlung nicht erkennbar und werden an der Generalversammlung überraschend vollendete Tatsachen geschaffen. Doch es kommt vor, dass eine Vertragspartei schon vorher erklärt, beispielsweise an der Versammlung der Vertragsparteien, sie werde sich nicht an ihre Stimmpflichten halten. Oder es ist eine Verletzung der Stimmbindungspflicht zu befürchten, weil eine Partei schon in

---

[33] BLOCH, 92 f.; HINTZ-BÜHLER, 202.

[34] BLOCH, 90. – Nicht zulässig wäre u.E. hingegen die Einberufung einer Generalversammlung durch den Richter selbst, da dies einen materiellen Eingriff auf der aktienrechtlichen Ebene darstellen würde.

[35] Vgl. N 115 ff.; HINTZ-BÜHLER, 199 f.; ZIHLMANN, 241.

früheren Generalversammlungen gegen die Vereinbarung verstossen hat.[36] Eine ordentliche Leistungsklage auf Erfüllung würde aber regelmässig zu viel Zeit in Anspruch nehmen,[37] weshalb sich in solchen Fällen vor allem die Frage gerichtlicher **vorsorglicher Massnahmen zur Sicherstellung der Erfüllung der Stimmbindungspflichten** stellt.[38] Deren Zulässigkeit wird auch für Aktionärbindungsverträge in der neueren Lehre anerkannt.[39]

2. Begriff und allgemeine Voraussetzungen der vorsorglichen Massnahmen

Der **Begriff** «vorsorgliche Massnahmen» bezeichnet Anordnungen des Gerichts, welche einer Partei vor oder während eines ordentlichen Prozesses (Art. 263 ZPO) einstweiligen Rechtsschutz gewähren sollen, wenn zu befürchten ist, dass der im ordentlichen Prozess voraussichtlich zu erwartende Entscheid sonst nicht mehr (ohne Weiteres) durchgesetzt werden könnte.[40] Dabei kommen alle gerichtlichen Anordnungen in Frage, die geeignet sind, den drohenden Nachteil abzuwenden (Art. 262 ZPO).[41]

Die allgemeinen **Voraussetzungen**[42] für die Anordnung einer vorsorglicher Massnahme sind, dass

– der einer Partei zustehende **Anspruch verletzt** wird oder eine **Verletzung zu befürchten** ist; und

– dass dieser Partei aus der Verletzung ein **nicht leicht wieder gutzumachender Nachteil** droht (Art. 261 ZPO).

Die Anordnung vorsorglicher Massnahmen erfolgt im **summarischen Verfahren** (Art. 248 ff. ZPO);[43] das Vorliegen der Voraussetzungen ist zumindest **glaubhaft** zu machen (Art. 261 ZPO).[44] Zu den allgemeinen Prozessvoraussetzungen und zur Zuständigkeit vgl. N 2083 ff. bzw. 2095 ff.

---

[36] BLOCH, 92 und 102 f.
[37] BLOCH, 89 f.
[38] BLOCH, 102 ff.; HINTZ-BÜHLER, 218 ff.; HOCH, 145; MEYER, 426; TRIPPEL/JAISLI KULL, 218. – Zur Prosekution des Massnahmeentscheides mittels Leistungsklage auf Erfüllung vgl. N 2072 f.
[39] BLOCH, 104 f. m.w.H.; VON DER CRONE, Aktienrecht, § 11 N 40; TRIPPEL/JAISLI KULL, 219.
[40] STAEHELIN/STAEHELIN/GROLIMUND, § 22 N 1 f.
[41] STAEHELIN/STAEHELIN/GROLIMUND, § 22 N 14 ff.
[42] Vgl. dazu etwa BK-GÜNGERICH, ZPO 261 N 14 ff.; HUBER, ZPO-Komm., ZPO 261 N 17 ff.; BSK-SPRECHER, ZPO 261 N 10 ff.
[43] STAEHELIN/STAEHELIN/GROLIMUND, § 22 N 27.
[44] HUBER, ZPO-Komm., ZPO 261 N 25 ff.

3. Die Voraussetzungen vorsorglicher Massnahmen im Einzelnen[45]

a) Zivilrechtlicher Anspruch (Verfügungsanspruch)

2049 Klar ist zunächst, dass gegen die Partei, gegen die vorsorgliche Massnahmen verlangt werden, ein zivilrechtlicher, materieller **Anspruch** der gesuchstellenden Partei(en) **glaubhaft** gemacht werden muss.[46] Soweit eine rechtlich zulässige Stimmbindungsvereinbarung[47] vorliegt, ist dies der Fall. Der konkrete Anspruch kann beispielsweise dadurch glaubhaft gemacht werden, dass dem Gericht der Aktionärbindungsvertrag und ein Protokoll der Versammlung der Vertragsparteien vorgelegt werden, worin die entsprechenden Entscheidungen festgehalten sind.

b) Drohende Verletzung des Anspruchs (Verfügungsgrund)

2050 Weiter ist erforderlich, dass dieser Anspruch durch die Gegenpartei **verletzt** wird bzw. dass eine Verletzung ernsthaft **droht**.[48] Unter welchen Umständen die Verletzung eines Anspruches «ernsthaft» droht, kann letztlich nur im Einzelfall beurteilt werden; es dürfte dies aber etwa dann der Fall sein, wenn ein durch eine Stimmbindung Verpflichteter in der Versammlung der Vertragsparteien oder danach erklärt, sich in der Generalversammlung nicht an die Stimmbindung halten zu wollen.[49]

c) Drohender Nachteil

2051 Als drohender (nicht leicht wieder gutzumachender) Nachteil genügt die **Gefährdung der Realerfüllung** eines Anspruches; ein nachweisbarer materieller Schaden ist nicht notwendig.[50] Damit qualifiziert das Nichteinhalten einer Stimmbindung als relevanter Nachteil, denn die reale Durchsetzbarkeit des Anspruches auf eine bestimmte Stimmabgabe ist nach erfolgter Generalversammlung in der Regel nicht mehr möglich.[51]

2052 Unseres Erachtens ist für die Frage des drohenden Nachteils allerdings nicht nur die Unmöglichkeit der Realerfüllung des Anspruchs nach durchgeführter Generalversammlung in Betracht zu ziehen, sondern auch das durch die Stimmbindung

---

[45] BK-GÜNGERICH, ZPO 261 N 14 ff.; HUBER, ZPO-Komm., ZPO 261 N 17 ff.; BSK-SPRECHER, ZPO 261 N 10 ff.
[46] BK-GÜNGERICH, ZPO 261 N 14 ff.; HUBER, ZPO-Komm., ZPO 261 N 17; STAEHELIN/STAEHELIN/GROLIMUND, § 22 N 8.
[47] Vgl. N 780 ff.
[48] HUBER, ZPO-Komm., ZPO 261 N 18 f.; STAEHELIN/STAEHELIN/GROLIMUND, § 22 N 9.
[49] TRIPPEL/JAISLI KULL, 219 f.
[50] HUBER, ZPO-Komm., ZPO 261 N 20 f.; BK-GÜNGERICH, ZPO 261 N 35 und 37; STAEHELIN/STAEHELIN/GROLIMUND, § 22 N 10 f.
[51] Zur Frage des Rückgängigmachens vertragswidrigen Stimmverhaltens vgl. N 2074 ff.

beabsichtigte **Abstimmungsresultat.** Wenn der mit Vertragsuntreue drohende Aktionär durch sein Stimmverhalten das Abstimmungsresultat nicht zu beeinflussen vermag, dann dürfte – in sinngemässer Analogie zu Art. 691 Abs. 3 OR – kein drohender Nachteil gegeben sein. Dies ist etwa dann der Fall, wenn die übrigen verbundenen Aktionäre noch über einen genügenden Stimmanteil verfügen (d.h. mehr als 50% bzw. mehr als das erforderliche qualifizierte Quorum), um eine Entscheidung durchzusetzen. Sind die vertragstreuen Parteien dagegen allein nicht in der Lage, eine erforderliche Mehrheit zu erlangen, dann ist ein drohender Nachteil nicht auszuschliessen.

Der drohende Nachteil ist sodann – im Sinne des Verhältnismässigkeitsprinzips – gegen die durch die vorsorglichen Massnahmen bei der vertragsuntreuen Partei entstehenden Nachteile **abzuwägen.**[52] Ausschlaggebend sind die Umstände des Einzelfalles und die zur Verfügung stehenden Massnahmen[53].

d) Dringlichkeit

Vorsorgliche Massnahmen sind nur dann angezeigt, wenn **zeitliche Dringlichkeit** besteht, wenn also ein Entscheid im ordentlichen Verfahren zu spät käme, um den drohenden Nachteil abzuwenden.[54] Bei der Stimmabgabe, bei der es zumeist nur noch Tage, Wochen oder wenige Monate bis zur betreffenden Generalversammlung geht, dürfte ein ordentliches Verfahren aber regelmässig zu spät zu einem Abschluss kommen, weshalb hier Dringlichkeit meist gegeben ist. Ist die Zeit besonders knapp, kann das Gericht eine vorsorgliche Massnahme auch sofort und ohne Anhörung der Gegenpartei anordnen (superprovisorische Massnahme).[55]

4. Möglicher Inhalt der Massnahmen (Vollstreckung)

a) Im Allgemeinen

Eine vorsorgliche Massnahme kann jede gerichtliche **Anordnung** sein, die **geeignet** ist, den **drohenden Nachteil abzuwenden.** In Frage kommen insbesondere ein *Verbot*, eine Anordnung zur *Beseitigung eines rechtswidrigen Zustandes*, eine *Anweisung an* eine *(Register-)Behörde oder eine dritte Person* oder auch eine *Sachleistung*

---

[52] HUBER, ZPO-Komm., ZPO 261 N 23 f.; STAEHELIN/STAEHELIN/GROLIMUND, § 22 N 12 ff. – So dürften die drohende Auflösung der Aktiengesellschaft oder eine Kapitalerhöhung unter Entzug des Bezugsrechts als schwerwiegend zu beurteilen sein, Entscheide, welche leicht wieder rückgängig zu machen sind, dagegen als eher weniger schwerwiegend.

[53] Sogleich N 2055 ff.

[54] HUBER, ZPO-Komm., ZPO 261 N 22 ff.; STAEHELIN/STAEHELIN/GROLIMUND, § 22 N 11.

[55] Art. 265 ZPO; TRIPPEL/JAISLI KULL, 220.

(Art. 262 ZPO).⁵⁶ Die im Gesetz enthaltene Liste von Massnahmen ist nicht abschliessend; andere Massnahmen sind denkbar.⁵⁷

2056 Weil eine Massnahme im Zusammenhang mit der Durchsetzung von Stimmbindungspflichten regelmässig auf eine **vorläufige Vollstreckung des Anspruches** hinauslaufen dürfte (eine andere Möglichkeit als die, eine vertragskonforme Stimmabgabe in der Generalversammlung *realiter* durchzusetzen, besteht kaum),⁵⁸ ist zu beachten, dass gemäss bundesgerichtlicher Rechtsprechung in solchen Fällen **Zurückhaltung geboten** ist bzw. strenge Anforderungen an Dringlichkeit und Verhältnismässigkeit gestellt werden.⁵⁹

2057 Ebenfalls Zurückhaltung geboten ist u.E. bei **Anweisungen an unbeteiligte Drittpersonen** (Art. 262 lit. c ZPO) – insbesondere solchen an die *Aktiengesellschaft*.⁶⁰ So darf zum ersten die Rechtsstellung der Drittperson durch die vorsorgliche Massnahme nicht beeinträchtigt werden,⁶¹ zum zweiten ist im Rahmen der Verhältnismässigkeit besonders sorgfältig zu prüfen, ob nicht eine Massnahme gegen eine am Verfahren beteiligte Partei ebenfalls zu Ziel führen würde, und schliesslich ist die strikte Trennung von vertrags- und aktienrechtlicher Ebene⁶² im Auge zu behalten.

---

[56] BK-GÜNGERICH, ZPO 262 N 2 ff.; HUBER, ZPO-Komm., ZPO 262 N 6 ff.; BSK-SPRECHER, ZPO 262 N 2 ff. und 13 ff.; STAEHELIN/STAEHELIN/GROLIMUND, § 22 N 14 ff.

[57] BK-GÜNGERICH, ZPO 262 N 49; HUBER, ZPO-Komm., ZPO 262 N 5; BSK-SPRECHER, ZPO 262 N 13. – Vgl. etwa ZR 1984, Nr. 53, mit welchem Entscheid das KassGer ZH einen Massnahmeentscheid des OGer ZH bestätigt, worin dieses dem Beklagten befahl, den Kläger einstweilen für eine weitere Amtsdauer als Verwaltungsratsmitglied zu wählen (LÖRTSCHER, 192 f.). Oder auch die im Entscheid des HGer ZH vom 18. Oktober 2011 (ZR 2014, Nr. 25) (E. 1) erwähnte (aber schliesslich aufgehobene) superprovisorische Massnahme, mittels welcher «der Beklagten untersagt [wurde], an einer während der Dauer [des] Verfahrens stattfindenden Generalversammlung [bestimmte Personen] abzuwählen».

[58] TRIPPEL/JAISLI KULL, 220.

[59] BGE 131 III 473 E. 2.3, 108 II 228 E. 2c; BLOCH, 105 f.; VON DER CRONE, Aktienrecht, § 11 N 45; BK-GÜNGERICH, ZPO 262 N 4; HUBER, ZPO-Komm., ZPO 262 N 15; BSK-SPRECHER, ZPO 261 N 36 und ZPO 262 N 8; STAEHELIN/STAEHELIN/GROLIMUND, § 22 N 17; TRIPPEL/JAISLI KULL, 221. – Von entscheidender Bedeutung dürfte wiederum sein, wie schwer oder leicht sich eine Anordnung (oder die Konsequenz einer fehlenden Anordnung) rückgängig machen lässt (vgl. auch Anm. 52).

[60] Dazu auch TRIPPEL/JAISLI KULL, 223 ff. – Ablehnend gegenüber direkten Massnahmen gegen die Aktiengesellschaft (allerdings noch unter altem Zivilprozessrecht): LANG, 108.

[61] BSK-SPRECHER, ZPO 262 N 22.

[62] Vgl. N 115 ff.

Die **Anweisung** an die Aktiengesellschaft, eine **Generalversammlung** (bis zur Klärung der Rechtslage) **zu sistieren oder zu verschieben,** dürfte unter diesen Voraussetzungen **kaum in Frage kommen,** weil die Durchführung bzw. Nichtdurchführung für die Aktiengesellschaft nicht nur faktische, sondern auch rechtliche Folgen hätte. Auch eine Anweisung an die Aktiengesellschaft, Aktienstimmen anders zu zählen als wie sie tatsächlich abgegeben wurden, wäre u.E. unzulässig. 2058

Das Einzelgericht des HGer ZH erachtete es als möglich (neben dem Verbot der Stimmrechtsausübung an die Beklagte), die Aktiengesellschaft anzuweisen, sowohl die Aktien der Klägerin als auch diejenigen der Beklagten in der kurz bevorstehenden Generalversammlung «als nicht vertreten zu berücksichtigen bzw. allfälligen Vertretern keinen Televoter zur Vertretung und Ausübung ihrer Stimmrechte auszuhändigen».[63] Auch wenn auf der Ebene des Zivilprozessrechts Anweisungen an Drittpersonen zulässig sind,[64] darf u.E. eine solche Anweisung – wenn überhaupt – nur mit äusserster Zurückhaltung angeordnet werden.[65] Denn ein solcher Ausschluss eines Aktionärs von der (stimmberechtigten) Teilnahme an der Generalversammlung könnte – auf der von der vertraglichen strikt zu trennenden aktienrechtlichen Ebene – einen Anfechtungs- oder gar Nichtigkeitsgrund im Sinne von Art. 691 Abs. 3 (analog) bzw. 706 und 706b OR darstellen.[66] Auf den Grund des – aus aktienrechtlicher Sicht unberechtigten – Ausschlusses kommt es nicht an.[67] 2059

Für die gesuchstellende(n) Partei(en) besteht eine der verfahrensrechtlichen Schwierigkeiten darin, dass aufgrund der Dispositionsmaxime die verlangten Massnahmen im Gesuch genau zu bezeichnen sind (Art. 58 Abs. 1 ZPO). Die blosse Angabe des Zwecks bzw. Ziels des Gesuches genügt dem Gericht in aller Regel nicht.[68] 2060

b) Zwang

Die Durchsetzung von Stimmpflichten mittels direkten Zwanges ist ausgeschlossen.[69] Als mögliche vorsorgliche Massnahme in Frage kommt aber – als **Mittel des** 2061

---

[63] ZR 2013, Nr. 70 (betr. Verfügung vom 24. Juni 2013); TRIPPEL/JAISLI KULL, 224 ff.
[64] Vgl. N 2057.
[65] Vgl. TRIPPEL/JAISLI KULL, 226 ff., die eine solche Anweisung als faktische Durchbrechung der strikten Trennung von vertraglicher und körperschaftlicher Ebene betrachten; weniger skeptisch VON DER CRONE, Aktienrecht, § 11 N 43.
[66] TRIPPEL/JAISLI KULL, 228.
[67] ZR 1965, Nr. 148; FORSTMOSER/MEIER-HAYOZ/NOBEL, § 25 N 34; SCHLEIFFER, 295 ff.; SCHOTT, § 11 N 23 ff.
[68] BSK-SPRECHER, ZPO 261 N 8 f.; STAEHELIN/STAEHELIN/GROLIMUND, § 22 N 29.
[69] BLOCH, 93; LANG, 93; HINTZ-BÜHLER, 213. – Zu abwegig ist die Vorstellung, dass ein Beamter einen Aktionär zwecks korrekter Stimmabgabe an die Generalversammlung begleitet und im Notfall physischen oder psychischen Zwang auf diesen ausübt. Für andere

indirekten Zwanges – die Anweisung zur vertragskonformen Stimmabgabe an den betreffenden Aktionär unter *Strafandrohung nach Art. 292 StGB*[70] *oder Art. 343 Abs. 1 ZPO*.

2062 Zu berücksichtigen ist, dass die **Höchststrafe** nach **Art. 292 StGB** gemäss Art. 106 Abs. 1 StGB in einer Busse von lediglich CHF 10 000 besteht und die Ordnungsbusse gemäss Art. 343 Abs. 1 lit. b ZPO maximal CHF 5000 betragen kann.[71] Diese Beträge dürften nur in kleineren Verhältnissen einen spürbaren Nachteil darstellen. Immerhin aber ist im Fall von Art. 292 StGB bei Bussen von über CHF 5000 ein Eintrag in das Strafregister in Kauf zu nehmen[72], und bei regulierten Unternehmen (zu denken ist insbesondere an Finanzdienstleister) kann es zu aufsichtsrechtlichen Massnahmen kommen. Umso wichtiger erscheint aus dieser Optik die Vereinbarung einer angemessen schmerzhaften Konventionalstrafe.[73]

c) Ersatzvornahme

2063 Ist eine Vertragspartei zu einem Tun verpflichtet, das auch von einem Dritten vorgenommen werden kann, ist zur Durchsetzung auch eine **Ersatzvornahme durch Dritte** möglich. Diese ist in Art. 98 Abs. 1 OR (und Art. 343 Abs. 1 lit. e ZPO) ausdrücklich vorgesehen: «Ist der Schuldner zu einem Tun verpflichtet, so kann

---

Pflichten wie die zur Herausgabe von Aktien kann Zwang hingegen durchaus geeignet sein (LANG, 94; HINTZ-BÜHLER, 217; DOHM, 184).

[70] BLOCH, 93 f.; VON DER CRONE, Aktienrecht, § 11 N 43; GLATTFELDER, 319a; HINTZ-BÜHLER, 205 f. und 213; LANG, 93; STAEHELIN/STAEHELIN/GROLIMUND, § 28 N 44b; TRECHSEL/VEST, PraxKomm, StGB 292 N 1 ff. – In einem Entscheid vom 30. Oktober 1990 (Verfahren 03 89 75/910) befahl das Amtsgericht Luzern-Stadt, in Bestätigung einer vorher angeordneten superprovisorischen Massnahme, den Gesuchsgegnerinnen vorsorglich unter Androhung von Haft oder Busse gemäss Art. 292 StGB «selbst oder durch Vertreter in Generalversammlungen der [Aktiengesellschaft] [Dr. XY] als Verwaltungsrat dieser Gesellschaft wiederzuwählen»; es verbot den Gesuchsgegnerinnen «gleichzeitig ..., für seine Nichtwiederwahl oder seine Abberufung als Verwaltungsrat der [Aktiengesellschaft] zu stimmen oder stimmen zu lassen».

[71] STAEHELIN/STAEHELIN/GROLIMUND, § 28 N 44b f. – Möglich wäre gemäss Art. 343 Abs. 1 lit. c ZPO auch eine Ordnungsbusse von bis zu CHF 1000 für jeden Tag der Nichterfüllung. Eine solche Busse ist in der Praxis jedoch selten und eignet sich auch nur, wenn der Zeitpunkt der Erfüllung in der Hand des Verpflichteten liegt und nicht z.B. vom Termin einer Generalversammlung abhängt.

[72] Art. 366 Abs. 2 lit. b StGB i.V.m. Art. 3 Abs. 1 lit. c Ziff. 1 VOSTRA-V.

[73] Vgl. N 1540 ff.; LANG, 75. – Im Fall von ZR 1970, Nr. 101 verweigerte eine Partei eines Aktionärbindungsvertrages die Erfüllung einer Stimmbindungsvereinbarung und nahm die Bezahlung der vereinbarten Konventionalstrafe von CHF 300 000 in Kauf.

sich der Gläubiger ... ermächtigen lassen, die Leistung auf Kosten des Schuldners vorzunehmen.»[74]

Die Möglichkeit der Durchsetzung aktionärbindungsvertraglicher Pflichten mittels Ersatzvornahme ist weitgehend unbestritten, auch im Zusammenhang mit der Durchsetzung von Stimmbindungsvereinbarungen:[75] Da gemäss Art. 689 Abs. 2 OR die Stimmabgabe in der Generalversammlung keine persönliche Leistung des Aktionärs darstellt, sondern dieser sich durch einen Dritten vertreten lassen kann, ist die Ersatzvornahme durch einen Dritten (oder auch durch die übrigen Vertragsparteien) nicht ausgeschlossen.[76] In der Lehre wird dazu ausgeführt, der Gerichtsentscheid wirke in diesem Fall wie eine Vertretungsvollmacht[77] oder ersetze die Bevollmächtigung durch den Aktionär.[78] Unseres Erachtens kann dies allerdings nur dann der Fall sein, wenn das Gericht diese Folge in seinem Entscheid ausdrücklich festgelegt hat, d.h. der Entscheid muss als Vollstreckungsmittel die **Ermächtigung** der gesuchstellenden Parteien zur (gemeinsamen) Stellvertretung des vertragsuntreuen Aktionärs und zur vertragskonformen Stimmabgabe in der Generalversammlung oder die entsprechende Ermächtigung eines Dritten **ausdrücklich vorsehen.** Sind für die Stellvertretung weitere Legitimationshandlungen erforderlich, so sind auch diese im Entscheid anzuordnen.[79]

Sehen die Statuten vor, dass nur Aktionäre zur Stellvertretung zugelassen sind (Art. 689 Abs. 2 OR), stellt dies, soweit alle oder zumindest ein Teil der Beteiligten Aktionäre sind, kein Hindernis dar. Ist hingegen nur die renitente Vertragspartei Aktionärin, ist eine Stellvertretung durch andere Vertragsparteien in diesem Fall ausgeschlossen und kann sie auch nicht gerichtlich angeordnet werden.[80] Eine Lösung kann hier die Ermächtigung eines Organvertreters[81] oder des unabhängigen Stimmrechtsvertreters darstellen.

Verschiedene weitere Bedenken, die in der Lehre angesprochen werden, sind u.E. insofern nicht einschlägig, als sie nicht direkt und ausschliesslich mit der realen Durchsetzung von Ansprüchen aus einem Aktionärbindungsvertrag bzw. einer

---

[74] BLOCH, 94 f.; GAUCH/SCHLUEP/EMMENEGGER, N 2505 ff. m.w.H.; HINTZ-BÜHLER, 206; STAEHELIN/STAEHELIN/GROLIMUND, § 28 N 48.
[75] GLATTFELDER, 319a f.; HINTZ-BÜHLER, 214 f.; LANG, 92 f.; a.M. PATRY, 116a ff.
[76] BLOCH, 94 f.; MARTIN, 237.
[77] GLATTFELDER, 320a; VON DER CRONE, Aktienrecht, § 11 N 38 und 43.
[78] BLOCH, 95; LANG, 92. – Bei Inhaberaktien allerdings genügt ein entsprechender Entscheid nicht, da diese vorzulegen sind (Art. 689a Abs. 2 OR); hier müssten weitere Anordnungen getroffen werden, z.B. die Anweisung, die Aktien zum Zweck der Teilnahme an der Generalversammlung zu überlassen (BLOCH, 95 f.).
[79] Art. 689a OR; vgl. BLOCH, 95 f.; HINTZ-BÜHLER, 214 f.
[80] BLOCH, 95.
[81] Dieser ist freilich nur noch bei Aktiengesellschaften mit nicht kotierten Aktien zugelassen.

Stimmbindungsvereinbarung verbunden sind. So ist es beispielsweise in jeder Vertretungssituation denkbar, dass sowohl der Vertreter als auch der vertretene Aktionär in der Generalversammlung vertreten sind und allenfalls auch beide Stimmen abgeben.[82] Auch das Problem, dass der Aktionär seine Aktien vor der Generalversammlung an einen Dritten veräussert, kann sich bei jeder Stellvertretung ergeben. Jedenfalls sprechen diese Bedenken nicht gegen die Möglichkeit der realen Durchsetzung mittels der hier skizzierten Art der Ersatzvornahme.[83]

d) Entscheid auf Abgabe einer Willenserklärung?

2067 Lautet ein gerichtlicher Entscheid auf Abgabe einer (genau umschriebenen rechtsgeschäftlichen) Willenserklärung, so wird diese **durch den vollstreckbaren Entscheid ersetzt** (Art. 344 Abs. 1 ZPO).[84] Und soweit die Stimmabgabe des Aktionärs als Willenserklärung verstanden wird,[85] erscheint auch deren Ersatz durch einen vollstreckbaren Entscheid möglich. Trotzdem wird die reale Erfüllung bzw. Vollstreckung von Pflichten aus Stimmbindungsvereinbarungen auf diesem Weg von einem Teil der älteren Lehre abgelehnt,[86] während die Mehrheit der jüngeren Lehre einem Entscheid auf Abgabe einer Willenserklärung positiv gegenüber steht[87].

2068 Auf das Argument, ein Ersatz der Stimmabgabe durch Gerichtsentscheid verletze die freie Willensbildung des Aktionärs, wurde bereits eingegangen; es hat dies letztlich nur indirekt mit der Frage zu tun, ob die Stimmabgabe durch einen gerichtlichen Entscheid ersetzt werden kann.[88] **Hauptsächlich** aber wird gegen den Ersatz der Stimmabgabe durch einen Entscheid geltend gemacht, es handle sich bei der Stimmabgabe um eine **Willenserklärung, die nicht in beliebiger Form erfolgen**, sondern gültig **nur in der Generalversammlung selbst** abgegeben werden könne.[89] Weil ein entsprechender Entscheid notwendigerweise vor der Generalversammlung ergehen und vollstreckbar werden müsse, wird aus der Unzulässigkeit von Zirkular-

---

[82] HINTZ-BÜHLER, 215.
[83] Vgl. auch BLOCH, 96 f.
[84] BLOCH, 97; HINTZ-BÜHLER, 206 f.; BK-KELLERHALS, ZPO 344 N 7 ff.; STAEHELIN/STAEHELIN/GROLIMUND, § 28 N 4.
[85] Vgl. N 2041; SCHOTT, § 2 N 9 ff.
[86] DOHM, 166 ff.; GLATTFELDER, 317a f.; KUMMER, 140 ff.; *ders.*, Die Klage auf Verurteilung zur Abgabe einer Willenserklärung, ZSR 1954, 163 ff.; 173 ff.; LANG, 91 f.; MARTIN, 237; PATRY, 115a ff.; STUBER, 85.
[87] APPENZELLER, 61 f.; BLOCH, 102; VON DER CRONE, Aktienrecht, § 11 N 39; GERICKE/DALLA TORRE, 49; HINTZ-BÜHLER, 216; HOCH, 145; MEYER, 426; ebenso ZR 1984, Nr. 53, E. 5.
[88] Vgl. N 2037 und 2040.
[89] KUMMER, 141 f.

beschlüssen und der vorgängigen brieflichen Stimmabgabe gefolgert, der Ersatz der Stimmabgabe durch einen Entscheid sei ebenfalls unzulässig.⁹⁰

Unseres Erachtens sprechen jedoch die gesetzlich vorgesehenen Einschränkungen der Stimmrechtsausübung nicht gegen die Möglichkeit des Ersatzes der Stimmabgabe durch einen Entscheid. Die Tatsache, dass die Wirksamkeit einer Willenserklärung von einer bestimmten Form, von weiteren Voraussetzungen oder vom Eintritt von Bedingungen abhängt, ist nicht auf die Stimmabgabe in der Generalversammlung beschränkt, und in anderen Fällen wird daraus keineswegs die Unzulässigkeit der gerichtlichen Ersatzvornahme gefolgert. So wird aus der Empfangsbedürftigkeit einer Willenserklärung nicht der Schluss gezogen, eine solche Willenserklärung könne nicht durch einen gerichtlichen Entscheid ersetzt werden; vielmehr muss eben der Entscheid den Adressaten am richtigen Ort und zum richtigen Zeitpunkt zur Kenntnis gebracht werden. In gleicher Weise kann argumentiert werden, dass eine durch Entscheid substituierte Stimmabgabe nur dann wirksam ist, wenn sie dem Verwaltungsrat der Aktiengesellschaft in der Generalversammlung im Zeitpunkt der Abstimmung unter Vorweisung des Entscheides zur Kenntnis gebracht wird.⁹¹ Die vorgängige Information des Verwaltungsrates kann aber aus praktischen Gründen sinnvoll sein. Auch für verschiedene andere angeführte praktische Schwierigkeiten gilt Entsprechendes;⁹² sie können in der Regel auch unter anderen Umständen auftreten und sprechen nicht gegen die Möglichkeit der Durchsetzung.

Schliesslich wird eingewendet, durch einen solchen Entscheid werde dessen Rechtskraft in unzulässiger Weise auf die Aktiengesellschaft sowie allenfalls weitere Dritte ausgedehnt.⁹³ Diese Betrachtungsweise übersieht, dass durch das Ersetzen einer Willenserklärung durch einen Gerichtsentscheid für den Anspruchsberechtigten oder Dritte keine andere Rechtslage entsteht (und materiell-rechtlich auch nicht entstehen darf) als wenn der Verpflichtete selbst die Willenserklärung abgegeben hätte. Es erscheint sodann auch inkonsequent, wenn Autoren wie GLATTFELDER und LANG zwar die Ermächtigung zur Stellvertretung befürworten,⁹⁴ obwohl diese ebenfalls mittelbar rechtliche Wirkungen gegenüber der Aktiengesellschaft zeitigt, die Ersetzung der Stimmabgabe durch Entscheid hingegen ablehnen.

---

⁹⁰ DOHM, 168 f.; GLATTFELDER, 317a f.; LANG, 91 f.; PATRY, 117a f.; STUBER, 84 f.; vgl. auch BLOCH, 97 ff.; HINTZ-BÜHLER, 216 f.
⁹¹ BLOCH, 99.
⁹² Vgl. die auch gegen eine gerichtliche Ermächtigung zur Stellvertretung vorgebrachten Argumente (N 2066) sowie BLOCH, 96 f. und STUBER, 84 f.; ferner GLATTFELDER, 318a f.
⁹³ GLATTFELDER, 318a; LANG, 92.
⁹⁴ Vgl. N 2063 ff.

2071 Aufgrund dieser Erwägungen ist u.E. die reale Durchsetzung einer Stimmbindung mittels **Ersatz der Stimmabgabe durch einen Entscheid,** trotz möglicher praktischer Probleme,[95] **nicht ausgeschlossen.** Aufgrund der hier skizzierten Voraussetzungen ist allerdings der praktische Unterschied zu einer **Ermächtigung zur Ersatzvornahme** gering,[96] weshalb dieser in der Regel der Vorzug zu geben ist, was keine Erschwerung bedeutet, weil die anspruchsberechtigte(n) Partei(en) an der Generalversammlung in der Regel ohnehin teilnehmen werden.

5. Prosekution

2072 Gewährt das Gericht eine vorsorgliche Massnahme vor Rechtshängigkeit einer ordentlichen Leistungsklage auf Erfüllung der Pflichten aus der Stimmbindungsvereinbarung, so setzt es der gesuchstellenden Partei zugleich eine **Frist zur Einreichung der Klage.** Wird diese nicht innert Frist rechtshängig gemacht, fallen die vorsorglichen Massnahmen dahin.[97]

2073 Auch wenn ein Anspruch durch die vorsorgliche Massnahme faktisch bereits durchgesetzt und nicht mehr rückgängig zu machen ist (wie dies für Stimmabgaben der Fall ist), muss eine ordentliche Klage angestrengt werden.[98]

D. Nachträgliche Leistungsklage bei Nichterfüllung von Stimmbindungspflichten

1. Unmöglichkeit der Realerfüllung als Grundsatz

2074 Oft wird den übrigen Vertragsparteien die Absicht der Pflichtverletzung durch eine Vertragspartei vor der Generalversammlung nicht bekannt sein, sodass keine Massnahmen ergriffen werden konnten.[99] Weil das Nichteinhalten einer Stimmbindungsvereinbarung die Gültigkeit eines Generalversammlungsbeschlusses nicht tangiert,[100] lässt sich dieser durch eine nachträgliche Leistungsklage auf Erfüllung (Art. 84 Abs. 1 ZPO) gegen den vertragsuntreuen Aktionär nicht mehr korrigieren; die Realerfüllung der vertraglichen Pflicht zu einer bestimmten Stimmabgabe ist

---

[95] BLOCH, 100 f.
[96] Vgl. N 2064 f.
[97] Art. 263 ZPO; STAEHELIN/STAEHELIN/GROLIMUND, § 22 N 36.
[98] STAEHELIN/STAEHELIN/GROLIMUND, § 22 N 38; vgl. allerdings BGer-Urteil 4P.201/2004 vom 29. November 2004, E. 4.2 und BGE 88 I 11 E. 6, wonach «eine Ausnahme ... dann zu machen [ist], wenn es sich nicht mehr darum handeln kann, die durch die einstweilige Verfügung geschaffene Sachlage zu ändern, sondern der unterlegene Gesuchsgegner praktisch bloss noch Schadenersatz verlangen kann».
[99] Vgl. N 2033.
[100] Vgl. N 867 ff.; BLOCH, 89; MARTIN, 236.

unmöglich geworden.[101] Es bleibt allenfalls ein Anspruch auf Schadenersatz oder eine Konventionalstrafe.[102]

2. Ausnahmen

a) Bei auf Dauer abgeschlossenen Aktionärbindungsverträgen

Zu Recht weist GLATTFELDER darauf hin, dass Aktionärbindungsverträge meist auf Dauer ausgerichtet sind und sich nicht auf das Stimmverhalten in einer einzigen Generalversammlung beschränken.[103] Hat eine Vertragspartei schon einmal oder gar mehrfach gegen ihre Stimmbindungspflichten verstossen, kann eine **Leistungsklage** auf künftige Erfüllung sinnvoll sein.[104]

Schwierigkeiten bereiten kann allerdings, dass nicht in jeder Generalversammlung die gleichen Traktanden zur Abstimmung kommen und dass auf Dauer angelegte Aktionärbindungsverträge oft kein im Voraus definiertes, sondern ein durch die Versammlung der Vertragsparteien erst noch zu bestimmendes Stimmverhalten vorschreiben. Es lässt sich wohl nur aufgrund der konkreten Umstände bestimmen, ob ein Vertrag die Formulierung von genügend bestimmten Rechtsbegehren zulässt, welche im Falle der Gutheissung auch vollstreckt werden können.[105]

b) Bei Generalversammlungsbeschlüssen, die korrigiert werden können

Beschlüsse der Generalversammlung können in der Regel nicht einfach durch einen neuen Generalversammlungsbeschluss rückgängig gemacht werden, da rechtliche Gründe entgegenstehen können.[106] Sodann kann es sein, dass ein Beschluss ohne Mithilfe der Aktiengesellschaft bzw. ihrer Organe nicht gefasst oder vorbereitet werden kann[107].

Korrigiert werden können aber oft **Wahlen in den Verwaltungsrat** – freilich nur *ex nunc* und nicht im Sinne einer eigentlichen Rückgängigmachung, wobei vieles von den konkreten Umständen und Beteiligungsverhältnissen abhängt: Voraussetzung

---

[101] TRIPPEL/JAISLI KULL, 230.
[102] Vgl. N 2080 ff.; LANG, 78 und 96 f.; HOCH, 145 f.
[103] GLATTFELDER, 314a f.
[104] LANG, 89.
[105] Dies ist etwa der Fall bei der Vereinbarung, für eine Dividende in bestimmter Höhe oder für die Wahl des von einer Partei vorgeschlagenen Verwaltungsratsmitglieds zu stimmen.
[106] Der Beschluss über die Ausschüttung einer Dividende hat entsprechende Forderungsrechte der Aktionäre begründet, die Entlastung hat Rechte aus aktienrechtlicher Verantwortlichkeit untergehen lassen.
[107] Beschluss über eine Kapitalherabsetzung oder die (Wieder-)Aufteilung einer Gesellschaft nach einer Fusion.

ist jedenfalls, dass die Parteien (unter Einschluss der renitenten Vertragspartei[108]) über eine genügende grosse Beteiligung (allenfalls gemeinsam mit Unterstützung anderer, nicht gebundener Aktionäre) verfügen, um eine entsprechende (Ab-)Wahl[109] durchsetzen zu können. Ist dies der Fall, dann dürften auch die notwendigen Quoren für die Einberufung und Traktandierung[110] erreichbar sein, womit nicht die nächste ordentliche Generalversammlung abgewartet werden muss.

III. Reale Durchsetzung anderer Pflichten aus Aktionärbindungsvertrag

2079 Bei anderen Vertragspflichten hängt die Möglichkeit der Realerfüllung von der Natur der jeweiligen Leistung ab.[111] Dies bedeutet nicht, dass die Realerfüllung in diesen Fällen *per se* unproblematisch wäre,[112] sondern es sind die spezifischen Besonderheiten der jeweiligen Vertragspflicht[113] und der konkreten Umstände zu beachten. Auf Einzelheiten kann hier nicht eingegangen werden.[114]

---

[108] Ist der entsprechende Beschluss auch ohne die renitente Vertragspartei möglich, so fehlt es an einem Rechtsschutzinteresse (vgl. auch N 2052).

[109] Art. 705 OR. – Zu beachten ist, dass es nach bundesgerichtlicher Praxis (BGE 117 II 290 E. 7a) zulässig ist, die Abberufung statutarisch durch ein erhöhtes Quorum zu erschweren. Hat eine Gesellschaft davon Gebrauch gemacht, ist es denkbar, dass mit den in einem Bindungsvertrag gepoolten Stimmen zwar die Wahl eines bestimmten Verwaltungsratsmitgliedes möglich war, dessen Wegwahl aber nicht durchgesetzt werden kann.

[110] Art. 699 Abs. 3 OR.

[111] HINTZ-BÜHLER, 217 f.; LANG, 94 ff.

[112] LANG, 94.

[113] Etwa die Unmöglichkeit, eine persönlich zu erbringende Dienstleistung physisch erzwingen zu können, vgl. N 1442.

[114] Für die einfache Gesellschaft im Allgemeinen vgl. HOCH, 142 ff.

§ 56 Schadenersatz und Konventionalstrafe

I. Schadenersatz

Ist Realerfüllung nicht (mehr) möglich[1] oder wurde verspätet oder schlecht erfüllt, stellt sich die Frage nach **Schadenersatz.** Bei verspäteter oder schlechter Leistung tritt der Anspruch auf Schadenersatz kumulativ neben den Anspruch auf Realerfüllung; ist diese nicht (mehr) möglich, richtet sich die Leistungspflicht des Schuldners ganz auf den Ersatz des entstandenen Schadens.[2]

2080

Der Nachweis und die **Substanziierung** des eingetretenen Schadens sind oft – und ganz besonders bei der Verletzung von Stimmbindungsvereinbarungen – schwer zu erbringen,[3] und schwierig ist häufig auch der Nachweis der **Kausalität** zwischen dem pflichtwidrigen Verhalten und dem behaupteten Schaden. Zwar kann die gerichtliche Schadensschätzung (Art. 42 Abs. 2 OR) zum Zuge kommen, doch greift diese oft nicht, weil entweder gar kein Schaden im Rechtssinne entstanden ist oder weil nicht genügend Umstände dargelegt werden können, die den Eintritt eines Schadens belegen und dessen Abschätzung erlauben würden.[4] Sodann kann die Zusprechung von Schadenersatz oft nicht volle Befriedigung verschaffen.[5]

2081

II. Konventionalstrafe

Einen Ausweg aus den Schwierigkeiten des Schadensnachweises bietet die Konventionalstrafe.[6] Dabei ist zu beachten, dass – anders als beim Schadenersatz – der Anspruch auf die Konventionalstrafe ohne anderweitige Abrede[7] an die Stelle des

2082

---

[1] Vgl. N 2031 und 2074.
[2] BUCHER, Obligationenrecht, 328; GAUCH/SCHLUEP/EMMENEGGER, N 2522 ff., 2614 ff. und 2655 ff.; HINTZ-BÜHLER, 190 f.; HOCH, 148; MARTIN, 238 f.
[3] TRIPPEL/JAISLI KULL, 217.
[4] BGE 133 III 462 E. 4.4.2; 122 III 219 E. 3a m.w.H.; BLOCH, 107 ff.; GAUCH/SCHLUEP/ EMMENEGGER, N 2909.
[5] BLOCH, 109; MARTIN, 238 f.
[6] Vgl. ausführlich N 1540 ff.
[7] Abreden, wonach trotz Geltendmachung von Konventionalstrafe der Erfüllungsanspruch weiter bestehen soll, sind in der Praxis freilich häufig und in aller Regel sinnvoll.

Erfüllungsanspruches tritt (Art. 160 Abs. 1 OR).[8] Schaden, der über den Betrag einer Konventionalstrafe hinausgeht, kann dagegen unter den Voraussetzungen des Schadenersatzes auch ohne besondere Vereinbarung geltend gemacht werden (Art. 161 Abs. 2 OR).[9]

---

[8] Vgl. N 1559 ff.
[9] Vgl. N 1564.

§ 57 Klagelegitimation und Zuständigkeit

I. Klagelegitimation

A. Ausgangslage

Es geht in diesem Paragraphen zunächst um die Frage der **Klagelegitimation,** also darum, wer berechtigt ist, bestimmte Ansprüche aus einem Aktionärbindungsvertrag mittels Klage geltend zu machen. Dies hängt von der Qualifikation des jeweiligen Aktionärbindungsvertrages[1] ab:

2083

Bei **gesellschaftsrechtlichen** Aktionärbindungsverträgen[2] stehen die Ansprüche – u.a. als Beiträge der Vertragsparteien an die Gesellschaft – der *Gemeinschaft der Vertragsparteien als ganzer* zu, weshalb hier die Gesellschaftsklage[3] und die *actio pro socio*[4] im Vordergrund stehen. Insbesondere bei Mitwirkungspflichten der Vertragsparteien (z.B. bei der Stimmabgabe in der Generalversammlung) ist dies häufig der Fall.

2084

Ist der Aktionärbindungsvertrag **schuldrechtlicher** Natur,[5] stellt sich vor allem die Frage einer möglichen synallagmatischen Beziehung der gegenseitigen Vertragspflichten und der daraus folgenden Konsequenzen bei der Erfüllung, bei Verzug oder bei Unmöglichkeit.[6] Grundsätzlich ist in diesem Fall von der *Klagelegitimation einer anspruchsberechtigten Partei allein* auszugehen.

2085

Ist der Vertrag als zusammengesetzter oder gemischter Vertrag oder als Vertrag *sui generis* zu qualifizieren, hängt es vom **konkret geltend zu machenden Anspruch** ab, ob dieser als Anspruch einer einzelnen Partei gegen eine andere Vertragspartei oder gegen Dritte zu betrachten ist oder als Anspruch der Gesamtheit der Vertragsparteien.[7] Dies gilt insbesondere dann, wenn die Aktiengesellschaft[8] oder Nicht-

2086

---

[1] Dazu ausführlich N 139 ff.
[2] Vgl. N 145 ff.
[3] Sogleich, N 2088 f.
[4] Vgl. N 2090.
[5] Vgl. N 174 ff.
[6] GAUCH/SCHLUEP/EMMENEGGER, N 2205 ff., 2541 ff., 2835 ff.
[7] RIHM, 517 ff. – So kann die konkrete Ausgestaltung von Erwerbsrechten oder Erwerbspflichten (vgl. §§ 24 ff. [N 1170 ff.]) dazu führen, dass in einem gesellschaftsrechtlich ausgestalteten Aktionärbindungsvertrag Ansprüche einzelner Vertragsparteien gegen einzelne andere Vertragsparteien bestehen, welche nicht mittels Gesellschaftsklage, sondern durch die berechtigte Partei allein geltend zu machen sind (dazu RIHM, 519).

Aktionäre[9] als Parteien am Aktionärbindungsvertrag beteiligt sind und die für diese Vertragsparteien geltenden Bestimmungen Teil eines selbständigen Vertrages sein könnten oder wenn der Vertrag als ein Vertrag zugunsten Dritter[10] ausgestaltet ist.

2087 Im Folgenden sind vor allem die Besonderheiten der Gesellschaftsklage und der *actio pro socio* näher zu betrachten, während für die ordentliche (Leistungs-)Klage auf die Literatur[11] zum Zivilprozessrecht verwiesen werden kann.

B. Gesellschaftsklage (notwendige Streitgenossenschaft)

2088 Bilden die Vertragsparteien eines Aktionärbindungsvertrages eine einfache Gesellschaft,[12] haben sie ihre gemeinsamen Ansprüche gegen Dritte oder gegen eine einzelne Vertragspartei auch **gemeinsam mittels der Gesellschaftsklage durchzusetzen**.[13] Die Klage erfordert die Einwilligung sämtlicher Vertragsparteien; eine Ausnahme besteht – aus naheliegenden Gründen, wenn sich die Klage gegen eine Partei richtet.[14]

2089 Die Parteien bilden eine **notwendige Streitgenossenschaft** (Art. 70 Abs. 1 ZPO),[15] was nicht nur die Einwilligung sämtlicher Vertragsparteien bedingt, sondern auch ein gemeinsames prozessuales Vorgehen. Treten nicht sämtliche Vertragsparteien (wiederum mit Ausnahme einer beklagten Vertragspartei) gemeinsam als Kläger auf, fehlt es an der Aktivlegitimation.[16]

---

[8] Vgl. N 405 ff.
[9] Vgl. N 352 ff.
[10] Vgl. N 1423 f.
[11] Statt aller BK-MARKUS, ZPO 84 N 1 ff.; STAEHELIN/STAEHELIN/GROLIMUND, § 13 und § 14 N 11 ff.
[12] Vgl. N 145 ff.
[13] BK-FELLMANN/MÜLLER, OR 530 N 631 ff. und 661 ff.; HARTMANN, 402 ff.; HOCH, 142; MEIER-HAYOZ/FORSTMOSER, § 12 N 41; RIHM, 518 ff. – Beispiele sind das Einfordern von Beiträgen der Vertragsparteien (Art. 531 OR), der Ausschluss einer Vertragspartei (Art. 577 i.V.m. 557 Abs. 2 OR), die Anfechtung von Gesellschaftsbeschlüssen, aber auch Klagen gegen Dritte oder von Dritten gegen die Vertragsparteien gemeinsam (dazu RIHM, 518 f.).
[14] HGer ZH vom 16. Oktober 2012 (ZR 2012, Nr. 94), E. 4.3.5; BK-FELLMANN/MÜLLER, OR 530 N 632.
[15] Eine notwendige Streitgenossenschaft kann überdies aufgrund von in gemeinschaftlichem Eigentum gehaltenen Aktien (Art. 646 ff. ZGB) vorliegen, was dann von Bedeutung ist, wenn sich die notwendige Streitgenossenschaft nicht schon aus dem Aktionärbindungsvertrag selbst ergibt (RIHM, 518).
[16] STAEHELIN/STAEHELIN/GROLIMUND, § 13 N 41 ff. – Verweigert beispielsweise eine Vertragspartei ihre Zustimmung zu einer Klage gegen die Aktiengesellschaft, weil sie zugleich deren Organ ist und damit in einem Interessenkonflikt steht, fehlt es an der not-

C. Actio Pro Socio

Wollen die Vertragsparteien nicht gemeinsam gegen eine säumige Vertragspartei vorgehen, so kann eine einzelne Vertragspartei mit der *actio pro socio* von anderen Vertragsparteien die Erfüllung ihrer Verpflichtungen gegenüber der einfachen Gesellschaft verlangen.[17] Die Klägerin tut dies **in eigenem Namen** und auf eigene Rechnung bzw. eigenes Risiko, sie kann aber nur **Leistung an die Gesellschaft,** nicht an sich selbst, verlangen.[18] Als weitere Einschränkung ist zu beachten, dass die *actio pro socio* nur für Ansprüche aus dem Gesellschaftsverhältnis gegen andere Vertragsparteien zur Verfügung steht und nicht für die Geltendmachung von Ansprüchen der Gesellschaftergesamtheit gegenüber Dritten.[19]

II. Die Rolle der Aktiengesellschaft

A. Die Aktiengesellschaft als Klägerin oder Beklagte

Bei vertraglichen Vereinbarungen, bei welchen die Aktiengesellschaft selber Partei ist,[20] kann diese selbstverständlich auch Klägerin oder Beklagte sein. Aktivlegitimiert ist die Aktiengesellschaft sodann in Fällen, in welchen ihr Ansprüche aus einem Bindungsvertrag zustehen, der als echter Vertrag zugunsten einer Dritten (der Aktiengesellschaft) ausgestattet ist.[21]

B. Die Aktiengesellschaft als Nebenintervenientin?

Als Nebenintervention wird die Teilnahme eines Dritten in einem Prozess zur Unterstützung einer der Hauptparteien bezeichnet (Art. 74 ff. ZPO). Neben weiteren Voraussetzungen, auf die hier nicht einzugehen ist, setzt die Nebenintervention ein **rechtliches Interesse** der intervenierenden Partei am Obsiegen der unterstützten Hauptpartei voraus.[22]

---

wendigen Klagelegitimation (vgl. BGer-Urteil 4A_275/2010 vom 11. August 2010, E. 4.2; HGer ZH vom 16. Oktober 2012 [ZR 2012, Nr. 94], E. 4.3).

[17] HGer ZH vom 16. Oktober 2012 (ZR 2012, Nr. 94), E. 4.4; BK-FELLMANN/MÜLLER, OR 530 N 636 ff.; HARTMANN, 397 ff.; HOCH, 143; MEIER-HAYOZ/FORSTMOSER, § 3 N 35; RIHM, 519.

[18] BK-FELLMANN/MÜLLER, OR 530 N 636; HARTMANN, 398; MEIER-HAYOZ/FORSTMOSER, § 3 N 35.

[19] BGer-Urteil 4A_275/2010 vom 11. August 2010, E. 5.1 und 5.3; HARTMANN, 399.

[20] Zur Möglichkeit und zu den Schranken solcher Vereinbarungen s. N 405 ff.; zum Inhalt vgl. N 1339 ff. und 1420 ff.

[21] Vgl. N 1423 f.; zum Ganzen vgl. LANG, 79 f.

[22] STAEHELIN/STAEHELIN/GROLIMUND, § 13 N 54 ff.

2093 Das Interesse der Aktiengesellschaft am Prozessausgang ist aber meist nur **faktischer, wirtschaftlicher** Natur und nicht rechtlicher, was daher rührt, dass die Aktionäre gegenüber der Aktiengesellschaft (von der Pflicht zur Liberierung abgesehen) keine rechtlichen Pflichten haben.[23] Die Aktiengesellschaft hat daher selbst im Falle drohender wirtschaftlicher Nachteile durch Beschlüsse der Generalversammlung, welche sich aufgrund eines Aktionärbindungsvertrages ergeben, **keinen rechtlichen Abwehranspruch,** sie kann daher nicht als Nebenintervenientin auftreten.

2094 **Ausnahmen** sind allenfalls in Fällen denkbar, in denen es um die Eigentumsverhältnisse an Aktien geht, an welchen der Aktiengesellschaft ein Erwerbsrecht zusteht, oder im Zusammenhang mit Streitigkeiten aus Nebenverpflichtungen (z.B. Lizenzen oder Liefervereinbarungen in einem Joint-Venture-Verhältnis).

III. Örtliche Zuständigkeit

A. Vereinbarte Zuständigkeit (Gerichtsstandsvereinbarung)

2095 Es gibt kaum einen Aktionärbindungsvertrag, der keine **Gerichtsstandsvereinbarung** enthält.[24] Im Bereich des allgemeinen Vertragsrechts lässt die ZPO den Vertragsparteien breiten Raum für die Vereinbarung eines selbst gewählten Gerichtsstandes (Art. 17 Abs. 1 ZPO).[25] Bei Aktionärbindungsverträgen stellt auch das (Form-)Erfordernis des **Nachweises durch Text** (Art. 17 Abs. 2 ZPO)[26] selten ein Problem dar, weil es kaum Aktionärbindungsverträge gibt, die nicht schriftlich abgefasst sind[27].

2096 > Für alle Streitigkeiten aus oder im Zusammenhang mit diesem Vertrag sind die ordentlichen Gerichte in [der Stadt Zürich] ausschliesslich zuständig.

2097 Eine Gerichtsstandsvereinbarung behält auch bei Vertragsnichtigkeit und damit auch bei Verfahren zur Feststellung der Nichtigkeit ihre Gültigkeit.[28]

---

[23] Vgl. N 26; LANG, 80 f.

[24] Oft ist neben der Gerichtsstandsvereinbarung auch eine Rechtswahl vereinbart, dies selbst in reinen Binnenverhältnissen, bei welchen die Anwendung schweizerischen Rechts ohnehin zwingend ist und solche Klauseln demzufolge unnötig und nutzlos sind.

[25] STAEHELIN/STAEHELIN/GROLIMUND, § 9 N 56 ff. (auch zu den weiteren Modalitäten).

[26] Für die internationalen Verhältnisse vgl. N 2122 ff.

[27] Vgl. N 219 f.

[28] Vgl. N 320.

B. Allgemeine gesetzliche Zuständigkeit

Haben die Vertragsparteien keine Vereinbarung über den Gerichtsstand getroffen, so gelten für Klagen aus Aktionärbindungsverträgen – gleich, ob als schuldrechtlich oder als gesellschaftsrechtlich (einfache Gesellschaft) zu qualifizieren – die **Vertragsgerichtsstände von Art. 31 ZPO:** Zuständig ist einerseits das *Gericht am Wohnsitz oder Sitz der beklagten Partei* oder andererseits das *Gericht an dem Ort, an dem die charakteristische Leistung zu erbringen ist.* Bei komplexen Verträgen wie dem Aktionärbindungsvertrag kann die Bestimmung der charakteristischen Leistung (Stimmrechtsausübung, Kauf- oder Vorkaufsrechte etc.) bzw. ihres Erfüllungsortes (Sitz der Aktiengesellschaft, Ort der Durchführung der Generalversammlung, etc.) oft nicht eindeutig vorgenommen werden;[29] soweit ersichtlich sind diese Fragen durch die Rechtsprechung noch nicht geklärt worden. Weitere Gerichtsstände können sich aus den allgemeinen Bestimmungen über die Zuständigkeit von Art. 9 ff. ZPO (insb. betreffend vorsorgliche Massnahmen [Art. 13 ZPO][30] und Streitgenossenschaft [Art. 15 ZPO]) ergeben.

C. Statutarische Gerichtsstandsklauseln

In den Statuten der Aktiengesellschaft verankerte *Gerichtsstandsbestimmungen*[31] sind, wegen der strikten Trennung zwischen körperschaftlicher und vertraglicher Ebene,[32] *selten relevant für* die gerichtliche Zuständigkeit *für Streitigkeiten aus Aktionärbindungsverträgen*. Ausnahmsweise kann dies dann der Fall sein, wenn im Aktionärbindungsvertrag ausdrücklich darauf Bezug genommen wird. Allenfalls könnte man auch davon ausgehen, dass die Gründeraktionäre, die den Statuten explizit zugestimmt haben (Art. 629 Abs. 1 OR), davon ausgingen, eine statutarische Gerichtsstandsklausel sei auch für Streitigkeiten aus Aktionärbindungsvertrag verbindlich.[33]

Umgekehrt ist eine im Aktionärbindungsvertrag enthaltene Gerichtsstandsvereinbarung nicht massgebend für körperschaftliche Streitigkeiten. Ist die Gesellschaft Partei des Vertrages, kann sie sich gegenüber den beteiligten Aktionären allerdings

---

[29] STAEHELIN/STAEHELIN/GROLIMUND, § 9 N 122; SUTTER-SOMM/HEDIGER, ZPO-Komm., ZPO 31 N 30 f.
[30] HUBER, ZPO-Komm., ZPO 261 N 15.
[31] Dazu, inwiefern statutarische Gerichtsstandsklauseln bei Streitigkeiten zwischen der Aktiengesellschaft und Aktionären eine Bedeutung haben vgl. FORSTMOSER, Schnittstelle, 406; BK-EMCH, ZPO 40 N 15; RÜETSCHI, ZPO-Komm., ZPO 40 N 14; zu statutarischen Schiedsklauseln vgl. BÖCKLI, Aktienrecht, § 16 N 149 ff.
[32] Vgl. N 115 ff.
[33] Vgl. dazu auch vorne N 132 ff. zu den unechten Statutenbestimmungen bzw. zur Konversion ungültiger Statutenbestimmungen.

– begrenzt auf Fragen, die sich im Rahmen des Bindungsvertrages ergeben – entsprechend verpflichten, doch gelten gegenüber Dritten auch in diesem Fall die allgemeinen Gerichtsstandsregeln (Art. 10 und 40 ff. ZPO).[34]

IV. Sachliche Zuständigkeit

2101 Die Kantone Zürich, Bern, Aargau und St. Gallen verfügen über ein **Handelsgericht**, welches unter den Voraussetzungen von Art. 6 ZPO zur Beurteilung handelsrechtlicher Streitigkeiten zuständig ist. Fehlt es allerdings an den Voraussetzungen von Art. 6 Abs. 2 und 3 ZPO,[35] so ist für Ansprüche aus Aktionärbindungsverträgen keine sachliche Zuständigkeit des Handelsgerichts gegeben; es handelt sich bei solchen Ansprüchen nicht um Streitigkeiten «aus dem Recht der Handelsgesellschaften» (Art. 6 Abs. 4 ZPO), für welche die Kantone das jeweilige Handelsgericht für zuständig erklären können.[36]

2102 Die sachliche Zuständigkeit kann sodann von der Höhe des **Streitwerts** abhängen. Dieser ist durch das Rechtsbegehren bestimmt (Art. 91 Abs. 1 ZPO). Verlangt dieses die reale Durchsetzung von Handlungen (z.B. eine bestimmte Stimmabgabe oder eine Stimmenthaltung), dürfte der Streitwert nicht einfach nach dem Wert der betreffenden Aktien zu bestimmen sein, sondern ist er von Fall zu Fall zu bestimmen.[37]

---

[34] BLOCH, 87; RÜETSCHI, ZPO-Komm., ZPO 40 N 7 und 14.

[35] Eine Streitigkeit gilt als handelsrechtlich, wenn die geschäftliche Tätigkeit mindestens einer Partei betroffen ist, gegen den Entscheid die Beschwerde in Zivilsachen an das Bundesgericht offen steht und die Parteien im schweizerischen Handelsregister oder in einem vergleichbaren ausländischen Register eingetragen sind. Ist nur die beklagte Partei im schweizerischen Handelsregister oder in einem vergleichbaren ausländischen Register eingetragen, sind aber die übrigen Voraussetzungen erfüllt, hat die klagende Partei die Wahl zwischen dem Handelsgericht und dem ordentlichen Gericht. Vgl. auch BGE 140 III 409 E. 2.

[36] HGer ZH vom 6. Oktober 2011 (ZR 2012, Nr. 9). – Eine Vereinbarung der sachlichen Zuständigkeit ist unter Art. 17 ZPO nicht mehr möglich; auch eine altrechtliche Wegbedingung der Zuständigkeit eines Handelsgerichts ist nicht mehr gültig (BGE 138 III 471 E. 3.1 und 3.3), kann aber allenfalls in eine Vereinbarung über die örtliche Zuständigkeit umgedeutet werden (OGer ZH vom 9. August 2013, Gesch-Nr. NP130011). Vgl. auch BGE 140 III 409 E. 3.

[37] BLOCH, 87 f.; vgl. zum Streitwert auch STAEHELIN/STAEHELIN/GROLIMUND, § 15 N 6.

§ 58 Durchsetzung im Konkurs

I. Allgemeines

Auf den Konkurs – einer der Vertragsparteien oder der Aktiengesellschaft – ist hier deshalb einzugehen, weil der Konkurs als zwangsvollstreckungsrechtliche Generalexekution, welche die Liquidation aller Aktiven und Passiven des Konkursiten zur Folge hat, einen einschneidenden **Einfluss auf das Schicksal der Vertragsverhältnisse** hat, an welchen der Konkursit beteiligt ist.[1] Handelt es sich beim Konkursiten um eine betreibungsfähige Personengesellschaft oder eine juristische Person, führt der Konkurs zu ihrer **Auflösung und Liquidation**,[2] und es geht mit Abschluss des Konkurses deren Rechtspersönlichkeit unter.[3]

2103

Bei verschiedenen Vertragsverhältnissen sieht schon das Obligationenrecht die Auflösung vor, wenn eine der Vertragsparteien in Konkurs fällt: so beispielsweise bei der einfachen Gesellschaft (Art. 545 Abs. 1 Ziff. 3 OR) oder beim Auftrag (Art. 405 Abs. 1 OR).[4] Andere Vertragsverhältnisse werden zwar nicht aufgehoben,[5] doch werden die Forderungen gegen den Konkursiten mit Konkurseröffnung fällig (Art. 208 SchKG) und diejenigen Gläubigerforderungen, die nicht bereits Geldforderungen sind, in solche umgewandelt (Art. 211 Abs. 1 SchKG).[6] Bei Dauerschuldverhältnissen können zudem Ansprüche «als Konkursforderungen höchstens bis zum nächsten möglichen Kündigungstermin oder bis zum Ende der festen Vertragsdauer geltend gemacht werden» (Art. 211a Abs. 1 SchKG).

2104

Die **Fälligkeit sämtlicher Forderungen** und die **Umwandlung der Realforderungen in Geldforderungen** schafft für das Gefüge eines Aktionärbindungsvertrages in

2105

---

[1] Es geht insbesondere die Ausübung seiner Vermögens- und Mitwirkungsrechte auf die Konkursverwaltung über (BSK-HANDSCHIN/HUNKELER, SchKG 197 N 35; ZR 2005, Nr. 71 E. 5.3).

[2] Zur Auflösung infolge Konkurses bei den Handelsgesellschaften und Genossenschaften vgl. Art. 574 Abs. 1, 619, 736 Ziff. 3, 821 Ziff. 3 und 911 Ziff. 3 OR.

[3] AMONN/WALTHER, § 35 N 2 f. und § 41 N 3 f.; REUTTER, 333 f. und 349.

[4] DALLÈVES, 2 f.; GERICKE/DALLA TORRE, 53 f.; MEIER, Verträge, 90 und 99 ff.; STAEHELIN, Insolvenzfall, 364.

[5] REUTTER, 353; STAEHELIN, Insolvenz 364. – Zur Zulässigkeit von Vertragsbeendigungsklauseln vgl. REUTTER, 436; STAEHELIN, Insolvenz, 365 ff.

[6] BSK-SCHWOB, SchKG 211 N 1; GERICKE/DALLA TORRE, 53 f.; MEIER, Verträge, 90 und 107 ff. – Denkbar ist aber, dass die Parteien den Konkurs einer Partei als Auflösungsgrund für den Vertrag vorsehen (MEIER, Verträge, 103).

der Regel ernsthafte Schwierigkeiten. Denn meist ist mit der unmittelbaren Fälligkeit der Verpflichtungen (beispielsweise der Verpflichtung zu einer bestimmten Stimmrechtsausübung) oder deren Umwandlung in eine Geldforderung – soweit dies überhaupt möglich ist – für den Vertragszweck und die übrigen Vertragsparteien nichts gewonnen.[7] Auch die **Umwandlung von Sicherungsverpflichtungen**[8] der konkursiten Vertragspartei in reine Geldforderungen kann ein erhebliches Problem darstellen, soweit diese nicht dinglich abgesichert sind.

II. Konkurs der Aktiengesellschaft

A. Schicksal der Aktiengesellschaft

2106 Der Konkurs der Aktiengesellschaft führt zu deren Auflösung (Art. 736 Ziff. 3 OR). Sie tritt in Liquidation und wird mit diesem Status im Handelsregister eingetragen (Art. 939 Abs. 1 OR). Nach Abschluss des Konkurses fällt ihre wirtschaftliche Existenz dahin. Mit der Löschung im Handelsregister endet schliesslich auch ihre rechtliche Existenz (Art. 939 Abs. 3 OR).[9]

B. Das Schicksal des Aktionärbindungsvertrages

2107 Während des **Liquidationsstadiums,** also im Zeitraum von der Auflösung der Aktiengesellschaft bis zu ihrer Löschung im Handelsregister, kann die Weiterführung des Aktionärbindungsvertrages sinnvoll sein: Die Vertragsparteien können ihre Interessen gegenüber der Aktiengesellschaft weiterhin gemeinsam und aufgrund einer internen Willensbildung wahrnehmen, auch Aktienübertragungen aufgrund von Erwerbsrechten und -pflichten können noch vorkommen.[10]

2108 Mit Abschluss der **Liquidation** der Aktiengesellschaft fällt der **Zweck des Aktionärbindungsvertrages** (sei es die Einflussnahme auf die Aktiengesellschaft oder sei es die Durchsetzung von Erwerbsrechten oder Erwerbspflichten an Aktien derselben) in der Regel dahin.[11] Anders liegen die Verhältnisse freilich dann, wenn die aktionärbindungsvertraglichen Elemente nicht den Hauptaspekt eines Vertrages ausmachen und die zentralen Elemente der Vereinbarung weiterhin erfüllbar sind.

---

[7] Zu Dauerschuldverhältnissen im Konkurs vgl. allgemein auch REUTTER, 357 ff.
[8] Vgl. N 1533 ff.
[9] BSK-ECKERT, OR 939 N 2 ff. und 8.
[10] Denkbar ist gar, dass im Aktionärbindungsvertrag Regelungen spezifisch für den Fall der Auflösung vorgesehen sind, etwa die Pflicht eines Grossaktionärs, die Anteile der übrigen Vertragsparteien zu bestimmten Bedingungen zu übernehmen.
[11] Vgl. dazu auch N 1797 ff., 1813 f., 1871 und 1875.

III. Konkurs einer Vertragspartei
A. Gesellschaftsrechtlicher Aktionärbindungsvertrag

Wenn der Aktionärbindungsvertrag als **einfache Gesellschaft** zu qualifizieren ist,[12] bildet der Konkurs einer Vertragspartei (sowie auch die Versteigerung ihres Liquidationsanteils[13]) nach dispositivem Gesetzesrecht einen **Auflösungsgrund** (Art. 545 Abs. 1 Ziff. 3 OR).[14] Dem Konkurs gleichgestellt ist der Liquidationsvergleich (Nachlassvertrag mit Vermögensabtretung).[15] Die Gesellschaft tritt unmittelbar in das Liquidationsstadium; einer formellen Kündigung bedarf es nicht.[16] Wie im Falle anderer Beendigungsgründe ist der Vertrag anschliessend zu liquidieren, wobei insbesondere das Schicksal der Aktien von zentraler Bedeutung ist, soweit diese auf die einfache Gesellschaft übertragen wurden.[17]

Alternativ zur Auflösung lässt sich mit den Gläubigern des Konkursiten – im Einverständnis aller anderen Vertragsparteien – vereinbaren, dass anstelle der Beendigung des Vertragsverhältnisses nur der **(Liquidations-)Anteil** des Konkursiten an die Konkursmasse **ausbezahlt** wird, während die übrigen Vertragsparteien den Aktionärbindungsvertrag fortsetzen.[18] Möglich ist die vorgängige Vereinbarung einer **Fortsetzungsklausel**,[19] welche es den Vertragsparteien erlaubt, den Aktionärbindungsvertrag liquidationslos ohne die konkursite Vertragspartei weiterzuführen.[20]

Es bleiben verschiedene Fragen offen, die im Rahmen dieser Darstellung nur angedeutet werden können:[21]

---

[12] Vgl. N 145 ff.
[13] BSK-STAEHELIN, OR 545/546 N 14.
[14] BLOCH, 74; GERICKE/DALLA TORRE, 53 f.; ZK-HANDSCHIN/VONZUN, OR 545–547 N 81 ff., insb. 93 ff.
[15] HINTZ-BÜHLER, 172 m.w.H.; HOCH, 52 ff., insb. 54 f. m.w.H. auf Lehrmeinungen, welche die Auflösung der Gesellschaft schon mit der Pfändung bzw. Stellung des Verwertungsbegehrens eintreten lassen wollen.
[16] BGE 134 III 133 E. 1 (in Änderung der Rechtsprechung von BGE 54 III 3).
[17] Vgl. N 1594 ff.
[18] ZK-HANDSCHIN/VONZUN, OR 545–547 N 87 und 95; BSK-STAEHELIN, OR 545/546 N 15 m.w.H.; anders allerdings BGE 78 III 170. – Selbstverständlich steht es den verbleibenden Vertragsparteien auch frei, nach der Liquidation eines aufgelösten Vertrages einen neuen Aktionärbindungsvertrag zu schliessen.
[19] Vgl. N 490; ZK-HANDSCHIN/VONZUN, OR 545–547 N 84 ff.
[20] ZK-SIEGWART, OR 545–547 N 11; BSK-STAEHELIN, OR 545/546 N 16a.
[21] Vgl. auch GERICKE/DALLA TORRE, 53 ff. zum Konkurs einer Joint-Venture-Partei.

2112 Der Zwangsvollstreckung unterliegen **sämtliche verwertbaren Vermögenswerte** des Schuldners, darunter alle Forderungen und Rechte mit einem wirtschaftlichen Wert.[22] Beinhaltet der Aktionärbindungsvertrag allein Stimmbindungspflichten sowie Erwerbsrechte und Erwerbspflichten, so fragt es sich, ob und inwiefern solche Rechte bei der Berechnung des Liquidationsanteils des Konkursiten zu berücksichtigen sind. Während bei Stimmbindungen ein wirtschaftlicher Wert meist nicht auszumachen sein dürfte, kann dies in Bezug auf Erwerbsrechte an Aktien durchaus möglich sein, wenn diese für den konkursiten Schuldner vorteilhafte Konditionen vorsehen (z.B. ein Erwerbspreis unter dem tatsächlichen inneren Wert der Aktien).[23]

2113 Oft wichtiger als die Frage der finanziellen Abgeltung der konkursiten Vertragspartei dürfte den übrigen Vertragsparteien die **Weiterführung von Stimmbindungspflichten** mit einem Erwerber der Aktien des Konkursiten aus der Konkursmasse sein. Verpflichtet werden kann aber ein Erwerber nicht, da die Stimmbindungspflichten nicht mit dem Eigentum an den Aktien verknüpft werden können.[24]

2114 Können die Vertragsparteien für den Fall des Konkurses einer Vertragspartei neben der Fortsetzungsklausel wirksam ein **bedingtes Kaufrecht**[25] an deren Aktien vereinbaren? Eine entsprechende Veräusserungspflicht der konkursiten Vertragspartei würde wohl in eine Geldforderung umgewandelt,[26] sofern sich die Konkursverwaltung nicht für die Erfüllung des Vertrages entscheidet (Art. 211 Abs. 2 SchKG).[27]

2115 Selbst bei Vereinbarung einer Fortsetzungsklausel kann das Ausscheiden einer Vertragspartei aufgrund ihres Konkurses als eine derartige Veränderung im Gefüge des Aktionärbindungsvertrages darstellen, dass es für die übrigen Vertragsparteien ein Anlass zur **Vertragskündigung aus wichtigem Grund** sein kann.[28]

B. Schuldrechtlicher Aktionärbindungsvertrag

2116 Bei der Eröffnung eines **Konkurses** zeigen sich bei schuldrechtlichen Aktionärbindungsverträgen weitgehende Auswirkungen auf das Vertragsverhältnis. So fällt zum einen das ganze pfändbare Vermögen des Schuldners in die Konkursmasse (Art. 197 Abs. 1 SchKG), und es bewirkt die Konkurseröffnung zum zweiten die Fälligkeit sämtlicher Schuldverpflichtungen des Schuldners (Art. 208 Abs. 1 SchKG) und

---

[22] REUTTER, 340.
[23] Vgl. REUTTER, 340 ff., für analoge Überlegungen betreffend Lizenzverträge.
[24] BLOCH, 74 f. – Zu statutarischen Übertragungsbeschränkungen vgl. N 1725 ff.
[25] Vgl. N 1290.
[26] REUTTER, 443 f.
[27] AMONN/WALTHER, § 42 N 32 ff.; REUTTER, 362 ff.
[28] Vgl. N 1877 ff.; REUTTER, 353 f.

die Umwandlung aller Forderungen, auch derjenigen, die nicht eine Geldzahlung zum Gegenstand haben, in Geldforderungen (Art. 211 Abs. 1 SchKG).[29]

Wird hingegen die Partei eines **schuldrechtlichen Aktionärbindungsvertrages bloss zahlungsunfähig und** auf **Pfändung betrieben,** ändert dies an ihren vertraglichen Verpflichtungen nichts.[30] Bei Fortsetzung der Betreibung auf Pfändung können gewisse betreibungsrechtliche (Verfügungs-)Beschränkungen zu beachten sein.[31] Kommen sodann die vom Aktionärbindungsvertrag betroffenen Aktien der Partei zur Zwangsverwertung, stellt sich die Frage nach den Auswirkungen auf den Aktionärbindungsvertrag (z.B. Recht der übrigen Parteien auf Ausschluss des Zahlungsunfähigen).

---

[29] AMONN/WALTHER, § 40 N 1 ff., § 42 N 14 und 32 ff.; CHK-JUNG, OR 545–546 N 5 f.
[30] Vgl. aber N 1877 ff. (Kündigung aus wichtigem Grund) und N 1994 (Rücktritt bei einseitiger Zahlungsunfähigkeit; Art. 83 OR).
[31] Art. 96 Abs. 2 SchKG; AMONN/WALTHER, § 22 N 67 ff.; HOCH, 55.

§ 59 Internationale Sachverhalte

I. Vorliegen eines internationalen Sachverhaltes

Ein internationales Verhältnis bzw. ein **internationaler Sachverhalt** liegt dann vor, wenn ein Vertrag einen über den schweizerischen Rechtsraum hinausreichenden Bezug aufweist. Art und Intensität des Auslandsbezuges werden vom Gesetz nicht definiert;[1] es ist im Einzelfall zu prüfen, ob ein (genügend intensiver) Auslandsbezug vorliegt.[2] Dazu Folgendes:

2118

Ein internationaler Sachverhalt liegt nach bundesgerichtlicher Rechtsprechung jedenfalls immer dann vor, wenn (mindestens) eine der beteiligten Vertragsparteien ihren **Wohnsitz oder Sitz im Ausland** hat.[3] Sodann dürfte u.E. ein internationaler Sachverhalt vorliegen, wenn sich ein Aktionärbindungsvertrag auf die gesellschaftsrechtliche Mitbestimmung in einer **Aktiengesellschaft mit Sitz im Ausland** bezieht.

2119

Liegt in Bezug auf einen Aktionärbindungsvertrag ein internationaler Sachverhalt vor, so bestimmt sich die gerichtliche *Zuständigkeit nicht mehr nach der ZPO, sondern nach dem IPRG oder häufiger* – nämlich dann, wenn die beklagte Partei ihren Wohnsitz oder Sitz in einem der Vertragsstaaten hat – *nach dem Lugano-Übereinkommen (LugÜ)*.[4]

2120

Für die internationalrechtlichen Fragen (auch) im Zusammenhang mit Aktionärbindungsverträgen wird auf die Spezialliteratur verwiesen.[5] Im Folgenden seien lediglich drei besonders praxisrelevante Themen herausgegriffen: die Zuständigkeit schweizerischer Gerichte (dazu Ziff. II [N 2122 ff.], das anwendbare Recht (dazu Ziff. III [N 2135 ff.]) und die Anerkennung und Vollstreckung ausländischer Entscheide (dazu Ziff. IV [N 2143]).

2121

---

[1] Vgl. Art. 2 ZPO und Art. 1 IPRG; STAEHELIN/STAEHELIN/GROLIMUND, § 4 N 1.

[2] Vgl. etwa BGE 131 III 76 E. 2.3 m.w.H.; KREN KOSTKIEWICZ, N 384 ff.

[3] BGE 131 III 76 E. 2.3. – Zweifelhaft ist dies hingegen bei der blossen ausländischen Staatsangehörigkeit einer Vertragspartei (bei gleichzeitigem Wohnsitz in der Schweiz), hier dürfte der Auslandsbezug in der Regel keine genügende sachliche Intensität aufweisen, um einen internationalen Sachverhalt zu begründen.

[4] Art. 2 ZPO sowie Art. 1 Abs. 2 IPRG; KREN KOSTKIEWICZ, N 72 f.; MARKUS, N 258 und 260; WALTER/DOMEJ, 195 ff.

[5] Sodann die Monografie von PFISTER, 13 ff. sowie auch APPENZELLER, 171 ff. (Vergleich: Schweiz, Deutschland, Frankreich, USA).

II. Zuständigkeit

A. Vereinbarte Zuständigkeit

1. Gerichtsstandsvereinbarung

2122 Es gibt – wie vorn N 2095 erwähnt – kaum einen Aktionärbindungsvertrag, der keine Gerichtsstandsvereinbarung enthält. Deren Gültigkeit beurteilt sich im internationalrechtlichen Verhältnis immer dann nach Art. 23 LugÜ, wenn mindestens eine der Vertragsparteien ihren Wohnsitz oder Sitz in einem Vertragsstaat (z.B. in der Schweiz) hat und die Zuständigkeit der Gerichte eines Vertragsstaates vereinbart wurde; in den übrigen – selteneren – Fällen beurteilt sich die Gültigkeit nach Art. 5 IPRG.[6] In beiden Fällen stellen das (Form-)Erfordernis der **Schriftlichkeit** (Art. 23 Abs. 1 LugÜ) bzw. des **Nachweises durch Text** (Art. 5 Abs. 1 IPRG) selten ein Problem dar, weil Aktionärbindungsverträge regelmässig schriftlich abgefasst sind.[7]

2123 In sachlicher Hinsicht sind solche Gerichtsstandsvereinbarungen immer dann zulässig, wenn sie in den Anwendungsbereich des LugÜ fallen (Art. 1 Abs. 1 und 2 LugÜ *e contrario*)[8] bzw. wenn es sich um – begrifflich weit gefasste – vermögensrechtliche Ansprüche handelt (Art. 5 Abs. 1 IPRG)[9]. Ansprüche aus Aktionärbindungsverträgen – auch solche betreffend die Stimmabgabe in der Generalversammlung der Aktiengesellschaft – sind u.E. als «vermögensrechtliche Ansprüche» zu qualifizieren und daher einer Gerichtsstandsvereinbarung zugänglich.

2124
> Für alle Streitigkeiten aus oder im Zusammenhang mit diesem Vertrag sind die ordentlichen Gerichte in [der Stadt Zürich] ausschliesslich zuständig.

---

[6] SHK-Killias, LugÜ 23 N 11 ff.; Kren Kostkiewicz, N 384 ff.; Markus, N 342 f. und 649 ff.; Walter/Domej, 123 ff. und 286 ff.; für vorsorgliche Massnahmen vgl. Huber, ZPO-Komm., ZPO 261 N 44.

[7] Vgl. N 219 f.

[8] SHK-Killias, LugÜ 23 N 7; Markus, N 659.

[9] Gemeint sind damit vor allem schuld- und handelsrechtliche Ansprüche aus Vertrag, Haftpflicht- und Bereicherungsrecht sowie aus Immaterialgüter- und Gesellschaftsrecht (Markus, N 346 ff.; CHK-Schramm/Buhr, IPRG 5 N 17; ZK-Volken, IPRG 5 N 31; auch CHK-Schramm/Furrer/Girsberger, IPRG 176–178 N 8; ZK-Vischer, IPRG 177 N 5 ff.).

In Bezug auf das Verhältnis von Aktionärbindungsvertrag und Statuten gilt das Gleiche wie bei Binnensachverhalten.[10] 2125

2. Schiedsabrede

Wie in Binnenverhältnissen[11] steht es den Parteien auch in internationalen Sachverhalten frei, bei – begrifflich wiederum weit gefassten – vermögensrechtlichen Ansprüchen anstelle eines staatlichen Gerichts die Zuständigkeit eines Schiedsgerichts sowie die Anwendung einer bestimmten in- oder ausländischen Rechtsordnung zu vereinbaren (Art. 176 ff. IPRG).[12] 2126

Dabei bietet das IPRG selbst grundlegende Regeln für das Schiedsverfahren an (Art. 179 ff. IPRG). Oft empfiehlt sich jedoch die Vereinbarung einer umfassenderen Schiedsordnung, wie sie beispielsweise die *Swiss Chambers' Arbitration Institution* (eine Vereinigung schweizerischer Industrie- und Handelskammern) mit den *Swiss Rules of International Arbitration* zur Verfügung stellt.[13] 2127

> Alle Streitigkeiten, Meinungsverschiedenheiten oder Ansprüche aus oder im Zusammenhang mit diesem Vertrag, einschliesslich über dessen Gültigkeit, Ungültigkeit, Verletzung oder Auflösung, sind durch ein Schiedsverfahren gemäss der Internationalen Schweizerischen Schiedsordnung der *Swiss Chambers' Arbitration Institution* zu entscheiden. Es gilt die zur Zeit der Zustellung der Einleitungsanzeige in Kraft stehende Fassung der Schiedsordnung. Das Schiedsgericht soll aus [einem / drei / einem oder drei] Mitglieder(n) bestehen. Der Sitz des Schiedsverfahrens ist [Zürich]. Die Sprache des Schiedsverfahrens ist [deutsch / englisch].[14] 2128

---

[10] Vgl. N 2099. – Immerhin ist zu beachten, dass der EuGH einen in den Statuten einer deutschen Aktiengesellschaft enthaltenen Passus, wonach sich «der Aktionär [durch Zeichnung oder Erwerb von Aktien] für alle Streitigkeiten mit der Gesellschaft oder deren Organen dem ordentlichen Gerichtsstand der Gesellschaft» unterwerfe, als gültige Gerichtsstandsvereinbarung im Sinne von Art. 23 LugÜ beurteilt hat (WALTER/DOMEJ, 303 f.). Unklar ist aber, inwieweit eine solche statutarische Gerichtsstandsvereinbarung auch für Streitigkeiten unter Aktionären Geltung haben könnte (vgl. den Hinweis vorne bei N 2099).

[11] Vgl. N 2158 ff.

[12] Vgl. N 2123 m.H.; WALTER/DOMEJ, 575 ff. – Zu vorgängigen Schlichtungs- und Mediationsverfahren vgl. N 2146 ff.

[13] Die *Swiss Rules* sind in ihrer aktuell geltenden Fassung von 2012 abrufbar unter: http://www.swissarbitration.org.

[14] Musterschiedsklausel gemäss den *Swiss Rules*.

2129 **In den Statuten der Aktiengesellschaft** verankerte *Schiedsklauseln*[15] sind, wegen der strikten Trennung zwischen körperschaftlicher und vertraglicher Ebene,[16] *selten relevant für* die gerichtliche Zuständigkeit *mit Bezug auf Streitigkeiten aus Aktionärbindungsverträgen.*[17]

B. Gesetzliche Zuständigkeit

1. Lugano-Übereinkommen

2130 Treffen die Vertragsparteien in internationalen vermögens- und vertragsrechtlichen Sachverhalten keine Vereinbarung über den Gerichtsstand, so ist in den allermeisten Fällen bezüglich der Frage der Zuständigkeit des angerufenen Gerichts die *Zuständigkeitsordnung des LugÜ* zu beachten.[18]

2131 Diese gibt den Grundsatz vor, dass «Personen, die ihren Wohnsitz im Hoheitsgebiet eines [Vertragsstaates] haben, ... vor den Gerichten dieses Staates zu verklagen» sind (Art. 2 Abs. 1 LugÜ).[19] Das LugÜ gibt damit aber nur die internationale Zuständigkeit vor (Gerichtsstaat Schweiz), für die örtliche Zuständigkeit innerhalb der Schweiz gelten die Regeln des IPRG[20] Hat die beklagte Partei ihren Wohnsitz oder Sitz nicht in der Schweiz (aber in einem anderen Vertragsstaat des LugÜ), so sind die Schweizer Gerichte nur dann zuständig, wenn die Voraussetzungen eines der besonderen Gerichtsstände von Art. 5 ff. LugÜ erfüllt sind.[21] Von Interesse sind hier insbesondere der Gerichtsstand des Erfüllungsortes (Vertragsgerichtsstand) (Art. 5 Ziff. 1 LugÜ)[22] sowie die Gerichtsstände der Streitgenossenschaft und der Widerklage (Art. 6 Ziff. 1 und 3 LugÜ).[23] Sodann kennt das LugÜ eine Reihe

---

[15] Zur Frage, inwiefern statutarische Schiedsklauseln bei Streitigkeiten zwischen der Aktiengesellschaft und Aktionären eine Bedeutung haben vgl. BÖCKLI, Aktienrecht, § 16 N 149 ff.; FORSTMOSER, Schnittstelle, 406; BK-EMCH, ZPO 40 N 15; RÜETSCHI, ZPO-Komm., ZPO 40 N 14.

[16] Vgl. N 115 ff.

[17] Vgl. dazu die Ausführungen vorn N 2099 f. zu den statutarischen Gerichtsstandsklauseln.

[18] Zum Anwendungsbereich des LugÜ vgl. SHK-DASSER, LugÜ 1 N 1 ff.; WALTER/DOMEJ, 177 ff.

[19] Dies bedeutet auch, dass eine Vertragspartei mit (Wohn-)Sitz in einem anderen Vertragsstaat dort eingeklagt werden kann und dass ein ausländisches Gericht sich mit einem Aktionärbindungsvertrag schweizerischen Rechts zu befassen haben könnte.

[20] MARKUS, N 745; WALTER/DOMEJ, 198 ff.; vgl. N 2133 f.

[21] MARKUS, N 745.

[22] Vgl. auch N 2098; MARKUS, N 764 ff.; SHK-OBERHAMMER, LugÜ 5 N 10 ff.; WALTER/DOMEJ, 206 ff.

[23] Markus, N 933 ff. und 967 ff.; SHK-MÜLLER, LugÜ 6 N 8 ff.; WALTER/DOMEJ, 243 ff.

ausschliesslicher und zwingender Gerichtsstände, neben welchen der allgemeine Gerichtstand des (Wohn-)Sitzes nicht zur Anwendung gelangt:[24] Im Auge zu behalten ist im vorliegenden Zusammenhang Art. 22 Ziff. 2 LugÜ für «Klagen, welche die Gültigkeit, die Nichtigkeit oder die Auflösung einer Gesellschaft ... oder die Gültigkeit der Beschlüsse ihrer Organe zum Gegenstand haben» (Gerichtsstand für Gesellschaftssachen).[25]

Dieser letztere Gerichtsstand ist dann von Bedeutung, wenn ein Aktionärbindungsvertrag – was mehrheitlich der Fall ist – als **(einfache) Gesellschaft** zu qualifizieren ist[26] und diese zudem «über einen genügenden Organisationsgrad verfügt»[27]. An diesen Organisationsgrad werden *keine hohen Anforderungen* gestellt, doch braucht es eine *innere Struktur*, die auch *nach aussen sichtbar* ist (etwa durch einen Geschäftsführer mit organtypischen Kompetenzen).[28] Aktionärbindungsverträge verfügen zwar oft über eine gewisse innere Organisation,[29] doch fehlt zumeist die erforderliche Aussenwirkung.[30] In diesem Fall und auch dann, wenn es sich nicht um eine Klage handelt, «welche die Gültigkeit, die Nichtigkeit oder die Auflösung einer Gesellschaft ... oder die Gültigkeit der Beschlüsse ihrer Organe zum Gegenstand hat», gelten die ordentlichen, auf (Schuld-)Verträge anwendbaren Regeln.[31]

---

[24] SHK-MARKUS, Vorbem. zu LugÜ 22 N 1 ff.; WALTER/DOMEJ, 262 ff.

[25] MARKUS, N 1097 ff.; SHK-RUSCH, LugÜ 22 N 54 ff. – Wiederum gibt hier das LugÜ nur die internationale Zuständigkeit vor, während die örtliche Zuständigkeit in der Schweiz sich nach dem IPRG richtet.

[26] Vgl. N 139 ff.

[27] LAURENT KILLIAS: Internationale Zuständigkeit für Klagen zwischen Gesellschaftern einer einfachen Gesellschaft, EuZ 2004, 26 ff., SHK-RUSCH, LugÜ 22 N 63 f. (Zitat).

[28] Ausführlich HUBER, Joint-Venture, 61 f.; KILLIAS, a.a.O., 28 m.w.H.; BSK-VON PLANTA/EBERHARD, IPRG 150 N 16 ff.; ZK-VISCHER, IPRG 150 N 23 ff.; auf das Kriterium der Aussenwirkung verzichten und allein auf die innere Organisation abstellen möchte APPENZELLER, 190 ff. – Wo sich in diesem Fall der «Sitz» der (einfachen) Gesellschaft befände, könnte nur aus der konkreten Ausgestaltung des Vertrages bzw. der Organisation und ihrer Aussenwirkung festgestellt werden.

[29] Vgl. N 908 ff.

[30] HUBER, Joint-Venture, 62 f.; zu den Kriterien vgl. auch ZK-VISCHER, IPRG 150 N 27 ff. Laut PFISTER (19 ff.) könnte eine einfache Gesellschaft mit genügender Organisation im Falle einer sog. Doppelgesellschaft (N 12) vorliegen. – Oftmals enthalten Aktionärbindungsverträge Geheimhaltungsklauseln (vgl. N 1153 ff.), was eine Aussenwirkung ausschliessen dürfte.

[31] SHK-OBERHAMMER, LugÜ 5 N 26; HUBER, Joint-Venture, 32 ff.; vgl. auch Art. 150 IPRG.

2. Bundesgesetz über das Internationale Privatrecht

2133 Fällt ein internationaler Sachverhalt nicht in den Anwendungsbereich des LugÜ, bestimmt sich die Zuständigkeit der schweizerischen Gerichte nach dem IPRG.[32]

2134 Auch unter dem IPRG ist von Bedeutung, ob eine *(einfache) Gesellschaft* mit genügendem Organisationsgrad[33] vorliegt, bei der die Bestimmungen des IPRG zum Gesellschaftsrecht zur Anwendung gelangen (Art. 150 ff. IPRG); in diesem Fall sind die Gerichte am Sitz der Gesellschaft zuständig (Art. 151 Abs. 1 IPRG).[34] Andernfalls richtet sich die Zuständigkeit nach den für *(Schuld-)Verträge* vorgesehenen Regeln, wobei Klagen primär am (Wohn-)Sitz des Beklagten anzuheben sind, oder bei charakteristischen Vertragsleistungen auch am Ort der Erfüllung dieser Leistungen (Art. 112 f. IPRG).[35] Denkbar wäre damit auch der Ort des Sitzes der Aktiengesellschaft, wenn es im Vertrag primär um die Stimmrechtsausübung geht (allerdings braucht die Generalversammlung als Ort der Stimmrechtsausübung nicht zwingend am Sitz der Gesellschaft stattzufinden[36]).

III. Auf Aktionärbindungsverträge anwendbares Recht

A. Freiheit der Rechtswahl

2135 Wie im Zusammenhang mit der Zuständigkeit, so ist auch bezüglich des anwendbaren Rechts von der Vertragsnatur von Aktionärbindungsverträgen auszugehen.[37] Im Bereich des Vertragsrechts lässt das IPRG bei der Wahl des anwendbaren Rechts grosse Freiheit, indem die Parteien dieses **nahezu beliebig wählen** können (Art. 116 Abs. 1 IPRG).[38] Dies gilt auch für den Aktionärbindungsvertrag.[39] Selbst wenn eine (einfache) Gesellschaft mit genügendem Organisationsgrad[40] vorliegt, verfügen die Parteien über grosse Flexibilität bei der Rechtswahl, zumindest soweit für die

---

[32] Art. 1 Abs. 2 IPRG *e contrario*. – Im Unterschied zum LugÜ ist das IPRG als nationales Recht nur für Gerichte in der Schweiz anwendbar. Die Zuständigkeit ausländischer Gerichte ist nach deren eigenen internationalrechtlichen Regeln zu beurteilen.

[33] Vgl. N 2132; MARKUS, N 605.

[34] MARKUS, N 606.

[35] MARKUS, N 532 ff.

[36] MEIER-HAYOZ/FORSTMOSER, § 16 N 366.

[37] Vgl. N 2132.

[38] ZK-KELLER/KREN KOSTKIEWICZ, IPRG 116 N 13; PFISTER, 23 ff.

[39] Ausnahmen sind allerdings dann zu beachten, wenn der Vertrag Regelungen über Grundstücke, Arbeitsleistung oder Immaterialgüterrechte enthält (Art. 118 ff. IPRG), was bei einem Joint-Venture-Vertrag der Fall sein könnte, oder wenn sich im Vertrag Bestimmungen über die Anstellung einer Vertragspartei bei der Aktiengesellschaft finden.

[40] Vgl. N 2134.

gewählte Gesellschaftsform – wie für die einfache Gesellschaft schweizerischen Rechts – keine Publizitäts- oder Registrierungsvorschriften zu beachten sind (Art. 154 Abs. 1 IPRG).[41]

> Dieser Vertrag untersteht Schweizer Recht.

Nicht tangiert wird von der Rechtswahl das auf die betroffene Aktiengesellschaft anzuwendende Recht, was insofern zu beachten ist, als das (fremde) Aktienrecht Schranken für die Gültigkeit und die Ausgestaltung von Aktionärbindungsverträgen enthalten kann.[42]

B. Fehlen einer Rechtswahl

Als (im Sinne des IPRG) schuldrechtliche Verträge sind Aktionärbindungsverträge nach der allgemeinen Regel von Art. 117 Abs. 2 und 3 IPRG gemäss der «**charakteristischen Leistung**» anzuknüpfen. Je nach inhaltlichem Schwerpunkt des Vertrages können sich unterschiedliche Beurteilungskriterien für deren Bestimmung aufdrängen.[43] Geht es primär um die Ausübung von Aktionärsrechten, wird dabei auf das Recht am gewöhnlichen Aufenthaltsort des sich verpflichtenden Aktionärs abzustellen sein,[44] während ein zwei- oder mehrseitiger Vertrag jenem Recht am nächsten stehen dürfte, welchem die betroffene Aktiengesellschaft untersteht,[45] weshalb sich auch nach diesem Recht entscheidet, ob unter den Vertragsparteien allenfalls eine (einfache) Gesellschaft vorliegt.[46] Stehen verschiedene Leistungen gleichwertig nebeneinander, kann letztlich nur in einer gerichtlichen Abwägung im konkreten Einzelfall diejenige Rechtsordnung als anwendbar bestimmt werden, welche den engsten Zusammenhang mit den jeweiligen Vertrag aufweist.[47]

---

[41] ZK-VISCHER, IPRG 150 N 33 sowie IPRG 154 N 1 f. und 23 f. – Vgl. zum Ganzen auch APPENZELLER, 211 ff.
[42] Vgl. N 2139 ff.
[43] Ausführlich zu verschiedenen Vertragstypen PFISTER, 26 ff.
[44] APPENZELLER, 217; PFISTER, 32. – Vgl. auch BGE 85 II 452 E. 2, worin das BGer eine Verpflichtung auf Übertragung eines Verwaltungsratssitzes als Garantieversprechen qualifiziert und dem Recht am Sitz des Verpflichteten unterstellt hat.
[45] APPENZELLER, 220; ZK-KELLER/KREN KOSTKIEWICZ, IPRG 117 N 188; PFISTER, 32; ZK-VISCHER, IPRG 155 N 26.
[46] Zum Ganzen auch APPENZELLER, 215 ff.
[47] PFISTER, 33 und 44 f.

C. Geltung des aktienrechtlichen Gesellschaftsstatuts und Massgeblichkeit des Verbots von Stimmbindungsvereinbarungen nach dem Recht der betroffenen Aktiengesellschaft?

2139 Im Zusammenhang mit dem auf Aktionärbindungsverträge anwendbaren Recht stellt sich die Frage, ob aufgrund der Bestimmung von Art. 155 lit. e und f IPRG, wonach «das auf die Gesellschaft anwendbare Recht ... insbesondere die Organisation [und] die internen Beziehungen ... [bestimmt]», anstelle des Vertragsstatuts nicht vielmehr das **Statut der Aktiengesellschaft** auch für einen Aktionärbindungsvertrag bestimmend sein müsste. Es ist nicht von der Hand zu weisen, dass sich die Tatsache der strikten Trennung der aktienrechtlichen von der vertraglichen Ebene aus dem schweizerischen Aktienrecht selbst ergibt und dass sich dies letztlich als eine Frage der Organisation bzw. der internen Beziehungen (zwischen Aktionären und Aktiengesellschaft sowie der Aktionäre unter sich) erweist.[48] Die Frage ist im Zusammenhang mit Aktionärbindungsverträgen stets dann von Bedeutung, wenn die betroffene Aktiengesellschaft einer ausländischen Rechtsordnung untersteht, nach welcher **Stimmbindungsvereinbarungen unzulässig** sind.[49]

2140 Ein Aktionärbindungsvertrag ist aber häufig eine Kombination verschiedenartiger Leistungen, Verpflichtungen und Rechte, die sich nur mit Mühe unter einen einheitlichen (Vertrags-)Begriff subsumieren lassen.[50] Insbesondere, wenn der Vertrag neben einer Stimmbindung bedeutende andere Vertragspflichten enthält, sodass die Stimmbindung nicht (allein) als das zentrale Vertragselement erscheint, ist eine gesamthafte Unterstellung des Vertrages unter das Gesellschaftsstatut nicht sachgerecht. Es kann in einem solchen Fall sinnvoll sein, **allein für die Teilfrage der Stimmbindung** sowie allenfalls der Regeln über die Organe eine Sonderanknüpfung an das Gesellschaftsstatut vorzunehmen, während der Vertrag im Übrigen dem anwendbaren Vertragsstatut untersteht.[51] Auch bei Erwerbsrechten kann eine solche Sonderanknüpfung sachgerecht sein, wenn Vinkulierungstatbestände in Frage stehen.[52]

---

[48] So auch PFISTER (16 ff.) und APPENZELLER (194 ff.), wobei Letzterer die kollisionsrechtliche Verweisung auf das Aktienrechtsstatut von vornherein auf die Frage der Zulässigkeit von Stimmbindungen begrenzt.

[49] Unterstehen die betroffene Aktiengesellschaft und der Aktionärbindungsvertrag dem gleichen Recht und untersagt dieses Stimmbindungen, so versteht sich die Geltung des Verbots von selbst.

[50] PFISTER, 39.

[51] PFISTER; 39 ff., so im Resultat auch APPENZELLER, 194 ff.

[52] PFISTER, 41.

Zum gleichen Resultat führt im Übrigen auch die Berücksichtigung eines zwingenden Verbotes von Stimmbindungen im Rahmen von Art. 19 IPRG, wie sie von KELLER/KREN KOSTKIEWICZ und VISCHER vertreten wird.[53] Ähnlich spricht sich – mit ausführlicher Begründung – auch OVERRATH für die **Massgeblichkeit des Gesellschaftsstatuts** aus: «Wenn das Schuldstatut des Stimmvertrages und das Gesellschaftsstatut auseinanderfallen, [ist] die Zulässigkeit des Stimmvertrages immer und nur nach den Grundsätzen der *lex societatis* zu beurteilen, mag diese gegenüber der *lex contractus* in Bezug auf Stimmbindungen das strengere oder das mildere Recht sein».[54]

Dagegen ist nach DOHM[55] und LÜBBERT[56] ein Verbot von Aktionärbindungsverträgen im Gesellschaftsstatut der Aktiengesellschaft eher nicht zu beachten.

IV. Anerkennung und Vollstreckung ausländischer Entscheide

Für die Vollstreckung ausländischer Entscheide in der Schweiz sind gemäss Art. 335 Abs. 3 ZPO die Vollstreckungsbestimmungen der ZPO[57] anzuwenden, soweit nicht ein Staatsvertrag oder das IPRG etwas anderes bestimmt.[58] Staatsverträge (hier insbesondere das LugÜ) und das IPRG sind hinsichtlich der Anerkennungsvoraussetzungen relevant.[59] Grundsätzlich stehen – soweit es sich nicht um einen Entscheid betreffend Geldzahlung handelt, für den die Bestimmungen des SchKG gelten[60] – die **Vollstreckungsmittel der ZPO** zur Verfügung, weshalb auf die entsprechenden Ausführungen in N 2055 ff. verwiesen werden kann.

---

[53] ZK-KELLER/KREN KOSTKIEWICZ, IPRG 117 N 189; ZK-VISCHER, IPRG 155 N 26.
[54] OVERRATH, Stimmverträge, 103.
[55] DOHM, 154.
[56] LÜBBERT, 473 ff.
[57] Art. 335 ff. ZPO; WALTER/DOMEJ, 441.
[58] Bei inländischen Entscheiden richtet sich die Vollstreckung auch bei internationalen Sachverhalten nach Art. 335 ff. ZPO.
[59] Art. 31 ff. LugÜ und Art. 25 ff. IPRG; zum Ganzen vgl. MARKUS, N 1343 ff. und 1437 ff.; WALTER/DOMEJ, 409 ff.; für vorsorgliche Massnahmen vgl. HUBER, ZPO-Komm., ZPO 261 N 50 ff.
[60] Art. 335 Abs. 2 ZPO.

§ 60 Aussergerichtliche und schiedsgerichtliche Streitbeilegung

Vertragsparteien legen oft Wert darauf, gerichtliche Auseinandersetzungen untereinander und die damit verbundene Verstimmung nach Möglichkeit zu vermeiden. Dem dienen Schlichtungs- und Mediationsverfahren, die einer gerichtlichen Auseinandersetzung vorangestellt werden und eine solche wenn möglich erübrigen sollen (dazu sogleich Ziff. I [N 2146 ff.]). Eine ähnliche Funktion können Schieds- oder Expertengutachten haben, die sich überdies zur Konfliktlösung in Fragen empfehlen, die einer rechtlichen Beurteilung nicht zugänglich sind (unternehmerische Entscheide) (dazu Ziff. II [N 2156]).

2144

Auch die Vereinbarung der schiedsgerichtlichen Beurteilung von Streitigkeiten im Rahmen von Aktionärbindungsverträgen dient dem Ziel, strittige Auseinandersetzungen zu beschränken und wenn möglich *à l'amiable*, vergleichsweise zu lösen, wozu vor Schiedsgericht oft bessere Chancen bestehen als vor staatlichen Gerichten (vgl. dazu Ziff. III [N 2158 ff.]).

2145

I. Schlichtungs- und Mediationsvereinbarungen

Neben Schiedsklauseln[1] werden nicht selten Streitbeilegungs- und Schlichtungsklauseln vereinbart, welche die Parteien dazu anhalten, im Falle von Streitigkeiten zunächst gemeinsam auf informelle Art eine **gütliche Einigung** anzustreben.[2]

2146

> Meinungsverschiedenheiten aus oder im Zusammenhang mit diesem Vertrag sind nach Möglichkeit einvernehmlich zu lösen.

2147

Klauseln dieser Art sind insofern unnötig, als sich die Parteien, solange sie noch miteinander im Gespräch sind, in der Regel auch ohne solche Anweisung gütlich zu einigen versuchen. Sind sie bereits zerstritten, ist die Mahnung dagegen nutzlos. Immerhin mag eine solche Bestimmung dazu beitragen, dass zunächst ein ernsthaftes Einigungsverfahren durchgeführt wird.

2148

---

[1] Zu diesen sogleich, N 2158 ff.
[2] PFISTER, 10.

2149 Eine nächste Stufe bilden **formalisierte Schlichtungs- und Mediationsverfahren**, die noch vor einer (schieds-)gerichtlichen Auseinandersetzung zum Zuge kommen sollen. Solche Verfahren sehen in der Regel den Beizug eines unabhängigen Mediators vor. Für den Fall, dass sich die Parteien nicht auf einen solchen einigen, kann vorgesehen werden, dass dieser von einer im Voraus bestimmten Drittinstanz bestimmt wird.[3]

2150
> Im Falle von Streitigkeiten aus oder im Zusammenhang mit diesem Vertrag verpflichten sich die Vertragsparteien, vor einer [gerichtlichen / schiedsgerichtlichen] Auseinandersetzung ein Schlichtungsverfahren durchzuführen.
>
> Die Parteien bestimmen gemeinsam eine Mediatorin oder einen Mediator, der/die ihnen nach ihrer Anhörung innerhalb von drei Monaten einen Schlichtungsvorschlag unterbreitet. Können sich die Parteien nicht [innert 30 Tagen] auf eine Mediatorin oder einen Mediator einigen, soll dieser/diese durch [die Schweizer Kammer für Wirtschaftsmediation / die Zürcher Handelskammer] bestimmt werden.

2151 Wie für Schiedsverfahren[4] bieten auch im Zusammenhang mit Mediationsverfahren private Institutionen umfassende Regelwerke an. Es sei hier hingewiesen auf die Mediationsregeln der Schweizer Kammer für Wirtschaftsmediation[5] und die Mediationsordnung *(Mediation Rules)* der *Swiss Chambers' Arbitration Institution:*[6]

2152
> Alle Streitigkeiten, Meinungsverschiedenheiten oder Ansprüche aus oder im Zusammenhang mit diesem Vertrag, einschliesslich dessen Gültigkeit, Ungültigkeit, Verletzung oder Auflösung, sind durch ein Mediationsverfahren gemäss [den Mediationsregeln der Schweizer Kammer für Wirtschaftsmediation / der Schweizerischen Mediationsordnung für Wirtschaftskonflikte der schweizerischen Handelskammern *(Swiss Chambers' Arbitration Institution)* zu regeln. Es gilt die zur Zeit der Zustellung der Einleitungsanzeige in Kraft stehende Fassung der Mediationsordnung.
>
> Der Sitz des Mediationsverfahrens ist [Zürich]; Sitzungen können auch in [Olten] abgehalten werden. Die Sprache des Mediationsverfahrens ist [deutsch].

---

[3] Als eine solche Drittinstanz kommt die Kammer für Wirtschaftsmediation oder die örtliche Handelskammer oder deren Präsident oder Präsidentin in Frage. – Gelegentlich finden sich in Bindungsverträgen auch Klauseln, wonach die Ernennung von Mediatoren durch das Handelsgericht bzw. dessen Präsidenten zu erfolgen hat. In der Praxis getestet ist diese Kompetenzzuweisung aber offenbar nicht (Auskunft des Handelsgerichts des Kantons Zürich).

[4] Vgl. N 2127.

[5] Die Mediationsregeln sind abrufbar unter http://www.skwm.ch.

[6] Die *Mediation Rules* sind, in ihrer aktuell geltenden Fassung von 2007, abrufbar unter: http://www.swissarbitration.org.

Führt das Schlichtungsverfahren nicht zu einer Einigung, können die Vertragsparteien sodann den vereinbarten gerichtlichen Weg beschreiten:

> Falls die Streitigkeiten, Meinungsverschiedenheiten oder Ansprüche nicht innerhalb von [60 Tagen] nach der Bestätigung oder Ernennung der Mediatorin oder des Mediators vollständig durch das Mediationsverfahren gelöst werden können, sind sie durch [ein Schiedsverfahren gemäss der Internationalen Schweizerischen Schiedsordnung der schweizerischen Handelskammern *(Swiss Chambers' Arbitration Institution)* / ein Schiedsgericht gemäss Art. 353 ff. ZPO mit Sitz in (Zürich) / das zuständige ordentliche Gericht] zu entscheiden.

Solche Klauseln bringen insofern Unsicherheiten mit sich, als weder in der Rechtsprechung noch in der Lehre Einigkeit darüber besteht, welche Folge die Verletzung einer Schlichtungsklausel hat.[7] Zudem ist im Hinblick auf die Abgrenzung von einer verbindlichen Schiedsklausel auf klare Formulierungen zu achten.[8]

II. Schieds- oder Expertengutachten

Anstelle eines Schlichtungsverfahrens gibt es sodann die Möglichkeit eines gemeinsam in Auftrag gegebenen Schieds- oder Expertengutachtens. Ein solches empfiehlt sich beispielsweise in Pattsituationen, wenn Rechts- oder Tatfragen entschieden werden müssen oder wenn unternehmerische oder ökonomische Entscheidungen durch eine unabhängige Expertenmeinung gestützt werden sollen.[9] Das Resultat des Schiedsgutachtens kann als blosser Einigungs**vorschlag** dienen oder aber auch als **bindend** vereinbart werden.

> Können sich die Parteien [über den Wert der Aktien] nicht einigen, so ist [dieser] von einer von ihnen gemeinsam zu bestimmenden natürlichen oder juristischen Person als Schiedsgutachterin im Sinne von Art. 189 ZPO festzulegen. Die Parteien erklären, dass sie den so bestimmten Wert als für sich verbindlich anerkennen und auf eine Überprüfung endgültig verzichten.
>
> Können sich die Parteien nicht auf die Wahl einer Schiedsgutachterin einigen, ist diese [durch die Zürcher Handelskammer] zu bestimmen.
>
> Die Kosten für die Feststellung des Werts der Aktien [trägt die Gesellschaft / tragen die Parteien anteilmässig].

---

[7] Vgl. Dazu BGer-Urteil 4A_18/2007 vom 6. Juni 2007, E. 4.3.1 m.w.H.; ferner JOLLES, 329 ff. m.w.H.
[8] BGE 140 III 367 E. 3 (Auslegung einer unklar formulierten Schlichtungsklausel).
[9] So im Zusammenhang mit der Wertbestimmung von Aktien (vgl. N 1197).

III. Schiedsgerichtbarkeit

2158 Die ZPO lässt den Vertragsparteien im Bereich des allgemeinen Vertragsrechts nicht nur breiten Raum für die Vereinbarung selbst gewählter Gerichtsstände,[10] sie erlaubt ihnen auch, Streitigkeiten von einem **Schiedsgericht** nach selbst gewählten Regeln beurteilen zu lassen (Art. 353 ff. ZPO).[11]

2159 Aktionärbindungsverträge enthalten oft Schiedsklauseln, aus verschiedenen Gründen: Bei einer Auseinandersetzung vor Schiedsgericht sollte es – so die Erwartung – eher möglich sein, ein dauerhaftes Zerwürfnis der Parteien zu vermeiden. Auch erhofft man sich bessere Chancen, die Angelegenheit doch noch vergleichsweise gütlich zu regeln. Sodann ist das Verfahren vor Schiedsgericht flexibler zu handhaben als ein Verfahren vor staatlichen Gerichten, es können besonders sachkundige Richter bestellt werden und – dies vor allem – die Vertraulichkeit bleibt im Unterschied zum öffentlichen Verfahren vor staatlichen Gerichten gewahrt.[12]

2160 Bezüglich der **Form** gilt für die Schiedsabrede dasselbe wie für eine Gerichtsstandsvereinbarung: Die Vereinbarung ist gültig, wenn sie «schriftlich oder in einer anderen Form» erfolgt, die «den Nachweis durch Text ermöglicht» (Art. 358 ZPO).[13] Weil es kaum Aktionärbindungsverträge gibt, die nicht schriftlich abgefasst sind, stellt dieses Erfordernis kein Problem dar.

2161

> Alle Streitigkeiten, Meinungsverschiedenheiten oder Ansprüche aus oder im Zusammenhang mit diesem Vertrag, einschliesslich betreffend dessen Gültigkeit, Ungültigkeit, Verletzung oder Auflösung, sind durch [ein Schiedsverfahren gemäss der Internationalen Schweizerischen Schiedsordnung der schweizerischen Handelskammern *(Swiss Chambers' Arbitration Institution)*[14] / ein Schiedsverfahren gemäss Art. 353 ff. ZPO] zu entscheiden. [Es gilt die zur Zeit der Zustellung der Einleitungsanzeige in Kraft stehende Fassung der Schiedsordnung.]
>
> Das Schiedsgericht soll aus [einem / drei / einem oder drei] Mitglieder(n) bestehen. Der Sitz des Schiedsverfahrens ist [Zürich]. Die Sprache des Schiedsverfahrens ist [deutsch / englisch].

---

[10] Vgl. N 2095 f.
[11] RIHM, 522 f.; STAEHELIN/STAEHELIN/GROLIMUND, § 29 N 12 ff. und 42 ff. – Zur Zulässigkeit der Schiedsgerichtbarkeit in internationalen Sachverhalten kann auf die Ausführungen vorn N 2126 ff. verwiesen werden.
[12] FISCHER, Parteienbestand, 24; LANG, 85; FORSTMOSER, Schnittstelle, 404; STAEHELIN/STAEHELIN/GROLIMUND, § 29 N 1.
[13] STAEHELIN/STAEHELIN/GROLIMUND, § 9 N 57 und § 29 N 18.
[14] Die *Swiss Rules* (vgl. auch N 2127 f.) können auch für die Binnenschiedsgerichtbarkeit Anwendung finden, sie ersetzen die früheren Regeln der Handelskammern.

Zur **Auslegung** von Schiedsvereinbarungen hält das Bundesgericht fest, dass zwar der Verzicht auf ein staatliches Gericht und die damit verbundene Einschränkung der Rechtsmittelwege «nicht leichthin angenommen werden» darf, dass aber dann, wenn feststeht, dass eine Schiedsvereinbarung vorliegt, «kein Anlass zu einer restriktiven Auslegung» derselben besteht, sondern im Gegenteil davon auszugehen ist, «dass die Parteien eine umfassende Zuständigkeit des Schiedsgerichts wünschen».[15]

Bezüglich der Auswirkungen von Schiedsklauseln, die in den Statuten der Aktiengesellschaft enthalten sind, sowie der Frage der Auswirkungen aktionärbindungsvertraglicher Schiedsklauseln auf die körperschaftliche Ebene sei auf die Ausführungen zu den Gerichtstandsklauseln verwiesen.[16]

---

[15] BGE 140 III 134 E. 3.2; vgl. auch BGE 140 III 367 E. 3.
[16] N 2099.

5. Teil: Alternativen zu Aktionärbindungsverträgen

Mit Aktionärbindungsverträgen werden zur Hauptsache **drei Ziele** verfolgt:[1]   2164

- Es soll **auf die Aktiengesellschaft und ihre Aktivitäten Einfluss** genommen werden. Dies geschieht mittels Abmachungen zur Ausübung des Stimmrechts und allenfalls weiterer Mitwirkungsrechte[2] sowie durch Einfluss auf die Organisation der Aktiengesellschaft und die Zusammensetzung ihrer Organe[3].
- Sodann soll die **Zusammensetzung des Aktionärskreises** kontrolliert werden, insb. durch Erwerbsrechte und Erwerbspflichten unterschiedlichster Art.[4]
- Und schliesslich werden Abmachungen getroffen über die **(geldwerten) Leistungen,** welche die **Gesellschaft an ihre Aktionäre ausrichten** soll, sowie allenfalls über die (finanziellen und ev. auch nicht finanziellen) **Leistungspflichten der Aktionäre** gegenüber der Gesellschaft.[5]

Diese Ziele können nicht nur mittels einer Kombination statutarischer Regelungen   2165
und einer auf die Aktiengesellschaft bezogenen vertraglichen Ordnung verfolgt werden, sondern auch mithilfe **anderer Konstruktionen:**

- durch die Wahl einer **anderen Rechtsform,** die in Bezug auf die Mitbestimmungsrechte, die Auswahl der Gesellschafter und den Austausch von Leistungen zwischen Gesellschaft und Gesellschaftern grösseren Spielraum für die statutarische Gestaltung belässt; oder
- durch **vertragliche Beziehungen** zwischen der Aktiengesellschaft und ihren Aktionären, die neben die mitgliedschaftlichen treten und diese ergänzen.

Auf diese Möglichkeiten sei im Folgenden hingewiesen, wobei es nicht um eine   2166
vertiefte Behandlung geht, sondern nur darum, aufzuzeigen, welche Alternativen bestehen und wie sie sich von einer Regelung mittels Aktionärbindungsvertrag unterscheiden. Im Übrigen sei auf die abundante Literatur verwiesen.

---

[1] Zur Funktion von Aktionärbindungsverträgen vgl. auch N 35 ff.
[2] Dazu 3. Teil, 1. Kap. (§§ 15 ff. [N 753 ff.]).
[3] Dazu 3. Teil, 2. Kap. (§§ 19 ff. [N 873 ff.]).
[4] Dazu 3. Teil, 4. Kap. (§§ 24 ff. [N 1170 ff.]).
[5] Dazu 3. Teil, 5. Kap. (§§ 30 ff. [N 1332 ff.]).

§ 61 Wahl einer anderen Gesellschaftsform (insb. der GmbH)

Die GmbH wird im Gesetz als «**personenbezogene Kapitalgesellschaft**» bezeichnet.[1] In der Aktiengesellschaft dagegen sind einer personenbezogenen Ausrichtung enge Grenzen gesetzt,[2] obwohl der Grossteil der Aktiengesellschaften personenbezogene Gebilde sind.[3] Dies ist denn auch der Hauptgrund für die Verbreitung von Aktionärbindungsverträgen: Durch einen Vertrag unter den Aktionären sollen personenbezogene Ziele verfolgt werden, deren Berücksichtigung das Aktienrecht verwehrt.[4]

2167

Könnten solche Ziele nicht durch die Verwendung der Rechtsform der **GmbH** einfacher und sicherer erreicht werden als mit einer Kombination von Aktiengesellschaft und Aktionärbindungsvertrag? Wenn ja, welches sind die Vor- und Nachteile dieser Alternative (dazu Ziff. I [N 2169 ff.])? **Andere Gesellschaftsformen** kommen kaum in Betracht (vgl. Ziff. II [N 2194 ff.]). Hinzuweisen ist am Rande darauf, dass die GmbH nicht nur Aktionärbindungsverträge ersetzen, sondern dass sie diese – gleich wie die Aktiengesellschaft – auch als Instrument der Durchsetzung **ergänzen** kann (Ziff. III [N 2204 f.]).

2168

I. Die GmbH als Alternative zur Aktiengesellschaft mit Aktionärbindungsvertrag

A. Das gesetzliche Leitbild der GmbH und seine Umsetzung im geltenden Recht

Durch die Charakterisierung der GmbH[5] als «personenbezogene Kapitalgesellschaft» (Art. 772 Abs. 1 OR) sind sowohl die Parallelen als auch die Unterschiede zur Aktiengesellschaft angesprochen:

2169

---

[1] Art. 772 Abs. 1 OR.
[2] Dazu allgemein N 21 ff.
[3] Vgl. N 18 ff.
[4] Vgl. N 32 ff.
[5] Für das Recht der GmbH sei allgemein verwiesen auf die folgenden Grundrisse, Handbücher und Kommentare: BSK OR 772 ff. (verschiedene Autoren); RETO BERTHEL: Das

2170 Die GmbH ist – gleich wie die Aktiengesellschaft – eine **Grundkapitalgesellschaft**. Die Ausgestaltung der Kapitalbasis stimmt bei der Aktiengesellschaft und der GmbH in weiten Teilen überein.[6]

2171 Aber während die Aktiengesellschaft als «kapitalbezogene Kapitalgesellschaft»[7] bezeichnet wird, ist das Recht der GmbH auf die **Persönlichkeit der Gesellschafter** ausgerichtet: in grundlegenden Fragen durch zwingendes Recht,[8] in anderen Bereichen durch die Ausgestaltung der dispositiven Bestimmungen[9] und schliesslich durch zahlreiche Möglichkeiten, der Persönlichkeit der Gesellschafter mittels Abweichung von der dispositiven Ordnung vermehrt Rechnung zu tragen.[10]

2172 Im Folgenden sei auf einige wesentliche Bestimmungen des GmbH-Rechts hingewiesen, mit denen die üblichen Ziele von Aktionärbindungsverträgen im Rahmen der körperschaftsrechtlichen Ordnung der GmbH verfolgt werden können: Einflussnahme auf die Geschicke der Gesellschaft und insb. deren Geschäftstätigkeit (lit. B [N 2173 ff.]), Bestimmung des Kreises der Gesellschafter (lit. C [N 2179 ff.]), Regelung von Leistungen der Gesellschaft an die Gesellschafter und umgekehrt (lit. D [N 2184 ff.]). Die grundlegenden Vor- und Nachteile der beiden Gestaltungsmöglichkeiten werden sodann einander gegenübergestellt (lit. E [N 2186 ff.]). Hinzuweisen ist schliesslich darauf, dass auch bei der GmbH Bindungsverträge unter den Gesellschaftern verbreitet sind (lit. F [N 2191 ff.]).

B. Ausgebaute Mitwirkungsmöglichkeiten

1. Aktiengesellschaft

2173 **Aktionäre** üben ihre Mitwirkungsrechte im Wesentlichen in der Generalversammlung aus. Auf der Ebene der Exekutive haben sie – als Konsequenz des Prinzips der

---

neue GmbH-Recht …, St. Gallen 2008; FERNAND CHAPPUIS: Le nouveau droit de la Sarl, Basel 2007; HANDSCHIN/TRUNIGER; MANFRED KÜNG/RAPHAËL CAMP: GmbH-Recht, Kurzkommentar, Zürich 2006; MARTIN NUSSBAUM/RETO SANWALD/MARKUS SCHEIDEGGER: Kurzkommentar zum neuen GmbH-Recht, Muri 2007; RINO SIFFERT/PASCAL FISCHER/MARTIN PETRIN: GmbH-Recht, Stämpflis Handkommentar SHK, Bern 2007.

[6] Vgl. etwa die Darstellung bei HANDSCHIN/TRUNIGER, § 8 N 15 ff.
[7] So auch von offizieller Seite, vgl. die Botschaft 2007, 1606.
[8] Etwa durch Einräumung eines Rechts auf Austritt aus wichtigem Grund (Art. 828 Abs. 1 und 786 Abs. 3 OR).
[9] Etwa in Bezug auf die Übertragung der Mitgliedschaft (Art. 786 OR) oder – besonders prominent – durch das Konzept der Selbstorganschaft (Art. 809 Abs. 1 OR).
[10] Etwa im Hinblick auf die Übertragung der Rechtsstellung, die erschwert oder ganz ausgeschlossen werden kann (vgl. Art. 786 Abs. 2 Ziff. 2–4 OR), oder dadurch, dass einzelnen Gesellschaftern statutarisch ein Vetorecht gegen bestimmte Beschlüsse der Gesellschafterversammlung eingeräumt werden kann (Art. 807 Abs. 1 OR).

Drittorganschaft – keinerlei Mitwirkungsrechte, es sei denn, sie seien als Mitglieder des Verwaltungsrates gewählt.[11]

Mit **Aktionärbindungsverträgen** kann sowohl auf der Ebene der Generalversammlung als auch auf der des Verwaltungsrates Einfluss genommen werden: 2174

– auf der *Ebene der Generalversammlung* durch Vereinbarungen über die Ausübung der Stimmrechte in der Generalversammlung,[12] sei es ganz allgemein, sei es spezifisch bei einzelnen Traktanden (z.B. durch die gegenseitige Verpflichtung, bestimmten Personen in den Verwaltungsrat zu wählen, oder durch Absprachen über verschiedenste Traktanden wie Gewinnverwendung, Kapitalveränderungen etc.);

– auf der *Ebene des Verwaltungsrates* durch Absprachen über das Verhalten der Personen, die in den Verwaltungsrat gewählt werden.[13]

2. GmbH

Bei der **GmbH** besteht körperschaftsrechtlich nach dispositivem Gesetzesrecht ein Mitwirkungsrecht – und eine entsprechende Pflicht – auf der Stufe der Exekutive. Und für die Gesellschafterebene kann statutarisch eine Ordnung getroffen werden, durch welche einzelnen – oder auch allen – Gesellschaftern Mitwirkungsmöglichkeiten eingeräumt werden, die von den nach dispositivem Recht vorgesehenen stark abweichen: 2175

Wie bei der Aktiengesellschaft, kann bei der GmbH der Einfluss auf die **Willensbildung in der Gesellschafterversammlung**[14] *von der* nach dispositivem Recht massgebenden *Kapitalbeteiligung abgekoppelt* werden,[15] einerseits durch Stimmrechtsbeschränkungen[16] und andererseits – in begrenztem Umfang – durch Stimmprivilegien.[17] Weit darüber hinausgehend besteht aber auch die Möglichkeit, einzelnen, einer Gruppe oder allen Gesellschaftern *ad personam* ein **Vetorecht** gegen bestimmte Beschlüsse der Gesellschafterversammlung einzuräumen.[18] 2176

Weiter kann der Gesellschafterversammlung die Möglichkeit eingeräumt werden, **direkt auf die Geschäftsführung einzuwirken,** indem die Geschäftsführer statuta- 2177

---

[11] Art. 698 Abs. 2 Ziff. 2 OR.
[12] Dazu N 753 ff.
[13] Dazu N 372 ff. und 894 ff.
[14] Dazu NATER, *passim*.
[15] Art. 806 Abs. 1 OR entsprechend Art. 692 Abs. 1 OR.
[16] Art. 776a Abs. 1 Ziff. 7 OR entsprechend Art. 692 Abs. 2 OR; dazu etwa NATER, 98 f.
[17] Art. 806 Abs. 2 und 3 OR entsprechend Art. 693 Abs. 1 bis 3 OR; dazu etwa NATER, 97.
[18] Art. 807 OR; dazu etwa NATER, 99 ff.

risch verpflichtet werden, bestimmte Entscheide der Gesellschafterversammlung zur Genehmigung vorzulegen.[19]

2178 Auf der operativen Ebene sieht das GmbH-Recht dispositiv das Konzept der **Selbstorganschaft** vor: «Alle Gesellschafter üben die Geschäftsführung gemeinsam aus.»[20] Die Personenbezogenheit wird dadurch bei der GmbH viel stärker betont, als dies in der Aktiengesellschaft selbst mittels Aktionärbindungsverträgen[21] möglich ist.

C. Einfluss auf die Zusammensetzung des Kreises der Gesellschafter

2179 Während nach dispositivem Aktienrecht die Mitgliedschaft frei übertragbar ist[22] und die Übertragbarkeit mittels Vinkulierung nur in gesetzlich vorgegebenen engen Grenzen eingeschränkt werden kann,[23] steht bei der GmbH die **Übertragung** von Stammanteilen – als einer Voraussetzung für den Erwerb der Mitgliedschaft – unter dem Vorbehalt der *Zustimmung der Gesellschafterversammlung*, wobei diese *ohne Angabe von Gründen verweigert* werden kann.[24]

2180 Statutarisch können die Zustimmungsvoraussetzungen *verschärft* werden, *bis hin zum Ausschluss der Abtretung* von Stammanteilen.[25]

2181 Dem personenbezogenen Charakter der Gesellschafterstellung entspricht es, dass den Gesellschaftern ein **Austrittsrecht**[26] zusteht – im Gesetz als Klagerecht bei

---

[19] Art. 811 Abs. 1 Ziff. 1 OR, dazu etwa MATHIEU BLANC: La répartition des compétences entre les associés et les gérants dans le droit révisé de la Sarl, SJZ 2006 221 ff.; ROBERT MEIER: Kompetenztransfer oder Vetorecht? Die Genehmigung von Geschäftsführungsentscheiden durch die Gesellschafterversammlung, in: Zindel/Peyer/Schott (Hrsg.), Wirtschaftsrecht in Bewegung, FS Forstmoser, Zürich 2008, 297 ff.; NATER, 165 ff. – Entsprechende Überlegungen für das Aktienrecht fanden – u.E. zu Recht – keine Zustimmung (a.M. aber DANIEL M. HÄUSERMANN: Wider das Paritätsprinzip!, SZW 2014, 255 ff.).

[20] Art. 809 Abs. 1 OR. Vgl. dazu CHRISTOPH SENTI: Die Geschäftsführung bei der GmbH ..., AJP 2011, 18 ff.

[21] Dazu N 366 ff. und bezüglich der direkten Einbindung der Geschäftsleitung N 403 f.

[22] Art. 684 Abs. 1 OR.

[23] Art. 685 ff. OR; vgl. N 1725 ff.

[24] Art. 786 Abs. 1 OR, vgl. auch Art. 804 Abs. 2 Ziff. 8 OR. – Die Möglichkeit, die Zustimmung von Bedingungen abhängig zu machen, kann allenfalls auch genutzt werden, um die Unterstellung der Gesellschafter unter einen Gesellschafterbindungsvertrag abzusichern, vgl. nachstehend N 2193.

[25] Art. 786 Abs. 2 Ziff. 4 OR, vgl. auch Ziff. 5. – Möglich sind auch statutarische Erleichterungen, vgl. Art. 786 Abs. 2 Ziff. 1–3 OR.

[26] Vgl. dazu SANWALD, 323 ff.

Vorliegen eines wichtigen Grundes zwingend verankert,[27] wobei statutarisch[28] ein erweitertes Recht auf Austritt vorgesehen werden kann.[29]

Der Bedeutung der Persönlichkeit des Gesellschafters entsprechend sieht das Recht der GmbH auch ein **Ausschlussrecht**[30] vor, *zwingend* im Gesetz verankert als Klagerecht der Gesellschaft beim Vorliegen eines wichtigen Grundes,[31] darüber hinausgehend *möglich* aufgrund einer statutarischen Ordnung allenfalls auch dann, wenn bestimmte in den Statuten genannte Gründe vorliegen (die nicht «wichtig» in einem objektiven Sinn zu sein brauchen).[32]

Schliesslich ist es auch möglich, statutarisch **Erwerbsrechte** – Vorhand-, Vorkaufs- oder Kaufrechte sowohl der Gesellschafter als auch der Gesellschaft – vorzusehen.[33]

D. (Geldwerte) Leistungen

1. Leistungen der Gesellschafter an die Gesellschaft

Während nach einem ehernen Grundsatz des Aktienrechts der Aktionär «durch die Statuten nicht verpflichtet werden [kann], mehr zu leisten als den für den Bezug einer Aktie bei ihrer Ausgabe festgesetzten Betrag»,[34] können bei der GmbH durch die Statuten vielfache **Leistungspflichten der Gesellschafter** begründet werden:[35]

– Als Finanzierungsinstrument können bei der GmbH **Nachschusspflichten** vorgesehen sein,[36] freilich in der Höhe begrenzt auf das Doppelte des Nennwertes eines Stammanteils[37] und nur unter gewissen Voraussetzungen einforderbar.[38] Ein vergleichbares Resultat kann im Aktienrecht durch die Ausgabe von

---

[27] Art. 822 Abs. 1 OR.
[28] Vgl. Art. 776a Abs. 1 Ziff. 17 OR.
[29] Art. 822 Abs. 2 OR. – Zur Abfindung des ausscheidenden Gesellschafters vgl. Art. 825 f. OR.
[30] Dazu ebenfalls SANWALD, 384 ff.
[31] Art. 823 Abs. 1 OR, vgl. auch Art. 804 Abs. 2 Ziff. 14, 808b Abs. 1 Ziff. 8 OR.
[32] Art. 823 Abs. 2 OR, vgl. Art. 776a Abs. 1 Ziff. 18, 804 Abs. 2 Ziff. 15, 808b Abs. 1 Ziff. 9 OR.
[33] Art. 776a Abs. 1 Ziff. 2 OR, vgl. auch Art. 804 Abs. 2 Ziff. 10, 808b Abs. 1 Ziff. 3 und 4 OR.
[34] Art. 680 Abs. 1 OR.
[35] Art. 772 Abs. 1 OR, vgl. auch Art. 776a Abs. 1 Ziff. 1 und Art. 797 OR.
[36] Vgl. Art. 795–795d OR.
[37] Art. 795 Abs. 2 Satz 2 OR.
[38] Art. 795a Abs. 2 OR; vgl. dazu FERNAND CHAPPUIS: Die Erweiterung der Einsatzmöglichkeiten von Nachschüssen im neuen schweizerischen GmbH-Recht, SJZ 2007, 85 ff., *passim*.

nur teilweise liberierten (Namen-)Aktien erreicht werden.[39] In Fällen wie den in Art. 795a Abs. 2 OR erwähnten könnte dann die Vollliberierung verlangt werden. Zu erinnern ist auch an die Möglichkeit der genehmigten Kapitalerhöhung,[40] die es dem Verwaltungsrat ermöglicht, zu gegebener Zeit zusätzliches Aktienkapital zu schaffen. Während die Möglichkeit der Teilliberierung erheblichen Spielraum belässt,[41] ist die Schaffung von genehmigtem Kapital umfangmässig und zeitlich recht eng begrenzt.[42]

– Möglich ist bei der GmbH sodann die statutarische Verankerung von nicht finanziellen **Nebenleistungspflichten**,[43] auch dies freilich nur für bestimmte Zwecke.[44] Im Aktienrecht wären solche Verpflichtungen undenkbar.

– **Treuepflicht** und **Konkurrenzverbot** – bei der Aktiengesellschaft ebenfalls systemwidrig[45] – sind schon im dispositiven GmbH-Recht vorgesehen[46] und können statutarisch konkretisiert, verschärft oder allenfalls auch abgemildert werden.[47]

– Die Erfüllung der mitgliedschaftsrechtlichen – gesetzlichen oder statutarischen – Pflichten kann bei der GmbH statutarisch durch **Konventionalstrafe** abgesichert werden.[48]

2. Leistungen der Gesellschaft an die Gesellschafter

2185 Kaum Unterschiede zum Aktienrecht finden sich in Bezug auf die von der **Gesellschaft an die Gesellschafter** zu erbringenden **Leistungen:** Die Voraussetzungen

---

[39] Vgl. Art. 632 Abs. 1 OR, wonach die Liberierung bei der Ausgabe nur 20% betragen muss. Gemäss VE 2014 soll diese Möglichkeit aufgehoben und künftig zwingend Vollliberierung verlangt werden (Art. 632 VE-OR).

[40] Art. 651 f. OR

[41] Allerdings nur dann, wenn das Aktienkapital über der Mindesthöhe von CHF 100 000 (Art. 621 OR) liegt, da die minimale Liberierung insgesamt mindestens CHF 50 000 beträgt (Art. 632 Abs. 2 OR).

[42] Vgl. Art. 651 Abs. 2 OR: maximal 50% des ausgegeben Aktienkapitals; Art. 651 Abs. 1 OR: Ermächtigung nur für eine Frist von längstens zwei Jahren.

[43] Art. 796 OR, vgl. auch Art. 804 Abs. 2 Ziff. 12 OR.

[44] Art. 796 Abs. 2 OR.

[45] Nicht ganz unbestritten ist die Frage, ob bestimmten Aktionären oder Aktionärsgruppen eine Treuepflicht zukommen soll. Darauf ist hier nicht einzugehen, vgl. dazu statt aller allgemein HERBERT WOHLMANN: Die Treuepflicht des Aktionärs, Zürich 1968 (= Diss. Zürich = ZBR 286) und zur Frage einer Treuepflicht des Hauptaktionärs BÖCKLI, Aktienrecht, § 13 N 656 ff.

[46] Art. 803 OR.

[47] Vgl. Art. 776a Abs. 1 Ziff. 3 OR.

[48] Art. 776a Abs. 1 Ziff. 4 OR.

für die Ausschüttung einer **Dividende** sind für beide Gesellschaftsformen gleich,[49] und die GmbH kann vermögensrechtlich privilegierte **Vorzugsstammanteile**[50] ausgeben, die den Vorzugsaktien[51] des Aktienrechts entsprechen.[52] Andere Leistungen sind bei der Aktiengesellschaft und der GmbH gleichermassen auf der Basis vertraglicher Vereinbarungen und in der Regel zu Drittbedingungen zu erbringen.[53]

E. Würdigung[54]

Im GmbH-Recht sind personenbezogene Elemente auf der Stufe der Körperschaft (und nicht lediglich aufgrund einer vertraglichen Vereinbarung der Gesellschafter untereinander) möglich und häufig; sie sind entweder bereits im Gesetz vorgesehen oder können statutarisch eingeführt bzw. verstärkt werden. Dies hat vor allem den Vorteil einer **quasi-dinglichen Wirkung:** Während Aktionärbindungsverträge lediglich Schranken des **Dürfens** aufstellen,[55] regelt die körperschaftsrechtliche – gesetzliche und statutarische – Ordnung der GmbH das **Können**: Die Gesellschaft, ihre Organe und alle Gesellschafter sind an die Ordnung gebunden, die Realerfüllung lässt sich gerichtlich durchsetzen,[56] es erübrigen sich die beim Aktionärbindungsvertrag üblichen komplexen und nicht immer wasserdichten Konstrukte der Absicherung.[57]

Damit wird bei der GmbH auch die **einheitliche Umsetzung der getroffenen Gesamtordnung** sichergestellt. Bei einer Aktiengesellschaft mit Aktionärbindungsvertrag dagegen kann die Einheit der – aufeinander abgestimmten – körperschaftsrechtlichen und bindungsvertraglichen Ordnung auseinanderbrechen:

- Es können bei einem Subjektswechsel die Aktionärsstellung einerseits und die Parteistellung im Bindungsvertrag andererseits unterschiedliche Wege gehen,

---

[49] Vgl. Art. 798 Abs. 1 OR mit Art. 675 Abs. 2 OR.
[50] Art. 799 OR, vgl. auch Art. 776a Abs. 1 Ziff. 5 OR.
[51] Art. 654 OR.
[52] Verweisung auf das Aktienrecht in Art. 799 OR.
[53] Vgl. für die Aktiengesellschaft N 1345 ff. und 1418 f.
[54] Vgl. dazu auch die Übersicht über Vor- und Nachteile der GmbH im Vergleich zur Aktiengesellschaft bei HANDSCHIN/TRUNIGER, § 2 N 8 ff., insb. 13 ff.; zur GmbH als Rechtsform für Anwaltsgesellschaften vgl. SENNHAUSER, N 376 ff.
[55] Dazu vorne N 118 f.
[56] Auch bei Aktionärbindungsverträgen kann zwar Realerfüllung gerichtlich erzwungen werden, doch scheitert dies nicht selten daran, dass ein *fait accompli* geschaffen worden ist: Die bindungsvertraglichen Vorschriften werden in der Ausübung der Stimmrechte oder bei der Übertragung von Aktien überraschend missachtet und die so geschaffene Rechtslage ist nicht mehr rückgängig zu machen, vgl. dazu N 2033 und 2073 ff.
[57] Dazu vorne N 1533 ff.

womit dann eine Partei zwar erfüllen kann, aber nicht muss, die andere zwar muss, aber nicht kann.[58]

– Während die Aktiengesellschaft theoretisch ein ewiges Leben hat und ihre Statuten auf unbeschränkte Zeit gelten, kann der Aktionärbindungsvertrag infolge Zeitablaufs oder aus anderen Gründen ein Ende haben.[59]

– Schliesslich bindet die statutarische Ordnung auch neu hinzukommende Gesellschafter, während bei einer vertraglichen Ordnung zusätzlich ein Beitritt zum Bindungsvertrag erforderlich ist.[60]

2188 Andererseits lässt sich die Regelung in einem **Aktionärbindungsvertrag flexibler ausgestalten** als die statutarische Ordnung der GmbH: Handelt es sich um Schuldverträge, gilt Vertragsfreiheit,[61] und auch das Recht der einfachen Gesellschaft[62], dem Aktionärbindungsverträge überwiegend unterstehen,[63] zeichnet sich durch grosse Flexibilität aus.[64]

2189 Die Statuten einer Körperschaft – auch einer GmbH – sind **öffentlich einsehbar.**[65] Die gesellschaftsinterne Ordnung soll dagegen nicht selten vertraulich bleiben, was durch ihre Platzierung in einen Bindungsvertrag gewährleistet wird.[66] Einzelheiten können zwar in der GmbH in Reglementen geregelt werden (diese sind nicht öffentlich zugänglich), zumindest die Grundzüge aber müssen – als bedingt notwendiger Statuteninhalt – aus den Statuten ersichtlich sein.[67]

2190 Die statutarische Ordnung bindet in gleicher Weise **alle Gesellschafter.** Während dies dann ein Vorteil ist, wenn eine Ordnung für sämtliche Beteiligten verbindlich

---

[58] Dazu vorne N 453 und 1170.
[59] Dazu vorne N 1777 ff.
[60] Zu den Möglichkeiten, ein unterschiedliches Schicksal von körperschaftsrechtlicher und bindungsvertraglicher Ordnung zu verhindern, vgl. vorne N 1533 ff.
[61] GAUCH/SCHLUEP/SCHMID, N 612 ff.
[62] Auch für sie gilt das Prinzip der Vertragsfreiheit, vgl. BK-FELLMANN/MÜLLER, OR 530 N 478.
[63] Dazu vorne N 145 ff.
[64] Vgl. statt aller MEIER-HAYOZ/FORSTMOSER, § 12 N 4 ff.
[65] Vgl. Art. 10 HRegV, wonach nicht nur die Einträge im Hauptregister des Handelsregisters öffentlich sind, sondern auch die Belege, zu denen die Statuten gehören (Art. 71 lit. b HRegV).
[66] Dies ist ein Grund dafür, dass auch die Gesellschafter einer GmbH unter sich oft einen Gesellschafterbindungsvertrag abschliessen, vgl. sogleich N 2191 ff.
[67] Vgl. Art. 776a OR. Aus den Statuten ersichtlich sind etwa Modifikationen der Regelung von Eintritt, Austritt und Gesellschafterwechsel oder auch Nachschuss- und Nebenleistungspflichten, ferner Abweichungen vom Prinzip der Selbstorganschaft.

sein soll,⁶⁸ steht dies Regelungen entgegen, die nur für eine gewisse Gesellschaftergruppe Geltung haben sollen.⁶⁹

F. Exkurs: Ergänzung der körperschaftlichen Ordnung der GmbH durch einen Gesellschafterbindungsvertrag

Die soeben erwähnten Nachteile und beschränkten Möglichkeiten einer rein körperschaftsrechtlichen (statutarischen und reglementarischen) Regelung führen dazu, dass auch bei der GmbH **Verträge unter den Gesellschaftern** in Bezug auf ihre Gesellschafterstellung keine Seltenheit sind.⁷⁰

Für solche Verträge gilt im Grossen und Ganzen das in dieser Publikation für die Aktionärbindungsverträge Ausgeführte. Doch haben die Beteiligten – viel weiter gehend als bei der Aktiengesellschaft – die **Wahl zwischen einer körperschaftsrechtlichen und einer bindungsvertraglichen Umsetzung** ihrer Ziele. Dass – wie HANDSCHIN/TRUNIGER⁷¹ ausführen – «das Bedürfnis nach einem Gesellschafterbindungsvertrag bei der GmbH viel seltener [ist] als bei der Aktiengesellschaft», entspricht nicht den Erfahrungen der Autoren: Denn es ist nicht nur die **Vertraulichkeit**, die für einen Vertrag spricht, sondern auch die **grössere Flexibilität** und die Möglichkeit, nur **einzelne Gesellschaftergruppen** zu erfassen.

Das GmbH-Recht ermöglicht eine *zwingende Verknüpfung von Mitgliedschaft und Beteiligung am Bindungsvertrag*, die das geltende Aktienrecht nicht mehr zur Verfügung stellt: Während bei der Aktiengesellschaft nur noch ganz bestimmte **Vinkulierungsgründe** zugelassen sind,⁷² sieht das dispositive Recht der GmbH vor, dass die *Übertragung von Stammanteilen ohne Angabe von Gründen verweigert* werden kann.⁷³ Überdies kann die Gesellschaft statutarisch beliebige Gründe festlegen, welche «die Verweigerung der Zustimmung zur Abtretung rechtfertigen».⁷⁴ Es muss daher zulässig sein, die *Unterwerfung unter einen Gesellschafterbindungsvertrag zur Voraussetzung für die Zustimmung zur Übertragung der Mitgliedschaft* zu machen. Die Bedenken, die gegen eine solche Verknüpfung unter früherem Aktienrecht

---

⁶⁸ Dazu soeben N 2186.
⁶⁹ Etwa Erwerbsrechte nur eines Teils der Gesellschafter untereinander.
⁷⁰ Vgl. zu diesen HANDSCHIN/TRUNIGER, § 2 N 33 ff.
⁷¹ HANDSCHIN/TRUNIGER, § 2 N 39.
⁷² Vgl. Art. 685b und 685d OR.
⁷³ Art. 786 Abs. 1 OR.
⁷⁴ Art. 786 Abs. 2 Ziff. 2 OR.

vorgetragen wurden (ob zu Recht, bleibe dahingestellt),[75] dürften bei der GmbH wegen ihres personalistischen Charakters nicht zutreffen.[76]

II. Begrenzte Eignung anderer Gesellschaftsformen

2194 Die Verbindung der Aktiengesellschaft mit einem Aktionärbindungsvertrag hat zum Ziel, die **Vorteile der Aktiengesellschaft** – insb. auch den Ausschluss einer persönlichen Haftung – **mit personenbezogenen Elementen zu kombinieren:** mit spezifischen Mitwirkungsrechten (und allenfalls Mitwirkungspflichten), mit Einflussnahme hinsichtlich der Zusammensetzung des Kreises der Beteiligten, mit spezifischen Leistungen der Gesellschaft an ihre Gesellschafter und umgekehrt. Die Rechtsform der **GmbH** ermöglicht es, personenbezogene Ziele auch **innerhalb der körperschaftsrechtlichen Ordnung** zu verfolgen und so auf die Dualität von Gesellschafterstellung und vertraglicher Bindung verzichten zu können. **Andere Gesellschaftsformen** sind dafür **weniger** oder nur in besonderen Konstellationen **geeignet:**

A. Körperschaften

2195 Sieht man von der in der Praxis kaum genutzten Kommandit-AG[77] ab, dann stehen als Körperschaften die Genossenschaft und der Verein zur Verfügung.

1. Genossenschaft

2196 Die **Genossenschaft** ist zwar gemäss ihrer Legaldefinition auf die Mitwirkung der Gesellschafter ausgerichtet (Zweckverfolgung «in gemeinsamer Selbsthilfe»),[78] ebenso auf die «Förderung oder Sicherung bestimmter wirtschaftlicher Interessen ihrer Mitglieder».[79] Auch kann der Erwerb der Mitgliedschaft von bestimmten Voraussetzungen abhängig gemacht werden.[80] Die Personenbezogenheit wird sodann durch die gesetzliche Verankerung einer Treuepflicht betont.[81] Die Genossenschaft

---

[75] Vgl. die Hinweise bei N 1738.
[76] Die Wirkung ist allerdings beschränkt bei den besonderen Erwerbsarten nach Art. 788 OR.
[77] Diese käme als Alternative insofern in Betracht, als sie eine Verbindung von zwei unterschiedlichen Gesellschaftertypen ermöglicht, wie sie Aktionärbindungsverträgen oft auch zugrunde liegt: von in der Gesellschaft aktiven Unternehmeraktionären und von (blossen) Investoren; vgl. Art. 764 Abs. 1 OR.
[78] Art. 828 Abs. 1 OR.
[79] Art. 828 Abs. 1 OR.
[80] Art. 839 Abs. 2 OR.
[81] Art. 866 OR.

kann – muss aber nicht – ein Grundkapital aufweisen.[82] Eine persönliche Haftung ist nach dispositivem Recht ausgeschlossen,[83] es können aber sowohl eine persönliche Haftung[84] wie auch eine Nachschusspflicht[85] vorgesehen werden.

Trotz dieser Ähnlichkeiten mit der GmbH als einer auf eine wirtschaftliche Tätigkeit ausgerichteten personenbezogenen Körperschaft kann die Genossenschaft *nur ausnahmsweise als Alternative* zu einer Aktiengesellschaft mit Bindungsvertrag in Betracht gezogen werden. Es **fehlt** der Genossenschaft **das kapitalbezogene Element**.[86] Sodann zeichnet sich ihre gesetzliche Regelung durch eine gewisse **Starrheit** aus, die sich etwa in der Konkretisierung des Gleichheitsprinzips[87] im zwingenden Kopfstimmrecht[88] manifestiert. 2197

2. Verein

Der **Verein** ist zwar ebenfalls personenbezogen ausgestaltet und die gesetzliche Regelung ist weniger rigid als die der Genossenschaft. Er dürfte aber wegen seiner **zwingend nicht wirtschaftlichen Ausrichtung**[89] nicht in Betracht kommen. 2198

B. Personengesellschaften

Personengesellschaften (neben der einfachen Gesellschaft die **Kollektiv-** und die **Kommanditgesellschaft**)[90] sind zwar – wie sich schon aus dem Begriff ergibt – 2199

---

[82] Art. 828 Abs. 2 OR.
[83] Art. 868 OR.
[84] Art. 869 f. OR.
[85] Art. 871 OR.
[86] Die GmbH ist dagegen als eine «teils kapitalbezogene, teils personenbezogene Mischform» ausgestaltet (MEIER-HAYOZ/FORSTMOSER § 18 N 25 ff.), als «Zwischenform der Kollektiv- und der Aktiengesellschaft» (HANDSCHIN/TRUNIGER, § 2 N 1), was es – wie vorstehend N 2173 ff. gezeigt – ermöglicht, die durch die Verbindung einer Aktiengesellschaft mit einem Bindungsvertrag beabsichtigte Kombination von personalistischen und kapitalistischen Elementen weitgehend körperschaftsrechtlich umzusetzen.
[87] Art. 854 OR.
[88] Art. 885 OR.
[89] Art. 60 Abs. 1 ZGB.
[90] Die *einfache Gesellschaft* dürfte als Alternative zumindest dann von vornherein ausscheiden, wenn man ihr den *Betrieb eines kaufmännischen Unternehmens* nicht erlaubt; in diesem Sinne statt aller MEIER-HAYOZ/FORSTMOSER, § 12 N 24 ff.; a.M. jedoch ZK-HANDSCHIN/VONZUN, OR 530 N 37 ff.; für eine Duldung «aus Gründen der praktischen Vernunft» sodann BK-FELLMANN/MÜLLER, OR 530 N 511 ff.

personalistisch ausgestaltet. Sie verfolgen auch regelmässig eine *wirtschaftliche Tätigkeit.*[91]

2200 Dagegen können *Differenzierungen im Kreis der Gesellschafter* in wichtigen Aspekten *nur* getroffen werden, wenn die *Rechtsform der Kommanditgesellschaft* gewählt wird und so zwei unterschiedliche Kategorien von Gesellschaftern bestehen. Nur dann ist es möglich, die Geschäftsführungskompetenz für bestimmte, aber nicht alle Beteiligten mit der Gesellschafterstellung zu verknüpfen,[92] und nur dann können juristische Personen und Handelsgesellschaften als Gesellschafter beteiligt sein.[93]

2201 Vor allem aber begibt man sich – bei der Kollektivgesellschaft zulasten aller, bei der Kommanditgesellschaft zulasten einzelner Gesellschafter (der Komplementäre) – der Möglichkeit, eine **persönliche Haftung** auszuschliessen und so das Risiko zu beschränken.[94] Auch in Bezug auf **Steuern und Abgaben** verzichtet man auf Vorteile, welche mit der Wahl einer juristischen Person verbunden sind.

2202 Immerhin können die Kollektiv- und die Kommanditgesellschaft gleich wie juristische Personen nach aussen unter **eigener Firma** auftreten.[95]

2203 In Erinnerung zu rufen ist, dass **Aktionärbindungsverträge** ihrerseits überwiegend als **Personengesellschaften** – zumeist als einfache Gesellschaften – zu qualifizieren sind.[96]

III. Exkurs: Aktiengesellschaft und GmbH als Instrumente der Durchsetzung bindungsvertraglicher Vereinbarungen

2204 Die **Aktiengesellschaft** und die **GmbH** können eingesetzt werden als Mittel zur Absicherung von Vereinbarungen in Bezug auf eine Aktiengesellschaft:[97] Die belasteten Aktien werden in eine Körperschaft[98] eingebracht, und diese übt in der Folge

---

[91] Vgl. Art. 552 Abs. 1 und 594 Abs. 1 OR. Die einfache Gesellschaft kann sowohl für eine wirtschaftliche als auch für eine nicht wirtschaftliche Tätigkeit eingesetzt werden (MEIER-HAYOZ/FORSTMOSER, § 12 N 24 ff.), jedoch nach Ansicht der Autoren nur dann, wenn nicht ein kaufmännisches Unternehmen betrieben wird (s. soeben Anm. 90).

[92] Vgl. Art. 599 und 600 Abs. 1 OR.

[93] Art. 594 Abs. 2 OR, vgl. dagegen Art. 552 Abs. 1 OR.

[94] Vgl. Art. 568 Abs. 1 und 604 OR.

[95] Art. 562 und 602 OR.

[96] Vgl. N 145 ff.

[97] Vgl. N 1672 ff.

[98] Für die Wahl zwischen Aktiengesellschaft und GmbH sind auch bei dieser Funktion die vorn N 2173 ff. gemachten Überlegungen massgebend.

die Aktionärsrechte in der Zielgesellschaft aus. Die Gesellschafterstellung verschiebt sich auf die zwischengeschaltete (Holding-)Gesellschaft, eine bindungsvertragliche Regelung braucht es zwar nach wie vor, aber nun für die Beteiligung an der Holdinggesellschaft.

Die einheitliche Ausübung der Aktionärsrechte wird – dies sei der Vollständigkeit halber auch noch erwähnt – auch gesichert durch die Einbringung von Aktien in eine **Stiftung** oder einen **Trust**.[99]

---

[99] Dazu vorne N 1679 f.

§ 62 Vertragsbeziehungen zwischen der Aktiengesellschaft und Aktionären

I. Übersicht

Verträge zwischen der Aktiengesellschaft und ihren Aktionären kommen in personalistischen Aktiengesellschaften in vielerlei Arten und Funktionen vor:

Vertragsbeziehungen können die **Folge eines Aktionärbindungsvertrages** sein, diesen umsetzen und konkretisieren.[1] Sie können aber auch – und davon ist hier die Rede – einen **Aktionärbindungsvertrag ersetzen:** An die Stelle des Bindungsvertrages[2] tritt ein **Geflecht von Vertragsbeziehungen** zwischen der Gesellschaft und (einzelnen oder allen) Aktionären.

Diese Vertragsbeziehungen können einen **mitgliedschaftsrechtlichen Hintergrund** haben. Es kann sich aber auch um Verträge handeln, die mit **irgendwelchen Dritten abgeschlossen** werden könnten wie Verträge auf Arbeitsleistung, Kaufverträge oder Liefer- und Abnahmeverträge, sodann etwa Mietverträge und Verträge betreffend die Nutzung von immateriellen Gütern. Dabei ist aber oft nicht zu übersehen, dass die Aktiengesellschaft einen bestimmten Vertrag zwar auch mit einem beliebigen Dritten hätte abschliessen können, dass sie aber *ganz bewusst als Vertragspartei einen Aktionär gewählt* hat. Auch entsprechen die Vertragsbedingungen allenfalls nicht denen, die für einen Dritten vorgesehen würden.

Schuldverträge dürften zwar im Vordergrund stehen, doch sind **Gesellschaftsverträge** ebenso denkbar, in der Form einfacher Gesellschaften,[3] allenfalls auch in der von Kommanditgesellschaften, bei denen die Aktiengesellschaft freilich nur Kommanditärin sein kann.[4]

Offenkundig ist, dass das **aktienrechtliche Verbot jeglicher Aktionärspflichten** mit Ausnahme der Liberierungspflicht[5] auch in gesellschaftsrechtlich relevanten

---

[1] Dies wurde in § 30 (N 1339 ff.) und § 31 (N 1420 ff.) ausführlich besprochen.
[2] Und seiner Konkretisierung allenfalls auch in von der Aktiengesellschaft abzuschliessenden Verträgen.
[3] Etwa zur Bildung von Joint Ventures, dazu statt aller OERTLE, *passim*.
[4] Die Stellung der Komplementärin steht ausschliesslich natürlichen Personen zu, Art. 594 Abs. 2 OR.
[5] Art. 680 Abs. 1 OR.

Bereichen **nicht gegen die Zulässigkeit vertraglicher Bindungen** spricht. Denn Art. 680 OR befasst sich ausschliesslich mit körperschaftsrechtlichen, nicht aber mit vertraglichen Beziehungen.[6]

2211 Zumindest da, wo ein Thema Gegenstand sowohl einer körperschaftsrechtlichen wie auch einer vertraglichen Regelung sein kann, spricht daher nichts gegen vertragliche Vereinbarungen von Aktionären mit der Gesellschaft.

2212 Doch ergeben sich Schranken daraus, dass das **Aktienrecht nicht ausgehebelt** werden darf. Wo dabei die Grenze verläuft, ist in der Lehre intensiv und kontrovers diskutiert worden und im Einzelnen noch immer umstritten.[7]

2213 Werden aktienrechtliche Anforderungen **missachtet** oder **umgangen**, dann kann dies erhebliche Konsequenzen für die Aktiengesellschaft, ihre Organe und die beteiligten Aktionäre haben, von denen hier nur folgende erwähnt seien:

- **persönliche Verantwortlichkeit** der handelnden Organe nach Art. 754 ff. OR wegen schuldhafter Pflichtverletzung; in bestimmten Fällen allenfalls Qualifikation als strafrechtlich relevante **ungetreue Geschäftsbesorgung** (Art. 158 StGB);

- Verstoss gegen die Kapitalschutzbestimmungen, wobei im Extremfall die **Liberierungspflicht** wieder auflebt (vgl. Art. 680 Abs. 2 OR);

- steuerrechtliche Erfassung als **verdeckte Gewinnausschüttung**.[8]

2214 Ganz allgemein bestehen für Verträge der Aktiengesellschaft mit Aktionären eine Reihe von **Sonderregeln** mit unterschiedlichem Anwendungsbereich[9] im Einzelnen.[10]

---

[6] Dazu statt aller Togni, N 862 ff. und 868.
[7] Vgl. die ausführliche Auseinandersetzung mit der Frage der Parteistellung der Aktiengesellschaft (in und im Zusammenhang mit Aktionärbindungsverträgen) vorne § 9 (N 405 ff.), ferner auch § 30 (N 1339 ff.). – Eine umfassende Darstellung der Lehrmeinungen findet sich bei Togni, N 735 ff. Togni selbst vertritt – mit ausführlicher und überzeugender Begründung – eine liberale Position.
[8] Dazu N 1360 ff.
[9] Teilweise Ausdehnung über den Kreis der Aktionäre hinaus auf nahe stehende Personen.
[10] Dazu N 1345 ff.

II. Verweisungen

Die sich in diesem Zusammenhang stellenden Fragen sind allesamt andernorts angesprochen worden. Es sei darauf verwiesen, etwa:

- auf § 30 (N 1339 ff.) und § 31 (N 1420 ff.) allgemein hinsichtlich Vertragsbeziehungen zwischen der Aktiengesellschaft und ihren Aktionären;
- auf N 1345 ff. in Bezug auf die besonderen gesetzlichen Anforderungen und Regeln für Vertragsbeziehungen zwischen der Gesellschaft und Aktionären;
- auf N 1363 ff. und N 1400 ff. speziell bezüglich Vertragsbeziehungen mit einem mitgliedschaftsrechtlichen Bezug;
- ferner auf N 432 ff. und N 442 ff. in Bezug auf Vereinbarungen mit aktienrechtlichen Auswirkungen und N 446 ff. hinsichtlich solcher ohne aktienrechtlichen Bezug.

Checkliste und Musterverträge

Einleitende Bemerkungen

Aktionärbindungsverträge ermöglichen es den Beteiligten, Regelungen für die konkreten Machtverhältnisse in einer Aktiengesellschaft und für ihre spezifischen Interessen masszuschneidern. Anders als etwa bei Statuten ist es daher kaum möglich, Mustervorlagen anzubieten, die *telquel* übernommen werden können und die nur noch des Ausfüllens einiger weniger Formularfelder bedürfen.

In der Praxis ist es trotzdem von Nutzen, wenn man sich bei der individuellen Vertragsgestaltung auf ein Vertragsgerüst und ausformulierte Musterbeispiele stützen kann. Dem wird in dieser Publikation in dreifacher Weise Rechnung getragen:

- *Erstens* durch eine Checkliste mit denjenigen Vertragspunkten, die bei der Gestaltung von Aktionärbindungsverträgen erwogen (wenn auch nicht unbedingt stets geregelt) werden sollten (sogleich S. 721 ff.).

- *Zweitens* durch fünf **Musterverträge** für häufige Konstellationen und Ziele:

    1) Einen **ausführlichen Bindungsvertrag** unter *Grossaktionären,* die (zusammen mit Kleinaktionären) die Aktiengesellschaft kontrollieren (S. 739 ff.);

        als Variante *Modifikationen und Ergänzungen* dieses Vertrages für eine **börsenkotierte Aktiengesellschaft** (S. 769 ff.).

    2) Eine **mittellange Version,** die weniger ins Detail geht als die ausführliche Fassung, aber alle in der Regel relevanten Fragen anspricht, wobei von einer Beteiligung aller Aktionäre mit *100% des Aktienkapitals* ausgegangen wird (S. 773 ff.).

    3) Eine **Kurzfassung** mit knappen, eher offenen (aber dennoch verbindlichen und sich nicht in blossen Absichtserklärungen erschöpfenden) Regeln für einen Vertrag, an dem *sämtliche Aktionäre gleichberechtigt mit 100% des Aktienkapitals* beteiligt sind (S. 789 ff.).

    4) Einen Vertrag für **Familienaktiengesellschaften** mit *mehreren beteiligten Familienstämmen* (S. 801 ff.).

    5) Einen Vertrag für eine **50:50-Beteiligung** zweier Aktionäre, wie sie etwa bei *Joint Ventures* vorkommt (S. 821 ff.).

Die ersten vier Musterverträge gehen grundsätzlich von *natürlichen Personen* als Parteien aus, sind jedoch auch auf juristische Personen anwendbar. Von einer Beteiligung ausschliesslich *juristischer Personen* geht der fünfte Mustervertrag (50:50-Beteiligung) aus, wobei dieser *mutatis mutandis* auch für Verträge unter natürlichen Personen dienen kann.

– *Drittens* durch die zahlreichen, in den Text dieser Publikation eingefügten **Formulierungsvarianten und Musterklauseln**. Auf diese Alternativen wird in den Musterverträgen jeweils hingewiesen.

Grau unterlegt sind in den Vertragsbestimmungen der Musterverträge jene Textpassagen (z.T. mit Varianten), die an den konkreten Fall anzupassen (oder wegzulassen) sind. Durch **[eckige Klammern und graue Unterlegung]** markiert sind sodann Platzhalter für Namen etc., welche ergänzt werden müssen. Auf alternative Klauseln im Hauptteil des Buches wird mit ▶ hingewiesen.

Die Checkliste und die Musterverträge stehen zum **Download** auf der Internetseite des Verlags zur Verfügung (http://www.schulthess.com/abvmuster). Der *Freischaltcode* findet sich auf der ersten Innenseite des Buchumschlages.

Weitere Vertragsmuster sind in zahlreichen Drittpublikationen und im Internet zu finden. Beispiele sind etwa:

– FISCHER WILLI *et al.* (Hrsg.): Handbuch Schweizer Aktienrecht, Basel 2014: Muster eines Aktionärbindungsvertrages auf den S. 184 ff.

– MÜLLER ROLAND/LIPP LORENZ /PLÜSS ADRIAN: Der Verwaltungsrat. Ein Handbuch für Theorie und Praxis, 4. Aufl., Zürich 2014: Muster eines Aktionärbindungsvertrages auf den S. 762 ff.

– MÜNCH PETER *et al.* (Hrsg.): Schweizer Vertragshandbuch, 2. Aufl., Basel 2010: Kommentiertes Muster eines Aktionärbindungsvertrages auf den S. 985 ff.

– SWISS PRIVATE EQUITY & CORPORATE FINANCE ASSOCIATION (SECA) (auf der Internetseite http://www.seca.ch): Muster eines kommentierten Aktionärbindungsvertrages mit Ausrichtung auf Venture Capital (Englisch).

Oft ist auch das **Organisationsreglement** der Aktiengesellschaft auf einen Aktionärbindungsvertrag auszurichten, damit die gewünschte Gesamtordnung erreicht wird. Muster für die Ausgestaltung eines Organisationsreglements finden sich u.a. in FISCHER *et al.* (S. 636 ff.), in MÜLLER/LIPP/PLÜSS (S. 953 ff.) sowie in:

– FORSTMOSER PETER: Organisation und Organisationsreglement der Aktiengesellschaft, Zürich 2011, S. 405 ff.

Und schliesslich sind allenfalls auch die **Statuten** in die Umsetzung eines Gesamtkonzepts einzubeziehen. Statutenmuster finden sich z.B. online beim Handelsregisteramt des Kantons Zürich (http://www.hra.zh.ch) sowie auf der elektronischen Unternehmensgründungs-Plattform «gruenden.ch» (http://www.gruenden.ch).

Checkliste

Anhand der Checkliste kann geprüft werden, *welche Fragen ein Aktionärbindungsvertrag regeln soll* – und welche der aktienrechtlichen Ordnung überlassen bleiben sollen. Zugleich steht mit der Checkliste eine *allgemeine Struktur für die selbständige Vertragsredaktion* zur Verfügung.

Unter den Abschnittsüberschriften wird mit ▶ jeweils auf die einschlägigen Ausführungen und Paragraphen in der systematischen Darstellung hingewiesen.

Checkliste für die ABV-Redaktion

Deckblatt 722
Inhaltsverzeichnis 722
Präambel und Vertragszweck 722
Vertragsparteien; Beteiligungsverhältnisse; Umfang der Bindung 723
Änderungen im Vertragsparteienbestand 723
Stimmrechtsausübung in der GV 724
Organe und Organisation der AG 725
Strategie und Geschäftspolitik der AG 727
Innervertragliche Organisation und Beschlussfassung im Rahmen des ABV;
Versammlung der Vertragsparteien 728
Allgemeine Vertragspflichten 730
Erwerbsrechte und Erwerbspflichten, Veräusserungsrechte und
Veräusserungspflichten 730
Leistungen der AG an die Vertragsparteien 732
Leistungen der Vertragsparteien an die AG 733
Vertragsdurchsetzung 734
Dauer und Beendigung 735
Beilegung von Konflikten 736
Weitere Bestimmungen 737
Unterschriften der Vertragsparteien 738
Anhänge (Beispiele) 738

Deckblatt

☐ Vertragsbezeichnung

☐ Vertragsparteien (Namen, Adressen, UID etc.)

☐ AG, auf welche sich der ABV bezieht (Firma, Sitz etc.; evtl. auch mehrere durch den ABV erfasste Gesellschaften, z.B. diejenigen eines Konzerns)

Inhaltsverzeichnis

☐ Inhaltsverzeichnis bei langen und stark strukturierten Verträgen

Präambel und Vertragszweck

▶ § 36 (N 1525 ff.)

☐ Präambel

    ☐ Umschreibung und Hintergrund der Vertragsparteien

    ☐ Gründe für den Vertragsschluss

    ☐ gemeinsame Absichten der Vertragsparteien (z.B. Beherrschung der AG, Geltendmachung von Minderheitenrechten, Kontrolle des Aktionärskreises, Vorbereitung oder Vollzug eines Generationenwechsels, Interessenausgleich zwischen Unternehmeraktionären und Investoraktionären, Vorbereitung eines Exits durch Verkauf oder IPO)

☐ Vertragszweck

    ☐ gemeinsame Ziele der Vertragsparteien im Einzelnen

    ☐ Grundlagen der Ausgestaltung der AG

    ☐ Zeithorizont

☐ Vertragsgrundlagen

    ☐ frühere Verträge zwischen allen oder einzelnen Vertragsparteien (und Verhältnis zu diesen, in der Regel deren Aufhebung)

    ☐ Strategiepapiere und allenfalls Businessplan

    ☐ Statuten, Organisationsreglement und weitere innergesellschaftliche Regelungen der AG oder einzelne relevante Bestimmungen aus diesen Regelungen (evtl. Verweisung auf deren Wiedergabe im Anhang)

    ☐ bei Gesellschaften mit kotierten Aktien: börsenrechtliche Regelung (Gruppentatbestände, Meldepflichten, allenfalls *Opting-out* etc.)

- ☐ Gründungsverpflichtungen (falls die AG noch zu errichten ist)
- ☐ Anhänge (Aufzählung oder Verweisung auf Liste im Anhang)

☐ Begriffsdefinitionen (bei langen und komplexen Verträgen, sonst – soweit nicht selbsterklärend – Definition bei der ersten Erwähnung)

Vertragsparteien; Beteiligungsverhältnisse; Umfang der Bindung

▶ *§§ 6 ff. (N 321 ff.) und §§ 13 f. (N 648 ff.)*

- ☐ Struktur des Aktienkapitals (sowie allenfalls des PS-Kapitals)
- ☐ Aktienkategorien
- ☐ Vertragsparteien und ihre Beteiligungen (Anzahl Aktien, prozentuale Beteiligung am Aktienkapital und/oder an den Stimmenrechten; evtl. Verweisung auf Anhang mit laufender Aktualisierung)
- ☐ Allenfalls Unterteilung in (im Unternehmen mitwirkende) Unternehmeraktionäre und (im Wesentlichen nur finanziell beteiligte) Investoraktionäre
- ☐ Allenfalls künftige Aktionäre (z.B. Nachkommen) und/oder Dritte (z.B. Vertreter von Aktionären, neutrale Verwaltungsratsmitglieder) als Vertragsparteien
- ☐ Umfang der Vertragsbindung (Gibt es freie Aktien? Sind nach Vertragsschluss erworbene Aktien dem Vertrag unterstellt?)

Änderungen im Vertragsparteienbestand

▶ *§§ 10 ff. (N 449 ff.) und § 47 (N 1688 ff.)*

- ☐ Ausscheiden einer Vertragspartei
    - ☐ Tod, Konkurs und umfassende Beistandschaft
    - ☐ Austritt
    - ☐ Ausschluss
        - ☐ wichtige Gründe für den Ausschluss
        - ☐ entsprechend Art. 577 OR oder durch Beschluss der Gesellschafter
        - ☐ Folgen für die ausgeschlossene Vertragspartei (z.B. Zeitpunkt des Verlustes der Parteistellung, Angebotspflicht [s. hinten]).
    - ☐ Veräusserung eines gewissen Prozentsatzes von/aller gebundenen Aktien
    - ☐ Beendigung der Organstellung als VR-Mitglied oder Beendigung eines Arbeits- oder Beratungsvertrages mit der AG

- ☐ gerichtliche Beschlagnahmung von Aktien einer Vertragspartei
- ☐ Fortsetzungsklausel (Vertrag wird bei Ausscheiden einer Vertragspartei unter den übrigen fortgeführt)

☐ Übergang der Parteistellung
- ☐ aufgrund einer Vereinbarung
- ☐ aufgrund von Erbrecht und Umstrukturierung
- ☐ Eintritts- und Nachfolgeklausel

☐ Pflicht zur Überbindung der vertraglichen Rechte und Pflichten auf Aktienerwerber

☐ Erwerbsrechte der übrigen Vertragsparteien (mit den übrigen Erwerbsrechten und verwandten Rechten abzustimmen, s. hinten «Erwerbsrechte und Erwerbspflichten, Veräusserungsrechte und Veräusserungspflichten»)
- ☐ allgemein bei Ausscheiden einer Vertragspartei
- ☐ bei Tod, Konkurs und umfassender Beistandschaft
- ☐ bei Austritt einer Vertragspartei (z.B. Angebotspflicht für die gebundenen Aktien zugunsten der übrigen Vertragsparteien mit vorgegebenem Veräusserungspreis)
- ☐ bei Ausschluss (z.B. Angebotspflicht für die gebundenen Aktien zugunsten der übrigen Vertragsparteien mit vorgegebenem Veräusserungspreis)
- ☐ bei Veräusserung eines gewissen Prozentsatzes/von allen gebundenen Aktien
- ☐ bei Beendigung der Organstellung als VR-Mitglied oder bei Beendigung eines Arbeits- oder Beratungsvertrages mit der AG
- ☐ bei gerichtlicher Beschlagnahme von Aktien einer Vertragspartei

☐ Originärer Beitritt einer neuen Vertragspartei

☐ Kontrollwechsel bei einer Vertragspartei (Definition) und Folgen für den ABV

Stimmrechtsausübung in der GV

▶ §§ 15 ff. (N 753 ff.) und § 22 (N 908 ff.)

☐ Pflicht zur gemeinsamen, einheitlichen Stimmabgabe

☐ Quoren für die Beschlussfassung über die Stimmabgabe

☐ Fälle der Stimmenthaltung

- ☐ Fälle der Stimmfreigabe
- ☐ Ausnahmen für gesetzliche Stimmrechtsausschlüsse
- ☐ Minderheitenrechte unter dem ABV
  - ☐ Unterstützung von Minderheitsbegehren
  - ☐ Individualrechte (zu unterstützen, wenn eine Vertragspartei es verlangt)
  - ☐ Gruppenrechte (z.B. der einzelnen Familienstämme oder der Unternehmer- bzw. Investoraktionäre)
- ☐ Ausübung des Stimmrechts in der GV
  - ☐ Präsenzpflicht, Stimmpflicht
  - ☐ Möglichkeiten der Vertretung (nur durch Vertragsparteien, evtl. auch durch [qualifizierte] Dritte)

Organe und Organisation der AG

▶ § 8 (N357 ff.) und §§ 19 ff. (N 873 ff.)

- ☐ Zusammensetzung und Organisation des VR (evtl. Verweisung auf Organisationsreglement im Anhang)
  - ☐ Anzahl Mitglieder (feste Zahl, Maximal- bzw. Minimalzahl, Anzahl unabhängiger Mitglieder)
  - ☐ Vorgaben zur Arbeitsweise
  - ☐ Beschlussfähigkeit und Beschlussfassung (allgemein, qualifizierte Präsenz- und/oder Beschlussquoren für bestimmte Beschlüsse)
  - ☐ Pflicht der VR-Mitglieder zum Erlass eines Organisationsreglements gemäss Vorgaben des ABV (evtl. Verweisung auf Muster im Anhang)
- ☐ Anspruch der Vertragsparteien auf Vertretung im VR
  - ☐ allgemeines Vertretungsrecht (Anzahl Vertreter einer Vertragspartei, persönliche Mandatsausübung, Mandatsausübung durch einen von der Vertragspartei bestimmten [qualifizierten] Dritten)
  - ☐ verlangte Qualifikationen
  - ☐ Anspruch auf eine bestimmte Funktion (z.B. Präsidium, s. auch sogleich «VR-Präsident»)
- ☐ Unabhängige Mitglieder des VR
  - ☐ verlangte Qualifikationen

- ☐ Verfahren zur Auswahl durch die Vertragsparteien oder bei deren Beschlussunfähigkeit durch Dritte
- ☐ besondere Aufgaben im Rahmen des ABV (s. sogleich «VR-Präsident»)

☐ VR-Präsident
  - ☐ Recht einer Vertragspartei auf das Präsidium oder Verfahren zur Bestimmung des Präsidenten
  - ☐ verlangte Qualifikationen
  - ☐ Verfahren zur Auswahl durch die Vertragsparteien oder bei deren Beschlussunfähigkeit durch Dritte
  - ☐ Wahl durch VR oder durch GV
  - ☐ besondere Kompetenzen wie Stichentscheid im VR bzw. dessen Ausschluss
  - ☐ besondere Pflichten in der AG (z.B. Ausrichtung auf das langfristige Gesellschaftsinteresse, Befolgung bestimmter Vorgaben oder Weisungen, Beachtung spezifischer Interessen der Vertragsparteien oder spezifischer Vertragsziele)
  - ☐ entsprechende Ausgestaltung der Statuten und des Organisationsreglements (evtl. Verweisung auf Anhänge)
  - ☐ besondere Pflichten im Rahmen des ABV (z.B. administrative Abwicklung, Vorsitz in der Versammlung der Vertragsparteien, Stichentscheid, Entscheid von Sachfragen bei Uneinigkeit der Vertragsparteien etc.)

☐ Organisation der GL
  - ☐ Pflicht der VR-Mitglieder zum Erlass eines Organisationsreglements gemäss Vorgaben des ABV (evtl. Verweisung auf Muster im Anhang)
  - ☐ Pflicht des VR zur Delegation der Geschäftsführung gemäss ABV bzw. Delegationsverbot für bestimmte Geschäfte
  - ☐ Entscheidungen, die vorgängig der Versammlung der Vertragsparteien (oder einem Ausschuss der Vertragsparteien) vorzulegen sind

☐ Honorare und Gehälter der VR- und GL-Mitglieder, besonders der gemäss ABV bestellten Mitglieder (s. auch hinten «Leistungen der AG an die Vertragsparteien»)

☐ Ausscheiden aus Organfunktionen (s. auch vorn «Änderungen im Vertragsparteienbestand»)
  - ☐ allgemein

- ☐ bei Ausscheiden aus dem ABV bzw. der Aktionärsstellung
- ☐ Organisation der GV (evtl. Verweisung auf Statuten im Anhang)
  - ☐ über Art. 704 OR hinausgehende qualifizierte Quoren (entsprechende Ausgestaltung der Statuten)
  - ☐ Anforderungen an die Einladung und Durchführung der GV (auf die Versammlung der Vertragsparteien abgestimmte Fristen [s. hinten «Innervertragliche Organisation und Beschlussfassung»])
- ☐ Anforderungen an die Revisionsstelle
  - ☐ verlangte allgemeine Qualifikation (zugelassener Revisor, zugelassener Revisionsexperte, staatlich beaufsichtigtes Revisionsunternehmen [vgl. Art. 727b und 727c OR]; für die Tätigkeit der AG bzw. den ABV verlangte spezifische Qualifikationen)
  - ☐ Verfahren zur Auswahl durch die Vertragsparteien oder bei deren Beschlussunfähigkeit durch Dritte
  - ☐ besondere Aufgaben in der AG
  - ☐ besondere Aufgaben im Rahmen des ABV (z.B. Bewertungen)

Strategie und Geschäftspolitik der AG

▶ § 9 (N 405 ff.), § 30 (N1339 ff.) und § 34 (N 1492 ff.)

- ☐ Unternehmensstrategie
  - ☐ Pflicht zur Ausrichtung auf die Ziele des ABV, soweit gesetzlich zulässig
  - ☐ kurz-, mittel- oder langfristige Ausrichtung
  - ☐ Erhalt als Familienunternehmen
  - ☐ Vorbereitung auf Verkauf der Unternehmung oder auf IPO
  - ☐ andere spezifische Ziele
- ☐ Periodische Überprüfung der Strategie durch die Vertragsparteien (z.B. alle drei Jahre), Anforderungen an die Beschlussfassung über Anpassungen (qualifizierte Mehrheit oder Einstimmigkeit)
- ☐ Ausschüttungs- und Kapitalpolitik (Ausschüttungsquote, Kapitalerhöhungen, Aktienrückkäufe etc. [s. auch hinten «Leistungen der AG an die Vertragsparteien»])
- ☐ Allenfalls Pflicht zur Erstellung einer Jahresrechnung (zusätzlich zur gesetzlich verlangten) unter Einhaltung erhöhter Anforderungen (z.B. nach einem be-

stimmten Standard) und deren Verbindlichkeit im Rahmen des ABV (insb. für die Bewertung der Aktien)

Innervertragliche Organisation und Beschlussfassung im Rahmen des ABV; Versammlung der Vertragsparteien

▶ §§ 22 f. (N 906 ff.) und §§ 32 f. (N 1446 ff.)

- ☐ Organisation der Versammlung der Vertragsparteien
    - ☐ Rhythmus und Zeitpunkt (z.B. vor jeder ordentlichen und ausserordentlichen GV, auf Verlangen von Vertragsparteien)
    - ☐ Einberufung
        - ☐ Form
        - ☐ Fristen
        - ☐ verantwortliche Person / Instanz
    - ☐ Vorsitz
        - ☐ Person (z.B. Präsident des VR, neutraler Dritter, Vertragsparteien im Turnus)
        - ☐ Aufgaben
        - ☐ Stichentscheid (Gewährung oder Wegbedingung)
    - ☐ Protokoll
    - ☐ Sekretariat (evtl. administrative Dienstleistungen durch die AG, falls alle Aktionäre Vertragsparteien sind)
- ☐ Traktanden
    - ☐ Diskussion und Beschlussfassung über die Traktanden der bevorstehenden GV
    - ☐ weitere ordentliche Traktanden (z.B. Information über den Geschäftsgang der AG)
    - ☐ von den Vertragsparteien eingebrachte Traktanden und Anträge
- ☐ Präsenzpflicht und Vertretungsrecht (inkl. Konsequenzen bei Missachtung: z.B. Konventionalstrafe, quotale Zurechnung der nicht vertretenen Aktienstimmen zu den Ja- und Nein-Stimmen sowie den Stimmenthaltungen)
- ☐ Präsenzquoren
    - ☐ allgemeines Präsenzquorum

- ☐ besondere Präsenzquoren (abgestuft nach Bedeutung der Traktanden)
- ☐ weitere Voraussetzungen für die Beschlussfähigkeit (z.B. Anwesenheit einer bestimmten Vertragspartei, der Mehrheit jeder von mehreren Aktionärsgruppen etc.)

☐ Beschlussquoren
- ☐ allgemeines Beschlussquorum
- ☐ besondere Beschlussquoren (abgestuft nach Bedeutung der Traktanden)
    - ☐ Minderheitsquoren (zur Durchsetzung von Minderheitenrechten)
    - ☐ qualifizierte Gruppenquoren (Mehrheitserfordernis insgesamt und innerhalb einzelner Gruppen von z.B. Familienaktionären, Unternehmer- bzw. Investoraktionären etc.)
- ☐ Regeln für Pattsituationen
    - ☐ Aufschub der Entscheidung und erneute Verhandlung
    - ☐ Mediation (unter Leitung eines unabhängigen VR, des VR-Präsidenten, eines aussenstehenden Mediators)
    - ☐ Schiedsgutachten (Bestimmung des Schiedsgutachters, Verbindlichkeit des Ergebnisses)
    - ☐ als *ultima ratio* bei dauernder Entscheidungsunfähigkeit: gegenseitige Kaufangebote (Zuschlag zugunsten des höheren Gebots), Auflösung und Liquidation der AG
- ☐ Ausstand bei Interessenkonflikten (s. auch hinten «Weitere Vertragspflichten»), Folgen für die Quoren (z.B. Bemessung nach der Anzahl verbleibender stimmberechtigter Aktien)

☐ Minderheitsrechte oder Individualrechte (im Rahmen des ABV und/oder durch die Vertragsparteien in der GV der AG durchzusetzen)

☐ Information
- ☐ durch die Vertreter in VR und/oder GL periodisch, auf Verlangen und/oder *ad hoc* bei bestimmten Ereignissen
- ☐ Form (mündlich [insb. in der Versammlung der Vertragsparteien], schriftlich)
- ☐ Recht auf Einsicht in Unterlagen
- ☐ gegenseitige Einsichts- und Auskunftsrechte der Vertragsparteien
- ☐ Vertraulichkeit (s. auch hinten «Weitere Vertragspflichten»)

☐ Teilnahme von Gästen (z.B. Nachkommen oder Lebenspartner)

    ☐ Kreis der Berechtigten

    ☐ Verhalten in der Versammlung (Fragerecht, Meinungsäusserungsrecht, kein Antrags- oder Stimmrecht)

    ☐ vorherige Abgabe einer Vertraulichkeitserklärung

Allgemeine Vertragspflichten

▶ *§§ 32 f. (N 1446 ff.)*

☐ Allgemeine Pflicht, die Aktionärsrechte (insb. das Stimmrecht) und die Rechtsstellung als Organ, als Arbeitnehmer oder als Berater der AG entsprechend dem ABV und den Beschlüssen der Versammlung der Vertragsparteien auszuüben

☐ Pflichten bei Interessenkonflikten (Offenlegungs- und Auskunftspflicht, Meinungsäusserungsrecht, Pflicht zur Stimmenthaltung oder, gerade umgekehrt, Stimmausübungsrecht in der Versammlung der Vertragsparteien, Stimmausübungspflicht in der GV gemäss Beschluss der Versammlung der Vertragsparteien)

☐ Treuepflicht

    ☐ gegenüber der AG

    ☐ gegenüber den Vertragsparteien

    ☐ Konkurrenzverbot (zeitlicher, sachlicher und örtlicher Umfang)

☐ Verschwiegenheitspflicht hinsichtlich (Bestand und) Inhalt des ABV und mit Bezug auf nicht allgemein zugängliche Informationen betreffend die AG und ihre Geschäftstätigkeit (evtl. nur von solchen, die aufgrund des ABV erlangt wurden)

☐ Pflicht zur Übertragung der Parteistellung auf einen Aktienerwerber

Erwerbsrechte und Erwerbspflichten, Veräusserungsrechte und Veräusserungspflichten

▶ *§§ 24 ff. (N 1170 ff.) und § 49 (N 1725 ff.)*

☐ Vorhand-, Vorkaufs- und Kaufrechte

    ☐ allgemein, allenfalls Kombination verschiedener Erwerbsrechte

    ☐ Abstufung der Berechtigungen (z.B. primäres Erwerbsrecht der Vertragsparteien des gleichen Familienstammes oder der Unternehmeraktionäre bzw. der Investoraktionäre untereinander etc., sekundäres Erwerbsrecht der übrigen Vertragsparteien)

- ☐ Abstimmung mit einer statutarischen Vinkulierung (zu beachten ist insb. die Frist von Art. 685c Abs. 3 OR)
- ☐ Recht zur Veräusserung an Dritte, wenn von Erwerbsrechten kein Gebrauch gemacht wurde
  - ☐ Bedingungen (z.B. mindestens zu dem nach ABV massgebenden Preis, sonst erneute vertragsinterne Angebotspflicht)
  - ☐ Frist (z.B. während 6 Monaten)
- ☐ statutarische Absicherung der Erwerbsrechte durch Vinkulierung *(Escape Clause)* und Erwerb über die AG (Erlass entsprechender Statutenbestimmungen [evtl. Verweisung auf Anhang] und Anweisung an die Vertreter im VR, Ablehnungsgründe und insb. die *Escape Clause* geltend zu machen)
- ☐ Sonderfälle
  - ☐ Mitverkaufsrechte der übrigen Vertragsparteien beim Verkauf (z.B. der Mehrheit) an Dritte (*Take-along/Tag-along*-Klauseln)
  - ☐ Mitverkaufspflichten der übrigen Vertragsparteien (*Drag-along*-Klauseln) (z.B. als Voraussetzung für gemeinsamen Verkauf oder IPO)
  - ☐ Verkaufsrecht der übrigen Vertragsparteien zulasten einer Vertragspartei, welche in der AG eine dominante Stellung (z.B. Mehrheit) erlangt hat (entsprechend der Angebotspflicht nach Art. 32 BEHG)
  - ☐ quotale Anbietungspflicht zugunsten der übrigen Vertragsparteien beim Erwerb von Aktien von Dritten
- ☐ Bestimmung des Verkaufs- bzw. Erwerbspreises
  - ☐ allgemeine Regeln (wirklicher Wert, Steuerwert + x%, Bilanzwert, Berechnung nach bestimmter Formel etc.) (evtl. Verweisung auf Anhang)
  - ☐ Verfahren für die Ermittlung (z.B. Bestimmung durch Bewertungsexperten, die Revisionsstelle etc.)
- ☐ Voraussetzungen für die Veräusserung an Dritte
  - ☐ verlangte Qualifikationen eines Dritterwerbers (z.B. kein Konkurrent)
  - ☐ Vorbehalt eines nochmaligen Angebots an die Vertragsparteien, falls Veräusserung an den Dritten zu einem tieferen Preis oder sonst zu günstigeren Bedingungen vorgesehen

- ☐ Vollzugs- und Erfüllungsmodalitäten
  - ☐ Zahlungsmodalitäten (Zug um Zug, Ratenzahlung, allenfalls Verzinsung)
  - ☐ Übergang der Aktionärsrechte (z.B. mit Vertragsabschluss, nach Zahlung, gestaffelt entsprechend Ratenzahlungen)
  - ☐ Evtl. Sicherheitsleistung bei aufgeschobenen Zahlungen (z.B. Pfandrecht an den übertragenen, aber noch nicht bezahlten Aktien)
- ☐ Weitere Veräusserungsbeschränkungen und Veräusserungsverbote
- ☐ Aktienerwerb von Dritten (Erwerb von anderen Vertragsparteien ist durch das Vorhandrecht und dessen Ausnahmen geregelt)
  - ☐ Erwerbsverbot
  - ☐ Erwerbspflicht
  - ☐ vertragsinterne Angebotspflicht (s. vorn «Sonderfälle»)
  - ☐ Unterstellung der erworbenen Aktien unter den ABV

Leistungen der AG an die Vertragsparteien

▶ § 30 (N 1339 ff.)

- ☐ Ausschüttungen
  - ☐ Dividende (Prozentsatz des ausgewiesenen Gewinns [evtl. mit Berechnungsmethode für die Ermittlung des Reingewinns oder Verweisung auf Anhang], Mindestdividende [z.B. mindestens entsprechend dem Steueraufwand aus der Beteiligung])
  - ☐ qualifizierte Quoren für die Abweichung von der allgemeinen Regelung (allenfalls doppelt qualifiziert zum Schutz unterschiedlicher Aktionärsgruppen oder Aktionärsinteressen)
  - ☐ Gewinnzuweisungen in anderer, steuerlich vorteilhafter Form
  - ☐ Verbot verdeckter Gewinnausschüttung
  - ☐ Verzicht auf Ausschüttung und Thesaurierung
- ☐ Ausgabe neuer Aktien (s. auch hinten «Leistungen der Vertragsparteien an die AG»)
  - ☐ Voraussetzungen für Kapitalerhöhungen
  - ☐ Bezugsrechte
  - ☐ Schaffung von Aktien zugunsten von Dritten (Arbeitnehmer, Investoren etc.)

- ☐ Ausgabepreis / Mindestausgabepreis (z.B. Ausgabe zum wirklichen Wert der bisherigen Aktien als Schutz vor Verwässerung, evtl. mit Abschlag als Anreiz für die Zeichnung)
- ☐ Voraussetzungen für Aktienrückkäufe und Kapitalherabsetzungen
- ☐ Recht auf (entschädigte) Tätigkeit in der AG (z.B. als VR- oder GL-Mitglied, als Arbeitnehmer oder als Berater)
  - ☐ Grundsätze für die Entschädigung (Marktüblichkeit, Berechnungsformel, Bestimmung durch die unabhängigen Mitglieder des VR oder durch externe Fachperson)
  - ☐ Arbeits- und Beratungsverträge, vollständig oder Eckwerte (evtl. Verweisung auf Verträge oder Vertragsmuster im Anhang)
- ☐ Weitere finanzielle Leistungen der AG an die Vertragsparteien (z.B. Voraussetzungen für die Gewährung von Darlehen oder Sicherheitsleistungen)
- ☐ Sach- und Dienstleistungen der AG an die Vertragsparteien (z.B. Abnahme- und Lieferpflichten zugunsten von Vertragsparteien, evtl. Verweisung auf Verträge oder Vertragsmuster im Anhang)
- ☐ Berücksichtigung oder Anerkennung der Interessen von Drittaktionären

Leistungen der Vertragsparteien an die AG

▶ § 31 (N 1420 ff.)

- ☐ Pflicht zur Zeichnung oder zum Kauf weiterer Aktien der AG
  - ☐ Umfang (Begrenzung nach Anzahl oder Finanzbedarf)
  - ☐ Ausgestaltung der Bezugsbedingungen (z.B. Ausgabe zum wirklichen Wert der bisherigen Aktien, evtl. mit Abschlag)
  - ☐ Gleichbehandlungspflicht untereinander und gegenüber aussenstehenden Aktionären
  - ☐ allenfalls Regeln für genehmigtes und bedingtes Kapital
- ☐ Darlehen an die AG, Nachschuss- oder Zuzahlungspflichten
- ☐ Bürgschafts- und Garantiepflichten, Pfandbestellung
- ☐ Pflichten bei Sanierungsbedarf
  - ☐ Voraussetzungen (Unterdeckung oder Überschuldung, Präzisierung der Begriffe)
  - ☐ Umfang (Maximalbetrag, einmalige oder mehrmalige Leistung)

- ☐ Verfahren der Beschlussfassung und des Vollzugs
☐ Sach- und Dienstleistungen der Vertragsparteien an die AG (z.B. im Rahmen eines Joint Ventures oder bei einer AG in Gründung, falls Sacheinlagen vorgesehen)
☐ Pflicht zu Arbeitsleistungen
  - ☐ Form und Funktion, in welcher die Leistung zu erfolgen hat (als Mitglied des VR oder der GL, Arbeitnehmer, Berater)
  - ☐ Umfang (zur Verfügung stellen der ganzen Arbeitskraft, Teilpensum)
  - ☐ Entschädigung (s. auch vorn «Leistungen der AG an die Vertragsparteien»)
☐ Konkurrenzverbot
  - ☐ allgemein
  - ☐ speziell für Unternehmeraktionäre (evtl. auch nach Ausscheiden aus ihrer Funktion bzw. dem ABV oder der Aktionärsstellung)
☐ Sachleistungen der Vertragsparteien an die AG, z.B. Abnahme- und Lieferpflichten von Vertragsparteien zugunsten der AG (evtl. Verweisung auf Verträge oder Vertragsmuster im Anhang)
☐ Wenn die AG noch zu gründen ist: Pflicht zur Mitwirkung, Art und Umfang, der Leistungspflichten, massgebende Dokumente wie Statuten und Organisationsreglement, Pflicht zur Übernahme bestimmter Funktionen, z.B. Mitgliedschaft im Verwaltungsrat (evtl. Verweisung auf Anhang)

Vertragsdurchsetzung

▶ §§ 37 ff. (N 1533 ff.)

☐ Ermahnung und Möglichkeit, innert (kurzer) Frist den vertragsmässigen Zustand wiederherzustellen
☐ Konventionalstrafe
  - ☐ Höhe (z.B. absolut oder pro gebundene Aktie)
  - ☐ Form und Modalitäten
  - ☐ Berechtigung an der Konventionalstrafe (sämtliche übrige Vertragsparteien, klagende Vertragsparteien, die AG [womit die verletzende Partei allerdings indirekt ebenfalls daran beteiligt ist])
  - ☐ Verhältnis zum Schadenersatz

- ☐ Pflicht zur Beseitigung des vertragswidrigen Zustandes trotz Zahlung einer Konventionalstrafe
- ☐ Kaufrecht der übrigen Vertragsparteien an den Aktien der vertragswidrig handelnden Vertragspartei als Alternative zur Konventionalstrafe
☐ Weitere Sicherungsmassnahmen
- ☐ Bestellung eines gemeinsamen Vertreters (wenig wirksam)
- ☐ gemeinsame Hinterlegung der gebundenen Aktien bei einem Treuhänder
- ☐ gemeinschaftliches Eigentum an den gebundenen Aktien (insb. Einbringung in eine Kollektiv- oder Kommanditgesellschaft)
- ☐ gemeinschaftliche Nutzniessung an den gebundenen Aktien
- ☐ Übertragung der gebundenen Aktien auf einen Treuhänder
- ☐ Einbringung in eine gemeinsame Holdinggesellschaft
    - ☐ Pflicht zur Übertragung der gebundenen Aktien
    - ☐ Ausgestaltung der Holdinggesellschaft (evtl. Verweisung auf Statuten und Organisationsreglement im Anhang)
- ☐ Verpfändungsverbot und andere vertragliche Verfügungs- und Übertragungsbeschränkungen für die gebundenen Aktien
- ☐ Absicherung durch Vinkulierung der Aktien und Geltendmachung der *Escape Clause* durch die AG zugunsten und für Rechnung der Vertragsparteien (Erlass der erforderlichen Statutenbestimmungen [evtl. Verweisung auf Anhang], entsprechende Anweisung an die Vertreter im VR)

Dauer und Beendigung

▶ *§§ 50 ff. (N 1777 ff.)*

☐ Zeitpunkt des Inkrafttretens

☐ Vertragsdauer
- ☐ feste Vertragsdauer
- ☐ befristete oder bedingte Vertragsdauer
- ☐ automatische Vertragsverlängerung (für eine gewisse Zeit oder bis zu einem bestimmten Termin), falls nicht innert Frist gekündigt

☐ Kündigung
- ☐ ordentliche (Fristen und Termine)

☐ ausserordentliche (Gründe, Fristen und Termine)

☐ wichtige Gründe zur fristlosen Kündigung insbesondere

☐ Andere Gründe für die Vertragsbeendigung

☐ Zeitablauf

☐ Eintritt eines bestimmten Ereignisses

☐ Beschluss der Vertragsparteien mit (qualifizierter) Mehrheit

☐ Aufhebungsvertrag

☐ Folgen der Vertragsbeendigung

☐ Liquidation des Vertrages

☐ Rücknahme eingebrachter Werte (insb. der Aktien) *in natura* (bei Erbringung in gemeinschaftliches Eigentum) statt Versilberung und Ausschüttung des Liquidationsüberschusses

☐ Verwendung des Liquidationsüberschusses (z.B. Verteilung entsprechend Einlagen oder Beteiligung und nicht nach Köpfen)

☐ Folgen für Rechtsbeziehungen ausserhalb des ABV (z.B. für Verträge von Vertragsparteien mit der AG wie Arbeits- und Beraterverträge, Liefer- und Abnahmeverträge, sodann für weitere Verträge zwischen den Vertragsparteien, z.B. für Zusammenarbeitsverträge der Vertragsparteien in Joint Ventures)

Beilegung von Konflikten

▶ *§ 57 (N 2083 ff.) und §§ 59 f. (N 2118 ff.)*

☐ Lösung von Konflikten in Sachfragen

☐ Mediation (Vorsitzender der Versammlung der Vertragsparteien als Mediator, externer Mediator [Bestimmung des Mediators durch die Vertragsparteien oder bei deren Beschlussunfähigkeit durch Dritte], Verweisung auf institutionelle Mediationsordnung, z.B. die Mediationsregeln der Schweizer Kammer für Wirtschaftsmediation [http://www.skwm.ch] oder die Mediationsordnung der schweizerischen Handelskammern *[Swiss Chambers' Arbitration Institution; http://www.swissarbitration.org]*)

☐ Schiedsgutachten (Bestimmung des Experten durch die Vertragsparteien oder bei deren Beschlussunfähigkeit durch Dritte)

☐ Lösung von Konflikten in Rechtsfragen

☐ Mediation (vgl. soeben)

☐ Schiedsgericht (z.B. gemäss schweizerischer Zivilprozessordnung, IPRG oder der Schiedsordnung der schweizerischen Handelskammern *[Swiss Chambers' Arbitration Institution; http://www.swissarbitration.org]*; Konkretisierungen: z.B. Sitz, Anzahl Schiedsrichter)

☐ ordentliche Gerichte (Gerichtsstand)

Weitere Bestimmungen

▶ *§ 4 (N 204 ff.), § 32 (N1446 ff.), §§ 34 f. (N 1492 ff.)*

☐ Vollständigkeit der Abrede

☐ Vorbehalt der (allenfalls qualifizierten) Schriftlichkeit für Vertragsänderungen

☐ Verhältnis zu Erlassen der AG wie Statuten und Organisationsreglement (zwischen den Vertragsparteien geht – soweit rechtlich zulässig – der ABV vor)

☐ Form von Mitteilungen an die und unter den Vertragsparteien (Zustellfiktion bei Versand an die zuletzt mitgeteilte Adresse)

☐ Administration und Tragung der Kosten

    ☐ Administrative Betreuung des ABV (Vorsitzender der Versammlung der Vertragsparteien, VR-Präsident, aussenstehender Sekretär, Sekretariat der AG etc.)

    ☐ Tragen der Kosten

        ☐ des Vertragsschlusses

        ☐ der Vertragsabwicklung

        ☐ evtl. Kostentragung durch die AG, wenn alle Aktionäre Vertragsparteien sind

☐ Salvatorische Klausel

    ☐ Ersatz ungültiger Vertragsbestimmungen durch die sachlich und wirtschaftlich im Hinblick auf den Vertragszweck am nächsten kommende rechtmässige Bestimmung

    ☐ analoge Anwendung für das Füllen von Vertragslücken

☐ Evtl. Regeln für die Vertragsauslegung

☐ Überprüfungsklausel

    ☐ Vertragsüberprüfung periodisch nach einer Anzahl Jahren

    ☐ Vertragsüberprüfung auf Verlangen von Vertragsparteien / bei Eintritt bestimmter Ereignisse (z.B. Wechsel im Vertragsparteienbestand) / wenn eine Anzahl Vertragsparteien es verlangt / auf Veranlassung des Vorsitzenden der Versammlung der Vertragsparteien

☐ Rechtswahl (bei Auslandsbezug, findet sich aber regelmässig auch in Verträgen ohne Auslandsbezug)

☐ Anzahl Vertragsexemplare (evtl. Hinterlegung eines Belegexemplars)

Unterschriften der Vertragsparteien

☐ Ort, Datum, Unterschrift aller Vertragsparteien

Anhänge (Beispiele)

☐ Statuten oder relevante Statutenbestimmungen wie Vinkulierung, Regeln für die Ausgestaltung des VR, Frist für die Einberufung der GV

☐ Organisationsreglement oder dessen relevante Bestimmungen

☐ Gründungsdokumente

☐ Regeln zur Bestimmung des Aktienwerts

☐ Regeln zur Bestimmung der Honorare und Saläre

☐ (Muster für) Mandatsverträge mit VR-Mitgliedern

☐ (Muster für) Arbeits- und Beraterverträge oder Eckwerte

☐ (Muster für) Abnahme-, Liefer- und Dienstleistungsverträge

☐ Patent- und Markenlizenzen der Vertragsparteien an die AG

☐ Aufstellung betreffend gebundene und allenfalls weitere Aktien der Vertragsparteien

☐ Nachzuführende Liste der Zustelladressen

☐ Übersicht über Familienstämme oder andere vertragsinterne Gruppen (z.B. Unternehmeraktionäre und Investoraktionäre)

☐ Aufstellung über den Vertragsparteien nahe stehende Personen (im Hinblick auf Erwerbsrechte etc.)

☐ Hinterlegungsvertrag betreffend die Aktien, Eckwerte für die Gründung einer gemeinsamen Holding

☐ Aufgaben neutraler VR-Mitglieder im Rahmen des ABV

☐ Kriterien für Schiedsgutachter

☐ Kriterien für Bewertungsexperten

Ausführlicher Aktionärbindungsvertrag

Übungsanlage und Erläuterungen

Ausgegangen wird von einer Verbindung von Unternehmer- und Investoraktionären, die, mit jeweils unterschiedlichen Beteiligungen, an der betreffenden Aktiengesellschaft eine Aktienmehrheit halten und diese kontrollieren. Die Partei A soll die Geschäftsführung übernehmen, während die Parteien C und D im Verwaltungsrat vertreten sein sollen. Die Parteien B und E haben – abgesehen von ihrer Eigenschaft als Aktionäre – keine Funktion in der Aktiengesellschaft. Die Parteien A, B und C halten Beteiligungen von je 20% des Aktienkapitals und der Stimmen («**grosse Aktionäre**»), die Parteien D und E solche von 5 bzw. 4% («**kleine Aktionäre**»).

Die Beteiligungsverhältnisse im Mustervertrag sind so gewählt, dass die grossen Aktionäre A, B und C in der Generalversammlung zwar die absolute Mehrheit, nicht aber die qualifizierte Mehrheit von Art. 704 OR erreichen. Dafür sind sie auf die Unterstützung der beiden kleineren Aktionäre D und E angewiesen, weshalb sie – so die Annahme – bereit sind, diese bei deren spezifischen Anliegen, wie der Geltendmachung gewisser Minderheitenrechte, zu unterstützen. Denn ihrerseits erreichen wiederum die Parteien D und E die 10%-Schwelle für die Geltendmachung dieser Minderheitenrechte nicht und sind auf die Unterstützung der grossen Aktionäre angewiesen. Fehlt im konkreten Fall eine solche Differenzierung, können die Bestimmungen, welche speziell dem Schutz von Parteien mit einer kleinen Beteiligung dienen (Ziff. 6.3, 10.2 Abs. 1, 11.5 Abs. 2, 12.4 Abs. 1 und 14.2 [2. Lemma]), entfallen.

In Bezug auf die *Präsenz- und Beschlussquoren* ist abzuwägen: auf der einen Seite das Interesse, Beschlüsse nach Möglichkeit fassen zu können, auf der anderen Seite das Interesse einer (allenfalls qualifizierten) Minderheit, Beschlüsse ohne ihre Mitwirkung oder ohne ihre Zustimmung verhindern zu können. Im Mustervertrag ist diese Abwägung wie folgt getroffen worden:

Präsenzquoren

- Das *ordentliche Präsenzquorum* (55% der gebundenen Aktienstimmen) ist so gewählt, dass die Beschlussfähigkeit dann gegeben ist, wenn zwei der drei grossen Aktionäre (zusammen 58% der gebundenen Aktienstimmen) mitwirken. Es

- braucht aber die Mitwirkung von drei Parteien (also aller drei grossen Aktionäre oder von zwei grossen Aktionären und einem kleinen Aktionär).
- Das *ausserordentliche Präsenzquorum* für bestimmte wichtige Beschlüsse ist gleich hoch, doch muss einer der beiden kleinen Aktionäre präsent oder vertreten sein.
- Vereinzelt bedarf es sodann der *Präsenz aller Parteien*. Dies schützt vor Beschlüssen, bei denen eine Partei nicht mitgewirkt hat, ermöglicht aber auch jeder Partei, die Beschlussfassung durch blosses Fernbleiben zu verhindern.
- Für Beschlüsse, bei denen eine *Partei vom Stimmrecht ausgeschlossen* ist (z.B. beim Beschluss über den Ausschluss einer Partei) bemisst sich das Präsenzquorum an der Gesamtzahl der übrigen, stimmberechtigten Aktien.

Beschlussquoren

- *Ordentliches Beschlussquorum* ist die *absolute Mehrheit* der vertretenen Aktienstimmen. Die Zahl der Ja-Stimmen muss also die Summe der Nein-Stimmen und der Stimmenthaltungen übersteigen, womit sich Stimmenthaltungen gleich wie Nein-Stimmen auswirken. (Alternative: *Relative Mehrheit*, d.h. eine höhere Anzahl Ja- als Neinstimmen genügt, Stimmenthaltungen werden – gleich wie nicht vertretene Stimmen – nicht berücksichtigt.)
- Das *ausserordentliche Beschlussquorum* für bestimmte wichtige Beschlüsse beträgt im Beispiel 70%, was – wenn alle Aktien vertreten sind – entweder Einigkeit der drei grossen Aktionäre oder die Zustimmung von zwei grossen und der beiden kleinen Aktionäre bedingt.
- Ausnahmsweise bemisst sich das Beschlussquorum nach *sämtlichen gebundenen* (und nicht nur der vertretenen) *Aktienstimmen* als Schutz vor Beschlüssen, die ohne Mitwirkung einer betroffenen Partei gefasst werden.
- Schliesslich können gewisse Beschlüsse nur *einstimmig* gefasst werden. Falls dies mit dem Erfordernis der Präsenz aller Parteien kombiniert wird, ergibt sich so ein Vetorecht einer jeden Partei.
- Für Beschlüsse, bei denen eine *Partei vom Stimmrecht* ausgeschlossen ist, bemisst sich das Beschlussquorum nach der Summe der stimmberechtigten Aktien.

* * *

Grau unterlegt sind in den Vertragsbestimmungen jene Textpassagen (z.T. mit Varianten), die an den konkreten Fall anzupassen (oder wegzulassen) sind. Durch **[eckige Klammern und graue Unterlegung]** markiert sind sodann Platzhalter für Namen etc., welche ergänzt werden müssen. Auf alternative Klauseln im Hauptteil des Buches wird mit ▶ hingewiesen.

Aktionärbindungsvertrag

zwischen

[**A**, Name und Vorname]
[Adresse], [PLZ Ort]

(nachfolgend **«[A]»**)

und

[**B**, Name und Vorname]
[Adresse], [PLZ Ort]

(nachfolgend **«[B]»**)

und

[**C**, Name und Vorname]
[Adresse], [PLZ Ort]

(nachfolgend **«[C]»**)

und

[**D**, Name und Vorname]
[Adresse], [PLZ Ort]

(nachfolgend **«[D]»**)

und

[**E**, Name und Vorname]
[Adresse], [PLZ Ort]

(nachfolgend **«[E]»**)

(einzeln oder gemeinsam jeweils auch **«Partei»** bzw. **«Parteien»**)

betreffend

[Aktiengesellschaft], [evtl. UID]
[Adresse AG]
[PLZ Ort]

(nachfolgend **«AG»**)

Inhaltsverzeichnis

Präambel 742
1. [Definitionen und] Anhänge 743
    1.1 [Definitionen] 743
    1.2 Anhänge 743
2. Vertragsziele 744
3. Beteiligungen der Parteien 744
4. Änderungen im Parteienbestand 745
    4.1 Tod, Konkurs und ähnliche Tatbestände 745
    4.2 Austritt 746
    4.3 Ausschluss 746
    4.4 Handlungsunfähigkeit 747
    4.5 Veräusserung aller gebundenen Aktien 747
    4.6 Rechtsnachfolge, Pflicht zur Vertragsüberbindung 747
    4.7 Aufnahme neuer Parteien 748
5. Verhalten der Vertragsparteien 748
    5.1 Grundsatz 748
    5.2 Treuepflicht, Informationspflicht 748
    5.3 Vertraulichkeit 748
    5.4 Interessenkonflikte 749
6. Stimmbindung 749
    6.1 Teilnahme und Vertretung in der Generalversammlung 749
    6.2 Stimmabgabe in der Generalversammlung 750
    6.3 Geltendmachung von Minderheitenrechten 750
    6.4 Nichteinhaltung der Teilnahme- und Stimmpflicht in der Generalversammlung 750
7. Vertretung in Verwaltungsrat und Geschäftsleitung 750
    7.1 Zusammensetzung des Verwaltungsrates 750
    7.2 Organisation des Verwaltungsrates 751
    7.3 Geschäftsleitung 752
    7.4 Verhalten als Organ 752
    7.5 Honorare und Gehälter 752
    7.6 Ausscheiden aus Organfunktionen 752
8. Bestellung der Revisionsstelle 753
9. Rechnungslegung 753
10. Strategie und Geschäftspolitik der AG 753
    10.1 Unternehmensstrategie 753
    10.2 Gewinnverwendung 754
    10.3 Grundsätze der Finanzierung 754
    10.4 Kapitalerhöhungen 754
    10.5 Sanierung 755
11. Versammlung der Parteien 755
    11.1 Zeitpunkt und Einberufung 755
    11.2 Traktanden 756
    11.3 Vorsitz 756
    11.4 Informations- und Einsichtsrechte 756
    11.5 Beschlussfähigkeit und Beschlussfassung 757
    11.6 Protokoll 758
12. Erwerbsrechte und Erwerbspflichten 758
    12.1 Übertragungsfreiheit 758
    12.2 Vorhand- und Vorkaufsrecht 759
    12.3 Erwerb über die AG 760
    12.4 Mitverkaufsrecht 761
    12.5 Mitverkaufspflicht 762
    12.6 Übernahmepflicht 762
    12.7 Anbietungspflicht beim Erwerb von Aktien von Dritten 762
    12.8 Preisbestimmung und Zahlungsbedingungen 762
13. Vertragsverletzungen 763
    13.1 Konventionalstrafe, Kaufrecht der übrigen Parteien 763
    13.2 Schadenersatz und Beseitigung des vertragswidrigen Zustandes 764
14. Vertragsdauer 764
    14.1 Inkrafttreten und Dauer 764
    14.2 Kündigung 764
15. Abtretung von Rechten und Verpfändung von Aktien 765
16. Vertragsänderungen, Teilnichtigkeit und Vertragslücken 765
    16.1 Vertragsänderungen 765
    16.2 Teilungültigkeit und Vertragslücken 765
    16.3 Verhältnis zu Erlassen der AG 765
17. Vollständigkeit der Abreden 765
18. Zustellung von Mitteilungen und Erklärungen der Parteien 766
19. Überprüfung und Anpassung 766
20. Kosten des Vertrages 766
21. Beilegung von Konflikten 767
    21.1 Meinungsverschiedenheiten in Sachfragen; Mediation und Schiedsgutachten 767
    21.2 Meinungsverschiedenheiten in Rechtsfragen; Mediation und Schiedsgericht 767
22. Anwendbares Recht 768
Anhänge 768

Präambel

Die Parteien sind Aktionäre der AG. Mit dem vorliegenden Vertrag regeln sie im Hinblick auf die Vertragsziele (Ziff. 2) die Grundsätze ihrer Beteiligung an der AG und ihrer Beziehungen zu dieser sowie ihre Rechte und Pflichten untereinander.

[Weitere Ausführungen zum Hintergrund und zur Vorgeschichte des Vertrages und/oder dessen Einordnung in einen grösseren Kontext. Ausführungen zu den Zielen, die mit dem Vertrag verfolgt werden (z.B. Ausübung der Kontrolle, Beherrschung der AG), und zu den in der AG verfolgten Zielen (z.B. mittel- oder langfristige Ausrichtung der Strategie oder der Gewinnstrebigkeit, Erlangen oder Erhalten der Marktführerschaft in einer bestimmten Branche, Verkauf- oder Börsengang nach 3–5 Jahren etc.).]

▶ M1526–1527; vgl. auch Ziff. 2 (Vertragsziele)

1. [Definitionen und] Anhänge

1.1 [Definitionen]

[Begriffsdefinitionen (bei langen und komplexen Verträgen, sonst – soweit nicht selbsterklärend – Definition bei der ersten Erwähnung (wie in diesem Vertragsmuster) in Klammern oder als Fussnote).]

1.2 Anhänge

Die folgenden Anhänge sind Bestandteil dieses Vertrages:

1. Unternehmensstrategie.
2. Statuten der AG (evtl. nur die für den ABV wesentlichen Statutenbestimmungen).
3. Organisationsreglement der AG (evtl. nur die für den ABV wesentlichen Bestimmungen des Organisationsreglements).
4. Regeln zur Bestimmung des Aktienwerts.
5. Mandatsvereinbarungen mit unabhängigen Verwaltungsratsmitgliedern.
6. Arbeitsvertrag für [A] (oder dessen Eckwerte, insb. Funktion, Umfang sowie Salär und Salärbestandteile).
7. Eckwerte für die Ausübung des Verwaltungsratsmandats durch [C] und [E], insb. Honorar und Honorarbestandteile, allenfalls erwarteter zeitlicher Einsatz und Beschränkungen für die Übernahme anderer Mandate.
8. Jeweils aktualisierte Beteiligungsverhältnisse (sobald diese von Ziff. 3 dieses Vertrages abweichen), allenfalls Aufstellung betreffend weitere, nicht vertraglich gebundene Aktien der Parteien.
9. Liste der aktuellen Zustelladressen der Parteien.
10. Liste der juristischen Personen gemäss Ziff. 12.1.

11. [Kriterienkatalog für die Auswahl der unabhängigen Verwaltungsratsmitglieder, der Mitglieder der Geschäftsleitung, der Revisionsstelle, des Bewertungsexperten, des Entschädigungsexperten etc.]

12. [Weitere Anhänge, z.B. Hinterlegungsvertrag oder Treuhandvertrag im Falle einer gemeinsamen Hinterlegung bzw. Übertragung der gebundenen Aktien].

2. Vertragsziele

Die Parteien wollen ihre Rechte als Aktionäre und gegebenenfalls Mitglieder von Organen der AG in gegenseitiger Absprache und einheitlich ausüben. Dabei verfolgen sie insbesondere die folgenden Ziele:

- Die Sicherung ihrer gemeinsamen Interessen.

- Die Sicherung der Kontrolle über die AG und den Erhalt der / einer qualifizierten Stimmenmehrheit.

- Die angemessene Wahrung der Eigentümerinteressen der Parteien unter fairer Berücksichtigung der Minderheiteninteressen von [D] und [E].

- Die angemessene Entschädigung der Parteien für ihren Kapitaleinsatz.

- Die Sicherung der Mitgliedschaft im Verwaltungsrat der AG für [C] und [D] sowie des Vorsitzes der Geschäftsleitung für [A].

- Die angemessene Wahrung der unterschiedlichen Interessen der im Unternehmen aktiv (exekutiv oder auf der Ebene des Verwaltungsrates) tätigen Parteien («**Unternehmeraktionäre**») einerseits und der nicht im Unternehmen aktiv tätigen Parteien («**Investoraktionäre**») andererseits.

- Den gemeinsamen und einheitlichen Auftritt gegenüber anderen Aktionären.

- Das langfristige Gedeihen der AG als selbständiges Unternehmen.

- Die Sicherung der Operationsfähigkeit der AG.

- Die langfristige Wertsteigerung ihrer Beteiligung an der AG.

- [Den Börsengang (IPO) bzw. den Verkauf der Aktien in 3–5 Jahren.]

- [Weitere Vertragszwecke.]

▶ M1531–1532; vgl. auch Präambel

3. Beteiligungen der Parteien

Das Kapital der AG beträgt CHF 1 000 000.00. Es ist in 1000 voll liberierte Namenaktien mit einem Nennwert von je CHF 1000.00 eingeteilt.

Im Zeitpunkt der Unterzeichnung dieses Vertrages halten die Parteien zusammen 69% des Aktienkapitals der AG, nämlich:

Partei	Anzahl der Aktien	Anteil am Aktienkapital	Anteil gebundene Aktienstimmen
[A]	200 Namenaktien	20%	29%
[B]	200 Namenaktien	20%	29%
[C]	200 Namenaktien	20%	29%
[D]	50 Namenaktien	5%	7,2%
[E]	40 Namenaktien	4%	5,8%
Total	690 Namenaktien	69%	100%

Die Parteien unterstellen die Ausübung ihrer Aktionärsrechte aus diesen Aktien («**gebundene Aktien**») den Bestimmungen dieses Vertrages.

Erwirbt eine Partei nach Abschluss dieses Vertrages zusätzliche Aktien der AG, gelten auch für diese Aktien die Bestimmungen dieses Vertrages. *Alternativen:* Erwerben die Parteien weitere Aktien der AG, die diesem Vertrag bisher nicht unterstanden, können sie diese ebenfalls dem Vertrag unterstellen, sie sind dazu aber nicht verpflichtet. / Nicht diesem Vertrag unterstehende weitere Aktien können auf Antrag mit qualifiziertem Beschluss der Versammlung der Parteien diesem Vertrag unterstellt werden.

Veränderte Beteiligungsverhältnisse werden aufgrund der Meldungen der Parteien in Anhang 8 dieses Vertrages festgehalten.

▶ *M68–69*

Die diesem Vertrag unterstellten Aktien verbleiben im Eigentum der jeweiligen Partei.

4. Änderungen im Parteienbestand

4.1 Tod, Konkurs und ähnliche Tatbestände

Wenn eine Partei stirbt oder in Konkurs fällt, bleibt dieser Vertrag unter den übrigen Parteien bestehen. Die betreffende Partei scheidet mit dem Datum ihres Todes oder ihres Konkurses aus dem Vertrag aus. Die Erben oder die Konkursverwaltung haben kein Recht, die Liquidation zu verlangen. Im Falle der Zwangsverwertung des Liquidationsanteils einer Partei gilt diese Bestimmung sinngemäss.

▶ *M464 (Fortsetzungsklausel), M468*

Die übrigen Parteien haben das Recht, rückwirkend auf den Zeitpunkt des Ausscheidens der Partei deren gebundene Aktien (nicht aber lediglich einen Teil derselben)[1] zu erwerben. Es gelten sinngemäss und vorbehältlich zwingenden Rechts die für die Erwerbsrechte gemäss Ziff. 12 dieses Vertrages vereinbarten Regeln.

Die übrigen Parteien können mit Einstimmigkeit beschliessen, den Erben oder anderen Erwerbern der Aktien (oder einzelnen unter ihnen) anzubieten, dem Vertrag anstelle der ausgeschiedenen Partei als Partei bzw. Parteien beizutreten. Die betreffenden Personen haben innert 30 Tagen nach Zugang des Angebots dessen Annahme zu erklären, andernfalls das Angebot als abgelehnt gilt. Im Falle des Beitritts besteht kein Kaufrecht der übrigen Parteien.

▶ M545 (einfache Eintrittsklausel), M552 (qualifizierte Eintrittsklausel), M580 (einfache Nachfolgeklausel), M585–587 (qualifizierte Nachfolgeklauseln)

4.2 Austritt

Jede Partei kann mit einer Frist von 9 Monaten auf das Ende eines jeden Kalenderjahres / eines jeden Geschäftsjahres der AG ihren Austritt aus diesem Vertrag erklären. Der Vertrag wird unter den übrigen Parteien weitergeführt.

▶ M507, M517 (Austrittsrecht bei Vertragsanpassung), M520 (Austrittsrecht bei Austritt einer anderen Partei)

Die übrigen Parteien haben das Recht, auf den Zeitpunkt des Austrittes einer Partei deren gebundene Aktien (nicht aber lediglich einen Teil derselben)[2] zu erwerben. Es gelten sinngemäss die für die Erwerbsrechte gemäss Ziff. 12 dieses Vertrages vereinbarten Regeln, wobei jedoch der gemäss Ziff. 12.8 errechnete Preis um 25% herabzusetzen ist.

4.3 Ausschluss

Eine Partei kann aus wichtigem Grund durch einstimmigen Beschluss der übrigen Parteien mit sofortiger Wirkung aus dem Vertrag ausgeschlossen werden. Der Vertrag wird unter den übrigen Parteien weitergeführt.

Als wichtige Gründe gelten insbesondere (aber nicht abschliessend):

– die Pfändung der gebundenen Aktien einer Partei;

– die Einleitung eines Nachlassverfahrens bezüglich einer Partei;

---

[1] Dieser Vorbehalt soll ausschliessen, dass die übrigen Parteien lediglich so viele Aktien erwerben, dass dies beim Veräusserer zum Verlust eines Minderheitenrechts führt.

[2] Vgl. Anm. 1.

- [Aufzählung weiterer wichtiger Gründe. Diese sind, wegen der für die ausschliessende Partei schwerwiegenden Konsequenzen, möglichst exakt zu umschreiben.]

▶ *M526, M637 (Umstrukturierung), M639 (Kontrollwechsel)*

Vorbehältlich zwingenden Rechts haben die übrigen Parteien das Recht, auf den Zeitpunkt des Ausschlusses einer Partei deren gebundene Aktien (nicht aber lediglich einen Teil derselben)[3] zu erwerben. Es gelten sinngemäss die für die Erwerbsrechte gemäss Ziff. 12 dieses Vertrages vereinbarten Regeln, wobei jedoch der gemäss Ziff. 12.8 errechnete Preis um 25% herabzusetzen ist.

4.4 Handlungsunfähigkeit

Wird eine Partei dauernd handlungsunfähig, können die übrigen Parteien die handlungsunfähige Partei durch einstimmigen Beschluss frühestens 6 Monate nach dem Eintritt der Handlungsunfähigkeit und spätestens 9 Monate nach deren Bekanntgabe mit sofortiger Wirkung / per Ende des laufenden Jahres / mit einer Frist von 3 Monaten aus dem Vertrag ausschliessen. Der Vertrag wird unter den übrigen Parteien weitergeführt.

Die übrigen Parteien haben das Recht, auf den Zeitpunkt des Ausschlusses die gebundenen Aktien der handlungsunfähigen Partei (nicht aber lediglich einen Teil derselben)[4] zu erwerben. Es gelten sinngemäss die für die Erwerbsrechte gemäss Ziff. 12 dieses Vertrages vereinbarten Regeln, wobei jedoch der gemäss Ziff. 12.8 errechnete Preis um 15% herabzusetzen ist.

4.5 Veräusserung aller gebundenen Aktien

Veräussert eine Partei alle ihre gebundenen Aktien, scheidet sie im Zeitpunkt der Übertragung der letzten Aktie aus dem Vertrag aus. Der Vertrag wird unter den übrigen Parteien weitergeführt.

▶ *M499–501*

Die Erwerbsrechte der Parteien gemäss Ziff. 12 dieses Vertrages bleiben vorbehalten.

4.6 Rechtsnachfolge, Pflicht zur Vertragsüberbindung

Dieser Vertrag bindet die Erben und andere Universalsukzessoren der Vertragsparteien.

---

[3] Vgl. Anm. 1.
[4] Vgl. Anm. 1.

Veräussert eine Partei Aktien an einen Dritten, dann hat sie die vertraglichen Rechte dem Erwerber zu überbinden. Vorbehalten bleibt die Veräusserung nach einer ergebnislosen Durchführung des Erwerbserfahrens gemäss Ziff. 12.2.

4.7 Aufnahme neuer Parteien

Aktionäre der AG, deren Aktien nicht diesem Vertrag unterstehen, können mit einstimmigem Beschluss sämtlicher Parteien in den Vertrag aufgenommen werden.

▶ M642–643

5. Verhalten der Vertragsparteien

5.1 Grundsatz

Die Parteien üben ihre Rechte als Aktionäre und ihre Rechte und Pflichten als Organpersonen der AG oder als Träger einer anderen Funktion in der AG so aus, dass die Vertragsziele und die gemeinsamen Interessen der Parteien bestmöglich erreicht werden. Vorbehalten bleibt die Einhaltung zwingenden Rechts.

5.2 Treuepflicht, Informationspflicht

Die Parteien unterlassen alle Handlungen, die mit dem Zweck dieses Vertrages und den Interessen der AG in Widerspruch stehen. Insbesondere unterlassen sie jede das Geschäft der AG konkurrenzierende Tätigkeit. Vorbehalten bleibt die Genehmigung einer solchen Tätigkeit durch die übrigen Parteien mit qualifiziertem Beschluss.

▶ M1468

Die Parteien informieren den Vorsitzenden / die übrigen Parteien rechtzeitig und im Voraus über geplante Tätigkeiten (einschliesslich des Erwerbs von Beteiligungen von mehr als 10% an einer anderen Gesellschaft), die im Hinblick auf diesen Vertrag oder die Strategie bzw. die Geschäftstätigkeit der AG von Bedeutung sein könnten.

▶ M1147, M1471–1472 (Informations- und Aufklärungspflichten)

5.3 Vertraulichkeit

Die Parteien sind mit Bezug auf die Existenz und den Inhalt dieses Vertrages sowie alle nicht öffentlich zugänglichen Informationen betreffend die AG gegenüber Dritten zu Stillschweigen verpflichtet. Vorbehalten bleiben die Aufhebung dieser Verpflichtung im Einzelfall durch qualifizierten Beschluss der Versammlung der Parteien / einstimmigen Beschluss der übrigen Parteien sowie gesetzliche, gerichtliche oder behördliche Offenlegungspflichten.

Beabsichtigt eine Partei, ihre gebundenen Aktien einer Drittpartei zu veräussern, kann sie zu diesem Zweck der Drittpartei – nach Orientierung des Vorsitzenden und Genehmigung durch denselben – diesen Vertrag, seinen Inhalt oder nicht öffentlich zugängliche Informationen über die AG, soweit dies im Rahmen der gesetzlichen Bestimmungen des Aktienrechts zulässig ist, zugänglich machen. Die Drittpartei ist zu Stillschweigen gegenüber weiteren Dritten und zur Rückgabe übergebener Dokumente ohne Anfertigung von Kopien zu verpflichten. Die Vertraulichkeitsvereinbarung ist dem Vorsitzenden der Versammlung der Parteien zu übergeben, und die übrigen Parteien können Einsicht in dieselbe verlangen. Der Vorsitzende informiert die übrigen Parteien über die erteilte Genehmigung.

▶ *M1155, M1158*

5.4 Interessenkonflikte

Befindet sich eine Partei in einem Interessenkonflikt oder steht ein solcher bevor, dann informiert sie unverzüglich den Vorsitzenden / die übrigen Parteien. Sie ist berechtigt und verpflichtet, ihren Standpunkt darzulegen und hat für Auskünfte zur Verfügung zu stehen. Bei Abstimmungen in der Versammlung der Parteien und im Verwaltungsrat[5] enthält sie sich der Stimme. Die übrigen Parteien können die Partei, die sich im Interessenkonflikt befindet, mit qualifiziertem Beschluss der Versammlung der Parteien von der Stimmenthaltungspflicht entbinden.

6. Stimmbindung

6.1 Teilnahme und Vertretung in der Generalversammlung

Die Parteien sind verpflichtet, an sämtlichen Generalversammlungen der AG persönlich teilzunehmen oder sich mit schriftlicher Vollmacht durch eine andere Partei vertreten zu lassen.

Mit Beschluss der Versammlung der Parteien / Zustimmung des Vorsitzenden kann sich eine Partei durch eine Drittperson vertreten lassen.

---

[5] Dagegen keine Stimmenthaltung, sondern Stimmpflicht in der Generalversammlung (wie vertraglich vorgesehen, also gemäss Beschluss der übrigen Parteien, Ziff. 6.2), damit die gesamte Stimmkraft der Vertragsparteien wirksam bleibt.

6.2 Stimmabgabe in der Generalversammlung

Die Parteien sind verpflichtet, die Stimmen ihrer gebundenen Aktien in der Generalversammlung der AG gemäss den Bestimmungen dieses Vertrages und den Beschlüssen der Versammlung der Parteien abzugeben oder ihren Vertretern entsprechende Instruktionen zu erteilen.

▶ M759–760, M762 (Ausnahmen), M766, M768 (Ausnahmen), M770 (gemäss Anträgen des VR), M772 (Ausnahmen), M774 (gemäss allg. Grundsätzen), M1102–1103, M1107–1108, M1110 (Stimmenthaltung), M1114, M1120

Die Versammlung der Parteien kann mit qualifiziertem Beschluss die Stimmfreigabe beschliessen.

▶ M1112 (Stimmfreigabe), M1116–1118 (Pflicht zur Stimmenthaltung oder Stimmfreigabe)

6.3 Geltendmachung von Minderheitenrechten

Wollen [D] und [E] Minderheitenrechte gemäss Art. 697b Abs. 1, 699 Abs. 3 und 727 Abs. 2 OR oder gemäss Art. 18 Abs. 5 FusG geltend machen,[6] verpflichten sich die übrigen Parteien, diese Begehren zu unterstützen. Anträge gemäss Art. 736 Ziff. 4 OR sind von dieser Bestimmung ausgeschlossen.[7]

▶ M1034, M1036

6.4 Nichteinhaltung der Teilnahme- und Stimmpflicht in der Generalversammlung

Nimmt eine Partei aus irgend einem Grund nicht an einer Generalversammlung der AG teil oder übt sie dort das Stimmrecht nicht aus, dann sind ihre Aktienstimmen quotal den Ja- und Nein-Stimmen sowie den Stimmenthaltungen der übrigen Vertragsparteien zuzurechnen. Gegenüber der AG gilt dieser Vertrag als entsprechende Vollmacht.

7. Vertretung in Verwaltungsrat und Geschäftsleitung

7.1 Zusammensetzung des Verwaltungsrates

Der Verwaltungsrat der AG soll aus mindestens 5 Mitgliedern bestehen.

---

[6] D und E erreichen zusammen nicht die 10%-Schwelle für die Geltendmachung dieser Minderheitenrechte und sind daher auf Unterstützung angewiesen.

[7] Die Auflösung der AG aus wichtigem Grund durch das Gericht wird ausgenommen, weil es die beiden Minderheitsaktionäre sonst jederzeit in der Hand hätten, gerichtlich die Auflösung der Aktiengesellschaft zu beantragen.

Die Parteien verpflichten sich, [C] und [D] in den Verwaltungsrat zu wählen. [C] und [D] vertreten – soweit im Rahmen ihrer gesetzlichen Pflichten zur Wahrung der Interessen der AG zulässig – die Interessen der Parteien im Verwaltungsrat. Sie orientieren sich dabei an den Zielen dieses Vertrages (insb. an der Präambel und an Ziff. 2).

Die Parteien bestellen mindestens 3 diesem Vertrag mit Ausnahme von Ziff. 7.1 Abs. 4, Ziff. 7.2 Abs. 2, Ziff. 7.3 und Ziff. 7.5 nicht unterstehende Drittpersonen als Kandidaten für den Verwaltungsrat der AG («**unabhängige Verwaltungsratsmitglieder**»). Diese sollen nach Ausbildung und Erfahrung für das Amt geeignet sein, hohe Anerkennung geniessen, die Fähigkeiten von [C] und [D] sinnvoll ergänzen und sich dem Gesamtwohl der AG verpflichtet fühlen. Jeweils mindestens eines der unabhängigen Verwaltungsratsmitglieder soll die folgenden Kriterien erfüllen:

– [Aufzählung von Kriterien für die Eignung als Mitglied des Verwaltungsrates. / Verweisung auf Anhang 11.]

Die Kandidaten sind über diesen Vertrag und ihre Aufgaben in dessen Rahmen zu informieren. Sie haben der Übernahme dieser Aufgaben vor ihrer Wahl zuzustimmen.

Die Versammlung der Parteien bestimmt die Kandidaten einzeln mit qualifiziertem Beschluss.

Kommt die erforderliche Mehrheit für die Bestellung nicht zustande, führen die Parteien nach 10 Tagen erneut eine Versammlung durch. Es können neue Kandidaten vorgeschlagen werden. Kommt die erforderliche Mehrheit erneut nicht zustande, sollen durch die Zürcher Handelskammer geeignete Kandidaten vorgeschlagen werden. Zur Bestätigung dieser Kandidaten genügt je ein einfacher Beschluss der Versammlung der Parteien.

▶ *M880–881, M884–886, M890–891 (Abberufung), M1125–1129, M1132–1134 (Vertretung von Gruppen), M1136-1138 (unabhängige Vertreter im VR)*

7.2 Organisation des Verwaltungsrates

Die Versammlung der Parteien bestellt mit qualifiziertem Beschluss eines der unabhängigen Verwaltungsratsmitglieder als Kandidaten für das Präsidium des Verwaltungsrates der AG. Erreicht keines der unabhängigen Verwaltungsratsmitglieder die erforderliche Mehrheit, konstituiert sich der Verwaltungsrat selber.

Die Parteien sind dafür besorgt, dass der Verwaltungsrat ein Organisationsreglement gemäss dem diesem Vertrag als Anhang 3 beigefügten Muster erlässt und beibehält. [C] und [D] stellen im Verwaltungsrat einen dahin gehenden Antrag, die unabhängigen Verwaltungsratsmitglieder sind entsprechend zu instruieren.

▶ *M904–905*

7.3 Geschäftsleitung

[A] übernimmt den Vorsitz der Geschäftsleitung der AG. [C] und [D] stellen im Verwaltungsrat einen dahin gehenden Antrag. Die unabhängigen Verwaltungsratsmitglieder sind entsprechend zu instruieren.

7.4 Verhalten als Organ

Die Parteien werden sich in ihrer Tätigkeit als Organpersonen der AG entsprechend den Grundsätzen dieses Vertrages verhalten, soweit die gesetzlichen und statutarischen Pflichten und insbesondere die Pflicht, die Interessen der AG zu wahren, dies erlauben. Insbesondere werden sie ihre Stimme im Verwaltungsrat der AG entsprechend den Grundsätzen dieses Vertrages und den Beschlüssen der Versammlung der Parteien abgeben.

7.5 Honorare und Gehälter

Für ihre Tätigkeit im Verwaltungsrat bzw. in der Geschäftsleitung der AG sollen [C] und [D] bzw. [A] mit marktüblichen Honoraren bzw. Gehältern entschädigt werden.

Besteht unter den Parteien über die Höhe und die Elemente der Entschädigung keine Einigkeit, beauftragen die Parteien die [Beratungsgesellschaft] als Entschädigungsberaterin damit, einen Vorschlag zu unterbreiten. Dieser Vorschlag ist für die Parteien verbindlich und von ihnen im Verwaltungsrat durchzusetzen.

▶ *M1416*

7.6 Ausscheiden aus Organfunktionen

Scheidet [A] aus diesem Vertrag aus, gilt dies zugleich als Grund für die Beendigung des Arbeitsverhältnisses mit der AG. [A] ist verpflichtet, gegenüber der AG eine entsprechende Kündigungserklärung auf den erstmöglichen Termin abzugeben.

Scheiden [C] oder [D] aus diesem Vertrag aus, sind sie verpflichtet, als Mitglieder des Verwaltungsrates der AG auf das Datum ihres Ausscheidens / die nächste ordentliche Generalversammlung zurückzutreten.

Die übrigen Parteien können die ausscheidende Partei von diesen Pflichten mit einstimmigem Beschluss entbinden.

▶ M515, M890–891 (Abberufung)

8. Bestellung der Revisionsstelle

Die Versammlung der Parteien bestellt mit qualifiziertem Beschluss eine Revisionsstelle, welche die folgenden Kriterien erfüllen muss:

- [Aufzählung von Kriterien, insb. allgemeine Qualifikation (z.B. zugelassener Revisionsexperte, staatlich beaufsichtigtes Revisionsunternehmen) sowie spezifisch für die AG und allenfalls für Aufgaben im Rahmen des ABV (Bewertungen) relevante Qualifikationen als Voraussetzung für die Wählbarkeit. / Verweisung auf Anhang 11.]

Kommt die erforderliche Mehrheit nicht zustande, führen die Parteien nach 10 Tagen erneut eine Versammlung durch. Es kann eine neue Kandidatin vorgeschlagen werden. Kommt die erforderliche Mehrheit erneut nicht zustande, soll durch Expertsuisse[8] eine geeignete Kandidatin vorgeschlagen werden. Zur Bestätigung dieser Kandidatin genügt ein einfacher Beschluss der Versammlung der Parteien.

9. Rechnungslegung

Die AG soll zusätzlich zur Jahresrechnung einen Abschluss nach Swiss GAAP FER / nach IFRS / nach einem anerkannten Standard zur Rechnungslegung, der sich an einer *True and Fair View* orientiert, erstellen. Dieser Abschluss ist im Rahmen dieses Vertrages für die Parteien verbindlich, insbesondere für die Bestimmung des wirklichen Aktienwertes (Ziff. 12.8).

10. Strategie und Geschäftspolitik der AG

10.1 Unternehmensstrategie

Die Parteien üben ihre Rechte als Aktionäre und ihre Rechte und Pflichten als Organpersonen der AG oder als Träger einer anderen Funktion in der AG im Sinne einer Unternehmensstrategie aus, welche das langfristige Gedeihen der AG als Marktführerin im [Sektor] und die Selbständigkeit der AG gewährleistet. Die Einzelheiten sind in Anhang 1 festgelegt.

Die Unternehmensstrategie wird alle 3 Jahre überprüft. Änderungen bedürfen eines qualifizierten Beschlusses der Versammlung der Parteien.

▶ M895–896

---

[8] Ehemals: Treuhand-Kammer.

10.2 Gewinnverwendung

Die AG soll – soweit es die Reservebildungsvorschriften erlauben und die Versammlung der Parteien nicht mit qualifiziertem Beschluss etwas anderes beschliesst – eine Dividende ausschütten, die 40% des Reingewinns der Jahresrechnung gemäss Ziff. 9 entspricht.

Als Minimum soll – soweit es die Reservebildungsvorschriften erlauben – eine Ausschüttung in der Höhe erfolgen, welche allen Parteien mit steuerlichem Wohnsitz in der Schweiz erlaubt, die auf ihren gebundenen Aktien anfallenden Steuern aus der Ausschüttung zu bezahlen. Ist eine solche Ausschüttung in einem Jahr nicht möglich, ist sie im Folgejahr oder sobald möglich nachzuholen.

▶ *M1386–1388*

10.3 Grundsätze der Finanzierung

Die AG soll ihre Entwicklung vor allem durch die Nichtausschüttung von Gewinnen (Thesaurierung) finanzieren (Selbstfinanzierung).

Das langfristige Fremdkapital soll die Höhe des Eigenkapitals nicht übersteigen.

10.4 Kapitalerhöhungen

Soweit es die Umsetzung der Unternehmensstrategie erfordert, veranlassen die Parteien Kapitalerhöhungen der AG. Das Bezugsrecht ist zu wahren und es soll der Bezugspreis nicht tiefer liegen als 20% unter dem gemäss Ziff. 12.8 ermittelten wirklichen Wert der bestehenden Aktien.

Für die Beschlussfassung gelten folgende Quoren:

- Einfacher Beschluss der Versammlung der Parteien, wenn das Aktienkapital um nicht mehr als 20% erhöht werden soll;

- Qualifizierter Beschluss der Versammlung der Parteien und Zustimmung von [D] oder [E], wenn das Aktienkapital um mehr als 20%, aber nicht mehr als 40% erhöht werden soll; und

- Einstimmigkeit sämtlicher gebundener Aktienstimmen, wenn das Aktienkapital um mehr als 40% erhöht werden soll, sowie stets dann, wenn der Bezugspreis mehr als 20% tiefer liegen soll als gemäss Abs. 1 berechnet.

Werden im Laufe eines Geschäftsjahrs / innert 18 Monaten mehrere Kapitalerhöhungen durchgeführt, sind diese für die Anwendung dieser Ziff. 10.4 wie eine einzige Erhöhung zu behandeln.

▶ *M1404 (Ausgabepreis)*

10.5 Sanierung

Ist das Aktienkapital der AG nicht mehr gedeckt, tragen die Parteien im Verhältnis ihrer Beteiligungen die notwendigen Sanierungsmassnahmen, jedoch nur einmal und maximal mit je CHF 200 000 durch [A], [B] und [C] sowie nur einmal und maximal mit CHF 50 000 durch [D] und CHF 40 000 durch [E].

11. Versammlung der Parteien

▶ *M915 (Verweisung auf die Bestimmungen über die GV)*

11.1 Zeitpunkt und Einberufung

Die Versammlung der Parteien ist durch den Vorsitzenden der Versammlung (Ziff. 11.3) unter Bekanntgabe von Traktanden und Anträgen einzuberufen. Unterlässt er die Einberufung, dann können zwei Parteien die Versammlung unter Bekanntgabe von Traktanden und Anträgen einberufen.

Eine Versammlung der Parteien findet vor jeder Generalversammlung der AG statt, und zwar grundsätzlich spätestens 30 Tage vor einer ordentlichen und spätestens 5 Tage vor einer ausserordentlichen Generalversammlung. Sind an einer ordentlichen Generalversammlung voraussichtlich nur Routinetraktanden zu behandeln, kann die Versammlung auch unmittelbar vor der Generalversammlung stattfinden, wenn nicht eine Partei eine frühere Durchführung verlangt.

Eine Versammlung der Parteien ist auch einzuberufen, wenn zwei Parteien dies unter Bekanntgabe von Traktanden und Anträgen verlangen, wenn die definitiven Traktanden der Generalversammlung oder Anträge an diese oder wenn Bestimmungen dieses Vertrages es erforderlich machen oder wenn es der Vorsitzende als notwendig erachtet.

▶ *M922–924, M927–929 (Routinetraktanden), M932–934 (ausserordentliche Versammlung)*

Mindestens einmal jährlich findet zusätzlich eine Orientierungsversammlung (Ziff. 11.4) statt. Die Orientierungsversammlung kann durch einen schriftlichen Bericht des Vorsitzenden ersetzt werden.

Der Vorsitzende stellt den Parteien die Einladung zur Versammlung mindestens 10 Tage vor der Versammlung zu. Bei Dringlichkeit kann er diese Frist auf 5 Tage verkürzen. Die Verkürzung ist zu begründen.

▶ *M939, M942 (Zustellfiktion), M944*

[C] und [D] wirken im Verwaltungsrat der AG auf eine zeitlich abgestimmte Einladung und Durchführung der Generalversammlung der AG hin.

11.2 Traktanden

Gegenstand der Versammlung der Parteien sind die Traktanden der Generalversammlung der AG, die Orientierung (Ziff. 11.4) sowie die Traktanden und Anträge, welche Parteien oder der Vorsitzende zur Diskussion und/oder zur Abstimmung bringen wollen.

Jede Partei ist zur Einbringung von Traktanden und Anträgen berechtigt. Traktanden und Anträge von Parteien sind dem Vorsitzenden rechtzeitig vor der Einladung zur Versammlung einzureichen oder – falls dies nicht möglich ist – spätestens 3 Tage vor der Versammlung allen Parteien direkt zuzustellen.

11.3 Vorsitz

Vorsitzender der Versammlung der Parteien («**Vorsitzender**» oder «**ordentlicher Vorsitzender**») ist [C], falls die Versammlung nicht mit qualifiziertem Beschluss einen anderen Vorsitzenden («**ausserordentlicher Vorsitzender**») bestellt, der nicht Partei dieses Vertrages sein muss. Wird ein ausserordentlicher Vorsitzender bestellt, bestimmt die Versammlung der Parteien mit einfachem Beschluss, ob er den Vorsitz nur für die betreffende Versammlung oder bis zur nächsten ordentlichen Versammlung der Parteien ausübt. Wiederwahl ist zulässig.

▶ *M951–952, M955–956, M957–959, M961.*

Der Vorsitzende ist für die Einladung zur Versammlung der Parteien, für deren Leitung und für alle administrativen Aufgaben im Rahmen dieses Vertrages verantwortlich. Er kann die administrativen Aufgaben an einen Sekretär delegieren, der nicht Partei dieses Vertrages sein muss, diesfalls aber zur Vertraulichkeit zu verpflichten ist. Der Sekretär ist von der Versammlung der Parteien mit einfachem Beschluss zu bestätigen.

11.4 Informations- und Einsichtsrechte

Die im Verwaltungsrat und in der Geschäftsleitung der AG tätigen Parteien informieren die übrigen Parteien über den Geschäftsgang der AG, soweit dies im Rahmen der gesetzlichen Bestimmungen des Aktienrechts zulässig ist. Alternative (heikel): Die Mitglieder des Verwaltungsrates sind gegenüber den Parteien nicht an ihre aktienrechtliche Schweigepflicht gebunden, sofern sich die Parteien gegenüber der AG ausdrücklich schriftlich verpflichten, die erhaltenen Informationen vertraulich zu behandeln.

Eine Orientierung erfolgt an jeder Versammlung der Parteien sowie – an einer Orientierungsversammlung oder schriftlich – zusätzlich mindestens einmal im Laufe des Geschäftsjahres. Eine unverzügliche Orientierung erfolgt im Falle von Ereignissen, die bei einer Aktiengesellschaft mit kotierten Aktien eine Pflicht zur *Ad-hoc*-Publizität auslösen würden.

11.5 Beschlussfähigkeit und Beschlussfassung

Die Versammlung der Parteien wählt und fasst ihre Beschlüsse, soweit dieser Vertrag keine abweichende Regelung vorsieht («**einfache Beschlüsse**»), mit der absoluten Mehrheit der in der Versammlung vertretenen Aktienstimmen (Beschlussquorum), wobei die Versammlung beschlussfähig ist, wenn mindestens 3 Parteien anwesend oder vertreten sind und diese mindestens 55% der gebundenen Aktienstimmen vertreten (Präsenzquorum).

Beschlüsse über wichtige Traktanden («**qualifizierte Beschlüsse**») fasst die Versammlung der Vertragsparteien mit einer Mehrheit von 70% der vertretenen Aktienstimmen (Beschlussquorum), wobei die Versammlung beschlussfähig ist, wenn das Präsenzquorum für ordentliche Beschlüsse erreicht und [D] oder [E] anwesend ist.

Als wichtige Traktanden gelten:

- die Genehmigung konkurrenzierender Tätigkeiten (Ziff. 5.2 Abs. 1);
- die Aufhebung der Verpflichtung zur Vertraulichkeit im Einzelfall (Ziff. 5.3 Abs. 1);
- die Beschlussfassung über die Stimmfreigabe (Ziff. 6.2 Abs. 2)
- die Bestellung der Kandidaten für den Verwaltungsrat der AG (Ziff. 7.1 Abs. 5);
- die Bestellung des Kandidaten für das Präsidium des Verwaltungsrates der AG (Ziff. 7.2 Abs. 1);
- die Änderung der Unternehmensstrategie (Ziff. 10.1 Abs. 2);
- Abweichungen von der ordentlichen Dividendenausschüttung (Ziff. 10.2 Abs. 1);
- die Erhöhung des Aktienkapitals um mehr als 20% (Ziff. 10.4 Abs. 2);
- die Wahl eines ausserordentlichen Vorsitzenden (Ziff. 11.3 Abs. 1); und
- [Aufzählung weiterer wichtiger Traktanden].

Ist eine Partei aufgrund einer Bestimmung dieses Vertrages oder wegen eines Interessenkonfliktes vom Stimmrecht ausgeschlossen (Ziff. 4.1 Abs. 3, Ziff. 4.3 Abs. 1, Ziff. 4.4 Abs. 1, Ziff. 5.2 Abs. 1, Ziff. 5.3 Abs. 1, Ziff. 5.4, Ziff. 7.6 Abs. 3 und Ziff. 15), berechnet sich das Präsenzquorum auf der Basis der Aktienstimmen der übrigen Parteien.

▶ *M974–975, M993–996, M1000–1001, M1003–1004, M1025–1026 (besondere Quoren: Gründeraktionäre), M1029–1031 (besondere Quoren bei Abweichungen vom Vertrag), M1034, M1036 (Minderheitenrechte), M1044 (Individualrechte)*

Beschlüsse der Versammlung der Parteien können auch auf dem Zirkulationsweg gefällt werden, sofern keine Partei dagegen Einspruch erhebt.

11.6 Protokoll

Die Versammlung der Parteien wählt mit einfachem Beschluss einen Protokollführer, der nicht Partei dieses Vertrages sein muss, diesfalls aber zur Vertraulichkeit zu verpflichten ist. Hat der Vorsitzende die administrativen Aufgaben an einen Sekretär delegiert (Ziff. 11.2 Abs. 2), führt dieser das Protokoll.

Das Protokoll enthält die Beschlüsse der Versammlung und die wesentlichen Diskussionspunkte und Argumente der Parteien, wobei jeder Votant berechtigt ist, die detaillierte Wiedergabe seines Votums unter Namensnennung zu verlangen. Es ist vom Vorsitzenden und vom Protokollführer zu unterzeichnen und allen Parteien zuzustellen / kann beim Vorsitzenden oder beim Sekretär eingesehen werden. Das Protokoll ist an der nächsten Versammlung der Parteien formell zur Kenntnis zu nehmen / mit einfachem Beschluss zu genehmigen.

▶ *M965*

12. Erwerbsrechte und Erwerbspflichten

12.1 Übertragungsfreiheit

Die Übertragung an direkte oder indirekte Nachkommen ist unter vorgängiger Information des Vorsitzenden jederzeit ohne Einschränkung möglich, falls der Erwerber bereits Partei dieses Vertrages ist oder er vor der Übertragung diesem Vertrag beitritt.

Zulässig ist sodann, unter vorgängiger Information aller übrigen Parteien und soweit dadurch die Erfüllung der aus diesem Vertrag folgenden Verpflichtungen nicht beeinträchtigt wird, die Übertragung von Aktien an eine Stiftung, einen Trust oder eine Holdinggesellschaft («**juristische Person**»), die von einer oder mehreren Parteien vollständig und ausschliesslich beherrscht wird.[9] Die juristische Person hat diesem Vertrag beizutreten. Sie wird in Anhang 10 dieses Vertrages aufgeführt.

---

[9] Delikate Regelung, bei welcher der Absicherung der Durchsetzung der vertraglichen Bestimmungen (u.a. durch Konventionalstrafe) besonderes Augenmerk zu widmen ist.

Zulässig ist auch die Rückübertragung von Aktien von einer juristischen Person an diejenige Partei, welche diese Aktien auf sie übertragen hat.

12.2 Vorhand- und Vorkaufsrecht

Beabsichtigt eine Partei («**veräussernde Partei**»), gebundene Aktien an eine andere Partei oder an Dritte ausserhalb des vorstehend in Ziff. 12.1 genannten Kreises durch irgendein Rechtsgeschäft zu verkaufen, zu verpfänden, zur Nutzniessung zu geben oder sonstwie entgeltlich oder unentgeltlich zu übertragen («**veräussern**»), haben die übrigen Parteien das Recht, diese Aktien proportional zu der von ihnen gehaltenen Beteiligung zu erwerben. Hat die veräussernde Partei bereits eine Offerte gemacht oder eine Vereinbarung über die Veräusserung von Aktien getroffen, haben die anderen Parteien die Wahl, die Aktien zu den gleichen Bedingungen oder zu den Bedingungen gemäss Ziff. 12.8 zu erwerben.

► *M1248*

Die veräussernde Partei informiert den Vorsitzenden / die übrigen Parteien über ihre Veräusserungsabsicht und die Bedingungen der Veräusserung unverzüglich. Die übrigen Parteien haben innert 40 Tagen nach Zustellung der Mitteilung der veräussernden Partei schriftlich zu erklären, ob sie von ihrem Erwerbsrecht Gebrauch machen wollen. Stillschweigen gilt als Verzicht.

► *M1202, M1278*

Verzichten eine oder mehrere Parteien auf die Ausübung ihres Erwerbsrechts, ist das Erwerbsrecht aller Parteien verwirkt, sofern nicht andere Parteien innert weiterer 15 Tage erklären, auch die auf die verzichtenden Parteien entfallenden Aktien zu übernehmen. Wird das Erwerbsrecht insgesamt für eine grössere Anzahl Aktien als die zur Veräusserung stehende ausgeübt, werden die Angebote so gekürzt, dass jeder erwerbswilligen Partei ein Erwerbsrecht im Verhältnis ihres Anteils an den gebundenen Aktien zukommt.

Machen die übrigen Parteien der veräussernden Partei kein Angebot für sämtliche zur Veräusserung stehenden Aktien, steht es der veräussernden Partei während 90 Tagen frei, die Aktien zu veräussern. Liegt jedoch der Preis unter demjenigen, zu welchem die übrigen Parteien die Aktien hätten erwerben können, steht diesen erneut ein Erwerbsrecht zu diesem tieferen Preis zu. Diesfalls ist das gleiche Angebotsverfahren durchzuführen, wobei jedoch die Frist für das erste Angebot auf 20 Tage und die für das zweite Angebot auf 10 Tage verkürzt ist.

Erfolgt innert 90 Tagen keine Veräusserung, leben die Erwerbsrechte gemäss dieser Ziff. 12.2 wieder auf.

▶ *M1210, M1283*

Bei Kapitalerhöhungen finden die vorstehenden Regeln auf die Bezugsrechte analog Anwendung, wobei nötigenfalls die Fristen so zu verkürzen sind, dass das Bezugsrecht rechtzeitig ausgeübt werden kann.

Die Parteien und insbesondere [C] und [D] setzen sich bei Aktienübertragungen, die unter Beachtung der Bestimmungen dieses Vertrages erfolgen, für die Anerkennung des Erwerbers als Aktionär und für dessen Eintragung in das Aktienbuch der AG ein.

12.3 Erwerb über die AG[10]

Unterlässt die veräussernde Partei die Mitteilung über die Veräusserung gebundener Aktien an die übrigen Parteien oder unterbleibt das Verfahren gemäss Ziff. 12.2 aus einem anderen Grund und erhält der Verwaltungsrat der AG von einem Dritterwerber ein Gesuch für die Anerkennung als Aktionär und Eintragung in das Aktienbuch, informieren [C] und/oder [D] die übrigen Parteien unverzüglich.

Die übrigen Parteien teilen dem Verwaltungsrat innert 30 Tagen mit, ob sie oder einzelne von ihnen die Aktien der veräussernden Partei übernehmen wollen. Sie anerkennen dabei,

- dass sie sich zur Übernahme aller zu veräussernden Aktien (auch der nicht durch diesen Vertrag gebundenen) verpflichten müssen und das Erwerbsrecht verwirkt ist, wenn kein Angebot für sämtliche zu veräussernde Aktien zustande kommt;

- dass die AG auch den nicht durch diesen Vertrag gebundenen Aktionären anbieten wird, Aktien im Verhältnis ihrer Beteiligung zu erwerben;

---

[10] In die Statuten der Aktiengesellschaft kann eine Bestimmung aufgenommen werden, wonach der Verwaltungsrat bei Gesuchen um Zustimmung zur Aktienübertragung von der *Escape Clause* gemäss Art. 685b Abs. 1 OR Gebrauch zu machen und die zur Übertragung anstehenden Aktien den Aktionären anzubieten hat (Beispiel: M1769). Eine solche Regelung bietet ein Sicherheitsnetz für Fälle, in denen das Angebotsverfahren gemäss Ziff. 12.2 aus irgendeinem Grund nicht erfolgreich war oder nicht durgeführt wurde. Sie stellt aber für veräusserungswillige Parteien eine starke Erschwerung dar. In diesem Vertragsmuster wird daher die Anrufung der *Escape Clause* auf Fälle beschränkt, in denen das Veräusserungsverfahren nicht durchgeführt wurde. Statutarisch ist diesfalls die Geltendmachung der *Escape Clause* als Kann-Vorschrift zu formulieren, verbunden mit einer entsprechenden Anweisung an die Mitglieder des Verwaltungsrates im Organisationsreglement.

- dass sich der Erwerbspreis der Aktien seitens der AG und damit auch zulasten erwerbswilliger Parteien nach dem wirklichen Wert gemäss Art. 685b Abs. 1 OR bestimmt; und
- dass die AG von den erwerbswilligen Parteien einen Finanzierungsnachweis verlangen kann.

Erhält die AG Angebote der übrigen Parteien zum Erwerb sämtlicher zu veräussernder Aktien, setzen sich die Parteien und insbesondere [C] und [D] dafür ein, dass die AG die Aktien gestützt auf Art. 685b Abs. 1 OR *(Escape Clause)* für Rechnung der erwerbswilligen Parteien (und allenfalls weiterer erwerbswilliger Aktionäre) erwirbt und die erworbenen Aktien an diese gegen Erstattung der Erwerbskosten überträgt.

Hat die veräussernde Partei gegenüber Dritten einen tieferen Preis als den aufgrund des wirklichen Wertes gemäss Art. 685b Abs. 1 OR zu ermittelnden vereinbart, hat sie den übrigen Parteien die Differenz zum wirklichen Wert zu erstatten.[11]

▶ *M1769 (Statutenbestimmung), M1771*

Das Unterlassen der Mitteilung der Veräusserungsabsicht gilt als Verletzung einer vertraglichen Pflicht im Sinne von Ziff. 13.

12.4 Mitverkaufsrecht

Beabsichtigen zwei der Parteien [A], [B] und [C] gemeinsam oder beabsichtigt eine dieser Parteien zusammen mit den Parteien [D] und [E], sämtliche oder eine Mehrheit ihrer gebundenen Aktien an einen oder mehrere Dritte oder eine der übrigen Parteien zu veräussern, ist den übrigen Parteien die Veräusserung ihrer Aktien zu denselben Bedingungen zu ermöglichen.

Die Veräusserer informieren den Vorsitzenden. Dieser leitet die Information unverzüglich an die übrigen Parteien weiter.

Die übrigen Parteien können ihr Mitverkaufsrecht innert 30 Tagen seit Erhalt der Information durch Mitteilung an den Vorsitzenden geltend machen. Stillschweigen gilt als Verzicht. Die Veräusserer sind für die Umsetzung verantwortlich.

---

[11] Mit dieser Bestimmung wird sichergestellt, dass die übrigen Vertragsparteien die Aktien zu einem Preis erwerben können, der den Bestimmungen über das Vorkaufsrecht entspricht, wenn der mit dem Dritten vereinbarte Preis tiefer lag als der wirkliche Wert der Aktien gemäss Art. 685b Abs. 1 OR.

Veräusserungen von Aktien innert 12 Monaten und solche, die auf einem einheitlichen Veräusserungsentscheid beruhen, sind wie eine einzige Veräusserung zu behandeln.

12.5 Mitverkaufspflicht

Beabsichtigen die Parteien [A], [B] und [C], ihre sämtlichen gebundenen Aktien an einen oder mehrere Dritte zu veräussern, dann sind die Parteien [D] und [E] verpflichtet, ihre Aktien zu denselben Bedingungen mitzuveräussern.

Die Veräusserer informieren den Vorsitzenden. Dieser leitet die Information unverzüglich an [D] und [E] weiter. [D] und [E] haben ihre Aktien innert 30 Tagen zur Verfügung zu stellen. Im Übrigen sind die Veräusserer für die Umsetzung verantwortlich.

Veräusserungen von Aktien innert 12 Monaten und solche, die auf einem einheitlichen Veräusserungsentscheid beruhen, sind wie eine einzige Veräusserung zu behandeln.

12.6 Übernahmepflicht

Erlangt eine Partei mehr als 50% der Aktien der AG, ist sie verpflichtet, die Aktien der übrigen Parteien zu übernehmen. Die Veräusserungsbedingungen bestimmen sich nach Ziff. 12.8.

Die Partei, die eine Beteiligung von mehr als 50% der Aktien der AG erlangt, informiert unverzüglich den Vorsitzenden. Dieser leitet die Information unverzüglich an die übrigen Parteien weiter.

Die übrigen Parteien können ihr Veräusserungsrecht innert 60 Tagen seit Erhalt der Information durch Mitteilung an den Vorsitzenden geltend machen. Stillschweigen gilt als Verzicht.

▶ *M1320*

12.7 Anbietungspflicht beim Erwerb von Aktien von Dritten

Erwirbt eine Partei Aktien von einem Dritten, dann hat sie den übrigen Parteien einen Anteil dieser Aktien entsprechend deren Aktienbesitz zu denselben Bedingungen anzubieten. Im Übrigen findet das Verfahren von Ziff. 12.8 analog Anwendung.

12.8 Preisbestimmung und Zahlungsbedingungen

Soweit sich der Erwerbspreis für zu veräussernde Aktien nicht aus anderen Bestimmungen dieses Vertrages ergibt, gilt Folgendes:

- Die Parteien bestimmen den Erwerbspreis soweit möglich einvernehmlich.
- Können sie sich nicht innert 30 Tagen nach Eintritt des Ereignisses, welches eine Erwerbspreisbestimmung erfordert, einigen, kann jede Partei verlangen, dass der Erwerbspreis auf der Basis des wirklichen Wertes der Aktien *(True and Fair Value)* gemäss [Bewertungsmethode] bestimmt wird. Der wirkliche Wert der Aktien wird durch die Revisionsstelle der AG / [den Bewertungsexperten] für alle Parteien bindend und endgültig festgelegt.

Vom Erwerbspreis sind die ersten 50% Zug um Zug mit der Übertragung der Aktien und die zweiten 50% 6 Monate nach dem Datum der Übertragung der Aktien fällig. Eine Verzinsung erfolgt nicht.

Die veräussernde Partei kann verlangen, dass zur Sicherstellung des ausstehenden Erwerbspreises zu ihren Gunsten ein Pfandrecht an den veräusserten und noch nicht bezahlten Aktien errichtet wird.

▶ *M1193, M1210 (mehrere Angebotsrunden)*

13. Vertragsverletzungen

13.1 Konventionalstrafe, Kaufrecht der übrigen Parteien

Verletzt eine Partei Pflichten aus diesem Vertrag und wird der vertragsmässige Zustand trotz Mahnung nicht innert einer Frist von 14 Tagen wiederhergestellt bzw. ist dies von vornherein nicht möglich, schuldet sie für jede einzelne Verletzungshandlung eine Konventionalstrafe in der Höhe von CHF 1000 für jede ihrer im Zeitpunkt der Verletzungshandlung gebundenen Aktien, mindestens aber einen Betrag von CHF 100 000. Die Konventionalstrafe wird 30 Tage nach der jeweiligen Verletzungshandlung fällig.

Die Konventionalstrafe wird durch den Vorsitzenden, nötigenfalls gerichtlich, im Namen sämtlicher übriger Parteien geltend gemacht; sie kommt ihnen im Verhältnis ihres gebundenen Aktienbesitzes zu. Verzichtet der Vorsitzende auf die Geltendmachung, dann ist jede Partei allein oder gemeinsam mit anderen Parteien zur Geltendmachung berechtigt. Machen mehrere Parteien die Konventionalstrafe gemeinsam geltend, wird der geleistete Betrag im Verhältnis ihres gebundenen Aktienbesitzes auf sie aufgeteilt.

Die Zahlung der Konventionalstrafe befreit nicht von der Vertragseinhaltung und vom Ersatz eines über den Betrag der Konventionalstrafe hinausgehenden Schadens.

▶ *M1556–1557, M1567–1568*

Bei wiederholter und absichtlicher Vertragsverletzung können die übrigen Parteien mit qualifiziertem Beschluss beschliessen, anstelle der Geltendmachung der Konventionalstrafe ein Kaufrecht an den Aktien der vertragswidrig handelnden Partei zu 50% des wirklichen Wertes dieser Aktien (bestimmt gemäss Ziff. 12.8) geltend zu machen. Das Kaufrecht kann nur an sämtlichen Aktien der verletzenden Partei ausgeübt werden. Bereits erfolgte Zahlungen aus Konventionalstrafe sind zurückzuerstatten.

13.2 Schadenersatz und Beseitigung des vertragswidrigen Zustandes

Ist einer oder mehreren Parteien wegen der Verletzung vertraglicher Pflichten durch eine andere Partei Schaden entstanden, ist die verletzende Partei der oder den geschädigten Parteien zum Ersatz dieses Schadens verpflichtet, soweit dieser nicht bereits durch die Konventionalstrafe gedeckt ist.

Jede Partei hat – neben dem Recht auf Konventionalstrafe und Schadenersatz – das Recht, gegenüber der verletzenden Partei die Beseitigung des vertragswidrigen Zustandes bzw. die Vornahme vertraglich erforderlicher Handlungen und die Abgabe notwendiger Willenserklärungen zu verlangen.

▶ *M1560 (Kumulation mit Vertragserfüllung), M1562 (Frist zur Herstellung des vertragsgemässen Zustandes)*

14. Vertragsdauer

14.1 Inkrafttreten und Dauer

Dieser Vertrag tritt per 1. November 2015 in Kraft und gilt für eine feste Vertragsdauer bis zum 31. Dezember 2020. Ohne Kündigung verlängert sich der Vertrag danach jeweils automatisch um 3 weitere Jahre.

Der Vertrag endet spätestens mit Auflösung / nach Abschluss der Liquidation der AG.

14.2 Kündigung

Erstmals auf das Ende der festen Vertragsdauer und anschliessend jeweils auf das Ende der verlängerten Vertragsdauer kann der Vertrag wie folgt gekündigt werden:

- unter Einhaltung einer Kündigungsfrist von 12 Monaten durch mindestens zwei Parteien, die am Aktienkapital der AG zusammen mit mindestens 22% beteiligt sind; und

- unter Einhaltung einer Kündigungsfrist von 6 Monaten durch Parteien, die am Aktienkapital der AG zusammen mit mindestens 62% beteiligt sind, wobei die Partei [D] oder [E] eine der kündigenden Parteien sein muss.

▶ *M1017*

15. Abtretung von Rechten und Verpfändung von Aktien

Die Abtretung von Rechten und Forderungen aus diesem Vertrag bedarf eines einstimmigen Beschlusses der übrigen Parteien.

16. Vertragsänderungen, Teilnichtigkeit und Vertragslücken

16.1 Vertragsänderungen

Soweit dieser Vertrag nicht etwas anderes vorsieht, bedürfen Ergänzungen und Änderungen dieses Vertrages zu ihrer Gültigkeit der schriftlichen Zustimmung sämtlicher Parteien.

▶ *M1009–1011, M1013 (Austrittsrecht bei Vertragsanpassung durch Mehrheitsbeschluss)*

16.2 Teilungültigkeit und Vertragslücken

Sollten sich einzelne Bestimmungen dieses Vertrages als ungültig erweisen, beeinträchtigt dies die Gültigkeit der übrigen Bestimmungen nicht. Ungültige Bestimmungen sind durch solche rechtmässige Bestimmungen zu ersetzen, die der ungültigen Bestimmung sachlich und wirtschaftlich am nächsten kommen. Diese Regelung gilt sinngemäss auch für das Füllen von Vertragslücken.

▶ *M1503–1506, M1509, M1511–1513, M1516–1517, M1522*

16.3 Verhältnis zu Erlassen der AG

Zwischen den Parteien gehen die Bestimmungen dieses Vertrages innergesellschaftlichen Regelungen der AG (Statuten, Organisationsreglement etc.) vor, soweit nicht zwingendes Recht entgegensteht.

17. Vollständigkeit der Abreden

Dieser Vertrag regelt in seinem Regelungsbereich die Rechte und Pflichten der Parteien als Aktionäre und Organpersonen der AG sowie untereinander abschliessend. Frühere Vereinbarungen unter einzelnen oder allen Parteien sind mit Inkrafttreten dieses Vertrages aufgehoben.

Die Parteien treffen untereinander oder mit Dritten keine weiteren Vereinbarungen über ihre Aktionärsstellung in der AG und die von ihnen gehaltenen / gebundenen Aktien, soweit nicht sämtliche Parteien einer solchen weiteren Vereinbarung angehören oder dieser zustimmen.

▶ *M341–342*

Vorbehalten bleiben folgende Ausnahmen:

- Vereinbarungen mit Nachkommen betreffend die Übertragung von Aktien der AG, wobei die Rechte und Pflichten aus diesem Vertrag zu überbinden sind, aber mit den Nachkommen Regelungen betreffend die gemeinsame und einheitliche Rechtsausübung und insbesondere die einheitliche Stimmabgabe in der Versammlung der Parteien vereinbart werden dürfen;

- Vereinbarungen mit der AG im Hinblick auf ein Verwaltungsratsmandat, eine Funktion in der Geschäftsleitung oder eine Stellung als Mitarbeiter (Arbeitsvertrag) oder Berater (Mandatsvertrag); und

- Veräusserungsverträge mit Dritten nach erfolgloser Durchführung des Anbietungsverfahrens gemäss Ziff. 12.2.

18. Zustellung von Mitteilungen und Erklärungen der Parteien

Mitteilungen und Erklärungen, die diesen Vertrag betreffen, sind den Parteien eingeschrieben oder in entsprechender elektronischer Form zuzustellen.

Mitteilungen gelten als zugestellt, wenn sie an die auf dem Deckblatt dieses Vertrages oder in Anhang 9 bezeichnete oder eine andere, dem Vorsitzenden zuletzt schriftlich mitgeteilte Adresse zugestellt worden sind.

Der Vorsitzende informiert die Parteien unverzüglich über ihm mitgeteilte Adressänderungen sowie andere ihm zugegangene Mitteilungen und Erklärungen der Parteien.

19. Überprüfung und Anpassung

Dieser Vertrag soll durch die Parteien periodisch alle 3 Jahre, erstmals 2019, jeweils vor / nach der ordentlichen Generalversammlung überprüft und nötigenfalls an geänderte Verhältnisse angepasst werden. Eine Überprüfung soll auch erfolgen, wenn Parteien mit mindestens 28% der gebundenen Aktienstimmen dies verlangen.

Der Vorsitzende initiiert die Überprüfung und leitet das Verfahren. Er kann einen juristischen geschulten Mediator beiziehen. Die Parteien unterstützen angemessene Aktualisierungen in guten Treuen.

▶ M1494–1497, M1499

20. Kosten des Vertrages

Die sich aus diesem Vertrag ergebenden Kosten tragen die Parteien je im Verhältnis ihrer Beteiligungen.

21. Beilegung von Konflikten

21.1 Meinungsverschiedenheiten in Sachfragen; Mediation und Schiedsgutachten

Meinungsverschiedenheiten in Sachfragen aus oder im Zusammenhang mit diesem Vertrag sind, soweit sie nicht durch Beschluss der Parteien oder des zuständigen Organs der AG zu entscheiden sind, nach Möglichkeit einvernehmlich zu lösen. Gelingt dies nicht, ist ein Mediationsverfahren durchzuführen.

▶ M2147

Der Vorsitzende amtet als Mediator und bestimmt das Verfahren,[12] falls die Versammlung nicht mit qualifiziertem Beschluss ein anderes Mediationsverfahren bestimmt.

▶ M2150, M2152

Ist die Mediation nicht innert nützlicher Frist erfolgreich / Kommt nicht innert 60 Tagen eine Einigung zustande, bestimmt der Mediator einen fachkundigen Schiedsgutachter. Das Ergebnis des Gutachtens ist für die Parteien verbindlich.

▶ M2157

21.2 Meinungsverschiedenheiten in Rechtsfragen; Mediation und Schiedsgericht

Meinungsverschiedenheiten in Rechtsfragen aus oder im Zusammenhang mit diesem Vertrag, einschliesslich dessen Gültigkeit, Ungültigkeit, Verletzung oder Auflösung, sind nach Möglichkeit einvernehmlich zu lösen. Gelingt dies nicht, ist ein Mediationsverfahren durchzuführen.

▶ M2147 *(einvernehmliche Schlichtung), M2150, M2152*

Können die Meinungsverschiedenheiten nicht innerhalb von 60 Tagen nach Beginn des Mediationsverfahrens gelöst werden, sind sie durch ein Schiedsverfahren gemäss schweizerischer Zivilprozessordnung (Art. 353 ff. ZPO) / schweizerischem Internationalem Privatrecht (Art. 176 ff. IPRG) / der internationalen schweizerischen Schiedsordnung der schweizerischen Handelskammern *(Swiss Chambers' Arbitration Institution)* zu entscheiden. Es gilt die zur Zeit der Zustellung der Einleitungsanzeige in Kraft stehende Fassung der Schiedsordnung.

---

[12] Beispielsweise ein Mediationsverfahren nach den Mediationsregeln der Schweizer Kammer für Wirtschaftsmediation (http://www.skwm.ch) oder der Schweizerischen Mediationsordnung für Wirtschaftskonflikte der schweizerischen Handelskammern (*Swiss Chambers' Arbitration Institution*) (http://www.swissarbitration.org).

Die Zuständigkeit der ordentlichen Gerichte ist, soweit rechtlich zulässig, ausgeschlossen.

Das Schiedsgericht soll aus einem Mitglied / drei Mitgliedern bestehen. Der Sitz des Schiedsverfahrens ist Zürich. Die Sprache des Schiedsverfahrens ist deutsch.

► *M2124 (ordentliche Gerichte), M2154, M2161 (Schiedsverfahren Swiss Chambers' Arbitration Institution)*

22. Anwendbares Recht

Dieser Vertrag untersteht Schweizer Recht.

[A]

....
Ort, Datum, Unterschrift

[B]

....
Ort, Datum, Unterschrift

[C]

....
Ort, Datum, Unterschrift

[D]

....
Ort, Datum, Unterschrift

[E]

....
Ort, Datum, Unterschrift

Anhänge

[Anhänge zum Vertrag gemäss Ziff. 1.2.]

Zusätzliche Bestimmungen für börsenkotierte Aktiengesellschaften

Übungsanlage und Erläuterungen

Für **Aktiengesellschaften, deren Aktien an einer Börse kotiert sind,** gelten einzelne besondere Regeln, die auch auf der Ebene eines Aktionärbindungsvertrages Berücksichtigung finden können bzw. sollten. Die nachfolgenden Einzelbestimmungen beziehen sich auf das vorangehende ausführliche Vertragsmuster (S. 739 ff.):

– Aktionäre, die sich in einem Aktionärbindungsvertrag zusammenschliessen, fallen bei Publikumsgesellschaften regelmässig unter die **meldepflichtigen Gruppentatbestände des Börsenrechts** (insb. Art. 20 BEHG).[1] Die Meldepflicht trifft die Aktionäre sowohl gemeinsam als auch einzeln, weshalb sich eine Regelung darüber aufdrängt, wem die Aufgabe der einheitlichen Meldung aller meldepflichtigen Tatbestände im Zusammenhang mit dem Vertrag zukommen soll (Ziff. 11.3).

– Es ist zu entscheiden, ob ein *Opting-up* oder ein *Opting-out* hinsichtlich der **Pflicht zu einem öffentlichen Kaufangebot** (Art. 32 BEHG)[2] vorgesehen werden soll (Ziff. 6.2). Nach dem Börsengang ist dies in der Regel kaum mehr zu verwirklichen.[3]

– Zu beachten ist weiter, dass das **Vergütungsrecht** nunmehr zwingend die Wahl des Verwaltungsratspräsidenten (Art. 2 Ziff. 1 VegüV) und die jährliche Einzelwahl der Mitglieder des Verwaltungsrates (Art. 3 VegüV) und des Vergütungsausschusses (Art. 7 VegüV) durch die Generalversammlung vorsieht. Im Rahmen

---

[1] Vgl. N 701 ff.
[2] Vgl. N 712 ff.
[3] Sinnvoll kann ein *Opting-up* oder ein *Opting-out* etwa sein, wenn die Gruppe insgesamt Aktien knapp unterhalb der Schwelle zur Angebotspflicht hält. Schon eine einzelne Transaktion einer der Vertragsparteien könnte in diesem Fall das Überschreiten der Schwelle bewirken und eine Angebotspflicht auslösen. Ein *Opting-up* oder *Opting-out* ermöglicht sodann die Realisierung einer Paketprämie beim Verkauf, ein Vorgehen, das freilich zurzeit stark in die Kritik geraten ist, was zu gesetzgeberischen Massnahmen führen könnte.

des Aktionärbindungsvertrages sind die entsprechenden Anträge zu beschliessen (Ziff. 7.2).[4]

– Sodann sind vom Verwaltungsrat die Gesamtbeträge für die **Honorare und Gehälter** der Mitglieder des Verwaltungsrates einerseits und der Geschäftsleitung andererseits der Generalversammlung zu beantragen (Art. 18 VegüV). Auch dafür sind die erforderlichen Beschlüsse im Rahmen des Aktionärbindungsvertrages zu fassen (Ziff. 7.4).

– Schliesslich sind die für Publikumsgesellschaften **gesteigerten Anforderungen an die Rechnungslegung** (Art. 961 ff. und 962 f. OR) und die **Revisionsstelle** (Art. 727b und 728 ff. OR) zu beachten (Ziff. 8).

– Wird eine **Dekotierung** ins Auge gefasst, ist für den Entscheid über einen entsprechenden Antrag unter den Parteien ein qualifiziertes Quorum bzw. Einstimmigkeit zu verlangen (Ziff. 6.2).

* * *

Grau unterlegt sind in den Vertragsbestimmungen jene Textpassagen (z.T. mit Varianten), die an den konkreten Fall anzupassen (oder wegzulassen) sind. Durch **[eckige Klammern und graue Unterlegung]** markiert sind sodann Platzhalter für Namen etc., welche ergänzt werden müssen.

---

[4] Vgl. N 291 f.

Aktionärbindungsvertrag (Auszug)

...

6. Stimmbindung

...

6.2 Stimmabgabe in der Generalversammlung

...

Die Parteien verpflichten sich, die Anpassung der Statuten der AG gemäss den Statutenbestimmungen in Anhang 2 dieses Vertrages zu veranlassen. Insbesondere verpflichten sie sich, vor einem Börsengang zu veranlassen, dass Bestimmungen zum *Opting-out* bezüglich eines öffentlichen Kaufangebotes (Art. 22 Abs. 2 BEHG) in den Statuten der AG verankert und danach beibehalten werden.

...

Der Beschluss der Versammlung der Parteien, der Generalversammlung eine Dekotierung der AG zu beantragen, erfordert die Anwesenheit und die Zustimmung sämtlicher Parteien.

...

7. Vertretung in Verwaltungsrat und Geschäftsleitung

...

7.2 Organisation des Verwaltungsrates

...

Die Versammlung der Parteien bestimmt mit qualifiziertem Beschluss einen der unabhängigen Verwaltungsratskandidaten als Kandidaten für das Präsidium des Verwaltungsrates der AG. Erreicht niemand die nötige Mehrheit, wird die Bestimmung aus diesem Kreis dem Verwaltungsrat überlassen.

...

Die Versammlung der Parteien bestimmt mit qualifiziertem Beschluss die der Generalversammlung vorzuschlagenden Kandidaten für den Vergütungsausschuss. Wird für einzelne oder alle Kandidaten nicht die nötige Mehrheit erreicht, wird die Bestimmung dem Verwaltungsrat überlassen.

...

7.5 Honorare und Gehälter

Für ihre Tätigkeit im Verwaltungsrat bzw. in der Geschäftsleitung der AG sollen die Parteien [C] und [D] bzw. [A] mit marktüblichen Honoraren bzw. Gehältern entschädigt werden. Diese richten sich nach dem Median / Durchschnitt der Entschädigungen in Unternehmen vergleichbarer Grösse, die in der [Branche] tätig sind. Sie werden von den Parteien jeweils im Voraus, vor der ordentlichen Generalversammlung der AG, für das nächste Geschäftsjahr festgelegt.

Die Versammlung der Parteien bestimmt mit qualifiziertem Beschluss, an welchem die betroffenen Parteien mitwirken können, die Höhe (und die Elemente) der Honorare und Gehälter. Kommt unter den Parteien keine Einigung zustande, beauftragen sie den [Entschädigungsberater], einen Vorschlag zu unterbreiten. Dieser Vorschlag ist für die Parteien verbindlich.

Die Parteien [C] und [D] stellen im Verwaltungsrat der AG zuhanden der Generalversammlung die entsprechenden Anträge. Insbesondere stellen sie Anträge für Gesamtbeträge der Vergütungen des Verwaltungsrates und der Geschäftsleitung, welche die Ausrichtung von entsprechenden Honoraren und Gehältern unter Berücksichtigung angemessener Entschädigungen für die übrigen Mitglieder von Verwaltungsrat bzw. Geschäftsleitung ermöglichen.

...

8. Revisionsstelle

Die Versammlung der Parteien bestimmt mit qualifiziertem Beschluss das der Generalversammlung als Revisionsstelle vorzuschlagende staatlich beaufsichtigte Revisionsunternehmen.

...

11.3 Vorsitz

...

Die Parteien sind mit dem Börsengang der AG aufgrund und mit Abschluss des vorliegenden Vertrages als Gruppe im Sinne des schweizerischen Börsengesetzes (BEHG) meldepflichtig. Die Parteien verpflichten sich, dem Vorsitzenden die für die Einhaltung der börsenrechtlichen Meldepflichten erforderlichen Informationen zeitgerecht zukommen zu lassen. Der Vorsitzende ist zuständig für die Vornahme der Meldungen an die AG und die Schweizer Börse *(SIX Swiss Exchange)*.

Aktionärbindungsvertrag mittlerer Länge mit allen Aktionären als Vertragsparteien

Übungsanlage und Erläuterungen

Der Mustervertrag geht von den *in der Praxis häufigen Fällen* aus, in denen **sämtliche Aktionäre einer Gesellschaft auch Parteien** eines Aktionärbindungsvertrages sind. *Vertrag und innergesellschaftliche (statutarische und reglementarische) Regelung bilden eine Einheit,* wobei im Vertrag das geregelt wird, was sich – wegen der rechtlichen Unmöglichkeit von Aktionärspflichten, die über die Liberierungspflicht hinausgehen (Art. 680 Abs. 1 OR) – einer aktienrechtlichen Regelung entzieht. Der Mustervertrag geht weiter davon aus, dass **alle Vertragsparteien Mitglieder des Verwaltungsrates** sind und damit in der AG eine *Organstellung* haben.

Bei dieser Konstellation *erübrigen* sich besondere Informationsrechte und Informationspflichten[1] und ist eine **Versammlung der Vertragsparteien** (die der vertragsinternen Meinungsbildung dient)[2] **nicht erforderlich.**

Der **Fokus** liegt vielmehr auf der Regelung von

– *Stimmpflichten* (etwa zur gegenseitigen Wahl in den Verwaltungsrat); und

– *Erwerbsberechtigungen.*

Der Bindungsvertrag auf der einen Seite und die Statuten (sowie allenfalls das Organisationsreglement) auf der anderen Seite sind so aufeinander abzustimmen, dass sich *insgesamt die gewünschte Ordnung* ergibt. Bestehen Möglichkeiten sowohl einer vertraglichen als auch einer körperschaftsrechtlichen Ordnung, hat die letztere den Vorteil einer «quasi-dinglichen» Wirkung. Minderheitenrechte lassen sich etwa dadurch absichern, dass für deren Durchsetzung in der Generalversammlung (und allenfalls im Verwaltungsrat) ein Quorum vorgesehen wird, welches die zu schützende Minderheit – allenfalls auch jeder einzelne Beteiligte – allein erreichen kann.

---

[1] Haben *nicht alle Parteien* – direkt oder über ihre Vertreter – *Einsitz im Verwaltungsrat,* sind zusätzlich die *Informationsrechte* zu regeln (etwa entsprechend dem ausführlichen Vertragsmuster, Ziff. 11.4 [S. 756]).

[2] Sind *nicht alle Aktionäre auch Parteien des Aktionärbindungsvertrages,* ist eine Versammlung der Vertragsparteien zur einheitlichen Willensbildung vor den jeweiligen Generalversammlungen der Aktiengesellschaft vorzusehen (etwa entsprechend dem ausführlichen Vertragsmuster, Ziff. 11 [S. 755 ff.]).

Handelt es sich bei der *Aktiengesellschaft* um die **Holding einer Unternehmensgruppe**, ist in einzelnen Bestimmungen nicht nur die Aktiengesellschaft selbst zu erwähnen, sondern auch auf die übrigen Gesellschaften der Gruppe hinzuweisen, so etwa, wenn *Vertragsparteien* nicht nur für die Holding, sondern auch *für andere Gesellschaften der Gruppe tätig* sein sollen, oder bezüglich der *Geheimhaltung von Informationen*, die sich nicht (nur) auf die Holding selbst beziehen. Der Mustervertrag sieht entsprechende Varianten vor.

* * *

Grau unterlegt sind in den Vertragsbestimmungen jene Textpassagen (z.T. mit Varianten), die an den konkreten Fall anzupassen (oder wegzulassen) sind. Durch **[eckige Klammern und graue Unterlegung]** markiert sind sodann Platzhalter für Namen etc., welche ergänzt werden müssen. Auf alternative Klauseln im Hauptteil des Buches wird mit ▶ hingewiesen.

Aktionärbindungsvertrag

zwischen

[**A,** Name und Vorname]
[Adresse], [PLZ Ort]

(nachfolgend **«[A]»**)

und

[**B,** Name und Vorname]
[Adresse], [PLZ Ort]

(nachfolgend **«[B]»**)

und

[**C,** Name und Vorname]
[Adresse], [PLZ Ort]

(nachfolgend **«[C]»**)

(einzeln oder gemeinsam jeweils auch **«Partei»** bzw. **«Parteien»**)

betreffend

[**Aktiengesellschaft ABC**], [evtl. UID]
[Adresse AG]
[PLZ Ort]

(nachfolgend **«ABC AG»**)

Inhaltsverzeichnis

1. Parteien, Vertragsgegenstand und Vertragsziel 776
   - 1.1 Parteien und dem Vertrag unterworfene Aktien 776
   - 1.2 Vertragsgegenstand 776
   - 1.3 Vertragsziel 777
   - 1.4 Vollständigkeit, Verhältnis zu innergesellschaftlichen Regeln, Abänderung 777
2. Verhalten als Aktionär und als Organperson 778
   - 2.1 Grundsatz 778
   - 2.2 Spezifische Vertragsziele 779
   - 2.3 Verschwiegenheitspflicht, Treuepflicht, Verhalten bei Interessenkonflikten 780
   - 2.4 Informationspflichten 780

2.5 Weitere Rechten und Pflichten..........781
2.6 Lösung von Konflikten in Sachfragen; Mediation..........782
3. Erwerbsrechte und Erwerbspflichten..........782
   3.1 Übertragungsfreiheit..........782
   3.2 Vorhand- und Vorkaufsrecht..........783
   3.3 [Mitverkaufsrechte und Mitverkaufspflichten, Übernahmepflichten und Anbietungspflichten]..........784
4. Bindung der Rechtsnachfolger..........784
5. Hinterlegung der Aktien..........784
6. Sanktionen bei Vertragsverletzungen..........784
7. Administrative Aufgaben, Zustellung von Mitteilungen..........785
8. Teilungültigkeit und Vertragslücken..........785
9. Vertragsdauer und Vertragsanpassung..........785
10. Anwendbares Recht und Gerichtsstand..........786
Anhänge..........787

1. Parteien, Vertragsgegenstand und Vertragsziel

1.1 Parteien und dem Vertrag unterworfene Aktien

Das Aktienkapital der ABC AG von CHF 100 000.00 ist in 100 Namenaktien zu je CHF 1000.00 eingeteilt. Die Parteien halten zusammen 100% der Aktien der ABC AG, nämlich:

Partei	Anzahl der Aktien	Anteil am Aktienkapital	Anteil gebundene Aktienstimmen
[A]	40 Namenaktien	40%	40%
[B]	35 Namenaktien	35%	35%
[C]	25 Namenaktien	25%	25%
Total	**100 Namenaktien**	**100%**	**100%**

Erwirbt eine Partei zu einem späteren Zeitpunkt (etwa im Rahmen einer Kapitalerhöhung) zusätzliche Aktien der ABC AG, gelten die Bestimmungen dieses Vertrages auch für die zusätzlichen Aktien.

▶ *M68-69*

1.2 Vertragsgegenstand

Mit diesem Vertrag regeln die Parteien ihre Rechte und Pflichten im Hinblick auf die ABC AG und weitere Gesellschaften der ABC-Gruppe sowie untereinander. Insbesondere treffen sie Vereinbarungen über

- die Ausübung ihrer Rechte als Aktionäre und ihrer Rechte und Pflichten als Organpersonen oder als Träger einer anderen Funktion in der ABC AG und weiterer Gesellschaften der ABC-Gruppe; sowie
- gegenseitige Erwerbsrechte und Erwerbspflichten.

▶ M1526–1527

1.3 Vertragsziel

Mit diesem Vertrag verfolgen die Parteien insbesondere die folgenden Ziele:

- das langfristige Gedeihen der ABC AG und der ABC-Gruppe;
- die angemessene Entschädigung der Parteien für ihren Kapitaleinsatz;
- das Recht und die Pflicht der Parteien zur Mitarbeit als Mitglieder des Verwaltungsrates und/oder der Geschäftsleitung, als Mitarbeiter und/oder als Berater in der ABC AG und für entsprechende Funktionen in weiteren Gesellschaften der ABC-Gruppe;
- den mittelfristigen Verkauf der Aktien / einen Börsengang (IPO) der ABC AG in drei bis fünf Jahren; und
- [weitere Vertragszwecke].

▶ M1531–1532

1.4 Vollständigkeit, Verhältnis zu innergesellschaftlichen Regeln, Abänderung

Dieser Vertrag regelt in seinem Regelungsbereich die Rechte und Pflichten der Parteien als Aktionäre und Organpersonen der AG sowie untereinander abschliessend. Frühere Vereinbarungen unter einzelnen oder allen Parteien sind mit Inkrafttreten dieses Vertrages aufgehoben.

Die Parteien treffen untereinander oder mit Dritten zu den in diesem Vertrag geregelten Gegenständen keine weiteren Abreden, mit folgenden Ausnahmen:

- Vereinbarungen mit Nachkommen betreffend die Übertragung von Aktien der ABC AG, wobei die Rechte und Pflichten aus diesem Vertrag zu überbinden sind, aber mit den Nachkommen Regelungen betreffend die gemeinsame und einheitliche Rechtsausübung und insbesondere Stimmabgabe vereinbart werden dürfen;
- Vereinbarungen mit der ABC AG im Hinblick auf ein Verwaltungsratsmandat, eine Funktion in der Geschäftsleitung oder eine Stellung als Mitarbeiter (Arbeitsvertrag) oder Berater (Mandatsvertrag); und

- Veräusserungsverträge mit Dritten nach erfolgloser Durchführung des Anbietungsverfahrens gemäss Ziff. 3.2.

▶ *M341–342*

Die Statuten und das Organisationsreglement der ABC AG sind diesem Vertrag als Anhänge 1 und 2 beigefügt. Sie sind Bestandteil dieses Vertrages. Eine Änderung der Statuten kann von den Parteien mit einer Mehrheit von 80% aller Stimmen beschlossen werden.[3] Eine Änderung des Organisationsreglements kann mit einer Dreiviertelmehrheit der Mitglieder des Verwaltungsrates beschlossen werden.[4]

Zwischen den Parteien geht dieser Vertrag – soweit gesetzlich zulässig – den Statuten und dem Organisationsreglement sowie anderen innergesellschaftlichen Regelungen der ABC AG vor.

Änderungen dieses Vertrages bedürfen der schriftlichen Zustimmung aller Parteien.

▶ *M1009–1011, M1013 (Austrittsrecht bei Vertragsanpassung durch Mehrheitsbeschluss)*

2. Verhalten als Aktionär und als Organperson

2.1 Grundsatz

Die Parteien üben ihre Rechte als Aktionäre und ihre Rechte und Pflichten als Organpersonen oder als Träger einer anderen Funktion in der ABC AG und weiterer Gesellschaften der ABC-Gruppe so aus, dass die Vertragsziele und die gemeinsamen Interessen der Parteien bestmöglich erreicht werden. Vorbehalten bleibt die Einhaltung zwingenden Rechts.

---

[3] Dies ist entsprechend in den Statuten vorzusehen. – Die Regelung wirkt sich zurzeit als Einstimmigkeitserfordernis und Vetorecht einer jeden Partei aus. Das Quorum kann jedoch relevant werden, wenn eine Partei einen Teil ihrer Aktien (z.B. an Nachkommen) überträgt. Dann ist durch das Mehrheitserfordernis sichergestellt, dass nicht eine einzige Partei mit einem kleinen Aktienanteil eine Änderung blockieren kann.

[4] Dies ist entsprechend im Organisationsreglement vorzusehen. – Auch diese Bestimmung wirkt sich vorderhand als Einstimmigkeitsprinzip aus, kann aber relevant werden, wenn der Verwaltungsrat erweitert wird. Sie verhindert dann eine Blockade durch ein einziges Mitglied.

2.2 Spezifische Vertragsziele

Die Parteien üben ihre Aktionärsrechte (insb. das Stimmrecht in der Generalversammlung) und ihre Rechte und Pflichten als Organpersonen der ABC AG in folgendem Sinne aus:

- Vom Jahresgewinn der ABC AG / Konzerngewinn der ABC-Gruppe sollen – soweit es die Reservebildungsvorschriften erlauben – 50% als Dividende ausgeschüttet werden. Als Minimum soll – soweit es die Reservebildungsvorschriften erlauben – eine Ausschüttung in der Höhe erfolgen, welche allen Parteien mit steuerlichem Wohnsitz in der Schweiz erlaubt, die auf ihren Aktien anfallenden Steuern aus der Ausschüttung zu bezahlen. Ist eine solche Ausschüttung in einem Jahr nicht möglich, ist sie im Folgejahr oder sobald möglich nachzuholen. Der Jahresgewinn / Konzerngewinn wird aufgrund einer *True and Fair View* gemäss [Rechnungslegungsstandard] ermittelt. Alternative: Der Jahresgewinn der ABC AG / Konzerngewinn der ABC-Gruppe wird nicht ausgeschüttet, sondern zum Zweck der Unternehmensfinanzierung thesauriert.

▶ *M1386–1388*

- Bei Kapitalerhöhungen stehen den Parteien Bezugsrechte entsprechend ihrem Aktienbesitz zu. Die neuen Aktien sind zum wirklichen Wert der bisherigen Aktien abzüglich 20% auszugeben.

▶ *M1404*

- Die Parteien wählen sich gegenseitig in den Verwaltungsrat. Sie sorgen als Mitglieder des Verwaltungsrates dafür, dass die ABC AG mit jeder Partei einen Mandatsvertrag / Beratervertrag gemäss Muster in Anhang 3 abschliesst.

▶ *M880–881, M884–886, M890–891 (Abberufung), M1125–1129*

- Die Parteien wählen zwei fachlich qualifizierte aussenstehende Persönlichkeiten als neutrale Mitglieder in den Verwaltungsrat, davon eine als Präsident des Verwaltungsrates mit Stichentscheid. Die Kandidaten sind über diesen Vertrag und ihre Aufgaben in dessen Rahmen zu informieren. Sie haben der Übernahme dieser Aufgaben vor ihrer Wahl zuzustimmen.

▶ *M1136-1138*

- Leistungen aus Organstellung oder aus Arbeits- oder Beratungsvertrag in der ABC AG oder einer anderen Gesellschaft der ABC-Gruppe sind marktüblich zu entschädigen.

▶ *M1416*

– Eine Abweichung von diesen Regeln kann mit einer Mehrheit von 80% aller Stimmen beschlossen werden.[5]

2.3 Verschwiegenheitpflicht, Treuepflicht, Verhalten bei Interessenkonflikten

2.3.1 Die Parteien sind mit Bezug auf die Existenz und den Inhalt dieses Vertrages sowie alle nicht öffentlich zugänglichen Informationen betreffend die ABC AG und die ABC-Gruppe gegenüber Dritten zu Stillschweigen verpflichtet. Vorbehalten bleiben gesetzliche, gerichtliche und behördliche Offenlegungspflichten.

▶ *M1155, M1158*

2.3.2 Die Parteien wahren auch ausserhalb ihrer spezifischen Pflichten aus diesem Vertrag und aus Aktienrecht die Interessen der ABC AG und weiterer Gesellschaften der ABC-Gruppe sowie die Interessen der anderen Vertragsparteien. Die Verfolgung eigener Interessen im Rahmen der eigenen unternehmerischen Tätigkeit bleibt, soweit sie nicht spezifischen Pflichten aus diesem Vertrag und aus Aktienrecht widersprechen, vorbehalten.

2.3.3 Befindet sich eine Partei in einem Interessenkonflikt oder steht ein solcher bevor, dann informiert sie unverzüglich schriftlich die übrigen Parteien. Sie ist berechtigt und verpflichtet, ihren Standpunkt darzulegen und hat für Auskünfte zur Verfügung zu stehen. Bei Abstimmungen in der Generalversammlung und im Verwaltungsrat enthält sie sich der Stimme, bei der Wahrnehmung anderer Funktionen in der ABC AG und bei der Wahrnehmung von Aufgaben in weiteren Gesellschaften der ABC-Gruppe handelt sie gemäss dem Beschluss der Generalversammlung oder des Verwaltungsrates der ABC AG.

Die übrigen Parteien können die Partei, die sich im Interessenkonflikt befindet, mit einer Mehrheit von 70% ihrer Aktienstimmen von ihren Pflichten gemäss dieser Bestimmung entbinden.

▶ *M1147, M1471–1472 (Informations- und Aufklärungspflichten)*

2.4 Informationspflichten

Erlangt eine Partei Informationen, die im Rahmen dieses Vertrages und/oder der Tätigkeit und Entwicklung der ABC AG und der ABC-Gruppe wesentlich sein können, dann informiert sie die übrigen Parteien. Vorbehalten bleiben gesetzliche und vertragliche Geheimhaltungspflichten sowie eigene unternehmerische Absichten, einschliesslich der Absicht, Investitionen zu tätigen.

---

[5] Vgl. Anm. 3 zur Begründung dieses Quorums.

2.5 Weitere Rechten und Pflichten

2.5.1 Mitarbeitsrecht und Mitarbeitspflicht

Die Parteien sind berechtigt und verpflichtet, ihre gesamte Arbeitskraft der ABC AG und weiteren Gesellschaften der ABC-Gruppe zur Verfügung zu stellen. Die Einzelheiten, insbesondere die Entschädigung und das Konkurrenzverbot, richten sich nach Organisationsreglement (Anhang 2) und Arbeitsvertrag (Anhang 3).[6]

2.5.2 [Evtl. Regeln betreffend zusätzliche finanzielle Leistungen an die AG und von der AG wie die Mitwirkung bei Kapitalerhöhungen und Sanierungen, das Recht oder die Pflicht zur Gewährung von bzw. zum Erhalt von Darlehen und das Recht oder die Pflicht zu Sach- und/oder Dienstleistungen (insb. Abnahme- und Lieferrechte).][7]

2.5.3 [Falls die Gesellschaft noch zu gründen ist:

Die Parteien verpflichten sich, alle für die Gründung der ABC AG erforderlichen Schritte zu unternehmen.

Sie beauftragen [Notar, Treuhänder, Rechtsanwalt etc.] mit der Vorbereitung der Gründung, wobei die öffentliche Beurkundung spätestens am [1. Juli 2016] erfolgen soll.

Für die Statuten und das Organisationsreglement sind die Anhänge 1 und 2 verbindlich. [Evtl. Verweisung auf weitere Gründungsdokumente im Anhang.]

Die Parteien verpflichten sich, auf erstes Begehren

- den für die Liberierung ihrer Aktien erforderlichen Betrag auf das Sperrkonto der ABC AG in Gründung bei der [Bank] einzuzahlen;
- die folgenden Werte als Sacheinlage einzubringen: [Aufzählung der Sacheinlagen];
- Annahmeerklärungen für die Wahl in den Verwaltungsrat abzugeben oder bei der öffentlichen Beurkundung persönlich anwesend zu sein;
- [X] und [Y] als Mitglieder des Verwaltungsrates zu bestellen, [X] als dessen Präsident (Annahmeerklärungen sind beizubringen);
- [die Revisionsgesellschaft] als Revisionsstelle zu bestellen (Annahmeerklärung ist beizubringen); und

---

[6] Arbeitsvertraglich ist allenfalls ein Konkurrenzverbot auch über die Beendigung des Arbeitsvertrages hinaus vorzusehen.

[7] Solche Bestimmungen sind z.T. im Mustervertrag «Ausführlicher Aktionärbindungsvertrag» enthalten (vgl. dort z.B. die Ziff. 10.4 f., S. 754 f.).

– alle für die Gründung erforderlichen Dokumente zur Verfügung zu stellen oder zu unterzeichnen und bei allen für die Gründung erforderlichen weiteren Massnahmen mitzuwirken.]

2.6 Lösung von Konflikten in Sachfragen; Mediation

Meinungsverschiedenheiten in Sachfragen im Zusammenhang mit diesem Vertrag sind nach Möglichkeit einvernehmlich zu lösen. Gelingt dies nicht, ist ein Mediationsverfahren nach den Mediationsregeln der Schweizer Kammer für Wirtschaftsmediation / der Schweizerischen Mediationsordnung für Wirtschaftskonflikte der schweizerischen Handelskammern *(Swiss Chambers' Arbitration Institution)*[8] durchzuführen.

▶ *M2147, M2150, M2152*

Bleibt die Mediation erfolglos, bestimmt der Mediator einen fachkundigen Schiedsgutachter. Das Ergebnis des Gutachtens ist für die Parteien verbindlich.

▶ *M2157*

3. Erwerbsrechte und Erwerbspflichten

3.1 Übertragungsfreiheit

Die Übertragung von Aktien an direkte oder indirekte Nachkommen und an Lebenspartner ist frei, unter der Voraussetzung, dass sich die Erwerber diesem Vertrag unterstellen.[9] Alternative: Die Übertragung von Aktien auf eine andere Vertragspartei ist frei.[10]

---

[8] Abrufbar unter http://www.skwm.ch bzw. http://www.swissarbitration.org. – Alternative s. «Ausführlicher Aktionärbindungsvertrag» (Ziff. 21.1, S. 767).

[9] Eine solche Übertragungsfreiheit ist in der Regel dann nicht sinnvoll, wenn für die Mitwirkung in der Gesellschaft spezifische Fähigkeiten, eine bestimme Ausbildung und allenfalls Erfahrung vorausgesetzt sind. Dann sind individuelle Regeln zu treffen, die in diesem Mustervertrag nicht abgebildet werden können: Übergang nur der finanziellen Rechte und Pflichten auf Nachkommen, Erwerbsrecht und Erwerbspflicht der übrigen Vertragsparteien zu angemessenem Preis, allenfalls mit grosszügiger Erstreckung der Zahlungsfristen.

[10] Damit riskiert allerdings jede Partei, sich künftig einem Mehrheitsaktionär gegenüberzusehen, der die Geschicke der Gesellschaft weitgehend allein bestimmen kann. In der Regel dürfte es sich eher empfehlen, die Übertragung unter den Parteien einer Anbietungspflicht analog Ziff. 3.2 zu unterstellen. Dies kann im Ergebnis zu einer 50:50-Gesellschaft führen (vgl. dazu den einschlägigen Mustervertrag auf S. 821 ff.).

3.2 Vorhand- und Vorkaufsrecht

Beabsichtigt eine Partei («**veräussernde Partei**»), Aktien der ABC AG an eine andere Partei oder an Dritte ausserhalb des vorstehend in Ziff. 3.1 genannten Kreises durch irgendein Rechtsgeschäft zu verkaufen, zu verpfänden, zur Nutzniessung zu geben oder sonstwie entgeltlich oder unentgeltlich zu übertragen («**veräussern**»), so hat sie diese Aktien vorgängig den übrigen Vertragsparteien nach den folgenden Regeln zum Kauf anzubieten:

- Das Angebot erfolgt durch schriftliche Mitteilung an die übrigen Parteien.

- Innert 50 Tagen seit Erhalt dieser Mitteilung haben die übrigen Parteien der veräussernden Partei gemeinsam mitzuteilen, ob sie die zur Veräusserung stehenden Aktien erwerben wollen. Stillschweigen gilt als Verzicht. Der Erwerb kann nur für sämtliche zur Veräusserung stehenden Aktien erfolgen.

- Erwerbspreis ist der von der veräussernden Partei genannte Preis, es sei denn, eine erwerbswillige Partei sei mit diesem Preis nicht einverstanden. In diesem Fall richtet sich der Preis nach dem wirklichen Wert der Aktien abzüglich eines Abschlages von 15%. Der wirkliche Wert der Aktien wird durch [Bewertungsexperte] definitiv gemäss [Bewertungsmethode] / [Verweisung auf Bewertungsformel im Anhang] bestimmt.

- Wird das Erwerbsrecht nicht oder nicht an sämtlichen zur Veräusserung stehenden Aktien ausgeübt, dann können die zur Veräusserung stehenden Aktien an einen Dritten übertragen werden, jedoch nur zu einem Preis, der mindestens dem genannten oder vom [Bewertungsexperten] bestimmten Preis entspricht.

- Zu einem tieferen als dem von der veräussernden Partei genannten oder vom [Bewertungsexperten] bestimmten Preis dürfen die Aktien erst veräussert werden, nachdem sie zu diesem tieferen Preis den Erwerbsberechtigten angeboten wurden. Diese können innert einer Frist von 20 Tagen den Erwerb zu diesem tieferen Preis erklären.

- Auf Veräusserungen nach Ablauf von 6 Monaten seit dem ersten Angebot findet das Angebotsverfahren erneut Anwendung.

- Bei Kapitalerhöhungen finden die vorstehenden Regeln auf die Bezugsrechte analog Anwendung, wobei nötigenfalls die Fristen so zu verkürzen sind, dass das Bezugsrecht rechtzeitig ausgeübt werden kann.

- Sind die vorstehenden Voraussetzungen erfüllt, werden die Parteien ihre Rechte als Aktionäre und Organpersonen der ABC AG dafür einsetzen, dass der Erwerber unter Vorbehalt der statutarischen Ordnung als Aktionär der ABC AG anerkannt und im Aktienbuch eingetragen wird.[11]

▶ M1202, M1210, M1248, M1278, M1283

3.3 [Mitverkaufsrechte und Mitverkaufspflichten, Übernahmepflichten und Anbietungspflichten][12]

4. Bindung der Rechtsnachfolger

Diese Vereinbarung bindet die Erben und andere Universalsukzessoren der Vertragsparteien.

5. Hinterlegung der Aktien

Für die Dauer dieser Vereinbarung hinterlegen die Parteien ihre Aktien gemeinsam bei der [Treuhandgesellschaft] mit der Anweisung, diese nur im Einverständnis aller Parteien oder aufgrund eines rechtskräftigen Entscheides herauszugeben.

6. Sanktionen bei Vertragsverletzungen

Verletzt eine Partei Pflichten aus diesem Vertrag, dann kann jede andere Partei die verletzende Partei auffordern, den vertragsmässigen Zustand wiederherzustellen. Geschieht dies nicht innert einer Frist von 14 Tagen oder ist dies von vorneherein nicht möglich, schuldet die pflichtwidrig handelnde Partei eine Konventionalstrafe in der Höhe von 50% des wirklichen Wertes ihrer Aktien der ABC AG. Die Konventionalstrafe wird 30 Tage nach Ablauf der Frist zur Wiederherstellung des vertragsmässigen Zustandes oder – wenn dieser nicht wiederhergestellt werden kann – nach der Vertragsverletzung fällig. Zur Geltendmachung ist jede andere Partei berechtigt; der geleistete Betrag wird auf die Parteien, welche die Konventionalstrafe geltend gemacht haben, im Verhältnis der von ihnen gehaltenen Aktien geteilt.

▶ M1562 (Frist zur Herstellung des vertragsgemässen Zustandes)

---

[11] Damit ist die Geltendmachung statutarisch verankerter Ablehnungsgründe gemäss Art. 685b Abs. 1 OR und insb. die Ablehnung von Konkurrenten sowie die Geltendmachung der *Escape Clause* weiterhin möglich. Allenfalls sollte die Möglichkeit der Ablehnung aus statutarisch verankerten Gründen und gestützt auf die *Escape Clause* auf Konkurrenten sowie den Fall, dass die Aktien nicht oder nicht korrekt angeboten worden waren, beschränkt werden (vgl. «Ausführlicher Aktionärbindungsvertrag» [Ziff. 12.3, S. 760 f.]).

[12] Für Vorschläge s. «Ausführlicher Aktionärbindungsvertrag» (Ziff. 12.4–12.7, S. 761 f.).

Die Zahlung der Konventionalstrafe befreit nicht von der Vertragseinhaltung und vom Ersatz eines über den Betrag der Konventionalstrafe hinausgehenden Schadens. Jede Partei hat das Recht, von der verletzenden Partei die Beseitigung des vertragswidrigen Zustandes und die Vornahme der erforderlichen Handlungen und die Abgabe der notwendigen Willenserklärungen zu verlangen.

▶ *M1556–1557, M1560 (Kumulation mit Vertragserfüllung), M1567–1568*

Falls die übrigen Parteien dies einstimmig beschliessen, können sie bei absichtlicher oder grobfahrlässiger Vertragsverletzung anstelle der Geltendmachung der Konventionalstrafe ein Kaufrecht an den Aktien der vertragswidrig handelnden Partei zu 50% des wirklichen Wertes dieser Aktien geltend machen. Das Kaufrecht kann nur an sämtlichen Aktien der verletzenden Partei ausgeübt werden. Bereits erfolgte Zahlungen aus Konventionalstrafe sind zurück zu erstatten.

7. Administrative Aufgaben, Zustellung von Mitteilungen

Die administrativen Aufgaben im Rahmen dieses Vertrages werden durch das Sekretariat der ABC AG betreut. Der Präsident des Verwaltungsrates sorgt für die nötigen Instruktionen.

Mitteilungen und Erklärungen, die diesen Vertrag betreffen, sind allen Parteien und dem Sekretariat der ABC AG eingeschrieben oder in entsprechender elektronischer Form zuzustellen. Sie gelten als zugestellt, wenn sie einer Partei an die von ihr dem Sekretariat der ABC AG zuletzt schriftlich mitgeteilte Adresse zugestellt worden sind.

8. Teilungültigkeit und Vertragslücken

Sollten sich einzelne Bestimmungen dieses Vertrages als ungültig erweisen, beeinträchtigt dies die Gültigkeit der übrigen Bestimmungen nicht. Ungültige Bestimmungen sind durch solche rechtmässige Bestimmungen zu ersetzen, die der ungültigen Bestimmung sachlich und wirtschaftlich am nächsten kommen. Diese Regelung gilt sinngemäss auch für das Füllen von Vertragslücken.

▶ *M1503–1506, M1509, M1511–1513, M1516–1517, M1522*

9. Vertragsdauer und Vertragsanpassung

Dieser Vertrag tritt per 1. November 2016 in Kraft und gilt für eine feste Vertragsdauer bis zum 31. Dezember 2021. Danach gilt er jeweils für 3 weitere Jahre, falls er nicht von einer Partei 15 Monate im Voraus auf das Ende der festen Vertragsdauer oder anschliessend jeweils auf das Ende der verlängerten Vertragsdauer gekündigt wird.

▶ *M1017*

Dieser Vertrag soll durch die Parteien periodisch alle 5 Jahre, erstmals 2020, jeweils vor/nach der ordentlichen Generalversammlung überprüft und nötigenfalls an geänderte Verhältnisse angepasst werden. Eine Überprüfung soll auch erfolgen, wenn Aktionäre, die gemeinsam über 50% der Aktien der ABC AG verfügen, dies verlangen.

▶ *M1494–1497, M1499*

10. Anwendbares Recht und Gerichtsstand

Dieser Vertrag untersteht Schweizer Recht.

Für Streitigkeiten aus oder im Zusammenhang mit diesem Vertrag sind, soweit sie nicht unter Ziff. 2.6 dieses Vertrages fallen, die ordentlichen Gerichte am Sitz der ABC AG zuständig.

▶ *M2124 (ordentliche Gerichte), M2154, M2161 (Schiedsverfahren Swiss Chambers' Arbitration Institution)*

[A]

....
[Ort, Datum]   Unterschrift

[B]

....
Ort, Datum   Unterschrift

[C]

....
Ort, Datum   Unterschrift

Anhänge

1. Statuten der ABC AG
2. Organisationsreglement der ABC AG
3. Muster für Mandats-, Arbeits- und Beratervertrag
4. [Gründungsunterlagen]
5. [Kriterienkatalog für die Auswahl der neutralen Verwaltungsratsmitglieder, der Revisionsstelle, des Bewertungsexperten, des Entschädigungsexperten etc.]
6. [Pflichtenhefte für die neutralen Mitglieder des Verwaltungsrates und/oder die Revisionsstelle mit Bezug auf ihre Aufgaben im Rahmen des Aktionärbindungsvertrages]
7. [Bewertungsformel zur Bestimmung des wirklichen Aktienwertes]
8. [Weitere Anhänge]

Kurzer Aktionärbindungsvertrag mit gleichberechtigter Beteiligung aller Aktionäre

Übungsanlage und Erläuterungen

Der Vertrag geht von **drei Aktionären mit je einer Drittelsbeteiligung** aus, die **alle im Unternehmen aktiv** und vollamtlich mitwirken. Es ist dies eine häufige Konstellation bei der Gründung und Führung eines KMU. Dabei spielt die persönliche Mitwirkung oft die grössere Rolle als die finanzielle Beitragsleistung durch Liberierung von Aktien. Es handelt sich dann um eine Art «Kollektivgesellschaft im Rechtskleid der AG», bei der sich die Beteiligten mehr als Mitarbeitende oder Geschäftsführer denn als Aktionäre verstehen.

Obwohl in einer solchen Struktur der Regelung auf der Ebene des Bindungsvertrages besonderes Gewicht zukommt, besteht oft das Bedürfnis nach einem *knappen, einfach formulierten Vertrag*.[1] Das ist verständlich und nachvollziehbar, doch sind zwei Punkte zu beachten:

- Knappe **Formulierungen** bleiben oft in den Einzelheiten **offen.** Wo eine Frage nicht geregelt ist, kommt grundsätzlich – eine Folge, der man sich oft nicht bewusst und die allenfalls auch nicht erwünscht ist – das *dispositive Recht (Vertragsrecht, Recht der einfachen Gesellschaft und allenfalls Aktienrecht)* zum Zug, es sei denn, die Vertragsauslegung ergebe einen abweichenden wirklichen Willen der Parteien.[2]

- Wenn sich eine Minderheit nicht in Zukunft einer fest etablierten Mehrheit gegenüber finden und – mit Ausnahme von einstimmig zu fassenden Beschlüssen – vom Einfluss auf die Willensbildung ausgeschlossen sehen will,[3] dann muss bei der **Entscheidfindung** die *Möglichkeit der Mitwirkung neutraler Dritter* vorgesehen werden. In Frage kommen u.a.:

---

[1] Das folgende Muster orientiert sich an dieser Vorgabe. Für zusätzliche oder detailliertere Regelungen kann auf die Musterverträge auf für einen ausführlichen Aktionärbindungsvertrag (S. 739 ff.) bzw. denjenigen mittlerer Länge verwiesen werden (S. 773 ff.).
[2] Zur Auslegung von Aktionärbindungsverträgen vgl. N 204 ff.
[3] Die Erfahrung zeigt, dass aus zunächst wechselnden Koalitionen über kurz oder lang meist fest etablierte Mehrheits- und Minderheitslager werden.

- Die **Auslagerung von Entscheiden in Sachfragen** (etwa der Bewertung der Aktien oder des Unternehmens bzw. der Ermittlung des massgebenden Reingewinns) an die *Revisionsstelle* oder an eine andere fachkundige, von der Gesellschaft unabhängige Instanz (für Bewertungsfragen etwa einen *Schätzungsexperten*, für personelle Fragen eine *Handelskammer* oder eine andere Wirtschaftsorganisation, für Entschädigungsfragen einen *Entschädigungsberater* etc.). Eine von der Aktiengesellschaft unabhängige Institution ist zwar aus Gründen der Neutralität vorzuziehen, jedoch wegen der erforderlichen Einarbeitung aufwendiger und meist kostspieliger.

- Die **Ergänzung des Verwaltungsrats durch unabhängige, neutrale Dritte**, die bei Uneinigkeit in *geschäftspolitischen Fragen* Zünglein an der Waage sind.[4]

Weil sämtliche Aktien bzw. Aktionäre dem Aktionärbindungsvertrag unterstellt sind und alle Parteien in der Aktiengesellschaft mitwirken, bedarf es keines Verfahrens zur Vereinheitlichung der Stimmabgabe, das der Generalversammlung (die als Universalversammlung jederzeit möglich ist [Art. 701 OR]) vorzulagern wäre.[5]

Ein *ceterum censeo:* Auch und gerade bei personalistischen Gebilden mit einer grossen Nähe der Aktionäre zu ihrer Gesellschaft muss das *Spiel der AG gespielt* werden, sind also die formalen Voraussetzungen des Aktienrechts einzuhalten: Insbesondere braucht es protokollierte Entscheide der jeweils aktienrechtlich zuständigen Organe – Generalversammlung, Verwaltungsrat oder Geschäftsleitung. Eine Vermischung der Sphären zwischen Aktionärs- und Organstellung kann zur Folge haben, dass die Risikobeschränkung aufgrund der ausschliesslichen Haftung des Gesellschaftsvermögens (Art. 620 Abs. 1 OR) unwirksam wird. Wenn sich die Beteiligten nicht an die Trennung der Aktiengesellschaft als juristischer Person und der dahinterstehenden Aktionäre halten, brauchen sich Dritte diese auch nicht entgegenhalten zu lassen.[6]

* * *

Grau unterlegt sind in den Vertragsbestimmungen jene Textpassagen (z.T. mit Varianten), die an den konkreten Fall anzupassen (oder wegzulassen) sind. Durch **[eckige Klammern und graue Unterlegung]** markiert sind sodann Platzhalter für Namen etc., welche ergänzt werden müssen. Auf alternative Klauseln im Hauptteil des Buches wird mit ▶ hingewiesen.

---

[4] Im Mustervertrag besteht der Verwaltungsrat aus fünf Mitgliedern, den drei Aktionären und zwei unabhängigen Mitgliedern. Sind sich die Aktionäre einig, entscheiden sie allein, da sie im Verwaltungsrat in der Mehrheit sind. Sind sie sich hingegen nicht einig, ist die Stimme der unabhängigen Mitglieder für die Mehrheitsbildung entscheidend.

[5] Dazu etwa «Ausführlicher Aktionärbindungsvertrag» (Ziff. 11, S. 755 ff.).

[6] Sog. Durchgriff (vgl. N 328).

Aktionärbindungsvertrag

zwischen

[A, Name und Vorname]
[Adresse], [PLZ Ort]

(nachfolgend **«[A]»**)

und

[B, Name und Vorname]
[Adresse], [PLZ Ort]

(nachfolgend **«[B]»**)

und

[C, Name und Vorname]
[Adresse], [PLZ Ort]

(nachfolgend **«[C]»**)

(einzeln oder gemeinsam jeweils auch **«Partei»** bzw. **«Parteien»**)

betreffend

[Aktiengesellschaft ABC (evtl.: in Gründung)] [evtl. UID]
[Adresse AG]
[PLZ Ort]

(nachfolgend **«ABC AG / ABC AG in Gründung»**

Inhaltsverzeichnis

1. Vertragsparteien und Vertragszweck 792
    1.1   Vertragsparteien 792
    1.2   Vertragsziel 792
    1.3   Vollständigkeit und Abänderung 793

2. Rechte und Pflichten der Parteien 793
   2.1 Grundsatz 793
   2.2 Ausübung der Aktionärsrechte und der Rechte und Pflichten als
       Organpersonen 793
   2.3 Mitarbeitsrecht und Mitarbeitspflicht 794
3. Anbietungspflicht vor Veräusserung von Aktien 794
4. Bestellung von neutralen Verwaltungsratsmitgliedern 795
5. Bestellung der Revisionsstelle 795
6. Konfliktlösung in Sachfragen 796
7. Sanktionen bei Vertragsverletzung 796
8. [Gründung der ABC AG] 797
9. Mitteilungen und Erklärungen 798
10. Vertragsdauer 798
11. Streitbeilegung und Zuständigkeit 798
12. Anwendbares Recht 798
Anhänge 799

1. Vertragsparteien und Vertragszweck

1.1 Vertragsparteien

Das Aktienkapital der ABC AG / ABC AG in Gründung von CHF 105 000.00 ist in 100 Namenaktien zu je CHF 1000.00 eingeteilt. Die Parteien halten zusammen und zu gleichen Teilen 100% der Aktien der ABC AG, nämlich:

Partei	Anzahl der Aktien	Anteil am Aktien-kapital	Anteil gebundene Aktienstimmen
[A]	35 Namenaktien	33,33%	33,33%
[B]	35 Namenaktien	33,33%	33,33%
[C]	35 Namenaktien	33,33%	33,33%
Total	100 Namenaktien	100%	100%

▶ M68-69

1.2 Vertragsziel

Die obersten Ziele der Parteien sind das langfristige Gedeihen der ABC AG / der ABC AG in Gründung und die Berücksichtigung der Interessen der Parteien als unternehmerisch aktive Aktionäre.

▶ M1526–1527, M1531–1532

1.3 Vollständigkeit und Abänderung

Dieser Vertrag regelt in seinem Regelungsbereich die Rechte und Pflichten der Parteien als Aktionäre, Organpersonen und Mitarbeitende der ABC AG / ABC AG in Gründung sowie untereinander abschliessend. Allfällige frühere Vereinbarungen unter einzelnen oder allen Parteien sind mit Inkrafttreten dieses Vertrages aufgehoben.

▶ *M341–342*

Die Anhänge zum Vertrag sind Bestandteile desselben.

Eine Änderung dieses Vertrages sowie seiner Anhänge kann nur einstimmig beschlossen werden und bedarf der Schriftform.

▶ *M1009–1011, M1013 (Austrittsrecht bei Vertragsanpassung durch Mehrheitsbeschluss)*

2. Rechte und Pflichten der Parteien

2.1 Grundsatz

Die Parteien üben ihre Rechte als Aktionäre und ihre Rechte und Pflichten als Organpersonen und/oder als Träger einer anderen Funktion in der ABC AG / ABC AG in Gründung so aus, dass die Vertragsziele und die gemeinsamen Interessen der Parteien bestmöglich erreicht werden. Vorbehalten bleibt die Einhaltung zwingenden Rechts.

2.2 Ausübung der Aktionärsrechte und der Rechte und Pflichten als Organpersonen

Die Parteien üben ihre Aktionärsrechte (insb. das Stimmrecht) und ihre Rechte und Pflichten als Organpersonen in folgendem Sinne aus:

- Vom Jahresgewinn der ABC AG sollen – soweit es die Reservebildungsvorschriften erlauben – 30% als Dividende ausgeschüttet werden. Als Minimum soll – soweit es die Reservebildungsvorschriften erlauben – eine Ausschüttung in der Höhe erfolgen, welche allen Parteien mit steuerlichem Wohnsitz in der Schweiz erlaubt, die auf ihren Aktien anfallenden Steuern aus der Ausschüttung zu bezahlen. Ist eine solche Ausschüttung in einem Jahr nicht möglich, ist sie im Folgejahr oder sobald möglich nachzuholen. Der Jahresgewinn wird durch die Revisionsstelle aufgrund einer *True and Fair View* gemäss [Rechnungslegungsstandard] ermittelt. Alternative: Der Jahresgewinn der ABC AG / Konzerngewinn der ABC-Gruppe wird nicht ausgeschüttet, sondern zum Zweck der Unternehmensfinanzierung thesauriert.

▶ *M1386–1388*

- Bei Kapitalerhöhungen stehen den Parteien Bezugsrechte entsprechend ihrem Aktienbesitz zu. Die neuen Aktien sind zum wirklichen Wert der bisherigen Aktien abzüglich 20% auszugeben.[7]

▶ M1404

- Die Parteien wählen sich gegenseitig in den Verwaltungsrat. Sie sorgen als Mitglieder des Verwaltungsrates dafür, dass die ABC AG / ABC AG in Gründung nach ihrer Gründung mit jeder Partei einen Arbeitsvertrag gemäss Mustervertrag (Anhang 3) mit marktüblicher Entschädigung abschliesst.

▶ M880–881, M884–886, M890–891 (Abberufung), M1125–1129

- Abweichungen von diesen Regeln bedürfen der Einstimmigkeit.

2.3 Mitarbeitsrecht und Mitarbeitspflicht

Die Parteien sind berechtigt und verpflichtet, ihre gesamte Arbeitskraft der ABC AG zur Verfügung zu stellen. Die Einzelheiten, insbesondere die Entschädigung und das Konkurrenzverbot, richten sich nach Arbeitsvertrag (Anhang 3).[8]

▶ M1416

3. Anbietungspflicht vor Veräusserung von Aktien

Die Übertragung an direkte und indirekte Nachkommen ist frei, falls der Erwerber beruflich befähigt ist und vor dem Erwerb diesem Vertrag beitritt.

Beabsichtigt eine Partei, alle oder einzelne ihrer Aktien an Dritte oder an eine andere Partei zu übertragen, dann sind diese Aktien vorgängig den übrigen Parteien zum Erwerb anzubieten.

Die Erwerbsberechtigten haben innert 45 Tagen zu erklären, ob sie sämtliche angebotenen Aktien übernehmen wollen. Stillschweigen gilt als Verzicht. Der Erwerbspreis entspricht – falls sich die Parteien nicht auf einen Preis einigen – dem durch die Revisionsstelle definitiv gemäss [Bewertungsmethode] / [Verweisung auf Bewertungsformel im Anhang] bestimmten wirklichen Aktienwert abzüglich eines Abschlages von 20%. Die veräussernde Partei kann einen Finanzierungsnachweis verlangen.

Üben die Erwerbsberechtigten ihr Erwerbsrecht nicht oder nicht an sämtlichen angebotenen Aktien aus, können diese frei übertragen werden, zu einem tieferen als dem Erwerbspreis gemäss Abs. 2 jedoch nur, wenn die Aktien zu die-

---

[7] Kann entfallen, wenn Kapitalerhöhungen gemäss Statuten der Einstimmigkeit bedürfen.
[8] Arbeitsvertraglich ist allenfalls ein Konkurrenzverbot auch über die Beendigung des Arbeitsvertrages hinaus vorzusehen.

Kurzer Aktionärbindungsvertrag mit gleichberechtigter Beteiligung aller Aktionäre

sem tieferen Preis nochmals den Erwerbsberechtigten angeboten werden. Diese können innert einer Frist von 20 Tagen den Erwerb zu diesem tieferen Preis erklären.

Auf Veräusserungen nach Ablauf von 6 Monaten seit dem ersten Angebot findet das Angebotsverfahren erneut Anwendung.

Bei einer Veräusserung an Dritte bleiben die statutarischen Übertragungsbeschränkungen vorbehalten.[9]

Bei Kapitalerhöhungen finden die vorstehenden Regeln für die Ausübung der Bezugsrechte analog Anwendung, mit entsprechend verkürzten Fristen.[10]

▶ M1202, M1210, M1248, M1278, M1283

4. Bestellung von neutralen Verwaltungsratsmitgliedern

Die Parteien wählen zwei fachlich qualifizierte aussenstehende Persönlichkeiten als neutrale Mitglieder in den Verwaltungsrat, davon eine als Präsident des Verwaltungsrates mit Stichentscheid. Die Kandidaten sind über diesen Vertrag und ihre Aufgaben in dessen Rahmen zu informieren. Sie haben der Übernahme dieser Aufgaben vor ihrer Wahl zuzustimmen.

▶ M1136-1138

5. Bestellung der Revisionsstelle

Die Revisionsstelle muss die Qualifikationen für die Durchführung von ordentlichen Revisionen (Art. 727b Abs. 2 OR und Art. 4 Revisionsaufsichtsgesetz) erfüllen.[11] Die Kandidatin ist über diesen Vertrag und die Aufgaben in dessen Rahmen zu informieren. Sie hat der Übernahme dieser Aufgaben vor ihrer Wahl zuzustimmen.

---

[9] Sofern die Statuten die Möglichkeit der Geltendmachung der *Escape Clause* (Art. 685b Abs. 1 OR) vorsehen, wodurch freilich die Übertragung erheblich erschwert wird.
[10] Kann entfallen, falls Kapitalerhöhungen der Einstimmigkeit bedürfen.
[11] Da unter dem Aktionärbindungsvertrag auch der Revisionsstelle Aufgaben zugewiesen sind, kann von der Möglichkeit eines Verzichts auf die Revisionsstelle gemäss Art. 727a Abs. 2 OR kein Gebrauch gemacht werden. Da es sich um qualifizierte Aufgaben handelt, wird die Wahl eines Revisionsexperten vorgeschlagen.

6. Konfliktlösung in Sachfragen

Meinungsverschiedenheiten in Sachfragen sind – soweit sie nicht durch Mehrheitsbeschluss im Verwaltungsrat oder ein anderes Gesellschaftsorgan zu entscheiden sind[12] – wie folgt zu lösen:

- Fragen der Geschäftsführung, der Geschäftspolitik und der Strategie entscheiden die unabhängigen Verwaltungsratsmitglieder, wobei dem Präsidenten der Stichentscheid hinzukommt.
- In gleicher Weise sind Meinungsverschiedenheiten mit Bezug auf die Arbeitsverträge der Parteien zu entscheiden, soweit es sich nicht um Rechtsfragen oder die Art und Höhe der Saläre handelt.
- Meinungsverschiedenheiten hinsichtlich der marktüblichen Saläre entscheidet [Entschädigungsberater].
- Können sich die Parteien nicht einstimmig auf unabhängige Mitglieder des Verwaltungsrates einigen, dann werden diese durch die Zürcher Handelskammer verbindlich vorgeschlagen.
- Können sich die Parteien nicht einstimmig auf eine Revisionsstelle einigen, dann wird diese durch Expertsuisse[13] verbindlich vorgeschlagen.
- In allen übrigen Fällen unterbreiten die neutralen Verwaltungsratsmitglieder einen für die Parteien verbindlichen Vorschlag.

▶ *M2147, M2150, M2152, M2157*

7. Sanktionen bei Vertragsverletzung

Verletzt eine Partei Pflichten aus diesem Vertrag, dann kann jede andere Partei die verletzende Partei auffordern, den vertragsmässigen Zustand wiederherzustellen. Geschieht dies nicht innert einer Frist von 14 Tagen oder ist dies von vorneherein nicht möglich, schuldet die pflichtwidrig handelnde Partei eine Konventionalstrafe in der Höhe von 50% des wirklichen Wertes ihrer Aktien der ABC AG. Die Konventionalstrafe wird 30 Tage nach Ablauf der Frist zur Wiederherstellung des vertragsmässigen Zustandes oder – wenn dieser nicht wiederhergestellt werden kann – nach der Vertragsverletzung fällig. Zur Geltendmachung ist jede der anderen Parteien berechtigt; der geleistete Betrag wird den anderen Parteien im Verhältnis der von ihnen gehaltenen Aktien zugeteilt.

---

[12] Nach dem Mustervertrag sind zwei von fünf Verwaltungsratsmitgliedern unabhängig, womit sie bei Meinungsverschiedenheiten unter den Parteien Zünglein an der Waage sind.

[13] Ehemals: Treuhand-Kammer.

▶ *M1562 (Frist zur Herstellung des vertragsgemässen Zustandes)*

Die Zahlung der Konventionalstrafe befreit nicht von der Vertragseinhaltung und vom Ersatz eines über den Betrag der Konventionalstrafe hinausgehenden Schadens. Jede Partei hat das Recht, von der verletzenden Partei die Beseitigung des vertragswidrigen Zustandes und die Vornahme der erforderlichen Handlungen sowie die Abgabe der notwendigen Willenserklärungen zu verlangen.

▶ *M1556–1557, M1560 (Kumulation mit Vertragserfüllung), M1567–1568*

Falls die übrigen Parteien dies einstimmig beschliessen, können sie bei absichtlicher oder grobfahrlässiger Vertragsverletzung anstelle der Geltendmachung der Konventionalstrafe ein Kaufrecht an den Aktien der vertragswidrig handelnden Partei zu 50% des wirklichen Wertes dieser Aktien geltend machen. Das Kaufrecht kann nur an sämtlichen Aktien der verletzenden Partei ausgeübt werden. Bereits erfolgte Zahlungen aus Konventionalstrafe sind zurückzuerstatten.

8. **[Gründung der ABC AG**

    Die Parteien verpflichten sich, alle für die Gründung der ABC AG erforderlichen Schritte zu unternehmen.

    Sie beauftragen [Notar, Treuhänder, Rechtsanwalt etc.] mit der Vorbereitung der Gründung, wobei die öffentliche Beurkundung spätestens am [1. Juli 2016] erfolgen soll.

    Für die Statuten und das Organisationsreglement sind die Anhänge 1 und 2 verbindlich. [Evtl. Verweisung auf weitere Gründungsdokumente im Anhang.]

    Die Parteien verpflichten sich, auf erstes Begehren

    - den für die Liberierung ihrer Aktien erforderlichen Betrag auf das Sperrkonto der ABC AG in Gründung bei der [Bank] einzuzahlen;
    - die folgenden Werte als Sacheinlage einzubringen oder als Sachübernahme zur Verfügung zu stellen: [Aufzählung der geplanten Sacheinlagen bzw. Sachübernahmen];
    - Annahmeerklärungen für die Wahl in den Verwaltungsrat abzugeben oder bei der öffentlichen Beurkundung persönlich anwesend zu sein;
    - [X] und [Y] als Mitglieder des Verwaltungsrates zu bestellen, [X] als dessen Präsident (Annahmeerklärung ist beizubringen);
    - [Revisionsgesellschaft] als Revisionsstelle zu bestellen (Annahmeerklärung ist beizubringen); und

Kurzer Aktionärbindungsvertrag mit gleichberechtigter Beteiligung aller Aktionäre

– alle für die Gründung erforderlichen Dokumente zu unterzeichnen und bei allen für die Gründung erforderlichen weiteren Massnahmen mitzuwirken.]

9. Mitteilungen und Erklärungen

Mitteilungen und Erklärungen, die diesen Vertrag betreffen, sind allen Parteien und dem Präsidenten des Verwaltungsrates der ABC AG / ABC AG in Gründung eingeschrieben oder in entsprechender elektronischer Form zuzustellen. Sie gelten als zugestellt, wenn sie einer Partei an die von ihr schriftlich den übrigen Parteien und dem Präsidenten des Verwaltungsrates zuletzt mitgeteilte Adresse zugestellt worden sind.

10. Vertragsdauer

Dieser Vertrag tritt mit seiner Unterzeichnung in Kraft und gilt für eine feste Vertragsdauer bis zum 31. Dezember 2021. Danach gilt er jeweils für 3 weitere Jahre, falls er nicht von einer Partei 15 Monate im Voraus auf das Ende der festen Vertragsdauer oder anschliessend jeweils auf das Ende der verlängerten Vertragsdauer gekündigt wird.

▶ *M1017*

11. Streitbeilegung und Zuständigkeit

Meinungsverschiedenheiten sind – soweit dieser Vertrag keine andere Regelung vorsieht (insb. Ziff. 6) – nach Möglichkeit einvernehmlich zu lösen. Gelingt dies nicht, ist ein Mediationsverfahren durchzuführen.

Das Mediationsverfahren findet unter der Leitung des Verwaltungsratspräsidenten statt. Dieser kann einen fachkundigen Berater beiziehen oder die Aufgabe zusammen mit dem anderen neutralen Mitglied des Verwaltungsrats an einen aussenstehenden Mediator delegieren. Der Mediator bestimmt das Verfahren.

▶ *M2147 (einvernehmliche Schlichtung), M2150, M2152*

Bleibt die Mediation ergebnislos, entscheiden die ordentlichen Gerichte am Sitz der Gesellschaft.

▶ *M2124 (ordentliche Gerichte), M2154, M2161 (Schiedsverfahren Swiss Chambers' Arbitration Institution)*

12. Anwendbares Recht

Dieser Vertrag untersteht Schweizer Recht.

Kurzer Aktionärbindungsvertrag mit gleichberechtigter Beteiligung aller Aktionäre

[A]

....
[Ort, Datum]   Unterschrift

[B]

....
Ort, Datum   Unterschrift

[C]

....
Ort, Datum   Unterschrift

Anhänge

1. Statuten ABC AG
2. Organisationsreglement der ABC AG
3. Muster für Arbeitsverträge
4. [Kriterienkatalog für die Auswahl der unabhängigen Verwaltungsratsmitglieder, der Revisionsstelle, des Bewertungsexperten, des Entschädigungsexperten etc.]
5. [Pflichtenhefte für die neutralen Mitglieder des Verwaltungsrates und/oder die Revisionsstelle mit Bezug auf ihre Aufgaben im Rahmen des Aktionärbindungsvertrages]
6. [Bewertungsformel zur Bestimmung des wirklichen Aktienwertes]
7. [Gründungsunterlagen]
8. [Weitere Anhänge, z.B. von Nachkommen verlangte berufliche Fähigkeiten]

Aktionärbindungsvertrag für eine Familienaktiengesellschaft

Übungsanlage und Erläuterungen

Dieser Mustervertrag geht von einer Aktiengesellschaft aus, deren **Aktien bei mehreren Stämmen einer Familie** liegen, eine häufige Situation in *Familienunternehmen der zweiten und weiterer Generationen*.

Vertraglich *gebunden sind zwei Stämme*, von denen keiner die absolute Mehrheit der Aktienstimmen hält, die aber gemeinsam eine (qualifizierte) Mehrheit halten. Ein dritter Stamm ist nicht Vertragspartei. Im Fall einer Beteiligung aller Stämme können Bestimmungen, die sich auf den aussenstehenden Stamm beziehen (Ziff. 6.6), entfallen.

Der Vertrag befasst sich auch mit einem bevorstehenden *Generationenwechsel:* Nachkommen sind bereits Vertragspartei, ohne dass sie Aktien halten.

Der stammesübergreifende Vertrag ist *zu ergänzen durch Verträge der einzelnen Familienstämme,* in denen stammesintern Fragen wie Erwerbsberechtigungen innerhalb des Stammes,[1] stammesinterne Willensbildung,[2] Bestellung von Stammesvertretern[3] etc. geregelt werden.

*   *   *

Grau unterlegt sind in den Vertragsbestimmungen jene Textpassagen (z.T. mit Varianten), die an den konkreten Fall anzupassen (oder wegzulassen) sind. Durch **[eckige Klammern und graue Unterlegung]** markiert sind sodann Platzhalter für Namen etc., welche ergänzt werden müssen. Auf alternative Klauseln im Hauptteil des Buches wird mit ▶ hingewiesen.

---

[1] Beispielsweise die stammesinterne Privilegierung einer im Unternehmen aktiv tätigen Vertragspartei, während im stammesübergreifenden Vertrag die Parteien bzw. Stämme entsprechend ihrer Beteiligungsquote gleich behandelt werden.
[2] Beispielsweise wiederum die Privilegierung einzelner Parteien, stammesinterne Versammlungen zur Bildung einheitlicher Positionen etc.
[3] Beispielsweise das Recht einer Vertragspartei, den Stamm zu vertreten und/oder im Verwaltungsrat der Aktiengesellschaft Einsitz zu nehmen.

Aktionärbindungsvertrag

zwischen

[**A**, Name und Vorname]
[Adresse], [PLZ Ort]

(nachfolgend «[**A**]»)

und

[**AA**, Name und Vorname]
[Adresse], [PLZ Ort]
(Nachkomme von A)

(nachfolgend «[**AA**]»)

und

[**AB**, Name und Vorname]
[Adresse], [PLZ Ort]
(Nachkomme von A)

(nachfolgend «[**AB**]»)

(nachfolgend gemeinsam «[**Stamm A**]»)

und

[**B**, Name und Vorname]
[Adresse], [PLZ Ort]

(nachfolgend «[**B**]»)

und

[**BA**, Name und Vorname]
[Adresse], [PLZ Ort]
(Nachkomme von B)

(nachfolgend «[**BA**]»)

und

[**BB**, Name und Vorname]
[Adresse], [PLZ Ort]
(Nachkomme von B)

(nachfolgend «[**BB**]»)

und

[**BC**, Name und Vorname]
[Adresse], [PLZ Ort]
(Nachkomme von B)

(nachfolgend **«[BC]»**)

(nachfolgend gemeinsam **«[Stamm B]»**)

(nachfolgend einzeln oder gemeinsam auch **«Partei»** bzw. **«Parteien»**)

betreffend

[Aktiengesellschaft ABC Holding], [evtl. UID]
[Adresse AG]
[PLZ Ort]

(nachfolgend **«ABC-Holding»**)

Inhaltsverzeichnis

1. Vorbemerkungen 804
   1.1 Aktienbesitz der Parteien 804
   1.2 Vertragsgegenstand 804
2. Vertragszweck 805
3. Verhältnis zu anderen Vereinbarungen 805
4. Willensbildung und Ausübung der Mitwirkungsrechte 806
   4.1 Grundsätze 806
   4.2 Ausübung der Stimmrechte in den Generalversammlungen der ABC-Holding 807
   4.3 Teilnahme und Stimmabgabe in den Generalversammlungen der ABC-Holding 810
   4.4 Verhalten als Organ in einer Gesellschaft der ABC-Gruppe 810
   4.5 Informationsrechte, Vertraulichkeit 811
5. Erwerbsberechtigungen 811
   5.1 Verhältnis zur statutarischen Ordnung 811
   5.2 Übertragungsfreiheit 812
   5.3 Anbietungspflicht bei Veräusserungen an Dritte 812
   5.4 Anbietungspflicht beim Erwerb von Aktien von Dritten 814
   5.5 Mitverkaufsrecht und Übernahmepflicht 814
6. Weitere Bestimmungen 815
   6.1 Bindung der Rechtsnachfolger 815
   6.2 Hinterlegung der Aktien 815
   6.3 Sanktionen bei Vertragsverletzung 815

6.4 Inkrafttreten und Dauer 816
6.5 Überprüfung und Anpassung 816
6.6 Erweiterung des Kreises der Vertragsparteien 817
6.7 Administrative Aufgaben, Zustellung von Mitteilungen 817
6.8 Teilungültigkeit und Vertragslücken 817
6.9 Mediation..817
6.10 Schiedsgericht..818
Anhänge 820

1. Vorbemerkungen

1.1 Aktienbesitz der Parteien

Die Parteien halten zurzeit folgende Aktien der ABC-Holding:

Partei	Anzahl der Aktien	Anteil am Aktien-kapital	Anteil gebundene Aktienstimmen
[A]	400 Namenaktien	40%	53,33%
[AA]	–	–	–
[AB]	–	–	–
[Stamm A]	400 Namenaktien	40%	53,33%
[B]	300 Namenaktien	30%	40,00%
[BA]	50 Namenaktien	5%	6,66%
[BB]	–	–	–
[BC]	–	–	–
[Stamm B]	350 Namenaktien	35%	46,66%
Total	750 Namenaktien	75%	100,00%

Es ist vorgesehen, dass [AA], [AB], [BB] und [BC] (oder einzelne von ihnen) künftig Aktionäre der ABC-Holding werden sollen.

25% der Aktien der ABC-Holding werden von Angehörigen des [Stammes C] gehalten, die nicht Parteien dieses Vertrages sind.

1.2 Vertragsgegenstand

Durch diesen Vertrag soll die erfolgreiche Weiterentwicklung der ABC-Holding sowie der von der ABC-Holding kontrollierten Gesellschaften («**ABC-Gruppe**») sichergestellt werden. Sodann soll der Generationenwechsel in den [Stämmen A und B] vorbereitet bzw. vollzogen werden.

Diesem Vertrag unterstehen sämtliche Aktien der ABC-Holding, welche die Parteien direkt oder indirekt zurzeit halten oder künftig halten werden («**gebundene Aktien**»).

▶ *M68-69*

2. Vertragszweck

Die Parteien wollen ihre Rechte als Aktionäre der ABC-Holding sowie ihre Rechte und Pflichten als Organpersonen der ABC-Holding und weiterer Gesellschaften der ABC-Gruppe in gegenseitiger Absprache und einheitlich ausüben. Dabei verfolgen sie folgende Ziele:

- Das langfristige Gedeihen der ABC-Gruppe als selbständige Unternehmensgruppe.

- Die angemessene Wahrung der Eigentümerinteressen der Parteien unter fairer Berücksichtigung der Minderheitsinteressen des [Stammes B] sowie der spezifischen Interessen der im Unternehmen exekutiv tätigen Aktionäre («**Unternehmeraktionäre**») einerseits und der nicht im Unternehmen exekutiv tätigen Aktionäre («**Investoraktionäre**») andererseits.

- Den einheitlichen Auftritt der Parteien gegenüber der ABC-Holding und gegenüber anderen Aktionären.

Wollen die Parteien gebundene Aktien der ABC-Holding ausserhalb ihres Familienstammes veräussern, soll den übrigen Parteien ein Erwerbsrecht zustehen.

▶ *M1526–1527, M1531–1532*

3. Verhältnis zu anderen Vereinbarungen

Dieser Vertrag regelt in seinem Regelungsbereich die gegenseitigen Rechte und Pflichten der Parteien untereinander sowie gegenüber der ABC-Holding/ABC-Gruppe abschliessend. Allfällige früher abgeschlossene Verträge zwischen einzelnen oder allen Parteien sind aufgehoben.

Die Parteien eines jeden Stammes sind frei, untereinander weitere Verträge abzuschliessen (z.B. betreffend die Übertragung von Aktien oder die Willensbildung innerhalb des Stammes), soweit solche Verträge diesem Vertrag nicht widersprechen.

▶ *M341–342*

4. Willensbildung und Ausübung der Mitwirkungsrechte

4.1 Grundsätze

Soweit die Parteien nicht mit einer Mehrheit von 75%[4] der gebundenen Aktienstimmen (bzw. mit einer anderen in diesem Vertrag für bestimmte Entscheidungen vorgesehenen Mehrheit) etwas anderes beschliessen, werden sie ihre Mitwirkungsrechte als Aktionäre der ABC-Holding und/oder als Organe der ABC-Holding und weiterer Gesellschaften der ABC-Gruppe nach den folgenden Grundsätzen ausüben (und allenfalls von ihnen delegierte Organpersonen entsprechend instruieren):

4.1.1 Zielsetzungen:

- Oberste Priorität soll das langfristige Gedeihen der ABC-Gruppe als selbständige Unternehmensgruppe haben. Soweit der Vertrag keine spezifischen Regeln enthält, soll von mehreren möglichen Lösungen diejenige gewählt werden, die dem langfristigen Gedeihen der ABC-Gruppe am besten Rechnung trägt.

- Die Parteien sollen als Eigentümer für ihren Kapitaleinsatz angemessen entschädigt werden. Soweit sie in der ABC-Holding oder einer anderen Gesellschaft der ABC-Gruppe als Mitglieder des Verwaltungsrates oder der Geschäftsleitung oder in anderer Funktion tätig sind, sollen sie für diese Funktionen marktüblich entschädigt werden. Können sich die Parteien nicht über die Höhe einer marktüblichen Entschädigung einigen, dann ist diese durch den [Entschädigungsexperten] verbindlich zu bestimmen.

  ▶ M1416

- Die Parteien sollen in den Organen der ABC-Holding angemessen vertreten sein, sei es direkt, sei es durch von ihnen entsandte Vertreter.

4.1.2 Konkretisierungen:

a) Jeder Stamm ist berechtigt, durch einen Angehörigen seines Stammes ([A] bzw. [B] sowie deren direkte Nachkommen) im Verwaltungsrat der ABC-Holding vertreten zu sein oder stattdessen einen fachlich qualifizierten Vertreter in den Verwaltungsrat zu entsenden. Zudem hat jeder Stamm das Recht, im Einvernehmen mit dem anderen Stamm einen zweiten, fachlich

---

[4] Zur Zeit wirkt sich dieses Quorum als Erfordernis der Einstimmigkeit von A und B aus. Sollten jedoch in Zukunft einzelne Aktionäre mit kleinen Beteiligungen Partei sein (Generationenwechsel), dann kann durch ein Mehrheitsquorum vermieden werden, dass eine einzelne kleine Partei eine im Übrigen allseits gewollte Entscheidung blockieren kann.

qualifizierten Vertreter, welcher dem Stamm nicht angehört, in den Verwaltungsrat der ABC-Holding zu entsenden. Weitere, von den Stämmen unabhängige Verwaltungsratsmitglieder werden von den Parteien mit einer Mehrheit von 75% der gebundenen Aktienstimmen bestimmt.

▶ *M880–881, M884–886, M890–891 (Abberufung), M1125–1129*

b) Die Ausschüttungspolitik der ABC Holding soll den bisherigen Grundsätzen entsprechen, mit folgenden Präzisierungen:

Falls die Parteien nicht mit einer Mehrheit von 75% der gebundenen Aktienstimmen etwas anderes beschliessen, sollen – soweit es die Reservebildungsvorschriften erlauben – 40% des aufgrund einer *True and Fair View* gemäss [Rechnungslegungsstandard] ermittelten Konzernjahresgewinns ausgeschüttet werden. Als Minimum soll – soweit es die Reservebildungsvorschriften erlauben – eine Ausschüttung in der Höhe erfolgen, welche allen Parteien mit steuerlichem Wohnsitz in der Schweiz erlaubt, die auf ihren Aktien anfallenden Steuern aus der Ausschüttung zu bezahlen. Ist eine solche Ausschüttung in einem Jahr nicht möglich, ist sie im Folgejahr oder sobald möglich nachzuholen.

▶ *M1386–1388*

c) An neuen Aktien der ABC-Holding ist das Bezugsrecht zu gewähren. Neue Aktien sind zum wirklichen Wert der bisherigen Aktien, abzüglich 20%,[5] auszugeben. Von diesen Regeln können die Parteien mit einer Mehrheit von 75% der gebundenen Aktienstimmen abweichen. Können sich die Parteien nicht auf den wirklichen Wert der Aktien der ABC-Holding einigen, dann ist dieser verbindlich durch den [Bewertungsexperten] zu bestimmen.

▶ *M1404*

d) Bei allen Entscheidungen werden die [Stämme A und B] den Interessen des jeweils anderen Stammes angemessen Rechnung tragen.

4.2 Ausübung der Stimmrechte in den Generalversammlungen der ABC-Holding

4.2.1 Die Parteien verpflichten sich, ihre Stimmen in den Generalversammlungen der ABC-Holding gemäss den nachfolgenden Grundsätzen einheitlich abzugeben.

---

[5] Ein gewisser Abschlag auf dem inneren Wert bei der Neuausgabe von Aktien und die sich daraus ergebende Privilegierung der sich an einer Kapitalerhöhung Beteiligenden rechtfertigt sich, weil die beteiligten Aktionäre im Umfang der Beteiligung ihre finanzielle Dispositionsfreiheit aufgeben.

4.2.2 Organisatorisches Vorgehen:

Vor jeder Generalversammlung der ABC-Holding sowie dann, wenn 25% der gebundenen Aktienstimmen dies verlangen, ist eine Versammlung der Parteien («**Konsortialversammlung**») durchzuführen. An dieser Versammlung sind alle für die Generalversammlung vorgesehenen Traktanden sowie alle Traktanden, die eine Partei vorgängig der Einladung zur Versammlung schriftlich eingereicht hat, zur Diskussion und Abstimmung zu bringen.

Die Einladung ist mindestens 10 Tage im Voraus unter Bekanntgabe von Traktanden und allfälligen Anträgen zuzustellen. Bei Dringlichkeit kann die Frist auf 5 Tage verkürzt werden. Die Konsortialversammlung kann – wenn voraussichtlich nur Routinetraktanden zu behandeln sind – auch unmittelbar vor einer Generalversammlung stattfinden, wenn nicht eine Partei eine frühere Durchführung verlangt.

Den Vorsitz in der Konsortialversammlung führt der jeweilige Präsident des Verwaltungsrates der ABC-Holding («**Vorsitzender**»).[6] Der Vorsitzende ist auch für die ordnungsgemässe Einladung zur Versammlung und alle administrativen Aufgaben, die im Rahmen dieses Vertrages anfallen, verantwortlich. Er kann die administrativen Aufgaben an einen von ihm bestellten Sekretär / durch die Konsortialversammlung mit der absoluten Mehrheit der gebundenen Aktienstimmen sowohl des [Stammes A] wie auch des [Stammes B] gewählten Sekretär delegieren.

Der Präsident des Verwaltungsrates hat die Aufgaben als Vorsitzender vor Amtsantritt anzunehmen. Jede Partei hat das Recht, ihn diesbezüglich zu informieren.

Die Beschlüsse der Konsortialversammlung sind in einem Beschlussprotokoll / mit einer Zusammenfassung der wesentlichen Argumente zu protokollieren. Jeder Votant hat das Recht, die detaillierte Wiedergabe seines Votums unter Namensnennung zu verlangen.

Die Parteien sind verpflichtet, an der Konsortialversammlung persönlich teilzunehmen oder sich durch eine andere Vertragspartei / durch einen Dritten vertreten zu lassen. Im Falle einer Vertretung orientieren sie vorgängig den Vorsitzenden / die anderen Parteien.

Sollte eine Partei weder an der Konsortialversammlung teilnehmen noch sich an dieser vertreten lassen, dann werden ihre Stimmen im Verhältnis der vertre-

---

[6] Es wird im Mustervertrag davon ausgegangen, dass ein aussenstehender Dritter als neutraler Präsident bestellt wird.

tenen Stimmen den Ja- und Nein-Stimmen und den Stimmenthaltungen zugerechnet. Konventionalstrafe und Schadenersatz bleiben vorbehalten.

4.2.3 Beschlussfassung in der Konsortialversammlung:

Die Beschlussfassung erfolgt – falls in diesem Vertrag nichts anderes vorgesehen ist – mit der absoluten / relativen Mehrheit der gebundenen Aktienstimmen.[7]

Einer Mehrheit von 75% der gebundenen Aktienstimmen bedarf es, wenn von einem der in Ziff. 4.1.2 b) und 4.1.2 c) hievor genannten Grundsätze abgewichen werden soll. Mit der gleichen Mehrheit kann die Konsortialversammlung die Stimmfreigabe beschliessen.

Falls umstritten ist, ob ein Verhandlungsgegenstand diesem Vertrag unterstellt ist oder welches Quorum für einen Beschluss Anwendung findet, soll der Vorsitzende der Konsortialversammlung hierzu eine Stellungnahme abgeben. Diese ist für die Vertragsparteien verbindlich, falls nicht die Konsortialversammlung mit einer Mehrheit von 75% der gebundenen Aktienstimmen etwas anderes beschliesst.

4.2.4 Meinungsverschiedenheiten in Sachfragen:

Meinungsverschiedenscheiten in Sachfragen im Zusammenhang mit diesem Vertrag sind nach Möglichkeit einvernehmlich lösen. Gelingt dies nicht, ist ein Mediationsverfahren durchzuführen.

Der Vorsitzende amtiert als Mediator und bestimmt das Verfahren, falls die Parteien nicht mit einer Mehrheit von 75% der gebundenen Aktienstimmen ein

---

[7] Es wird also ausgegangen von *sämtlichen* vertraglich gebundenen Aktienstimmen und nicht von den in der jeweiligen Konsortialversammlung *vertretenen* Aktienstimmen. Dies schützt vor Beschlüssen einer Versammlung, in welcher eine Partei – allenfalls versehentlich – weder präsent noch vertreten war. Damit nicht eine Partei durch blosses Fernbleiben die Beschlussfassung verhindern kann, ist eine Pflicht zur Präsenz oder Vertretung vorgesehen (Ziff. 4.2.2 Abs. 5). Sodann ist vorgesehen, dass dann, wenn aus irgendeinem Grund nicht sämtliche vertraglich gebundenen Aktienstimmen vertreten sind, die nicht vertretenen Aktien den Vertretenen quotal als Ja- oder Nein-Stimmen oder als Stimmenthaltung zugerechnet werden (Ziff. 4.2.2 Abs. 7).
Alternativen: Abstellen auf die in der jeweiligen Konsortialversammlung *vertretenen* Stimmen (allenfalls kombiniert mit einem Präsenzquorum für die Beschlussfähigkeit) oder Abstellen auf *sämtliche* Aktien und Stimmen der ABC-Holding.

anderes Mediationsverfahren beschliessen oder einen anderen Mediator bestimmen.[8]

▶ *M2147, M2150, M2152*

Bleibt das Mediationsverfahren erfolglos, bestimmt der Mediator einen fachkundigen Schiedsgutachter. Das Ergebnis dessen Gutachtens ist für die Parteien verbindlich.

▶ *M2157*

4.3 Teilnahme und Stimmabgabe in den Generalversammlungen der ABC-Holding

Die Parteien sind verpflichtet, an sämtlichen Generalversammlungen der ABC-Holding entweder persönlich teilzunehmen oder sich durch eine andere Partei / einen Dritten vertreten zu lassen und ihre Stimmen gemäss den Bestimmungen dieses Vertrages und den Beschlüssen der Konsortialversammlung abzugeben oder ihren Vertretern entsprechende Instruktionen zu erteilen.

Sollte eine Partei weder an der Generalversammlung teilnehmen noch sich an dieser vertreten lassen oder sollte sie ihre Stimme vertragswidrig nicht abgeben, dann werden ihre Stimmen im Verhältnis der vertretenen Stimmen den Ja- und Nein-Stimmen und den Stimmenthaltungen zugerechnet. Gegenüber der ABC-Holding gilt dieser Vertrag als entsprechende Vollmacht.

Konventionalstrafe und Schadenersatz bleiben vorbehalten.

4.4 Verhalten als Organ in einer Gesellschaft der ABC-Gruppe

Die Parteien werden sich in ihrer Tätigkeit als Organe von Gesellschaften der ABC-Gruppe (und insbesondere der ABC-Holding) entsprechend den Grundsätzen dieses Vertrages verhalten, soweit die gesetzlichen und statutarischen Pflichten und insbesondere die Pflicht, die Interessen der Gesellschaft zu wahren, dies erlauben. Insbesondere werden sie ihre Stimme in Verwaltungsräten entsprechend den Grundsätzen dieses Vertrages und den Beschlüssen der Konsortialversammlung abgeben.

Die Parteien instruieren ihre Vertreter (Ziff. 4.1.2 a)) entsprechend.

---

[8] Beispielsweise ein Mediationsverfahren nach den Mediationsregeln der Schweizer Kammer für Wirtschaftsmediation (http://www.skwm.ch) oder der Schweizerischen Mediationsordnung für Wirtschaftskonflikte der schweizerischen Handelskammern (*Swiss Chambers' Arbitration Institution*) (http://www.swissarbitration.org).

4.5 Informationsrechte, Vertraulichkeit

4.5.1 Die Parteien sind durch den Vorsitzenden der Konsortialversammlung und ihre Vertreter im Verwaltungsrat angemessen zu informieren. Die Information erfolgt mindestens zweimal jährlich, davon einmal in der Konsortialversammlung vor der ordentlichen Generalversammlung der ABC-Holding, im Übrigen gemäss Entscheid des Vorsitzenden der Konsortialversammlung schriftlich oder in einer Versammlung. Bei Ereignissen, welche in einer Gesellschaft mit börsenkotierten Aktien eine Pflicht zur *Ad-hoc*-Publizität auslösen würden, sind die Parteien unverzüglich zu informieren.

Die Mitglieder des Verwaltungsrates sind gegenüber denjenigen Parteien, die sich verpflichten, die erhaltenen Informationen vertraulich zu behandeln, nicht an ihre aktienrechtliche Schweigepflicht gebunden.[9]

4.5.2 Die Parteien sind mit Bezug auf die Existenz und den Inhalt dieses Vertrages und alle nicht öffentlich zugänglichen Informationen betreffend die ABC-Holding und die ABC-Gruppe gegenüber Dritten zu Stillschweigen verpflichtet. Vorbehalten bleiben gesetzliche, gerichtliche und behördliche Offenlegungspflichten.

▶ *M1155, M1158*

Der Vorsitzende kann eine Partei im Einzelfall von der Schweigepflicht entbinden, insb. für den Fall, dass diese in Verhandlungen mit Dritten über die Veräusserung von Aktien treten will. Der Vorsitzende trifft diesfalls angemessene Schutzmassnahmen (wie etwa Vertraulichkeitsvereinbarung mit den Dritten). Er informiert die übrigen Parteien über die erteilte Genehmigung und die getroffenen Massnahmen.

5. Erwerbsberechtigungen

5.1 Verhältnis zur statutarischen Ordnung

Gegenüber Dritten und Aktionären, die nicht Parteien dieses Vertrages sind, bleibt die statutarische Ordnung der ABC-Holding vorbehalten.[10] Zwischen den Parteien geht die folgende Ordnung der statutarischen vor:

---

[9] Verbreitete, aber rechtlich delikate Regelung, wobei sich insb. die Frage stellt, ob die nicht dem Vertrag angehörenden Aktionäre eine Gleichbehandlung verlangen können (vgl. dazu N 1149 ff.).

[10] Die statutarische Ordnung kann vorsehen, dass bei der Veräusserung an einen Dritten die sog. *Escape Clause* (Art. 685b Abs. 1 OR) geltend zu machen ist und die Aktien zu Gunsten der bisherigen Aktionäre zu erwerben sind, was zwar einen optimalen Schutz für

5.2 Übertragungsfreiheit

Die Übertragung innerhalb eines Stammes (Stammesangehörige in ab- und aufsteigender Linie) ist – unter vorgängiger Information des anderen Stammes – jederzeit ohne Einschränkung möglich, falls der Erwerber bereits Partei dieses Vertrages ist oder er vor der Übertragung diesem Vertrag beitritt.

Zulässig ist sodann, unter vorgängiger Information aller übrigen Parteien und soweit dadurch die Erfüllung der aus diesem Vertrag folgenden Verpflichtungen nicht beeinträchtigt wird, die Übertragung von Aktien an eine Stiftung, einen Trust oder eine Holdinggesellschaft («**juristische Person**»), die von einer oder mehreren Parteien vollständig und ausschliesslich beherrscht wird.[11] Die juristische Person hat diesem Vertrag beizutreten. Sie wird in Anhang 4 dieses Vertrages aufgeführt.

Zulässig ist auch die Rückübertragung von Aktien von einer juristischen Person an eine Partei, die dem gleichen Stamm angehört wie die Partei, welche diese Aktien auf die juristische Person übertragen hat.

5.3 Anbietungspflicht bei Veräusserungen an Dritte

Beabsichtigt eine Vertragspartei («**veräussernde Partei**»), Aktien der ABC-Holding an eine andere Partei oder an Dritte ausserhalb des vorstehend in Ziff. 5.2 genannten Kreises durch irgendein Rechtsgeschäft zu verkaufen, zu verpfänden, zur Nutzniessung zu geben oder sonstwie entgeltlich oder unentgeltlich zu übertragen («**veräussern**»), so hat sie diese Aktien vorgängig dem anderen Stamm zuhanden der ihm angehörenden Parteien nach den folgenden Regeln zum Erwerb anzubieten:[12]

---

die Einhaltung des Vertrages, aber auch eine sehr starke Einschränkung der Übertragungsmöglichkeiten mit sich bringt (vgl. Anm. 13).

[11] Delikate Regelung, bei welcher der Absicherung der Absicherung der Einhaltung der vertraglichen Bestimmungen (u.a. durch Konventionalstrafe) besonderes Augenmerk zu widmen ist.

[12] Das Angebot richtet sich an den anderen Stamm zuhanden der ihm angehörenden Parteien. Es ist Aufgabe des anderen Stammes, sich stammesintern eine einheitliche Meinung zu bilden, ob ihm angehörende Parteien die angebotenen Aktien erwerben wollen. Das Verfahren und die Aufteilung innerhalb des anderen Stammes ist stammesintern zu regeln. Sind mehr als zwei Stämme beteiligt, sind zusätzlich Regeln aufzustellen für den Fall, dass insgesamt mehr oder weniger als die angebotenen Aktien erworben werden wollen. Es braucht dann eine zusätzliche Angebotsrunde mit verkürzten Fristen (vgl. «Ausführlicher Aktionärbindungsvertrag», Ziff. 12.2 Abs. 3, S. 759).

- Das Angebot erfolgt durch schriftliche Mitteilung an den Vorsitzenden. Dieser leitet das Angebot unverzüglich an den anderen Stamm bzw. die ihm angehörenden Parteien weiter.

- Falls Aktien an eine juristische Person übertragen worden sind, besteht die gleiche Anbietungspflicht, wenn die finanzielle und/oder mitwirkungsmässige Beherrschung dieser juristischen Person sich so ändert, dass sie nicht mehr ausschliesslich beim übertragenden Stamm liegt.

- Innert 40 Tagen seit Erhalt dieser Mitteilung hat der andere Stamm gesamthaft schriftlich dem Vorsitzenden der Konsortialversammlung mitzuteilen, ob die ihm angehörenden Parteien die zu veräussernden Aktien erwerben wollen.

- Erwerbspreis ist der von der veräussernden Partei genannte Preis, es sei denn, der andere Stamm bzw. eine ihm angehörende erwerbswillige Partei sei mit diesem Preis nicht einverstanden. In diesem Fall richtet sich der Preis nach dem wirklichen Wert der Aktien abzüglich eines Abschlages von 15%. Der wirkliche Wert der Aktien wird durch [Bewertungsexperte] definitiv gemäss [Bewertungsmethode] / [Verweisung auf Bewertungsformel im Anhang] bestimmt.

- Wird das Erwerbsrecht nicht oder nicht an sämtlichen dem Erwerbsrecht unterliegenden Aktien ausgeübt, dann können die angebotenen Aktien an einen Dritten veräussert werden, jedoch nur zu einem Preis, der mindestens dem vom Veräusserer genannten oder vom [Bewertungsexperten] bestimmten Preis entspricht.

- Zu einem tieferen als dem genannten oder vom [Bewertungsexperten] bestimmten Preis dürfen die Aktien erst veräussert werden, wenn sie zu diesem Preis nochmals dem anderen Stamm zuhanden der ihm angehörenden Parteien angeboten wurden, mit einer Frist von 20 Tagen zur Erklärung des Erwerbs zu diesem tieferen Preis.

- Auf Veräusserungen von Aktien nach Ablauf von 6 Monaten seit dem ersten Angebot findet das Angebotsverfahren erneut Anwendung.

- Sind die vorstehenden Voraussetzungen erfüllt, werden die Parteien ihre Rechte als Aktionäre und Organe der ABC-Holding dafür einsetzen, dass der Erwerber als Aktionär der ABC-Holding anerkannt wird. Vorbehalten bleiben die statutarischen Übertragungsbeschränkungen der ABC-Holding.[13]

---

[13] Aufgrund einer solchen Einschränkung ist die Geltendmachung statutarisch verankerter Ablehnungsgründe gemäss Art. 685b Abs. 1 OR und insb. die Ablehnung von Konkur-

Auf Bezugsrechte finden die vorstehenden Regeln analog Anwendung, wobei nötigenfalls die Fristen so zu verkürzen sind, dass das Bezugsrecht rechtzeitig ausgeübt werden kann.

▶ *M1202, M1210, M1248, M1278, M1283*

5.4 Anbietungspflicht beim Erwerb von Aktien von Dritten

Erwirbt eine Partei Aktien von einem Dritten, dann hat sie den Parteien des anderen Stammes einen Anteil entsprechend dem Aktienbesitz des anderen Stammes anzubieten.[14]

Erwerbspreis ist der mit dem Dritten vereinbarte Preis. Im Übrigen gelten die Regeln gemäss Ziff. 5.3 hievor analog.

5.5 Mitverkaufsrecht[15] und Übernahmepflicht[16]

5.5.1 Beabsichtigen eine oder mehrere Parteien, mehr als 40%[17] der gebundenen / sämtlicher Aktien der ABC-Holding an Dritte zu veräussern, ist den übrigen Parteien ein Mitverkaufsrecht für ihre Aktien zu den gleichen Bedingungen zu ermöglichen.

Die Veräusserer informieren vorgängig den Vorsitzenden. Dieser leitet die Information unverzüglich an die übrigen Parteien weiter.

---

renten sowie die Geltendmachung der *Escape Clause* weiterhin möglich, was ein Sicherheitsnetz schafft, aber die Übertragung auch dann, wenn die übrigen Parteien im Rahmen des Angebotsverfahrens ihre Erwerbsrechte nicht wahrgenommen hatten, stark erschwert. Allenfalls kann insb. der Vorbehalt einer Anrufung der *Escape Clause* auf Fälle beschränkt werden, in denen die Anbietungspflicht vom Veräusserer nicht eingehalten wurde. Statutarisch ist dann die Geltendmachung der Escape Clause als Kann-Vorschrift zu formulieren, verbunden mit einer entsprechenden Anweisung an die Mitglieder des Verwaltungsrates im Organisationsreglement. Für eine Regelung des Erwerbs über die Aktiengesellschaft s. «Ausführlicher Aktionärbindungsvertrag» (Ziff. 12.3, S. 760 f.).

[14] Das Angebot geht an die Mitglieder des anderen Stammes insgesamt. Die Aufteilung innerhalb eines Stammes ist stammesintern zu regeln.

[15] Schutz der Parteien davor, in der Aktiengesellschaft verbleiben zu müssen, obwohl die Kontrolle auf familienfremde Aktionäre übergeht. Entspricht der Angebotspflicht nach Art. 32 BEHG im Falle eines Kontrollwechsels bei kotierten Aktiengesellschaften.

[16] Schutz der Parteien durch ein «Austrittsrecht», wenn eine Partei die Kontrolle über die Aktiengesellschaft erlangt.

[17] Anzahl Aktien bzw. Stimmen, die vermutungsweise eine Kontrolle über die Gesellschaft ermöglichen.

Die übrigen Parteien können ihr Mitverkaufsrecht innert 30 Tagen seit Erhalt der Information durch Mitteilung an den Vorsitzenden geltend machen. Stillschweigen gilt als Verzicht. Die Veräusserer sind für die Umsetzung verantwortlich.

Mehrere Veräusserungen innerhalb von 12 Monaten und solche, die auf einem einheitlichen Veräusserungsentscheid beruhen, sind wie eine einzige Veräusserung zu behandeln.

5.5.2 Erlangt eine Partei mehr als 50% sämtlicher Aktien der ABC-Holding, ist sie verpflichtet, die Aktien der übrigen Parteien zu übernehmen.

Für das Verfahren gilt Ziff. 5.5.1 Abs. 2 analog. Der Erwerbspreis bestimmt sich nach Ziff. 5.3, 5. Lemma, ohne den dort vorgesehenen Abschlag.

Die übrigen Parteien können ihr Veräusserungsrecht innert 30 Tagen seit Erhalt der Information durch Mitteilung an den Vorsitzenden geltend machen. Stillschweigen gilt als Verzicht.

6. Weitere Bestimmungen

6.1 Bindung der Rechtsnachfolger

Dieser Vertrag bindet die Erben bzw. Universalsukzessoren einer Vertragspartei.

6.2 Hinterlegung der Aktien

Für die Dauer dieses Vertrages hinterlegen die Parteien ihre Aktien gemeinsam bei der ABC-Holding mit der Anweisung, diese nur im Einverständnis aller Parteien oder aufgrund eines rechtskräftigen Entscheides herauszugeben.

6.3 Sanktionen bei Vertragsverletzung

Verletzt eine Partei Pflichten aus diesem Vertrag, dann kann jede andere Partei die verletzende Partei auffordern, den vertragsmässigen Zustand wiederherzustellen. Geschieht dies nicht innert einer Frist von 14 Tagen oder ist dies von vorneherein nicht möglich, schuldet die pflichtwidrig handelnde Partei eine Konventionalstrafe in der Höhe von 50% des wirklichen Wertes ihrer gebundenen Aktien (bestimmt nach Ziff. 5.3, 5. Lemma, ohne den dort vorgesehenen Abschlag). Die Konventionalstrafe wird 30 Tage nach Ablauf der Frist zur Wiederherstellung des vertragsmässigen Zustandes oder – wenn dieser nicht wiederhergestellt werden kann – nach der Vertragsverletzung fällig.

Die Konventionalstrafe wird durch den Vorsitzenden geltend gemacht. Der Betrag steht den Parteien des anderen Stammes entsprechend ihrem Aktienbesitz zu.

Die Zahlung der Konventionalstrafe befreit nicht von der Vertragseinhaltung und vom Ersatz eines über den Betrag der Konventionalstrafe hinausgehenden Schadens.

Jede Partei hat das Recht, von der verletzenden Partei die Beseitigung des vertragswidrigen Zustandes bzw. die Vornahme vertraglich erforderlicher Handlungen und die Abgabe notwendiger Willenserklärungen zu verlangen.

▶ *M1562 (Frist zur Herstellung des vertragsgemässen Zustandes), M1556–1557, M1560 (Kumulation mit Vertragserfüllung), M1567–1568*

Zu beachten sind die Ziff. 4.2.2 Abs. 7 und 4.3 Abs. 2.

6.4 Inkrafttreten und Dauer

Dieser Vertrag tritt per 1. November 2016 in Kraft.

Er gilt bis zum 31. Dezember 2021 und danach jeweils für 1 weiteres Jahr, falls er nicht 15 Monate im Voraus, d.h. bis zum 30. September des Vorjahres, von einem Stamm auf das Ende eines Kalenderjahres gekündigt wird.

▶ *M1017*

6.5 Überprüfung und Anpassung

Dieser Vertrag ist alle zwei Jahre innerhalb eines Monats vor / nach Durchführung der ordentlichen Generalversammlung der ABC-Holding zu überprüfen und nötigenfalls an geänderte Verhältnisse anzupassen. Eine Überprüfung soll auch erfolgen, wenn Aktionäre, die über 25% der gebundenen Aktienstimmen verfügen,[18] dies verlangen, sowie dann, wenn der Vorsitzende der Konsortialversammlung es anordnet.

Der Vorsitzende initiiert und leitet das Verfahren. Er kann einen juristisch geschulten Berater beiziehen.

▶ *M1494–1497, M1499*

---

[18] Das Quorum ist so gewählt, dass auch die Mehrheit eines Minderheitsstammes – und nicht nur sämtliche Aktionäre dieses Stammes – die Überprüfung verlangen kann.

Änderungen dieses Vertrages bedürfen der Einstimmigkeit / können mit 90%[19] der gebundenen Aktienstimmen für alle Parteien verbindlich beschlossen werden.

▶ *M1009–1011, M1013 (Austrittsrecht bei Vertragsanpassung durch Mehrheitsbeschluss)*

6.6 Erweiterung des Kreises der Vertragsparteien

Die Parteien sind offen für einen Vertragsbeitritt durch eines oder mehrere Mitglieder des [Stammes C]. Voraussetzung für entsprechende Verhandlungen ist die Zustimmung von 75% der gebundenen Aktienstimmen. Bei einem allfälligen Beitritt von Mitgliedern des [Stammes C] ist dieser Vertrag zu überprüfen, insb. im Hinblick auf die Quorumsbestimmungen und die Angebotspflichten.

6.7 Administrative Aufgaben, Zustellung von Mitteilungen

Die administrativen Aufgaben im Rahmen dieses Vertrages werden durch den Vorsitzenden betreut, soweit sie nicht an einen Sekretär delegiert worden sind.

Mitteilungen und Erklärungen, die diesen Vertrag betreffen, sind den Parteien und dem Vorsitzenden eingeschrieben oder in entsprechender elektronischer Form zuzustellen. Sie gelten als zugestellt, wenn sie an die dem Vorsitzenden zuletzt schriftlich mitgeteilte Adresse zugestellt worden sind.

6.8 Teilungültigkeit und Vertragslücken

Sollten sich einzelne Bestimmungen dieses Vertrages als ungültig erweisen, dann beeinträchtigt dies die Gültigkeit der übrigen Bestimmungen nicht. Ungültige Bestimmungen sind durch solche rechtmässige Bestimmungen zu ersetzen, die den ungültigen Bestimmungen sachlich und wirtschaftlich am nächsten kommen. Diese Regelung gilt sinngemäss auch für das Füllen allfälliger Vertragslücken.

▶ *M1503–1506, M1509, M1511–1513, M1516–1517, M1522*

6.9 Mediation

Meinungsverschiedenheiten aus oder im Zusammenhang mit diesem Vertrag, einschliesslich betreffend dessen Gültigkeit, Ungültigkeit, Verletzung oder Auflösung, sind nach Möglichkeit einvernehmlich zu lösen.

---

[19] Ein – hoch anzusetzendes – Quorum (anstelle des Erfordernisses der Einstimmigkeit) kann verhindern, dass künftig eine Vertragspartei mit einer kleinen Beteiligung sinnvolle Anpassungen blockiert.

▶ M2147 *(einvernehmliche Schlichtung)*

Ist dies nicht möglich und sieht der Vertrag keine andere Regelung vor, bestimmen die Parteien gemeinsam einen Mediator, der nach Anhörung der Parteien innert 30 Tagen einen Schlichtungsvorschlag unterbreitet. Der Mediator bestimmt das Verfahren.[20] Können sich die Parteien nicht innert 15 Tagen auf einen Mediator einigen, soll dieser durch die Schweizer Kammer für Wirtschaftsmediation / die Zürcher Handelskammer bestimmt werden und bestimmt dieser das Verfahren.

▶ M2150, M2152, M2161

6.10 Schiedsgericht

Falls die Meinungsverschiedenheiten nicht innerhalb von 60 Tagen nach der Ernennung oder Bestätigung des Mediators durch das Mediationsverfahren gelöst werden können, sind sie durch ein Schiedsverfahren gemäss schweizerischer Zivilprozessordnung (Art. 353 ff. ZPO) / schweizerischem Internationalem Privatrecht (Art. 176 ff. IPRG) / der internationalen schweizerischen Schiedsordnung der schweizerischen Handelskammern *(Swiss Chambers' Arbitration Institution)* zu entscheiden. Es gilt die zur Zeit der Zustellung der Einleitungsanzeige in Kraft stehende Fassung der Schiedsordnung. Die Zuständigkeit der ordentlichen Gerichte ist, soweit rechtlich zulässig, ausgeschlossen.

Das Schiedsgericht soll aus einem Mitglied / drei Mitgliedern bestehen. Der Sitz des Schiedsverfahrens ist Zürich. Die Sprache des Schiedsverfahrens ist deutsch.

▶ M2124 *(ordentliche Gerichte)*, M2154

[A]

....
Ort, Datum   Unterschrift

---

[20] Beispielsweise ein Mediationsverfahren nach den Mediationsregeln der Schweizer Kammer für Wirtschaftsmediation (http://www.skwm.ch) oder der Schweizerischen Mediationsordnung für Wirtschaftskonflikte der schweizerischen Handelskammern (*Swiss Chambers' Arbitration Institution*) (http://www.swissarbitration.org).

[AA]

....
Ort, Datum   Unterschrift

[AB]

....
Ort, Datum   Unterschrift

[B]

....
Ort, Datum   Unterschrift

[BA]

....
Ort, Datum   Unterschrift

[BB]

....
Ort, Datum   Unterschrift

[BC]

....
Ort, Datum   Unterschrift

Anhänge

1. Statuten der ABC-Holding
2. Organisationsreglement der ABC-Holding
3. Übersicht über die Angehörigen der Stämme
4. Liste der juristischen Personen gemäss Ziff. 5.2 Abs. 2.
5. [Bewertungsformel zur Bestimmung des wirklichen Aktienwertes]
6. [Kriterien für die Bestimmung der Entschädigung bei der Übernahme von Funktionen in der ABC-Gruppe und insb. im Verwaltungsrat und allenfalls der Geschäftsleitung der ABC-Holding]
7. [Kriterienkatalog für die Auswahl der unabhängigen Verwaltungsratsmitglieder, der Revisionsstelle, des Bewertungsexperten, des Entschädigungsexperten etc.]
8. [Zustelladressen]
9. [Weitere Anhänge]

Aktionärbindungsvertrag für eine 50:50-Beteiligung (Joint Venture)

Übungsanlage und Erläuterungen

Dieser Mustervertrag geht von der Situation eines **Joint Ventures mit zwei Aktionären** aus, die *je eine Beteiligung von 50%* halten. Im Unterschied zu den vorangehenden Musterverträgen, die primär von natürlichen Personen als Parteien ausgehen, sind die Parteien hier *ausschliesslich juristische Personen*.

Bei zwei Beteiligungen von je 50% ist ein besonderes Augenmerk auf die Lösung möglicher *Pattsituationen* zu richten.[1] Dafür sind im Muster folgende Mechanismen vorgesehen:

- Pattsituationen *im Verwaltungsrat* der Aktiengesellschaft werden durch die Zuwahl eines unabhängigen Dritten als Präsident des Verwaltungsrates (sowie der ungeraden Zahl seiner Mitglieder) verhindert.

- Pattsituationen *unter den Parteien selbst* werden durch den Beizug von Drittinstanzen (z.B. der Handelskammer), aber auch durch Schiedsgutachten oder die Verschiebung von Entscheidungen in den Verwaltungsrat der Aktiengesellschaft gelöst.

Weitere Besonderheiten dieses Mustervertrages bestehen in *Abnahmepflichten* der Parteien gegenüber der Aktiengesellschaft und – was nicht speziell mit der Situation des Joint Ventures zu tun hat – in der Sicherung der Vertragserfüllung durch das Hinterlegen der Aktienzertifikate, an denen *Gesamteigentum der Parteien* besteht.

* * *

Grau unterlegt sind in den Vertragsbestimmungen jene Textpassagen (z.T. mit Varianten), die an den konkreten Fall anzupassen (oder wegzulassen) sind. Durch **[eckige Klammern und graue Unterlegung]** markiert sind sodann Platzhalter für Namen etc., welche ergänzt werden müssen. Auf alternative Klauseln im Hauptteil des Buches wird mit ▶ hingewiesen.

---

[1] Vgl. N 1045 ff.

Aktionärbindungsvertrag

zwischen

[A AG], [evtl. UID]
[Adresse], [PLZ Ort]

(nachfolgend «**[A]**»)

und

[B AG], [evtl. UID]
[Adresse], [PLZ Ort]

(nachfolgend «**[B]**»)

(einzeln oder gemeinsam jeweils auch «**Partei**» bzw. «**Parteien**»)

betreffend

[Joint-Venture-Aktiengesellschaft], [evtl. UID]
[Adresse AG]
[PLZ Ort]

(nachfolgend «**JV AG**»)

Inhaltsverzeichnis

Präambel 823
1. Vertragszweck 824
2. Beteiligungen der Parteien 824
3. Allgemeine Pflicht zur Vertragsumsetzung und Stimmbindung 825
4. Verwaltungsrat und Geschäftsleitung 825
    4.1   Zusammensetzung des Verwaltungsrates 825
    4.2   Organisation des Verwaltungsrates 826
    4.3   Geschäftsleitung 826
5. Rechnungslegung und Revision 827
6. Beschlussfassung 827
    6.1   Im Verwaltungsrat der JV AG 827
    6.2   In der Generalversammlung der JV AG 827
7. Erwerbsrechte 828
    7.1   Übertragungsfreiheit 828

7.2 Anbietungspflicht vor Veräusserung an Dritte 828
7.3 Umstrukturierung und Kontrollwechsel 829
7.4 Konkurs und Nachlassliquidation 830
7.5 Bestimmung des Erwerbspreises, Fälligkeit 830
8. Finanzierung der JV AG 830
   8.1 Selbstfinanzierung und Kapitalerhöhungen 830
   8.2 Gewinnausschüttung 830
   8.3 Sanierung 831
9. Abtretung von Rechten und Verpfändung von Aktien 831
10. Treuepflicht, Konkurrenzverbot 831
11. Sicherung der Vertragserfüllung 831
    11.1 Einbringen der Aktien in Gesamteigentum 831
    11.2 Hinterlegung der Aktien 832
    11.3 Konventionalstrafe 832
12. Vertraulichkeit 832
13. Abnahmepflichten 832
14. Vertragsdauer 832
    14.1 Inkrafttreten und Dauer 832
    14.2 Verbundene Vertragsverhältnisse 833
15. Vertragsänderungen, Teilungültigkeit und Vertragslücken 833
    15.1 Vertragsänderungen 833
    15.2 Teilungültigkeit und Vertragslücken 833
    15.3 Verhältnis zu Erlassen der AG 833
16. Vollständigkeit der Abreden 834
17. Zustellung von Mitteilungen und Erklärungen der Parteien 834
18. Überprüfung und Anpassung 834
19. Kosten des Vertrages, administrative Aufgaben 834
20. Anwendbares Recht und Streitbeilegung 834
    20.1 Anwendbares Recht 834
    20.2 Mediation 834
    20.3 Schiedsgericht 835
Anhänge 836

Präambel

Die Parteien sind [international tätige Technologieunternehmen mit Sitz in der Schweiz]. Beide Parteien verfügen über Kapazitäten und Know-how in der Herstellung von [Technologiegütern].

Die Parteien beabsichtigen, ihre Herstellungskapazitäten, die bisher ausschliesslich der jeweils eigenen Belieferung dienten, zusammenzulegen, die gemeinsame Forschung und Entwicklung zu fördern und die Produktion durch die Belieferung von Dritten zu erhöhen. Zu diesem Zweck bringen die Parteien ihre mit der Herstellung

Aktionärbindungsvertrag für eine 50:50-Beteiligung (Joint Venture)

von [Technologiegütern] zusammenhängenden Unternehmensteile, Anlagen, Immaterialgüterrechte sowie Rechtsverhältnisse auf dem Weg der Vermögensübertragung in die gemeinsam gegründete JV AG ein. Langfristig soll sich die JV AG, neben der Belieferung der Parteien, als selbständiges Unternehmen im Markt positionieren, wobei die Parteien einen Börsengang der JV AG in 5–7 Jahren anstreben.

Mit dem vorliegenden Vertrag regeln die Parteien die Grundsätze ihrer je hälftigen Beteiligung an der JV AG, ihre Rechte und Pflichten untereinander und die Grundsätze ihrer Beziehung zur JV AG.

▶ *M1526–1527*

1. Vertragszweck

Die Parteien verfolgen insbesondere die folgenden Ziele:

- Die Sicherung ihres jeweiligen Interesses an der Belieferung mit qualitativ hochwertigen [Technologiegütern] durch die JV AG, zeitgerecht und in ausreichender Menge.

- Die Umsetzung der Unternehmensstrategie gemäss Anhang 5 und die Entwicklung der JV AG zu einem selbständigen Unternehmen in mittlerer Frist.

- Den Börsengang (IPO) der JV AG in 5–7 Jahren.

- [Weitere Vertragszwecke.]

▶ *M1531–M1532, vgl. auch Präambel*

2. Beteiligungen der Parteien

Das Kapital der JV AG beträgt CHF 10 Mio. Es ist in 100 000 voll liberierte Namenaktien mit einem Nennwert von je CHF 100.00 eingeteilt.

Im Zeitpunkt der Unterzeichnung dieses Vertrages halten die Parteien zusammen 100% des Aktienkapitals zu gleichen Teilen, nämlich:

Partei	Anzahl der Aktien	Anteil am Aktienkapital
[A]	50 000 Namenaktien	50%
[B]	50 000 Namenaktien	50%
Total	**100 000 Namenaktien**	**100%**

Die Parteien unterstellen die Ausübung der Aktionärsrechte an diesen Aktien den Bestimmungen dieses Vertrages.

3. Allgemeine Pflicht zur Vertragsumsetzung und Stimmbindung

Die Parteien üben ihre Rechte als Aktionäre der JV AG gemäss den Zielen dieses Vertrages (insb. Präambel, Ziff. 1 und Unternehmensstrategie [Anhang 5]) so aus, dass diese bestmöglich erreicht werden. Sie instruieren ihre Vertreter im Verwaltungsrat der JV AG entsprechend und sorgen dafür, dass die Mitglieder der Geschäftsleitung in gleicher Weise instruiert werden.

Sie sind insbesondere verpflichtet, ihre Stimmen in der Generalversammlung der JV AG gemäss den Bestimmungen dieses Vertrages abzugeben und die gemäss diesem Vertrag bestimmten Kandidaten in den Verwaltungsrat der JV AG zu wählen. Sie instruieren ihren gemeinsamen Aktienvertreter entsprechend.

▶ M759, M766, M770 (gemäss Anträgen des VR), M1102–1103, M1120

4. Verwaltungsrat und Geschäftsleitung

4.1 Zusammensetzung des Verwaltungsrates

Der Verwaltungsrat der JV AG soll während der ersten 3 Jahre nach Vertragsschluss aus 3 Mitgliedern bestehen.

Jede Partei hat das Recht, einen Vertreter in den Verwaltungsrat zu entsenden, der – im Rahmen seiner gesetzlichen Pflichten – die Interessen der jeweiligen Partei im Verwaltungsrat vertritt («**Parteienvertreter**»). Die Parteienvertreter orientieren sich an den Zielen dieses Vertrages (insb. an der Präambel, an Ziff. 1 und an der Unternehmensstrategie [Anhang 5]).

Zudem bestimmen die Parteien eine unabhängige Drittperson für das Präsidium des Verwaltungsrates («**unabhängiges Verwaltungsratsmitglied**»). Das unabhängige Verwaltungsratsmitglied soll nach Ausbildung und Erfahrung für das Amt geeignet sein, hohe Anerkennung geniessen, die Fähigkeiten der Parteienvertreter sinnvoll ergänzen und sich dem Gesamtwohl der JV AG verpflichtet fühlen. [Kriterienkatalog für die Bestellung in Anhang 7.] Können sich die Parteien nicht auf einen gemeinsamen Kandidaten einigen, soll die Zürcher Handelskammer einen geeigneten Kandidaten vorschlagen, welchen die Parteien nur aus wichtigen Gründen ablehnen können.

Ab dem 4. Jahr seit Vertragsschluss soll der Verwaltungsrat der JV AG aus mindestens 5 Mitgliedern bestehen,[2] wobei die zusätzlichen Kandidaten wiede-

---

[2] Damit kommt den unabhängigen Verwaltungsratsmitgliedern die *Stimmenmehrheit* zu, was dadurch verhindert werden kann, dass jede Partei ab diesem Zeitpunkt *zwei Parteienvertreter* entsenden kann. Soll zusätzlich nur *ein* zusätzliches unabhängiges Mitglied bestellt werden, dann können Pattsituationen dadurch vermieden werden, dass dem Präsi-

rum unabhängige Drittpersonen sein sollen, welche die in Ziff. 4.1 Abs. 3 genannten Voraussetzungen erfüllen. Können sich die Parteien nicht auf gemeinsame Kandidaten einigen, soll der Präsident des Verwaltungsrates der JV AG geeignete Kandidaten vorschlagen, welche die Parteien nur aus wichtigen Gründen ablehnen können.

▶ *M880, M884–886, M890–891 (Abberufung), M1126, M1128*

Die unabhängigen Verwaltungsratsmitglieder sind vor Amtsantritt über diesen Vertrag und ihre Aufgaben in dessen Rahmen zu informieren.

4.2 Organisation des Verwaltungsrates

Die Parteien sind dafür besorgt, dass der Verwaltungsrat ein Organisationsreglement entsprechend dem diesem Vertrag im Anhang 6 beigefügten Dokument erlässt und beibehält. Insbesondere soll der Verwaltungsrat der JV AG seine Beschlüsse mit der absoluten Mehrheit der Stimmen seiner Mitglieder fassen.

Der Verwaltungsrat der JV AG konstituiert sich gemäss diesem Organisationsreglement selber. Die Parteien instruieren ihre Parteienvertreter, als Präsidenten des Verwaltungsrates der JV AG das unabhängige Verwaltungsratsmitglied bzw. eines der unabhängigen Verwaltungsratsmitglieder zu wählen.

▶ *M904–905*

4.3 Geschäftsleitung

Der Verwaltungsrat der JV AG bestimmt gemäss Organisationsreglement (Anhang 6) die Organisation und Delegation der Geschäftsführung. Während der ersten 3 Jahre nach Vertragsschluss soll ein durch die Parteien bestimmter Kandidat vom Verwaltungsrat der JV AG zum Vorsitzenden der Geschäftsleitung ernannt werden. Die Parteien instruieren ihre Parteienvertreter entsprechend.

Können sich die Parteien nicht auf einen Kandidaten einigen, schlägt der Präsident des Verwaltungsrates der JV AG einen geeigneten Kandidaten vor, welchen die Parteien nur aus wichtigen Gründen ablehnen können. [Kriterienkatalog für die Bestellung in Anhang 7.]

[Evtl. Regeln für die Bestellung weiterer Mitglieder der Geschäftsleitung.]

---

denten des Verwaltungsrates im Organisationsreglement der Stichentscheid zugewiesen wird.

5. Rechnungslegung und Revision

Die JV AG erstellt einen jährlichen Geschäftsbericht nach den Bestimmungen über die Rechnungslegung für grössere Unternehmen (Art. 961 ff. OR). Sie erstellt zudem einen Abschluss gemäss [Rechnungslegungsstandard].

Als Revisionsstelle soll ein zugelassener Revisionsexperte gewählt werden. [Kriterienkatalog für die Bestellung in Anhang 7.] Können sich die Parteien nicht auf einen zugelassenen Revisionsexperten einigen, soll Expertsuisse[3] einen geeigneten Kandidaten vorschlagen, welchen die Parteien nur aus wichtigen Gründen ablehnen können.

6. Beschlussfassung

6.1 Im Verwaltungsrat der JV AG

Die Parteienvertreter informieren ihre jeweilige Partei über alle Geschäfte des Verwaltungsrates und die Anträge des Parteienvertreters der anderen Partei. Sie stellen zwecks Meinungsbildung ihrer jeweiligen Partei alle von der Partei angeforderten Informationen über die JV AG zur Verfügung. Die Parteienvertreter sind diesbezüglich von ihrer Schweigepflicht gegenüber der JV AG befreit.

Können sich die Parteien bei Geschäften des Verwaltungsrates nicht auf eine gemeinsame Position einigen, wird das Geschäft im Verwaltungsrat der JV AG – soweit es nicht nach dem Entscheid des Präsidenten des Verwaltungsrats als dringlich einzustufen ist – auf die nächste Sitzung vertagt. An dieser beschliesst der Verwaltungsrat mit Mehrheitsbeschluss, falls der Präsident des Verwaltungsrates nicht entscheidet, für das Geschäft ein Mediationsverfahren einzuleiten oder ein Schiedsgutachten zu veranlassen. Das Ergebnis des Schiedsgutachtens ist für die Parteien verbindlich.

6.2 In der Generalversammlung der JV AG

Die Parteienvertreter bereiten in Konsultation mit den Parteien die ordentlichen und ausserordentlichen Generalversammlungen sowie deren Traktanden vor. Sie stellen im Verwaltungsrat der JV AG die entsprechenden Anträge.

Die Parteien beschliessen jeweils spätestens 5 Tage vor jeder ordentlichen oder ausserordentlichen Generalversammlung der JV AG über ihre gemeinsame Stimmabgabe und instruieren den gemeinsamen Aktienvertreter (Ziff. 11.1 Abs. 2) entsprechend.

---

[3] Ehemals: Treuhand-Kammer.

Jede Partei hat das Recht, vom Verwaltungsrat der JV AG jederzeit die Einberufung einer ausserordentlichen Generalversammlung zu verlangen.

Die Durchführung von Universalversammlungen bleibt vorbehalten.

7. Erwerbsrechte

7.1 Übertragungsfreiheit

Die Übertragung auf eine direkt oder indirekt kontrollierte / sowohl stimmen- wie auch kapitalmässig zu 100% beherrschte Gesellschaft («**Gruppengesellschaft**») ist – unter vorgängiger Information der anderen Partei – jederzeit ohne Einschränkung zulässig, falls die Gruppengesellschaft vor der Übertragung diesem Vertrag beitritt. Jederzeit zulässig ist auch die Rückübertragung und die Übertragung von einer Gruppengesellschaft auf eine andere.

7.2 Anbietungspflicht vor Veräusserung an Dritte

Beabsichtigt eine Partei («**veräussernde Partei**»), Aktien der JV AG an natürliche oder juristische Personen oder Personengesellschaften ausserhalb des vorstehend in Ziff. 7.1 genannten Kreises durch irgendein Rechtsgeschäft zu verkaufen, zu verpfänden, zur Nutzniessung zu geben oder sonstwie entgeltlich oder unentgeltlich zu übertragen («**veräussern**»), so hat sie diese Aktien vorgängig der anderen Partei nach den folgenden Regeln zum Erwerb anzubieten:

- Das Angebot erfolgt durch schriftliche Mitteilung an die andere Partei.

- Die andere Partei hat innert 45 Tagen seit Erhalt des Angebots mitzuteilen, ob sie die zur Veräusserung anstehenden Aktien erwerben will. Es können nur sämtliche angebotenen Aktien erworben werden.

- Als Erwerbspreis gilt der vom Veräusserer genannte Preis, es sei denn, die andere Partei sei mit diesem Preis nicht einverstanden. In diesem Fall wird der Preis durch [den Bewertungsexperten] entsprechend Ziff. 7.5 hiernach definitiv bestimmt.

- Wird das Erwerbsrecht nicht oder nicht an sämtlichen zur Veräusserung anstehenden Aktien ausgeübt, dann können die Aktien an einen Dritten veräussert werden, jedoch nur zu einem Preis, der mindestens dem vom Veräusserer genannten oder vom [Bewertungsexperten] bestimmten Preis entspricht.

- Zu einem tieferen als dem vom Veräusserer genannten oder vom Bewertungsexperten bestimmten Preis dürfen die Aktien erst veräussert werden, wenn sie zu diesem tieferen Preis nochmals der anderen Partei angeboten wurden, mit einer Frist von 20 Tagen zur Erklärung des Erwerbs zu diesem tieferen Preis.

- Auf Veräusserungen nach Ablauf von 6 Monaten seit dem ersten Angebot findet das Angebotsverfahren erneut Anwendung.

- Sind die vorstehenden Voraussetzungen für die Veräusserung an einen Dritten erfüllt, werden die Parteien ihre Rechte als Aktionäre und Organe der JV AG dafür einsetzen, dass der Erwerber als Aktionär der JV AG anerkannt wird. Vorbehalten bleiben die statutarischen Übertragungsbeschränkungen der JV AG.[4]

Auf Bezugsrechte finden die vorstehenden Regeln analog Anwendung, wobei nötigenfalls die Fristen so zu verkürzen sind, dass das Bezugsrecht rechtzeitig ausgeübt werden kann.

7.3 Umstrukturierung und Kontrollwechsel

Gehen die Kontrolle über eine Partei und/oder die Rechte und Pflichten aus diesem Vertrag aufgrund von Fusion, Spaltung, Vermögensübertragung oder aufgrund eines vergleichbaren Umstrukturierungsvorganges auf einen neuen Rechtsträger über, hat die andere Partei das Recht, die Aktien der Partei, die der Umstrukturierung unterliegt, rückwirkend auf den Zeitpunkt der Umstrukturierung zu erwerben.

▶ *M637 (Umstrukturierung), M639 (Kontrollwechsel)*

Die berechtigte Partei teilt der anderen Partei innert 3 Monaten ab Kenntnis mit, ob sie von ihrem Recht Gebrauch machen will. Stillschweigen gilt als Verzicht.

Der Erwerbspreis bestimmt sich nach Ziff. 7.5 dieses Vertrages.

---

[4] Aufgrund eines solchen Vorbehalts könnten trotz Einhaltung des Anbietungsverfahrens noch immer eine Ablehnung aus wichtigem Grund gemäss Art. 685b Abs. 2 OR – etwa wegen Konkurrentenstellung – erfolgen. Möglich wäre es auch, von der *Escape Clause* gemäss Art. 685b Abs. 1 OR Gebrauch zu machen. Eine solche Regelung bietet zwar ein Sicherheitsnetz für alle Fälle, in denen das Angebotsverfahren aus irgendeinem Grund nicht erfolgreich war oder nicht durchgeführt wurde. Sie stellt aber für die veräusserungswillige Partei eine starke Erschwerung dar. Angemessener dürfte es daher sein, die Anrufung der *Escape Clause* auf Fälle zu beschränken, in denen das Veräusserungsverfahren nicht durchgeführt wurde. Statutarisch ist dann die Geltendmachung der *Escape Clause* als Kann-Vorschrift zu formulieren, verbunden mit einer entsprechenden Anweisung an die Mitglieder des Verwaltungsrates im Organisationsreglement.

7.4 Konkurs und Nachlassliquidation

Wenn eine Partei in Konkurs fällt oder sich in Nachlassliquidation befindet, steht der anderen Partei ein auf das Datum des Eintritts des Konkurses oder der Nachlassliquidation terminiertes Kaufrecht an den Aktien der konkursiten oder sich in Nachlassliquidation befindenden Partei zu.

Der Erwerbspreis bestimmt sich nach Ziff. 7.5 dieses Vertrages.

7.5 Bestimmung des Erwerbspreises, Fälligkeit

Die Parteien bestimmen den Erwerbspreis soweit möglich einvernehmlich.

Können sie sich nicht innert 30 Tagen nach Eintritt des Ereignisses, welches eine Bestimmung des Erwerbspreises erfordert, einigen, kann jede Partei verlangen, dass der Erwerbspreis auf der Basis des wirklichen Werts der Aktien (True and Fair Value) gemäss [Bewertungsmethode] bestimmt wird.

Der Erwerbspreis wird durch den [Bewertungsexperten] für die Parteien bindend und endgültig festgelegt.

Vom Erwerbspreis sind die ersten 50% Zug um Zug mit der Übertragung der Aktien und die zweiten 50% 9 Monate nach dem Datum der Übertragung der Aktien fällig. Eine Verzinsung erfolgt nicht. Die veräussernde Partei kann verlangen, dass zur Sicherstellung des ausstehenden Erwerbspreises zu ihren Gunsten ein Pfandrecht an den veräusserten und noch nicht bezahlten Aktien errichtet wird.

8. Finanzierung der JV AG

8.1 Selbstfinanzierung und Kapitalerhöhungen

Die JV AG soll ihre Entwicklung vor allem durch die Nichtausschüttung von Gewinnen (Thesaurierung) finanzieren (Selbstfinanzierung). Die Parteien sind sich jedoch einig, dass während der ersten 2 Jahre der Laufzeit dieses Vertrages zur Umsetzung der Unternehmensstrategie (Anhang 5) voraussichtlich weitere finanzielle Leistungen der Parteien notwendig sein werden.

Die Parteien verpflichten sich zu je gleich grossen Zuschüssen in der Form von Kapitalerhöhungen innerhalb der ersten 2 Jahre der Laufzeit dieses Vertrages im Gesamtumfang von insgesamt maximal je CHF 2 Mio.

8.2 Gewinnausschüttung

Ab dem dritten Jahr der Laufzeit dieses Vertrages soll die JV AG – soweit es die Reservebildungsvorschriften erlauben – eine Dividende ausschütten, die

40% des aufgrund einer *True and Fair View* gemäss [Rechnungslegungsstandard] ermittelten Reingewinns entspricht.

8.3 Sanierung

Ist das Aktienkapital der JV AG nicht mehr gedeckt, verpflichten sich die Parteien, notwendige Sanierungsbeiträge bis maximal je CHF 2 Mio. zu leisten. Im Umfang der Sanierungsbeiträge entfällt die Pflicht zu Finanzierungszuschüssen gemäss Ziff. 8.1 Abs. 2.

9. Abtretung von Rechten und Verpfändung von Aktien

Die Abtretung von Rechten und Forderungen aus diesem Vertrag bedarf der Zustimmung der anderen Partei, ebenso die Verpfändung oder anderweitige Belastung der Aktien der JV AG.

10. Treuepflicht, Konkurrenzverbot

Soweit die Parteien Unternehmensteile, Anlagen, Immaterialgüterrechte oder Rechtsverhältnisse in die JV AG eingebracht und soweit sie Aufgaben an die JV AG übertragen haben, unterlassen sie jede die JV AG konkurrenzierende Tätigkeit.

Die Parteien verpflichten sich, keine Vereinbarungen mit Dritten zu treffen, welche die Unternehmensziele und Tätigkeiten der JV AG beeinträchtigen könnten. Vorbehalten bleiben Vereinbarungen, welchen die andere Partei schriftlich zugestimmt hat.

▶ *M1468*

11. Sicherung der Vertragserfüllung

11.1 Einbringen der Aktien in Gesamteigentum

Über die von den Parteien gehaltenen Aktien der JV AG ist durch die JV AG je ein Zertifikat auszustellen, welches von der jeweiligen Partei in das Gesamteigentum der Parteien eingebracht wird.

Die Aufteilung der Dividenden, Bezugsrechte sowie weiterer Rechte aus den Aktien erfolgt unter den Parteien im Verhältnis ihrer Beteiligungen gemäss Ziff. 2. Die Parteien bestimmen zur Ausübung ihrer Rechte gegenüber der JV AG einen gemeinsamen Vertreter (**«Aktienvertreter»**).

Bei Beendigung dieses Vertrages fallen die eingebrachten Aktienzertifikate *in natura* an die einbringende Partei zurück.

11.2 Hinterlegung der Aktien

Die Parteien hinterlegen die in das Gesamteigentum eingebrachten Aktienzertifikate bei [Hinterlegungsstelle] im gemeinsamen Namen mit der Anweisung, dass die Zertifikate nur gemäss gemeinsamer Weisung der Parteien oder aufgrund eines rechtskräftigen Entscheides herauszugeben sind.

11.3 Konventionalstrafe

Verletzt eine Partei Pflichten aus diesem Vertrag, schuldet sie der anderen Partei für jede einzelne Verletzungshandlung eine Konventionalstrafe in der Höhe von CHF 250 000. Die Konventionalstrafe wird 30 Tage nach der jeweiligen Verletzungshandlung fällig.

Die Zahlung der Konventionalstrafe befreit nicht von der Vertragseinhaltung und vom Ersatz eines über den Betrag der Konventionalstrafe hinausgehenden Schadens.

▶ *M1556–1557, M1560, M1562, M1567–1568*

12. Vertraulichkeit

Die Parteien sind verpflichtet, über den Inhalt dieses Vertrages und alle nicht öffentlich zugänglichen Informationen betreffend die JV AG gegenüber Dritten Stillschweigen zu bewahren. Vorbehalten bleiben gesetzliche, gerichtliche oder behördliche Offenlegungspflichten. Ausnahmen, denen die andere Partei zustimmt, sind schriftlich festzuhalten.

▶ *M1155, M1158*

13. Abnahmepflichten

Die Parteien verpflichten sich, während der Laufzeit dieses Vertrages von der JV AG mindestens die gemäss den Abnahmeverträgen (Anhang 3) vereinbarten Mengen an [Technologiegütern] zu den vereinbarten Bedingungen zu beziehen.

14. Vertragsdauer

14.1 Inkrafttreten und Dauer

Dieser Vertrag tritt per 1. Januar 2016 in Kraft, sofern auf dieses Datum die Vereinbarungen gemäss den Anhängen 2–4 von den Parteien und der JV AG rechtsgültig abgeschlossen und alle notwendigen behördlichen Bewilligungen erteilt worden sind. Der Vertrag gilt für eine feste Vertragsdauer von 10 Jahren.

Ohne Kündigung spätestens 15 Monate vor Vertragsablauf verlängert er sich jeweils automatisch um 5 weitere Jahre.

Der Vertrag endet spätestens mit Auflösung / nach Abschluss der Liquidation der JV AG sowie dann, wenn eine Partei oder ein Dritter mehr als zwei Drittel der Aktien der JV AG erwirbt.[5]

14.2 Verbundene Vertragsverhältnisse

Die Beendigung dieses Vertrages stellt in Bezug auf die Vertragsverhältnisse gemäss den Anhängen 2–4 und in Bezug auf allfällige weitere Vertragsverhältnisse zwischen den Parteien oder einer Partei mit der JV AG keinen Beendigungsgrund dar. Es gelten die zwischen den Parteien und der JV AG in den jeweiligen Verträgen vereinbarten Beendigungsregeln.

15. Vertragsänderungen, Teilungültigkeit und Vertragslücken

15.1 Vertragsänderungen

Ergänzungen und Änderungen dieses Vertrages bedürfen zu ihrer Gültigkeit der schriftlichen Zustimmung beider Parteien.

▶ *M1009–1011, M1013 (Austrittsrecht bei Vertragsanpassung durch Mehrheitsbeschluss)*

15.2 Teilungültigkeit und Vertragslücken

Sollten sich einzelne Bestimmungen dieses Vertrages als ungültig erweisen, beeinträchtigt dies die Gültigkeit der übrigen Bestimmungen nicht. Ungültige Bestimmungen sind durch solche rechtmässige Bestimmungen zu ersetzen, die der ungültigen Bestimmung sachlich und wirtschaftlich am nächsten kommen. Diese Regelung gilt sinngemäss auch für das Füllen von Vertragslücken.

▶ *M1503–1506, M1509, M1511–1513, M1516–1517, M1522*

15.3 Verhältnis zu Erlassen der AG

Zwischen den Partein geht dieser Vertrag innergesellschaftlichen Regelungen der JV AG (Statuten, Organisationsreglement oder weitere innergesellschaftliche Erlasse) vor, soweit nicht zwingendes Recht entgegensteht.

---

[5] Falls – wie im Beispiel – ein allfälliger Börsengang nicht als Auflösungsgrund vorgesehen ist, muss dem Umstand Rechnung getragen werden, dass die Partein börsenrechtlich eine Gruppe bilden. Insbesondere dürfte ein *Opting-out* erforderlich sein. Vgl. «Zusätzliche Bestimmungen für börsenkotierte Aktiengesellschaften» (S. 769 ff.).

16. Vollständigkeit der Abreden

Dieser Vertrag enthält sämtliche Abreden der Parteien betreffend ihre Aktionärsrechte und deren Ausübung in der JV AG. Frühere diesbezügliche Abreden zwischen den Parteien sind mit Inkrafttreten dieses Vertrages aufgehoben.

▶ *M341–342*

17. Zustellung von Mitteilungen und Erklärungen der Parteien

Mitteilungen und Erklärungen der Parteien, die diesen Vertrag betreffen, sind dem Präsidenten des Verwaltungsrates und dem Vertreter der anderen Partei im Verwaltungsrat der JV AG schriftlich oder in elektronischer Form zuzustellen oder persönlich zu übergeben.

In diesem Vertrag vorgesehene formelle Mitteilungen und Erklärungen der Parteien sind zudem eingeschrieben dem Vorsitzenden der Geschäftsleitung der jeweils anderen Partei zuzustellen.

18. Überprüfung und Anpassung

Dieser Vertrag soll durch die Parteien spätestens zwei Jahre vor Ablauf der festen Vertragsdauer überprüft und nötigenfalls an geänderte Verhältnisse angepasst werden.

▶ *M1494–1497, M1499*

Die Unternehmensstrategie (Anhang 5) soll durch die Parteien alle 2 Jahre überprüft und soweit sinnvoll an geänderte Verhältnisse oder Zielsetzungen angepasst werden.

19. Kosten des Vertrages, administrative Aufgaben

Die sich aus diesem Vertrag ergebenden Kosten tragen die Parteien je hälftig, soweit sie nicht von der JV AG getragen werden.

20. Anwendbares Recht und Streitbeilegung

20.1 Anwendbares Recht

Dieser Vertrag untersteht Schweizer Recht.

20.2 Mediation

Alle Meinungsverschiedenheiten aus oder im Zusammenhang mit diesem Vertrag, einschliesslich betreffend dessen Gültigkeit, Ungültigkeit, Verletzung oder Auflösung, sind nach Möglichkeit einvernehmlich zu lösen.

▶ *M2147 (einvernehmliche Schlichtung)*

Ist dies nicht möglich und sieht der Vertrag keine andere Regelung vor, bestimmen die Parteien gemeinsam einen Mediator, der nach Anhörung der Parteien innert 30 Tagen einen Schlichtungsvorschlag unterbreitet. Der Mediator bestimmt das Verfahren.[6] Können sich die Parteien nicht innert 15 Tagen auf einen Mediator einigen, soll dieser durch die Schweizer Kammer für Wirtschaftsmediation / die Zürcher Handelskammer bestimmt werden und bestimmt dieser das Verfahren.

▶ *M2150, M2152, M2161*

20.3 Schiedsgericht

Falls die Meinungsverschiedenheiten nicht innerhalb von 60 Tagen nach der Ernennung oder Bestätigung des Mediators durch das Mediationsverfahren gelöst werden können, sind sie durch ein Schiedsverfahren gemäss schweizerischer Zivilprozessordnung (Art. 353 ff. ZPO) / schweizerischem Internationalem Privatrecht (Art. 176 ff. IPRG) / der internationalen schweizerischen Schiedsordnung der schweizerischen Handelskammern *(Swiss Chambers' Arbitration Institution)* zu entscheiden. Es gilt die zur Zeit der Zustellung der Einleitungsanzeige in Kraft stehende Fassung der Schiedsordnung. Die Zuständigkeit der ordentlichen Gerichte ist, soweit rechtlich zulässig, ausgeschlossen.

Das Schiedsgericht soll aus einem Mitglied / drei Mitgliedern bestehen. Der Sitz des Schiedsverfahrens ist Zürich. Die Sprache des Schiedsverfahrens ist deutsch.

▶ *M2154, M2161 (Schiedsverfahren Swiss Chambers' Arbitration Institution)*

---

[6] Beispielsweise ein Mediationsverfahren nach den Mediationsregeln der Schweizer Kammer für Wirtschaftsmediation (http://www.skwm.ch) oder der Schweizerischen Mediationsordnung für Wirtschaftskonflikte der schweizerischen Handelskammern (*Swiss Chambers' Arbitration Institution*) (http://www.swissarbitration.org).

Aktionärbindungsvertrag für eine 50:50-Beteiligung (Joint Venture)

[A]

....
Ort, Datum   Unterschriften

[B]

....
Ort, Datum   Unterschriften

Anhänge

1 Gründungsunterlagen der JV AG (Handelsregisteranmeldung, Statuten etc.) [falls noch zu gründen, sonst allenfalls Statuten, Handelsregisterauszug etc.]

2 Vermögensübertragungsverträge

3 Abnahmeverträge der Parteien mit der JV AG

4 Patent- und Markenlizenzen der Parteien an die JV AG

5 Unternehmensstrategie der JV AG

6 Organisationsreglement der JV AG

7 [Kriterienkatalog für die Auswahl der unabhängigen Verwaltungsratsmitglieder, der Mitglieder der Geschäftsleitung, der Revisionsstelle, des Bewertungsexperten, des Mediators, des Mitglieds oder der Mitglieder des Schiedsgerichts]

8 Hinterlegungsvertrag betreffend die Aktien der JV AG

9 Vertrag mit dem gemeinsamen Vertreter der Parteien zur Ausübung der Aktionärsrechte (Aktienvertreter)

10 [Weitere Anhänge.]

Sachregister

Die **Fundstellenangaben** beziehen sich, wo nicht anders vermerkt, auf die *Randziffern* der einzelnen Absätze, bei den Hinweisen auf **Musterverträge** auf die *Seitenzahlen*. Bei mehreren Fundstellen sind Hauptfundstellen fett markiert. Die Querverweise (*s., s. auch*), verweisen in der Regel auf ein Hauptstichwort. **Musterklauseln** sind mit einem M gekennzeichnet.

A

Abberufung von Organen, *s. Organe der AG / s. Verwaltungsrat*
Abfindungsanspruch, 465 ff., M468, 549, 555, 557 f., 530, *s. auch Kaufpreisbestimmung*
Abfindungsklausel, *s. Fortsetzungsklausel*
Abgestimmte Verhaltensweise, *s. Börsenrecht*
Abnahmepflicht, *s. Leistungen der Parteien*
Absicherung, *s. Sicherung*
Absichtserklärung, 1525 ff., *s. auch Gentlemen's Agreement, s. auch Präambel*
Absprache, gemeinsame, *s. Börsenrecht*
Abstimmungsvereinbarung, *s. Stimmbindung*
Abtretungsverbot (pactum de non cedendo)
– statutarisch, 1590
– vertraglich, 1721 f.
Actio pro socio, *s. Klagelegitimation*

Aktien
– Aktientitel, 1539, 1572 Anm. 4, 1578, 1585 Anm. 13, 1602, 1681 ff
– Vermerk auf dem Aktientitel, *s. dort*
– Inhaberaktien, *s. dort*
– Namenaktien, *s. dort*
– Titeldruck, aufgeschobener, *s. dort*
– Vinkulierung, *s. dort*
Aktienbindungsvertrag, *s. Begriff*
Aktiengesellschaft (AG), 17 ff., 2173 f.
– Familienunternehmen, 18 ff., 34, 45 f., 185, 325, 336, 338 ff., 354, 451, 565 f., 612, 618 ff., 684, 731, 967 f., 1019 ff., 1131 ff., 1171, 1239, 1378, 1525 f., 1674, 1739, 1930, 2019, *s. auch Nachfolgeplanung*
– KMU, 18 ff., 34, 39, 45, 325, 612, 1378
– Organisation, 898 ff.
– Partei des ABV, *s. Parteien*
– Personalisierung, 21 ff., 32 ff., 368 ff.
– private, 21 ff.

– Publikumsgesellschaft, 17 f., 21, 34, 66, 330 Anm. 11, 432, 693 ff., 1585, *s. auch Börsenrecht*
– untypische, 18 ff.
Aktienkaufvertrag, 186
Aktienrückkauf, *s. Kapitalherabsetzung*
Aktienzuteilung, *s. Zuteilung von Aktien*
Aktionärbindungsvertrag (ABV)
– ABV-Elemente in anderen Verträgen, 184 ff.
– Arten, 63 ff., 139 ff.
– Definition, 3 f.
– Funktion, 32 ff., *s. auch Zweck*
– Gerichtsentscheidungen, *s. dort*
– gesetzliche Grundlage, 76 ff.
– Inhalt, 3 f., 752 ff.
– Musterverträge, *s. dort*
– Parteien, *s. dort*
– Qualifikation, *s. Rechtsnatur*
– Rechtsnatur, *s. dort*
– Schranken, *s. dort*
– Statuten, Verhältnis zu, *s. Statuten*
– Umfang der Vertragsbindung, *s. dort*
– Verhältnis zur aktienrechtlichen Ordnung, 113 ff.
– Zulässigkeit, 79 ff., 213 ff., 257 ff.
Aktionärskonsortium, *s. Begriff*
Aktionärskreis, 19, 25, 45, 60, 325, 1170, 1178, 1262, 1305 f., 1700, 1732
Aktionärspflichten, 26 ff., *s. auch Leistungen der Parteien*
Aktionärsrechte, 307 ff.
Alternativen, 2164 ff.
– Genossenschaft, 2196 f.
– GmbH, 2169 ff.
– Holding, 1672 ff., 2204

– Personengesellschaften, 2199 ff.
– Unternehmensstiftung, 1679, 2205
– Verein, 2198
– Vertragsbeziehungen zwischen AG und Aktionären, 2206 ff.
– Voting Trust, 1680, 2205
Änderung des ABV, 1006 ff., M1009, M1010, M1011, M1013, M1017
Änderungen im Parteienbestand, 449 ff.
– Ausscheiden, *s. dort*
– Ausschluss, *s. dort*
– Austritt, *s. dort*
– Eintritt, *s. dort*
– Liquidation einer Partei (freiwillige), *s. dort*
– Tod einer Partei, *s. dort*
– Übergang der Parteistellung, *s. dort*
Anfechtbarkeit des ABV, *s. Nichtigkeit des ABV*
Anfechtbarkeit von GV-Beschlüssen, *s. Generalversammlungsbeschluss*
Angebotspflicht, *s. Börsenrecht*
Animus Societatis, 103, **163 f.,** 174, *s. auch Rechtsnatur*
Ankeraktionäre, *s. Mehrheitsaktionäre*
Anwalts-AG, 59, 87, **1744 ff.,** M1750, 2186 Anm. 54
Anwendbares Recht, *s. internationaler Sachverhalt*
Arbeitsvertrag, 478
Aufhebungsvertrag, 1837 ff., M1840
Aufklärungspflicht, *s. Informationspflichten*

Auflösung des ABV, s. *Beendigung*
Auflösung der AG, s. *Liquidation der AG*
Auflösung einer Partei, s. *Liquidation einer Partei (freiwillige) / s. liquidationslose Auflösung einer Partei*
Auflösungsklage, s. *Liquidation der AG*
Aufnahme in den ABV, s. *Eintritt*
Auftrag, 194 ff.
– Bindung, vertragliche, 58, 104, 193, **194 ff.**, 446 f.
– Durchsetzung im Konkurs, 2104
– Kündigung nach OR 404 I, s. *dort*
– Informationspflichten aus Auftragsrecht, 1142
– Leistungen der Parteien (auftragsrechtliche), 33
– Treuhand, 1657, 1663, 1670
– Übergang der Parteistellung, 574, 592
– Vererblichkeit, 478
– Vertreter, 1610
Ausgleichung, s. *erbrechtliche Vorkehrungen*
Auskunftspflicht, s. *Informationspflichten*
Auskunftsrecht, s. *Informationsrechte*
Auslegung, 102, 121, **204 ff.**, 283 f., 295, 1521 f., M1522, 1528, 2162, s. *auch salvatorische Klauseln / s. auch Zweck*
– Statuten, 116, 210 ff.
Ausscheiden, 455 ff.
– Abfindungsanspruch, s. *dort*
– Abfindungsklausel, s. *Fortsetzungsklausel*
– Aufgabe der Tätigkeit in der AG, 503

– Austritt, s. *dort*
– Fortsetzungsklausel, s. *dort*
– Konkurs einer Partei, 489 ff., 495
– Liquidation einer Partei, freiwillige, 481 ff.
– Tod einer Partei, 460 ff., 476 ff.
– Umstrukturierung, 487 f.
– Veräusserung der Aktien, 497 ff., M499, M500, M501
– Zwangsverwertung des Liquidationsanteils einer Partei, 492 ff., 496
Ausschluss, 523 ff., M526
– Abfindungsanspruch, 530
– Erwerbspflichten, 527 f., M528, s. *auch dort*
– Erwerbsrechte, 527 f., M528, s. *auch dort*
Aussergerichtliche Streitbeilegung, 2144 ff., s. *auch Schiedsgerichtsbarkeit*
Ausstandspflicht, 360 f., 788, 792 f., 798 f., 1037 ff., 1077 f., s. *auch Interessenkonflikt*
Austritt, 505 ff., M507
– Aktien, 512 f.
– Austrittsrecht, 505, 516 ff., 1012 f., M1013
– Austrittsvertrag, 509, 511
– Ausscheiden einer anderen Partei, 519 f., M520
– Eintritt einer neuen Partei, 521
– Erben, 522
– Folgen, 512 f., 514 f., M515
– Vertragsänderung, 516 ff., M517, 1012 f., M1013

B

Bankschliessfach, s. *Tresor*

839

Beendigung, ausserordentliche,
191, 300, 1777 ff., **1869 ff.**
- Beistandschaft, umfassende, 1988 ff.
- Clausula rebus sic stantibus, *s. dort*
- Folgen, *s. Beendigungsfolgen*
- Konkurs einer Partei, 489, 495, 2109
- Kündigung aus wichtigem Grund, *s. dort*
- Liquidation der AG, 1875
- Liquidation einer Partei, freiwillige, 482
- Nichterfüllung, 1982 ff., *s. auch dort*
- Tod einer Partei, 461, 480, 1815 ff.
- übermässige Bindung, *s. dort*
- Unmöglichkeit, unverschuldete, 480, 1870 ff.
- Vertragsrücktritt, *s. dort*
- Zwangsverwertung des Liquidationsanteils einer Partei, 492 ff.

Beendigung, ordentliche, 191, **1835 ff.**
- Aufhebungsvertrag, 1837 ff., M1840
- Eintritt eines Ereignisses, 1836
- Folgen, *s. Beendigungsfolgen*
- Kündigung, ordentliche, *s. dort*
- Tod einer Partei, 461, 480, 1815 ff.
- Zeitablauf, 1836

Beendigungsfolgen, 1995 ff.
- AG, 313 f., 2015 ff., *s. auch Liquidation der AG*
- Drittverträge, 313 f., 2021 f.
- gesellschaftsrechtliche ABV (Liquidation), 1996 ff.
- Konventionalstrafe, 2011

- nachvertragliche Pflichten, 2005 ff.
- Rücknahme eingebrachter Aktien, 1607, 1998 ff.
- Schadenersatz, 2009 f.
- schuldrechtliche ABV, 2003 f.

Befristung, 1782 ff., *s. auch Dauer*
- Dauer der AG, 1797 ff., M1798, M1799, 1931 f.
- Dauer der Beteiligung, 1802 ff., M1803, M1804, M1805, M1806, 1930
- Ereignis, 1824 f.
- Erreichen des Vertragszweckes, 1809 ff.
- Höchstdauer, 1831
- Kalenderdatum, 1793 ff., M1794
- Konkurs einer Partei, *s. dort*
- Lebensdauer einer Partei, 1815 ff.
- Meilensteine, 1808
- Mindestdauer, 1826 ff., M1827, M1828
- unbefristete ABV, 1832 ff.
- unbestimmte Dauer, 1834
- Unmöglichkeit der Zweckerreichung, *s. Beendigung, ausserordentliche*
- Zeitdauer, 1793 ff., M1795

Begriff, 1 ff., 16
- Abgrenzung, 14 f.
- Synonyma, 7 ff., 101, 326 Anm. 3
- Unterbegriffe, 11 f.

Beherrschungskonsortium, *s. Mehrheitskonsortium*

BEHG, *s. Börsenrecht*

Beirat, 42
- VegüV, 369, 681, 687

Beistandschaft, umfassende
- Beendigung, *s. Beendigung, ausserordentliche*

Sachregister

Beitritt, s. Eintritt
Berechnungsmethoden, s. Kaufpreisbestimmung
Beschlussfassung in der GV, 765 ff., M766, M768, M774, **1101 ff.,** M1102, M1103, 1491
– aktienrechtliche Quoren, 1487 ff.
– gemäss Anträgen des VR, M770, M772, M1117
– negative Beschlüsse, 1113 f., M1114, M1117
– positive Beschlüsse, 1106 ff., M1107, M1108
– Stimmabgabe durch einen gemeinsamen Vertreter, 1121 ff.
– Stimmenthaltung, 1109 ff., M1110, 1115 ff., M1118, M1120
– Stimmfreigabe, 1111 f., M1112, 1115 ff., M1116, M1120
– Wahl der Organe der AG, s. Organe der AG, Wahlmodus
– Willensbildung, 434 ff.

Beschlussfassung, vertragsinterne, 209, **973 ff.,** s. auch Versammlung der Parteien
– Anwesenheitsquoren, 984 Anm. 48, M1001, 1002 ff., M1004, 1005
  – Aktionärsgruppen, 1019 ff., M1025, M1026
  – alle Parteien, 992 ff., M993, M994, M995, M996
  – Familienstämme, 1019 ff., M1020, M1022
  – gesellschaftsrechtliche ABV, 1006 ff.
  – Veto, 997
– Ausstandspflicht, s. dort
– Beschlussquoren, 245 f., **992 ff.**
  – aktienrechtliche Quoren, 1037 ff.
  – aktienrechtlicher Stimmrechtsausschluss, 1041
  – Aktionärsgruppen, 1019 ff., M1025, M1026
  – einfache, 999 ff.
  – Einstimmigkeit, 992 ff., M994, M995, M996
  – Familienstämme, 1019 ff., M1020, M1021, M1022
  – gesellschaftsrechtliche ABV, 1006 ff., M1009, M1010, M1011
  – Individualrechte, 1035, M1036
  – Minderheitenquoren, 1032 ff., M1034, M1036
  – qualifizierte, 1002 f., M1003, 1028 ff., M1029, M1030, M1031
  – schuldrechtliche ABV, 1018
  – Stimmenmehrheit, 999 ff., M1000
  – Veto, 992, 997 f., 1082
– Beschlussunfähigkeit, s. Pattsituation
– doppelte Stimmkraft, s. Pattsituation
– Form, 979 ff.
– Mängel der Beschlussfassung, 1083 ff.
  – Folgen für den ABV, 1088 ff.
  – Folgen für die GV, 1096 ff.
  – Stimmabgabe, 1083 f.
  – Verfahrensfehler, 1085 f.
– Minderheitenschutz, s. Minderheitenrechte
– Präsenzquoren, s. hier Anwesenheitsquoren
– Stichentscheid, s. Pattsituation
– Stimmabgabe, offene oder geheime, 981 ff.

841

- Stimmengewicht der Parteien, 973 ff.
  - Aktienstimmen, 973, M974
  - Kopfstimme, **973,** M975, 999, M1000
  - Partizipanten, 976
  - Stimmrechtsaktien, 976
- Stimmengleichheit, *s. Pattsituation*
- Stimmenmehrheit, Arten der, 984 ff.
  - absolute Mehrheit, 986, 997
  - einfache Mehrheit, 988
  - Einstimmigkeit, 990
  - Mehrheit, 985
  - qualifizierte Mehrheit, 989, 997
  - relative Mehrheit, 987
  - Wahlen, 991
- Stimmenthaltung, 1042 ff., M1044
- Stimmrechtsbeschränkungen, 797 ff.
- Traktanden, *s. Versammlung der Parteien*
- Traktanden der GV, 349 Anm. 21, 776, 804
- treuwidriges Stimmverhalten, 997, 1079 ff.
- ungültige Stimmen, 1042 f.
- Wahlen, 991
- Zirkulationsweg, 979 f.

Besondere Vorteile, 24, 1396

Bestellung von Organen, *s. Organe der AG / s. Verwaltungsrat*

Bewertung, *s. Kaufpreisbestimmung*

Bezugspflicht, *s. Leistungen der Parteien*

Bezugsrecht, *s. Kapitalerhöhung*

Bindung, übermässige, 267 f., **1913 ff.,** *s. dort*

Black-Box-Prinzip, *s. Börsenrecht*

Börsenrecht, 126, 693 ff.
- Anbieterpflichten beim öffentlichen Kaufangebot (BEHG 24), 722 f.
- Angebotspflicht (BEHG 32), **712 ff.,** 734 ff.
  - ABV, 718 f.
  - Änderung der Beteiligungsverhältnisse, 734 ff.
  - Änderungen des ABV, 746 ff.
  - Änderungen im Personenkreis, 740 ff.
  - Ausnahmen, 719, 734, 738 f., 747 f.
  - Entstehen der Angebotspflicht, 720 f.
  - Mindestpreis, 721 Anm. 44
- Anwendungsbereich, 693 f.
- Begriff der Gruppe, 695 ff., 713 ff., 728 ff., 737 ff.
- gemeinsame Absprache, 695 ff., 701 ff., 712 ff.
- Gruppenprivileg (Black-Box-Prinzip), 705, 726, 737
- Kontrollwechsel, 716, 738 f., 742, *s. auch dort*
- Meldepflicht bei Hängigkeit eines öffentlichen Kaufangebots (BEHG 31), 724 f.
- Mustervertrag, S. 769 ff.
- Offenlegung von Beteiligungen (BEHG 20), **701 ff.,** 726 ff.
  - ABV, 706 ff.
  - Änderungen des ABV, 726 ff.
  - Änderungen im Personenkreis, 727
  - Entstehen der Meldepflicht, 711
  - freie Aktien, 706
- Stimmbindung, 673, 695 ff., 706, 713 ff., 728 ff., 734 ff., 791

Bucheffekten, 1554 Anm. 27, 1578, 1585, 1590, 1602, 1624, 1640
– gemeinsames Effektenkonto, 1687
Bürgschaft, 223, 1335, 1422, **1437 f.**

C

Checkliste für die ABV-Redaktion, S. 721 ff.
Clausula rebus sic stantibus, 1972 ff.
– Abgrenzung, 1894 ff., 1949 ff., 1957 f., 1976 ff.
– vertragliche Regelung, 1980 f.

D

Dauer, 74, 92, 191, **1777 ff.,** 1922, *s. auch Befristung*
– kurzfristige ABV, *s. Gelegenheitskonsortium*
– überlange Vertragsdauer, *s. übermässige Bindung*
– unbestimmte Dauer, 1834
Dauerschuldverhältnis, *s. Rechtsnatur / s. Dauer / s. Beendigung*
Definition, 3 ff.
Dividende, 61, 278 ff., 1605, 1940
– Ausschüttungspolitik, 280, 1377 ff., M1386, M1387, M1388
  – Verpflichtung der AG, 1390 ff.
  – Verpflichtung der Organe, 1393
Drag Along, 1321 ff.
Doppelgesellschaft, 12, 70, 326, 1336, 2019, 2132 Anm. 30, *s. auch Begriff*

Doppelvertretung, *s. Interessenkonflikt*
Durchführungsvertrag, 313 f., 1781, 2021 Anm. 64
Durchgriff, 328, 356, 359 Anm. 2
Durchsetzung, 119, **1533 ff.,** *s. auch Sicherung*
– Konkurs, 2103 ff.
– prozessuale, 2023 ff.
– Realerfüllung, 1537, **2030 ff.**
– Vollstreckung, 2143

E

Effekten, *s. Bucheffekten*
Effektenkonto, gemeinsames, 1687
Effektenleihe, *s. Securities Lending*
Ehegattenunternehmen, 1171, *s. auch Nachfolgeplanung*
Ehegüterrecht, 451 f., 525, **606 ff.,** 1290, 1699
– Ehevertrag, 185, 227, 610, 614
– güterrechtliche Auseinandersetzung, 607
– Güterstände, 608 ff.
– Mehrwertbeteiligung, 612
– Übertragungsbeschränkung, 1724
Eigene Aktien, *s. auch Kaptialherabsetzung*
– Erwerb, 277, 444, 1432
– Gleichbehandlungspflicht, 412 f., 1365, 1410, *s. dort*
Eigenkapitalfinanzierung, 51 f., 161, 166, 181, 187, 967, 1019, M1020, M1021, M1022, M1029, M1030, M1031, 1306 f., 1322, 1385, 1409, 1434, 1783, 1802 f., M1806, 1808, *s. auch Privateequity-Geschäft*

Eigentum, gemeinschaftliches, *s. gemeinschaftliches Eigentum*
Einberufungsrecht, 656 ff., 1487
Einbringung quoad dominium, *s. gemeinschaftliches Eigentum*
Einbringung quoad usum, 1626, *s. auch Nutzniessung*
Einfache Gesellschaft, 145 ff.
– Form, 155, *s. auch dort*
– No-partnership-Klauseln, 148
– Private-equity-Verhältnis, 146, 161
– stille Gesellschaft, 171
– Voraussetzungen, 149 ff.
  – animus societatis, 163, *s. auch dort*
  – gemeinsame Entscheidung, 167 ff., *s. auch Beschlussfassung*
  – gemeinsame Kräfte und Mittel, 165 f.
  – gemeinsamer Zweck, 159 ff.
  – mehrere Beteiligte, 152 f.
  – Organisationsstruktur, 170 f.
  – vertragliche Bindung, 154 ff.
Einlagenrückgewähr, 277, 444
Einsichtsrecht, *s. Informationsrechte*
Eintritt, 640 ff.
– Aufnahmeklausel, 641 ff., M642, M643
– Aufnahmevertrag, 644 f.
– Offerte zum Vertragsbeitritt, 646
Eintrittsklausel, 540 ff., 622 ff.
– Abfindungsansprüche, 549
– Ablehnung des Eintritts, 559 f.
– Bestimmung des Eintrittsberechtigten, 556 f.
– einfache, 544 ff., M545
– erbrechtliche Vorkehrungen, *s. dort*
– qualifizierte, 551 ff., M552

– Rechtsnatur, 543
– Sicherstellen des Eintritts, 558
Entscheidfindung, vertragsinterne, *s. Beschlussfassung, vertragsinterne*
Erbrecht, 451 f., 460 ff., **593 ff.,** 607, 609, 618 ff., 1250, 1699, 1949, *s. auch Tod einer Partei*
– erbrechtliche Vorkehrungen, *s. dort*
– Erbvertrag, 185, 227, 555, 596, 599, 626
– Form, *s. Verfügung von Todes wegen*
– Rechtsgeschäft unter Lebenden, 543, 570
– Rechtsgeschäft von Todes wegen, *s. Verfügung von Todes wegen*
– Übergang der Parteistellung, 537 ff., *s. auch dort*
– Übertragungsbeschränkung, 1723
– Universalsukzession, *s. dort*
– Verfügung von Todes wegen, *s. dort*
– Vermächtnis, *s. dort*
Erbrechtliche Vorkehrungen, 593 ff.
– Auflagen, 600 ff.
– Ausgleichung, 596
– Bedingungen, 600 ff.
– letztwillige Verfügung, 593 ff.
– Pflichtteilsrecht, 596
– Teilungsvorschriften, 597 f.
– Vermächtnis, *s. dort*
– Vorkehrungen unter Lebenden, 604 ff.
Erfüllung, 192
Erwerbsbeschränkung, *s. Stillhaltevereinbarung*
Erwerbskonsortium, 53 ff.

Sachregister

Erwerbspflichten, 1170 ff., **1311 ff.,** 1938 f.
– Kombination mit anderen Erwerbsrechten und Erwerbspflichten, 1304 f.
– Mitverkaufsrecht, *s. dort*
– Übernahmepflicht, *s. Verkaufsrecht*
– Verkaufsrecht, *s. dort*

Erwerbsrechte, 46, 202 f., 1170 ff., **1178 ff.,** 1938 f.
– Familienstämme, 346 f., M347
– Kaufrecht, *s. dort*
– Kombination mit anderen Erwerbsrechten und Erwerbspflichten, 1284, 1304 f.
– Mitverkaufspflicht, *s. dort*
– Rückkaufsrecht, *s. dort*
– Verkaufsrecht, *s. dort*
– Vorhandrecht, *s. dort*
– Vorkaufsrecht, *s. dort*
– Wiederkaufsrecht, *s. dort*
– statutarische, 1177, 1751 ff., *s. auch Vinkulierung*

Escape Clause, *s. Vinkulierung*

Ewige Verträge, *s. übermässige Bindung*

Expertengutachten, *s. Schiedsgutachten*

F

Faktische Organschaft, *s. Verantwortlichkeit*

Familienaktionäre, *s. Parteien*

Familiengesellschaft, *s. AG*
– Mustervertrag, S. 801 ff.

Familienunternehmen, *s. AG*

Familienversammlung, *s. Versammlung der Parteien*

Fiduziarisches VR-Mitglied, 177, 283, **374,** *s. auch Parteien*

Finanzierung, *s. Eigenkapitalfinanzierung*

Finanzierungsvertrag, 187

Folgevertrag, 313 f., 1781, 2021 Anm. 64

Form, 216 ff.
– Formmängel, 232 ff., *s. auch Nichtigkeit*
  – Heilung, 238
  – Konversion, *s. dort*
  – Nichtigkeit, *s. dort*
– Formzwang, 221 ff.
  – öffentliche Beurkundung, 225 ff., 627
  – qualifizierte Schriftlichkeit, 224
  – Schriftform, 222 f.
  – Umfang, 228 ff.
– gewillkürte Form, 239 ff., 247
  – Ausfertigungsklauseln, 248 f., M249
  – Schriftform, 239 ff., M242, M243
  – Quoren, 245 f.
  – Zustellung, *s. Zustellung von Mitteilungen*

Formmängel, *s. Form*

Fortführungswert, *s. Kaufpreisbestimmung*

Fortsetzungsklausel, 463 ff., M464, 479, 490 f., 541, 622 ff. *s. auch Abfindungsanspruch*
– Abfindungsklausel, 470 ff.
  – Verfügung von Todes wegen, 471 ff., *s. auch dort*
– Fortsetzung im Liquidationsstadium, 474 f.
– Konkurs, 2110

Freie Aktien, 706, *s. auch Umfang der Vertragsbindung*

845

Funktion, 35 ff.
Fusion, *s. Umstrukturierung*

G

Garantie, 1422, **1437 f.**
– Garantievereinbarung, 1323, 1373, 1443, 2138 Anm. 44
Gäste, *s. Versammlung der Parteien*
Gehalt für Organtätigkeit, *s. Leistungen der AG*
Geheimhaltungspflicht, 48, 84, 445, M968, M969, **1153 ff.,** M1154, M1155, M1158, 1479 f., 1739 f., 2008, *s. auch Treuepflichten*
Gelegenheitskonsortium, 43, 143, 220, 333, 438, 669, 723, 1777, 1810, *s. auch Begriff*
Gemeindekooperationen, 60
Gemeinsame Absprache, *s. Börsenrecht*
Gemeinsamer Kontrollerwerb, 750 f., *s. auch Kartellrecht*
Gemeinschaftliches Eigentum, 1594 ff.
– Bezugsrecht, 1606, *s. auch Kapitalerhöhung*
– Dividende, 1605, *s. auch dort*
– Gesamteigentum, 311, 625, 1599 ff., 1615
– Kollektivgesellschaft, 1620 f.
– Kommanditgesellschaft, 1620 f.
– Miteigentum, 1599 ff., 1614, 1946
– Rücknahme eingebrachter Aktien, 1607, *s. auch dort*
– Stimmbindung, 1608 ff.
– Veräusserungsbeschränkungen, 1614 f.
– Vertretung, 1576, 1608 ff., 1617
Generalversammlung
– Beschlussfassung, *s. Beschlussfassung in der GV*
– Einberufungsrecht, *s. dort*
– Traktandierungsrecht, *s. dort*
– unübertragbare und unentziehbare Aufgaben, 282
Generalversammlungsbeschluss
– Anfechtbarkeit, 783, 863 ff., 867 ff.
Generationenwechsel, *s. Nachfolgeplanung*
Genossenschaft, *s. Alternativen*
Gentlemen's Agreement, 14, 71, 157, 176, 220, 424 Anm. 24, 1436, 1528
Genussscheine, 24
Gerichtsentscheidungen, 84 ff.
– Bundesgericht, 86 ff.
– kantonale Gerichte, 97 ff.
– Schiedsgerichte, 109 f.
Gerichtsstand, *s. Zuständigkeit*
Gerichtsstandsvereinbarung, *s. Zuständigkeit*
Gesamteigentum, *s. gemeinschaftliches Eigentum*
Gesamthandschaft, *s. gemeinschaftliches Eigentum*
Geschäftsbesorgungsvertrag, *s. Auftrag*
Geschäftsgeheimnis, *s. Geheimhaltungspflicht*
Geschäftsleitung(smitglieder)
– Abberufung, 892 f.
– Bestellung, 42, 282, **892 f.**
– Organisation, 902 ff.
– Partei, *s. Parteien*
Geschäftspolitik der AG, *s. Zweck der AG*

Gesellschaftsklage, *s. Klagelegitimation*

Gesellschaftsvertrag
– einfache Gesellschaft, *s. dort*
– Kollektivgesellschaft, *s. dort*
– Kommanditgesellschaft, *s. dort*

Gleichbehandlungspflicht, 374, **384 ff.**, 412, 424, 1149 ff., 1160, **1363 ff.**, 1410, 1412, 1481 ff., 1762, 1768
– Informationsrechte, 445
– Liberierungspflicht, *s. Liberierung*
– Sittenwidrigkeit, *s. dort*
– Verantwortlichkeitsklage, *s. Verantwortlichkeit*

GmbH, *s. Alternativen*

Grenzen, *s. Schranken*

Grossaktionäre, *s. Mehrheitsaktionäre*

Gründeraktionäre, 61, 133, 138, 313, 330, 992 Anm. 63, M996, 1024, M1025, M1026, 2021 Anm. 64, 2099

Grundstücke, 30, 221 Anm. 17, 223, 226, 231, 238

Gruppe, *s. Börsenrecht*

Gruppenklausel, 662 ff., M663

Gruppenprivileg, *s. Börsenrecht*

Gruppentatbestände, 651 ff., 693 ff., 1618
– Aktienrecht, 656 ff.
– Börsenrecht, *s. dort*
– Rechnungslegungsrecht, 668 ff.

Gültigkeit, *s. Schranken*

H

Handeln in gemeinsamer Absprache, *s. Börsenrecht*

Handelsregister, 31, 172, 1621

– Eintragung, 1685

Hauptaktionär, *s. Mehrheitsaktionäre*

Heilung, 238

Hinterlegung, gemeinsame, 1578 ff.
– Abtretungsverbot, *s. dort*
– Grenzen, 1585 ff.
– Hinterlegungsvertrag, 1579 ff.
– Inhaberaktien, 1586 ff., 1592
– Namenaktien, 1589 ff., 1593
– Sammelverwahrung, *s. dort*
– Stimmbindung, 1592 f.
– Tresor, *s. dort*
– Veräusserungsbeschränkungen, 1586 ff.

Höchstpersönliche Rechte, 478

Höchststimmklausel, *s. Stimmrechtsbeschränkungen*

Holding
– als Alternative, *s. Alternativen*
– Beendigung ABV, 2012 ff.
– Sicherung des ABV, **1672 ff.**, 2204 f.

I

Indirekte Teilliquidation, *s. Steuern*

Individualrechte, aktienrechtliche, *s. Minderheitsrechte*

Informationspflichten
– aktienrechtliche, 1152
– börsenrechtliche, 701 ff., 1165
– Dritten gegenüber, 1163 f.
– vertragliche, 1142 ff., 1470 ff., *s. auch Treuepflichten*
  – AG gegenüber den Parteien, 1149 ff.

847

– Interessenkonflikt, *s. dort*
– Minderheitenrechte, *s. dort*
– Parteien untereinander, 1142 ff., 1470 ff., M1471, M1472
– Vertraulichkeit, *s. Geheimhaltungspflicht*
– VR-Mitglieder gegenüber Parteien, 385 f., 1150 f.

Informationsrechte
– aktienrechtliche, 385 f., 445, 1152, 1477 ff.
– Drittaktionäre gegenüber der AG, 1166 ff.
– Gläubiger gegenüber der AG, 1166 ff.
– Gleichbehandlungspflicht, *s. dort*
– Minderheitenrechte, *s. dort*
– vertragliche, 1142 ff.
  – Parteien gegenüber der AG, 1149 ff.
  – Parteien untereinander, 1142 ff.
  – Vertraulichkeit, *s. Geheimhaltungspflicht*
  – VR-Mitglieder, 385 f., 1150 f.

Inhaberaktien
– Hinterlegung, gemeinsame, *s. dort*
– Vinkulierung, *s. dort*

Innerer (Aktien-)Wert, *s. Kaufpreisbestimmung*

Innergesellschaftliche Regelung (AG)
– Statuten, *s. dort*
– Verhältnis zum ABV, *s. dort*

Innominatvertrag, 141, 179 ff., *s. auch Rechtsnatur*
– gemischte Verträge, 141, 179 ff., 200, 230
– Verträge eigener Art (sui generis), 179 ff., 183, 194

– zusammengesetzte Verträge, 179 ff., 231

Insichgeschäft, *s. Interessenkonflikt*

Interessenkonflikt, 360, 784 Anm. 15, 792 f., 1077, **1145 ff.,** M1147, **1345 ff.,** 1470 ff., 2089 Anm. 16, *s. auch Treuepflicht*
– Swiss Code, 382 Anm. 42, 1356
– Umgang mit Interessenkonflikten, 1346 ff.
  – Ermächtigung, 1347 ff.
  – Genehmigung, 1347 ff.
  – Schriftlichkeit, 1346

Internationaler Sachverhalt, 2118 ff.
– anwendbares Recht, 2135 ff.
– Gerichtsstandsvereinbarung, 2122 ff.
– Gesellschaftsstatut und Stimmbindung, 2139 ff.
– Rechtswahl, 2135 ff., M2136
– Schiedsabrede, 2126 ff., M2128, *s. auch Schiedsgerichtsbarkeit*
– Vollstreckung ausländischer Entscheide, 2143
– Zuständigkeit, 2122 ff.
  – LugÜ, 2130 ff.
  – IPRG, 2133 f.

Investition, *s. Eigenkapitalfinanzierung*

IPRG, *s. internationale Sachverhalte*

J

Joint Venture, 13, 56, 376, 404
– Befristung, 1802
– Form des Vertrages, 238
– Informationsrechte, 385 Anm. 49, 1483 Anm. 11
– Kartellrecht, 297, 751

– Leistungen der Parteien, 1439, 1945
– Mustervertrag, S. 821 ff.
– nahe stehende Personen, 684, 688
– Organisation, 910
– Satellitenvertrag, *s. dort*

K

Kapitalerhöhung, 24, 52, **1400 ff.,** 1427 ff., 1606, 2184
– Ausgabepreis, 1401, 1403 ff., M1404, 1429 *s. auch Kaufpreisbestimmung*
– Bezugsrecht, 1401, **1407 ff., 1427 ff.,** 1606
– GmbH, 2184
Kapitalgesellschaft, *s. AG*
Kapitalherabsetzung, 1230, 1360, **1411 f.,** 1760 Anm. 52
Kapitalmarktrecht, *s. Börsenrecht*
Kartellrecht, 12, 296 f., **315 f.,** 750 f.
Kaufpreisbestimmung, 1191 ff., M1193, **1195 ff.**
– Abfindungsanspruch, 467 f., M468
– Berechnungsmethoden, 467 Anm. 23, 1200
 – Börsenkurs, 1199
 – Fortführungswert, 465
 – innerer Wert, M528, 1197 f., 1200, 1401, M1404, 1758
 – Praktikermethode, 467 Anm. 23, 1200
 – Preisverhandlung, 1196
 – Steuerwert, 1198
 – Substanzwertmethode, 467 Anm. 23, 1200

– wirklicher Wert, M1193, M1320, 1758, M1769
– Bestimmung durch Dritte, 1197
– Pattsituation, in, 1066 ff., M1068, M1070, M1072
– Revisionsstelle, 323, 1758, 1774
Kaufrecht (Call Option), 202, **1285 ff.**
– Arten, 1289 ff.
– Ausübung, 1297 ff.
 – Frist, 1297
– Form, *s. Vorkaufsrecht*
– Kaufpreis, 1294 ff., *s. auch Vorkaufsrecht / s. auch Kaufpreisbestimmung*
– Übertragbarkeit, 1302, *s. auch Vorkaufsrecht*
– Umfang, 1298
– Untergang, *s. Vorkaufsrecht*
– Vererblichkeit, 1302, *s. auch Vorkaufsrecht*
– Zuteilung von Aktien, 1300, *s. auch dort*
Klagelegitimation, 2083 ff.
– Actio pro socio, 562, 1565, 1566, 2084, 2087, **2090**
– AG
 – Beklagte, 2091
 – Klägerin, 2091
 – Nebenintervention, 2092 ff.
– Gesellschaftsklage (notwendige Streitgenossenschaft), 2088 f.
KMU, *s. AG*
Kollektivgesellschaft, 172 f., 1620 f., *s. auch Alternativen*
Kommanditgesellschaft, 172 f., 1620 f., *s. auch Alternativen*

Konkurrenzverbot, 48, 52, 158, 1148, 1160 Anm. 24, 1424 Anm. 4, **1460 ff.,** 1473, 1550, 1739 f., 1922, **1942 ff.,** 2008, 2184, *s. auch Treuepflichten*
– Umfang, 1461 ff., M1468, 1943
Konkurs der AG, 2106 ff.
– Folgen für den ABV, 2107 f.
Konkurs einer Partei, 489 ff., 2103 ff., 2109 ff. *s. auch Durchsetzung*
– Ausscheiden, 489 ff.
– Beendigung des ABV, *s. Beendigung, ausserordentliche*
Konsortialversammlung, *s. Versammlung der Parteien*
Konsortium, *s. Begriff*
Kontrollerwerb, 750 f., *s. auch Kartellrecht / Kontrollwechsel*
Kontrollprämie, 54
Kontrollrecht, *s. Informationsrechte*
Kontrollwechsel, 634 ff., M639, 716, 738 f., 742, 1235, 1732, *s. auch Börsenrecht*
Konventionalstrafe, 88, 1307, M1320, **1540 ff.,** 1947, 2011, 2082, 2184, *s. auch Schadenersatz*
– Fälligkeit, 1555, M1556, M1557, 1561 ff.
– Form, 1546
– Herabsetzung, 1548 f., 1563, 1919 Anm. 123, 1947
– Höhe, 1547 ff., 1552 ff., M1556, M1557, 2062 Anm. 73
– Legitimation, 1565 ff., M1567, M1568
– Pfandsicherung, 1545, 1569, 1643 ff., 1648 f.
– Schadenersatz, zusätzlicher, 1564
– Verfall, 1555 ff., M1556, M1557

– Vertragserfüllung und Konventionalstrafe, 1544, 1559 ff., M1560, M1562, 2082 Anm. 7
Konversion, 135 ff., 237, 295
Konzern, 12, **57 f.,** 177, 354, 374, 664, 675 f., 696
Konzernrechnung, 675 f.
Kopfstimmprinzip, 973, *s. auch Beschlussfassung, vertragsinterne*
Kündigung, ordentliche, 1841 ff.
– Austritt, *s. dort*
– befristete ABV, 1852 ff.
– fehlerhafte Kündigung, 1856 ff.
– formell, 1857
– Frist, 1858 f.
– Unzeit, 1862 ff.
– wider Treu und Glauben, 1860 f.
– gesellschaftsrechtliche ABV, 1846 ff.
– schuldrechtliche ABV, 1849 ff.
Kündigung aus wichtigem Grund (ausserordentliche Kündigung), 77, 98, 265, 315, 477, 485 ff., 487, 493, 576, 603, 635, 1160, 1162, 1816 Anm. 48, 1870, **1877 ff.,** 2009 ff., 2115
– Abgrenzung, 1894 ff., 1949 ff., 1957 f., 1962, 1976 ff.
– Abmahnung, 1891 f.
– Ausübung des Kündigungsrechts, 1889 ff.
– gesellschaftsrechtliche ABV, 1893 ff.
– schuldrechtliche ABV, 1897 f.
– Folgen, 1899 ff.
– Frist, 1890
– Gestaltungsklagerecht, 1893 ff.
– Liquidation der AG aus wichtigem Grund, *s. dort*

– Unzumutbarkeit, 1886 ff. 2018 ff.
– Voraussetzungen (wichtiger Grund), 1881 ff.
– vertragliche Regelung, 1906 ff.
– vorsorgliche Massnahmen, *s. dort*
– Zeitpunkt, 1890 ff.
Kündigung nach OR 404 I, 194 ff., 1853, 1855, 1862, 1865
Kündigungsklausel, 314
Künftige Aktionäre, *s. Parteien*

L

Lauterkeitsrecht, 834 ff.
Legitimation, *s. Klagelegitimation*
Leistungen der AG, 1339 ff., *s. auch Verträge zwischen AG und Aktionären*
– Aktienrückkauf, 1411 f., *s. auch eigene Aktien*
– Ausgabe neuer Aktien (Kapitalerhöhung), 1400 ff., *s. auch Kapitalerhöhung*
– Bauzinsen, 1396
– besondere Vorteile, 1396 ff., *s. auch dort*
– Darlehen, 1354
– Dividende, 1377 ff., *s. auch dort*
– eigene Aktien, 1410, *s. auch dort*
– Gehalt für Organtätigkeit, 1378, 1413 ff., M1416, 1441
– Gleichbehandlungspflicht, 1363 ff.
– Kapitalherabsetzung, 1411 f., *s. auch dort*
– Liquidationsanteil, 1399, *s. auch dort*
– Rückerstattung unangemessener Leistungen, *s. dort*

– Sach- und Dienstleistungen, 1418 f.
– Steuern, 1397 f., *s. auch dort*
– Tantiemen, 1396
– verdeckte Gewinnausschüttung, *s. dort*
Leistungen der Parteien, 49, **1420 ff.**
– Abnahmepflicht, 1439 f., 1945
– Aktienkauf, 1432, *s. auch Escape Clause*
– Arbeit, 1441 ff.
– Bürgschaft, *s. dort*
– Darlehen, 1434 ff.
– Erwerbsbeschränkung, 1433, *s. auch Stillhaltevereinbarung*
– Garantie, *s. dort*
– Kapitalerhöhung, 1427 ff., *s. auch dort*
– Lieferpflicht, 1439 f., 1945
– Nachschusspflicht, 49, 52, 1332 ff., 1434 ff., 1941
– Sachleistungen, 1439 f.
– Schuldübernahme, *s. dort*
– Treuepflichten, *s. dort*
– Veräusserungsbeschränkung, 1433, *s. auch Übertragungsbeschränkung*
– Vertrag zugunsten Dritter, 1423 ff., *s. auch dort*
– Zuzahlungspflicht, 49, **1434 ff.**
Leistungsklage, *s. Realerfüllung*
Letztwillige Verfügung, *s. Verfügung von Todes wegen*
Liberierung, 26, 47, 123, 214, 832, 1357, 1368, 1405, 1421, 1429 ff., 1434, 1683, 1752, 2093, 2184, 2210, 2213
Lieferpflicht, *s. Leistungen der Parteien*

Liquidation der AG, 1875
- aus wichtigem Grund, 39, 312, 667, 1378, 1487, 2012 ff., 2016, **2018 ff.**

Liquidation des ABV, 1996 ff.
- Fortsetzung im Liquidationsstadium, 474 f., *s. auch Fortsetzungsklausel*

Liquidation einer Partei (freiwillige)
- Ausscheiden, 481 ff.
- Beendigung des ABV, *s. Beendigung, ausserordentliche*
- Konkurs einer Partei, *s. dort*
- Zwangsverwertung des Liquidationsanteils einer Partei, *s. Beendigung, ausserordentliche*

Liquidationsanteil, 61, 1399, 2112
- Zwangsverwertung, M464, 489 ff., 2109

Liquidationserlös, *s. Liquidationsanteil*

Liquidationslose Auflösung einer Partei, *s. Umstrukturierung*

Liquidationsvergleich, *s. Konkurs einer Partei*

Lock-up-Vereinbarung, 710, 1433, **1705 ff.,** *s. auch Übertragungsbeschränkung*

Loyalitätspflicht, *s. Treuepflichten*

Lückenfüllung, 1510 ff., M1511, M1512, M1513, *s. auch salvatorische Klauseln*

M

Managementtransaktionen, 681 f.

Mängel bei der Stimmabgabe, *s. Beschlussfassung*

Mediationsverfahren, 2149 ff., M2147, M2150, M2152, M2154

Mehrheit, Arten der, *s. Beschlussfassung*

Mehrheitsaktionäre, 37, 40, 55, 330, 337, 425 ff., 438, 598, 793, 1151, M1320, 1331, 1341, 1378 Anm. 40, 1391, 1483 f., 2019 Anm. 56, 2184 Anm. 45
- Mustervertrag, S. 739 ff.

Mehrheitskonsortium, 7, 37, 45, 50, 330, *s. auch Begriff*

Mehrstufige ABV, 338 ff.
- Familienstämme, 338 ff., M339
- Fristen, 349, 349 Anm. 21
- Untergruppen, 324, 338 ff.
- Verankerung im übergeordneten ABV, 343 ff., M345, M347
- Verbot mehrstufiger ABV, 340 ff., M341, M342

Meldepflicht, *s. Börsenrecht*

Minderheitenrechte, 38 ff., 1525, M1527
- aktienrechtliche, 271, 331, 369, 876, 1037 ff., 1140, 1160, 1351, 1402, **1474 ff.,** 1776
- Verzicht, auf, 443
- Auflösung der AG, *s. Liquidation der AG*
- Beschlussquoren in der GV, 1402
- börsenrechtliche, 716, 738 f.
- Einberufungsrecht, *s. dort*
- Informationsrechte, *s. dort*
- ordentliche Revision, *s. Revision der Jahresrechnung*
- Schwellenwerte, 38 f., 1486
- Sonderprüfung, *s. dort*
- Traktandierungsrecht, *s. dort*

– vertragliche, 55, 338, 889 f., 960,
  992 ff., M993, M994, M995,
  M996, 1027, **1032 ff.**, M1034,
  M1036, 1124, 1146, **1159 ff.**,
  1312, 1321, 1378, 1385, 1970
Minderheitenschutz, *s. Minderheitenrechte*
Minderheitsaktionäre, *s. Minderheitenrechte*
– Mustervertrag, S. 739 ff.
Minderheitskonsortium, 38 ff.,
  331, *s. auch Begriff*
Miteigentum, *s. gemeinschaftliches Eigentum*
Mitverkaufspflicht (Take [me] Along, Tag Along), 1321 ff.
Mitverkaufsrecht (Drag Along), 1321 ff.
Mitwirkungsrecht, 52, 70, 129
– aktienrechtlich, 214, 366, 443,
  873, M895, M896, 1595, 1632,
  1638, 1715, M1717, 1783, 2173
– GmbH, 2175
Musterverträge, S. 739 ff.
– ausführlicher ABV, S. 739 ff.
– börsenkotierte AG, S. 769 ff.
– Checkliste für die ABV-Redaktion, S. 719 ff.
– Familien-AG mit Familienstämmen, S. 801 ff.
– Investor- und Unternehmeraktionäre, S. 739 ff.
– Kurzer ABV, S. 789 ff.
– Mehrheitsbeteiligung, S. 739 ff.
– Minderheitsbeteiligung, S. 739 ff.
– Mittellanger ABV, S. 773 ff.
– Joint-Venture-ABV (50:50-Beteiligung), S. 821 ff.

N

Nachfolgeklausel, 522, **568 ff.,**
  622 ff.
– Auseinanderfallen von Aktionärsstellung und Vertragsmitgliedschaft, 589 ff.
– einfache, 579 ff., M580
– qualifizierte, 583 ff., M585,
  M586, M587
– Rechtsnatur, 569 f.
– Zulässigkeit, 571 ff.
Nachfolgeplanung, 45, 227, 336,
  354, 451 f., 566 f., 606 ff.,
  618 ff., 1171, M1531, 1783,
  2019
Nachlassvertrag mit Vermögensabtretung, *s. Konkurs einer Partei*
Nachschusspflicht, *s. Leistungen der Parteien*
– Genossenschaft, 2196
– GmbH, 2184
Nachvertragliche Pflichten,
  2005 ff., *s. auch Beendigungsfolgen*
Nahe stehende Personen, 677 ff.,
  1238, 1345, 1356 ff., 1370 f.
Namenaktien, 223, 665, 821
– Hinterlegung, gemeinsame, *s. dort*
– Vinkulierung, *s. dort*
Nebenpflichten, vertragliche, *s. Treuepflichten*
Nicht-Aktionäre, *s. Parteien*
Nichterfüllung, 1982 ff.
– Beendigung, ausserordentliche, *s. dort*
– Hauptleistungspflichten, 1982 ff.
– Konventionalstrafe, *s. dort*
– Nebenleistungspflichten, 1985 f.
– Schadenersatz, *s. dort*

– Verletzung einer gültigen Stimmbindung, 867 ff.
Nichtigkeit der Stimmbindung, 843 ff.
– Aktionärsstellung, 845 ff.
– GV-Beschluss, 863 ff.
– Quoren, 861 f.
– Stimmen in der GV, 848 ff.
– Vinkulierung, 845 ff.
Nichtigkeit des ABV, 232 ff., **299 ff.,** 665 f., 821 ff.
– AG, Folgen für die, 312, 2015 ff.
– Aktionärsrechte, 307 f., *s. auch Nichtigkeit der Stimmbindung*
– Formnichtigkeit, 232 ff.
– Gerichtsstandsklauseln, 320
– Heilung, *s. dort*
– Kartellrecht, *s. dort*
– Konversion, *s. dort*
– Rückforderung, Ausschluss der, 317 ff.
– salvatorische Klausel, *s. dort*
– Schiedsklauseln, 320
– Teilnichtigkeit, 301 ff., *s. auch salvatorische Klausel*
– übermässiger Bindung, *s. dort*
– Vermögenswerte, eingebrachte, 310 f.
– Vertragsverhältnisse, verbundene, 313 f.
Nutzniessung, Beschränkung der Bestellung, 1699, 1715 ff., M1717
Nutzniessung, gemeinsame, 1235, **1623 ff.**
– Abtretungsverbot, *s. dort*
– Dividenden, 1630 ff.
– Grenzen, 1627 ff.
– Veräusserungsbeschränkung, 1627 ff.
– Vertretung in der GV, 1637 f.
– Vinkulierung, 1635 f.

O

Obhutspflicht, *s. Treuepflichten*
Offenlegung von Beteiligungen
– Aktienrecht, 125, 668 ff.
– Börsenrecht, *s. dort*
– Rechnungslegungsrecht, 1357
Offenlegungspflicht
– börsenrechtlich, *s. Börsenrecht*
– vertraglich, *s. Informationspflichten*
Öffentliche Ordnung, *s. Sittenwidrigkeit*
Öffentliches Übernahmeangebot, *s. Börsenrecht*
Option, *s. Kaufrecht*
Organe der AG
– Abberufung, 100, 369, 792 f., **888 ff.,** M890, M891, 892, 1160 Anm. 25, 2078 Anm. 109
– Bestellung, 42, 50, 282, 344 f., M345, **876 ff.,** M880, M881, M884, M885, M886, **1124 ff.,** M1125, M1126, M1127, M1128, M1129, M1132, M1133, M1134, M1136, M1137, M1138
– Geschäftsleitung(smitglieder), *s. dort*
– GV, *s. dort*
– Minderheitenschutz, 1140
– Revisionsstelle, *s. dort*
– unabhängige Dritte, 1139
– VR(-Mitglieder), *s. dort*
– Wahlmodus, 878 ff., 1141
Organentschädigung, *s. Leistungen der AG*
Organisation der AG, 898 ff.

Organisation des ABV, *s. Versammlung der Parteien*
Organisationsreglement, 902 ff., M904, M905
Örtliche Zuständigkeit, *s. Zuständigkeit*

P

Parallelität von Parteistellung und Aktieneigentum, *s. Parteistellung und Aktien*
Parteien, 4, 64 f., **321 ff.**
– AG, 2, 276, 289, **405 ff.**, 1229 f.
 – aktienrechtliche Mitgliedschaftsrechte (ohne Stimmbindung), 442 ff.
 – Informationsrechte, 445, *s. auch dort*
 – nicht-aktienrechtliche Vereinbarungen, 446 f., *s. auch Leistungen der AG / s. auch Leistungen der Parteien*
 – Stimmbindung, **432 ff.**
 – Zulässigkeit, 405 ff.
– Aktionäre, 324 ff.
 – Familienstämme, 332, **338 ff.**, M339, *s. auch mehrstufige ABV*
 – Geschäftsleitungsmitglieder, als, 359 ff.
 – Grossaktionäre, 425 ff.
 – Untergruppen, 338 ff., *s. auch mehrstufige ABV*
 – VR-Mitglieder, als, 359 ff.
– Geschäftsleitungsmitglieder, 403 f.
– Künftige Aktionäre, 53, **335 ff.**
– Nicht-Aktionäre, 2 f., 44, 53, 64, 335 ff., **352 ff.**, 2086
– Partizipanten, 351
– Revisionsstelle, 322 f.
– VR (Gremium), 400 ff.
– VR-Mitglieder, 357 ff., **366 ff.**, 894 ff., M895, M896
 – Gleichbehandlungspflicht, 384 ff.
 – Grenzen, 373 ff.
 – Sorgfalts- und Treuepflicht, 381 ff.
 – Stimmverbot bei Entlastungsbeschlüssen, 360 ff.
 – unübertragbare und unentziehbare Aufgaben, 373 ff.
 – Verschwiegenheitspflicht, 384 ff.

Parteienbestand, *s. Änderungen im Parteienbestand*
Parteistellung, Übergang der, *s. dort*
Parteistellung und Aktien, 453 f., 497 ff., 512 f., 527, M528, 554 ff., 564 f., 567, 588 ff., 593 ff., **618 ff.**, 630, 632, 645, *s. auch Erwerbsrechte / s. auch Sicherung / s. auch Übertragungsbeschränkung / s. auch Vinkulierung*
Partizipanten, 351, 976
Partizipationsschein, 23
Pattsituation, 1045 ff.
– Bedenkfrist, 1076
– Beschlussunfähigkeit, 1045 ff.
– doppelte Stimmkraft, 1061
– Kaufs- oder Verkaufsrechte, 1065 ff.
 – Preisbestimmung, 1066 ff., M1068, M1070, M1072
– Losentscheid, 1074
– Mediation, 1076
– Mustervertrag, S. 821 ff.
– Schiedsentscheid, 1062 ff., M1064
– Stichentscheid der sachverständigen Partei, 1056 f.

- Stichentscheid des Vorsitzenden, 960, 1048 ff., M1051, M1054
- Stichentscheid eines Dritten, 1058 ff.
- Stimmfreigabe, 1075

Persönlichkeitsrecht, 264 ff., *s. auch übermässige Bindung*

Personalisierung der AG, *s. Aktiengesellschaft*

Pflichtteilsrecht, *s. erbrechtliche Vorkehrungen*

Poolvertrag, *s. Begriff*

Poolversammlung, *s. Versammlung der Parteien*

Präambel, 1525 ff., M1526, M1527

Preisbestimmung, *s. Kaufpreisbestimmung*

Privatbestechung, 834 ff.

Private-equity-Geschäft, *s. auch Eigenkapitalfinanzierung*
- Qualifikation, 146, 161

Prozessuale Durchsetzung, *s. Durchsetzung*

Publikumsgesellschaft, *s. AG*

Q

Qualifikation, *s. Rechtsnatur*

Quoren, *s. Beschlussfassung, vertragsinterne*
- aktienrechtliche, 1037 ff.

R

Realerfüllung, 2030 ff., 2079
- Arbeitsleistung, 1442
- Dauerverträge, 2075 f.
- korrigierbare GV-Beschlüsse, 2077 f.
- Leistungsklage, 2045
- Leistungsklage, nachträgliche, 2074 ff.
- Stimmbindung, 2035 ff.
- Vollstreckung, insb. der Stimmbindung, 2055 ff.
  - Abgabe einer Willenserklärung, 2067 ff.
  - Anordnung einer Vertretung, 2064 ff.
  - Anweisung an die AG, 2057 ff..
  - Ersatzvornahme, 2063 ff.
  - Nachträgliche Änderung der Stimmabgabe, 2042
  - Prosekution, 2072 f.
  - Zwang, indirekter, 2061 f.
- vorsorgliche Massnahmen, 2045 ff.

Rechnungslegungsrecht, 81, 291, **668 ff.,** 1357

Rechtsfolgen der Qualifikation, *s. Rechtsnatur*

Rechtsmissbrauch, 235 f., 298

Rechtsnachfolge, 534 ff.

Rechtsnatur, 72, 75, **113 ff.,** 140
- auftragsrechtlich, 194 ff., *s. auch Auftrag / s. auch Kündigung nach OR 404 I*
- Dauerschuldverhältnisse, 143 f., *s. auch Beendigung / s. auch Dauer*
- einfache Gesellschaft, *s. dort*
- einseitige Bindung, 72, 175 ff.
- Folgen der Qualifikation, 190 ff.
- Folgen der Vertragsnatur, 115 ff.
- gegenseitige Bindung, 72, 178 ff.
- Gelegenheitskonsortium, *s. dort*
- Gesellschaftsvertrag, *s. dort*
- Innominatvertrag, *s. dort*

– Kollektivgesellschaft, 172 f., *s. auch dort*
– Kommanditgesellschaft, 172 f., *s. auch dort*
– Mandatsverhältnis, 194 ff., *s. auch Auftrag / s. auch Kündigung nach OR 404 I*
– Mischformen, 141
– Nebenbestimmungen, 200
– Schuldverträge, 174 ff.
– Stimmbindung, 145 ff., 174 ff., 181, 186 ff., 194 ff., 200, 201, 203, **755 ff.**
– Übergang der Vertragspflichten, 123, *s. auch Überbindung vertraglicher Rechte und Pflichten*
– Verträge sui generis, 141, 179 ff.
– Vertragsnatur, 113 ff., 132
– zusammengesetzte Verträge, 141, 179 ff.

Rechtsprechung, *s. Gerichtsentscheide*

Rechtswahl, *s. internationaler Sachverhalt*

Rechtswidrigkeit, *s. Schranken*

Repurchase Agreement (Repo-Geschäft), 186
– Beschränkung, 1719 f.

Resolutivbedingung, 314

Restanzpflichten, 2005 ff., *s. auch Beendigungsfolgen*

Revision der Jahresrechnung
– Opting-up, 676, 1487

Revisionsstelle, 288, 322 f.
– Bestellung, 42
– Partei, *s. Parteien*

Right of First Refusal, 1262 ff.

Rückabwicklung, *s. Beendigungsfolgen*

Rückabwicklungsklausel, 314, *s. auch Beendigungsfolgen, Drittverträge*

Rückerstattung unangemessener Leistungen, 1358 f., 1362, 1397 f.
– Klage auf Rückerstattung, 678 ff., 686
– nahe stehende Personen, 678 ff., 1370
– verdeckte Gewinnausschüttung, *s. dort*

Rückfallsrecht, *s. Rücknahme eingebrachter Aktien (in natura)*

Rückkaufsklausel, 314

Rückkaufsrecht, 202, **1308 ff.**
– Kaufpreis, 1309

Rücknahme eingebrachter Aktien (in natura), 191, 1607, **1998 ff.**

S

Sachliche Zuständigkeit, *s. Zuständigkeit*

Salvatorische Klauseln, 234, 237, **1502 ff.**, M1503, M1504, M1505, M1506, M1509, M1511, M1512, M1513, M1516, M1517, M1522, *s. auch Auslegung*

Sammelverwahrung, 1582 f., *s. auch Bucheffekten*

Satellitenvertrag, 313 f., 1781, 2021 Anm. 64

Schadenersatz, 88, 107, 870 f., 1442, 1564, 1643, 1648, 1865, 1983, 2009 f., 2031 f., **2080 f.,** *s. auch Konventionalstrafe*

Schiedsgerichtsbarkeit, 2144 ff., **2158 ff.**
– Schiedsklausel, 320, 2126 ff., M2128, M2161
– statutarische Schiedsklausel, 2129
Schiedsgutachten, 2156 f., M2157
Schlichtungsverfahren, *s. Mediationsverfahren*
Schranken, 258 ff., *s. auch Nichtigkeit / s. auch Stimmbindung*
– aktienrechtliche, 272 ff.
  – Beteiligung der AG an der eigenen Willensbildung, 276, *s. auch Parteien, AG*
  – Dividende, Recht auf, 278 ff.
  – eigene Aktien, 277, 444
  – Einlagenrückgewähr, 277, *s. auch dort*
  – Entzug des Stimmrechts, 274
  – Numerus clausus der Gesellschaftsformen, 272
  – Revisionsstelle, 288
  – Statuten, 293 ff.
  – Stimmrechtsbeschränkung, *s. dort*
  – Treuepflichten der Aktionäre, *s. Treupflichten, Aktionäre*
  – Treuepflichten der VR-Mitglieder, *s. Treuepflichten, VR-Mitglieder*
  – unübertragbare und unentziehbare Aufgaben, 282 ff.
  – Vergütungsrecht, *s. dort*
  – Willensbildung, Verlagerung der, 275, 289, 432 ff.
– Form, *s. dort*
– Kartellrecht, *s. dort*
– öffentliche Ordnung, *s. Sittenwidrigkeit*
– Persönlichkeitsrecht, 264 ff., *s. auch übermässige Bindung*
– Rechtsmissbrauch, *s. dort*
– Sittenwidrigkeit, *s. dort*
– übermässige Bindung, *s. dort*
– Unmöglichkeit, *s. dort*
– Widerrechtlichkeit, 262 f.
Schuldübernahme, 1335, **1437 f.**
Schutzpflicht, *s. Treuepflichten*
Securities Lending (Effektenleihe), 186, 1699
– Beschränkung, 1718, 1720
Selbstkontrahieren, *s. Interessenkonflikt*
Shareholders' Agreement, *s. Begriff*
Sicherung, 71, **1533 ff.**
– Effektenkonto, gemeinsames, 1687
– Eigentumsübertragung auf Treuhänder, *s. Treuhand*
– gemeinschaftliches Eigentum, *s. dort*
– Handelsregistereintrag, 1685
– Hinterlegung, gemeinsame, *s. dort*
– Holding, *s. dort*
– Konventionalstrafe, *s. dort*
– Nutzniessung, gemeinsame, *s. dort*
– statutarische Quorumsvorschriften, 1776
– Stiftung, *s. Unternehmensstiftung*
– Stimmbindung, *s. dort*
– Titeldruck, aufgeschobener, 1681
– Tresor, 1588, 1686
– Überbindung vertraglicher Rechte und Pflichten (Vertragsüberbindung), *s. dort*
– Übertragungsbeschränkung, *s. dort / s. Vinkulierung*
– Vermerk auf dem Aktientitel, 1682 ff.

– Verpfändung der Aktien, *s. dort*
– Vertreter, gemeinsamer, *s. dort*
– Voting Trust, 1680
Sittenwidrigkeit, 258, **269 ff.,** 298, 1368
Sonderprüfung, 651, 659 f., 1487
– Recht auf Einsetzung, 659 f.
Sorgfaltspflichten, *s. Treuepflichten*
Spaltung, *s. Umstrukturierung*
Sperrminorität, 41, 201, 331, 1203, 1476, **1488,** *s. auch Beschlussfassung / s. auch Minderheitenrechte*
Sphärenvermischung, 328, 356, 359 Anm. 2
Stand Still Agreement, *s. Stillhaltevereinbarung*
Statuten, 27 ff., 207, 260 f., 368, 653, 761, 898 ff., 917, M1021, 1765 ff.
– Auslegung, 210 ff.
– Konversion, 135 ff., 237, 284, 295
– Gerichtsstand, 2099 f.
– Schiedsklauseln, 2129, 2163
– Umgehung, 293 ff.
– unechte Statutenbestimmung, 132 ff.
– Verhältnis zum ABV, 115 ff., **128 ff.,** 207 ff., 210 ff., 326, 898 ff., M900, 1336, 1697, 1738 ff., 2016, 2099 f., 2125, 2129, 2163, 2189
Steuern, 1397 f.
– Darlehen, 1354
– indirekte Teilliquidation, 1230, 1232 Anm. 53
– verdeckte Gewinnausschüttung, 1354, 1398
Stichentscheid, *s. Pattsituation*
Stiftung, *s. Unternehmensstiftung*

Stillhaltevereinbarung, 33, **425 ff.,** 438, 444, 1433
Stimmabgabe
– GV, *s. Beschlussfassung in der GV*
– Versammlung der Parteien, *s. Beschlussfassung, vertragsinterne*
Stimmbindung(svereinbarung), 11, 36 ff., 58, 161, 170, 181, 186 ff., 194 ff., 200, 201, 203, 231, 234 Anm. 42, 353, 485, **753 ff., 780 ff., 843 ff., 867 ff.,** 908, 930, 1101 ff., 1171, 1524, 1596, 1933 ff., 2139, *s. auch Begriff*
– Anwendungsbereich, 758 f., M759, M760, 761 ff., M762, 764
– Börsenrecht, *s. dort*
– Dauer, *s. dort / s. Befristung*
– Durchsetzung, 2035 ff., 2113, *s. auch dort*
– Form, *s. dort*
– Nichtigkeit, *s. Nichtigkeit der Stimmbindung*
– Parteien, *s. dort*
– Rechtsnatur, *s. dort*
– Schranken, 91 f., 105, 270, 274 f., 298, 780 ff.
– Börsenrecht, 791
– Entlastung, 784 ff.
– Höchststimmklausel, 794 ff.
– Kartellrecht, 750 f.
– öffentliche Ordnung, 269 ff.
– Parteien, 276, 366 ff., 393 ff., 403 f., 405 ff., 432 ff., *s. auch dort*
– Persönlichkeitsrecht, 264 ff.
– Quoren des Aktienrechts, 1037 ff.
– Sittenwidrigkeit, 269 ff.
– Statuten, 293 f.

– Stillhaltevereinbarung, *s. dort*
– Stimmenkauf, *s. dort*
– Stimmrechtsbeschränkung, 289 f., **782 ff.**, *s. auch dort*
– Vergütungsrecht, *s. dort*
– vertragsinterne Beschlussfassung, 797 ff.
– Vinkulierung, 293 f., 821 ff., *s. auch dort*
– Sicherung, 1307, 1550 ff., 1570 f., 1576, 1578, 1584, 1592 f., 1594, 1603, 1608 ff., 1625, 1644, 1648, 1653 ff., 1659 f., 1662 f., 1738 ff., 1751 ff., 2082, *s. auch dort*
– Stimmabgabe, *s. dort*
– Verbot, 2139 ff., *s. auch internationaler Sachverhalt*
– Verletzung einer gültigen Stimmbindung, 867 ff., *s. auch Durchsetzung / s. auch Realerfüllung*
– Verpflichtung gegenüber VR-Mitgliedern, 393 ff.
– Willenserklärung, 2041
Stimmengewicht, *s. Beschlussfassung / s. auch Stimmkraft*
Stimmengleichheit, *s. Beschlussfassung*
Stimmenkauf, 270, 319, 355, **825 ff.**, 853
Stimmenmehrheit, Arten der, *s. Beschlussfassung, vertragsinterne*
Stimmenthaltung, 73, 440, 986 f., 990, 1042 ff., M1044, 1053, 1109 ff., M1110, M1112, 1115 ff., M1116, M1118, M1120, 2102
– GV, 292, 360 f., 792 f.
Stimmfreigabe, M768, 778 f., M1029, 1075, 1111 f., M1112, **1115 ff.**, M1116, M1120, 1122

Stimmkraft, 23, 330, 715, 754, 783, 795, 811, 853, 862 Anm. 30, **973 ff.**, 1058, 1061, 1401, 1428, 1486, 1491, 1618, 1680, *s. auch Beschlussfassung*
– Verschiebung, 394, 737 ff., 804, 816 ff., 916
Stimmrechtsaktien, 23, 396, 976
Stimmrechtsbeschränkung
– Auswirkung im ABV, 797 ff.
– Auswirkungen in der GV, 849 ff.
– Börsenrecht, 791
– gesetzliche, 289 f., 1618
– GmbH, 2176
– statutarische, 23, 81, 661 ff., 794, 1618, 1728 Anm. 7, 1776
– Umgehung, 15, 293 ff., 308, 356, 391, 432 ff., **782 ff.**, 794 ff., 849 ff., 1662
Stimmrechtsbindung, *s. Stimmbindung*
Subjektwechsel, *s. Übergang der Parteistellung*
Swiss Code, *s. Interessenkonflikt*
Syndikat, 8, 16, 94, 326 Anm. 3, *s. auch Begriff*
Synonyma, *s. Begriff*

T

Tag-along-Klausel, 1321 ff.
Take-(me)-along-Klausel, 1321 ff.
Tantiemen, 1396, 1413, *s. auch Leistungen der AG*
– Rückerstattung, *s. Rückerstattung unangemessener Leistungen*
Teilliquidation, indirekte, *s. Steuern*
Titeldruck, aufgeschobener, 1585 Anm. 13, 1681

Tod einer Partei
– Abfindungsanspruch, *s. dort*
– Ausscheiden, *s. dort*
– Beendigung des ABV, *s. Beendigung*
– Fortsetzungsklausel, *s. dort*
– Übergang der Parteistellung, *s. dort*
– Universalsukzession, *s. dort*

Traktanden, *s. Versammlung der Parteien*

Traktanden der GV, *s. Beschlussfassung, vertragsinterne*

Traktandierungsrecht, 656 ff., 1487

Tresor, 1588, 1686

Treuepflichten, 1446 ff.
– Aktionäre, 26, 47 f., 281, 360, 829, 835, 1163, **1452 ff.**
– Geheimhaltungspflicht, *s. dort*
– Genossenschafter, 2196
– Informationspflichten, *s. dort*
– Interessenkonflikt, *s. dort*
– Konkurrenzverbot, *s. dort*
– Parteien untereinander, 48, 997, 1079 ff., 1145 ff., M1147, 1153 ff., 1160, 1292, **1446 ff.,** 1550, 1944, 2040, 2184
– Verbot weiterer Vereinbarungen, 1456 ff., M1457
– VR-Mitglieder, 286 f., **381 ff.,** 1150 f., 1412, 1479 f.

Treuhand, 189, **1657 ff.**
– Eigentumsübertragung auf Treuhänder, 1539, 1577, 1657 ff., 1707
– Grenzen, 1661 ff.
– Konkurs des Treuhänders, 1669 ff.

Typenzwang, 272

U

Überbindung vertraglicher Rechte und Pflichten (Vertragsüberbindung), 1688 ff., M1693, M1694, M1695
– statutarische, 1697 f., *s. auch Vinkulierung*

Übergang der Parteistellung, 534 ff.
– Ehegüterrecht, *s. dort*
– Eintrittsklausel, *s. dort*
– Erben, 539 ff.
  – bedingter Beitrittsvertrag, 565
  – Verpflichtung zur Eintrittsofferte, 561 f.
  – Vertrag zugunsten Dritter, 563 f.
  – Vorgängige Einbindung, 566 f.
– erbrechtlicher Übergang, 537 ff., *s. auch Erbrecht*
  – gesellschaftsrechtliche ABV, 539 ff.
  – schuldrechtliche ABV, 592
– erbrechtliche Vorkehrungen, *s. dort*
– Nachfolgeklausel, *s. dort*
– Übergang unter Lebenden
  – juristische Personen, 633 ff.
  – Kontrollwechsel, 638 f., M639
  – natürliche Personen, 628 ff.
  – Personengesellschaften, 633 ff.
  – Umstrukturierung, 634 ff., M637

Übergang der Vertragspflichten, 123, *s. auch Überbindung vertraglicher Rechte und Pflichten*

Überlang befristete ABV, *s. übermässige Bindung*

Übermässige Bindung, 264 ff., **1913 ff.**
- Abgrenzung, 1894 ff., 1949 ff., 1957 f., 1962
- Dauer, 1915 ff., 1930 ff.
- Einschränkung der wirtschaftlichen Freiheit, 1920
- ewige Verträge, 1915 f.
- Fehlen einer übermässigen Bindung, 1964 f.
- Geltendmachung, 1953 ff.
- Kriterien, 1917 ff., 1929 ff
- Lehre und Rechtsprechung, Leitlinien, 1921 ff.
- Regelungen in ABV, 1929 ff.
- überlange Vertragsdauer, 1801, 1834, 1915 ff.
- Vertragsgestaltung, 1966 ff.
- Zeitpunkt der Beurteilung, 1948 ff.

Übernahme, unfreundliche, 43, 143

Übernahmeangebot, *s. Börsenrecht / s. Vinkulierung*

Übernahmepflicht, *s. Verkaufsrecht*

Überprüfungsklauseln, 1492 ff., M1494, M1495, M1496, M1497, 1970

Übertragungsbeschränkung, 129, 202 f., **1170 ff., 1699 ff.,** 1936 f.
- Abtretungsverbot, *s. dort*
- ehegüterrechtliche, 1724
- erbrechtliche, 1723
- Lock-up-Vereinbarung, *s. dort*
- Nutzniessung, Beschränkung der Bestellung, *s. dort*
- Repurchase Agreement, *s. dort*
- Securities Lending, *s. dort*
- Sicherung, 1578, 1586 ff., 1614 ff., 1627 ff., 1644, 1656, 1659, 1676, 1686 f.
- statutarische, *s. Vinkulierung*
- Veräusserungsbeschränkung, 1433, **1705 ff.**
- Verpfändung, Beschränkung, *s. dort*
- Zustimmungsvorbehalt, 1708

Umfang der Vertragsbindung, 67 ff., M68, M69

Umgehung, 262, 293 f.
- Norm, 262 f., *s. auch Schranken, Widerrechtlichkeit*
- Statuten, *s. dort*
- Vinkulierung, *s. dort*

Umstrukturierung
- Ausscheiden aus dem ABV, 487 f.
- Beendigung des ABV, 1992 f.
- Vertragsübergang, 634 ff., M637

Ungültigkeit, *s. Nichtigkeit*

Universalsukzession, 462, **476 ff.,** 536, 572, 592, 1820
- bei Liquidation bzw. Auflösung einer Partei ohne Liquidation (Umstrukturierung), 487 f.

Unlauterer Wettbewerb, 834 ff.

Unmöglichkeit, 259 ff.
- unverschuldete, nachträgliche 1870 ff.

Unternehmenskooperation, *s. Joint Venture*

Unternehmensnachfolge, *s. Nachfolgeplanung*

Unternehmensstiftung, 1679, 2205

Unternehmensverflechtung, *s. Konzern*

Unzumutbarkeit, *s. Kündigung aus wichtigem Grund*

V

VegüV, *s. Vergütungsrecht*
Verantwortlichkeit, 287, 328, 329 Anm. 10, 382 f., 1369, 1397 f., 2213
– faktische Organschaft, 388 f.
Veräusserung von Aktien
– gemeinsame Veräusserung, 53 ff.
Veräusserungsbeschränkung, *s. Übertragungsbeschränkung*
Veräusserungsvorzug, 1327 ff.
Verdeckte Gewinnausschüttung, **1360 ff.,** 1397 f., *s. auch Rückerstattung unangemessener Leistungen*
Verein, *s. Alternativen*
Verfügung von Todes wegen, 471 ff., 564, 567, **593 ff.,** 627, 1183, *s. auch Erbrecht*
– Rechtsgeschäft unter Lebenden (Abgrenzung), **471 ff.,** 543, 570
Verfügungsbeschränkung, *s. Übertragungsbeschränkung*
Vergütungsrecht (VegüV), 291 f., 681 f., 687
– Stimmbindung, 292
Verhältnis zwischen ABV und Aktienrecht, 115 ff., 326 f., 2016 ff.
Verhältnis zwischen ABV und Statuten, *s. Statuten*
Verkaufsrecht (Put Option), 518, **1311 ff.,** M1320
– Arten, 1316
– Form, *s. Vorkaufsrecht*
– Kaufpreis, 1318 f., *s. auch Kaufrecht / s. auch Kaufpreisbestimmung*
Vermächtnis, 581 f., 584, 588, **597 ff.,** 1250
Vermerk auf dem Aktientitel, 1682 ff.

Verpfändung der Aktien, 1545, **1640 ff.**
– Beschränkung, 1709 ff., M1710, M1711
Verpflichtungen der Parteien, *s. Leistungen der Parteien*
Versammlung der Parteien, 908 ff., *s. auch Beschlussfassung, vertragsinterne*
– Ablauf, 962 f.
– ausserordentliche, 931 ff., M932, M933, M934
– Beschlussfassung, *s. dort*
– Einberufung, 918 ff., *s. auch Zustellung von Mitteilungen*
– Form, 936
– Frist, 921 ff., M922, M923, M924, M927, M928, M929, 937 ff., M939, M942
– Zugang der Einladung, 937 ff., M939, M942
– Zuständigkeit, 943 f., M944
– Gäste, 967 ff., M968, M969, M970, M971, M972
– mehrstufige ABV, 338 ff.
– ordentliche, 918 ff.
– Organisation, 913 ff., M915, 956 ff.
– Protokoll, 964 ff., M965
– Sekretär, 943, M944, 950 Anm. 30, 966, 1240, M1771
– Traktanden, 918 ff., M923, M924, M927, M934, 973 ff.
– Traktanden der GV, *s. Beschlussfassung, vertragsinterne*
– Vertretung, 945 ff., M947, M949
– Vorsitz, 950 ff., M951, M952, M954, M955, M957, M958, M959, M961
– Aufgaben, 950 ff.

– Stichentscheid, *s. Pattsituation*
– Tagespräsidium, 953 ff., M954, M955
– Turnus, 960 f., M961
– VR-Mitglieder, 956 ff., M957, M958, M959
– Zeitpunkt, 918 ff., *s. auch hier, Einberufung*

Verschwiegenheitspflicht, *s. Geheimhaltungspflicht*

Vertrag zugunsten Dritter, 563 f., **1423 ff.,** 2034, *s. auch Leistungen der Parteien*

Verträge zwischen AG und Aktionären, 1345 ff., *s. auch Parteien*
– Garantievereinbarung, 1373, *s. auch Garantie*
– Gleichbehandlungspflicht, 1363 ff., *s. auch dort*
– Interessenkonflikt, *s. dort*
– Leistungen der AG, *s. dort*
– Leistungen der Parteien, *s. dort*
– Offenlegung, 1357
– Sicherstellung des Vertragsschlusses, 1372 ff.
– Vorvertrag zugunsten Dritter, 238, 1374 f., 1443

vertragliche Nebenpflichten, *s. Treuepflichten*

Vertragsanfechtung, *s. Willensmängel*

Vertragsänderung, *s. Änderung des ABV*

Vertragsanpassung, *s. Änderung des ABV*

Vertragsaustritt, *s. Austritt*

Vertragseintritt, *s. Eintritt*

Vertragsdauer, *s. Dauer*

Vertragsfreiheit, 5, 214, 218

Vertragsmuster, *s. Musterverträge*

Vertragsparteien, *s. Parteien*

Vertragsrücktritt, 1872, 1880, 1892, **1982 ff.,** 1994, 2003, 2010

Vertragsschluss, 120

Vertragsstrafe, *s. Konventionalstrafe*

Vertragsübergang, *s. Übergang der Parteistellung*

Vertragsüberprüfung, *s. Überprüfungsklauseln*

Vertragsverletzung, *s. Nichterfüllung*

Vertraulichkeit, *s. Geheimhaltungspflicht*

Vertreter, gemeinsamer, 1570 ff., 1608 ff., 1625
– Aktionär, 1577
– gemeinschaftliches Eigentum, 1576, 1608 ff.
– Stimmabgabe, 1121 ff.
– Vertretungsvollmacht, 1575 f.

Vertretung im VR, *s. Verwaltungsrat*

Verwaltungskonsortien, 15, *s. auch Begriff*

Verwaltungsrat(smitglieder) (VR, VR-Mitglieder)
– Abberufung, 100, 360, 369, 792 f., **888 ff.,** M890, M891, 1160 Anm. 25, 2078 Anm. 109
– Bestellung, 42, 50, **876 ff.,** M880, M881, M884, M885, M886
– Einbindung 50, 372 ff., **894 ff.,** M895, M896, *s. auch Parteien*
– Einflussmöglichkeiten der Aktionäre, 368 ff.
– Gehalt für Organtätigkeit, *s. Leistungen der AG*
– Organisation, 902 ff., M904, M905
– Partei, *s. Parteien*

– Unentziehbare Aufgaben, **283**, 902
Verzug, 192, 1982, 1985, 1994, 2085
Veto, *s. Beschlussfassung*
Vinkulierung, 25, 29, 46, 129, 334, 598, 665 f., 1170, 1177, 1253, 1577, 1635 f., 1661, **1725 ff.,** 2140, 2179
– Anwalts-AG, *s. dort*
– Escape Clause, 1177, 1226, 1260 f., 1432, 1713, 1733, **1751 ff.,** M1769, M1771
  – Entscheidkompetenz, 1767
  – Gleichbehandlungspflicht, 1762, 1768, *s. auch dort*
  – Kaufpreisbestimmung, **1758,** 1772 f., *s. auch dort*
  – Voraussetzungen, 1753 ff.
  – Zuteilung von Aktien, 1765 ff., 1770 ff., *s. auch dort*
– GmbH, 2193
– Inhaberaktien, 1737
– Sicherung der Vertragsüberbindung, 1735 ff., 1738 ff.
– Sicherung vertraglicher Erwerbsrechte, 1735 ff., **1751 ff.**
– Umgehung, 15, 81, 91 f., 105, **293 ff.,** 308, 356, 391, **821 ff.,** 845 ff.
Vorbemerkung, *s. Präambel*
Vorhandrecht (Right of First Refusal), 1262 ff.
– Arten, 1265 ff.
– Ausübung, 1276 ff., M1278
  – Frist, 1277, M1278
– Drittkäufer, *s. Vorkaufsrecht*
– Form, *s. Vorkaufsrecht*
– Kaufpreis, *s. Vorkaufsrecht / s. auch Kaufpreisbestimmung*

– Übertragbarkeit, *s. Vorkaufsrecht*
– Umfang, *s. Vorkaufsrecht*
– Untergang, 1280 ff., M1283, *s. auch Vorkaufsrecht*
– Vererblichkeit, *s. Vorkaufsrecht*
– Vorhandfall, 1273 f.
  – Mitteilung, 1275
– Zuteilung von Aktien, 1272, *s. dort*
Vorkaufsrecht, 202, **1178 ff.,** 1939
– Arten, 1184 ff.
– Ausübung, 1243 ff.
  – Frist, 1242 f.
  – Wirkung, 1246 ff., M1248
– Drittkäufer, 1222 f.
  – Alternativvorschlag, 1224 ff.
  – AG, 1225 ff.
– Form, 1182 f.
– indirekte Teilliquidation, *s. Steuern*
– Kaufpreis, 1186 ff., *s. auch Kaufpreisbestimmung*
  – limitiertes Vorkaufsrecht, 1189 ff., M1193
  – unlimitiertes Vorkaufsrecht, 1187 f.
  – Zahlungsmodalitäten, 1231 ff.
– Übertragbarkeit, 1249
– Umfang, 1201 ff., M1202
– Untergang, 1251 ff.
– Vererblichkeit, 1250
– Vorkaufsfall, 1178, 1234 ff.
  – Mitteilung, 1240 ff.
– zugunsten Dritter, 1185
– Zuteilung von Aktien, *s. dort*
Vorsitz in der Versammlung der Parteien, *s. Versammlung der Parteien, Vorsitz*

**Vorsorgliche Massnahmen,
2045 ff.,** *s. auch Realerfüllung*
– Massnahmen (Vollstreckung), *s. Realerfüllung*
– superprovisorische Massnahmen, 2054
– Voraussetzungen, 2049 ff.
  – Dringlichkeit, 2054
  – drohender Nachteil, 2051 ff.
  – drohende Verletzung, 2050
  – zivilrechtlicher Anspruch, 2049
Vorzugsaktien, 24, 1328 f., 2185
Voting Trust, 1680, s. auch Alternativen

W

Wahl von Organen, *s. Organe der AG*
Wertrechte, *s. Bucheffekten*
Wichtiger Grund, *s. Kündigung aus wichtigem Grund*
Widerrechtlichkeit, *s. Schranken*
Wiederkaufsrecht, 1308 ff.
Willensbildung, *s. Beschlussfassung*
Willensmängel, 120 ff.
– Anfechtung, wegen, 122
Wirklicher (Aktien-)Wert, *s. Kaufpreisbestimmung*

Z

Ziele der AG, *s. Zweck der AG*

Zuständigkeit, 2095 ff.
– Gerichtsstandsvereinbarung, 320, 2095 ff., M2096
– gesetzliche, 2098
– internationaler Sachverhalt, *s. dort*
– örtliche, 2095 ff.
– sachliche, 2101 f.
– statutarische Gerichtsstandsklausel, 2099 f.
**Zustellung von Mitteilungen,
251 ff.,** M252, M253, M256, 936 ff., M939, M942
Zustellfiktion, 941
Zuteilung von Aktien, 1205 ff.
– Escape Clause, 1765 ff., 1770 ff.
– Frist, 1213 ff., 1221
– gemeinsame Übernahme, 1205 ff.
– individuelle Übernahme, 1216 ff.
– Kaufrecht, 1300
– mehrstufige Verfahren, 1206 ff., M1210, 1217 ff.
– Vorhandrecht, 1272
Zweck, 281, 1510 ff., **1525 ff.,** M1531, M1532
– Unmöglichkeit, nachträgliche, (Zweckwegfall), 480
Zweck der AG, 50, **281,** 390
– Geschäftspolitik, 60, 88, M639
– Gewinnstrebigkeit, **278 ff.,** 1381, 1940, *s. auch Dividenden*
Zweckverband, *s. Gemeindekooperationen*

9783725573417.3